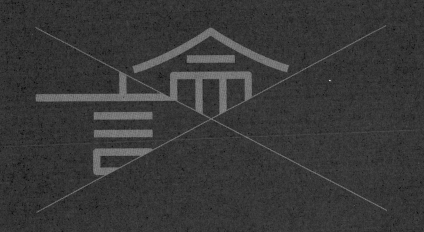

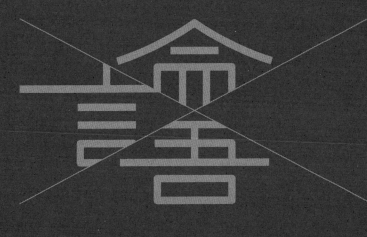

이한우의 『논어』
강의

이한우의 『논어』 강의

○ 어떻게 지금의 『논어』가 되었나—편찬자와 그의 계승

지금도 『논어』란 책은 온갖 신비와 오해로 둘러싸여 있다. 우선 제목과 편찬자에 관한 각종 주장과 견해가 난무하고 있다. 제목은 누가 지었고, 논어(論語)라는 뜻은 무엇인지, 의견이 분분하다. 또 『논어』의 유래가 어디까지 소급되어야 하는지도 논란이다. 먼저 유래부터 살핀다.

흔히 『논어』는 공자 제자 증자(曾子)나 유자(有子) 제자 혹은 재전(再傳) 제자 중 뛰어난 이가 편찬한 것으로 간주되고 있다. 여러 사람이 함께 편찬했다는 견해도 있지만 나는 편찬자 논지가 일관되고 치밀하며 체계적임을 감안해 한 사람으로 본다. 그런데 이 모든 것을 당혹스럽게 만드는 공자 말이 『예기(禮記)』 방기(坊記)편에 실려 있다. 이미 공자 생전에 『논어』라는 책이 있었음을 보여주고 있기 때문이다.

"『논어』에 이르기를 '3년 동안 아버지의 도리를 고치지 않는다면 효자라고 할 만하다'라고 했다. 고종이 3년 동안 아버지 상복을 입고 있으면서 정치에 대한 말을 한마디도 하지 않다가 3년 뒤에 상복을 벗고 나서 비로소 말을 하니 백성들이 기뻐했다."

실제로 지금 『논어』 학이(學而)편에는 "3년 동안 (생전에 보여준) 아버지의 도리를 고치지 않는다면 효자라고 할 만하다"라는 말이 실려 있다. 고종이 삼년상을 치르며 말을 하지 않고 재상에게 정사를 맡겼다는 이야기도 '헌문 43'에 나온다.

자장이 말했다. "『서경』에 이르기를 '고종이 아무런 말도 없이 3년 동안 말을 하지 않았다'고 했는데 무슨 뜻입니까?"

공자가 말했다. "어찌 반드시 고종뿐이었겠는가? 옛날 사람들은 다 그렇게 했다. 임금이 돌아가시면 백관들은 자기 직무를 총괄하면서 3년 동안 총재(冢宰-재상)에게 정사를 들었다."

그러나 『예기』에서 공자가 언급한 『논어』가 지금 우리가 알고 있는 『논어』인지는 현재로서 확인할 길이 없다.

본격적으로 『논어』를 활용한 사람은 『사기』를 지은 사마천(司馬遷 기원전 145?~86?)이다. 그의 '공자세가(孔子世家)'를 읽어보면 대부분 『논어』를 기본 골격으로 삼아 시간순으로 일화들을 정리 재배치했을 뿐이다. 이후 『논어』는 한나라 경제(景帝)와 무제(武帝)를 거치면서 본격적인 경전(經傳) 지위를 확보한 것으로 보인다. 엄밀히 말하면 『논어』는 경(經)은 아니고 전(傳)에 가깝다. 경은 성현의 말을 담은 책이고, 전은 그것을 풀이한 책이다. 예를 들면 『춘추』는 경이고 『춘추좌씨전』이나 『춘추곡량전』은 전이 된다. 그보다 아래 등급이 서(書)이다.

그러나 주희(朱熹 1130~1200)는 『주역(周易)』을 점술서 정도로 격하시키고, 동시에 『논어』도 서(書)로 격하시켜 『맹자』와 동급으로 취급했다. 『주역』과 『논어』가 함께 강명(剛明)한 군주 만들기에 집중한 책이라 신권(臣權)을 중시하는 주희 입장에서는 두 책을 무력화할 필요가 있었기 때문이다. 이 문제는 나중에 심층적으로 다룰 것이다. 다시 『논어』 유래 문제로 돌아가자.

다행스럽게도 반고(班固 32~92)가 지은 한나라 역사서 『한서(漢書)』 '예문지(藝文志)'에는 진시황 때 분서갱유(焚書坑儒)로 금서가 되었던 『논어』가 어떤 과정을 거쳐 대표적 경전의 지위를 확보하게 되었는지가 상세하게 나온다.

『논어고(論語古)』 21편. 공자의 옛집 벽 안에서 나왔는데 자장(子張)편이 2개다.〈요왈(堯曰)편의 자장이 묻는 "어떻게 하면 정치에 종사하는 것이 가능합니까" 이하를 따라 1편으로 하고, 이것도 자장(子張)편이라고 이름 붙였기 때문에 자장편이 2개라고 한 것이다. 여순(如淳)은 이 마지막 편을 종정(從政)편이라고 이름 붙이기도 했다.〉

『제(齊)』 22편. 문왕(問王), 지도(知道)의 두 편이 더 많다.

『노(魯)』 20편.〈현재 전해지는 『논어』의 바탕이 되는 책이다.〉

전(傳) 19편.〈사고(師古)가 말했다. "『논어』의 뜻을 풀이한 것이다."〉

『제설(齊說)』 29편.

『노하후설(魯夏侯說)』21편.〈하후승(夏侯勝)이 황제의 명으로 지은 것인데 전하지 않는다.〉

『노안창후설(魯安昌侯說)』21편.《사고(師古)가 말했다. "(안창후는) 장우(張禹)다."》

『노왕준설(魯王駿說)』20편.《사고(師古)가 말했다. "(왕준은) 왕길(王吉)의 아들이다."》

『연전설(燕傳說)』3권.〈연나라 사람이 전한 해설서인 듯한데 자세한 정보는 없다.〉

『의주(議奏)』18편. 석거각 강론.

『공자가어(孔子家語)』27권.《사고(師古)가 말했다. "지금 전하는『가어』는 아니다."》

『공자삼조(孔子三朝)』7편.《사고(師古)가 말했다. "지금의『대대례(大戴禮)』에 그 1편이 있는데, 대개 공자가 노나라 애공(哀公)을 만나 대화를 나눈 것이다. 세 번 조현했다고 해서 삼조(三朝)라고 한다."》

『공자도인도법(孔子徒人圖法)』2권.〈공자 제자들 초상화로 여겨지는데 전하지 않는다.〉

모두『논어(論語)』12가(家)이며 229편이다. '논어'란 공자(孔子)가 제자들 및 그 당시 사람들과 응답하고 또 제자들이 서로 말하고 스승에게서 직접 들은[接聞] 말들이다. 그 당시 제자들이 각각 기록한 바가 있었다. 스승이 이미 졸(卒)하자 문인(門人)들이 서로 더불어 모아서 논하여 편찬했기[論纂＝論撰] 때문에 논어(論語)라고 불렀다.

한(漢)나라가 일어나자 제(齊)와 노(魯)의 설(說)이 있었다.『제논(齊論)』을 전한 사람은 창읍(昌邑)의 중위(中尉) 왕길(王吉), 소부(少府) 송기(宋畸), 어사대부 공우(貢禹), 상서령 오록충종(五鹿充宗), 교동(膠東)의 용생(庸生) 등인데 오직 왕양(王陽)만이 명가(名家)였다.『노논어(魯論語)』를 전한 사람은 상산(常山)의 도위(都尉) 공분(龔奮), 장신소부(長信少府) 하후승(夏侯勝), 승상 위현(韋賢), 노(魯)의 부경(扶卿), 전장군(前將軍) 소망지(蕭望之), 안창후(安昌侯) 장우(張禹) 등인데 모두 명가(名家)였다. 장씨가 가장 늦었으나 그의 책이 세상에 널리 유행했다.

그 밖에도 공자 후손 집 벽에서 나온 『고논(古論)』이 있는데 『제논』, 『노논어』 그리고 『고논』이 셋은 서로 조금씩 차이가 있었다. 그리고 한나라 원제 때 재상 장우가 오늘날과 같은 20편으로 확정했고, 이후 후한 학자 정현(鄭玄 127~200)이 장우가 지은 『장후논(張侯論)』과 『고논』을 잘 통합 정리해 『논어주(論語注)』를 냄으로써 지금의 『논어』가 있게 되었다. 정리하자면 미지의 『논어』 편찬자가 먼저 있었고 이후 장우, 정현을 거치면서 체계적 논리를 갖춘 것으로 볼 수 있다.

○ 논어(論語)란 무슨 뜻인가―논어지인(論語知人)

앞서 반고는 논어(論語)가 가진 뜻에 대해 이렇게 말했다.

"논어(論語)란 공자(孔子)가 제자들 및 그 당시 사람들과 응답하고 또 제자들이 서로 말하고 스승에게서 직접 들은[接聞] 말들이다. 그 당시 제자들이 각각 기록한 바가 있었다. 스승이 졸(卒)하자 문인(門人)들이 서로 더불어 모아서 논하여 편찬했기[論簒=論撰] 때문에 논어(論語)라고 불렀다."

문제는 마지막 문장이다. 반고의 주장과 달리 『논어』는 더불어 모아서 논할 수 있는 성격의 책이 아니다. 다만 어떤 한 사람이 편찬하고, 그 취지를 정확히 이어받은 또 다른 사람이 재편집을 할 수는 있다. 장우나 정현도 그런 사람 중 한 명이다. 그러나 집단 편찬은 불가능하다. 집단 편찬물로 보기에는 논어가 너무도 일관된 목적에 따라 체계적으로 구성되어 있기 때문이다.

논어(論語)라는 명칭과 관련해 반고보다 한 걸음 나아간 견해가 "논(論)과 말[語]을 모은 것"이라서 논어(論語)라고 했다는 주장이다. 아무 뜻도 없는 동어 반복일 뿐이다. 심지어 "공자 말을 논하여 정리한 것"이라는 견해도 있다. 그럼 제자들 말은 왜 실려 있는가? 이런 주장들은 일고의 가치도 없다. '논어'에 담긴 뜻을 제대로 이해하려면 『논어』 전체를 유기적으로 해석한 다음이라야 가능하지만 일단 실마리만 던져본다. 요왈(堯曰)편, 맨 마지막 구절을 보자.

> "말을 알지 못하면 사람을 알아볼 수가 없다[不知言無以知人也]."
> _{부-지-언 무-이 지-인 야}

말을 안다는 것은 어떤 사람이 일을 행하기 전에 말만 듣고서도 그 사람을 알아보아야 한다는 뜻이다. 말을 알려면 말이 무엇인지 잘 알아야 한다. 그래서 "말을 논해[論語] 말을 잘 알아들어[知言] 사람을 잘 알아보자[知人]"는 것이 『논어』라는 책의 결론이자 목적이다. 한마디로, '논어(論語)'라는 말은 논어지인(論語知人), 즉 "말을 논해 사람을 잘 알아보자"라는 뜻이다.

○『논어』의 핵심 주제는 무엇인가—군군신신 부부자자(君君臣臣父父子子)

'안연 11'에 나오는 말이다.

> 제나라 경공이 공자에게 정치에 관해 묻자 공자는 이렇게 대답한다. "임금은 임금다워야 하고, 신하는 신하다워야 하며, 아버지는 아버지다워야 하고, 자식은 자식다워야 합니다[君君臣臣父父子子]."
> _{군-군-신-신 부-부-자-자}

한동안 나는 이 구절을 그저 다움[德]을 설명하는 용례로만 써왔다. 자식의 자식다움은 효성스러움[孝], 아버지의 아버지다움은 자애로움[慈], 신하의 신하다움은 곧음[直]이나 자기 마음처럼 정성을 다함[忠], 임금의 임금다움은 신하를 그릇에 맞게 부림[寬=器之=無求備於一人]임을 보여주는 말로만 여겼다.

그러나 공부가 거듭되면서 이 말이 갖는 중요성이 점점 더 커졌다. 또한 공자가 강조하는 쪽은 부부자자(父父子子)쪽이 아니라 군군신신(君君臣臣)쪽임이 확연했다. 전자는 사(私), 후자는 공(公)이다. 다만 공자는 부부자자가 견실할 때 군군신신도 튼튼할 수 있다고 보았을 뿐이다.

　　그러나 주희와 그를 따르는 성리학자들은 이것을 뒤집었다. 그들은 격군(格君), 즉 임금을 바로잡는 정군(正君)을 자기들 도학(道學) 정치 이념으로 내세웠다. 조선도 중기 이후 주자학이 득세하면서 이런 방향으로 내달렸다. 지금 우리 사회에 공(公)의 가치가 보잘것없게 되어 버린 것도 인조반정 이후 임금을 멸시하는 신권(臣權)이론이 오랫동안 사상계 주류였던 것과 무관치 않다.

　　공자는 역사서 『춘추(春秋)』를 통해 임금이 임금답지 못했고 신하가 신하답지 못했던 역사에 대해 포폄(褒貶)을 명확히 함으로써 당대의 임금답지 못함과 신하답지 못함을 바로잡으려 했다. 난신적자(亂臣賊子)를 주토(誅討)했다고 하지만, 기본 타깃은 난신(亂臣)이었다. 또 공자는 『주역』을 군신(君臣) 관계론으로 해석해 임금이 임금답고 신하가 신하다울 것을 촉구했다.

　　이 점에서는 『논어』도 예외는 아니다. 따라서 미지의 편찬자가 자기 임의대로 공자와 제자들 말을 취사선택한 게 아니라 이 같은 공자 정신을 정확히 이해하고서 그에 입각해 『논어』라는 책을 편찬, 즉 술이부작(述而不作)한 것이다.

○『논어』는 어떤 방식으로 서술되었나―술이부작(述而不作)

'술이 1'에 나오는 공자 말이다.

　　"(내가) 조술(祖述)하되 새로 짓지는 않았다[述而不作]."

　　이는 공자가 옛 도리를 대하는 태도다. 그렇다고 그가 고답주의나 복고주의를 지향한 것은 아니다. 그는 온고이지신(溫故而知新)을 말했고 일신우일신(日新又日新)을 신봉했다. 오로지 새롭게 한다는 유신(維新)도 그런 연장선에 있는 것이다.

　　그의 이런 술이부작을 전형적으로 보여주는 책이 바로 『논어』다. 이 책에는 편찬자 말이 전혀 없다. 그저 공자와 제자들의 말을 툭툭 던지듯 늘어놓았을 뿐이다. 이 점을 정확히 인지할 때라야 역으로 『논어』를 향해 들어가는 길이 보인다. 그것은 다름 아닌 술자(述者), 즉 미지의 편찬자 '의도'를 잘 따라가서 그것을 정확히 추출해내는 것이다. 그래서 우리는 한 구절이 끝날 때마다 "왜 그는 이 자리에 이 말을 배치했을까?" 수없이 되뇌며 묻고 또 물어야 한다.

그렇다고 자기 마음대로 해석하고 개똥철학으로 풀어가라는 말은 결코 아니다. 우선 단어가 가진 뜻을 정확히 새겨 그 단어에 담긴 가능성들을 열린 마음으로 받아들인 다음에 문맥에 주목해 하나씩 점검해가면, 『논어』라는 책에서 미지의 편찬자가 왜 어떤 한 구절을 다른 곳이 아닌, 바로 그 자리에 배치했는지를 명료하게 알게 된다.

그러기 위해서는 일단 뜻풀이 하나에도 혼신의 힘을 쏟아야 한다. 우선 하나만 예를 들어보자. '위정 4'에서 공자는 서른 살에 '이입(而立)'했다고 말한다. 그것은 우리로 하여금 그 나이에는 '이입하려고 애써야 한다'는 권고다. 공자가 그랬다고 해서 우리가 그럴 수 있는 것은 아니다. 그런데 '이입(而立)'이란 뭘까? 어떤 단계의 삶일까? 가장 흔한 풀이가 "뜻이 섰다", "자립하게 되었다"이다. 심지어 『두산백과』는 "학문의 기초가 확립되었다"라고 황당하게 풀고 있다.

『논어』가 만들어질 당시에는 종이가 없어 죽간(竹簡)에 기록해야 했기에 압축이 불가피했다. 이제 이를 복원해보자. 실마리는 '그리고' '그러나'에 해당하는 이(而)다. 여기서 앞에 빠진 입(立)이 추가된다. 세우다의 목적어 자리에 먼저 자기[己]가 들어가고, 다른 사람[人]도 이어서 들어간다. 『논어』에서 입(立)은 항상 예(禮)와 관련된다. 정리하면 다음과 같다.

> 이입(而立)→입이입(立而立)→입기이입인(立己而立人)→입기이례이입인이례(立己以禮而立人以禮)

입기이례이입인이례(立己以禮而立人以禮)를 이입(而立)으로 압축했기에 이처럼 정확한 복원이 가능하다. 만일 이 아홉 글자를 두 글자로 압축하면서 입기(立己)라고 했다면 도덕주의에 갇힐 것이고, 입인(立人)이라고 했다면 위선주의에 빠졌을 것이다. 자기를 세우자는 주장만 하면 도덕주의가 되고, 남들을 세워주자는 주장만 하면 위선주의가 될 수밖에 없다. 이(而)를 통해 두 가지를 결합시킴으로써, 먼저 자기를 세우고 이어서 남들을 세워주어야 한다는 현실적인 주장이 될 수 있었다.

앞서 말했듯이 『논어』 전체에서 입(立)은 예(禮)와 나란히 등장한다. 예(禮)란 주희가 좁혀놓은 것처럼 가례(家禮)나 예법(禮法)에 한정되는 것이 아니라 사리(事理), 즉 '일의 이치'를 말한다. 먼저 공자가 생각했던 예(禮)를 알아보자. 『예기』 중니연거(仲尼燕居)편에서 공자는 이렇게 말하고 있다.

"예(禮)란 무엇인가? 그것은 일에 임해서 그것을 다스리는 것[治事]이다. 군자는 자신의 일이 생기면 그것을 다스리게 되는데, 나라를 다스림에 있어 예가 없으면 비유컨대 장님에게 옆에서 돕는 자가 없는 것과 같다."

예를 이처럼 공자 자신이 명확하게 '일을 다스리는 것[治事]'이라고 말하는데도 한사코 퇴행적으로 예절이나 가례에 국한시켜서 이해하려는 이유는 무엇일까? 하나는 무지 때문이고 또 하나는 주자학의 체계적인 왜곡 때문이다. 이제 이입(而立), 즉 입기이례이입인이례(立己以禮而立人以禮)를 풀어보자.

"먼저 자기를 일의 이치로 세우고 그 후에 다른 사람을 일의 이치로 세워준다."

이렇게 복원할 수 있는 실마리는 '옹야 28'에 나온다.

공자가 말했다. "어찌 어짊에만 그치겠는가? 그것은 반드시 빼어난 이의 경지라 할 만하다. 요순도 (그렇게 하지 못함을) 병통으로 여겼다. 인자(仁者)는 자신이 서고자 함에 남도 서게 하며[己欲立而立人], 자신이 통달하고자 함에 남도 통달하게 하는 것이다[己欲達而達人]. 능히 가까운 데서 취해 자기에게 비추어 본다면 어짊을 행하는 방법이라 할 수 있다.”

그랬기에 한나라 유학자이자 정치가 유향(劉向 기원전 79?~8?)은 『설원(說苑)』에서 예(禮)와 짝을 이루는 악(樂)을 이렇게 풀이했다.

"먼저 자기를 음악으로 바로잡고 그 후에 다른 사람을 음악으로 바로잡는다[正己以樂而正人以樂]."
정-기 이-악 이 정-인 이-악

이 점을 정확히 이해하면 앞으로는 이립(而立)이라고 읽어서는 안 되고 이입(而立)이라고 읽어야 할 것이다. 입(立)은 이(而)에 종속되는 것이 아니라 독립된 뜻을 갖고 있기 때문이다.

○『논어』를 어떤 방법으로 해석할 것인가─형이상·중·하(形而上·中·下)

2016년부터 논어등반학교에서 『논어』를 강의하면서 해석의 핵심 도구로 활용하고 있는 말이 '형이상·중·하(形而上·中·下)'이다. 형이상(形而上), 형이하(形而下)라는 말은 원래부터 있던 말이고, 형이중(形而中)은 내가 만들어낸 말이다. 오늘날 용어로 치자면 정의(定義)라 하겠다.

원래 형이상(形而上), 형이하(形而下)는 『주역』을 총론적으로 풀이한 계사전(繫辭傳)에 나오는 공자 말이다.

"형이상을 일러 도리[道]라 부르고, 형이하를 일러 그릇[器]이라 부른다."
도   기

이 말은 풀자면 형이상은 추상적인 것, 형이하는 구체적인 것이라는 뜻이다. 여기에 그 중간 단계로 형이상을 살짝 풀어주는 형이중(形而中)을 만들어 넣은 이유는 그래야만 『논어』에서 사용하는 공자 언어가 생생하게 입체적 생명력을 얻게 되기 때문이다. 따라서 '형이상'은 개념, '형이중'은 정의, '형이하'는 사례에 해당한다.

『논어』에 자주 등장하는 호학(好學)이라는 말을 예로 들어보겠다. 그냥 호학이라고 해서는 무슨 말인지 알 수가 없다. 그런데도 우리는 호학 군주 운운하면서 조선 시대 세종이나 정조를 거론하는 경우가 많다. 형이상·중·하(形而上·中·下) 원리를 모르는 데서 빚어지는 우스꽝스러운 상황이라고 하겠다.

자, 호학(好學)이라는 키워드를 들고서 『논어』 텍스트 속으로 들어가 이번 기회에 호학이라는 말을 대거 만나보자. 그렇게 하지 않고서는 그 명확한 뜻을 안다는 것이 불가능하기 때문이다. 먼저 '학이 14'에 이 말이 등장한다. 공자 말이다.

> "일은 주도면밀하게 하고 말은 신중하게 하면서 도리를 갖춘 이에게 나아가 (아직도 잘못된 것을) 바로잡는다면 실로 (문을) 배우기를 좋아한다[好學]고 말할 수 있을 것이다"

상당히 구체적인 내용이 제시돼 있다. 형이중으로 형이상에 해당하는 호학(好學)을 풀어냈다고 할 수 있다. 그러나 어디에도 책 읽기를 좋아한다는 말은 없다. 다음은 '공야장 14'이다.

> 자공이 물었다. "공문자는 어떠했기에 문(文)이라는 시호를 받았습니까?"

> 공자가 말했다. "일에 임해 명민하면서 배우기를 좋아했고, 아랫사람에게 묻는 것을 부끄럽게 생각지 않았다. 이 때문에 (시호를) 문이라고 일컫는 것이다."

이번에는 문(文)이라는 형이상을 정의하는데 형이중 차원에서 호학(好學)이란 개념을 쓴 경우다. 여기서는 아직 호학이라는 뜻이 모호할 수밖에 없다. 다만 눈여겨봐야 할 부분은 일과 관련된 명민함, 즉 민(敏)이 호학과 결부돼 있다는 점이다. 이 말은 곧 일을 주도면밀하게 하면서 묻기를 좋아했다[好問=好學]는 것이다. 그랬기에 아랫사람에게 묻는 것도 부끄러워하지 않았던 것이다. 열린 마음과 겸손함이 없이는 불가능한 행동이다. 다시 '공야장 27'에서 공자는 바로 자기 자신이 호학하는 사람임을 이렇게 강조해 말한다.

> "열 가구 정도 되는 마을에도 반드시 나처럼 충신(忠信)한 사람이 있겠지만 나만큼 배움을 좋아하는 사람은 없을 것이다."

유감스럽게도 여기서는 호학(好學)이 서술어로 사용되고 목적어가 없어 그 구체적 내용은 알 수 없다. 다행히 바로 그 앞에 호학하는 사람이 어떤 모습인지를 보여주는 내용이 나온다.

공자가 말했다. "다 끝나버렸구나! 나는 아직 (나만큼) 자기 허물을 발견하여 마음속으로 송사를 하듯이 (맹렬하게) 하는 자를 보지 못했다."

이렇게 하는 것이 호학(好學)이라고 중간 단계, 즉 '형이중' 차원에서 풀어내고 있다. 이어 '옹야 2'이다.

(노나라 임금) 애공이 물었다. "제자들 중에서 누가 배우기를 좋아하는가?"

공자가 말했다. "안회라는 자가 있어 배우기를 좋아해 분노를 다른 데로 옮기지 않고[不遷怒] 잘못을 두 번 다시 반복하지 않았는데 [不貳過] 불행하게도 명이 짧아 죽었습니다. 지금은 그가 가고 없으니 아직 배우기를 좋아하는 자를 들어보지 못했습니다."

임금 애공이 던진 호학(好學)에 관한 물음에 공자는 "분노를 다른 데로 옮기지 않고, 잘못을 두 번 다시 반복하지 않았는데"라고 답한다. 이렇게 하는 것이 호학이라는 말이다. 호학을 형이중 혹은 형이하로 풀어냈다고 할 수 있다.

사실 이 정도면 공자가 말하는 호학(好學)의 뜻을 알아차렸을 것이다. 이런 점에서 보면 세종은 호학군주다. 그런데 지금 우리는 이것을 '학문이나 책 읽기를 좋아한다'로 풀이하고 있다. 그러니 배우기를 좋아하기는커녕 스스로 임금이자 스승임을 자처한 정조에게도 호학군주라는 그릇된 칭호를 올리는 것이다. 이렇게 해서는 공자의 본뜻에 접근조차 할 수 없다. 배우기를 좋아하는 것은 사실상 '겸손하게 부지런히 스스로를 바꿔나가라'는 뜻이라고 봐야 한다. 이렇게 되면 우리는 학이(學而)편 첫 구절을 제대로 이해할 수 있는 길을 만나게 된다.

감사의 말을 전할 차례다. 두 분 스승 고(故) 김충렬 선생님과 이기상 선생님께 깊이 감사드린다. 두 분이 안 계셨으면 20년 넘는 직장생활을 마치고, 다시 학문하는 자세를 회복할 수 없었을 것이다. 아내 김동화와 아들 이상훈은 나에게 늘 든든한 버팀목이다.

20년 넘게 많은 경험을 쌓을 수 있게 해주신 조선일보 방상훈 사장님, 2016년 회사를 나온 이후 물심양면으로 지원과 응원을 아끼지 않으시는 LS그룹 구자열 회장님께 이 자리를 빌려 새삼 진심으로 고맙다는 말씀을 드린다. 최근 몸담고 있는 경제사회연구원을 설립하고 든든한 후원을 해주시는 안대희 대법관님께도 큰 도움을 받았다. 깊이 감사드린다.

천년의상상 선완규 대표와의 인연은 30년 가까이 된다. 선 대표가 논어등반학교에 직접 참가해『논어』등반을 하면서 이 책을 내기로 뜻을 합쳤다. 덕분에 김창한 편집장의 탁월한 편집 도움을 받을 수 있었다. 김 편집장은 편집의 본령을 보여주며 원고의 질을 더 할 수 없이 높여 주었다. 디자이너 심우진 선생은 당대 최고의 장인 정신으로 저자의 결과물을 아름다운 책에 담아주셨다. 세 사람에게도 깊은 감사 인사를 전한다.

2016년 이후 함께 공부하는 즐거움을 누리고 있는 우리 논어등반학교 대원들께도 진심으로 고맙다는 말을 전한다. 특히 서울숲양현재 권혜진 대표는 제왕학 프로그램을 개발해 필자의 작업을 현대화하는데 큰 도움을 주셨다. 최성호 대표는 내가 논어등반학교를 출범할 때부터 지원을 아끼지 않았고, 지금도 늘 함께 하는 동지이기도 하다. 감사의 마음을 전한다.

2024년 2월 상도동 보심서실(普心書室)에서
탄주(灘舟) 이한우(李翰雨) 삼가 쓰다

目次 ^목_차

目 <small>목</small>
次 <small>차</small>

일러두기

1. 본문에 인용한 글의 원주는 《 》로, 저자주 및 역주는 〈 〉로 구분해서 표기했다.
2. 본문의 한글과 음이 동일한 한자는 ( )로, 본문 내용과 뜻은 같으나 한글 음이 다른 한자는 [ ]로 묶어 주었다.
3. 본문 안에 삽입되지 않은 긴 인용문의 경우, 본문보다 글자 음영을 낮추고, 가로 옆줄을 표시해 구분하였다.
4. 『논어』 원문을 비롯해 본문에 병기된 한자 독음을 위첨자로 달아 놓아, 한자에 익숙하지 않은 독자들도 어려움 없이 이 책을 읽을 수 있도록 했다.
5. 『논어』의 20개 편(篇)의 이름은 한자를 병기하였고[예: 학이(學而)편], 각 편에 속해 있는 각 장(章)은 한자 병기 없이 편명과 숫자로 표기했다[예: '학이 1'].
6. 『논어』 각 편(篇) 강의를 시작할 때마다, 첫 페이지에 원문과 독음 전체를 함께 실었다.
7. 이 책에서 인용한 주요 저작들은 다음과 같다. 몇몇 문장들은 가독성을 위해 저자가 수정·보완해 다듬었다
   • 유소, 이한우 옮김, 『이한우의 인물지』, 21세기북스, 2023
   • 유향, 이한우 옮김, 『이한우의 설원』(상·하), 21세기북스, 2023
   • 이한우 옮김, 『이한우의 태종실록』(전 19권), 21세기북스, 2017~2023
   • 이한우 옮김, 『이한우의 주역』(전 3권), 21세기북스, 2020
   • 반고, 이한우 옮김, 『완역 한서』(전 10권), 21세기북스, 2020
   • 진덕수·정민정, 이한우 옮김, 『심경부주』, 해냄, 2015
   • 진덕수, 이한우 옮김, 『대학연의』(상·하), 해냄, 2014
   • 시라카와 시즈카, 장원철·정영실 옮김, 『공자전』, 펄북스, 2016
   • 안핑 친, 김기협 옮김, 『공자 평전』, 돌베개, 2010
   • 이토 진사이, 최경열 옮김, 『논어고의』, 그린비, 2016
   • 정약용, 이지형 옮김, 『역주 논어고금주』(전 5권), 사암, 2010
   • 주희, 성백효 옮김, 『논어집주』, 한국인문고전연구소, 2017

①

學 _학

而 _이

矣仁○曾子曰吾日三省吾身爲人謀

者其爲仁之本與○子曰巧言令色鮮

之有也君子務本本立而道生孝弟也

犯上者鮮矣不好犯上而好作亂者未

君子乎○有子曰其爲人也孝弟而好

遠方來不亦樂乎人不知而不慍不亦

○子曰學而時習之不亦說乎有朋自

5 6 7

言而有信雖曰未學吾必謂之學矣○
언이유신수왈미학오필위지학의

母能竭其力事君能致其身與朋友交
모능갈기력사군능치기신여붕우교

力則以學文○子夏曰賢賢易色事父
력즉이학문 자하왈현현역색사부

出則弟謹而信汎愛衆而親仁行有餘
출즉제근이신범애중이친인행유

而愛人使民以時○子曰弟子入則孝
이애인사민이시 자왈제자입즉효

乎○子曰道千乘之國敬事而信節用
호 자왈도천승지국경사이신절용

而不忠乎與朋友交而不信乎傳不習
이불충호여붕우교이불신호전불습

之求之與○子曰父在觀其志父沒觀

讓以得之夫子之求之也其諸異乎人

之與抑與之與子貢曰夫子溫良恭儉

子貢曰夫子至於是邦也必聞其政求

日慎終追遠民德歸厚矣○子禽問於

信無友不如己者過則勿憚改○曾子

子曰君子不重則不威學則不固主忠

12　13　14

飽居無求安敏於事而愼於言就有道
失其親亦可宗也〇子曰君子食無求
義言可復也恭近於禮遠恥辱也因不
禮節之亦不可行也〇有子曰信近於
美小大由之有所不行知和而和不以
有子曰禮之用和爲貴先王之道斯爲
其行三年無改於父之道可謂孝矣〇

15

16

子曰不患人之不己知患不知人也
자왈불환인지불기지환부지인야

始可與言詩已矣告諸往而知來者○
시가여언시이의고저왕이지내자

如磋如琢如磨其斯之謂與子曰賜也
여차여탁여마기사지위여자왈사야

而樂富而好禮者也子貢曰詩云如切
이락부이호례자야자공왈시운여절

無諂富而無驕何如子曰可也未若貧
무첨부이무교하여자왈가야미약빈

而正焉可謂好學也已○子貢曰貧而
이정언가위호학야이○자공왈빈이

學而

1

○공자가 말했다. "(옛 뛰어난 이들의 애씀이나 애쓰는 법을) 배워서 시간 나는 대로 그것을 익히니 진실로 기쁘지 않겠는가? 뜻을 같이하는 벗이 있어 (먼 곳에 갔다가) 먼 곳으로부터 바야흐로 돌아왔으니 진실로 즐겁지 않겠는가? 남이 자신을 알아주지 않더라도 속으로조차 서운함을 품지 않으니 진실로 군자가 아니겠는가?"

子曰 學而時習之 不亦說乎
자-왈 학-이-시-습-지 불-역-열-호

有朋自遠方來 不亦樂乎
유-붕 자-원 방-래 불-역-낙-호

人不知而不慍 不亦君子乎
인 부-지 이 불-온 불-역-군-자-호

이 세 구절은 바둑 9단 고수가 대국(對局)에서 둔 첫 세 수와 같다. 그것을 통해 전체 대국을 어떻게 끌고 갈 것인지가 사실상 정해지기 때문이다. 이 대국 이름은 공덕(公德) 함양이다. 『논어』는 처음부터 끝까지 제왕학(帝王學) 혹은 리더십 기르다. 물론 곧은 신하[直臣]의 도리를 가르친다는 점에서는 팔로워십 기르기도 겸하고 있다.

　　여기서 우리가 던져야 할 질문은 "도대체 『논어』를 체계적으로 정리한 미지의 편찬자는 왜 이 세 구절을 맨 앞에 두었는가?" 하는 것이다. 기존 풀이처럼 '배우고 때때로 익히면 이 또한 기쁘지 아니한가'식으로 듬성듬성 오역투성이 번역을 따라가서는 결코 이 질문을 돌파할 수 없다. 우선 첫 구절부터 살핀다.

　　"(옛 뛰어난 이들의 애씀이나 애쓰는 법을) 배워서 시간 나는 대로 그것[之]을 익히니 진실로 기쁘지 않겠는가?"

　　전체를 풀어내는 실마리는 '그것[之]'에 있다. 기존 번역들은 대부분 이것을 놓쳤다. 뭔가를 배우고 그 뭔가를 시간 나는 대로 익혀야 한다는 말이다. 곧 보게 되겠지만 그 뭔가란 문(文)이다. 『논어』를 번역한 일부 책에는 일본학자들 영향을 받아서 예(禮)를 배우라고 풀이하는데 그럴 이유가 없다. 『논어』에서 배운다[學]고 할 때는 십중팔구 문(文)을 배우라는 것이기 때문이다. 『논어』에도 학례(學禮)['계씨 13']라는 표현이 나오기는 하지만, 기본적으로 학문(學文)과 지례(知禮)가 문과 예에 각각 맞는 표현이다. 문(文)은 배우고 익혀야 하는 것이고, 예(禮)는 알아야 하는 것이다. 게다가 공자는 '학이 6'에서 배워야[學] 할 것을 문(文)이라고 딱 집어서 말하고 있다.

> "젊은 사람은 집에 들어오면 효도하고 밖에 나가면 공순하며, 매사 조심함으로써 남들에게 믿음을 줘야 하고, 널리 사람들을 사랑하되 (그중에서) 어진 이를 제 몸과 같이 여겨야 한다. 이런 일들을 행하고서 남은 힘이 있거든 (그때에야) 애쓰는 법[文]을 배우도록 하라."

공자가 제자들에게 가르친 네 가지가 문(文) 행(行) 충(忠) 신(信)이다['술이 24']. 그중에 가장 먼저 나오는 것이 문(文)이다. 가장 중요하기 때문에 가장 앞에 내세운 것이다. 문(文)만 알면 거의 다 아는 셈이다.

문(文)의 대표 뜻이 '글월 문'이라 해서 문(文)을 글로 옮긴 번역서들이 많다. 그러나 공자는 글 선생이 아니다. 『논어』를 가장 크게 왜곡한 주희(朱熹 1130~1200)는 『논어집주(論語集註)』에서 문(文)을 『시경(詩經)』 『서경(書經)』 『주역(周易)』 『예기(禮記)』 『악기(樂記)』 『춘추(春秋)』 등, 육경(六經)의 글이라고 보았다. 한마디로 공자 사상이 담긴 책들을 문(文)이라고 본 듯한데 이는 틀렸다고는 할 수 없지만 맞는 것도 아니다. 육경의 글들은 옛 뛰어난 인물들이 열렬히 애썼던 흔적이나 자취[文]들을 모아서 편집해 놓은 것이 분명하지만 문(文)은 그에 한정되지 않는다. 우리가 노력하기에 따라 지금 이곳에서도 얼마든지 문(文)을 찾아 배울 수 있기 때문이다. 그러면 과연 문(文)은 무엇일까?

2007년부터 2012년까지 6년간 『논어』를 파헤치고 나서 맨 마지막에 풀어낸 숙제가 바로 문(文)을 '애쓰다' '애씀' '애쓰는 법'으로 풀어야 한다는 것이었다. 그런데 사서(四書) 풀이 작업을 마치고 도전한 송나라 학자이자 정치가 진덕수(眞德秀 1178~1235)의『대학연의(大學衍義)』번역 작업을 하면서 웃어야 할지 울어야 할지 모를 상황에 마주쳤다. 거기 맨 앞에 바로 답이 나와 있었던 것이다.

『서경』요전(堯典)편에서 요(堯)임금의 자질과 덕목[才德^{재-덕}]을 네 글자로 '흠명문사(欽明文思)'라고 표현했다. 이는 중국에서 옛사람들이 사람을 평하던 네 글자 인물평[四德^{사-덕}]의 원조이기도 하다. 문제는 이 한 자 한 자의 뜻을 정확히 새기는 것이다. 진덕수는 이 흠명문사를 다음과 같이 풀어냈다. 이는 앞으로『논어』를 제대로 풀어가는 데도 많은 시사를 던져준다.

"요임금의 제왕다움[德^덕]을 말하는 것입니다. 흠(欽)이란 삼가지[敬=^경寅^인] 않음이 없다는 뜻이고, 명(明)이란 사람과 일에 대해 환하게 밝지 않음이 없다는 뜻이며, 문(文)이란 (꽃부리) 안에 잠재되어 있던 것을 밖으로 남김없이 드러내 보여주는 것[英華之發見^{영-화 지 발-현}]이고, 사(思)는 뜻하고 생각하는 바가 깊고 멀다는 것입니다."

경어체로 번역한 이유는『대학연의』란 책이 진덕수가 송나라 황제에게 제왕학을 가르치기 위해 경서(經書)와 사서(史書)를 인용한 다음 그것을 풀어낸 것이기 때문이다. 진덕수에게 대학(大學)은 곧 제왕학이다.

다시 본론이다. 여기서 진덕수는 명확하게 "문(文)이란 (꽃부리) 안에 잠재되어 있던 것을 밖으로 남김없이 드러내 보여주는 것"이라고 말하고 있다. 형이상 문(文)을 형이중으로 풀어낸 것이다. 현재로서 문(文)의 뜻에 가장 가까운 우리말은 내가 볼 때 '열렬하게 애쓰는 것'이다. 문(文)에 대해서는 앞으로도 계속 다룰 것이니, 일단 이 정도에서 마치고 다음으로 넘어갈까 한다.

정리하자면, '학이시습지(學而時習之)'란, '애씀이나 애쓰는 법을 배워서 시간 나는 대로 그것을 익힌다'는 말이다. 이로써 그것[之^지]에 대한 궁금증도 풀렸고 따라서 학이시습지(學而時習之)는 온전히 파악됐다. 기존의『논어』풀이는 유감스럽게도 여기서 그치고 만다. 배우다[學^학]의 목적어는 어렵사리 찾았지만 아직 주어는 찾지 못했는데도 말이다.

그렇다면 학이시습지(學而時習之)라고 했을 때 문(文), 즉 애씀이나 애쓰는 법을 배워서 익혀야 하는 주체는 누구일까? 이 말을 줄이면 학습(學習)이 되다보니 흔히들 어린아이들을 『논어』를 배우는 주체나 주어로 생각하는 경향이 일반적이다. 그러나 지난 10년 동안 씨름한 결과, 『논어』는 어린아이들을 위한 책이 아니라는 결론에 이르렀다. 딱 끊어 말하긴 어렵지만 오늘날 20대 중반까지는 『논어』를 읽어도 그 깊은 뜻을 알 수가 없다. 왜냐하면 『논어』는 조직의 최고 지도자 혹은 최고 지도자가 되려는 사람을 위한 책이기 때문이다. 즉 군군신신(君君臣臣)이 주제인 책이다. 이 말을 하는 도중에 주어가 나와 버렸다. 군자(君子), 즉 군주가 주어다. 군주 된 자 혹은 군주가 되고자 하는 자가 바로 학이시습지(學而時習之)의 주어다.

이제 불역열호(不亦說乎), 즉 "진실로 기쁘지 않겠는가?"와 연결지어 풀 수 있는 마지막 단계에 이르렀다. 참고로 '불역(不亦)~호(乎)'는 ~를 강조하기 위한 표현법이다. 역(亦)은 그래서 흔히 오역하듯이 '또한'이 아니다. '역시(亦是)'의 역(亦)으로 '진실로' '정말로'라는 뜻이다.

그런데 어린 학생도 아니고 일반 학자도 아니고 군자, 즉 군주가 과연 (옛 뛰어난 이들의 애씀이나 애쓰는 법을) 배워서 시간 나는 대로 그것을 익히는 것을 진실로 기뻐할까? 솔직히 배우고 익히는 일은 즐겁기보다 힘겨운 일이 아닌가.

이것은 『논어』가 제시하는 군주상(像)이 무엇인지에 달렸다. 바로 강명(剛明)한 군주, 즉 굳세고 눈 밝은 임금이다. 그 점에서는 『주역』이 제시하는 군주상과 정확히 일치한다. 그런데 강(剛)은 다른 말로 하면 한결같음[一]인데, 군주가 일을 살피고 사람을 보는데 눈 밝아지기 위해서는 문(文)을 배워야 하고 그것을 기꺼이 즐거워할 줄 알아야 한다는 뜻이다.

군주란 그 나라의 규모가 크건 작건 모든 권력을 장악한 사람이다. 가장 경계해야 할 것은 무엇일까? 교만[驕]이다. 이 정도면 잘 하고 있다는 어설픈 자신감이다. 이런 사람들은 새로운 것을 배우려 하지 않고 당연히 익히려 하지도 않는다. 귀찮고 번거롭고 지겹기 때문이다. 또 경계해야 할 바가 그래서 게으름이나 태만[怠]이다. 여기서 문제는 이처럼 교만이나 게으름으로 인해 더 이상 나아가려 하지 않는 지도자에게는 새로운 길을 인도해 줄 '스승과 같은 신하[師臣]'를 가까이 둘 수 있는 여지가 없다는 사실이다. 앞으로 나아가기를 멈춰버린 지도자에게 꼬이는 것은 아첨하는 신하[佞臣]뿐이다.

결론이다. 지도자가 바로 이런 기쁜 마음을 진심으로 가질 때라야 새로운 길을 열어 밝혀줄 수 있는 스승과 같은 신하를 곁에 둘 수 있다. 스승과 같은 신하는 눈을 열어준다. 눈 밝음[明]은 스승을 통해 배울 수 있다. 그러니 이 구절의 핵심 메시지는 겸손한 마음가짐[謙]으로 귀결되는 것이다. 오만해서는 어떤 신하도 스승 역할을 자임하고 나설 수 없다.

옛사람들이 배움[學]을 곧 겸손과 연결했던 사례는 쉽게 찾을 수 있다. 『태종실록』 태종 1년(1401년) 1월 14일 조선 초 대표적 유학자 권근(權近 1352~1409)은 태종이 배움을 소홀히 하자 글을 올렸는데 그중에 이런 대목이 있다.

"전하께서는 타고난 성품이 특출나고 밝으시며 배우고 묻는 바가 정밀하면서 넓으시니, 유학을 공부한 신하[儒臣]가 진강(進講)하는 것이 어찌 능히 제대로 더 일깨워주고 밝혀주는 바가 있겠습니까? 그렇지만 경연에 나오시어 정신을 한데 모아 (옛 경전들을) 깊이 읽고 끝까지 파고드신다면, 마음속에 의로움과 이치가 밝게 드러나 반드시 편안히 거처하시면서 아무것도 하지 않으실 때나 정사를 듣느라 바쁜 일이 많으실 때와는 반드시 다른 바가 있을 것입니다. (그렇다면) 제왕의 배움이 어찌 이로 말미암아 더욱 나아가지 않겠습니까?

또 진강하는 신하들이 비록 모두 용렬한 유자[庸儒]이지만 전하께서 배움이 있다고 일컫는 자들이니 윤번(輪番)으로 교대하여 나아와 (전하께서) 나아가고 머무시는 것을 기다리다가 아무런 반응이 없으시어 물러간 것이 여러 번이오니 유자를 높이고 배움을 향하는 뜻이 너무 가볍지 않겠습니까? 옛날에 부열(傅說-은나라 고종 때의 뛰어난 재상)은 고종에게 아뢰기를 '생각건대 배움은 뜻을 공손히 하는 것입니다'라고 했습니다.

엎드려 바라옵건대 하늘이 내려준 자질의 밝음만 믿지 마시고, 유신(儒臣)들이 고루하다고 말하지 마시고, 날마다 경연에 나오시어 마음을 비우고 뜻을 공손히 하여 힘써 깊이 읽고 밝히시어[講明] 감히 하루라도 혹 빠트리지 마시고 혹시 다른 연유가 있어 정강해야 하는 날에도 마땅히 강관(講官)을 불러 보시고 얼굴을 마주하여 일깨워주신 다음에 끝내도록 하소서.'

이것은 고스란히 '학이시습지(學而時習之) 불역열호(不亦說乎)'에 대한 풀이임과 동시에 조선의 학자들이 고전의 속뜻을 정확하게 읽어내고 있었음을 보여주는 장면이라 하겠다.

이제 '왜『논어』첫 자리에 이 말이 등장했는지?' 충분히 설명되었으리라 여긴다.『논어』를 군주론 혹은 제왕학의 텍스트로 볼 때라야 이런 질문이 비로소 생생한 활력을 갖는다. 학생들 계몽서로, 선비 혹은 군자가 되고자 하는 자를 위한 심신 수양 도덕 함양서 정도로 보는 기존 관점으로는 이런 활력 있는 질문에 이를 수가 없다. 물론 그 질문을 던져서 얻어내게 되는 답도 차원이 전혀 다르다.

두 번째 구절, '유붕자원방래(有朋自遠方來) 불역낙호(不亦樂乎).' 앞의 구절만큼이나 엉뚱하게 오역되고 있는 것이 이 말이다. 대개는 이렇게 번역한다. '벗이 있어 먼 곳에서 찾아오니 즐겁지 아니한가?'

이 오역에서 방점은 '먼 곳'에 찍어야 한다. 물론 먼 곳에서 벗이 찾아오면 반갑다. 그러나 이런 정도 내용이『논어』첫머리 세 문장 중 두 번째를 차지할 수는 없다. 만일 이런 번역이 맞다고 한다면 반문을 해보겠다. 가까이 있는 친구가 찾아오면 즐겁지 않다는 말인가? 공자가 기껏 가까이에서 자주 보는 친구보다는 먼 곳에서 오랜만에 찾아온 벗에게 즐거운 마음을 가지라는 『명심보감』에 실리기에도 수준 떨어지는 처세 노하우를 던졌고, 또 미지의 편찬자는 그 뜻을 받아 『논어』 첫머리 세 문장 중 두 번째 자리에 두었겠는가? 당연히 아니다.

이런 오역에서 벗어나는 첫 번째 실마리는 붕(朋)에 있다. 붕은 사적인 친구[友]가 아니다. 공적으로 뜻을 같이하는 친구[同志之友]가 붕이다. 주희는 이를 같은 무리[同類]라고 했다. 비슷한 뜻이다. 두 번째 실마리는 원(遠)이다. '멀다'라는 뜻밖에 모르면 우리는 한 걸음도 나아갈 수 없다. 여기서 원(遠)은 멀다가 아니라 '공명정대하다'라는 뜻이다. 『논어』 '안연 6'에 나오는 다음 구절에서 원(遠)이 무슨 뜻인지 짐작 가능하다.

> 자장이 밝다 혹은 밝음에 관해 물었다. 공자가 말했다. "점점 젖어 드는 (동료에 대한) 참소와 살갗을 파고드는 (친지들의 애끓는) 하소연을 (단호히 끊어) 행해지지 않게 한다면 그것이야말로 밝다[明]고 말할 수 있다. (그 같은) 점점 젖어 드는 (동료에 대한) 참소와 살갗을 파고드는 (친지들의 애끓는) 하소연을 (단호히 끊어) 행해지지 않게 한다면, 그것이야말로 (어리석음과 어두움으로부터) 멀다[遠]고 말할 수 있다."

정확히 명(明)과 원(遠)을 같은 뜻으로 사용하고 있음을 확인할 수 있다. 원(遠)의 뜻인 공명정대(公明正大)는 각기 한 글자씩 읽어야 하는데, 공(公)=명(明)=정(正)=대(大)는 그래서 각각 사(私)=암(暗)=사(邪)=소(小)와 대비된다. 당연히 원(遠)은 공(公), 근(近)은 사(私)가 된다.

요즘은 참소나 참언[譖=讒]이란 말보다는 중상모략, 무고, 헐뜯기 등을 더 자주 사용한다. 공자의 이 말도 군주나 지도자를 향해서 하는 말이다. 리더가 미리 알아서[先覺] 신하들 간에 실상과 동떨어진 중상모략이 행해지지 않게 하고, 주변 사람들의 사사로운 청탁을 끊어낼 때 그 리더십은 공명정대하다[明=遠]는 평가를 들을 수 있다는 말이다. 붕(朋)과 원(遠)을 풀면 거의 다 된 셈이다. 따라서 이 구절의 올바른 번역은 이렇다.

> "뜻을 같이하는 벗이 있어 (먼 곳에 갔다가) 먼 곳으로부터 바야흐로 돌아왔으니 진실로 즐겁지 않겠는가?"

1

　신하들 중에 신뢰하며 뜻을 같이하는 신하가 있는데 먼 곳에, 즉 군주를 에워싼 주변의 사사로운 측근이나 근신, 환관이나 친인척, 부인과 후궁들이 있는 익숙한 세계[近]에서 벗어난 곳에 가서 공정하고 비판적이고 때로는 귀에 거슬릴 수도 있는, 불편하지만 바르고 곧은 이야기들을 듣고서 막[方] 돌아왔다. 그러면 당연히 어떤 식으로건 그런 이야기를 다양한 방식으로 군주에게 전할 수밖에 없다. 그 내용에 따라 군주로서 불편한 정도를 넘어 불쾌하고 크게 화가 날 수도 있다.

　그러나 만일 그렇게 한다면 아무리 신뢰를 공유하고 뜻을 같이하는 신하라도 다음부터는 쉽게 말을 꺼내기가 어렵다. 모든 것은 온전히 군주의 마음 자세에 달렸다. 그것이 바로 앞의 불역열호(不亦說乎)와 마찬가지로 불역낙호(不亦樂乎), 즉 "진실로 즐겁지 않겠는가?"에 직결된다. 겉으로만 즐거워해서도 신하는 입을 떼기 어렵다. '진실로[亦]' 그러할 때라야 신하는 다음에도 군주의 허물을 피하지 않고 전달할 수가 있다.

　눈 밝은 독자라면 벌써 알아차렸을 것이다. 고대 중국으로부터 우리 조선 시대까지 면면하게 이어진 언관(言官)이 갖춰야 할 간쟁(諫爭) 정신은 바로 이 같은 임금의 열린 마음이 전제될 때 제대로 발휘될 수 있었다. 그런 임금이라야 신하들 간언을 따를 줄 아는, 종간(從諫)하는 귀 열린 임금이다.

　군주가 자기 과오를 지적하는 신하를 이처럼 뜻을 같이하는 벗과 같은 신하[友臣]로 대할 때라야 주변에 그런 신하들이 포진하여 군주의 귀 밝음[聰]을 키우고 유지시켜 줄 수 있다. 스승과 같은 신하는 임금의 눈을 열어준다. 벗과 같은 신하는 임금의 귀를 열어준다. 이 구절의 핵심 메시지는 넓고 큰마음[弘] 혹은 두루 품어 안는 마음[容]이다. 이를 송나라 성리학자 여대림(呂大臨 1046~1092)은 친사취우(親師取友)라고 표현했다. 스승을 가까이하고 벗을 취한다는 뜻이다.

　요컨대, '학이 1'의 첫 번째 문장은 임금 눈을 열어주는 눈 밝음[明]의 문제였고, 두 번째 문장은 임금 귀를 열어주는 귀 밝음[聰]의 문제였다. 총명(聰明)이 임금이 갖춰야 할 자질로 강조되었던 것도 그 때문이다.

『설원』1-20에서도 임금과 신하의 바람직한 관계를 스승과 벗에 빗대어 말하고 있다.

> 연나라 소왕이 곽외(郭隗)에게 물었다. "과인(寡人)의 땅은 좁고 백성은 적어 제나라 사람들이 계(薊) 땅의 8성(城)을 차지했고 흉노는 누번(樓煩) 아래에까지 치달려왔는데, 고(孤-임금의 자칭)의 불초함으로 종묘를 이어받아 사직이 위태로울까 두려우니 나라를 존속하려면 어떤 방법이 있겠는가?" (…)

> 곽외가 말했다. "제왕다운 제왕[帝者]의 신하는 그 명칭은 신하이지만 실은 스승[師]입니다. 임금다운 임금[王者]의 신하는 그 명칭은 신하이지만 실은 벗[友]입니다. 패권을 쥔 임금[霸者]의 신하는 그 명칭은 신하이지만 실은 종[僕]입니다. 나라를 위험과 곤란에 빠뜨리는 신하는 그 명칭은 신하이지만 실은 오랑캐[虜]입니다."

또한 『주역』에서도 임금과 신하를 뜻을 같이하는 벗으로 표현했다. 『주역』 중수감(重水坎)괘(䷜)는 군자를 나타내는 한 양효가 위아래로 소인을 나타내는 두 음효 사이에 빠진 모양이 두 번 중복되어 있다. 전체적으로 임금이 큰 어려움에 빠진 상황이다. 그중 밑에서 네 번째 음효, 흔히 육사(六四)라고 부르는 음효에 대한 풀이가 흥미롭다. 이에 대해 주공(周公)은 이렇게 말을 달았다.

> "육사(六四)는 한 동이 술과 두 그릇의 밥을 질그릇에 담고 마음을 결속시키기를 남쪽 창문을 통해서 하면 끝내는 허물이 없다"

이에 대해 공자는 다음과 같이 풀이했다.

> "〔육사(六四)는〕 한 동이 술과 두 그릇의 밥이란 굳셈과 부드러움[剛柔]이 교류하는 것이다"

공자 말은 임금과 신하가 뜻을 합쳐 교류한다는 뜻이다. 즉 두 사람은 붕(朋), 뜻이 같은 벗이다. 질그릇[缶]은 두 사람 관계가 그만큼 진실되다는 뜻이다. 남쪽 창문은 네 창문 중에서 가장 밝으니 명(明)을 뜻한다. 그리고 주공은 이렇게 한다면 "끝내는 허물이 없다"라고 했다.

    '학이 1'의 두 번째 구절과 비슷하면서도 차이가 있다. 그때는 임금을 향해서 하는 말이었고, 여기서는 신하에게 간언하는 도리를 말해 주고 있다. 어려움에 빠진 임금 마음속에는 밝은 면도 있고 어두운 면도 있다. 어두운 면이란 스스로 잘못한 부분이고, 밝은 면이란 이치를 깨우쳐주면 밝게 알아듣는 부분이다. 이럴 경우 간언하는 신하는 곧장 임금의 어두운 면을 자극하지 말고, 에둘러서 밝은 면에 초점을 맞춰 은근하게 이치를 깨우쳐주라는 말이다. 이렇게 하면 임금도 자존심 상하지 않고 스스로 자기 잘못을 바로잡아가게 되고, 신하도 임금을 범하는 잘못을 저지르지 않아 두 사람의 관계는 오래오래 이어갈 수 있다. 『논어』는 군주 입장에서, 『주역』은 신하 입장에서 간언을 주고받는 바람직한 방식을 나란히 제시하고 있는 것이다.

    '학이 1' 마지막 구절인 '인부지이불온(人不知而不慍) 불역군자호(不亦君子乎)', 이 또한 오역에 대한 지적에서 시작할 수밖에 없다. 이 구절을 흔히 이렇게들 번역한다. "남들이 알아주지 않아도 성내지 않으면 이 또한 군자가 아니겠는가?"

    역(亦) 문제는 앞서 지적했고 여기서 오역은 온(慍)이다. 사전에 '성내다'라는 뜻이 있지만 여기서 온(慍)은 분(忿)이나 노(怒)처럼 겉으로 드러내는 것이 아니다. '속으로 꽁하다' 혹은 '서운해하다'가 온(慍)의 정확한 뜻이다. 남들이 알아주지 않는다고 해서 드러내 놓고 성내는 사람은 그냥 덜떨어진 사람이지 군자 운운할 가치도 없다.

    이런 마음은 군주나 신하 모두 가져야겠지만 문맥 속에서 판단해 보면 신하를 염두에 둔 말이다. 그렇다면 우선 '남들'이라고 해서는 안 되고 '남'이라고 해야 하며 그 사람은 곧 임금이다. 임금이 자신이 세운 큰 공로를 알아주지 않더라도 속으로조차 서운함을 품지 않는 군자다운 신하, 그 사람이 바로 곧은 신하[直臣]이다. 공로를 알아주지 않더라도 속으로조차 서운해하지 않는 형이중을 형이상으로 끌어올린 것이 바로 곧음[直]이다.

이에 따라 이 구절을 번역하면 다음과 같다.

"남이 자신을 알아주지 않더라도 속으로조차 서운함을 품지 않으니 진실로 군자가 아니겠는가?"

이 구절이 던지는 핵심 메시지는 '겉으로는 물론이고 속으로도 서운함을 품지 않는 것', 즉 스스로에게 조금도 거짓됨이 없는 곧은 마음[忠直], 혹은 남을 의식하지 않고 오직 스스로 우러나서 하는 마음[安]이다. 안(安) 문제는 특히 곧음[直]과 연결되어 매우 중요한데 뒤에 가서 집중적으로 다룬다.

정리하자면, '학이 1'에서 첫 번째 문장은 명군(明君)의 문제, 세 번째 문장은 직신(直臣)의 문제 그리고 두 번째 문장은 이런 명군과 직신이 오랫동안 좋은 군신 관계를 이어갈 수 있는 사귐[交]에 관한 글이었다. 우리가 세 번째 문장을 이렇게 해석해야 하는 이유에 대해서는 바로 다음 '학이 2'가 답을 줄 것이다.

이렇게 해서 우리는 『논어』라는 높은 산을 향한 첫걸음을 내디뎠다. 일본의 유학자 이토 진사이(伊藤仁齋 1627~1705)는 『논어고의(論語古義)』에서 이 세 구절을 가리켜 '소논어(小論語)'라고 했다. 전적으로 동의한다. 『논어』는 이 세 구절에서 시작해 계속 반복해 이 세 구절로 돌아온다. 물론 돌아올 때는 처음 시작할 때와 비교할 수 없을 만큼 풍성한 의미를 품고서 되돌아온다.

學而

2

○유자가 말했다. "그 사람됨이 효성스럽고 공순한데도 윗사람 범하기를 좋아하는 자는 드물다. 윗사람 범하기를 좋아하지 않는데도 난을 일으키기를 좋아하는 자는 없다. 군자는 근본에 힘쓰니, 근본이 서야 도리가 생겨난다. 효도와 공순이라는 것은 아마도 어짊을 행하는 근본일 것이다."

有子曰 其爲人也孝弟 而好犯上者
鮮矣
不好犯上 而好作亂者 未之有也
君子務本 本立而道生
孝弟也者 其爲仁之本與

유자(有子)는 공자 제자 유약(有若)으로 공자와 같은 노(魯)나라 사람이다. 『맹자(孟子)』 등문공장구(滕文公章句)에는 유약과 관련된 언급이 나온다.

옛날에 공자께서 돌아가시자 3년이 지난 후에 제자들이 각자 자신들의 짐을 챙겨서 장차 돌아가려고 했다. 이때 제자들은〔공자의 상례(喪禮)를 주관하고 있던〕자공에게 들어가서 인사를 한 후 서로 마주 보며 통곡을 하고, 모두 목이 쉰 뒤에야 겨우 각자의 길을 떠났다. 자공은 다시 돌아와서 공자 묘소 옆에 여막(廬幕)을 짓고 홀로 3년을 더 보낸 후에 돌아갔다. 훗날 자하(子夏), 자장(子張), 자유(子游) 세 사람이 모여 유약(有若)이 공자와 닮았다고 하여 공자를 섬기듯 예로써 유약을 섬기기로 하고서 증자(曾子)에게도 이같이 해줄 것을 권했다. 이에 증자는 다음과 같이 말했다. "안 된다. (스승님의 다움을 비유해서 말하자면) 장강과 한수의 (맑은) 물로 씻어내고 가을 뙤약볕을 쬐어 말린 듯 하얗게 빛나니 그 위에 조금이라도 더해서는 안 될 것이다."

증자에 의해 좌절되기는 했지만 이처럼 공자 제자들에 의해 공자 뒤를 이을 만한 인물로 거론될 만큼 유자가 제자들 사이에서 차지하는 비중은 컸던 것으로 보인다. 『논어』에도 그의 말이 상당히 무게감 있게 몇 차례 실려 있다.

적재적소에 사람을 써야 하는[用人] 군주에게 무엇보다 필요한 것은 사람을 알아보는 눈[知人＝知人之鑑]이다. 유자의 이 말을 단순히 효도와 공순[孝弟]의 중요성을 강조하는 정도로 읽어 끝낸다면, 그것은 전형적인 기존의 낡은 독법이다. 공(恭)은 공손(恭遜), 제(弟)는 공순(恭順)으로 옮겼는데 뜻은 같다. 효도와 공순으로 시작하지만 그 중간 과정을 잘 읽어보면 '효도하고 공순하라'는 뜻이라기보다는 조심해야 할 사람을 가려내는 법을 제시하고 있다. 그 첫째가 윗사람 범하기[犯上]를 좋아하는 사람을 미리 골라내는 문제다.

"그 사람됨이 효성스럽고 공순한데도 윗사람 범하기를 좋아하는 자는 드물다."

윗사람을 범한다는 것은 겉으로 드러나는 것보다는 속으로 그런 마음을 품고 있는 것을 말한다. 그것을 여러 징후를 통해 찾아내는 것이 바로 사람을 알아보는 능력이다. 겉으로 드러나는 것이야 어린아이도 보아서 알 수 있는 것이고, 속으로 그런 마음을 품었을 때는 미리 알아차리지[先覺] 않으면 뒤에 가서 배신이나 예기치 못한 곤란을 겪게 된다. 그러면 자연스럽게 이는 '학이 1' 세 번째 문장이 말했던 곧은 신하[直臣]와 반대되는 곧지 못한 자[不直]를 찾아내는 방법과 관련 된다.

결국 어떤 사람이 마음속에 윗사람을 범하려는 마음을 품고 있는지를 알아내려면, 평소 생활에서 부모에 대한 태도나 주변 윗사람을 대하는 무의식적인 행동이나 말이 열쇠가 된다. 사적인 영역에서 부모에게 효도

하지 않고 주변 어른들에게 공순하지 않은 사람이 공적 영역에 나왔다고
해서 달라질 리가 없다. 어떤 인물의 가정과 주변을 먼저 살피고 이어 그
것을 미루어 헤아려[推] 그다음 행동을 미리 그려보는 것이 일차적 단계
다. 이런 점을 감안해 본다면 우리는 '서문'에서 언급했던 군군신신 부부
자자(君君臣臣父父子子) 중에서 공자가 어느 쪽에 비중을 두는지를 분명히
알아차릴 수 있을 것이다. 당연히 군군신신(君君臣臣)의 공(公)이다.

　　여기서 한 가지 짚고 넘어가야 할 표현은 '드물다[鮮]'이다. 이는 공
자 특유의 어법 차원에서 중요하다. 함부로 단정적 표현을 하지 않고 늘
신중한 태도를 보이는 것이 공자 특유의 어법[毋必]이기 때문이다. 유자는
그런 점에서도 공자에 아주 가까웠다고 할 수 있다. 동시에 '드물다[鮮]'
는 그만큼 사람을 살피는 문제가 쉽지 않다는 것을 유자 자신이 간접적으
로 드러내 보여준 것이다. 앞으로도 이런 미묘한 표현들에 주의하며 읽어
갈 것이다.

　　'학이 2'의 두 번째 문장부터는 사람을 살피는 일이 좀 더 깊고 넓은
범위에서 이뤄진다. '범상(犯上)'을 매개로 더 심화되는 것이다. 효도나
공순이라는 근본에 이어 이처럼 단계적으로 미루어 헤아려 가는 것[推]이
유자 발언의 핵심이다.

　　"윗사람 범하기를 좋아하지 않는데도 난을 일으키기[作亂]를 좋아하
　　는 자는 없다."

　　이번에는 '드물다'라는 잠정적 표현이 없다. 보다 단정적이다. 그만
큼 범상(犯上)과 작란(作亂)은 인과성이 높다는 말이다. 군주 입장에서 가
장 긴요한 사안은 '누가 난을 일으킬 가능성이 있는 자인가?' 하는 문제
다. 그걸 알고자 한다면 범상하는 마음을 품은 자를 먼저 가려내야 하고,
더 나아가 효도와 공순을 평소에 우러나서[安] 행하고 있는지를 점검하는
것이 필수적이다.

　　정약용(丁若鏞 1762~1836)도 『논어고금주(論語古今註)』에서 유자의 이
말을 군주 입장에서 풀이하고 있다.

"춘추 시대에 난을 일으키는 자들이 많았으니 그 당시 군주들이 이를 근심하면서도 대처법을 알지 못했기 때문에 유자가 이런 말을 한 것이다."

이처럼 『논어』는 그 시작부터 지인(知人) 문제를 우리에게 던진다.

그렇다고 군주가 지엽말단에 속하는 관상(觀相)이나 사술(邪術)에 기댈 수는 없다. 그러면 어떻게 해야 할까? 다음은 유자가 제시하는 포괄적인 해법이다. 이는 앞으로 더욱 구체화된다.

"군자는 근본에 힘쓰니, 근본이 서야 도리가 생겨난다. 효도와 공순이라는 것은 아마도 어짊을 행하는 근본[爲仁之本]일 것이다."

물론 여기서도 군자는 군주다. 근본에 힘을 쓰라고 했다. 그리고 그 근본은 '효도와 공순'이라고 말한다. 특히 어짊을 행하는 근본이라고 덧붙인다. 내용은 어렵지 않다. 관건은 "근본에 힘쓴다[務本]"의 두 가지 의미를 정확히 이해하는 것이다. 우선은 사람을 살필 때 무엇보다 어짊을 행하는 근본인 효도와 공순에 얼마나 힘을 쏟는지를 살피는 것이다. 그런데 그냥 본다고 해서 저절로 보이는 것이 아니다. 그것은 사람을 살피려는 주체, 즉 군주 자신이 효도와 공순에 힘을 쏟을 때라야 신하들의 효도와 공순이 얼마나 깊은지 눈에 들어온다. 그러면 사람이 어떻게 해야 할지 도리[道]가 생겨난다. 효제(孝弟)에서 범상(犯上)을 걸러내고 나아가 작란(作亂)을 찾아내는 것이 바로 군주의 급선무이다.

이제 어짊만 연결 지으면 된다. "근본이 서야 도리가 생겨난다"라고 했다. 여기에 어짊을 연결해야 보다 구체적인 모습을 띠게 된다.

"(어짊을 행하는) 근본이 서야 (어짊을 행하는) 도리가 생겨난다."

도리란 다름 아닌 군군신신(君君臣臣)이다. 즉 임금과 신하 관계의 덕목이다. 여기서 유자는 이렇게 마무리한다.

"효도와 공순이라는 것은 아마도 어짊[仁]을 행하는 근본일 것이다."

결국 어짊을 행하는 도리는 효도와 공순에서 비롯될 수밖에 없다. 어짊의 출발점이 효도와 공순[孝弟]이다. 어짊을 행하는 도리는 효도와 공순으로부터 미루어 헤아려[推] 가는 것이다. 유자의 이 구절에 대해서는 정확히 군주 입장에서 풀어낸 정약용 말이 정답이다.

"옛날의 빼어난 임금들은 힘써야 할 일을 알고 중요시해야 할 일을 알았기에 천하를 효도와 공순으로써 이끌었다. 삼왕(三王-우왕, 탕왕 그리고 문왕이나 무왕)이 숭상한 것은 각기 달랐지만 나이 많은 어른을 숭상한 점에서는 똑같았다. 태학에서 원로들을 봉양할 때 천자가 몸소 소매를 걷어 올리고 희생양을 자르고 육장(肉醬)을 받들고 가서 권하여 제후들에게 공순함을 가르쳤던 것이다. 백성들이 이에 (그것을 본받아) 윗사람 범하기를 좋아하지 아니하고 화란(禍亂)이 일어나지 않았으니, 이는 크게 지혜로운 일이다. 그 시대의 임금이 힘써야 할 것은 알지 못하고 오직 견고한 갑옷과 예리한 병기만 만들어 난을 막으려 하고, 엄한 법과 중한 형벌을 만들어 윗사람 범하는 것을 막으려고 한다면, 그는 이미 근본이 없으니 장차 무엇으로 임금을 섬기고 충성을 다하여 어짊을 이루겠는가?"

마지막으로 한 가지 짚고 넘어가야 할 표현은 '아마도[其]~일 것이다[與=歟]'이다. 의문이나 추측으로 끝나는 문장일 경우 기(其)는 십중팔구 '아마도(maybe)'라는 뜻이다. 여기서 문장 끝에 있는 여(與)는 추측의 뜻을 나타내는 어조사다. 앞서 본 선(鮮)과 마찬가지로 지나친 단정을 멀리하는 조심스러운 표현이다. 이 또한 공자가 즐겨 쓰는 표현법이다.

3

○공자가 말했다. "정교한 말과 아름다운 얼굴빛을 가진 사람들 중에 드
　물구나! 어진 사람이여."

_{자-왈}　_{교-언-영-색}　　_{선-의　인}
子曰 巧言令色 鮮矣仁

이는 '학이 2'에 이어진다. 범상(犯上)할 사람을 찾아내는 문제로 나아왔
기 때문이다. 그런데 이 구절만큼 오역과 오독이 심한 경우도 드물다. 이
구렁텅이에서 벗어날 수 있는 유일한 동아줄은 '선의 인(鮮矣仁)'에 달려
있다. 원래는 인 선의(仁鮮矣)인데 도치된 것이다. 물론 강조를 위함이다.
　　공자는 언어의 달인이다. 해야 할 말은 반드시 하고, 불필요한 말은
단 한 글자도 하지 않는다[切]는 점에서 특히 그렇다. 기존 『논어』 풀이들
이 대부분 놓치고 있는 요점 중 하나가 이 언어의 달인으로서 공자이다.
미묘한 뉘앙스까지 찾아내지 않고서는 공자의 깊은 생각 속으로 충분히
들어가기 어렵다.
　　공자는 인무야(仁無也) 혹은 불인야(不仁也)라고 하지 않았다. 즉 정교
한 말과 아름다운 얼굴빛을 가진 사람들 중에 '어진 사람은 없다'거나 그
런 사람들은 '어질지 않다'라고 말하지 않았다. 비인야(非仁也), 즉 '어진
사람이 아니다'라고도 하지 않았다. 말 그대로 '드물다[鮮矣]'라고 했을
뿐이다. 이 점을 놓친 기존 번역들은 하나같이 "교언영색하는 자는 어질
지 않다"라고 풀어놓고 있다. 초점을 빗나간 풀이다. 물론 그 책임은 기본
적으로 주희에게 있다. 그는 이 구절을 풀이하며 "공자가 말씀이 박절하
지 않아 오로지 드물다고만 말했을 뿐 (실제로는) 절대 없음[絶無]을 알 수
있다"라고 말했다. 즉 주희는 선(鮮)의 의미를 무시하고 '절대'라고 말하
고 있다. 그 잘못은 너무도 크다. 지금도 우리는 흔히 '교언영색(巧言令色)'
을 아부나 아첨하는 사람의 모습으로 알고 있는데, 이 맥락에서는 그런 뜻
이 아니다. '교언'은 말을 정교하게 잘 한다는 중립적인 뜻일 뿐, 말을 교

묘하게 한다는 게 아니다. '영색' 또한 아름답고 좋은 얼굴빛이라는 뜻이다. 교언영색을 직역하면 '정교한 말과 아름다운 얼굴빛을 가진 사람'인데 어찌 그 자체로 나쁜 의미겠는가. 결국 교언영색은 그가 어떤 사람인지에 따라 다르게 평가된다.

간략한 표를 통해 이를 살펴보자.

	교언(巧言)영색(令色)=겉모습=문(文)	어짊[仁]=속마음=질(質)
A	○	○
B	○	×
C	×	○
D	×	×

지금 공자의 말은 A와 B 사이에서 일어난 발언이다. C와 D는 애초부터 배제한 다음에 일단 교언[言]과 영색[行]이 되는 사람들만 대상으로 해서 그 사람의 어짊 여부를 판단하려 하면서 공자는 "드물구나! 어진 사람이여"라고 말했던 것이다.

우리는 앞서 문(文), 즉 애씀에 대해 살펴보았다. 이 표에서 애쓰는 사람은 A와 B다. 애를 쓴다는 것은 말과 행동으로 하는 것이다. 교(巧)나 영(令=美)이 바로 애쓰는 모습들이다. D는 말할 필요도 없는 경우이고 문제는 C이다. 공자식으로 표현하자면 바탕[質]은 좋은데 이를 키우려고 애쓰는 바[文]가 없다. B는 타고난 바탕은 나쁘더라도 애써 왔다는 점에서 C보다 나은 인물인 셈이다.

정약용은 이 구절을 한마디로 '사람을 살펴보는 법[觀人之法]'이라고 했다. 바탕도 좋고 애쓰는 바도 뛰어난 사람[文質彬彬]['옹야 16']을 찾아내는 것이 바로 지인(知人)하는 목표이다. 그런 점에서 C와 D는 애당초 아닌[非] 경우다. 그래서 애초부터 배제하는 것이다. 그리고 A와 B만 남게 된 상황에서 우리는 다시 공자 말을 음미해야 한다.

"정교한 말과 아름다운 얼굴빛을 가진 사람들 중에 드물구나! 어진 사람이여.”

　A와 B 중에서 A를 찾는 일은 그만큼 어렵다. 여기서 나온 말이 사이비(似而非), 즉 겉[文]은 비슷한데[似] 실제로 속[質]은 아닌 사람이다. 바로 B를 가리킨다. 사람을 알아보는[知人] 첫 단계는 따질 필요도 없는 C와 D를 제쳐 놓고, A와 B 중에서 A를 찾아내는 일에 집중하는 것이다.

學
而

4

○증자가 말했다. "나는 매일 세 가지로 내 몸을 살핀다. 남을 위해 일을 도모함에 있어 나를 위해 내 마음을 다하듯이 하지 못한 것은 아닌가? 벗과 사귐에 있어 믿음을 주지 못한 것은 아닌가? (스승으로부터) 이어받은 것을 제대로 익히지 못한 것은 아닌가?"

증-자 왈 오 일 삼-성 오-신
曾子曰 吾日三省吾身
위-인 모 이 불-충-호
爲人謀而不忠乎
여 붕-우 교 이 불-신-호
與朋友交而不信乎
전 불-습-호
傳不習乎

증자(曾子 기원전 505~436)는 공자 제자로 자기 수양이라는 면에서 특출났던 인물이다. 아직 『논어』라는 책을 편찬한 인물은 확실치 않지만, 학자들 사이에서는 증자 제자들을 많이 지목하고 있다. 일단 누구보다 문제의 본질을 잘 이야기하는 자리에 증자가 등장하고 또 유자와 더불어 제자들 중에서 높임의 의미가 있는 자(子)라는 칭호가 붙어 있기 때문이다. 그러나 이 문제는 아직도 논쟁 중이다.

증자 이름은 삼(參)이고 자는 자여(子輿)다. 증점(曾點) 아들이다. 효심이 두텁고 내성궁행(內省躬行)에 힘썼다고 한다. 『대학(大學)』을 편찬했다고 하며 사상은 공자의 손자 자사(子思)에게 전해졌다. 자사 제자가 이를 다시 맹자에게 전했다. 효(孝)와 신(信)을 도덕 행위의 근본으로 삼았다.

흔히 삼성(三省)으로 불리는 증자의 성찰 3조목('학이 4')은 '학이 1'과 연결된다. 공자는 세 가지를 가르쳤고 제자 증자는 그것을 다시 자기식으로 바꿔서 자신의 것으로 삼기 위해 성찰에 성찰을 거듭했다. 다시 한번

'학이 1'을 머릿속에 떠올리기를 바라는 편집 배치임과 동시에 스승과 제자 간 전승은 어떠해야 하는지를 보여주는 장면이기도 하다.

'학이 1'과 이 삼성(三省)의 관계를 들여다보기에 앞서 우리는 뒤에 나오는 공자 말과 증자 말을 미리 살필 필요가 있다. 먼저 '헌문 27'이다.

공자가 말했다. "그 지위에 있지 않다면 그 지위에 해당하는 정사를 도모해서는 안 된다."

바로 이어지는 '헌문 28'이다.

증자가 말했다. "군자는 생각함이 그 지위를 벗어나서는 안 된다."

'헌문 28'은 공자가 말한 '헌문 27'을 군자라는 주어를 내세워 보다 간절하게 풀어낸 것이다. '학이 4'가 '학이 1'에 대해 맺는 관계도 이와 같다고 보면 된다. 이제 하나씩 살펴보자.

"남을 위해 일을 도모함에 있어 나를 위해 내 마음을 다하듯이[忠] 하지 못한 것은 아닌가?"

여기서 풀이를 위한 단서는 충(忠)이다. 요즘 생각하는 충성으로 생각해서는 안 된다. 충은 글자 모양 그대로 내 마음[心]에 딱 적중하여[中] 조금의 틈도 없다, 즉 거짓됨이 없다는 뜻이다. 그처럼 나 자신에게 조금의 거짓도 없는 마음을 그대로 옮겨서 다른 사람을 위해 일을 도모하고 있는지를 묻고 있는 것이다. 다른 사람이란 물론 임금이다. 그것도 스스로에게 묻고 있다. 당연히 '학이 1' 세 번째 명제, "남이 자신을 알아주지 않더라도 속으로조차 서운함을 품지 않으니 진실로 군자가 아니겠는가?"와 연결된다. 충직(忠直)이란 말이 있듯이 여기서 말하는 충(忠)의 첫 번째 의미는 바로 곧음[直]이다.

다음 구절이다.

"벗과 사귐에 있어 믿음을 주지 못한 것은 아닌가?"

우리는 앞서 '학이 1'의 유붕자원방래(有朋自遠方來) 불역낙호(不亦樂乎)가 단순히 먼 곳에서 찾아온 벗에 대한 반가움이 아님을 밝혔다. 뜻을 같이하는 친구[同志之友]를 붕(朋)이라 했다. 여기서도 그냥 사사로운 벗이 아니라 붕우(朋友)이다. 이는 공적 영역에서 일을 함께 하며 뜻을 같이 하는 벗이라는 말이다. 이때 중요한 것은 단순한 친밀도[親]가 아니라 신의[信]다. 서로에 대한 믿음 없이는 뜻을 같이할 수 없기 때문이다. 이 또한 "뜻을 같이하는 벗이 있어 (먼 곳에 갔다가) 먼 곳으로부터 바야흐로 돌아왔으니 진실로 즐겁지 않겠는가?"의 연장선에서 새겨야 한다. 이제 마지막 구절만 남았다.

"(스승으로부터) 이어받은 것을 제대로 익히지 못한 것은 아닌가?"

이것은 별도로 풀이가 필요 없을 만큼 명확하다. 공자가 말한 학이시습지(學而時習之) 불역열호(不亦說乎)를 제자 입장에서 점검하는 것이다. 그리고 이는 꼭 임금에게만 해당되는 것이 아니라 배우는 모든 사람에게 해당되는 것이라 하겠다.

삼성(三省)의 하나하나도 중요하지만 결국 이 세 가지 성찰을 관통하는 하나의 마음가짐은 매사 겸손하고[謙] 조심하며[愼] 속이지 않는 것[不欺=直]이다. 그것은 곧 공적 조직에서 일에 임하는 군주와 신하의 마음가짐이다.

이제 짚어야 할 문제는 왜 『논어』 편찬자는 굳이 여기에 증자의 이 삼성을 배치했는가이다. 그것은 바로 이 세 가지가 『논어』의 핵심 주제임을 강조하기 위함이다. 명군(明君)-뜻과 신의를 나누는 방식-직신(直臣)의 구조가 그것이다.

공자가 말한 '학이 1'과 증자가 말한 '학이 4'의 가장 큰 차이는 증자 말에는 불역열호(不亦說乎), 불역낙호(不亦樂乎), 불역군자호(不亦君子乎)와 같은 강조하는 표현들이 없다는 점이다. 앞서 본 듯이 이것들로 인해 뜻이 깊어지는 묘미가 증자 말에서는 결여될 수밖에 없다.

○공자가 말했다. "(천자 나라인 만승지국은 물론이고 제후 나라인) 천승지국
을 다스릴 때라도 주도면밀하게 일함으로써 (백성들에게) 믿음을 주고,
(왕실) 재물을 아낌으로써 백성들을 사랑해야 하며, 백성들을 (부역 등
에) 부려야 할 경우에는 때에 맞춰서 해야 한다."

_{자ー왈} _도 _{천ー승ー지ー국} _{경ー사} _이 _신
子曰 道千乘之國 敬事而信
_{절ー용} _이 _{애ー인} _{사ー민} _{이ー시}
節用而愛人 使民以時

이제 보다 직접적으로 군주의 다스림[道] 문제를 이야기한다. 여기서 도
(道)는 곧 인도하는 것[導]이며 다스리는 것[治]이다. 천승지국(千乘之國)
을 다스린다는 것은 그다지 크지 않은 제후국을 다스린다는 뜻이다. 참고
로 황제 나라인 천자 나라는 만승지국(萬乘之國)이다. 굳이 만승지국이 아
니라 천승지국을 예로 든 것은 이 장에서 제시한 세 가지 리더십 원칙이
어떤 나라에도 모두 적용될 정도로 그만큼 중요하다는 뜻일 것이다. 하나
씩 살핀다.

　　"주도면밀하게 일함으로써 (백성들에게) 믿음을 주고[敬事而信]"

　　군주가 바람직한 다스림을 행하기 위한 세 가지 원칙 중에서도 가장
중요하기 때문에 맨 앞에 왔다. 그런데 기존 번역들은 대부분 경사(敬事)
를 '일을 공경하라'고 옮겨 놓고 있다. 한마디로 경사(敬事)의 의미를 놓친
것이다. 정약용은 그 의미를 정확히 알고 있었다.

　　"경사(敬事)는 일의 처음과 끝을 생각하고 그 폐단을 미리 헤아리는
　　것이다. 그런 뒤에 (일을) 시행한다면 막히거나 흔들림이 없어서 곧 백
　　성들이 그를 신입할 것이다."

　　매사에 빈틈없이 최선을 다한다는 뜻이다. 즉 주도면밀하고 치밀하
게 일을 행한다는 뜻이다. 그런 점에서 경사(敬事)는 임금이 신하를 알아

보는 지인(知人) 문제와도 밀접하게 연결돼 있다. 신하는 일을 하는 사람이고 임금은 일을 시키는 사람이다. 사람을 본다는 것은 무슨 관상을 본다는 것이 아니라 결국 신하의 일하는 능력과 자세를 가능한 한 미리 알아차린다는 것이다. 따라서 어떤 사람이 일에 임하는 자세가 주도면밀한지[敬] 주도면밀하지 않은지[不敬]는 대단히 중요한 문제다. 좌구명(左丘明) 『춘추좌씨전(春秋左氏傳)』에는 이를 선명하게 보여주는 사례들이 수없이 많다. 그중 하나만 예를 든다.

희공(僖公) 11년 주(周)나라가 내사(內史) 과(過)를 보내 진(晉)나라 혜공(惠公)에게 작명(爵命)을 내려 주었는데《사고(師古)가 말했다. "내사 과는 주나라 대부다. 진나라 혜공은 이오(夷吾)다. 제후가 즉위하면 천자는 명규(命圭-옥)를 내려주어 서신(瑞信)으로 삼았다."》옥을 받을 때 불경스러웠다. 과가 돌아가서 천왕에게 말했다.

"진나라 임금은 아마도 후손이 없게 될 것입니다. 왕께서 명규를 내리시는데 그것을 받으면서 불경스러웠으니 이는 먼저 스스로의 체통을 내던진 것이므로 그런 사람에게 어찌 후사가 있겠습니다. 예(禮)는 나라의 근간이요, 경(敬)은 예를 싣는 수레입니다.《사고(師古)가 말했다. "무례하면 나라는 설 수 없기 때문에 그것을 일러 근간[幹]이라 했고, 불경스러우면 예가 행해지지 않기 때문에 그것을 비유해 수레[輿]라고 한 것이다."》불경스러우면 예가 행해지지 않고, 예가 행해지지 않으면 위아래가 혼란하니, 어찌 오랜 세월을 이어갈 수 있겠습니까?"

21년에 진나라 혜공이 죽자 아들 회공(懷公)이 섰는데 진나라 사람들이 그를 죽이고 다시 문공(文公)을 세웠다. 지인(知人)과 경사(敬事)와 예(禮)가 얼마나 긴밀하게 연결돼 있는지를 단적으로 보여주는 사례이다. 예(禮)의 문제는 뒤에 가서 집중적으로 보게 될 것이다. 앞서 말했듯 예란 가례나 예법에 한정되는 것이 아니라 넓은 의미에서 일의 이치[事理]를 뜻한다. 앞서 보았듯이 『예기』중니연거(仲尼燕居)편에서 공자는 이렇게 말하고 있다.

"예(禮)란 무엇인가? 그것은 일에 임해서 그것을 다스리는 것[治事]이다. 군자는 자신의 일이 생기면 그것을 다스리게 되는데, 나라를 다스림에 있어 예가 없으면 비유컨대 장님에게 옆에서 돕는 자가 없는 것과 같다."

예를 이처럼 공자 자신이 명확하게 일을 다스리는 것[治事]이라고 말하는데도 한사코 퇴행적으로 예절이나 가례(家禮)에 국한해서 이해하려는 이유는 무엇일까? 하나는 무지 때문이고 또 하나는 주자학의 체계적인 왜곡 때문이다.

이제 이(而)에 주목해야 한다. 경사(敬事)와 믿음을 주는 것[信]의 관계에 따라 이(而)를 어떻게 번역할 것인지가 결정된다. 흔히 이(而)는 '그리고' 혹은 '그러나'이지만 여기서는 인과 관계다. 그래서 '~함으로써[以]'라고 옮겨야 한다. 즉 백성들 사이에서 믿음을 불러일으키는 것이 곧 군주나 신하의 경사(敬事)다. 삼가지 않고 부지런하지 않고 엉성한 군주나 신하의 일 처리를 보면 자연스럽게 백성들은 그에 대한 믿음을 버리게 된다. 예나 지금이나 조금도 다르지 않다. 이는 신하에게도 해당되어 삼가지 않고 부지런하지 않고 엉성한 신하의 일 처리를 보면 임금은 그런 신하에 대한 믿음을 거두게 된다.

이 점은 『논어』 '자로 19'를 보면 조금 더 분명해진다. 번지(樊遲)라는 중간급 정도 되는 제자가 어짊[仁]에 관해 질문하자 공자는 세 가지를 강조하는데 그중 하나가 이 문제다.

"평소 거처할 때는 공손히 하고[居處恭], 일을 집행할 때는 삼가며[執事敬], 남과 사귈 때는 진실함을 다하는 것이다[與人忠]."

경사(敬事)를 풀어낸 것이 바로 집사경(執事敬)이다. 따라서 더 이상 '일을 공경하라' 식의 엉뚱한 오역에는 눈길도 줘서는 안 된다. 이제 방향을 잡았으니 좀 더 구체적으로 일을 행할 때 '삼간다', 즉 '주도면밀하게 처리한다'는 것이 무엇인지를 구체적 사례를 통해 살펴볼 차례다.

공자 제자 자로는 무엇보다 마땅함과 용맹[義勇]에서 뛰어났다. 그래서 공자는 '공야장 6'에서 자로를 이렇게 칭찬한 적이 있다.

"세상에 도리가 행해지지 않는다. (그래서) 뗏목을 타고 저 바다를 건너갈까 하는데, 나를 따를 사람은 아마도 저 자로일 것이다."

마땅함을 좋아하는 그의 태도에 대한 칭찬으로 볼 수 있다. 그러나 이어지는 공자 말을 보면 이는 자로에 대한 비판이었다.

"자로는 이를 전해 듣고 기뻐했다. (이에) 공자가 말했다. 자로는 용맹을 좋아하는 것이 나보다 나아, 사리를 헤아려 분별하려 하지도 않고 나를 따르려 한다."

무슨 말인가 하면 뗏목을 타고 큰 바다로 나간다는 것은 곧 죽음을 의미한다. 스승이 죽음을 향해 나아가겠다고 한다면, 말리는 것이 일의 이치[事理=禮]다. 그런데 말리기는커녕 자기도 따라나서겠다고 하는 사람이 바로 자로였다. 뒤에도 공자는 자로가 예(禮)를 알지 못한다는 것[不知禮]을 여러 차례 지적한다.

또 '술이 10'에서 공자는 군사를 동원하는 문제를 제기하면서 자로의 한계와 더불어 일에 임하는 자세를 아주 상세하게 풀어놓는다. 여기서 우리는 일에 임할 때의 삼감[敬], 즉 주도면밀함이 무엇인지를 명확하게 알게 된다. '공야장 6'과 연결해서 읽어도 자연스럽다.

공자가 안연에게 말했다. "(임금이 인재로) 써주면 행하고 (임금이) 버리면 숨어 지내는 것을 오직 너하고 나만이 갖고 있구나!"

자로가 말했다. "만일 스승님께서 삼군을 통솔하신다면 누구와 함께 하시겠습니까?"

공자가 말했다. "맨손으로 호랑이를 때려잡고 맨몸으로 강을 건너려하여 죽어도 후회할 줄 모르는 사람을 나는 함께 할 수 없을 것이니, 반드시 일에 임하여서는 두려워하고[臨事而懼=敬事] 모의를 잘해서 일을 성공으로 이끄는 사람과 함께 할 것이다."

일에 임하는 자세는 먼저 조심하고 두려워해야 한다. 어떤 돌발 사태가 생길지 모르는 것이 사람이 하는 일이기 때문이다. 이어 예상되는 어려움에 대비해 빈틈없는 계책을 잘 세워야 한다. 그래야만 일이 좋은 결과[功]를 이루어낼[成] 수 있다. 이런 의미에서 성공(成功)은 출세가 아니라 일을 잘 시작해서 마무리해낸다는 뜻이다.

진덕수는 『대학연의』에서 '삼감'이란 몸과 마음을 닦는 데도 필수적이지만 일을 함에 있어서도 필수임을 요임금과 순임금 사례를 통해 보여준다. 요임금은 신하들에게 일을 맡기면서 "삼가라[寅=敬]!"고 했고, 두 딸을 순임금에게 시집보내면서도 "삼가라[欽=敬]!"고 했으며, 순임금도 형벌을 쓰거나 관리를 임명할 때도 "삼가라[寅]!"고 하거나 "삼가라[敬]!"고 했다는 것이다. 진덕수는 "요임금과 순임금의 삼감[敬=欽=寅]은 단지 몸을 닦는 데에서만 그렇게 한 것이 아니고 일에 임해서도 그렇게 했던 것"이라고 말한다. 이처럼 삼감[敬]이란 스스로 노력해야 할 덕목임과 동시에 일을 통해 다른 사람들을 살피는[知-人] 가장 중요한 실마리다.

반면에 앞서 본 자로는 말을 신중하게 하는 성품은 아니었다. 일이 시작되기도 전에 큰소리부터 치는 사람은 따라서 최우선으로 배제하는 것이 상책이다. 그리고 '안연 7'에 나오는 "백성이 위를 믿지 않으면 (나라가) 설 수가 없다"라는 구절도 이와 연결해서 보아야 할 것이다.

"재물을 아낌으로써 백성들을 사랑해야 한다[節-用-而-愛-人]."

군주 리더십 두 번째 원칙이다. 이(而)는 여기서도 인과 관계[以]다. 그래서 역으로 풀면 군주가 백성들을 사랑한다면 재물부터 아껴야 한다는 말이다. 인(人)을 다른 사람보다 백성으로 풀이한 이유는 이 말이 군주를 향한 것이기 때문이다. 그런데 여기에 바로 어짊[仁=愛-人]의 문제가 녹아 있다. '안연 22'에서 번지라는 제자가 "어짊[仁]이 무엇입니까?"라고 묻자 공자는 "다른 사람을 사랑하는 것이다[愛-人]"라고 답한다. 또 참고로 "안다는 것[知]은 무엇입니까?"라고 묻자 공자는 "사람을 알아보는 것이다[知-人]"라고 답한다.

통찰이 깊다. 우리는 흔히 어짊 혹은 인(仁)을 뭔가 다른 사람을 위해 선행을 베푸는 것만 떠올린다. 그러나 공자는 군주의 경우 재물 아낌[節-用

=節財用]에서 어짊 문제를 읽어내고 있다. 절(節)은 '아끼다'라고 옮기기는 했지만 무조건 절약하고 쩨쩨하게 하라는 뜻은 아닐 것이다. 그런 점에서 『주역』절(節)괘(䷻)에 나오는 다음 말이 정곡을 찌른다.

"법도에 맞게[制度] 절제하여 재물을 상하게 하지 않고 백성들에게 해악을 끼치지 않는다."

형이상 절(節)을 풀어낸 형이중이라 할 수 있다. 그렇기 때문에 군주의 사치와 방종은 본인 한 사람 문제에 그치는 것이 아니라 백성들에게 해악을 끼치는 불인(不仁)이 되는 것이다. 군주의 절용(節用)과 정반대되는 말이 포진(暴殄), 즉 마구 해치며 써서 다 없애 버리는 것이다. 『서경』주서(周書) 무성(武成)편에는 주(周)나라 무왕(武王)이 은(殷)나라 폭군 주왕(紂王)을 치게 된 이유를 밝히는 장면이 있다.

"이제 상(商)나라(혹은 은나라) 수(受-주왕 이름)가 도리를 잃어 하늘이 내려준 물건[天物]을 마구 해치며 써서 다 없애버려[暴殄] 백성들을 해치고 학대했다."

'포진천물(暴殄天物)', 즉 방탕과 사치에 빠져 절용(節用)을 모르는 군주는 그 옛날에도 내쫓기는 신세가 되었다. 왜냐하면 절용하지 않는 것은 곧 백성을 해치는 것이기 때문이다. 이제 마지막 문장이다.

"백성들을 (부역 등에) 부려야 할 경우에는 때에 맞춰서 해야 한다[使民以時]."

물론 이 말은 농경사회에 적용되는 말이기는 하다. 그러나 그 정신은 예나 지금이나 마찬가지다. 백성들 눈높이에서 나랏일을 결정해야 한다는 말이기 때문이다. 왜냐하면 때에 맞게 부리는 것이야말로 백성들 사이에서 믿음을 불러일으키는 것임과 동시에 백성들을 사랑하는 것이기 때문이다.

결국 자로에게 해준 공자의 이 세 가지 말은 고스란히 임금이라면 반드시 따라야 할 세 가지 준칙과도 같다. 그리고 그 각각에는 다 어진 정치[仁政]의 근본인 '백성을 사랑하는 마음'이 녹아들어 있다.

전체 문맥으로 보자면 첫째, "주도면밀하게 일함으로써 (백성들에게) 믿음을 주고"는 임금의 다움[德]과 연결되고, 둘째, "(왕실) 재물을 아낌으로써 백성들을 사랑해야 하며"는 임금의 어짊[仁]과 연결되며, 셋째, "백성들을 (부역 등에) 부려야 할 경우에는 때에 맞춰서 해야 한다"는 임금이 일의 이치[事理＝禮]를 따라야 함을 보여준다. 자연스럽게 덕(德), 인(仁), 예(禮) 세 가지가 주제가 되고 있는 것이다.

6

○공자가 말했다. "젊은 사람은 집에 들어오면 효도하고 밖에 나가면 공
순하며, 매사 조심함으로써 남들에게 믿음을 줘야 하고, 널리 사람들
을 사랑하되 (그중에서) 어진 이를 제 몸과 같이 여겨야 한다. 이런 일들
을 행하고서 남은 힘이 있거든 (그때에야) 애쓰는 법을 배우도록 하라."

_{자―왈} _{제―자 입 즉 효} _{출 즉 제}
子曰 弟子入則孝 出則弟
_{근 이 신 범 애―중 이 친―인}
謹而信 汎愛衆而親仁
_{행 유 여―력 즉 이 학―문}
行有餘力 則以學文

이 장은 바로 뒤에 이어지는 '학이 7'과 연결해서 읽어내야 한다. 그 둘 사
이 연결고리는 배움[學^학]이다. 제자(弟子)란 여기서는 스승과 제자라고 할
때의 제자는 아니고 배움이 필요한 어린 사람 정도의 의미다. 아직 홀로
설 수 없는 사람이다. 그렇다고 아주 어린 사람은 아니다. 그러면 이어서
나오는 근이신(謹而信)이나 범애중이친인(汎愛衆而親仁)과 모순될 수 있기
때문이다.

본격 풀이에 앞서 왜 『논어』 편찬자는 군주나 지도자라면 반드시 따
라야 할 준칙 세 가지를 제시한 공자 말을 보여준 다음에 여기에서 학(學)
의 문제를 담고 있는 두 구절을 배치한 것일까? 그것은 학이시습(學而時
習^학)이라고 했을 때 배워야[學] 할 내용을 구체화해야 하기 때문이다. 이제
문(文)을 배우고 익혀 명군(明君)이 되는 길에 비로소 들어서게 된다.

"집에 들어오면 효도하고 밖에 나가면 공순하며[入則孝出則弟^{입 즉 효 출 즉 제}]"

첫째는 앞서 유자가 어짊을 행하는 근본이라 했던 효제(孝弟)를 각
각 집 안과 밖으로 나눠 이야기한다. 제(弟)는 집안에서 형에게 공순하고
집 밖에서 자기보다 나이 많은 사람들에게 공순하라는 뜻이니 집 안팎으

로 다 적용될 수 있다. 이것은 기본 중의 기본[質]이다. 임금이 이렇게 하면 백성들은 그것을 보고서 교화되어[觀而化] 자신들도 효제에 힘을 쏟게 된다. 이를 압축적으로 말한 것이 곧 만나게 될 '학이 9'에 나오는 증자(曾子) 말이다.

"부모님 상을 신중하게 치르고 먼 조상까지 추모하면, 백성들의 백성다움은 두터운 쪽으로 돌아가게 된다."

이 장에 대한 해석을 계속하자.

"매사 조심함으로써 남들에게 믿음을 줘야 하고[謹而信]"

주희는 이 둘을 각각 행동과 말로 나눠 풀이한다.

"행함에 일정함[常]이 있는 것이 근(謹)이요, 말함에 채움이나 실상[實]이 있는 것이 신(信)이다."

이때 채움이란 말을 하면 그것을 밟아[踐＝履] 행동으로 옮기는 것이다. 이 둘은 특히 신의, 신뢰, 믿음의 문제이기 때문에 벗 사귐과 관련된다. 이는 바로 뒤 '학이 7'에서 확인할 수 있다. 가정에서 집 밖으로 나와 벗들끼리의 행동 준칙으로 그 범위가 조금 확대된 것이다. 또한 그 주어가 임금이 될 경우에는 다시 경사이신(敬事而信)과도 연결될 수 있다. 그래서 주희 풀이를 따르지 않고 이(而)를 인과 관계로 옮겼다.

"널리 사람들을 사랑하되 (그중에서) 어진 이를 제 몸과 같이 여겨야 한다[汎愛衆而親仁]."

이제 벗을 넘어선 사람들과의 관계를 이야기하는데 여기서 공자는 두 가지 단계를 나눠서 말한다. '애중(愛衆)'과 '친인(親仁)'이다. 먼저 주목해야 할 것은 애(愛)와 친(親)의 뉘앙스다. 애(愛)는 사람을 사랑한다고 할 수도 있지만 주로 동물이나 물건을 '아낀다' '아껴주다'는 의미에서 애물(愛物)로 자주 쓰인다. 여기서도 사람을 대상으로 하지만 불특정 다수에 대해 아끼는 마음을 가지라는 정도다.

반면에 친(親)은 강도가 훨씬 세다. 흔히 '친하다'라고 옮기는데 그래서는 뜻을 정확히 새길 수 없다. '제 몸과 같이 여기다'라고 해야 친(親)에 담긴 본래 의미가 살아난다. 친인(親仁)이라고 했을 때 인(仁)은 '어짊'이라는 추상명사가 아니라 인자(仁者), 즉 어진 이를 말한다. 어진 이란 공자식으로 말하면 진정으로 다른 사람을 사랑하는[愛人] 사람이다. 그래서 이구절을 그 속뜻까지 완전히 풀어보면 '두루두루 많은 이들을 아껴주되 그중에서도 다른 사람을 사랑할 줄 아는 사람을 제 몸과 같이 여겨야 한다'라는 뜻이다. 당연히 이 또한 군주라면 반드시 갖춰야 할 어진 마음가짐이다.

"이런 일들을 행하고서 남은 힘이 있거든 (그때에야) 애쓰는 법을 배우도록 하라[行有餘力 則以學文]."

방금 말한 그 세 가지를 이미 잘 행하고[行] 남은 힘[餘力]이 있거든[有則] 그에 맞는[以] 애쓰는 법[文]을 배우라[學]는 것이 공자 말이다. 여기서는 명확하게 학문(學文)이라고 했다. 우리가 요즘 쓰는 학문(學問)이 아니다. 둘은 전혀 다른 것이다. 학문(學問)은 '배우고 묻다'이니 여전히 무엇을 배운다는 목적어가 특정되지 않지만, 학문(學文)은 명확하게 '문(文)을 배우라'는 뜻이다.

이 장은 강조점을 어디에 두느냐에 따라 해석이 조금씩 달라지는 묘미가 있다. 첫째는 우선 사람으로서 기본이나 바탕[質]이 되는 세 가지를 충분히 행한 다음에 애쓰는 법[文]을 배우라는 식으로 순조롭게 이해할 수 있다. 둘째는 조금 틀어서 기본이 되는 세 가지 중 하나라도 제대로 행하지 못한다면 애쓰는 법[文]을 배우려고 생각도 하지 말라는 식으로 이해할 수도 있다. 어느 쪽을 선택하건 그건 자유다. 이 장은 기본 바탕인 질(質)에 초점을 맞췄고, 이어지는 '학이 7'은 애쓰는 법인 문(文)을 강조한다.

○자하가 말했다. "뛰어난 이를 뛰어나게 여기기를 여색(女色)을 좋아
하는 마음과 바꿔서 하고, 부모 섬기기를 기꺼이 온힘을 다해서 하며,
임금 섬기기를 기꺼이 온몸을 다 바쳐서 하고, 뜻이 같은 벗과 사귈 때
일단 말을 하면 반드시 실천하여 믿음을 주는 사람이 있다면, 설사 그
사람이 비록 〔따로 문(文-애쓰는 법)을〕 배우지 않았더라도 나는 반드시
그 사람을 (애쓰는 법을) 배운 사람이라고 말할 것이다."

자-하 왈   현-현 역-색   사 부모 능-갈 기-력
子夏曰 賢賢易色 事父母能竭其力

사-군 능-치 기-신 여 붕-우 교 언 이 유-신
事君能致其身 與朋友交言而有信

수-왈 미-학 오 필 위-지 학-의
雖曰未學 吾必謂之學矣

자하는 위(衛)나라 사람으로 이름은 복상(卜商)이며, 공자 10대 제자 공문
십철(孔門十哲)에 드는 인물이다. 증자가 내면의 성실을 강조한 반면 자하
는 겉으로 드러나는 예(禮)의 격식을 중히 여겼다는 평을 듣는다. 증자가
질(質)에서 뛰어났다면 자하는 문(文)에서 재주를 보였다. 앞으로도 자주
등장하는 인물이다.

　　"뛰어난 이를 뛰어나게 여기기를 여색(女色)을 좋아하는 마음과 바꿔
　　서 하고[賢賢易色]"
　　　　　현-현 역-색

　　앞서 보았던 유자나 증자의 언급이 바로 앞에 있는 공자 말에 대한 일
종의 풀이나 보완이었던 것처럼, 공자 제자 자하의 이 말 또한 기본적으로
'학이 6'에 대한 보충 설명이다. 여기서 우리는 『논어』편찬자가 왜 이 자
리에 자하의 이 말을 가져다 놓았는지를 곰곰이 따져 보아야 한다.

　　먼저 현현역색(賢賢易色)이다. 이 말은 지도자가 인재를 구하는 문제
와 직결된다. 신하 중에는 재상이나 이조판서 정도를 제외한다면 이런 일

을 할 필요가 없다. 이는 명백히 군도(君道)에 속하는 일이다. 현현(賢賢)은 '뛰어난 이[賢]를 뛰어난 이로 대우하다[賢]'라는 말이다. 인재를 알아보고 그에 맞게 그 사람을 쓰라는 말이다. 실은 '학이 6' 범애중이친인(汎愛衆而親仁) 중에서 친인(親仁)이 곧 현현(賢賢)이다.

그런데 기존 해석들에서는 흔히 현현(賢賢)을 밋밋하게 '현자를 현자로 알아보다' 정도로 풀이한다. 알아보는 정도에 그쳐서는 안 된다. '그에 맞게 대우를 해야 한다.' 그게 현현(賢賢)이다. 다른 말로 용현(用賢)이다. 자하는 여색을 밝히듯이 뛰어난 이를 쓰기를 좋아해야 한다고 말하는 것이다. 앞서 효제(孝弟)를 그렇게 강조했음에도 불구하고 사부모(事父母)나 사군(事君)보다 현현역색(賢賢易色)을 가장 먼저 내세운 이유는 그것이 군주 입장에서 가장 중요한 덕목이기 때문이다. 『중용(中庸)』에는 '구경(九經)'이라고 해서 리더십 아홉 가지 원칙이 나오는데 거기서도 존현(尊賢)이 친친(親親)보다 먼저 나온다. 늘 차례에 유념해야 한다.

이를 가장 잘 이해할 수 있는 사례는 사마천 『사기(史記)』 '노주공세가(魯周公世家)'에 나온다. 주공(周公) 단(旦)은 주나라를 세운 무왕(武王) 동생이며, 무왕이 문왕(文王)을 이어 왕위에 오르자 형 무왕을 도와 주나라가 천하를 제패할 수 있도록 도왔다. 무왕이 죽자 조카 성왕(成王)을 대신해서 섭정하여 문물제도를 갖춰 주나라 토대를 다진 다음 다시 권력을 성왕에게 돌려주었다. 공자가 가장 많은 영향을 받은 인물이 곧 주공이다. 이 주공이 아들 백금(伯禽)에게 자신의 봉지인 노나라로 가게 하면서 훈계하는 말 중에 이런 내용이 있다.

"나는 문왕의 아들이고 무왕의 동생이며 성왕의 숙부이니 나 역시 천하에서 결코 (신분이) 낮은 사람이 아니다. (그럼에도) 나는 한 번 머리를 감는데 세 번 머리카락을 움켜쥐었고[一沐三握髮], 한 번 밥을 먹는데 세 번을 뱉어내면서[一飯三吐哺] 일어나 선비를 맞이하면서도, 천하의 뛰어난 이를 잃을까 두려워하였다. 네가 노나라 땅으로 가더라도 나라를 가졌다고 교만하지 말고 남에게 삼가라."

그만큼 좋은 인재를 얻기 위해 온 힘을 다했다는 말이다. 이를 줄여서 토포악발(吐哺握髮) 혹은 삼토삼악(三吐三握)이라고 하는데 그것이 바로 현현역색(賢賢易色)이다. 당나라 사람 한유(韓愈 768~824)는 주공의 이 일화를 자기 글에서 인용하며 "(이렇게 했기 때문에) 천하의 뛰어난 인재들은 다 이미 들어서 쓰였고, 간사하고 중상모략으로 잘 속이는 무리들은 다 이미 제거되었다"라고 말한 바 있다.

　　"부모 섬기기를 기꺼이 온 힘을 다해서 하며[事父母 能竭其力],"

　여기서도 관건은 능갈기력(能竭其力)이다. 그것은 부모를 '어떻게' 섬겨야 하는지에 대한 답이다. 말 그대로 자신이 가진 모든 힘을 능히 다 써야 한다[竭=盡]는 것이다. 여기서 우리는 한 번 더 질문을 던져야 한다. 자신이 가진 모든 힘을 능히 다 쓰려면 '어떻게' 해야 하는가? 이렇게 계속 물어 그 질문을 우리 일상 속으로 다 끌어들여야 논어식 질문은 끝이 난다. 그 답은 다행히 『논어』 안에 있다. '이인 18'이다.

　　공자가 말했다. "부모를 섬길 때는 조심해서 은근하게 간언해야 하고[幾諫], 부모의 뜻이 내 말을 따르지 않는 것을 보게 되더라도 더욱 공경하며 도리를 어기지 말며, 힘들더라도 원망을 해서는 안 된다"

　효(孝)나 능갈기력(能竭其力)은 아직 형이상에 가깝고 이렇게 하는 것이 능갈기력에 대한 형이중, 즉 정의(定義)라 할 수 있다. 조금 구체화한 것이다.

　조심해서 은근하게 간언하는 것[幾諫]의 반대는 곧게 간언하는 것[直諫=直言]이다. '기간(幾諫)'이란 노여움을 사지 않도록 조금씩 차근차근 완곡하게 간언하는 것을 말한다. 혹시 부모님 잘못을 지적할 일이 있을 때는 직간을 피하고 삼가는 마음[敬]으로 에둘러 말을 해야 한다는 것이다. 이렇게 하는 것이 애씀[文]이다. 동시에 기간(幾諫)은 때와 장소를 가려서 하지 않으면 안 된다.

　　"임금 섬기기를 기꺼이 온몸을 다 바쳐서 하고[事君 能致其身],"

　여기서도 관건은 능치기신(能致其身)이다. 다시 한번 '어떻게' 하는 것이 임금을 섬김에 있어 '능치기신'인지를 물어야 한다. 어떻게 하는 것이 자기 몸을 다 바치는 것일까? 먼저 '팔일 18'이다.

> 공자가 말했다. "(내가) 임금을 섬기면서 예를 다했더니 사람들은 그것을 아첨이라고 여겼다."

예(禮), 즉 일의 이치[事理]에 따라 충심을 다하는 것이 임금을 제대로 섬기는 것이다. 임금은 부리는[使] 자이고 신하는 섬기는[事] 자이다. 그렇지만 임금과 신하는 예로 부리고 예로 섬겨야 한다는 것이 공자 생각이다. '팔일 19'이다.

> (노나라) 정공이 물었다. "임금이 신하를 부리고 신하가 임금을 섬길 때는 어떻게 해야 하는가?"
>
> 공자가 대답했다. "임금이 신하를 부릴 때는 예로써 하고, 신하가 임금을 섬길 때는 충직함으로 해야 합니다."

신하로서 예를 다하는 진례(盡禮)가 곧 충(忠)＝직(直)이다. 이어 '이인 26'이다. 조금 풀어서 옮겼다.

> 자유가 말했다. "임금을 섬기면서 자주 간언하게 되면 욕을 당하게 되고, 붕우 사이에 자주 충고를 하면 서로 멀어진다."

그렇지만 꼭 해야 할 말을 피해서는 안 된다. '헌문 23'이다.

> 자로가 임금을 섬기는 것을 묻자 공자가 말했다. "(임금을) 속이지 말고 (임금) 안색을 범하더라도 간쟁할 것은 해야 한다."

이렇게 임금을 섬기는 것이 바로 능치기신(能致其身)이다. 능치기신이 형이상이라면 위에 열거한 네 가지는 모두 그것을 풀어낸 형이중이라 하겠다.

8

○공자가 말했다. "군자(가 되려는 자)는 (내면이) 무겁지 않으면 (외면으로) 위엄이 드러나지 않고 (문을) 배우면 고(固)에 빠지지 않는다. (이를 위해서는 첫째,) 진실됨과 믿음을 제일의 원칙으로 삼고 (둘째, 다음이) 자기보다 못한 자와는 벗 삼지 않으며 (셋째, 혹시라도) 잘못을 했을 경우 (즉각) 고치기를 꺼리지 말라."

자-왈 　군-자　부-중　즉　불-위　학　즉　불-고
子曰 君子不重則不威 學則不固
주　충-신　　무-우　불-여-기-자　　과-즉-물-탄-개
主忠信 無友不如己者 過則勿憚改

"군자(가 되려는 자)는 (내면이) 무겁지 않으면 (외면으로) 위엄이 드러나지 않고 (문을) 배우면 고(固)에 빠지지 않는다."

여기서 군자는 임금도 아니고 이미 다움과 능력[德能]을 겸비한 군자도 아니다. 다만 소인의 길이 아니라 군자의 길을 걸으려고 하는 사람을 가리킨다. 먼저 공자는 군자가 되려고 하는 자는 두 가지에 힘을 쏟아야 한다고 말한다. 문(文)과 질(質)의 문맥이 그대로 이어지고 있는 것이다.

공자는 이런 사람을 위해 하나의 지향점과 하나의 방법을 제시한다. 지향점이란 내면에서는 질(質)이 무거운, 즉 진중한 사람이 되려고 해야 한다는 것이고, 그 방법은 다름 아닌 배움, 즉 애씀을 배우는 것[學文]이라고 말하고 있다. 위엄이 드러나지 않거나 고집불통에 빠지는 것은 내면의 진중함을 갖추지 못하거나 배우려 하지 않았을 때 나타나는 병폐를 각각 언급한 것이다. 즉 그에 어울리는 질(質)과 문(文)을 갖추지 않았을 때의 폐단이다.

위엄[威]은 한참 뒤에 나오는 장엄함[莊]과도 통한다. '위령공 32'에 나오는 문장 일부다.

"장엄함으로 임하지 않으면 백성들은 (임금을) 공경하지 않는다."

군자의 내면적 진중함-외면적 위엄-백성들의 공경이 연결되어 있다
는 뜻이다. 이렇게 되면 자연스럽게 군자는 군주나 정치 지도자가 되려는
사람을 뜻하게 된다.

이어서 많은 책에서 학즉불고(學則不固)를 '배워도 견고하지 못하다'
라고 옮기고 있는데, 이는 부중즉불위(不重則不威)를 강조하여 '군자가 무
겁지 않으면 위엄이 없으니' 그러면 '배워도 견고하지 못하다'라고 번역
한 것이다. 그러나 부중즉불위(不重則不威)와 학즉불고(學則不固)는 문장
구조상으로도 병렬이며 특히 배움은 너무도 중요하다. 문질(文質)이 함께
중요하다는 것을 놓친 데서 빚어진 오역이라 하겠다.

한나라 유학자이자 공자 11대손 공안국(孔安國 ?~?)은 고(固)를 '가
리어진다[蔽]'로 풀었다. 이는 학즉불고(學則不固)를 군도(君道)로 풀어낼
수 있는 결정적인 단서를 제공한다. 즉 임금(이 되려는 사람)이 문(文)을 배
우면 (사리에 밝게 되어) 눈과 귀가 가리어지지[壅蔽] 않는다고 풀어낼 수 있
다. 눈과 귀가 가리어지지 않아 임금이 귀 밝고 눈 밝은 것을 총명(聰明)이
라고 한다.

그러면 애씀 혹은 애쓰는 법[文]을 배운다는 것은 정확히 무엇을 배
우는 것일까? 그 내용을 공자는 세 가지로 나눠 말하고 있다.

"(이를 위해서는 첫째,) 진실됨과 믿음을 제일의 원칙으로 삼고 (둘째, 다
움이) 자기보다 못한 자와는 벗 삼지 않으며 (셋째, 혹시라도) 잘못을 했
을 경우 (즉각) 고치기를 꺼리지 말라[主忠信 無友不如己者 過則勿憚改]."

그 첫째가 '진실됨과 믿음[忠信]을 위주로 하라[主]' 혹은 그것을 출
발점으로 삼아야 한다는 말이다. 그런데 충(忠)은 무엇이고, 또 신(信)은
무엇인가? 자기 스스로에게 조금도 거짓이 없는 상태가 충(忠)이고, 다른
사람과의 관계에서 말을 하면 반드시 지키는 것[言而有信]이 신(信)이다.
먼저 스스로에게 거짓이 없고 이어 다른 사람에게도 말을 했으면 반드시
지키는 것을 말한다. 이는 사람의 기본, 즉 질(質)이다.

그 둘째가 '자기보다 못한 자와는 벗 삼지 마라[無友不如己者]'이다.

이를 단순한 우정론으로 본다면 공자는 참으로 야박한 주장을 하고 있는 것이다. 그러나 『논어』는 사사로운 영역이 아니라 일을 하는 공적인 영역에 관한 담론이다. 따라서 우정론은 애당초 아니다. 여기서 '자기보다 못한 자'란 덕망이나 학식이 자신보다 못한 자를 뜻한다. 한마디로 다움[德]이 자기보다 못한 자를 가리킨다.

공자는 어진 이[仁者]가 되어가는 과정에서 부모나 스승보다 진정한 친구, 어진 친구가 훨씬 중요한 계기가 된다고 보았다. '안연 24'에서 증자는 이렇게 말한다.

"군자는 문(文)으로 벗을 모으고 벗으로 어짊을 보충한다."

바로 이 뜻이다. 정리하자면 무우불여기자(無友不如己者)는 학문하는 방법으로써 자기보다 인(仁)이 나은 사람과 사귐으로써 새로운 인(仁), 보다 나은 인(仁)을 몸에 체화하라는 것이다. 그것이 숭덕(崇德), 즉 좋은 다움을 추가로 쌓아감이다. 이는 '학이 6'에서 공자 자신이 말했던 범애중이친인(汎愛衆而親仁)을 보다 구체적으로 풀어서 그 방법을 제시한 것으로 보면 된다.

세 번째는 '잘못을 했을 경우(즉각) 고치기를 꺼리지 말라[過則勿憚改]'이다. 이것은 일을 행할 때 가져야 할 원칙이자 배움의 길에서 반드시 명심해야 할 태도이다. 그래서 일부 주석에서는 이를 '행실에서 학문으로 넘어가는 관문(關門)'으로 보기도 한다. 그러나 공자의 학문은 결국은 행실의 학문이기 때문에 행실과 학문을 엄격하게 나누는 것 자체가 무의미하다. 결국 과즉물탄개(過則勿憚改)는 일을 행하는 과정에서 좋지 못한 점[不善]을 알았으면 속히 고쳐 좋은 쪽으로 돌아가라는 것이고, 배우고 익히면서도[學而時習] 잘못을 저질렀으면 그것을 고치는데 조금도 망설이거나 부끄러워해서는 안 된다는 뜻이다.

이 '학이 8'은 '학이 6'과 '학이 7'에 대한 보충 설명임과 동시에 다시 '학이 1'로 우리를 돌아가게 만든다. 대단히 중요한 연결고리라는 뜻이다. '학이 4'의 증자 말이 우리를 '학이 1'로 돌아가게 한 적이 있으니, 우리는 두 번째로 '맨 처음'으로 돌아가는 셈이다. 표를 통해 살펴보자.

학이 1	학이 4	학이 8
학-이-시-습 지 불-역-열-호 ①學而時習之 不亦說乎	전 불-습-호 傳不習乎	과-즉-물-탄-개 過則勿憚改
유-붕 자-원 방-래 불-역-낙-호 ②有朋自遠方來 不亦樂乎	여 붕-우 교 이 불-신-호 與朋友交而不信乎	무-우 불-여-기-자 無友不如己者
인 부-지 이 불-온 불-역-군-자-호 ③人不知而不慍 不亦君子乎	위-인 모 이 불-충-호 爲人謀而不忠乎	주 충-신 主忠信

'학이 1'과 '학이 4'와 '학이 8'은 어느 한쪽이 어느 한쪽을 보충하거나 설명하는 것이 아니라 상호보완적으로 읽으면 그 뜻이 더 풍부해진다. 이런 가르침은 '술이 24'에서 다음과 같이 요약된다.

"공자께서는 네 가지를 가르치셨으니 문(文) 행(行) 충(忠) 신(信)이다."

이는 공자가 제자들을 가르칠 때 핵심적인 교육 내용이다. 첫째는 애쓰는 법[文]이고, 둘째는 일을 제대로 하는 것[行=行事]이고, 셋째는 자기 스스로에게 조금도 거짓이 없도록 하는 것[忠]이고, 넷째는 다른 사람과의 관계에서 말을 하면 반드시 지키도록 하는 것[信]이다. 흔히 행(行)을 행실로 옮겨 공자를 도덕론자로 만드는데, 대부분은 일을 행하는 것[行事]과 관련된다.

또한 위 표의 ①행은 다움[德], ②행은 어짊[愛人=仁], ③행은 일의 이치[事理=禮]에 해당한다.

○증자가 말했다. "부모님 상을 신중하게 치르고 먼 조상까지 추모하면, 백성들의 백성다움은 두터운 쪽으로 돌아가게 된다."

<ruby>曾<rt>증-자</rt></ruby>子曰 愼終追遠 民德歸厚矣

옛날 중국에서는 소인의 죽음을 사(死), 군자의 죽음을 종(終)이라고 했다. 사(死)는 그냥 생물학적인 사망을 뜻하지만 종(終)은 마친다는 뜻이다. 삶을 주도적으로 살다가 명이 다해 그쳤다는 말이다. 당연히 사(死)보다는 종(終)이 중요한 의미를 갖는다.

"부모님 상을 신중하게 치르고 먼 조상까지 추모하면[愼終追遠]"

여기서 종(終)은 부모님 죽음을 뜻한다. 따라서 종(終)이란 친상(親喪)을 말한다. 신(愼)은 삼가고 조심하는 마음으로 장례를 치른다는 뜻이다. 추원(追遠)은 돌아가신 부모는 물론이고 먼 조상들까지 제사를 통해 추모하는 것을 말한다. 물론 온 정성을 다해 그렇게 해야 한다.

"백성들의 백성다움은 두터운 쪽으로 돌아가게 된다[民德歸厚矣]"

여기서 중요한 것은 '신종추원(愼終追遠)'과 '민덕(民德) 귀후의(歸厚矣)'의 연결 관계이다. 그냥 신종추원이라고만 했다면 그저 부모와 조상 잘 모시라는 도덕적 충고에 그친다. 그러나 민덕(民德) 귀후의(歸厚矣)가 뒤에 이어지는 순간 신종추원의 주어는 임금이나 백성들의 사표가 되는 지도자가 되고 동시에 윗사람이 모범을 보이면 백성들은 억지로 강요하지 않아도 그것을 지켜보면서 좋은 방향으로 교화가 된다[觀而化=觀感]는 것에 방점이 찍히게 된다.

따라서 신종추원에는 그저 형식적인 장례와 제례가 아니라 모든 정성을 다하는 진실되고 참된 장례와 제례라는 의미가 들어있음에 유의해야 한다. 백성들이 보고 배우는 것은 장례나 제례 자체가 아니라 그 같은 정성과 진실됨이기 때문이다. 자연스럽게 모범을 통한 리더십[率先垂範]

문제를 확인하게 된다.

이 장이 형이중이라면 이를 보다 추상화한 형이상이 바로 '헌문 44'
이다.

공자가 말했다. "위에서 예를 좋아하면 백성을 쉽게 부릴 수 있다"

신종추원(慎終追遠)은 곧 윗사람, 즉 다움을 갖춘 임금이 예를 좋아하
는 모습이자 어짊을 실천하는 장면이다. 그걸 지켜보는 백성들은 자연스
럽게 감화된다.

○ 자금이 자공에게 물었다. "공자께서는 찾아간 나라에 이르셔서 반드시 그 정사(政事)를 들으시니 그분이 (정치에 관심이 많아) 구해서 그런 것입니까, 아니면 (제후가 먼저 공자에게) 청해서 그렇게 된 것입니까?" 자공이 말했다. "공자께서는 온화하고 반듯하고 공손하고 검소하시어 사양함으로써 정사를 들으실 수 있었다. 공자께서 그것을 먼저 원해서 얻었다고 하더라도, 그것은 아마 다른 사람들이 그것을 구하는 것과는 다를 것이네."

子禽問於子貢曰 夫子至於是邦也
자-금 문-어 자-공 왈 부-자 지-어 시-방-야

必聞其政
필-문 기-정

求之與 抑與之與
구-지 여 억 여-지 여

子貢曰 夫子溫良恭儉讓以得之
자-공 왈 부-자 온-량-공-검 양-이 득-지

夫子之求之也 其諸異乎人之求之與
부-자 지 구-지 야 기-제 이-호 인 지 구-지 여

자공(子貢 기원전 520?~456?)은 춘추 시대 위(衛)나라 사람으로 성은 단목(端木)이고, 이름은 사(賜)며, 자가 자공이다. 공문십철(孔門十哲) 중 한 사람으로 재아와 더불어 언어와 사령(辭令-외교문서)에 뛰어났다고 한다. 수천 금(金)의 재산을 모은 이재가(理財家)로도 알려져 있다. 공문(孔門)의 번영은 그의 경제적 원조에 힘입은 바가 컸다고 한다. 공자가 죽은 뒤 노나라를 떠나 위나라에 가서 벼슬했으며, 제나라에서 죽었다. 일찍이 제, 오, 진, 월(齊吳晉越) 등 여러 나라에 가서 유세하여 오나라로 하여금 제나라를 공격하게 해 노나라를 구했다. 이런 성과 때문에 그가 스승인 공자보다 뛰어난 인물로 여겨질 정도여서 공자 사후 그를 공문 후계자로 내세우려는 움직임이 있었을 정도였다. 이와 관련된 이야기는 자장(子張)편 후반부에 많이 나온다.

자금(子禽)은 진강(陳亢)을 말한다. '자장 25'에서는 진자금(陳子禽)이라는 이름으로도 등장한다. 그때나 여기서나 그는 공자에 대해 의심스러운 눈길을 갖고 있다. 그가 공자 제자 혹은 자공의 제자로 공자의 재전(再傳) 제자라는 말도 있지만 신빙할 만하지는 않다. 그리고 사마천 『사기』 '중니제자열전(仲尼弟子列傳)'에는 자금이 "중니는 어떻게 배웠는가?"라는 질문을 던진 사람으로 나오는데 착오다. 이 질문을 한 사람은 '자장 22'에 따르면 위나라 공손(公孫-임금 손자) 조(朝)다. 이제 첫 구절의 핵심 문구부터 풀어보자.

"그분이 (정치에 관심이 많아) 구해서 그런 것입니까, 아니면 (제후가 먼저 공자에게) 청해서 그렇게 된 것입니까[求之與 抑與之]?"

여기서 미묘한 차이 문제를 던진다. 찾아간 나라의 정치에 관해 묻는 것까지는 좋은데, 공자가 먼저 물은 것인지[求之] 아니면[抑] 제후 쪽에서 먼저 물어온 것인지[與之]를 묻고 있다.

여기에는 이미 구차함[苟=非禮] 문제가 들어 있다. 공자가 먼저 물었다면 그것은 사욕이 들어간 것이고, 묻지도 않았는데 남의 나라 정치를 말한다는 것은 주제넘은 일이다. 당연히 제후 쪽에서 물어 왔을 때에만 제한된 범위 안에서 정치에 관해 언급했다는 것이다. 그것이 예(禮), 즉 일의 이치[事理]다.

자금이 한 질문은 일반인이라면 당연히 마음에 품을 수 있다. 공자가 주유천하(周遊天下)하면서 무엇보다 정치에 관한 이야기를 많이 하고 다녔기 때문이다. 보기에 따라서는 마치 구차스럽게 구직(求職)이나 하려는 것처럼 보였을 수도 있다. 자금이 던진 질문 방식은 이런 점을 의식한 것이다.

"공자께서는 온화하고 반듯하고 공손하고 검소하시어 사양함으로써 정사를 들으실 수 있었다[溫良恭儉讓以得之]."
(온-량-공-검 양-이 득-지)

양(讓)을 흔히 온량공검(溫良恭儉), 네 가지 다움[四德]에 추가시켜 오
(사-덕)
덕(五德)으로 보는 견해도 있지만 취하지 않는다. 겸(謙)은 겸손한 다움이
되지만 양(讓)은 사양하는 행위이지 다움이 아니다. 즉 공자는 온화하고
반듯하고 공손하고 검소함을 바탕으로 하면서 설사 저쪽에서 정치 참여
를 요청해오더라도 일단은 사양한 다음에 그렇게 했다는 말이다.

공자는 뒤에서 보게 되겠지만 반드시 해야 한다거나 반드시 해서는
안 된다는 고정된 입장의 소유자가 아니라 그때그때의 마땅함[義]을 따를
(의)
뿐이다. 여기서도 마찬가지다. 게다가 반드시 겸양을 바탕으로 그렇게 한
다. 그렇기 때문에 자공은 심지어 공자가 먼저 구하는 경우에도 겸양이 결
여된 다른 사람들이 구하는 것과는 다르다고 덧붙였다.

뒤에 자세히 짚어보겠지만 우선 '술이 11'과 '자한 12'에 나오는 관
련 구절을 먼저 읽어 보자. 그러면 벼슬살이에 대한 공자 태도를 좀 더 분
명하게 알 수 있다. 먼저 '술이 11'이다.

공자가 말했다. "부유함이라는 것이 구한다고 해서 얻을 수 있는 것
이라면 설사 채찍질하는 마부의 일이라도 나는 기꺼이 할 것이다. (그
러나) 구한다고 해서 얻을 수 있는 것이 아니라면 나는 내가 좋아하는
바를 따르겠다."

이어서 '자한 12'이다.

자공이 말했다. "여기에 아름다운 옥이 있다면 (스승님께서는) 가죽으
로 싸서 궤짝에 보관하시겠습니까? 물건을 알아보는 좋은 상인을 구
해서 팔겠습니까?

공자가 말했다. "팔아야지! 팔아야지! (하지만) 나는 그런 상인을 기
다리는 사람이다."

매우 미묘하다. 먼저 구차스럽게 나아가지 않고 자기 원칙을 지키면
서도 세상에 나아가기를 거부하지 않은 사람, 바로 그런 사람이 공자임을
분명히 알 수 있다.

學而

11

○공자가 말했다. "아버지가 살아계실 때는 (아버지를 향한) 그 아들의 뜻을 살펴보고, 아버지가 돌아가시면 그가 일을 행하는 것을 살펴보아서 3년 동안 아버지의 도리를 고치지 않는다면 효자라고 할 만하다."

자-왈 부 재 관 기-지 부 몰 관 기-행
子曰 父在 觀其志 父沒 觀其行
삼-년 무 개 어 부-지-도 가-위 효-의
三年無改於父之道 可謂孝矣

"아버지가 살아계실 때는 (아버지를 향한) 그 아들의 뜻을 살펴보고 아버지가 돌아가시면 그가 일을 행하는 것을 살펴보아서[父在 觀其志 父沒 觀其行]"

이는 우선 '학이 7'에 나오는 사부모(事父母) 능갈기력(能竭其力)의 풀이 중 하나로 볼 수 있다. 동시에 여기에는 사람을 살펴보는 법[觀人之法]도 녹아들어 있다.

먼저 어떤 사람을 살필 때 그의 아버지가 살아계실 때와 돌아가셨을 때로 나눈 것이 흥미롭다. 공안국은 "아버지가 살아 계시면 자식이 제 마음대로 행동할 수 없기 때문에 아버지를 향한 그 아들의 뜻을 살펴볼 뿐이다"라고 말했다. 이는 임금과 신하 모두에게 통용될 수 있는 관인지법(觀人之法)이다. 그런데 '학이 9'와 연계시켜 본다면 오히려 신하나 백성들이 임금을 살펴보는 법이 될 수도 있다.

일부에서는 기지(其志)를 아버지를 향한 아들의 뜻이 아니라 그냥 아버지 뜻을 아들이 살피는 것으로 보기도 한다. 그렇게 될 경우 관인지법에서는 다소 멀어지는 것이라 공안국 풀이를 따른다. 이제 마지막 구절만 남았다.

"3년 동안 아버지의 도리를 고치지 않는다면 효자라고 할 만하다."

이 부분은 앞서 나온 능갈기력(能竭其力)을 풀어낸 것이다. 공자는

『예기』 방기(坊記)편에서 이를 곧바로 은나라 고종이 했던 3년상과 연결 짓는다.

"고종이 3년 동안 아버지 상복을 입고 있으면서 정치에 대한 말을 한 마디도 하지 않다가 3년 뒤에 상복을 벗고 나서 비로소 말을 하니 백성들이 기뻐했다."

이는 곧 상사(喪事)를 당하여 예를 정중히 하는, 신종(愼終)의 형이하, 즉 사례다. 이 이야기는 '헌문 43'에 다시 나온다.

자장이 말했다. "『서경』에 이르기를 '고종이 아무런 말도 없이 3년 동안 말을 하지 않았다'고 했는데 무슨 뜻입니까?"

공자가 말했다. "어찌 반드시 고종뿐이었겠는가? 옛날 사람들은 다 그렇게 했다. 임금이 돌아가시면 백관들은 자기 직무를 총괄하면서 3년 동안 총재(冢宰-재상)에게 정사를 들었다."

學而

12

○유자가 말했다. "예를 쓸 때는 조화로움이 귀하다. 선왕의 도리에서는 이를 아름답게 여겨 높고 낮은 관리들이 모두 이로 말미암아 일을 했다. (그렇지만) 해서는 안 되는 것이 있으니 조화로움만 알아서 (좋은 게 좋다는 식으로) 조화롭게만 하려고 하고, 일의 이치로써 마디를 맺어주지 않는다면 실로 그 일은 제대로 행해질 수 없다."

有子曰 禮之用 和爲貴

先王之道 斯爲美 小大由之

有所不行 知和而和 不以禮節之 亦

不可行也

'학이 12'부터 주제가 문(文)에서 예(禮)로 바뀐다. 여기서 조화로움이란 유연성이다. 지나치게 형식에 얽매이지 말고 자연스럽게 일을 풀어가는 것이 중요하다는 말이다. 정이천(程伊川)은 "예가 지나치면 지리해진다"라고 했다. 그래서 조화로움을 귀하게 여긴다.

조화로움이 중요하다고 해서 일을 해 갈 때 못하는 바가 없는[無所不行=無所不爲] 식으로 해 가면 일은 곤궁함에 처한다. 예의 핵심인 겸손[謙]을 잃으면 안 된다는 뜻이다.

뒤에 팔일(八佾)편에서 우리는 일의 이치[事理=禮]를 구성하는 세 가지 요소를 추출하게 될 텐데 그중 하나가 이미 나왔다. 바로 뭔가 하지 않음이 있음[有所不行=有所不爲]이다. 결정적인 순간에 멈출 줄 안다[中禮]는 뜻이다. 중례(中禮)란 예에 적중했다는 말이다.

13

○유자가 말했다. "개인들끼리 언약이 마땅함에 가까우면 그 말은 지켜
질 수 있고, 공손함이 예에 가까우면 치욕을 멀리할 수 있다. 그러고서
도 그 친족들과의 친함을 잃지 않는 사람이 있다면 실로 그런 사람은
종주(宗主)로 삼을 만하다."

유자 왈   신   근─어   의   언   가─복─야
有子曰 信近於義 言可復也

공   근─어   례   원   치─욕─야
恭近於禮 遠恥辱也

인   부─실   기─친   역   가─종─야
因不失其親 亦可宗也

여기서 첫 문장의 키워드는 마땅함[義]과 일의 이치[禮]다. 그런 점에서는
예(禮), 특히 예에 적중하는 중례(中禮) 문맥이 이어진다.

　　"개인들끼리 언약이 마땅함[義]에 가까우면 그 말은 지켜질 수 있고,
　　공손함이 예[禮]에 가까우면 치욕을 멀리할 수 있다."

　　먼저 개인들끼리 많은 말과 약속을 할 수 있지만, 그것이 제대로 지켜
지고 실현되는 경우는 드물다. 어째서인가? 마땅하지 않기 때문이다. 그런
말들은 대부분 지켜지지 않는다. 그러니 마땅함을 잣대로 삼아야 미리 그
약속이 지켜질지를 알 수 있다는 뜻이다. 이것이 마디를 맺어주는 것이다.

　　과공비례(過恭非禮)라고 했다. 모든 공손함이 다 예는 아니다. 지나친
공손함은 예가 아닌 것이다. 일의 이치에 부합하게 공손할 때라야 스스로
치욕스러움을 느끼지 않을 수 있다. 더불어 말과 공손함은 겉으로 드러나
는 모습[言行=文]이다. 이를 내면의 잣대[質]인 마땅함이나 일의 이치로
점검을 해야 한다는 말이다. 이 또한 사람 살피는 법이다.

　　"그러고서도[因] 그 친족들과의 친함을 잃지 않는 사람이 있다면 실
　　로 그런 사람은 종주(宗主)로 삼을 만하다."

　　이는 아랫사람이 윗사람을 살피는 방법이다. 유자 말을 살피는 관건
은 "그러고서도[因]"에 있다. 마땅함과 사리로만 따질 경우 가까운 사이
는 오히려 멀어질 수 있다. 그것이 '학이 12'에서 말한 유소불위(有所不爲)
다. 그러면 조화로운 관계를 해치기 쉬우니 친친(親親)해야 하는 도리를
잃을 수 있다. 마땅함과 사리로 대하는데도 "그 친족들과의 친함을 잃지
않는 사람"이라면 예(禮)의 조화로움과 유소불위를 때에 맞게 발휘하는
[時中] 사람이다. 그렇기 때문에 그런 사람은 종주(宗主-정신적 지주)로 삼
을 만하다고 말한 것이다. 공자가 위나라 사람 거백옥을 종주로 삼은 것이
그런 경우이다.

14

○공자가 말했다. "군자가 되려고 하는 사람이 먹을 때 배부름을 구하지 않고 거처할 때 편안함을 구하지 않으며, 일은 주도면밀하게 하고 말은 신중하게 하면서 도리를 갖춘 이에게 나아가 (아직도 잘못된 것을) 바로잡는다면 실로 (문을) 배우기를 좋아한다고 말할 수 있을 것이다."

자—왈　군—자　식　무—구　포　거　무—구　안
子曰 君子食無求飽 居無求安

민—어—사　이　신—어—언
敏於事而愼於言

취　유—도　이　정—언　가—위　호—학　야—이
就有道而正焉 可謂好學也已

호학(好學), '배우기를 좋아한다'라는 말만으로 우리는 이미 다시 '학이 1'의 학이시습지(學而時習之) 불역열호(不亦說乎)로 돌아간다. 학이시습지는 배움[學]이고 불역열호는 좋아함[好]이다. 공자의 이 말을 해석하는 방법은 '학이 6'과 똑같다. 형이상인 호학이란 말에 해당하는 형이중[定義]을 앞에서 쭉 풀어놓고 있는 것이기 때문이다.

　　"먹을 때 배부름을 구하지 않고 거처할 때 편안함을 구하지 않으며"

　　질문부터 던져보자. 그러면 '먹을 때 배부름이 아니면 무엇을 구해야 할까?' 그렇다고 배고픔을 구해야 하는 것은 아닐 것이다. 정약용은 『논어고금주』에서 "먼저 이것을 말한 것은 극기(克己)가 먼저 있어야 함을 밝힌 것"이라고 했는데 동의하기 어렵다. 거처할 때 (편안함이 아니라) 반듯함[端整]을 잃어서는 안 되고, 먹을 때도 (배부른 게 다가 아니라) 건강하게 잘 먹어야 하지 않을까? '향당 8'에 나오는 공자 자신이 음식 먹는 모습을 이에 대한 답으로 삼고자 한다.

　　"(공자께서는) 밥은 곱게 찧은 것을 싫어하지 않으셨고, 날고기는 엷게 잘 썬 것을 싫어하지 않으셨다. 밥이 쉬어서 변했거나 생선이 상하고 고기가 썩은 것은 먹지 않으셨고, 빛깔이 나는 것을 먹지 않으셨으며, 냄새가 이상한 것도 먹지 않으셨고, 제대로 익히지 않은 것도 먹지 않으셨으며, 제때가 아니면 먹지 않으셨다. (고기를) 자른 것이 바르지 않으면 먹지 않으셨고, 그에 맞는 장(醬)이나 젓갈이 아니면 먹지 않으셨으며, 고기가 많더라도 밥 기운을 이기지 않게 드셨다. 저 술의 경우 마시는 양을 한정하지 않았으나 어지러운 지경에까지는 이르지 않으셨다. 가게에서 사 온 술이나 육포는 먹지 않으셨으며, 생강 드시는 것은 걷어치우지는 않으셨지만 많이 먹지는 않으셨다.”

다음 구절이다.

“일은 주도면밀하게 하고 말은 신중하게 하면서[敏於事而愼於言]”

‘이인 24’에서 공자는 또 이렇게 말한다.

“말은 어눌하게 하려고 애쓰고 일을 행할 때는 주도면밀하게 하라[欲訥於言而敏於行]”

둘은 같은 뜻이다. 여기서 눈여겨봐야 할 것은 행(行)이다. 둘을 교차시켜 풀이할 때 행(行)은 행실(行實)보다는 행사(行事), 즉 일을 수행하는 문제에 가깝다. 그리고 이 둘은 자연스럽게 경사이신(敬事而信) 중에서 경사(敬事)를 보다 구체적으로 풀어낸 것이 된다. 호학(好學)이란 책을 좋아하는 것이 아니라 배우고 묻기를 좋아하면서 말은 조심하고 일은 주도면밀하게 한다는 뜻이 되는 것이다. 그리고 한 걸음 더 나아가야 한다.

“도리를 갖춘 이에게 나아가 (아직도 잘못된 것을) 바로잡는다면[就有道而正焉] 실로 (문을) 배우기를 좋아한다[好學]고 말할 수 있을 것이다.”

유도(有道)란 유도자(有道者), 즉 도리를 갖추고 있는 사람, 바꿔 말해 스승이 될 만한 사람이다. 그것은 임금에게 겸손한 마음가짐을 요구한다. 임금이라면 십중팔구 스승 같은 신하에게 나아가기를 꺼린다. 그런데 일을 함에 있어 허물이 있다면 나아가 고치기를 꺼리지 않아야[過則勿憚改] 배우기를 좋아하는 임금이 되는 것이다. 그래야 비로소 스승 같은 신하[師臣]가 곁에 나아올 수 있다.

이러해야 배우기를 좋아하는 군자라 할 수 있다. 여전히 '학이 1'의 학이시습지(學而時習之) 불역열호(不亦說乎) 주변을 맴돌며 동심원이 점점 커져가고 있다.

學而

15

○자공이 말했다. "가난하면서도 아첨하지 않고 부유한데도 교만하지 않는다면 어떻습니까?"

공자가 말했다. "그것도 괜찮지만 가난하면서도 (도리를) 즐기며 부유하면서도 예를 좋아하는 것만 못하다."

자공이 말했다. "『시경』에 이르기를 '자르듯이 다듬듯이 쪼듯이 갈듯이'라고 했는데 아마도 이를 두고 한 말인 듯합니다."

공자가 말했다. "사(賜-자공)야! 비로소 더불어 시를 말할 수 있게 되었구나. 지나간 것을 말해 주니 앞으로 오게 될 것을 알아차리는구나."

자-공 왈　빈-이-무-첨　부-이-무-교　하-여
子貢曰 貧而無諂 富而無驕 何如

자-왈　가-야　미-약　빈-이-락　부-이-호-례-자
子曰 可也 未若貧而樂 富而好禮者

야
也

자-공 왈　시-운　여-절　여-차　여-탁　여-마　기
子貢曰 詩云 如切如磋 如琢如磨 其

사　지-위　여
斯之謂與

자-왈　사-야　시 가 여-언 시 이-의　고-저 왕
子曰 賜也 始可與言詩已矣 告諸往

이　지　내-자
而知來者

이는 바로 앞의 '학이 14'와 연결된다. 호학(好學)에서 호례(好禮)로 넘어온 것이다.

　"가난하면서도 (도리를) 즐기며 부유하면서도 예를 좋아하는 것만 못하다.”

　자공의 물음에 공자는 이렇게 답했다. 우선 “가난하면서도 (도리를) 즐기며[貧而樂]”를 일부 해석에서는 ‘가난하되 그 가난을 즐거워하다’로 옮기는데, 적절치 않은 번역이다. 공자는 ‘이인 5’에서 “가난과 천함[貧賤], 이는 사람이라면 누구나 싫어하는 바이지만”이라고 했다. ‘빈이락(貧而樂)’에서 낙(樂)은 도리를 즐기다[樂道]로 풀어야 한다. 안빈(安貧)이 만약 가난을 편안히 여기는 것이라면 위선이라는 혐의를 벗을 수 없다.

　이렇게 되면 빈부는 문제가 안 되고 낙도(樂道)와 호례(好禮)는 같은 뜻이 된다. 이에 자공은 낙도와 호례를 말하는 공자 생각을 정확히 파악하고서 『시경』위풍(衛風) 기오(淇奧)편에 나오는 절차탁마(切磋琢磨)를 언급한다. 고대 중국에서 옥(玉)은 군자를 상징했다. 원석을 자르고 다듬고 쪼고 갈아야[切磋琢磨] 하나의 아름다운 옥이 탄생한다. 절차탁마는 바로 질(質)에다가 애씀을 가해[文之] 문질빈빈(文質彬彬)한, 즉 문과 질이 잘 조화를 이룬 군자를 만들어내는 과정이다.

　　“사(賜)야! 비로소 더불어 시(詩)를 말할 수 있게 되었구나. 지나간
　　것을 말해 주니 앞으로 오게 될 것을 알아차리는구나”

　사(賜)는 자공이다. 여기서 시(곧 『시경』)를 함께 말할 수 있다[與言]는 것은 추(推), 즉 미루어 헤아릴 줄 안다는 것을 칭찬한 말이다. 자공이 공자의 말을 바로 알아듣고 절차탁마로 재서술하면서 응답했기 때문이다. 공자는 주제 측면에서는 문행충신(文行忠信)을 가르쳤지만, 배우는 방법으로는 오직 하나, 미루어 헤아리는 법[推]을 제자들에게 가르치려 했던 사람이다. 형이상에서 형이중을 거쳐 형이하로 내려가는 것도 추(推)이고, 반대로 형이하에서 형이중을 거쳐 형이상으로 올라가는 것도 추(推)이다. 지나간 일을 말해주면 앞으로 올 일을 알아차리는 것도 추(推)이고, 어떤 것을 말해주면 아직 말하지 않은 것을 알아차리는 것도 추(推)이다. 이런 ‘미루어 헤아림[推]’을 자유자재로 하는 사람을 우리는 “문리(文理), 즉 애쓰는 이치가 트였다”라고 말한다.

16

○공자가 말했다. "남이 자기를 알아주지 않는 것을 걱정하지 말고, 내가 남을 알지 못하는 것을 걱정해라."

자—왈   불—환   인—지—불—기—지   환   부—지—인—야
子曰 不患人之不己知 患不知人也

이로써 우리는 자연스럽게 다시 '학이 1' 중에서 세 번째 문장, "남이 자신을 알아주지 않더라도 속으로조차 서운함을 품지 않으니 진실로 군자가 아니겠는가?"로 돌아왔다. 여기서 전반부는 그대로 직신(直臣)이 되라는 메시지와 이어진다. 다만 후반부는 새롭게 던져진 과제. 지인(知人)하는 문제를 덧붙여 강조한 것이다. 당연히 신하라도 사람을 잘 볼 줄 알아야 한다.

이로써 우리는 『논어』 전체에 담긴 주제들을 압축적으로 담고 있는 학이(學而)편을 살펴보았다. '학이 1'이 '소(小)논어'라면 학이(學而)편 열여섯 장은 고스란히 그것을 풀어낸 '중(中)논어'이자 『논어』 전체를 개괄한 총론이다.

이어서 위정(爲政)편은 다움[德], 팔일(八佾)편은 일의 이치[禮], 이인(里仁)편은 어짊[仁]을 파고든다. 즉 형이중이 집중적으로 나오는 셈이고, 그 후에는 이 세 개념을 중심으로 사람을 알아보는 형이하 사례들이 이어진다.

② 爲政
위
정

1

○子曰(자왈) 爲政(위정)以德(이덕) 譬如(비여)北辰(북신) 居其所(거기소)而

2

衆星共之(중성공지) ○子曰(자왈) 詩三百(시삼백) 一言(일언)以蔽之(이폐지)

3

曰(왈)思無邪(사무사) ○子曰(자왈) 道之以政(도지이정) 齊之以刑(제지이형)
民免而無恥(민면이무치) 道之以德(이덕) 齊之以禮(제지이례) 有恥(유치)

4

且格(차격) ○子曰(자왈) 吾十有五而志于學(지우학) 三十(삼십)
而立(이립) 四十(사십)而不惑(불혹) 五十(오십)而知天命(천명) 六十(육십)

5

而耳順(이순) 七十(칠십)而從心所欲(종심소욕) 不踰矩(불유구) ○孟(맹)

別乎○子夏問孝子曰色難有事弟子
謂能養至於犬馬皆能有養不敬何以
疾之憂○子游問孝子曰今之孝者是
之以禮○孟武伯問孝子曰父母唯其
謂也子曰生事之以禮死葬之以禮祭
孟孫問孝於我我對曰無違樊遲曰何
懿子問孝子曰無違樊遲御子告之曰

子曰先行其言而後從之○子曰君子
師矣○子曰君子不器○子貢問君子
人焉廋哉○子曰溫故而知新可以爲
其所以觀其所由察其所安人焉廋哉
省其私亦足以發回也不愚○子曰視
○子曰吾與回言終日不違如愚退而
服其勞有酒食先生饌曾是以爲孝乎

15　16　17　18　　　　19

尤行寡悔祿在其中矣○哀公問曰何

寡尤多見闕殆愼行其餘則寡悔言寡

張學干祿子曰多聞闕疑愼言其餘則

知之爲知之不知爲不知是知也○子

異端斯害也已○子曰由誨女知之乎

不思則罔思而不學則殆○子曰攻乎

周而不比小人比而不周○子曰學而

22 21 20

奚其爲爲政○子曰人而無信不知其

乎惟孝友于兄弟施於有政是亦爲政

或謂孔子曰子奚不爲政子曰書云孝

則敬孝慈則忠舉善而教不能則勸○

使民敬忠以勸如之何子曰臨之以莊

服舉枉錯諸直則民不服○季康子問

爲則民服孔子對曰舉直錯諸枉則民

無勇也

○子曰非其鬼而祭之諂也見義不爲

24

益可知也其或繼周者雖百世可知也

夏禮所損益可知也周因於殷禮所損

23

哉○子張問十世可知也子曰殷因於

可也大車無輗小車無軏其何以行之

1

○공자가 말했다. "다움으로 정치를 한다는 것은 비유하자면 북극성이 자기 자리에 가만히 머물러 있으면서 뭇별들이 그것을 향하는 것과 같다."

_{자-왈} _{위-정} _{이-덕} _{비-여} _{북-신} _거 _{기-소} _이
子曰 爲政以德 譬如北辰 居其所而
_{중-성} _{공-지}
衆星共之

"다움으로 정치를 한다는 것_{위-정-이-덕}[爲政以德]"

여기서 다움이란 두말할 필요도 없이 군덕(君德), 즉 임금다움이다. 이 말을 정확히 이해하려면 두 가지 사항이 전제되어야 한다.

첫째, 군군신신 부부자자(君君臣臣父父子子) 중에서 군군(君君)이 여기에 해당한다. 임금이 임금답다는 것은 힘[_역力]으로 정치를 하는 것이 아니라 다움[_덕德]으로 정치를 하는 것이다.

둘째, 임금다움으로 정치를 할 때 그 임금다움이란 무엇인가라는 점이다. 다시 말하지만 임금은 부리는[_사使] 자이고 신하는 섬기는[_사事] 자이다. 이 점을 놓치면 아무런 이야기도 할 수가 없다.

결국 우리가 찾아갈 목표는 '잘 부리는 것_{선-사}[善使]'에 모아질 것이다. 그것이 선정(善政)이고 인정(仁政)이다.

"비유하자면 북극성이 자기 자리에 가만히 머물러 있으면서 뭇별들이 그것을 향하는 것과 같다."

임금을 북극성에 비유했다는 것은 일을 하지 않는다[_{무-위}無爲=_{무-사}無事]는 것이다. 그렇다고 아무 일도 하지 않는 것은 아니다. 인사(人事)는 가장 최우선으로 한다. 그것은 임금이 자기 몸을 움직여서 하는 일이 아니다. 인사의 명을 내리기만 한다는 뜻이다. 이 정도 이해를 가져야 '위령공 4'에 나오는 순(舜)임금이 바로 '위정 1'의 사례임을 알 수 있다.

공자가 말했다. "무위(無爲)하면서 잘 다스린 자는 아마도 순임금일
것이다. 무릇 무엇을 하였던가? 자기 몸을 공손히 하면서 바르게 남
면(南面)했을 뿐이다."

남면(南面)이란 남쪽을 보고 앉아 임금 노릇한다는 뜻이다. 따라서 북
면(北面)은 신하 노릇한다는 뜻이다. '위정 1'의 "자기 자리에 가만히 머
물러 있으면서"와 '위령공 4'의 "무위하면서"가 그대로 통한다. 도가(道
家)에서 말하는 무위(無爲)와는 아무 상관없다.

위정편 첫 계단은 덕정(德政)이다. 다음 계단을 올라보자.

為
政

2

○공자가 말했다. "『시경』에 담긴 시 삼백 수를 한마디로 하자면 '생각
함에서부터 그릇됨이 없어야 한다'는 것이다."

_{자-왈} _시 _{삼-백} _{일-언} _이 _{폐-지} _왈 _사 _{무-사}
子曰 詩三百 一言以蔽之 曰 思無邪

앞에서 덕정(德政)을 말하고서 바로 다음에 『논어』편찬자는 왜 공자의 이
말을 배치한 것일까? 그 의도만 살펴도 절반은 풀이가 된다. '위정 1'에서
총론이자 지향점 차원에서 덕정(德政)을 말하고 이제는 처음으로 돌아와
'도대체 사람이 다움을 갖춘다는 것은 어디서부터 출발해야 하는지' 묻고
그 답을 찾으려 했고, 이에 대해 공자는 사무사(思無邪)라고 말한다.

시 삼백이란 곧 『시경』을 말한다. 이를 편찬한 장본인이 공자다. 그런
공자가 『시경』을 한마디로 총괄해서 말하자면 사무사(思無邪)라고 했다.
『시경』은 무사(無邪)=정(正)에서 출발해 우리 몸에 차곡차곡 다움을 쌓아
가는 훈련서라 할 수 있다. 여기서 한 가지 개념 짝을 알아두면 우리가 헤
쳐나갈 『논어』 탐색 길이 보다 쉬워진다. 공(公) 명(明) 정(正) 대(大) 원(遠)
: 사(私) 암(暗) 사(邪) 소(小) 근(近)이 그것이다. 실은 앞의 다섯 가지 개념
은 같은 뜻이고, 이와 대립하는 뒤의 다섯 가지 개념 또한 같은 뜻이다.

'계씨 13'에서도 시가 등장한다. 공자는 아들 리(鯉)에게 "시를 배웠
느냐?"고 묻고 "아직 배우지 않았습니다"라고 하자 이렇게 말한다.

"시를 배우지 않으면 말을 할 수 없다."

이때 "말을 할 수 없다"란 무슨 뜻일까? 일단 제대로 된 말을 할 수
없다는 뜻인데 '제대로 된 말'이란 무엇일까? 이를 풀어낼 실마리가 바로
'양화 9와 10'에 나란히 나온다. 9는 제자들, 10은 아들 백어(伯魚), 즉 리
(鯉)에게 해주는 말이다. 먼저 '양화 9'다.

공자가 말했다. "제자들아! 너희들은 어째서 저 시를 공부하지 않는
가? 시를 배우면 제대로 도리에 대한 뜻을 일으킬 수 있고, 일이나 사

람을 제대로 살필 수 있으며, 제대로 된 사람들과 무리를 지을 수 있고, 제대로 원망할 수 있다. 가깝게는(혹은 사적으로는) 부모를 섬길 수 있고 멀게는(혹은 공적으로는) 임금을 섬길 수 있다."

여기서 뜻이란 공덕(公德)을 배우고 익혀 공적 영역으로 나아가겠다는 것이다. 그리고 일과 사람을 잘 알아보며 군자와 소인을 분별해 군자들과 함께 하고 소인들을 멀리하는 법을 배우는 것이 『시경』이라는 말이다. 특히 마지막 문장은 군군신신 부부자자(君君臣臣父父子子)와 연결된다.

'양화 10'은 『시경』을 배우지 않았을 경우 어떻게 되는지를 일깨워줌으로써 아들 백어에게 시를 배울 것을 촉구한다.

공자가 백어에게 말했다. "너는 주남(周南)과 소남(召南)을 배웠느냐? 사람으로서 주남과 소남을 배우지 않으면 담장을 정면으로 마주하고 서 있는 것과 같다."

주남과 소남은 『시경』 첫머리 편 이름인데 사실상 『시경』 전반을 말한다. 담장을 정면으로 마주하고 서 있다는 것은 앞을 보지 못한다는 말이다. 눈이 있어도 앞을 보지 못하는 것을 공자는 고(瞽), 즉 눈뜬장님이라고 불렀는데, 바른 도리를 모르는 사람을 비판적으로 칭하던 명칭이었다. "시를 배우지 않으면 말을 할 수 없다"라고 할 때의 말이란 따라서 바른 도리에 따라 공적인 영역에 나아가 하는 말을 가리킨다고 할 수 있다.

이런 문맥 속에서 보자면 사무사(思無邪)를 그냥 '생각에 사특함이 없다' 정도로 옮겨서는 오역이라는 혐의를 피할 수 없다. 다음을 이루어가는 출발점이 생각이다. 말과 행동은 모두 생각에서 비롯된다. 그렇기 때문에 말과 행동의 뿌리인 '생각함에서부터' 그릇됨이 없게 만들어야 한다고 해야 그 본뜻에 좀 더 다가갈 수 있다.

참고로 사무사(思無邪)는 공자 자신이 지은 말이 아니라 『시경』 노송(魯頌) 경(駉-굳센 말)편에 나오는 구절이다. 이런 걸 공자는 뒤에 술이부작(述而不作)이라고 말한다. 조술(祖述), 즉 옛 것으로부터 이어받을 뿐 새로 지어내지는 않는다는 말이다.

爲政

3

○공자가 말했다. "(백성을) 법령으로만 이끌고 형벌로만 가지런히 하면, 백성들은 법망을 피하려고만 하고 부끄러움이 없게 된다. (백성을) 다움으로 이끌고 예로써 가지런히 하면, 부끄러움이 있게 되고 또한 (감화되어) 바르게 된다."

子曰 道之以政 齊之以刑 民免而無
恥
道之以德 齊之以禮 有恥且格

이 장은 '위정 1'을 보충 풀이하는 성격을 갖는다. 다움에 의한 정치와 대비되는 것이 힘에 의한 정치, 다시 말해 법령과 형벌로 다스리는 정치임을 분명히 한다.

앞에서는 법령으로 이끌고[道=導] 뒤에서는 형벌로 백성을 몰아가는 정치는 진(秦)나라 시황제(始皇帝)가 그 전형을 보여주었다. 그 폐단은 백성들이 부끄러움을 잊게 된다는 것이다. 이 말은 백성들의 백성다움이 얄팍해지는 쪽으로 돌아간다[歸薄]는 뜻이다.

반면에 순임금이 보여주었듯이 임금다움을 갖추고 좋은 인재들을 들어 쓴 다음에 남면(南面)하고만 있어도 백성들은 부끄러움을 알게 되고 바르게 되었다. 이것이 바로 '학이 9'에서 말한 백성다움이 두터운 쪽으로 돌아간다[歸厚]는 뜻이다.

爲政

4

○공자가 말했다. "나는 열다섯 살에 (문을) 배우는 데 뜻을 두었고, 서른 살에 자기를 세우고 남도 세워주었으며, 마흔 살에 일의 이치를 알아 미혹되지 않았고, 쉰 살에 일의 형세를 알았으며, 예순 살에 어떤 말이건 귀에 거슬리지 않았고, 일흔 살이 되자 내 마음이 하고자 하는 바를 그냥 따라도 법도에 어긋나지 않았다."

子曰 吾十有五而志于學

三十而立 四十而不惑

五十而知天命 六十而耳順

七十而從心所欲不踰矩

『논어』편찬자는 왜 덕정(德政)을 두 번 말하고, 다움을 이루는[爲德=成德] 첫 출발점으로 사무사(思無邪)를 말한 다음에 이 장을 여기에 배치했을까? 적어도 공자처럼 사(私)를 떠나 공(公)을 향한 삶을 살기로 결심한 사람은 대략 나이별로 그에 맞는 다움[德]이 있다고 보고서, 공자 자신을 사례로 제시한 것이라 할 수 있다. 이는 애쓰는[文之] 단계와 방향이기도 하다.

　　"나는 열다섯 살에 (문을) 배우는 데 뜻을 두었고[吾十有五而志于學]"

　　이때 학(學)은 요즘 같은 학문일 리가 없고, 앞서 해석한 대로 애씀을 배우는 것[學文]이다. 그러니 이 말은 공인의 길로 나아가겠다는 뜻을 열다섯 살에 품었다는 뜻이다. 당시 공인의 길로 나아가겠다는 것은 군군신신(君君臣臣) 영역에 진입하겠다는 말이다. 공자는 임금으로 나아가는 길에 대한 가능성 또한 마음 한구석에 갖고 있었던 사람이다. 다만 그 길은 순임금처럼 효도라고 하는 큰 다움[大德]과 선양(禪讓)을 통해 가는 길이었다. 물론 공자에게 그 길은 열리지 않았다. 그러나 그런 길을 염두에 두었기에 맹자의 군주는 신하 눈에 비친 군주일 뿐이었지만, 공자는 늘 군주 시각에서 군주를 바라보았다. 이 점이 공자 제왕학이 갖는 강점이다.

"서른 살에 자기를 세우고 남도 세워주었으며, 마흔 살에 일의 이치[禮]를 알아 미혹되지 않았고[三十而立 四十而不惑]"

삼십이입(三十而立)은 삼십이이입(三十而以立)으로 보아야 마흔 살과도 이어진다. 서른 살 전후해서 일의 이치로 자기를 세우고 이어서 남도 일의 이치로 세워주려 했다[立己以禮而立人以禮]고 보아야 한다. 이에 대해서는 '서문'에서 자세하게 살펴본 바 있다. '위정 2'에서 『시경』 공부를 강조하면서 사무사(思無邪)를 말한 것도 바로 이런 일의 이치[事理=禮]를 배우고 익히라는 말이다. 이어 마흔 살이 되면 일의 이치 공부가 단단해져 사람을 알아볼 때나 일에 임했을 때 미혹되는 일이 없는 것[不惑]이다.

다행히 형이상에 속하는 혹(惑)에 대해 『논어』는 형이중 차원에서 두 개의 풀이에 담고 있다. 먼저 '안연 10'이다.

자장이 다움을 높이는 법과 혹(惑)을 가려내는 법을 물었다.

공자가 말했다. "진실됨과 믿음을 제일의 원칙으로 삼고 마땅함으로 (자기를) 옮겨가는 것이 다움을 높이는 법이다. 누군가를 사랑한다고 해서 (이미 죽은) 그 사람을 살리려 하고, 미워한다고 해서 (버젓이 살아 있는) 그 사람을 죽이려 하는 것, 그리고 이미 (마음속으로) 그를 살리려 하고 또 죽이려 하는 것, 이것이 바로 혹이다. (이렇게 하면 다움이) 진실로 풍부해지지도 못하고 실로 다만 기이해질 뿐이다."

정리하자면 사랑하고 미워하는 것은 사람 소관이지만 죽고 사는 것은 귀신 소관이다. 그런데 인간사와 귀신사에 놓인 경계선을 지키지 못하고 이리저리 넘나들려 한다면 이는 미혹된 것[惑]이라는 말이다. 공자는 인간사는 철저하게 인간사 범위 안에서 온 정성을 다해 해법을 찾으려 했다. 혹(惑)을 조금 다른 측면에서 조명할 수 있게 해주는 설명이 '안연 21'이다. 핵심만 추려 말하자면 다음과 같다.

번지가 혹(惑)이 무엇인지 가려줄 것을 청하자 공자가 말했다. "하루 아침의 분노로 자신을 망각해 그 (화가) 부모에게까지 미치게 하는 것이 혹(惑) 아니겠는가?"

과욕(過欲)이나 순간적 분노 혹은 순간적 욕심이 바로 인간사와 귀신사에 놓인 경계선을 넘게 만드는 주된 행동이다. 이 둘을 합쳐서 이해한다면 혹(惑)은 명확해졌을 것이고 당연히 불혹(不惑) 또한 뜻이 분명해졌다. '자한 28'은 우리가 가는 방향을 살짝 일러준다.

"일의 이치를 아는 사람은 미혹되지 않고[知者不惑] 어진 사람은 근심하지 않으며[仁者不憂] 용기 있는 사람은 두려워하지 않는다[勇者不懼]."

이처럼 서른 살과 마흔 살은 일의 이치[事理=禮]로 맺어져 있음을 확인할 수 있다.

"쉰 살에 일의 형세[事勢=命]를 알았으며[五十而知天命]"

지천명(知天命)을 풀기 위해서 우리는 요왈(堯曰)편 중에서도 맨 마지막으로 가야 한다. '요왈 3'이다.

공자가 말했다. "명(命)을 알지 못하면 군자가 될 수 없고, 예(禮)를 알지 못하면 설 수가 없으며, 말을 알지 못하면 사람을 알아볼 수가 없다."

천명(天命)은 그냥 명(命)으로 되어 있다. 명(命)이란 일의 이치[事理]로는 어떻게 할 수 없는 형세, 즉 사세(事勢)이다. 일을 주도면밀하게 할 때[敬事] 우리는 순리, 즉 이치로 풀어야 할 때가 있고 때로는 형세로 풀어야 할 때가 있다. 명을 아는 자라야 일의 형세를 정확히 읽어 제대로 해법을 찾을 수 있다. 그런 사람을 공자는 군자(君子)라고 했다. 정(正-바른 도리)은 사리의 본질이고, 중(中-적중함)은 사세에 대처하는 도리다. 이 문제를 『맹자』 이루장구(離婁章句)를 통해 좀 더 쉽게 접근해보자.

(언변이 뛰어났던 제나라 사람) 순우곤이 물었다. "남녀 간에 물건을 주고 받으면서 손이 닿지 않도록 하는 것이 예(禮)입니까?"

맹자가 "예다"라고 하자 순우곤이 되물었다. "(그렇다면) 형수나 제수가 물에 빠졌을 때 손을 써서 구해 주어야 합니까?"

이에 맹자는 다음과 같이 답했다.

"형수나 제수가 물에 빠졌는데도 (손을 써서) 구해 주지 않는다면 이는 승냥이나 이리와 다를 바 없다. 남녀 간에 물건을 주고받으면서 손이 닿지 않도록 하는 것은 예이고, 형수나 제수가 물에 빠졌을 때 손을 써서 구해 주는 것은 권도[權=權道=時中]이다."

순우곤이 물었다. "지금 천하 백성들이 물에 빠져 죽게 생겼는데 선생께서 구해 주지 않은 이유는 무엇입니까?"

이에 맹자가 말했다. "천하 백성들이 도탄에 빠졌을 때는 선왕의 도리로 그들을 구하고, 형수나 제수가 물에 빠졌을 때는 손으로 구하는 것이다. 그대는 지금 손으로 세상을 구하려 하는가?"

예(禮)는 예법에 한정되는 것이 아니라 일의 이치[事理]이자 상도(常道)이고, 권(權)은 일의 형세[事勢]이자 명(命)이자 권도(權道)이다. 인의(仁義-어짊과 마땅함)와 관련해서는 권도가 인(仁), 즉 어짊이고 상도가 의(義), 즉 마땅함이다. 정과 중의 문제는 뒤에 이인(里仁)편과 자한(子罕)편에서 보다 자세하게 살필 것이므로 일단 여기서는 이 정도로 그치고자 한다. 앞서 인용한 '요왈 3'을 통해 이미 보았듯이 핵심 주제는 다 다루었다.

육십이이순(六十而耳順), 칠십이종심소욕불유구(七十而從心所欲不踰矩)에 대해서는 이런저런 풀이들이 있지만 정확하게 옮기는 것으로 풀이를 대신한다. 『논어』에서는 60~70대는 범위에 들어오지 않고, 10대 중반에서 50대까지 다시 말하면, 지우학, 이입, 불혹, 지천명, 이 네 가지 범위 안에서 주된 논지들이 전개되기 때문이다.

"예순 살에 어떤 말이건 귀에 거슬리지 않았고, 일흔 살이 되자 내 마음이 하고자 하는 바를 그냥 따라도 법도에 어긋나지 않았다."

이때 법도란 당연히 선왕(先王)의 법도를 말한다.

○맹의자가 효에 대해 묻자 공자가 "어기지 않는 것"이라고 말했다.

번지가 수레를 몰고 있을 때 공자가 그 말을 해주었다. "맹손이 나에게 효에 대해 묻길래 나는 어기지 않는 것이라고 답해주었다."

번지가 말했다. "무슨 뜻입니까?"

공자가 말했다. "부모가 살아계실 때는 예로써 섬기고, 돌아가시면 예로써 장사를 지내고, 제사를 지낼 때도 예로써 하는 것이다."

맹─의─자   문─효   자─왈   무─위
孟懿子問孝 子曰 無違

번─지 어 자 고─지─왈   맹─손 문─효 어─아 아
樊遲御 子告之曰 孟孫問孝於我 我

대─왈   무─위
對曰 無違

번─지 왈   하─위─야
樊遲曰 何謂也

자─왈   생 사─지 이─례 사 장─지 이─례   제─지
子曰 生事之以禮 死葬之以禮 祭之

이─례
以禮

'위정 5~8'은 함께 다뤄야 한다. 총괄 풀이는 그래서 '위정 8'에서 다루기로 하고 '위정 5~7'에 대해서는 『대학연의』를 통해 차례대로 짚어보겠다. '위정 5'는 이례(以禮)를 매개로 앞의 '위정 4'에 나오는 이입(而立)과 연결되고 있다.

"신이 가만히 살펴보겠습니다. 주희 설에 따르면 살아계실 때는 물론이고, 돌아가셔서 장례나 제사를 지낼 때도 부모를 내 몸과 같이 여기기를 처음부터 끝까지 하나도 빠짐없이 해야 한다는 것입니다. 예(禮)

는 이치[理]를 절도에 맞춰[節] 드러내는 것[文]이니 사람이 부모를 섬기는 것은 처음부터 끝까지 예로써 일관해야 합니다. 그래서 사람으로서 해야 할 것과 해서는 안 될 것을 반드시 가려가며[不苟-구차스럽지 않게] 그 부모를 존숭하는 것이 지극해야 합니다.

신은 일찍이 주희 설을 미루어 헤아리고 (그 뜻을) 풀어내어 밤늦게건 새벽녘이건 문안을 드렸고, 겨울에는 따뜻하게 하고 여름에는 시원하게 해드렸으며, 집에서 나갈 때는 (반드시 가는 곳을) 알리고 들어와서는 얼굴을 뵙고 (부모 앞에서는) 숨소리를 낮추고 목소리를 밝게 하여 옷이 따뜻한지 차가운지를 물었고, 병으로 아프신 데가 없는지 가려워하시지는 않는지를 물었으며, (아픈 데는) 조심스레 짚어드리고 (가려운 데가 있으면) 그곳을 긁어드리며, 출타하거나 들어오실 때면 어떤 때는 앞서고 어떤 때는 뒤서기도 하면서 삼가는 마음으로 부모님을 붙잡아드렸습니다.

또 식사하시려 하면 드시고 싶은 것이 무엇인지를 물어서 그것을 삼가는 마음으로 올렸으며, (근처에 계시면서) 명하는 바가 있으면 (그 즉시) '예'하고 응답하고 삼가는 마음으로 대했고, 나아가거나 물러날 때 혹은 (명을 받아 어떤 일을) 주선할 때에는 삼가 가지런히 했습니다.

또 (당을) 오르내리고 (집을) 나가고 들어갈 때 몸을 굽혀야 할 때는 굽혔고 펴야 할 때는 폈습니다. (그리고 어른들 앞에서는) 감히 구역질을 하거나 트림을 하거나 재채기를 하거나 기침을 하거나 하품을 하거나 기지개를 켜거나 짝다리를 짚거나 벽 같은 데 기대거나 곁눈질을 하거나 하지 않았고, (또) 감히 가래를 뱉거나 코를 풀지도 않았습니다.〈이 사례는 본인을 예로 들고 있지만, 그 내용은 고스란히 『소학』에 나온다.〉이것이 부모가 살아계실 때 섬기는 예(禮)입니다.

상(喪)은 3일 동안 행하고 대렴(大斂-시신을 안치해 두는 일)하는 동안에는 아직 넋이 육신에 붙어 있다는 것을 반드시 믿고, 석 달간 장례 치르는 동안에는 아직 넋이 관에 붙어 있다는 것을 반드시 진심을 다해 믿는 것이 돌아가신 부모를 장사 지내는 예입니다.

(돌아가신) 때가 되어 장차 제사를 지내려 할 경우 군자는 이내 재계(齋戒)에 들어가 사특한 것들을 멀리하고, 좋아하는 것이나 욕망을 억제하고 귀는 쾌락적인 것을 듣지 않음으로써, 마음은 해야 할 것과 해서는 안 될 것을 반드시 가려가며 생각은 오로지 도리에만 두며, 손과 발은 해야 할 것과 해서는 안 될 것을 반드시 가려가며 동작 하나하나를 오로지 예법에만 의거해야 합니다.

(재계의 첫 단계로, 산만했던 마음을 정돈하는) 산재(散齊)를 7일 동안 하여 그것으로서 마음을 안정시키고, (그 마음을 잘 유지하기 위한) 치재(致齊)를 3일 동안 하여 그것으로서 마음을 가지런하게 합니다. 재계란 지극히 맑고 밝게 해주는 것이니, 그 연후에야 신명(神明)을 맞이할 수 있습니다. 이것이 제사 때 예법입니다.

천자로부터 저 일반 백성들에 이르기까지 그 각각의 (예의의) 높임과 낮춤은 같지 않지만, 예를 체득하여 행하는 사람이라면 털 오라기 하나만큼이라도 예를 다하지 못함이 있는 것을 용납하지 못합니다.

『효경(孝經)』에서는 이렇게 말합니다. '군자가 부모님을 모신다는 것은 거처할 때는 그 삼감을 다하고[致=盡], 봉양할 때는 그 즐거움을 다하고, 병이 드셨을 때는 그 근심을 다하고, 상을 당했을 때는 그 슬픔을 다하고, 제사를 지낼 때는 그 엄숙함을 다해야 한다. 이 다섯 가지가 다 갖춰진 후에야 제대로 부모를 모실 수 있다. 이 다섯 가지의 이름은 같지 않지만 예가 마땅히 행해야 하는 바의 측면에서는 하나다.'

(따라서)『논어』와『효경』둘 다 성인(聖人-공자)의 육성을 담고 있습니다. 무릇 사람의 자식이 되어서 어릴 때부터 이런 말씀을 어긴다면, 과연 하늘과 땅 사이에 제대로 설 수 있겠습니까? 그래서 둘을 합하여 이 점을 드러낸 것입니다."

爲政

6

○맹무백이 효에 대해 묻자 공자가 말했다. "부모는 오직 자식이 병에 걸릴까만 근심한다."

맹-무-백 　 문-효 　 자-왈 　 부-모 　 유 　 기-질 　 지 　 우
孟武伯問孝 子曰 父母唯其疾之憂

효란 부모 마음을 아는 데서 출발한다는 게 핵심이다. 쉽게 말해 역지사지 (易地思之)다.『대학연의』에 나오는 풀이로 보충 설명한다.

　　"신이 가만히 살펴보겠습니다. 선배 유학자[先儒]의 설에 따르면 맹무백(孟武伯)은 사람됨이 반드시 (부모로 하여금) 많은 걱정을 하게 하는 자입니다. 그래서 공자가 이로써 그에게 일러주었던 것입니다. 그 일러준 바가 부모 마음임을 안다면, 자신을 사랑해야 하는 이유도 알 수 있을 것입니다.

　　신이 볼 때 이것은 비록 부모가 모두 살아계시는 것을 말하고 있지만, 그러나 불행하게도 (부모가) 먼저 돌아가신 자식이라고 해서 이것을 잊어도 되겠습니까? 부모가 나를 낳으시고 나에게 바라는 것은 무엇이겠습니까? 과연 몸을 삼가고 자신을 사랑할 줄 몰라서 끝내 병에 걸린다면, 아마도 그것이야말로 부모가 남겨주신 몸뚱이를 더럽히고 부모가 나에게 바라는 바를 저버리는 것이 아니겠습니까?

　　이는 (벼슬이 없는) 선비와 일반 백성들뿐만 아니라 그 윗사람들도 다 마땅히 알아야 할 일입니다. 그런데 임금의 신분일 경우 그 몸 하나에 종묘사직이 의탁하고 있으니 그 책임은 더욱 무거울 뿐 아니라 그 혈기를 어지럽히고 수명을 해치는 것이 더더욱 한 두 가지가 아닙니다. 그래서 한나라 문제(文帝)가 일찍이 말을 타고서 험준한 산비탈을 마구 내달리자 (황제가 스승처럼 받들던) 원앙(袁盎)이 간언하여 말했습니다. '폐하께서 멋대로 스스로를 가벼이 여기는 것 같은 일을 하게 되면 고묘(高廟-세상을 떠난 아버지 한고조 유방)와 태후(太后-문제 어머니 박

씨(薄氏)〕께 어떻게 되겠습니까?'

이 말은 깊이 경계해야 할 것입니다. 임금 된 자가 혹시라도 공자의 훌륭한 말을 체득한다면 무릇 병에 걸리는 것도 〔자신의 잘못인 양〕 반드시 조심하고 경계하여야 불효의 책임에서 벗어날 수 있을 것입니다.”

이 또한 진덕수는 군주 시각에서 풀어내고 있다.

爲政

7

○자유가 효에 대해 묻자 공자가 말했다. "지금 효란 잘 봉양하는 것을
가리킨다. 개와 말에 이르기까지 모두 능히 봉양할 줄 안다. 공경하지
않는다면 무엇으로 개나 말이 하는 효와 구별할 수 있겠느냐!"

자—유 문—효 자—왈 금—지—효 자 시 위 능—양
子游問孝 子曰 今之孝者 是謂能養

지—어 견—마 개 능 유—양
至於犬馬 皆能有養

불—경 하—이 별—호
不敬 何以別乎

자유가 효에 관해 묻는다. 자유(子游 기원전 506~?)는 춘추 시대 오(吳)나라
사람으로 성은 언(言)이고, 이름은 언(偃)이며, 자유는 그의 자다. 공자보
다 마흔다섯 살 연하였고, 스무 살 무렵부터 관직 생활을 했다.

이번에도 『대학연의』에 나오는 풀이다.

"신이 가만히 살펴보겠습니다. 부모는 가장 중한 반면 개와 말은 지
극히 가볍습니다. 공자는 지극히 가벼운 것을 통해 세상에서 가장 중
요한 것을 일깨움으로써 세상 사람들이 흔히 봉양(물질적으로 잘하는
것)을 곧 효도라고 생각하는 것에 깊은 경계를 해주고 있습니다. 자유
는 공자 문하에서도 이름이 높은 제자임에도 마땅히 이런 경지에는
이르지 못했던 것입니다.

생각이 짧아 봉양하는 것으로서 효도를 다했다고 생각한다면 이는 이
미 불효의 영역에 떨어지는 것입니다. 반드시 가벼이 하고 소홀히 하
며 대충대충 하고 업신여기는 것[輕忽簡慢]만이 불경(不敬)을 말하는
경—홀—간—만
것은 아닙니다. 그래서 『예기』에서도 '봉양은 (누구나) 능히 할 수 있
지만 (부모에 대해) 삼가는 것[敬]은 어려운 일이다'라고 한 것입니다."
경
지어견마(至於犬馬)에 대해서는 두 가지 번역이 가능한데 결과적으로

뜻 차이는 크게 없다. '개와 말도 자기 어미를 봉양할 줄 안다'고 옮길 수도 있고, '부모에게뿐만 아니라 개와 말에게도 물질적으로 챙긴다'라고 옮길 수도 있다.

爲政

8

○자하가 효에 대해 묻자 공자가 말했다. "(부모님 앞에서) 낯빛을 잘하는 것이 어렵다. (힘든) 일이 있으면 자식이 그 수고로움을 떠맡고, (좋은) 술과 음식이 있으면 부모님께 먼저 대접하는 것, 어찌 이것만으로 효라고 하겠는가?"

자─하   문─효   자─왈   색─난
子夏問孝 子曰 色難
유─사   제─자   복 기─로   유   주─사   선─생   찬
有事 弟子服其勞 有酒食 先生饌
증   시─이   위─효─호
曾是以爲孝乎

먼저 『대학연의』에 나온 풀이부터 보자. 미리 말하자면 색난(色難)에 대한 풀이가 우리와는 다르다. 그러나 이런 시각 또한 충분히 가능하기 때문에 소개한다. 진덕수는 낯빛을 부모님 안색으로 보고 있다.

"신이 가만히 살펴보겠습니다. 이 말은 부모님 얼굴빛까지 살피며 고분고분 잘 받드는 일은 대단히 어렵다는 것입니다. (앞서 보았던) 수고로움을 다하고 봉양을 하는 것은 다만 곁가지일 뿐입니다.

무릇 부모님 얼굴빛은 애처로울 때도 있고 활짝 펴질 때도 있으니 자식 된 자는 마땅히 몰래 보고 조용히 잘 살펴야 합니다[潛觀嘿察]. 그래서 얼굴빛이 부드러우면 부모 마음이 즐거우신 것이니 진실로 스스로 위로할 수 있을 것이지만, 만약에 얼굴빛에 조금이라도 평소와 다른 점이 있으면 조마조마해 하고 두려워하면서 스스로를 반성하고 책하지 않을 수 있겠습니까?

아름다운 구름과 단비는 하늘의 기쁨이요, 빠른 번개와 매서운 바람은 하늘의 노여움이라 했습니다. 하늘을 잘 섬기는 것도 이러한데, 자신에게 하늘과 땅인 부모를 살피는 데 있어 어찌 부지런하지 않을 수

있겠습니까? 이것을 깨우치고 나야만 비로소 (부모로 하여금) 얼굴빛을 온화하게 갖도록 하는 어려움[色難]에 담긴 깊은 의미를 알게 될 것입니다."

'위정 5, 6, 7, 8'은 묶어서 풀어내야 문맥 속에서 뜻이 살아난다. 네 사람이 차례로 똑같은 질문을 던진다. 그러나 그에 대한 공자 대답은 차이를 보인다. 이 넷을 살피기에 앞서 우리는 다시 군군신신 부부자자(君君臣臣父父子子)를 떠올려야 한다. 이 중에서 지금 우리는 자자(子子)만을 살피지만 이를 미루어 헤아려[推], 나머지 군군신신부부(君君臣臣父父)에도 응용할 줄 알아야 한다. 참고로 임금의 임금다움[君君]은 관(寬), 신하의 신하다움은 직(直), 부모의 부모다움은 자(慈)이다.

여기서 잠깐 공자가 출생한 노나라 정치 상황에 대한 간략한 정리가 필요하다. 공자가 태어나기 전 기원전 8세기 말경 노나라 15대 군주는 희윤(姬允)이었다. 무력을 떨친 군주라고 해서 환공(桓公)이라는 존칭으로도 불린다. 그의 왕위는 장남 희동(姬同)에게 전해졌다. 그런데 그에게는 서자 세 명이 더 있었다. 그 세 아들이 각자 성을 바꿔 맹손(孟孫=仲孫), 숙손(叔孫), 계손(季孫)이라고 했다. 아들 서열을 나타내는 백(伯) 중(仲) 숙(叔) 계(季)에서 따온 것이다. 이로써 이들 세 아들은 주나라 성씨 희(姬)성을 버렸다. 아마도 서자이기 때문에 성을 바꿔야 했던 것 같다. 그리고 군주 자리에 오른 희동을 제외한 세 아들은 삼환(三桓)으로 불렸다. 환공(桓公) 아들임을 나타내기 위함이었다.

이후 노나라는 왕실과 삼환(三桓) 집안〈삼가(三家)라고 한다〉이 위태로운 공존 상태를 유지하다가 100여 년이 흐른 후인 기원전 6세기 말 중손멸(仲孫蔑)이라는 맹손(孟孫) 집안 출신 재상이 나머지 두 집안을 끌어들여 사실상 국왕을 무력화시킨다. 향후 400년간 이어지게 되는 세 집안의 과두정치, 즉 삼환(三桓) 시대가 열린 것이다. 국왕 쪽에서 반격이 없지는 않았다. 기원전 517년〔노나라 소공(昭公) 25년〕 왕위에 있던 소공이 향후 왕위를 잇게 될 태자 정공(定公)에게 당시 실권을 쥐고 있던 대부 계평자(季

平子) 집안을 선제공격할 것을 권했다. 그러나 이를 미리 알게 된 계씨 집안은 나머지 맹손씨와 숙손씨 집안을 끌어들여 삼환(三桓) 연합을 구성해 군주인 소공을 공격했다. 이에 소공은 이웃 제나라로 도망쳐 8년간 망명 생활을 하다가 결국 그곳에서 세상을 떠났다. 이때 이입(而立)을 넘긴 공자 나이 서른다섯 살이었고 공자도 난을 피해 잠시 노나라를 떠나게 된다.

'위정 5'에서 공자에게 효(孝)를 묻고 있는 맹의자는 당시 열다섯 살이었는데 그도 소공을 축출하는 정변에 참여해 공을 세웠다. 맹의자 아버지 맹희자(孟僖子)는 정변이 일어나기 1년 전에 사망했기 때문에 정변과는 관련이 없다. 결국 사서(史書)에 전하는 말이 사실이라면 정변 1년 전에 맹의자는 "공자 문하에 들어가 예를 배우도록 하라"는 아버지 유언에 따라 공자 제자가 되었다는 말이 되고, 공자 제자일 때 정변에 주도적으로 참여한 것이 된다.

그 맹의자가 효에 대해 묻자 공자는 "무위(無違)" 딱 두 글자로 답한다. "어기지 않는 것"이라고 답한 것이다. 여기서는 효에 관한 소극적인 (negative) 일반 원칙을 말하고 있다. 그런데 너무 추상적이다. 결국 중요한 것은 '효를 다하려면 결코 어겨서는 안 되는 것이 무엇인가?'이다.

여기서 우리는 '위정 5' 두 번째 행을 눈여겨봐야 한다. 당시 맥락을 생생하게 전하고 있기 때문이다. 제자 번지가 공자가 타는 수레를 몰고 있을 때였다. 이때 공자는 문득 맹의자와 주고받은 문답이 떠올랐다. 그래서 공자가 일러 말하기를 맹손(맹의자)이 자기에게 효를 묻길래 자신은 답하기를 "어기지 않는 것이다"라고 했노라고 한다. 수레를 모는 데 집중해야 할 제자 번지에게 왜 얼마 전에 있었던 이 일을 꺼낸 것일까? 미진(未盡)했다는 생각이 든 것이다. 아무리 생각해도 너무 간략하게 답했기 때문에 맹의자가 그 뜻을 제대로 알아듣지 못했을 것으로 판단했다. 그래서 번지로 하여금 가서 전하도록 하기 위해서 수레를 몰고 있던 번지에게 말을 건 것이었다.

사실 공자가 "무위(無違)"라고 했을 때 맹의자는 추가 질문을 던졌어야 했다. 번지가 물었던 바로 이 질문이다. "무위란 무엇을 말하는 것입니까?" 이 점에서는 같은 제자라 하더라도 번지가 맹의자보다 한 수 위였다. 이 점을 아는 공자가 그래서 번지에게 말을 걸어 자신의 말을 뒤에 맹의자에게 전달토록 것이다.

번지가 공자에게 왜 맹의자에게 무위(無違)라고 답했는지, 즉 무엇을 어기지 말아야 하는 것인지를 묻자 공자는 "부모가 살아계실 때는 예로써 섬기고, 돌아가시면 예로써 장사를 지내고, 제사를 지낼 때도 예로써 하는 것이다"라고 답한다. 앞서도 말했지만 이런 경우 공자 발언은 맹의자가 아버지 맹희자가 살아 있을 적에나 지금처럼 세상을 떠난 후에도 아버지를 모시는 태도가 예(禮)에 합당하지 못하다고 보았기 때문에 그 점을 지적하고 있는 것이다. 더불어 맹희자가 공자에게 찾아가 예를 배우라고 했던 말조차 실행하지 않고 있는 맹의자를 은근 질타하고 있다. 질문자가 처해 있는 구체적인 상황을 실마리 삼아서 그에 적합한 답변을 주는 전형적인 공자 방식이다.

그런데 '위정 5'는 여기서 끝나는 것이 아니라 훨씬 더 크고 중대한 문제를 던진다. 예(禮)란 무엇인가? 살아계실 적에는 예로써 섬긴다, 돌아가시면 예로써 장사지낸다, 예로써 제사를 지낸다는 것은 과연 어떻게 하는 것을 말하는가? 이미 '학이 12, 13, 15'와 '위정 3'에 예에 관한 언급이 나온 바 있다. 그것은 사람으로서 따라야 할 일의 이치다.

내덕외례(內德外禮), 다움[德]과 예(禮)는 안팎이 서로 조응해야 한다. 마음[內＝質]만 있고 겉으로 드러나지 않는 것도 문제이고, 겉[外＝文]만 있고 마음이 없는 것도 문제이다. 공자는 당연히 맹의자가 예를 어기고 있다[有違]고 본 것이다. 결국 '위정 5'에 등장한 맹의자는 내면은 말할 것도 없고, 겉으로[文＝禮]도 효(孝)라는 다움을 실천하지 못하고 있는 인물이라 하겠다.

그러면 효를 제대로 행하려면 어떻게 해야 할까? 그것이 바로 다음에 이어지는 '위정 6'이다.

"부모는 오직 자식이 병에 걸릴까만 근심한다."

맹무백은 맹의자 큰아들이다. 일부 풀이는 맹무백이 몸을 함부로 굴려 이런 말을 해주었다고 하는데 유치하다. 그보다 여기서 공자는 효의 출발은 다름 아닌 부모 마음[父母之心]을 헤아려 아는 것임을 일깨워준다. 이런 공자 생각은 『논어』 다른 대목에서도 확인할 수 있다. 먼저 '이인 19' 이다.

공자가 말했다. "부모가 (살아)계실 때는 먼 곳에서 놀지 않고 (혹시라도) 놀게 될 경우에는 반드시 일정한 방향이 있어야 한다."

어디로 가는지를 말씀드려야 한다는 말이다. 또 '이인 21'이다.

공자가 말했다. "부모 나이를 알고 있지 않으면 안 된다. 한편으로는 그래서 기쁘고 한편으로는 그래서 두렵다."

이는 군군신신부부(君君臣臣父父)에도 그대로 해당한다. 다만 이 중에서 부모의 경우[父父]에는 굳이 가르치지 않아도 되며 오히려 자식 사랑이 지나칠 우려가 있을 뿐이다. 이와 달리 군군신신자자(君君臣臣子子)는 모두 배워야만 그 다움에 이를 수 있다. '위정 7'로 넘어가자.

"개와 말에 이르기까지 모두 능히 봉양할 줄 안다. 공경하지 않는다면 무엇으로 개나 말이 하는 효와 구별할 수 있겠느냐!"

봉양은 외면에 속한다. 겉으로 드러나는 문(文)에만 신경 쓰고 마음속 질(質)은 신경 쓰지 않는 자유에 대한 질타로도 볼 수 있다. 이에 대한 답을 얻으려면 먼저 '양화 11'부터 보아야 한다.

공자가 말했다. "예(禮)다, 예다(예가 중요하다) 하지만 그것이 옥과 비단을 말하는 것이겠는가? 악(樂)이다, 악이다(악이 중요하다) 하지만 그것이 종과 북을 말하는 것이겠는가?"

이에 대한 답은 '팔일 3'이다.

공자가 말했다. "사람으로서 어질지 못한데 (그 사람이) 예(禮)를 행한들 무엇할 것이며, 사람으로서 어질지 못한데 악(樂)을 행한들 무엇할 것인가?"

불경(不敬)은 곧 불인(不仁)이다.

마지막으로 '위정 8'을 살펴보자.

"(부모님 앞에서) 낯빛을 잘하는 것이 어렵다[色難]."

이번에는 반대로 공경하는 마음으로 수고로움을 떠맡고 효심으로 좋은 술과 음식들을 부모님께 올린다고 해도, 낯빛을 늘 온화하게 갖지 않는다면 제대로 된 효(孝)라고 할 수 없다는 뜻이다. 이런저런 풀이가 있지만 정약용 풀이가 정곡을 찌른다.

"자식이 부모를 섬길 때는 당연히 일반적인 예[恒禮]를 넘어서 특별히 유순한 용모와 기쁜 얼굴 표정이 있어야 한다. 만약 그저 장유(長幼) 사이에 행하는 일반적인 예만 행한다면 마침내 이를 효라고 하겠는가?"

문맥과 별도로 난(難)에 대해 잠깐 짚고 넘어가자. 난(難)은 '~하기가 참 어렵다'는 뜻이다. 이는 공자 특유의 표현법이다. '태백 20'에서 재난(才難)이라고 하는 말도 비슷한 뉘앙스로 '인재를 얻기가 참으로 어렵다'라는 뜻이다. 보다 정확하게 이 뉘앙스와 일치하는 사례는 '헌문 2'에 나오는 난(難)이다. 어짊의 경지에 이르렀다고는 하기 어렵지만 그렇게 하기는 참으로 쉽지 않다는 그런 뉘앙스다.

(원헌이 물었다.) "남을 이기려는 것, 자랑하는 것, 원망하는 것, 욕심내는 것, 이 네 가지를 행하지 않는다면 이런 사람을 어질다[仁]고 할 수 있습니까?"

공자가 말했다. "그렇게 하는 것만도 어렵지만[難] (그렇다고 해서) 어진 지는 내가 알지 못하겠다."

'위정 8'의 난(難)은 정확히 이런 뉘앙스와 일치한다. 그렇다면 색난(色難)만으로도 효(孝), 즉 자식으로서 부모에 대한 어짊[仁]을 다했다고 보기는 어렵다.

보통은 원칙이 나오고 그에 해당하는 사례가 나오기 마련인데 여기서는 '위정 5, 6, 7, 8'에서 효라고 하는 자식의 자식다움을 다양한 각도에서 살핀 다음에 이어서 '위정 9, 10'을 통해 사람 살피는 법[知人之鑑^{지-인-지-감}=
觀人之法^{관-인-지-법}]을 다룬다. 결국 이 두 그룹은 교차해서 읽을 때 그 의미를 충분히
파악할 수 있다는 말이다.

『순자(荀子)』 자도(子道)편에는 '위정 6, 7, 8'을 한눈에 보여주는 공
자와 자로가 나눈 대화가 나온다.

> 자로가 공자에게 물었다. "어떤 사람이 새벽 일찍 일어나 밤늦게 자
> 면서 밭 갈고 김매고 나무 심고 씨 뿌리느라 손과 발에 못이 박이도록
> 일하며 그의 부모님을 봉양하는데도 효자라는 이름이 나지 않는 것은
> 어째서입니까?"
>
> 공자가 말했다. "생각건대 몸가짐이 공경스럽지 않아서일까? 말이
> 공손하지 않아서일까? 낯빛이 온순하지 않아서일까? 옛말에 '옷도
> 입혀주고 돌보아주기도 하지만 네게 의지하지는 않겠다'라고 했다.
> 새벽 일찍부터 일어나 밤늦게 자면서 밭 갈고 김매고 나무 심고 씨 뿌
> 리느라 손과 발에 못이 박이도록 일하며 그의 부모님을 봉양하면서,
> 앞의 세 가지 잘못이 없다면 무엇 때문에 효자라는 이름이 나지 않겠
> 느냐?"

爲政

9

○공자가 말했다. "내가 안회와 하루 종일 말을 했는데 그냥 내 말을 따르기만 하고 어기지를 않아서 어리석다고 여겼다. 물러간 뒤에 그의 사사로움을 살펴보았더니 실로 내 뜻을 제대로 드러내어 행하고 있었으니 안회는 어리석지 않다."

자—왈　오　여—회　언　종—일　　불—위　여　우
子曰 吾與回言終日 不違如愚
퇴　이　성—기—사　　역　족—이　발　　회—야　불—우
退而省其私 亦足以發 回也不愚

여기서 불위(不違)는 '위정 5'에 나온 무위(無違)와는 전혀 다른 뜻이다. 이때는 스승이 하는 말을 어기지 않고 "예! 예!"하며 그저 따르기만 했다는 뜻이다. 그래서 공자는 안회(顔回)를 처음에는 어리석다고 여겼다.

그런데 스승과 동료들이 함께 있던 공(公)의 자리에서 물러가 사(私)의 영역에서 안회가 어떤 일을 하는 모습을 공자가 우연히 살펴보게 되었다. 그것이 성기사(省其私), 즉 '그 사사로운 면을 살피게 되었다'는 뜻이다. 그랬더니 누구보다 공자가 말한 뜻이나 도리를 잘 미루어 헤아려 실행하고 있는 것을 보고서 공자는 처음 생각을 바꿔 "안회는 어리석지 않다"라고 말한다. 과즉물탄개(過則勿憚改)를 공자 자신이 실행에 옮기는 장면이기도 하다.

여기서 더 이상 언급은 없지만 공자가 안회 사생활 중에서도 특히 면밀하게 살펴본[省] 모습은 바로 효(孝)와 관련된 부분이었을 것이다. 안회는 자타가 공인하는 공자 수제자다.

爲政

10

○공자가 말했다. "그가 행하는 바를 보고, 그 말미암은 바를 살피며, 그가 편안해하는 바를 들여다본다면 사람이 어떻게 자신을 숨기겠는가? 사람이 어떻게 자신을 숨기겠는가?"

자왈　시　기　소―이　　관　기　소―유　　찰　기　소―안
子曰 視其所以 觀其所由 察其所安

인　언　수―재　　인　언　수―재
人焉瘦哉 人焉瘦哉

이 장에서는 사람을 살피는 세 단계가 제시된다. 이는 곧 성기사(省其私)를 세분화한 것이다. 성(省)이란 글자를 풀어보면 아주 작은 것[少]을 살펴본다[目]는 뜻이다. 모두가 지켜보는 공적 공간에서는 사람들이 다 스스로 조심하기 때문에 그 사람의 본모습을 알아보기란 쉽지 않다. 예를 들어 군군신신(君君臣臣)의 공적 영역에서 사람을 알아보기란 쉽지 않다. 그렇기 때문에 부부자자(父父子子)라는 사적 영역에서 그 사람을 세심하게 살펴야 한다.

　　첫째, '소이(所以)를 보라'고 했는데 이때 소이는 소행(所行)이나 소위(所爲)와 같다. 여기에는 그 사람이 하는 소언(所言)도 포함된다. 일단 그가 하는 말과 행동을 남김없이 살펴보라는 뜻이다.

　　둘째, '소유(所由)를 살피라'고 했는데 어떤 사람이 하는 말과 행동이 어디서 비롯되었는지를 찾아내라는 뜻이다.

　　셋째, '소안(所安)을 들여다보라'고 했는데 가장 어려운 단계다. 안(安)이란 조금도 꾸밈이 없는 자연스러운 모습을 가리킨다. 즉 우러나서 한 행동인지 남을 의식해서 연출한 행동인지를 가려내야 한다는 뜻이다.

　　시(視)에서 관(觀)으로, 관(觀)에서 찰(察)로 살펴보는 강도가 점점 세지는 것에도 주목할 필요가 있다. 찰(察)은 마음의 눈으로 보는 것이다. 마치 거울처럼 내가 맑아야 상대가 보이지, 내가 혼탁하면 보이지 않는다.

　흥미롭게도 시기소이(視其所以)는 '위정 6'에, 관기소유(觀其所由)는 '위정 7'에, 찰기소안(察其所安)은 '위정 8'에 각각 상응하면서 의미가 깊어지고 있다. 그리고 문질(文質) 관점에서 보면 시기소이(視其所以)는 문을 살피는 법이고, 관기소유(觀其所由)와 찰기소안(察其所安)은 질을 살피는 법이 된다.

　이렇게 단계적으로 심화하면서 사람됨을 살피면 어떤 사람의 본모습을 파악할 수 있다는 말이 바로 "사람이 어찌 (자신을) 숨길 수 있겠는가[人焉廋哉]?"이다. 결코 숨길 수 없다는 점을 강조하기 위해 공자는 인언수재(人焉廋哉)를 두 번이나 반복하고 있다. 여기서 수(廋)는 '숨기다' '찾다' 등의 뜻을 갖고 있다. 공자가 이 말을 두 번 반복한 것은 더 나아갈 경우 의심[疑]하는 것으로 여겨질까 봐 우려한 때문이다.

　결국 사람 보는 법을 제대로만 안다면 우리는 얼마든지 타인의 사람됨을 빈틈없이 알아볼 수 있다는 것을 의미한다. 공자도 처음에는 안회의 사람됨을 잘 몰라 오판했지만, 결국 이 같은 방법으로 안회가 가진 참된 모습을 알게 되었다고 할 수 있다.

　이에 대한 『대학연의』에 나오는 풀이다.

　"신이 가만히 살펴보겠습니다. 이것은 빼어난 이의 문하[聖門]에서 사람을 살펴보는 법[觀人之法]입니다. 대개 사람이 행하는 바는 다 뜻하지 않게 좋은 것과 맞아떨어지는 경우가 있으니 반드시 그 사람이 의리를 위해 그렇게 한 것인지 이익을 위해 그렇게 한 것인지를 잘 살펴보아야[觀] 합니다. 만약 그 본마음이 실제로 의리에 있었다면 그 좋음은 진실함[誠]에서 나온 것이니 좋다고 할 수 있습니다. (그러나) 만약 그 본마음이 실제로 이익에 있었다면 그 (뜻하지 않은) 좋음은 진실함에서 나온 것이 아니니 어찌 좋다고 할 수 있겠습니까?

　그런데 그 따르는 바가 좋다고 해도 그 마음이 편안해하는 바가 아니라면 진실로 아직은 능히 편안해한다고 할 수 없을 것입니다. 왜냐하면 (지금은 안 그런 것 같지만) 부귀를 갖게 될 경우 황음(荒淫)에 빠질 수 있고, 빈천해질 경우 나쁜 마음을 품을 수 있고, (당당한 듯해 보이지만) 위압과 무력 앞에서 굴종할 수도 있으니 늘 변하지 않는 마음을 계속 지켜내지 못할 수도 있기 때문입니다.

그러면 어떻게 해야 '편안해한다[安]'고 말할 수 있겠습니까? (그것은) 물의 차가움이나 불의 뜨거움처럼 스스로 그러해서 바꿀 수 없어야 하며, 음식(을 안 먹었을 때)의 배고픔이나 물(을 마시지 않았을 때)의 갈증처럼 반드시 그러해서 내버릴 수 없어야 합니다. 모름지기 그런 연후라야 그것을 일러 '편안해한다[安]'고 할 수 있을 것입니다.

무릇 공자의 빼어남[聖]으로 사람을 볼 때에도 잘 보는 것[視]만으로 모자라면 다시 잘 살폈고, 잘 살피는 것[觀]으로 모자라면 다시 꼼꼼히 들여다보았습니다[察]. 그런 다음에도 사람의 진실됨과 거짓됨은 여전히 다 드러나지 않을 수 있는데, 하물며 그 빼어남이 공자에 미치지 못하는 사람들이 사람을 안다는 것[知人]이 쉬울 수 있겠습니까?

그럼에도 불구하고 잘 보는 것, 잘 살피는 것, 꼼꼼히 들여다보는 것은 다 나에게서 시작되어 나오는 것입니다. 만약에 나의 마음이 공적이고 사사로움이 없는데[公而無私]에 다다르지 못하고, 또 밝고 혹하지 않는데[明而不惑] 이르지 못한다면 다른 사람의 마음이 그릇된 것인지를 어찌 볼 수 있겠습니까? 특히 임금의 경우에는 그 한 몸으로 백관을 비추며 다스리고 있어 거기에는 바름과 사특함[正邪], 진실함과 거짓됨[忠佞]이 본인 앞에서 뒤섞여 있을 테니 어찌 쉽게 판별할 수 있겠습니까?

반드시 임금이 깨끗한 거울이나 고요한 물처럼 맑아져서, 아랫사람을 대하거나 일들에 임할 때에도 그 밑바탕을 꿰뚫어 볼 수 있게 된 이후에야, 사람들이 어디에 기대어 행동하는지를 훤히 알 수 있게 될 것입니다. 이 또한 임금이 마땅히 알아야 할 것이라고 하겠습니다."

미묘하고 섬세한 것이 지인지감(知人之鑑)이다.

11

○공자가 말했다. "옛것에 온기를 불어넣어 새것을 알아낸다면 (그 사람
은 남의) 스승이 될 수 있다."

자─왈　　　온─고─이─지─신　　　　가─이　　　위─사─의
子曰　溫故而知新　可以爲師矣

이제 문맥이 전환된다. 효라는 다움에서 군자다움과 소인다움으로 전환한
것이다. 또 군자다운 임금[明君], 군자다운 신하[直臣], 소인 같은 임금[暗君
=昏君], 소인 같은 신하[邪臣=奸臣]로 전환한다는 점에서 주제도 부부자자
(父父子子)의 사(私)에서 군군신신(君君臣臣)의 공(公)으로 넘어간다.

　　"옛것에 온기를 불어넣어 새것을 알아낸다면[溫故而知新]"

　이 말은 원래 『예기』 중용(中庸)편에 나오는 말의 일부인데 공자가 가
져와서 가이위사의(可以爲師矣)를 덧붙인 것이다. 원래 문맥부터 살펴보자.

　군자(이고자 하는 자)는 다움[德]과 본성[性]을 높이고 (애씀[文]을 부지
런히) 묻고[問] 배우는[學] 길을 가는 것이다. (그렇게 해서) 넓고 큼에
이르되 (동시에 정반대의) 정미함도 다하며, 높고 밝음을 다하되 (동시에
일상생활에서) 중용의 길을 가며, '옛것을 익히되 (동시에 그것을 통해) 새
것을 알아 나가며[溫故而知新]', (내면을) 돈독하고 두텁게 함으로써 예
를 높인다. 그렇기 때문에 윗자리에 있어도 교만하지 아니하고, 아랫
사람이 되어서는 배반하지 않아 나라에 도리가 있을 땐 그 말이 족히
받아들여지고, 나라에 도리가 없을 땐 그 침묵이 족히 용납된다.

　여기서 보듯 온고이지신(溫故而知新)은 군자를 말하는 맥락에서 나온
말 중 하나다. 그러나 공자가 가이위사의(可以爲師矣)를 덧붙임으로써 내
용이 훨씬 구체화된다.

　　"(그 사람은 남의) 스승이 될 수 있다[可以爲師矣]."

　공자가 덧붙인 이 말은 결국 '옛것도 배우고 새것도 알아내고'식의
엉터리 풀이를 막기 위한 차단 장치일 뿐이다. 남의 스승이 될 수 있다는

것은 그저 남보다 이것저것 먼저 많이 배운 사람이 아니라 옛것을 파고들어 새로운 것을 미루어 헤아려[推] 알아내는 능력을 갖춰야 한다는 말이다. 공자가 말한 스승이란 지식을 가르치는 자가 아니라 미루어 헤아리는 법을 가르칠 줄 아는 사람이기에 더 그렇다. 여기서 우리는 '학이 15'에 나온 공자 말을 떠올리게 된다.

> "사(賜)야! 비로소 더불어 시(詩)를 말할 수 있게 되었구나. 지나간 것을 말해 주니 앞으로 오게 될 것을 알아차리는구나."

정리하자면 이런 스승 같은 능력[推]을 갖춘 이라야 군자(君子)라 할 수 있다. 군자는 일의 이치도 알고 일의 형세도 알아서 일을 반드시 성공으로 이끄는 사람임을 염두에 두어야 한다. 그러려면 미루어 헤아리는 능력[推]은 필수이다.

爲政

12

○공자가 말했다. "군자는 그릇이 아니다."

子曰 君子不器
_{자—왈} _{군—자} _{불—기}

앞의 '위정 11'에 이어지는 군자론 문맥이다. 여기서 공자는 "군자는 그릇이 아니다"라고 말한다. 이때 '그릇[器]'이란 밥그릇, 물그릇, 제사용 그릇처럼 각각 그 제한된 용도에만 쓰이고 다른 것을 위해서는 쓰이지 못한다는 뜻을 갖고 있다. 사람으로 치자면 특정 기예[才]에만 능하고 두루 쓰일 수 있는 다움[德]은 갖추지 못했다는 말이다. 이는 '학이 2'에 연결된다. 거기서 유자는 "군자는 근본에 힘쓰니[務本]"라고 했다. 군자는 기예와 같은 곁가지가 아니라 다움이라는 뿌리, 즉 근본에 힘써야 한다는 뜻이다. '공야장 3'에 나오는 '그릇'도 이와 같은 뜻이다.

자공이 물었다. "저의 경우는 어떠합니까?"

공자가 말했다. "너는 그릇이다."

(자공이) 말했다. "어떤 그릇입니까?"

(공자가) 말했다. "호련(瑚璉)이다."

공자는 단호하게 자공에게 "너는 그릇이다"라고 했다. 너의 재주는 뛰어나지만 아직 군자라고 하기에는 부족하다는 말이다. 다른 제자 같았으면 여기서 더 이상 말을 하지 않겠지만 자공이었기에 "어떤 그릇입니까?"라고 추가 질문을 던져 "호련이다"라는 답을 이끌어냈다. 지자(知者) 자공다운 모습이라 하겠다.

호련(瑚璉)이란 신에게 제사를 지낼 때 오곡을 담던 그릇이다. 제기 중에서도 아주 귀한 것인데, 은나라는 그 그릇을 호(瑚)라고 했고 하나라는 연(璉)이라고 했다. 즉 공자는 자공에게 군자에 이르지는 못했지만 매우 뛰어난 재능을 가졌다는 평을 해준 것이다. 이때 군자는 인자(仁者)를 말한다.

　　기(器)의 또 다른 의미는 사람됨의 크기[局量＝度量＝風度]를 뜻한다. '팔일 22'에서 공자는 "관중은 그릇이 작았다"라고 평하는데 이것이 바로 사람됨의 크기로서의 그릇이다. 흔히 대기만성(大器晚成)이라고 할 때의 '큰 그릇'도 이런 뜻이다. 한편 '자로 25'에서 "사람을 부릴 때 그릇에 맞게 부린다[器之]"라고 했을 때의 그릇은 재주도 되고 다움도 된다.

13

○자공이 군자에 대해 묻자 공자가 말했다. "(군자는) 자기가 말하고자
하는 바를 먼저 행한 이후에야 (그 행한 바를 따라서) 말을 한다."

<ruby>子<rt>자-공</rt></ruby><ruby>貢<rt></rt></ruby><ruby>問<rt>문-군-자</rt></ruby><ruby>君<rt></rt></ruby><ruby>子<rt></rt></ruby> <ruby>子<rt>자-왈</rt></ruby><ruby>曰<rt></rt></ruby> <ruby>先<rt>선-행</rt></ruby><ruby>行<rt></rt></ruby><ruby>其<rt>기-언</rt></ruby><ruby>言<rt></rt></ruby><ruby>而<rt>이-후</rt></ruby><ruby>後<rt></rt></ruby><ruby>從<rt>종</rt></ruby>
<ruby>之<rt>-지</rt></ruby>

자공의 질문은 형이상, 공자의 대답은 형이중이다. 앞서 인용한 '공야장
3'과 연결해서 풀자면 이는 자공이 기량을 가졌긴 하지만, 어쨌거나 용도
가 제한된 그릇에 머무는지에 대한 해명이자 군자가 말하는 법과 일하는
법을 제시한 것이다.

　이 장은 말이 앞서는 자공의 병폐를 일깨워주는 가르침이자 군자 일
반론이기도 하다. 우리는 이미 이와 관련된 구절을 살펴본 바 있다. '학이
14' 중에서 "일은 주도면밀하게 하고 말은 신중하게 하면서[敏於事而愼於
言]"가 바로 그것이다.

爲
政

14

○공자가 말했다. "군자는 (공적으로) 두루 어울리되 (사사로이) 친밀하게
하지는 않고, 소인은 (사사로이) 친밀하게 할 뿐 (공적으로) 두루 어울리
지는 않는다."

_{자-왈} _{군-자} _{주-이-불-비} _{소-인} _{비-이-부-주}
子曰 君子 周而不比 小人 比而不周

그동안 군자에 대한 이런저런 규정들이 이미 나왔지만 군자와 대비되는
소인이 짝 개념으로 등장한 것은 처음이다. 이때의 군자, 소인은 인간 유
형이라 임금과 신하 모두에게 적용할 수 있다. 그렇게 되면 군자형 임금,
소인형 임금, 군자형 신하, 소인형 신하라는 네 가지 유형이 나온다. '자로
25'는 그중에서도 군자형 임금, 소인형 임금이 사람 쓰는 스타일 차이를
확연하게 보여 준다. 공자 말이다.

"군자(형 임금)는 섬기기는 쉬워도 기쁘게 하기는 어려우니, 기쁘게
하기를 도리로서 하지 않으면 기뻐하지 아니하고, 사람을 부리면서도
그 그릇에 맞게 부린다[器之=無求備於一人]. 소인(형 임금)은 섬기기는
어려워도 기쁘게 하기는 쉬우니, 기쁘게 하기를 비록 도리로서 하지
않아도 기뻐하고, 사람을 부리면서도 (아랫사람) 한 사람에게 모든 능
력이 완비되기를 요구한다[求備=求備於一人]."

"그 그릇에 맞게 부린다"라는 말은 신하 한 사람에게 하나의 재주라
도 있으면 그것을 잘 발휘할 수 있도록 하는 것을 말하고, "신하 한 사람에
게 다 갖춰져 있기를 요구한다"는 것은 그 사람의 능력이나 재주는 감안
하지 않고 사사로이 친소(親疏)를 잣대로 사람을 쓴다는 말이다. 이런 임
금은 굳이 지인(知人)할 필요가 없다. 그저 자기에게 사사로이 접근해 도
리가 아닌 것으로 기쁘게 하면 흔쾌히 받아들여 총애하기 때문이다.

앞으로도 우리는 상당히 많은 수의 '군자 대 소인' 짝 개념을 만나게
될 것이다. 우선 두 가지를 염두에 두어야 한다.

첫째, 군자와 소인을 나누는 잣대는 다름 아닌 다움[德]이라는 것이다. 주이불비(周而不比), 비이부주(比而不周)가 바로 다움이 드러나는 바를 가리킨다. '주이불비'하면 도리를 같이하는 사람이 모이고, '비이부주'하면 패거리를 만든다.

둘째, 거꾸로 읽어야 한다. 무슨 말인가 하면 "군자는 (공적으로) 두루 어울리되 (사사로이) 친밀하게 하지는 않고"라고 하면 군자라면 이렇게 해야 한다는 일종의 도덕 명제 같은 느낌을 주지만, 역으로 군자를 뒤쪽에 놓고, "(공적으로) 두루 어울리되 (사사로이) 친밀하게 하지는 않는 사람이 있다면 대체로 군자에 가깝다" 식으로 읽으면 우리에게 군자와 소인을 성기사(省其私)하여 둘을 잘 분별하는 잣대를 제공한다. 사람 보는 법을 배울 수 있는 것이다.

爲政

15

○공자가 말했다. "배우기만 하고 (그것을 깊이) 생각지 않으면 속임을 당하게 되고, 생각만 하고 배우지 않으면 위태로워진다."

자─왈　　학─이─불─사　　즉　망　　　사─이─불─학　　즉　태
子曰　學而不思則罔　思而不學則殆

여전히 군자 문맥 속에 있다. 또 그래야 이 두 구절에 담긴 뜻을 정확히 포착할 수 있다. 한마디로 군자다움을 익히려면 문(文)을 널리 배우고 이어서 깊이 생각하여서 자기 것으로 만들어야 한다는 것이다. 그 점에서 이 장은 고스란히 '학이 1'에 나온 '학이시습지(學而時習之)'를 살짝 보충해서 풀어낸 것에 불과하다.

　　그런데 "배우기만 하고 생각지 않으면 속임을 당하게 된다[學而不思 학─이─불─사 則罔 즉 망]"라는 구절에서는 특히 망(罔)이 중요하다. 임금과 신하 중에서 속임을 당하지 않는 게 중요한 사람은 누구일까? 두말할 것도 없이 임금이다. 그렇다면 공자의 이 말은 바로 임금에게 해주는 말이다. 신하에게 기망(欺罔)을 당하지 않으려면 학이사(學而思), 학이습(學而習)이 필수적이라는 말이다.

　　위태로울 태(殆)에 대해서는 여러 가지 풀이들이 있다. 일단 주어를 임금이나 군주로 상정할 경우 좀 더 분명해진다. 임금이 생각만 하고 문(文)을 배워 눈을 밝게 하지 않으면[不明], 옳고 그름, 바르고 그릇됨 등을 제대로 분별하지 못할 것이니 임금 자리가 위태로워질 수 있다. 게다가 명나라 학자 허부원(許孚遠 1535~1604)의 말대로 "생각만 하고 문을 배우지 않으면 허황한 생각에 떨어지게 된다." 역사를 보면 머리 좋은 임금들이 몸을 상하고 나라를 잃어버리게 된 것은 대부분 생각만 하고 배움을 등한시 한 때문이다. 학이사(學而思), 학이습(學而習)은 뒤에 나오는 박문약례 (博文約禮)와도 그대로 통한다. 널리 문을 배우고 이를 다시 사리로 다잡아 내 것으로 만든다는 말이다.

16

○공자가 말했다. "이단(異端)을 파고들면 이는 (다움을 쌓아가기는커녕 다
  움을) 해칠 뿐이다."

_{자—왈}　_{공—호}　_{이—단}　_사　_해　_{야—이}
子曰 攻乎異端 斯害也已

여기서 공(攻)은 오늘날 전공(專攻)이라고 할 때의 공과 같은 뜻으로 '파고
든다[_{궁-구}窮究]'는 뜻이다. 이단(異端)은 풀면 '특이한 말단 기예'를 가리킨다.
공자와는 다른 학파 따위의 뜻은 취하지 않는다.

　　해친다[_해害]를 풀어보자. 정약용은 이를 "군자가 문(文)을 배우는데
해롭다"라고 풀었다. 정확한 해석이다. 이를 명확히 푸는 단서는 '학이 2'
에 나온 군자무본(君子務本)과 '위정 12'에 나온 군자불기(君子不器)다. 이
단은 근본과 반대되는 것으로 이런 이단만 파고들 경우 그 사람은 불기(不
器)가 아니라 그릇이 되고 만다. 근본에 힘쓰지 않고 그 시간에 특이한 말
단 기예나 파고들고 있으니 결과적으로 다움을 이루지[_{위-덕}爲德=_{성-덕}成德] 못하고
도리어 다움을 해치게 된다는 말이다.

爲政

17

○공자가 말했다. "유(由-자로)야! 너에게 안다는 것을 가르쳐주겠다.
  아는 것을 안다고 하고 알지 못하는 것은 알지 못한다고 하는 것, 이것
  이 (진짜) 아는 것이다."

자-왈　유　회　여　지-지-호
子曰 由 誨女知之乎

지-지　위　지-지　부-지　위　부-지　시　지-야
知之爲知之 不知爲不知 是知也

바로 앞의 '위정 16'에 이어진다. 단순히 지식만을 앎으로 여기는 그릇된
풍토에 대한 공자 비판이다. 단순히 자로라는 제자에 대한 비판만으로 읽
어서는 안 된다. 이를 정확히 이해하려면 먼저 '위령공 2'를 살펴보아야
한다.

> 공자가 말했다. "사(賜-자공)야, 너는 혹시 내가 많이 배워서 그것을
> 다 기억하는 자라고 생각하느냐?"
>
> 대답해 말했다. "그렇습니다. 혹시 아닙니까?"
>
> 말했다. "아니다. 나는 〔충(忠)과 서(恕)〕 하나로 (만사를) 꿰뚫고 있다
> 〔一以貫之〕."

공자는 아는 것을 안다고 하고 알지 못하는 것을 알지 못한다고 하는
것, 이것이 바로 진짜 아는 것이라고 했지만 이때의 진짜 아는 것이란 앎
이나 지식이 아니라 곧음[直]이라는 다움[德]이다. 알지도 못하면서 아는
척하는 곧지 못한 마음[不直=邪]에는 다움이 쌓일 수가[崇德] 없고 다움을
닦을 수도[修德] 없다. '위정 2'의 사무사(思無邪)가 다움을 쌓고 닦는 출발
점이 되는 것도 그 때문이다.

'술이 25'에는 곧지 못한 사람이 어떤 사람인지 보여주는 내용이 나
온다. 공자 말이다.

> "(문질을 고루 갖춘) 좋은 사람[善人]을 내가 만나볼 수 없다면 오래가는

마음을 갖춘 자[有恒者]라도 만나보면 이에 괜찮다. 아무것도 없으면서 있는 척하고, 텅 비어 있으면서도 가득한 척하며, 가진 것이 적으면서도 꽉 차서 많은 척한다면 오래가는 마음이 있다고 하기 어렵다.”

선인(善人)에 대한 풀이는 뒤로 미룬다.

『순자』자도(子道)편에는 '위정 17'의 전후 맥락을 보여주는 글이 실려 있다.

자로가 성장(盛裝)을 하고 공자를 뵈었다. 공자가 말했다. “유(由)야! 이렇게 성장한 것은 어째서이냐? 저 장강(長江)이 처음에 민산(岷山)에서 발원하여 흘러갈 때는 술잔을 띄울 만큼 작은 강물에 불과했다. 그러나 그 강물이 나루터 있는 곳에 이르면 배를 띄우지 않고 바람을 피하지 않으면 물을 건널 수가 없다. 이는 하류로 오면서 물이 많아진 때문이 아니겠는가? 지금 너는 의복을 성장하고 얼굴빛은 자신에 차 있으니 천하에서 실로 누가 너에게 잘못이 있을 경우 그것을 지적하여 알려주려 하겠는가?”

자로가 종종걸음으로 물러나와서 옷을 갈아입고 다시 들어갔는데 그 모습이 본래대로 자연스러운 본모습이었다.

공자가 말했다. “유야! 마음에 잘 새겨두어라! 내가 너에게 가르쳐주겠다. 말을 자랑삼아 뽐내는 자는 자만만 있고 실행이 없다. 겉으로 아는 체하고 유능한 체하는 자는 소인이다. 그러므로 군자는 아는 것을 안다고 하고 모르는 것을 모른다고 하는데 이것이 말하는 요체[言之要]이고, 능한 것을 능하다 하고 능하지 못한 것을 능하지 못하다고 하는데 이것이 일을 행하는 지극함[行之至]이다. 말에 요체가 있다면 사리를 아는 것[知]이요, 일을 행할 때 지극함이 있다면 어짊[仁]이다. 이미 일의 이치를 알고 또 어질다면 무슨 부족함이 있겠는가?”

이는 임금보다는 신하, 즉 곧은 신하[直臣]가 갖춰야 할 다움이다.

爲
政

18

○자장이 벼슬자리를 구하는 법을 배우고자 하니 공자가 말했다. "많이 듣고서 (그중) 의심스러운 것은 제쳐놓고 그 나머지에 대해 신중하게 말한다면 허물이 적을 것이고, 많이 보고서 (그중) 타당하지 못한 것은 제쳐놓고 그 나머지에 대해 신중하게 행한다면 뉘우침이 적을 것이다. 말에 허물이 적고 일을 행함에 뉘우침이 적으면 벼슬자리는 그 가운데에 있다."

子張學干祿 子曰 多聞闕疑 愼言其
餘 則寡尤

多見闕殆 愼行其餘 則寡悔

言寡尤 行寡悔 祿在其中矣

자장(子張)은 진(陳)나라 사람으로 이름은 전손사(顓孫師)이다. 사마천 『사기』에 따르면 공자보다 마흔여덟 살 아래였다고 한다. 대체로 자공과 같은 지자(知者) 유형에 속하는데 여기서 보듯이 출세와 명성에 관심이 많아 공자는 늘 자장에게는 어짊과 다움[仁德]을 닦는 데 더욱 힘을 쓰라고 가르쳤다. '선진 15'에는 자공이 자장을 자하와 비교하는 장면이 나온다.

　　자공이 물었다. "사(師-자장)와 상(商-자하) 중에서 누가 뛰어납니까?"
　　공자가 말했다. "사는 지나치고[過] 상은 못 미친다[不及]."
　　말했다. "그렇다면 사가 혹시 더 낫습니까?"
　　공자가 말했다. "지나침은 못 미침과 같다[過猶不及]."

　　이런 자장이었지만 공자는 누구보다 자장을 아꼈다. 공자는 다소 거창한 질문을 자주 던지는 자장에 대해 한결같이 곡진하게 답을 해준다. 여기서도 마찬가지다. 이 점은 같은 지자 유형에 속하는 자공에 대한 공자 대답과 차이가 난다. 자공에 대해서는 종종 핀잔을 주기 때문이다. 물론 그것은 분발을 촉구하기 위함이었다. 또 자공의 경우 더욱 기대를 품었는데 제대로 미치지[及=中] 못함을 걱정해서이고, 자장은 아직 어렸기 때문에 좀 더 너그럽게 대했다.

여기서 자장은 벼슬을 구하는 현실적인 방법을 물었지만, 공자는 많이 듣고서 그중에 의심스러운 것, 불확실한 것은 제쳐두고 확실한 것, 타당한 것에 대해서만 그것도 조심해서 말을 해야 허물을 짓는 일이 적어진다고 답한다. 그것은 다름 아닌 "아는 것은 안다고 하고 모르는 것은 모른다고 하는 것"이다. 그것이 곧음[直]임은 살펴본 바 있다. 이 말은 임금과 신하 모두에게 해당하는 말이지만, 특히 벼슬길에 들어서는 신하가 염두에 두어야 하는 지침임을 알 수 있다.

허물과 뉘우침[尤悔]에 대해 살펴보자. 말을 하는 데서 허물이 생겨나고 일을 행하는 데서 뉘우침이 생겨난다고 했다. 대체로 허물이란 밖에서 빚어지고 뉘우침이란 마음속에서 생겨난다. 허물과 뉘우침은 공자 자신도 늘 피하려 했던 것이기도 하다. '술이 16'이다.

공자가 말했다. "나에게 몇 년이 더 주어져 쉰 살까지 『주역』을 배운다면 큰 허물은 짓지 않을 수 있을 것이다."

爲政

19

○(노나라 군주) 애공이 물었다. "어떻게 하면 백성들이 복종하는가?"
　공자가 대답했다. "곧은 신하를 들어 쓰고 굽은 신하들을 그냥 내버려
두면 백성들이 복종하고, (반대로) 굽은 신하를 들어 쓰고 곧은 신하들
을 그냥 내버려 두면 백성들은 복종하지 않을 것입니다."

　애공　문-왈　　하-위　즉　민　복
哀公問曰 何爲則民服
　공-자　대-왈　　거-직　조　제-왕　　즉　민　복
孔子對曰 擧直錯諸枉 則民服
　거-왕　조　제-직　즉　민　불-복
擧枉錯諸直 則民不服

애공(哀公 ?~기원전 468)은 이름이 장(蔣)이며 공자를 대사구(大司寇)에 등
용했던 정공(定公) 아들이다. 국내적으로는 삼환(三桓)이라고 하는 공족
삼가(公族三家) 세력이 강했고, 대외적으로는 오(吳)와 제(齊)나라 공격으
로 국력을 펴지 못했다. 월(越)나라 도움으로 삼환씨를 제거하려다 도리
어 왕위에서 쫓겨나 유산지(有山氏)에서 죽었다. 애공은 선정(善政)에 대
한 뜻은 있었으나 늘 머뭇거리고 망설였다. 공자도 처음에는 그가 군군신
신(君君臣臣)의 나라를 만들어줄 것으로 기대했으나 이내 접었다.

　우리는 '학이 1'에서 임금다운 임금은 명군(明君), 신하다운 신하는
직신(直臣)임을 보았다. 이 장은 그 연장선에 있다. 무엇보다 임금이 지인
(知人) 능력을 갖춰 곧은 신하와 굽은 신하를 잘 분별해 그중에서 곧은 신
하를 뽑아 올려 중용하는 것이 정사(政事)를 바르게 풀어가는 핵심이다.
이렇게 하면 백성들도 임금이 사람 볼 줄 안다는 것을 알아보고서 마음속
으로부터 복종하게 된다는 말이다.

　'안연 22'에는 "곧은 신하를 들어 쓰고 굽은 신하들을 그냥 내버려
두면" 어떤 효과가 생겨나는지를 보여주는 공자 말이 나온다.

"곧은 사람을 들어 쓰고 모든 굽은 사람은 제자리에 두면, 굽은 자로 하여금 곧아지게 할 수 있다."

굽은 신하를 교화시키는 효과까지 있는 것이 바로 곧은 사람을 들어 쓰는 것이다. 이는 곧 백성 사랑[愛民=仁]이기도 하다. 임금다움[君德]의 핵심은 곧은 신하를 들어 쓰는 것이니 여전히 다움의 맥락 속에 있다.

참고로 곧은 사람을 들어 굽은 사람 위에 둔다고 옮길 경우 諸는 '제'가 아니라 '저'로 읽어야 한다. 뜻 차이는 별로 없다.

爲政

20

○계강자가 물었다. "백성들로 하여금 공경과 충성을 권면하게 하려면 어떻게 해야 하는가?"

공자가 말했다. "장중함으로 (백성들에게) 임하면 공경할 것이고, 부모에게 효도하고 자제들에게 자애로우면 충성할 것입니다. 능한 이를 들어 쓰고 능하지 못한 이를 가르친다면 권면하게 될 것입니다."

계-강-자 문　사-민　경-충　이-권　여-지-하
季康子問 使民敬忠以勸 如之何

자-왈　임-지　이-장　즉-경　효-자　즉-충
子曰 臨之以莊則敬 孝慈則忠

거-선　이-교　불-능　즉-권
擧善而教不能則勸

계강자(季康子 ?~기원전 468)는 춘추 시대 말기 노(魯)나라 사람으로 계손사(季孫斯) 아들이고, 계손비(季孫肥)로도 불린다. 아버지를 이어 대부(大夫)가 되어 국정을 전담했다. 애공 7년 노나라가 오(吳)나라와 증(鄫) 땅에서 회합을 가졌는데, 오나라 왕 부차(夫差)가 백뢰(百牢)를 쓰라고 강요하면서 준행을 요구했다. 그가 거절하고 회합에 나가지 않았다. 오나라 태재(太宰) 백비(伯嚭)가 부르자 공자 제자 자공을 보내 거절했다. 제나라가 여러 차례 노나라를 공격했는데, 염유(冉有)를 재(宰-가신)로 삼고 좌사(左師)를 이끌고 나가 싸워 공을 세웠다. 나중에 공자를 맞아 위나라에서 노나라로 돌아오게 했지만 등용하지는 못했다.

　백성들이 공경하게 만들려면 백성들에게 임할 때 장중함[莊]으로써 하라고 했다. 이는 '위령공 32'에 나오는 그대로다.

　　공자가 말했다. "앎[知]이 도리에 미치더라도 어짊[仁]이 그것을 지켜줄 수 없다면 설사 도리를 (순간적으로는) 얻었다 하더라도 결국 자기 것이 되지 못하고 반드시 잃게 된다. 앎이 거기에 미치고 어짊이 그것을 지킬 수 있다 하더라도 장중함[莊]으로 백성에게 임하지[涖=臨] 않으면 백성들이 공경하지 않는다. 앎이 거기에 미치고 어짊이 그것을 지킬 수 있고 장중함으로 백성에게 임할 수 있더라도 백성들을 일의 이치[禮]로 부리지[動=使] 않는다면 그것을 좋다고 할 수 없다.”

백성들이 충성하게 만들려면 본인이 먼저 효도하고 자애로워야 한다. '학이 9'가 그대로 풀이가 된다.

증자가 말했다. “부모님 상을 신중하게 치르고 먼 조상까지 추모하면, 백성들의 백성다움은 두터운 쪽으로 돌아가게 된다.”

백성다움 중 하나가 윗사람에 대한 충성스러움이다. 솔선수범(率先垂範)이 해법이란 말이다.

계강자의 질문에 공자가 답한 것은 참으로 곡진하다 할 것이다. 계강자가 한 말 중에서 권면[勸]을 실마리로 잡아서, 좋은 사람을 쓰고 그렇지 못한 사람을 가르친다면 백성들은 저절로 권면될 것이라는 말이다. 여기서 좋은 사람[善=善人]이란 문맥상 불능(不能)과 대비되어 유능한 사람[能人]임을 명백하게 알 수 있다. 당연히 좋은 사람이란 곧은[直] 사람이다. 여기서도 임금이 먼저 모범을 보임으로써 백성들을 교화하는 관이화(觀而化)가 작동하고 있다.

爲政

21

○어떤 사람이 공자에게 말했다. "선생은 어찌 정치를 하지 않습니까?"
공자가 말했다. "『서경』에서 효에 관해 이르기를 '오직 효도하고 형제
에게 우애하여 이를 정사에 뻗쳐 나간다'라고 했다. 이것이야말로 정
치를 하는 것인데 어찌 (지위에 있으면서) 정사를 행하는 것만이 정치를
하는 것이겠는가?"

혹 위 공-자 왈   자 해 불 위-정
或謂孔子曰 子奚不爲政

자-왈 서-운 효-호 유 효   우-우 형-제   시-어
子曰 書云 孝乎惟孝 友于兄弟 施於

유-정
有政

시 역 위-정   해 기 위 위-정
是亦爲政 奚其爲爲政

이는 '위정 20'에 나온 "부모에게 효도하고 자제들에게 자애로우면 충성
할 것입니다[孝慈則忠]" 연장선에 있다. 효자(孝慈)는 부부자자(父父子子)
의 덕목이고, 충(忠)은 군군신신(君君臣臣) 중에서 신신(臣臣)의 덕목이다.
공자에게 정치란 수신제가치국평천하(修身齊家治國平天下)이다. 수신제가
는 부부자자, 치국평천하는 군군신신의 덕목이 무엇보다 중요하다.

　『서경』주서(周書) 군진(君陳)편에서 "오직 효도하고 형제에게 우애
하여 이를 정사에 뻗쳐 나간다[施=延]"라고 했다. 실마리는 "뻗쳐 나간
다"이다. 여기서 우리는 미루어 헤아리는 문제를 짚어야 한다. 부부자자
를 미루어 헤아려 군군신신에도 확장해 적용하는 것이기 때문이다. 그래
서 시(施)를 그냥 '베푼다'고 옮기지 않고 정약용 풀이에 따라 '뻗쳐 나간
다[延]'로 옮겼다.

○공자가 말했다. "사람으로서 믿음이 없으면 그가 괜찮은 사람인지를 알지 못하겠다. 큰 수레에 끌채가 없고 작은 수레에 멍에가 없으면 이에 어떻게 수레가 갈 수 있겠는가?"

<table>
<tr><td>자-왈</td><td>인</td><td>이</td><td>무-신</td><td>부-지</td><td>기</td><td>가-야</td></tr>
</table>

子曰 人而無信 不知其可也

大車無輗 小車無軏 其何以行之哉

믿음[信]은 사람끼리 관계를 맺게 해주는 고리와 같은 덕목이다. 예(輗)나 월(軏)은 둘 다 크기만 다를 뿐 수레를 소나 말과 연결시키는 고리다. 이 고리가 없으면 수레는 소나 말과 따로 놀 수밖에 없다. 사람도 이와 같아서 나와 남이 믿음으로 묶이지 않는다면 아무런 일도 함께 할 수 없다. 사람에게 믿음이 없다면 사사로운 영역은 말할 것도 없고 군신(君臣)의 공적인 영역에 들어갈 수 없다.

  '위정 20'에서는 충(忠)을 말했고 여기서는 신(信)을 말하고 있다. 우리는 이미 '학이 8'에서 "(이를 위해서는 첫째,) 진실됨과 믿음을 제일의 원칙으로 삼고[主忠信]"라는 구절을 짚어 본 바 있다. '술이 24'에서는 이렇게 말한다.

  "공자께서는 네 가지를 가르치셨으니 문(文) 행(行) 충(忠) 신(信)이다."

  '안연 10'이다. 자장이 내 안에 다움을 높이는[崇德] 방법을 묻자 공자는 이렇게 답했다.

  "진실됨과 믿음을 제일의 원칙으로 삼고[主忠信] 마땅함으로 (자기를) 옮겨가는 것이 다움을 높이는 법이다."

  충과 신은 바탕[質]이고 문과 행은 애씀[文]이다. 이 점을 알 때라야 다음 공자 말이 분명하게 들어온다. '공야장 27'이다.

"열 가구 정도 되는 마을에도 반드시 나처럼 충신(忠信)한 사람이 있
겠지만 나만큼 배움을 좋아하는 사람[好學]은 없을 것이다."

공자의 이 말이 사실상 다움[德]을 주제로 삼은 위정(爲政)편 결론이
된다. 남은 두 장은 예(禮)를 주제로 삼는 팔일(八佾)편으로 들어가는 입구
역할을 한다.

23

○자장이 물었다. "10왕조 이후의 일도 알 수가 있습니까?"

공자가 말했다. "은나라는 하나라 예를 이어받았으니 거기에서 덜어
내고 더한 것을 알 수가 있고, 주나라는 은나라 예를 이어받았으니 거
기에서 덜어내고 더한 것을 알 수가 있다. 그러니 혹시라도 주나라를
이어받는 나라가 있다면 설사 100왕조 뒤에라도 (그 예의 모습을) 알 수
가 있다."

子張問 十世可知也

子曰 殷因於夏禮 所損益 可知也

周因於殷禮 所損益 可知也

其或繼周者 雖百世 可知也

자장이 던지는 질문은 여기서도 거창하다. 10왕조 이후 모습을 알고 싶어
하는 것이다. 그런데 공자는 그것을 허탄(虛誕)하다 여기지 않고 진지하게
답변하고 있다. 그 답의 실마리가 예(禮)다. 이는 단순한 예법이 아니라 문
화적 특색과 같은 것이다. 다만 덜어내고 더해진 것을 알려면 실증 자료가
많이 남아 있어야 한다. 이 점을 보여주는 것이 바로 '팔일 9'다.

　　공자가 말했다. "하나라 예를 내가 능히 말할 수 있지만 (하나라를 이어
　　받은 은나라 제후국) 기나라가 충분히 실증해줄 수 없고, 은나라 예를 내
　　가 능히 말할 수 있지만 (은나라를 이어받은 주나라 제후국) 송나라가 충
　　분히 실증해 줄 수 없다. 문헌이 부족한 때문이다. 만일 문헌이 충분하
　　다면 나는 능히 그것을 실증해줄 수 있을 것이다."

그러나 공자 본심은 주나라에 있었다. '팔일 14'다.

공자가 말했다. "주나라는 하 은 이대(二代)를 거울로 삼았다. 찬란하도다, 그 문(文)이여! 나는 주나라를 따르리라."

하나라는 역법의 정확성에서 나타나듯이 그 문화적 특성을 공자는 충(衷)이라고 했다. 조금도 거짓됨이 없다는 뜻이다. 이어 은나라의 문화적 특성을 공자는 질(質)이라고 했다. 튼튼하다는 말이다. 이어 하나라, 은나라의 단점은 덜어내고 장점은 더한 주나라를 칭송하며 문(文)이라고 했다.

『순자』수신(修身)편에 나오는 예(禮)에 관한 언급이다.

"사람으로서 예가 없으면 제대로 살아갈 수 없고, 일을 하는데 예가 없으면 일을 이룰 수 없고, 나라에 예가 없으면 평안할 수 없다."

이처럼 예(禮)는 개인, 인간관계 그리고 널리 국가에까지 확장되어 사용되는 개념임을 알 수 있다.

○공자가 말했다. "제사를 지내야 할 귀신이 아닌데 그 귀신에게 제사를
　지내는 것은 아첨하는 것이고, 마땅함을 보고서도 행하지 않는다면 용
　기가 없는 것이다."

子曰 非其鬼而祭之 諂也
見義不爲 無勇也

앞서 살펴본 '위정 23'에서는 『논어』편찬자가 예(禮) 중에서 가장 큰 것
을 들어 예시했다면 이번에는 바로 다음 팔일(八佾)편 앞부분에 나올 사례
에 대해 미리 그 원칙을 제시한 것이다. 특히 앞부분이 그렇다. 옛날에는
천자가 제사 지내는 천지 귀신, 제후가 제사 지내는 산천 귀신, 대부가 제
사 지내는 오사(五祀) 귀신, 사(士)와 서인(庶人-일반인)이 제사 지내는 조
상 귀신이 정해져 있었다.

　　그런데 여기서 아첨하는 것이라고 했으니 "제사를 지내야 할 귀신이
아니다"라는 말은 자기 신분보다 높은 사람이 지내는 제사를 자기가 지낸
다는 말이다. 예를 들면 제후가 천지에 제사를 지내거나 대부가 천지나 산
천에 제사를 지내는 것이 이에 해당한다.

　　공자 말의 전반부를 압축해 말하면 '해서는 안 되는 것을 한다'는 말
이다. 그것이 바로 무소불위(無所不爲)이다. 그 반대가 뭔가 하지 않는 바
가 있다, 즉 유소불위(有所不爲)이며 그것이 예(禮)를 가르는 첫 번째 잣대
이다. 따라서 마땅히 해야 할 것을 보았으면 행해야 한다. 그런데 그 마땅
함을 알고서도 두려워서 행하지 않는다면 이것이 바로 용기 없음이다.

　　이처럼 반드시 해야 하는데 어떻게든 하지 않고, 또 결코 해서는 안
되는데 어떻게든 하는 것을 한마디로 하자면 구차함[苟=非禮]이다. 반대
로 반드시 해야 하는 것은 하고, 결코 해서는 안 되는 것은 하지 않는 것이

일의 이치[事理], 즉 예(禮)다. 이렇게 해서 우리는 예의 큰 골격과 기본 원
리를 접하고서 팔일(八佾)편으로 들어가게 된다.

③

八佾
팔

일

1 2 3 4 5 6

○孔子謂季氏八佾舞於庭是可忍也孰不可忍也○三家者以雍徹子曰相維辟公天子穆穆奚取於三家之堂○子曰人而不仁如禮何人而不仁如樂何○林放問禮之本子曰大哉問禮與其奢也寧儉喪與其易也寧戚○子曰夷狄之有君不如諸夏之亡也○季氏

Korean readings (한자음):
공자위계씨팔일무어정시가인야 / 숙불가인야 / 삼가자이옹철자왈상 / 유벽공천자목목해취어삼가지당 / 자왈인이불인여예하인이불인여악 / 하 / 임방문예지본자왈대재문예여 / 기사야영검상여기이야영척 / 자왈 / 이적지유군불여제하지무야 / 계씨

7　8　9

者商也始可與言詩已矣○子曰夏禮
也子曰繪事後素曰禮後乎子曰起予
巧笑倩兮美目盼兮素以爲絢兮何謂
而升下而飲其爭也君子○子夏問曰
乎○子曰君子無所爭必也射乎揖讓
曰不能子曰嗚呼曾謂泰山不如林放
旅於泰山子謂冉有曰女弗能救與對

13 12 11 10

不與祭如不祭○王孫賈問曰與其媚

指其掌○祭如在祭神如神在子曰吾

知其說者之於天下也其如示諸斯乎

欲觀之矣○或問禘之說子曰不知也

徵之矣○子曰禘自旣灌而往者吾不

宋不足徵也文獻不足故也足則吾能

吾能言之杞不足徵也殷禮吾能言之

14　15　16　17

於(어)奧(오)寧(녕)媚(미)於(어)竈(조)何(하)謂(위)也(야)子(자)曰(왈)不(불)然(연)獲(획)罪(죄)

於(어)天(천)無(무)所(소)禱(도)也(야)○子(자)曰(왈)周(주)監(감)於(어)二(이)代(대)郁(욱)

郁(욱)乎(호)文(문)哉(재)吾(오)從(종)周(주)○子(자)入(입)大(태)廟(묘)每(매)事(사)問(문)

或(혹)曰(왈)孰(숙)謂(위)鄹(추)人(인)之(지)子(자)知(지)禮(례)乎(호)入(입)大(태)廟(묘)每(매)

事(사)問(문)子(자)聞(문)之(지)曰(왈)是(시)禮(례)也(야)○子(자)曰(왈)射(사)不(부)主(주)

皮(피)爲(위)力(력)不(부)同(동)科(과)古(고)之(지)道(도)也(야)○子(자)貢(공)欲(욕)去(거)

告(곡)朔(삭)之(지)餼(희)羊(양)子(자)曰(왈)賜(사)也(야)爾(이)愛(애)其(기)羊(양)我(아)愛(애)

18

其(기)禮(례)○子(자)曰(왈)事(사)君(군)盡(진)禮(례)人(인)以(이)爲(위)諂(첨)也(야)○

19

定(정)公(공)問(문)君(군)使(사)臣(신)臣(신)事(사)君(군)如(여)之(지)何(하)孔(공)子(자)對(대)

20

曰(왈)君(군)使(사)臣(신)以(이)禮(례)臣(신)事(사)君(군)以(이)忠(충)○子(자)曰(왈)關(관)

21

雎(저)樂(낙)而(이)不(불)淫(음)哀(애)而(이)不(불)傷(상)○哀(애)公(공)問(문)社(사)於(어)

宰(재)我(아)宰(재)我(아)對(대)曰(왈)夏(하)后(후)氏(씨)以(이)松(송)殷(은)人(인)以(이)柏(백)

周(주)人(인)以(이)栗(율)曰(왈)使(사)民(민)戰(전)栗(율)子(자)聞(문)之(지)曰(왈)成(성)事(사)

22

不(불)說(설)遂(수)事(사)不(불)諫(간)既(기)往(왕)不(불)咎(구)○子(자)曰(왈)管(관)仲(중)

23　24

皦如也繹如也以成〇儀封人請見曰

樂其可知也始作翕如也從之純如也

而知禮孰不知禮〇子語魯大師樂曰

兩君之好有反坫管氏亦有反坫管氏

曰邦君樹塞門管氏亦樹塞門邦君爲

歸官事不攝焉得儉然則管仲知禮乎

之器小哉或曰管仲儉乎曰管氏有三

臨喪不哀吾何以觀之哉

未盡善也○子曰居上不寬爲禮不敬

子謂韶盡美矣又盡善也謂武盡美矣

之無道也久矣天將以夫子爲木鐸○

者見之出曰二三子何患於喪乎天下

君子之至於斯也吾未嘗不得見也從

八佾

1

○공자가 계씨를 논평했다. "팔일무를 (자기 집) 뜰에서 추다니, 이런 짓을 감히 한다면 무슨 짓인들 차마 못 하겠는가?"

공―자 위 계―씨　　팔―일　무―어 정 시 가―인―야
孔子謂季氏 八佾 舞於庭 是可忍也

숙―불　　가―인―야
孰不可忍也

팔일무(八佾舞)란 천자 앞에서 추는 춤으로 가로세로 8줄 모두 64명이 춘다. 제후는 36명이 추는 육일무(六佾舞), 대부는 16명이 추는 사일무(四佾舞)까지 허용된다. 계씨(季氏)는 대부이니 팔일무는 말할 것도 없고 육일무도 추어서는 안 된다. 그런데 대부가 천자 춤인 팔일무를 추었으니 범상(犯上)이다. 이를 옛날에는 참람(僭濫)하다고 했다. 정해진 분수를 뛰어넘었다는 뜻이다. 계씨는 해서는 안 되는 일을 범한 것이다[苟]. '위정 24'에서 말한 "제사를 지내야 할 귀신이 아닌데 그 귀신에게 제사를 지내는 것"에 해당한다.

　팔일(八佾)편은 주제가 예(禮)다. 처음부터 비례(非禮)를 저지르는 사례가 나온 것이다. 형이하에 해당하는 이 일을 형이중으로 요약하면 범상(犯上) 혹은 무소불위(無所不爲)이고, 형이상으로 압축하면 비례(非禮)가 된다.

八佾

2

○삼가(三家)란 자들이 옹장(雍章)을 노래하며 철상(撤床)하니 공자가 말했다. "'제사를 돕는 이가 제후들이니 천자는 목목(穆穆)하도다'라는 가사를 어찌 삼가네 당(堂)에서 취하는가!"

<ruby>三<rt>삼</rt></ruby><ruby>家<rt>가</rt></ruby><ruby>者<rt>자</rt></ruby><ruby>以<rt>이-옹</rt></ruby><ruby>雍<rt></rt></ruby><ruby>徹<rt>철</rt></ruby>

三家者以雍徹

子曰 相維辟公 天子穆穆 奚取於

三家之堂

'팔일 1'에 이어 이번에도 범상(犯上) 문제다. '팔일 1'에서는 무(舞)의 차례로 범상한 것이라면 여기서는 악(樂)의 선택으로 범상하고 있다.

삼가(三家)란 공자가 살던 당시 노나라 정권을 장악하고 있던 중손(仲孫), 숙손(叔孫), 계손(季孫)을 말한다. 삼환(三桓)이라고 하는데 풀이는 앞에서 보았다. 옹(雍)이란『시경』주송(周頌)의 편 이름이다. 무왕이 문왕께 제사를 지내면서 불렀던 가사이다. 그 후부터 천자가 제사를 마치고 철상할 때[徹=撤], 이 가사와 음악을 연주하면서 제기들을 거둬들였다고 한다. 먼저 그 가사를 보자.

"유래옹옹(有來雝雝) 지지숙숙(至止肅肅) 상유벽공(相維辟公) 천자목목(天子穆穆)"

옹(雝)은 옹(雍)이며 화(和)로 풀이한다. 첫 구절은 '오는 모습이 화기(和氣) 가득하구나'이다. 숙(肅)은 경건(敬虔)하고 위엄(威嚴)있는 모습이다. 즉 '이르러서는 경건·엄숙하도다'이다. 상(相)은 돕는다, 유(維)는 제사다. 벽공(辟公)은 제후라는 뜻이다. 번역하면 '제사를 돕는 이가 제후들이니'이다. 목목(穆穆)은 흔히 천자의 위엄있으면서도 화기(和氣) 가득한 모습을 뜻한다.

　'팔일 1, 2' 둘 다에서 눈 여겨봐야 할 것은 공자가 분노하는 대목이다. 그의 분노는 공적 분노다. 군군신신(君君臣臣) 중에서 신신(臣臣)을 어기고 신불신(臣不臣)하는 계씨 혹은 삼가에 대해 공분(公憤)을 느낀 것이다. 그 분노를 고스란히 담아낸 것이 바로 다음 '팔일 3'이다. 『논어』 편찬자가 얼마나 치밀하게 구절들을 배치하고 있는지를 다시 한번 확인할 수 있다.

八佾

3

○공자가 말했다. "사람으로서 어질지 못한데 (그 사람이) 예(禮)를 행한들 무엇할 것이며, 사람으로서 어질지 못한데 악(樂)을 행한들 무엇할 것인가?"

자-왈　인-이-불-인　　여　예　하　　인-이-불-인　　여
子曰 人而不仁 如禮何 人而不仁 如

악　하
樂何

정약용은 우선 문질 맥락에서 인/불인을 질, 예와 악을 문으로 보았다. 즉 바탕이 잘못되었는데 겉으로 아무리 잘 꾸며보았자[文之] 보아줄 것이 없다는 말이다. 이것을 보면 공자는 질(質)이 사람됨의 출발점임을 분명히 하고 있다. 그것이 바로 충신(忠信)이다.

공자는 범상(犯上)하는 계씨 집안과 삼가(三家)의 행태를 두 차례 보고서 그들 마음속이 불인(不仁)함을 미루어 헤아려냈다. 이때 불인이란 정확히 신하 된 자가 신하답지 못함[臣不臣]이며, 그것은 다름 아닌 곧지 못함[不直=不忠]이다. '학이 1'의 세 번째 문장을 곧음[直]으로 읽어낼 때라야 이 같은 풀이도 가능하다. 이 점들을 이해하고서 '양화 11'을 읽어보면 별도 풀이가 필요 없다.

공자가 말했다. "예다, 예다(예가 중요하다) 하지만 그것이 옥과 비단을 말하는 것이겠는가? 악이다, 악이다(악이 중요하다) 하지만 그것이 종과 북을 말하는 것이겠는가?"

마지막으로 '사람으로서' 혹은 '사람이라고 하면서[人而]'라는 표현법에 관해 살펴보자. 실은 우리는 이미 '위정 22'에서 인이무신(人而無信)이라는 비슷한 표현법을 만나본 적이 있다. 그러나 분노하는 강도 면에서 지금이 훨씬 강한 듯하여 여기서 이를 짚어보려 한다. 공자가 편집한 『시경』 국풍(國風) 중에서 용풍(鄘風)에는 상서(相鼠)라는 시가 나온다. 이때

상(相)은 '살펴본다'는 뜻이다. 풍수가들이 땅을 살펴보는 것을 상지(相地)라고 한다. 상서(相鼠)라는 제목은 '쥐를 살펴보니' 정도가 되겠다.

1장

상서유피(相鼠有皮) : 쥐를 살펴봐도 가죽이 있는데

인이무의(人而無儀) : 사람이라고 하면서 위엄있는 거동이 없는가

인이무의(人而無儀) : 사람이라고 하면서 위엄있는 거동이 없는데

불사하위(不死何爲) : 죽지 않고 무엇을 하는가

2장

상서유치(相鼠有齒) : 쥐를 살펴봐도 이빨이 있는데

인이무지(人而無止) : 사람이라고 하면서 단정한 용모가 없는가

인이무지(人而無止) : 사람이라고 하면서 단정한 용모가 없는데

불사하사(不死何俟) : 죽지 않고 무엇을 기다리는가

3장

상서유체(相鼠有體) : 쥐를 살펴봐도 몸체가 있는데

인이무례(人而無禮) : 사람이라고 하면서 예가 없는가

인이무례(人而無禮) : 사람이라고 하면서 예가 없는데

호불천사(胡不遄死) : 어찌 빨리 뒈지지도 않는가

八佾

4

○임방이 예의 근본에 대해 묻자 공자가 말했다. "좋도다, 그 물음이여! 예는 사치스럽기보다는 차라리 검소함이 낫고, 상(喪)은 요란하기보다는 차라리 (진정으로) 슬퍼함이 낫다."

林放問禮之本 子曰 大哉 問
임―방 문 예―지―본 자―왈 대―재 문

禮 與其奢也 寧儉 喪 與其易也 寧
예 여―기 사―야 영 검 상 여―기 이―야 영

戚
척

이 장은 '팔일 3'에 대한 대답이다. 예의 근본, 예의 본질은 어짊[仁]인데 그 어짊이 예를 행하는 데서는 검소함으로 드러나고, 상을 당했을 때는 진정 슬퍼함으로 나타난다. 이를 잣대로 앞서 삼가(三家)가 보여준 행태를 보면 그들은 범상(犯上)했을 뿐만 아니라 예의 근본을 잃었다. 그들은 사치스러웠고 요란스러웠다[奢濫].

　참고로, 與其~寧~은 영어 ~rather than~에 해당하는 구문이다. '~하기보다는 차라리~하는 게 낫다'는 뜻이다. 앞으로 자주 등장한다.

八佾

5

○공자가 말했다. "오랑캐 도리로 임금 자리를 보존하는 것보다는 중국
도리를 쓰다가 (일시적으로) 임금 자리를 보존하지 못하는 것이 낫다."

子曰 夷狄之有君 不如諸夏之亡也
자-왈 이-적 지 유-군 불-여 제-하 지 무-야

제하(諸夏)란 하(夏)나라를 뿌리로 삼는 중원세력, 즉 중국을 말한다. 공자
는 당시 노나라 혼란상을 개탄한다. 제후에게는 권력이 없고 모두 삼가(三
家)에게 돌아가 앞서 본 바와 같은 참람과 무례(無禮)가 일상적으로 행해
지고 있었기 때문이다. 이 장은 '팔일 1~4'에 대한 공자의 총평으로 읽을
수 있다. 군불군(君不君) 신불신(臣不臣), 즉 하극상(下剋上)이 만연하는 세
태에 대한 공자의 분노가 어느 정도였는지를 쉽게 가늠할 수 있게 해주는
탄식이다.

이 장을 단순 직역을 하면 이렇다.

"오랑캐의 임금 있음이 중국의 임금 없음과 같지 않다."

문제는 "같지 않다[不如]"에서 발생한다. 같지 않다는 것은 낫다는
불-여
것으로 볼 수도 있고, 못하다는 것으로 볼 수도 있기 때문이다. 대부분은
'낫다'는 뜻이다. 풀면 이렇게 된다.

"오랑캐에 임금 있는 것이 중국에 임금 없음만 못하다."

그래서 전통적으로 중국 학자들은 오랑캐를 비하하며 이런 식으로
해석했다. "오랑캐에게도 비록 임금이 있으나 예의가 없고, 중국에는 비
록 우연하게도 임금 없이 주공처럼 공화(共和)정치를 할 때 임금이 없어도
예의가 폐지되지 않았다."

이에 대해서는 정약용 반박이 예리하다.

"아니다. 공자는 구이(九夷-예전에 중국 사람이 부르던 동쪽의 아홉 오랑캐
씨족)에 살고자 하였으니, 오랑캐는 천한 바가 아니다. 더구나 오랑캐
죄가 밝혀지지 아니하였는데 아무 까닭 없이 이를 배척하여 이르기를

'너희들 임금 있는 것이 우리들 임금 없는 것보다 못하다'고 한다면 어찌 의미 있는 말이 되겠는가? 주공과 소공의 공화정치는 이것이 천 년이나 백 년 만에 겨우 한 번 있을까 말까 한 일이다. 그런데 공자가 이에 근거하여 스스로 중국을 찬양하였겠는가? 그럴 리가 없다.”

실로 명쾌한 반박이다. 당연히 정약용 풀이를 취한다. 이 장을 약간의 뜻을 보충해 풀면 이렇게 된다.

“오랑캐 도리로 임금 자리를 보존하는 것보다는 중국 도리를 쓰다가 (일시적으로) 임금 자리를 보존하지 못하는 것이 낫다.”

이렇게 해야 당시 노나라에서 군신의 도리가 파탄에 이른 상황을 우려하고 탄식하는 공자 마음과 연결된다. 이 점은 다음 장에서 더욱 명확해진다. 정약용 풀이는 그가 『춘추좌씨전』과 『사기』 등의 역사서를 통해 재구성한 당시 상황과도 부합한다.

“임금이 임금답지 않고 신하가 신하답지 않으면 이 또한 오랑캐일 따름이다. 오랑캐 도리에 편안하여 (적당히 적응하여) 구차하게 임금 자리를 보존하는 것은, 선왕(先王)의 법을 준수하고 중국의 예(禮)를 닦다가 임금의 자리를 보존하지 못하는 것만 같지 못하다. 노나라가 소공 25년에 양공에게 체제(禘祭-종묘 제사)를 지낼 때 춤추는 대열을 갖추지 못했다. (춤추는 사람이 단지 두 사람뿐이었다.) 무공(舞工)들이 모두 계씨에게 가서 태무를 추었다. 소공이 노해서 계씨를 죽이려 하다가 일이 실패로 돌아가 소공이 제나라로 달아났는데 이에 공자 또한 제나라에 갔다.”

범상(犯上)하는 사례가 다시 이어진다.

八佾

6

○계씨가 태산에 여(旅)제사를 지내자 공자가 염유에게 일러 말했다.

"혹시라도 네가 (계씨가 죄에 빠지는 것을) 구제해줄 수는 없었느냐?"

대답했다. "불가능했습니다."

공자가 말했다. "아, (너는) 어찌 태산이 임방보다 못하다고 말하는가?"

계—씨 여—어 태—산 자 위 염—유 왈 여 불—능
季氏旅於泰山 子謂冉有曰 女弗能

구 여
救與

대—왈 불—능
對曰 不能

자—왈 오—호 증 위 태—산 불—여 임—방—호
子曰 嗚呼 曾謂泰山不如林放乎

뜰에서 참람하게 팔일무를 추게 했던 계씨가 이번에는 태산에 여(旅)제사를 지냈다. 태산에 지냈다는 말에서 알 수 있듯이 산천 제사는 제후가 주관해야 한다. 그런데 대부인 계씨가 태산에 여제사를 지냈으니 참월(僭越)한 짓을 한 것이다.

마침 이때 제자 염유가 계씨 가신으로 일하고 있었다. 염유는 정치에 밝았는데 특히 융통성[藝]이 뛰어났다. 달리 보면 원칙을 무시하는 인물이다. 앞으로도 직선적인 성품의 자로와 대비를 이루게 된다. 종종 말재주를 부리다가 공자로부터 질타를 당하기도 한다. 여기서도 그런 모습을 볼 수 있다.

공자는 조심스럽게 "혹시라도[與] 네가 (계씨가 죄에 빠지는 것을) 구제해줄 수는 없었느냐?"라고 물었다. 문장 끝에 오는 여(與)는 여(歟)와 같은 뜻의 어조사로 '추측' '기대' 등의 뜻을 갖는다. 그런데 염유는 단호하게 "불가능했습니다"라고 답한다. 이에 공자는 염유를 강하게 꾸짖는다.

"아, (너는) 어찌[曾] 태산이 임방보다 못하다고 말하는가?"

기존 풀이에서는 증(曾)자를 풀이하지 않거나 '일찍이'라고 옮기는데 '어찌[何]'라고 옮겨야 공자 말이 더욱 분명해진다.

그저 그런 인물인 임방(林放)도 예의 근본을 물을 줄 아는데 계씨가 참람하게 태산에 제사를 지냈다는 것은 어진 마음[仁]이 없었다는 뜻이 된다. 예의 근본은 어짊이다. 그렇다면 계씨의 이런 행태를 "염유, 네가 도리로서 일깨워주었어야 했는데, 왜 그렇게 하지 못 했느냐?"고 공자가 점잖게 에둘러 물었건만 염유는 "불가능했습니다"라고 무책임하게 답했다. 염유 또한 예의 근본에는 관심이 없는 제자였다. 공자는 염유를 꾸짖어 계씨에 대해서도 간접적으로 질책한 것이다. 이 대화 골격은 '계씨 1'에서도 그대로 나온다. 계씨나 염유나 모두 그런 점에서 군자답지 못한 자들이다. 바로 다음 장에 군자다움이 이어진다.

八佾

7

○공자가 말했다. "군자는 다투는 일이 없는데 반드시 활쏘기에서는 다 툰다. (그런데 그 다툼을 잘 들여다보면) 읍(揖)하며 사양하다가 올라가고 (활을 다 쏘고서) 내려와서는 (그 다투려 했던 마음을 녹여 없애기 위해) 술을 마시니 그 다툼이 군자답도다."

자-왈　군-자　무　소-쟁　필-야　사-호
子曰 君子無所爭 必也射乎
읍-양-이-승　하-이-음　기-쟁-야　군-자
揖讓而升 下而飮 其爭也君子

지금까지 우리는 예가 아닌 비례(非禮)를 살펴보았고, 이제 보다 적극적으로 예(禮)란 무엇인가를 향해 나아간다. 문맥 전환이다. 그 첫걸음이 '팔일 7'이다. 이는 위정(爲政)편에서 다움을 쌓아나가는 출발점으로 사무사(思無邪)가 제시되었던 것과 같다고 하겠다.

예의 근본은 어짊[仁]이라고 했다. 그러나 어짊은 추상적(즉 형이상)이다. 여기서는 형이하에 가까운 사례가 제시되고 있다. 예를 아는[知禮] 군자는 첫째, 다투려는 마음[爭=好勝心]을 가져서는 안 된다. 남을 이기려는 마음은 곧 어질지 못함[不仁]이다. 둘째, 그러나 활쏘기에서는 다툼이 있다고 했다. 물론 제대로 된 활쏘기일 때 그렇다. 그 제대로 된 활쏘기는 '팔일 16'에 나온다.

> 공자가 말했다. "(주나라 문화가 꽃피웠을 때의) 활쏘기는 가죽 뚫기로 승부를 가리지 않았다. 왜냐하면 힘이 사람마다 다 달랐기 때문이다. 이것이 옛날의 활 쏘는 예법이다."

제대로 된 활쏘기는 겹쳐놓은 가죽을 얼마나 여러 장을 뚫느냐는 힘싸움이 아니라 집중력에 달려 있다. 이는 남과의 경쟁이 아니라 자기 수련이다. 게다가 "힘이 사람마다 다 달랐기 때문"이라는 말에는 이미 타인에 대한 배려, 즉 어짊[仁=愛人]이 녹아들어 있다. 이런 집중력, 다툼 경쟁으로서 활쏘기를 할 때도 거기에 그치지 않고 상체를 다소곳이 굽히면서 공경을 표하는 읍(揖)을 하면서 상대방에게 먼저 올라가라고 자기는 사양한다. 이 예법 또한 어짊이다.

정약용은 이 구절의 하(下)를 경쟁에서 진 것으로 보았다. 그러면 음(飮)은 벌주를 마시는 것이 된다. 조금은 우스운 풀이다. 그냥 앞에서 올라갔다[升]고 했으니 이번에는 내려와서 활쏘기를 함께 했던 사람들과 술을 함께 하는 것으로 봐야 한다. 술이란 중국에서는 예로부터 해원(解怨)의 매개로 여겨졌다. 그러니 제대로 된 활쏘기 경쟁에서나마 혹시 생겨났을 수 있는 다투려는 마음마저 한 잔 술로 녹여 없앴다는 뜻이다. 어짊에 어짊이 거듭되는 것, 이것이 일의 이치[禮]의 근본이다.

八佾

8

○자하가 물었다. "'예쁜 미소에 보조개로다, 아름다운 눈에 눈동자 흑백이 분명하도다, 흰 바탕에 채색이 가해졌도다'라는 시는 무슨 뜻입니까?"

공자가 말했다. "그림 그리는 일은 흰 바탕이 마련된 다음에 해야 한다는 뜻이다."

(자하가) 말했다. "(그렇다면) 예가 뒤이겠습니다."

공자가 말했다. "나를 흥기(興起)시켜주는 사람은 상(商-자하)이구나. 비로소 함께 시를 말할 만하구나."

子夏問曰 巧笑倩兮 美目盼兮 素以

爲絢兮 何謂也

子曰 繪事後素

曰 禮後乎

子曰 起予者商也 始可與言詩已矣

이 구절은 『시경』 위풍(衛風) 석인(碩人)편에 나온다. 그런데 이어지는 소이위현혜(素以爲絢兮)는 석인편에 없다. 그래서 원래 있었는데 『시경』을 편찬하면서 공자가 지웠다는 주장도 있고, 우리에게 전하지 않는 일시(逸詩)에서 가져온 것이라는 주장도 있는데 둘 다 근거는 없다. 다만 소이위현혜(素以爲絢兮)는 앞의 두 구절을 분명히 해주는 효과가 있다. '흰 바탕에 채색이 가해졌도다'라는 것은 다름 아닌 질(質)이 있고 나서 문(文)이 더해져야 한다는 말이기 때문이다. 쉽게 말해, 금상첨화(錦上添花)다.

그런 점에서 정약용 『논어고금주』에 나오는 교소천혜(巧笑倩兮) 미목반혜(美目盼兮)에 대한 번역은 잘못이다. 거기에는 "방긋 웃는 입맵시며 아름다운 눈동자여!"라고 했는데 이는 문과 질의 구분을 없애버렸다. 결정적 오역이다. 예쁜 미소와 아름다운 눈은 바탕[質]이고, 보조개와 흑백이 분명한 눈동자는 꾸밈 혹은 애씀[文]이다.

이 구절은 임방이 던졌던 예의 근본[禮之本] 문맥과 이어진다. 예의 근본은 어짊[仁]이자 충신(忠信)이라는 질(質)이다. 『예기』 예기(禮器)편에 있는 한 대목을 봐도 알 수 있다.

> "선왕이 예를 정립할 때는 본(本=質)이 있고 문(文)이 있었다. 충신(忠信)은 예(禮)의 근본[質]이요, 의리(義理)는 예(禮)의 꾸밈[文]이다. 근본이 없으면 예가 서지 못하고, 꾸밈이 없으면 예(禮)가 행해지지 않는다."

이는 공자 생각과 거의 같다. 또한 '학이 12'에서 유자가 한 말과도 통한다.

공자가 "비로소 함께 시를 말할 만하구나"라고 말한 것은 자하가 미루어 헤아릴 줄 앎[推]을 인정해준 것이다. 시를 물어 공자가 회사후소(繪事後素)라고 하자, 자하가 문(文)에 속하는 예(禮)가 질(質)에 속하는 어짊이나 충신(忠信)보다는 뒤라는 것을 알아차렸기 때문이다. 이때 '뒤'란 단순한 일의 순서라기보다는 중요성에서 어짊이나 충신함에 뒤진다는 뜻으로 봐야 한다. 공자는 문질빈빈(文質彬彬)이라 해서 문과 질의 조화를 중시했지만 문보다 질이 조금 더 많은 게 좋다는 생각을 갖고 있었다. 이 점은 뒤에 여러 차례 확인하게 된다.

○공자가 말했다. "하나라 예를 내가 능히 말할 수 있지만 (하나라를 이어받은 은나라 제후국) 기나라가 충분히 실증해줄 수 없고, 은나라 예를 내가 능히 말할 수 있지만 (은나라를 이어받은 주나라 제후국) 송나라가 충분히 실증해 줄 수 없다. 문헌이 부족한 때문이다. 만일 문헌이 충분하다면 나는 능히 그것을 실증해줄 수 있을 것이다."

子曰 夏禮吾能言之 杞不足徵也

殷禮吾能言之 宋不足徵也

文獻不足故也

足則吾能徵之矣

『예기』중용(中庸)편에 이와 비슷한 구절이 나온다. 오늘날 별도로 분리된 『중용』에도 실려 있다.

공자가 말했다. "내가 하나라 예를 말하려 하는데 기나라가 충분히 실증해주지 못한다. 내가 은나라 예를 배웠는데 송나라가 그 예를 (부분적으로나마) 보존하고 있다. 내가 주나라 예를 배워 지금 그것을 쓰고 있으니 나는 주나라를 따르겠다."

비슷하면서도 차이가 있다. 흥미로운 것은 "나는 주나라를 따르겠다[吾從周]"라는 말이다. 이 말은 '팔일 14'에도 나온다.

공자가 말했다. "주나라는 하 은 이대(二代)를 거울로 삼았다. 찬란하도다, 그 문(文)이여! 나는 주나라를 따르리라."

이 셋은 모두 연관된 것으로 이를 정리하면 다음과 같다.

'하나라 예는 기나라에 실증 문헌이 없어 제대로 알 수 없고, 은나라 예는 조금 남아 있기는 하지만 아쉽게도 충분히 알 수가 없다. 주나라 예는 하와 은을 거울로 삼아 취할 것은 취하고 버릴 것은 버렸다. 공부해보니 주나라 예의 특징은 한마디로 문(文)이 빛나는 것이다. 그래서 나는 주나라 예인 문(文)을 따르겠다.'

　다시 한번 공자가 문(文)을 얼마나 중요하게 생각했는지를 알 수 있다. 주나라 예를 문(文)이라고 했는데 공자는 하나라 예의 근본은 충(衷/忠), 은나라 예의 근본은 질(質)이라고 했다. 그래서 자기는 두 나라 예의 근본[禮之本]은 알고 있는데 문헌이 없어 총체적 복원이 어렵다고 말한 것이다. 여기서 '아는 것은 안다고 하고, 모르는 것은 모른다'고 하는 공자의 곧은 모습을 읽어낼 수 있다.

○공자가 말했다. "체(禘)제사를 거행할 때 강신주를 땅에 부은 이후부터는 나는 그것을 구경하고 싶지 않았다."

자—왈　체　자　기—관　이　왕—자　　오　불—욕　관—지

子曰 禘自旣灌而往者 吾不欲觀之

—의

矣

『예기』제의(祭義)편에 따르면 "봄에는 체제(禘祭)이고, 가을에는 상제(嘗祭)이다"라고 했다. 두 제사 모두 천자가 지내는 제사이다.

관(灌)은 제사 때 신을 강림토록 하기 위해 강신주(降神酒)를 땅에 붓는 것을 말한다. 이는 공자 말을 정확히 이해하는 실마리가 된다. 이런저런 풀이가 있는데 정약용은 이 체(禘)제사를 노나라에서 천자가 아닌 자가 참람하게 행한 것이라고 말한다. 그래서 구경하고 싶지 않았다는 것이다. 그러나 정약용 풀이대로라면 공자는 처음부터 노나라에서 이런 제사를 거행하는 것 자체를 거부하는 것이 맞다.

오히려 공자가 주나라 천자가 체제사 지내는 것을 구경하게 되었는데, 진행 과정에서 강신주를 부은 이후부터는 예의 절차를 잃고 예의 근본을 상하게 했기 때문에 구경하고 싶지 않았던 것으로 봐야 한다. 주나라 예가 춘추 시대에 들어와 무너져 내린 상황을 말하고 있는 것이다.

'팔일 9'와 연결해서 풀어볼 수도 있다. 하나라, 은나라는 문헌이 부족해서 그렇다 쳐도 주나라는 문헌이 부족할 까닭이 없다. 제대로 체제사를 치르려는 마음이 없었던 것이다. 불인(不仁)이다.

八佾

11

○어떤 사람이 체(禘)제사 내용을 묻자 공자가 말했다. "알지 못한다. (그러나) 그 내용을 아는 사람이 천하에 나아갈 경우 (천하 다스림은) 아마도 여기에 두고서 보는 것과 같을 것이로다!" 자기 손바닥을 가리켰다.

혹　문　체-지-설　　자-왈　　부-지-야
或問禘之說 子曰 不知也
지　기-설　자　지-어　천-하-야　　기　여　시　저-사-호
知其說者之於天下也 其如示諸斯乎
지　기-장
指其掌

앞서 풀이한 '팔일 10'에 바로 이어진다. 거기서는 체(禘)의 실례(失禮)를 다루었고 여기서는 체제사라는 예의 본질을 간접적으로나마 다룬다. 여기서 공자는 천자가 지내는 체제사의 본질을 제대로 아는 사람이라면 천하도 손바닥을 들여다보듯 쉽게 잘 다스릴 수 있다고 말한다. 체제사를 잘 거행하는 것과 천하를 잘 다스리는 것은 둘 다 예(禮)의 문제이기 때문이다.

『중용(中庸)』 제19장에 이와 직결된 공자 말이 나온다.

"하늘에 제사 지내는 교제(郊祭)와 땅에 제사 지내는 사제(社祭)의 예는 상제(上帝)를 섬기는 것이고, 종묘(宗廟)의 예는 (왕실의) 선조들에게 제사를 올리는 것이니, 교제와 사제의 예에 밝고, 체제(禘祭)와 상제(嘗祭)의 뜻[義]에 밝으면 나라를 다스리는 것은 손바닥 위에 놓고 보는 것처럼 쉬울 것이다."

그렇다면 과연 예의 본질이나 정신이 무엇이길래 그것을 아는 사람은 천하도 쉽게 다스릴 수 있는 것일까? 물론 어짊[仁]이다. 어짊 문맥이 계속 이어진다.

○(공자는) 제사를 지낼 때는 마치 (조상이) 그 자리에 계신 듯이 했고, 귀신에게 제사를 지낼 때는 (귀신이) 그 자리에 계신 듯이 했다. 공자가 말했다. "내가 제사를 돕지 않았으면 (나로서는) 제사를 지내지 않은 것과 같다."

祭如在 祭神如神在
子曰 吾不與祭 如不祭

여기서 핵심 단어는 '여재(如在)', 늘 계신 듯이 하는 것이다. 누군가가, 아마도 자공이 공자가 제사 지내는 모습을 먼저 여재(如在)라고 묘사했고 이어 공자 말이 이어진다. 조상이나 귀신이 안 계시지만 계신 듯이 삼가며[愼] 제사를 지냈다는 말이고, 또 자신이 참여해 제사를 돕지 않았으면 제사를 지내지 않은 것으로 여겼다는 말이다. 이는 앞서 본 곧음[直]과 통하고 다르게 말하면 신독(愼獨)이라고 할 수 있다.

일의 이치[事理=禮]의 3대 본질은 유소불위(有所不爲), 여재(如在), 매사문(每事問)이다. 뭔가 하지 않는 바가 있다는 유소불위(有所不爲)는 '학이 12'에 있는 유자의 말 중에 나왔다. 그리고 그 반대 사례가 바로 '위정 24'에서 말했던 "제사를 지내야 할 귀신이 아닌데 그 귀신에게 제사를 지내는 것은 아첨하는 것"이니 이는 곧 무소불위(無所不爲), 뭔가 하지 않는 바가 없는 것이다. 그리고 두 번째가 바로 여재(如在)이고, 세 번째는 '팔일 15'에서 보게 될 매사문(每事問)이다. 일단은 여재(如在)에 집중해야 다음 장으로 원활하게 이어진다.

八佾

13

○(위나라 대부) 왕손가가 물었다. "아랫목 귀신에게 잘 보이기보다는 차라리 부뚜막 귀신에게 잘 보이는 게 낫다고 하는데 이게 무슨 뜻이오?"

공자가 말했다. "그렇지 않소. 하늘에 죄를 얻으면 빌 곳도 없소이다."

왕―손―가 문―왈 여―기 미―어 오 영 미―어 조
王孫賈問曰 與其媚於奧 寧媚於竈
하―위―야
何謂也

자―왈 불―연 획―죄 어―천 무 소―도―야
子曰 不然 獲罪於天 無所禱也

왕손가(王孫賈)는 위나라 영공(靈公) 때 권신(權臣)이자 군권을 장악하고 있던 대부였다. 여기서 오(奧)란 아랫목 귀신, 조(竈)란 부뚜막 귀신이다.

당시 영공을 알현하고 나오는 공자를 보고서 왕손가가 던진 말로 실속 없이 아랫목에 있는 영공에게 잘 보이려 하지 말고, 실권을 장악한 부뚜막 귀신인 자신에게 잘 보이는 게 어떠냐고 넌지시 떠본 것이다.

공자는 단호하게 "그렇지 않소"라고 답한 다음 하늘을 끌어들인다. 공자가 하늘을 말할 때는 십중팔구 '누가 보건 보지 않건[如在] 곧은 마음으로 자신을 들여다본다'는 뜻이다. 따라서 하늘에 죄를 짓는다는 말은 곧 자기 자신에게 죄를 짓는다는 말이다. 하늘을 끌어들였지만 바로 여재(如在)하는 공자 마음을 그대로 표현한 것이다. 직심(直心) 문맥이다.

八佾

14

○공자가 말했다. "주나라는 하 은 이대(二代)를 거울로 삼았다. 찬란하
도다, 그 문(文)이여! 나는 주나라를 따르리라."

자—왈　　주　감—어　　이—대
子曰 周監於二代

욱—욱—호　　문—재　　오　종—주
郁郁乎 文哉 吾從周

이에 대해서는 '팔일 9'에서 남김없이 이미 살펴보았다. 핵심 단어는 문
(文)이다.

八佾

15

○공자가 태묘에 들어가 일마다 물어보니 어떤 이가 말했다. "누가 추 (鄹) 사람 아들을 일러 예를 안다고 했는가? 태묘에 들어와서는 일마 다 물어보는구나."
공자가 이 말을 듣고서 말했다. "이렇게 하는 것이 바로 예이다."

자 입 태―묘　　매―사―문
子入大廟 每事問

혹―왈　　숙 위 추―인 지 자 지―례 호 입 태―묘
或曰 孰謂鄹人之子知禮乎 入大廟

매―사―문
每事問

자 문―지 왈 시 예―야
子聞之 曰 是禮也

태묘란 곡부에 있는 주공(周公) 사당이다. 주공은 천자에 준하는 대우를 받았기에 그 사당을 천자와 같이 태묘(大廟)라고 불렀다. 추(鄹) 사람이란 공자 아버지 숙량흘(叔梁紇)을 가리킨다.

　　그 어떤 이가 생각한 예란 예의 절차이다. 그런데 공자가 매사 물어보 니 예를 알지 못한다고 여긴 것이다. 공자가 말하길, 다 알고서도 사당에 서는 다시 하나하나 사당 관리인에게 물어보는 것이 바로 예(禮)라고 했 다. 그것이 경사(敬事), 즉 삼가서 일을 하는 것이고 또한 겸(謙)이다. 겸손 이 곧 예의 근본이라는 말이다. 물론 겸손은 어짊[仁]이다.

　　'학이 8'에서 만들었던 표에 하나를 더 추가할 차례다. 유소불위(有所 不爲), 여재(如在), 매사문(每事問)을 각 자리에 할당하면 다음과 같다.

학이 1	학이 4	학이 8	학이 12 팔일 12, 15
學而時習之 不亦說乎	傳不習乎	過則勿憚改	每事問
有朋自遠方來 不亦樂乎	與朋友交而不信乎	無友不如己者	有所不爲
人不知而不慍 不亦君子乎	爲人謀而不忠乎	主忠信	如在

　이로써 예의 근본[禮之本=仁]에 관한 탐색은 여기서 일단락된다. 앞으로는 보다 구체적인 사례들을 통해 심화한다.

八佾

16

○공자가 말했다. "(주나라 문화가 꽃피웠을 때의) 활쏘기는 가죽 뚫기로 승부를 가리지 않았다. 왜냐하면 힘이 사람마다 다 달랐기 때문이다. 이것이 옛날의 활 쏘는 예법이다."

子曰 射不主皮 爲力不同科 古之道
也

『예기』사의(射義)편에 '사자소이관성덕야(射者所以觀盛德也)'라는 구절이 있다. 활쏘기란 그 사람의 다움이 성대한지를 관찰하는 방법이라는 것이다. 활쏘기를 그 후에도 관덕(觀德)이라고 불렀고, 우리나라에서도 제주도를 비롯한 곳곳에 있는 관덕정(觀德亭)은 대부분 활터이다.

문무를 함께 단련하는, 관덕(觀德)으로써의 활쏘기는 힘자랑이 아니라 마음가짐 경쟁이다. 가죽을 관통하는지 여부가 아니라 가죽 과녁의 정중앙, 즉 정곡(正鵠)에 적중(的中)시키는지 여부로만 승부를 가렸다. 그것은 주나라 예법이자 문화였다. '헌문 35'도 같은 맥락에서 풀이할 수 있다.

공자가 말했다. "기(驥-준마)라고 할 때는 그 힘을 지칭해서가 아니라 그 다움[其德]을 지칭해서이다."

그런데 주나라가 쇠퇴하면서 다시 활쏘기가 가죽 뚫기 식의 힘자랑으로 되돌아가자 공자가 그 점을 한탄하며 이런 말을 했던 것으로 보인다. 이렇게 되면 이 장은 앞의 '팔일 15'와 병행하여 주나라 문물을 그리워하는 공자 마음을 표현한 것으로 풀이할 수 있다. 결국 '팔일 15'와 '팔일 16'은 나란히 '팔일 14'를 부연 설명하고 있다고 봐야 한다.

○자공이 곡삭(告朔)의 희양(餼羊)을 없애려 하니 공자가 말했다. "사(賜 -자공)야! 너는 그 양이 아까우냐! 나는 (그로 인해 없어질) 그 예를 아까워한다."

子貢欲去告朔之餼羊
子曰 賜也 爾愛其羊 我愛其禮

여전히 문(文)이 욱욱(郁郁)했던 주나라 문화가 쇠퇴한 문맥에서 이야기가 이어진다. 곡삭(告朔)이란 천자가 제후국에 사자를 보내 다음해 열두 달 책력을 나눠주면 제후는 그것을 받아서 종묘에 간직해 두고 매달 초하루에 희생양[餼羊]을 바치고 종묘에 고하는 것을 말한다. 혹은 그때 천자 사신에게 대접하는 양을 가리키기도 한다.

노나라는 문공(文公) 때부터 이미 사자가 오지 않아 사실상 접대하는 예 또한 사라졌다. 이에 자공이 그 예가 폐지된 것으로 보고서 희양(餼羊)을 없애려 한 것이다. 그러나 공자는 희양마저 없애버리면 천자의 자취가 영원히 없어질 것이니 그렇게 되면 군군신신(君君臣臣)의 도리를 회복할 가능성마저 사라진다고 보았다. 보는 시야가 자공과는 달랐던 것이다.

자연스럽게 다음 주제는 군군신신(君君臣臣), 즉 도리[道]이다.

八佾

18

○공자가 말했다. "(내가) 임금을 섬기면서 예를 다했더니 사람들은 그
것을 아첨이라고 여겼다."

자−왈　　사−군　　진−례　　인　　이−위　　첨−야

子曰 事君盡禮 人以爲諂也

팔일 18과 19는 서로 연결되어 있다. 먼저 '팔일 18'에서는 임금을 섬길
때 '예를 다한다[盡禮]'라고 했다. 예를 다하는 것이 충(忠)이다. 그런데 사
람들은 그것을 보고서 오히려 아첨이라고 여긴다고 했다. 『서경』 주서(周
書) 군진(君陳)편에 나오는 글 하나를 보자. 형이상·중·하로 보자면 충이
상, 진례가 중이고 군진편은 하인 셈이다.

　"너에게 아름다운 모책과 계책이 있거든 즉시 들어가 안에서 너의 임
　금에게 고하고, 네가 그것을 밖에 말할 때에는 '이 모책과 계책은 오
　직 우리 임금 덕분이다'라고 하라."

　이를 흔히 군진지충(君陳之忠)이라고 한다. 그러나 곁에서 이를 지켜
보는 이가 있다면 아첨으로 여길 수도 있다.

○(노나라) 정공이 물었다. "임금이 신하를 부리고 신하가 임금을 섬길 때는 어떻게 해야 하는가?"

공자가 대답했다. "임금이 신하를 부릴 때는 예로써 하고, 신하가 임금을 섬길 때는 충직함으로 해야 합니다."

定公問 君使臣 臣事君 如之何
정-공 문 군 사-신 신 사-군 여-지-하

孔子對曰 君使臣以禮 臣事君以忠
공-자 대-왈 군 사-신 이-례 신 사-군 이-충

'팔일 18'과 '팔일 19'를 교차시켜 풀어보면 신하는 임금에게 진례(盡禮)하고, 임금 또한 신하를 부릴 때 예(禮)로써 해야 한다고 했다. 이를 예대(禮待-예로 대우함)라고 한다. 그렇다면 부리는[使] 임금과 일하며 섬기는[事] 신하는 일의 이치[事理=禮]를 연결고리로 맺어진 것이지, 일을 떠나는 순간 아무것도 아닌 관계로 돌아간다. 힘에 의한 복속 관계와는 무관한 것이다.

　달리 말하면, 진례하지 않는 신하는 신하다운 신하가 아니고, 예대하지 않는 임금은 임금다운 임금이 아니다. 이는 현대 사회라고 해도 달라지지 않는다. 정부나 기업과 같은 조직 사회에서도 마찬가지라는 말이다.

八佾

20

○공자가 말했다. "(『시경』) 관저는 즐기면서도 음탕에 이르지 않고 슬퍼
하면서도 마음을 상하게 하지는 않는다."

<ruby>子<rt>자—왈</rt></ruby>曰 <ruby>關<rt>관—저</rt></ruby>雎 <ruby>樂<rt>낙—이—불—음</rt></ruby>而不淫 <ruby>哀<rt>애—이—불—상</rt></ruby>而不傷

먼저 관저(關雎)란 『시경』 첫 번째 시다. 먼저 시부터 읽어 보자.

> '관관저구(關關雎鳩) 재하지주(在河之洲) 요조숙녀(窈窕淑女) 군자호구
> (君子好逑)'

한문에는 같은 글자를 반복함으로써 어떤 모습을 나타내는 표현들이
있는데 관관(關關)은 '서로의 관계가 아주 화목하고 돈독하다'는 뜻이다.
특히 남녀, 암수의 좋은 관계를 표현할 때 주로 쓴다. 저구(雎鳩)는 '물수
리'라는 새로 왕저(王雎)라고도 한다. 주(洲)는 서울 여의도처럼 '강 안에
있는 섬'을 말한다. 요(窈)와 조(窕)는 둘 다 '고요하다' '얌전하다' '참하
다'는 뜻이다. 이 또한 글자는 다르지만 뜻이 같기 때문에 관관(關關)에 조
응하는 반복적인 표현이다. 구(逑)는 '짝'이나 '모으다'는 뜻이 있는데 여
기서는 짝(couple)을 뜻한다. 일단 시를 풀이하면 이렇다.

> "서로 정답고 화목한 물수리 / 물속 섬에 있고 / 얌전한 숙녀 / 군자의
> 짝이구나!"

이 뜻만 놓고 보면 그저 밋밋한 연시(戀詩)에 불과하다. 군신(君臣)의
예(禮)와 충(忠)을 말하고서 느닷없이 연시가 튀어나온다는 것은 아무래
도 납득하기 어렵다.

그러나 이 시에서 말하는 군자가 주나라 문왕(文王)이고 숙녀는 그의
배필 사씨(姒氏)임을 감안하면 조금 실마리가 잡힌다. 문왕도 성군(聖君)
이지만 사씨도 일찍이 성녀(聖女)라는 평판이 자자했다. 사씨가 문왕에게
시집올 때 정숙하고 얌전하면서도 왕비로서의 풍모를 갖추고 있어 궁중
사람들이 바로 이 시를 지어 문왕과 사씨의 부부금슬[<ruby>夫婦之情<rt>부-부-지-정</rt></ruby>]을 찬양했

다는 것이다.

　따라서 앞에서는 군신지의(君臣之義)가 어떠해야 하는지를 논했다면, 여기서는 군왕의 부부지정(夫婦之情)이 어떠해야 하는지를 주나라 문왕을 사례로 해서 보여주는 것이다. 이어지는 '낙이불음(樂而不淫) 애이불상(哀而不傷)'은 관저(關雎)의 울음소리에 대한 평가인 동시에 문왕 부부가 보여준 모범적인 부부지정을 드러낸다. 즐겁더라도 도에 지나치지 않았고 혹시 슬픈 일이 있더라도 마음을 상할 정도에는 이르지 않았다는 것이다. 그것이 바로 바람직한 부부 사이의 예(禮)이다. 공자는 여전히 주나라와 예(禮) 이야기 주위를 맴돌고 있다.

　이런 맥락에서 ~而不[이-불]~이라는 한문 표현법에 주목할 필요가 있다. 여러 풀이가 가능하지만 그중 하나가 '~하되 ~할 만큼 지나치게 하지는 않는다'라는 뜻이다. 이는 과유불급(過猶不及) 중에서 지나침[過과]을 억제하려는 표현이다. 감정 조절을 잘하여 그 실상[情정]에 적중한다[中중]는 뜻인 것이다. 예를 들어 '술이 26'에서 "공자께서는 물고기 낚시를 할 때 그물을 쓰지는 않았다[釣而不綱조-이-불-망]"라고 말한다.

　반대로 미치지 못함[不及불-급] 쪽에서 접근해 열렬함을 더 할 것을 촉구할 때는 ~而無[이-무]~라는 표현을 쓴다. '태백 2'에 나오는 "용맹스럽되 예가 없으면 난을 일으킨다[勇而無禮則亂용 이 무-례 즉 난]"는 것은 모자라는 예를 더 열렬히 배우라고 촉구하는 것이다.

○애공이 재아에게 사(社-신주)에 관해 묻자 재아가 대답했다. "하후씨(夏后氏=우왕)는 소나무로 했고, 은나라 사람들은 잣나무로 했고, 주나라 사람들은 밤나무로 했습니다." 또 말했다. "밤나무로 한 것은 백성들로 하여금 전율(戰慄)을 느끼게 하려 함이었습니다."

공자가 이 말을 듣고 (다른 제자들에게) 말했다. "이미 다 이루어진 일이라 아무 말 않겠으며, 제 마음대로 행한 일이라 간언하지 않겠으며, 다 지나간 일이라 탓하지 않겠다."

애─공　문─사　어　재─아
哀公問社於宰我

재─아　대─왈　하─후─씨　이─송　은─인　이─백　주
宰我對曰 夏后氏以松 殷人以柏 周

─인　이─율　왈　사─민　전─율
人以栗 曰 使民戰栗

자　문─지　왈　성─사　불─설　수─사　불─간　기─왕
子聞之 曰 成事不說 遂事不諫 既往

불─구
不咎

『논어』에서 재아(宰我)는 문(文)과 질(質)이 모두 안 좋은 전형적 인물이다. '학이 8'에서 학즉불고(學則不固)라고 했는데 재아는 불학즉고(不學則固), 즉 배우기를 좋아하지 않아 공자가 가장 싫어하는 말재주[佞]나 부리며 고(固)에 갇혀 있는 인물이다.

　여기서도 마찬가지다. 주나라 신주가 밤나무[栗]임을 말하다가 아무런 근거도 없이 단지 글자 모양이 비슷하다고 전율[慄], 즉 두려움과 연결지었다. 이런 것이 전형적인 말재주다.

　재아가 군주에게 살벌(殺伐)한 정사를 펼칠 수도 있는 단서를 열어주었으니 공자는 화가 많이 났을 것이다. 그러나 재아가 저지른 비례(非禮)에 대처하는 공자 모습이 바로 예(禮), 즉 일의 이치이다.

> "이미 다 이루어진 일이라 아무 말 않겠으며, 제 마음대로 행한 일이라 간언하지 않겠으며, 다 지나간 일이라 탓하지 않겠다."

재아를 잘 아는 공자가 볼 때 말을 해준다고 해서, 간언해준다고 해서, 탓한다고 해서 달라질 것이라고는 아무것도 없기 때문이다. 이렇게 하는 것이 재아같은 사람을 대하는 예(禮), 즉 일의 이치[事理]이다.

八佾

22

○공자가 말했다. "관중은 그릇이 작았도다!"

어떤 사람이 말했다. "관중은 검박했습니까?"

공자가 말했다. "관중은 삼귀(三歸)를 두었고 가신들 일을 통합해 겸직시키지 않았으니 어찌 검박했다고 하겠는가?"

"그렇다면 관중은 예를 알았습니까?"

공자가 말했다. "나라의 임금이라야 병풍으로 문을 가릴 수 있는데 관중도 그렇게 했고, 또 나라의 임금이라야 두 임금이 만났을 때 술잔을 되돌려놓는 자리를 만들어 놓을 수 있는데 관중도 그렇게 했으니 만일 관중이 예를 안다고 하면 누가 예를 알지 못하겠는가?"

子曰 管仲之器 小哉

或曰 管仲儉乎

曰 管氏有三歸 官事不攝 焉得儉

然則管仲知禮乎

曰 邦君樹塞門 管氏亦樹塞門

邦君爲兩君之好 有反坫 管氏亦 有

反坫

管氏而知禮 孰不知禮

이 대화는 '팔일 18, 19'에서 다룬 군신지례(君臣之禮)에 이어진다.『논어』에는 관중(管仲 ?~기원전 645)에 관한 이야기가 여러 차례 나온다. 따라서 이 장만 떼어서 읽어서는 관중에 대한 공자의 정확한 생각을 파악하기 어렵다.

관중은 춘추 시대 제(齊)나라 영상(潁上) 사람이다. 이름은 이오(夷吾)이고, 자는 중(仲)이다. 가난했던 소년 시절부터 평생토록 변함이 없었던 포숙아(鮑叔牙)와의 깊은 우정을 나눈 관포지교(管鮑之交)로 유명하다. 처음에 공자 규(公子糾)를 섬겨 노나라로 달아났다. 제 양공(齊襄公)이 피살당하자 공자 규와 공자 소백〔公子小伯, 환공(桓公)〕이 자리를 두고 다투었는데, 관중이 소백을 죽이려는 시도는 실패하고 공자 규는 살해당하고 자신은 투옥되었다. 그때 포숙아는 소백 편에 섰는데, 그가 추천하자 환공이 지난날 원한을 잊고 발탁하여 경(卿)에 오르고, 높여 중보(仲父)라 불렸다.

관중은 환공을 모시며 제도를 개혁하고 국토를 효율적으로 구획했다. 도성 또한 사향(士鄕) 열다섯 군데와 공상향(工商鄕) 여섯 군데로 나누고, 지방을 오속(五屬)으로 구획해 오대부(五大夫)가 나눠 다스리도록 했다. 염철관(鹽鐵官)을 두고 소금을 생산하면서 돈을 제조하게 했다. 이렇게 군사력을 강화하고, 상업과 수공업 육성을 통하여 부국강병을 꾀했다. 대외적으로는 동방이나 중원의 제후와 아홉 번 회맹(會盟)하여 환공에 대한 제후의 신뢰를 얻게 했고, 남쪽에서 세력을 떨치기 시작한 초(楚)나라를 누르려고 했다. 제 환공은 춘추오패(春秋五覇)의 한 사람이 되었다.

이 장을 풀이할 때는 우선 뉘앙스에 주목해야 한다. 이때 그릇이란 상대방을 품어 안는 스케일이다. 말 그대로 국량(局量)이다. 그런데 공자가 관중에 대해 "그릇이 작다"라고 한 것은 관중 정도 되면 보다 스케일이 클 수 있었는데 그렇지 못함을 아쉬워한 것이다. 공자가 볼 때 관중은 정(正)보다는 중(中)의 인간이다. 어쩌면 처음부터 예(禮)에서 큰 기대를 갖지 않았을지 모른다.

이어지는 문맥을 보면 크게 비판적인 의미로 읽히지 않는다. 이 말을 들은 어떤 사람이 관중을 검박했다고 볼 수 있느냐고 물었다. 그릇이 작은 것을 검박한 것과 연결 지어 물어본 것이다. 공자는 단호하게 검박하지 않았다고 말한다.

그런데 검박하지 않았다고 말한 근거가 다소 복잡하다. '관씨유삼귀 (管氏有三歸) 관사불섭(官事不攝)'이라는 대목인데 '삼귀(三歸)'가 무엇인지 불분명한 데서 생기는 문제다. 정약용 등은 서로 다른 세 집안의 여성을 들인 것으로 설명한다. 이미 환공(桓公)이 여성 문제로 복잡했기 때문에 관중이 세 집안의 여성들을 들여 비난이 자신을 향하게 함으로써 임금을 보호하려 했다는 것이다. 다소 억지스럽다. 귀(歸)를 대(臺, 높고 평평한 건물)로 보아 사치를 부린 것으로 보는 전통적 견해가 타당해 보인다.

또 섭(攝)은 겸(兼)으로 보아 원래는 한 사람이 해도 될 일을 쪼개서 여러 사람에게 주어, 자기를 따르는 사람을 늘려서 자기를 과시했다, 즉 부화(浮華)했다는 것이다. 이렇게 부화했는데 어찌 관중에 대해 검박했다고 할 수 있는가라고 반문한다. 이는 공자가 말한 그릇이 작다는 말이 매사에 검박해서 그렇게 평했다는 말은 아니라는 뜻이다.

그런데 주목해야 할 점은 검박과 부화를 논한 다음 곧바로 예(禮)의 문제로 나아간다는 사실이다. 일반적으로 예는 겉치레처럼 받아들여졌기 때문에 공자가 관중을 부화한 인물이라고 비평하자 혹자는 다시 그렇다면 관중은 예를 아는[知禮] 사람이었냐고 묻는다. 이에 대해서도 공자는 단호하다.

"나라의 임금이라야 병풍으로 문을 가릴 수 있는데 관중도 그렇게 했고, 또 나라의 임금이라야 두 임금이 만났을 때 술잔을 되돌려놓는 자리를 만들어놓을 수 있는데 관중도 그렇게 했으니 만일 관중이 예를 안다고 하면 누가 예를 알지 못하겠는가?"

대부(大夫)가 제후 예를 똑같이 따라 했으니 참람(僭濫)하다는 비판을 면키 어려웠다. 얼핏 보면 『논어』 전반에서 관중에 대한 공자 평가는 이중적이다. 특히 여기서 예(禮)의 문제에 관한 한 관중은 무례(無禮)의 상징과도 같은 인물로 폄하된다.

그러나 뒤에 등장하는 관중에 대한 공자 평가는 모두 대단히 후하다. '헌문 10'에서 혹자가 관중에 대해 묻자 공자는 "이 관중이라는 사람은 (관중과 같은 제나라 대부였던) 백씨(伯氏)가 갖고 있던 병읍(騈邑) 300호를 빼앗았다. 그 바람에 백씨는 거친 밥을 먹어야 했으나 죽을 때까지 (관중에 대해) 원망하는 말이 없었다"라고 답한다. 실은 관중이 직접 백씨 읍을 빼앗은 것이 아니라 관중이 공(功)을 세우자 제 환공이 백씨의 읍호를 관중에게 넘겨준 것이다. 그 점을 백씨가 순순히 인정한 것은 그만큼 관중이 세운 공이 컸다는 뜻이다.

또 '헌문 17'에서는 어짊[仁]의 차원에서 관중을 이야기한다. 먼저 제자 자로가 말한다.

"(제나라) 환공이 공자 규를 죽였을 때 소홀은 죽었는데 관중은 죽지 않았습니다. (관중은) 어질지 못하다 하겠습니다."

소홀과 관중 모두 공자 규의 신하였기 때문에 이렇게 말한 것이다. 어찌 보면 자로가 한 이 말은 전형적으로 유가(儒家)답다. 그러나 공자는 늘 그보다 넓고 깊게 바라본다. 공자의 답이다.

"환공은 제후들을 아홉 번 모으면서도 무력을 쓰지 않았는데 이는 관중의 힘이었으니 (누가) 그의 어짊만 하겠는가? 그의 어짊만 하겠는가?"

예(禮)가 아니라 인(仁)을 말했다는 것은 뒤에 가서 보겠지만 일의 이치[事理=禮]보다는 일의 형세[事勢=命]를 중시했다는 뜻이다. 정(正)보다는 중(中)을 중시했다는 말이기도 하다.

아마 다른 제자들도 관중에 대한 이런 공자 평가가 마음에 들지 않았던 것 같다. 바로 이어지는 '헌문 18'에서 또 다른 제자 자공이 나서 다시 한번 불만이 있다는 듯이 묻는다.

"관중은 아마도 어진 사람이 아닐 것입니다. 환공이 공자 규를 죽였는데도 능히 자기 목숨을 버리지 못했을 뿐만 아니라 나아가 그의 재상이 되었습니다.”

자로 질문보다 한 걸음 더 나아갔다. 이에 대한 공자 대답이다.

“관중이 환공을 도와 제후들의 패자가 되어 한 번에 천하를 바로잡아 지금에 이르기까지 그 혜택을 입고 있다. 관중이 없었더라면 우리는 이에 머리를 풀어헤치고 옷깃을 왼쪽으로 했을 것이다. 어찌 필부필부처럼 알량한 어짊을 베풀다가 하수구에 굴러떨어져 죽어도 아무도 알아주지 않는 그런 사람이 될 수야 있으랴!”

천하 질서를 바로잡은 관중의 공(功)은 공자 규를 따라 죽지 못한 작은 불인(不仁)을 덮고도 남는다는 것이 공자 판단이었다. ‘위령공 26’에서 공자는 이렇게 말한다.

“작은 일을 참지 못하면 큰 모의를 어지럽힌다.”

결국 공자는 관중이라는 같은 인물을 놓고서 예(禮)를 모르는 인간이긴 하지만 결과적으로 사람들에게 많은 혜택을 베풀어 인(仁)을 구현한 공이 크다고 평가한 것이다. 관중 문제는 헌문(憲問)편에서 보다 집중적으로 살피기로 하자. 그것은 다름 아닌 권도(權道) 혹은 시중(時中)과 관련된 사안이다. 결과적으로 ‘팔일 21, 22’는 비례(非禮)에 대한 공자의 판단을 보여 준다.

○공자가 노나라 태사에게 음악에 관해 말했다. "음악은 아마도 알 수 있을 것이다. 처음 일으킬 때는 합하고 이어서 잡스러움이 없도록 하며 이어서 각 음들이 자기 색을 내게 하고서 끝으로 다시 모아들임으로써 음악은 이루어진다."

^{자 어 노 태-사 악 왈 악 기 가-지-야}
子語魯大師樂 曰 樂其可知也
^{시-작 흡-여-야 종-지 순-여-야 교-여-야}
始作 翕如也 從之 純如也 皦如也
^{역-여-야 이-성}
繹如也 以成

이야기는 예(禮)에서 악(樂)으로 전환된다. 물론 공자에게 예악(禮樂)은 짝을 이룬다. 따라서 여기서 공자는 악을 이야기하고 있지만 우리는 당연히 예악의 맥락에서 이 악을 보아야 한다. 예를 이야기할 때도 악을 더불어 생각해야 함은 물론이다.

'팔일 21, 22'가 예(禮)의 상실을 다루었다면 여기서는 노나라 음악을 사례로 들어 악(樂)의 상실을 다룬다. 공자는 예 전문가이면서 악에도 조예가 깊었다. '술이 13'을 보자.

공자께서 제나라에 계실 때 소무(韶舞-순임금 음악)를 듣고서 석 달 동안 고기 맛을 몰랐고 이에 말했다. "음악을 만드는 것이 이런 경지에까지 이를 줄은 몰랐다."

음악에 대한 공자의 깊은 조예는 뒤에 나오는 '팔일 25'에서도 확인하게 된다.

태사(大師)는 음악을 주재하던 악관(樂官)이다. 공자는 옛 음악이 무너져 내린 것을 아쉬워하며 노나라 악관에게 음악 복원을 위한 음악의 근본정신을 일러주고 있다. 음악을 음악이게 해주는 것이 무엇인지를 말함으로써 간접적으로 예(禮)를 예(禮)이게 해주는 것, 예의 본바탕[禮之本]이 무엇인지를 미루어 헤아려 보도록 하고 있는 것이다. 이는 마치 글이 글다워지려면 기승전결을 갖춰야 하는 것과 같다.

　먼저 『논어』에서 예(禮)와 악(樂)을 서로 관련지어 언급하고 있는 부분들을 추려보자. '팔일 3'에서 공자는 "사람으로서 어질지 못한데 (그 사람이) 예(禮)를 행한들 무엇할 것이며, 사람으로서 어질지 못한데 악(樂)을 행한들 무엇할 것인가?"라고 말한 바 있다. 올바른 예(禮)와 악(樂)의 공통된 뿌리는 어짊[仁]이라는 것이다. 뒤에서 보게 될 '태백 8'에서는 시(詩) 예(禮) 악(樂) 셋을 연관 지어 이렇게 말한다.

　　"시에서 뜻이 일어났고[興於詩] 예에서 나를 세우고 남을 세워주었으며[立於禮] 악에서 삶을 완성했다[成於樂]."

　여기서 주목해야 할 글자는 성(成-이루어진다)이다. 그것은 여기서도 이성(以成)이라고 해서 등장하고 있기 때문이다. 입(立)이 예(禮)와 밀접하다면 성(成)은 악(樂)과 관련된다.

　음악 붕괴에 관해서는 '미자 9'에 그 실상이 자세하게 나온다.

　　"(악관의 우두머리인) 태사 지(摯)는 제나라로 갔고 아반(亞飯) 간(干)은 초나라로 갔고 삼반(三飯) 료(繚)는 채나라로 갔고 사반(四飯) 결(缺)은 진나라로 갔다. 큰 북을 치던 방숙(方叔)은 하내(河內)로 들어갔고 작은 북을 흔들던 무(武)는 한중(漢中)으로 들어갔고 소사(少師) 양(陽)과 경쇠를 치던 양(襄)은 바다로 들어갔다."

　말 그대로 악관들이 뿔뿔이 흩어짐으로써 노나라 음악은 붕괴되어 버린 것이다. 이런 상황을 전제하고서 이 장을 읽어야 한다.

　먼저 공자는 자신 있게 "음악은 알 수 있는 것[可知]"이라고 말한다. 멸실되어 버린 옛 음악을 얼마든지 복원할 수 있다는 공자의 확신을 보여준다. 이는 마치 '위정 23'에서 자장이 10왕조 이후의 일을 물었을 때 단호하게 "100왕조 이후라도 알 수 있다[可知]"라고 했을 때의 자신감과 통한다.

이어지는 공자 말은 흡(翕) 순(純) 교(皦) 역(繹) 네 자만 알면 어느 정도 이해할 수 있다. 글에서 기승전결(起承轉結)처럼 하나의 음악이 완결성을 갖추려면 이 네 가지는 필수적이다.

흡(翕)은 글자 모양 그대로 '새가 날아오르다' '합하다' '화합하다' '많은 것이 한꺼번에 일어나다' 등의 뜻을 갖고 있다. 이를테면, 대중의 의사가 하나로 휩쓸리는 모양을 흡연(翕然)이라고 한다. 음악을 시작하며 다양한 요소들을 일단 한 곳으로 모으는 단계라고 할 수 있다.

그다음에는 순(純)과 교(皦)가 이어진다. 이질적인 것들이 일단 한데 모였으니[翕] 이제 잡스러운 것들을 제거해야 한다[純]. 그래야 서로 제대로 합칠 수가 있다. 문장에서 기(起) 승(承)의 관계와 통한다. 교(皦)는 원래 '밝다' '깨끗이 나뉘다' 등의 뜻을 갖고 있다. 순(純)과 교(皦)는 화이부동(和而不同)과 상통한다. 서로 조화를 이루면서도 각각의 개성이 살아 있다는 뜻이다.

그리고 끝으로 역(繹)이다. 역(繹)은 '풀어내다' '다스리다' '연결하다' 등의 뜻을 갖고 있다. 이질적인 것들이 모여 조화를 이루고 다시 그것들이 조화 속에서도 개성이 살아 움직이다가 끝에 가서는 마침내 하나로 엮인다는 뜻이다. 이렇게 하면 하나의 악장이 마무리된다[成].

이런 점을 정확히 이해하고서 음악을 들을 때라야 '태백 8'에서 말한 "악에서 삶을 완성했다[成於樂]"에 담긴 의미를 제대로 알 수 있다.

음악의 본질은 악기가 아니라 흡(翕) 순(純) 교(皦) 역(繹) 네 가지에 담겨 있다. 공자는 '양화 11'에서 "예다, 예다(예가 중요하다) 하지만 그것이 옥과 비단을 말하는 것이겠는가? 악이다, 악이다(악이 중요하다) 하지만 그것이 종과 북을 말하는 것이겠는가?"라고 말한다. 예의 본질, 악의 본질에 관한 공자다운 일깨움이다.

八佾

24

○ (위나라) 의(儀) 땅 봉인이 뵙기를 청했다. "군자가 이곳에 오면 내가 일찍이 만나지 못한 적이 없습니다."

따르는 제자들이 뵙게 해주었더니 뵙고 나와서 말했다. "그대들은 어찌 공자께서 벼슬을 잃게 될까 봐 걱정할 필요가 있겠는가! 천하에 도리가 없어진 지 오래되었지만 하늘이 장차 저 분을 목탁으로 삼으실 것이다."

儀封人請見 曰 君子之至於斯也 吾未嘗不得見也

從者見之 出曰 二三子何患於喪乎 天下之無道也久矣 天將以夫子爲木鐸

앞에서는 각각 재아와 관중이 보여준 무례(無禮)와 노나라의 음악 산실(散失)을 이야기했다. 그러면 여기서는 무엇을 말하려 하는 것일까? 결론부터 말하자면 공자가 스스로 자부한 대로 예악(禮樂)의 근본정신[本=質]을 알고 있다는 점을 재차 강조하기 위한 일화라고 할 수 있다.

의(儀)는 위나라 읍이다. 봉인(封人)이란 봉토를 지키는 사람, 즉 국경을 지키는 하급관리이다. 주희는 그 사람이 "아마도 뛰어나면서 낮은 벼슬자리에 숨은 자"일 것이라고 추정한다. 정약용은 조금 다르게 "사직 제단을 관장하는 관원"이라고 풀이한다. 실은 이게 더 그럴듯하다. 그러면 예악(禮樂)에 모두 능한 사람이 되어 이어지는 문장과도 뜻이 더 잘 통하기 때문이다. 정약용 풀이를 취한다.

그 봉인이 공자를 만나 뵙기를 청하면서 자신은 이곳을 찾은 군자라면 만나보지 않은 적이 없다고 말한다. 숨어 지내는 현자(賢者)임을 확인해 주는 발언이다. 이에 공자를 모시던 제자들이 만남을 주선했고 그 봉인은 공자를 만나 뵙고 나와서 이렇게 말한다. 무슨 이야기를 했는지는 모르지만 그가 나와서 한 말을 통해 어렴풋하게나마 추측해볼 수 있다.

"그대들은 어찌 공자께서 벼슬을 잃게 될까 봐[喪=失] 걱정할 필요가 있겠는가! 천하에 도리가 없어진 지 오래되었지만 하늘이 장차 저 분을 목탁(木鐸)으로 삼으실 것이다."

공자가 천하의 도리를 밝히는 인물이 될 것이라는 뜻이다. 그 봉인은 공자를 통해 도리, 즉 예악(禮樂)의 회복 가능성을 보았다. 예악 회복은 현실정치에서는 군군신신(君君臣臣)으로 나타날 것이다.

눈 밝은 독자는 이미 이 장이 팔일(八佾)편 어느 한 장과 내용이 흡사하다는 것을 알아차렸을 것이다. '팔일 11'이 그것이다.

어떤 사람이 체(禘)제사 내용을 묻자 공자가 말했다. "알지 못한다. (그러나) 그 내용을 아는 사람이 천하에 나아갈 경우 (천하 다스림은) 아마도 여기에 두고서 보는 것과 같을 것이로다!" 자기 손바닥을 가리켰다.

'팔일 11'에서 "그 내용을 아는 사람"이란 결국 '팔일 24'를 매개로 해서 보자면 공자 자신이었던 것이다.

八佾

25

○공자가 소무(韶舞)를 평해 말했다. "지극히 아름답고 또 지극히 좋다."
무악(武樂)을 평해 말했다. "지극히 아름답지만 지극히 좋지는 않다."

자 위 소　　진—미—의　　우　진—선—야

子謂韶 盡美矣 又盡善也

위 무　　진—미—의　　미　진—선—야

謂武 盡美矣 未盡善也

'팔일 23'에 이어지면서 다시 음악이다. 소(韶)는 순임금의 음악 소무(韶舞)이고, 무(武)는 주나라 무왕(武王)의 음악 무악(武樂)이다.

음악을 아는 공자 모습이다. 공자는 순임금 음악은 지극히 아름답고 또 지극히 좋다고 평하고, 무왕 음악에 대해서는 지극히 아름답기는 하지만 지극히 좋지는 않다고 평했다. 왜 공자는 둘 다 아름답다고 하면서 순임금 음악은 지극히 좋은데 무왕 음악은 지극히 좋지는 않다고 평했을까?

이와 관련해서 주희는 음악 자체를 해설하기보다는 공자가 이런 상반된 평가를 내리게 된 정치적 상황을 보여주는 것으로 대신한다.

"순임금은 요임금을 이어 훌륭한 정치를 이룩하였고 무왕은 (은나라 마지막 천자) 주왕(紂王)을 정벌하여 백성을 구제하였으니, 그 공이 똑같다. 그러므로 그 음악이 모두 극진히 아름다운 것이다. 그러나 순임금의 임금다움은 천성대로 한 것이고 또 읍하고 사양함으로써 천하를 얻은 반면, 무왕의 임금다움은 천성을 되찾은 것이고 또 정벌하고 주살함으로써 천하를 얻었다. 두 임금 간에는 이런 차이가 있었다."

그래서 음악에서 좋고 좋지 못한 차이가 생겼다는 것이다. 음악과 정치적 사건을 통합적으로 해석하고 있다는 점에서는 정약용 풀이가 압권이다.

"미(美)는 일을 시작하는 것이 아름답고 성대함을 이르고, 선(善)은 일을 끝마치는 것이 온전하고 좋은 것을 이른다. 순임금은 요임금 뒤를 이어 이를 우왕에게 전수하면서 시종 아무런 결함이 없었기 때문에 그 음악이 진미(盡美)하고 진선(盡善)하였고, 무왕은 천하를 얻은 지 7년 만에 죽고 은나라 사람들의 완악스러움을 복종시키지 못했고 예악을 일으키지 못하였기 때문에 그 음악이 진미하기는 하나 진선하지는 못했다. 음악이란 공(功)이 이루어진[成] 것을 형상화한 것이다. 그러므로 순임금 음악은 아홉 곡으로 이루어진 구성(九成)인 데 반해 무왕 음악은 육성(六成)이니, 이것이 이른바 '지극히 좋지는 않다'는 것이다."

그래서인지 생의 마침을 이야기할 때 선종(善終)이라고 하지 미종(美終)이라고 하지 않는다.

참고로 '위령공 10'에서 수제자 안연이 나라를 다스리는 것에 대해 묻자 공자는 이렇게 답한다.

"하나라 책력을 시행하고 은나라 수레를 타며 주나라 면류관을 쓰고 음악은 (순임금의) 소무(韶舞)로 해야 한다."

공자는 순임금 음악인 소(韶)를 진선진미(盡善盡美)한 음악으로 여겼던 것이다.

八佾

26

○공자가 말했다. "윗자리에 있으면서 너그럽지 않고, 예를 행하면서 삼
가지 않고, 상을 당하여 슬퍼하지 않는다면 나는 무엇으로 그 사람됨
을 살필 수가 있겠는가?"

자-왈　거-상　불-관　위-례　불-경

子曰 居上不寬 爲禮不敬

임-상　불-애　오　하-이　관-지-재

臨喪不哀 吾何以觀之哉

팔일(八佾)편 마지막 장은 우리 관심사인 지인(知人) 차원에서 예(禮) 문
제를 마무리하면서 동시에 이어지는 이인(里仁)편 주제인 어짊[仁] 문제
를 던지고 있다. 앞에서도 나온 바 있지만 공자는 무언가를 근거로 삼아서
[何以] 사람됨을 판별하려 했다[觀之].

　　그런데 다음과 같은 세 가지 유형, 즉 "윗자리에 있으면서 너그럽지
않고[居上不寬], 예(禮)를 행하면서 삼가지 않고[爲禮不敬], 상(喪)을 당하
여 슬퍼하지 않는다면[臨喪不哀]" 공자 자신이 "무엇으로 그 사람됨을 살
필 수가 있겠는가?[吾何以觀之哉]"라고 묻고 있다. 그런 사람은 바탕[質]이
엉망이라 아예 어떤 사람인지를 알아볼 수가 없다는 것이다.

　　거상(居上), 위례(爲禮), 임상(臨喪)이 겉[外]이라면 관(寬), 경(敬), 애
(哀)는 각각 그 속[內]이다. 동시에 거상(居上), 위례(爲禮), 임상(臨喪) 세
가지는 팔일(八佾)편 핵심 주제들로 맥락을 형성하는 키워드이다. 그 각각
의 본바탕으로 관(寬), 경(敬), 애(哀)를 언급한 것이다. 관(寬), 경(敬), 애
(哀)는 모두 어짊[仁]이다. 예악(禮樂) 모두에서 문(文)과 질(質)이 일치되
어야 함을 마지막으로 다시 한번 강조한 셈이다. 다시 '팔일 3'을 음미해
보자.

　　공자가 말했다. "사람으로서 어질지 못한데 (그 사람이) 예(禮)를 행한
들 무엇할 것이며, 사람으로서 어질지 못한데 악(樂)을 행한들 무엇할

　것인가?”

　자연스럽게 다음 이인(里仁)편에서는 어짊[仁^인]을 집중적으로 다루게 된다. 그러면 사람을 알아보는 세 가지 핵심 실마리인 다움[德^덕], 일의 이치[事理^{사-리}＝禮^예], 어짊[仁^인]에 대한 기본 공부를 일단 마치게 된다.

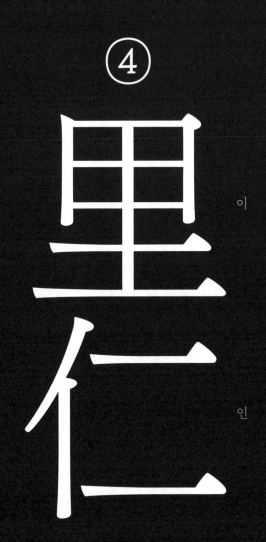

④

里仁
이 인

1 2 3 4 5

○子曰里仁爲美擇不處仁焉得知○

子曰不仁者不可以久處約不可以長

處樂仁者安仁知者利仁○子曰惟仁

者能好人能惡人○子曰苟志於仁矣

無惡也○子曰富與貴是人之所欲也

不以其道得之不處也貧與賤是人之

所惡也不以其道得之不去也君子去

6

7

曰人之過也各於其黨觀過斯知仁矣

力不足者蓋有之矣我未之見也〇子

身有能一日用其力於仁矣乎我未見

不仁者其爲仁矣不使不仁者加乎其

好仁者惡不仁者好仁者無以尙之惡

次必於是顛沛必於是〇子曰我未見

仁惡乎成名君子無終食之間違仁造

8 9　　　10　11　12　13　14

不能以禮讓爲國如禮何○子曰不患

行多怨○子曰能以禮讓爲國乎何有

君子懷刑小人懷惠○子曰放於利而

義之與比○子曰君子懷德小人懷土

子曰君子之於天下也無適也無莫也

於道而恥惡衣惡食者未足與議也○

○子曰朝聞道夕死可矣○子曰士志

15　16　17　18　19

志不從又敬不違勞而不怨○子曰父
지부종우경불위노이불원　자왈부

賢而內自省也○子曰事父母幾諫見
현이내자성야　자왈사부모기간견

小人喻於利○子曰見賢思齊焉見不
소인유어리　자왈견현사제언견불

之道忠恕而已矣○子曰君子喻於義
지도충서이의　자왈군자유어의

唯子出門人問曰何謂也曾子曰夫子
유자출문인문왈하위야증자왈부자

也○子曰參乎吾道一以貫之曾子曰
야　자왈삼호오도일이관지증자왈

無位患所以立不患莫己知求爲可知
무위환소이립불환막기지구위가지

里仁

20　21　22　23 24　25　26

母在不遠遊遊必有方○子曰三年無
모 재 불원 유 유 필유 방　자왈 삼년무

改於父之道可謂孝矣○子曰父母之
개 어부지도 가위 효의　자왈 부모지

年不可不知也一則以喜一則以懼○
년불가부지야 일즉이희 일즉이구

子曰古者言之不出恥躬之不逮也○
자왈 고자 언지불출 치궁지 불체야

子曰以約失之者鮮矣○子曰君子欲
자왈 약 실지자 선의　자왈 군자욕

訥於言而敏於行○子曰德不孤必有
눌어언 민어행　자왈 덕 불고 필유

隣○子游曰事君數斯辱矣朋友數斯
린　자유왈 사군삭 사욕 봉우삭 사

里仁

疏
矣 _소
_의

里仁

1

○공자가 말했다. "(사람과 마찬가지로) 마을도 어짊이 중요하니 잘 가려서 어진 마을에 가서 살지 않는다면 어찌 사리를 안다고 할 수 있겠는가?"

자─왈　이 인 위─미　택 불 처─인　언 득─지
子曰 里仁爲美 擇不處仁 焉得知

팔일(八佾)편에서 예악(樂禮)에 관한 기본 논의를 마친 후 이제 사람의 본 바탕이라 할 수 있는 어짊[仁]으로 넘어왔다. 그런 점에서 어짊은 예악보다는 좀 더 추상적이고 근본적인 개념이라 할 수 있다. 어짊이 있고 나서 예악이 바로 설 수 있기 때문이다. 그러나 공자는 여기서 어짊은 추상적 개념으로 존재하는 것이 아니라 바로 우리 주변에 실재하고 있는 가장 구체적인 실천 행위임을 보여 준다. 편찬자가 마을의 '어짊'에 관한 글로 이인(里仁)편을 시작하는 것도 그 때문일 것이다.

그런데 시작하자마자 우리는 난관에 봉착한다. 이인위미(里仁爲美)를 어떻게 나눠 읽느냐 하는 문제이다. 주희는 이인(里仁)/위미(爲美)로 나눠 "어진 이의 마을에 사는 것이 아름답다(혹은 중요하다)"라고 했다. 그러면 굳이 뒤에 "잘 가려서[擇]"라는 말이 나올 필요가 없다.

이 구절은 두말 할 것도 없이 이(里)/인(仁)/위미(爲美)로 나눠 읽어야 한다. 좀 더 풀면 "마을에도 그것이 어진 마을이냐 아니냐가 매우 중요하다"는 뜻이 된다. 이렇게 풀이해야 "잘 가려서 어진 마을에 가서 살지 않는다면"이라는 다음 구절이 자연스레 이어진다.

이인(里仁)에 대한 맹자와 순자의 풀이를 실마리 삼아 '이인 1'의 뜻을 되새겨보자.

먼저『맹자』공손추장구(公孫丑章句)다.

맹자가 말했다. "화살 만드는 사람이라고 해서 어찌 갑옷 만드는 사람보다 어질지 못하겠는가? (다만) 화살 만드는 사람은 사람을 상하게 하지 못하면 어떻게 하나 걱정하고, 갑옷을 만드는 사람은 사람이 상하면 어떻게 하나 걱정한다. 무당이나 관 만드는 목수도 역시 그러하다. 그렇기 때문에 생업을 선택함에도 삼가지 않으면 안 되는 것이다. 공자께서 말씀하시기를 '(사람과 마찬가지로) 마을도 어짊이 중요하니 잘 가려서 어진 마을에 가서 살지 않는다면 어찌 사리를 안다고 할 수 있겠는가?'라고 하였으니 무릇 어짊[仁]은 하늘이 내린 귀한 벼슬이요, 사람이 살아가는 편안한 집과 같은 것이다. (그러나) 이것(어짊을 행하는 것)을 막는 이가 없는데도 어질지 못하다면 이는 이치를 아는 것이라고 할 수 없다."

다음은 『순자』 대략(大略)편이다.

순자가 말했다. "어짊[仁]은 거처할 마을이 있고 마땅함[義]은 나갈 문이 있다. 어짊이 만약에 자기가 거처할 마을이 아닌데 거기에 거처하면 어짊이 아니고, 마땅함이 만약에 자기가 나갈 문이 아닌데 그 문을 통해 나가면 마땅함이 아니다."

여기서는 맹자 풀이가 좀 더 구체적이고 우리 문맥에 부합한다. 이번에는 유향이 『설원』에서 소인(小仁)과 대인(大仁)의 대비를 통해 이 구절을 풀어내는 것을 살펴보자. 5-7이다.

공자가 말했다. "(사람과 마찬가지로) 마을도 어짊이 중요하니 잘 가려서 어진 마을에 가서 살지 않는다면 어찌 사리를 안다고 할 수 있겠는가?"

무릇 어짊이란 반드시 내 마음을 바탕으로 남에게 똑같이 베푸는 서(恕)가 있은 뒤에 행해질 수 있으니, 하나라도 마땅하지 못함을 행하거나 한 사람이라도 죄 없는 사람을 죽인다면 설사 고관대작을 얻을 수 있다 하더라도 어진 사람은 그런 짓을 하지 않는다.

무릇 큰 어짊[大仁]이란 가까이에 있는 사람을 사랑해 멀리 있는 사람에게까지 미치니, 만일 화합하지 못하는 곳이 있다면 작은 어짊을 허물어 큰 어짊으로 나아간다. 크게 어진 자는 은택이 사해에 미치지만 작게 어진 자는 처자식에 머물 뿐이다. 처자식(에 머무는 어짊)이란 자기 이익만 도모할 줄 알고, 아녀자의 은혜로써 어루만져 주어도 그 마음속 진정을 꾸미고 그 거짓됨을 아름답게 수식하니 누가 그것이 참되지 못함을 알겠는가? (이렇게 할 경우) 설사 당시에는 영예를 얻더라도 선비와 군자는 큰 모욕으로 여긴다.

그래서 공공(共工), 환두(驩兜), 부리(符離), 등석(鄧析) 등은 그 지혜가 알지 못하는 것이 없었건만 그런데도 빼어난 왕에게 주살된 것은 다움은 없이 구차스럽게 이익만을 바랬기 때문이다. 수조(竪刁), 역아(易牙)는 자기 몸을 훼손하고 자식을 죽여가면서 이익을 구했으나 결국 제나라에 위해를 당했다. 그래서 남의 신하 된 자가 어질지 못하면 찬탈하고 시해하는 난이 생겨나고, 남의 신하 된 자가 어질면 나라는 다스려지고 임금은 영광을 누리며 눈 밝은 임금이 이 점을 잘 살피면 종묘는 크게 안녕하게 된다. 무릇 남의 신하 된 자도 오히려 어짊을 귀하게 여겨야 하는데 남의 임금 된 자임에랴!

그래서 걸왕과 주왕은 어질지 못함으로 인해 천하를 잃었고, 탕왕과 무왕은 다움을 쌓아 천하를 소유했다. 이 때문에 빼어난 임금은 다움을 귀하게 여겨 그것을 행하는 데 힘쓴다.

맹자가 말했다. "은혜를 미루어 헤아려 베풀면 그것이 사해에까지 미칠 수 있고, 은혜를 미루어 헤아려 베풀지 못하면 처자식도 보전할 수 없다. 옛날의 뛰어난 이들이 남들보다 크게 뛰어났던 것은 다름 아니라 자기가 가진 마음을 잘 미루어 헤아려 베풀었기 때문일 뿐이다."

'이인 1'에서 드러났듯이 인(仁)과 지(知)는 『논어』에서 짝을 이룬다. 반면에 『맹자』는 인(仁)과 의(義)가 짝을 이룬다. 그래서 『맹자』에는 지인(知人)과 관련된 이야기가 거의 없다. 신하 입장일 뿐이기 때문이다.

里仁

2

○공자가 말했다. "어질지 못한 자는 자신을 다잡는데 (잠시는 몰라도) 오 랫동안 처해 있을 수 없고, 도리를 즐기는데 (잠시는 몰라도) 오랫동안 처해 있을 수 없다. 어진 자는 어짊을 편안히 여기고 사리를 아는 자는 어짊을 이롭게 여긴다."

子曰 不仁者不可以久處約 不可以 長處樂

仁者安仁 知者利仁

전통적으로 약(約)은 곤궁함으로 번역했다. 옛날 중국에서도 그런 풀이들이 많았다. 그러나 『논어』에서 일의 이치에 따라 자기 몸가짐을 다잡는다는 약례(約禮)가 핵심 용어임을 감안할 때 여기서도 약(約)을 '예로써 자신을 다잡다[檢]'로 풀어야 한다. 그러면 어질지 못한 자는 예로써 자신을 다잡는데 오랫동안 처해 있을 수 없는 사람이 된다.

낙/락(樂)은 낙도(樂道)의 낙이다. 도리를 즐긴다는 뜻이다. 그런데 어질지 못한 자는 도리를 즐거운 마음으로 받아들여 살아가는데 오랫동안 처해 있을 수 없는 사람이다.

전반부에서는 어질지 못한 자의 특징을 통해 간접적으로 어진 자는 '오래가는 자'라는 특징을 추출해 내었다. 이번에는 같은 어짊[仁]을 두고서 인자(仁者)와 지자(知者) 간 태도 차이를 한 글자로 말한다. 안회와 같은 인자(仁者) 유형은 어짊을 편안히 여긴다[安仁]. '위정 10'에서 찰기소안(察其所安)하라고 했을 때의 바로 그 안(安)이다. 어짊을 진정으로 좋아해 받아들이는 상태다. 물론 쉽지 않다.

반면에 자공과 같은 지자(知者) 유형은 대체로 어짊이 '좋다'거나 자신에게 '이롭다'는 것은 안다. 머리로만 알 뿐 마음으로 기꺼이 받아들이지는 못한 상태다. 뒤에 보면 인자(仁者) 불우(不憂)라 했으니 지자는 어짊을 받아들이기에는 아직 사사로운 욕심버리기를 근심하는 사람이라 하겠다. 그래서 이런 사람은 어짊을 좋은 것으로 여기기는 하지만[利仁] 우러나서 그것을 자연스럽게 받아들이지는[安仁] 못한다.

『예기』표기(表記)편에는 이와 관련된 공자 말이 나온다.

"어진 사람은 어짊을 편안히 여기고, 사리를 아는 사람은 어짊을 이롭게 여기며, 죄를 두려워하는 사람은 억지로 어진 행위를 한다[强仁]."

『대학』 첫머리에 나오는 삼강령(三綱領), 즉 명명덕(明明德), 친민(親民), 지어지선(止於至善)은 지금까지 우리가 밟아온 『논어』풀이만으로도 해명이 가능하다.

첫째, 명명덕(明明德)은 명덕(明德), 즉 '공명정대한 다움을 밝힌다[明=修]'는 뜻이다. 달리 표현하면 수공덕(修公德)이다. 그간 우리는 덕(德)을 말하면서 공(公)을 따로 떼놓았기에 덕에 관한 이해가 허공을 맴돌 듯 늘 공허했던 것이다. 특히 '나다움'이라는 말이 덕을 잘못 이해한 사례다.

둘째, 친민(親民)은 곧 군자의 다움이다. 친민이란 '백성을 내 몸과 같이 여기다'라는 뜻이다. 그것이 바로 여기서 말한 안인(安仁)과 연결된다. 인(仁)이란 애인(愛人)이니 안인은 안애인(安愛人)이 된다. 남을 사랑하기를 억지나 연출 차원이 아니라 진심으로 한다면 그것이 바로 친민(親民)이다.

셋째, 지어지선(止於至善)은 그동안 '지극한 선에서 그쳐라'식으로 대충 번역되어 왔기에 그 중요성이 간과된 면이 있다. 지선(至善)은 '가장 좋은 상태'를 뜻한다. 문제는 지(止)이다. 이때는 '그치다'가 아니라 '오래 머물다[久]'이다. 여기서 우리는 소인(小仁)과 대인(大仁)의 문제를 짚어야 한다. 지선에 잠깐 머물면 소인, 오래 머물면 대인이다. 대인(大仁)이기에 『대학』 첫머리에 나온 것이다. 이처럼 지(止)는 '이인 2'의 핵심 중 하나인 오래감[久/長]의 의미와 중요성을 단번에 보여 준다. 그래야 오래감이 어짊이 될 수 있는 이유를 보다 분명히 알 수 있다.

따라서 오래감이란 단순히 시간적 의미를 넘어 '제도화' 문제와 연결된다. 결국 제도로 자리 잡아야 오래갈 수 있다. 제도를 만드는 것은 정치인이다.

里仁

3

○공자가 말했다. "오직 어진 자만이 제대로 남을 좋아할 수 있고 제대로 남을 미워할 수 있다."

_{자―왈} _유 _{인―자} _능 _{호―인} _능 _{오―인}
子曰 惟仁者 能好人 能惡人

어진 이[仁_者]에 대한 초보적인 개념 규정을 마치고, 이제 어짊을 실마리로 해서 누가 좋은 사람이고, 누가 그렇지 못해 미워해야 할 사람인지를 가리는 지인(知人) 문제로 넘어간다. 좋은 사람과 그렇지 못한 사람을 구별하기란 쉬운 일이 아닌데 공자는 여기서 분명히 그 척도는 외부에 있는 것이 아니라 사람을 알아보려는 그 자신 내부에 있음을 분명히 하고 있다.

그 척도를 거칠게 말하면 군자형을 좋아하고 소인형을 미워해야 한다는 것이다. 그러기 위해서는 사람을 알아보려는 사람 자신이 먼저 어진 마음을 갖고 있어야 한다고 말하고 있다. 이를 강조하여 '오직[惟]'이라고 했고 '제대로[能]'라고 했다.

'자장 3'은 이에 대한 직접적 풀이라 할 수 있다.

자하 제자가 자장에게 사귐에 대해 묻자 자장이 말했다. "자하는 뭐라고 하던가?"

대답해 말했다. "자하께서 말씀하시기를 사귈 만한 자는 그렇게 하고, 사귈 만하지 못한 자는 물리치라고 하셨습니다."

자장이 말했다. "내가 (스승님께) 들은 바와는 다르다. 군자는 뛰어난 이를 높이고 뭇사람들을 품어주며 좋은 사람은 아름답게 여기고 능하지 못한 사람은 불쌍히 여기라고 하셨다. 내가 크게 뛰어나다면 다른 사람을 포용하지 못할 바가 무엇인가? 내가 뛰어나지 못하다면 다른 사람들이 장차 나를 물리칠 것인데 어찌 이에 내가 다른 사람을 물리칠 수 있겠는가?"

평소 공자는 자하는 못 미치는 자[不_及], 자장은 지나친 자[過]라고 평

했지만, 공자 사후에 일어난 두 사람 대화를 보면 자장이 적중함을 얻었다
[得中]고 봐야 한다. 그리고 '위령공 27'에서 공자는 이렇게 말한다.

"여러 사람들이 어떤 사람을 미워하더라도 반드시 자신이 살펴보며,
여러 사람들이 어떤 사람을 좋아하더라도 반드시 자신이 살펴보아야
한다."

『설원』 8-31은 이 형이중에 대한 형이하라 할 수 있다.

〔춘추 시대 진(晉)나라 사람〕 양인(楊因)이 조간주(趙簡主)를 만나려 하면
서 말했다. "제가 마을에 살면서 세 번 쫓겨났고 임금을 섬기다가 다
섯 번 떠났습니다. 제가 듣건대 주군께서는 선비를 좋아하신다니 그
래서 달려와 뵙고자 합니다."

간주가 이를 듣고서 식사를 중단하고 탄식하며 무릎걸음을 히고서 나
가 만나보려 하자 좌우에서 간언을 올려 말했다. "마을에 살면서 세
번 쫓겨났다고 했으니 이는 무리를 포용하지 못한 때문이요, 임금을
섬기다가 다섯 번 떠났다고 했으니 이는 임금에게 충직하지 못한 때
문입니다. (그런데) 지금 주군께서는 선비 중에서도 여덟 번 잘못한 선
비를 만나보려 하십니다."

간주가 말했다. "그대들은 모른다. 무릇 미녀는 추한 아낙네들의 원
수이고, 다움이 성대한 선비는 난세에 기피 인물이며, 바르고 곧은 행
실은 간사하고 굽은 자들이 미워하는 바이다."

드디어 나아가 그를 만나보고 그 참에 재상 자리를 주니 나라가 크게
잘 다스려졌다. 이로 말미암아 살펴보건대 멀리해야 할 사람과 가까
이해야 할 사람에 대해서는 깊이 잘 살피지 않으면 안 된다.

里仁

4

○공자가 말했다. "진실로 어짊에 뜻을 두면 악함이 없을 것이다."

子曰 苟志於仁矣 無惡也
자-왈 구 지-어 인-의 무-악-야

구(苟) 자에는 크게 세 가지 의미가 있다. 첫째는 여기에 나오는 대로 '진실로[誠=信]'라는 뜻이다. 둘째는 '만약에[若=如]'라는 뜻이다. 셋째는 앞에서 본 바 있듯이 '구차하다[偸]'는 뜻이 있다. 내용 차원에서는 세 번째 의미가 매우 중요하다. 구차함이란 곧 '사리에 맞지 않음[非禮=無禮]'이 되고, 구차함이 없음[不苟]은 '사리에 딱 맞음[中禮]'이 되기 때문이다. 이 용례는 '자로 3'에서 보게 될 것이다.

어짊이란 지식을 통해 얻을 수 있는 것도 아니고, 어느 한순간에 결심한다고 해서 생겨날 수 있는 것도 아니다. 그런 점에서 덕(德)이나 예(禮)를 습득하는 길과는 다르다. 어짊은 문보다는 질에 가깝기 때문이다. 그래서 공자는 어짊은 어진 벗들과 사귐으로써 아주 조금씩 물들어가는 것으로 말한다. 또 공자는 모든 사람이 어짊을 갖고 태어난다고 보지도 않았다.

성선설(性善說) 운운했던 맹자나 주희는 이런 점에서 시작부터 공자와는 거리가 있다. 이 점은 곧바로 확인할 수 있다. 이어지는 '이인 5'는 고스란히 "진실로 어짊에 뜻을 두면 악함이 없을 것이다"에 대한 풀이가 된다.

○공자가 말했다. "부유함과 귀함, 이는 사람이라면 누구나 원하는 바이지만 그 도리로서 얻은 것이 아니라면 (그런 부귀 상황을) 편안히 여겨서는 안 되고 가난과 천함, 이는 사람이라면 누구나 싫어하는 바이지만 그 도리로서 얻은 것이 아니라 하더라도 (그릇된 방법으로 그런 빈천 상황을) 떠나지 않아야 한다. 군자가 이런 어짊에서 떠난다면 어찌 (군자라는) 이름을 이룰 수 있겠는가? (그래서) 군자는 식사 한 끼를 마치는 시간에도 어짊에서 떠나지 않고, 어느 한순간에도 반드시 이와 같이 하고, 엎어지고 자빠지는 위험한 상황에서도 반드시 이와 같이 한다."

子曰 富與貴 是人之所欲也 不以其
道得之 不處也
貧與賤 是人之所惡也 不以其道得
之 不去也
君子去仁 惡乎成名
君子無終食之間違仁 造次必於是
顚沛必於是

우리는 흔히 부귀빈천에 대한 유가(儒家)의 견해를 안빈낙도(安貧樂道)라는 말로 압축해 왔지만, 그것은 여기서 공자가 밝히는 바와는 차이가 있다. 공자는 빈천이란 사람이라면 누구나 싫어하는 것이라고 분명하게 밝히고 있다. 또한 빈천을 어쩔 수 없이 받아들이는 것과 그것을 마음에서 우러나서 편안하게 여기는 것[安]과는 다르다.

단지 부귀를 얻는 도리가 잘못되었다면 그런 부귀에 처해서는 안 된다고 했고, 빈천하게 된 과정이 설사 도리에 맞는 것이 아니더라도 그릇된 방법으로 벗어나려 해서는 안 된다고 말할 뿐이다. 반드시 이 구절과 함께 교차해서 읽어야 할 구절이 '술이 11과 15'이다.

> 공자가 말했다. "부유함이라는 것이 구한다고 해서 얻을 수 있는 것이라면 설사 채찍질하는 마부의 일이라도 나는 기꺼이 할 것이다. (그러나) 구한다고 해서 얻을 수 있는 것이 아니라면 나는 내가 좋아하는 바를 따르겠다."('술이 11')

> 공자가 말했다. "거친 밥에 물 한잔을 마시고 팔을 괴어 베개로 삼더라도 즐거움은 실로 그 속에 있다. 마땅하지 않으면서 부유하고 귀한 것은 나에게는 뜬구름과 같다."('술이 15')

낙도(樂道)는 앞서 '학이 15'에서 보았듯이 부유한 사람이라도 하는 것[富而好禮]이지 가난한 사람만이 하는 것은 아니다. 반면 안빈(安貧)은 자칫 모두에게 요구할 경우 위선으로 빠진다. 일단 여기서는 이 정도 분별만 해두고 다음으로 넘어가자.

공자는 언어 구사의 달인이다. 같은 단어, 구절이라도 문맥에 따라 정반대로 풀어야 하는 경우도 많다. 여기서 불이기도득지(不以其道得之)도 조심스럽게 읽어내야 한다. 앞부분은 "부귀에 이르는 도리로서 얻은 것이 아니라면"으로 옮겨야 하고, 뒷부분은 "설사 빈천에 이르는 도리로서 얻은 것이 아니라 하더라도"로 옮겨야 한다.

불거(不去)는 불처(不處)와 짝을 이루는 것이니 뒤에 나오는 거인(去仁)과는 상관이 없다. 따라서 불거(不去)는 "빈천한 처지나 상황에서 도리를 벗어나는 방식으로 떠나려 해서는 안 된다"고 옮겨야지 그런 처지에서도 어짊을 떠나서는 안 된다고 옮겨서는 안 된다. 군자 거인(君子去仁)부터는 별도의 내용이라 할 수 있다.

　그런데 주희는 이에 대해 "가난과 천함을 편안히 여김[安貧賤]"이라
고 주석을 달아 오늘날 말하는 안빈낙도(安貧樂道)의 안빈(安貧)을 만들어
냈다. 공자와는 거리가 먼 생각일 뿐만 아니라 위선의 뿌리가 이렇게 만들
어졌다는 점을 지적해둔다. 공자가 말한 불거(不去) 어디에도 편안히 받아
들이라는 뉘앙스는 없다.

　오히려 독립적으로 거인(去仁)의 인(仁)이 중요하다. 그것은 바로 앞
에 언급된 사항, "부유함과 귀함, 이는 사람이라면 누구나 원하는 바이지
만 그 도리로서 얻은 것이 아니라면 (그런 부귀 상황을) 편안히 여겨서는 안
되고 가난과 천함, 이는 사람이라면 누구나 싫어하는 바이지만 그 도리로
서 얻은 것이 아니라 하더라도 (그릇된 방법으로 그런 빈천 상황을) 떠나지 않
아야 한다"는 것이 바로 어짊이기 때문이다.

　종식(終食)은 한 번 식사를 마치는 시간을 말하고, 조차(造次)는 짧은
순간[須臾＝瞬間]을 뜻하며, 전패(顚沛)는 엎어지고 자빠지는 위급한 때를
말한다. 평소 생활할 때나 짧은 순간 그리고 위급한 상황을 차례로 말한
것이다. 실은 '늘' 혹은 '항상'이다.

里仁

6

○공자가 말했다. "나는 아직 어짊을 (제대로) 좋아하는 자와 어질지 못함을 (제대로) 미워하는 자를 보지 못했다. 어짊을 좋아하는 자는 그를 능가할 수 있는 것이 없고, 어질지 못함을 미워하는 자는 어질지 못함이 자기 몸에 조금이라도 가해지지 못하게 한다. 능히 단 하루라도 어짊에 자기 힘을 (제대로 다) 쓰는 자가 있는가? 나는 아직 (어짊을 행하려 하는데) 힘이 부족해서 못하는 사람은 보지 못했다. 어쩌면 혹시 그런 사람이 있는데 내가 보지 못한 것인가 보다."

子曰 我未見好仁者 惡不仁者

好仁者 無以尙之

惡不仁者 其爲仁矣 不使不仁者加

乎其身

有能一日用其力於仁矣乎

我未見力不足者

蓋有之矣 我未之見也

이 구절은 '이인 4' 연장선에서 읽어야 한다. "진실로 어짊에 뜻을 두면"을 두 가지로 나눠 풀어내는 것이다. 하나는 어짊을 좋아하는 자이고 또 하나는 어질지 못함을 미워하는 자이다. 이를 풀어낼 수 있는 단서가 『예기』표기(表記)편에 나온다. 특히 어짊에 관해 많은 언급을 하고 있어 이인

(里仁)편을 풀어내는 데 있어 그 어떤 책보다 큰 도움을 준다.

> "아무런 욕심 없이 어짊을 좋아하는 사람과 아무런 두려움 없이 어질
> 지 못함을 미워하는 사람은 천하에 한 사람뿐이다. 이 때문에 군자는
> 도리를 말할 때 자기로부터 하고, 법률을 제정할 때 백성을 그 잣대로
> 삼는다."

여기서 주목해야 할 대목은 "천하에 한 사람뿐"이라는 말이다. 이 구
절을 보면 다름 아닌 군주가 군자다운 군주, 어짊을 갖춘 군주가 되기 위
해 가져야 할 마음 수련 방향임을 알 수 있다. 정확히 제왕학 문맥이다.

또한, 어짊에 힘을 다 쓴다는 것은 의지 문제이지 힘 문제가 아니다.
열렬함[誠] 문제이지 힘[力] 문제가 아니라는 뜻이다. 그런데도 많은 사람
들은 역부족을 핑계로 어짊을 향해 나아가려고 노력하지 않는다. 공자 제
자 중에 이런 문제를 드러낸 사람이 바로 염유이다. '옹야 10'이다.

> 염구(冉求-염유)가 말했다. "스승님의 도리를 좋아하지 않는 것은 아
> 니지만 힘이 부족합니다."
>
> 공자가 말했다. "힘이 부족한 자란 도중에 그만두는 것이다. 지금 네
> 가 한계선을 그은 것이다."

염유가 말한 스승님의 도리란 압축하면 '군군신신 부부자자(君君臣臣
父父子子)'이다. 특히 군군신신이 바로 힘을 써야 하는 목표 지점이다. 이
제 『중용』 제20장을 음미해보자.

> "이처럼 천하와 국가를 다스리는 데에는 아홉 가지 원칙[九經]이 있
> 으나 총괄적으로 보자면 그것을 행하는 것은 결국 하나이다. 모든 일
> 이란 것이 앞서 대비하면 제대로 서고, 대비하지 않으면 무너지니, 말
> 도 사전에 그 방향을 정하면 넘어지지 않고, 일도 사전에 정하면 곤
> 경에 빠지지 않는다. 또 행동을 사전에 정하면 걱정할 일이 없고, 길
> 도 미리 정하면 막히지 않는다. 아랫자리에 있으면서 윗사람으로부터
> (믿음을) 얻지 못하면 백성을 다스릴 수 없게 될 것이다. 윗사람으로부
> 터 믿음을 얻는 데에는 길이 있으니, 먼저 벗으로부터 믿음을 얻지 못

하면 윗사람으로부터도 얻지 못할 것이다. 벗으로부터 믿음을 얻는 데도 길이 있으니, 어버이에게 고분고분하지 못하면 벗으로부터 믿음을 얻지 못할 것이다. 어버이에게 고분고분하는 데에도 길이 있으니, 자신의 몸을 돌이켜보아 매사에 열렬하지 못하면 어버이에게 순할 수 없다. 자기 자신에게 열렬하게 하는 데에도 길이 있으니, 선(善)에 밝지 못하면 자기 자신에게 열렬할 수 없다.

열렬함[誠] 자체는 하늘의 도리요, 열렬함에 이르려는 것은 사람의 도리다. 열렬함이라는 것은 굳이 애쓰지 않아도 중도(中道)에 맞고, 힘써 생각하지 않아도 얻게 되어 조용히 도리에 적중하니 이를 갖춘 사람은 성인(聖人)이고, 열렬함에 이르려는 것은 선(善)을 잘 가려내어 그것을 굳게 잡는 것이다. 그것을 널리 배우고, 그것을 따져가며 깊이 묻고, 그것을 신중하게 생각하고, 그것을 밝게 가려내며, 그것을 독실하게 행해야 한다.

배우지 않는 것이 있을지언정 일단 배우기 시작하면 능해지지 않고는 그만두지 않는다. 묻지 않음이 있을지언정 일단 묻기 시작하면 알지 않고는 그만두지 않는다. 생각하지 않음이 있을지언정 일단 생각하기 시작하면 도리를 얻는 차원에 이르지 않고는 그만두지 않는다. 가려내지 않음이 있을지언정 일단 가려내기 시작하면 밝히지 않고서는 그만두지 않는다. 행하지 아니함이 있을지언정 일단 행하게 되면 독실해지지 않고서는 그만두지 않는다. 남이 한 번에 능하거든 자신은 백 번을 하고, 남이 열 번에 능하거든 자기는 천 번을 할 일이다. 과감히 (노력하여) 이 도리에 능해진다면 그 사람이 비록 머리가 나쁘다 해도 반드시 밝아질 것이며, 비록 마음이 유약하다 해도 반드시 강해질 것이다.”

역부족과 관련해서 반드시 기억해야 할 대목은 “남이 한 번에 능하거든 자신은 백번을 하고, 남이 열 번에 능하거든 자기는 천 번을 할 일이다” 이다. 이것이 열렬함이다.

里仁

7

○공자가 말했다. "사람들이 짓는 허물은 각각 그 유형에 따라 다르다. (그래서) 어떤 사람이 저지르는 허물을 보면 이에 그 사람이 어진지를 알게 된다."

子曰 人之過也 各於其黨
<small>자-왈 인-지-과 야 각-어 기-당</small>

觀過 斯知仁矣
<small>관-과 사 지-인-의</small>

다시 지인지감(知人之鑑)으로 돌아왔다. 여기서 당(黨)이란 무리[衆]보다는 '유형[類]'에 가깝다. 그래서 정약용은 『논어고금주』에서 당을 군자/소인 구분도 아니고 군신, 형제, 부자 등과 같은 것도 아니고 유형으로 보고서 이렇게 말한다.

> "마땅함[義]을 좋아하는 자는 마땅함 때문에 허물을 짓고《자로는 위나라에서 죽었다.》, 예(禮)를 좋아하는 자는 예 때문에 허물을 짓고《백희(伯姬-열녀로 유명)는 당(堂)에서 내려가지 않았다.》, 신(信)을 좋아하는 자는 신 때문에 허물을 짓는다.《미생(尾生-『장자』에 나오는 인물)은 기둥을 끌어안고 죽었다.》 그러니 허물을 보면 그들이 마음속으로 지키는 바를 알게 된다. 허물을 보면 인(仁)을 안다는 것도 역시 이러한 법이다.《만약 음탕하고 죽이기를 좋아하면 이는 죄악이다. 이런 것은 허물에 대한 논의에 들어가지 않는다.》"

다음으로, 지인(知仁), 즉 "그 사람이 어진지를 안다"라는 것은 무슨 뜻일까? 단순하게 생각하면 "그 사람이 어진지 아닌지"를 안다는 뜻이다. 그러나 앞서 '학이 3' 교언영색(巧言令色) 장에서 보았듯이 공자가 사람을 알아본다고 할 때는 사이비(似而非), 즉 겉으로 비슷한데 실제는 아닌 사람과 겉과 속이 일치하는 사람을 분별하는 문제였다.

이 점을 염두에 둔다면 여기서도 지인(知仁)이란 정말로 어진 사람과 얼핏 어질어 보이지만 실제로 속은 그렇지 않은 사람[似而非仁]을 분별하는 문제로 보아야 한다. 그 실마리가 바로 '양화 8' 육언육폐(六言六蔽) 장이다.

공자가 말했다. "유(由-자로)야! 너는 여섯 가지 말에 따른 여섯 가지 가려짐을 들어보았느냐?"

대답했다. "아직 듣지 못했습니다."

"거기 앉아라. 내가 너에게 말해 주겠다. 어짊[仁]을 좋아한다면서 〔그에 필요한 예(禮)를〕 배우기 좋아하지 않는다면 그 가려짐은 어리석게 되는 것이다[愚]. 앎[知]을 좋아한다면서 〔그에 필요한 예(禮)를〕 배우기 좋아하지 않는다면 그 가려짐은 노력이나 시간을 탕진하게 되는 것이다[蕩]. 신의[信]를 좋아한다면서 〔그에 필요한 예(禮)를〕 배우기 좋아하지 않는다면 그 가려짐은 남을 해치게 되는 것이다[賊]. 곧음[直]을 좋아한다면서 〔그에 필요한 예(禮)를〕 배우기 좋아하지 않는다면 그 가려짐은 강퍅해지는 것이다[絞]. 용맹스러움[勇]을 좋아한다면서 〔그에 필요한 예(禮)를〕 배우기 좋아하지 않는다면 그 가려짐은 도리를 어지럽히는 것이다[亂]. 굳셈[剛]을 좋아한다면서 〔그에 필요한 예(禮)를〕 배우기 좋아하지 않는다면 그 가려짐은 거만해지는 것이다[狂]."

우(愚) 탕(蕩) 적(賊) 교(絞) 난(亂) 광(狂), 이 여섯 가려짐은 곧 인(仁) 지(知) 신(信) 직(直) 용(勇) 강(剛)이라는 여섯 가지 다움[六德]의 사이비들이다. 이렇게 되면 우리는 자연스럽게 유형[黨=類]에 대한 답도 어느 정도 얻게 되었다. 이제 그중에서 어짊[仁]에 집중할 차례다.

그러면 어진 자가 흔히 저지르는 허물은 무엇일까? 우선 가장 큰 허물은 큰 어짊[大仁]과 작은 어짊[小仁]의 차이를 모르는 데서 빚어진다. 작은 어짊이란 아녀자의 어짊[婦仁=婦人之仁]이다. 당연히 공자가 말하는 어짊이란 큰 어짊이지 작은 어짊일 수가 없다. 작은 어짊[諒]이란 이런 것이다. '헌문 18'을 보자.

자공이 말했다. "관중은 아마도 어진 사람이 아닐 것입니다. 환공이 공자 규를 죽였는데도 능히 자기 목숨을 버리지 못했을 뿐만 아니라 나아가 그의 재상이 되었습니다.”

공자가 말했다. “관중이 환공을 도와 제후들의 패자가 되어 한 번에 천하를 바로잡아 지금에 이르기까지 그 혜택을 입고 있다. 관중이 없었더라면 우리는 이에 머리를 풀어헤치고 옷깃을 왼쪽으로 했을 것이다. 어찌 필부필부처럼 알량한 어짊을 베풀다가 하수구에 굴러떨어져 죽어도 아무도 알아주지 않는 그런 사람이 될 수야 있으랴!”

명료하다. 자공이 바로 어진 척하면서 어리석은 판단에 이른 것이다. 큰 어짊과 작은 어짊의 문제에 대해서는 이미 '이인 1'에서 자세하게 살펴본 바 있다. 다만 『설원』의 한 구절은 명심하길 바란다.

“크게 어진 사는 은택이 사해에 미치지만 작게 어진 자는 처자식에 머물 뿐이다.”

여기서도 공자 관심은 부부자자(父父子子)보다는 군군신신(君君臣臣)에 있음을 확인할 수 있다.

『대학연의』에 나오는 이 장에 대한 풀이다.

“신이 가만히 살펴보겠습니다. 이 또한 빼어난 이 문하[聖門]에서 사람을 살펴보는 법[觀人之法]입니다. 선배 유학자는 사람됨의 허물[過]은 그 유형에 따라 다르다고 말합니다. 군자는 늘 두터이 하다가[厚] 잘못을 저지르고 소인은 늘 엷어서[薄] 잘못을 저지릅니다. 군자는 사람을 사랑하다가[愛] 허물을 짓고 소인은 쌀쌀맞게 하다가[忍] 허물을 짓습니다. 이를 바탕으로 잘 살펴보면 어떤 사람이 어진지 어질지 못한지를 알 수 있습니다.

만약에 임금 된 자가 특히 신하의 허물을 보게 되었을 때 그 마음을 살펴보니 임금을 아끼는 마음에서 지극한 간언[極諫]을 하느라 그 말에 다소 지나치게 들추어낸 바[狂訏]가 없지 않다 하더라도 그 마음 씀[用心]이 어질지 않아서이겠습니까? 이럴 경우에는 그 어진 부분만 받아들이시고 허물 부분은 눈감아 주시는 것[略]이 좋을 것입니다. 또 그 마음을 살펴보았을 때 백성을 사랑하는 마음에서 임금의 명을 어길 경우 곧고자 하는 욕심에 자신을 내세우려는 바[矯拂]가 없지 않다 하더라도 그 마음 씀이 어질지 않아서이겠습니까? 이럴 경우에는 그 어진 부분만 받아들이시고 허물 부분은 눈감아 주시는 것이 좋을 것입니다.

(반면에) 간교하고 사특한 신하는 덮어서 가리는 기술이 정교하니 반드시 아직 허물을 짓지 않았다 하더라도 그 마음이야 어떻겠습니까? 이것은 다 사람을 살피는 하나의 단서이니 이처럼 유형에 따라 잘 살펴보면 그렇지 않은 것이 없을 것입니다."

결국 문(文) 혹은 예(禮)를 배워 익혀[學而時習] 사람 보는 눈을 밝게 만들어야[明] 하는 쪽은 아무래도 신하보다는 임금이다.

里仁

8

○공자가 말했다. "아침에 도리가 행해지고 있다는 말을 들으면 (당장 그 날) 저녁에 죽어도 좋다."

<ruby>子<rt>자</rt></ruby><ruby>曰<rt>왈</rt></ruby> <ruby>朝<rt>조</rt></ruby><ruby>聞<rt>문</rt></ruby><ruby>道<rt>도</rt></ruby> <ruby>夕<rt>석</rt></ruby><ruby>死<rt>사</rt></ruby><ruby>可<rt>가</rt></ruby><ruby>矣<rt>의</rt></ruby>

주희는 이 구절에 대해 "진실로 그것을 들을 수 있다면 살아서는 고분고분하고 죽어서는 편안해져 더 이상 남은 한이 없을 것이다"라고 풀었다.

그러나 공자에게 도리[道]란 군군신신(君君臣臣)으로 이미 분명하다. 게다가 주희 말대로 그런 도리를 들었다면 앞으로 더 살아서 열심히 그 도리를 행하는 데 힘써야지 왜 저녁에 죽는단 말인가? 경문중도(輕文重道), 애씀[文]을 가벼이 여기고 도(道)에 집착했던 주희다운 오역이라 하겠다.

정약용은 "공자는 세상 사람들이 도리에 뜻을 두고 있지 않는 것을 마음 아프게 여겨 이렇게 말한 것이다"라고 해석한다. 도리를 듣는다는 것을 '세상에 도리가 행해지고 있다는 것을 듣는 것'으로 보는 것이다.

결국 공자가 지향한 나라가 군군신신(君君臣臣)하는 나라였음을 볼 때 "(당장 그날) 저녁에 죽어도 좋다"는 말은 주희식 득도(得道)를 향한 열렬함이 아니라 바로 군군신신(君君臣臣)을 구현하려는 공자의 지향이 가졌던 강렬함이라 할 것이다. 군신신군(君臣臣君) 세상을 도모했던 주희임을 감안하면 어쩌면 알고서도 일부러 오독할 수밖에 없었던 것은 아닌지.

里仁

9

○공자가 말했다. "선비가 도리에 뜻을 두었다고 하면서 (정작 자기가) 나
쁜 옷을 입고 거친 음식을 먹는 것을 부끄럽게 여긴다면 이런 자와는
함께 일을 이야기할 수 없다."

子曰 士志於道 而恥惡衣惡食者 未
足與議也

앞서 풀이한 '이인 8'에서 곧바로 이어지는 내용이다. 벼슬을 하고자 하는
선비가 군군신신(君君臣臣)이라는 도리에 뜻을 두었다고 하면서 정작 자
기 옷이나 음식이 보잘것없다고 부끄럽게 여긴다면 이런 사람과는 함께
일을 이야기할[與議] 수 없다는 말이다. 전형적인 지인지감(知人之鑑)이다.

이 장에서 처음으로 『논어』에서 권도(權道) 문제가 나왔다. 바로 다음
'이인 10'이 권도를 말하고 있기 때문에 일단 여기서 여의(與議) 문제를
정리하고 가자.

의(議)와 논(論), 이 둘은 전혀 뜻이 다르다. 고전 원서들을 보면 원문
에서는 분명하게 이 둘을 엄밀하게 구분해 의지(議之), 논지(論之)라고 표
현했는데, 번역 과정에서 의(議)도 의논이라고 번역하고 논(論)도 의논이
라 번역해 원문 뜻을 크게 왜곡하고 있다.

의(議)란 일[事]에 관해 책임 있는 의견을 내는 것을 말한다. 의정부
(議政府)를 논정부(論政府)라고 해서는 안 되는 것과 같다.

논(論)은 일반적으로 책임을 떠나 어떤 사안에 대한 논리적 진단을
하는 것이다. 오늘날 논객(論客)이 그런 경우다. 그러나 의객(議客)이란 말
은 애당초 성립할 수가 없다. 법률과 관련해서도 의(議)보다는 논(論)이
중요하다. 그래서 논죄(論罪)나 논핵(論劾)이라고 말한다. 재판은 의견을
내는 것이 아니라 기존 법률에 입각해 죄의 경중을 논리적으로 가려내는

일이라는 점에서 논(論)이지 의(議)가 아닌 것이다.

그 정도로 하고 여의(與議)가 공자 언어 속에서 어떤 의미나 지위를 갖는지를 확인할 차례다. '자한 29'를 보자.

> 공자가 말했다. "더불어 배울 수 있다고 해서 (그 사람들 모두와) 더불어 도리를 행하는 데로 나아갈 수는 없으며, 또 더불어 도리를 행하는 데 나아간다고 해서 (그 사람들 모두와) 더불어 조정에 서서 일을 할 수는 없으며, 또 더불어 조정에 서서 일을 한다고 해서 (그 사람들 모두와) 더불어 권도(權道)를 행할 수는 없다[可與共學未可與適道 可與適道未可與立 可與立未可與權]."

단계별로 여학(與學), 여적(與適), 여립(與立), 여권(與權)이 차례대로 제시된다. 이때 여립(與立)이란 여립어조(與立於朝), 즉 조정에 함께 선다는 말이다. 함께 조정 일을 이야기한다는 것이니 여의(與議)와 통한다. 그리고 그보다 높은 최고 단계가 바로 여권(與權), 즉 함께 권도를 행하는 사람이다.

이는 고스란히 함께할 사람의 수준과 단계를 제시한 지인지감(知人之鑑)인 동시에 『논어』가 무엇을 지향하는지를 단적으로 보여 준다. 그것은 정도(正道)를 기반으로 하면서도 중도(中道)로 나아가는 것이다.

『논어』에서 권도 문제는 이인(里仁)편과 자한(子罕)편에서 일부 등장하고 양화(陽貨)편은 전체 주제가 권도 문제이다. 이를 통해 우리는 『논어』 편찬자 의도를 정확하게 읽어내지 않으면 안 된다.

권도(權道)는 상도(常道) 혹은 상경(常經)과 짝을 이루는 말이다. 위급하거나 특수한 상황에서 어짊을 발휘하는 것이 바로 권도이다. 앞서 공자가 관중을 칭송했던 것도 상도가 아니라 권도에 입각한 것이다. 권도는 다른 말로 시중(時中)이고 상도는 정도(正道)이다. 때로는 더 큰 어짊을 위해서는 정도를 뛰어넘는 시중, 즉 권도를 발휘해야 한다. 권도 문제가 어짊을 다루는 이인(里仁)편과 지극한 어짊[至仁]을 다루는 자한(子罕)편에 등장하는 것도 그 때문일 것이다.

다시 정리하자면 예(禮)는 예법에 한정되는 것이 아니라 일의 이치[事理]이자 상도(常道)이고 권(權)은 일의 형세[事勢]이자 명(命)이자 권도(權道)이다. 인의(仁義-어짊과 마땅함)와 관련해서는 권도가 인(仁), 즉 어짊이고 상도가 의(義), 즉 마땅함이다.

이번에는 관중 본인의 말을 통해 권도를 짚어보자. 『설원』 7-8이다.

제나라 환공(桓公)이 관중에게 일러 말했다. "나는 나랏일을 모두 해와 달처럼 훤히 밝게 처리해 우부우부(愚夫愚婦)할 것 없이 모두로부터 좋다는 평판을 듣고 싶은데 가능하겠는가?"

관중이 말했다. "가능합니다. 그러나 그것이 빼어난 이의 도리는 아닙니다."

환공이 말했다. "어째서인가?"

대답해 말했다. "무릇 짧은 두레박줄로는 깊은 우물의 물을 길어낼 수 없고, 지혜가 모자란 사람은 빼어난 이와 함께 말을 나눌 수 없습니다. 지혜가 뛰어난 선비[慧士]는 더불어 일과 사물을 변별할 수 있고, 사리를 아는 선비[智士]는 더불어 일반적인 척도를 넘어선 일과 사물을 변별할 수 있으며, 빼어난 이[聖人]는 더불어 신령스러운 일과 사물도 변별할 수가 있습니다.

무릇 빼어난 이가 하는 일은 일반 사람이 미칠 수 있는 바가 아닙니다. 백성들은 남이 자기보다 열 배 낫다는 것을 알게 되면 오히려 그와 다투려 하면서 '나보다 못하다'라고 말하고, 자기보다 백 배 낫다는 것을 알게 되면 그의 허물을 들추어내며, 자기보다 천 배 낫다는 것을 알게 되면 그 누구라도 믿지 않습니다. 이 때문에 백성들이 어울리는 일을 했다고 해서 모두 상을 줄 수는 없습니다. 폭력을 써서 죽여서는 안 되지만 잘 지휘해서 도달하게 해야 합니다. 집집마다 다니며 설득할 수는 없지만 일의 실상을 들어 (구체적으로) 보여주어야 합니다."

관중이 말한 혜사(慧士)는 여적(與適), 지사(智士)는 여립(與立), 성인(聖人)은 여권(與權)에 해당한다.

里仁

10

○공자가 말했다. "군자가 천하에 (공적인 일을 하러) 나아가면 '오로지 이래야 한다'는 것도 없고 '오로지 이래서는 안 된다'는 것도 없다. (그때마다의) 마땅함에 따라 행할 뿐이다."

자-왈   군-자   지-어   천-하   야

子曰 君子之於天下也

무-적   야   무-막   야   의   지   여-비

無適也 無莫也 義之與比

이때 '천하'란 온 세상 천하를 뜻하는 것이 아니라 부부자자(父父子子)의 사사로운 영역을 벗어나 군군신신(君君臣臣)의 공적 영역으로 나아간나는 뜻이다. 이와 관련해서는 앞서 보았던 『설원』의 한 구절을 다시 읽어보는 것으로 충분하다.

> "크게 어진 자는 은택이 사해에 미치지만 작게 어진 자는 처자식에 머물 뿐이다."

정약용에 따르면 적(適)은 '오로지 주장함[專主]'이고 막(莫)은 '불가함[不可]'이다. 이는 정(正)이나 예(禮)에 머무는 태도이다. 공자는 천하에 나아간 군자라면 그래서는 안 된다고 말하고, 마땅함[義]을 잣대로 삼을 뿐이라고 강조한다. 그런데 일반적으로 의(義)라고 하면 '옳다'나 '의롭다'라는 뜻이니 정(正)에 속하지만 여기서는 시중(時中)이라는 뜻이다. 상황에 딱 들어맞는다는 말이다. 정약용은 그 점을 꿰뚫어 보았다.

> "오직 마땅함에다 견주어 마땅함에 적중하면 이를 행하고 마땅함에 위배되면 그치는 것이니, 이것이 이른바 시중(時中)이라는 의미의 의(義)이다."

나도 이를 따랐다. 결국 그때마다의 마땅함에 따라 행하려면, 일의 형세, 즉 명(命)을 알아야 한다.

'술이 16'에서 공자는 이렇게 말한다.

"나에게 몇 년이 더 주어져 쉰 살까지 『주역』을 배운다면 큰 허물은 짓지 않을 수 있을 것이다."

쉰 살은 공자가 지천명(知天命), 즉 천명을 알게 되었다는 나이다. 앞서 보았듯이 명(命)이란 단순한 운명이 아니다. 일의 형세다. 일의 이치를 넘어 일의 형세를 읽어낼 수 있게 되었다는 뜻이다. 이를 통해 우리는 공자가 『주역』 공부를 통해 일의 형세를 읽어내는 눈을 갖추고 싶어 했음을 알 수 있다. 실제로 『주역』에 대해 공자는 열 가지 해설을 달았는데 이를 '십익(十翼)'이라고 한다. 공자를 통해 해석된 『주역』은 다름 아닌 일의 형세[事勢=命]를 읽어내는 훈련서이다.

里仁

11

○공자가 말했다. "군자가 다움을 생각하면 소인은 땅을 생각하고, 군자가 형벌을 생각하면 소인은 혜택을 생각한다."

子曰 君子 懷德 小人 懷土
자—왈 군—자 회—덕 소—인 회—토

君子 懷刑 小人 懷惠
군—자 회—형 소—인 회—혜

우선 군자와 소인의 구별 문제로 볼 경우 이 구절은 다음과 같이 옮겨야 한다.

> "군자는 다움을 생각하고 소인은 땅을 생각하며, 군자는 형벌을 생각하고 소인은 혜택을 생각한다."

그러나 이 경우 당장 문제가 되는 것은 "군자는 형벌을 생각하고" 부분이다. 물론 군자는 늘 자기에게 닥칠 형벌 문제를 생각하며 조심하라고 풀이할 수 있는 길이 열려 있다. 실제로 '공야장 1'에서 공자는 남용(南容)이라는 제자에 대해 평하기를 "나라에 도리가 있을 때는 등용될 것이고 나라에 도리가 없을 때는 형벌을 면할 것이다"라고 했다.

그러나 여기서 정약용 말대로 군자와 소인을 각각 다스리는 자리에 있는 사람과 다스림을 받는 일반 백성으로 볼 경우, 벼슬자리에 있는 군자가 덕치(德治)를 펼칠 때와 법치(法治), 그중에서도 형벌 만능주의를 시행할 때, 그에 따라 백성들이 다르게 반응하는 것으로 읽는 것이 온당하다. 그래서 정약용은 이렇게 말했다.

> "공자가 이 말을 한 것은 남의 군주 된 자에게 이런 사정을 알게 하고자 한 것이다."

그렇다면 소인이 땅을 생각한다는 것은 자기가 사는 땅을 편안하게 받아들인다는 말이 되고, 소인이 혜택을 생각한다는 것은 형벌을 피해 자기에게 이익이나 혜택이 되는 곳을 찾아 살던 곳을 떠나간다는 말이 된다.

이렇게 해석할 경우 '위정 3'와 정확히 통하며 상호보완 역할을 한다.

공자가 말했다. "(백성을) 법령으로만 이끌고 형벌로만 가지런히 하면 백성들은 법망을 피하려고만 하고 부끄러움이 없게 된다. (백성) 다움으로 이끌고 예로써 가지런히 하면 부끄러움이 있게 되고 또한 (감화되어) 바르게 된다."

里仁

12

○공자가 말했다. "이익에 따라서만 일을 행할 경우 원망이 많아진다."

子曰 放於利而行 多怨

<small>자-왈   방-어   리   이   행   다-원</small>

공자가 한 이 말은 일반 도덕 원칙이 아니다. 물론 이익에 따라 행동할 경우 많은 원망을 부르게 되어 있다. 그러나 임금과 백성 관계에서 이를 풀어야 한다. 당연히 이 말에서 주어는 통치자, 즉 임금이다. 풀어서 옮기면 이렇게 된다.

"백성을 다스리는 자가 이익에 입각해 정사를 행할 경우 백성들 사이에 원망이 많아진다."

앞서 보았던 『예기』표기(表記)편에 나오는 다음 구절은 '이인 11, 12'를 함께 묶어서 풀어낼 수 있는 실마리를 제공한다.

"아무런 욕심 없이 어짊을 좋아하는 사람과 아무런 두려움 없이 어질지 못함을 미워하는 사람은 천하에 한 사람뿐이다. 이 때문에 군자는 도리를 말할 때 자기로부터 하고, 법률을 제정할 때 백성을 그 잣대로 삼는다."

덕치(德治), 즉 법이 아니라 예(禮)로 하는 정치를 권하고 있다. 그러면 자연스럽게 다음 장과 이어진다.

里仁

13

○공자가 말했다. "능히 예양(禮讓)으로 나라를 다스린다면 무슨 어려움이 있겠는가? 예양으로 나라를 다스리지 못한다면 그런 예를 어디에다 쓰겠는가?"

자─왈　능─이　예─양　위─국─호　하─유
子曰 能以禮讓爲國乎 何有

불─능─이　예─양　위─국　여　예　하
不能以禮讓爲國 如禮何

예와 사양하는 마음[禮讓]이 함께 한다면 아무리 큰 나라라도 얼마든지 다스릴 수 있다는 말이다. 예양(讓禮)이라고 했지만 핵심은 예(禮)이다. 이는 고스란히 '팔일 11'과 통한다.

어떤 사람이 체(禘)제사 내용을 묻자 공자가 말했다. "알지 못한다. (그러나) 그 내용을 아는 사람이 천하에 나아갈 경우 (천하 다스림은) 아마도 여기에 두고서 보는 것과 같을 것이로다!" 자기 손바닥을 가리켰다.

여기서 공자 말의 초점은 뒤 문장에 있다. 이에 대한 정약용 풀이부터 보자.

"제후들이 천자 자리에 대한 찬탈을 자행하고, 대부가 참람한 짓을 하는 것은 능히 예와 사양지심으로 나라를 다스리지 못하는 것이다. 이와 같은 사람은 예를 시행하고자 하여도 예 같은 것이 무슨 구실을 하겠는가? 이는 예를 쓸 수 없음을 말한 것이다."

군불군(君不君) 신불신(臣不臣)한 상황에 대한 질타이다. 이처럼 예가 아무런 구실을 하지 못하는 이유에 대해서는 이미 '팔일 3'에서 분명하게 지적한 바 있다.

공자가 말했다. "사람으로서 어질지 못한데 (그 사람이) 예(禮)를 행한들 무엇할 것이며, 사람으로서 어질지 못한데 악(樂)을 행한들 무엇할 것인가?"

어짊은 바탕[質], 예는 애쓰는 바[文]이다.

예(禮)는 나라를 다스리는 것에도 적용된다.『춘추좌씨전』은공(隱公) 11년 기사다.

"정나라 장공(莊公)은 이런 점에서 예(禮)가 있었다고 하겠다. '예'란 국가를 경영하고 사직을 안정시키고 백성의 질서를 정하고 후사(後嗣)를 이롭게 하는 것이다. 허(許)나라가 법도를 지키지 않자 토벌하였고 죄에 승복하자 용서해주었으며, 다움을 헤아려 처리하고 힘을 헤아려 행동하고 때를 보아 움직여서 후손에게 누를 끼치지 않았으니 일의 이치를 알았다[知禮]고 할 수 있다."

里仁

14

○공자가 말했다. "벼슬자리에 있지 못함을 걱정하지 말고, 그 자리에 설 준비가 되었는지를 걱정하라. 남들이 자기를 알아주지 않음을 걱정하지 말고, 알아줄 만한 사람이 되려고 노력하라."

子曰 不患無位 患所以立
不患莫己知 求爲可知也

'학이 1과 16'에 이어지는 말로 신하의 도리[臣道]로서 곧음[直]을 강조함과 동시에 신하다움[臣臣]에 걸맞은 다움과 능력[德才]을 갖출 것을 촉구하고 있다. 특히 소이립(所以立)에 대한 정약용 풀이는 정곡을 찌른다. 명확하게 신하의 도리로 풀어내고 있다.

"소이립은 임금을 바로잡고 백성을 기르는[匡君牧民] 방법을 가리킨다."

벼슬자리에 있지 못함을 근심할 경우 어떤 사람이 되는지를 명확하게 보여주는 것이 '양화 15'이다.

공자가 말했다. "비루한 사람과 함께 임금을 섬기는 것이 가능할 수 있는가? (지위를) 얻기 전에는 그것을 얻어 보려고 근심하고, 이미 얻고 나서는 그것을 잃을까 근심한다. 정말로 잃을 것을 걱정할 경우엔 (그것을 잃지 않기 위해) 못하는 짓이 없다."

里仁

15

○공자가 말했다. "삼(參-증자)아! 나의 도리는 하나로 꿰뚫고 있다."

증자가 말했다. "네!"

공자가 나가자 다른 제자들이 (증자에게) 물었다. "무슨 말인가?"

증자가 말했다. "스승님의 도리는 충(忠)과 서(恕)뿐이다."

子曰 參乎 吾道一以貫之
자-왈 삼-호 오-도 일-이-관-지

曾子曰 唯
증-자 왈 유

子出 門人問曰 何謂也
자 출 문-인 문-왈 하-위-야

曾子曰 夫子之道 忠恕而已矣
증-자 왈 부-자 지 도 충-서 이-이-의

공자는 자신의 도리가 '하나'로 꿰뚫고 있다고 했는데 이는 무엇인가? 이에 대한 정약용 풀이가 명확하다.

"하나란 서(恕)이다."

증자가 말한 충(忠)과 서(恕)가 뜻하는 바는 무엇인가? 이에 대한 정약용 풀이다.

"온 마음을 다하여 사람을 섬기는 것을 충이라 하고, 남의 마음 헤아리기를 내 마음과 같이하는 것을 서라고 한다."

충(忠)은 바탕이고 서(恕)는 애쓰는 바라는 점에서 정약용 풀이는 적절해 보인다. 그러면 증자는 왜 그냥 서라고 하지 않고 충을 함께 말했을까? 다시 정약용 풀이다.

"충으로 서를 행하기 때문에 공자는 서만 말했고, 증자는 (이를 풀어서) 충과 서를 말한 것이다."

공자가 어짊[仁]을 말할 때 충보다 서를 중시했다는 것은 『논어』 여러 곳에서 확인할 수 있다. 먼저 '공야장 27'이다.

> 공자가 말했다. "열 가구 정도 되는 마을에도 반드시 나처럼 충신(忠信)한 사람이 있겠지만 나만큼 배움을 좋아하는 사람을 없을 것이다."

충신함이란 타고나는 바탕[質]이고 배움을 좋아하는 것은 애쓰는 바[文]이다. 그렇다면 증자가 말한 충과 서 중에서 공자 강조점은 당연히 애써야 하는 서(恕)에 놓여 있는 것이다. 이 점을 다시 확인해 주는 것이 '위령공 23'이다.

> 자공이 물었다. "한마디 말로 종신토록 행할 수 있는 것이 있습니까?"
> 공자가 말했다. "아마도 서(恕)일 것이다. 자기가 하고 싶지 않은 것을 남에게 베풀지 말라."

이 서(恕)가 바로 어짊[仁]이다. 그런 점에서 이 장은 이인(里仁)편 전체 결론이라 할 수 있다.

서(恕)는 군(君), 신(臣), 부(父), 자(子) 모두에게 필요로 하는 덕목이다. 정약용은 이렇게 말한다.

> "종신토록 행한다는 것은 무릇 어버이를 섬기고 임금을 섬기는 것에서부터 형제 사이에 우애하고 붕우 사이에 사귀는 것과 백성을 기르고 부리는 것에 이르기까지, 한 번 사람과 사람이 서로 응접하면서 한결같이 이 하나의 서(恕)로써 행한다는 것이니, 이것이 일관(一貫)이 아니고 무엇이겠는가?"

서(恕)가 형이상(개념)이면 기소불욕물시어인(己所不欲勿施於人)은 형이중(정의)이고, 이를 형이하(구체적 사례)로 풀어낸 것이 『중용』 제13장에 나온다. 공자의 말이다.

> "충(忠)과 서(恕)는 도리와의 거리가 멀지 않으니 자기에게 베풀어 보아 자신이 원치 않는 것을 또한 남에게 베풀어서는 안 된다. 군자의 도리에는 네 가지가 있는데, 나는 그중 하나에도 제대로 능하지 못하다. 첫째, 자신이 자식에게 바라는 바로써 부모를 섬기는 데 능하지 못하다. 둘째, 자신이 아랫사람[臣]에게 바라는 바로써 윗사람[君]을 섬기

는데 능하지 못하다. 셋째, 자신이 아우에게 바라는 바로써 형을 섬기는데 능하지 못하다. 넷째, 자신이 벗에게 바라는 바로써 먼저 친구에게 베푸는 데 능하지 못하다."

여기서 보듯 군신(君臣) 관계만 놓고 보더라도 공자는 신하 입장에서 임금을 바라보았을 뿐만 아니라 임금 입장에서 신하를 바라보았고 나아가 임금 입장에서 임금을 바라보았고, 신하 입장에서 신하를 바라보았다. 반면에 맹자는 신하 입장에서 임금을 바라보며 임금을 바로잡는데[正君^{정-군}=格君^{격-군}]에만 온 힘을 쏟았다. 그래서 당나라 때 한유(韓愈)가 맹자를 끌어올렸고, 성리학과 주자학에서는 과도한 추앙을 받게 되었다.

『대학연의』는 다음과 같이 풀어낸다.

"이것이 어찌 비단 배우는 사람들만 마땅히 알아야 할 것이겠습니까? 무릇 '하늘은 수많은 형상에 대해 사물마다 조각하여 만들지 않았다〈이 말은 『논어』 '위령공 2'에 대한 사량좌 풀이에 나온다.〉'고 했습니다. 아, 하늘의 명은 모두를 화합하는데 그치지 않고 넓고 가는 것, 작고 큰 것들 각각의 본성과 명을 바로잡아주었습니다.

임금은 오직 자기 한 몸으로써 천하의 일들에 대응해야 하니 만일 도리의 큰 원천을 모른 채 그때그때 일과 사안에 따라서 응한다면 각각은 자신의 도리에 마땅함을 얻기 어려울 것입니다. 그래서 충서(忠恕)라는 것은 임금이 만 가지 업무에 대응하는 근본입니다.

성명(聖明-황제)께서 윗자리에 계시면서 진실로 선배 유학자의 설을 가까이하여 그 뜻을 깊이 궁구하고 힘써 행한다면, 한 가지 마음으로도 만물을 주재할 수 있고, 한 가지 이치로도 만사를 꿰어 성문(聖門-공자 문하)의 효과와 쓰임이 자신에게 있게 될 것입니다."

진덕수는 '이인 15'를 선비나 사대부들의 마음 수련으로 보지 않고 제왕학을 위한 초석으로 읽어내고 있다.

里仁

16

○공자가 말했다. "군자는 마땅함에서 깨닫고 소인은 이익에서 깨닫는다."

子曰 君子 喩於義 小人 喩於利
자-왈 군-자 유-어 의 소-인 유-어 리

이는 '이인 12'와 연결해서 풀어야 한다. 다시 군자와 소인을 대비하는 유형론이다. 이런 경우에는 뒤집어 풀이하는 것이 그 함의를 정확히 파악하는 데 도움을 준다. 대체로 마땅함 쪽으로 마음이 쏠리고 그쪽을 향해 노력하는 사람이 군자에 가깝고, 이익 쪽으로 마음이 쏠리고 그쪽을 향해 노력하는 사람은 소인에 가깝다는 식으로 풀어야 활용도가 높아진다. 특히 위기가 닥쳤을 때, 누가 군자이고 소인인지 확연히 드러난다.

흔히 마땅함은 도리의 마음[道心]이요, 이익은 사람의 마음[人心＝人欲]이라고 한다. 도리의 마음과 사람의 마음을 대비시켜 제왕학 차원으로 끌어올린 사람은 순임금이다. 『서경』 우서(虞書) 대우모(大禹謨)편에서 순임금은 이렇게 말했다.

"사람의 마음이란 오직 위태위태한 반면 도리의 마음은 오직 잘 드러나지 않으니 (그 도리를 다하려면) 정밀하게 살피고 오직 한결같아서 진실로 그 적중해야 할 바[厥中＝中道]를 잡도록 하여라[人心惟危 道心惟微惟精惟一 允執厥中]."

여기에는 매우 중요한 리더십 원칙이 들어 있다. 유정유일(惟精惟一)이 그것이다. 정밀하다는 것은 눈 밝다[明]는 뜻이고, 한결같다는 것은 굳세다[剛]는 뜻이니 강명(剛明)한 군주론과 직결된다.

이 구절을 진덕수가 『심경부주(心經附註)』 첫머리에 두고서 다음과 같이 풀이했다.

"사람의 마음이란 오직 위태위태하다[人心惟危]' 이하 16자(字)는 곧 요임금, 순임금, 우왕이 서로 전수하고 전수받은 마음의 법칙이니 모든 세대에 통용될 수 있는 제왕학의 깊은 뿌리입니다. 후대의 임금들이 요순(堯舜)을 배우려 한다면 바로 이것을 배우면 됩니다. 이에 대한 선배 유학자들의 훈고와 주석이 비록 많기는 하지만 주희의 학설이 가장 정확합니다. 무릇 이른바 형체[形]와 기질[氣]의 사사로움이라는 것은 음악, 여색, 좋은 냄새와 맛을 가진 음식[聲色臭味]을 탐하는 욕망을 가리킨다고 했고, 본성과 명[性命]의 바름[正]이란 인의예지(仁義禮智)의 이치를 가리킨다고 했습니다. 음악, 여색, 좋은 냄새와 맛을 가진 음식을 탐하는 욕망은 모두 다 기질[氣], 즉 사람의 마음[人心]에서 생겨나고, 인의예지의 이치는 다 본성[性], 즉 도리의 마음[道心]에 뿌리를 두고 있습니다.

이제 임금께서 자기 한 몸만을 챙기는데 급급힐 경우 궁실(宮室) 어인들은 안락함만을 추구할 것이고, 음식과 옷도 아름다운 것만을 추구해 (주변 신하들이) 비빈(妃嬪)을 그것으로 모시고, 구경하고 편안한 것 그리고 유람과 사냥의 즐거움으로 받들려 할 것입니다. 이것이 바로 사람의 마음이 일어나는 것[發]입니다. 이런 마음이 주가 되고 억제하는 바가 없게 되면 물욕은 하루가 다르게 더 커져 얼마 안 가서 걸(桀)왕〈상나라를 세운 탕왕에게 쫓겨난 하나라의 마지막 임금〉이나 주(紂)왕〈주나라를 세운 무왕에게 쫓겨난 상나라의 마지막 임금〉의 신세와 멀지 않게 될 것입니다.

부귀는 믿을 만한 것이 못되며 오히려 우환을 만들어낼 수 있다는 것을 알고, 교만과 사치로 인해 방자해서는 안 되고 절제를 통해 공손하고 검소해야 한다는 것을 알며, 또 맛있는 술과 훌륭한 음식은 마음을 미혹시키는 맹독과도 같다는 것을 안다면 왜 그런 것을 욕망하게 되는지를 생각해야 합니다. 음탕한 음악과 아름다운 미인은 인간의 본성을 파괴하는 큰 도끼와 작은 도끼임을 안다면 왜 그것을 멀리해야 하는지를 생각해야 합니다. 이런 생각이 바로 도리의 마음이 일어난 것입니다. 이런 마음이 주가 되고 빠르게 상하지 않는다면 이치와 마땅함[理義]은 하루가 다르게 충만해져 얼마 안 가서 요순(堯舜)의 경지와 멀지 않게 될 것입니다.

(그런데) 사람의 마음이 일어나는 것은 예리한 창끝이나 사나운 말과 같아서 쉽게 제어하거나 길들일 수 없기 때문에 이를 일러 '위태위태하다[危]'고 한 것입니다. 도리의 마음이 일어나는 것은 불이 처음 붙는 것이나 샘이 처음 솟아나는 것과 같아서 쉽게 확산시키거나 채울 수 없기 때문에 '숨은 듯 미미하다[隱微]'고 한 것입니다. 오로지 평상시에 장중한 태도와 공경하는 자세로 스스로의 몸가짐을 지키면서 하나의 생각이 일어나는 바의 근원을 살펴서 그 생각이 음악, 여색, 좋은 냄새와 맛을 가진 음식을 향해 일어난 것이라면 온 힘을 다해 그것이 자라나지 못하도록 다스려야 합니다. 또 그 생각이 인의예지를 향해 일어난 것이라면 한결같은 의지로 지켜내어 변하거나 다른 데로 옮겨가지 못하게 해야 합니다.

무릇 마음 다스리기를 이와 같이 한다면 이치와 마땅함은 항상 우리 곁에 있게 되고 물욕은 물러가게 됩니다. 이런 자세로 세상 만 가지 변화에 대응한다면 어디로 가든지 적중한 도리[中道]에 부합하지 않는 것이 없을 것입니다."

'헌문 13'에는 마땅함과 이익을 함께 이야기하는 말이 나온다.

"이익을 보면 그것이 마땅한지를 생각해야 한다[見利思義]."

里仁

17

○공자가 말했다. "뛰어난 이를 보면 자신도 그와 같아지려고 생각하고, 뛰어나지 못한 이를 보면 (자신에게도 그런 면이 없는지를) 자기 안에서 스스로 돌아보아야 한다."

_{자-왈} _{견-현} _{사-제-언} _{견-불-현} _이 _{내-자-성}
子曰 見賢思齊焉 見不賢而內自省
_{-야}
也

이 장은 앞의 '이인 16'에 대한 보충이다. 마땅히 해야 할 일을 보았을 때는 미땅함을 깨닫고, 불의나 이익을 보있을 때는 반대로 자기 안으로 들어가 스스로 마땅하지 못함에 굴하거나 이익을 먼저 탐하려는 마음이 없는지를 돌아보아야 군자의 길을 갈 수 있다는 것이다. 반대로 남의 좋은 바를 부러워만 하고 남의 잘못을 꾸짖기만 한다면 그것은 소인의 길이다.

이 장은 앞으로 보게 될 '술이 21' 삼인행(三人行) 장과 거의 같은 취지이다.

공자가 말했다. "세 사람이 길을 가면 반드시 나의 스승이 있게 마련이다. (그럴 경우) 그중에 좋은 점을 골라서 따르고, 좋지 못한 점은 고쳐야 한다."

내용이 정확히 서로 부합한다. 여기서 한 가지, '숭덕(崇德)'과 '수덕(修德)'의 차이를 언급해 둔다. 뛰어난 이를 보고서 자기도 그렇게 어깨를 나란히 하려고 노력하는 일은 자기다움을 높이려는 것이니 숭덕(崇德)이고, 남의 좋지 못한 점을 보고서 자기에게도 그런 면모들이 없는지를 찾아내어 스스로 닦아내는 일은 수덕(修德)이다.

里仁

18

○공자가 말했다. "부모를 섬길 때는 조심해서 은근하게 간언해야 하고, 부모의 뜻이 내 말을 따르지 않는 것을 보게 되더라도 더욱 공경하며 도리를 어기지 말며, 힘들더라도 원망을 해서는 안 된다."

子曰 事父母幾諫
見志不從 又敬不違 勞而不怨

여기서부터 '이인 21'까지는 부부자자(父父子子)의 문제로 나아간다. 그 밑바탕에는 부모에 관한 서(恕)의 문제가 깔려 있다. 물론 그것은 그대로 임금에게도 미루어 헤아려[推] 행해야 할 도리이기도 하다. 관련된 내용이 『예기』 곳곳에 실려 있다. 먼저 내칙(內則)편이다.

"부모가 허물이 있거든 기운을 낮추고 얼굴빛을 온화하게 하며 소리를 부드럽게 하여 간언한다. 간언하는 말이 만일 받아들여지지 않더라도 더욱 삼가고 더욱 효도하여 기뻐하면 다시 간언한다."

다음은 방기(坊記)편이다.

"명령을 따르되 성내지 않고 미간(微諫-기간)을 하되 게을리하지 않으며 괴로워도 원망하지 않아야 효도라고 할 수 있다."

또 『대대례(大戴禮)』에서 증자는 이렇게 말한다.

"부모 행실이 만약에 도리에 맞으면 따르고 도리에 맞지 않으면 간언해야 한다. 간언해도 받아들여지지 않으면 그대로 따르되 간언할 방법을 생각해야 한다. 따르기만 하고 간언하지 않는 것도 효가 아니고, 간언하기만 하고 따르지 않는 것도 역시 효가 아니다."

그런데 유학과는 동떨어진 주자학의 영향을 크게 받은 우리는 간언이라 하면 곧바로 직간(直諫)을 떠올린다. 그 밖의 다른 간언 방법은 비겁하다 하여 은근히 경멸하는 경향까지 있다.

조선 시대 때는 임금에게 간언하는 일을 주업무로 하는 사간원(司諫院)이 있었다. 책임자는 대사간(大司諫·정3품 당상관)이고 그 아래 사간(司諫·종3품), 헌납(獻納·정5품), 정언(正言·정6품)을 거느렸다. 이들이 하는 활동을 흔히 언론(言論)이라 불렀다. 이들 간관(諫官)들은 누구보다도 자주 임금에게 껄끄러운 이야기를 해야 했기 때문에 수시로 고초를 겪었다.

성종(成宗) 때 일이다. 1493년(성종 24년) 8월 인사 문제와 관련해 간관들이 성종의 처사를 간언하자 화가 난 성종은 "지금의 대간(臺諫)들은 털을 불어가며 작은 흠집을 찾아내려 한다"며 대간들을 잡아들여 국문(鞫問)할 것을 명했다. 이에 8월 6일 대사간 허계(許誡)가 상소를 올려 국문 중단을 간절하게 요청한다. 그중에 이런 말이 있다.

"신하가 밀을 올리는 빙법이 하나가 아닙니다. 징간(正諫)이 있고 규간(規諫·정해진 법규에 따라 간하는 것), 풍간(諷諫), 휼간(譎諫)이 있으니 그 간언하는 방법은 다르지만 그 마음은 모두 임금을 허물이 없는 땅에 두려는 것입니다."

예부터 오간(五諫)이라는 말이 있었다. 간언을 말과 태도의 강도에 따라 나눈 것이다.

첫째, 정간(正諫)은 곧이곧대로 간언하는 것으로 직언(直言), 직간(直諫), 강간(强諫)과 통한다. 아량이 아주 넓은 임금의 경우를 제외한다면 정간은 자칫 화를 부르곤 했다. 하지만 그 마음만은 가장 간절하기에 충간(忠諫)임이 분명하다.

둘째, 장간(戇諫)은 장(戇)이라는 말뜻 그대로 우직하게 눈치 살피지 않고 간언하는 것이다. 전후 맥락을 살피지 않고 자기 할 말만 고집스레 하는 경우다. 이럴 경우 정간과 마찬가지로 임금의 역린(逆鱗)을 건드릴 가능성이 크다.

셋째, 강간(降諫)은 말 그대로 자신을 최대한 낮춰 겸손한 문체나 태도로 할 말은 하는 것이다. 왕권이 강한 임금일수록 간언하는 강도는 약해질 수밖에 없다.

넷째, 휼간(譎諫)은 에둘러 간언하는 것이다. 고사(故事)나 시구를 인용해 은근하게 간언하는 것이다. 세조 6년(1460년) 4월 26일 세조는 종친과 공신들을 경회루로 초청해 연회를 베풀었다. 이 자리에서 세조가 큰아버지 양녕대군에게 "저는 불교를 좋아하는 임금입니다"라고 말하자 양녕은 조카 임금에게 이렇게 말한다.

"임금이 불교를 좋아하여 재물을 손상하고 백성을 해치지 않은 경우는 드물었습니다. 전하께서는 옛 사적(史籍)에 두루 통달하시어 고금(古今)의 성패(成敗)를 두루 훤하게 알고 계시니 어떻게 하는 게 좋은지는 저도 모르겠습니다."

은근히 꾸짖는 말이었으나 세조는 이 말에 웃음으로 답했다.

다섯째, 휼간과 비슷하면서 더욱 에둘러 간언하는 것이 풍간(諷諫)이다. 풍자를 통해 알 듯 모를 듯하게 메시지를 전달하는 것이다. 깐깐한 선비들은 풍간을 교언영색(巧言令色)으로 간언하는 방법이라 하여 폄하했지만, 실은 풍간이야말로 할 말은 하면서 일도 풀어내는 고도의 테크닉이었다.

비판의 강도로 보자면 정간, 장간, 강간, 휼간, 풍간 순이겠지만 설득의 기술이라는 면에서 보자면 오히려 풍간, 휼간, 강간, 장간, 정간 순이 아닐까? 그리고 어떤 방식의 간언을 선택하건 그에 앞서 명심해야 할 원칙 하나를 '자장 10'이 제시하고 있다. 자하의 말이다.

"(임금에게) 신뢰를 받은 이후에야 간언해야 한다. 신뢰를 받지 못한 상태에서 간언하면 (임금은) 자신을 헐뜯는다고 여긴다."

○공자가 말했다. "부모가 (살아)계실 때는 먼 곳에서 놀지 않고 (혹시라
도) 놀게 될 경우에는 반드시 일정한 방향이 있어야 한다."

<ruby>子<rt>자</rt></ruby><ruby>曰<rt>왈</rt></ruby> <ruby>父<rt>부</rt></ruby><ruby>母<rt>모</rt></ruby><ruby>在<rt>재</rt></ruby> <ruby>不<rt>불</rt></ruby><ruby>遠<rt>원</rt></ruby><ruby>遊<rt>유</rt></ruby> <ruby>遊<rt>유</rt></ruby><ruby>必<rt>필</rt></ruby><ruby>有<rt>유</rt></ruby><ruby>方<rt>방</rt></ruby>

이 글이 말하려는 핵심은 범조우(范祖禹) 풀이 그대로다.

"자식이 능히 부모의 마음을 자신의 마음으로 삼는다면 효(孝)가 될
것이다."

자기 안에서 스스로 성찰하여[內自省] 부모가 자식 사랑하는 지극한
마음을 제대로 알지 못하고서는 효를 행하기 어렵다는 뜻이다.

里仁

20

○공자가 말했다. "3년 동안 아버지의 도리를 고치지 않는다면 효자라
고 할 만하다."

_{자—왈} _{삼—년} _{무—개} _어 _{부—지—도} _{가—위} _{효—의}
子曰 三年無改於父之道 可謂孝矣

'학이 11'에 나왔던 구절 후반부를 다시 이 문맥에서 끌어온 것이다. 이 또
한 서(恕) 문맥이다.

○공자가 말했다. "부모 나이를 알고 있지 않으면 안 된다. 한편으로는
그래서 기쁘고 한편으로는 그래서 두렵다."

자─왈　　부─모　지　년　　　불─가　　　부─지─야
子曰 父母之年 不可不知也
일─즉　이　희　　일─즉　이　구
一則以喜 一則以懼

부모가 자식 생각하는 지극함에 비춰 자식도 거기에 미치지 못하더라도
정성을 다해 부모를 모시는 마음을 가져야 한다. 그것을 실천하는 방법 중
하나로 공사는 늘 부모님의 언세를 엄두에 두는 길을 세시한 것이다. 부모
님이 아직 살아계시니 기쁜 것이고 점점 나이 들어가시니 두려운 것이다.
여기까지는 내자성(內自省)하는 한 가지 방법으로서 효의 실천을 살펴본
셈이다.

里仁

22

○공자가 말했다. "옛날에는 말을 함부로 하지 않았는데 이는 몸소 실천
함이 그에 미치지 못할까 봐 부끄러워해서였다."

<ruby>子<rt>자</rt></ruby><ruby>曰<rt>왈</rt></ruby> <ruby>古<rt>고</rt></ruby><ruby>者<rt>자</rt></ruby><ruby>言<rt>언</rt></ruby><ruby>之<rt>지</rt></ruby><ruby>不<rt>불</rt></ruby><ruby>出<rt>출</rt></ruby> <ruby>恥<rt>치</rt></ruby><ruby>躬<rt>궁</rt></ruby><ruby>之<rt>지</rt></ruby><ruby>不<rt>불</rt></ruby><ruby>逮<rt>체</rt></ruby><ruby>也<rt>야</rt></ruby>

이제 내자성(內自省) 문제를 효가 아닌 말과 실천, 다시 말해 군자의 언(言)
과 행(行)으로 방향을 바꾼다. 이에 대해서는 범조우 풀이가 간명하다.

　　"군자는 말에 있어 부득이한 뒤에 하는 것이니, 말하기가 어려운 것
　　이 아니라 행하기가 어려워서이다. 일반 사람들은 행하지 않는다. 이
　　때문에 가볍게 말하는 것이니, 말하는 것을 그 행실과 같이하고 행실
　　을 그 말한 것과 같이한다면 말이 입에서 나오기가 반드시 쉽지 않을
　　것이다."

　　우리는 이 장에서 '치(恥)'에 주목하고자 한다. 언행일치가 되지 않는
것을 부끄러워하면 군자이고, 그것을 전혀 부끄러워하지 않으면 소인이
라고 볼 수 있기 때문이다. 외형적으로 언행이 일치하느냐 하지 않느냐도
중요하지만 그보다는 그에 대해 부끄러움[恥]을 느끼느냐 아니냐가 훨씬
더 중요하다. 그런 점에서는 여전히 내자성(內自省) 문맥도 이어지고 있다
고 할 수 있다. 동시에 이는 어떤 사람이 군자인지 아닌지를 판별하는 중
요한 기준을 제시한 것으로 볼 수도 있다.

　　부끄러움[恥] 문제와 관련해 일단 말과 일을 행함의 불일치에 대한
부끄러움과 관련된 구절들을 짚어본다. 주로 헌문(憲問)편에 이런 내용들
이 제법 나오는데 여기서는 '헌문 21과 29'를 살펴보자.

　　공자가 말했다. "그 말하는 바를 부끄러워할 줄[作=恥] 모른다면 그
　　것을 행하는 것은 어렵다."('헌문 21')

　　공자가 말했다. "군자는 (실천은 고려하지 않고서) 큰소리치는 것을 부
　　끄러워하고 행실을 말보다 조금 더 나아가도록 처신한다."('헌문 29')

○공자가 말했다. "(말과 행동을) 다잡음으로써 잘못을 저지르는 자는 드물다."

子曰 以約失之者鮮矣
^{자-왈} ^{이-약} ^{실-지-자} ^{선-의}

다잡음[約=檢]은 검소함이나 검약함과는 상관이 없고, 일의 이치[禮=事理]로 자기를 다잡는 것이다. 언행 불일치에 대한 처방은 다름 아닌 약례(約禮)이다.

○공자가 말했다. "군자는 말은 어눌하게 하려고 애쓰고 일을 행할 때는
주도면밀하게 한다."

_{자-왈} _{군-자} _{욕-눌-어-언} _이 _{민-어-행}
子曰 君子欲訥於言而敏於行

'학이 14'에 나온 "일은 주도면밀하게 하고 말은 신중하게 하면서[敏於事
而愼於言]"와 짝을 이루는 대목이다. 신(愼)은 "어눌하게 하려고"로 풀이
하였다. 여기서 행(行)이란 곧 행사(行事)이다. 일을 행하는 것이니 행(行)
은 흔히 오독되듯이 도덕적 행실과는 무관한 것이다. 여기서도 민(敏)은
민첩하다가 아니라 '주도면밀하다'이다.

里仁

25

○공자가 말했다. "다움은 외롭지 않아 반드시 함께 하는 이웃이 있다."

^자^왈 ^덕 ^불^고 ^필 ^유^린
子曰 德不孤 必有隣

그 뜻을 알 듯 모를 듯 애매하다. 전통적으로 '바야흐로 같은 부류들이 모여 뜻을 같이하여 서로를 찾기 때문에 반드시 이웃이 있다'라고 풀이하지만 동어 반복일 뿐이다. 다행히 이 구절과 관련해서는 신하 도리를 제시하는 『주역』 곤(坤)괘(䷁) 중에서 육이(六二)에 대한 공자 풀이인 문언전(文言傳)에 자세한 문맥이 나온다.

> "곧음이란 그 바름이고, 방정함이란 그 마땅함이다. 군자는 삼감으로 내면을 곧게 하고, 마땅함으로 외면을 방정하게 하니[敬以直內 義以方外] 삼감과 마땅함[敬義]이 서게 되면 다움은 외롭지 않다[德不孤]."

앞서 보았듯이 곧음[直]은 신하 도리이다. 방정함[方] 또한 마찬가지다. 이는 신하가 안으로 곧음을 세우고 밖으로 방정함을 세울 경우, 그를 알아주는 임금이 있어 외롭지 않다는 뜻이다.

『설원』 6-1에 비밀을 푸는 열쇠가 고스란히 들어 있다.

> 〔『논어』 이인(里仁)편에서〕 공자가 말했다. "다움이 있는 사람은 외롭지 않아 반드시 함께 하는 이웃이 있다."

> 무릇 은덕을 베푼 사람은 은덕을 내세우지 않는 것을 귀하게 여기고, 은혜를 입은 사람은 반드시 보답하는 것을 중하게 여겨야 한다. 이 때문에 신하는 임금을 위해 부지런히 힘쓰고도 보상을 바라지 않으며, 임금은 은덕을 베풀어 아랫사람들을 길러주되 은덕을 내세워서는 안 된다. 그래서 『주역』〔계사전(繫辭傳)〕에 이르기를 "수고로워도 원망하지 않고 공로가 있어도 자기 덕분임을 내세우지 않는 것은 (다움의) 두터움이 지극한 것이다"라고 했다.

> 임금과 신하는 서로 시장에서 물건을 사고파는 도리로 맺어져 있으니

임금은 녹봉을 들어 신하를 대우하고 신하는 온 힘을 다해 그에 보답한다. 신하가 생각지도 못한 큰 공로를 세우면 임금은 무거운 상을 내려주고, 만일 임금이 특별한 은덕을 베풀면 신하는 반드시 죽음으로 은덕에 보답해야 한다.

공자가 말했다. "북쪽에 궐(蟨-쥐의 일종)이라는 짐승이 있는데 앞발은 쥐와 같고 뒷발은 토끼와 같아서 잘 달리지 못한다. 이 짐승은 공공(蛩蛩)과 거허(巨虛)를 너무나도 좋아해 맛있는 풀이 생기면 반드시 이 풀을 꼭꼭 씹어 공공과 거허에게 먹여주고, 공공과 거허는 사람이 오는 것을 보면 반드시 궐을 업고 달아난다. 이는 궐의 본성이 공공과 거허를 사랑해서가 아니라 공공과 거허의 발을 빌리기 위한 것이고, 공공과 거허 두 짐승도 본성이 궐을 사랑해서가 아니라 궐이 맛있는 풀을 먹여주기 때문이다. 무릇 금수와 곤충도 서로 빌려주고서 보답할줄 아는데, 하물며 선비나 군자 중에서 천하에 명예와 이익을 세우려는 사람임에랴!"

무릇 신하가 임금의 은덕에 보답하지 않고 구차스럽게 사사로운 이익만 추구하면 이는 재앙의 근원이요, 임금이 신하의 공로에 보답하지 않고 보상을 행하는 것을 꺼리면 이 역시 재앙의 기틀이다. 무릇 화란의 근원과 기틀은 은덕과 은혜에 보답하지 않는 데서 생겨난다.

이 중에서도 특히 "신하가 생각지도 못한 큰 공로를 세우면 임금은 무거운 상을 내려주고, 만일 임금이 특별한 은덕을 베풀면 신하는 반드시 죽음으로 은덕에 보답해야 한다"가 바로 "다움이 있는 사람은 외롭지 않아 반드시 이웃이 있다"의 정확한 의미다.

○자유가 말했다. "임금을 섬기면서 어떤 일을 자주 하게 되면 이에 욕
  을 당하게 되고, 붕우 사이에 어떤 일을 자주 하게 되면 이에 소원해진
  다."

子游曰 事君數 斯辱矣 朋友數 斯疏

矣

삭(數)이란 '자주' 혹은 '자꾸[亟]'라는 뜻이다. 이는 앞의 '이인 25'와 연
결해서 풀 때 뜻이 분명해진다. '자주'는 간언이나 충고를 자주 한다는 뜻
도 되겠지만, 넓혀서 해석하면 삼감[敬]이나 마땅함[義]을 잃어버리면 임
금을 섬기다가 내팽개침을 당하고 붕우와 사귀다가 외면당하는 것을 뜻
할 수도 있다. 이를 풀면 "다움을 갖추지 않아 반드시 이웃이 없어진다"
라고 볼 수 있다. 이때 다움을 갖추지 않는 것은 어질지 못함[不仁]의 전형
이다.

　'이인 25와 26'을 연결해서 풀어내면 다음과 같다. '이인 25'는 곧은
신하[直臣]는 언젠가는 반드시 눈 밝은 임금[明君]을 만나게 된다는 것이
다. '이인 26'은 곧지 못한 신하[不直]는 공로를 내세우다가 결국 봉변을
당하거나 뜻을 같이했던 임금으로부터 내침을 당한다는 것이다.

　이렇게 해서 우리는 위정(爲政)편, 팔일(八佾)편, 이인(里仁)편을 통해
다움[德], 일의 이치[禮], 어짊[仁]이라는 세 개념을 확보했다.

　이를 동사와 연결 지으면 먼저 다움은 성덕(成德) 혹은 위덕(爲德)이라
고 한다. 둘 다 다움을 이루어내는 것이다. 이를 위해서는 두 가지 방법이
있다. 하나는 숭덕(崇德)이고, 또 하나는 수덕(修德) 혹은 수특(修慝)이다.

　다음은 예(禮)인데 예법을 행한다고 할 때는 행례(行禮)가 되겠지만,
일의 이치와 연결될 때는 지례(知禮)가 된다. 여기서는 대부분 지례(知禮)

가 중심이다.

끝으로 인(仁)인데 그에 맞는 동사는 친(親)이다. 내 몸처럼 여긴다는 뜻이다. 즉 친인(親仁)은 '어짊을 내 몸처럼 여긴다'는 뜻이다. 내가 어짊에 뜻을 두지 않는 순간 어짊은 나에게서 멀어지는 그런 것이다. 공자는 맹자와 달리 인(仁)을 우리 안에 있는 것으로 보지 않았다. 끝임없이 인에 뜻을 두고 내 것으로 만들려고 노력해야 하는 무엇으로 보았을 뿐이다. 그래서 친인(親仁)이라고 한 것이다.

⑤

公 공

冶 야

長 장

○子謂公冶長可妻也雖在縲絏之中非其罪也以其子妻之子謂南容邦有道不廢邦無道免於刑戮以其兄之子妻之

○子謂子賤君子哉若人魯無君子者斯焉取斯

○子貢問曰賜也何如子曰女器也曰何器也曰瑚璉也

○或曰雍也仁而不佞子曰焉用佞禦人以

7

6

5

治其賦也不知其仁也求也何如子曰
치기부야　　　기인야　구야　하여　자왈

不知也又問子曰由也千乘之國可使
부지야우문자왈　유야천승지국가사

無所取材○孟武伯問子路仁乎子曰
무소취재　맹무백문자로인호자왈

由與子路聞之喜子曰由也好勇過我
유여자로문지희자왈유야호용과아

○子曰道不行乘桴浮于海從我者其
자왈도불행승부부우해종아자기

使漆雕開仕對曰吾斯之未能信子說
사칠조개사대왈오사지미능신자열

口給屢憎於人不知其仁焉用佞○子
구급누증어인부지기인언용녕　자

也〇宰予晝寢子曰朽木不可雕也糞

聞一以知二子曰弗如也吾與女弗如

賜也何敢望回回也聞一以知十賜也

也〇子謂子貢曰女與回也孰愈對曰

帶立於朝可使與賓客言也不知其仁

也不知其仁也赤也何如子曰赤也束

求也千室之邑百乘之家可使爲之宰

所及也○子貢曰夫子之文章可得而

我也吾亦欲無加諸人子曰賜也非爾

慾焉得剛○子貢曰我不欲人之加諸

日吾未見剛者或對曰申棖子曰棖也

也聽其言而觀其行於予與改是○子

吾於人也聽其言而信其行今吾於人

土之墻不可杇也於予與何誅子曰始

公冶長

13　14　15　16

16　義〇子曰晏平仲善與人交久而敬之
恭其事上也敬其養民也惠其使民也

15　子謂子産有君子之道四焉其行己也
敏而好學不恥下問是以謂之文也〇

14　子貢問曰孔文子何以謂之文也子曰
也〇子路有聞未之能行唯恐有聞〇

13　聞也夫子之言性與天道不可得而聞

吾_오大_대夫_부崔_최子_자也_야違_위之_지一_일邦_방則_즉又_우曰_왈猶_유

有_유馬_마十_십乘_승棄_기而_이違_위之_지至_지於_어他_타邦_방則_즉曰_왈猶_유

乎_호曰_왈未_미知_지焉_언得_득仁_인崔_최子_자弑_시齊_제君_군陳_진文_문子_자

必_필以_이告_고新_신令_영尹_윤何_하如_여子_자曰_왈忠_충矣_의曰_왈仁_인矣_의

尹_윤無_무喜_희色_색三_삼已_이之_지無_무慍_온色_색舊_구令_영尹_윤之_지政_정

知_지也_야○子_자張_장問_문曰_왈令_영尹_윤子_자文_문三_삼仕_사爲_위令_영

○子_자曰_왈臧_장文_문仲_중居_거蔡_채山_산節_절藻_조梲_절何_하如_여其_기

19　20　21　22

所以裁之○子曰伯夷叔齊不念舊惡
소이재지　자왈　백이숙제　불념구악

歸與吾黨之小子狂簡斐然成章不知
귀여오당지소자광간비연성장부지

及也其愚不可及也○子在陳曰歸與
급야기우불가급야　자재진왈귀여

武子邦有道則知邦無道則愚其知可
무자방유도즉지방무도즉우기지가

而後行子聞之曰再斯可矣○子曰甯
이후행자문지왈재사가의　자왈녕

仁矣乎曰未知焉得仁○季文子三思
인의호왈미지언득인　계문자삼사

吾大夫崔子也違之何如子曰清矣曰
오대부최자야위지하여자왈청의왈

曰願無伐善無施勞子路曰願聞子之

馬衣輕裘與朋友共敝之而無憾顏淵

季路侍子曰盍各言爾志子路曰願車

友其人左丘明恥之丘亦恥之○顏淵

色足恭左丘明恥之丘亦恥之匿怨而

醯焉乞諸其鄰而與之○子曰巧言令

怨是用希○子曰孰謂微生高直或乞

26　27

志子曰老者安之朋友信之少者懷之

○子曰已矣乎吾未見能見其過而內

自訟者也○子曰十室之邑必有忠信

如丘者焉不如丘之好學也

公冶長 1

○공자가 공야장을 평해 말했다. "사위로 삼을 만하다. 비록 감옥에 갇힌 적이 있지만 그의 죄는 아니다." 자기 딸을 아내로 삼게 했다.

공자가 남용을 평해 말했다. "나라에 도리가 있을 때는 버려지지 않을 것이고, 나라에 도리가 없을 때는 형벌을 면할 것이다." 자기 형 딸을 아내로 삼게 했다.

子謂公冶長 可妻也 雖在縲絏之中
非其罪也
以其子妻之
子謂南容 邦有道 不廢 邦無道 免於
刑戮
以其兄之子妻之

우리는 지금까지 '총론격인 학이(學而)편'에서 출발해 '다움을 다루는 위정(爲政)편' '일의 이치를 다루는 팔일(八佾)편' '어짊을 다루는 이인(里仁)편'을 지나왔다. 이를 통해 우리는 앞으로 사람을 살필 때 잣대로 삼을 수있는 다움[德], 일의 이치[禮] 그리고 어짊[仁] 세 가지를 갖추게 되었다.

공야장(公冶長)편은 이 세 가지 잣대를 활용해 사람을 살피는 실전 훈련을 하는 사례 모음이다. 그 점에서는 옹야(雍也)편도 마찬가지다. 이를 통해 역으로 다움, 일의 이치, 어짊이란 세 개념을 보다 구체적으로 이해할 수 있다.

公
冶
長
1

공야장(公冶長)과 남용(南容) 두 사람은 다 공자 제자이다. 공야장에
관한 인적 정보는 사마천『사기』'중니제자열전'에 나오는 것이 전부다.

　"공야장은 제(齊)나라 사람으로 자(字)는 자장(子長)이다."

　노나라 사람이라는 설도 있다. 결국 우리는『논어』에 나온 공자 말만
갖고서 공야장이라는 인물에 대한 지인(知人) 작업을 수행할 수밖에 없다.
공자는 공야장을 평하기를[謂＝評] "사위로 삼을 만하다. 비록 감옥에 갇
힌 적이 있지만 그의 죄는 아니다"라고 말했다. 이때 '평하다'는 뜻의 위
(謂)는 지인지감 차원에서 매우 중요하다. 그것이 바로 인물평임을 말해
주기 때문이다. 마찬가지로 하이(何以)라는 표현도 지인지감과 직결되는
말이다. '무엇으로서', 즉 무엇을 단서로 해서 어떤 사람을 이러저러하다
고 판단하고 평하는지를 살필 수 있게 해주기 때문이다.

　누(縲)란 검은 새끼나 포승이란 뜻이고 설(絏)이란 '매다'나 '묶다'는
뜻이니 포승줄에 묶여 있다는 뜻이다. 따라서 누설지중(縲絏之中)이란 감
옥을 말한다.

　그러면 공자가 감옥에 간 적이 있는 공야장을 왜 굳이 사위로 삼은 것
일까? 공야장에게는 어떤 뛰어난 점이 있었던 것일까? 분명 다움이나 일
의 이치를 아는 정도나 어짊을 행하는 수준 등이 매우 뛰어나다고 보았기
때문일 것이다. 여기에는 그러나 하이(何以)가 빠져 있다. 그래서 아쉽지
만 우리는 이어지는 사례, 즉 조카사위로 삼은 남용 사례를 통해 미루어
헤아려[推] 보는 수밖에 없다.

　공자는 남용이란 인물을 평해[謂] 이렇게 말했다.

　"나라에 도리가 있을 때는 버려지지 않을 것이고, 나라에 도리가 없
　을 때는 형벌을 면할 것이다."

　버려지지 않는다는 것은 쓰인다[登用]는 말이고, 형벌을 면할 것이라
는 것은 그만한 다움[德]을 갖추고 있다는 말이다. 능력이 있으니 쓰일 것
이고, 다움을 갖추었으니 형벌을 면할 수 있다. 공자는 능력[能＝才]과 다
움[德], 두 가지를 척도로 남용이란 인물을 살펴 조카사위로 삼은 것이다.

남용 이름은 남궁괄(南宮括)이고, 자(字)는 자용(子容)이다. 공자와 같은 노나라 사람이다. 『논어』에는 남용의 다움을 보여주는 일화가 두 가지 나온다. 먼저 '헌문 6'이다.

> 남궁괄이 공자에게 물어 말했다. "예(羿)는 활을 잘 쏘았고, 오(奡)는 물에서 배를 밀 만큼 힘이 셌는데 둘 다 제대로 죽지 못했습니다. 그러나 우왕(禹王)과 직(稷)은 (젊어서) 몸소 농사를 지었지만 (훗날) 천하를 소유했습니다."
>
> 공자는 아무런 대답을 하지 않았다. 남궁괄이 밖으로 나가자 공자가 말했다. "군자로다, 저 사람이여! 다움을 숭상하는구나, 저 사람이여!"

남용의 다움에 대한 보다 구체적인 언급은 '선진 5'에 나온다.

> "남용이 (하루에) 세 번씩 백규(白圭)라는 시를 반복해서 읊조리니 공자는 자기 형 딸을 아내로 삼게 했다."

남용이 갖춘 다움을 살필 수 있는 단서는 백규(白圭)이다. 백규란 『시경』 대아(大雅) 억(抑)편에 나오는 말이다.

> "흰 옥의 흠은 오히려 갈아서 없앨 수 있지만 이 말의 흠결은 그리할 수가 없구나[白圭之玷 尙可磨也 斯言之玷 不可爲也]!"

이는 남용이 신어언(愼於言)을 통해 다움을 잘 갖추고 있었다는 뜻이다. 이런 사람은 대체로 일에 임해서는 민어사(敏於事), 즉 주도면밀하게 잘 처리하기 때문에 유능하다. 이제 왜 공자가 남용에 대해 그런 좋은 평가를 했는지 분명히 이해되었을 것이다. 다움을 사람 평가를 위한 척도로 활용한 경우라 하겠다.

옛 해설가들은 공야장과 남용 중에 누가 더 뛰어난지를 두고 이런저런 이야기를 하곤 했다. 그러나 자기 사위와 조카사위에 경중을 둔 것은 아니고 또 같은 시기에 두 사람을 사윗감으로 고른 것은 아니기 때문에 이 문제에게 대해서는 더 이상 논하지 않겠다.

'이인 22'를 다시 음미해 보자.

공자가 말했다. "옛날에는 말을 함부로 하지 않았는데 이는 몸소 실천함이 그에 미치지 못할까 봐 부끄러워해서였다."

公冶長
2

○공자가 자천을 평해 말했다. "군자도다, 저 사람이여! 노나라에 군자다운 자들이 없었다면 이 사람이 어디서 이런 군자다움을 취했겠는가!"

子謂子賤 君子哉若人
魯無君子者 斯焉取斯

사마천『사기』'중니제자열전'에서 자천에 대해 이렇게 말한다.

"복부제(宓不齊)의 자(字)는 자천(子賤)이다."

다행히 그에 관한 기록은 『여씨춘추(呂氏春秋)』나 『한시외전(韓詩外傳)』 등에 실려 있고, 『설원』 제7장 정리(政理)편에는 여러 차례에 걸쳐 그에 관한 일화가 소개되어 있다. 그중 자천이 어떤 다움을 갖고 있었는지를 보여주는 일화만 소개한다. 7-25이다.

공자가 복자천에게 일러 말했다. "자네가 선보를 다스릴 때 그곳 사람들이 기뻐했다고 하니, 나에게 그렇게 할 수 있었던 이유를 말해 보게."

말했다. "저 부제(不齊)는 그들의 아버지를 제 아버지처럼 대했고 그들의 아들을 제 아들처럼 대했으며, 여러 고아들을 구휼하고 상을 당하면 (제가 상을 당한 듯이) 슬퍼했습니다."

공자가 말했다. "좋기는 하나 작은 일[小節]이라 소수 백성만 귀부할 것이니 아직은 충분치 못하다."

말했다. "저는 아버지처럼 섬긴 이가 세 사람이고, 형처럼 섬긴 이가 다섯 사람이며, 벗으로 대한 이가 열 사람입니다."

공자가 말했다. "아버지처럼 섬긴 이가 세 사람이면 효도를 가르칠 수 있고, 형처럼 섬긴 이가 다섯이면 공순함을 가르칠 수 있으며, 벗으

로 대한 이가 열 사람이면 배움을 가르칠 수 있다. (그러나) 이는 중간
단계의 일[中節]이라 중간 수준에 속하는 백성만 귀부할 것이니 아직
은 충분치 못하다.”

말했다. “이 땅 사람들 중에 저보다 뛰어난 이가 다섯 사람이 있어 제
가 그들을 섬기니 그들 모두가 저에게 다스리는 방법을 가르쳐주었습
니다.”

공자가 말했다. “큰일을 하기를 바란 것이 마침내 바로 여기에 있도
다. 옛날에 요순은 자기 몸을 깨끗하게 비우고 낮추어 천하의 일을 듣
고 살피면서 뛰어난 이가 찾아오게 하는 데 힘썼다. 무릇 뛰어난 이를
들어 쓰는 것은 모든 복 중에서 으뜸이요, 신명에 이르는 기틀이다. 네
가 다스린 곳이 작도다. 네가 다스린 곳이 컸다면 아마도 요순이었을
것이다.”

자천은 무엇보다 정사에 뛰어났던 인물이고 자기를 비워 뛰어난 이
를 잘 들어쓸 줄 아는 다움을 갖추고 있었던 것이다.

그렇다면 다움은 어디서 어떻게 얻는가? 다움은 스스로 기르기도 하
지만 마을이나 공동체로부터 영향을 받으며 기르게 된다. 여기서도 노나
라에는 옛 도리가 살아 있었기에 자천이 그로부터 영향을 받아 군자가 될
수 있었다고 말한다. ‘이인 1’과도 통한다.

언어의 달인 공자의 말 다루기를 볼 수 있는 대목이 이어진다. 직역하
면 “이것이 어디서 이것을 취했겠는가![斯焉取斯]”라는 뜻이다. 앞의 사
(斯)는 ‘이 사람’이고 뒤의 사(斯)는 ‘이 훌륭한 다움[良德]’이다. 역시 다
움으로 사람을 평가하고 있다.

『설원』 제7장 정리(政理)편에 공자가 자천에게 이런 말을 하게 된 배
경을 보여주는 일화가 실려 있다. 7-28이다.

공자 형의 아들 중에 공멸(孔蔑)이 있었는데, 복자천과 함께 둘 다 벼
슬을 하고 있었다. 공자가 공멸을 찾아가 물었다. “너는 벼슬살이를
한 이후로 무엇을 얻고 무엇을 잃었는가?”

공멸이 말했다. "제가 벼슬살이를 한 이후 아직 얻은 것은 없고, 잃은 것은 세 가지입니다. 공무가 마치 옷을 껴입은 듯이 쌓여있으니 배운 것을 언제 익힐 수 있었겠습니까? 이 때문에 배운 것을 제대로 밝힐 수 없었으니, 이것이 잃어버린 첫 번째입니다. 녹봉이 적어 멀건 죽조차 친척들에게 제대로 줄 수 없었습니다. 이 때문에 친척들과 더 멀어졌으니, 이것이 잃어버린 두 번째입니다. 급히 처리해야 할 공무가 많아 죽은 이를 조문하고 병든 이를 문병할 수 없었습니다. 이 때문에 벗들과 더 멀어졌으니, 이것이 잃어버린 세 번째입니다."

공자는 기뻐하지 않고서 다시 자천을 만나 보고서 말했다. "너는 벼슬살이를 한 이후로 무엇을 얻고 무엇을 잃었는가?"

자천이 말했다. "제가 벼슬실이를 한 이후 아직 잃은 것은 없고, 얻은 것은 세 가지입니다. 처음에 읽었던 글을 지금은 도리를 밟아 그것을 시행했습니다. 이는 배움이 날로 더 밝아진 것이니, 이것이 얻은 첫 번째입니다. 녹봉이 비록 작지만 친척들에게 주었습니다. 이 때문에 친척들과 더 친해졌으니, 이것이 얻은 두 번째입니다. 급히 처리해야 할 공무가 많지만, 밤에도 부지런히 하면서 죽은 이를 조문하고 병든 이를 문병했습니다. 이 때문에 벗들과 더 친해졌으니, 이것이 얻은 세 번째입니다."

공자가 자천에 대해 인물평을 하며 말했다. "군자도다, 이 사람이여! 군자도다, 이 사람이여! 노나라에 군자다운 자들이 없었다면 이 사람이 어디에서 이 군자다움을 취했겠는가?"

公冶長
3

○자공이 물었다. "저의 경우는 어떠합니까?"

공자가 말했다. "너는 그릇이다."

(자공이) 말했다. "어떤 그릇입니까?"

(공자가) 말했다. "호련(瑚璉)이다."

子貢問曰 賜也何如
자-공 문-왈 사-야 하-여

子曰 女 器也
자-왈 여 기-야

曰 何器也
왈 하-기-야

曰 瑚璉也
왈 호-련-야

지금 우리는 공자 제자 중에서 상급에 속하는 인물들을 사례로 삼아 그들에 대한 공자 인물평을 보고 있다. 자공의 첫 물음을 보면 아마도 공자가 자천을 군자라고 높게 평가하는 것을 보고서 던진 물음처럼 보인다. 물론 전혀 다른 곳에서 이루어진 이 질문을 『논어』 편찬자가 정교하게 배치한 것일 수도 있다. 자공이 듣고 싶었던 대답은 분명하다. "너도 군자이다."

그러나 공자는 "너는 그릇이다"라고 답했다. '위정 12'에서 보았듯이 공자는 분명히 "군자는 그릇이 아니다"라고 말했다. 그러니 자공은 실망했을 것이다. 그렇지만 일의 이치를 아는 지자(知者) 자공은 다시 "어떤 그릇입니까?"라고 물어 "너는 호련(瑚璉)이다"라는 답을 이끌어냈다.

호련이란 종묘 제사 때 기장을 담는 그릇이다. 은나라에서는 호(瑚)라고 했고 하나라에서는 연(璉)이라고 했으며 주나라에서는 보궤(簠簋)라고 했는데, 모두 그냥 그릇이 아니라 귀한 그릇임을 말하고 있다.

『논어』에서 안회는 인자(仁者), 자공은 지자(知者), 자로는 용자(勇者)

를 대표하는 인물이다. 군자란 경우에 따라 인자, 지자, 용자를 모두 가리킬 때가 있고, 인자만을 가리킬 때가 있는데 지금이 바로 그런 경우이다. 공야장(公冶長)편에 나오는 남용, 자천은 인자급 군자이지만 자공은 아직 여기에는 미치지 못한다고 공자는 보았다.

　　그러나 공자는 자공을 인자급 군자가 될 가능성이 큰 제자로 보았기에 편달(鞭撻)하는 차원에서 종종 꾸짖곤 했다. 곧 보게 될 '공야장 8'에서 공자는 수제자라 할 수 있는 안회와 비교할 경우 누가 더 낫다고 생각하느냐고 자공에게 묻기도 한다. 자로에 대해서도 마찬가지다. 바탕이 좋다고 보았지만 애씀에 힘쓰지 않기에 자로에 대해서도 자주 꾸짖었다.

公冶長
4

○어떤 사람이 말했다. "옹(雍-중궁)은 어질기는 하지만 말을 잘하지 못합니다."

공자가 말했다. "말 잘하는 것을 어디에다 쓰겠는가? 말재주로 남이 할 말을 막아서 남에게 자주 미움을 받게 될 것이다. 그가 어진지는 모르겠지만 말 잘하는 것을 어디에다 쓰겠는가?"

혹-왈　옹-야　인-이-불-녕
或曰 雍也仁而不佞

자-왈　언-용-녕　어-인　이　구-급　누-증　어-인
子曰 焉用佞 禦人以口給 屢憎於人

부-지　기-인　언-용-녕
不知其仁 焉用佞

다시 말의 문제이다. 말과 일을 행함[言行]은 어떤 사람의 다움을 살필 수 있는[察德] 명확한 실마리다. 공자가 말과 행함을 나란히 강조하는 것도 그 때문이다.

　　사마천『사기』'중니제자열전'에서 염옹에 대해 이렇게 말한다.

　　"염옹(冉雍)의 자(字)는 중궁(仲弓)이다."

　　중궁은 주도면밀한 일처리 능력[敏於事]과 신중하게 말을 하는 다움[愼於言]을 함께 갖추고 있었다. 이 점을 확연하게 보여주는 것이 '옹야 1'이다.

　　공자가 말했다. "옹(雍-중궁)의 경우 (임금이 되어) 남면(南面)하게 할 만하다."

　　중궁이 자상백자는 어떠냐고 물었다.

　　공자가 말했다. "괜찮다, 그의 대범 소탈함도."

　　중궁이 말했다. "안으로 삼가면서 대범 소탈하게 일을 행하여 그 백성에게 임한다면 실로 괜찮지 않겠습니까? (그런데) 안으로도 대범 소

탈하고 일을 행하는 것도 대범 소탈한 것은 너무 대범 소탈한 것 아니
겠습니까?"

공자가 말했다. "옹의 말이 맞다."

이에 대해서는 정약용 풀이가 정곡을 찌른다.

"마음이 거(居)하는 바를 삼가면 일을 생각함이 주도면밀하여 그 행
하는 바가 비록 대범하더라도 빠뜨리는 바가 없지만, 거하는 바가 대
범하면 일을 생각함이 듬성듬성 소략해져서 그 행하는 바가 비록 대
범하더라도 마침내는 반드시 어지러워진다."

여기서는 오히려 자상백자가 내면을 삼가지 못함을 공자는 놓쳤고
중궁은 꿰뚫어 보았다. 중궁이 사람 보는 능력이 보통이 아님을 알 수 있
나. 그래서 공사는 중궁은 남면할 수 있다고 했고, 또 잘못 판단한 것을 인
정하며 "옹의 말이 맞다"라고 한 것이다. 이는 중궁이 높은 수준의 제자
임을 보여준다.

영(佞)은 흔히 '아첨하다'라는 뜻으로 쓰이는데 『논어』에서는 그런
뜻으로 쓰이는 경우는 없다. 영(佞)은 교언(巧言)으로 번역되고, 크게 두
가지 의미로 쓰였다. 긍정적 의미와 부정적 의미의 교언 두 가지다. 여기
서 어떤 사람은 긍정적 의미의 교언이라는 뜻으로 사용하고 있다. 이와 달
리 공자는 이미 영(佞)의 부정적 의미를 끌어들여 그를 반박한다.

公冶長
5

○공자가 칠조개에게 벼슬길에 나가라 하자 대답했다. "저는 벼슬길에
나설 수 있는지에 대해 아직 자신할 수 없습니다." 공자가 기뻐했다.

_자 _사 _{칠—조—개} _사　_{대—왈}　_오 _사 _지 _{미—능} _신
子使漆雕開仕 對曰 吾斯之未能信
_자 _열
子說

사마천『사기』'중니제자열전'에서 칠조개(漆彫開)에 대해 이렇게 말한다.
　"자(字)는 자개(子開)이다."
　『논어』에서 칠조개에 대한 언급은 이곳 딱 한 번뿐이다. 배움의 수준
이나 다른 행적에 대한 정보는 더 이상 없다.
　여기서 주목해야 할 것은 칠조개 말에 공자가 기뻐한 까닭이다. 공안
국은 칠조개가 아직 자신 없다고 말한 까닭을 "아직 이에 대해 연구하고
익히지 못했기 때문"이라고 풀이했다. 유치한 풀이다. 만약 그 때문이라
면 너무도 당연한 것이고, 편찬자가 굳이 그런 사례를『논어』에 실을 까닭
이 없다. 공자가 기뻐한 까닭은 '태백 12'에 고스란히 담겨 있다.
　공자가 말했다. "3년 정도 배우고서 녹봉에 뜻을 두지 않는 자를 쉽게
　얻기 어렵다."
　말을 참기[愼於言]보다 더 힘든 것이 어쩌면 부귀를 스스로 멀리하는
것일지 모른다. 공자가 벼슬을 권했다는 것은 배움이 충분히 무르익었다
고 판단한 때문이다. 그런데 칠조개는 자기 자질에 대해 자신하지 못한다
면서 진심으로 벼슬길을 사양했다. 이는 겸손한 다움[謙德]을 드러낸 것이
다. 공자가 볼 때 스스로 자신하지 못하겠다는 칠조개 말은 소안(所安), 즉
진심이었다. 공자가 기뻐한 것은 칠조개의 이런 다움을 확인한 때문이다.

公冶長
6

○공자가 말했다. "세상에 도리가 행해지지 않는다. 뗏목을 타고 바다를 건너갈까 하는데 나를 따를 사람은 아마도 저 자로일 것이다."

자로가 그 말을 듣고서 기뻐하니 공자가 말했다. "유(由-자로)의 경우 용맹을 좋아하는 것이 나보다 낫지만 일을 마름질하는 바가 없다."

子曰 道不行 乘桴浮于海
從我者 其由與 子路聞之喜
子曰 由也好勇過我 無所取材

먼저 공자는 세상에 도리가 행해지지 않음을 한탄한다. 군군신신 부부자자의 도리가 행해지지 않아 나라에 도리가 없는 지경[邦無道]이 되었음을 탄식한 것이다. 그리고 "뗏목을 타고 바다를 건너갈까 하는데"라고 넌지시 말하고서 "이때 자기를 따라나설 제자는 아마도 자로일 것"이라고 지목한다.

앞서 보았듯이 자로는 예(禮), 즉 일의 이치[事理]를 배우기를 좋아하지 않았던 제자이다. 다른 제자, 예를 들어 안회나 자공이었다면 당연히 "어찌 뗏목을 타고 바다로 나가신다는 말씀이십니까? 위험해서 안 됩니다"라고 했을 것이다. 그러나 자로는 공자가 자기만이 공자를 따를 것이라고 말하자 용맹을 좋아하며 단순한 사람답게 그 말을 듣고서 기뻐했다. 자기를 알아주어[知己] 기뻐한 것이다. 이어서 공자는 용자(勇者) 자로의 문제점을 지적한다.

재(材)란 재(裁)와 통하는 글자이다. 따라서 일의 이치로써 '마름질한다', 즉 '사리를 분별한다'는 뜻이다. 이는 앞서 본 대로 자로가 예(禮)를 배우기를 좋아하지 않음을 지적한 것이다. '양화 8' 육언육폐(六言六蔽) 장

중에서 호용(好勇)을 다시 음미해보자.

"용맹스러움[勇]을 좋아한다면서 (그에 필요한 예를) 배우기 좋아하지 않는다면 그 가려짐은 도리를 어지럽히는 것이다[亂]."

고스란히 자로를 향한 꾸짖음이 된다.

公冶長
7

○맹무백이 물었다. "자로는 어집니까?"

공자가 말했다. "모르겠다."

또 묻자 공자가 말했다. "유(由-자로)의 경우 제후의 나라에서 부세를 담당하게 할 수 있지만 그가 어진지는 모르겠다."

"구(求-염유)의 경우는 어떻습니까?"

공자가 말했다. "구의 경우 천호의 큰 읍이나 경대부 집안 가신을 시킬 수는 있지만 그가 어진지는 모르겠다."

"적(赤-공서적)의 경우는 어떻습니까?"

공자가 말했다. "적의 경우 관대를 띠고서 조정에 나아가 빈객을 맞이해 더불어 말을 하게 할 수는 있지만 그가 어진지는 모르겠다."

맹―무―백 문 자―로 인―호
孟武伯問 子路仁乎

자―왈 부―지―야
子曰 不知也

우―문 자―왈 유―야 천―승―지―국 가―사 치 기
又問 子曰 由也 千乘之國 可使治其

―부 야 부―지 기―인―야
賦也 不知其仁也

구―야 하―여
求也何如

자―왈 구―야 천―실―지―읍 백―승―지―가 가―사
子曰 求也 千室之邑 百乘之家 可使

위―지 재―야 부―지 기―인―야
爲之宰也 不知其仁也

적―야 하―여
赤也何如

자─왈 　적─야 　속─대 입─어 조 　가─사 여 빈─객
子曰 赤也 束帶立於朝 可使與賓客

언─야 　부─지 　기─인─야
言也 不知其仁也

미자(微子)편에는 주공이 아들 백금을 노나라 임금으로 삼아 내보내면서
임금 도리[君道]를 설명하는 대목이 나온다.

> 주공이 (아들) 노공에게 말했다. "참된 군주는 그 친척을 버리지 않으
> 며, 대신으로 하여금 써주지 않는 것을 원망하지 않게 하며, 선대왕의
> 옛 신하들이 큰 문제가 없는 한 버리지 않으며, (아랫사람) 한 사람에게
> 모든 것이 갖춰져 있기를 바라지 않는다[無求備於一人]."

여기서 무구비어일인(無求備於一人)이란 그릇에 맞게 사람을 쓰는 것
[器之]이고 이를 한 글자로는 관(寬)이라고 한다. 먼저 기지(器之)가 구비
어일인(求備於一人)의 반대임을 보여주는 구절이 '자로 25'에 나온다.

> 공자가 말했다. "군자는 섬기기는 쉬워도 기쁘게 하기는 어려우니,
> 기쁘게 하기를 도리로서 하지 않으면 기뻐하지 아니하고, 사람을 부
> 리면서도 그 그릇에 맞게 부린다[器之]. 소인은 섬기기는 어려워도 기
> 쁘게 하기는 쉬우니, 기쁘게 하기를 비록 도리로서 하지 않아도 기뻐
> 하고, 사람을 부리면서도 한 사람에게 모든 능력이 완비되기를 요구
> 한다[求備=求備於一人]."

이제 관(寬)＝기지(器之)＝무구비어일인(無求備於一人)임을 분명히 확
인했을 것이다. '팔일 26'에 나왔던 거상불관(居上不寬)의 관(寬)은 바탕
[質]으로서의 너그러움이기도 하지만, 구체적으로는 애씀[文]으로서의 그
릇에 맞게 부림[器之]이었던 것이다.

맹무백이 공자에게 제자 자로, 염유, 공서적 3인에 대해 묻는다. 흥미
로운 것은 맹무백은 다움의 차원에서 그들이 어진지를 묻는데, 공자는 정
반대로 다움의 문제는 제쳐두고 능력 혹은 재주로 답하고 있다. 전형적인

무구비어일인(無求備於一人)이다.

즉 맹무백이 먼저 어진지를 묻고 연달아 또 질문을 던지자 공자는 세 사람이 가진 각각의 재능을 말해 주고서 그러나 "그가 어진지는 모르겠다"라고 답했다. 그렇다고 그들이 어질지 않다는 뜻은 아니다. 여기서 주목해야 할 점은 맹무백이 권력자 집안 사람이라 사람을 쓸 수 있는 자라는 사실이다. 이에 공자는 그들을 각기 '그릇에 맞게[以器]' 평해준 것이다.

『논어』 전체 맥락을 감안할 때 여기서 주목해야 할 사람은 자로와 염유이다. 공자가 말하기를 자로는 천승(千乘)의 나라, 즉 제후의 나라에서 부세(賦稅)를 담당하게 할 수 있다고 했다. 부(賦)에는 군비(軍費)라는 뜻이 있으니 군비를 담당하게 할 수 있다고도 한 것이다. 요즘식으로 표현하자면 대기업, 즉 천자 나라는 아니고 중견기업, 즉 제후 나라에서 회계를 믿고 맡길 정도 되는 능력은 갖추고 있다는 뜻이다.

반면에 염유의 경우는 그보다 작은 중소기업, 즉 천실지읍이나 백승지가에서 모든 일을 총괄하는 재(宰)를 맡길 수 있다고 말한다. 재(宰)란 원래는 임금 요리사를 뜻했다. 임금 요리사는 어느 상황에서건 주어진 재료로 최선의 음식을 만들어내야 한다. 그래서 재(宰)에는 두루 주선을 잘하는 가신이라는 뜻도 있고 재상(宰相)이라는 뜻도 있다.

질문자가 계강자로 바뀌고 제자 공서적 대신 자공이 추가되기는 했지만 '옹야 6'은 '공야장 7'의 연장이자 보충이다.

계강자가 물었다. "중유의 경우 정사에 종사할 만한가?"

공자가 말했다. "유의 경우 과감하니[果] 정사에 종사하는데 무슨 어려움이 있겠습니까?"

말했다. "사(賜-자공)의 경우 정사에 종사할 만한가?"

공자가 말했다. "사의 경우 이치에 통달하니[達] 정사에 종사하는데 무슨 어려움이 있겠습니까?"

말했다. "구(求-염유)의 경우 정사에 종사할 만한가?"

공자가 말했다. "구의 경우 유연한 재예가 있으니[藝] 정사에 종사하는데 무슨 어려움이 있겠습니까?"

여기서 우리가 배워야 할 점은 공자가 제자들이 가진 재주나 능력을 과(果), 달(達), 예(藝) 한 글자로 파악해내고 있다는 점이다. 당연히 조정에서는 이런 재주들을 다 필요로 한다. 그것은 현대의 조직이라고 해서 다를 바가 없다.

무구비어일인(無求備於一人)은 조선 시대 식자라면 누구나 다 알고 있었다. 태종 16년 5월 6일 자 『태종실록』을 보자. 태종이 말한다.

"인재는 골고루 다 갖춘[具備] 사람을 구할 수가 없어 비록 이 점에서는 미혹하다 하더라도 반드시 저 점에서는 통할 것이니, 천하에 어찌 쓰지 못할 자가 있겠는가?"

태종은 정확히 관(寬)=기지(器之)의 뜻을 알고 있었다.

무구비어일인(無求備於一人)의 유래를 알아보고 마친다. 『서경』 상서(商書)는 은나라 역사이다. 탕왕(湯王)을 도와 은나라를 세운 명재상 이윤(伊尹)은 탕왕을 추억하며 이렇게 말한다.

"선왕께서 윗자리에 있으면서 능히 밝게 하시고, 아래에 있을 때는 능히 충성을 다했으며, 사람을 쓸 때는 (아랫사람에게) 모두 갖춰져 있기를 요구하지 않으셨습니다[不求備]."

公冶長
8

○공자가 자공에게 일러 말했다. "너와 회(回-안회) 중에서 누가 나으냐?"

대답해 말했다. "제가 어찌 감히 회를 바라보겠습니까? 회는 하나를 들으면 열을 알고, 저는 하나를 들으면 둘을 압니다."

공자가 말했다. "너는 회만 못하다. (그러나) 나는 네가 (스스로) 회보다 못하다고 한 점을 (높이) 평가한다."

子謂子貢曰 女與回也孰愈

對曰 賜也何敢望回

回也聞一以知十 賜也聞一以知二

子曰 弗如也 吾與女弗如也

'공야장 3'에서 공자로부터 그릇이긴 한데 귀한 그릇이라는 평가를 들었던 자공에게 이번에는 공자가 다소 가혹한 질문을 던진다. "너와 안회 중에서 누가 더 낫냐?"고 물은 것이다. 지자(知者) 자공에게 스스로 인자(仁者) 안회와 비교해보라고 했으니 얼마나 가혹한가?

자신을 다른 이와 직접 비교해보라는 식의 질문은 아무리 숨기려 해도 대답하는 사람의 본마음이 어떻게든 드러나게 된다. 굳이 사생활을 들여다보지 않고서도 지인(知人)의 한 방법인 성기사(省其私)를 할 수 있는 고차원 질문이다. 최대한 솔직하게 말해도 뭔가 말하지 못하는 바를 통해 그 사람의 본뜻을 살피게 되고, 최대한 가식적으로 말해도 뭔가 다 숨기지 못한 바를 통해 그 사람의 본뜻을 살피게 된다. 무서운 질문이다.

매우 어려운 상황이지만 자공은 지자답게 답변을 했다.

"회는 하나를 들으면 열을 알고, 저는 하나를 들으면 둘을 압니다."

만약에 자공이 "회는 이런 점에서 뛰어나고, 저는 저런 점에서 뛰어납니다"라는 식으로 답했다면 공자로부터 아무런 인정도 받지 못했을 것이다. 자공은 자기 한계를 분명히 알고서 기꺼이 인정했다. 아는 것은 안다고 하고 모르는 것은 모른다고 하는 것이 진짜 앎이라고 한 공자 말을 곧음[直]으로 풀었던 것도 그 때문이다.

자공의 대답은 매우 중요하다. 수많은 잣대 중에서 하나를 들었을 때 몇 개를 스스로 알아내느냐를 잣대로 삼아 안회와 자신을 비교했기 때문이다. 사실 이 미루어 헤아림[推]이야말로 공자가 제자들에게 전하려 했던 핵심 가르침이며 바로 그 점을 자공은 정확히 알고 있어 미루어 헤아리는 힘을 잣대로 안회와 자신을 비교했기에 공자는 그를 허여해 준 것이다.

미루어 헤아림을 강조하는 대목은 수도 없이 많지만 공자가 직접 이 문제를 언급한 대목 하나만 짚고 넘어가자. '술이 8'이다.

공자가 말했다. "(스스로) 발분하지 않으면 (실마리를) 열어 밝혀주지 않았고, 뭔가를 표현하려고 애태우지 않으면 그 사람 말문이 터지도록 해주지 않았으며, 한 귀퉁이를 갖고서 말했을 때 나머지 세 귀퉁이를 미루어 알아차리지 못하면 더 이상 반복해서 가르쳐주지 않았다."

추(推)란 곧 명민(明敏)과 통하고 요즘식으로 말한다면 '스마트하다'는 뜻이다. 추(推)는 언행(言行) 중에서는 행(行), 즉 행사(行事)와 통한다. 민어사(敏於事)란 뜻이다. 능력과 다움 중에서는 능력과 연결된다. 반면 말을 신중히 하는 것은 다움과 연결된다.

유향이 『설원』에서 풀어낸 '미루어 헤아림'이다. 8-4이다.

"눈썹과 속눈썹은 미미하지만 서로 잘 조화를 이루면 안색에서 (아름다운) 모습을 드러내고, 목소리는 (한갓 작은) 바람이지만 느낌이 담기면 사람 마음을 움직인다. 영척은 쇠뿔을 두드리면서 애환이 담긴 노래를 부르고 다녔는데 환공이 그것을 듣고서 그를 들어 썼다. 포룡이 돌 위에 꿇어앉아 '등산(登峰)'이라는 시를 읊조리자 공자는 그를 위해 수레에서 내렸다.

요와 순이 서로를 만나 볼 때는 (요는) 하루도 되지 않아 선위를 결심했다. 문왕이 태공을 들어 쓸 때도 오랜 시간이 걸리지 않았다. 그래서 뛰어난 이나 빼어난 이가 서로 만나게 되면 오래 기다리지 않고 상대를 제 몸과 같이 여기게 되고, 능력이 뛰어난 사람이 서로 만나게 되면 시험해 보지 않고서도 상대를 알아본다.

그렇기 때문에 선비가 서로 만나게 될 때는 반드시 함께 재물에 대해 이익을 나눠보고서야 마침내 그의 청렴함을 아는 것이 아니고, 반드시 함께 어려운 일을 겪고 위험한 일을 해결하고서야 마침내 그의 용맹함을 아는 것이 아니다. 일을 갖고 결단하는 것을 보고서 그 사람이 용맹함을 아는 것이고, 주고받음에 사양함이 있는 것을 보고서 그 사람이 청렴하다는 것을 아는 것이다.

그래서 호랑이 꼬리를 보면 그것이 살쾡이보다 크다는 것을 알 수 있고, 코끼리 어금니를 보면 그것이 소보다 크다는 것을 알 수 있다. 한 마디를 보면 백 마디를 알 수 있는 것이다. 이로 말미암아 보건대 이미 본 것을 갖고서 아직 나타나지 않은 것을 미리 알 수 있고, 작은 마디를 보면 실로 충분히 큰 몸체를 미리 알 수 있다.”

公冶長
9

○재여가 낮에 누워 있었다.

공자가 말했다. "썩은 나무에는 조각을 할 수 없고 거름이 섞인 흙담은 손질할 수가 없다. 내, 재여에 대해 뭘 꾸짖겠는가?"

공자가 말했다. "애초에 나는 남에 대해 그 말을 들으면 그 행동을 믿었으나, 지금은 남에 대해 그 말을 들으면 그 행동을 살펴보게 된다. 나는 재여로 인해 이를 고치게 되었다."

宰予晝寢

子曰 朽木不可雕也 糞土之墻不可

杇也 於予與何誅

子曰 始吾於人也 聽其言而信其行

今吾於人也 聽其言而觀其行

於予與 改是

사마천 『사기』 '중니제자열전'에서 재여(宰予)에 대해 이렇게 말한다.

"재여의 자(字)는 자아(子我)이다."

『논어』에 등장하는 재여는 제자들 중에서 최악에 해당하는 사례다. 부정적 의미로서의 영(佞), 즉 말재간이나 부리는 사람의 전형이 바로 재여이다. 뒤에 여러 차례 등장하지만 모두 부정적 사례들이다.

나무가 썩었다는 것은 재질, 즉 바탕[質]이 나쁘다는 것이고 거름이 섞인 흙담 또한 바탕이 나쁘다는 뜻이다. 썩은 나무에 조각을 할 경우 조

각조각 부서질 것이고, 거름이 섞여 있어 퍼석거리는 흙담에 솜씨 좋은 미
장이가 손질을 한들 흙담은 패이고 결국 무너져 내릴 것이다. 이런 나쁜
바탕에 배움을 더해 주는 것, 즉 애쓰는 바를 가르치는 것[文之]은 아무런
의미가 없으니 재여에 대해 꾸짖을[誅=責] 가치도 없다는 말이다.

공자가 처음에는 누가 말을 하면 당연히 그 사람이 자기가 말한대로
일을 행할 것이라고 믿었는데, 재여를 겪고 나서는 생각을 바꿔 누가 말을
하면 반드시 그 말한대로 일을 행하는지를 깊이 살피게 되었다고 한다. 사
실 말을 듣고서 그대로 행할 것이라고 믿는다면 지인지감(知人之鑑)은 필
요가 없다. 그러나 재여로 인해 생각을 바꾸면서 지인지감을 매우 중요시
하게 된 것이다. 그것은 다름 아닌 성기사(省其私)이다.

『대학연의』에 나온 풀이다.

"신이 가만히 살펴보겠습니다. 이 일은 재여의 낮잠으로 인해 (화가 나
서) 말씀하신 것입니다. 대개 재여의 사람됨은 말을 잘하고 행실은 뒤
따르지 않았습니다. 그래서 공자께서 말씀하시기를 원래는 사람들의
말을 듣게 되면 곧바로 (의심 없이) 그 사람의 행실을 믿었는데 지금은
사람들이 하는 말을 들으면 반드시 그 사람의 행실부터 살펴보게 되
었다는 것입니다. 무릇 재여로 인해 공자께서 이런 허물을 고치게 되
었다는 것입니다. 『공자가어(孔子家語)』에서도 공자께서는 말합니다.
'말로써 사람을 취했다가 재여를 잃었다.'

무릇 공자께서는 문하의 뛰어난 제자들과 아침저녁으로 늘 함께 있었
기 때문에 그들이 바른지 그른지, 현능한지 그렇지 못한지 등을 어찌
능히 꿰뚫어 보지 못했겠습니까? 그런데도 반드시 그 행실을 본 이후
에야 그 사람이 진실된지 거짓된지를 알 수 있었습니다. 하물며 임금
은 존귀해서 신하와 접하는 데 정해진 시간이 있기 때문에 한 번의 응
대만으로 그 신하의 마음 씀씀이을 살펴 알아낸다는 것이 진실로 어
렵지 않겠습니까?

그래서 '(제후들이) 낱낱이 아뢰기를 (반드시) 말로써 하게 하고 공정하

게 평가하기를 (반드시) 공적으로써 하라[敷奏以言 明試(必)以功]〈『서경』 순전(舜典)에 나오는 순임금 말이다. 괄호 안의 반드시[必] 부분은 진덕수가 인용하면서 추가한 것이다.〉'는 것은 요순(堯舜) 이래 바뀌지 않는 법이었던 것입니다.

〔『시경』 소아(小雅) 교언(巧言)편에서〕'생황[簧]과 같은 정교한 말[巧言]'이라고 한 것은 시인이 말의 그 같은 점을 풍자한 것이고, 말 잘하는 입이 나라를 뒤집는 것[利口覆邦]을 공자가 미워했던 것이니, 말 잘하는 사람이 반드시 (그에 걸맞은) 다움을 갖고 있는 것은 아닙니다. (오히려 말을 할 때마다) 거짓을 일삼는 사람은 한마디로 어짊[仁]을 모르는 사람이라 하겠습니다.

그래서 한나라 문제(文帝)는 호랑이 기르는 곳, 호권(虎圈)의 색부(嗇夫-관리인)가 자신의 고유업무에 대해 기다렸다는 듯이 소상하게 말하자 그를 상림령(上林令)으로 삼았던 적이 있습니다. 이에 장석지(張釋之)가 간언을 올렸습니다.

'강후(絳侯-주발)와 동양후(東陽侯-장상여)는 덕망이 있는 사람으로 불리는 사람인데 〈이 말을 하기 직전에 장석지가 문제에게 강후와 동양후는 어떤 사람이냐고 묻자 문제가 각각 덕망이 있는 사람이라고 답한 바 있다.〉 이 두 사람은 일을 말하면서 일찍이 입에서 말을 쉽게 꺼내지를 못했는데 어찌 이 색부가 입에 발린 말[利口]을 재빨리 했다고 해서 그것을 본받으라고 하십니까? 지금 그것은 말재주를 갖고서 서열을 뛰어넘어 올려주려고 하신 것입니다. (신은) 이리된다면 천하가 풍문만을 좇을까 봐 걱정입니다.'

문제는 마침내 색부를 특진시키려던 계획을 중지시켰습니다. 이런 때를 당하여 장상과 대신들은 하나같이 꾸미기보다는 내실을 중시했고[少文多質], 국사를 의논할 때는 진실하고 두터이 하는 데 힘썼고, 남들의 과실을 입에 담는 것을 부끄럽게 여겼으니 곧 세상의 풍속도 돈후하게 바뀌었습니다.

반면 그 후에 한나라 무제는 강충(江充)을, 당나라 문종은 이훈(李訓)을 둘 다 응대하는 것이 민첩하다는 이유로 총애를 하는 바람에 각각 무고(巫蠱)와 감로(甘露)의 화를 입어 거의 나라를 망하게 할 뻔했습니다. 따라서 재여의 일을 언급하여 말을 듣게 되면 반드시 행실을 살피게 되는 교훈은 결코 바뀌어서는 안 될 것입니다."

침(寢)을 잠으로 볼 것인지 누워있는 것으로 볼 것인지를 두고 해석이 분분하다. 나도 예전에는 낮잠으로 보았는데 낮잠을 잤다고 해서 이렇게 심하게 꾸짖을 일은 아니다. 오히려 누워있는[臥] 것으로 보아야 게으름[倦]과 연결되어 자연스럽다. 공자는 늘 불권(不倦)을 강조하며 게으름을 경계했기 때문이다. 게으른 자는 일신우일신(日新又日新)하는 배움의 길로 나아가려 하지 않는다.

公冶長
10

○공자가 말했다. "나는 아직 굳센 자를 보지 못했다."

어떤 사람이 대답해 말했다. "신정이 있습니다."

공자가 말했다. "정은 욕심이지 어찌 굳세다 할 수 있겠는가?"

子曰 吾未見剛者
자—왈 오 미—견 강—자

或對曰 申棖
혹 대—왈 신—정

子曰 棖也慾 焉得剛
자—왈 정—야 욕 언 득—강

일단 연이어 제자들이 등장하는 것으로 보아 신정(申棖)은 공자 제자이며 여러 학자들은 그를 노나라 사람이라고 했다. 다른 정보는 없다.

여기서 초점은 신정이라는 사람 자체에 있는 것이 아니다. 우리는 흔히 욕심으로 가득 찬 사람이 겉을 잘 꾸몄을 때 그 사람을 굳센 사람이라고 오판하게 된다. 굳셈[剛]과 비슷해 보이지만 실은 아닌 것이 바로 욕심 덩어리[慾]이다. 여기서 어떤 사람은 이 둘을 분별하지 못했고, 공자는 정확히 신정이라는 사람의 속내[質]를 읽어낸 것이다.

유소(劉卲)의 『인물지(人物志)』 중에서 사이비(似而非)를 집중적으로 조명한 대목이다.

> 만약에 성품이 정밀하고 두루 통달하지[精暢=明達] 않으면, 각 유형에 따라 일곱 가지 사이비[似=似而非]〈얼핏 보면 비슷하지만 실상은 아닌 것을 말한다.〉가 있게 된다.
>
> (첫째,) 아무 생각 없이 입에서 나오는 대로 떠드는 사람은 실은 막힘 없이 말을 (제대로) 잘하는 사람의 사이비다.《둥둥 떠다니는 어지러운 말을 나오는 대로 떠들게 되면 마치 곧장 실행에 옮길 수 있는 말처럼 보인다.》
>
> (둘째, 알고 있는) 이치는 적으면서 (제시하는) 실마리가 많은 사람은 실

은 (제대로) 널리 생각하는 사람의 사이비다.《말이 무성하고 깨우쳐주는 것이 넓은 사람은 마치 생각이 진짜로 넓고 큰 사람처럼 보인다.》

(셋째,) 빙 에둘러 말하여 뜻을 합치고자 하는 사람은 실은 (제대로) 찬성해 이해하는 사람의 사이비다.《이런 사람은 겉으로는 칭찬하는 척하면서 그 속을 알 수가 없다.》

(넷째,) 뒤로 물러나서 연장자나 지위가 높은 사람처럼 처신하면서 무리가 편안히 여기는 바를 그저 따르기만 하는 사람은 실은 능히 잘 듣고서 결단하는 사람의 사이비다.《실은 스스로 아는 것도 없는데 마치 알면서도 말하지 않는 사람처럼 처신하며 무리가 하는 말을 잘 관찰하고서 그들이 좋아하는 쪽을 찬성한다.》

(다섯째,) 이려움은 피하고 대응하지 않으려 하는 사람은 마치 여유가 있는 사람처럼 보이지만 실은 아무것도 아는 것이 없는 사람이다.《실은 아무것도 알지 못하면서 겉으로는 짐짓 대응하지 않는 것처럼 하는 사람은 정말로 아는 바가 있지만 대답하지 않는 사람과 겉모습은 비슷하다.》

(여섯째,) 통달한 사람을 사모한다면서 입으로만 떠드는 사람은 마치 남의 말을 즐거워하는 사람처럼 보이지만 실은 기쁜 마음으로 복종하지 않는 사람이다.《남의 말을 들으면 즉시 기뻐하기 때문에 얼핏 보면 남의 말을 다 알아들은 사람처럼 보이지만 마음속은 지리멸렬하여 전혀 깨닫지 못하고 있다.》

(일곱째,) 이기려는 마음 때문에 실상에서 벗어나고 궁색해지면 묘한 말로 핑계를 대고《말이 이미 궁색해지면 스스로 자기는 신묘한데 다 풀어내지 못할 뿐이라고 여긴다.》이치를 잃어 자기모순에 봉착하면 남의 말꼬리를 잡는 사람은《이치를 이미 잃었는데도 억지로 근거를 끌어들인다.》실은 양쪽이 비기기를 구하는 것이니, 이런 사람은 이치상 굴하지 않는 사람의 사이비다.《말이 궁색해지고 이치가 모순에 빠졌는데도 마음속으로는 양쪽이 비기는 것을 노리고서 말은 오히려 그치지 않으니, 그것을 지켜보는 사람은 그가 아직 굴복하지 않았다고 여기게 된다.》

이상 이 일곱 가지 사이비는 많은 이들이 미혹되는 바다.《맑은 거울이 아니고서 어찌 그것을 능히 비출 수 있겠는가?》

公冶長 11

○자공이 말했다. "저는 남이 나에게 가하기를 바라지 않는 일을 저 또한 남에게 가하지 않겠습니다."
공자가 말했다. "사(賜-자공)야! 네가 도달할 수 있는 경지가 아니다."

_{자공 왈 아 불-욕 인 지 가 저 아 야 오 역}
子貢曰 我不欲人之加諸我也 吾亦
_{욕 무-가 저 인}
欲無加諸人
_{자-왈 사-야 비 이 소-급-야}
子曰 賜也 非爾所及也

'공야장 8'에서 자공은 공자의 질문으로 큰 굴욕감을 맛봐야 했다. 그런데 이번에 다시 굴욕을 느낄 수밖에 없는 대답을 듣게 된다. 자공은 공자가 지향하는 지점, 즉 서(恕)를 스스로 풀어내어 말한다. "저는 남이 나에게 가하기를 바라지 않는 일을 저 또한 남에게 가하지 않겠습니다"라고 했고, 그것은 곧 기소불욕물시어인(己所不欲勿施於人)과 같은 말이다. 자기가 원하지 않는 바를 남에게도 베풀지 않는다는 뜻이다.

그러나 이는 안회 같은 안인(安仁)하는 자에게나 가능한 경지이지, 자공처럼 이인(利仁)하는 차원의 사람이 범접할 수 있는 경지는 아니다. 이에 공자는 매우 까칠하게 답한다.

"사(賜)야! 네가 도달할 수 있는 경지가 아니다."

그런데 '위령공 23'에서 자공과 공자 간 대화는 분위기가 전혀 다르다.

자공이 물었다. "한마디 말로 종신토록 행할 수 있는 것이 있습니까?"

공자가 말했다. "아마도 서(恕)일 것이다. 자기가 하고 싶지 않은 것을 남에게 베풀지 말라."

　그러면 왜 여기서는 네가 도달할 수 있는 경지가 아니라고 말해놓고 위령공(衛靈公)편에서는 이렇게 말을 한 것일까? 그것은『논어』편찬자의 배치 의도를 이해할 때 정확히 알 수가 있다. 그것은 분명하다. 편찬자는 자공에 대한 공자 평가가 점점 좋은 쪽으로 바뀌어갔음을 보여주려 한 것이다. 처음에는 자공에게 자극 차원에서 꾸짖었지만 결국 자공이 그 방향으로 나아가기를 기대했던 것이다. 실제로 공자가 죽고 나서 스승을 위해 삼년상을 두 번이나 했던 제자는 다름 아닌 자공이다.

　서(恕)는 단순히 마음가짐에 머무는 것이 아니라 정사(政事)에까지 확대되는 것임을 보여주는 공자 말이『설원』7-6에 나온다.

　　위나라 영공이 공자에게 일러 말했다. "어떤 이가 과인에게 말하기를 '국가를 다스리는 사람이 묘당 위에서 조심하기만 해도 국가는 다스려진다'고 했는데 가능한 일이오?"

　　공자가 말했다. "가능합니다. 다른 사람을 사랑하게 되면 그 사람도 나를 사랑하고, 다른 사람을 미워하게 되면 그 사람도 나를 미워합니다. 자기에게 도움이 되는 도리를 아는 사람은 또한 남에게 도움이 되는 도리도 압니다. 이것이 이른바 사방을 흙담으로 둘러친 작은 방에서 나오지 않고서도 천하를 안다는 것이니, 곧 자기를 돌이켜볼 줄 아는 것입니다."

　이런 점에서 서(恕)는 미루어 헤아림[推]과도 연결된 것임을 확인하게 된다. 자기를 바탕으로 삼아 잘 미루어 헤아려 남에게로 나아가는 것이 서(恕)이기 때문이다. 수신 제가 치국 평천하가 바로 그 미루어 헤아림이다.

公冶長 12

○자공이 말했다. "스승님의 애씀과 잘 드러냄[文章]은 알아들을 수 있
  었지만, 스승님께서 본성과 하늘 같은 도리에 대해 말씀하신 것은 알
  아들을 수 없었다."

子貢曰 夫子之文章 可得而聞也
夫子之言性與天道 不可得而聞也

자공이 한 이 말은 앞의 '공야장 11'과 연결시켜 읽어야 그 의미가 정확히
드러난다. 공자가 자공에게 까칠하게 "사(賜)야! 네가 도달할 수 있는 경
지가 아니다"라고 말한 까닭을 자공 자신의 입을 통해 드러내 보여준 것
이다.

　공자의 문장(文章, 즉 애씀과 잘 드러냄)이란 곧 공자가 평소 말과 글을 통
해 제자들을 가르치던 내용을 말한다. 이를 보여주는 것이 '술이 17'이다.

　　"공자께서 평소에 (제자들에게) 하시던 말씀은 『시경』과 『서경』 그리
　　고 일에 임해서 집행하는 예였으니 이는 다 평소에 하시던 말씀이다."
　　이런 것들은 알아들을 수 있었다는 뜻이다.

　성(性)이란 사람이 가진 타고난 본성이고 천도(天道)란 하늘의 도리
가 아니라 하늘과도 같은 도리, 즉 공도(公道)를 말한다. 진덕수는 『대학연
의』에서 천도(天道)나 천리(天理)의 경우 천(天)은 비유라고 말했다. 이를
따랐다. 이와 연결되는 구절이 바로 '자한 1'이다.

　　"공자께서는 이익과 명(命) 그리고 어짊에 대해서는 드물게 말씀하셨
　　다."

　마땅함을 말하지 이익을 거의 말하지 않았고, 명(命)은 일의 형세인
데 쉽게 알 수 있는 바가 아니어서 드물게 말했고, 어짊은 쉽게 행할 수 있
는 바가 아니어서 드물게 말했다는 뜻이다.

『논어』에는 공자가 이러저러했다고 묘사하는 표현들이 많이 나온다. 방금 본 '자한 1'이 그렇고 특히 공자 자신의 내면세계를 그려내는 술이 (述而)편에 이런 묘사들이 제법 나온다.

> 공자께서 평소 한가로이 거처하실 때 하시는 말씀은 간절하며 자애로 웠고, 낯빛은 온화하며 환히 퍼지는 듯하였다.('술이 4')

> 공자께서 늘 조심하셨던 것은 재계와 전쟁 그리고 질병이었다.('술이 12')

> 공자께서는 괴이한 일, 힘센 것, 도리를 어지럽히는 일, 귀신에 관한 일[怪力亂神]은 말씀하지 않으셨다.('술이 20')

이런 표현들은 아무 제자나 할 수 있는 것이 아니다. 자공은 비록 안회 에는 미치지 못했으나 사람을 알고 일의 이치를 아는 지자(知者)를 대표하 는 제자이다. 그래서 『논어』편찬자는 자공이 해놓은 스승에 대한 묘사를 골라서 실었을 것이고, 간혹 자공 이름을 밝혀 스승에 대한 내적·외적 묘 사를 한 장본인이 자공임을 밝혀두었다. '학이 10'이 바로 그런 사례이다.

> 자공이 말했다. "공자께서는 온화하고 반듯하고 공손하고 검소하시 어[溫良恭儉] 사양함으로써 정사를 들으실 수 있었다."

스승 공자를 이처럼 사덕(四德), 즉 온량공검(溫良恭儉)으로 표현했다 는 것 자체가 자공의 지인지감 수준이 만만치 않음을 단적으로 보여 준다.

公冶長
13

○자로는 좋은 말을 듣고서 아직 제대로 실행하지 못했다면 오직 또 다른 좋은 말을 듣게 될까 봐 걱정했다.

자─로　유─문　　미─지　능─행　　유─공　유─문

子路有聞　未之能行　唯恐有聞

앞서 본대로 자로는 마땅함[義] 앞에서 용감하기로는 둘째가라면 서러운 제자였다. 그러나 공자의 척도로 보자면 인자(仁者) 안회나 지자(知者) 자공에 훨씬 미치지 못한다. 그럼에도 불구하고 자로는 분명 뛰어난 제자 가운데 한 명이다.

　　여기서는 아마도 『논어』 편찬자는 지나치게 자로를 폄하하는 것을 경계하여 그의 긍정적인 모습 하나를 던져 놓은 듯하다. 이런 자로 모습은 바로 충신(忠信)이다. 다만 자로의 한계는 넓은 배움[博學]이 없었다는 점이다. 다음부터는 등장인물들이 제자들에서 역사 속 대부들로 바뀐다.

公冶長
14

○자공이 물었다. "공문자는 어떠했기에 문(文)이라는 시호를 받았습니까?"

공자가 말했다. "일에 임해 명민하면서 배우기를 좋아했고, 아랫사람에게 묻는 것을 부끄럽게 생각지 않았다. 이 때문에 (시호를) 문이라고 일컫는 것이다."

자—공 문—왈   공—문—자   하—이   위—지   문—야
子貢問曰 孔文子何以謂之文也

자—왈   민—이—호—학   불—치—하—문
子曰 敏而好學 不恥下問

시—이   위—지   문—야
是以 謂之文也

공문자(孔文子)는 위(衛)나라 대부 공어(孔圉)이다. 영공(靈公)을 섬겼고, 출공(出公) 때 경(卿)이 되었다. 소철(蘇轍) 설명에 따르면 공문자는 문제가 있는 인물이다.

"공문자가 태숙질(太叔疾)로 하여금 본부인을 쫓아내게 하고는 자신의 딸 공길(孔姞)을 그에게 시집보내었다. 그 후 태숙질이 본부인의 여동생과 정을 통하자 공문자가 노하여 장차 태숙질을 치려하면서 중니(仲尼-공자)에게 물으니 중니는 대답하지 않으시고 수레를 재촉하여 떠나가셨다. 태숙질이 쫓겨서 송나라로 달아나자 공문자는 태숙질의 아우인 유(遺)로 하여금 공길을 아내로 맞이하게 하였다. 공문자는 사람됨이 이와 같았는데도 죽은 뒤에 시호를 문(文)이라 하니, 이 때문에 자공이 의심하여 물은 것이다."

정약용 풀이도 이와 같은 연장선에 있다.

"공어(孔圉-孔文子)는 악한 사람인데, 악한 사람이 아름다운 시호를 얻었기 때문에 (자공이 공자에게) 물어본 것이다. 그러나 공자는 그 당

시 이 나라(위나라)에 거하고 있으면서 대부를 비방할 수 없어서, 이에 시호법을 들어 답하고 그 실상을 들어 그를 기롱할 수 없었음을 언급한 것이다.”

한마디로 문(文)의 시호를 붙여주는 근거로 제시된 ‘민이호학(敏而好學) 불치하문(不恥下問)’을 뺀다면 좋게 보아줄 것이 하나도 없는 사람이라고 평가한 것이다.

문(文)이 형이상이라면 민이호학(敏而好學) 불치하문(不恥下問)은 형이중이다. 그리고 그 사례로 공문자를 형이하 차원에서 언급하고 있다. 이 중에서 민이호학(敏而好學)을 조금 더 상세하게 풀어낸 것이 바로 ‘학이 14’에 나오는 공자 말 뒷부분이다.

“일은 주도면밀하게 하고 말은 신중하게 하면서 도리를 갖춘 이에게 나아가 (아직도 잘못된 것을) 바로잡는다면 실로 (문을) 배우기를 좋아한다고 말할 수 있을 것이다.”

불치하문(不恥下問)은 진심으로 자기를 낮춘다는 뜻이니 겸손(謙遜)과 통한다. 겸손 또한 문(文)이다. 사람다워지려고 애쓰는 것이기 때문이다.

公冶長
15

○공자가 (정나라) 자산을 평해 말했다. "그가 보여준 군자의 도리 네 가
지가 있었다. 그 몸가짐은 공손했고, 윗사람을 섬김에 있어서는 삼갔
으며, 백성을 길러줌에 있어서는 은혜로웠고, 백성을 부림에 있어서
는 마땅했다."

자 위 자—산 유 군—자—지—도 사—언
子謂子産 有君子之道四焉
기 행—기—야 공 기 사—상—야 경
其行己也恭 其事上也敬
기 양—민—야 혜 기 사—민—야 의
其養民也惠 其使民也義

사마천 『사기』 '순리열전(循吏列傳)'에 나오는 정자산(鄭子産) 모습이다.

자산은 정(鄭)나라 대부(大夫) 반열에 있던 자이다. 정 소군(鄭昭君) 시
기에 일찍이 총애했던 서지(徐摯)를 재상으로 삼은 적이 있었다. 그러
자 나라가 혼란하게 되어 관리와 백성들이 친밀하고 화목하지 못하
고, 아버지와 아들 사이가 화목하지 못했다.

대궁자기(大宮子期)가 이러한 정황을 군주에게 보고하니, 군주는 자산
을 재상으로 교체하였다. 자산이 집정한 지 1년 만에 방탕한 소인배들
은 경박한 짓을 저지르지 못하였고, 반백의 노인들은 무거운 짐을 나
르지 않아도 되었으며, 아이들은 밭에 나가 일을 하지 않아도 되었다.
2년째부터는 시장에서 공평하게 매매가 이뤄지고, 터무니없는 가격
을 매기지 못하게 되었다. 3년째부터는 사람들은 밤에 문단속하지 않
아도 되었고, 길에 떨어진 물건이 있어도 함부로 주워가는 사람이 없
었다. 4년째부터는 농민들은 밭에서 썼던 농기구를 가지고 집에 돌아
가지 않아도 되었다. 5년째부터는 남자들은 병역에 복무하지 않아도
되었고, 경우에 따라 국상(國喪)을 만나 명령을 내리지 않아도 스스로

상례(喪禮)를 잘 지켰다.

자산이 정나라를 26년 동안 잘 다스리다가 세상을 떠나자, 청장년들은 실성하여 통곡하고, 노인들은 어린애처럼 흐느끼면서 이렇게 탄식했다. "자산이 우리를 저버리고 먼저 죽었다네! 백성들은 장차 누구에게 의지하리오?"

공(恭) 경(敬) 혜(惠) 의(義)는 모두 어짊[仁=愛人]이 발현된 모습들이다. 여기서 공자는 네 가지 다움[四德]으로 자산을 그려냈다. 그리고 '헌문 10'에서는 그중 하나, 혜(惠)만을 들어 자산을 평한다.

어떤 사람이 자산에 대해 묻자 공자가 말했다. "사람들에게 은혜를 베풀었다[惠人]."

한미디로 인정(仁政), 즉 어진 정사를 베풀었다는 말이다.

『춘추좌씨전』 소공 13년에 공자는 이렇게 말했다.

"자산은 이번 행차에서 훌륭히 나라의 기틀을 만들었다. 『시경』에 말하기를 '즐거운 군자여, 나라의 터전이로다'라고 했으니 자산은 진실로 즐거움을 구하는 군자이다."

소공 20년에는 자산이 죽자 공자가 이 소식을 듣고 눈물을 흘렸다는 기록도 나온다. 이를 통해 우리는 공자가 실제로 정자산을 어떻게 바라보았는지를 알 수 있다.

公冶長 16

○공자가 말했다. "안평중은 남과 잘 사귀었으니 사이가 오래되어도 늘 삼갔다."

_{자-왈} _{안-평-중} _선 _{여-인} _교 _{구-이-경-지}
子曰 晏平仲善與人交 久而敬之

안평중(晏平仲)은 춘추 시대 제(齊)나라 정치가로 이름은 영(嬰), 자(字)는 중(仲)이다. 시호(諡號)는 평(平)으로 보통 평중(平仲)이라고도 불리며, 안 자(晏子)라고 존칭되기도 한다. 내주(萊州) 이유(夷維) 출신이다. 제나라 영공(靈公)과 장공(莊公), 경공(景公) 삼대에 걸쳐 몸소 검소하게 생활하며 나라를 바르게 이끌어 관중과 더불어 제나라를 대표하는 재상으로 후대 에까지 존경을 받았다. 재상이 된 뒤에도 한 벌의 옷을 30년이나 계속해 서 입을 정도로 검소하게 생활하여 백성의 존경을 받았다고 한다. 여기에 서 '안영호구(晏嬰狐裘)'라는 말이 비롯되었는데, 이는 고관(高官)이 매우 검소하게 생활하는 것을 나타낸다. 그리고 벼슬에 있으면서 어떤 상황에 서도 충간(忠諫)과 직언(直言)을 하는데 머뭇거리지 않았으며 의롭게 행동 하여 이름을 떨쳤다. 장공(莊公)이 신하인 최저(崔杼)에게 살해당했을 때 에도 두려워하지 않고 신하로서 도리를 다해 곡(哭)을 하며 문상(問喪)을 하는 용기를 보였다. 때문에 사마천은 『사기』에서 안영에 대해 "만일 안 자가 아직 살아 있어 내가 그를 위해 말채찍을 잡고 그의 수레를 몰 수 있 다면 정말로 영광스러운 일이다"라며 극찬했다.

이런 안평중의 됨됨이가 이 장에서도 잘 드러난다. 그가 남과 잘[_선善] 사귀었다고 하고서 그 '잘한 것'의 내용이 바로 "사이가 오래되어도 늘 삼 갔다"임을 밝히고 있다. 보통 사람들은 쉽게 사귀고 쉽게 끊어버리기 마 련이다. 그런데 안평중은 오래될수록 점점 더 상대방을 삼가며 대했다는 뜻이다. 그것이 바로 '잘 사귐'이다. 오래감이 어짊임은 '이인 2'에서 본 바 있다.

○공자가 말했다. "장문중은 점치는 큰 거북을 소장하고서 (그것을 보관하는 사당) 기둥머리 두공(斗拱)에는 산 모양을 조각하고 동자기둥에는 수초인 마름풀을 그려놓았으니 어찌 이런 사람을 일의 이치를 아는 사람이라고 하겠는가?"

子曰 臧文仲居蔡 山節藻梲 何如其
知也

『설원』13-38은 이 일을 이해하는 배경을 제공한다.

공자가 칠조마인(漆雕馬人)에게 물었다. "그대는 장문중(臧文仲), 장무중(臧武仲), 유자용(孺子容)을 섬겼는데, 세 대부 중에서 누가 뛰어난가?"

칠조마인이 대답해 말했다. "장씨 집안에는 거북이 있는데, 그 명칭을 채(蔡)라고 합니다. 문중은 대부로 세워져 3년 동안에 거북으로 한 번 점을 쳤고, 무중은 대부로 세워져 3년 동안에 거북으로 두 번 점을 쳤고, 유자용은 대부로 세워져 3년 동안에 거북으로 세 번 점을 쳤습니다. 저는 그때마다 그 옆에 있었지만 저 세 대부의 뛰어남 여부는 저로서는 알지 못합니다."

공자가 말했다. "군자로다, 칠조씨의 아들이여! 다른 사람의 아름다운 점을 말할 때는 숨기는 듯하면서 드러내고, 남의 허물을 말할 때는 은미하면서도 드러내는구나! 지혜가 일을 해결하는데 미치지 못하고 눈 밝음이 일의 결과를 미리 보지 못하면 자주 점을 치지 않겠는가!"

은연중에 장문중이 가장 낫다는 말을 하고 있다.

장문중의 본래 이름은 장손진(臧孫辰 ?~기원전 617)인데, 노(魯)나라 사람으로 자가 문중(文仲)이고, 장손달(臧孫達) 손자다. 정경(正卿)을 지냈다. 장공(莊公), 민공(閔公), 희공(僖公), 문공(文公) 등 네 임금을 섬겼다.
장공 28년 노나라에 큰 기근이 들었는데 제나라에 사신으로 가서 옥기(玉
器)를 주고 곡식을 청해 제나라 군주의 마음을 움직여 옥기도 돌려받고 곡
식도 공급받았다. 일찍이 진(晉)나라 사람들에게 권해 위성공(衛成公)을
석방하도록 했다. 공자보다 60년 앞선 사람으로, 삼환(三桓) 세력이 커지
기 전에 오랫동안 노나라를 잘 다스렸다고 한다.

　문공(文公) 2년에 공자는 장문중에 대해 이렇게 평했다.

　　"장문중에게는 어질지 못한 것이 셋 있었고, 일의 이치를 알지 못한
　　것이 셋 있었다. 유하혜를 높이 기용하지 않은 것, 육관(六關)을 폐한
　　것, 첩이 방석을 팔아 백성과 이익을 다투게 한 것이 삼불인(三不仁)이
　　다. 진귀한 거북 껍데기로 허황된 사치를 부린 것, 서열을 뒤집어 제사
　　지낸 것, 노나라 동문 밖의 봉황 모양의 섬을 신령하게 여겨 제사 지낸
　　것이 삼부지(三不知)였다."

　인(仁)과 지(知)를 나란히 들어 장문중을 비판하고 있다. 공자는 점칠
때 사용하는 거북껍질을 보관하면서 온갖 정성을 다해 공을 들였으면서
도 정작 인사(人事)는 제대로 하지 않았음을 볼 때, 장문중이 결코 일의 이
치를 안다거나 사람을 볼 줄 아는 사람이 아니라고 강도 높게 비판하고 있
는 것이다.

　먼저 일의 이치를 안다는 문제는 곧 혹(惑)/불혹(不惑)의 문제이다.
공자는 사람의 일은 사람이 할 수 있는 범위 내에서 최선을 다하되 선을
넘어 귀신에게 의존해서는 안 된다는 점을 여러 차례 강조한다. 그중 하나
를 보자. '옹야 20'이다.

　　번지가 (일의 이치를) 안다는 것[知]에 대해 묻자 공자가 말했다. "사람
　　이 해야 할 마땅함에 힘쓰고 귀신은 공경하되 멀리한다면 일의 이치
　　를 안다고 할 것이다."

　그러나 장문중은 귀신을 가까이했다. 또 사람을 볼 줄 안다는 차원에
서 장문중이 저지른 잘못은 '위령공 13'에 나온다.

공자가 말했다. "장문중은 지위를 도둑질한 자라 할 것이다. 유하혜가 뛰어나다는 것을 알고서도 더불어 조정에 서지 않았다."

지자(知者)란 일의 이치를 아는 사람이자 사람을 볼 줄 아는 사람인데, 장문중은 이 두 가지 면에서 결코 지자라 할 수 없다는 것이 공자 생각이다. 그런데도 사람들은 이를 혼동하여[惑] 대부분 장문중을 지자라고 여겼다. 대표적인 것이 숙손표(叔孫豹)가 장문중을 삼불후(三不朽)라고 극찬한 것이다. 장문중이 죽고 48년 뒤인 노나라 양공(襄公) 24년, 그는 진(晉)나라 대부 범선자(范宣子)로부터 불후(不朽)에 관한 질문을 받자 이렇게 답한다.

"노나라에는 돌아가신 대부 한 분이 계시는데 성함이 장문중이라 하옵니다. 이미 세상을 떠나셨지만 그분의 말씀은 세상에 뚜렷이 남아 있으니 바로 그를 일컫는 것이겠습니다. 제가 듣건대 가장 높은 것은 다움을 세움에 있고, 그다음은 공을 세움에 있으며, 그다음은 말을 세움에 있다고 했습니다. 비록 돌아가신 지 오래지만 그 다움과 공, 말씀이 사라지지 않았으니 이를 일컬어 불후(不朽)라 하겠습니다."

이는 마치 욕심 많은 신정을 많은 사람들이 굳센 자라고 오판한 것과 같다고 하겠다. 사이비(似而非)를 비판하는 문맥이다.

公冶長
18

○자장이 물었다. "(초나라) 영윤(令尹) 자문이 세 차례나 벼슬길에 나아
가 영윤이 되었으나 (그 순간) 기뻐하는 기색이 없었고, 세 차례나 그
직을 그만두었으나 (그 순간) 서운해하는 기색이 없었습니다. 또 자기
가 맡아보던 옛 영윤의 정사를 반드시 새 영윤에게 알려주었으니 (이
사람의 처신은) 어떻습니까?"

공자가 말했다. "충실했다."

(자장이) 말했다. "어집니까?"

(공자가) 말했다. "알지 못하겠다. (하지만) 어찌 어질다고 할 수 있겠는
가?"

(자장이 물었다.) "최자가 제나라 임금을 시해하자 진문자는 말 마흔 마
리를 소유하고 있었는데 다 내버리고 떠났고, 다른 나라에 이르러 말
하기를 '우리 대부 최자와 똑같도다'라며 그 나라를 떠났으며, 다시
다른 나라에 가서 또 말하기를 '우리 대부 최자와 똑같도다'라며 그 나
라를 떠났으니 (이 사람의 처신은) 어떻습니까?"

공자가 말했다. "깨끗했다."

(자장이) 말했다. "어집니까?"

(공자가) 말했다. "알지 못하겠다. (하지만) 어찌 어질다고 할 수 있겠는
가?"

子張問曰 令尹子文三仕爲令尹 無

喜色 三巳之 無慍色

舊令尹之政 必以告新令尹 何如

子曰 忠矣

^왈 ^{인ㅡ의ㅡ호}
曰 仁矣乎

^왈 ^{미ㅡ지} ^언 ^{득ㅡ인}
曰 未知 焉得仁

^{최ㅡ자} ^시 ^{제ㅡ군} ^{진ㅡ문ㅡ자} ^{유 마 십ㅡ승} ^{기 이}
崔子弑齊君 陳文子有馬十乘 棄而

^{위ㅡ지}
違之

^{지ㅡ어} ^{타ㅡ방} ^{즉 왈} ^{유 오} ^{대ㅡ부} ^{최ㅡ자 야} ^위
至於他邦 則曰 猶吾大夫崔子也 違

^{ㅡ지}
之

^{지ㅡ일ㅡ방} ^{즉 우ㅡ왈} ^{유 오} ^{대ㅡ부} ^{최ㅡ자 야} ^위
之一邦 則又曰 猶吾大夫崔子也 違

^{ㅡ지} ^{하ㅡ여}
之 何如

^{자ㅡ왈} ^{청ㅡ의}
子曰 清矣

^왈 ^{인ㅡ의ㅡ호}
曰 仁矣乎

^왈 ^{미ㅡ지} ^언 ^{득ㅡ인}
曰 未知 焉得仁

영윤(令尹)이란 초나라 관직명으로 재상이다. 자문(子文)에 관한 일화 하나가 『설원』14-17에 실려 있다.

초나라 영윤 자문(子文)의 친족 중에서 법을 범한 자가 있어 정리(廷理 -법을 다스리는 관리)가 그를 붙잡았다가 그가 영윤 친족이라는 말을 듣고서 그를 풀어주었다. 자문이 정리를 불러 꾸짖으며 말했다.

"무릇 정리라는 관직을 둔 것은 장차 왕령을 범하는 자를 사찰하고 국법에 저촉되는 자를 살피기 위함이다. 모름지기 곧은 선비란 법을 집행할 때 부드러우면서도 휘어지지 않고 굳세면서도 꺾이지 않아야 한다. (그런데) 지금 법을 내던지고 명령을 어겨 범법자를 풀어주었으니 이는 관리 노릇이 반듯하지 못함이요, 마음가짐이 공정하지 못함이다. 어찌 내가 사사로운 뜻을 행하려 하겠는가! 그런데 어찌 정리는 법을 혼탁하게 하는가?

나는 높은 자리에 있어 사민(士民)을 통솔하고 있으니, 사민이 혹 원망하더라도 나는 법 집행을 면제할 수가 없다. (그런데) 지금 내 친족이 법을 어긴 것이 심히 분명한데도 정리가 내 마음에 들려고 내 친족을 석방하도록 그냥 둔다면 이는 나의 공정하지 못한 마음을 나라에 훤히 드러내는 것이다. 한 나라의 정권을 쥐고 있으면서 사사롭다는 평판을 듣게 되었으니, 내가 의롭지 못하게 사느니 차라리 죽는 게 낫겠다"

드디어 그 친척을 정리에게 오게 하고서 말했다. "당장 형벌을 행하지 않으면 내가 장차 죽을 것이다." 정리가 두려워하며 마침내 그 친척을 형벌했다. 성왕(成王)이 이를 듣고서 신발도 신지 않은 채 자문의 집에 이르러 말했다. "과인이 어려서 정리를 임명할 때 그 적임자를 두지 못해 그대의 뜻을 어겼소."

이에 정리를 내쫓고 자문을 높여 내정(內政)까지 다 맡도록 했다. 나라 사람들이 이를 듣고서 말했다. "영윤이 저처럼 공정한데 우리들이 무슨 걱정을 하랴!"

마침내 서로 노래를 지어 불렀다. "자문의 친족이 나라 법을 어겼는데 정리가 그를 풀어주자 자문이 따르지 않았네. 백성들 사이에 원망이 싹틀까 걱정하고 돌아보았으니 방정(方正)하고 공평(公平)하도다!"

얼핏 보면 자문은 어진 사람처럼 보인다. 그러나 충(忠)만으로는 어짊에 도달하지 못한다. 이때 충이란 임금에 대한 충성이 아니라 자기 자신에 대해 거짓 없는 상태를 말할 뿐이다. 따라서 충성이라고 옮기지 않고 '충실'이라고 옮겼다. 임금에 대한 충이라면 마땅히 어짊이다.

서(恕)가 있어야 어짊에 이른다. 즉 남을 사랑하는 마음[愛人之心]이 있어야 한다. 그런데 자문은 자기 직분에 충실했을 뿐, 다른 사람을 사랑하는 차원으로 나아가지 못했다. 사이비인(似而非仁), 즉 얼핏 어진 듯이 보일 뿐 실은 어진 것과는 상관없다는 것이 공자 생각이다.

최자(崔子)와 진문자(陳文子)는 모두 제나라 장공(莊公) 때 대부이다. 그런데 진문자는 최자가 임금을 시해하는 것을 보고서 자기 나라를 떠났고 다른 나라로 갔으나 그곳 또한 사정이 비슷해 또 떠나기를 반복했다. 이에 공자는 "깨끗하다[淸]"고는 했지만 어질다고는 할 수 없다고 했다. 진문자에 대해서는 '위정 24'를 들어 그가 어질다고 할 수 없는 이유를 밝힐 수 있다.

"마땅함을 보고서도 행하지 않는다면 용기가 없는 것이다."

마땅히 진문자는 최자를 토죄(討罪)했어야 한다. 그것이 공자가 진문자에게 기대했던 어짊이다. 그런데 그는 불의에 적극적으로 동조하지 않았을 뿐 이를 외면하고 떠났다. 그렇게 하기도 쉬운 일은 아니지만[難] 어짊이라고 할 수는 없다는 것이다.

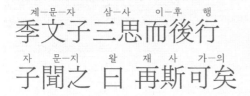

公冶長
19

○계문자는 세 번 생각한 뒤에야 일을 행했다(는 말이 있었다). 공자가 그
　말을 듣고서 말했다. "두 번이면 이에 충분하다."

^{계─문─자} ^{삼─사} ^{이─후} ^행
季文子三思而後行
^자 ^{문─지} ^왈 ^재 ^사 ^{가─의}
子聞之 曰 再斯可矣

공자의 말을 정확히 이해하려면 먼저 계문자(季文子)가 어떤 사람인지 정
확하게 파악할 필요가 있다. 계문자는 노나라 대부 계손행보(季孫行父)를
말한다. 문(文)은 시호이다.

　　계문자가 세 번을 생각했다는 것은 행동에 앞서 신중에 신중을 기했
다는 말이다. 어쩌면 공자 정신과도 부합하는 듯이 보인다. 그런데 왜 공
자는 칭찬은커녕, 세 번씩 생각할 필요가 없고 두 번이면 족하다고 그랬을
까? 이에 대해서는 정약용이 인용한 명나라 사상가 이지(李贄) 풀이가 상
세하면서도 정곡을 찌른다.

　　계문자는 세 군주 밑에서 재상을 하다가, 그가 죽었을 때 안사람에게
　입힐 비단옷이 없고 말에게 먹일 곡식이 없으며 세간의 기물도 두 벌
　갖추어진 것이 없었으므로 좌씨(左氏)가 그를 몹시 칭찬하였다. 황돌
　발이 말하기를 "계손행보는 공손귀보가 삼가(三家)를 제거하려고 도
　모하는 것을 원망하고 심지어는 네 명의 대부의 병사를 이끌고 가서
　제나라를 치기까지 하였다. 이때 바야흐로 공자(公子) 수(遂)는 군주
　를 시해하고 선공(宣公)을 세웠는데, 행보는 이를 토벌하지 않고 도리
　어 그를 위하여 두 차례나 제나라에 사신으로 가서 뇌물을 바쳤으며,
　또 군사를 거느리고 가서 두 읍성을 쌓아 스스로 재물을 취렴하였으
　므로, 그 안사람을 위한 비단옷과 말을 먹이기 위한 곡식과 금옥이 많
　았을 것이니, 이는 곧 왕망(王莽)식의 겸공(謙恭)일 뿐이다.

그런데 당시 사람들은 모두 문자를 믿었기 때문에 계문자는 세 번 생각한 뒤에 실행하였다고 하였다. 그러나 공자는 세 번 생각하는 것을 가(可)하게[좋다고] 여기지 않고 두 번 생각하면 충분하다고 하였다. 이는 대개 '(그런 인물이라면) 두 번 생각하는 것도 쉽지 않은데, 어떻게 세 번 생각했다고 하는가?'라는 말이다. 가령 그가 능히 (제대로) 두 번이라도 생각하였다면 무리를 만들어 찬탈하고 제나라에 뇌물을 바치는 일은 하지 않았을 것이며, 권력을 전횡하여 군사를 일으키고 재물을 취렴하여 자신을 살찌우지 않았을 것이다"라고 했다.

公冶
長
20

○공자가 말했다. "영무자는 나라에 도리가 있을 때는 지혜로웠고 나라
에 도리가 없을 때는 어리석었다. 그의 지혜로움에는 미칠 수 있지만
그의 어리석음에는 미칠 수가 없다."

자─왈　영─무─자　방─유─도　즉　지　방─무─도　즉
子曰 甯武子 邦有道則知 邦無道則

우
愚

기─지　가─급─야　기─우　불─가─급─야
其知可及也 其愚不可及也

영무자(甯武子)는 위(衛)나라 대부 영유(甯兪)이고 무(武)는 시호이다. 여기
서 공자는 그를 극찬하고 있다. 어째서일까? 정약용은 이렇게 풀어낸다.

　　"위나라는 성공(成公) 3년부터 나라가 어지러워 군주가 도망갔는데,
　　무릇 3년 만에 안정되었다. 이로부터 나라에 큰 혼란이 없었던 것이
　　27년 동안이었다가 위 성공이 마침내 죽었다. '나라에 도리가 없다'
　　는 것은 3년 사이를 가리키며, '나라에 도리가 있다'는 것은 국사가
　　안정된 뒤를 가리킨다."

　　그런데 (위나라 성공이 도망간 이후) 도리가 있던 문공 때 영무자는 이렇
다 할 만한 것을 보여주지 못했다. 그런데도 공자는 지혜로웠다고 평하고
있다. 도리가 잘 행해질 때는 굳이 나서지 않는 것도 지혜로운 처신으로
본 것이다. 그래서 공자는 그런 정도 지혜는 자신도 따라갈 수 있다고 말
한다.

　　반면 도리가 무너져 내린 성공 때 영무자는 "그 한복판에서 주선하여
몸과 마음을 다 바쳐서 어려움과 험난함을 피하지 않았으니, 모든 그의 처
한 바가 지혜롭고 재주 있는 사람들이 모두 극구 피하고 즐겨하지 않는 것
이었는데, 마침내 자기 몸을 보전하고 그 임금을 구제하였으니 이는 그의

어리석음을 따를 수 없는 것"이라고 주희는 풀이한다.

실은 '어리석다'는 것은 일반 사람이라면 나서지 않으려 하는 비상 상황에서 온몸을 던져 어려움을 극복해냈다는 뜻이다. 정(正)보다는 중(中)의 관점에서 그를 높이 평가한 것이다. 그렇다면 영무자의 우(愚)란 실은 대지(大知)이다.

公冶長
21

○공자가 진나라에 있을 때 말했다. "돌아가자! 돌아가자! 내 당의 제
　자들은 뜻은 크지만 일에는 거칠어 꾸며내는 것은 찬란하지만 그것을
　제대로 마름질할 줄을 모른다."

子在陳 曰 歸與歸與

吾黨之小子狂簡 斐然成章 不知所

以裁之

지금까지 우리는 먼저 공자 제자들을 사례로 지인지감해 보았고, 이어서
역사 속 여러 대부들을 사례로 지인지감 훈련을 했다. 그런 점에서 이번
장은 이 둘을 비교 평가하는 역할을 하고 있다.

　공자 말은 애씀을 널리 배우기는 했는데[博文] 여전히 거칠어[狂簡]
겉으로는 찬란해 보이지만 그것을 제대로 일의 이치에 입각해 다잡지는
[約禮] 못했다고 본 것이다. 그래서 왕초당(王草堂)은 공자가 마름질하려
했던 것은 염유의 뒤로 물러남[退], 자로의 남을 앞서려 함[兼人], 자장의
지나침[過], 자하의 못 미침[不及] 등이라고 보았다. 정곡을 찌른 풀이다.
그것은 모두 광(狂), 즉 경솔하게 앞으로만 나아가려 하거나 간(簡), 치밀
하지 못하고 대충대충 하려는 것들이다.

公冶長 22

○공자가 말했다. "백이와 숙제는 구악(舊惡)을 마음에 두지 않았다. 이
　때문에 원망함이 거의 없었다."

子曰 伯夷叔齊不念舊惡 怨是用希
<small>자—왈　백—이　숙—제　불—념　구—악　원　시—용　희</small>

백이(伯夷)와 숙제(叔齊), 두 사람은 은나라 고죽국(孤竹國) 임금의 두 아들
이다. 첫째와 셋째 아들인 백이와 숙제는 서로 아버지를 이어 임금이 되기
를 사양했고, 둘 다 나라를 떠나자 둘째 아들이 왕위를 이었다. 구악(舊惡)
이란 아마도 이 과정에서 있었던 부자간 형제간 갈등을 말하는 듯하다. 그
러나 지난 일에 마음을 두지 않았기에 서로 원망함이 거의 없었다[希=稀
=微]는 말이다.

　　갑자기 백이와 숙제의 어떤 점을 평가하기 위해 공자는 이 말을 한 것
일까? 먼저 이와 직접 연결되는 '술이 14'부터 살펴보자.

　　염유가 말했다. "스승님께서는 위나라 임금을 위하실까?"

　　자공이 말했다. "알겠다. 내가 장차 물어보겠다."

　　들어가서 말했다. "백이와 숙제는 어떤 사람입니까?"

　　말했다. "옛날의 뛰어난 사람이다."

　　말했다. "원망함이 있었습니까?"

　　말했다. "어짊을 구하다가 어짊을 얻었으니 다시 무슨 원망함이 있었
겠는가?"

　　(자공이) 나와서 말했다. "스승님께서는 위나라 임금을 위하지 않으실
것이다."

　　약간의 배경 설명이 필요하다. 당시 위나라 임금은 출공이었다. 영공
이 죽자 태자 괴외(蒯聵)가 영공 후궁 남자(南子)에게 죄를 지어 나라 밖으
로 도망쳤고, 결국 괴외 아들 첩(輒)이 자리에 올랐으니 그가 출공이다. 그
런데 출공이 즉위한 지 12년이 되도록 괴외는 위나라로 돌아오지 못했다.

출공은 자칫 아버지에게 왕위를 빼앗길까 두려워했기 때문이다. 이런 상황에서 염유는 공자가 출공을 위할 것인지를 물었고, 자공은 백이 숙제 일을 에둘러 물어봄으로써 공자는 결국 출공을 돕지 않으리라는 것을 알아냈다. 출공과 달리 백이나 숙제는 구악을 염두에 두지 않았기에 마음속 원망을 거의 없앴다는 뜻이다.

사실 이 장은 바로 뒤에 이어지는 '공야장 23, 24'와 더불어 한 묶음이 되어 원망과 곧음의 문제를 다룬다. 이 점을 확인하려면 먼저 '헌문 36'을 미리 짚어야 한다.

어떤 사람이 물었다. "은덕으로 원망을 갚는 것은 어떻습니까?"

공자가 말했다. "(그렇다면) 은덕은 무엇으로 갚을 텐가? 곧음으로 원망을 갚고 은덕으로 은덕을 갚는 것이다."

백이와 숙제가 구악을 마음에 두지 않아 원망을 없앤 것, 이것이 바로 공자가 말한 "곧음으로 원망을 갚고"이다. 결국 이 구절은 두 사람 마음이 곧았음[直]을 칭송한 것이다. 자연스레 곧음을 매개로 다음 장과 연결된다.

公冶長
23

○공자가 말했다. "누가 미생고를 일러 곧다고 하는가? 어떤 사람이 그에게 식초를 얻으려 하자 (자기 집에는 없다며) 그 이웃에서 구해다가 주었다."

子曰 孰謂微生高直
자—왈 숙—위 미—생—고 직

或 乞醯焉 乞諸其鄰而與之
혹 걸 혜 언 걸—저 기—린 이 여—지

미생고(微生高)는 노나라 사람으로 곧기로 정평이 나 있던 사람이다. 그런데 공자는 우연히 미생고가 어떤 사람에게 식초를 빌려달라는 요청을 받고서 자기가 몸소 옆집에 가서 구해다 주는 광경을 직접 보게 되었다. 성기사(省其私)의 전형이다.

  그러면 미생고가 어떻게 행동했어야 곧은 것일까? 그냥 없다고 말하고 옆집에 가서 알아보라고 말할 일이다. 굳이 자신이 옆집에 가서 구해다 준 것은 남의 비위를 맞추고 친절하다는 평판을 얻고 싶어서였다. 범조우 풀이가 핵심이다.

  "옳은 것은 옳다 하고 그릇 것은 그르다 하며, 있으면 있다 하고 없으면 없다고 하는 것이 곧음이다."

  그런 점에서는 '위정 17'도 실은 앎의 문제라기보다는 곧음의 문제라 할 수 있다.

  공자가 말했다. "유(由-자로)야! 너에게 안다는 것을 가르쳐주겠다. 아는 것을 안다고 하고 알지 못하는 것은 알지 못한다고 하는 것, 이것이 (진짜) 아는 것이다."

  즉 이렇게 하는 것이 곧음이라는 말이다. 곧음[直] 문맥은 바로 이어진다.

公
冶
長
24

○공자가 말했다. "정교한 말과 아름다운 얼굴빛을 하고서 공손함을 지
  나치게 하는 것을 좌구명이 부끄럽게 여겼는데 나 또한 부끄럽게 여긴
  다. 원망을 숨기고서 그 사람과 벗 삼는 것을 좌구명이 부끄럽게 여겼
  는데 나 또한 부끄럽게 여긴다."

子曰 巧言令色足恭 左丘明恥之 丘

亦恥之

匿怨而友其人 左丘明恥之 丘亦恥

之

공자가 말하기를 교언영색(巧言令色)을 너무 지나치게 하는 것을 옛날 좌
구명(左丘明)이 부끄러워하였는데 자신도 그것을 부끄러워한다고 한다.
여기서 足은 '주'로 읽으며 '지나치다'나 '이루다'는 뜻이다. 교언영색이
지나친 것은 곧음을 잃은 데서 나온 것으로 보고 부끄러워한 것이다. 이는
'공야장 23'에 나온 미생고를 염두에 둔 것이다.

　　또 누군가에 대해 원망스러운 태도를 숨기고서 그 사람과 벗 삼는 것
을 좌구명이 부끄러워하였는데 공자 자신도 그런 이중적 행동을 부끄러
운 짓이라고 생각한다고 말한다. 이 역시 원망이 있으면 푼 다음에 친구로
삼아야지 원망이 풀리지 않았는데도 개인적 이득을 얻으려고 그 사람을
벗 삼으면 안 되는데, 그렇게 한다면 그것은 정직하지 못한 행동이라는 것
이다. 앞 구절에 이어 다시 한번 곧음[直]의 어려움을 강조하고 있다.

　　'공야장 22'에서 백이와 숙제는 구악(舊惡)을 최대한 생각지 않음으
로써 서로 간에 원한이나 원망을 거의 없앨 수 있었다. 결국 이 장은 형이

하에 해당하는 '공야장 22와 23'의 사례들에 대해 형이중 차원에서 이유를 제시하는 역할을 하고 있다.

좌구명은 노나라 태사(太史)이다.『춘추좌씨전』을 지은 좌구명과 동일 인물인지에 대해서는 논란이 있다.

公冶長
25

○안연과 계로(季路-자로)가 모시고 있을 때 공자가 말했다. "어째서 각자 너희들의 뜻을 말하지 않는가?"
자로가 말했다. "저의 바람은 수레와 말, 가벼운 갖옷을 벗과 함께 쓰다가 다 해져도 아무런 유감이 없는 것입니다."
안연이 말했다. "저의 바람은 저의 좋은 점을 자랑하지 않고 공로가 있다 해도 내세우지 않는 것입니다."
자로가 말했다. "스승님의 뜻을 듣고 싶습니다."
공자가 말했다. "늙은이는 편안하게 해주고 벗은 믿어주고 젊은이는 (사랑으로) 품어 안아주는 것이다."

안―연　계―로　시　　자―왈　　합　각　언　이―지
顏淵季路侍　子曰　盍各言爾志

자―로　왈　　원　거―마　의　경―구　여　붕―우　공　　폐
子路曰　願車馬衣輕裘與朋友共　敝

―지　이　무―감
之而無憾

안―연　왈　　원　무―벌―선　　무―시―로
顏淵曰　願無伐善　無施勞

자―로　왈　　원―문　자―지―지
子路曰　願聞子之志

자―왈　　노―자　안―지　　붕―우　신―지　　소―자　회―지
子曰　老者安之　朋友信之　少者懷之

중유(仲由)가 이름이고 자로(子路)와 계로(季路)는 모두 자(字)이다. 성격이 솔직 담백하며, 용맹하고 위세가 있었다. 또한 신의를 성실히 지키고 직분에 충실했다. 또한 지극한 효자로 그가 옛날에 어버이를 모시고 있을 적에 가난했기 때문에, 자기는 되는대로 거친 음식을 먹으면서도 어버이

를 위해서는 100리 바깥에서 쌀을 등에 지고 오곤 했다. 어버이가 돌아가시고 난 후 높은 벼슬에 오르자 솥을 늘어놓고 진수성찬을 맛보는 신분이 되었지만, 당시에 거친 음식을 먹으며 어버이를 위해 쌀을 등에 지고 왔던 그때의 행복을 다시는 느낄 수 없게 되었다고 술회한 고사가 전한다. 자로가 한 대답은 말 그대로 친구 좋아하고 신의를 중시하는 면모를 잘 드러내 보인다.

안회(顔回)가 이름이고 안연(顔淵), 자연(子淵)은 모두 자(字)이다. 공자 수제자이지만 젊어서 죽었다. 중요한 것은 안회 대답이다. 무벌선(無伐善) 무시로(無施勞)는 불벌(不伐-내세워 자랑하지 않음), 즉 곧음[直]과 직결된다.

이것은 『주역』 겸(謙)괘(䷠) 밑에서 세 번째 붙은 효[九三]에 대한 풀이와도 연결된다.

"공로가 있으면서도 겸손하니 군자가 잘 마침이 있어 길하다." 공자가 말하기를 "수고로움이 있어도 자랑하지 않고[勞而不伐] 공로가 있어도 자기 덕이라고 내세우지 않는 것[有功而不德]은 (그 다움이) 두터움이 지극한 것이니 이는 자신이 공로를 세우고서도 다른 사람에게 몸을 낮추는 것을 말하는 것이다. 다움[德]으로 말하자면 성대하고 예 갖춤[禮]으로 말하자면 공손한 것이니 겸손함[謙]이란 공손함을 지극히 함으로써 그 지위를 보존하는 것이다"라고 했다.

공로란 임금이 아니라 신하가 세우는 것이라는 점에서 곧음[直]과 내세워 자랑하지 않음[不伐]은 임금이 아닌 신하 도리이다.

유소 『인물지』 결론 부분을 보면서 이 장을 마무리한다.

"크게 공로가 없으면서도 스스로 뽐내는 것이 맨 아래 등급이고《공허하게 스스로 뽐내니, 그래서 하등이다.》공로가 있다 해서 그것을 자랑하는 것이 중간 등급이며《스스로 자기의 능함을 자랑하니, 그래서 중등이다.》공로가 큰 데도 자랑하지 않는 것이 맨 위 등급이다.《공로를 남에게 돌리니, 그래서 상등이다.》"

公冶長
26

○공자가 말했다. "다 끝나버렸구나! 나는 아직 (나만큼) 자기 허물을 발견하여 마음속으로 송사를 하듯이 (맹렬하게) 하는 자를 보지 못했다."

자—왈　　이—의—호
子曰 已矣乎
오　미—견　능—견　기—과　이　　내—자—송—자—야
吾未見能見其過而內自訟者也

공자가 체념 조로 한탄한다.

"다 끝나버렸구나!"

이렇게 한탄한 이유는 자기 허물을 알고서 스스로 마음속으로 책망하는[訟] 사람을 보지 못했기 때문이다. 일반적으로 사람들은 자기 허물을 스스로 아는 경우가 극히 드물다. 특히 허물을 알고서 마음속으로 자책하는 사람은 더더욱 드물다. 자책 단계에 이르지 않고서는 허물을 고칠 수 없기에 공자는 이 점을 지적하며 제자들이 늘 스스로에 대해 엄격한 태도를 견지해줄 것을 간접적으로 일깨우고 있다. 그런데 정약용은 송(訟)을 직역한다.

"송(訟)이란 공식적인 법정에서 서로 자기주장을 하는 것이다. 천명(天命)과 인욕(人慾)이 마음속에서 서로 싸울 때 자기의 인욕을 이기기를 마치 송사를 이기는 것처럼 그렇게 해야 한다. 사람이 능히 스스로 그 허물을 발견하여 천명과 인욕 둘로 하여금 마음속에서 대변하게 함으로써 반드시 그 시비를 가리게 될 것이며, 따라서 허물을 고칠 줄을 알게 될 것이다."

그리고 이 문장 전체를 해석할 때 '나처럼' 혹은 '나만큼'이라는 부분을 추가하는 것도 한 방법이다. 그래야 다시 자신을 거론하는 바로 뒤에 나올 '공야장 27'과도 맥이 닿는다. 내자성(內自省)이 훨씬 강화된 것이 바로 내자송(內自訟)이다.

사람을 알아보는 데에는 그 사람의 장점 못지않게 허물도 중요한 단서가 된다. 우리는 이미 '이인 7'에서 이 점을 확인한 바 있다.

공자가 말했다. "사람들이 짓는 허물은 각각 그 유형에 따라 다르다. (그래서) 어떤 사람이 저지르는 허물을 보면 이에 그 사람이 어진지를 알게 된다."

허물을 고친다는 것은 결국 그 사람이 바뀐다는 뜻이다. 그래서 공자는 허물을 알아서 애써서 고치는 것[過則勿憚改=學而時習之]을 그처럼 강조한 것이다. 『주역』계사전(繫辭傳)에는 이 점을 보여주는 구절이 나온다.

공자가 말했다. "안씨(顔氏)의 아들은 아마도 거의 (도리를 아는데) 가까웠다고 할 것이다. (자기 자신에게) 좋지 못한 점이 있으면 일찍이 알지 못한 적이 없었고, 그것을 알게 되면 일찍이 다시는 그 잘못을 행하지 않았다. 『역(易)』에 이르기를 '멀리 가지 않고 돌아오니 뉘우침에 이르지 않아서 으뜸으로 길하다'라고 했다."

안씨 아들이란 안회이다. 공자의 이 말은 '옹야 2'에 나오는 이야기와 직결된다.

(노나라 임금) 애공이 물었다. "제자들 중에서 누가 배우기를 좋아하는가[好學]?"

공자가 말했다. "안회라는 자가 있어 배우기를 좋아해 분노를 다른 데로 옮기지 않고[不遷怒] 잘못을 두 번 다시 반복하지 않았는데[不貳過] 불행하게도 명이 짧아 죽었습니다. 지금은 그가 가고 없으니 아직 배우기를 좋아하는 자를 들어보지 못했습니다."

공자가 호학(好學)이라는 말의 뜻을 풀이하면서 안회를 끌어들였는데, 그 두 가지 근거 중 하나가 바로 여기서 언급된 불이과(不貳過)이다. 잘못을 두 번 다시 반복하지 않았다는 말이다. 그리고 "멀리 가지 않고 돌아오니 뉘우침에 이르지 않아서 으뜸으로 길하다"라는 것은 지뢰복(地雷復)괘(䷗)의 밑에서 첫 번째 붙은 효[初九]에 대한 풀이다.

公冶長
27

○공자가 말했다. "열 가구 정도 되는 마을에도 반드시 나처럼 충신(忠
信)한 사람이 있겠지만 나만큼 배움을 좋아하는 사람은 없을 것이다."

子曰 十室之邑 必有忠信如丘者焉
不如丘之好學也

충(忠)과 신(信)은 타고난 바탕[質]이다. 반면에 배움을 좋아함[好學]이란
곧 애씀[文]이다. '술이 24'를 보자.

　　"공자께서는 네 가지를 가르치셨으니 문(文) 행(行) 충(忠) 신(信)이
　다."

　　결국 민어행(敏於行), 혹은 민어사(敏於事)라는 애씀[文]만 추가하면
공자가 가르친 네 가지가 다 갖춰진다. 이 말 또한 앞서 말한 바와 같이 십
중팔구 자공이 한 말일 것이다.

　　주희 풀이를 보자.

　　"열 가구는 작은 읍이다. 충신(忠信)이 성인(聖人)과 같음은 타고난 자
　질이 아름다운 자이다. 공자께서는 태어나면서부터 아셨으나(본인은
　부정한다) 일찍이 배우기를 좋아하지 않은 적이 없었다. 그러므로 이것
　을 말씀하여 사람들을 힘쓰게 한 것이다. 아름다운 자질은 얻기 쉬우
　나 지극한 도리는 듣기 어려움을 말씀하신 것이니, 배움이 지극하면
　성인이 될 수 있고 배우지 않으면 시골 사람이 됨을 면치 못할 것이니
　노력하지 않을 수 있겠는가?"

　　얼마간 뻔하디 뻔한 소리 같지만 '양화 2'를 감안하면 절박한 지적이
기도 하다.

　　공자가 말했다. "(타고난) 본성은 서로 가까우나 익히는 것에 의해 서
　로 멀어진다."

公冶長
27

타고나는 것도 중요하지만 후천적인 노력이 더욱 중요하다는 점을 강조하는 문맥이다. 이것으로 공야장(公冶長)편을 마감한다는 것은 함의하는 바가 깊다.

⑥

雍也
옹
야

1

○子曰雍也可使南面仲弓問子桑伯
子子曰可也簡仲弓曰居敬而行簡以

2

臨其民不亦可乎居簡而行簡無乃大
簡乎子曰雍之言然○哀公問弟子孰

3

爲好學孔子對曰有顏回者好學不遷
怒不貳過不幸短命死矣今也則亡未
聞好學者也○子華使於齊冉子爲其

子曰回也其心三月不違仁其餘則日
之子騂且角雖欲勿用山川其舍諸○
與爾鄰里鄉黨乎○子謂仲弓曰犁牛
原思爲之宰與之粟九百辭子曰毋以
馬衣輕裘吾聞之也君子周急不繼富
子與之粟五秉子曰赤之適齊也乘肥
母請粟子曰與之釜請益曰與之庾冉

8

我者則吾必在汶上矣○伯牛有疾子

爲費宰閔子騫曰善爲我辭焉如有復

7

也藝於從政乎何有○季氏使閔子騫

政乎何有曰求也可使從政也與曰

日賜也可使從政也與曰賜也達於從

6

從政也與子曰由也果於從政乎何有

月至焉而已矣○季康子問仲由可使

9　10　11　12

子夏曰女爲君子儒無爲小人儒○子

曰力不足者中道而廢今女畫○子謂

○冉求曰非不說子之道力不足也子

人不堪其憂回也不改其樂賢哉回也

子曰賢哉回也一簞食一瓢飲在陋巷

也而有斯疾也斯人也而有斯疾也○

問之自牖執其手曰亡之命矣夫斯人

13　14　15　16

游爲武城宰子曰女得人焉爾乎曰有

澹臺滅明者行不由徑非公事未嘗至

於偃之室也〇子曰孟之反不伐奔而

殿將入門策其馬曰非敢後也馬不進

也〇子曰不有祝鮀之佞而有宋朝之

美難乎免於今之世矣〇子曰誰能出

不由乎何莫由斯道也〇子曰質勝文

知矣問仁曰仁者先難而後獲可謂仁

知子曰務民之義敬鬼神而遠之可謂

也中人以下不可以語上也○樊遲問

如樂之者○子曰中人以上可以語上

○子曰知之者不如好之者好之者不

○子曰人之生也直罔之生也幸而免

則野文勝質則史文質彬彬然後君子

21　22　23　24　25

也○子曰君子博學於文約之以禮亦

君子可逝也不可陷也可欺也不可罔

井有人焉其從之也子曰何爲其然也

觚哉觚哉○宰我問曰仁者雖告之曰

至於魯魯一變至於道○子曰觚不觚

仁者靜知者樂仁者壽○子曰齊一變

矣○子曰知者樂水仁者樂山知者動

26　27　28

立人己欲達而達人能近取譬可謂仁

聖乎堯舜其猶病諸夫仁者己欲立而

衆何如可謂仁乎子曰何事於仁必也

久矣○子貢曰如有博施於民而能濟

○子曰中庸之爲德也其至矣乎民鮮

夫子矢之曰予所否者天厭之天厭之

可以弗畔矣夫○子見南子子路不說

雍也

之方也已

_지
_방
_야
_이

雍也

1

○공자가 말했다. "옹(雍-중궁)의 경우 (임금이 되어) 남면(南面)하게 할
만하다."

중궁이 자상백자는 어떠냐고 물었다.

공자가 말했다. "괜찮다, 그의 대범 소탈함도."

중궁이 말했다. "안으로 삼가면서 대범 소탈하게 일을 행하여 그 백성
에게 임한다면 실로 괜찮지 않겠습니까? (그런데) 안으로도 대범 소탈
하고 일을 행하는 것도 대범 소탈한 것은 너무 대범 소탈한 것 아니겠
습니까?"

공자가 말했다. "옹의 말이 맞다."

子曰 雍也可使南面

仲弓問子桑伯子

子曰 可也 簡

仲弓曰 居敬而行簡 以臨其民 不亦

可乎 居簡而行簡 無乃大簡乎

子曰 雍之言然

『설원』19-34는 이 이야기를 보충한 것이다.

공자가 말하기를 "그의 대범 소탈함[簡]도 (군주의 자리를 맡기에) 괜찮
다"라고 했다. 간(簡)이란 대범 소탈하다[易野]는 말이고, 대범 소탈
하다는 것은 일의 이치에 맞게 애씀[禮文]이 없다는 말이다. 공자가 자

1

상백자(子桑伯子)를 만난 적이 있었는데, 그가 의관을 갖추지 않은 채 지내고 있었다.

제자가 말했다. "스승님께서는 어찌 이런 사람을 만나보십니까?"

말했다. "그의 바탕은 아름다우나 애쓰는 바가 없으니, 내가 그를 설득해 (사람다움을 위해) 애쓰게 만들고 싶구나."

공자가 떠나가자 자상백자에게 그의 제자들이 불쾌해하며 말했다. "어찌 공자를 만나보십니까?"

말했다. "그의 바탕[質]은 아름다우나 애씀[文]이 번잡스러우니, 내가 그를 설득해 그 번잡한 애씀이나 꾸밈을 없애고 싶구나."

그래서 말하기를, 애씀과 바탕이 잘 닦인 자를 일러 군자라 하고, 바탕은 있으나 애씀이 없는 것을 일러 대범 소탈하다고 한다. 자상백자는 대범 소탈하여 사람의 도리를 소나 말과 같게 하려고 했다. 그래서 중궁은 그가 너무 대범 소탈하다고 했다.

위로는 눈 밝은 천자가 없고 아래로는 뛰어난 방백(方伯-정벌권이 있는 제후)이 없어 천하가 무도한 짓을 일삼으니 신하가 자기 임금을 시해하고 자식이 자기 아버지를 시해하니, 만일 힘이 있거든 이를 토벌해도 괜찮다. 그래서 (공자는) 옹(雍-중궁)이 남면(南面)할 만하다고 했으니 남면하는 자란 천자이다. 옹이 (공자로부터) 남면할 만하다는 칭송을 받게 된 것은 이러했다. 즉 옹이 공자에게 자상백자에 대해 묻자 공자가 "그의 대범 소탈함[簡]도 (군주의 자리를 맡기에) 괜찮다"라고 했다.

이에 중궁이 말했다. "마음은 늘 삼가면서 일은 대범 소탈하게 하여 이로써 그 백성들을 이끈다면 실로 남면할 만하다고 할 수 있지 않겠습니까? (그런데) 마음을 대충대충 하면서 일도 대범 소탈하게 한다면 그것은 지나치게 대범 소탈한 것[大簡]이 아니겠습니까?"

공자가 말했다. "옹의 말이 옳다."

중궁은 교화하는 방법에 능통했고 공자는 왕도에 밝았으니 중궁의 말에 더 보탤 것이 없었다.

　옹야(雍也)편은 공야장(公冶長)편에 이어 '옹야 14'까지 인물평이 이어진다. 지인지감(知人之鑑) 문맥이라는 뜻이다. 앞서 인용한『설원』19-34가 중요한 까닭은 공자와 자상백자를 비교하면서 문질(文質) 개념을 사용하고 있다는 점이다. 이 짝 개념은 사람을 판별함에 있어[知人] 핵심 요소이며, 인물평을 마친 '옹야 16'에서 심도 있게 다룰 것이다.

雍也

2

○(노나라 임금) 애공이 물었다. "제자들 중에서 누가 배우기를 좋아하는가?"

공자가 말했다. "안회라는 자가 있어 배우기를 좋아해 분노를 다른 데로 옮기지 않고, 잘못을 두 번 다시 반복하지 않았는데 불행하게도 명이 짧아 죽었습니다. 지금은 그가 가고 없으니 아직 배우기를 좋아하는 자를 들어보지 못했습니다."

哀公問 弟子孰爲好學
孔子對曰 有顔回者好學 不遷怒 不
貳過 不幸短命死矣
今也則亡 未聞好學者也

애공(哀公 ?~기원전 468)은 공자 말년 노나라 임금이다. 정공(定公) 아들이다. 재위 중 공자가 위나라에서 노나라로 돌아왔으나, 정치를 단념한 그를 등용할 수 없었다. 국내적으로는 삼환(三桓)이라고 하는 공족 삼가(公族三家) 세력이 강하였고, 대외적으로는 오나라와 제나라의 공격으로 국력을 펴지 못하였다. 월나라 도움으로 삼환씨를 제거하려다 오히려 왕위에서 쫓겨나 유산지(有山氏)에서 죽었다.

'헌문 22'는 애공이 어떤 임금이었는지를 단적으로 보여주는 사례가 나온다.

　(제나라 대부) 진성자가 (자기 임금) 간공을 시해했다.

　공자는 목욕하고 조정에 나아가 애공에게 아뢰었다. "진항이 자기 임금을 시해했으니 청컨대 그를 토죄하소서."

공이 말했다. "저 삼자(三子-삼가)에게 고하라!"

공자가 말했다. "내가 대부의 말석에라도 따랐기에 감히 아뢰지 않을 수 없었다. 그런데 임금께서 말씀하시기를 저 삼자에게 고하라고 하는구나!"

삼자에게 가서 고하자 불가하다고 했다. 공자가 말했다. "내가 대부의 말석에라도 따랐기에 감히 아뢰지 않을 수 없었다."

공자로서는 제나라가 남의 나라이지만 진항이 인륜과 천리(天理)를 범했으니 이웃 나라라고 그냥 있어서는 안 된다며 토벌을 청한 것이다. 그만큼 공자는 군군신신의 도리를 중시했다. 그런데 애공은 당시 실권을 장악하고 있던 삼가(三家)에게 가서 말해 보라고 한 발 물러선다. 애공은 이처럼 실권이 없는 무능한 임금이었다. 『논어』에 등장하는 애공은 선정을 베푸는 임금이라고는 할 수 없는데, 공자에게는 관심이 많아 이런저런 질문을 많이 던지고 있다. 그런 인물이 여기서 다른 것도 아닌, 호학(好學)에 능한 제자가 누구인지를 묻는 것이 오히려 특이하다.

참고로 『논어』에서 애공이 던지는 질문들을 모아보자. 이를 통해서도 우리는 개략적으로나마 애공이 어떤 인물인지 알 수 있다. 백성을 복종케 하는 법, 호학하는 제자가 누구인지 등을 물은 애공은 '안연 9'에서는 공자를 빼닮았다는 평을 들었던 제자 유약에게 "올해는 기근으로 인해 나라의 재용이 부족하니 어떻게 하면 좋은가?"라고 묻는다. 그에 앞서 '팔일 21'에서는 공자의 혐오를 받았던 제자 재여에게 각 나라의 종묘 제도에 관해 묻기도 했다. 이런 질문들을 보면 하나같이 절실하지 못하고 뻔하다[泛]는 공통점을 갖고 있다. 다부지지 못하고 겉멋만 든 임금이라 할 수 있다. '옹야 1' 표현대로 하자면 거간(居簡)하는 임금이었던 것이다. 행간(行簡)은 하지도 못했다.

이러한 인물인 애공이 호학(好學)을 물었는데 공자는 불천로(不遷怒)와 불이과(不貳過) 두 가지로 답을 했다. 먼저 불천로(不遷怒)는 화를 다른 데로 옮기지 않았다는 말이다. 이에 대해서는 두 가지 풀이가 가능하다.

첫째는 흔히 이해하듯이 갑에게 화가 난 것을 을에게 옮겨서는 안 된다고 볼 수 있다. 주희가 이런 견해이다.

둘째로 정약용은 『논어』 자체 맥락에서 풀어낸다.

"가난하고 고생스럽되 이를 원망하고 남 탓함이 없는 것을 불천로라고 한다."

실제로 '옹야 9'에 그려진 안회 모습이 바로 형이하로서 그것이다.

공자가 말했다. "뛰어나도다, 회(回)여! 한 대그릇의 밥과 한 표주박의 물만으로 허름한 동네에서 살아갈 경우 사람들은 그 근심을 견디지 못하는데 회는 그 (도리를) 즐기는 것을 고치지 않았다. 뛰어나도다, 회(回)여!"

그렇다고 안빈(安貧)은 아니다. 낙도(樂道)일 뿐이다. 그러면서도 가난과 고생에서 벗어나려고 도리가 아닌 방법으로 거기서 벗어나려 해서는 안 된다고 했다. 그런 식으로 벗어나려 한다면 그것이 바로 천로(遷怒)가 된다. '이인 5'에서 했던 공자의 말이 잘 보여 준다.

"가난과 천함, 이는 사람이라면 누구나 싫어하는 바이지만 그 도리로서 얻은 것이 아니라 하더라도 (그릇된 방법으로 그런 빈천 상황을) 떠나지 않아야 한다."

이것이 불천로(不遷怒)이다. 그래서 천로하면 혹(惑)이 되고, 불천로하면 불혹(不惑)이 된다.

다음으로 불이과(不貳過)는 허물을 두 번 반복하지 않았다는 말이다. 과즉물탄개(過則勿憚改)에 이어지는 말이라 하겠다.

호학(好學)은 독서를 좋아하거나 학문을 좋아하는 데 그치는 것이 아니라 불천로(不遷怒), 불이과(不貳過)라는 점을 깊이 염두에 두어야 한다.

3

○자화(子華-공서적)가 제나라에 사신으로 가게 되었다. 염자(冉子-염유)
가 자화 어머니를 위해 곡식을 청했다.

공자가 말했다. "1부(釜)를 주어라."

더 줄 것을 청하자 말했다. "1유(庾)를 주어라."

염자는 곡식 5병(秉)을 주었다. 공자가 말했다. "적(赤-공서적)이 제나
라에 갈 때 (보니) 살진 말을 타고 가벼운 갖옷을 입고 있었다. 내가 듣
기로는 군자는 위급한 자를 돌보아주기는 하지만 부유한 자에게 더 대
주지는 않는다고 했다."

원사가 (공자 채읍) 재(宰-읍 책임자)가 되니, (그에게) 곡식 900을 주었
는데 사양했다.

공자가 말했다. "사양하지 말라. 그것을 너의 이웃이나 마을 사람 그
리고 향당에 주어라!"

자-화　사-어　제　염-자　위　기-모　청-속
子華使於齊 冉子爲其母請粟

자-왈　여-지　부
子曰 與之釜

청-익　왈　여-지　유
請益 曰 與之庾

염-자　여-지　속　오-병
冉子與之粟五秉

자-왈　적　지　적-제-야　승　비-마　의　경-구
子曰 赤之適齊也 乘肥馬 衣輕裘

오　문-지-야　군-자　주-급　불-계-부
吾聞之也 君子周急不繼富

원-사　위-지　재　여-지　속　구-백　사
原思爲之宰 與之粟九百 辭

子曰 毋 以與爾鄰里鄉黨乎

사마천『사기』'중니제자열전'에서 자화에 대해 이렇게 말한다.

"공서적(公西赤)의 자(字)는 자화(子華)이다."

그는 말을 잘해 외교관[行人] 자질이 있었다. 이때는 공자가 형조 판서에 해당하는 대사구(大司寇)라는 고위 관료였기에 염자, 즉 염유가 가신이 되어 재물과 곡식을 관장하고 있었다. 곡물량을 재는 단위인 부(釜)는 6두(斗) 4승(升)이고, 유(庾)는 16두이다. 병(秉)은 16곡(斛)인데, 곡(斛)은 10두이다.

두 번에 걸친 염유의 요청에 공자는 1유＝16두를 주라고 했는데, 염유는 자기 마음대로 5병＝800두를 전달했다. 50배 이상을 공서적의 어머니에게 전한 셈이다. 공자가 분노한 것은 당연한 일이다. 공자는 말한다.

"적(赤-공서적)이 제나라에 갈 때 (보니) 살진 말을 타고 가벼운 갖옷을 입고 있었다. 내가 듣기로는 군자는 위급한 자를 돌보아주기는 하지만 부유한 자에게 더 대주지는 않는다고 했다[君子周急不繼富]."

공서적은 부유해 보이고, 설령 가난하더라도 겉을 꾸미려는 부화(浮華)한 마음이 가득한 자인데, 네가 나의 두 번에 걸친 만류에도 결국 네 마음대로 그런 처사를 했으니 너는 군자가 될 수 없다는 꾸짖음이다.

주급(周急)이란 정말로 위급하거나 다급한 사람을 위해서라면 얼마든지 주선하고 돌보아줄 수 있다는 말이다. 그러나 이미 부유한 사람을 더 부유하게 해주는 일, 즉 계부(繼富)는 군자라면 해서는 안 될 일이다. 그런데 염유는 계부했다가 공자로부터 이런 지적을 받은 것이다.

염유에 대한 비판은 이어 나오는 원사 이야기와 대조되면서 더욱 선명해진다. 사마천『사기』'중니제자열전'에서 원사에 대해 이렇게 말한다.

"원헌(原憲)의 자(字)는 자사(子思)이다."

원사는 이미 적으나마 가신을 맡아 녹봉을 받고 있는데 스승이자 윗사람인 공자가 별도로 900두를 챙겨주자 극구 사양한 것이다. 공자가 자신의 가신으로 삼은 것으로 볼 때 원사는 행실이 뛰어나고 집안은 크게 가난했을 가능성이 크다.

그런데도 스승이자 바로 윗사람이 개인적으로 주는 것을 받지 않겠다고 한 것은 원사의 마음가짐이 그만큼 곧았음[直]을 보여 준다. 이에 공자는 "사양하지 말라. 그것을 너의 이웃이나 마을 사람 그리고 향당에 주어라!"고 곡식을 나눠줄 방법까지 일러준다. 참고로 다섯 집을 인(隣), 스물다섯 집을 리(里), 1만 2,500집을 향(鄕)이라 하고, 500집을 당(黨)이라고 한다. 여기서 향당(鄕黨)은 고향 마을이라고 보면 된다.

요즘 식으로 보자면 염유는 융통성이 있는 사람이고, 원사는 융통성이 없는 사람이겠다. '옹야 1, 2'를 통해 우리는 곧음[直]을 척도로 해서 군신(君臣)의 서로 뒤바뀐 모습을 보았다면, 여기서는 두 가신(家臣)의 서로 다른 행동을 통해 곧음[直]의 의미를 짚어보게 된다. 한마디로 염유는 곧지 못했고, 원사는 곧았다.

사마천 『사기』 '중니제자열전'에 나오는 원사에 관한 일화 한 가지 더 소개하고 마친다.

공자가 세상을 떠나자 원헌은 초야에 숨었다. 어느 날 위나라 재상으로 있던 자공이 말 네 필이 끄는 마차를 타고 많은 시종을 거느리고 풀숲을 헤치고 궁핍한 골목을 찾아 원헌을 방문했다. 원헌은 해진 의관을 단정히 여미고 자공을 만났다.

자공은 그 모습을 부끄럽게 여겨 "그대는 어찌하여 이렇게 곤궁하게[病=窮] 사는가?"라고 했다. 원헌이 "제가 듣건대 재산이 없는 것을 가난하다 하고, 도리를 배워 행하지 않는 것을 곤궁하다고 했습니다. 저, 헌은 가난하지만 곤궁하지는 않습니다"라고 했다. 자공이 창피하게 여겨 편치 못한 마음으로 그 자리를 떠나서는 죽을 때까지 자신이 했던 말이 지나쳤음을 부끄러워했다.

雍也

4

○공자가 중궁에게 말했다. "색깔이 곱지 않은 소의 새끼라 해도 털이 붉고 뿔이 제대로 났다면 비록 (사람들이) 희생제물로 쓰지 않으려 해도 산천(의 귀신)이 그냥 버려두겠는가?"

자 위 중-궁 왈 이-우 지 자 성-차-각
子謂仲弓 曰 犁牛之子騂且角

수 욕 물-용 산-천 기 사 제
雖欲勿用 山川其舍諸

왈(曰)이 있고 없고는 큰 차이를 드러낸다. 왈이 없으면 그냥 '평하다[評]'는 뜻이 되어 청자가 다른 사람이지만, 왈이 있으면 바로 그 사람에게 '일러 말하다'가 되니 여기서 청자는 중궁이다. 그러면 공자가 하는 말 또한 뉘앙스가 달라진다. 단순한 인물평이 아니라 고무·격려하는 내용이 된다.

이우(犁牛)란 털이 얼룩인 소를 말한다. 희생제물로 쓰기에는 적합지 않다는 말이다. 그런데 그 새끼소는 털도 붉고 뿔도 제대로 났다. 붉은 털은 문(文)이고, 제대로 난 뿔은 질(質)인데, 곧음[直]을 나타낸다. 이는 아버지는 문제가 있지만 자식이 올바르다는 것을 비유한 것이다. 그러면 사람들은 아버지 때문에 그를 쓰는 걸 꺼리겠지만 산천 귀신은 내버려두지 않을 것이라는 뜻이다. 이때 산천은 천하를 비유한 것이다. 여러 풀이가 있지만 여기서는 범조우 풀이를 따른다.

> "고수(瞽瞍-장님이라는 뜻도 있음)를 아버지로 두고도 순임금이 있었고, 곤(鯀)을 아버지로 두고도 우왕이 있었으니, 옛날에 성현(聖賢)이 가문과 족류(族類)에 매이지 않음이 오래되었다. 자식이 아버지 허물을 고쳐 악을 변화시켜 아름답게 만든다면 효(孝)라고 이를 만하다."

공자도 이런 중궁에 대해 임금이 될 만하다고 극찬했다.

雍也

5

○공자가 말했다. "회(回)의 경우에는 그 마음이 석 달 동안 어짊을 떠나지 않았는데, 나머지 제자들은 하루나 한 달에 한 번 이를 뿐이다."

자-왈　회-야　기-심　삼-월　불-위-인
子曰 回也 其心三月不違仁
기-여　즉　일-월　지-언　이-이-의
其餘則日月至焉而已矣

맹자나 주자학자들 주장처럼 만일 어짊이라는 것이 우리 안에 내재되어 있다면 공자가 하는 이 말은 애당초 성립하지 않는다. 공자에게 어짊이란 우리가 열렬함을 다해 찾아서 잡아두어야 하는 것이고, 아차, 하는 순간 떠나가 버리는 것이다. 따라서 맹자의 성선설(性善說)은 이와 어울리지 않는다. 그는 인의예지(仁義禮智)가 우리 본성이라 보았기 때문이다. '양화 2'는 공자가 생각한 본성이 어떤 것인지를 잘 보여 준다.

> 공자가 말했다. "(타고난) 본성은 서로 가까우나 익히는 것에 의해 서로 멀어진다."

그러니 본인이 어짊을 향할 것인지 어질지 못함을 향할 것인지는 오로지 본인 뜻에 달려 있다. 그런 뜻에 있어 안회와 다른 제자는 큰 차이를 보였다.

안회는 석 달이나 어짊(仁)을 떠나지 않았다고 했으니, 참으로 오래 간 것이다. 오래감을 염두에 두고서 '이인 2'를 다시 음미해 보자.

> 공자가 말했다. "어질지 못한 자는 자신을 다잡는데 (잠시는 몰라도) 오랫동안 처해 있을 수 없고, 도리를 즐기는데 (잠시는 몰라도) 오랫동안 처해 있을 수 없다. 어진 자는 어짊을 편안히 여기고[安仁] 사리를 아는 자는 어짊을 이롭게 여긴다[利仁]."

오래도록 어짊에 머물 수 있다는 것은 마음이 곧을[直] 때 가능한 것이다. 어짊을 이롭게 여기는 사람은 대체로 남을 의식해서 자신의 말과 행동을 연출하는 경우가 많기 때문에 오래 갈 수가 없다. 미생고가 곧지 못하다고 공자로부터 지적받은 것 또한 남들 평판에 연연하면서 자기가 직접 옆집에 가서 식초를 빌려왔기 때문이다. 안(安)은 곧 직(直)이다.

雍也

6

○계강자가 물었다. "중유의 경우 정사에 종사할 만한가?"

공자가 말했다. "유의 경우 과감하니, 정사에 종사하는데 무슨 어려움이 있겠습니까?"

말했다. "사(賜-자공)의 경우 정사에 종사할 만한가?"

공자가 말했다. "사의 경우 이치에 통달하니, 정사에 종사하는데 무슨 어려움이 있겠습니까?"

말했다. "구(求-염유)의 경우 정사에 종사할 만한가?"

공자가 말했다. "구의 경우 유연한 재예가 있으니, 정사에 종사하는데 무슨 어려움이 있겠습니까?"

季康子問 仲由可使從政也與

子曰 由也果 於從政乎 何有

曰 賜也可使從政也與

曰 賜也達 於從政乎 何有

曰 求也可使從政也與

曰 求也藝 於從政乎 何有

먼저 '위정 20'을 다시 읽어보고 이야기를 풀어가자.

> 계강자가 물었다. "백성들로 하여금 공경과 충성을 권면하게 하려면 어떻게 해야 하는가?"

> 공자가 말했다. "장중함으로 (백성들에게) 임하면 공경할 것이고, 부모

에게 효도하고 자제들에게 자애로우면 충성할 것입니다. 능한 이를 들어 쓰고 능하지 못한 이를 가르친다면 권면하게 될 것입니다.”

이는 사실 에둘러 계강자를 비판하는 내용이었다. 여기서도 마찬가지다.

종정(從政)의 뜻을 둘러싸고 이런저런 논란이 있는데 위정(爲政) 바로 아래 단계로 보면 될 듯하다. 즉 중간관리가 하는 정사가 종정이다.

인사권을 갖고 있던 계강자는 한 명 한 명씩 관직 등용에 관해 공자에게 묻는다. 예를 들어 '옹야 1'에서 중궁은 남면(南面)할 만하다고 한 것은 종정(從政) 문제가 아니라 최고 권력자가 될 만한 위정(爲政) 문제였다. 그에 비한다면 종정 문제는 비중이 낮다. 계강자의 연속되는 물음에 공자가 다소 시큰둥한 뉘앙스로 답하는 것도 그런 맥락이다. 이런 뉘앙스를 제대로 읽어야 그 후 정반대되는 맥락이 전개되는 '옹야 7, 8, 9'에 담긴 뜻도 정확히 파악할 수 있다.

첫째, 자로(子路-중유)에 대해 묻자 공자는 그가 과단성[果]이 있으니 못 쓸 이유가 없다고 답한다. 정사(政事)에는 여러 분야 재주가 필요하며 당연히 용감하기로 정평이 난 자로의 과단성도 쓸 자리가 없을 리 없다는 것이다.

둘째, 지인(知人) 경지에는 오른 자공(子貢-賜)에 관해 묻자 공자는 그가 사리에 통달해[達] 있으니 못 쓸 이유가 없다고 답한다.

셋째 염구(冉求-염유)에 대해 묻자 공자는 그가 예재(藝才)가 뛰어나니 못 쓸 이유가 없다고 답한다.

하지만 이 장을 평면적으로 파악해 공자가 계강자에게 제자들 장단점을 정확히 파악해 적재적소에 쓰도록 권하는 내용으로만 본다면 문맥상으로는 큰 잘못을 저지르는 것이다. 이 장의 핵심은 사람을 쓰자고 하면 누군들 못쓰겠냐는 이야기에 가깝다. 여기서는 자로나 자공, 염구는 주인공이 아니다. 누가 되어도 상관이 없다. 쓰이는 사람들이 문제가 아니라 쓰려는 사람이 문제임을 공자는 말하고 싶었던 것이다. 말 그대로 계강자에게 무구비어일인(無求備於一人)하라는 권고이다.

그런데 묘하게도 '계씨 1'을 보면 염유와 자로는 계씨의 가신으로 일한다. 이리하여 자연스럽게 다음 장과 대비되어 연결된다.

『설원』17-22도 이 장과 직접적으로 연결된다.

자하가 중니(仲尼=공자)에 물었다. "안연의 사람됨은 어떻습니까?"

말했다. "안연의 신실함[信]은 나보다 낫다."

말했다. "자공의 사람됨은 어떻습니까?"

말했다. "자공의 명민함[敏]은 나보다 낫다."

말했다. "자로의 사람됨은 어떻습니까?"

말했다. "자로의 용감함[勇]은 나보다 낫다."

말했다. "자장의 사람됨은 어떻습니까?"

말했다. "자장의 장엄함[莊]은 나보다 낫다."

이에 자하가 자리에서 일어나며 물었다. "그렇다면 이 네 사람은 무엇 때문에 선생님을 섬깁니까?"

말했다. "앉아라. 내가 너에게 말해 주겠다. 안회는 신실하지만 능히 융통성을 발휘하지 못하고, 자공은 명민하지만 능히 굽힐 줄을 모른다. 자로는 용감하지만 제대로 겁낼 줄을 모르고, 자장은 장엄하지만 능히 다른 사람들과 어울리지를 못한다. 이 네 사람의 장점을 다 합쳐 나와 바꾸려 한다면 나는 하지 않을 것이다. 무릇 이른바 지극히 빼어난 선비란 반드시 나아가고 물러나는 때의 이로움과 굽히고 펴는 것의 작용을 잘 아는 사람이다."

雍也

7

○계씨가 사람을 시켜 민자건을 비읍 책임자로 삼으려 하자 민자건이 말
했다. "나를 위해 잘 사양해주시오. 만약에 다시 나를 부르러 온다면
나는 반드시 문수(汶水) 가에 가 있을 것이오."

^{계-씨} ^사 ^{민-자-건} ^위 ^{비-재}
季氏使閔子騫爲費宰

^{민-자-건} ^왈 ^선 ^{위-아} ^{사-언}
閔子騫曰 善爲我辭焉

^{여-유} ^복 ^아 ^자 ^즉 ^오 ^{필-재} ^{문-상-의}
如有復我者 則吾必在汶上矣

민자건(閔子騫)이 사양한 것은 벼슬 일반에 대해서가 아니었다. 비읍(費
邑)이란 계씨 개인 영지[私邑]였는데, 그 책임자가 되기를 물리친 것이다.
노나라 소공을 축출한 계씨를 위해 비읍 읍재가 될 수는 없는 노릇이다.
그래서 다시 부르러 온다면 문수(汶水) 가에 가 있겠다고 했다. 이는 민자
건이 사양의 진정성을 드러낸 것이다. 문수 가에 가 있겠다는 말은 곧 제
나라로 떠나버리겠다는 말이다.

　　이런 민자건의 군자다움이 『설원』 19-25에서도 잘 드러나 있다.

　　자하가 삼년상을 마치고 공자를 만나보았는데, 공자가 거문고를 주어
　　연주하게 했다. 거문고를 당겨 연주하는데 화락하여 즐거운 기운이
　　있는 대목에 이르자 얼마 후 일어나 말했다. "선왕이 제정한 예법을
　　감히 따르지 않을 수 없었습니다."

　　공자가 말했다. "군자답구나!"

　　민자건이 삼년상을 마치고 공자를 만나보았는데, 공자가 거문고를 주
　　어 연주하게 했다. 거문고를 당겨 연주하는데 애절하여 슬픈 기운이
　　있는 대목에 이르자 얼마 후에 일어나 말했다. "선왕이 제정한 예법
　　을 감히 넘을 수 없었습니다."

공자가 말했다. "군자답구나!"

자공이 물었다. "민자는 슬퍼함을 다하지 않았는데 스승님께서는 군자답다 하셨고, 자하는 슬퍼함을 이미 다했는데 스승님께서는 군자답다 하셨습니다. 제가 의혹되어 감히 어째서 그리하셨는지 묻겠습니다."

공자가 말했다. "민자는 슬픔이 아직 다하지 않았는데 능히 예에 따라 끊어냈으니, 그래서 군자라 한 것이다. 자하는 슬픔이 다했는데 능히 그것을 늘려 예에 맞춰 삼년상을 끝냈으니, 그래서 군자라 한 것이다. 무릇 삼년상이란 실로 효심이 깊은 사람은 슬픔을 줄여주고, 효심이 모자란 사람은 더 힘쓰게 해주는 것이다."

공자는 민자건과 자하 두 사람 모두에 대해 군자답다고 했지만 실은 민자건을 훨씬 높인 것이다. 민자건은 안회와 어깨를 나란히 하던 제자였다. 『논어』 '선진 2와 4'이다.

공자가 말했다. "덕행에는 안연 민자건 염백우 중궁이요, 말에는 재아 자공이요, 정치에는 염유 계로요, 문학에는 자유 자하니라."('선진 2')

공자가 말했다. "효자구나! 민자건이여! 그 부모와 형제들이 민자건을 칭찬하는 말 사이에 사람들이 끼어들 수가 없구나!"('선진 4')

雍也

8

○백우가 중병에 걸리자 공자가 문병을 가서 남쪽 창에서 그의 손을 잡고 말했다. "이건 아닌데, 명(命)이도다. 이런 사람이 이런 병에 걸리다니! 이런 사람이 이런 병에 걸리다니!"

<table>
<tr><td>백一우</td><td></td><td>유一질</td><td>자</td><td>문一지</td><td>자</td><td>유</td><td>집</td><td>기一수</td></tr>
<tr><td>伯牛</td><td></td><td>有疾</td><td>子</td><td>問之</td><td>自</td><td>牖</td><td>執</td><td>其手</td></tr>
</table>

왈	무一지	명一의一부
曰	亡之	命矣夫

사一인一야	이 유	사一질一야	사一인一야	이 유	사一질
斯人也	而有	斯疾也	斯人也	而有	斯疾

一야
也

사마천『사기』'중니제자열전'에서 백우(伯牛)에 대해 이렇게 말한다.

　　"염경(冉耕)의 자(字)는 백우(伯牛)이다."

　　백우는 사과(四科) 중에서 덕행과(德行科)에 안연, 민자건, 중궁과 함께 나란히 이름을 올린 제자이다.

　　여기서 하필이면 남쪽 창[牖]을 두고서 병문안을 했는지는 주희 도움이 필요하다. 원래 병자는 남쪽에서 들어오는 햇살을 받기 위해 북쪽 창 아래에 눕는다. 그런데 만일 임금이 문병하러 올 경우 서둘러 남쪽 창 아래로 옮겨 앉아야 했다. 그래야 임금이 남쪽을 보고서[南面] 환자 병문안을 할 수 있기 때문이다.

　　이때 백우도 스승 공자가 병문안 온다는 소식에 임금에 준하는 예로 공자를 맞기 위해 남쪽 창으로 자리를 옮겼다. 이에 공자는 스스로 임금의 예를 받을 수 없으므로 집 밖에서 남쪽 창을 통해 그의 손을 잡은 것이다. 이에 대해 주희는 아마도 공자가 백우와 영결(永訣)한 듯하다고 풀이한다. 임금도 신하가 죽을 때는 북면(北面)하였기 때문이다. 이런 상황에서도 백우는 스승에 대한 극진한 예를 보인 것이다. 그의 덕행(德行)을 엿볼 수 있다. 그리고 공자는 "이건 아닌데, 명(命)이도다"라고 말한다. 이는 백우 잘못이 아니라 천명임을 밝힌 것이다.

　　우리는 '공야장 2'에서 사언취사(斯焉取斯)라는 표현을 짚어본 바 있다. 여기서도 그와 비슷하면서도 다른 표현을 짚어야 한다. 사인(斯人)은 '이렇게 훌륭한 사람'이고 사질(斯疾)은 '이렇게 나쁜 질병'이 된다. 공자의 언어 사용이 갖는 절절함[切]을 알아야 『논어』도 정교함과 깊이를 더할 수 있다.

雍也

9

○공자가 말했다. "뛰어나도다, 회(回)여! 한 대그릇의 밥과 한 표주박의 물만으로 허름한 동네에서 살아갈 경우, 사람들은 그 근심을 견디지 못하는데 회는 그 (도리를) 즐기는 것을 고치지 않았다. 뛰어나도다, 회(回)여!"

자-왈   현-재   회-야
子曰 賢哉回也

일-단-사   일-표-음   재   누-항   인   불-감   기-우
一簞食 一瓢飲 在陋巷 人不堪其憂

회-야   불-개   기-락   현-재   회-야
回也不改其樂 賢哉回也

안회의 경제적 고통은 이루 말할 수 없었다. '선진 18'에는 안회가 자주 끼니를 굶었다는 말도 나온다. 그럼에도 자공처럼 부(富)를 추구하지 않고 도리를 추구하는 삶을 편안하게 여겼다[安=安仁=樂道]. 공자가 자기 제자임에도 존경에 가까운 탄성을 수시로 내지르지 않을 수 없는 인물이었다.

『설원』 17-30은 안회의 인물됨을 파악하는 데 참고할 만하다.

공자가 말했다. "안회야! 너에게는 군자의 도리 네 가지가 있다. 자기 행실에는 엄격하고, 간언을 받아들임에는 유연하며, 녹봉을 받음에는 두려워하며, 몸가짐에는 조심한다."

이렇게 해서 덕행(德行)으로는 최고에 가까운 세 인물, 민자건, 백우, 안회를 '옹야 7, 8, 9'에서 살펴보았다. 이제는 이들보다 못한 제자들의 생생한 고민을 들어볼 차례다.

雍
也

10

○염구(冉求-염유)가 말했다. "스승님의 도리를 좋아하지 않는 것은 아
니지만 힘이 부족합니다."
공자가 말했다. "힘이 부족하다는 자는 스스로 도중에 그만두는 것이
다. 지금 네가 (스스로) 한계선을 그은 것이다."

염-구 왈 비 불-열 자-지-도 역-부-족-야
冉求曰 非不說子之道 力不足也
자-왈 역-부-족-자 중-도 이 폐 금 여 획
子曰 力不足者 中道而廢 今女畫

염구(冉求)는 '옹야 6'에서 공자로부터 예재(藝才)가 뛰어나다는 평을 받
았던 제자이다. 그러나 염구는 『논어』에 묘사된 것만으로 볼 때는 그다지
출중한 인물은 아닌 것 같다. 계씨 집안 가신이었으며 뒤에서도 "곧지도
못했고 진실하지도 못했던" 인물로 그려진다. 재주는 많았지만 어짊이나
다움을 향해 나아가는 문제에 있어서는 뒤로 물러서는 병폐[退]가 있었던
사람이다. 여기서 바로 그런 뒤로 물러서는 모습을 보여 준다.

이 장부터는 군자와 소인의 중간쯤 되는 인물들에 대한 평이 이어진
다. 눈여겨봐야 할 중요한 점은 이들이 그렇게 될 수밖에 없는 이유이다.

염구는 공자에게 "스승님의 도리를 좋아하지 않는 것은 아니지만 힘
이 부족합니다"라고 말한다. 이에 대해 공자는 힘이 부족한 것이 아니라
의지가 부족하다는 점을 일깨우며 "흔히 힘이 부족하다고 말하는 자는 대
부분 중도에 포기하는 자인데 지금 염구, 너는 스스로 자신의 한계를 긋고
있는 것"이라고 은근히 야단을 친다.

이에 대해서는 호인(胡寅) 풀이가 참고가 된다. 그는 '옹야 9'와 이어
지는 맥락에서 이 구절을 풀이한다. 즉 공자가 안회에 대해 그 즐거움이
변치 않으니 뛰어난 사람이라고 평하자 예재(藝才)가 뛰어났던 염구가 약
간은 불평을 섞어 공자에게 이런 말을 했다는 것이다. 여기서 우리는 흔히

능력이 뛰어나다고 해서 성실하지 못하거나 노력을 게을리하는 사람들을
떠올리게 된다. 호인은 공자의 깊은 뜻을 이렇게 풀이한다.

"가령 염구가 공자 도리를 좋아하기를 진실로 입이 고기를 좋아하듯
이 하였다면, 반드시 장차 힘을 다해 구했을 것이니 어찌 힘이 부족함
을 걱정하겠는가? 한계를 긋고 나아가지 않으면 날로 뒤로 처질 따름
이니 이는 염구가 재예에 국한되어 벗어나지 못한 이유이다."

염구의 이런 단점을 일찍부터 공자는 알고 있었기 때문에 이런 방향에
서 염구를 타이른 것이다. 물론 공자는 염구가 그런 한계에서 벗어나기 어
렵다는 점도 알고 있었기 때문에 스스로 한계를 긋는 것이라고 지적했다.

『설원』 16-65에는 이런 말이 있다.

"힘이 비록 모자란다 해도 마음은 반드시 힘써 행해야 한다."

바로 염구같이 재승박덕(才勝薄德)한 인물 유형이 꼭 염두에 둬야 할
말이다.

雍
也

11

○공자가 자하에게 일러 말했다. "너는 군자다운 유자가 되어야지, 소인
 같은 유자가 되어서는 안 된다."

_{자 위 자-하 왈　여 위 군-자 유　무-위　소-인}
子謂子夏曰 女爲君子儒 無爲小人

_유
儒

앞에서는 염구를 꾸짖었고 여기서는 자하를 꾸짖는다. 자하는 자유와 더
불어 사과(四科)에서 문학과(文學科)에 속하는 제자이다. 군자와 소인은
다양한 의미로 사용되고 있지만 여기서 공자가 자하를 평하며 사용한 군
자/소인 잣대는 다음과 같다.

> 공자가 말했다. "옛날에 배우는 자들은 자신을 갈고 닦는데 힘썼고,
> 오늘날 배우는 자들은 남에게 인정받는 데 힘쓴다."('헌문 25')
> 공자가 말했다. "군자는 자신에게서 찾고, 소인은 남에게서 찾는
> 다."('위령공 20')

결국 이 장은 자하에게 '소인의 학문에서 벗어나라'는 가르침을 준
셈이다. 그래서 공안국은 "군자가 유(儒)가 되면 장차 도리를 밝히려 할
것이고, 소인이 유(儒)가 되면 그 이름을 자랑하려고 할 것이다"라고 했
다. 정약용도 비슷한 맥락에서 "유자(儒者)는 도리를 배우는 사람이니 그
익히는 바의 대상이 시서예악(詩書禮樂)과 전장(典章), 법도(法度)이다. 그
러나 그 익힘에 있어 그 마음이 도리를 위하면 군자의 유이고, 그 마음이
명예를 위하면 소인의 유이다"라고 했다. 알아차렸겠지만 군자유는 곧음
[直]이고 소인유는 곧지 못함[不直]이다.

'자로 17'은 이런 자하가 공직에 나아갔을 때 예상되는 병통을 고스
란히 보여 준다.

> 자하가 거보(莒父) 읍재가 되어 정사를 물었다. 공자가 말했다. "빨리

하려 하지 말고 작은 이익을 보려고 하지 말라. 빨리하려 하면 달성하지 못하고, 작은 이익을 보려고 하면 큰일을 이루지 못한다.”

이는 자하가 가진 병폐, 즉 일을 빨리하려고만 하고 작은 이익만 탐하는 잘못을 일깨우고 있는 것이다. 그래서 종종 자하는 자장과 비교되곤 했다. 자하는 자잘한데 구애되어 너무 비근(卑近)했고 자장은 너무 고원(高遠)했기 때문이다. '선진 15'에서 자공이 공자에게 “자장과 자하 중에서 누가 낫습니까?”라고 하자 공자는 “자장은 지나치고[過] 자하는 못 미친다[不及]”고 답한다. 과유불급(過猶不及), 즉 지나침은 미치지 못함과 같다는 말은 바로 여기에서 나왔다. 둘 다 도리에 적중하지[中] 못했다.

雍也

12

○자유가 무성 읍재가 되자 공자가 말했다. "너는 적임자를 얻었는가?"
말했다. "담대멸명이라는 자를 얻었는데 그는 길을 갈 때 샛길로 다니
지 않고, 공무가 아니면 일찍이 저의 집을 찾은 적이 없습니다."

자─유 위 무─성 재 자─왈 여 득─인 언─이─호
子游爲武城宰 子曰 女得人焉爾乎

왈 유 담─대─멸─명 자 행 불─유 경
曰 有澹臺滅明者 行不由徑

비 공─사 미─상 지─어 언─지─실─야
非公事 未嘗至於偃之室也

사마천 『사기』 '중니제자열전'에서 자유(子游)에 대해 이렇게 말한다.

　　"언언(言偃)의 자(字)는 자유(子游)이다."

　　자하와 같은 문학과(文學科)에 속하지만 『논어』에서 공자에게 아무런
지적을 받지 않을 뿐만 아니라 오히려 공자 잘못을 바로잡아주기까지 하는
장면도 나오는 것을 감안할 때 자하보다는 윗길의 인물이었다고 볼 수 있
다. 『설원』 5-18에는 자유의 배움 수준을 가늠할 수 있는 대화가 나온다.

　　(노나라 대부) 계강자가 (공자 제자) 자유에게 말했다. "어진 사람은 다
　른 사람을 사랑합니까?"

　　자유가 말했다. "그렇습니다."

　　"다른 사람도 그를 사랑합니까?"

　　자유가 말했다. "그렇습니다."

　　계강자가 말했다. "정나라 자산이 죽었을 때, 정나라 사내들은 몸에
　찼던 패를 풀었고, 부인들은 귀걸이를 뗀 채 부부가 골목에서 곡을 하
　니 석 달 동안 악기 연주 소리를 들을 수 없었소. (그런데) 중니가 죽었
　을 때, 나는 노나라 사람들이 공자를 사랑했다는 말을 듣지 못했으니
　어째서인가요?"

자유가 말했다. "자산과 스승님을 비유하자면, 논에 대는 물과 하늘에서 내려주는 비와 같습니다. 물을 적셔주면 그것이 닿는 곳의 식물은 자라고 닿지 못하는 곳은 죽습니다. 백성들 삶에는 반드시 때맞춰 비가 내려야 하지만, 백성들이 이미 살 수 있게 되고 나면, (그들은) 비를 내려주더라도 사랑하지 않습니다. 그래서 비유컨대 자산과 스승님은 마침 논에 대는 물과 하늘에서 내려주는 비와 같다고 할 것입니다."

자산의 어짊과 공자의 어짊은 그 규모가 다른 것이다. 그것은 두 사람 사이의 다움의 크기가 그만큼 다르기 때문이다.

담대멸명(澹臺滅明)은 담대가 성이요, 멸명이 이름이며 자(字)는 자우(子羽)이다. 뒤에 공자 제자가 되었다고 한다.

지름길은 빠르지만 작은 길이다. 군자(君子) 대로행(大路行)이라 했다. 일을 함에 있어 요령이나 편법을 위주로 하지 않는다는 비유이다. 게다가 공무가 아니고서는 윗사람 집을 찾지 않았다니 자칫하면 거만하다는 평판을 받을 수도 있다. 그러나 자유 또한 도량을 가진 지도자이기에 편법보다는 정도(正道)를 취하고, 윗사람을 사사로움이 아니라 공도(公道)로 모시려는 인재의 가치를 알아보았다.

'자로 17'을 실마리로 자하와 자유를 비교할 경우 자유는 빨리하려 하지 않았고 작은 이익을 보려 하지 않았음을 보여주는 일화이다.

『대학연의』에 나오는 풀이다.

"신이 가만히 살펴보겠습니다. 자유는 지름길로 다니지 않고 공무가 아니면 자신의 집에 오지 않는다는 점을 들어 담대가 뛰어나다[賢]는 것을 알아차렸습니다.

대체로 이 두 가지는 아주 작은 행실이기는 하지만, 그것으로 미루어 헤아려 보아서 첫째, 길을 다닐 때는 지름길로 다니지 않았으니 이는 굽은 길을 피하고 빨리하려고 욕심을 내지 않는 것을 살펴낸 것이고, 둘째, 공무가 아니면 한 번도 사사로이 윗사람 집에 오지 않았으니 이는 윗사람을 섬기는데 아첨으로 기쁘게 하려는 마음이 없었다는 것을 살펴낸 것입니다.

자유는 일개 읍재일 뿐이었는데도 그 사람을 취하는 것을 이처럼 (최선을 다해) 했습니다. 따라서 그 이상의 지위에 있는 재상은 천자를 위해 백료(百僚)를 고르고, 임금은 천하를 위해 재상을 고를 때 반드시 이처럼 잘 살펴야 할 것입니다. 그래서 (송나라 명신) 왕소(王素)는 재상을 임명하는 문제를 논하면서 환관이나 궁첩은 후보자들 이름을 알아서는 안 된다고 강조했고, 『자치통감』을 쓴 사마광은 간관(諫官)을 쓸 때는 권간들과 밑으로 통교하지 않는 자를 써야 한다고 했으니, 반드시 이와 같이 한 이후에야 강직하고 바르며 공명정대한 인사가 관직에 진출하게 되고, 반면에 인사청탁을 다투어 하고 아첨을 일삼는 풍조는 사라지게 될 것입니다.”

'자장 12'는 자유와 자하 두 사람의 생각 차이를 단적으로 드러내 보여 준다.

자유가 말했다. “자하의 제자들은 물뿌리고 빗자루질하며 손님을 응대하고 관에 나아가고 물러나는 예절을 행할 때에는 괜찮지만, 그것은 지엽말단일 뿐이고 근본적인 것은 없으니 어찌하겠는가?”

자하가 그것을 듣고서 말했다. “아! 자유의 말이 지나치다. 군자의 도리가 어느 것을 먼저라 하여 전수하며, 또 어느 것을 뒤라 하여 가르치기를 게을리하겠는가? 초목에 비유하자면 종류로 구별되는 것과 같으니, 군자의 도리를 어찌 속일 수 있겠는가? 처음과 끝을 구비한 것은 아마도 오직 성인(聖人)뿐이실 것이다.”

雍也

13

○공자가 말했다. "맹지반은 공을 자랑하지 않았다. 패주하면서 후미에 처져 있다가 장차 도성 문을 들어오려 할 적에 말을 채찍질하며 '내 감히 (용감하여) 뒤에 있었던 것이 아니요, 말이 전진하지 못한 것이다'라고 했다."

자─왈 맹─지─반 불─벌
子曰 孟之反不伐

분─이─전 장 입─문 책 기─마
奔而殿 將入門 策其馬

왈 비 감─후 야 마 부─진─야
曰 非敢後也 馬不進也

'옹야 11과 12'가 각각 자하의 곧지 못함과 자유의 곧음을 보여준 것이라면, 이제 보다 직접적으로 맹지반(孟之反)이라는 인물의 곧음을 보여 준다. 맹지반은 노나라 대부로 이름은 측(側)이다. 나라의 실권을 장악하고 있던 삼환씨(三桓氏) 가운데 맹씨(孟氏) 집안 사람이다.

　벌(伐)에는 다양한 뜻이 있다. 치다, 정벌하다, 베다, 찌르다, 찔러 죽이다, 비평하다, 저촉되다, 무너지다, 자랑하다, 치료하다, 방패, 공로 등이 그것들이다. 여기서는 '공(功)을 자랑한다'는 뜻이다. 따라서 맹지반은 자신의 공을 자랑하지 않았다는 뜻이다. 그러면서 공자는 맹지반이 공을 자랑하지 않은 구체적인 사례를 든다.

　분(奔)은 패주하여 달아나는 것이고, 전(殿)은 패전하고서 후방을 담당하는 것이다. 그가 전장에서 패주하여 뒤에 처져 있다가 장차 도성문을 들어서려고 할 때에 말에 채찍질을 가하며 말하기를 "감히 내가 (용감해서) 뒤에 있었던 것이 아니라, 말이 앞으로 나아가지 못한 것이다"라고 했다. 사실 이는 그가 말하지 않았다면 아무도 모를 일이다. 그런데도 자기에게 불리한 사실을 스스로 털어놓은 것이다.

　　여기에는 약간의 설명이 필요하다. 옛날 중국에서는 싸움에 패해 돌아올 때에는 군대의 후미에 있는 것을 그나마 공(功)으로 여겼다. 끝까지 적과 맞서 싸우다가 가장 뒤늦게 퇴각했다는 뜻이기 때문이다.

　　결국 맹지반의 이 말은 공을 자랑한 것도 아니지만 그렇다고 공을 세운 것도 아니다. 공을 세운 것으로 오해될 것을 스스로 피하는 곧음[直]을 보여주었을 뿐이다. 이런 점에서 맹지반은 자랑함으로 인해 공자로부터 경계의 말을 들어야 했던 '옹야 11' 자하와 대비된다.

雍
也

14

○공자가 말했다. "축관(祝官) 타(鮀)의 말재주와 송나라 조(朝)의 꽃미
남 얼굴을 갖고 있지 않고서는 지금 세상에서 재앙을 면하기 어렵다."

자-왈 불-유 축-타 지 녕 이 유 송-조 지 미
子曰 不有祝鮀之佞 而有宋朝之美
난-호 면-어 금-지-세-의
難乎免於今之世矣

축타(祝鮀)에서 축(祝)은 주희 풀이에 따르면 종묘에서 제사를 담당하는
관직명이다. 즉 축관(祝官)을 말한다. 타(鮀)는 모래무지, 메기 등을 뜻하
는데 여기서는 위나라 대부 자어(子魚)이다. 말재주가 뛰어났다고 한다.
영(佞)은 앞서 보았듯이 흔히 부정적인 의미로는 말재주, 아첨 등을 뜻하
는데 여기서는 말재주다. '헌문 20'에도 축타가 잠시 등장한다.

송조(宋朝)는 송나라 공자(公子-임금 아들)로 얼굴이 아름다웠다고 한
다. 『춘추좌씨전』에 따르면 위나라 임금이 부인을 위해 조(朝)를 불러들
였다. 원래 그 부인이 조와 관계를 맺었었기 때문이다.

축타와 송조, 두 사람을 보면서 자연스레 떠오르는 말이 교언영색(巧
言令色)이다. '학이 3'에서 공자는 교언하고 영색인 사람들치고 정말로 어
진 사람은 드물다고 했다. 축타와 송조가 바로 그런 사이비(似而非)다.

그런데 공자가 살던 세상은 어떤가? 공자는 축타와 같은 말재주와 송
조처럼 잘생긴 얼굴이 아니면 지금 세상에서는 (환란이나 죽음을) 면하기
어렵다고 한탄하고 있다. 천하에도 도리가 없고 나라에도 도리가 없어진
시대였기 때문이다. 결국 어질지 못한 사람이 아니고서는 살아남기 어려
운 세상이라는 말이다.

이 장은 뒤에 나오는 '옹야 17'과 절묘한 대조를 이룬다. 거기서 공자
는 "사람이 살아가는 이치는 (교언영색이 아니라) 곧음[直^직]이니, 곧지 않게
살아가는 것[巧言令色^{교-언-영-색}=不直^{부-지}]은 요행스럽게 (환란이나 죽음을) 면한 것에 지

나지 않는다"라고 말한다. 풀어보면 공자는 교언영색하지 않으면 살아가기 힘든 무도(無道)한 세상을 한탄했지만, 그렇다고 사람으로서 결코 포기해서는 안 되는 곧음[直^직]을 버린 채 살아간다면, 그것은 살아 있어도 (진정으로) 살아 있는 것은 아니라고 말하고 싶은 것이다.

雍
也

15

○공자가 말했다. "누가 능히 문을 통하지 않고 밖으로 나갈 수 있겠는가? (그런데) 어찌하여 이 (바른) 도리를 통해 가지 않는가?"

자—왈　수　능—출　불—유—호　　하—막　유　사—도—야
子曰 誰能出不由乎 何莫由斯道也

이로써 지인지감(知人之鑑) 사례 훈련을 마치고, 지금부터는 사람을 보는 잣대로 나아간다. 여기서 도리란 군자라면 마땅히 말미암아야 하는 곧은 길이자 법도이다. 그런데 사람들은 밖으로 나갈 때 반드시 문(門)을 경유하면서도 어찌 인생을 살아가는 데는 곧은 도리를 따르지 않는가라고 공자는 묻고 있다. 곧음[直]은 자취를 감추었고 곡학아세(曲學阿世)만이 판치고 있다는 뜻이다. 앞의 '옹야 14'에 이어지며 무도(無道)한 세상을 한탄하고, 또 거기서 살아남아 보려고, 교언영색(巧言令色)을 경계하기는커녕 오히려 부러워하는 사람들을 개탄한 것이다.

16

○공자가 말했다. "바탕이 애씀이나 꾸밈을 이기면 거칠고, 애씀이나 꾸
밈이 바탕을 이기면 번지레하다. 바탕과 애씀이 잘 어우러진 뒤에라야
군자답다."

자-왈　질 승 문 즉 야　문 승 질 즉 사
子曰 質勝文則野 文勝質則史

문-질-빈-빈　연-후　군-자
文質彬彬 然後君子

공자는 여기서 사람됨의 바탕[質]과 겉으로 애써 드러낸 면모[文=言行]를
비교하면서 군자다움을 정의한다. 공야장(公冶長)편 전체와 옹야(雍也)편
전반부에서 열거했던 다양한 인물평 사례들을 정리하면서 인간과 군자를
보는 기본 척도를 제시하고 있는 것이다.

　　배우기를 싫어했던[不好學] 자로 사례를 통해 우리는 문질빈빈(文質彬
彬)을 이루는 것의 중요성을 다시 한번 새길 수 있다. 특히 바탕이 아무리
좋아도 문(文)을 널리 배우지 않으면 안 된다. 『설원』 3-21은 이 점을 명
확하게 드러내 보여 준다.

> 공자가 (용맹을 좋아하는 제자) 자로에게 일러 말했다. "너는 무엇을 좋
> 아하느냐?"
> 자로가 말했다. "긴 칼을 좋아합니다."
> 공자가 말했다. "그런 것을 물은 게 아니다. 네가 가진 능력에 배움이
> 더해진다면 남들이 어찌 너에게 미치겠는가!"
> 자로가 말했다. "배움이 도움이 되겠습니까?"
> 공자가 말했다. "무릇 임금에게 간언하는 신하가 없으면 정사를 그르
> 치게 되고, 선비에게 가르침을 주는 벗이 없으면 제대로 된 말을 듣지
> 못한다. 미친 듯 날뛰는 말에게는 채찍을 놓을 수 없고, 이미 불에 쬐
> 어 굳어진 활은 도지개로 되돌리려 한들 바로잡지 못한다. 나무는 먹

줄이 있어야 곧아지듯이 사람은 간언을 받아들여야 빼어나게 된다. 배움을 받아서 묻기를 중하게 여긴다면 누군들 순조롭게 이루지 못하겠는가? 어짊을 헐뜯고 좋은 선비를 미워하면 장차 형벌을 받게 된다. 군자이고자 한다면 배우지 않을 수 없다.”

자로가 말했다. “남산(南山)에 대나무가 있는데, 굳이 펴서 바로잡지 않아도 스스로 곧아서 베어다가 화살을 만들어 쏘면 코뿔소 가죽도 뚫습니다. 그런데 배워서 뭘 하겠습니까?”

공자가 말했다. “화살 끝에 깃을 붙이고 살촉을 박아 날카롭게 갈면 그것이 더욱 깊이 박히지 않겠느냐?”

자로가 절하며 말했다. “삼가 가르침을 받아들이겠습니다.”

공자는 사람이건 일이건 문과 질이 골고루[彬彬]^빈-빈 갖춰진 것이 가장 바람직하다고 보았지만, 굳이 둘 중 하나를 선택하라면 조금은 질에 우선을 두는 입장이다. 특히 ‘팔일 3, 4, 8’에는 문보다 질을 중시하는 공자의 말들이 다수 나온다.

공자가 말했다. “사람으로서 어질지 못한데 (그 사람이) 예(禮)를 행한들 무엇할 것이며, 사람으로서 어질지 못한데 악(樂)을 행한들 무엇할 것인가?”(‘팔일 3’)

임방이 예의 근본에 대해 묻자 공자가 말했다. “좋도다, 그 물음이여! 예는 사치스럽기보다는 차라리 검소함이 낫고, 상(喪)은 요란하기보다는 차라리 (진정으로) 슬퍼함이 낫다.”(‘팔일 4’)

자하가 물었다. “‘예쁜 미소에 보조개로다, 아름다운 눈에 눈동자 흑백이 분명하도다, 흰 바탕에 채색이 가해졌도다’라는 시는 무슨 뜻입니까?”

공자가 말했다. “그림 그리는 일은 흰 바탕이 마련된 다음에 해야 한다는 뜻이다.”

(자하가) 말했다. “(그렇다면) 예가 뒤이겠습니다.”

공자가 말했다. “나를 흥기(興起)시켜주는 사람은 상(商-자하)이로다.

비로소 함께 시를 말할 만하구나.”('팔일 8')

여기서 보듯이 어짊은 바탕[質^질], 예와 악은 애씀[文^문]이다. '양화 11' 또한 같은 문맥으로 읽어낼 수 있다.

공자가 말했다. “예다, 예다(예가 중요하다) 하지만 그것이 옥과 비단을 말하는 것이겠는가? 악이다, 악이다(악이 중요하다) 하지만 그것이 종과 북을 말하는 것이겠는가?”

유향의 『설원』 19-3은 문과 질을 하나라, 상나라, 주나라 역사에 적용하여, 문과 질이 잘 조화를 이루는 것이 중요함을 잘 보여주고 있다.

상(商)은 일정함[常^상]이고 일정함이란 질(質-바탕)이니, 질은 하늘을 주관한다. 하(夏)란 크다는 것이고 큰 것은 문(文-애씀)이니, 문은 땅을 주관한다. 그래서 왕조가 한 번은 상나라가 되고 한 번은 하나라가 됨으로써, 한 번은 질을 위주로 하고 한 번은 문을 위주로 했으니, 문질은 두 번에 걸쳐 돌아오고, 정삭(正朔-정월 초하루)과 복색(服色)은 세 번에 걸쳐 돌아온다.

맛으로는 단맛을 높이고 소리로는 궁성(宮聲)을 높이는 것은 한결같아서 돌아오지 않는 것이다. 그래서 하·은·주 삼왕의 통치술은 순환하는 것과 같아서 하후씨(夏后氏)는 백성을 충(忠-거짓됨이 없음)으로 가르치니 군자들이 충직했다. 소인들의 허물은 거친 것[野^야]인데 거친 것을 바로잡는 것 중에 삼감[敬^경]만한 것은 없다. 그래서 은나라 임금들은 백성을 삼감으로 가르치니 군자들이 삼갔다. 소인들의 허물은 귀신을 맹신하는 것인데 귀신을 맹신하는 것을 바로잡는 것 중에 사람다워지려 애쓰는 것[文=人文^{문 인-문}]만한 것은 없다. 그래서 주나라 임금들은 백성을 애씀으로 가르치니 군자들이 문덕(文德)을 갖추었다. 소인들의 허물은 경박함[薄^박]인데 경박함을 바로잡는 것 중에 충직[忠^충]만한 것은 없다. 그래서 빼어난 이들이 서로 이어가면서 계속 빼어난 것은 자나 그림쇠처럼 세 나라를 거쳐 한 바퀴를 돌고 나면 다시 시작하고 다 돌면 처음으로 되돌아간다.

『시경』〔대아(大雅) 역박(棫樸)편〕에 이르기를 "아로새겨 다듬은 문채[章＝文]요, 금과 옥 같은 바탕[相＝質]이로다"라고 한 것은 문과 질의 아름다움을 말한 것이다.

17

○공자가 말했다. "사람이 (사람답게) 살아가는 이치는 (교언영색이 아니라) 곧음이니, 곧지 않게 살아가는 것은 요행스럽게 (환란이나 죽음을) 면한 것에 지나지 않는다."

자—왈　　인—지—생—야　직　　망—지—생—야　　행—이—면
子曰 人之生也直 罔之生也 幸而免

지금까지 든 사례들의 문맥 속을 흐르던 곧음[直] 개념이 마침내 모습을 드러냈다. 기존 해설서 대부분은 사례 속에 숨어 있는 곧음의 문제를 읽어내지 못했기에 이 구절이 느닷없어 보이기도 한다. 그러나 그 속에 숨은 곧음을 읽어내면서 여기에 이르렀다면 이 구절은 자연스러운 논리적 귀결이다.

'인지생(人之生)'이란 사람의 삶, 사람이 살아가는 것, 사람을 사람답게 해 주는 것 등의 뜻을 갖는다. 공자는 그 모든 것들을 합한 사람의 삶[人之生]을 곧 곧음[直]이라고 말한다. 여기서 직(直)을 정직으로 풀이하면 해석 범위가 너무 좁아진다. 오히려 넓은 의미에서 곧음으로 해석한 다음, 상황에 따라 좁혀서 해석하는 것이 좋다.

'망지생(罔之生)'이란 직(直)이 없는 삶, 즉 곧지 않은 삶을 말한다. 이런 삶은 (혹시라도 망치지 않거나 죽지 않는다면) 요행이기는 하겠지만, 그것은 망친 삶이나 죽음을 겨우 모면한 데 불과하다. 곧지 않은 삶은 간단히 말하면 살아도 살아 있는 삶이 아니라는 것이다. 당연히 군자의 삶이란 '직지생(直之生)', 즉 곧은 삶이어야 한다.

'자로 18'은 미생고 이야기와 더불어 『논어』에서 곧음[直]의 내용을 말하는 딱 두 가지 이야기 중 하나이다.

섭공이 공자에게 말했다. "우리 당에 곧게 행동하는 궁(躬)이라는 사람이 있으니 그의 아버지가 양을 훔치자 그는 아버지가 훔쳤다는 것을 증언했습니다."

雍
也

17

공자가 말했다. "우리 당의 곧은 자는 이와는 다릅니다. 아버지는 자식 때문에 숨고 자식은 아버지 때문에 숨으니 곧음이란 바로 이 가운데 있는 것입니다."

궁은 자식이 자식다워야 하는 도리[子子]를 하지 못했다. 반면에 공자 말은 아버지는 아버지답고 자식은 자식다워야 한다는 것이다[父父子子]. 이것이 곧음이다. 섭공은 기계적인 정직함이 곧음이라고 생각했지만, 공자는 일의 이치[事理=禮]상 마땅한 바를 따르는 것이 곧음이라고 보았다. 효(孝)가 곧음[直]이 될 수 있는 것도 그 때문이다.

곧음[直]은 조선 태종에게도 어떤 신하가 일을 함께할 만한 사람인지 판별하는 기본 잣대였다. 그래서 그는 신하를 평가할 때 기준으로 순직(純直), 강직(剛直), 충직(忠直), 질직(質直) 그리고 맨 마지막에 광직(狂直)을 두었다. 이 선을 넘으면 부직(不直)이며 태종과 함께할 수 없었다. 실제로 신하의 기본 덕목이 곧음[直]이었음을 감안할 때, 태종은 이를 제대로 활용한 임금이었다고 할 수 있다. 그래서 태종에게는 명군(明君), 즉 눈 밝은 임금이라는 평가가 내려질 수 있는 것이다.

그런데 이 직(直) 개념에 주목했던 조선 시대 학자가 있었다. 사계 김장생의 스승 송익필(宋翼弼 1534~1599)이다. 우리는 흔히 예학(禮學)이 김장생에서 시작됐다고 배웠지만 실은 그의 스승 송익필이 원조다.〈송익필에 대해서는 필자의 졸저『조선의 숨은 왕』을 참조하기 바란다.〉

『논어』를 놓고 볼 때 이황은 경(敬), 이이는 성(誠)에 주목했다는 것이 한국 철학계의 전통적인 해석이다. 반면 송익필은 직(直)에 주목했다. 그리고 직(直)사상에 바탕을 두고서 주자학을 수용해 예학(禮學)으로 나아갔다. '태백 2'에서 공자가 말하는 '직이무례즉교(直而無禮則絞)'를 떠올리지 않을 수 없다.

송익필은 워낙 역사 속에 파묻혀 그가 강조한 직(直)사상마저 거의 흔적도 없이 사라져버렸다. 그러나 김장생의 수제자, 즉 송익필의 손자 제자인 송시열이 숙종으로부터 사약을 받던 날을 기록한『실록』을 보면 직

(直), 한 자가 얼마나 중요한 의미를 갖는지 새삼 이해하게 될 것이다.

숙종 15년(1689년) 6월 3일 사약을 받은 송시열은 제자 권상하에게 다음과 같은 유언을 남긴다. "천지가 만물을 살게 하는 소이(所以)와 성인(聖人)이 만사에 응하는 소이는 '직(直)'뿐이다. 공맹(孔孟) 이래로 서로 전하는 것은 오직 하나 곧을 '직(直)'자 뿐이다."

참고로 송익필이 제자 김장생의 장남을 위해 써준 글이 하나 있다. 장남 김은에게 직백(直伯)이라는 자(字)를 내려주면서 그 취지를 담은 글이 바로 그것이다. 여기에 직(直)의 의미가 잘 설명돼 있어 송익필의 직(直) 사상을 조금이라도 이해하게 되고 동시에 이 장에 대한 의미 있는 풀이가 될 수 있다.

"백성의 삶이 곧 곧음[直]이다. 곧음은 하늘이 내려준 것이다. 만물은 하늘로부터 받은 것이다. 이것이 소위 하늘과 땅 사이의 세간(世間)이다. 정정당당하게 위를 바로 하고 아래를 바로 하는 것이 바로 이치이다. 혹시 곧지 못한 것은 기품과 물욕이 그렇게 만든 것이다. 사물이 곧지 못하면 그것을 바로잡아서 곧게 만들어야 한다 (…) 곧지 못하면 도리가 드러나지 못하니 진실로 곧고자 해야 한다. (…)

바로잡는 것이란 어떠한 것인가? 구용(九容)은 그 외모를 곧게 하는 것이고, 구사(九思)는 그 생각을 곧게 하는 것이다. 경(敬)으로써 내면을 곧게 하는 것은 그 안을 곧게 하는 것이며, 의리(義)로써 외면을 바르게 하는 것은 그 밖을 곧게 하는 것이다. 물 뿌리고 청소하고 손님을 대접하는 것부터 마음을 다하고 사람의 본성을 깨우치기에 이르기까지 어느 하나라도 곧음[直]이 아닌 것이 없다. (…)

어린아이가 항상 어미를 보고 속이지 못하는 것은 시작에 곧은 것이요, 칠십이 되도록 법도를 넘지 않음은 마침에 곧은 것이다. 거대한 뿌리에서 나오는 기운이 곧지 못하면 끊어지고, 호연지기가 곧지 못하면 굶주리니 곧음이 군자의 도리에 대해서 매우 크도다 (…) 원자(爰字)와 공가고(孔嘉顧)같은 이들이 직(直)을 자(字)로 삼은 까닭은 어버이를 섬김에 곧음으로써 하고, 임금을 섬김에 곧음으로써 하며, 붕우를 접함에 곧음으로써 하고, 처자식을 대함에 곧음으로 하기 위해서였다. 곧음으로 태어나 곧음으로 죽으니, 천지에 곧음으로 서서 고금을 관통하기를 곧음으로써 한다면 다행하다 아니할 수 없을 것이다."

18

○공자가 말했다. "도리나 이치를 아는 자는 그것을 좋아하는 자만 못하고, 그것을 좋아하는 자는 그것을 즐기는 자만 못하다."

子曰 知之者不如好之者 好之者不
如樂之者

윤돈(尹焞)은 이렇게 풀이한다.

"안다는 것[知]은 이 도리가 있음을 아는 것이요, 좋아한다는 것[好]은 이 도리를 좋아하는 하되 아직 얻지 못한 것이요, 즐거워한다는 것[樂]은 이 도리를 얻음이 있어 즐거워하는 것이다."

그래서 두 번째 단계의 앎은 도리를 이롭게 여김[利仁], 세 번째 단계의 즐거워함은 도리를 편안히 여김[安仁]과 통한다. 이 세 가지는 사람을 나눠 살피는 잣대가 될 수 있다는 점에서 관인지법(觀人之法) 문맥이다. 바로 다음부터 보다 구체적인 사람 분류가 이어진다.

19

○공자가 말했다. "중인(中人) 이상의 사람에게는 최상의 도리를 말해줄 수 있지만, 중인 이하의 사람에게는 최상의 도리를 말해줄 수 없다."

_{자—왈} _{중—인} _{이—상} _{가—이} _{어—상—야}
子曰 中人以上 可以語上也
_{중—인} _{이—하} _{불—가—이} _{어—상—야}
中人以下 不可以語上也

먼저 관련 구절들을 짚어보자. 먼저 '계씨 9'이다.

공자가 말했다. "나면서 (사람을 볼 줄) 아는 자는 최고요, 배워서 (사람을 볼 줄) 아는 자는 다음이요, 통하지 못하는 바가 있어 그것(사람 보는 것)을 배우는 자는 그다음이요, 통하지 못하면서도 (사람 보는 것을) 배우려 하지 않으면 백성으로서 최하가 된다."

다음은 '양화 3'이다.

공자가 말했다. "오직 지극히 지혜로운 자와 지극히 어리석은 자만이 변하지 않는다."

형병(邢昺)의 풀이는 이 모든 것을 포괄하면서도 상세하고 의미가 있어서 덧붙인다.

"사람의 재주와 식견[才識]은 대체로 아홉 단계이다. 상상(上上)은 성인(聖人)이고, 하하(下下)는 우인(愚人)이니, 이는 둘 다 바뀌기 힘든 사람이다.〈'양화 3'에 대한 풀이가 된다.〉 상중(上中)에서 하중(下中) 사이의 일곱 단계 사람들은 가르칠 수 있는 사람들이다. (여기서 공자가 말한) 중인(中人)은 제5등에 해당하는 중중(中中)급 사람이며, 중인(中人) 이상은 상중(上中), 상하(上下), 중상(中上)의 사람이다. 이들은 재주와 식견이 우수하고 넉넉하기 때문에 상지(上知)의 사람이 알고 있는 바를 말해줄 수 있다. 그러나 중인 이하는 중하(中下), 하상(下上), 하중(下中)의 사람을 말하는데, 이들은 그 재주와 식견이 어둡고 모자라기 때문에 상지(上知)의 사람들이 알고 있는 바를 말해줄 수 없다. 여기에 중인을 말한 것은 만약 중인의 재성(才性-재주와 성품)이 조금 우수하면 상지(上知)의 사람이 알고 있는 바를 말해줄 수 있고, 재성이 조금 열등하면 상지(上知)의 사람이 알고 있는 바를 말해줄 수 없으니, 이것이 상등으로 향상할 수도 있고 하등으로 격하할 수도 있다는 것이다."

조선 시대 9품계 또한 이에 기반한 것이다.

雍也

20

○번지가 (일의 이치를) 안다는 것에 대해 묻자 공자가 말했다. "사람이
해야 할 마땅함에 힘쓰고, 귀신은 공경하되 멀리한다면 일의 이치를
안다고 할 것이다."
어짊에 대해 묻자 공자가 말했다. "어진 사람은 어려움을 먼저 하고
이득은 뒤로하니, 이렇게 하면 어질다고 말할 수 있다."

번-지　문-지
樊遲問知

자-왈　무　민-지-의　　경　귀-신　이　원-지　　가-위
子曰 務民之義 敬鬼神而遠之 可謂

지　의
知矣

문-인　왈　인-자　선-난　이-후　획　가-위　인-의
問仁 曰 仁者先難而後獲 可謂仁矣

사마천『사기』중니제자열전에서 번지(樊遲)에 대해 이렇게 말한다.
　"번수(樊須)의 자(字)는 자지(子遲)이다."
　　번지라는 제자는 '자로 4'에서 공자에게 농사나 원예를 배우기를 청
했다가 공자로부터 '소인'이라는 면박을 당하기는 했지만 바탕이 선하고
묻기를 좋아했다. '위정 5'에서는 효(孝)에 관해 질문을 던졌고, '안연 21'
에서는 혹(惑)을 물어 우리에게 불혹(不惑)의 본래적 의미를 알게 해주었
다. 여기서도 불혹의 다른 뜻인 앎[知]이 무엇인지를 묻고 있다.
　　다시 '안연 22'에서는 지인(知仁)을 물어 지(知)와 인(仁)에 관한 보다
명확한 인식을 우리에게 선사해준다. 조금 감은 떨어져도 매사에 진지하고
선하고자 하는 마음을 가졌던 인물이다. 재아와는 바탕이 다른 인물이다.
　　먼저 불혹(不惑)과 연관지어서 안다는 것[知]이 무엇인지, '안연 21'
부터 보자.

번지가 공자를 따라 기우제 지내는 단에 갔다가 그 아래에서 물었다. "감히 다움을 높이고 사특함을 깎아 없애고 혹(惑)을 분별하는 법에 대해 묻겠습니다."

공자는 말했다. "좋구나! 그 질문이여! 일을 먼저 하고 이득은 뒤로 하는 것이 다움을 높이는 것 아니겠는가? 자신 안에 있는 악을 다스리고 남의 악을 다스리지 않는 것이 사특함을 없애는 것 아니겠는가? 하루아침의 분노로 자신을 망각해 그 (화가) 부모에게까지 미치게 하는 것이 혹(惑) 아니겠는가?"

여기서 혹(惑)에 대한 설명은 부지(不知), 즉 일의 이치를 알지 못함과 연결된다. 그런 사람은 따라서 "하루아침의 분노로 자신을 망각해 그 (화가) 부모에게까지 미치게" 한다.

다음은 '안연 22'를 통해 어짊[仁]과 앎[知]이 어떻게 연결되는지 살펴보자.

번지가 먼저 어질다는 것[仁]이 무엇이냐고 묻자 공자가 말했다. "사람을 사랑하는 것이다[愛人]."

안다는 것[知]이 무엇이냐고 묻자 공자가 말했다. "사람을 아는 것이다[知人]."

번지가 (특히 사람을 아는 것과 관련해) 이 말을 이해하지 못하자 공자가 말했다. "곧은 사람을 들어 쓰고 모든 굽은 사람은 제자리에 두면, 굽은 자로 하여금 곧아지게 할 수 있다."

번지는 공자 앞을 물러나와 자하를 찾아가 물었다. "지난번에 내가 스승님을 뵙고서 안다는 것이 무엇인지 묻자 스승님께서 '곧은 사람을 들어 쓰고 모든 굽은 사람은 제자리에 두면, 굽은 자로 하여금 곧아지게 할 수 있다'라고 하셨다. 무엇을 말함인가?"

자하가 말했다. "풍부하도다! 그 말씀이여! 순임금이 천하를 소유함에 여러 사람 중에서 선발하여 고요(皐陶)를 들어 쓰시니 어질지 못한 자들이 멀리 사라졌고, 탕왕이 천하를 소유함에 여러 사람 중에서 선발하여 이윤(伊尹)을 들어 쓰시니 어질지 못한 자들이 멀리 사라졌다."

이를 통해 우리는 인(仁)과 지(知)가 연결됨을 알게 된다. 즉 지인(知人)이란 지인인(知仁人)이다. 이를 제대로 하는 임금이라야 눈 밝은 임금[明君]이라 할 수 있다. 특히 '안연 22'는 형이상:지(知), 형이중:지인(知人) 그리고 형이하: 순임금과 탕왕의 사례를 정확히 보여 준다.

마지막으로 공과 사의 관계를 살펴보자. 이 장은 선공후사(先公後私)의 마음을 가질 것을 촉구한다. 하지만 주의할 것이 있다. 멸사봉공(滅私奉公)은 공자가 추구한 바가 아니다. 공(公)을 위해서 사(私)를 버리라는 것은 위선일 뿐이다. 뒤에 자세히 볼 텐데, 공자는 견리사의(見利思義)라고 했다. 이익을 보게 되면 이익을 버리는 게 아니라, 그 이익이 마땅한지를 살펴서, 마땅하다면 이익을 취하라고 한다. 공자 사상은 이처럼 매우 현실적이다.

21

○공자가 말했다. "지자는 물을 좋아하고 인자는 산을 좋아하며, 지자는
동적이고 인자는 정적이며, 지자는 즐기고 인자는 오래간다."

자－왈　지－자　요－수　　인－자　요－산
子曰 知者樂水 仁者樂山

지－자　동　인－자　정　지－자　락　인－자　수
知者動 仁者靜 知者樂 仁者壽

앞 장에 이어 자연스럽게 어짊과 앎, 인자(仁者)와 지자(知者)의 차이를 말
한다. 여기서 지자가 좋아하는 물이란 호수 같은 곳에 고여있는 물이 아니
라 끊임없이 흘러가는 냇물 같은 것이다. 인자가 좋아하는 산이란 한 자리
에 오래 머물러 있는 것이다. 그래서 지자는 동적이고, 인자는 정적이다.

『설원』17-48은 이를 보다 상세하게 풀어준다.

"무릇 일의 이치를 아는 사람은 어째서 물을 좋아합니까?"

말했다. "샘의 원천이 밤낮없이 힘차게 흐르는 것은 힘센 사람과 비
슷하고, 이치를 따라 흘러가면서 작은 틈도 빠뜨리지 않는 것은 공평
함을 지키는 사람과 비슷하며, 움직여 아래로 내려가는 것은 예를 갖
춘 사람과 비슷하다. 천길 골짜기를 의심 없이 내달리는 것은 용감한
자와 비슷하고, 그릇된 것을 막아서 스스로를 맑게 하는 것은 일의 형
세를 아는 사람과 비슷하며, 깨끗하지 못한 상태로 들어가서 깨끗하
게 되어 나오게 해주는 것은 교화를 잘하는 사람과 비슷하다. 뭇사람
들이 공평함을 얻고 만물이 바르게 되어 만물 만사가 그것을 얻으면
살고 그것을 잃으면 죽는 것은 다움을 갖춘 사람과 비슷하고, 맑디맑
고 깊어서 헤아릴 수 없는 것은 빼어난 이와 비슷하다. 하늘과 땅 사이
를 통하며 윤택하게 해주어 국가가 이로써 형성되니, 이것이 바로 일
의 이치를 아는 사람이 물을 좋아하는 까닭이다. 『시경』〔노송(魯頌) 반
수(泮水)편〕에 이르기를 '즐거운 반수(泮水)에서 나물을 뜯노라. 노후

(魯侯)가 이곳에 와서 술을 마시며 즐기도다'라고 한 것은 물을 좋아함을 일러 말한 것이다.”

“무릇 남을 사랑하는 어진 사람은 어째서 산을 좋아합니까?”

말했다. “무릇 산이란 깎아지르고 높고 가파르게 치솟아 많은 사람들이 우러러보는 바이다. 거기에는 초목이 자라고 온갖 나무들이 서 있으며, 날짐승들이 모여들고 치달리는 짐승들이 휴식을 취하며, 보물들이 저장되어 있고 기인들이 은거한다. 온갖 사물을 길러주면서도 게을리하지 않고, 사방에서 아울러 채취를 해도 한정이 없다. 구름과 바람을 일으켜 하늘과 땅 사이에 기운이 통하게 해서, 국가가 이로써 형성되니 이것이 바로 남을 사랑하는 어진 사람이 산을 좋아하는 까닭이다. 『시경』〔노송(魯頌) 비궁(閟宮)편〕에 이르기를 '태산이 높디높으니 노후(魯侯)가 이를 우러러보는구나'라고 한 것은 산을 좋아함을 일러 말한 것이다.”

○공자가 말했다. "제나라는 한 번만 변하면 노나라 급에 이르고, 노나라는 한 번만 변하면 도(道)에 이를 것이다."

자-왈　제　일-변　지-어　노　노　일-변　지-어　도
子曰 齊一變 至於魯 魯一變 至於道

어진 정치[仁政]를 통해 어짊의 문맥을 이어간다. 이에 대해서는 정이천 풀이가 명확하다.

"공자 당시에 제나라는 강하고 노나라는 약했으니, 누군들 제나라가 노나라보다 낫다고 생각하지 않았겠는가? 그러나 노나라는 아직도 주공의 법제가 남아 있었고, 제나라는 (원래는 강태공에 의해 세워진 법제가 전해지고 있었으나) 환공의 패도(覇道)로 말미암아 간략함을 따르고 공리를 숭상하는 정치를 하여 태공이 남긴 법이 모두 변해버렸다. 그러므로 한 번 변화해야 노나라[의 덕치(德治)와 인정(仁政)]에 이를 수 있다. 노나라는 퇴락하는 것을 복원하기만 하면 되니, (무너진 예와 법을 복원하는) 일대 혁신하면 선왕의 도에 이를 수 있는 것이다."

유향의 『설원』7-42는 제나라와 노나라 관계를 보다 상세하게 풀어 보여 준다.

제나라가 노나라보다 못한 까닭은 태공(太公)의 뛰어남이 (주공 아들이자 노나라 첫 번째 임금) 백금만 못했기 때문이다. 백금과 태공은 둘 다 봉지를 받고 각자 봉국에서 가서 3년이 되었는데, 태공이 (천자에게) 조현하러 오자 (성왕을 대신해 섭정하던) 주공이 물었다.

"어찌 이렇게 빨리 다스려질 수 있었는가?"

"뛰어난 이를 높이면서 소원한 사람을 우선시하고 친근한 사람은 뒤로 했으며, 마땅함을 우선시하고 어짊은 뒤로 했습니다."

이는 패자(覇者)의 길이다.

주공이 말했다. "태공의 은택은 5대까지 미칠 것이다."

5년이 되어 백금이 조현하러 오자 주공이 물었다.

(이에 대답했다.) "친족들을 제 몸과 같이 여겨 안을 우선시하고 밖을 뒤로했으며, 어짊을 우선시하고 마땅함을 뒤로했습니다."

이는 왕자(王者-임금다운 임금)의 길이다.

주공이 말했다. "노공의 은택은 10대까지 미칠 것이다."

그래서 노나라에는 왕도의 자취가 있어 인후(仁厚)했지만, 제나라에는 패도의 자취가 있어 무사(武事)를 위주로 했다. 제나라가 노나라보다 못한 까닭은 태공의 뛰어남이 (주공 아들이자 노나라 첫 번째 임금) 백금만 못했기 때문이다.

23

○공자가 말했다. "고(觚)가 모나지 않으면 고이겠는가, 고이겠는가!"

자—왈　고　불—고　고—재　고—재
子曰 觚不觚 觚哉 觚哉

고(觚)란 제사용 용기로 모가 난 술잔을 말한다. 공자는 함축적으로 "모난 술잔 고(觚)가 모나지 않으면 고이겠는가, 고이겠는가!"라고 말한다. 고(觚)는 뜻 자체가 이미 모난 술잔이다. 그런데 그것이 모가 깎이거나 닳아 없어져 뭉툭해졌다면, 이미 그것은 고라고 부를 수 없다는 말이다.

이는 우선 바로 앞의 '옹야 22'와 이어지는 맥락에서 볼 수 있다. 노나라가 일변하여 도리에 이르는 문맥에서다. 이때는 이미 모난 술잔을 써야 하는 제도를 잃어버리고, 모가 나지 않은 일반 술잔을 쓰고 있었던 것이다. 공자는 술잔 사용이라는 하나의 제도가 무너져 내렸음을 한탄함으로써 인간과 나라 전체의 무도(無道)한 상황을 지적하고 있다. 사람은 사람다워야 하고, 나라는 나라다워야 한다는 말과 통한다. 이는 범조우의 풀이와 연결된다.

"사람으로서 어질지 못하면 사람이 아니요, 나라가 어짊에 의해 다스려지지 않으면 나라가 아니다."

정이천은 좀 더 구체적으로 푼다.

"임금이 임금의 도리를 잃으면 임금답지 못하고, 신하가 신하의 직분을 잃으면 그 자리는 있으나마나 한 자리인 것이다."

이는 임금의 다움, 신하의 다움을 강조하는 풀이다. '옹야 22와 23'은 간략한 통찰과 잠언을 통해 어짊의 문제가 한 개인의 수기(修己)에 머물지 않고, 나라가 나라다워지고 정치가 정치다워지는 문제와 깊숙이 연결돼 있음을 보여주고 있다. 뒤에 보게 될 정명론(正名論)이다.

이 장은 따라서 '안연 11'에 나오는 공자 말과 직결된다. 제나라 경공이 공자에게 정치에 관해 묻자 공자는 이렇게 대답한다.

"임금은 임금다워야 하고, 신하는 신하다워야 하며, 아버지는 아버지다워야 하고, 자식은 자식다워야 합니다[君君臣臣父父子子]."

　　다시 개인의 어짊 문제로 돌아간다. 실은 어짊은 공적인 정치 영역[君君臣臣]과 개인의 사적인 영역[父父子子]을 넘나들며 적용된다.

○재아가 물었다. "어진 사람은 비록 (누가 와서) 사람이 우물에 빠져 있다고 와서 말해주더라도 따라 들어가야겠습니다?"

공자는 말했다. "어찌 그렇게 하겠는가? 군자를 (우물까지) 가게 할 수는 있으나 빠지게 할 수는 없으며, 속일 수는 있으나 옭아넣을 수는 없다."

재—아 문—왈 인—자 수 고—지 왈 정 유 인 언
宰我問曰 仁者 雖告之曰 井有人焉
기 종—지 야
其從之也
자—왈 하—위 기—연—야
子曰 何爲其然也
군—자 가—서—야 불—가—함—야 가—기—야 불—가
君子可逝也 不可陷也 可欺也 不可
—망—야
罔也

문제의 재여(宰予), 즉 재아(宰我)가 다시 등장했다. 긴장하지 않을 수 없다. 그의 질문은 예리하다기보다는 늘 뭔가 비틀고 공자를 곤경에 빠뜨려보려는 의도를 담고 있다. 그 점은 여기서도 마찬가지다. 재아는 '위령공 8'에 등장하는 공자의 말을 듣고서 아마도 이 곤란한 질문을 해야겠다고 생각했을지 모른다. 거기서 공자는 이렇게 말한다.

"뜻있는 선비와 어진 사람은 목숨을 구걸하려고 어짊을 해치는 일이 없고, 몸을 죽여 어짊을 이루는 경우는 있다"

먼저 재아의 질문을 꼼꼼하게 살펴야 한다. 복잡하기도 하지만 유도성 질문이기 때문이다.

"어진 사람은 비록 (누가 와서) 사람이 우물에 빠져 있다고 와서 말해주더라도 (두려워하거나 도망치지 않고) 따라 들어가 (구해)야겠습니다?"

끝부분을 그냥 "들어가야 합니까?"라고 의문형으로 풀이하는 경우도 있으나 재아의 평소 성품을 본다면 유도하려는 의도가 담긴 종결형 의문문으로 번역하는 것이 더 나을 듯하다. 풀자면 "누가 와서 우물에 사람이 빠져 있다고 한다면, 살신성인(殺身成仁)의 정신으로 무장한 뜻있는 선비나 어진 사람은 곧장 달려가서 우물 속으로 따라 들어가 곤경에 처한 사람을 구해줘야 하는 것 아닙니까?"라고 묻고 있다.

공자는 이미 재아의 질문 자체가 하나의 함정이라는 것을 간파하고 있다. 일단 "어찌 그렇게 하겠는가?"라며 선을 긋는다. 그리고 대구와 대조의 전형적인 공자 어법으로 간명하게 말한다.

> "군자를 (우물까지) 가게 할 수는 있으나 빠지게 할 수는 없으며, (이치가 닿는 말로 군자를 잠깐) 속일 수는 있으나[欺] (터무니없는 말로 군자를) 옭아맬[罔] 수는 없다."

욕이 목구멍까지 올라왔지만 참고 있는 공자의 모습이 눈앞에 보이는 듯하다. 공자의 대답을 주희의 장인 류면지(劉勉之)는 이렇게 풀이한다.

> "몸이 우물 곁에 있어야 우물 안에 빠진 사람을 구제할 수 있는 것이니, 만일 함께 우물로 따라 들어간다면 다시는 구제할 수 없는 것이다. 이 이치는 매우 명백하여 사람들이 깨닫기 쉬우니, 인자가 비록 사람을 구제하려는 마음이 간절하여 자기 몸을 돌보지 않으나 응당 이와 같이 어리석지는 않을 것이다."

달려가는 것은 어진 마음이다. 그러나 우물에 따라 들어가지 않는 것은 일의 이치를 아는 혜안이다.

雍
也

25

○공자가 말했다. "군자가 되고자 한다면 애씀을 널리 배우고 그것을 일
　의 이치로 다잡으면 진실로 (어짊이나 도리에서) 벗어나지 않을 것이다."

　　자—왈　　군—자　　박—학　　어—문　　약—지　　이—례　　역　가
子曰 君子博學於文 約之以禮 亦可
　—이　　불—반　　의—부
以弗畔矣夫

　정자(程子)는 아마도 여기에 이 글이 배치된 의미를 알았는지 꽤나 독특하
게 푼다.

　　　"널리 문(文)으로써 배우되 그것을 예(禮)로써 다잡지 않으면 반드시
　　　한만(汗漫)에 이르게 될 것이다."

　한만(汗漫)이란 될 대로 되라는 식으로 내버려 두고 등한시한다는 뜻
이다. 겉으로 표현은 안 했지만 정자도 이 장의 의미를 일단 '옹야 24'에
서 보여준 재아의 무례한 행태에 대한 질책으로 본 듯하다. '다잡다[約]'
에 대해서는 앞서 '이인 2'에서 상세하게 살펴본 바 있다. 어짊의 문맥이
계속된다.

雍也

26

○공자가 남자(南子)를 만나자 자로는 기뻐하지 않았다. 공자는 맹세하며 말했다. "내가 잘못된 짓을 했다면 하늘이 나를 싫어할 것이다, 하늘이 나를 싫어할 것이다."

子見南子 子路不說
夫子矢之曰 予所否者 天厭之 天厭
之

사마천『사기』'공자세가(孔子世家)'에는 이 사건 전말이 비교적 상세하게 기록돼 있다.

공자는 광성을 떠나 포(蒲)에 도착했다. 한 달 남짓 있다가 다시 위나라로 돌아와 거백옥(蘧伯玉)의 집에 머물렀다. 위나라 영공에게는 남자(南子)라는 부인이 있었는데 그녀는 사람을 보내 공자에게 일러 말했다. "사방의 군자 중에서 우리 임금과 형제를 맺고자 하는 사람은 꼭 군주의 부인을 만납니다. 우리 부인께서도 당신을 뵙기를 원합니다." 공자는 사양한다고 말하였으나 어쩔 수 없어 그녀를 만나게 되었다. 부인은 휘장 안에 있었다. 공자가 문으로 들어가 북쪽을 향하여 절을 하자, 부인도 휘장 뒤에서 두 번 절하였는데 허리에 찬 구슬 장식이 맑고 아름다운 소리를 냈다. 공자가 (돌아와서) 말했다. "나는 본래 만나고 싶지 않았으나, 그녀를 만난 이상 예로써 대답한 것이다."
자로는 기뻐하지 않았다. 공자는 그에게 지적하여 말했다. "나에게 잘못된 점이 있다면 하늘이 나를 버릴 것이다, 하늘이 나를 버릴 것이다."

그런데 정약용은 조금 다르게 설명한다. 노나라 애공 2년(기원전 493년)에 공자가 다시 위나라에 가고 그 해에 위령공이 죽었다. 공자는 예의상 마땅히 들어가 조문해야 했고, 따라서 남자를 만났다는 것이다. 그리고 위령공의 후사를 세우는 문제로 공자는 남자에게 자문하였고, 그 방향을 둘러싸고 공자와 자로가 의견이 갈려 이런 글이 나오게 되었다고 풀이한다.

그리고 잘못된 짓이라는 것도 음란과 관련된 행위가 아니라 후사를 정하는 문제와 관련된 것이라는 게 정약용 풀이다. 왕비의 음란 여부는 애당초 대부 이하의 신하들이 관심을 둘 문제는 아니라는 이유에서다. 논란의 여지가 있지만 이 장에 대한 풀이는 일단 이것으로 마친다.

雍
也

27

○공자가 말했다. "중하고 용하는 것이 다움을 이루어냄이 지극하도다!
　사람들 가운데 오래 지속하는 이가 드물구나!"

　　자－왈　　중－용　지　위－덕　야　기　　지－의－호
子曰 中庸之爲德也 其至矣乎
　민　선　구－의
民鮮久矣

이 장은 바로 앞 장에 대한 보충임과 동시에 옹야(雍也)편 전체를 마무리
하기 위한 문장으로 읽어야 한다. 정이천 풀이는 적어도 이 문장 자체는
명쾌하게 풀어준다.

> "치우치지 않음을 중(中)이라 하고 변치 않음[不易]을 용(庸)이라 하
> 니, 중은 천하의 바른 도리이고 용은 천하의 정해진 이치이다. 세상의
> 가르침이 쇠퇴한 후부터 사람들이 (중용의 도리를) 행하는데 분발하지
> 않아서, 이 다움을 간직한 이가 적은 지 오래되었다.(혹은 이 다움을 오
> 래 지속하는 이가 드물다.)"

　물론 공자 자신은 이 다움을 간직하고 있다고 생각했다. 그래서 오해
의 소지가 있음에도 불구하고 위나라 영공의 부인, 남자를 만나보았던 것
이다. 중용(中庸)의 중(中)은 눈 밝음[明]과 연결되고, 용(庸)은 오래감[久]
과 연결된다.

　이어지는 공자의 말을 풀이하면, 다움을 이루어내는 것은 자기의 나
쁜 점을 깎아내는 수덕(修德) 혹은 수특(修慝)과 남의 좋은 점을 가져와서
자기 것으로 만드는 숭덕(崇德) 혹은 상덕(上德)을 다 포괄해서 말한 것이
다. 이를 보여주는 것이 앞으로 만나게 될 '술이 21'이다.

> 공자가 말했다. "세 사람이 길을 가면 반드시 나의 스승이 있게 마련
> 이다. (그럴 경우) 그중에 좋은 점을 골라서 따르고, 좋지 못한 점은 고
> 쳐야 한다."

여기서 그 좋은 점을 따르게 되면 숭덕(崇德), 즉 다움을 높이는 것이
되고, 그 안 좋은 점을 보고서 자기 안에 있는 그런 허물을 고쳐간다면 수
덕(修德), 정확하게는 수특(修慝)이 되는 것이다.

雍
也

28

○자공이 말했다. "만일 백성들에게 은혜를 널리 베풀어 많은 사람들을 구제한다면 그것은 어떠합니까? 그것을 일러 어짊이라고 할 수 있습니까?"

공자가 말했다. "어찌 어짊에만 그치겠는가? 그것은 반드시 빼어난 이의 경지라 할 만하다. 요순도 (그렇게 하지 못함을) 병통으로 여겼다. 인자는 자신이 서고자 함에 남도 서게 하며, 자신이 통달하고자 함에 남도 통달하게 하는 것이다. 능히 가까운 데서 취해 자기에게 비추어 본다면 어짊을 행하는 방법이라 할 수 있다."

子貢曰 如有博施於民而能濟衆 何
如 可謂仁乎
子曰 何事於仁 必也聖乎
堯舜其猶病諸
夫仁者 己欲立而立人 己欲達而達
人
能近取譬 可謂仁之方也已

드디어 곧음[直]과 어짊[仁]을 기조로 했던 옹야(雍也)편 마지막 장에 이르렀다. 수많은 사례들을 통해 누가 어진지 어질지 못한지를 살펴왔지만, 정작 어짊이 무엇인가에 대해서는 거의 다루지 못했다. 바로 앞에서 공자는 슬쩍 중용(中庸)이라는 말을 통해 어짊의 한 가지 모습을 보여주기는 했다. 지금 보게 될 마지막 장도 결국은 '어짊이란 무엇인가?'라는 물음을 둘러싸고 진행된다.

질문자로 자공이 등장한다. 불혹(不惑)에는 이르렀으나 지천명(知天命)에는 멀었고, 사람을 아는 자[知者]이기는 하나 어진 자[仁者]라고는 할 수 없는 그 자공이다. 공자로부터 사리에 통달했다는 평도 들었고 말을 잘한다는 평도 얻었다. 더불어 말이 앞선다는 지적도 들었다. 자공이 묻는다.

"만일 백성들에게 은혜를 널리 베풀어 많은 사람들을 구제한다면 그 것은 어떠합니까? 그것을 일러 어짊이라고 할 수 있습니까?"

뜻이 높고 정치적 야심이 컸던 자공은 어짊에 대해서도 이처럼 거창한 데서 실마리를 구하려 한 것이다. 공자는 먼저 "어찌 어짊에만 그치겠는가?"라고 답한다. 그것은 어질다[仁]는 정도를 넘어서서 성인(聖人)의 경지에 이른다고 할 만하다는 것이다. 바꿔 말하면 거의 불가능한 일이라는 말이다. 그래서 "요순도 '백성들에게 은혜를 널리 베풀어[博施] 많은 사람들을 구제하는 것'을 (제대로 할 수 없었기 때문에 늘) 병통으로 여겼다"라고 말한다.

공자 대답 중 여기까지가 전반부다. 성인(聖人)은커녕 인자(仁者)의 경지에도 이르지 못하고 겨우 지자(知者) 수준에 머물고 있는 자공 네가 논할 바가 아니라는 사실상의 면박이다. 늘 자공은 이것이 문제였다. '위정 13'에서 자공이 군자란 어떤 사람이냐고 묻자 공자가 말했다.

"(군자는) 자기가 말하고자 하는 바를 먼저 행한 이후에야 (그 행한 바를 따라서) 말을 한다."

바로 지금의 맥락이다. 말이 앞서고 실행은 뒤처지는 자공을 질책한 것이다.

이어 공자는 인자(仁者)란 어떤 사람인지를 통해 자공에게 어짊의 세계를 살짝 보여 준다.

"인자는 자신이 서고자 함에 남도 서게 하며, 자신이 통달하고자 함에 남도 통달하게 하는 것이다.”

정약용은 세우다[立]를 “몸을 세우고 벼슬자리를 얻는 것”으로, 통달하다[達]를 “천성(天性)을 이루어 막힘이 없는 것”이라고 풀이한다. 결국 자신이 하고 싶은 것이 있다면 먼저 그것을 남에게 베푸는, 서(恕)를 말하고 있다. 그런데 앞서 이미 본 것처럼 공자는 자공이 쉽게 서(恕)의 경지에 오르지 못할 것으로 보았다. 공자의 정신세계에서 인(仁)과 서(恕)는 거의 비슷한 경지다. 왜냐하면 인(仁)은 자신을 향한 충(忠)과 남을 향한 서(恕)이기 때문이다.

앞의 ‘공야장 11’에서 자공이 공자에게 “저는 다른 사람들이 나에게 가하기를 원하지 않는 일을 저도 다른 사람들에게 가하지 않겠습니다”라고 말하자 공자의 대답은 매몰찼다.

“자공아, 그것은 네가 도달할 수 있는 경지가 아니다.”

그런 불가능한 것에 힘쓸 여력이 있거든 현실적으로 가능한 것부터 하나씩 하라는 충고였다.

끝으로 공자가 “가까운 데서 취해 자기에게 비추어 본다면 어짊을 행하는 방법이라 할 수 있다”라고 한 말은 바로 이런 맥락에서 자공에게 어울리는 실천법을 제시한 것으로 볼 수 있다. 능근취비(能近取譬), 즉 능히 가까운 데서 비유를 취하다는 뜻에 대해 정약용은 이렇게 풀었다.

“아랫사람에게서 비유를 취하여 윗사람을 섬기며, 왼쪽 사람에게서 비유를 취하여 오른쪽 사람을 사귀는 것이다. 공자는 ‘힘써서 서(恕)를 행하면 어짊을 구함이 이보다 가까운 것이 없다’라고 하였다.”

어짊을 가까이가 아니라 먼 데서 구하려는 폐단은 자공만 그런 것이 아니다. 그나마 어짊을 알고 좋아하는 대부분 사람들도 사정은 비슷하다. 그래서 공자는 ‘술이 29’에서 이렇게 말한다.

“어짊[仁]이 멀리 있다고 생각하는가? 내가 어짊을 행하고자 하면 그 어짊이 곧바로 나에게 나타난다.”

가깝다는 것은 공간적으로 내 주위가 아니라 바로 나의 하고자 함[意

欲]에서 어짊이 생겨날 수도 있다는 것을 의미한다. 다음은 이에 대한 여대림(呂大臨) 풀이다.

> "자공은 어짊에 뜻을 두었으나 한갓 고원(高遠)한 것을 일삼았을 뿐, 그 방법을 알지 못하였다. 그러므로 공자께서 자신에게서 취하는 것으로 가르쳐 주신 것이니, 행여 가까워서 들어갈 수 있을까 기대하신 것이다. 이것이 바로 어짊을 행하는 방법이니, 비록 널리 베풀고 많은 사람을 구제하는 것이라도 또한 이로부터 시작되어 나아가는 것이다."

이것은 옹야(雍也)편 전체에 대한 결론이면서 동시에 다음 술이(述而)편으로 들어가는 단서이기도 하다. 『설원』17-42는 이를 잘 요약한다.

> 공자가 말했다. "무릇 자기가 부자이면서 남도 부유하게 해주는 사람은 가난하려 해도 그럴 수가 없고, 귀하면서 남도 귀하게 해주는 사람은 천하게 되려 해도 그럴 수가 없고, 통달한 사람이면서 남도 통달하게 해주는 사람은 궁벽해지려 해도 그럴 수가 없다."

⑦

述而
술

이

| 1 | 2 | 3 | 4 | 5 | 6 |

○子曰述而不作信而好古竊比於我老彭○子曰默而識之學而不厭誨人不倦何有於我哉○子曰德之不修學之不講聞義不能徙不善不能改是吾憂也○子之燕居申申如也夭夭如也○子曰甚矣吾衰也久矣吾不復夢見周公○子曰志於道據於德依於仁游

7　8　9　10

誰與子曰暴虎馮河死而無悔者吾不
惟我與爾有是夫子路曰子行三軍則
歌○子謂顏淵曰用之則行舍之則藏
喪者之側未嘗飽也子於是日哭則不
隅不以三隅反則不復也○子食於有
誨焉○子曰不憤不啓不悱不發舉一
於藝○子曰自行束脩以上吾未嘗無

11　12　13　14

夷叔齊何人也曰古之賢人也曰怨乎

爲衛君乎子貢曰諾吾將問之入曰伯

不圖爲樂之至於斯也○冉有曰夫子

戰疾○子在齊聞韶三月不知肉味曰

之如不可求從吾所好○子之所愼齊

子曰富而可求也雖執鞭之士吾亦爲

與也必也臨事而懼好謀而成者也○

15　16　17　18

子曰女奚不曰其爲人也發憤忘食樂
자왈여해불왈기위인야발분망식낙

言也○葉公問孔子於子路子路不對
언야섭공문공자어자로자로부대

無大過矣○子所雅言詩書執禮皆雅
무대과의자소아언시서집례개아

雲○子曰加我數年五十以學易可以
운자왈가아수년오십이학역가이

亦在其中矣不義而富且貴於我如浮
역재기중의불의이부차귀어아여부

也○子曰飯疏食飲水曲肱而枕之樂
야자왈반소식음수곡굉이침지낙

曰求仁而得仁又何怨出曰夫子不爲
왈구인이득인우하원출왈부자불위

19　20　21　22　23

乎爾吾無行而不與二三子者是丘也

何○子曰二三子以我爲隱乎吾無隱

改之○子曰天生德於予桓魋其如予

我師焉擇其善者而從之其不善者而

子不語怪力亂神○子曰三人行必有

非生而知之者好古敏而求之者也○

以忘憂不知老之將至云爾○子曰我

○子以四教文行忠信○子曰聖人吾

不得而見之矣得見君子者斯可矣子

曰善人吾不得而見之矣得見有恒者

斯可矣亡而爲有虛而爲盈約而爲泰

難乎有恒矣○子釣而不網弋不射宿

○子曰蓋有不知而作之者我無是也

多聞擇其善者而從之多見而識之知

28 29 30

子亦黨乎君取於吳爲同姓謂之吳孟
揖巫馬期而進之曰吾聞君子不黨君
敗問昭公知禮乎孔子曰知禮孔子退

曰仁遠乎哉我欲仁斯仁至矣○陳司
也與其進也不與其退也唯何甚○子

子曰人潔己以進與其潔也不保其往
之次也○互鄉難與言童子見門人惑

31 32 33 34

曰正唯弟子不能學也○子疾病子路

厭誨人不倦則可謂云爾已矣公西華

○子曰若聖與仁則吾豈敢抑爲之不

莫吾猶人也躬行君子則吾未之有得

歌而善必使反之而後和之○子曰文

曰丘也幸苟有過人必知之○子與人

子君而知禮孰不知禮巫馬期以告子

35　　36　37

溫而厲威而不猛恭而安

○子曰君子坦蕩蕩小人長戚戚○子

曰奢則不孫儉則固與其不孫也寧固

爾于上下神祇子曰丘之禱久矣○子

請禱子曰有諸子路對曰有之誄曰禱

述而

1

○공자가 말했다. "(내가) 조술하되 새로 짓지는 않았고, 옛 도리를 믿고서 좋아한 것은 남몰래 (은나라 현인) 우리 노팽에 견줄 수 있다."

> 자-왈 술-이-부-작 신-이-호-고 절-비-어 아
> **子曰 述而不作 信而好古 竊比於我**
> 노-팽
> **老彭**

술이(述而)편은 대체로 공자 자신의 말과 제자의 관찰을 통해 공자 내면세계를 보여주는 데 집중한다. 이를 통해 공자 자신이 다움과 예(禮) 그리고 어짊을 어떻게 수련하고 실천하려 했는지를 볼 수 있다.

술(述)이란 조술(祖述)한다는 말인데, 곧 어떤 오리지널[祖]을 놓고서 전술(傳述)한다는 말이다. 즉 선인(先人)의 가르침이나 설을 근본으로 하여 서술하고 밝힌다는 것이다. 작(作)이란 기존에 없던 것을 새로 짓는다는 말이다. 제례작악(制禮作樂)의 제(制)나 작(作)이 바로 그런 뜻이다. 그래서 『예기』 악기(樂記)편에 이르기를 "작자(作者)를 빼어남[聖]이라 하고, 술자(述者)를 뛰어남[賢]이라고 한다"고 했다.

공자가 '술이부작(述而不作)'이라고 한 것은 자신이 학문하고 글을 쓰고 말을 하는 입장이나 태도를 밝힌 것으로 볼 수 있다. 또 성인군자 소리를 듣는 자신도 이런 자세로 임하니, 그보다 못한 사람들은 함부로 작(作)에 도전해서는 안 된다는 경고가 담긴 일깨움이다.

그렇다면 공자는 무엇을 술(述)한다는 것인가? 여기에는 이미 공자 이전에 옛 학문[古學]의 기본 내용이 갖춰져 있다는 인식을 전제하고 있다. 이와 관련해 주희는 실제로 공자가 했던 작업의 성격을 이렇게 풀이한다. "공자는 『시경』, 『서경』을 산삭(刪削)하고 예[禮記], 악[樂記]을 정했으며 『주역』을 찬술(贊述)하고 『춘추』를 편수하시어 모두 선왕의 옛것을 전술(傳述)하였고, 일찍이 창작한 것이 있지 않았다."

1

　요즘 식으로 표현하면 공자는 스스로 저자가 아니라 편집자임을 밝
힌 것이다. 이는 단순히 공자가 자신의 겸손을 드러내는 구절이 아니다.
오히려 옛것을 중히 여기고 그 가치를 정확히 파악해야 함을 역설하는 대
목이다. 공자에게 있어서 배운다는 것은 곧 옛것의 모범[古範=古道]을 배
우는 것이다. 『논어』의 첫 구절 "(옛 뛰어난 이들의 애씀이나 애쓰는 법을) 배워
서 시간 나는 대로 그것을 익히니 진실로 기쁘지 않겠는가?"도 이런 맥락
에 놓고 볼 때 보다 명확하게 이해할 수 있다. 결국 공자에게 호고(好古)가
곧 호학(好學)이며 또한 호도(好道)이다.

　그래서 온고이지신(溫故而知新)도 술이부작(述而不作)과 같은 뜻을 갖
는다. 지신(知新)은 기존에 없던 전혀 새로운 것을 안다는 것이 아니라, 온
고(溫故)에서 깨닫는 새로움을 의미하기 때문이다.

　이렇게 되면 '신이호고(信而好古)'도 자연스럽게 연결된다. 옛것을 믿
고 좋아하는 것, 그것이 있어야 술이부작(述而不作)하는 태도와 온고이지
신(溫故而知新)하는 태도가 나오며 그런 태도로 배우고 익히면 기쁠 수밖
에 없는 것이다. 뒤에서 보게 될 '태백 13'은 신이호고(信而好古)에 대한
보충 풀이로 읽을 수 있다.

　　공자가 말했다. "(군자가 되려면) 독실한 믿음을 갖고서 배우기를 좋아
　　하고 죽음으로써 좋은 도리를 지켜나가야 한다."

　적어도 이런 식으로 학문하는 태도에 관한 한 공자는 상나라의 뛰어
난 대부 노팽(老彭)에게 견주어도 자신이 조금도 뒤질 바 없다[竊比於我老
彭]고 말한다. 여기서 절(竊)은 '몰래'라는 뜻이다. 표절(剽竊)이라고 할 때
의 그 절(竊)이다. 따라서 절비(竊比)란 남몰래 비교한다는 뜻으로 겸손의
의미를 담고 있다. 공자가 "우리 노팽"이라고 한 이유는 자신의 뿌리를
상나라에 두고 있기 때문에 자신과 노팽의 공속감(共屬感)을 표시하기 위
함이다.

　술이(述而)편 전반적인 특징은 공자가 자신을 주인공으로 해서 학문
하는 방법, 인격 수양하는 법, 평상시 모습을 보여 준다는 데 있다. 뒤에 가

서 보게 될 향당(鄕黨)편이 공자 자신이나 제자가 들려주는 공자 외양이라면, 이 술이(述而)편은 공자와 제자가 들려주는 공자 내면세계이다. 그중에서 옛 학문을 좋아하는 것이 가장 중요하다고 생각되어 '술이부작(述而不作) 신이호고(信而好古)'가 맨 앞머리에 배치된 것으로 볼 수 있다.

述而

2

○공자가 말했다. "마음속에 간직한 채 내세우지 않는 것, 배움에 있어 싫증 내지 않는 것, 남을 일깨워 가르치는 데 게으름을 부리지 않는 것, 이 셋 중에 어느 것이 나에게 있는가?"

^{자—왈} ^{묵—이—지—지} ^{학—이—불—염} ^{회—인—불—권}
子曰 默而識之 學而不厭 誨人不倦
^{하—유} ^{어—아—재}
何有於我哉

'묵이지지(默而識之)'란 안으로 간직하고서 내세우지 않으면서 마음속으로 기억한다는 말이다. 여기서 핵심은 묵(默)이다. 그것은 드러내지 않는 것이라는 점에서 불벌(不伐)이며, 따라서 자연스럽게 학이(學而)편 첫 대목 세 번째 구절과 통한다.

"남이 자신을 알아주지 않더라도 속으로조차 서운함을 품지 않으니 진실로 군자가 아니겠는가?"

'학이불염(學而不厭)', 즉 배움에 있어 싫증 내지 않는 것은 학이(學而)편 첫 대목 첫 구절과 통한다.

"(옛 뛰어난 이들의 애씀이나 애쓰는 법을) 배워서 시간 나는 대로 그것을 익히니 진실로 기쁘지 않겠는가?"

'회인불권(誨人不倦)', 즉 남을 일깨워 가르치는 데 게으름을 부리지 않는 것은 사실상 학이(學而)편 첫 대목 두 번째 구절과 통한다.

"뜻을 같이하는 벗이 있어 (먼 곳에 갔다가) 먼 곳으로부터 바야흐로 돌아왔으니 진실로 즐겁지 않겠는가?"

공자는 '이 세 가지가 나에게 있는가?'라고 자문했다. 그에 대한 자답이 바로 '술이 33'이다.

공자가 말했다. "빼어남과 어짊의 경우 내가 어찌 감히 (그런 경지에 이르렀다고 자부하겠는가)! 그렇지만 빼어난 도리와 어진 도리를 행하기

를 싫증 내지 않으며[不厭], 남을 일깨워 가르치는 데 게을리하지 않는
것[誨人不倦]에 대해서는 그렇다고 말할 수 있을 뿐이리라!"

공서화가 말했다. "바로 그 점이 저희 제자들이 능히 배울 수 없는 것
입니다."

述而

3

○공자가 말했다. "다움을 제대로 닦지 못하는 것, 배움을 제대로 강구하지 못하는 것, 마땅함을 듣고서 능히 그쪽으로 옮겨가지 못하는 것, 안 좋은 점을 능히 고치지 못하는 것, 이것이 나의 근심이다."

_{자—왈} _덕 _지 _{불—수} _학 _지 _{불—강} _{문—의} _{불—능}
子曰 德之不修 學之不講 聞義不能
_사 _{불—선} _{불—능} _개 _시 _{오—우—야}
徙 不善不能改 是吾憂也

'술이 2'에서는 공자가 자신이 목표하는 바 세 가지를 제시한 다음, 과연 자신이 도달했는지 여부를 묻는 방식으로 제자들에게 가야 할 목표를 일러주었다. 이번에는 반드시 피해야 할 네 가지를 제시한 다음, 과연 자신이 그것을 잘 피하고 있는지가 자신의 걱정이라고 말한다. 이 또한 당연히 제자들도 염두에 두어야 할 걱정이라 할 수 있다. 앞 장의 목표가 제자들을 앞에서 끄는 것이라면, 이 장의 걱정은 뒤에서 미는 것이다.

　이 네 가지는 모두 수덕(修德), 즉 다움을 닦는 문제를 중심으로 움직인다. 무슨 말인가 하면 뒤에 세 가지는 모두 '다움을 닦는 법'을 제시하고 있는 것이다. 그래서 이 장은 앞서 '옹야 27' 위덕(爲德)의 연결선상에서 해독하면 의미가 더 분명해진다. 일차적으로 다움을 닦는 길은 '안연 15'에 나오는 박문약례(博文約禮)이다.

　　공자가 말했다. "문(文)을 널리 배우고 그것을 일의 이치로 다잡는다면 실로 도리를 어기는 일은 없을 것이다."

　이어서 배움을 행하는 문제로 나아가 두 가지를 언급한다. 첫째, 마땅함을 들었을 때는 그 방향으로 나아가야 한다고 했다. 숭덕(崇德)이다. 둘째, 자기에게 안 좋은 점이 있으면 즉각 고쳐야 한다고 했다. 수특(修慝)이다. '안연 21'은 숭덕과 수특에 대해 동시에 답을 준다.

　　번지가 공자를 따라 기우제 지내는 단에 갔다가 그 아래에서 물었다.

"감히 다움을 높이고[崇德] 사특함을 깎아 없애고[修慝] 혹(惑)을 분별하는 법에 대해 묻겠습니다."

공자는 말했다. "좋구나! 그 질문이여! 일을 먼저 하고 이득은 뒤로 하는 것이 다움을 높이는 것 아니겠는가? 자신 안에 있는 악을 다스리고 남의 악을 다스리지 않는 것이 사특함을 없애는 것 아니겠는가? 하루아침의 분노로 자신을 망각해 그 (화가) 부모에게까지 미치게 하는 것이 혹(惑) 아니겠는가?"

맨 마지막은 앞서 본 바와 같이 불혹(不惑)을 풀어내는 실마리다.

述而

4

○공자께서는 평소 한가로이 거처하실 때 하시는 말씀은 간절하며 자애
로웠고, 낯빛은 온화하며 환히 퍼지는 듯하였다.

_{자 지 연-거   신-신-여   야   요-요-여   야}
子之燕居 申申如也 夭夭如也

사실 이 글은 공자의 다양한 덕행을 묘사하는 향당(鄕黨)편에 있어야 더
잘 어울린다. 공자 외양을 묘사하고 있기 때문이다. 그러나 내용을 충분히
살피게 되면 왜 술이(述而) 편에 놓이게 됐는지를 알 수 있다.

　여기서는 평상시 인간 공자의 면모를 보여준다. 일상의 사사로운 모
습이 사람을 살필 때 무엇보다 중요하기 때문이다. 성기사(省其私) 문맥이
다. 연거(燕居)란 특별히 하는 일 없이 집에 한가로이 머무는 것을 말한다.
그렇다면 공자는 이럴 때 어떤 모습일까?

　일반적으로 신신(申申)은 '거듭해서' '간곡하게'라는 뜻이다. 신신당
부(申申當付)하다고 할 때의 신신(申申)이 그것이다. 정약용은 이 장을 용
모보다는 말과 연결시켜 풀이해야 한다고 말한다. 평상시 공자가 하는 말
이 간절하고 자애로웠다는 뜻이다. 이에 대한 근거를 『논어』 안에서 찾는
다. 그래서 정약용 풀이는 더욱 설득력이 있고 문맥을 찾아가는 우리에게
도 결정적인 도움을 준다.

　"공자가 향당(고향 마을)에 있을 때는 성실히 하여 말을 잘하지 못하는
　것처럼 하였고, 조정에 있을 때는 말을 잘하되 오직 삼갔다. 그러나 한
　가로이 있으면서 제자들과 담론하고 가르칠 때는 그 언사가 거듭 되
　풀이되어 자상하였다. 예를 들면 '말재주 부리는 것을 어디에다 쓰겠
　는가?' '뛰어나도다! 안회여!' 같은 말들이 모두 자상하게 거듭되었
　으니, 이것이 이른바 신신여야(申申如也)이다."

이렇게 풀이해야 이 장이 향당(鄕黨)편에 포함되지 않고 공자 내면을
다루는 술이(述而)편에 포함된 이유를 분명하게 알 수 있다. 제자들과 대

화를 나눌 때 공자는 언제나 간곡했다는 뜻이다.

요요(夭夭)는 용모나 얼굴빛이 아름답다는 뜻인데 여기서는 '낯빛이 온화하다'고 옮긴다. 평상시에도 공자는 말이 간절하고 자애로웠으며 표정은 늘 온화했다는 것이다. 물론 그것은 다움을 제대로 닦았기 때문이다.

述而

5

○공자가 말했다. "심하도다, 나의 노쇠함이여! 오래되었도다, 내가 더 이상 꿈에서 주공을 뵙지 못한지가!"

子曰 甚矣 吾衰也 久矣 吾不復夢見 周公

공자는 탄식조로 자기가 심하게 노쇠했다고 말한다. 이 말은 독백이 아니라 제자들을 향하고 있다. 이 점을 분명히 해야 앞의 문맥과 이어지면서 자연스럽게 뒤의 문맥과도 연결된다.

꿈에서 주공(周公)을 뵙는다는 것은 공자가 그만큼 주공의 도리를 회복하고 실천하기 위해 열렬하게 애를 써왔다는 뜻이다. 참고로 고려말 명신 정몽주(鄭夢周) 이름은 바로 이 장에서 나온 것이다. 또 조선 중기 김시습(金時習)은 학이시습지(學而時習之)에서 딴 것임을 알 수 있다.

또한 이 장은 제자들을 향한 촉구라는 점에서 '태백 17'과 통한다.

공자가 말했다. "배울 때는 도리에 미치지 못하면 어떻게 하나 하는 마음으로 해야 하고, (도리에 미쳤으면) 오히려 그것을 잃어버리면 어떻게 하나 하는 마음으로 지켜내야 한다."

뒤에서 깊이 짚겠지만 이 말의 전반부는 도리에 적중하려는 마음가짐[中]이고, 후반부는 도리를 지켜내려는 마음가짐[庸=常]이다. 두 마음가짐은 공통적으로 모두 열렬함[誠]이다. 열렬해야 적중하고 열렬해야 오래 지켜낸다. 이제 자연스럽게 다음 '술이 6'과 연결된다. 이 같은 배움을 향한 열렬함이 있는 사람이 그 후 어떤 길로 가야 하는지를 말하고 있기 때문이다.

6

○공자가 말했다. "도리에 뜻을 두었고 다음에 기대었으며 어짊에 의지하고 예(藝)에서 노닐었다."

<ruby>子<rt>자</rt></ruby><ruby>曰<rt>왈</rt></ruby> <ruby>志<rt>지</rt></ruby><ruby>於<rt>어</rt></ruby><ruby>道<rt>도</rt></ruby> <ruby>據<rt>거</rt></ruby><ruby>於<rt>어</rt></ruby><ruby>德<rt>덕</rt></ruby> <ruby>依<rt>의</rt></ruby><ruby>於<rt>어</rt></ruby><ruby>仁<rt>인</rt></ruby> <ruby>游<rt>유</rt></ruby><ruby>於<rt>어</rt></ruby><ruby>藝<rt>예</rt></ruby>

앞 장과 바로 연결된다. 여기서 공자는 자신이 평생 지향했던 주공의 도리가 무엇인지를 보여 준다. 공자 인생관을 간명하게 파악할 수 있는 구절이다. 이 또한 자신이 그렇게 살아왔다는 것에 대한 자부심이면서 동시에 제자들에게 삶의 지표를 주는 것으로 볼 수 있다. 특히 그런 점에서 '위정 4'와 통한다.

> 공자가 말했다. "나는 열다섯 살에 (문을) 배우는 데 뜻을 두었고, 서른 살에 자기를 세우고 남도 세워주었으며, 마흔 살에 일의 이치[禮]를 알아 미혹되지 않았고, 쉰 살에 일의 형세[命]를 알았으며, 예순 살에 어떤 말이건 귀에 거슬리지 않았고, 일흔 살이 되자 내 마음이 하고자 하는 바를 그냥 따라도 법도에 어긋나지 않았다."

'위정 4'는 고스란히 이 장을 풀어내는 열쇠다.

먼저 공자는 도리에 뜻을 두었다[志於道]고 말한다. 사실 사람들이 살아가면서 뜻을 둘 수 있는 곳은 무한히 많다. 그중에서 공자는 도리(道理), 즉 사람으로서 마땅히 지켜야 할 도리를 밝히고 행하는 데 뜻을 두었다고 한다. 그 도리란 누차 말했지만 군군신신(君君臣臣) 이외에 다른 것이 아니다. '위정 4'에서 공자는 열다섯 살에 배움에 뜻을 두었다[志于學]. 이를 연결해서 풀자면 열다섯 살 무렵에 도리[道]나 애씀[文]을 배우는 데 뜻을 두었다는 말이다.

그렇다면 도리와 애씀의 차이는 무엇인가? 군군신신(君君臣臣)은 도리이다. 그런데 군군(君君)이나 신신(臣臣)은 그냥 가만히 있으면 되지 않는다. 임금이 임금다운 임금[明君]이 되려면 열렬하게 애쓰지 않으면 안 되고, 신하가 신하다운 신하[直臣]가 되려면 마찬가지로 열렬하게 애쓰지 않으면 안 된다. 도리와 애씀에는 미묘한 차이가 있음을 알 수 있다. 지금 우리 문맥은 도리보다는 열렬한 애씀에 있다.

도리에 뜻을 두었으면 이제 그에 맞는 다움[德]을 쌓아야 한다. 여기서 다움이란 도리를 향해 자신을 갈고 닦는 것이다. 임금이 임금답고 신하가 신하다운[君君臣臣] '다움'이 바로 여기서 공자가 말하는 다움이다. 이는 서른 살의 이입(而立)과 마흔 살의 불혹(不惑)과 연결된다. 다움(德)에 대해서는 '술이 3'에서 상세하게 살펴본 바 있다.

다음은 '어짊에 의지하고[依於仁]'라는 구절이다. 이인(里仁)편에서 보았듯이 어짊은 일의 형세[事勢=命]와 밀접하게 연결되어 있다. 따라서 의어인(依於仁)은 '위정 4'의 "쉰 살에 일의 형세[命]를 알았으며"와 연결된다.

마지막으로 '예(藝)에서 노닐었다[游於藝]', 이는 공자가 예순 살에 이른 이순(耳順)이나 일흔 살에 이른 종심소욕불유구(從心所欲不踰矩)와 통한다. 그리고 '태백 8'에도 이와 비슷한 표현이 등장한다.

> 공자가 말했다. "시에서 뜻이 일어났고[興於詩] 예에서 나를 세우고 남을 세워주었으며[立於禮] 악에서 삶을 완성했다[成於樂]."

그래서 '위정 4'를 축으로 삼아 '술이 6'과 '태백 8'을 함께 표로 정리하면 다음과 같다.

위정 4	술이 6	태백 8
지우학(志于學)	지어도(志於道)	흥어시(興於詩)
이입(而立)	거어덕(據於德)	입어례(立於禮)
불혹(不惑)	〃	〃
지천명(知天命)	의어인(依於仁)	
이순(耳順)	유어예(游於藝)	성어악(成於樂)
종심소욕불유구(從心所欲不踰矩)	〃	

7

○공자가 말했다. "스스로 육포 한 묶음 이상을 갖고 와서 (예를) 행하는
자라면 나는 일찍이 가르쳐주지 않은 적이 없다."

자—왈 자—행 속—수 이—상 오 미—상 무—회—언
子曰 自行束脩以上 吾未嘗無誨焉

여기서는 공자가 자신에게 배우려고 찾아오는 사람에 대해 어떻게 대했
는지를 보여 준다. 우선 문장이 복잡하기 때문에 나눠서 봐야 한다. 자(自)
는 스스로다. 즉 스스로 자신을 찾아와서 포(脯) 한 속(束-10개) 이상을 내
놓으며 배움을 청하는 사람이 있으면, 자신은 일찍이 가르쳐주지[誨] 않
은 적이 없었다고 말한다. 수(脩)는 말린 고기[脯]이다.

　배움에서는 무엇보다 배우려는 자발적 의지가 중요한 것이다. 스스
로 찾아온다[自行]를 강조한 것은 그 때문이다. 포 한 속 이상이란 수업료
라기보다는 이 같은 배우려는 의지와 스승에 대한 최소한의 예(禮)를 표
현한 것이다. 스스로 배우려 하지 않는 자에게는 가르침도 있을 수 없다.
앞의 '술이 6'의 지어도(志於道)에서 뜻(志)을 둔다는 것을 풀이하는 대목
이다. 동시에 '술이 2'에서 언급한 회인불권(誨人不倦), 즉 남을 일깨워 가
르치는 데 게으름을 부리지 않는 것을 재차 강조하는 것이기도 하다.

　공자는 자신을 찾아오는 사람의 신분 또한 가리지 않았다. 그래서 그
의 제자 중에는 다양한 신분과 능력의 소유자들이 골고루 포진해 있었다.
중요한 것은 배움에 대한 의지[文=誠]와 사람으로서의 기본 바탕[質]이었
다. 이와 함께 읽어야 할 구절은 '위령공 38'이다.

　공자가 말했다. "가르침이 있으면 무리가 없다."

述而

8

○공자가 말했다. "(스스로) 발분하지 않으면 (실마리를) 열어 밝혀주지 않았고, 뭔가를 표현하려고 애태우지 않으면 그 사람 말문이 터지도록 해주지 않았으며, 한 귀퉁이를 갖고서 말했을 때 나머지 세 귀퉁이를 미루어 알아차리지 못하면, 더 이상 반복해서 가르쳐주지 않았다."

자—왈　불—분　불—계　　불—비　불—발

子曰 不憤不啓 不悱不發

거　일—우　불—이　삼—우　반　즉　불—복—야

擧一隅不以三隅反 則不復也

역시 앞의 맥락에서 이어진다. 설사 배움을 청하는 예를 갖추고서 강한 배움의 의지를 갖고 있다 하더라도, 다음과 같은 조건이 충족되지 않으면 가르침을 줄 수 없다는 이야기다. 공자는 배우고자 하는 뜻이 얼마나 강한지를 여러 가지 측면에서 점검하고 있는 것이다.

먼저 '불분불계(不憤不啓)'. 공자는 분(憤)하지 않거든 계(啓)하지 않는다고 했다. 일단 분(憤)의 다양한 의미를 살펴볼 필요가 있다. 분(憤)에는 분하다, 원통하다, 성내다, 분노하다는 뜻 외에도 번민하다, 괴로워하다, 어지럽히다, 힘쓰다, 분발하다, 왕성하다, 가득 차다 등의 뜻이 있다. 여기서는 '힘쓰다' '분발하다'에 가깝다. 계(啓)란 '일깨워 열어 밝혀주는' 것이다. 그것은 곧 도리를 향한 마음이다. 스스로 힘쓰고 분발하지 않는 자에게는 굳이 일깨워 열어 밝혀주지 않았다는 것이다.

다음으로 비(悱)는 표현하지 못하다, 표현하려고 애쓰다, 말 나오지 아니하다 등의 뜻을 갖고 있다. 크게 보면 '뭔가를 하고 싶은데 표현하지 못하고 애를 태운다'는 뜻으로 통한다. 따라서 '불비불발(不悱不發)'이란 뭔가 표현하려고 진정 애를 태우는 사람이라야 그 사람의 말문이 터지도록 해준다는 것이다. 다시 한번 성의(誠意), 즉 뜻을 열렬하게 함, 이 또한 자발적 의지를 강조하고 있다. '위령공 15'는 바로 이에 대한 풀이다.

述
而

8

공자가 말했다. "어떻게 할까, 어떻게 할까라고 말하지 않는 사람에 대해서는 나도 어떻게 할 도리가 없다."

이어 네 귀퉁이가 있는 물건을 갖고서 한 귀퉁이를 들어 보여주었을 때, 나머지 세 귀퉁이를 미루어 알아차리지 못한다면 또다시 반복할 필요는 없다고 말한다. 여기서 반(反)을 주희는 "되돌려서 서로 증명한다"로 풀이한다. 스스로 터득하는 것[自得]이 모든 공부의 출발이 된다는 것을 강조하고 있다.

스스로 분발하지 않고 스스로 터득하려 하지 않는 사람을 공자는 '고(固)'라고 했다. 질(質)이 안 좋은데 문(文) 또한 없는 사람을 가리킨다. 공자 제자 중에서는 재아가 바로 이런 사람이다.

述而

9

○공자께서는 상을 당한 사람 곁에서 식사하실 때는 일찍이 배불리 먹은
  적이 없으셨다. 공자께서는 이날 곡(哭)을 했을 경우 (그날은) 노래를
  부르지 않으셨다.

자 식-어 유-상-자 지 측 미-상 포-야
子食於有喪者之側 未嘗飽也
자 어-시-일 곡 즉 불-가
子於是日哭 則不歌

다시 공자의 사사로운 생활 모습이 나온다. 유상자(有喪者)는 상을 당한
사람이다. 따라서 공자는 상을 당한 사람 곁에서 식사하게 될 경우 배부르
게 먹은 적이 없었다고 한다. 먹는 것 하나에도 남을 배려하는 마음, 차마
마음대로 하지 않는 마음[不忍之心=愛人=仁]이 깔려 있었다는 뜻이다. 어
짊의 실천이다.

    그리고 이날, 즉 상을 당한 날, 곡을 했을 경우 노래를 부르지 않았
다고 한다. 물론 노래를 부르지 않았다는 것은 상을 당한 집에서가 아니
라 그 집을 나와서 하루 종일 그렇게 했다는 뜻이다. 이는 『대학』 첫머리
에 나오는 지어지선(止於至善), 지극히 좋은 마음 상태에 오래 머물러 있음
과 통한다. 간단히 말해 어떤 불행한 사람이나 불쌍한 일을 보았을 때 그
순간에만 그치지 않고 돌아서서도 그 아파하는 마음[至善]이 그대로 남아
있는 것[止]이다. 다른 사람을 진심으로 사랑하는 마음, 즉 어짊[仁]이다.
'술이 7과 8'이 '술이 6'에서 말한 지어도(志於道)에 대한 풀이였다면, 이
장은 의어인(依於仁)의 구체적인 사례를 몸소 보여 준다.

述而

10

○공자가 안연에게 말했다. "(임금이 인재로) 써주면 행하고 (임금이) 버리면 숨어 지내는 것을 오직 너하고 나만이 갖고 있구나!"

자로가 말했다. "만일 스승님께서 삼군을 통솔하신다면 누구와 함께 하시겠습니까?"

공자가 말했다. "맨손으로 호랑이를 때려잡고 맨몸으로 강을 건너려 하여 죽어도 후회할 줄 모르는 사람을 나는 함께 할 수 없을 것이니, 반드시 일에 임하여서는 두려워하고 모의를 잘해서 일을 성공으로 이끄는 사람과 함께 할 것이다."

子謂顔淵曰 用之則行 舍之則藏 惟
我與爾有是夫
子路曰 子行三軍 則誰與
子曰 暴虎馮河 死而無悔者 吾不與
也 必也臨事而懼 好謀而成者也

공자가 수제자 안연에게 말했다.

"(임금이 인재로) 써주면 행하고 (임금이) 버리면 숨어 지내는 것을 오직 너하고 나만이 갖고 있구나!"

여기서 공자는 신하의 도리를 말한다. 군주가 자신을 써줄 때는 기꺼이 나아가 신하 도리를 행하고, 써주지 않을 때는 자신을 드러내려 하지 않고 숨어 지내는 것은 일반 사람이라면 쉽게 이를 수 있는 경지가 아니다. 왜냐하면 써줄 경우에는 도리를 행하기보다는 자신을 드러내려 하고

[伐], 써주지 않을 때에는 서운해하는 것[怨=慍]이 인지상정이기 때문이다. 제대로 된 수신(修身)이 갖춰지지 않고서는 도달하기 힘든 경지다. 공자는 안연을 자신에 버금갈 만큼 수기(修己)가 잘 되었다고 칭찬한다. 그래서 '술이 2, 3, 6'에서 말한 도리에 이른 제자로 안연을 지목한 것이다.

이를 듣고 있던 직설적이고 단순한 성격의 자로가 흥미로운 질문을 던진다. 묘한 질투심 같은 것을 느꼈기 때문에 자신도 본인의 장점을 인정받고 싶어서였다.

"만일 스승님께서 삼군을 통솔하신다면 누구와 함께 하시겠습니까?"

이는 용맹에는 자신이 있었던 자로가 자기를 지목해주기를 기대하며 던진 질문이다.(여기서 말하는 군(軍)이란 1만 2,500명 규모이다.) 공자는 이렇게 대답한다.

"맨손으로 호랑이를 때려잡고 맨몸으로 강을 건너려 하여 죽어도 후회할 줄 모르는 사람을 나는 함께 할 수 없다."

용감한 자와 무모한 자는 다르다는 것이다. 이는 '공야장 6'과 정확하게 맥을 같이 한다.

공자가 말했다. "세상에 도리가 행해지지 않는다. 뗏목을 타고 바다를 건너갈까 하는데 나를 따를 사람은 아마도 저 자로일 것이다."

자로가 그 말을 듣고서 기뻐하니 공자가 말했다. "유(由-자로)의 경우 용맹을 좋아하는 것이 나보다 낫지만 일을 마름질하는 바가 없다."

자로에게 면박을 준 공자는 구체적으로 자신이 군사를 이끌게 될 경우 함께하고 싶은 사람은 이런 사람이라고 말한다.

"반드시 일에 임하여서는 두려워하고[臨事而懼=敬事] 모의를 잘해서 일을 성공으로 이끄는 사람과 함께 할 것이다."

이와 관련해서는 사량좌(謝良佐) 풀이가 도움된다.

"꾀하지 않으면 이룰 수 없고 조심하지 않으면 반드시 패하는 것은 작은 일도 오히려 그러한데 하물며 삼군을 출동함에 있어서이겠는가?"

군사 출동이라는 일의 본질에 맞춰 미리 철저하게 준비하고 세심하게 대처할 줄 알아야 한다는 뜻이다. 매사가 마찬가지다. 안연은 호학(好學), 자로는 불호학(不好學)하는 제자였다. 안연은 문질빈빈(文質彬彬)했고, 자로는 질(質)은 좋았으나 문(文)을 배워 자기를 닦으려 하지 않았다.

述而

11

○공자가 말했다. "부유함이라는 것이 구한다고 해서 얻을 수 있는 것이라면, 설사 채찍질하는 마부의 일이라도 나는 기꺼이 할 것이다. (그러나) 구한다고 해서 얻을 수 있는 것이 아니라면, 나는 내가 좋아하는 바를 따르겠다."

子曰 富而可求也 雖執鞭之士 吾亦
爲之
如不可求 從吾所好

앞 장이 군사 출동의 본질을 이야기했다면 여기서는 부자가 된다는 것의 본질을 이야기한다. 세상 모든 일의 본질은 동일하다. 결국 앞의 '술이 10'에 이어지는 내용이다.

이(而)는 여기서 여(如)와 같은 뜻이다. 부(富)라는 것이 구해서 될 수 있는 것[可求]과 같은 것[而]이라면, 공자는 말채찍을 잡는 일이라도 기꺼이 하겠다고 말한다. 그러나 이는 곧 부(富)란 사람이 의지에 따라 구한다고 해서 구해지는 것이 아니라는 뜻이다. 그렇다면 결국 의지를 벗어난 일을 추구하느라 시간과 노력을 허비하느니, 자신이 좋아하는 바[所好]를 따르는 게 훨씬 의미 있게 인생을 살아갈 수 있다는 말이다. '안연 5'에서 공자 제자 자하는 이렇게 말한다.

"죽고 사는 데는 명(命)이 있고, 부귀는 하늘에 달려 있다."

이것은 공자 생각이기도 하다. 사람의 일과 하늘의 일을 구분하는 게 중요하고 이를 일깨우고 있다는 점에서는 불혹(不惑)으로 볼 수도 있다. 한 걸음 더 나아가 자신에게 주어진 명(命)을 충실히 받아들이겠다는 것으로 볼 때는 지천명(知天命)의 맥락도 가능하다.

여기서 유심히 보면 공자도 부(富) 자체를 거부하거나 부정적으로 보지는 않는다. 다만 부(富)라는 것은 일종의 운명이기 때문에 그것을 의식적으로 추구하는 것은 자칫 부질없는 일일 수 있다. 이를 혼동해서 억지로 추구하는 데서 불행이 싹튼다. 지천명(知天命)할 줄 모르는 마음이 초래하는 화(禍)인 것이다.

『설원』4-3은 공자가 이런 말을 하게 된 상황을 밝히고 있다.

(은나라) 왕자 비간(比干)은 몸을 죽여 그 충성스러움을 이루었고, 백이숙제는 몸을 죽여 그 청렴함을 이루었으며, 미생(尾生)은 몸을 죽여 신의를 지켰으니, 이 세 사람은 모두 천하의 마땅함에 통달한 선비라 하겠지만, 그들이라고 해서 어찌 자기 몸을 아끼지 않았겠는가? 그들은 생각하기를 무릇 마땅함이 서지 못하고 이름이 드러나지 못하는 것을 선비 된 자의 부끄러움이라고 여겼다. 그랬기에 몸을 죽여 그런 행동을 수행할 수 있었다.

이로써 살피건대 비천하고 빈궁한 것은 선비로서 부끄러움이 아니다. 무릇 선비가 부끄러워해야 할 바란, 천하에서 충성스럽다고 하는 것에 선비가 참여하지 못하는 것이고, 천하에서 신의가 있다고 하는 것에 선비가 참여하지 못하는 것이며, 천하가 청렴하다고 하는 것에 선비가 참여하지 못하는 것이다. 이 세 가지가 자기 몸에 있으면 그 이름이 후세에 전해져서 해와 달과 더불어 없어지지 않으며, 설사 도리가 없는 세상이라도 더럽혀지지 않을 것이다.

그렇다면 (선비는) 죽음을 좋아하고 살기를 싫어하는 것이 아니며, 부귀를 싫어하고 빈천을 즐거이 여기는 것이 아니다. 그 도리로써 말미암고 그 이치를 따르며 존귀함이 자기 몸에 이른다면 선비는 사양하지 않을 것이다. 공자가 말하기를 "부유함이라는 것이 구한다고 해서 얻을 수 있는 것이라면, 설사 채찍질하는 마부의 일이라도 나는 기꺼이 할 것이다. (그러나) 구한다고 해서 얻을 수 있는 것이 아니라면, 나는 내가 좋아하는 바를 따르겠다"라고 했으니 크게 빼어난 이(공자)

가 잡아 쥔 절조(節操)다.

『시경』〔패풍(邶風) 백주(柏舟)편〕에 이르기를 "내 마음은 돌이 아니기에 굴릴 수가 없고, 내 마음은 자리가 아니기에 돌돌 말 수가 없다"라고 했으니, 이는 자기를 잃지 않는 것을 말한 것이다. 능히 자기를 잃지 않은 다음이라야 더불어 (남들의) 어려움을 구제할 수 있으니, 이것이 바로 선비나 군자가 일반 대중을 뛰어넘는 까닭이다.

述而

12

○공자께서 늘 조심하셨던 것은 재계와 전쟁 그리고 질병이었다.

子之所愼 齊戰疾

'술이 9'에서 공자는 상을 당한 사람[有喪者]을 대하는 태도를 보여주었고, '술이 10'에서는 전쟁에서 군사를 부리는 자세에 대해 말한 바 있다. 여기서는 좀 더 나아가서 공자가 늘 삼가며 조심했던 것으로 세 가지를 꼽는다.

첫째는 재(齊)＝재(齋)다. 재(齊)란 재계(齊戒), 즉 제사를 지내기에 앞서 그 마음가짐을 삼가는 것을 말한다. 자칫 제사는 외형적인 격식으로 끝나기 쉽다. 그러나 공자는 마치 귀신이 앞에 살아 있는 듯 지극 정성을 다해 제사를 지냈다. 그것이 바로 정성과 격식을 함께 다 갖추는 문질빈빈(文質彬彬)이다. 더불어 타인의 생명도 똑같이 중시했기에 '술이 9'와 같은 삼가는 태도를 자발적으로 보여줄 수 있었다. 그것이 사람을 사랑하는 것[愛人]이고, 따라서 어짊[仁]이다.

'향당 7'은 재계하는 공자 모습을 생생하게 묘사하고 있다. 자세한 풀이는 그때 가서 보기로 한다.

"재계를 할 때는 반드시 명의(明衣)를 입었는데 베[布]로 만들었다. 재계를 할 때는 반드시 음식을 바꾸었고 거처함에 반드시 자리를 옮겼다."

둘째는 전쟁[戰]이다. 전쟁은 자신뿐만 아니라 수많은 사람들의 생사(生死)와 국가 존망(存亡)이 달려 있는 것이기 때문에 삼가는 태도로 정성을 다하지 않을 수 없다. 그래서 공자는 용맹하기만 한 자로를 꾸짖으며 전쟁에 임하게 될 때는 "반드시 일에 임하여서는 두려워하고, 모의를 잘해서 일을 성공으로 이끄는 사람과 함께 할 것이다"라고 말했다.

셋째는 질병[疾]이다. 질병 또한 개인의 생사가 달려 있기에 질병이 생기지 않도록 사전에 몸과 마음을 조심해서 보살펴야 하며, 질병이 생긴 후에도 치료를 위해 늘 조심하고 최선을 다해야 한다. 실은 이 셋뿐만 아니라 공자는 매사에 삼가는 태도로 최선을 다했다고 봐야 한다.

13

○공자께서 제나라에 계실 때 소무(韶舞-순임금 음악)를 듣고서 석 달 동안 고기 맛을 몰랐고 이에 말했다. "음악을 만드는 것이 이런 경지에까지 이를 줄은 몰랐다."

<ruby>子<rt>자</rt></ruby> <ruby>在<rt>재-제</rt></ruby><ruby>齊<rt></rt></ruby> <ruby>聞<rt>문-소</rt></ruby><ruby>韶<rt></rt></ruby> <ruby>三<rt>삼-월</rt></ruby><ruby>月<rt></rt></ruby> <ruby>不<rt>부-지</rt></ruby><ruby>知<rt></rt></ruby> <ruby>肉<rt>육-미</rt></ruby><ruby>味<rt></rt></ruby>

子在齊聞韶 三月不知肉味

<ruby>曰<rt>왈</rt></ruby> <ruby>不<rt>부-도</rt></ruby><ruby>圖<rt></rt></ruby> <ruby>爲<rt>위-악</rt></ruby><ruby>樂<rt></rt></ruby><ruby>之<rt>지</rt></ruby> <ruby>至<rt>지-어</rt></ruby><ruby>於<rt></rt></ruby><ruby>斯<rt>사-야</rt></ruby><ruby>也<rt></rt></ruby>

曰 不圖爲樂之至於斯也

'술이 6'의 유어예(游於藝)나 '태백 8'의 성어악(成於樂)이 무엇인지를 공자가 몸소 보여주고 있다.

　　우선 정약용의 풀이부터 보자.

　　"제나라에 계실 때란 노나라 소공 25년(기원전 517년) 공자 나이 35세 때인데, 이때 소공이 (계씨에게 쫓겨) 제나라로 달아났다. 공자도 제나라에 가서 몇 년 머물렀다. 소(韶)란 소무(韶舞), 즉 순임금 음악이다."
　　『설원』 19-35는 전후 맥락을 포괄해서 잘 보여 준다.

　　공자가 제나라 성곽 밖에 도착해 호리병을 들고 가는 한 아이를 만나 서로 함께 길을 갔다. 그 아이의 시선은 빛났고 그 마음은 발랐으며 그 행실은 반듯했다. 공자가 수레 모는 사람에게 일러 말했다. "빨리 몰아라! 빨리 몰아라!"

　　소악(韶樂-순임금 음악)이 바야흐로 완성되었을 때 공자가 그곳에 이르러 소악을 듣고서는 석 달 동안 고기 맛을 알지 못했다. 그래서 음악은 홀로 자기만 즐거운 것이 아니라 다른 사람도 즐겁게 해주고, 자기만을 바로잡을 뿐만 아니라 다른 사람도 바로잡아주는구나! 라고 깨달은 것이다.

　　(공자가 말했다.) "오, 이 음악의 즐거움이 여기에까지 이를 줄은 미처 생각지 못했다."

　　참고로 유향은 악(樂)을 정기이악이정인이악(正己以樂而正人以樂), 즉

"악으로 자기를 먼저 바르게 하고서 악으로 남들도 바르게 해준다"로 정리하고 있다. 이는 예(禮)가 입기이례이입인이례(立己以禮而立人以禮), 즉 "일의 이치로 자기를 먼저 세우고 일의 이치로 남들도 세워준다"에 그대로 상응한다. 입기이례이입인이례(立己以禮而立人以禮)를 압축한 말이 바로 나이 서른에 공자가 이르렀다고 하는 이입(而立)이다

○염유가 말했다. "스승님께서는 위나라 임금을 위하실까?"

자공이 말했다. "알겠다, 내가 장차 물어보겠다."

들어가서 말했다. "백이와 숙제는 어떤 사람입니까?"

말했다. "옛날의 뛰어난 사람이다."

말했다. "원망함이 있었습니까?"

말했다. "어짊을 구하다가 어짊을 얻었으니 다시 무슨 원망함이 있었겠는가?"

(자공이) 나와서 말했다. "스승님께서는 위나라 임금을 위하지 않으실 것이다."

염─유 왈　부─자 위 위─군─호
冉有曰　夫子爲衛君乎

자─공 왈 낙 오 장 문─지
子貢曰 諾 吾將問之

입─왈　백─이 숙─제 하─인─야
入曰 伯夷叔齊何人也

왈 고 지 현─인─야
曰 古之賢人也

왈 원─호
曰 怨乎

왈 구─인 이 득─인 우 하─원
曰 求仁而得仁 又何怨

출─왈 부─자 불─위─야
出曰 夫子不爲也

공자로부터 정치에 재능이 있다는 평가와 함께 "자리만 채우는 신하[具^구 臣^신]"라는 혹평도 들어야 했던 제자 염유가 자공에게 물었다. "스승님께서

는 위나라 임금을 위하실까?" 마침 자공은 위나라 출신이었다. 이에 지자
(知者) 자공은 "알겠다. 내가 장차 물어보겠다"라고 답한다. 그런데 자공
은 공자가 머물고 있는 곳으로 들어가 엉뚱하게도 "백이와 숙제는 어떤
사람입니까?"라고 묻는다. 이에 공자는 "옛날의 뛰어난 사람이다"라고
답한다.

　왜 자공은 공자에게 가서 위나라 정세는 전혀 언급하지 않고, 느닷없
이 옛날의 백이숙제가 어떤 사람인지를 물었을까? 물론 공자가 이 사람들
을 어떻게 생각하는지를 통해 공자가 위나라 군주를 도울 것인지 여부를
판단하기 위해서였다. 여기서 우리는 자공이 미루어 헤아리는 힘을 가진
사람임에 주목해야 한다. 한 귀퉁이를 보여주면 나머지 세 귀퉁이를 알아
차리는 인물이라는 뜻이다.

　이를 제대로 이해하려면 당시 위나라 정국 상황을 알아야 한다. 이때
는 공자 말년이었다. 위나라 군주는 이름이 첩(輒)이었다. 첩의 할아버지
이자 예전 위나라의 군주였던 영공에게는 남자(南子)라고 하는 부인이 있
었다. 남자는 송나라 공자 조(朝)와 사통하기도 했던 인물이다. 영공 태자
였던 괴외는 남자에게 죄를 지어 나라 밖으로 도망쳤다. 영공이 죽자 남자
는 영(郢)을 후사로 세우려 했다. 그러나 영은 한사코 사양하며 "태자는
비록 망명하였지만 그의 아들 첩이 있습니다"라고 했다.

　이에 위나라 신하들은 첩을 임금으로 세웠다. 그가 출공(出公)이다.
출공이 즉위한 지 12년이 되도록 아버지 괴외는 나라 밖에 살면서 국내
로 들어오지 못했다. 출공이 자칫 나라를 아버지에게 빼앗길 것을 두려워
했기 때문이다. 염유는 자공에게 '공자가 이런 출공을 도울 마음이 있을
까?' 라고 물어본 것이다.

　이에 자공은 출공 사례를 바로 떠올릴 수 있는 비슷한 질문을 통해 공
자가 어떤 생각을 하고 있는지를 가늠해본다. 이것이 미루어 헤아림이다.
직접 스승에게 위나라를 도우실 생각이 있느냐고 묻는 것은 결례(缺禮)요,
무례(無禮)이다. 그래서 가장 비슷한 경우를 찾아내어 간접적으로 묻기로

한 것이다. 그것이 백이숙제의 사례이다.

백이와 숙제는 옛날 고죽국(孤竹國) 국왕 아들이다. 국왕이 죽으면서 숙제를 임금으로 세우라는 명을 남겼는데 정작 아버지가 죽자 숙제는 백이에게 왕위를 양보하였다. 이에 백이가 "아버지 유명(遺命)이다"라며 도망가자 숙제도 왕위에 오르지 않고 도망갔다. 결국 나라 사람들이 둘째 아들을 세웠다.

이런 백이와 숙제에 대해 어떤 사람이냐고 묻자 공자는 뛰어난 사람[賢人]이었다고 했다. 이에 자공은 두 사람이 원망하는 마음[怨=悔]은 없었느냐고 묻자 공자는 "어짊을 구하다가 어짊을 얻었으니 다시 무슨 원망함이 있었겠는가"라고 답한다. 여기서 원망함은 뉘앙스상 후회함[悔]과 통한다. 이에 대한 정약용의 풀이가 명확하고 상세하다.

"원망이란 위로는 아비를 원망하고 아래로는 형제가 서로 원망하는 것이다. 어짊이란 인륜의 지선(至善)이다. 백이는 부자 사이에 그 분수 다하기를 구하였고, 숙제는 형제 사이에 그 분수 다하기를 구하였으니, 이것이 '어짊을 구하다[求仁]'이며, 마침내 그 뜻을 이루면 이것이 '어짊을 얻다[得仁]'이다. 어짊이란 천하의 지선이니, 어짊을 얻는 것은 나라를 얻는 것보다 좋은 일인데, 또 어찌 원망하겠는가?"

이런 뜻을 자공도 알아차렸을 것이다. 그래서 더 이상 묻지 않고 밖으로 나와 염유에게 "스승님께서는 위나라 임금을 위하지 않으실 것이다"라고 말한다. 결국 자공은 현실 권력보다는 인륜과 천륜을 중시하는 스승의 판단을 감안할 때 위나라 군주 첩을 돕지 않을 것이라고 말한 것이다.

이 사건을 『춘추좌씨전』을 바탕으로 재구성한 안핑 친의 『공자 평전』은 다른 제자 자로의 죽음까지도 전하고 있다는 점에서 참고할 만하다.

기원전 480년, 공자가 죽기 전해였다. 자로는 위나라의 강력한 귀족 가문인 공씨(孔氏)의 가신으로 있었다. 그 전에 위나라 제후 영공이 태자 괴외를 쫓아내고 태자의 아들을 후계자로 삼은 일이 있었다. 영공이 죽자 그 손자 출공이 즉위했고, 출공의 아버지인 전 태자는 귀국하지 못하고 있었다.

괴외는 마침내 자기 누이 백희(伯姬)와 함께 출공을 쫓아내고 자리를 빼앗을 음모를 꾸미기에 이르렀다. 물론 위험부담이 따르는 일이었다. 변장을 하고 위나라에 들어와 변란을 일으켜야 하는데, 일이 막상 벌어지기 전까지는 내 편이 얼마나 될지 알 길이 없었다.

그래도 상당한 승산을 내다볼 수 있었던 것은 백희 덕분이었다. 백희는 공씨 집안에 시집와서 가문 내에 지지 세력을 확보하고 있었다. 그리고 그가 낳은 아들 공회(孔悝)가 가문의 수장이 되어 있었다. 공회는 출공과 사촌형제 간으로 가장 가까운 지지자여야 할 입장이었지만, 나이가 어리고 성격이 유순해서 어머니의 뜻을 거스르지 못하는 사람이었다.

거사의 날, 모든 것이 계획대로 돌아갔다. 괴외는 여자 옷을 입고 공씨 저택의 문을 통과해 백희를 찾아갔다. 그 뒤에 벌어진 일은 이와 같다. '백희가 식사를 마친 후 창을 들고 앞장섰다. 무장한 괴외와 다섯 사람이 돼지(서약서를 쓰는데 필요한 피를 확보하기 위한 것)를 들고 그 뒤를 따랐다. 그들은 공회를 변소에서 몰아붙여 서약을 받아냈다.'

공씨의 가신 하나가 변이 일어난 사실을 알고 출공을 마차에 태워 노나라로 향했다. 도성 밖에 있던 자로가 소식을 듣고 전투가 벌어지고 있던 성내로 들어가려는 참에 역시 공자의 제자로 공씨의 가신으로 있던 자고(子羔)가 성에서 나오는데 마주쳤다. 자고는 "이미 늦었소, 어지러운데 말려들지 마시오" 하고 말렸지만 자로는 "녹을 먹은 사람으로서 어찌 그 어려움을 피하겠소?" 하고 기어이 성에 들어갔다.

이렇게 자로는 자기가 일으킨 것도 아니고, 자기가 어떻게 할 수도 없는 환난 속에 아무런 합리적 이유 없이 몸을 던졌다. (굳이 이유를 찾으면 주군인 공회를 보호한다는 것인데, 외삼촌 괴외도 어머니 백희도 공회를 해칠 생각은 없었을 것이다.) 괴외 지지자들은 자로를 쓰러뜨리고, 나중에 그 시체를 저며 젓을 담갔다.

자로가 가신의 도리에만 따라 살아간다면 아무리 고상한 것처럼 보이더라도 불행한 결과를 피할 수 없을 것임을 공자는 알고 있었다. 괴외의 거사가 있기 전에 공자와 제자들 사이에 위나라 상황에 관한 대화가 한 차례 있었다.(바로 이 '술이 14'를 가리킨다.) 제자들은 스승이 출공과 괴외 중 어느 쪽 입장을 지지하는지 궁금했다. 공자는 우회적인 방식으로만 이야기를 했는데 자공이 그 뜻을 해석해서 결론지었다. "스승님께서는 아들 편이 아니시다."

'선진 12'에서 공자가 "유(由-자로)의 경우에는 제명에 죽지 못할 것이다"라고 말한 것도 바로 이런 사건 와중에서였을 가능성이 높다. 공자와 자로의 선택은 생사의 갈림길이었던 셈이다.

述而

15

○공자가 말했다. "거친 밥에 물 한잔을 마시고 팔을 괴어 베개로 삼더라도 즐거움은 실로 그 속에 있다. 마땅하지 않으면서 부유하고 귀한 것은 나에게는 뜬구름과 같다."

子曰 飯疏食飲水 曲肱而枕之 樂亦
在其中矣
不義而富且貴 於我如浮雲

이 구절은 '술이 11'과 뜻을 같이하면서 동시에 바로 앞 '술이 14'에 대한 보충 설명이다. 공자는 "거친 밥[疏食]을 먹고 맹물을 마시며 팔을 베고 지내더라도 즐거움이 또한 그 가운데 있으니, 마땅하지 않으면서 부귀를 누린다는 것은 나에게 있어서는 뜬구름과 같다"고 말한다. 아마도『논어』편찬자는 백이숙제의 어진 마음과 공자의 마음이 같다고 여겼기에 공자의 이 발언을 여기에 배치했을 것이다.

통상 공자의 이런 말은 쉽게 오해되어 왔다. 정이천의 지적대로 공자라고 해서 거친 밥을 먹고 맹물 마시는 것을 즐거워한 것은 아니다. 방점은 즐거움[樂]에 있다. 소소하더라도 그런 즐거움을 제대로 자기 것으로 만들어가며 산다면 불의를 통해 얻은 부귀는 뜬구름처럼 가볍게 여길 수 있다는 뜻이다. 공자는 부귀에서 즐거움을 느끼기보다는 어짊을 편안히 여김[安人]에서 근원적인 즐거움을 느꼈다.

'즐거움'에 초점을 맞춰 앞서 보았던 '옹야 18'을 다시 음미해 보기를 바란다.

공자가 말했다. "도리나 이치를 아는 자는 그것을 좋아하는 자만 못하고, 그것을 좋아하는 자는 그것을 즐기는 자만 못하다."

述而

16

○공자가 말했다. "나에게 몇 년이 더 주어져 쉰 살까지 『주역』을 배운
  다면 큰 허물은 짓지 않을 수 있을 것이다."

子曰 加我數年
五十以學易 可以無大過矣

여기서 공자는 자신에게 만일 몇 년의 수명이 더 주어져, 그 시간 동안 『주
역』을 배우게 되면, 큰 허물 없이 살 수 있을 것이라고 말한다. 주희는 오
십(五十)을 졸(卒)의 잘못된 표현으로 본다. 또 주희에 따르면 이 무렵 공
자의 나이 벌써 70세에 이르고 있었다고 한다. 따라서 정말로 이 나이에
『주역』을 공부하고 싶다는 말은 아닐 것이라고 보았다. 그래서 주희는 이
장을 『주역』을 공부하라고 다른 이들에게 권면하는 공자의 말로 풀었다.

> "이는 성인(聖人-공자)이 『주역』의 이치의 무궁함을 깊이 관찰하시
> 고, 이것을 말씀하여 사람들을 가르쳐서 『주역』을 배우지 않으면 안
> 된다는 것과 동시에 『주역』은 쉽게 배울 수 없는 것임을 일깨워 주신
> 것이다."

이 같은 주희의 풀이는 이 장의 내용 파악에 아무런 도움도 주지 않는
다. 정약용은 전혀 다른 해석을 취한다. 주희는 『사기』에 입각해 그 같은
견해를 밝혔으나 정약용은 신빙성으로 보자면 『논어』가 『사기』보다 높다
고 보았다. 정확하다. 우선 오십(五十)이 맞다고 보았다. 당시 공자 나이도
70세가 아니라 형병의 견해에 따라 47세 안팎으로 추정했다. 가아수년(加
我數年)의 경우 (이 부분은 『사기』를 따라서) "가(加)는 마땅히 가(假)가 되어
야 하니, '바라건대, 하늘이 나에게 몇 년 더 살 나이를 빌려준다면'"으로
풀이했다.

우리는 아주 흥미로운 갈림길에 섰다. 다소 학술적이긴 해도 우리 문

맥을 잡는 데 결정적일 수 있으므로 정약용이 갔던 길을 끝까지 따라가 보
자. 일단 정약용 풀이에 따라 이 장을 풀면 대략 이렇다.

"나에게 몇 년이 더 주어져 쉰 살까지 『주역』을 배운다면 큰 허물은
짓지 않을 수 있을 것이다."

중요한 점은 공자가 『주역』 읽기를 무대과(無大過), 즉 큰 허물이 없
기를 바라는 것과 연결 짓고 있다는 것이다. 이 점을 정약용은 이렇게 풀
이한다.

"『주역』의 글 내용은 '회(悔-뉘우치다)'와 '인(吝-안타깝다)'에 중점을
두고 있다. 회(悔)란 허물을 고치는 것이고, 인(吝)이란 허물을 고치지
않는 것이다.《'능히 후회하면 허물을 고치는 데 인색하지 않다.'》그래서 공
자는 '『역』을 배우면 큰 허물이 없을 텐데'라고 하였다."

게다가 『사기』에는 공자가 『주역』을 워낙 많이 읽어서 죽간을 엮은
가죽 끈이 세 번이나 끊어졌다는 위편삼절(韋編三絶) 일화가 담겨 있다. 그
런 공자가 일흔을 바라보면서 『주역』을 읽어 큰 허물이 없어졌으면 좋겠
다고 바랬다는 것은 앞뒤가 맞지 않는다.

보다 중요한 것은 주희 풀이를 따르면 그저 『주역』이라는 책에 대한
관심 촉구 정도에 그칠 이 장이 정약용 풀이를 따를 경우 스스로의 허물을
고치는 문제로까지 확장될 수 있다는 점이다. 그러면 술이(述而)편 주제와
도 맞아떨어진다.

공자는 실제로 이 무렵 『주역』 공부를 시작한 것으로 볼 수 있다. 조
선 초 『주역』에 능통했던 김구(金鉤)가 세조 1년 9월 10일 『주역』을 진강
하는 장면에서 이를 짐작할만한 대목이 나온다.

"복희씨(伏羲氏)가 『하도(河圖)』를 본받아 8괘(卦)를 그렸고, 문왕·주
공이 괘사(卦辭)와 효사(爻辭)를 만들었는데, 본래는 점치는 법이었습
니다. 공자께서 '십익(十翼)'을 지으셨는데 완전히 의리(義理)를 썼으
니, 사람마다 역리(易理)를 체득해 쓰게 하려는 것이었습니다. 그 첫
머리 건(乾)의 괘(卦)는 군왕의 도(道)이니, 바로 성상에게 해당하는

일입니다. 건괘(乾卦)를 본받으려고 하면 마땅히 천도(天道)를 본받아야 할 것인데, 거기에 이르기를 '하늘의 운행이 쉬지 않으므로, 군자는 이로써 스스로 힘쓰고 쉬지 않는다' 하였으니, 스스로 힘쓰고 쉬지 않는다는 것은 이른바 안일함이 없다[無逸]는 것입니다."

공자는 이때부터 『주역』을 공부해 김구 말대로 '십익(十翼)'이라는 체계적인 해설을 완성했다. '십익'이란 문왕의 단사(彖辭)를 풀어낸 단전(彖傳) 상하 2편, 주공의 효사(爻辭)를 풀어낸 소상전(小象傳) 상하 2편, 총론을 담은 계사전(繫辭傳) 상하 2편, 그리고 건괘와 곤괘를 상세하게 풀어낸 문언전(文言傳), 괘의 의미를 풀이한 설괘전(說卦傳), 64개 괘의 배열에 따른 상황 이론을 풀어낸 서괘전(序卦傳), 서로 짝을 이루는 괘를 풀어낸 잡괘전(雜卦傳)으로 모두 7종 10편이다.

공자는 『주역』을 풀어내는 작업을 죽기 직전까지 진행했던 것으로 보인다. 그 증거가 다름 아닌 문언전이다. 이것은 64개 괘 중에서 건괘와 곤괘만을 풀어냈다. 이를 통해 우리는 『주역』이 다름 아닌 군도(君道)와 신도(臣道)에 관한 책이라는 사실을 분명하게 알 수 있다. 아마도 공자는 나머지 62개 괘에 대해서도 같은 작업을 하려 했으나, 아쉽게도 중단한 채 세상을 떠난 것으로 보인다.

그리고 공자가 못한 62개 괘에 대한 문언전 수준의 풀이 작업을 해낸 사람이 바로 송나라 유학자 정이천이다. 이를 그래서 의리역학(義理易學)이라고 부른다. 반면에 이에 반기를 든 사람이 바로 주희다. 군주 이론으로서의 『주역』을 무력화하고, 다시 점(占)으로 전락시키려 했던 주희 같은 부류를 상수역학(象數易學)이라고 한다.

의리역학으로 『주역』을 이해할 경우 이 책은 상황 이론이며, 일의 형세[事勢]를 읽어내는 훈련서이다. 공자가 쉰 살에 『주역』을 이해해 큰 허물을 없게 하려 한 것은 임금이 아닌, 신하였던 공자로서 최선의 목표였다 할 수 있다. 그가 쉰 살에 지천명(知天命)했다고 말한 것도 이와 무관하지 않다. 따라서 나는 쉰 살, 명(命), 『주역』은 깊이 연관되어 있다고 본다.

述而

16

공자는 쉰 살 무렵에 그전부터 전수되어 오던 일종의 점서(占書)으로서의 『주역』을 명(命), 즉 일의 형세에 관한 책으로서 재해석하는 데 성공했다.

　　그러나 일의 형세에 관한 한 절대적 영향력을 행사할 수 있는 사람은 임금이다. 그래서 임금의 말이 명(命)이 되는 것이다. 그렇다면 신하 입장에서는 그런 명에 의해 형성되는 일의 형세를 잘 파악하는 것이 중요하다. 이는 공자가 정(正), 일의 이치[事理=禮=常道]에서 중(中), 즉 일의 형세 [事勢=命=權道]를 볼 줄 아는 단계로 넘어갔다는 뜻이다. 공자에게 정(正) 과 중(中)은 대립되는 것이 아니라 상황[時]에 따라 달리 쓰는 도리다.

17

○공자께서 평소에 (제자들에게) 하시던 말씀은 『시경』과 『서경』 그리고 일에 임해서 집행하는 예였으니 이는 다 평소에 하시던 말씀이다.

자　소—아—언　시　서　집—례　개　아—언—야
子所雅言 詩書執禮 皆雅言也

이번에는 공자가 평소 제자들에게 가르치던 바가 "『시경』과 『서경』 그리고 일에 임해서 집행하는 예(禮)"라고 말한다. 이는 상도(常道)를 익히는 것이다. 이런 점에서 바로 앞의 '술이 16'과는 상호보완을 이룬다.

　『시경』을 통해서는 마음[性情]을 다스린다. 『서경』을 통해서는 정사(政事)의 요체를 익힌다. 예(禮)의 경우에는 단순히 시서(詩書)처럼 책을 읽는다고 해서 되는 것이 아니기 때문에 집(執)을 강조했다. 집(執)이란 사람들이 마음으로 잡아서 절실하게 지킨다는 뜻이다. 그런 점에서 몸에 다잡는다는 약(約)과도 통하고, 배운 바를 몸에 익힌다는 시습(時習)과도 통한다. 이런 묘사는 자공이 한 것으로 본다.

述而

18

○섭공이 공자가 어떤 사람인지를 자로에게 묻자 자로가 대답하지 않았
다. 공자가 말했다. "너는 어찌해서 그 사람됨이 분발하여 먹는 것도
잊고, 즐거움으로 근심도 잊어 늙음이 장차 다가오는 줄도 모를 정도
라고 말하지 않았는가?"

섭—공 문 공—자 어 자—로 　　자—로 부—대
葉公問孔子於子路 子路不對

자—왈 　여 해 불—왈 기 위—인—야 발—분 망—식
子曰 女奚不曰 其爲人也 發憤忘食

낙—이 망—우 부—지 노—지 장—지 운—이
樂以忘憂 不知老之將至云爾

섭공(葉公)은 초나라 섭현(葉縣)을 다스리는 심제량(沈諸梁)이란 인물로
원래 지위는 윤(尹-관직명)에 불과한데 참람하게 스스로를 공(公)이라 일
컬었다. 당시 초나라 제후가 스스로 왕(王-천자)을 참칭했기 때문에 현윤
(縣尹)들도 모두 공(公)을 참칭했다고 한다. 섭공은 후에 공자와도 몇 차례
대화를 나눈다. 먼저 '자로 16'이다.

> 섭공이 정치에 관해 묻자 공자가 말했다. "가까이 있는 자들을 기쁘
> 게 해주고, 멀리 있는 자들이 오게 하는 것이다."

이어서 '자로 18'이다.

> 섭공이 공자에게 말했다. "우리 당에 곧게 행동하는 궁(躬)이라는 사
> 람이 있으니 그의 아버지가 양을 훔치자 그는 아버지가 훔쳤다는 것
> 을 증언했습니다."
>
> 공자가 말했다. "우리 당의 곧은 자는 이와는 다릅니다. 아버지는 자
> 식 때문에 숨고 자식은 아버지 때문에 숨으니 곧음이란 바로 이 가운
> 데 있는 것입니다."

'자로 18'은 '자로 16'에 대한 풀이의 성격을 갖는다. 다름 아닌 "가

까이 있는 자들을 기쁘게 해주고, 멀리 있는 자들이 오게 하는" 도리란 곧 음[直＝直道]이기 때문이다. 임금이 임금답고 신하가 신하답고 아버지가 아버지답고 자식이 자식다운 것이 바로 곧음이다.

그렇다면 섭공의 질문에 자로가 대답하지 않은 까닭은 무엇일까? 아니면 대답하지 못한 까닭은? 첫째는 섭공이라는 인물이 참람했기에 굳이 그렇게 할 필요가 없어서 대답하지 않은 것으로 보는 입장으로 주희도 여기에 해당한다.

"섭공이 공자를 알지 못하여 반드시 묻지 않아야 할 것을 물었을 것이다. 그러므로 자로가 대답하지 않은 것이리라. 아니면 또한 성인(聖人)의 덕이 실로 쉽게 형용하여 말하기 어려움이 있기 때문인가?"

주희도 다른 해석의 가능성을 열어놓기는 했지만 기본적으로는 자로의 의도적인 거부에 중점을 둔다.

반면 정약용의 경우 공안국의 풀이를 따라, 자로가 대답하지 않은 것이 아니라 대답하지 못한 것으로 풀이한다. 이는 자로뿐만 아니라 섭공을 어떻게 보느냐와 직결된다. 정약용은 섭공 혹은 그의 질문을 긍정적으로 본 것이다.

"살펴보건대 섭공은 대개 사람을 알아보는 총명한 자인 듯하다."

정약용보다 주희의 풀이를 따르는 것이 앞서 본 자로 16, 18에 등장하는 섭공에 대한 공자의 태도와 부합할 뿐만 아니라 문맥상으로도 설득력이 더 큰 것 같다.

내용만 놓고 보면 이 장은 '술이 15'와 거의 같다. 이 말은 섭공이 자로를 통해 공자에게 정치에 참여할 것을 넌지시 권유한 것일 텐데, 애당초 배움에 빠져 도무지 정치하고는 상관이 없을 것이라는 식으로 답변해주면 되었을 것이라고 자로를 일깨워 주는 것이 된다.

동시에 제자들에게는 자신이 얼마나 호학(好學)하는지를 가르쳐주는 구절이기도 하다. 『주역』공부를 이야기했던 '술이 16'부터는 강조점이 인(仁)에서 호학(好學) 쪽으로 이동하고 있다. 물론 그렇다고 해서 어짊

[仁] 문맥이 사라지는 것은 아니다. 표면에서 사라질 뿐 내용적으로는 오히려 인(仁) 문맥이 강화되다가 다시 표면에 떠오르게 된다. 전반적으로 인(仁)을 이야기할 때 공자는 인(仁)을 직접 설명하기보다는 은근하게 간접적으로 보여주는 경우들이 훨씬 많다. 그래서 '자한 1'에서 자공은 이렇게 말한 것이다.

> "공자께서는 이익과 명(命) 그리고 어짊에 대해서는 드물게 말씀하셨다."

사실 인(仁)에 대해 많이 언급했는데 왜 드물게만 언급했느냐는 의문이 있을 수 있다. 그러나 은근하게 에둘러 언급한 인(仁)이 훨씬 많다는 점을 알게 되면 이 말이 이해될 것이다.

述而

19

○공자가 말했다. "나는 날 때부터 사람을 잘 볼 줄 아는 자가 아니라 옛
도리를 좋아해 민첩하게 그것을 구하려 하는 자이다."

자—왈　아　비　생—이—지—지—자　　호—고　　민—이—구
子曰 我非生而知之者 好古敏而求
—지—자—야
之者也

'술이 1'부터 시작된 호학(好學) 혹은 호고(好古)의 문맥이 이어진다. 앞
장과 바로 연결된다. 일종의 보충인 셈이다. 윤돈은 그래서 공자가 겸양을
표현한 것으로 보지 않는다.

> "공자가 나면서부터 저절로 안 성인이면서도 늘 배우기를 좋아한다
> 고 말씀하신 것은 비단 사람들을 면려(勉勵)하려 해서일 뿐만 아니다.
> 나면서부터 알 수 있는 것은 의리 뿐이니, 예악(禮樂)과 사물에 대한
> 명칭과 고금의 사변은 반드시 배우기를 기다린 뒤에야 그 실제를 징
> 험할 수 있는 것이기 때문이다."

이는 '계씨 9'와 이어지며 확대된다.

공자가 말했다. "나면서 (사람을 볼 줄) 아는 자[生而知之]는 최고요, 배
워서 (사람을 볼 줄) 아는 자[學而知之]는 다음이요, 통하지 못하는 바가
있어 그것(사람 보는 것)을 배우는 자[困而學之]는 그다음이요, 통하지
못하면서도 (사람 보는 것을) 배우려 하지 않으면[困而不學] 백성으로서
최하가 된다."

述而

20

○공자께서는 괴이한 일, 힘센 것, 도리를 어지럽히는 일, 귀신에 관한 일은 말씀하지 않으셨다.

자 불-어 괴-력-난-신
子不語怪力亂神

공자는 괴력난신에 대해서는 일언반구도 하지 않았다는 말이다. 이 또한 자공의 묘사일 것이다. 괴력난신(怪力亂神)에 대해 주희는 각각 이렇게 풀이한다. 괴(怪)는 괴이(怪異)한 일, 역(力)은 힘센 것, 즉 용력(勇力), 난(亂)은 패란지사(悖亂之事), 신(神)은 귀신(鬼神)이다.

갑자기 이 말을 한 이유는 무엇일까? 단서는 호학(好學)과 호학을 싫어한 자로이다. 자로는 용맹만 숭상하고 불호학(不好學)했던 전형적인 인물이다. 돌이켜보면 술이(述而)편은 호학(공자)과 불호학(자로)의 문맥이 이끌어왔다. 배우기를 싫어하는 자로 모습이 '선진 24'에도 나온다.

자로가 (계씨 가신이 되어) 자고를 비읍 읍재로 삼자 공자가 말했다. "남의 자식을 해치는구나!"
자로가 말했다. "백성과 사람이 있고 사직(社稷)이 있으니 어찌 반드시 책을 읽은 뒤에야 배움을 행하겠습니까?"
공자가 말했다. "이 때문에 나는 말재주 부리는 사람을 미워하는 것이다."
'양화 8'에서는 자로의 불호학을 조목조목 지적한다.
공자가 말했다. "유(由-자로)야! 너는 여섯 가지 말[六言]에 따른 여섯 가지 가려짐[六蔽]을 들어보았느냐?"
대답했다. "아직 듣지 못했습니다."
"거기 앉아라. 내가 너에게 말해 주겠다. 어짊[仁]을 좋아한다면서 (그에 필요한 예를) 배우기 좋아하지 않는다면, 그 가려짐은 어리석게 되는 것이다[愚]. 앎[知]을 좋아한다면서 (그에 필요한 예를) 배우기 좋아하지 않는다면, 그 가려짐은 노력이나 시간을 탕진하게 되는 것이다[蕩]. 신의[信]를 좋아한다면서 (그에 필요한 예를) 배우기 좋아하지 않는다면, 그 가려짐은 남을 해치게 되는 것이다[賊]. 곧음[直]을 좋아한다면서 (그에 필요한 예를) 배우기 좋아하지 않는다면, 그 가려짐은 강팍해지는 것이다[絞]. 용맹스러움[勇]을 좋아한다면서 (그에 필요한 예를) 배우기 좋아하지 않는다면, 그 가려짐은 도리를 어지럽히는 것이다[亂]. 굳셈을 좋아한다면서 (그에 필요한 예를) 배우기 좋아하지 않는다면, 그 가려짐은 거만해지는 것이다[狂]."

따라서 이 장은 여러 제자 중에서 특히 자로를 염두에 두고서 호학(好學)을 싫어하는 맥락에서 풀이하는 것이 가장 정확하다.

첫째, 괴이하다[怪]는 것은 정도나 이치를 벗어난 것을 말한다. '위정 16'이 비슷한 내용이다.

공자가 말했다. "이단(異端)을 파고들면 이는 (다움을 쌓아가기는커녕 다움을) 해칠 뿐이다."

그 바로 앞 '위정 15'에서 공자는 "(배우기만 하고 (그것을 깊이) 생각지 않으면 속임을 당하게 되고) 생각만 하고 배우지 않으면 위태로워진다"라고 말했다. 이 또한 자로 혹은 자로와 비슷한 인간형을 향한 경고이다.

둘째, 힘센 것, 즉 용력(勇力)은 다움[德]과 반대된다. 이 또한 자로에 대한 비판과도 맥이 통한다. '팔일 16' 활쏘기 사례에서 본 그대로다.

공자가 말했다. "(주나라 문화가 꽃피웠을 때의) 활쏘기는 가죽 뚫기로 승부를 가리지 않았다. 왜냐하면 힘이 사람마다 다 달랐기 때문이다. 이것이 옛날의 활 쏘는 예법이다."

셋째, 패란지사(悖亂之事)는 뜻 그대로 정의에 어긋나고 정도를 어지럽히는 일이다. 이와 대비되는 것이 다스려짐[治]이며, 그 방향이 군군신신(君君臣臣)이다.

넷째, 귀신은 인간사 범위를 넘어서는 것이다. 이는 배울 필요가 없는 것에 번잡하게 관심을 갖는 것이다. 이 또한 배우기를 좋아하지 않는 자들이 흔히 보여주는 폐단이다. 이 또한 자로와 직접 연결된다. '선진 11'은 이 점을 그대로 보여주는 사례이다.

> 계로(季路-자로)가 공자에게 귀신을 섬기는 것에 대해 묻자 공자가 말했다. "사람도 제대로 섬길 수 없건만 어찌 귀신을 능히 섬기겠는 가?"
>
> 계로가 "감히 죽음에 대해 묻겠습니다"라고 하자 공자가 말했다. "삶 도 아직 모르는데 어떻게 죽음을 알겠는가?"

이 장 전체를 거꾸로 이해하면 공자는 늘 '정도(正道)'와 '다움[德]' '다스려짐'과 '인간사'에 대해서만 언급했다는 뜻이다. 사량좌 풀이가 바 로 그렇다.

> "성인은 일정한 도리를 말씀하고 괴이함을 말씀하지 않으며, 덕을 말 씀하고 힘을 말씀하지 않으며, 다스려짐을 말씀하고 패란의 일을 말 씀하지 않으며, 인간의 일을 말씀하고 귀신의 일을 말씀하지 않는다."

사량좌 풀이는 고스란히 '술이 17'과 연결된다. 그렇다고 해서 이 네 가지를 무조건 배격·배척했다는 뜻은 아니다. 다만 배움의 대상으로서는 적절치 않다고 보았기 때문에 입에 담지 않았다는 말이다. 반면 그것을 수 시로 입에 담으려 했던 인물이 자로이다.

述而

21

○공자가 말했다. "세 사람이 길을 가면 반드시 나의 스승이 있게 마련이다. (그럴 경우) 그중에 좋은 점을 골라서 따르고, 좋지 못한 점은 고쳐야 한다."

자-왈　삼-인　행　필-유　아-사-언
子曰 三人行 必有我師焉
택　기─선─자　이　종─지　　기─불─선─자　이　개─지
擇其善者而從之 其不善者而改之

세 사람이란 많은 수가 아니다. 그럼에도 본인 마음가짐과 태도에 따라 자기에게 없던 좋은 점을 더할 수도 있고, 남에게서 발견한 자기의 나쁜 점을 덜어낼 수 있다면, 그것은 고스란히 다움을 이루어가는 방법[爲德]이다.

　　다움을 더함[崇德＝上德]은 『주역』 익(益)괘(☲)와 연결된다. 이를 대상전(大象傳)이라고 한다. 이는 문왕이나 주공의 글에 대한 풀이가 아니라 군주론 입장에서 공자가 독립적으로 괘의 상하를 통해 교훈을 추출한 글이다. 공자는 익괘(益卦)를 보았을 때 군주라면 이런 마음을 가져야 한다고 했다.

　　"바람(☴)이 불고 우레(☳)가 치는 것이 익(益)(이 드러난 모습)이니 군자는 그것을 갖고서 (다른 사람의) 좋은 것을 보았을 때는 그리로 옮겨가고 (자신의) 허물이 있을 때는 고친다."

　　이는 고스란히 다움을 쌓아가는 요체이다.

　　사특함을 덜어냄[修德＝修慝]은 『주역』 손(損)괘(☶)와 연결된다. 마찬가지로 공자는 손괘(損卦)를 보았을 때 군주라면 이런 마음을 가져야 한다고 했다.

　　"산(☶) 아래에 연못(☱)이 있는 것이 손(損)(이 드러난 모습)이니 군자는 그것을 갖고서 화를 누르고 욕망을 막는다."

　　이는 고스란히 그릇됨을 덜어내 다움을 이루어내는 요체이다.

述
而

22

○공자가 말했다. "하늘이 나에게 다움을 내려주었으니 환퇴라 한들 나를 어찌하겠는가?"

자-왈　천　생-덕　어-여　환-퇴　기　여-여-하
子曰 天生德於予 桓魋其如予何

공자는 지금까지 술이(述而)편 전반에 거쳐 열렬하게 문(文)을 배우기를 좋아했고, 다움을 갖추려 혼신의 힘을 다했다. '술이 22'는 이런 문맥에서 나온 말이다.

사마천『사기』'공자세가'에 이 장과 관련된 내용이 실려 있다.

"공자가 조나라를 떠나 송나라로 가서 제자들과 함께 큰 나무 아래에서 예(禮)를 강습하고 있었는데, 송나라 사마(司馬) 환퇴(桓魋)가 공자를 죽이려고 하면서 그 나무를 뽑아버렸다. 공자가 거기를 떠나니 제자들이 '빨리 떠나셔야 합니다'고 하였다."

이런 상황에서 공자가 이 말을 하게 된 것이다.

공자는 스스로 하늘의 명(命)을 받은 것이 있다고 믿었다. 여기서 덕(德)이란 그 하늘의 명을 말한다. 제자들에게 도리를 전하는 것(스승의 덕)도 그 명 중 하나일 것이다. 통상 환퇴가 공자를 죽이려 한 이유와 관련해서는 공자 세력이 커지는 것을 경계했기 때문이라고 본다.

이 장은 '자한 5'와 정확히 맥이 통한다.

공자가 (정나라) 광(匡) 땅에서 두려운 일을 겪자 말했다. "문왕이 이미 돌아가셨지만 문(文)이 이 몸에 있지 않은가? 하늘이 장차 이 문을 없애려 한다면 뒤에 죽는 내가 이 문에 참여할 수 없었을 것이다. (그러나) 하늘이 아직 이 문을 없애려 하지 않으니 광 땅 사람들이 나를 어떻게 하겠는가?"

이때 공자는 광(匡)이라는 곳에서 두려운 마음을 품었다고 한다. 양호(陽虎)가 일찍이 광 땅에서 포악한 짓을 했는데, 공자 모습이 양호와 비숫했으므로 광 땅 사람들이 공자를 양호로 오인하여 포위했기 때문이다. 그러나 공자는 당당했다. "문왕이 이미 돌아가셨지만 문(文)이 이 몸에 있지 않은가?"

공자는 자신이 문왕의 도리, 즉 열렬히 애써서 세상에 도리를 전하는 일을 이어받았다고 자부했다. 이때 문(文)은 곧 하늘이 자기에게 준 명(命), 즉 자기가 평생 열렬히 애써 갖춘 다움[德]과 통한다. 그래서 공자는 말한다.

"하늘이 장차 이 문(文)을 없애려 한다면 뒤에 죽는 내가 이 문에 참여할 수 없었을 것이다. 〔그런데 이미 나는 이 문을 체득하였으니〕 하늘이 아직 이 문을 없애려 하지 않으니 광 땅 사람들이 (아무리 나를 죽이려 한들) 나를 어떻게 하겠는가?"

이 두 사례를 통해 우리는 천명(天命)에 대한 공자의 믿음이 얼마나 확고했는지를 확인할 수 있다. 제자들에게 자기가 쉰 살에 도달한 지천명(知天命)의 경지를 슬쩍 보여주는 예화이다. 스승으로서의 다움[德], 옛날 도리를 전수받아 후대에 전해야 하는 사명[命]이 한데 얽혀 있는 것이 바로 '자장 22'이다. 그것은 자연스레 '술이 21과 22'를 연결해주는 역할도 한다. 매우 중요하다. 그것은 공자가 '어떻게 배웠는가'라는 문제에 대한 대답이기도 하기 때문이다.

위나라 공손조가 (같은 위나라 출신인) 자공에게 물었다. "중니(仲尼-공자)는 어떻게 배웠는가?"

자공이 말했다. "문왕과 무왕의 도리는 아직 땅에 떨어지지 않아 사람들에게 (남아) 있다. 뛰어난 자는 그 큰 것을 기억해 알고 있고, 그보다 못한 자도 그 작은 것을 기억해 알고 있어 문왕과 무왕의 도리가 여전히 남아 있지 않음이 없으니, 공자께서 어찌 배우지 않으셨으며 또한 어찌 일정하게 정해진 스승이 계셨겠는가?"

述而

23

○공자가 말했다. "너희들은 내가 뭔가를 숨기고 있다고 여기는가? 나는 너희들에게 아무것도 숨기는 것이 없다. 내가 행하고서 너희들과 더불어 함께 하지 않는 바가 없다. 이런 사람이 바로 구(丘-공자 자신)이다."

자—왈　이—삼—자　이　아　위　은　호
子曰 二三子以我爲隱乎
오　무—은　호—이
吾無隱乎爾
오　무　행—이—불—여　이—삼—자　자　시　구—야
吾無行而不與二三子者 是丘也

이렇게 말했음에도 제자뿐만 아니라 많은 사람들이 공자에게는 뭔가 특별한 비책이 있는데, 그것을 숨기고 있는 것은 아닌지 끊임없이 의구심을 가졌다. 앞서 보았던 '술이 17'도 이런 맥락에서 다시 읽어보면 매우 분명해진다.

> "공자께서 평소에 (제자들에게) 하시던 말씀은 『시경』과 『서경』 그리고 일에 임해서 집행하는 예(禮)였으니 이는 다 평소에 하시던 말씀이다."

'계씨 13'은 이 점을 더 분명하게 드러내 보여 준다.

> 진강이 (공자 아들) 백어에게 물었다. "그대는 정말로 특별한 것을 들은 적이 있는가?"
>
> (백어가) 대답했다. "(그런 특별한 것은) 들은 적이 없다. 일찍이 홀로 서 계실 때 내가 종종걸음으로 뜰을 지나가는데, '시를 배웠느냐?'라고 물으시기에 '아직 배우지 못했습니다'고 했더니, '시를 배우지 않으면 (제대로) 말을 할 수 없다'고 하시므로 내가 물러나와 시를 배웠다. 다른 날에 또 홀로 서 계실 때 종종걸음으로 뜰을 지나가는데, '예를

배웠느냐?'고 물으시기에 '아직 배우지 못했습니다'라고 하니, '예를 배우지 않으면 설 수 없다'고 하셨다. 나는 물러나와 예를 배웠다. 이 두 가지를 들었을 뿐이다.”

이에 진강이 물러나 기뻐하며 말했다. “하나를 물어 세 가지를 얻었으니 시를 (배워야 한다는 것을) 듣고, 예를 (배워야 한다는 것을) 듣고, 또 군자가 그 아들을 공정하게 대하는 것을 들었구나!”

'술이 23'은 '술이 22'에서처럼 살해 위협 속에서도 '자신이 몸소 보여준 바를 믿지 못하겠느냐?'라는 반문으로 읽히기도 하다. 그래서 다음 장에서는 보다 구체적으로 공자가 제자들에게 가르치려 했던 네 가지를 말한다.

述而

24

○공자께서는 네 가지를 가르치셨으니 문(文) 행(行) 충(忠) 신(信)이다.

子^자以^{이-사}四^교敎 文^문行^행忠^충信^신

애씀[文^문]과 일을 행함[行^행], 자신에게 거짓이 없음[忠^충]과 믿음[信^신]. 이러한 네 가지를 문질(文質)로 다시 분류한다면 '애씀'과 '일을 행함'은 말을 조심해서 함과 더불어 문(文)이 되고, '자신에게 거짓이 없음'과 '믿음'은 앞서 본 바와 같이 질(質)이다. 공자가 가르친 바를 이처럼 네 가지로 압축할 수 있는 제자는 아마도 자공뿐일 것이다.

述而

25

○ 공자가 말했다. "빼어난 이를 내가 만나볼 수 없다면 군자라도 만나보면 이에 괜찮다."

공자가 말했다. "(문질을 고루 갖춘) 좋은 사람을 내가 만나볼 수 없다면 오래가는 마음을 갖춘 자라도 만나보면 이에 괜찮다. 아무것도 없으면서 있는 척하고, 텅 비어 있으면서도 가득한 척하며, 가진 것이 적으면서도 꽉 차서 많은 척한다면 오래가는 마음이 있다고 하기 어렵다."

子曰 聖人 吾不得而見之矣 得見君
子者 斯可矣

子曰 善人 吾不得而見之矣 得見有
恒者 斯可矣

亡而爲有 虛而爲盈 約而爲泰 難乎
有恒矣

빼어난 이[聖人]란 무불통(無不通)하여 천하를 교화할 만한 이를 말한다. 그 아래 단계가 뛰어난 이[賢人] 혹은 군자(君子)이다. 그래서 공자는 빼어난 이를 만나볼 수 없다면 군자라도 만나보았으면 좋겠다고 한 것이다.

좋은 사람[善人]이란 바로 앞에서 본 문행충신(文行忠信)을 고루 갖춘 사람을 말한다. 이에 반해 문(文)은 아직 닦지 않았지만 질(質), 즉 충신(忠信)을 갖춘 사람이 바로 항심(恒心)을 갖춘 사람[有恒者]이다.

그래서 이 장의 핵심은 마지막에 나오는 무항자(無恒者)이다. 다른 유형에 대해서는 아무런 정의를 않은 공자가 항심이 없는 자[無恒者]에 대해^{무-항-자}서는 곡진하게 정의한다.

> "아무것도 없으면서 있는 척하고, 텅 비어 있으면서도 가득한 척하며, 가진 것이 적으면서도 꽉 차서 많은 척한다면 오래가는 마음이 있다고 하기 어렵다."

이처럼 항심이 없는 사람의 위험성을 '자로 22'에서 경고한다.

> 공자가 말했다. "남쪽 지방 사람들이 하는 말 중에 '사람으로서 항심(恒心)이 없으면 무당이나 의원도 될 수 없다'는 것이 있는데 참으로 좋도다."

> (『주역』에 이르기를) "그 다움이 일정하게 오래가지 못하면, 혹 치욕에 이르게 될 것이다."

> 공자가 말했다. "(항심이 없는 사람은) 점칠 필요도 없다."

항심을 갖춘 사람이 학문을 익히고, 다움을 쌓으며[文行] 문질(文質)^{문-행}을 겸비하게 되면 군자나 뛰어난 사람에 이르게 된다. 자연스럽게 이 장은 앞의 '술이 24'에 대한 보충이다. 따라서 여전히 호학(好學)하는 문맥이다.

○공자께서는 물고기를 잡을 때 (낚시로는 잡아도) 그물로 잡지는 않으셨고, 새총으로 새를 잡는 경우에도 가만히 있는 새는 쏘아 맞추지 않으셨다.

자　조-이-불-망　익　불-석-숙
子 釣而不網 弋不射宿

공자는 낚시로 고기는 잡아도 그물로 잡지는 않았고, 새총으로 새를 잡는 경우에도 가만히 있는 새는 쏘아 맞추지 않았다고 한다. 갑자기 이게 무슨 뜻인가? 이에 대해서는 홍흥조(洪興祖) 풀이가 핵심을 찌른다.

　　"공자가 젊었을 적에 빈천하여 부모의 봉양과 조상의 제사를 위해 마지못해 낚시질하고 새총을 쏘기는 하였다. 그러나 큰 그물로 생물을 모조리 잡는 것과 가만히 있는 새를 불의에 쏘는 것은 또한 하지 않으셨으니, 여기에서 성인(聖人)의 본심을 볼 수 있다. 미물(微物)도 이렇게 대했으니 (미루어) 사람을 대하는 공자의 마음을 알 수 있고, 작은 일에 이와 같으면 (미루어) 큰 일을 알 수 있다."

　　방금 말한 항심(恒心)이 중요한 것도 이 때문이다. 이는 '옹야 28'에서 공자가 자공에게 했던 말과도 통한다.

　　"능히 가까운 데서 취해 자기에게 비추어 본다면 어짊을 행하는 방법이라 할 수 있다."

述而

27

○공자가 말했다. "대개 잘 알지도 못하면서 그것을 행하는 사람이 있는데 나는 그런 적이 없다. 많이 듣고서 그중에 좋은 것을 가려서 그것을 따라야 하며, 많이 보고서 잘 간직하는 것은 앎의 다음이다."

자-왈　개　유　부-지　이　작-지　자　아　무-시-야
子曰 蓋有不知而作之者 我無是也

다-문　택　기　선-자　이　종-지
多聞 擇其善者而從之

다-견-이-이-지-지　지-지-차-야
多見而識之 知之次也

이 장의 공자 말을 이해하는 실마리는 '앎의 다음[知之次]'이다. 그렇다면 '앎의 최상[知之上]'은 무엇인가? 그것은 '술이 19'에 나온 '생이지지(生而知之)'이고, 그다음의 앎이 바로 '학이지지(學而知之)'다. 역시 호학(好學)하는 문맥이다.

　　여기서 공자는 학이지지(學而知之)하는 방법, 두 가지를 제시한다.

　　첫째, 많이 듣고서 그중에 좋은 것을 가려서 그것을 따라야 한다. 이것이 바로 '계씨 10'에 나오는 구사(九思) 중 하나, "들을 때는 귀 밝음을 반드시 생각해야 한다[聽思聰]"이다.

　　둘째, 많이 보고서 잘 간직해야 한다. 이것이 바로 '계씨 10'에 나오는 구사(九思) 중 하나, "일을 볼 때는 눈 밝음을 반드시 생각해야 한다[視思明]"이다.

　　'총명(聰明)'이란 말에서도 드러나듯, 귀 밝아 잘 듣는 게 우선이고, 눈 밝아 잘 보는 것은 그 다음이다. 바로 리더의 자세다.

　　이를 염두에 두고 '위정 18'을 음미해 보기를 바란다.

　　자장이 벼슬자리를 구하는 법을 배우고자 하니 공자가 말했다. "많이 듣고서 (그중) 의심스러운 것은 제쳐놓고 그 나머지에 대해 신중하게 말한다면 허물이 적을 것이고, 많이 보고서 (그중) 타당하지 못한 것은 제쳐놓고 그 나머지에 대해 신중하게 행한다면 뉘우침이 적을 것이다. 말에 허물이 적고 일을 행함에 뉘우침이 적으면 벼슬자리는 그 가운데에 있다.”

述而

28

○호향(互鄕) 사람들과는 더불어 말하기가 어려웠는데 그 마을 동자가 공자를 만나자 제자들이 이상하게 여기니 공자가 말했다. "사람이 자기 몸을 깨끗이 해서 나아오면 그 깨끗한 것을 허여하고, 지나간 것을 두고두고 간직하지 않으며, 그 나아옴을 허여하고 물러감을 허여하지 않는 법이다. 어찌 그리 야박하게 하겠는가?"

호-향 난 여-언 　동-자 현 　문-인 혹
互鄕難與言 童子見 門人惑

자-왈 　인 결-기 이-진 　여 기-결 야 　불-보 기
子曰 人潔己以進 與其潔也 不保其

왕-야
往也

여 　기-진-야 　불-여 기-퇴-야 　유 하-심
與其進也 不與其退也 唯何甚

호향(互鄕)은 지방 이름이다. 일반적으로 이 구절에 대해서는 공자의 그릇이 크다는 쪽만을 강조한다. 그러나 내용상으로 보자면 공자도 진정으로 받아들이지 않고 있다는 점에서 도량보다는 일종의 처세술에 가깝게 보이기도 한다. 즉 이런 식의 해석도 가능하다. 어떤 사람이 겉을 꾸미고 오면 일단 그 부분만 받아들여 주는 척하라. 또 찾아온 것 자체도 그것만 인정하되 꾸며서 찾아왔다 하여 감격해서 마음을 내주어서는 안 된다. 이런 일깨움을 주려는 것이다. '학이 6'에서 말한 '범애중이친인(汎愛衆而親仁)' 중에서 애중(愛衆)하는 요령을 말하는 것이다.

　　그렇지만, 오히려 도량이나 처세보다 전체적으로 이 구절은 작은 아이 하나가 찾아와도 구석구석을 살펴서 그를 파악하고 행동하는 공자의 정성 가득한 마음가짐에 중점을 두고 보아야 한다. 정심성의(精心誠意) 문맥이 이어지고 있는 것이다. 어짊[仁] 문맥이 다시 본격화되고 있다.

○공자가 말했다. "어짊을 행하는 것이 멀리 있다고 생각하는가? 내가
어짊을 행하고자 하면 그 어짊이 곧바로 나에게 나타난다."

<ruby>子<rt>자一왈</rt></ruby> 子曰 仁遠乎哉 我欲仁 斯仁至矣

어짊[仁]이 우리 자신 가까이 있음과 관련해 '술이 26, 27, 28'에 이어진다
고 보면 된다. 도리나 어짊의 실천을 멀리서 구하려 하지 말라는 뜻이다.
이 장에서 공자는 제자들에게 묻는다. "(이러한데도 너희들은) 어짊을 행하
는 것이 멀리 있다고 생각하는가?" 그리고 나서 자답한다.

"내가 어짊을 행하고자 하면 그 어짊이 곧바로 나에게 나타난다."

가까운 정도가 아니라 거리는 0에 가깝다. 하고자 하면 어짊은 곧바
로 내 마음에 도달하기 때문이다. 그래서 가깝다고 했다. 정이천은 이 구
절을 다음과 같이 풀이한다.

"어짊을 행하는 것은 자신에게 달려 있다. 하고자 하면 이르니 어찌
멀다고 하겠는가?"

앞의 사례를 근거로 이야기하자면 어짊의 실천은 불선(不善)이 행해
지는 마을에서 온 아이로 인해 영향을 받는 것이 아니라 나 자신으로부터
나온다는 것이다.

○진나라 사패가 공자에게 "소공은 예를 알았습니까?"라고 하자 공자가 답했다. "예를 아셨습니다."

공자가 물러가자 사패는 무마기 앞으로 가서 절을 하고 이렇게 물었다. "내가 듣건대 군자는 편당을 하지 않는다고 했는데 군자가 어찌 실로 편당을 하는가? 소공은 오나라 제후의 딸을 부인으로 삼았는데, (노나라와 오나라의 제후는) 동성이 되기에 그 부인을 오맹자라고 불렀으니 이런 임금에 대해 예를 알았다고 말한다면 누가 예를 알지 못하겠는가?"

(제자) 무마기가 사패가 했던 이 말을 공자에게 고하자 공자가 말했다. "나는 행운아다. 만일 나에게 잘못이 있으면 다른 사람들이 반드시 그것을 알아차리는구나."

진-사-패　문　소-공　지-례　호　공-자　왈　지-례
陳司敗問 昭公知禮乎 孔子曰 知禮

공-자　퇴　읍　무-마-기　이　진-지　왈　오-문　군
孔子退 揖巫馬期而進之 曰 吾聞君

-자　부-당　군-자　역　당-호
子不黨 君子亦黨乎

군　취-어　오　위　동-성　위-지　오-맹-자
君取於吳 爲同姓 謂之吳孟子

군　이　지-례　숙　부-지-례
君而知禮 孰不知禮

무-마-기　이-고　자-왈　구-야　행　구　유-과　인
巫馬期以告 子曰 丘也幸 苟有過 人

필　지-지
必知之

　　진나라의 사패(司敗)는 관직명으로 노나라 사구(司寇)에 해당하며 법을 다룬다. 그가 공자에게 물었다.

　　"(노나라 임금) 소공은 예를 알았습니까?"

　　이에 공자는 "예를 아셨습니다"고 답한다. 소공은 위엄을 갖췄던 인물로 평가받았기 때문에 공자는 이 점을 들어 소공은 예를 아는 임금이라고 답한 것이다. 일의 이치, 즉 사리를 안다는 뜻이다. 그러나 실상을 들여다보면 내용은 조금 복잡하다.

　　공자가 물러가자 사패는 공자의 대답이 아무래도 미심쩍어 공자 제자 무마기(巫馬期) 앞으로 가서 인사를 한 후에 앞으로 나아오도록 하고서 이렇게 물었다.

　　"내가 듣건대 군자는 편당을 하지 않는다고 했는데 군자가 어찌 실로 편당을 하는가? 소공은 오나라 제후의 딸을 부인으로 삼았는데, (노나라와 오나라의 제후는) 동성이 되기에 그 부인을 오맹자라고 불렀으니 이런 임금에 대해 예를 알았다고 말한다면 누가 예를 알지 못하겠는가?"

　　편당한다는 것은 공자가 노나라 출신이라 자기의 옛 임금 소공을 무조건 감싸주는 것 아니냐는 말이다. 공자에 대한 가차없는 비판이다.

　　제자 무마기가 사패의 말을 공자에게 아뢰자 공자는 이렇게 말한다.

　　"나는 행운아다. 만일 나에게 잘못이 있으면 다른 사람들이 반드시 그것을 알아차리는구나."

　　공자는 스스로 잘못을 깨끗이 인정한다. 과즉물탄개(過則勿憚改)하는 모습이다. 그러나 내용을 찬찬히 들여다보면 공자의 더 깊은 속을 알게 된다. 오역(吳棫)은 다음과 같이 풀었다.

　　"노나라는 공자의 고국이고 소공은 노나라의 선대 임금이다. 사패 또한 그 일(동성혼인)을 드러내어 말하지 않고 갑자기 '예(禮)를 알았는가'라고 질문하였으니, 이에 대답함은 마땅히 이와 같아야 하는 것이다. 사패가 편당한다고 말한 부분에 대해서는 공자께서 그대로 받아들여 자신의 허물로 인정하셨으니 공자의 성대한 다움이 불가함이 없는 것이다. 그러나 받아들여 허물로 삼으심에 또한 허물을 짓게 된 까닭을 바로 말씀하지 않고, 애당초 오맹자(吳孟子)의 일을 알지 못한 것처럼 하셨으니 만세(萬世)의 모범이 될 만하다.”

그만큼 공자는 군주와 관련된 일에 대해서는 삼가고 또 조심했다. 그것이 바로 신신(臣臣), 즉 신하가 신하다운 도리[臣道]이다. 그것은 다시 말하면 임금에 대한 신하의 어짊, 즉 충직(忠直)이다.

『설원』17-49는 군자를 옥(玉)에 비유해 공자의 면모를 잘 드러낸다.

“옥에는 여섯 가지 아름다움이 있어 군자는 그것을 귀하게 여긴다. 멀리서 바라보면 따스하고 윤택하며, 가까이서 보면 견고하고 무늬가 다양하다. 소리는 가까이에서는 은은하지만 멀리까지 들리고, 절단될지언정 굽어지지 않으며 잔잔한 결점은 있어도 유약하지 않다. 날카로워도 상처를 내지 않고 흠이 있으면 반드시 밖으로 드러난다. 이 때문에 군자는 옥을 귀하게 여긴다.

멀리서 바라보면 따스하고 윤택하다는 것은 군자의 다움에 비유한 것이고, 가까이서 보면 견고하고 무늬가 다양하다는 것은 군자의 지혜에 비유한 것이다. 소리는 가까이에서는 은은하지만 멀리까지 들린다는 것은 군자의 마땅함에 비유한 것이고, 절단될지언정 굽어지지 않고 잔잔한 결점은 있어도 유약하지 않다는 것은 군자의 용감함에 비유한 것이다. 날카로워도 상처를 내지 않는다는 것은 군자의 어짊에 비유한 것이고, 흠이 있으면 반드시 밖으로 드러난다는 것은 군자의 실정에 비유한 것이다.”

31

○공자께서는 다른 사람들과 더불어 노래를 할 때 어떤 사람이 잘하거든 반드시 그 노래를 다시 하도록 하신 다음에 그 좋은 점을 취해 따라 불렀다.

_자 _{여―인} _가 _이 _선 _필 _사 _{반―지} _{이―후} _{화―지}
子與人歌而善 必使反之 而後和之

이 또한 단순한 사례 같지만, 작은 일 하나를 할 때도 남을 배려하고 하나라도 더 좋은 점을 배우려고 마음을 다해 성심성의를 다했던 공자의 모습을 여실히 보여 준다. 이는 '술이 26, 28, 29, 30'과 통한다. 어짊의 실천은 먼 곳에 있지 않고 가까운 데 있는 것이다.

○공자가 말했다. "문(文)에 있어서는 내가 남과 같지 않겠는가? (다만) 군자다운 도리를 몸소 행하는 면에서는 나는 아직 얻지 못한 바가 있다."

^{자-왈} ^문 ^막 ^오 ^유 ^{인-야}
子曰 文莫吾猶人也
^{궁-행} ^{군-자} ^즉 ^오 ^{미-지} ^{유-득}
躬行君子 則吾未之有得

사량좌는 다음과 같이 풀이했다.

"문(文)은 비록 빼어난 이라도 일반인과 같지 않음이 없으므로 겸손해하지 않으셨지만, 군자의 도리는 몸소 실행하여야 빼어난 이의 경지에 들어갈 수 있으므로 자처하지 않으신 것이니, ('헌문 30'에 있는) '군자의 도리가 셋인데 나는 능하지 못하다'는 내용과 같은 것이다."

'헌문 30'에서 공자는 이렇게 말한다.

"군자의 길에는 세 가지가 있는데 나는 그 어느 것에도 능하지 못하니, 어진 사람[仁者]은 근심하지 않고[不憂], 일의 이치를 아는 사람[知者]은 미혹되지 않으며[不惑], 용기 있는 사람[勇者]은 두려워하지 않는다[不懼]."

33

○공자가 말했다. "빼어남과 어짊의 경우 내가 어찌 감히 (그런 경지에 이르렀다고 자부하겠는가)! 그렇지만 빼어난 도리와 어진 도리를 행하기를 싫증 내지 않으며, 남을 일깨워 가르치는 데 게을리하지 않는 것에 대해서는 그렇다고 말할 수 있다."

공서화가 말했다. "바로 그 점이 저희 제자들이 능히 배울 수 없는 것입니다."

자—왈　약　성　여　인　즉　오　기—감
子曰 若聖與仁 則吾豈敢

억　위—지　불—염　회—인—불—권　즉　가—위　운　이
抑爲之不厭 誨人不倦 則可謂云爾

—이—의
已矣

공—서—화　왈　정　유　제—자　불—능　학—야
公西華曰 正唯弟子不能學也

이 구절은 앞서 항심(恒心)을 말했던 '술이 25'와 반드시 비교해 읽어야 한다. 그러면 항심을 가진 사람이 다음으로 해야 할 바가 무엇인지를 알 수 있기 때문이다. 그것은 다름 아닌 '술이 2'와 겹치는 부분, 즉 "빼어난 도리와 어진 도리를 행하기를 싫증 내지 않으며 남을 일깨워 가르치는 데 게을리하지 않는 것"이다. 이는 생이지지(生而知之)하는 사람이 아니라 학이지지(學而知之)하려는 사람이 공력을 쏟아야 할 지점이기도 하다.

述而

34

○공자가 큰 병에 걸렸다. 이에 자로가 공자에게 기도할 것을 청하자 공자는 "그럴 필요가 있는가?"라고 물었다.

이에 자로는 이렇게 말했다. "필요가 있습니다. 제문에 말하기를 '너를 상하의 신기에게 기도했다'고 했습니다."

공자가 말했다. "(만일 그런 이치라면) 나는 이미 기도한 지가 오래되었다."

子疾病 子路請禱 子曰 有諸
子路對曰 有之 誄曰 禱爾于上下神
祇
子曰 丘之禱久矣

이는 성기사(省其私) 문맥이기도 하다. 공자가 큰 병에 걸렸다. 이에 자로가 공자에게 기도할 것을 청하자 공자는 "그럴 필요가 있는가?"라고 물었다. 기도란 인간을 넘어선 초월적인 것에 비는 것이다. 공자는 귀신에게 비는 것을 받아들이지 않았다. '위정 24'에서 공자는 "제사를 지내야 할 귀신이 아닌데 그 귀신에게 제사를 지내는 것은 아첨하는 것"이라고 했고, '술이 20'에서 공자는 "괴력난신(怪力亂神)에 대해 말을 하지 않았다"고 했다. 그럴 필요가 없다는 것이다. 이에 자로는 다시 이렇게 말한다.

"필요가 있습니다. 제문에 말하기를 '너를 상하의 신기(神祇)에게 기도했다'고 했습니다."

신(神)은 하늘의 신이고, 기(祇)는 땅의 신이다. 그러자 공자는 "(만일 그런 이치라면) 자신은 이미 기도한 지가 오래되었다"고 답한다. 이 말은 명

(命)에 대한 공자의 태도를 보면 그 의미를 정확히 알 수 있다.

우선 이 구절은 다시 살해 위협에 직면했을 때의 모습을 담고 있는 앞의 '술이 22'와 뒤에 보게 될 '자한 5'와도 같은 맥락이다. 천명(天命)을 받아들이고 그 너머의 일에 대해서는 도모하지 않는 게 공자의 정신세계이다. 다만 '술이 22'와 '자한 5'는 급박한 상황에서의 모습이고, 이 장은 일상생활에서의 모습이라는 점에서 차이가 있다. 일상에서 행하는 도리와 어짊의 실천이라는 문맥은 계속 이어진다.

명(命)에 대한 공자의 이 같은 태도는 그 대상이 제자라고 해서 다르지 않았다. '옹야 8'이다.

> 백우가 중병에 걸리자 공자가 문병을 가서 남쪽 창에서 그의 손을 잡고 말했다. "이건 아닌데, 명이도다. 이런 사람이 이런 병에 걸리다니! 이런 사람이 이런 병에 걸리다니!"

述而

35

○공자가 말했다. "사치하면 공손하지 못하고 검소하면 고루하기 쉽다. 공손하지 못한 것보다는 차라리 고루한 것이 낫다."

子曰 奢則不孫 儉則固
와   사   즉   불손   검   즉   고

與其不孫也 寧固
여-기   불-손-야   영   고

이는 공자가 즐겨 쓰는 어법이다. 사치하면 공손하지 못하고 검소(궁핍)하면 고루하기 쉬운데, 이럴 경우 공자는 불손과 고루 중에서는 불손이 더 나쁘니 불손하기보다는[與其] 차라리[寧] 고루한 게 낫다고 말한다. '여기(與其)~영(寧)~' 구문이다. 이에 대한 주희 풀이다.

"사치와 검소(궁핍)는 모두 중도를 잃었으나 사치의 해악이 더 크다."

그렇기 때문에 고루한 것이 차라리 낫다는 것이다. 고(固)는 모양 자체가 사방이 막힌 것이다. 그래서 불통(不通)과 뜻이 통한다.

이 장에 대해서는 좀 더 다양한 풀이가 가미될 필요가 있다. 우선 이 문제를 예(禮) 차원에서 검토해 보자. '선진 10'에서 안연이 죽자 다른 제자들이 후하게 장사를 지내려 했다. 이에 공자는 "불가하다"라고 말한다. 안연은 가난했다. 그래서 공자는 고루하다는 비판을 감수하고서라도 사치스러운 장례보다는 현실에 맞는 장례 방식을 고수(固守)했던 것이다. 이는 '자장 14'에서 자유가 말하는 "상(喪)은 (허례허식을 갖추는 게 중요한 것이 아니라) 슬픔을 극진히 할 뿐"이라는 것과 통한다. 이는 곧 '술이 34'에 대한 보충 설명이라 할 수 있다.

이런 내용은 앞에서 보았던 '팔일 4'와도 비교해서 볼 필요가 있다.

임방이 예의 근본에 대해 묻자 공자가 말했다. "좋도다, 그 물음이여! 예는 사치스럽기보다는 차라리 검소함이 낫고, 상(喪)은 요란하기보다는 차라리 (진정으로) 슬퍼함이 낫다."

사치는 곧 어질지 못함[不仁]이다. 사치와 버금가는 불인은 다름 아닌 교만[驕]이다.

述而

36

○공자가 말했다. "군자는 항상 당당하여 넓고 태연하고 소인은 늘 근심으로 가득하다."

자—왈　　군—자　　탄　　탕—탕　　　소—인　　　장　척—척
子曰　君子　坦蕩蕩　小人　長戚戚

여기서는 군자와 소인의 마음가짐을 비교한다. 탄(坦)은 '평탄하다', 탕탕(蕩蕩)은 '넓디넓다'는 뜻이다. 군자 마음은 항상 펴져 있어 넓고 태연하다는 것이다. 반면 소인 마음은 늘[長] 쓸데없는 근심으로 가득하다. '술이 34, 35'를 군자(君子)/소인(小人)의 이분법을 통해 다시 한번 요약하고 있다. 사치와 불손은 결국 쓸데없는 근심에서 나온다는 것이다. 그것은 불인(不仁)의 원천이기도 하다. 다시 '헌문 30'이다.

　　"어진 사람[仁者]은 근심하지 않고, 일의 이치를 아는 사람[知者]은 미혹되지 않으며, 용기 있는 사람[勇者]은 두려워하지 않는다."

　　이런 경우 인자, 지자, 용자는 모두 군자에 속한다.

述而

37

○공자께서는 따스하면서도 엄숙했고, 위엄이 있으면서도 사나운 기운을 풍기지 않았으며, 공손하면서도 자연스러웠다.

자 온—이—려 위—이—불—맹 공—이—안
子溫而厲 威而不猛 恭而安

술이(述而)편을 마무리하면서 공자가 이룩한 다움을 그려낸다. 정이천은 이를 증자가 묘사한 것이라고 했다. 제자들의 시각에 따라 다를 수 있는데, 나는 지자(知者) 자공이야말로 공자의 모습을 전하기에 적임자라 여긴다.

자공은 공자를 온량공검(溫良恭儉)하다고 했다. 그중 첫 번째 온(溫)을 보완하는 것이 여(厲), 즉 엄(嚴)이다. 따스하되 물러터지지 않았다는 말이다. 또 위엄을 갖추되 사나운 지경에 이르지는 않았다고 했다. 그리고 끝으로 세 번째 공(恭)을 보완해서 공이안(恭而安)이라고 했다. 공손은 자칫 과공(過恭)으로 이어질 수 있다. 그것은 당연히 비례(非禮)이다. 그래서 공순하면서도 자연스러워야 하는 것이다. '학이 13'에 나오는 유자 말도 도움을 준다.

"공손함이 예에 가까우면 치욕을 멀리할 수 있다."

泰^태
伯^백

3

競如臨深淵如履薄冰而今而後吾知

門弟子曰啓予足啓予手詩云戰戰競

仁故舊不遺則民不偸○曾子有疾召

直而無禮則絞君子篤於親則民興於

禮則勞慎而無禮則葸勇而無禮則亂

2

天下讓民無得而稱焉○子曰恭而無

1

○子曰泰伯其可謂至德也已矣三以

5

無實若虛犯而不校昔者吾友嘗從事

子曰以能問於不能以多問於寡有若

斯遠鄙倍矣籩豆之事則有司存○曾

斯遠暴慢矣正顏色斯近信矣出辭氣

其言也善君子所貴乎道者三動容貌

子言曰鳥之將死其鳴也哀人之將死

4

免夫小子○曾子有疾孟敬子問之曾

不可使知之○子曰好勇疾貧亂也人

詩立於禮成於樂○子曰民可使由之

重乎死而後已不亦遠乎○子曰興於

不弘毅任重而道遠仁以爲己任不亦

子人與君子人也○曾子曰士不可以

以寄百里之命臨大節而不可奪也君

於斯矣○曾子曰可以託六尺之孤可

11 12 13 14 15

恥也○子曰不在其位不謀其政○子

有道貧且賤焉恥也邦無道富且貴焉

亂邦不居天下有道則見無道則隱邦

○子曰篤信好學守死善道危邦不入

已○子曰三年學不至於穀不易得也

公之才之美使驕且吝其餘不足觀也

而不仁疾之已甚亂也○子曰如有周

能名焉巍巍乎其有成功也煥乎其有

巍乎唯天爲大唯堯則之蕩蕩乎民無

而不與焉○子曰大哉堯之爲君也巍

19 失之○子曰巍巍乎舜禹之有天下也

18 信吾不知之矣○子曰學如不及猶恐

17 ○子曰狂而不直侗而不愿悾悾而不

16 日師摯之始關雎之亂洋洋乎盈耳哉

21

致美乎黻冕卑宮室而盡力乎溝洫禹

然矣菲飲食而致孝乎鬼神惡衣服而

其可謂至德也已矣○子曰禹吾無間

已三分天下有其二以服事殷周之德

唐虞之際於斯爲盛有婦人焉九人而

予有亂臣十人孔子曰才難不其然乎

20

文章○舜有臣五人而天下治武王曰

泰伯

吾無間然矣
_{오 무 간 연 의}

1

○공자가 말했다. "태백은 아마도 지극한 다움이 있었다고 할 수 있을 것이다. 세 번 천하를 사양하였으나 백성들은 그를 칭송할 수가 없었다."

자—왈　태—백　기　가—위　지—덕　야—이—의
子曰 泰伯其可謂至德也已矣
삼—이　천—하　양　민　무—득—이　칭—언
三以天下讓 民無得而稱焉

태백(泰伯)편은 주제가 지극한 다움, 지덕(至德)이니 다움을 다룬 위정(爲政)편 심화 버전이다. 이어지는 자한(子罕)편은 주제가 지인(至仁)이니 어짊을 다룬 이인(里仁)편 심화 버전이다. 그다음 향당(鄕黨)편은 주제가 공자 자신이 보여주는 예(禮)이니 예를 다룬 팔일(八佾)편 심화 버전이다.

　　먼저 형이상 차원에서 개념 구별을 하고서 이야기를 시작할 필요가 있다. 지덕(至德), 지인(至仁), 지공(至公)은 전혀 다른 개념이다.

　　먼저 지공(至公) 개념을 알아보자. 『설원』14-1이다.

　　『서경』〔주서(周書) 홍범(洪範)편〕에 이르기를 "치우치지도 않고 당파를 짓지도 않아야 왕도가 한없이 넓어진다"라고 했으니, 이는 지공무사(至公無私)를 말한 것이다. 옛날에 큰 공도〔大公=至公〕를 행한 이가 있었으니 요임금이 바로 그 사람이다. 귀하기로는 천자였고 부유하기로는 천하를 소유했음에도, 순(舜)(이라는 큰 효심을 갖춘 사람)을 얻자 그에게 천하를 전해주어 그 자손들에게 사사로이 전하지 않았다. 천하 버리기를 마치 헌신짝 내던지듯 했으니, 천하에 대해서도 오히려 이와 같았는데 하물며 천하보다 미세한 일임에랴! 요임금이 아니고서 누가 이를 행할 수 있겠는가? 공자는 (그래서 『논어』에서) 말하기를 "높고 높도다! 오직 하늘만이 위대하거늘, 오직 요임금만이 그것을 본받았도다"라고 했다.

　　선양(禪讓), 선위(禪位)야말로 지공(至公)함의 극치이다.

　이어서 지덕(至德)을 살펴보자. 순임금은 효(孝)라는 다움으로 요임금에게 발탁이 됐고, 다시 그는 우왕(禹王)을 얻어 천하를 물려주었다. 이번에 잣대는 효라는 다움이 아니라 치수(治水)라는 공로였다. 하지만 우왕은 천하를 뛰어난 이를 얻어 물려주지 않고 자기 아들에게 물려주었다. 이것이 '태백 18'에서 공자가 순임금과 우왕을 칭송한 이유이다.

　　공자가 말했다. "높고 높도다! 순임금과 우왕이 천하를 소유하면서 그 과정에 조금도 개입하지 않음이여!"

　순임금은 요임금에게, 우왕은 순임금에게 각각 발탁되었다. 그 과정에서 천자가 되려고 인위적인 노력을 하지 않았다는 점을 높이 평가하고 있다. 그것은 사양할 줄 아는 지덕(至德)에서 나온 것이다. 태백(泰伯)편 주제가 바로 사양(辭讓)이라는 지덕이다.

　만약에 조금이라도 임금이 되기 위해 노력했다면 순임금이나 우왕은 지덕(至德)하다고 할 수 없다. 이는 우리 역사에서도 마찬가지다. 만일 충녕대군이 형 세자를 꺾어 임금이 되기 위해 애썼다면 고전을 꿰뚫고 있었던 태종은 충녕에게 임금 자리를 넘겨주지 않았을 것이다. 이처럼 될 수 있는데도 그 자리에 머물러 있을 줄 아는 것이 바로 지덕(至德)이다.

　이런 지덕(至德)의 전형은 오계찰(吳季札)에게서 보게 된다. 『설원』 14-2가 그것이다.

　　오왕(吳王) 수몽(壽夢)에게 아들이 넷 있었는데, 장남은 알(謁), 차남은 여제(餘祭), 삼남은 이매(夷昧), 막내는 계찰(季札)이었다. 계찰은 연릉계자(延陵季子)라 불렸으니, 막내가 가장 뛰어나 세 형들이 모두 그것을 알았다. 이때 오왕 수몽이 훙(薨)하자 알은 계자에게 왕위를 양보했으나, 계자는 끝까지 받으려 하지 않았다. 알이 마침내 (다른 아우들과) 약속해 말했다. "계자가 뛰어나니 나라를 계자에게 맡게 하면 오나라는 흥할 수 있을 것이다."

　　그러고는 형제들이 왕위를 이으면서, 먹고 마실 때마다 반드시 기도해 말했다. "나를 일찍 죽게 해서 나라가 계자에게 전해지게 해주소서."

알이 죽자 여제가 (왕으로) 세워졌고, 여제가 죽자 이매가 세워졌다. 이매가 죽자 차례가 계자에게 이어졌다. 계자는 이때 다른 나라에 사신으로 가 있어 나라 안에 없었다. 이복형 요(僚)가 말했다. "나 또한 형이다."

마침내 스스로를 세워 오왕이 되었다. 계자는 사행을 마치고 돌아와 옛날에 형들을 섬기듯이 요를 섬겼다. 알의 아들 광(光)이 말했다. "우리 아버지 뜻대로 하자면 나라는 마땅히 계자에게 돌아가야 하고, 후사를 잇는 법도에 따르자면 내가 적자이니 마땅히 내가 대신해서 임금이 되어야 하는데, 요가 어찌 왕이 될 수 있겠는가?"

마침내 전제(專諸)를 시켜 요를 칼로 찔러 죽이고 왕위를 계자에게 양보하니 계자가 말했다. "네가 나의 임금을 죽였는데 내가 네게서 나라를 받으면, 나는 너와 함께 찬탈한 것이 된다. 네가 나의 형을 죽였는데 내가 또 너를 죽이면, 이는 형제 부자가 서로 죽이는 일이 그칠 때가 없게 만드는 것이다."

마침내 오나라 국도(國都)를 떠나 연릉으로 가서 죽을 때까지 오나라 국도에 들어가지 않았다. 군자들은 그가 사람을 죽이지 않은 것은 어짊[仁]이라고 보았고, 그가 나라를 차지하지 않은 것은 마땅함[義]이라고 보았다. 무릇 나라를 갖고서 자신의 사사로움을 도모하지 않았고, 천승 제후국을 버리고서도 한스러워하지 않았으며, 존귀한 자리를 버리고서도 억울해하지 않았으니, 거의 지공(至公)에 가까웠다고 할 것이다.

물론 지공이기도 하지만 정확하게는 지덕(至德)이다.

사마천 『사기』 '오제본기(五帝本紀)'에는 요임금이 순임금에게 제위(帝位)를 물려주려 하면서 고심하는 장면이 나온다. 태종 고민과 닮았다. 원문은 권수순(權授舜)이다. 흔히 "순에게 권력을 넘겨주려 했다"로 번역되는데 오역이다. 『사기』 주해를 단 당나라 학자 사마정(司馬貞 679~732)은 권(權)에 대해 이렇게 풀이했다.

"아버지와 아들이 이어받아 세워지는 것[繼立]이 일정한 도리[常道]
다. 뛰어난 이를 찾아서 그에게 선위하는 것은 때에 맞춰 풀어내는 도
리[權道]다. 권이란 일정함에서 벗어나 도리에 합치한다는 뜻이다."

권수순(權授舜)은 "권도로 순에게 권력을 내려주었다"라고 옮겨야 한
다. 이 점은 이어지는 요임금의 고심에서도 확인할 수 있다. 순에게 주면
천하는 그 이득을 얻지만 아들 단주는 손해를 보고, 반면에 아들 단주에게
주면 천하는 손해를 보고 단주는 그 이득을 얻을 수 있다. 요가 말했다.

"천하가 손해를 보게 하면서 한 사람을 이롭게 할 수는 없다."

그리고는 상왕처럼 뒤로 물러나 순에게 섭정(攝政)하게 하고서 그가
천자로서 일을 잘 해내는지를 검증한 다음에 결국 순에게 천하를 넘겼다.
스스로 권력을 내려놓고 상왕으로 있는 것은 지공(至公)이고, 뛰어난 이를
고르는 택현은 지인(至仁)이다. 요가 했던 말이 바로 지극한 어짊[至仁]을
실천한 것이다. 뒤에 보게 되겠지만 공자는 인(仁)을 애인(愛人), 즉 다른
사람을 사랑하는 것이라고 했다. 그렇다면 지극한 어짊은 안민(安民), 즉
천하 백성을 편안하게 해주는 것이다. 이처럼 어짊을 행할 수 있다면 상도
를 버리고 권도를 행해야 한다. 요임금은 지공과 지인을 함께 보여주었다.

태백(泰伯)은 주(周)나라 태왕(太王)의 세 아들 중 장남이다. 둘째는
중옹(仲雍), 셋째는 계력(季歷)이다. 주나라는 태왕 때 국력이 강해진 반면
상(商)나라는 쇠락의 길에 접어들고 있었다. 이에 태왕은 상나라를 치려
하였다. 그런데 장남인 태백이 반대했다. 결국 태왕은 셋째 계력의 아들
창(昌)이 군왕의 자질을 갖추었다는 점을 감안해 왕위를 계력에게 넘겨주
기로 한다.

이를 알게 된 태백은 아우 중옹과 함께 남쪽 형만(荊蠻)이란 곳으로
도망을 치고, 왕위는 결국 계력을 거쳐 창으로 이어지게 된다. 그가 바로
문왕(文王)이다. 그리고 문왕 아들 발(發)이 즉위하여 마침내 상나라를 무
너트리고 천하를 소유하니 그가 바로 무왕(武王)이다. 공자가 이상적인 인
물로 추앙했던 주공은 바로 이 무왕 아우로 무왕이 죽은 후 자신의 조카인

무왕 아들 성왕(成王)을 도와 주나라 문물의 기반을 닦는다.

이 문맥 안에서 공자가 태백을 지덕(至德)하다고 극찬한 이유는 '삼이천하양(三以天下讓)' 때문이다. 세 번 천하를 사양했다는 것이다. 옛날 예법에서는 처음 사양하는 것을 예사(禮辭), 두 번째를 고사(苦辭), 세 번째를 종사(終辭)라고 했다. 그 구체적인 내용에 대해서는 이런저런 추정들이 있었지만 자세히 알 길은 없다. 그래서 주희도 풀이에서 두루뭉술하게 "상나라와 주나라 교체기에 진실로 제후들에게 조회 받고 천하를 소유할 수도 있었는데, 마침내 버리고 취하지 않았다" 정도로만 표현하고 있다.

진심으로 자기에게 올 수도 있는 왕위를 세 번이나 사양했다면, 일단 태백을 지덕(至德)하다고 한 공자 말이 크게 과장은 아니라고 할 수 있다. 관직을 사양하는 것도 쉬운 일이 아닌데 왕위를 사양한다는 것은 평범한 사람으로서는 생각도 할 수 없는 경지인 것이다. 게다가 태백은 머리를 깎고 몸에 문신함으로써 돌아올 수 없는 강을 건너 자신의 진정성을 드러내 보였다.

그런데도 사람들은 어떤 이유에서인지 그의 다움을 취해 칭송을 할 수가 없게 되어버렸다. 그 이유는 주희에 따르면 "태백 스스로 자신의 자취를 민멸(泯滅)시켜 버렸기" 때문이다. 큰 다움으로 왕위를 세 번이나 사양하고서도 그 흔적마저 깨끗이 없애버린 태백이야말로 지극한 다움[至德]의 표상이라는 것이다. 『논어』 맥락에서 보자면 자신의 자취를 민멸시켜버린 것은 남들이 알아주지 않아도 속으로조차 서운해하지 않는 군자(君子)의 그것과 일맥상통한다는 점에서 지덕(至德)한 행위라 할 수 있다. 따라서 태백은 두말할 것도 없는 어진 군자요, 지덕자(至德者)이다.

泰伯

2

○공자가 말했다. "공손하기만 하고 예가 없으면 수고롭고, 조심하기만 하고 예가 없으면 두려움에 떨고, 용맹하기만 하고 예가 없으면 위아래 없이 문란해지고, 곧기만 하고 예가 없으면 강퍅해진다. 임금이 친족들에게 도탑게 하면 곧 백성들 사이에서 어진 마음과 행동이 자연스레 생겨나고, 또 (새로 등극한) 임금이 옛 친구, 즉 선왕의 옛 신하들을 버리지 않으면 백성들이 배반과 같은 각박한 짓을 하지 않는다."

> 자ー왈 공 이 무ー례 즉 노   신 이 무ー례 즉 사
> 子曰 恭而無禮則勞 愼而無禮則葸
>
> 용 이 무ー례 즉 난   직 이 무ー례 즉 교
> 勇而無禮則亂 直而無禮則絞
>
> 군ー자 독ー어 친   즉 민 흥ー어 인
> 君子篤於親 則民興於仁
>
> 고ー구 불ー유 즉 민 불ー투
> 故舊不遺 則民不偸

이 장은 일단 태백의 삼양(三讓)에 대한 풀이로 볼 수 있다. 공자가 직접 태백의 지덕(至德)을 풀이했다기보다는 『논어』 편찬자가 공자 어록 중에서 태백이 보여준 지덕한 행적을 가장 잘 풀이할 수 있는 구절을 뽑아 여기에 배치했다고 봐야 한다.

그런데 문제는 이 두 문장의 연결고리에 관해 옛날부터 논쟁이 있었다는 데 있다. 오역(吳棫)은 두 번째 문장, 즉 "군자 이하는 마땅히 별도로 한 절이 되어야 하니, 이것은 바로 증자의 말씀이다"라고 말한다. 이런 견해에 대해 주희도 동의를 표한다. 위아래 두 문장이 서로 연결되지 않는다는 것이다.

우선 각각의 문장을 상세하게 풀이한 다음 연결 여부를 확인해보자. 첫 문장은 모두 예(禮)가 뒷받침되지 않음[無禮]과 관련돼 있다. 공자는 먼

저 공이무례(恭而無禮), 즉 공손하기만 하고 예(禮)가 뒷받침되지 않으면, 노(勞)하다고 말했다. 노(勞)에는 일하다, 힘들이다, 애쓰다, 지치다, 고달프다 등의 뜻이 있다. 그렇다면 "공손하기만 하고 예(禮)가 뒷받침되지 않으면 노(勞)하다"고 할 때 노(勞)를 어떻게 해석하는 것이 문맥에 가장 합당할까? '고달프다, 고단하다, 근심하다 등의 뜻이 종합된 의미' 정도로 봐야 하지 않을까? 예(禮)를 알지 못한 채 그저 공손하기만 하다가는 비굴(卑屈)에 빠질 수 있다. 과공비례(過恭非禮)도 이런 맥락에서 해석할 수 있다. 이런 사람은 심적으로 불안하고 제대로 타인으로부터 인정도 받지 못해 고달프고 고단할 것이기 때문이다. 그래서 노(勞)는 '불안하고 고단하다'로 새기려 한다. 이와 반대로 '술이 37'에서 공자는 '공손하면서도 자연스러우셨다(편안하셨다)[恭而安]'는 것을 본 바 있다. 이 장에서 노(勞)는 안(安)의 반대인 것이다.

　공자는 이어 신이무례(愼而無禮), 즉 조심하기만 하고 예가 뒷받침되지 않으면, 사(葸)하다고 말했다. 사(葸)는 여기서 '눈 휘둥그레지다' '두려워하다' 등을 뜻한다. 주희는 "두려워하는 모양"이라고 풀이했다. 예(禮)를 알지 못한 채 마냥 조심하려는 사람은 결국 남들에게 두려워하는 인상을 주게 된다. 이는 '술이 37'의 "위엄이 있으면서도 사납지 않으셨다[威而不猛]"는 공자의 모습과 대비되어 읽힌다.

　앞의 두 구절과 나머지 두 구절은 대조를 이룬다. 공(恭)은 용(勇)과, 신(愼)은 직(直)과 대비된다. 이 짧은 글에서도 중용과 중화(中和)를 찾아내려는 공자 노력이 돋보인다. 용이무례(勇而無禮), 즉 용맹하기는 한데 예(禮)가 뒷받침되지 않으면, 위아래를 문란케 해 난을 일으킬 수 있고[亂], 직이무례(直而無禮), 즉 곧기만 하고 예(禮)가 뒷받침되지 않으면, 교(絞)하게 된다. 교(絞)에는 다양한 뜻이 있다. 교수형(絞首刑)이라 할 때처럼 목매다, 목매어 죽이다라는 뜻이 일반적으로 쓰이고, 그 밖에도 비방하다, 헐뜯다, 묶다, 새끼를 꼬다, 검누른 명주, 땅 이름, 초록빛 등의 뜻이 있다. 주희는 교(絞)를 "새끼처럼 두 갈래로 꼬아서 쪼여 딴딴하게 하는 것이니,

이는 모두 너그럽지 못한 것”이라고 풀이했다. 이런 뜻을 종합해 볼 때 여기서는 ‘곧기만 하고 너그럽지 못하다’ 혹은 ‘강퍅(剛愎)하다’고 번역하는 게 좋을 듯하다.

사실 여기서 제시된 네 가지 덕목, 공(恭) 신(愼) 용(勇) 직(直)은 공자도 높게 평가하는 것들이다. 그러나 과공(過恭), 과신(過愼), 과용(過勇), 과직(過直)이 문제인 것 못지않게 예(禮)가 뒷받침되지 않는 공손, 신중, 용감, 곧음도 각각 폐단이 있다는 점을 공자는 지적하고 있다. 한마디로 예(禮)란 공손을 공손이게 해주고, 신중을 신중이게 해주고, 용감을 용감이게 해주고, 강직을 강직이게 해주는 충분조건과도 같은 것이다.

아마도 『논어』 편찬자는 태백이 보여준 지덕한 처신을 그가 예(禮)를 아는 사람이었기 때문에 가능했던 일로 설명하려는 듯하다. 물론 예란 일의 이치[事理]이다.

이렇게 본다면 굳이 두 문장을 나눌 필요는 없다. 두 번째 문장도 간접적으로나마 태백과 연결 지을 수 있기 때문이다. 여기서 군자는 인격자로서의 군자가 아니라 말 그대로 통치자로서의 군자, 즉 군주이다.

두 번째 문장을 풀어서 보면 “임금이 친족들에게 도탑게 하면 곧 백성들 사이에서 어진 마음과 행동이 자연스레 생겨나고, 또 (새로 등극한) 임금이 옛 친구, 즉 선왕의 옛 신하들을 버리지 않으면 백성들이 배반과 같은 각박한 짓을 하지 않는다” 정도가 된다. 두 문장이 이어져야 한다는 것은 ‘학이 13’을 보아도 알 수 있다. 유자의 이 말은 마치 ‘태백 2’의 두 문장을 뭉뚱그려 하나로 합쳐놓은 듯하다.

> 유자가 말했다. “개인들끼리 언약이 마땅함에 가까우면 그 말은 지켜질 수 있고, 공손함이 예에 가까우면 치욕을 멀리할 수 있다. 그러고서도 그 친족들과의 친함을 잃지 않는 사람이 있다면 실로 그런 사람은 종주(宗主)로 삼을 만하다.”

굳이 이 장의 위아래 두 문장을 분리해서 봐야 할 이유는 전혀 없는 것이다. 그리고 두 번째 문장이나 ‘학이 13’ 마지막 문장을 보충하는 듯한 내용이 '미자 10'에서 주공이 그 아들 노공(魯公) 백금(伯禽)에게 당부하는 말에도 나온다.

주공이 (아들) 노공에게 말했다. "참된 군주는 그 친척을 버리지 않으며, 대신으로 하여금 써주지 않는 것을 원망하지 않게 하며, 선대왕의 옛 신하들이 큰 문제가 없는 한 버리지 않으며, (아랫사람) 한 사람에게 모든 것이 갖춰져 있기를 바라지 않는다."

결론적으로 여기서는 지덕(至德)의 일반적 내용과 현실에서의 구현 방법을 보여줌으로써 태백이라는 사람의 다움[德]이 어느 정도였는지를 간접적으로 제시하고 있다는 점에서 '태백 1'을 보충하고 있다.

泰伯

3

○증자가 큰 병에 걸리자 문하 제자들을 불러 말했다. "내 발을 보고 내 손을 보아라. 『시경』에 이르기를 '전전긍긍하기를 마치 깊은 연못가에 임한 듯이 하고 얇은 얼음을 밟는 듯이 하라'고 했는데 이제야 나는 형륙을 면한 것을 알겠구나, 제자들이여!"

曾子有疾 召門弟子曰 啓予足 啓予手

詩云 戰戰兢兢 如臨深淵 如履薄氷

而今而後 吾知免夫 小子

『논어』 편찬자는 공자가 태백에 대해 "백성들은 그를 칭송할 수가 없었다"는 말을 받아서 오히려 공자 제자 증자가 보여준 언행을 통해 지덕(至德)함이란 어떤 것인지를 간접적으로 드러내 보여 준다. 그런 점에서 '태백 3, 4, 5, 6, 7'은 하나로 연결되며, 모두 지덕(至德)이란 무엇인지를 보여주는 내용이다.

우선 첫 구절에서 계(啓)란 열다, 가르치다 등의 뜻이 있다. 여기서는 '(이불을) 걷어 내다'는 뜻이다. 중병으로 이불 속에 누워 있던 증자가 제자들로 하여금 이불을 걷어내고서 자신의 발과 손을 보라고 말하는 것이다.

이와 관련해 학자들 사이에는 약간의 논란이 있다. 증자가 자신의 발과 손을 드러내어 제자들에게 보여준 뜻이 무엇인지를 둘러싼 이견(異見)이다. 하나는 증자가 자신은 살아오는 동안 손발이 잘리는 형륙(刑戮)을 당하지 않았다는 점을 보여주고 있다는 것이고, 또 하나는 형벌과는 관계없이 스스로 부모님으로부터 물려받은 신체를 잘 보존했다는 점을 보여주고 있다는 것이다. 여기서는 당시 정치 상황까지 고려할 때 두 가지 다 포함하는 의미로 보면 될 듯하다.

이어 『시경』 소아(小雅) 소민(小旻)편을 인용한다. 자신이 난세(亂世)를 살아왔으면서도 수족(手足)을 온전히 보존할 수 있었던 마음가짐을 표현하기 위함이다.

> "『시경』에 이르기를 '전전긍긍하기를 마치 깊은 연못가에 임한 듯이 하고 얇은 얼음을 밟는 듯이 하라'고 했는데 이제야 나는 형륙을 면한 것을 알겠구나, 제자들이여!"

'전전긍긍'이라고 하면 오늘날 뉘앙스로는 잘못한 게 들킬까 봐 안절부절 못하는 그런 모습을 떠올린다. 여기선 그게 아니다. 『시경』에서 유래한 '전전긍긍(戰戰兢兢)'의 본래 뜻은 매사 삼가고 조심하는 모습이다. 다른 말로 하면 신(愼)의 의태어라고 할 수 있다. 그렇지만 삼가고 삼가고 또 삼갔던 증자의 신중함과 독실함을 보여주는 이 대목이 곧바로 앞의 태백과 연결되는 것은 아니다.

그러나 가만히 살펴보면 '태백 3~7'까지 증자와 관련된 전체 내용은 분명 태백의 지덕(至德)함을 설명한다. 좀 더 정확하게는 태백을 설명한다기보다는 태백이 보여준 '지덕의 세계'를 풀어내려 한다고 보아야 할 것이다. 태백의 지덕에 관한 실증자료가 멸실된 상황에서 『논어』 편찬자는 공자의 제자 중에서 이 방면으로는 최고라 할 수 있는 증자의 지덕을 그려냄으로써 태백의 지덕을 간접적으로나마 그려내려 한 것이다.

이런 맥락에서 '태백 3'은 일단 증자라는 사람 자체가 얼마나 깊은 함양(涵養)을 갖춘 인물인지를 보여주는 첫 번째 사례로 해석할 수 있다. 증자와는 정반대되는 삶의 행적을 보여준 제자는 앞서 보았던 자로이다. 지인(知人) 차원에서 두 사람을 비교해보는 것도 흥미로운 주제다.

泰伯

4

○증자가 큰 병에 걸리자 맹경자가 병문안을 왔다. 증자가 말했다. "새가 장차 죽으려 할 때면 그 울음소리가 슬프고, 사람이 장차 죽으려 할 때면 그 말이 좋다고 했소. 군자가 귀하게 여기는 도리 세 가지가 있으니, 용모를 취할 때는 사나움과 거만함을 멀리하고, 안색을 바로 할 때는 신실함에 가깝게 하고, 말을 할 때는 비루함과 도리를 어김을 멀리해야 합니다. (그 밖에) 변두(籩豆)와 같은 제기를 다루는 일은 담당 부서에게 맡기면 됩니다."

증-자 유-질 맹-경-자 문-지
曾子有疾 孟敬子問之

증-자 언-왈 조 지 장-사 기-명-야 애
曾子言曰 鳥之將死 其鳴也哀

인 지 장-사 기-언-야 선
人之將死 其言也善

군-자 소-귀-호 도 자 삼
君子所貴乎道者三

동 용-모 사 원 폭-만-의
動容貌 斯遠暴慢矣

정 안-색 사 근-신 의
正顏色 斯近信矣

출 사-기 사 원 비-패-의
出辭氣 斯遠鄙倍矣

변-두-지-사 즉 유-사 존
籩豆之事 則有司存

주희는 맹경자(孟敬子)에 대해 노나라 대부 중손첩(仲孫捷)이라고 했고, 형병은 맹무백 아들이라고 했다. 그러나 이는 분명치 않다.

　도대체 그가 어떤 사람이길래 증자는 임종을 앞둔 상황에서 갑자기 문병을 온 그에게 교훈적인 내용을 담아 군자(君子)라면 귀하게 여겨야 할 덕목에 대해 이야기한 것일까? 맹경자는 당시 실력자였던 것으로 보인다. 아마도 평소에 증자는 당대 실력자 집안의 실세 맹경자에게 하고 싶은 말이 많았던 것 같다. 그러나 그럴 기회가 없다가 병문안을 하러 맹경자가 자신을 찾아오자 작심하고 할 말을 다 한다.

　"새가 장차 죽으려 할 때면 그 울음소리가 슬프고, 사람이 장차 죽으려 할 때면 그 말이 좋다고 했소"라는 말에는 그 같은 작심에 담긴 비장함이 고스란히 담겨 있다. 여기서 새는 소인(小人)을 비유한 것으로 보인다. 주희도 "새는 죽음을 두려워하므로 울음소리가 애처롭다"로 풀이한다.

　반면에 사람은 죽음을 앞두게 되면 두려울 것도 없고, 근본으로 돌아가기 때문에 조금의 거짓도 가할 필요가 없으니 그 말이 좋을 수밖에 없다. 증자는 맹경자에게 본격적인 충고를 하기에 앞서 자기 말의 진실함을 강조한 것이다. 그리고 말을 시작하는데 여기서 증자가 말한 군자는 일반적 의미의 군자가 아니라 말 그대로 정치하는 사람, 권력을 가진 사람으로 보는 게 맞을 듯 하다.

　"군자가 귀하게 여기는 도리 세 가지가 있다."

　당연히 하나하나가 맹경자를 겨냥한 것이다.

　첫째, '용모를 취할 때는 사나움과 거만함을 멀리하라.' 거동할 때 몸에서 사나움이나 거만함(혹은 태만함)이 배어 나와서는 안 된다는 것이다. 그런데 아마도 맹경자는 운신할 때 사나움이나 거만함이 배어 나왔을 것이다. 예를 따르지 않기 때문이다[無禮].

　둘째, '안색을 바로 할 때는 신실함에 가깝게 하라.' 얼굴 표정에서는 무엇보다 신실함이 느껴져야 한다는 것이다. 그것은 위엄[莊]과도 관련이 있다. 내면의 모든 것이 압축적으로 드러나는 곳이 얼굴이며 안색이다. 여기서 '술이 37'을 다시 한번 읽어 보자. "공자께서는 따스하면서도 엄숙했고, 위엄이 있으면서도 사나운 기운을 풍기지 않았으며, 공손하면서도 자연스러웠다.”

셋째 ‘말을 할 때는 비루함과 도리를 어김[鄙倍]을 멀리하라.’ 행동거지에 대한 지적을 마친 증자는 좀 더 구체적으로 말[辭氣]의 문제를 언급한다. 맹경자로서는 더 이상 앉아 있고 싶지 않았을지도 모른다. 증자의 이 말은 뒤집어 보면 “당신이 하는 말은 하나같이 비루하거나 도리에 맞지 않는 것들이요”라는 뜻이기 때문이다.

셋 다 다 겉으로는 무례(無禮)를 지적하지만, 속으로 들어가면 결국은 수기(修己)와 함양(涵養) 부족을 지적하고 있는 것이라 할 수 있다.

그리고 말을 마치면서 증자가 이렇게 덧붙인다.

“(그 밖에) 변두(籩豆)와 같은 제기를 다루는 일은 담당 부서[有司]에게 맡기면 됩니다.”

먼저 주희의 풀이를 보자.

“변두의 일로 말하면 제기의 수[器數]와 같은 지엽적인 것이니, 여기에도 도리의 전체가 포함되지 않음이 없으나, 그 직분은 해당 기관[有司]이 맡은 것이지 정치를 맡은 군자가 귀중히 여기는 바가 아님을 말씀한 것이다.”

이는 곧 군자(君子)는 어느 하나에 국한됨이 없다는 의미에서의 군자불기(君子不器)와 통하는 중요한 언급이다.

전체적으로 보면 맹경자는 언행에서는 예(禮), 즉 일의 이치[事理]를 잃어 여러 가지 문제를 드러내면서 정작 외형적인 예(禮)의 하나인 제사 지내는 문제와 관련해서는 지엽말단에 가까운 문제들까지 꼬치꼬치 간섭을 했던 것으로 보인다. 결국 외면의 예(禮)보다 내면의 예[至德]를 갖추라는 충언으로 읽힌다. 지덕(至德) 문맥이 이어진다.

『설원』 19-33에는 예(禮)의 중요성을 보여주는 관련 구절이 있다.

증자가 중병에 걸렸을 때 맹의(孟儀)가 병문안을 왔다. 증자가 말했다. “새는 죽으려 할 때 반드시 그 울음소리가 슬프고, 군자가 죽으려 할 때는 반드시 말이 이치에 고분고분하다. 예에는 세 가지 거동이 있는데 그것을 아는가?”

대답해 말했다. “알지 못합니다.”

증자가 말했다. “앉아 보거라, 내가 너에게 말해 주겠다. 군자가 예를 닦아서 뜻을 세우면 탐욕스러운 마음이 들어올 곳이 없다. 군자가 예를 생각하며 몸을 닦으면 게으르고 경솔한 태도가 찾아오지 않는다. 군자가 예를 닦아 어짊과 마땅함을 행하면 분쟁과 난폭한 말이 멀어진다. 그 나머지, 제기의 술잔이나 도마, 변두 등을 진설하는 일은 담당 기관이 할 일이니, 군자는 이런 것들을 전혀 하지 못해도 괜찮다.”

여기서는 맹의를 증자 제자로 보았기에 맹의 말만 존댓말로 옮겼다.

泰伯

5

○증자가 말했다. "(본인은) 능하면서 능하지 못한 이에게 묻고, (본인은) 학식이 많으면서 적은 이에게 물으며, 있으면서도 없는 척하고, 가득 차 있으면서도 텅 빈 것처럼 하며, 남이 업신여겨도 맞서서 따지지 않는 것, 옛날에 내 벗이 일찍이 이렇게 했다."

증―자 왈 이―능 문―어 불―능 이―다 문―어 과
曾子曰 以能問於不能 以多問於寡

유 약 무 실 약 허 범 이 불―교
有若無 實若虛 犯而不校

석―자 오―우 상 종―사 어―사―의
昔者吾友嘗從事於斯矣

왜 『논어』 편찬자는 증자가 한 이 말을 이 자리에 배치한 것일까? '태백 7'까지 이어지는 증자의 말은 모두 병문안 온 맹경자를 향한 말로 보아도 무방하다. 물론 특정인을 향한 것은 아니고 맹경자와 같은 유형의 인간을 염두에 둔 것으로 보아야 한다.

'팔일 15'에서 우리는 매사문(每事問)에 담긴 의미를 짚어본 바 있다. 그것은 곧 겸손[謙]이며, 그것이 호학(好學)의 정확한 의미다. 그 매사문을 풀어낸 것이 다음 부분이다.

"(본인은) 능하면서 능하지 못한 이에게 묻고, (본인은) 학식이 많으면서 적은 이에게 물으며, 있으면서도 없는 척하고, 가득 차 있으면서도 텅 빈 것처럼 한다."

이 중에서도 "있으면서도 없는 척하고, 가득 차 있으면서도 텅 빈 것처럼 하며"라는 구절은 앞서 보았던 무항자(無恒者)와 극명한 대비를 이룬다. '술이 25'의 일부이다.

"아무것도 없으면서 있는 척하고, 텅 비어 있으면서도 가득한 척하며, 가진 것이 적으면서도 꽉 차서 많은 척한다면 오래가는 마음이 있

다[有恒]고 하기 어렵다.”

교(校)는 교(挍)와 같은 뜻으로 보답하다나 보복하다이다. 그렇다면 범이불교(犯而不校)의 정확한 뜻은 무엇일까? 범(犯)이란 남이 자신을 업신여기거나 남이 시비를 걸어오는 것이다. 교(校)는 꼭 보복한다기보다는 ‘상관하지 않는다’는 정도의 의미로 볼 수 있다.

그렇다면 여기서 증자의 벗이란 누구인가? 그것은 두말할 것도 없이 안회이다. 『설원』16-153은 이 점을 잘 보여 준다.

“군자의 말은 적지만 알차고, 소인의 말은 많지만 텅 비어 있다. 군자의 배움은 귀로 들어와 마음속에 간직되어 몸으로 실행된다. 군자의 다스림은 시작은 봐 줄 만한 것이 없지만 끝은 미칠 수가 없다. 군자의 생각은 복에는 미치지 않고 재앙에 대해서는 백 배로 염려한다. 군자는 사람을 고를 때 가려서 취하고 사람을 가려서 주지는 않는다. 군자는 꽉 차 있어도 비어 있는 것처럼 하고 있어도 없는 것처럼 한다.”

泰伯

6

○증자가 말했다. "육척 고아(임금)를 부탁할 만하고, 사방 100리 나라
를 맡길 만하고, 대절(大節)에 임해서 (그 절개를) 빼앗을 수 없는 사람
이 있다면 이는 군자다운 사람일까? (진정) 군자다운 사람이다."

증자 왈　가이 탁 육―척―지―고
曾子曰 可以託六尺之孤

가이 기 백―리―지―명 임 대―절 이 불―가 탈 야
可以寄百里之命 臨大節而不可奪也

군―자―인―여 　군―자―인―야
君子人與 君子人也

육척지고(六尺之孤)란 열다섯 살 정도 되는 어린 임금을 말한다. 조선 역사
에서는 단종(端宗)이 이에 해당한다. 중국사에서는 무왕(武王) 아들 성왕
(成王)이 이에 해당하는데, 무왕은 동생 주공에게 성왕을 부탁했다. 단순
한 부탁이 아니라 왕위를 찬탈하지 말고 잘 보좌해서 성왕이 좋은 임금이
될 수 있게 해달라는 뜻이었다. 실제로 주공은 그렇게 했다. 반면 수양대
군(首陽大君)은 결국 단종을 죽이고 스스로 왕위에 올랐다. 수양은 그런 신
하가 아니었던 것이다.

　　문종은 김종서(金宗瑞)에게 단종을 부탁했다. 육척 고아를 부탁할 만
한 신하는 충성심과 더불어 육척 고아를 지킬 능력을 갖춰야 한다. 그런
점에서 김종서는 이 두 가지를 다 갖추지 못했다. 먼저 김종서는 황표정
사(黃標政事)라는 말에서 보듯이 단종이 직접 정치를 할 수 있도록 잘 보필
하기보다는 자기가 권력을 행사하는데 주력하면서 동료 신하들과 갈등을
빚었다. 둘째, 병권을 갖고 있으면서도 수양으로부터 단종을 지켜내지 못
했다. 결국 김종서는 육척고아 단종을 지켜내지 못했다는 점에서 충신이
라 할 수 없다.

　　백리(百里)는 제후 나라이며 명(命)이란 나라의 운명이다. 대절(大節)

은 '나라에 험난한 시기가 있는 것이 마치 대나무에 마디가 있는 것과 같다'는 것을 뜻한다.

'태백 4'에서 군자 일반론을 이야기했고, '태백 5'에서 벗 안연을 통해 이상적인 군자상을 제시했다면, 여기서는 현실적 맥락에서 군자로 불릴만한 인간상이 무엇인지를 제시한다. 군자의 지덕(至德) 문제가 처음부터 지금까지 이어지고 있다.

泰伯

7

○증자가 말했다. "(도리를 중시하는) 대장부는 도량이 넓고 굳건하지 않으면 안 된다. 맡은 바가 무겁고 가야 할 길은 멀기 때문이다. 어짊을 자기 맡은 바로 여기니 실로 무겁지 않겠는가? 죽은 다음이라야 끝이 나니 실로 멀지 않겠는가?"

증-자 왈　사　불-가-이　불　홍-의
曾子曰 士不可以不弘毅

임　중　이　도　원
任重而道遠

인　이-위　기-임　불-역-중-호
仁以爲己任 不亦重乎

사　이-후　이　불-역-원-호
死而後已 不亦遠乎

태백 4에서 7까지 모두 맹경자를 염두에 둔 말이라 하더라도 내용상으로는 군주 혹은 군자의 지덕(至德)과 관련된 내용들이다. 여기서는 그동안 증자가 했던 말을 자신이 한마디로 압축 요약한다. 이로써 지덕을 풀이한 매듭이 일단 끝나고 공자 말로 넘어간다.

여기서 증자는 폭을 조금 넓혀 대장부[士]에 대해 이야기한다. 대단히 함축적이고 시(詩)에 가까운 표현이다.

"(도리를 중시하는) 대장부는 도량이 넓고 굳건하지 않으면 안 된다. 맡은 바가 무겁고 가야 할 길은 멀기 때문이다. 어짊을 자기 맡은 바로 여기니 실로 무겁지 않겠는가? 죽은 다음이라야 끝이 나니 실로 멀지 않겠는가?"

이 말은 증자 자신의 인생관이기도 하다. 홍의(弘毅)에 대한 정이천 풀이다.

"너그럽기만 하고 굳건하지 못하면 법도가 없어 서기 어렵고, 굳건하기만 하고 너그럽지 못하면 좁고 비루하여 어짊에 처할 수가 없다.”

“너그럽고 굳건한 뒤에야 능히 무거운 임무를 감당하고 먼 곳에 이를
수 있다.”

泰伯

8

○공자가 말했다. "시에서 뜻이 일어났고, 예에서 나를 세우고 남을 세
워주었으며, 악에서 삶을 완성했다."

자—왈　　흥—어—시　　입—어—례　　성—어—악
子曰 興於詩 立於禮 成於樂

대부분 『논어』 해설서는 이 대목을 간략하게 풀이하고 그냥 넘어간다. 그
런데 흥(興)과 시(詩), 입(立)과 예(禮), 성(成)과 악(樂), 여섯 자 각각의 뜻
과 짝지어진 말들의 관계 그리고 흥어시(興於詩), 입어례(立於禮), 성어악
(成於樂), 이 세 단어들의 상승 관계를 짚어 가면, 훨씬 놀라운 공자 가르침
이 펼쳐지게 된다.

먼저 흥(興)이란 '일어나다' 혹은 '불러일으키다[興起]'이다. 중요한
것은 '무엇이' 일어나는가 혹은 '무엇을' 불러일으키는가이다. 이는 시
(詩)와 관련지어 설명하는 것이 불가피하다. 이때 시란 공자가 편찬한 시
300여 편, 『시경』을 가리킨다. 이런 시를 반드시 배우지 않으면 안 되는
이유를 밝힌 것이 '계씨 13'이다.

> 진강이 (공자 아들) 백어에게 물었다. "그대는 정말로 특별한 것을 들
> 은 적이 있는가?"
>
> (백어가) 대답했다. "(그런 특별한 것은) 들은 적이 없다. 일찍이 홀로 서
> 계실 때 내가 종종걸음으로 뜰을 지나가는데 '시를 배웠느냐?'라고
> 물으시기에 '아직 배우지 못했습니다'고 했더니, '시를 배우지 않으
> 면 (제대로) 말을 할 수 없다'고 하시므로 내가 물러나와 시를 배웠다."

그렇다면 『시경』을 배울 경우 우리는 어떻게 바뀔까? 즉 그 효용은
과연 무엇일까? '양화 9'는 이에 대해 명확한 답을 준다.

> 공자가 말했다. "제자들아! 너희들은 어째서 저 시를 공부하지 않는
> 가? 시를 배우면 제대로 도리에 대한 뜻을 일으킬 수 있고, 일이나 사
> 람을 제대로 살필 수 있으며, 제대로 된 사람들과 무리를 지을 수 있

고, 제대로 원망할 수 있다. 가깝게는(혹은 사적으로는) 부모를 섬길 수 있고, 멀게는(혹은 공적으로는)[遠之=公之] 임금을 섬길 수 있다. (또) 새와 짐승, 풀과 나무 이름을 많이 알게 된다.”

여기서도 우리는 원(遠)이 실은 공(公)임을 알게 된다. 공자가 말한 “시에서 뜻이 일어났고, 예에서 나를 세우고 남을 세워주었으며, 악에서 삶을 완성했다”라는 말은 무엇보다 한 사람이 지극한 다움[至德]을 갖춘 군자가 되어가는 과정이나 단계와 연결되어 있다.

앞서 본 바 있지만 먼저 ‘술이 6’부터 보자. 여기서 공자가 말했다.

“도리에 뜻을 두었고 다움에 기대었으며 어짊에 의지하고 예(藝)에서 노닐었다.”

그래서 ‘술이 6’과 ‘태백 8’을 합쳐보면 이렇게 된다.

“도리에 뜻을 두었고 다움에 기대었으며 어짊에 의지하고”; “시에서 뜻이 일어났고, 예에서 나를 세우고 남을 세워주었으며, 악에서 삶을 완성했다.”

어짊, 예(禮), 악(樂)의 관계에 대해서는 ‘팔일 3’에서 공자가 이렇게 말했다.

“사람으로서 어질지 못한데 (그 사람이) 예(禮)를 행한들 무엇할 것이며, 사람으로서 어질지 못한데 악(樂)을 행한들 무엇할 것인가?”

여기서 어짊[仁]은 바탕[質]이고 예와 악은 애씀[文]이다. 지금 우리가 지극한 다움[至德] 문맥에 있음을 보여주는 또 한 가지가 있다. 『예기』 공자한거(孔子閒居)라는 항목을 보면 공자가 이룩한 지극한 다섯 가지[五至]가 나온다.

공자가 말했다. “뜻이 지극한 바에 이르렀다. 시 또한 그러했는가? 시도 지극한 바에 이르렀다. 예 또한 그러했는가? 예도 지극한 바에 이르렀다. 악 또한 그러했는가? 악도 지극한 바에 이르렀다. 애(哀)도 또한 그러했는가?”

여기서는 말년의 쓸쓸함[哀]이 추가돼 있을 뿐이다. 따라서 사람의 한

생애를 놓고 보면 지(志)가 가장 앞서고, 시(詩)를 배우는 10대, 예(禮)를 배워 익히는 30~40대, 어짊[仁]과 명(命)을 체화하는 50대를 지나, 60대에는 예(藝)와 악(樂)에 이르게 되고, 마침내 말년의 문제[哀]에 다다르게 된다.

9

○공자가 말했다. "백성들이 (모두) 도리를 따르게 할 수는 있어도 백성들로 하여금 (모두) 도리를 알게 할 수는 없다."

子曰 民可使由之 不可使知之

<small>자—왈 민 가—사 유—지 불—가—사 지—지</small>

대체로 기존 풀이는 지(之)를 도리[道]로 본다. 물론 도리란 '임금은 임금답고 신하는 신하답고 부모는 부모답고 자식은 자식다워야 하는 것[君君臣臣父父子子]'이다.

그런데 그보다 이 구절을 차별적 관점에서 풀이해온 것이 문제이다. 벼슬하는 군자[人]와 일반 백성[民]으로 나눠 앞부분은 일반 백성, 뒷부분은 군자에 해당하는 말로 풀이하는 것이다. 반면에 정약용은 이미 당시에 이 같은 신분 차별적 해석을 적절치 않다고 여겼다. 공자 스스로도 '위령공 38'에서 "가르침이 있으면 무리가 없다[有教無類]"라고 말한 것을 근거로, 만일 백성들이 우매하다 하여 그 지위에만 머물러 있게 한다면, 한 달을 넘기도 전에 그 나라는 반드시 망할 것이라고 강조하면서 공자 말을 이렇게 풀이한다.

"다만 도체(道體)란 지극히 크니, 우매한 부부라도 알 수 있는 평이한 데서부터 시작하여 그 지극한 것은 비록 성인(聖人)이더라도 또한 알지 못하는 바가 있으니, 저 농부나 야공(冶工), 상인, 어부, 사냥꾼이 어찌 그 정미(精微)한 것을 다 알겠는가? 더욱이 자품(資稟)이 고르지 못하고 우둔하여 지혜롭지 못한 자는 귀족에도 혹 있으니, 천족(賤族)이야 말할 것이 있겠는가? 이런 이들은 다만 그것을 말미암게 할 수 있을 뿐이니, 이것은 그 원리가 되는 것을 숨기려고 한 것이 아니요, 힘이 거기까지 돌아가지 아니해서이다. 공자가 말한 바는 (그 경우에 따른) 상황이지 [모든 민(民)을] 그렇게 하자는 것이 아니다."

기존 풀이보다 정약용 풀이가 진일보한 것은 분명하다. 그러나 여전히 이 말이 왜 이 문맥에 놓여 있는지를 밝혀주지는 못한다.

　태백(泰伯)편에 들어와 『논어』 편찬자는 시종일관 지덕(至德)의 내용을 채워주는 공자 말과 증자 말을 배치해왔다. 따라서 우리는 여전히 그 편찬자가 왜 이 자리에 이 공자 말을 배치했는지를 고민하면서 이 구절에 담긴 의미를 추출해야 한다.

　참고로 바로 뒤에 '태백 10, 11, 12'는 지덕과는 정반대로 부덕(不德)을 다룬다. 그렇다면 '태백 9'는 지덕함의 중간 결론이거나 아니면 부덕함으로 들어가는 말이 되어야 한다. 물론 전자이다.

　여기에는 지덕한 군자, 즉 '다움이 지극한 통치자가 다스릴 경우'를 추가해서 풀어야 한다. 그러면 이렇게 된다.

> "(다움이 지극한 통치자가 다스릴 경우) 백성들이 (모두) 도리를 따르게 할 수 있다, 백성들 모두가 도리를 알게 할 수는 없을지언정."

　달리 말하면, 지덕의 정치를 하면 백성들은 굳이 도리를 알 필요가 없다는 것이기도 하다. 즉 백성들은 우매하다고 폄하한 게 아니라, 통치자에게 제대로 정치를 하라는 요구인 것이다. 이렇게 되면 자연스럽게 '학이 9'와 연결 지어 풀어낼 수 있다.

> 증자가 말했다. "부모님 상을 신중하게 치르고 먼 조상까지 추모하면, 백성들의 백성다움은 두터운 쪽으로 돌아가게 된다."

　여기서도 주어는 바로 '지극한 다움을 갖춘 임금'이다. 맨 앞에 생략되어 있을 뿐이다. 이제 지덕(至德) 문제에서 부덕(不德) 문제로 넘어갈 수 있다.

泰伯

10

○공자가 말했다. "용맹을 좋아하면서 가난을 너무 싫어하면 난을 일으키고, 다른 사람이 어질지 못하다고 해서 그를 미워하는 것이 너무 심하면 난을 일으킨다."

子曰 好勇疾貧 亂也
자—왈 호—용 질—빈 난—야

人而不仁 疾之已甚 亂也
인—이—불—인 질—지 이—심 난—야

용맹을 좋아하는 것은 잘못이 아니다. 문제는 그것이 일의 이치[事理=禮]에 의해 뒷받침되는가 그렇지 못한가이다. '양화 8' 육언육폐(六言六蔽) 중 하나는 이를 풀어내는 열쇠이다.

　　공자가 말했다. "용맹스러움[勇]을 좋아한다면서 (그에 필요한 예를) 배우기 좋아하지 않는다면 그 가려짐은 도리를 어지럽히는 것이다[亂]."

　　결국 "가난을 너무 싫어하면"이 바로 비례(非禮)인 것이다. 공자는 '이인 5'에서 "가난과 천함, 이는 사람이라면 누구나 싫어하는 바이지만"이라고 했다. 그러면서도 가난이나 천함에 처하는 자세에 대해 같은 '이인 5'에서 "그 도리로서 얻은 것이 아니라 하더라도 (그릇된 방법으로 그런 빈천 상황을) 떠나지 않아야 한다"고 했다. 질빈(疾貧)은 가난을 싫어함이 너무 지나친 것이다.

　　어질지 못한 사람을 미워하는 것은 잘못이 아니다. 마찬가지로 문제는 그것이 일의 이치[禮]에 의해 뒷받침되는가 그렇지 못한가이다. 이를 푸는 열쇠는 '이인 3'이다.

　　공자가 말했다. "오직 어진 자만이 제대로 남을 좋아할 수 있고, 제대로 남을 미워할 수 있다."

　　제대로[能]가 바로 일의 이치다.

여기서 난(亂)은 꼭 정치적 반란이 아니라 '도리를 크게 어지럽히는 것'을 말한다고 보아야 한다. 앞의 난(亂)과 뒤의 난(亂)은 각각이 일어나는 이유나 원인에서 차이가 있다. 앞엣것은 스스로 빚어내는 것이고, 뒤엣것은 남으로 하여금 난을 일으키게 만드는 것이다. 일상생활에서 예를 들자면 면박(面駁)을 줘서 분란이 일어나게 만드는 것이다.

泰伯

11

○공자가 말했다. "설사 주공과 같은 아름다운 재능을 갖고 있다 하더라도 (다움의 측면에서) 교만한 데다가 인색하기까지 하다면 그 나머지는 전혀 볼 필요가 없다."

子曰 如有周公之才之美
使驕且吝 其餘不足觀也已

내용적으로는 '태백 10'과 나란히 세울 수 있다. 아무리 좋은 자질이나 능력이 있더라도 호학(好學), 정확하게는 호학문(好學文)을 통해 다움을 닦고 쌓지 않을 경우 아무것도 아니라는 뜻이기 때문이다. 이에 대한 정이천 풀이가 간명하다.

"이는 교만함과 인색함[驕吝]이 매우 잘못된 것임을 말씀하신 것이다. 주공의 다움이 있으면 자연히 교만함이나 인색함이 없지만, 만일 주공과 같은 재예(才藝)가 있더라도 교만하고 인색하다면 또한 족히 볼 것이 없다는 것이다."

역으로 겸차관(謙且寬), 즉 겸손함과 너그러움이라는 다움이 군주에게는 그만큼 중요하다는 뜻이기도 하다.

인(吝)은 두 가지 풀이가 가능하다. 첫째는 방금 말했던 것처럼 너그러움[寬]이라는 다움과 반대로 보는 것이다. 둘째는 개과불인(改過不吝)의 인(吝)으로 보아 '자기 허물을 고치는 데 인색하거나 소극적인 것'으로 보는 것이다. 불호학(不好學)을 말한다. 둘 다 가능하다.

『설원』8-12이다. 겸손함과 너그러움이 왜 군주의 중요한 다움인지 알 수 있다.

"주공이 천자 자리를 대신 지킨 7년 동안에 평민 선비 중에 폐백을 갖고 가서 스승처럼 여긴 이가 12명이었고, 궁벽한 거리에서 가난하게 사는 사람들 중에 나아가 만나본 이가 49명이었으며, 수시로 좋은 말을 올린 자는 100명이었고, 교화를 갖춘 선비는 1,000명이었으며, 조정에서 벼슬한 이는 1만 명이었다. 이런 때를 맞아 만일 정말로 주공이 교만하고 인색했다면[驕且吝], 천하의 뛰어난 선비 중에서 찾아온 이들이 적었을 것이고, 혹시라도 찾아오는 사람이 있었다 해도 반드시 탐욕스럽고 하는 일 없이 녹봉이나 타 먹으려는[尸祿] 자들이었을 것이다. 이런 시록지신(尸祿之臣)은 임금을 제대로 보전할 수 없다.”

泰伯

12

○공자가 말했다. "3년 정도 배우고서 녹봉에 뜻을 두지 않는 자를 쉽게 얻기 어렵다."

_{자—왈} _{삼—년 학} _{부—지—어 곡} _{불—이—득—야}
子曰 三年學 不至於穀 不易得也

'태백 10, 11, 12'는 결국 호학(好學)을 잣대로 부덕한 자를 비판하고 있다. 이는 진정으로 호학하는 이는 드물고, 대부분 배움을 벼슬을 얻기 위한 수단으로 여기던 당시 풍조에 대한 공자의 탄식이기도 하다. 물론 공자가 벼슬하는 것 자체를 부정적으로 생각하지는 않았다. 배우고 여력이 있고 벼슬을 할 수 있으면 하라는 것이 공자 생각이다. 그래서 공자는 재덕(才德)이 갖춰진 제자에게 벼슬길을 먼저 권하기도 했다.

문제는 초학자들이 이런 경향을 보이는 데 있었다. 그것은 공부하는 재주[才=能]만 있고, 공부를 해야만 하는 이유와 명분[德]을 제대로 갖추지 못했기 때문으로 풀이할 수 있다. 양시(楊時)는 이렇게 덧붙인다.

"('위정 18'에서) 자장의 뛰어남으로도 녹봉을 구하는 것을 물었으니, 하물며 그보다 못한 자야 어떻겠는가? 그러니 3년을 배우고도 녹봉에 뜻을 두지 않는 자를 쉽게 얻지 못함은 마땅하다."

그만큼 재예와 덕행이 고루 갖춰진 어진 인물을 구하기 어렵다는 뜻이다. 하지만 우리는 앞서 '공야장 5'의 칠조개와 '옹야 7'의 민자건이라는 두 제자가 진심으로 벼슬자리를 사양하는 것을 본 바 있다. 하물며 세 번이나 임금 자리를 사양한 태백의 다움은 어떠하겠는가? 지극한 다움[至德]을 갖춘 인물인 것이다. 이들은 모두 진정성을 갖고 사양했다.

泰伯

13

○공자가 말했다. "(군자가 되려면) 독실한 믿음을 갖고서 배우기를 좋아하고, 죽음으로써 좋은 도리를 지켜나가야 한다. 위태로운 나라에는 들어가지 않고 어지러운 나라에는 가서 살지 않으며, 천하에 도리가 있으면 나타나고 도리가 없으면 숨어야 한다. 나라에 도리가 있을 때 가난하면서 천한 것은 부끄럽고, 나라에 도리가 없을 때 부유하면서 귀한 것도 부끄럽다."

子曰 篤信好學 守死善道

危邦不入 亂邦不居

天下有道則見 無道則隱

邦有道 貧且賤焉 恥也

邦無道 富且貴焉 恥也

독신호학(篤信好學)은 '술이 1'에 나온 신이호고(信而好古)와 통한다. 죽어도 좋다는 각오로 지켜야 할 좋은 도리란 곧 군군신신(君君臣臣)이다. 그래야 이어지는 부분이 더 명료해진다.

위태로운 나라[危邦], 어지러운 나라[亂邦]는 어떤 나라인가? 정약용은 '위태로운 나라'란 장차 망하려 하는 나라, '어지러운 나라'는 다스려지지 못하는 나라라고 했다. 위험의 정도로 보자면 위태로운 나라가 더 안 좋다. 어지럽다는 것은 도리가 어지럽다는 뜻으로 군군신신(君君臣臣)이 무너져 내린 나라이고, 그것이 계속 심화되어 하극상(下剋上)이 나라 전반으로 퍼질 경우 위태롭게 된다.

泰伯

13

공자는 "천하에 도리가 있으면 나타나고 도리가 없으면 숨어야 한다"고 했다. 이는 '술이 10'에서 공자가 한 말과 교차해서 받아들여야 한다.

공자가 안연에게 말했다. "(임금이 인재로) 써주면 행하고 (임금이) 버리면 숨어 지내는 것을 오직 너하고 나만이 갖고 있구나!"

같은 맥락에서 마지막으로 일의 형세별로 처신하는 도리를 어기는 사람들을 비판한다.

"나라에 도리가 있을 때 가난하면서 천한 것은 부끄럽고, 나라에 도리가 없을 때 부유하면서 귀한 것도 부끄럽다."

나라에 도리가 있는데도 가난하면서 천하다는 것은 벼슬에 나아갈 만한 재주와 능력을 갖추지 못했기 때문이다. 반대로 나라에 도리가 없는데도 부유하면서 귀하다는 것은 벼슬길에 나아가서는 안 될 때 나아가 부귀를 누린다는 말이다. '공야장 1'에서 보았던 다음 구절도 같은 잣대로 보면 명확하다.

공자가 남용을 평해 말했다. "나라에 도리가 있을 때는 버려지지 않을 것이고, 나라에 도리가 없을 때는 형벌을 면할 것이다."

泰
伯

14

○공자가 말했다. "그 지위에 있지 않다면 그 지위에 해당하는 정사를
　도모해서는 안 된다."

자—왈　　부—재　　기—위　　불—모　　기—정
子曰 不在其位 不謀其政

자리가 있어야 일을 할 수 있다. 능력을 발휘할 수 있다는 말이다. 그러나
'그 자리에 맞는 다움'을 갖추지 않으면 안 된다. 그것은 말을 절제하는 데
서 가능하다. 이런 맥락에서 우리는 '학이 14'를 다시 음미할 필요가 있
다. 민어사이신어언(敏於事而愼於言)이 그것이다. 주도면밀하게 일을 한다
면 그것이 능력이고, 말을 할 때 조심해서 한다면 그것이 그에 어울리는
다움이다.

泰
伯

15

○공자가 말했다. "악사 지(摯)가 벼슬하던 처음에 연주한 관저 마지막
　장이 귀에 가득하구나!"

자—왈　　사　지　지　시　　관—저　지　란　　양—양—호　　영
子曰 師摯之始 關雎之亂 洋洋乎盈

—이—재
耳哉

사(師) 지(摯)란 노나라 악사(樂師) 지(摯)를 말한다. 관저(關雎)란 『시경』
에 있는 노래 국풍(國風) 6편 중 한 곡이다. 내용은 주나라 문왕과 후비의
지극한 다움[至德]을 노래한 것이다. 난(亂)을 주희는 악의 '마지막 장'으
로 보았다. 양양(洋洋)은 '아름답고 성대하다'는 뜻이다.

　주희는 이 글의 문맥을 다음과 같이 풀이한다.

　"공자가 위나라에서 노나라로 돌아오시어 음악을 바로잡으셨는데,
　이때 마침 악사 지(摯)가 악관에 임명된 초기였다. 그러므로 음악의
　아름답고 성대함이 이와 같았던 것이다."

　나라의 나라다움[德]이 갖춰진다는 것은 정치가 제자리를 찾는다는
뜻이다. 정치가 제자리를 찾는다는 것은 '태백 14'에서 공자가 말한 정치
의 기본이 행해진다는 뜻이다. 그렇게 되면 예악(禮樂)도 제자리를 찾게
된다. 이 장은 음악의 성대함을 보여줌으로써 인정(仁政)과 예악(禮樂)의
상관관계를 함축적으로 보여주고 있다. 역시 지덕(至德) 문맥이 이어진다.

泰伯

16

○공자가 말했다. "광망한 데다가 곧지 못하고, 무지한 데다가 조심하지 못하며, 무능한 데다가 믿음도 주지 못한다면 나는 이런 사람이 어떤 사람인지를 알지 못하겠다."

자—왈　광—이—부—직　동—이—불—원　공—공—이—불
子曰 狂而不直 侗而不愿 悾悾而不
—신　오　부—지—지—의
信 吾不知之矣

일반적으로 '~而不~'이라는 말은 "~하기는 하되 ~하지는 않다"라고 해서 적중함[中]을 표현하는 것이었다. 그런데 여기서는 조금 다르다. 무엇인가가 더욱 가중되는 표현이다. "~하는 데다가 심지어 ~하기까지 하다"는 뜻이다.

　술이(述而)편에서는 불호학(不好學)의 관점에서 호학(好學)하는 모습을 보여주었다면, 여기서는 다움[德]이라고는 하나도 없는 사람의 특질을 보여줌으로써, 거꾸로 다움이 무엇인지를 풀어내고 있다.

　여기에 등장하는 인간형은 최악이라고 할 수 있다. 광(狂)에는 미치다, 사납다 외에 경솔하다, 경망스럽다, 거만하다, 어리석다 등의 뜻이 있는데, 여기서는 '광망(狂妄)하다' 혹은 '거만하다'는 뜻으로 본다. 흔히 곧은[直] 사람들 중에는 광망하거나 거만한 경우가 종종 있다. 그런데 거만한 데다가 곧지도 못하면 어떻게 하겠는가?

　'양화 8' 육언육폐(六言六蔽) 중 하나는 고스란히 이를 풀어내는 열쇠이다. 강직(剛直)이라는 말이 있듯이 강(剛)은 직(直)과 가깝다.

　　공자가 말했다. "굳셈을 좋아한다면서 (그에 필요한 예를) 배우기 좋아하지 않는다면 그 가려짐은 거만해지는[狂] 것이다."

　동(侗)은 어리석다, 무지하다, 미련하다 등의 뜻을 갖고 있고, 원(愿)은 삼가다, 공손하다, 근후하다 등의 뜻을 갖고 있다. 매사 공손하고 삼가는 사람은 얼핏 미련하거나 어리석게 보일 수 있다. 그런데 어리석으면서 공손하지도 못하다면 어떻게 하겠는가? 공(悾)은 무식하다, 무능하다는 뜻이다. 무능한 데다가 신실함[信]도 없는 사람이라면 어떻게 하겠는가?

공자는 이런 사람들에 대해 "그 사람이 어떤 사람인지를 알 수가 없다"라고 말한다. 지인(知人) 차원에서 볼 때 판단 불가라는 뜻이다. 소식(蘇軾) 평이 인상적이다.

"하늘이 만물을 낳음에 기질이 똑같지 않으니, 중재(中材-중간 재목) 이하는 이런 다움이 있으면 이 병통이 있고, 이 병통이 있으면 반드시 이런 다움이 있게 마련이다. 그러므로 발길질하고 깨무는 말[馬]은 잘 달리고, 잘 달리지 못하는 말은 반드시 순하다. 그런데 이러한 병통만 있고, 이러한 다움이 없다면 천하에 버림받을 재질이다."

광(狂), 동(侗), 공공(悾悾)은 병통이고 직(直), 원(愿), 신(信)은 다움인데, 다움 앞에는 모두 아닐 불(不)자가 붙어 있다.

오부지지의(吾不知之矣)를 좀 더 풀어서 "그 사람을 어떻게 가르쳐야 할지 알 수가 없다"라고 옮겨도 좋다. 도저히 가르친다고 나아질 사람이 아니라는 뜻에서다.

'양화 16'은 이를 옛날 사람과 지금 사람을 비교하며 보다 상세하게 풀어낸 것이다.

공자가 말했다. "옛날에는 사람들에게 세 가지 고질병이 있었는데 지금은 이마저 없는 듯하다. 옛날의 광자(狂者)는 소소한 것에 구애받지 않았는데, 지금의 광자는 넘어서는 안 될 큰 한계까지 뛰어넘어 버린다. 옛날의 긍자(矜者)는 행동에 모가 났으나 바른 것이었던 반면, 지금의 긍자는 행동이 어그러져 도리에 위배된다. 옛날의 우자(愚者)는 곧았는데, 지금의 우자는 거짓으로 꾸미기만 할 뿐이다."

泰伯

17

○공자가 말했다. "배울 때는 도리에 미치지 못하면 어떻게 하나 하는 마음으로 해야 하고, (도리에 미쳤으면) 오히려 그렇게 도달한 도리를 잃어버리면 어떻게 하나 하는 마음으로 지켜내야 한다."

_{자-왈} _학 _{여-불-급} _{유-공} _{실-지}
子曰 學如不及 猶恐失之

학(學) 여불급(如不及)이라는 표현은 조심해서 옮겨야 한다. 예를 들어 국내 대표적 『논어』 번역서 중 하나에서는 "배움은 따라가지 못할 듯이 하고"라고 옮기고 있다. 이게 무슨 말인가? 따라가지 말라는 뜻 아닌가? 또 급(及)은 따라가는 것이 아니라 목표 지점에 도달하는 것이다. 볼 것도 없이 오역이다.

여불급(如不及)이라는 멋진 표현은 공자가 자신이 편찬한 『서경』 상서(商書) 이훈(伊訓)편에서 가져온 것이다.

"윗자리에 있을 때는 능히 밝게 하시고 아랫사람이 되어서는 능히 충을 다해야 합니다. 사람을 쓸 때는 (그 사람 한 명에게 모든 것이 다) 갖추어져 있기를 요구하지 마시고, 자기 몸을 다 잡을 때는 마치 (도리에) 미치지 못하면 어떻게 하나[若不及] 하는 마음으로 해야 할 것입니다. 선왕께서는 이렇게 하시어 만방을 소유함에 이르셨으니, 이는 진실로 어려운 것입니다."

여(如)와 약(若)은 같은 뜻이다. 이것만으로 자연스럽게 다음 장부터 왜 연이어 요임금, 순임금, 우왕이 나오는지를 알 수 있다.

어렵사리 도리를 배워 거기에 이르렀다 하더라도 방심하여 그것을 놓아버리거나 잃어버린다면 아무 소용이 없다. 이 점을 절절하게 표현한 것이 유공실지(猶恐失之), 즉 "오히려 그렇게 도달한 도리를 잃어버리면 어떻게 하나 하는 마음으로 지켜내야 한다"이다. 이 멋진 표현 또한 공자는 역사 속에서 배웠다. 『춘추좌씨전』 환공(桓公) 2년에 장애백(臧哀伯)이 환공에게 이렇게 간언한다.

"임금이 임금다움을 밝히고 자기의 그릇됨을 막고서 백관들에게 임해 그들을 살피더라도 오히려 혹시라도 그들이 도리를 잃을까 두려워해야 합니다[猶懼或失之]."

공(恐)이 구(懼)로 바뀌고 혹(或)이 추가되어 절절함을 더하고 있다. 또 사마천『사기』'노주공세가'에서 주공이 아들 백금에게 자신의 봉지인 노나라로 가게 하면서 훈계하는 말 중에 이런 내용이 있다.

"나는 문왕의 아들이고 무왕의 동생이며 성왕의 숙부이니 나 역시 천하에서 결코 (신분이) 낮은 사람이 아니다. (그럼에도) 나는 한 번 머리를 감는데 세 번 머리카락을 움켜쥐었고, 한 번 밥을 먹는데 세 번을 뱉어내면서 일어나 선비를 맞이하면서도, 오히려 천하의 뛰어난 이를 잃을까 두려워하였다[猶恐失天下之賢人]. 네가 노나라 땅으로 가더라도 나라를 가졌다고 교만하지 말고 남에게 삼가라."

이런 표현들 하나하나를 봐도 공자가 술이부작(述而不作)했음을 알 수 있다.

학여불급(學如不及)은 적중하려는[中] 절절한 마음가짐, 유공실지(猶恐失之)는 결코 잃지 않으려는[庸] 마음가짐이다. 이 점을 염두에 두고서 '옹야 27'을 음미해보자.

공자가 말했다. "중하고 용하는 것이 다움을 이루어냄이 지극하도다! 사람들 가운데 오래 지속하는 이가 드물구나!"

중하고 용하는 것[中庸]이 다움을 이루어낸다고 했다. 또 우리는 호학(好學)이 다움을 이루어낸다는 것을 보았다. 결국 중하고 용하는 것이 호학(好學)이라는 말인데, 여기서 분명 학여불급(學如不及)이라고 했다.

그렇다. 제대로 된 학(學)은 중(中)이고 시습(時習)은 용(庸)이다. 용(庸)은 '지속하다' '지켜내다[守]'는 뜻이다. 이 정도 사전 준비를 갖춰야 '위령공 32'를 명확하게 읽어낼 수 있다.

공자가 말했다. "앎이 도리에 미쳤다 하더라도 어진 마음으로 그것을 능히 지켜낼 수 없다면 설사 (잠깐) 그 도리를 얻었다 하더라도 반드시 잃게 된다. 앎이 도리에 미치고 어진 마음으로 그것을 능히 지켜낼 수 있다 하더라도 장엄함으로 임하지 않으면 백성들은 (임금을) 공경하지 않는다. 앎이 도리에 미치고 어진 마음으로 그것을 능히 지켜낼 수 있고, 장엄함으로 임한다 하더라도 일의 이치로 백성들을 부리지 않는다면 아직 좋다고 할 수 없다."

이제 지덕을 갖추는 문제에 대한 논의는 일단락되었다. 앞으로는 이러한 지덕함을 보여준 선왕(先王)들을 하나하나 살펴볼 것이다.

18

○공자가 말했다. "높고 높도다! 순임금과 우왕이 천하를 소유하면서
그 과정에 조금도 개입하지 않음이여!"

_{자―왈} _{외―외―호} _{순―우} _지 _{유―천―하―야} _이 _불
子曰 巍巍乎 舜禹之有天下也 而不
_{―여―언}
與焉

태백(泰伯)편은 처음부터 끝까지 지덕(至德) 문맥이 이어지면서 결론 부분
에서는 요임금, 순임금, 우왕, 문왕, 무왕, 이 다섯 선왕(先王)이 보여준 큰
임금다움[大德]을 살핀다. 이 장은 그 결론 부분을 위한 도입부 내지는 '태
백 19~21'을 한마디로 압축한 것이라 할 수 있다.

일반적으로 유천하(有天下)란 천자가 천하를 소유하고 있다는 뜻이
다. 제후는 유국(有國), 경대부는 유가(有家)라고 한다. 그런데 여기서는
문맥상 유천하(有天下)를 '천하를 차지하게 되는 과정'이라고 보아야 한
다. 이 점을 놓치면 바로 오역이 발생한다. 꽤 알려진 『논어』 번역서는 이
렇게 옮겼다. '순임금과 우임금이 천하를 소유하시고도 관여치 않으심이
여!' 이런 오역은 주희 풀이 때문이기도 하다.

"불여(不與)는 서로 관여하지 않는다는 말과 같으니, 그 (천자의) 지위
를 즐겁게 여기지 않음을 말씀한 것이다."

내가 크게 도움을 받은 『논어고금주』를 옮긴 이지형도 이 대목만큼
은 별반 다르지 않게 옮겼다. "순임금과 우임금이 천하를 가지고서 정치
함이여, 그런데 이에 (자신들은) 관여하지 않았다." 이렇게 되면 임금은 정
치에서 손을 떼라는 말이 된다. 주희의 신권 만능주의에 따른 『논어』 해체
를 단적으로 보여주는 사례라 하겠다.

그런데 『논어고금주』에서 정약용은 불여(不與)의 의미를 정확히 알
고 있었다.

"무릇 천하를 얻었던 자들은 자신의 사의(私意)와 사력(私力)을 부리지 않음이 없었는데, 다만 순임금, 우왕 두 사람만이 천하에 아무런 사의가 없고 전혀 사력을 부리지 않아, 천하가 이 두 사람에게 저절로 왔으니[自至] 이것이 높고 높아서 다른 왕들은 거의 따라올 수가 없었던 것이다."

"천하에 아무런 사의가 없고 전혀 사력을 부리지 않아"란 곧 지공무사(至公無私)이자 지덕(至德)이다. 그것이 불여(不與)의 정확한 뜻이다.

19

○공자가 말했다. "위대하도다! 요임금의 임금됨이여. 높고 높도다! 오
직 하늘만이 위대하거늘 오직 요임금만이 그것을 본받았도다. 넓고 넓
도다! 백성들이 무어라고 형언할 수 없구나. 높고 높도다! 요임금이
이루어 놓은 공업이여. 빛나도다! 그 문물제도의 찬란함이여."

_{자-왈} _{대-재} _{요 지 위-군-야}
子曰 大哉 堯之爲君也

_{외-외-호} _{유 천 위-대} _{유 요 칙-지}
巍巍乎 唯天爲大 唯堯則之

_{탕-탕 호} _{민 무-능 명-언}
蕩蕩乎 民無能名焉

_{외-외 호} _{기 유 성-공-야}
巍巍乎 其有成功也

_{환-호} _{기 유 문-장}
煥乎 其有文章

하늘과도 같은 것은 다름 아닌 지공(至公)이다. 이에 대해서는 『설원』
14-1 지공(至公)편 들어가는 말이 명확하게 풀어 보여 준다.

　　『서경』〔주서(周書) 홍범(洪範)편〕에 이르기를 "치우치지도 않고 당파를
　　짓지도 않아야 왕도가 한없이 넓어진다"라고 했으니, 이는 지공무사
　　(至公無私)를 말한 것이다. 옛날에 큰 공도[大公=至公]를 행한 이가 있
　　었으니 요임금이 바로 그 사람이다. 귀하기로는 천자였고 부유하기로
　　는 천하를 소유했음에도, 순(舜)(이라는 큰 효심을 갖춘 사람)을 얻자 그
　　에게 천하를 전해주어 그 자손들에게 사사로이 전하지 않았다. 천하
　　버리기를 마치 헌신짝 내던지듯 했으니, 천하에 대해서도 오히려 이
　　와 같았는데 하물며 천하보다 미세한 일임에랴! 요임금이 아니고서
　　누가 이를 행할 수 있겠는가? 공자는 (그래서 『논어』에서) 말하기를 "높

고 높도다! 오직 하늘만이 위대하거늘, 오직 요임금만이 그것을 본받았도다"라고 했다. 『주역』에 이르기를 "앞장서지 않으면 길하다"고 했으니 이는 대개 임금이 지공무사해야 함을 말한 것이다.

무릇 공도를 갖고서 천하에 임한다면 그 다움은 가장 크다. 자기 자신에게 미루어 헤아려 저쪽에서 본받게 하면 만백성이 추대하고 후세 사람들까지 본받을 것이다. 저 남의 신하 된 자의 공(公)이란, 관리의 일을 맡게 되면 자기 사가(私家)의 일은 경영하지 않으며, 공직에 있게 되면 재리(財利)를 말하지 않으며, 공법을 집행하게 되면 친·인척을 비호하지 않으며, 나라를 위해 뛰어난 이를 천거할 때는 자기의 원수라도 피하지 않아야 한다. 임금을 섬김에 있어 충직하고 아랫사람을 이롭게 해줌에 있어 어짊으로 하며, 내 마음에 비추어 그대로 남을 생각하는 서(恕)의 도리를 다하고, 일을 행함에 있어 당파를 짓지 않았던 인물은 이윤(伊尹)과 여상(呂尙)이라 하겠다.

그래서 빛나는 이름이 지금까지도 남아 있으니 이를 일러 공(公)이라 한다. 『시경』〔소아(小雅) 대동(大東)편〕에 이르기를 "큰길은 평평하기가 숫돌과 같고 곧기가 화살과 같아서, 군자는 그 길을 밟아가고 소인이나 백성은 그것을 바라본다네"라고 했으니 이를 가리키는 것이다.

무릇 공정은 밝음을 낳고, 치우침은 어두움을 낳으며, 반듯함과 성실함은 통달을 낳고, 속임과 거짓은 막힘을 낳으며, 열렬함과 믿음은 신령스러움을 낳고, 과장과 허탄함은 미혹됨을 낳으니, 이 여섯 가지는 군자라면 삼가는 바이며 우왕(禹王)과 (하나라 마지막 임금) 걸왕(桀王)이 나뉘는 지점이다. 『시경』〔대아(大雅) 탕(蕩)편〕에 이르기를 "포학한 상제(上帝) 그 명이 매우 치우쳤도다"라고 했으니, 이는 불공(不公)을 말한 것이다.

『설원』14-1에서 요임금은 처음으로 천하를 택현(擇賢)으로 물려주었다. 그래서 하늘의 공도(公道)를 본받았다고 했다. 하늘은 치우치지 않고 어느 한쪽만을 편들지 않기 때문이다. 순임금은 효(孝)라는 다움으로 요임금에게 발탁이 됐고, 다시 그는 우왕을 얻어 천하를 물려주었다. 이번에 잣대는 효라는 다움이 아니라 치수(治水)라는 공로였다.

공자가 말했다. "높고 높도다! 순임금과 우왕이 천하를 소유하면서 그 과정에 조금도 개입하지 않음이여!"

순임금은 요임금, 우왕은 순임금으로부터 각각 발탁되었다. 그 과정에서 순임금과 우왕이 천자가 되려고 인위적인 노력을 하지 않았다는 점을 높이 평가하고 있다. 그것은 사양할 줄 아는 지덕(至德)에서 나온 것이다. 태백(泰伯)편 주제가 바로 사양(辭讓)이라는 지덕이다.

그런데 우왕에 대해서는 조금은 제한적 평가를 한다. 앞에서 개입하지 않음에 대해서는 높이 평가했지만, 그의 업적 전반에 대해서는 위대한 찬사가 없다. 그것은 요임금과 순임금과는 달리 아들에게 왕위를 물려주었기 때문이다. '태백 21'이다.

공자가 말했다. "우왕은 내가 흠잡을 만한 것은 없다. (자신이 먹는) 음식을 간소하게 하면서도 (제사 때에는) 귀신에게 지극 정성을 다했다. (자신이 입는) 의복을 검소하게 하면서도 (제사 때 입는 의관인) 무릎 가리개와 관(冠)의 일종인 면(冕-면류관)에는 아름다움을 다했고, (자신이 사는) 궁실은 낮게 하면서도 (백성을 위한) 치수 사업에는 모든 힘을 다했다. 우왕은 내가 흠잡을 만한 것은 없다"

굳이 점수를 매기자면 요임금은 1점, 순임금은 2점, 우왕은 1점이다. 요임금은 선위(禪位)했으니 1점, 순임금은 효라는 다움으로 선위를 받았고 다시 우왕에게 선위해주었으니 2점, 우왕은 치수라는 공으로 선위를 받았으니 1점이다. 우왕은 선위하지 않고 아들에게 왕위를 물려주었다. 그런데 요임금은 선위를 처음으로 행했다는 점에서 요임금을 본받은 순임금이 우왕에게 선위한 것과는 차원이 다르다. 그래서 요임금은 하늘의 지공을 본받아 위대하다고 한 것이다.

泰伯

20

○순임금에게는 (뛰어난) 신하 다섯 명이 있어 천하가 다스려졌다.

무왕이 말했다. "나는 다스리는 신하 열 명을 가졌다."

공자가 말했다. "인재 얻기가 어렵다. 그렇지 않은가? 요순 때의 (성군과 현신의) 만남이 주나라 무왕 때에 와서 더욱 번성하였는데도 부인이 한 사람 끼어 있었으니, (신하는) 아홉 명일 뿐이었다. 천하를 삼분하여 그 둘을 소유하고도 은나라에 복종하여 섬겼으니, 주나라 (문왕)의 다움은 실로 지극한 다움이라고 이를 만하다."

순 유 신 오 인 이 천-하 치
舜有臣五人而天下治

무-왕 왈 여 유 난-신 십-인
武王曰 予有亂臣十人

공-자 왈 재-난 불-기-연-호
孔子曰 才難 不其然乎

당-우 지 제 어-사 위-성 유 부-인 언 구-인
唐虞之際 於斯爲盛 有婦人焉 九人

이-이
而已

삼-분 천-하 유 기-이 이 복-사 은 주-지-덕
三分天下有其二 以服事殷 周之德

기 가-위 지-덕 야-이-의
其可謂至德也已矣

다시 요임금에서 순임금으로 돌아간다. 앞서 본 바와 같이 요임금의 다움은 이루 말할 수 없이 크고 넓었고 그다음이 순임금이다. 이 장에서 순임금의 다움에 대해서는 아주 간략하게 말한다. 유신오인이천하치(有臣五人而天下治), 말 그대로 직역을 하면 뛰어난 신하 다섯 명이 있어 천하가 다스려졌다는 것이다. 이는 공자 말이 아니라 『논어』 편찬자가 역사적 사실을 서술한 것이다.

순임금은 권좌에 오르기 위해 아무런 인위적 행위도 하지 않았다고 했다. 사사로운 권력욕을 갖지 않았다는 것이다. 그것은 즉위하는 과정에서 그랬다는 것이고, 여기서는 권좌에 오른 순임금이 어떻게 통치를 해서 천하를 치세로 바꾸었는지를 함축적으로 보여주고 있다. 뛰어난 신하 다섯 명을 잘 골라냄으로써 그들에게 권한을 주어 천하를 치세로 바꾸었다는 말이다. 간단하면서도 쉽지 않은 일이다.

'위정 19'로 돌아간다. 노나라 군주 애공이 "어떻게 하면 백성들이 복종하는가?"라고 묻자 공자는 이렇게 대답했다.

"곧은 신하를 들어 쓰고 굽은 신하들을 그냥 내버려 두면 백성들이 복종하고, (반대로) 굽은 신하를 들어 쓰고 곧은 신하들을 그냥 내버려 두면 백성들은 복종하지 않을 것입니다."

한마디로 순임금은 밝은 눈을 갖고서 곧은 신하 다섯 명을 잘 골라 책임과 권한을 모두 위임했고, 이들은 임금의 기대대로 선정을 펼쳐 백성들로부터 마음에서 우러나는 복종을 이끌어냄으로써 치세(治世)를 이룩해냈다고 볼 수 있다. 그 다섯 명은 우(禹), 직(稷), 설(契), 고요(皐陶), 백익(伯益)이다.

이어 무왕(武王)이 했다는 말을 전한다. 맥락은 역시 사람을 보고 고르는 문제의 어려움과 관련된 군주의 군주다움, 즉 지덕함의 맥락이다.

"나는 다스리는 신하[亂臣=治臣] 열 명을 가졌다."

난(亂)에는 '난을 끝내다'는 뜻도 있어서, 난신(亂臣)은 치신(治臣), 즉 다스리는 신하로 번역된다. 이에 대한 마융(馬融) 풀이다.

"난(亂)은 다스림이다. 열 사람은 주공 단(周公旦), 소공 석(召公奭), 태공망(太公望), 필공(畢公), 영공(榮公), 태전(太顚), 굉요(閎天), 산의생(散宜生), 남궁괄(南宮适)이요, 한 사람은 문왕의 비(妃)이다."

이어지는 공자 말이 자연스럽게 앞의 두 구절에 대한 풀이 역할을 한다. 통상 자왈(子曰)이라고 하는데 여기서 공자왈(孔子曰)이라고 한 것은 임금 이야기 바로 다음에 이어지기 때문에 겸사(謙辭) 차원에서 그렇게 한 것이다.

> "인재 얻기가 어렵다. 그렇지 않은가? 요순 때의 (성군과 현신의) 만남이[唐虞之際] 주나라 무왕 때에 와서 더욱 번성하였는데도 부인이 한 사람 끼어 있었으니, (신하는) 아홉 명일 뿐이었다."

여기서 당(唐)과 우(虞)는 각각 요임금과 순임금의 나라 이름이다. 다시 공자의 발언이 이어진다.

> "천하를 삼분하여 그 둘을 소유하고도 은나라에 복종하여 섬겼으니, 주나라 (문왕)의 다움은 실로 지극한 다움[至德]이라고 이를 만하다."

이에 대한 범조우 풀이가 인상적이다.

> "문왕의 임금다움은 충분히 상나라를 대신할 만하여 하늘이 허여해 주고 사람들이 귀의하였는데도, 상나라(은나라)를 취하지 않고 오히려 복종하여 섬기셨으니, 이 때문에 지극한 다움이 되는 것이다. 공자께서 무왕의 말씀을 취하여 문왕의 다움을 언급하셨고, 또 태백과 함께 모두 지극한 다움으로 칭하셨으니, 그 뜻이 은미하다."

'태백 1'로 되돌아가는 셈이다. 결국 태백(泰伯)편은 처음부터 끝까지 군자다운 군주, 즉 지극한 다움을 갖춘 임금에 관한 이야기다.

泰伯

21

○공자가 말했다. "우왕은 내가 흠잡을 만한 것은 없다. (자신이 먹는) 음식을 간소하게 하면서도 (제사 때에는) 귀신에게 지극 정성을 다했다. (자신이 입는) 의복을 검소하게 하면서도 (제사 때 입는 의관인) 무릎 가리개와 관(冠)의 일종인 면(冕-면류관)에는 아름다움을 다했고, (자신이 사는) 궁실은 낮게 하면서도 (백성을 위한) 치수 사업에는 모든 힘을 다했다. 우왕은 내가 흠잡을 만한 것은 없다."

子曰 禹 吾無間然矣
菲飮食而致孝乎鬼神
惡衣服而致美乎黻冕
卑宮室而盡力乎溝洫
禹 吾無間然矣

간(間)은 틈, 혹은 흠이니, 동사로는 '흠잡다'는 뜻이다. 요임금이나 순임금에 대해 극찬했던 공자가 우왕에 대해서는 칭찬은 아끼고 "흠잡을 만한 것은 없다" 정도로 말한 것은 물론 지극한 다움을 가진 뛰어난 이를 찾아서 선양(禪讓)하지 않았기 때문이다. 공자는 그만큼 선위(禪位) 혹은 선양을 최고의 권력 이양 방식이라고 보았다. 그러니 선위 받은 우왕이 자기 아들에게 왕위를 넘겨준 것은 그다지 바람직한 것은 아니었다. 그래서 "흠잡을 만한 것은 없다"라고 다소 냉랭하게 말을 한 것이다.

　호의적으로 보면, 스스로에게 검소하며 임금으로서 하늘과 귀신 그리고 백성을 위해 최선을 다했다는 점에서 굳이 비판할 것까지는 없다는

말이기도 하다. 은근한 칭찬으로 읽어도 무방하다. 순임금도 이런 점들을
높이 평가해 우왕에게 선위했다고 봐야 한다.

⑨

子_자
空_한

子罕

○子罕言利與命與仁○達巷黨人曰大哉孔子博學而無所成名子聞之謂門弟子曰吾何執執御乎吾執射乎吾執御矣

○子曰麻冕禮也今也純儉吾從衆拜下禮也今拜乎上泰也雖違衆吾從下

○子絕四毋意毋必毋固毋我

○子畏於匡曰文王既沒文不在茲乎天

吾不試故藝〇子曰吾有知乎哉無知

能鄙事君子多乎哉不多也牢曰子云

子聞之曰大宰知我乎吾少也賤故多

能也子貢曰固天縱之將聖又多能也

大宰問於子貢曰夫子聖者與何其多

也天之未喪斯文也匡人其如予何〇

之將喪斯文也後死者不得與於斯文

8 9 10

以文約我以禮欲罷不能旣竭吾才如
前忽焉在後夫子循循然善誘人博我
喟然歎曰仰之彌高鑽之彌堅瞻之在
瞽者見之雖少必作過之必趨○顏淵
吾已矣夫○子見齊衰者冕衣裳者與
端而竭焉○子曰鳳鳥不至河不出圖
也有鄙夫問於我空空如也我叩其兩

11

12

有所立卓爾雖欲從之末由也已○子疾病子路使門人爲臣病間曰久矣哉由之行詐也無臣而爲有臣吾誰欺欺天乎且予與其死於臣之手也無寧死於二三子之手乎且予縱不得大葬予死於道路乎○子貢曰有美玉於斯韞匱而藏諸求善賈而沽諸子曰沽之哉

13 沽之哉我待賈者也〇子欲居九夷或日陋如之何子曰君子居之何陋之有

14 〇子曰吾自衛反魯然後樂正雅頌各得其所

15 〇子曰出則事公卿入則事父兄喪事不敢不勉不爲酒困何有於我哉

16 〇子在川上曰逝者如斯夫不舍晝夜

17 〇子曰吾未見好德如好色者也〇

18　19　20　21　22

今也(금야) 四十五十而無聞焉(사십오십이무문언) 斯亦不足畏(사역부족외)

夫(부) ○子曰(자왈) 後生可畏(후생가외) 焉知來者(언지내자) 之不如(지불여)

苗而不秀者(묘이불수자) 有矣(유의) 夫秀而不實者(부수이불실자) 有矣(유의)

惜乎(석호) 吾見其進也(오견기진야) 未見其止也(미견기지야) ○子曰(자왈)

之而不惰者(지이불타자) 其回也與(기회야여) ○子謂顏淵曰(자위안연왈)

如平地(여평지) 雖覆一簣(수복일궤) 進吾往也(진오왕야) ○子曰(자왈) 語(어)

子曰(자왈) 譬如(비여) 爲山未成(위산미성) 一簣(일궤) 止吾止也(지오지야) 譬(비)

23

也(야)已(이) ○ 子(자)曰(왈) 法(법)語(어)之(지)言(언) 能(능)無(무)從(종)乎(호) 改(개)之(지)爲(위)貴(귀) 巽(손)與(여)之(지)言(언) 能(능)無(무)說(열)乎(호) 繹(역)之(지)爲(위)貴(귀) 說(열)而(이)不(불)繹(역) 從(종)而(이)不(불)改(개) 吾(오)末(말)如(여)之(지)何(하)也(야)已(이)矣(의)

24

○ 子(자)曰(왈) 主(주)忠(충)信(신) 毋(무)友(우)不(불)如(여)己(기)者(자) 過(과)則(즉)勿(물)憚(탄)改(개)

25

○ 子(자)曰(왈) 三(삼)軍(군)可(가)奪(탈)帥(수)也(야) 匹(필)夫(부)不(불)可(가)奪(탈)志(지)也(야)

26

○ 子(자)曰(왈) 衣(의)敝(폐)縕(온)袍(포) 與(여)衣(의)狐(호)貉(학)者(자) 立(입)而(이)不(불)恥(치)者(자) 其(기)由(유)也(야)與(여) 不(불)忮(기)不(불)求(구) 何(하)用(용)

27　28　29　30

子曰未之思也夫何遠之有

棣之華偏其反而豈不爾思室是遠而

適道未可與立可與立未可與權○唐

懼○子曰可與共學未可與適道可與

也○子曰知者不惑仁者不憂勇者不

以臧○子曰歲寒然後知松柏之後彫

不臧子路終身誦之子曰是道也何足

子罕

1

○공자께서는 이익과 명(命) 그리고 어짊에 대해서는 드물게 말씀하셨다.

子罕言利與命與仁

어느 제자가 공자에 대해 한 말이다. 그 제자란 아마도 자공일 것이다. 한(罕)은 '드물게'라는 뜻이다. 희한(稀罕)하다고 할 때의 그 한(罕)이다. 좀 더 강조해서 '아주 드물게'라고 보는 게 낫다. 일단 직역하면 "공자는 이(利)와 명(命)과 인(仁)에 대해서는 아주 드물게 말했다"는 것이다.

'공야장 12'도 비슷한 문맥이다.

자공이 말했다. "스승님의 애씀과 잘 드러냄은 알아들을 수 있었지만, 스승님께서 본성과 하늘 같은 도리에 대해 말씀하신 것은 알아들을 수 없었다."

이걸 보더라도 자공이 "이익과 명(命) 그리고 어짊에 대해서는 드물게 말씀하셨다"라는 공자의 말을 듣고 전한 것으로 보는 것이 타당해 보인다.

그렇다면 왜 공자는 아주 드물게 이익, 명, 어짊에 대해 말했을까? 먼저 정이천 풀이부터 보자.

"이익을 따지다 보면 마땅함을 해치고, 명의 이치는 미묘하며, 어짊의 도리는 매우 크다. 그래서 부자(夫子-공자)께서는 매우 드물게 말씀하신 것이다."

같은 연장선에서 정약용 풀이가 좀 더 명료하다.

"이(利)는 (이익의 이가 아니라) 백성을 이롭게 한다[利民]거나 나라를 이롭게 한다[利國]고 할 때의 이(利)이다. 명(命)은 천명(天命)이며, 어짊[仁]이란 인륜의 성덕(成德)이다. 이로움를 자주 말하면 마땅함[義]을 상하게 하며, 명(命)을 자주 말하면 하늘을 모욕하게 되며, 어짊을 자주 말하면 몸소 실행하는 것이 미치지 못하게 되니, 이것이 드물게 말한 까닭이다."

결국 이 세 가지를 통해 우리는 이상적인 군자상(君子像)을 구성할 수 있다. 이(利)는 멀리하고 명(命)은 따르며 인(仁)은 가까이하려 해야 군자가 될 수 있다는 말이다. 그리고 이 세 가지, 즉 멀리하는 것, 따르는 것, 가까이하려는 것은 공통적으로 말[言]로 되는 것이 아니라 일을 행함[行事]으로써 되는 것들이다.

여기서 우리가 주목해야 할 점은 공자가 이 세 가지에 대해 말을 삼갔다는 것 못지않게 왜 『논어』 편찬자가 이 말을 자한(子罕)편 첫머리에 두었는가 하는 것이다. 그것은 이미 자한(子罕)편 전체가 대체적으로 공자를 모범으로 하여 군자의 바람직한 모습을 그리는 데 목적이 있고, 이(利), 명(命), 인(仁)을 가지고 온 것은 그 모습을 구체적으로 그려내는 단서로 삼기 위함일 것이다. 이는 앞으로 읽어가면서 분명하게 드러난다.

여기서 우리는 공자의 겸손한 태도, 삼가는 자세를 짚어둘 필요가 있다. '아주 드물게 언급했다'는 것 자체가 바로 겸손과 관련된다. 공자가 직접 공손함[恭], 겸손함[謙], 삼감[敬] 등을 언급하지는 않았지만, 모든 말과 행동에 그것들이 녹아들어 있기 때문이다. 겸공(謙恭)은 군자가 어짊을 행하는 근본이다.

子
罕

2

○달항이라는 당(黨) 사람이 말했다. "크도다, 공자여! 널리 배우고서도 (어느 한 분야에) 이름을 이룬 바가 없다."

공자가 그것을 듣고서 문하 제자들에게 일러 말했다. "내가 (어느 한 분야를 파고든다면) 무엇을 붙잡아야 할까? 말 모는 일을 붙잡아야 하는가? 활 쏘는 일을 붙잡아야 하는가? (둘 중 하나를 골라야 한다면) 말 모는 일을 붙잡으리라."

_{달-항} _{당-인} _왈 _{대-재} _{공-자}
達巷黨人曰 大哉 孔子
_{박-학} _이 _무 _{소-성-명}
博學而無所成名
_자 _{문-지} _위 _{문-제-자} _왈 _오 _{하-집}
子聞之 謂門弟子曰 吾何執
_{집-어-호} _{집-사-호} _오 _{집-어-의}
執御乎 執射乎 吾執御矣

"(어느 한 분야에) 이름을 이룬 바가 없다"는 칭송인가? 애석함의 표현인가? 문맥을 보면 "크도다"라고 했으니 애석함의 표현이라기보다는 칭송으로 볼 수 있다. 더구나 '위정 12'에서 공자는 "군자는 그릇이 아니다[不器]"라고 했다. 그릇처럼 특정한 한 가지 용도에 국한되지 않는다는 말이다. 그런 점에서도 칭송으로 보는 것이 나을 듯하다.

이 말을 전해 들은 공자는 문하 제자들에게 다음과 같이 말한다.

"내가 (어느 한 분야를 파고든다면) 무엇을 붙잡아야 할까? 말 모는 일을 붙잡아야 하는가? 활 쏘는 일을 붙잡아야 하는가? (둘 중 하나를 골라야 한다면) 말 모는 일을 붙잡으리라."

공자는 그릇이 아니다[不器]. 그런데도 혹시라도 "(어느 한 분야에) 이름을 이룬 바가 없다"는 칭송이 전문성이 부족하다는 지적으로 오해될 수도 있음을 인식한 공자는 겸손한 태도를 잃지 않으면서 이렇게 말했던 것이다. 말 모는 일은 다른 사람 아래에서 하는 일이고, 활 쏘는 일은 그나마 말 위에서 자신이 직접 하는 것이다. 그런데 공자는 둘 중 굳이 하나를 선택하라면 말 모는 일을 선택하겠다고 말한다. 이는 공자가 실제로 그렇게 하겠다는 뜻은 아니고, 마음가짐이 항상 그렇다는 말이다. 여기서도 겸손의 문맥이 은근하게 이어지고 있다.

동시에 공자는 설사 자신은 가장 미천한 말 모는 일을 하게 될 경우에라도 얼마 안 가서 그 분야의 최고가 되어 이름을 날리게 될 것임을 자신하고 있기도 하다.

여기서 공자의 진의(眞意)를 살피는 데 결정적인 도움이 되는 구절이 '자로 4'에 나온다.

> 번지가 (공자에게) 농사일을 배울 것을 청하자 공자가 말했다. "나는 늙은 농사꾼만 못하다." 채소 가꾸기라도 배울 것을 청하자 공자가 말했다. "나는 늙은 채소 농사꾼만 못하다."
>
> 번지가 나가자 공자가 말했다. "소인이도다, 번수(樊須)여! 윗사람이 예를 좋아하면 백성들은 감히 공경하지 않을 수 없고, 윗사람이 마땅함을 좋아하면 백성들이 감히 복종하지 않을 수 없고, 윗사람이 믿음을 좋아하면 백성들은 감히 실상대로 하지 않을 수 없다. 무릇 이와 같이 한다면 사방 백성들이 자식을 포대기에 업고서 찾아올 것인데 어찌 (내 능력을) 농사일에 쓸 것인가?"

공자는 직접 반박하지 않고 에둘러 답하다가 막상 번지가 나간 다음에야 소인이라고 비판한다. 이때 소인이라고 부른 것은 욕에 가깝다. 그리고 '자한 2'와 '자로 4'는 합쳐서 공자가 이로움[利]에 대해 거의 말하지 않았다는 맥락에서 볼 수 있다. 어느 하나에 전념한다는 것은 곧 이(利)를 추구하는 것이기 때문이다.

子罕

3

○공자가 말했다. "삼으로 만든 관을 쓰는 것이 예에 맞지만, 지금은 (많은 사람들이) 생사로 만든 관을 쓰니 검소하다. 나는 대중을 따르겠다. 당(堂) 아래에서 절을 하는 것이 예에 맞지만, 지금은 (신하가 당) 위에서 절을 하니 교만하다. 나는 아래에서 절하는 예를 따르겠다."

子曰 麻冕 禮也
자—왈 마—면 예—야

今也純儉 吾從衆 拜下 禮也
금—야 순 검 오 종—중 배—하 예—야

今拜乎上 泰也 雖違衆 吾從下
금 배 호—상 태—야 수 위—중 오 종—하

여기서도 공자의 겸손한 태도는 이어진다. 그것은 군자가 취해야 할 태도와도 관련이 있다. 넓은 의미에서 군자상(君子像) 문맥이 계속되고 있다.

공자는 먼저 마면(麻冕), 즉 삼베로 관을 만드는 것이 예(禮)이지만 지금은 생사(生絲)로 관을 만드니 검소하다고 평한다. (물론 그것은 예가 아니지만) 나는 많은 사람들이 행하는 관행을 따르겠다고 말한다. 현재 상황을 고려하면서 원칙만을 고집하지 않는 면모를 보인다. 공자가 오래된 원칙보다 지금의 관행을 택한 이유가 중요하다. 그것은 지금의 그것이 검소[儉]하기 때문이다.

그런데 다음 구절은 상황이 조금 다르다. 배하(拜下)란 신하가 군주와 예를 행할 적에 당(堂) 아래에서 절을 해야 하는 것을 말한다. 그것이 전통적인 예법이다. 그런데 공자 당시 신하들은 당 위에서 절을 하니 교만하다[泰=驕]고 한 것이다. 그만큼 군주의 힘이 약해져 있었다는 뜻이기도 하다. 그런데 공자는 이번에는 설사 당시 사람들 습속에 어긋나더라도 자신은 당 아래에서 절하는 (원래의) 예를 따르겠다고 말한다. 현재 상황이 교만하기 때문에 따르지 않겠다고 한 것이다.

그런 점에서 이 두 구절은 같은 이야기를 하고 있다고 할 수 있다. 교만하면 아무리 많은 사람들이 따르는 것이라도 따르지 않고, 검소하면 아무리 옛법이라도 변화를 줄 수 있다는 것이다. 이를 일의 이치[事理＝禮]로서 밝힌 것이 '술이 35'이다.

> 공자가 말했다. "사치하면 공손하지 못하고 검소하면 고루하기 쉽다. 공손하지 못한 것보다는 차라리 고루한 것이 낫다."

정확히 이를 풀어주는 내용이다.

'이인 10'은 이와 같은 시중(時中) 혹은 권도(權道)를 발휘하는 법에 관한 것이다.

> 공자가 말했다. "군자가 천하에 (공적인 일을 하러) 나아가면 '오로지 이래야 한다'는 것도 없고, '오로지 이래서는 안 된다'는 것도 없다. (그때마다의) 마땅함에 따라 행할 뿐이다."

공자는 어느 하나를 고집하지 않았다. 검소함을 골랐고 교만 혹은 불손을 버렸다. 그는 '오로지 이래야 한다'는 것도 없었고, '오로지 이래서는 안 된다'는 것도 없었다. 그가 고른 마땅함[義]이란 다름 아닌 '술이 35'에 담긴 마땅함이었다.

앞서 우리는 명(命)이 곧 일의 형세[事勢]임을 살펴본 바 있다. 그것이 곧 시중(時中)이자 권도(權道)를 발휘해야 하는 상황이다. 그런 점에서 이 장은 명(命)과 관련된 것이다.

子罕

4

○공자께서는 네 가지를 끊으셨다. 억측하지 않으셨고, 반드시 이래야
한다고(혹은 이래서는 안 된다고) 하지 않으셨고, 고집을 세우지 않으셨
고, 아집에 사로잡히지 않으셨다.

자 절—사 무—의 무—필 무—고 무—아
子絶四 毋意 毋必 毋固 毋我

이는 자연스럽게 '자한 3'에 대한 보충 설명이 된다. 무슨 말인가 하면 권
도(權道)를 발휘할 수 있는 마음가짐을 네 가지로 나눠 보여준 것이다.

앞서 공자는 어짊[仁]을 오래가는 것[久]이라고 했고, 또 다른 사람을
사랑하는 것[愛人]이라고 말했다. 다른 사람에 대한 사랑이 어짊임을 감안
할 때 억측하고, 반드시 이래야 한다거나 이래서는 안 된다고 한다거나,
고집을 부린다거나, 아집에 사로잡히는 것은 모두 어질지 못함[不仁]이다.

억측하지 않고 '반드시'라고 하지 않았던 사례는 공자의 말하기에서
종종 드러난다. 『중용』제17장에 나오는 말이다.

공자는 말했다. "순임금은 아마도[其] 큰 효심을 가졌던 분이라 할 수
있을 것이다[與]. (임금)다움[德]은 성인(聖人)의 경지에 올랐고, 그 존
귀함은 천자(天子)에 이르렀으며, 그 부는 사해(四海) 안의 모든 것을
소유하여 (죽은 뒤에는) 종묘의 제사를 받았고, 자손들도 그 제사를 대
대로 이어갈 수 있었다. 바로 그렇기 때문에 (순임금처럼) 큰 다움을 닦
으면 반드시 그에 어울리는 지위를 얻을 것이고, 반드시 그에 어울리
는 작록(爵祿)을 얻을 것이며, 반드시 그에 어울리는 이름을 얻고, 반
드시 그에 어울리는 수명을 얻는다."

여기서 공자는 존경했던 순임금마저도 큰 효자라고 단정하지 않는
다. '아마도[其]~일 것이다[與]'라는 표현법이 바로 '반드시'라는 말을 가
능한 한 피하려 했던 공자의 무필(毋必)하는 자세를 그대로 보여 준다. 그
리고 어떤 일에 대해 말을 하면 여기에서처럼 반드시 그 근거들을 제시했

다. 이것이 바로 억측하지 않으려던 무의(毋意)하는 자세이다.

이런 사례는 『논어』에도 여러 개가 있는데 그중 '이인 6'을 살펴보자. 공자가 말했다. "나는 아직 어짊을 (제대로) 좋아하는 자와 어질지 못함을 (제대로) 미워하는 자를 보지 못했다. 어짊을 좋아하는 자는 그를 능가할 수 있는 것이 없고, 어질지 못함을 미워하는 자는 어질지 못함이 자기 몸에 조금이라도 가해지지 못하게 한다. 능히 단 하루라도 어짊에 자기 힘을 (제대로 다) 쓰는 자가 있는가? 나는 아직 (어짊을 향해) 힘이 부족해서 못하는 사람은 보지 못했다. 어쩌면 혹시 그런 사람이 있는데 내가 보지 못한 것인가 보다."

마지막 문장, 즉 "어쩌면 혹시 그런 사람이 있는데 내가 보지 못한 것인가 보다"라는 표현이 바로 공자가 무고(毋固), 무아(毋我)했던 자세를 그대로 보여 준다.

무의(毋意), 무필(毋必), 무고(毋固), 무아(毋我)는 한마디로 사무사(思毋邪)이며, 여기서 한 걸음 더 나아가면 극기복례(克己復禮)가 된다.

子
罕

5

○공자가 (정나라) 광(匡) 땅에서 두려운 일을 겪자 말했다. "문왕이 이미 돌아가셨지만 문(文)이 이 몸에 있지 않은가? 하늘이 장차 이 문을 없애려 한다면 뒤에 죽는 내가 이 문에 참여할 수 없었을 것이다. (그러나) 하늘이 아직 이 문을 없애려 하지 않으니 광 땅 사람들이 나를 어떻게 하겠는가?"

_{자 외-어 광 왈 문 왕 기-몰 문 부-재 자-호}
子畏於匡 曰 文王旣沒 文不在玆乎
_{천 지 장-상 사-문 야 후-사-자 부-득 예-어 사}
天之將喪斯文也 後死者不得與於斯
_{-문 야}
文也
_{천 지 미-상 사-문 야 광-인 기 여-여-하}
天之未喪斯文也 匡人其如予何

이번에도 명(命)의 문제이다. 공자는 광(匡) 땅이라는 곳에서 두려운 일을 겪었다고 한다. 사마천 『사기』에 나오는 설명이다.

"양호(陽虎-양화)가 일찍이 광 땅에서 포악한 짓을 했는데, 공자 모습이 양호와 비슷했으므로 광 땅 사람들이 공자를 양호로 오인하여 닷새 동안 포위했다."

양호는 노나라 계씨 집안 가신으로 광 땅을 다스리는 동안 온갖 악행을 저지른 것으로 알려져 있다. 죽음의 위기가 닥쳤으니 두려움이 밀려든 것은 어쩔 수 없는 일이다. 하지만 이런 두려움에도 불구하고 공자는 당당했다. 그렇게 당당할 수 있는 이유를 공자는 이렇게 말한다.

"문왕이 이미 돌아가셨지만 문(文)이 이 몸에 있지 않은가?"

공자는 자신이 문왕의 도리를 이어받아 체화했다고 자부했다. 주희는 굳이 도(道)라고 하지 않고 문(文)이라고 한 것은 겸손의 표현으로 풀이한다. 그런데 정약용은 공자가 도(道)는 도(道)라 했고, 문(文)은 문(文)이라 했다는 점을 들어 겸손의 표현이 아니라고 본다. 주희는 도리[道]를 중시하고 애씀[文]을 경시했기 때문에 이같이 말했을 뿐이다. 이어 공자는 다음과 같이 말한다.

> "하늘이 장차 이 문을 없애려 한다면 뒤에 죽는 내가 이 문에 참여할 수 없었을 것이다. (그러나) 하늘이 아직 이 문을 없애려 하지 않으니 광 땅 사람들이 나를 어떻게 하겠는가?"

이는 누가 보아도 '자한 1'에서 두 번째로 언급한 명(命)과 관련된 것이다. 공자가 명(命)을 따르려는 자세는 이와 같았던 것이다. '태백 13'에서 말한 수사선도(守死善道)하려는 자세란 바로 이런 것이다. 이와 관련해서 우리는 이미 '술이 22'에서 환퇴가 자신을 죽이려 하자 담담하게 이렇게 말하는 공자의 모습을 본 바 있다.

> 공자가 말했다. "하늘이 나에게 다움을 내려주었으니 환퇴(桓魋)라 한들 나를 어찌하겠는가?"

이로써 이 장이 명(命)과 관련되어 있음이 분명해졌다. 이 같은 명(命)이라는 맥락에서 정약용이 인용한, 자신의 형 정약전(丁若銓) 풀이는 참고할 만하다.

> "여기서 말하는 이 문(文)이란 오직 『주역』뿐이니 말하지 않아도 자명하다. 만약 도(道)를 문(文)으로 하였다면 위로는 요순이 있고 아래로는 주공이 있는데, 어찌 반드시 문왕만을 들어서 말했겠는가? 성인(聖人)은 일생 동안 오직 천명(天命)만을 들었기 때문에 『주역』이 그 몸에서 떠나지 않았던 것이다. 그런데 광 땅을 지나다가 환난이 있었으므로 그 『주역』을 문(文)이라고 지칭하여 말한 것이다."

『주역』은 곧 일의 형세[事勢]로서의 명(命)을 말한다는 점에서 정약전의 지적은 정곡을 찌른 것이다.

子罕

6

○태재가 자공에게 물었다. "자네 스승은 빼어난 분이라고 할 수 있겠는데 어찌 그리도 다능하신가?"

자공이 답했다. "진실로 하늘이 내려주신 빼어난 이라 할 수 있고 또 다능하시다."

공자가 그것을 전해 듣고 말했다. "태재가 나를 아는가? 나는 젊었을 때는 미천했기 때문에 그래서 비천한 일들에 능함이 많았다. (하지만) 군자는 능함이 많은가? 많지 않다."

뢰(牢)가 말했다. "스승님께서는 '내가 등용되지 못했기에 여러 가지 재주를 익혀 다능했다'고 하셨다."

大宰問於子貢曰 夫子聖者與

何其多能也

子貢曰 固天縱之將聖 又多能也

子聞之 曰 大宰知我乎 吾少也賤 故

多能鄙事

君子多乎哉 不多也

牢曰 子云 吾不試 故藝

"태재(大宰)는 나를 아는가?"를 어떻게 보느냐에 따라 태재가 맨 처음에 했던 말의 뉘앙스도 많이 달라진다. 태재 정도 되면 성자(聖者)의 정확한 의미는 알고 있었을 것이다. 그러면 그의 질문은 이렇게 된다. "자네 스승은 빼어난 이인 듯한데, 어찌 소인들처럼 여러 기예에 능통한가?"

이렇게 되면 공자도 태재가 자기를 전혀 모른다고 여기지 않고, 자신을 빼어난 이로 여기면서도 어떻게 불기(不器)여야 할 군자나 빼어난 이가 다양한 기예에 능통한지를 정말 궁금해서 물어본 것으로 받아들인 것이다. 이렇게 되면 '자한 2'와 문맥이 통한다. 뢰(牢)는 공자 제자 금뢰(琴牢)를 가리킨다.

子罕

7

○공자가 말했다. "내가 아는 것이 있는가? 아는 것이 없다. 비루한 사람이 있어 나에게 물어볼 경우 그가 텅 비어 있더라도 그 사람의 처음과 끝, 양단을 두들겨가며 온 힘을 다해 말해줄 것이다."

자─왈　오　유─지　호─재　　무─지　야
子曰 吾有知乎哉 無知也

유　비─부　문─어　아　　공─공─여─야
有鄙夫問於我 空空如也

아　고　기　양─단　이　갈─언
我叩其兩端而竭焉

이때 앎[知]이란 지인(知人)의 지(知)가 아니라 전문 분야에 대한 지식을 말한다. 그런 의미에서의 앎은 공자 자신에게 없다는 것이다. 이렇게 풀면 자연스럽게 '자한 2와 6'에 이어진다. 우선 앞의 문맥 속에서 보자면 공자가 먼저 자신에게 앎, 지식이 있는가라고 물었을 때는 특정 분야에 대한 전문지식을 염두에 둔 것이다. 공자는 특정 분야의 지식을 자랑하지 않았다. 따라서 마찬가지로 이(利)와 명(命)의 문맥이 교차하여 나온다.

　　문제는 지금부터다. 공자는 "비루한 사람이 있어 나에게 물어볼 경우 그가 텅 비어 있더라도 그 사람의 처음과 끝, 양단을 두들겨가며 온 힘을 다해 말해줄 것이다"라고 말한다. 여기서 공자의 교육관이 드러난다. 스승이나 가르치는 자가 머릿속에 이미 알고 있는 것을 전해주는 것이 가르침이 아니다. 모르는 사람의 자리에서 출발해 그 사람과 더불어 나아가는 것이 진정으로 그 사람을 알게 하는 것[誨]이다. 가르침을 공자는 일깨움[誨=啓]으로 본다. 그것이 바로 '위정 11'이다.

> 공자가 말했다. "옛것에 온기를 불어넣어 새것을 알아낸다면 (그 사람은 남의) 스승이 될 수 있다."

공자 역할은 옛것을 먼저 알고 있는 자가 아니라 온기를 불어넣을 줄 아는 자이다.

이에 대해서는 윤돈 풀이가 간명하다.

"성인(聖人-공자)의 말씀은 상하(上下)가 겸하여 극진하니, 그 천근(淺近-비근)한 데 나아가면 보통 사람들도 모두 참여하여 알 수 있고, 그 지극한 것을 다하면 비록 성인(聖人)이라도 또한 더할 수 없으니 이를 일러 양단(兩端)이라 한다. 예컨대 번지가 인(仁)과 지(智)를 물었을 때 공자 대답이 양단을 다하여 더 이상 남김이 없었던 것과 같다. 만약 상(上-形而上)만 말하고 하(下-形而下)를 빠뜨리고, 이치만 말하고 사례를 빠뜨린다면 어찌 성인의 말씀이겠는가!"

윤돈이 언급한 번지와 공자 대화는 '안연 22'이다. 이를 형이상, 형이중, 형이하로 나눠 정리해보자.

——형이상: 번지가 먼저 어질다는 것[仁]이 무엇이냐고 묻자 공자가 말했다. "사람을 사랑하는 것이다[愛人]."; 안다는 것[知]이 무엇이냐고 묻자 공자가 말했다. "사람을 아는 것이다[知人]."

——형이중: 번지가 (특히 사람을 아는 것과 관련해) 이 말을 이해하지 못하자 공자가 말했다. "곧은 사람을 들어 쓰고 모든 굽은 사람은 제자리에 두면, 굽은 자로 하여금 곧아지게 할 수 있다."

번지는 공자 앞을 물러나와 자하를 찾아가 물었다. "지난번에 내가 스승님을 뵙고서 안다는 것이 무엇인지 묻자 스승님께서 '곧은 사람을 들어 쓰고 모든 굽은 사람은 제자리에 두면, 굽은 자로 하여금 곧아지게 할 수 있다'고 하셨다. 무엇을 말함인가?"

——형이하: 자하가 말했다. "풍부하도다! 그 말씀이여! 순임금이 천하를 소유함에 여러 사람 중에서 선발하여 고요(皐陶)를 들어 쓰시니 어질지 못한 자들이 멀리 사라졌고, 탕왕이 천하를 소유함에 여러 사람 중에서 선발하여 이윤(伊尹)을 들어 쓰시니 어질지 못한 자들이 멀리 사라졌다."

子罕

8

○공자가 말했다. "봉황새가 오지도 않고 황하에서 (용마의) 그림도 나오지 않으니 나는 끝났도다!"

子曰 鳳鳥不至 河不出圖 吾已矣夫
자—왈 봉—조 부—지 하 불—출—도 오 이—의—부

"나는 끝났도다!"라는 말을 후한 학자 왕충(王充 27~104년)은 『논형(論衡)』문공(問孔)편에서 이렇게 풀이했다.

"공자가 스스로 임금다운 임금[王者]이 될 수 없음을 슬퍼한 것이다."

정약용은 이를 정면으로 부인했다. 공자는 자신을 높여줄 밝은 임금이 나오지 않는 것을 한탄했을 뿐, 자기가 임금다운 임금이 될 수 없음을 한탄했을 리가 없다는 것이다.

봉황새가 오고 황하에서 (용마의) 그림이 나오는 것은 다움을 갖춘 이가 마침내 임금에 오르게 되리라는 서징(瑞徵)이다. 서징이란 상서로운 조짐이나 징조를 말한다. "봉황새가 오지도 않고"는 봉황새가 순임금 때는 와서 춤을 추고, 문왕 때는 기산(岐山)에서 울었다는 고사와 관련 있다. "황하에서 (용마의) 그림도 나오지 않으니"는 복희(伏羲) 때 황하에서 용마의 등에 그려진 그림이 나왔다는 고사와 관련 있다. 결국 이 말은 복희(伏羲) 때와 순임금, 문왕 때와 같은 상서로운 일이 더 이상 일어나지 않는다는 것이다. 그렇기에 공자는 "나는 끝났도다!"라며 탄식한다. 명(命)의 문맥이다.

분명히 말하지만 공자는 임금이 되고 싶었던 사람이다. 그것이 천자이건 제후이건 상관없었다. 그랬기에 그는 임금다운 다움[君德]을 끊임없이 자기 것으로 만들려 했던 것이다. 다만 인위적으로[有爲] 그렇게 하려 했던 것은 아니고, 순임금처럼 지극한 다움을 통해 자연스럽게[無爲] 되고 싶었을 것이다.

'자장 25'는 공자가 기회가 된다면 임금다운 임금[王者] 자리에 이르고 싶었음을 잘 보여 준다.

　진자금이 자공에게 말했다. "선생님께서 (스승을) 공경해서 그렇게 말하시겠지만 중니가 어찌 선생님보다 뛰어나겠습니까?"

　자공이 말했다. "군자는 한마디 말로 지혜롭다 하며 한마디 말로 지혜롭지 않다고 하는 것이니, 말이란 조심하지 않으면 안 된다. 스승을 따라갈 수 없음은 마치 하늘을 사다리로 오를 수 없는 것과 같다. 스승께서 나라를 얻으셨다면 이른바 '세우면 이에 서고 인도하면 이에 따르며, 편안하게 해주면 이에 따라오고 고무시키면 이에 응하여 흥기했을 것이다.' 그분이 살아계시면 영광으로 여기고 돌아가시면 슬퍼했을 것이니, (내 어찌 감히 그분에게) 미칠 수 있겠는가?"

　그러나 공자는 그 자리에 이를 수 없었다. 그 또한 명(命)이다.

子罕

9

○공자께서는 상복 입은 사람, 관복 입은 사람 그리고 맹인을 만나시면,
비록 그들 나이가 (자기보다) 어려도 반드시 일어나셨고, 그들 앞을 지
나갈 때는 반드시 (예에 따라) 종종걸음으로 걸어가셨다.

子見齊衰者 冕衣裳者與瞽者

見之 雖少必作 過之必趨

자최(齊衰)는 상복(喪服)이다. 면(冕)은 관(冠)과 같은 뜻이다. 고(瞽)는 '눈
이 멀었다'는 뜻이다. 따라서 자최자(齊衰者)는 상복 입은 사람이고, 면의
상자(冕衣裳者)는 고위 관리로서 관을 쓰고 옷을 제대로 차려입은 사람이
며, 고자(瞽者)는 눈이 먼 사람이다. 공자는 이들 상복 입은 사람, 성복(盛
服)한 사람, 장애가 있는 사람을 만나시면, 비록 그 사람이 나이가 적더라
도 반드시 일어났고, 그 옆을 지나쳐야 할 때에는 반드시 종종걸음을 쳤
다. 왜 그랬을까?

먼저 상복 입은 사람과 관련해서는 '술이 9'에서 살펴본 바 있다.

"공자께서는 상을 당한 사람 곁에서 식사하실 때는 일찍이 배불리 먹
은 적이 없으셨다. 공자께서는 이날 곡(哭)을 했을 경우 (그날은) 노래
를 부르지 않으셨다."

돌아가신 분에 대한 삼감[敬]이자 타인에 대한 사랑[愛人=仁]이다.

임금이나 관작(官爵)이 높은 사람을 대하는 공자의 모습은 향당(鄕黨)
편에 여러 차례 나오는데 그중 '향당 3'을 보자.

(공자께서는) 임금이 불러서 국빈을 접대하라고 시키면 낯빛이 바로 바
뀌었고 발걸음을 조심조심 떼셨다. 함께 서 있는 동료들에게 읍할 때
손을 좌로 하고 우로 하셨는데 옷의 앞뒤 자락이 가지런하셨다. 앞으
로 빨리 나아가실 때 (팔을 펴고 손을 모은 것이 단정하고 아름다워) 마치 새

가 날개를 편 것과 같았다. 국빈이 물러가고 나면 반드시 복명(復命)하여 말씀하시기를 "손님이 뒤돌아보지 않았습니다"라고 하셨다.

눈이 먼 사람을 비롯해 처지가 어려운 사람을 대하는 공자의 모습은 '위령공 41'에서 볼 수 있다.

맹인 악사인 면(冕)이라는 사람을 만났을 때 그가 계단에 이르자 공자는 "계단이다"라고 말하고 그가 자리에 이르자 "자리다"라고 하고, 사람들이 모두 자리에 앉자 "아무개는 여기에 있고 아무개는 저기에 있다"라고 일러주었다.

면이 나가자 자장이 물었다. "(지금 보여주신 것이 맹인) 악사와 더불어 말을 하는 도리입니까?"

공자가 말했다. "그렇다. 진실로 맹인인 악사를 도와주는 도리이다."

오직 면(冕)이라는 사람 입장에서 그에게 절실한 것만 짧게 말해 주고 있다. 자기 선행을 자랑할 생각이 전혀 없다. 불벌(不伐)하는 마음이다.

'술이 12'에서 본 바와 같이 공자가 늘 조심한 세 가지는 재계(齋戒), 전쟁, 질병이었다. 그것은 사람의 생명에 대한 깊은 사랑[愛人]과 관련된 것이다. '자한 1'에서 언급했던 세 가지 중에서 이(利)와 명(命)에 대한 논의에 이어 이제 관심이 인(仁)으로 넘어가는 것이다. 이에 대해서는 범조우 풀이가 핵심을 찌른다.

"성인(聖人-빼어난 이)의 마음은 상(喪)을 당한 이를 애도하고 관작이 있는 사람을 높이고 장애인을 가엾게 여기시니, 일어나고 종종걸음치신 것은 그렇게 하려고 의도하지 않아도 저절로 그렇게 되신 것이다."

여기서는 "저절로"가 중요하다. 사람 한 명 한 명을 대할 때 그만큼 마음에서 우러나와 최선을 다해 대했던 공자 태도를 알 수 있다. 여기에서 인(仁)은 내적으로는 삼감[敬]과 통하며 외적으로는 예(禮)와 통한다. 내적으로 인(仁), 외적으로 예(禮)를 강조하는 문맥은 앞으로 당분간 이어진다.

子罕

10

○안연이 아! 하며 감탄해서 말했다. "(스승님 가르침은) 우러러볼수록 더욱 높고 뚫으려할수록 더욱 견고하다. (그리고) 가만히 바라보면 앞에 있는 듯하다가 홀연히 뒤에 있다. 스승님께서는 차근차근 사람을 잘 이끄셨으니 (옛날의 빼어나거나 뛰어난 사람들이) 애쓴 사례들로 나를 넓혀주셨고, 일의 이치로 나를 다잡아 주시어 배움을 그만두려 해도 그만둘 수가 없다. 이미 내 재주를 다하고 보니 마치 (스승님 가르침이) 우뚝 서 있는 듯하건만, 정작 내가 가르침을 따르고자 해도 어디서부터 시작해야 할지를 모르겠다."

안—연 위—연 탄—왈 앙—지 미—고 찬—지 미—견
顔淵喟然歎曰 仰之彌高 鑽之彌堅

첨—지 재—전 홀—언 재—후
瞻之在前 忽焉在後

부—자 순—순—연 선 유—인 박—아—이—문 약—아
夫子循循然善誘人 博我以文 約我

—이—례 욕—파 불—능
以禮 欲罷不能

기—갈 오—재 여—유 소—립 탁—이 수 욕 종—지
旣竭吾才 如有所立卓爾 雖欲從之

말 유 야—이
末由也已

그동안 우리는 지자(知者) 자공이 묘사한 것으로 보이는 공자의 내면과 외면을 여러 차례 살펴보았다. 이번에는 인자(仁者)이자 수제자인 안연, 즉 안회가 스승님을 찬양하는 장면을 만나게 된다.

　미(彌)는 영어 more와 같은 것으로 '더욱' 혹은 '점점 더'라는 뜻이다. 공자 가르침은 우러러볼수록 더욱 높아지고 파고들려할수록 더욱 견

고하다는 말이다. 그만큼 공자 가르침은 높고 견고하여 그 끝에 이르기가 도무지 쉽지 않다는 말이다.

앞의 말에 이어진다. '첨지재전(瞻之在前) 홀언재후(忽焉在後)'. (공자의 가르침을) 집중해 바라보면 앞에 있어 쉽게 알 수 있을 듯했건만, 어느새 내 뒤로 가버려 보이지 않았다는 말이다. 공자 가르침의 깊이와 넓이 앞에서 안회가 솔직하게 자기 한계를 인정하고 있다.

순순(循循)이란 하나하나 차근차근 남김없이 가르침을 전하는 모습을 절절하게 표현한 것이다. 이에 대해서는 '자한 7'에서 본 바 있다.

공자가 말했다. "내가 아는 것이 있는가? 아는 것이 없다. 비루한 사람이 있어 나에게 물어볼 경우 나는 텅 비어 있더라도 그 사람의 처음과 끝, 양단을 두들겨가며 온 힘을 다해 말해줄 것이다."

이렇게 가르치는 것이 바로 순순연(循循然)이다.

우리는 이미 '옹야 25'에서 공자가 제자를 기르는 방법에 대해 살펴본 바 있다.

공자가 말했다. "군자가 되고자 한다면 애씀을 널리 배우고[博學於文] 그것을 일의 이치로 다잡으면[約之以禮] 진실로 (어짊이나 도리에서) 벗어나지 않을 것이다."

이를 안회는 자기 자신에게 적용해 "(옛날의 빼어나거나 뛰어난 사람들이) 애쓴 사례들[文]로 나를 넓혀주셨고, 일의 이치[禮]로 나를 다잡아 주시어"라고 말한 것이다. 이에 대해 북송 학자 후중량(侯仲良)은 다음과 같이 보충 설명했다.

"문(文)으로 나를 넓혀주었다는 것은 치지(致知)와 격물(格物)이요, 예(禮)로 나를 다 잡아주었다는 것은 극기복례(克己復禮-사욕을 이겨내고 예로 돌아가는 것)이다."

"그만두려 해도 그만둘 수가 없다"는 것은 저절로 우러나서[安=樂道] 따르는 기쁜 마음을 표현한 것이다. 마지막으로 다시 공자 가르침이 넓고도 깊어서 어디를 실마리로 삼아 찾아 들어가야 할지를 모르겠다고 토로한다. 여기서 우리는 안회가 공자를 어떻게 생각했는지를 보여주는 '선진 22'를 미리 만나보자.

> 공자가 광(匡) 땅에서 두려운 일을 당했을 때 안연은 뒤에 처져 있었다. (뒤에 안연이 따라오자) 공자가 말했다. "나는 네가 죽은 줄 알았다." 말했다. "스승님께서 계신데 제가 어찌 감히 (먼저) 죽을 수 있겠습니까?"

여기서 우리는 공자가 제자들을 가르치는 과정에서 보여주는 어진 태도[仁]는 말할 것도 없고, 안회가 진정으로 스승을 사랑하는 태도[仁] 또한 눈여겨봐야 한다. 어짊[仁]을 다루는 문맥이 본격화되고 있다.

○공자가 중병에 걸리자 (임종에 대비해) 자로가 제자들을 (스승의) 신하로 삼았다. (공자가) 질병이 차도를 보이자 말했다. "오래되었구나! 유(由-자로)가 거짓을 행함이여! 신하를 두어서는 안 되는데 신하가 있었으니 내가 누구를 속였는가? 하늘을 속였도다. 또 내가 신하들 손에 죽는 것보다는 너희들 손에 죽는 것이 낫지 않겠는가? 또 내가 비록 큰 장례를 치를 수는 없겠지만 내가 길거리에서 죽기야 하겠는가?"

자 질-병 자-로 사 문-인 위-신
子疾病 子路使門人爲臣

병 간 왈 구-의-재 유 지 행-사-야
病間 曰 久矣哉 由之行詐也

무-신 이 위 유-신 오 수 기 기-천-호
無臣而爲有臣 吾誰欺 欺天乎

차 여 여-기 사-어 신-지-수 야 무 녕 사-어
且予與其死於臣之手也 無寧死於

이-삼-자-지-수-호
二三子之手乎

차 여 종 부-득 대-장 여 사-어 도-로-로-호
且予縱不得大葬 予死於道路乎

예(禮)를 배우기를 좋아하지 않던 제자 자로는 공자가 중병에 걸리자 다른 제자들에게 신하의 예로 스승의 병시중을 들게 했다. 주희가 한 평이 정곡을 찌른다.

"자로의 그 뜻은 실로 성인(聖人-공자)을 높이려 한 것이나 높이는 방법[事理]을 제대로 알지 못했다."

자로는 무슨 잘못을 했기에 병에서 회복한[間=差] 공자는 자로를 강도 높게 비판하는 것일까? 실마리는 신(臣)에 있다. 주희는 이를 가신(家

臣)으로 보았다. 가신이란 벼슬자리에 있는 사람이 개인적으로 부리는 신하를 말한다. 그래서 주희는 벼슬에서 물러난 공자이기에 가신을 두는 것을 잘못이라고 지적한 것이다.

정약용은 이보다 훨씬 심도 깊은 해석을 가한다. 신(臣)을 일반적 의미의 신하로 본 것이다. 그렇다면 군주(君主)만이 신하를 거느릴 수 있다. 즉 "군주가 아니면서 군주의 예에 따라 신하를 두었으니 참람(僭濫)한 짓을 범한 것이다." 군군신신(君君臣臣)이라는 공자의 도리를 어긴 것이다. 이 점은 앞서 '자한 9'을 통해 보충할 수도 있다.

"공자께서는 상복 입은 사람, 관복 입은 사람 그리고 맹인을 만나시면, 비록 그들 나이가 (자기보다) 어려도 반드시 일어나셨고, 그들 앞을 지나갈 때는 반드시 (예에 따라) 종종걸음으로 걸어가셨다."

공자는 관복을 입은 사람에 대해서는 이처럼 삼감[敬]을 다했는데 하물며 임금임에랴!

군군신신(君君臣臣)은 각각 임금의 어짊[仁=寬], 신하의 어짊[仁=直]을 지키라는 말인데, 자로가 이를 어겼으니 불인(不仁)을 행한 것이다. 여전히 어짊[仁]의 문맥이다.

子罕

12

○자공이 말했다. "여기에 아름다운 옥이 있다면 (스승님께서는) 가죽으로 싸서 궤짝에 보관하시겠습니까? 물건을 알아보는 좋은 상인을 구해서 팔겠습니까?"
공자가 말했다. "팔아야지! 팔아야지! (하지만) 나는 그런 상인을 기다리는 사람이다."

子貢曰 有美玉於斯 韞匵而藏諸 求
자-공 왈 유 미-옥 어-사 온-독 이 장-제 구

善賈而沽諸
선-고 이 고-제

子曰 沽之哉 沽之哉 我待賈者也
자-왈 고-지-재 고-지-재 아-대-고-자-야

자공은 스승 공자가 정치 참여에 대해 어떻게 생각하는지가 궁금했다. 이에 직접 물어보는 것은 비례(非禮)이기 때문에 옥을 비유로 삼아 조심스럽게 물어본다.

> "여기에 아름다운 옥이 있다면 (스승님께서는) 가죽으로 싸서 궤짝에 보관하시겠습니까? 물건을 알아보는 좋은 상인을 구해서 팔겠습니까?"

공자는 자기를 제대로 알아보는 군주에게 들어가 자기 역량을 펼치고 싶었다. 그 점을 감안해 이렇게 옮겼다. 그리고 자공 또한 스승 공자가 정치에 참여하려는 의지가 강하다는 것을 알고 있었다. '학이 10'부터 보자.

> 자금이 자공에게 물었다. "공자께서는 찾아간 나라에 이르러서 반드시 그 정사(政事)를 들으시니 그분이 (정치에 관심이 많아) 구해서 그런 것입니까, 아니면 (제후가 먼저 공자에게) 청해서 그렇게 된 것입니까?"
> 자공이 말했다. "공자께서는 온화하고 반듯하고 공손하고 검소하시어 사양함으로써 정사를 들으실 수 있었다. 공자께서 그것을 먼저 원

해서 얻었다고 하더라도, 그것은 아마 다른 사람들이 그것을 구하는 것과는 다를 것이네.”

자공이 말한 “다른 사람들이 그것을 구하는 것”이란 군주와 뜻이 맞지 않는데도 어떻게든지 벼슬을 하려 하는 것이다. 그것은 구차(苟且)스러움이다. 구차함은 곧 예가 아니다[非禮]. 일의 이치에 맞지 않을 때 공자는 나아가지 않았다. ‘술이 14’가 바로 그것이다.

염유가 말했다. “스승님께서는 위나라 임금을 위하실까?”

자공이 말했다. “알겠다. 내가 장차 물어보겠다.”

들어가서 말했다. “백이와 숙제는 어떤 사람입니까?”

말했다. “옛날의 뛰어난 사람이다.”

말했다. “원망함이 있었습니까?”

말했다. “어짊을 구하다가 어짊을 얻었으니 다시 무슨 원망함이 있었겠는가?”

(자공이) 나와서 말했다. “스승님께서는 위나라 임금을 위하지 않으실 것이다.”

공자의 이런 대답은 바로 시중(時中), 즉 권도(權道)를 표현한 것이다. ‘이인 10’은 정치 참여 문제에 대해 좀 더 구체적으로 표현한 것이라 할 수 있다.

공자가 말했다. “군자가 천하에 (공적인 일을 하러) 나아가면 ‘오로지 이래야 한다’는 것도 없고, ‘오로지 이래서는 안 된다’는 것도 없다. (그때마다의) 마땅함에 따라 행할 뿐이다.”

이제 우리는 권도(權道) 문제를, 어짊을 다룬 이인(里仁)편과 지극한 어짊을 다루는 자한(子罕)편에 배치한 『논어』 편찬자의 의도에 주목해야 한다. 권도는 어짊을 더욱 넓게 펼 수 있는 일의 형세[事勢=命]일 때에만 발휘될 수 있기 때문이다. 그런 점에서 자한(子罕)편이 명(命)과 인(仁)을 중심으로 전개되는 것은 결코 우연이라 할 수 없다.

子罕

13

○공자가 구이(九夷)에 가서 살고자 하니 어떤 사람이 말했다. "(그곳은) 누추할 텐데 괜찮겠습니까?"

공자가 말했다. "군자가 거처할 곳을 정함에 있어 어찌 누추함 여부가 중요하겠는가?"

자 욕─거 구─이　　혹─왈　　누　여─지─하
子欲居九夷 或曰 陋如之何
자─왈　　군─자　거─지　　하　누─지─유
子曰 君子居之 何陋之有

이 장에서의 공자 말을 그동안 이렇게 번역해왔다. "군자가 거주한다면 무슨 누추함이 있겠는가?" 이렇게 옮긴 이유는 이 구절에 대해 주희가 "군자가 거처하는 곳은 교화되니 무슨 누추함이 있겠는가?"라고 주석을 단 때문이다. 그러나 이는 앞뒤가 맞지 않다.

공자가 구이(九夷-예전에 중국 사람이 부르던 동쪽의 아홉 오랑캐 씨족, '동이'라고도 불렸다.)에 가서 살고자 하는 이유는 실은 당시 중국이 교화가 이루어지지 않아 임금이 임금답지 못하고 신하가 신하답지 못했기 때문이었다. 주희 말대로라면 공자가 중국에 그냥 남아 있으면 교화가 되어 임금이 임금답고 신하가 신하다워지지 않겠는가?

따라서 거지(居之)는 그냥 '거주한다면'으로 옮기기보다는 "거처할 곳을 정함에 있어"라고 옮겨야 한다. 공자는 오히려 동이 사람들의 풍속이 순후(淳厚)하다고 보았고, 그곳이라면 군자가 머물기에 더 적합하다고 생각했다. '이인 1'을 떠올려보자.

공자가 말했다. "(사람과 마찬가지로) 마을도 어짊이 중요하니 잘 가려서 어진 마을에 가서 살지 않는다면 어찌 사리를 안다고 할 수 있겠는가?"

즉 하누지유(何陋之有)는 군자가 머물 곳을 정하는 데 있어 그곳이 누추하냐 그렇지 않냐는 잣대가 되지 않는다는 뜻으로 봐야 한다. 즉 군자를 알아볼 수 있느냐 없느냐가 잣대가 되어야 한다는 말이며, 또한 인후한 풍속[仁]이 있느냐 없느냐가 중요하다는 말이다.

만일 누추하고 가난한 것을 불편하게 여긴다면 그런 사람은 이미 군자가 아니다. 이 점에 대해 이미 공자가 여러 차례 반복해서 언급한 바 있다. 자신이 살고 있는 중국에 도리가 없다는 말은 곧 어짊[仁]의 외면화인 예악(禮樂)이 무너져 내렸다는 말이다. 역시 어짊의 문맥이다.

그렇다면, 왜 공자는 하필 구이에 가서 살고자 했을까? 이유는 간단하다. 춘추 시대에 노나라를 비롯한 중국에는 도리[道]가 없는데, 동이에는 도리가 살아 있다고 보았기 때문이다. 도리가 없다는 것은 공자의 도리를 알아서 '사 줄' 군주가 없다는 뜻이기도 하다. 그러니 자신의 도리를 알아볼 안목을 갖고 있는 군주들이 있다는 동이에 가서 살고 싶다고 한 것으로 보아야 한다. 그런 점에서 '태백 13'은 '자한 12와 13'을 연결하는 훌륭한 고리이다.

> 공자가 말했다. "(군자가 되려면) 독실한 믿음을 갖고서 배우기를 좋아하고, 죽음으로써 좋은 도리를 지켜나가야 한다. 위태로운 나라에는 들어가지 않고, 어지러운 나라에는 가서 살지 않으며, 천하에 도리가 있으면 나타나고 도리가 없으면 숨어야 한다."

앞서 '공야장 6'에서 공자가 "세상에 도리가 행해지지 않는다. 뗏목을 타고 바다를 건너갈까 한다"라고 했던 것도 바로 동이에 가서 살고 싶다는 뜻이었다. 물론 공자는 실행에 옮기지는 않았다.

○공자가 말했다. "내가 위나라에서 노나라로 돌아온 뒤에 악(樂)을 바로잡았더니 아(雅)와 송(頌)이 각각 제 자리를 얻었다."

자—왈 오 자 위 반 노 연—후 악 정 아—송 각
子曰 吾自衛反魯然後 樂正 雅頌各
—득—기—소
得其所

주희 해설에 따르면 공자는 노나라 애공 11년(기원전 484년) 위나라에서 고국 노나라로 돌아온다. 먼저 『춘추좌씨전』이 전하는 당시 상황을 보자. 여러 가지로 『논어』와 연결되는 내용이 들어있기 때문이다.

그해 겨울 공문자가 태숙 질(太叔疾)을 공격하려고 하면서 중니(仲尼-공자)에게 묻자 중니가 말했다. "호(瑚-하나라 제기)나 궤(簋-주나라 제기)의 일이라면 일찍이 배운 바 있지만 갑병(甲兵-군사)의 일에 대해서는 아직 들어본 바 없습니다."

물러나와 수레에 말을 잇도록 명하고서 떠나며 말했다. "새가 나무를 고르지 나무가 어찌 새를 고를 수 있겠는가?"

공문자가 급히 만류하며 말했다. "내가 어찌 감히 나의 사사로움을 도모해서이겠습니까? 위나라의 어려움에 대해 여쭈어보려 한 것입니다."

(이에) 중니는 장차 남아 있으려 했는데 (마침 그때) 노나라에서 폐백을 보내어 부르자 마침내 노나라로 돌아왔다.

공문자는 '공야장 14'에서 자공이 그의 시호 문(文)을 물었던 바로 그 사람이다. 그리고 공자가 공문자에게 했던 말은 그대로 '위령공 1'에도 나온다.

위나라 영공이 공자에게 진법에 대해 묻자 공자가 대답해 말했다. "조두(俎豆-제기)의 일이라면 일찍이 들어본 적이 있지만 군대의 일에

　대해서는 아직 배운 바 없습니다.”

　다음날 드디어 떠났다.

　호궤(胡簋)는 앞서 공자가 자공을 일러 호련(瑚璉)이라고 했던 귀한 제기를 말한다. 여기서 새란 공자 자신, 나무는 공문자를 가리킨다.

　공자가 노나라에 돌아와 보니 아직은 주나라 예(禮)가 그런대로 남아 있었다. 그러나 시(詩)와 악(樂)은 그 격식과 내용이 많이 손상된 상태였다. 그는 순서가 엉망이 되고 누락된 음악을 바로잡았다. 군자라면 마땅히 해야 할 일이다. 그랬더니 아송(雅頌), 즉 정악인 아(雅)와 조상의 공덕을 기리는 노래인 송(頌)이 바로잡혔다. 여기서 공자는 도리를 세우는 한 가지 방법을 악(樂)을 사례로 들어 보여 준 것이다. 앞의 문맥이 계속 이어지고 있다.

　마지막 구절인 각득기소(各得其所)는 각각이 자기 순서나 차례의 마땅함을 얻는 것을 말한다. 각각의 악기가 제 역할을 하면서 조화[和]를 이루듯이 군군신신(君君臣臣)해야 한다는 뜻이다. 이 말은 곧 ‘자한 11’에서 자로가 저지른 잘못이 무엇인지를 간명하게 보여 준다. 예악(禮樂)이 이러한데 하물며 군군신신(君君臣臣)이라는 도리가 엉망이 된다면 어떻게 되겠는가?

　물론 공자는 신하라고 해서 맹목적으로 군주를 따라야 한다고 생각하지 않았다. 바로 앞 ‘자한 13’에서도 공자는 중국을 떠나고 싶다고 하지 않았는가. 실제로 떠나지는 않았지만 떠날 수 있다고 생각한 이가 공자다. 따를 만한 군주, 임금다운 임금이라야 신하도 신하다운 신하의 길을 걸어갈 수 있는 것이다. 그것이 바로 신하가 다른 사람 그중에서도 임금을 사랑하는 길[愛人=仁]이다.

子罕

15

○공자가 말했다. "밖에 나가면 공경(公卿)을 섬기고, 집에 들어오면 부모와 형을 섬기며, 상사(喪事)에는 감히 힘쓰지 않는 바가 없고, 술로 인해 곤란함을 당하지 않는 것, 이것들 중에는 어느 것이 나에게 있는가?"

> 자─왈 출 즉 사 공─경 입 즉 사 부─형
> 子曰 出則事公卿 入則事父兄
> 상─사 불─감 불─면 불 위─주 곤 하─유 어─아
> 喪事不敢不勉 不爲酒困 何有於我
> 재
> 哉

이제 주제가 다움[德]으로 전환한다. 사실 어짊이란 다움과 거의 비슷한 말이다. 예를 들어 임금이 임금답다는 다움은 곧 임금이 너그러워야 한다[寬]는 어짊과 연결되기 때문이다. 일단 이 장은 '학이 6'과 '술이 2'를 염두에 두고서 풀어야 한다. 먼저 '학이 6'이다.

> "젊은 사람은 집에 들어오면 효도하고, 밖에 나가면 공순하며, 매사 조심함으로써 남들에게 믿음을 줘야 하고, 널리 사람들을 사랑하되 (그중에서) 어진 이를 제 몸과 같이 여겨야 한다. 이런 일들을 행하고서 남은 힘이 있거든 (그때에야) 애쓰는 법을 배우도록 하라."

다음은 하유어아재(何有於我哉)와 관련해서 '술이 2'를 보자.

공자가 말했다. "마음속에 간직한 채 내세우지 않는 것, 배움에 있어 싫증 내지 않는 것, 남을 일깨워 가르치는 데 게으름을 부리지 않는 것, 이 셋 중에 어느 것이 나에게 있는가?"

'술이 2'와 마찬가지로 이 장에서 "어느 것이 나에게 있는가?"라는 물음은 실은 '다 자신에게 있다'는 뜻이다. '술이 29'에서 공자는 "어짊[仁]을 행하는 것이 멀리 있다고 생각하는가? 내가 어짊을 행하고자 하면

그 어짊이 곧바로 나에게 나타난다"라고 말했다. 여기에 언급된 예는 우리가 매일매일 일상생활에서 접할 수 있는 어짊의 실천 항목들인 셈이다. 그런 점에서 어짊 문맥이 계속되고 있다고 볼 수도 있다.

子罕

16

○공자께서 시냇가에서 말했다. "흘러가는 것이 이와 같도다. 밤낮없이
  쉬기를 않는구나!"

子在川上曰 逝者如斯夫 不舍晝夜

이 장은 워낙 함축적이라 더더욱 전후 맥락이 어짊[仁]과 다움[德]임을 잊
어서는 안 된다. 그래야만 해석의 다양성이라는 혼란에 빠지지 않고 본질
적 맥락을 짚어낼 수 있다. 먼저 공자는 시냇가에 있으면서 이렇게 말한다.

  "흘러가는 것이 이와 같도다. 밤낮없이 쉬기를 않는구나!"

  여기서 궁금한 것은 『논어』 편찬자가 왜 이 함축적인 구절을 어짊과
다움을 이야기하는 맥락 속에 배치했는가 하는 점이다. 어쩌면 그로부터
이 구절의 의미를 잡아낼 수 있는 실마리를 얻어낼 수 있을지 모른다.

  "흘러가는 것[逝者]이 저 시냇물과도 같다" 그리고 공자는 "그 시냇
물이 밤낮없이 그치질 않는다"는 점을 강조한다. 흘러가면서도 늘 한결
같은 모습을 시냇물에서 보았던 것이다. 불사(不舍)는 쉼이 없다는 점에서
불식(不息)과 통하며 다시 학이시습(學而時習)과도 연결된다. 부단히 노력
한다는 뜻이다. 그것은 다움을 이루는 일[爲德]이다. 이에 대한 정약용 풀
이가 큰 도움을 준다.

  "오직 우리들 인생은 한 걸음 한 걸음 길게 걸어가며 한순간의 간단
  (間斷)도 없는 것이다. 이는 마치 가벼운 수레를 타고 비탈길을 내려가
  면서 물이 흐르듯이 쉴 수 없는 것과 같다. 군자가 안으로 다움에 나아
  가고, 밖으로 공업(功業)을 닦는데 노력하는 것은 그때그때에 이르러
  진퇴(進退)를 잘하고자 하기 위한 것인데, 배우는 이들은 항상 이러한
  기미를 잊고 있으므로 공자가 이를 경계한 것이다."

  지금부터는 다움[德] 자체에 대한 논의보다는 다움을 갖추기 위해 어
떻게 노력해야 하는가에 초점을 맞춘 구절들이 연속해서 이어진다. 그것

은 한마디로 열렬하게 그리고 쉼 없이 노력하는 것이다. 넓은 의미에서 어짊 문맥이다.

子罕

17

○공자가 말했다. "나는 다움을 좋아하기를 여색을 좋아하듯 하는 자를 본 적이 없다"

자—왈　오　미—견　호—덕　여　호—색　자—야

子曰 吾未見好德如好色者也

사량좌는 이 구절에 대해 다음과 같이 말했다.

　　"아름다운 여색을 좋아하고 악취를 싫어함은 성(誠-열렬함)이니, 다움을 좋아하기[好德]를 여색을 좋아하듯이 한다면 이는 진실로 다움을 좋아하는 것이다. 그러나 일반 사람들 중에서 이에 능한 이가 드물다."

　　이때의 성(誠)은 바로 열렬함이다. 열렬함은 바로 앞 '자한 16' 풀이에서 말한 '불사(不舍)는 쉼이 없다는 점에서 부단히 노력한다는 뜻이다'와 연결된다. 이 구절은 다시 '학이 7'을 연상시킨다.

　　자하가 말했다. "뛰어난 이를 뛰어나게 여기기를 여색(女色)을 좋아하는 마음과 바꿔서 하고, 부모 섬기기를 기꺼이 온 힘을 다해서 하며, 임금 섬기기를 기꺼이 온몸을 다 바쳐서 하고, 뜻이 같은 벗과 사귈 때 일단 말을 하면 반드시 실천하여 믿음을 주는 사람이 있다면, 설사 그 사람이 비록 [따로 문(文-애쓰는 법)을] 배우지 않았더라도 나는 반드시 그 사람을 (애쓰는 법을) 배운 사람이라고 말할 것이다."

　　다움을 닦는다는 것은 어짊의 문제이다.

　　호덕(好德)의 번역과 관련해 한 마디 덧붙이고자 한다. 이는 '덕을 좋아한다'고 할 수도 있지만 '덕이 있는 사람을 좋아한다'라고 번역할 수도 있다. 그러면 전자는 수덕(修德)의 문제가 되고, 후자는 덕이 있는 사람을 잘 알아보는 지인(知人)의 문제가 된다.

子
罕

18

○공자가 말했다. "(다움을 배우고 익힘이란) 비유하자면 산을 이루는 것과 같아서 (마지막) 한 삼태기를 붓지 않아 (산을 이루지 못하고) 중도에 그친 것은 내가 그친 것이고, (다움을 배우고 익힘이란) 비유하자면 (산을 깎아) 평지를 만드는 것과 같아서 비록 한 삼태기를 퍼내어 나아간다면 내가 나아간 것이다."

자―왈 비―여 위―산   미―성   일―궤   지   오―지―야
子曰 譬如爲山 未成一簣 止 吾止也
비―여   평―지   수 복   일―궤   진   오―왕―야
譬如平地 雖覆一簣 進 吾往也

앞의 '자한 17'과 연결해서 보면 호덕(好德)하여 어짊을 이루는 일을 산을 이루는 일[爲山]에 비유하고 있다. 한 삼태기 흙을 붓지 않아 산을 이루지 못한다는 말은 곧 흙 한 삼태기만 더 부으면 산이 이루어지는데 그것을 하지 않아 산을 이루지 못한다는 뜻이다.

그런데 왜 목전에서 그만두는가? 열렬함이 식고, 부단함을 더 이상 유지하지 못하기 때문이다. '자한 16, 17'과 곧장 이어지는 것이다.

위산(爲山)에 대응해서 평지(平地)란 산 따위를 평평하게 하는 것이다. 산을 평평하게 하는 일에 비유하자면 비록 흙 한 삼태기만 날라도 그 나아감은 내가 나아가는 것이라는 뜻이 된다.

여기에는 두 가지 일깨움이 있다. 하나는 열렬함이 모자라 성취하지 못할 경우 그 책임은 다른 누구도 아니라 자기 자신에게 있다는 것이다. 또 하나는 조금씩 꾸준히 나아갈 때 진척을 보게 되는 것이고, 중도에 그만두게 되면 그간의 노력이 모두 허사로 돌아간다는 것이다. 이런 맥락에서 앞서 보았던 공자 말을 다시 읽어보면 새삼 그 뜻이 와닿을 것이다.

"흘러가는 것이 이와 같도다. 밤낮없이 쉬지를 않는구나!"

관건은 열렬함[誠]이다. '옹야 10'은 공자 제자도 공자가 제시하는 길

을 따라가기 쉽지 않다는 것을 보여준 바 있다.

염구(冉求-염유)가 말했다. "스승님의 도리를 좋아하지 않는 것은 아니지만 힘이 부족합니다."

공자가 말했다. "힘이 부족한 자란 도중에 그만두는 것이다. 지금 네가 한계선을 그은 것이다."

역부족(力不足) 타령에 대한 비판이다.

子罕

19

○공자가 말했다. "도리를 말해주면 (그것을 배우고 익히기를) 게을리하지 않는 자는 아마도 안회일 것이다."

^{자-왈} ^{어-지} ^이 ^{불-타-자} ^기 ^회 ^{야-여}
子曰 語之而不惰者 其回也與

계속 이야기하고 있는 '열렬하고 간단없는 노력'의 전형적인 인물을 언급하지 않을 수 없다. 공자가 말하기를 "그것[之]을 말해주면"이라고 했는데 그것이란 여기서 공자의 가르침 전부라 할 수도 있고, 도리라고 볼 수도 있다. 내용보다는 자세나 태도를 일깨우는 말이다. 여기서는 '도리'로 옮겼다. 그것은 온 마음을 다하는 열렬함이며, 게으름[惰]을 멀리하는 불타(不惰)의 자세다.

'옹야 5'는 평소 이 같은 안회의 열렬함이 있기에 가능한 것이다.

공자가 말했다. "회(回)의 경우에는 그 마음이 석 달 동안 어짊을 떠나지 않았는데, 나머지 제자들은 하루나 한 달에 한 번 이를 뿐이다."

이런 점에서 안회를 언급했다는 것 자체가 바로 어짊[仁]의 문맥이다. 안회를 통해 우리는 점점 지극한 어짊[至仁]을 향해 간다.

子罕

20

○공자가 안연을 평해 말했다. "애석하도다! (그의 이른 죽음이여! 그가 살아 있을 때) 나는 그가 나아가는 것(만)을 보았고, 그가 멈춰 있는 것은 본 적이 없다."

자 위 안-연 왈 석-호
子謂顔淵曰 惜乎
오 견 기-진-야 미-견 기-지-야
吾見其進也 未見其止也

나아감과 멈춤[進止]이 '자한 18'에서 이어진다. 다시 공자는 안연을 칭찬한다. 여기서 애석하다고 한탄한 것은 안연이 일찍 죽은 후에 그를 떠올리며 이 말을 했기 때문이다. 공자는 안연이 나아가는 것[進]은 보았어도 멈추어서는 것[止]은 보지 못했다고 회고한다. 역시 온 마음을 다하는 열렬함과 게으름을 멀리하는 불타(不惰)의 자세를 강조하고 있다. 앞의 '자한 19'와 하나로 통합해도 무방할 정도로 같은 내용이다. 이제 우리가 왜 '자한 16'을 이와 같은 맥락 속에서 그렇게 풀이할 수밖에 없는지를 이해했으리라고 본다. 당연히 이 또한 지극한 어짊[至仁] 문맥이다.

子罕

21

○공자가 말했다. "싹이 나고서도 꽃을 피우지 못하는 것이 있고, 꽃을 피웠으나 열매를 맺지 못하는 것이 있다."

자―왈　　　　묘―이―불―수―자　　　유―의―부　　　수―이―부―실
子曰 苗而不秀者 有矣夫 秀而不實

―자　　유―의―부
者 有矣夫

처음부터 마지막 순간까지 최선을 다해야 한다는 것이다. 형병은 "이 장은 안회가 일찍 죽음으로써 공자가 통석해 하여 그를 위해 비유한 것이다"라고 했다. 틀린 말은 아니지만 안회에만 해당된다기보다는 계속되는 열렬함과 불타(不惰)의 맥락에 속한다고 볼 수 있다. 따라서 어짊을 급급하게 구하려는 지극한 태도의 문맥이다.

○공자가 말했다. "어린 사람들은 두려워할 만하니 장래에 그들이 지금의 우리들만 못할 줄을 어찌 알겠는가? (그러나 그들이) 마흔이 되고 쉰이 되어서도 (다움을 갖추고 어짊을 행했다는) 명성이 들려오지 않는다면 이 또한 두려워할 필요가 없을 뿐이다."

子曰 後生可畏 焉知來者之不如今
也

四十五十而無聞焉 斯亦不足畏也已

여기서 유명한 말이 나온다. '후생가외(後生可畏)'. 뒤에 오는 사람을 두려워할 만하다는 뜻이다. 그렇다고 후생을 모두 두려워해야 한다는 뜻은 아니다. '자한 21' 문맥과 이어져 싹을 틔우면 꽃을 피우고, 꽃을 피우면 열매를 맺으려고 전력을 다하는 후생은 두려워해야 한다는 것이다. 그 이유는 바로 다음 문장에 나온다.

"장래에 그들이 지금의 우리들만 못할 줄을 어찌 알겠는가?"

이 말은 곧 후생은 젊고 의욕이 넘치기 때문에 부단히 노력을 기울인다면 얼마든지 현재 공자 수준에도 이를 수 있다는 뜻이다.

그러나 이 장에서 핵심은 그다음 문장이다. 그 후생이 전력을 다하지 않아 마흔이나 쉰이 되어도 (도리나 다움이나 어짊에 있어 성취된 바가) 알려지지 않는다면, 두려워할 필요가 조금도 없다고 공자는 말한다. 부단히 '애써야 한다[文之]'는 말이다. '양화 26'도 같은 문맥이다.

공자가 말했다. "나이 마흔이 되어서도 사람들에게 미움을 받으면 (그 인생) 그대로 끝난 것이다."

子
罕

23

○공자가 말했다. "(신하가) 법도에 맞는 간언을 한다면 능히 따르지 않을 수 있겠는가? (이럴 경우에는 신하가 지적한) 잘못을 고치는 것이 중요하다. 공손하게 에둘러 간언을 한다면 능히 기뻐하지 않을 수 있겠는가? (이럴 경우에는 신하가 직접 언급하지 않은) 실마리를 풀어내는 것이 중요하다. 만일 기뻐하기만 하고 실마리를 풀어내지 않거나, 따르겠다고 하고 정작 고치지 않는다면 나로서도 어찌할 수가 없다."

자-왈　법-어　지　언　능　무-종　호　개-지　위-귀
子曰 法語之言 能無從乎 改之爲貴

손-여　지　언　능　무-열　호　역-지　위-귀
巽與之言 能無說乎 繹之爲貴

열-이-불-역　종-이-불-개　오　말　여-지-하　야
說而不繹 從而不改 吾末如之何也

-이-의
已矣

법어지언(法語之言)은 직간(直諫), 직언(直言)이고, 손여지언(巽與之言)은 풍간(諷諫)이다. 신하가 임금에게 간언하는 두 가지 방식이다. 여기서 직간이 어짊의 표출이라면 풍간은 지극한 어짊의 표출이다. 직간은 듣기만 하고 고치지 않으면 안 되고, 풍간은 신하의 공손함을 기뻐하기만 하고 그 안에 담긴 깊은 뜻을 풀어내어 알아차리지 않으면 안 된다. 이에 대한 주희 풀이가 도움된다.

　"법어(法語)란 바르게 말해주는 것이요, 손언(巽言)이란 완곡하게 인도해 주는 것이다. 역(繹)은 그 실마리를 찾는 것이다. 법언은 사람들이 공경하고 두려워하는 바이므로 반드시 따른다. 그러나 잘못을 고치지 않는다면 외면으로만 따르는 것일 뿐이다. 손언은 마음에 어긋나거나 거슬리는 바가 없으므로 반드시 기뻐한다. 그러나 실마리를 찾지 않는다면 또한 은미한 뜻의 소재를 알 수가 없는 것이다.”

『태종실록』에 나오는 손여지언(巽與之言) 사례다. 태종 3년(1403년) 9월 25일 자 기록이다.

동교(東郊)에서 매를 날렸다.〈매를 이용한 사냥을 했다는 말이다.〉 상이 단기(單騎)로 이숙번(李叔蕃), 민무질(閔無疾), 한규(韓珪), 조연(趙涓)과 갑사 30여 기(騎)를 거느리고 동교에 나아가면서 갑사를 시켜 문을 지키게 하고 뒤쫓는 자를 내보내지 말게 했다. 조영무가 탄식하여 말했다. “상께서 비록 금하셨다 해도 단기로 나가셨으니 감히 호종하지 않을 수 있겠는가?”

이저(李佇)도 이를 듣고 또한 좇아 이르렀다. 상이 매를 날려 새를 잡고서 이를 자랑하니 저(佇)가 말했다. “신은 지위가 신하로서는 지극한 데에 이르렀으니 더 바라는 바가 없는데도 말을 내달려 사냥하지 않는 것은 말을 잘 타지 못하기 때문입니다.”

상이 말했다. “경은 나보다 젊은데 어찌 말 타는 데에 능하지 못하다는 것인가?” 또 말했다. “즐겁도다. 매가 새를 낚아채는 저 순간이여!”

저가 말했다. “저는 매가 새를 잘 낚아채는 순간을 좋아하지 않습니다.”

상이 말했다. “어째서인가?”

저가 말했다. “매가 새를 낚아채는 순간이 통쾌하지 못하면, 상께서 더 이상 나오시지 않을 것이기 때문입니다.”

상이 말했다. “경이 말을 잘 타지 못한다고 말한 것은 곧 나를 풍자한 것이로다.”

태종과 이저의 대화는 ‘자한 23’을 명확히 이해할 때 그 뜻을 정확하게 알 수 있다. 이저는 완곡하게 에둘러서 간언했고 태종은 그 실마리를 찾아냈다. 이렇게 되면 임금과 신하의 의리는 상하지 않은 채 신하의 간언이 잘 관철될 수 있다. 두 사람 모두 ‘자한 23’의 의미를 잘 알고 있었음은 물론이다.

子罕

24

○공자가 말했다. "진실됨과 믿음을 제일의 원칙으로 삼고 (둘째, 다음이) 자기보다 못한 자를 벗 삼지 않으며 (셋째, 혹시라도) 잘못을 했을 경우 (즉각) 고치기를 꺼리지 말라."

<ruby>子<rt>자</rt></ruby><ruby>曰<rt>왈</rt></ruby> <ruby>主<rt>주</rt></ruby><ruby>忠<rt>충</rt></ruby><ruby>信<rt>신</rt></ruby> <ruby>毋<rt>무</rt></ruby><ruby>友<rt>우</rt></ruby><ruby>不如己者<rt>불ー여ー기ー자</rt></ruby> <ruby>過則勿<rt>과ー즉ー물</rt></ruby>
<ruby>憚改<rt>ー탄ー개</rt></ruby>

이 구절은 이미 '학이 8'에서 살펴본 바 있다. 『논어』를 문맥의 흐름 속에서 읽어야 한다는 것을 모를 경우 이 구절이 거듭해서 나온 것을 착오로 보기도 한다. 형병은 "학이(學而)편에 이미 이 글이 있는데, 기록하는 자가 다른 사람이었기 때문에 여기에 거듭 나왔다"고 말했다. 동의할 수 없다.

당연히 이 장은 '자한 23'에 나오는 법어와 손언으로 간언할 때 신하의 마음가짐이 어떠해야 하는지를 보여준 것이다. 그런 맥락에서 보면 "진실됨과 믿음을 제일의 원칙으로 삼고 (둘째, 다음이) 자기보다 못한 자와는 벗 삼지 않으며 (셋째, 혹시라도) 잘못을 했을 경우 (즉각) 고치기를 꺼리지 말라"는 권고는 단 한 글자도 뺄 것이 없다.

○공자가 말했다. "삼군에서 장수를 빼앗을 수 있어도, 필부에게서 그 뜻을 빼앗을 수는 없다."

자―왈　　삼―군　가　탈―수―야　　필―부　불―가　탈―지

子曰 三軍可奪帥也 匹夫不可奪志

―야

也

삼군(三軍)은 좌군(左軍), 우군(右軍), 중군(中軍)을 말한다. 군대의 경우 아무리 막강해도 어떻게 해서든지 장수를 빼앗는 것이 가능하지만, 필부(匹夫)라 하더라도 그 사람의 뜻은 본인이 굳게 지키려고만 한다면 마음대로 빼앗을 수 없다는 것이다. 이와 관련해 후중량 풀이가 눈길을 끈다.

> "삼군의 용맹은 남에게 달려 있고, 필부의 뜻은 자신에게 있다. 그러므로 장수는 빼앗을 수 있어도 필부의 뜻은 빼앗을 수 없다. 빼앗을 수 있다면 그것은 뜻이라고 할 수 없다."

이는 주충신(主忠信)에 대한 풀이로 볼 수 있다. 충신(忠信)을 중시한다는 것은 뜻을 지키려고 하는 한결같은 의지를 갖고서 해야 한다는 것이다.

子罕

26

○공자가 말했다. "해진 솜옷을 입고서 여우나 담비 가죽으로 만든 비싼 옷을 입은 자와 함께 (조정에) 서더라도 조금도 부끄러워하지 않을 사람은 아마도 유(由-자로)일 것이다. (『시경』에 이르기를) '남을 해치지도 않고 남의 것을 탐내지도 않는다면 어찌 좋다고 하지 않으랴!'라고 했다."

자로가 늘 이 구절을 외우고 다니자 공자가 말했다. "이런 방법이라면 어찌 좋다고 할 수 있겠는가?"

子曰 衣敝縕袍 與衣狐貉者立 而不
자 왈 의 폐 온-포 여 의 호 학 자 입 이 불

恥者 其由也與
-치 자 기 유 야-여

不忮不求 何用不臧
불-기 불-구 하-용 부-장

子路終身誦之 子曰 是道也 何足以
자-로 종-신 송-지 자-왈 시-도-야 하 족-이

臧
장

군자의 세 가지 유형 중에서 용자(勇者)에 해당하는 자로는 비록 예(禮)를 배우기를 좋아하지 않아 공자로부터 지적을 받기는 했지만, 자기의 보잘것없는 옷차림을 조금도 수치스럽게 생각지 않았다. '공야장 25'에서도 자로의 이런 모습이 잘 드러난다. 공자가 제자들에게 "어째서 각자 너희들의 뜻을 말하지 않는가?"라고 하자 자로는 이렇게 말했다.

"저의 바람은 수레와 말, 가벼운 갖옷을 벗과 함께 쓰다가 다 해져도 아무런 유감이 없는 것입니다."

충신(忠信)한 인간의 전형이다. 이런 점에서 '이인 9'는 매우 중요하다.

> 공자가 말했다. "선비가 도리에 뜻을 두었다고 하면서 (정작 자기가)
> 나쁜 옷을 입고 거친 음식을 먹는 것을 부끄럽게 여긴다면, 이런 자와
> 는 함께 (조정에 서서) 일을 이야기할 수[與議＝與立] 없다."

적어도 자로는 조정에 서서 함께 나랏일을 이야기할 수 있는 사람인
것이다. 이는 잠시 후 '자한 29'에서 상세하게 논할 것이다.

그러나 군자 중에서 인자(仁者)에 해당하는 안회나 지자(知者)에 해당
하는 자공보다 한 수 아래로 평가되던 자로에 대해 칭찬만 하고 넘어갈 공
자가 아니다. 자로가 공자가 한 말을 듣고서 늘 이 시구를 달달 외우고 다
니자 공자는 넌지시 꾸짖는다.

> "이런 방법이라면 어찌 좋다고 할 수 있겠는가?"

그런 좋은 자질이 있다면 더욱 진덕수업(進德修業)하며 나아가야 하
는데, ('자한 19와 20'에서 언급한 안연처럼 전진하지 못하고) 나아가기를 멈춘
채 달달 외우려고만 했기 때문에 공자는 그를 에둘러 꾸짖어 일깨운 것이
다. '자로 5'에도 외우기만 하는 것의 병폐가 나온다. 곧장 자로를 향한 비
판이기도 하다.

> 공자가 말했다. "시(詩) 300편을 외우더라도 정사를 맡겼을 때 제대
> 로 못하고 사방에 사신으로 나가 혼자 힘으로 처결하지 못한다면, 비
> 록 많이 배웠다 한들 실로 어디에다 쓰겠는가?"

따라서 '자한 26'에 대해서는 사량좌 풀이가 명료하다.

> "나쁜 옷과 나쁜 음식을 부끄러워함은 배우는 자들의 큰 병통이니,
> 좋은 마음이 보존되지 못함은 이로 말미암는다. 자로의 뜻이 이와 같
> 았으니, 일반인보다 크게 뛰어나다. 그러나 보통 사람으로서 이에 능
> 하다면 훌륭하다 하겠으나 자로의 어짊은 마땅히 여기에 그쳐서는 안
> 되는데, 늘 이 시구만을 외우려고 하였으니, 그렇다면 이는 날로 새롭
> 게 함에 나아가는 것이 아니다. 그러므로 공자께서 격동시켜 나아가
> 게 하신 것이다."

학이시습(學而時習)＝온고지신(溫故知新)＝일신우일신(日新又日新)을 통한 진덕수업(進德修業)의 중요성을 강조하고 있다. 앞에서 이어지는 다움을 닦는 것[修德]의 열렬함 문맥이다. 결국 자로는 이 점을 일깨우기 위한 반면교사로 등장했을 뿐이다.

특히 '자한 25'에서는 뜻을 세움의 중요성을 이야기했다. 그것은 흥어시(興於詩)와 연결된다. 왜냐하면 시(詩)에서 사무사(思無邪)로 나아가려는 초지(初志)를 세우기 때문이다. 그러나 이 장은 뜻을 세우더라도 제대로 세워야 함을 일깨워 준다. '자한 25와 26'은 시(詩)를 매개로 해서 연결되어 있다. 물론 둘 다 어짊의 문맥이다.

子罕

27

○공자가 말했다. "날씨가 추워진 다음에야 소나무, 잣나무가 가장 늦게 시듦을 알게 된다."

子曰 歲寒然後 知松柏之後彫也
_{자-왈 세-한 연-후 지 송-백 지 후-조-야}

추사 김정희의 그림 '세한도(歲寒圖)' 모티브가 된 바로 그 구절이다. 이에 대해 범조우는 이렇게 풀이한다.

"소인도 태평성세에서는 혹 군자와 다름이 없고, 오직 어려움을 당하고 나서야 군자가 지키는 바[所守=所持]를 볼 수 있다."

뜻을 끝까지 지키는 것이 그만큼 어렵고, 그런 사람들이 그만큼 적다는 것이다. 앞의 두 장에서 이어지는 '뜻을 세우는[立志]' 문맥이다.

이 장만 떼놓고 풀이한다면 괜찮은 해석이다. 그러나 자한(子罕)편 전체를 마무리하는 단계에 접어들고 있음을 감안할 때 '자한 27'은 이 편 전체를 요약하는 내용으로 보는 게 합당하다. 다움[德]을 열렬하게 쉬지 않고 닦아 어짊을 키우고, 예악(禮樂)으로 스스로를 다잡고 바로잡는 사람은 시련이 닥쳤을 때 그 본모습이 드러나게 마련이다. 사량좌 풀이는 이 점을 지적하고 있다.

"선비가 궁함에 처했을 때 절의(節義)를 볼 수 있고, 세상이 어지러움에 처했을 때 충신(忠臣)을 가졌는지 알 수 있으니, 배우는 자들이 반드시 다움을 완비하도록 한 것이다."

지인(知人) 맥락에서 풀어보면 이어지는 '자한 28, 29'와도 자연스럽게 연결된다. 전반적으로 자한(子罕)편에서 제시한 인간상이 어짊을 지극히 하는 인자(仁者)요, 뛰어난 이[賢者]며 군자(君子)에 가깝다. 그런 함양의 기준은 그동안 충분히 보았고, 이제 그런 인간상과 그렇지 않은 인간상을 가릴 때가 온 것이다. 그것은 주변 상황이 어려워졌을 때, 그 사람이 평소 모습을 그대로 유지하는지 그렇지 않은지를 보면 알 수 있다.

子罕

28

○공자가 말했다. "일의 이치를 아는 사람은 미혹되지 않고, 어진 사람은 근심하지 않으며, 용기 있는 사람은 두려워하지 않는다."

<ruby>子<rt>자—왈</rt></ruby><ruby>曰<rt></rt></ruby> <ruby>知者不惑<rt>지—자 불—혹</rt></ruby> <ruby>仁者不憂<rt>인—자 불—우</rt></ruby> <ruby>勇者不懼<rt>용—자 불—구</rt></ruby>

子曰 知者不惑 仁者不憂 勇者不懼

공자는 인자(仁者), 지자(知者), 용자(勇者), 이 셋 모두를 군자(君子)라고 본다. 셋을 모두 갖춰야 하는 것이 아니라 어느 하나만 제대로 갖춰도 군자라고 부른다. 군자에는 지자형 군자, 인자형 군자, 용자형 군자가 있다고 할 수 있다. 공자 제자들만 놓고 본다면 안회나 증자는 인자형, 자공은 지자형, 자로는 용자형이다. 이와 같은 군자의 세 가지 유형은 뒤에 나오는 '헌문 30'에서도 확인할 수 있다.

> 공자가 말했다. "군자의 길에는 세 가지가 있는데, 나는 그 어느 것에도 능하지 못하니, 어진 사람은 근심하지 않고, 일의 이치를 아는 사람은 미혹되지 않으며, 용기 있는 사람은 두려워하지 않는다."
> 자공이 말했다. "이는 스승님께서 스스로를 낮춘 겸양의 표현이시다."

일단 우리는 인자(仁者), 지자(知者), 용자(勇者) 세 가지가 군자의 유형임을 공자 자신이 하는 발언을 통해 확인했다. 『논어』 전체에 나오는 이들 군자 유형에 대한 총체적인 논의는 '헌문 30'에서 체계적으로 진행될 것이니, 여기서는 문맥 속에서의 의미만 짚고 넘어가려 한다.

첫째, 공자는 지자(知者)와 불혹(不惑)을 연결 짓는다. 여기서 지자(知者)는 지혜로운 자가 아니라 사람을 아는 자[知人者], 그중에서도 어진 사람을 가려낼 안목을 가진 사람[知仁人者]을 말한다. 그런 사람은 어떤 사람이 할 수 있는 한계를 넘어서 기대하지 않는다. 사람을 알기 때문이다. 일은 사람이 하는 것이다. 사람을 모르면 일을 알 수가 없다. 나이 마흔에는 지자(知者)가 되어야 하고 불혹(不惑)해야 한다. 실은 지자(知者)가 곧 불혹자(不惑者)이다. '자한 22'에서 공자가 나이 마흔을 언급한 것도 이와 연관되어 있다.

둘째, 공자는 인자(仁者)와 불우(不憂)를 연결 짓는다. 여기서 인자(仁者)란 천명을 알고 받아들일 줄 아는 사람, 즉 지천명자(知天命者)이다. 앞서 말한 바 있듯이 천명이란 일의 형세[事勢]이다. 일의 형세를 안다면 사적 근심은 줄어들 수밖에 없다. 나이 쉰에는 인자(仁者)가 되어야 하고 지천명(知天命)해야 한다. '자한 22'에서 공자가 나이 쉰을 언급한 것도 이와 연관되어 있다.

사실 서열로 보자면 인자(仁者)가 가장 높고, 그다음이 지자(知者), 용자(勇者)는 세 번째다. 공자는 용자(勇者)를 불구(不懼)와 연결 짓는다. 이에 대해서 주희나 정약용 모두 짤막하게 "기운[氣]이 마땅함에 부합하기 때문에 두려워하지 않는다"고 풀이한다. 이는 자연스레 자로를 떠올리게 한다. 그리고 이 장은 '계씨 9'와도 연결된다.

> 공자가 말했다. "나면서 (사람을 볼 줄) 아는 자가 최고요, 배워서 (사람을 볼 줄) 아는 자가 다음이요, 통하지 못하는 바가 있어 그것(사람 보는 것)을 배우는 자는 그다음이요, 통하지 못하면서도 (사람 보는 것을) 배우려 하지 않으면 백성으로서 최하가 된다."

먼저 나면서 아는 자[生而知之]가 곧 인자(仁者)이다. 이어 배워서 아는 자[學而知之]가 곧 지자(知者)이다. 통하지 못하는 바가 있어 그것을 배우는 자는 용자(勇者)이며, 통하지 못하면서도 배우려 하지 않는 자는 최고로 어리석은 자[下愚]이다.

○공자가 말했다. "더불어 배울 수 있다고 해서 (그 사람들 모두와) 더불어
  도리를 행하는 데로 나아갈 수는 없으며, 또 더불어 도리를 행하는 데
  나아간다고 해서 (그 사람들 모두와) 더불어 조정에 서서 일을 할 수는
  없으며, 또 더불어 조정에 서서 일을 한다고 해서 (그 사람들 모두와) 더
  불어 권도(權道)를 행할 수는 없다."

자—왈　가　여—공—학　미—가　여—적—도
子曰 可與共學 未可與適道

가　여—적—도　미—가　여—립
可與適道 未可與立

가　여—립　미—가　여—권
可與立 未可與權

권(權)이라는 글자는 오늘날에는 권력, 권세라고만 쓰다 보니 원래 뜻을
거의 상실해 버렸다. 권(權)이란 원래 저울, 저울추를 뜻했고, 동사로는
'저울질하다'라는 뜻으로 가장 많이 사용되었다. 저울질하다는 '상황에
알맞은 조치를 취한다'는 뜻으로 이어진다. '잠시[暫]' '임시[姑]'라는 뜻
도 거기서 파생되어 나왔다.

　　예를 들면 권지(權知)라는 말에서 권(權)이 바로 '임시'라는 뜻이다.
지(知)는 장(掌)이나 사(司), 전(典)과 같은 뜻으로 '일을 주관하다' '담당
하다'라는 뜻이다.

　　즉 권지(權知)는 오늘날 '인턴'과 같은 말이다. 정식 임용을 앞두고 일
단 임시로 일을 하면서 훈련을 받는다는 뜻이다. 조선 시대에는 과거에 급
제하면 바로 정식 관리가 되는 것이 아니라 권지 단계를 거쳐야 했다. 합
격자를 권지로 임명하고 각 관청에 보내 일정 기간이 지나면 실직(實職-
실권 있는 자리)을 주었다. 특히 바로 6품에 임명되는 장원급제자를 제외한
나머지 문과 급제자는 모두 종9품을 받아 성균관(成均館), 승문원(承文院),

교서관(校書館)에, 무과 급제자는 훈련원, 별시위 등 이른바 권지청(權知廳)에 분속되어, 권지 성균관 학유(學諭), 권지 승문원 부정자(副正字) 등으로 실무를 익히게 했다.

　우리 역사에는 임금 중에도 권지(權知)가 있다. 태조와 정종이 그런 경우다. 명나라에서 1402년 태종을 공식 책봉하기 전까지 조선 국왕 공식 명칭은 '권지 고려국사(高麗國師)' 혹은 '고려 권지국사'였다. 권이 '임시'라는 뜻을 가졌기에, 실은 권도(權道)라는 말도 임시방편이라는 뜻이 강했다. 권모술수(權謀術數)의 '권'도 같은 뉘앙스다. 그다지 좋은 뜻이 아니었다.

　우선 중립적 뉘앙스부터 살펴보자. 태종 6년(1406년) 8월 24일 당시 태종이 세자에게 왕위를 넘기겠다는 선위(禪位) 의사를 밝혀 조정이 발칵 뒤집혔다. 이때 권근(權近 1352~1409)이 글을 올려 선위의 부당함을 역설했는데 그중 이런 대목이 나온다.

　　"신이 천하의 일들을 가만히 생각해 보건대 일은 같아도 형세가 다른 것이 있습니다. 다스려지고 태평하여 아무런 큰 일도 없는 때를 당하면 상경(常經)을 지키고, 위태롭고 어지러워 변고 있어 다급한 때를 당하면 권도(權道)를 행합니다.〈모든 것이 정상적인 상황에서 일반적인 원칙을 따르는 것이 상경 혹은 상도(常道)이고, 특수한 상황에서 거기에 맞는 특수한 처방을 쓰는 것이 권도다.〉만일 태평한 때를 당했는데도 권도(權道)를 따르게 되면 시중(時中)〈그 때와 상황에 맞아 떨어진다는 뜻으로 공자가 권도를 발휘할 때는 때의 중요성을 강조한 데서 온 말이다.〉의 마땅함을 잃어 도리어 화란(禍亂)이 생기게 되니 이를 깊이 살피지 않을 수 없습니다. 무릇 천하나 국가를 소유한 이가 반드시 대대로 서로 왕위를 전해주는 것은 예(禮)의 상경(常經)이고, 모든 제후가 나라를 전할 때에 반드시 천자에게 명(命)을 받는 것 또한 예의 상경입니다."

　여기에는 우리가 집중적으로 파고들 사리(事理-일의 이치)로서의 예(禮) 개념이 나타나 있다. 동시에 권도(權道)와 짝을 이루는 개념이 상경(常經)임을 알 수 있다. 상경은 상도(常道)라고도 한다. 권근은 권도와 상경의 차이에 대한 일반론을 밝힌 것이다.

그런데 대부분은 부정적 뉘앙스를 담아 권도라는 말을 썼음을 확인할 수 있다. 장구한 계책이나 영구적인 법도와 대비되는 임기응변 정도의 의미다. 그러나 태종은 권도를 상당히 좋은 의미로 사용하고 있다. 『논어』에 정통했기 때문이다. 이 점을 확연히 보여주는 기사가 태종 17년(1417년) 6월 24일 자 『태종실록』에 나온다. 이 대목은 뒤에 다른 문맥에서 다시 살펴볼 것이다.

> 하구(河久-재상 하륜의 아들)에게 고기를 내려주었다. 하륜의 아내 이씨가 의원 양홍달에게 말했다. "아들 구가 오랫동안 아버지 상사(喪事)로 인해 기운이 허약한 데다가 병이 심해 입이 써서 먹을 것을 생각하지 않네. 내가 육식을 권해도 구가 기꺼이 따르지 않으니, 그대는 이 사정을 임금에게 아뢰어 구가 고기를 먹게 해주게."
>
> 홍달이 와서 아뢰었다. "하구 어미 말이 이러하여 신이 진찰해 보았더니, 상중에 채소만 먹은 나머지 천식이 깊이 들어 치료하기 어려웠습니다."
>
> 상이 즉시 내관 김용기에게 명해 하구에게 고기를 내려주며 말했다. "네 어찌 과정(過庭)의 가르침[訓]〈아버지가 지식에게 사람의 도리를 가르치는 것〉이 없었으랴? (아버지 하륜에게 배웠다면) 반드시 상경과 권도의 도리에 통달했을 것이다. 상중에 육식하지 않아야〈이것이 일정한 도리, 즉 상도 혹은 상경이다.〉 효자라 하겠지, 그러다가 몸을 망쳐 요절하는 데 비한다면 어찌 몸이 건강해 제사를 받드는 것〈이것이 상황에 알맞게 하는 시중, 즉 권도다.〉과 같겠느냐? 이것이 곧 효도 중에 가장 큰 것이다."

하륜은 태종 16년(1416년) 11월 어느 날 객지에서 세상을 떠났다. 태종이 한 말을 보면 그가 하륜을 '상경과 권도의 도리에 통달했던 재상'으로 여겼음을 알 수 있다. 하구가 그런 아버지의 아들이니 그런 이치는 알고 있지 않겠느냐는 말이다. 결국 "몸을 건강하게 해 아버지 제사를 잘 받드는 것"이 오히려 가장 큰 효도이며, 이것이 바로 권도라는 말이다. 이 점을 모르면 태종 이방원이 정몽주를 죽이고 아버지를 권좌에 내몰고 했던 일련의 일들을 제대로 이해할 수 없다. 태종은 권도를 쓸 줄 아는 지도자였다.

또한 이 장은 함께 할 만한 사람의 단계를 보여 준다. 첫 단계는 더불어 도리를 배울 수 있는 사람이다. 두 번째 단계는 더불어 도리를 행할 수 있는 사람이다. 세 번째 단계는 더불어 조정에 서서 일을 할 수 있는 사람이다. 더불어 일을 이야기할 수 있는 사람이기도 하다. 네 번째 단계는 더불어 권도를 행할 수 있는 사람이다.

앞서 본 대로 자로의 경우 세 번째 단계에 속하는 사람이다. 가장 높은 단계인 권도를 함께 행할 수 있는 사람이란 어짊, 그중에서도 지극한 어짊을 품고 있는 사람이다. 권도의 문제가 이인(里仁)편에 이어 자한(子罕)편에서 등장하는 이유이기도 하다.

『설원』13-1이다. 이를 보면 권도(權道)가 무엇인지, 더 깊이 이해할 수 있다.

빼어난 왕이 일을 거행할 때는 반드시 먼저 모려(謀慮)를 깊이 살핀 연후에 시초점과 거북점으로 그 길흉을 점검한다. 가난한 서민도 모두 그 모의에 관여하고 꼴 베고 나무하는 나무꾼도 모두 자기들의 온 마음을 다한다. 그래서 온갖 일을 거행함에도 빠뜨리거나 그릇된 계책이 없게 된다. 전(傳)에서 말했다. "많은 사람의 지혜는 하늘의 뜻을 헤아릴 수 있고, 두루 듣고서 홀로 결단하는 것은 오직 한 사람에게 달렸다."

이것이 크게 모의하는 방법이다. 모의에는 두 가지가 있다. 가장 좋은 모의는 명을 아는 것[知命]이고, 그다음은 일을 아는 것[知事]이다. 명을 아는 자는 존망(存亡)과 화복(禍福)의 근원을 미리 보고 성쇠(盛衰)와 폐흥(廢興)의 시초를 일찍 알아서, 일이 싹트기 전에 막고 난(亂)이 모습을 갖추기 전에 피한다. 이런 사람은 난세에 살면서도 그 몸을 해치지 않고, 태평한 세상에 있게 되면 반드시 천하의 권세를 얻는다. 저 일을 아는 사람 역시 대단하여 일을 보고서 득실(得失)과 성패(成敗)가 나뉘는 지점을 알아서 그 일이 어떻게 끝나게 될지를 궁구한다. 그래서 일에 실패하거나 공로를 놓치는 일이 없다. 공자가 말했다. "더불어 도리에 나아갈 수는 있어도, 더불어 권도를 행할 수는 없다."

무릇 명을 알고 일을 아는 사람이 아니고서 누가 능히 권도로 일을 도모하는 방법을 터득할 수 있겠는가?

무릇 권도로 일을 도모하는 방법에는 바른 것이 있고 그릇된 것이 있다. 군자의 권도는 바르고 소인의 권도는 그르다. 무릇 바르다는 것은 그 권도로 일을 도모하는 것이 공(公)이다. 그래서 그 백성을 위해 마음을 다하는 것이 진실되다. 무릇 그르다는 것은 사사로움을 좋아하고 자기의 이익만 높인다. 그래서 그 백성을 위한다는 것이 거짓이다. 무릇 거짓되면 어지러워지고 진실되면 태평하게 된다. 이 때문에 요임금의 아홉 신하는 진실되어 조정에 중용되었고, 그의 네 신하는 거짓되어 들판으로 내쫓겨 처벌을 받았다. 진실된 자는 그 융성함이 후세에까지 이어지는 반면에 거짓된 자는 자기 한 몸에서 멸망했다.

명을 알고 일을 알아서 능히 권도로 일을 도모할 줄 아는 사람은 반드시 진실함과 거짓됨의 원천을 잘 살펴서 처신하니, 이 또한 권도로 일을 도모하는 방법이다. 무릇 명과 일을 아는 자가 일을 거행할 때는 가득 차면 부족함이 밀려올 것을 걱정하고, 태평할 때는 위험이 닥칠 것을 걱정하며, 굽었을 때는 곧아지려고 걱정한다. 앞으로 닥칠 일을 곡진하고 진중하게 대비하면서도 오직 자신의 계책이 그에 미치지 못할까만 두려워하니, 이 때문에 백 가지 일을 거행해도 결함이 없다.

○당체(唐棣-산앵두나무) 꽃이여, 바람에 펄럭이며 뒤집히는구나. 어찌 너를 생각지 않겠는가마는 집이 멀기 때문이다.
공자가 말했다. "생각을 않는 것이지 (생각을 했다면) 무릇 어찌 멀어서 그렇겠는가?"

당-체 지 화 편 기 반 이
唐棣之華 偏其反而
기 불 이 사 실 시 원 이
豈不爾思 室是遠而
자-왈 미-지 사-야 부 하 원-지-유
子曰 未之思也 夫何遠之有

전반부 시를 풀이하면 이렇다.

"당체(唐棣) 꽃이여, 바람에 펄럭이며 뒤집히는구나. 어찌 너를 생각지 않겠는가마는 집이 멀기 때문이다."

여기까지는 작가를 알 수 없는 시다. 없어져서 『시경』에 싣지 못한 옛 시, 즉 일시(逸詩)로 본다. 그리고 이 시에 대해 공자는 이렇게 평하고 있다.

"생각을 않는 것이지 (생각을 했다면) 무릇 어찌 멀어서 그렇겠는가?"

공자의 이 평을 일단 풀어보면 "만나고 싶은 생각이 간절하지 않을 뿐이지, (만나고 싶은 상대방의 집이) 어찌 멀어서 그렇겠는가?"라고 볼 수 있다. 공자의 말은 시인에 대한 반박이다. 마음이 이미 멀어져서 그렇지 거리가 실제로 먼 것은 문제 될 것이 없지 않느냐는 것이다. 이것은 명확히 어짊[仁]의 문제에 대한 비유다.

사람들은 어짊을 고상하고 원대한 것이라 여겨 가까이하려 하지 않는다. 하지만 공자는 어짊의 행함을 기다리는 것이 바로 우리 주변에 있다고 보았다. '술이 29'에서 했던 말, "어짊[仁]을 행하는 것이 멀리 있다고 생각하는가? 내가 어짊을 행하고자 하면 그 어짊이 곧바로 나에게 나타난

다”는 것이 그런 뜻이다. '자한 15'에서 공자가 했던 말, "밖에 나가면 공
경(公卿)을 섬기고, 집에 들어오면 부모와 형을 섬기며, 상사(喪事)에는 감
히 힘쓰지 않는 바가 없고, 술로 인해 곤란함을 당하지 않는 것, 이것들 중
에는 어느 것이 나에게 있는가?"도 바로 그 점을 보여주는 사례다.

　이렇게 해서 자한(子罕)편은 처음부터 끝까지 일관되게 어짊으로 시
작해 어짊으로 끝났다. 자신의 주변에서 어짊을 구해야 한다는 주제는 이
어지는 향당(鄕黨)편 전체 문맥을 형성한다.

⑩

鄉 향

黨 당

鄉黨

1 2 3 4

1

○孔(공)子(자)於(어)鄉(향)黨(당)恂(순)恂(순)如(여)也(야)似(사)不(불)能(능)言(언)者(자)

2

其(기)在(재)宗(종)廟(묘)朝(조)廷(정)便(편)便(편)言(언)唯(유)謹(근)爾(이)○朝(조)與(여)

3

下(하)大(대)夫(부)言(언)侃(간)侃(간)如(여)也(야)與(여)上(상)大(대)夫(부)言(언)誾(은)誾(은)

如(여)也(야)君(군)在(재)踧(축)踖(적)如(여)也(야)與(여)與(여)如(여)也(야)○君(군)召(소)

使(사)擯(빈)色(색)勃(발)如(여)也(야)足(족)躩(확)如(여)也(야)揖(읍)所(소)與(여)立(립)左(좌)

4

右(우)手(수)衣(의)前(전)後(후)襜(첨)如(여)也(야)趨(추)進(진)翼(익)如(여)也(야)賓(빈)退(퇴)

必(필)復(복)命(명)曰(왈)賓(빈)不(불)顧(고)矣(의)○入(입)公(공)門(문)鞠(국)躬(궁)如

如有循享禮有容色私覿愉愉如也○

不勝上如揖下如授勃如戰色足蹜蹜

復其位踧踖如也○執圭鞠躬如也如

等逞顏色怡怡如也沒階趨進翼如也

升堂鞠躬如也屏氣似不息者出降一

勃如也足躩如也其言似不足者攝齊

也如不容立不中門行不履閾過位色

齊必變食居必遷坐〇食不厭精膾不

弔吉月必朝服而朝〇齊必有明衣布

所不佩非帷裳必殺之羔裘玄冠不以

衣長一身有半狐貉之厚以居去喪無

麑裘黃衣狐裘褻裘長短右袂必有寢

暑袗絺綌必表而出之緇衣羔裘素衣

君子不以紺緅飾紅紫不以爲褻服當

寢不言雖疏食菜羹瓜祭必齊如也○

肉不出三日出三日不食之矣食不語

食不撤薑食不多食祭於公不宿肉祭

勝食氣唯酒無量不及亂沽酒市脯不

不正不食不得其醬不食肉雖多不使

不食臭惡不食失飪不食不時不食割

厭細食饐而餲魚餒而肉敗不食色惡

食於君君祭先飯疾君視之東首加朝

君賜腥必熟而薦之君賜生必畜之侍

人乎不問馬○君賜食必正席先嘗之

曰丘未達不敢嘗○廐焚子退朝日傷

他邦再拜而送之康子饋藥拜而受之

矣鄉人儺朝服而立於阼階○問人於

席不正不坐○鄉人飲酒杖者出斯出

14　15　16

升車必正立執綏車中不內顧不疾言
유성찬필변색이작　필변　내고부질언
有盛饌必變色而作迅雷風烈必變○
자수설필이모흉복자식지판부자
者雖褻必以貌凶服者式之負版者
불용견제최자수압필변견면자여구
不容見齊衰者雖狎必變見冕者與瞽
지궤수거마비제육불배　침불시거
之饋雖車馬非祭肉不拜○寢不尸居
사문　붕우사무소귀왈어아빈붕우
事問○朋友死無所歸曰於我殯朋友
복타신군명소불사가행의　입태묘매
服拖紳君命召不俟駕行矣入太廟每

17

雌雉時哉時哉子路共之三嗅而作

不親指○色斯舉矣翔而後集曰山梁

자·치시재시재자로공지삼후이작

불친지색사견의상이후집왈산량

鄉黨

1

○공자께서는 향당(鄉黨)에서는 신실한 모습을 하느라 마치 말씀을 잘할 줄 모르는 사람 같으셨다. 종묘나 조정에 계실 때는 막힘없이 말씀하시되 다만 조심스럽게 하실 뿐이었다.

孔子於鄉黨 恂恂如也 似不能言者
其在宗廟朝廷 便便言 唯謹爾

향당(鄉黨)편은 공자 일상 다큐멘터리다. 여기서는 공자의 말보다는 평소 모습을 집중적으로 볼 수 있다. 이를 통해 우리는 공자가 실제 생활에서 자기 도리를 실천하는 모습이 어떠했는지를 확인하게 된다. 양시는 이 편에 대해 다음과 같이 말했다.

"성인(聖人)의 이른바 도(道-도리)라는 것은 일상생활 사이에서 벗어나지 않는다. 그러므로 공자의 평소 일동일정(一動一靜)을 제자들이 모두 살펴보고 자세히 기록한 것이다."

이 장 또한 나는 일단 자공이 한 묘사로 본다. 다시 한번 '술이 29'를 새겨본 다음 하나씩 살펴보자.

공자가 말했다. "어짊[仁]을 행하는 것이 멀리 있다고 생각하는가? 내가 어짊을 행하고자 하면 그 어짊이 곧바로 나에게 나타난다."

향당(鄉黨)편은 흔히 『논어』를 접하는 사람들에게서 가장 재미없는 편이라는 지적도 많이 듣는다. 그러나 추상적 개념을 벗어나서 구체적인 일상의 모습을 통해 공자의 생각과 사상을 깊이 느끼게 되면, 가장 흥미롭고 때로는 가장 재미있기까지 한 편이 바로 이 향당(鄉黨)편이다.

이제 '향당 1'부터 하나씩 풀어보자. 공자가 향당(고향 마을)에 가서 머물 때는 신실한 모습을 보이려 노력하느라 마치[似] 말씀을 잘하지 못하는 사람처럼 보일 정도였다. 일부러 어른들 앞에서는 말을 제대로 못하

1

는 듯하여 어른을 공경하는 마음을 드러내 보인 것이다. 이에 대한 정약용 풀이다.

> "향당의 예(禮)는 나이를 높이니, 원로 어른들이 모이는 곳에서는 그 모습을 마땅히 공손하게 해야 한다. 비록 원로 어른들이 아니더라도 무릇 대중이 모인 곳에서는 마땅히 온유하고 공손해야 한다.《마을에 들어갈 때는 반드시 허리를 구부리는 법이다.》"

그러나 공자가 종묘에 나아가거나 조정에 있을 때에는 말씀을 잘하되 다만[唯] 조심스럽게 했다. 말을 잘할 때도 삼가는 마음을 놓지 않았다는 것이다. 결국 두 문장을 함께 보면 공자는 때와 장소에 따라 할 말, 안 할 말을 가려서 했다는 것이다.

공자의 이 같은 일거수일투족은 '학이 14'의 '민어사이신어언(敏於事而愼於言-일은 주도면밀하게 하고 말은 신중하게 한다.)' '이인 24'의 '욕눌어언이민어행(欲訥於言而敏於行-말은 어눌하게 하려고 애쓰고 일을 행할 때는 주도면밀하게 한다.)'을 그대로 실천하고 있다. 특히 여기서 "마치 말씀을 잘하지 못하는 사람처럼 보인다"는 대목은 욕눌어언(欲訥於言)의 욕(欲)을 어떻게 해석해야 할지에 대한 지침을 주고 있다. 일부러 힘써 노력한다는 뜻이다. 『논어』라는 책이 얼마나 정밀하게 편집되어 있는지를 보여주는 한 가지 사례다.

'학이 14'와 '이인 24' 그리고 이 '향당 1'은 향당(鄕黨)편 전체 맥락을 제시하고 있다. 말을 어눌한 듯 신중하게, 그리고 일처리는 주도면밀하게 하는 공자의 다양한 모습을 보게 될 것이다. 전반적으로 향당(鄕黨)편은 팔일(八佾)편에 이어지며 지극한 예(禮) 사례를 공자 자신을 통해 드러내는 것이라 할 수 있다.

鄉黨

2

○ (공자께서는) 조정에 계실 때 하대부(下大夫)와 말을 할 때는 은은하게 하셨고, 상대부(上大夫)와 말을 할 때는 온화하게 하셨다. 임금이 계시면 지극히 공손한 모습에다가 (때로는) 망설이고 주저하는 듯이 하셨다.

朝 與下大夫言 侃侃如也
조 여 하-대-부 언 간-간-여 야

與上大夫言 誾誾如也
여 상-대-부 언 은-은-여 야

君在 踧踖如也 與與如也
군 재 축-적-여 야 여-여-여 야

향당(鄉黨)편에는 의태어들이 다수 등장한다. 이 장에서는 간간여(侃侃如), 은은여(誾誾如), 축적여(踧踖如), 여여여(與與如)가 의태어다. 공자의 모습을 묘사했다는 점에서 좀 더 정교한 번역이 필요하다. 여(如)는 연(然)과 마찬가지로 의태어를 만드는 말이다.

간(侃)은 '굳세다[剛]'는 뜻도 있고 '화락(和樂)하다'는 뜻도 있고 '조용하다[靜]'는 뜻도 있다. 여기서는 하대부와 이야기할 때이니, 윗사람으로서의 근엄함과 화락함을 동시에 드러냈다고 봐야 한다. 은(誾)은 '온화(溫和)하다'는 뜻이다. 상대부와 이야기할 때이니, 아랫사람으로서 교언영색(巧言令色)하는 모습을 보였다고 봐야 한다. 축(踧)이나 적(踖)은 같은 뜻으로 지극히 공손한 모습이다. 얼핏 보면 마치 두려워하는 모습까지 포함돼 있어 척(慼)과도 통한다. 여(與)를 정약용은 『노자』 제15장에 나오는 예(豫)와 같은 뜻으로 보아 "망설이고 주저하기를 겨울에 시내를 건너는 듯이 하다"라고 풀었다. 따라서 여여여(與與如)는 망설이고 주저하는 모습이다.

조정에 임금이 모습을 드러낼 경우 '신하' 공자의 태도는 축적(踧踖)

하고 여여(與與)했다고 한다. 근공(謹恭)하는 모습이다. 매사 조심하면서 공손한 모습을 잃지 않는 것이다. 이것이 바로 신신(臣臣), 즉 신하가 신하다움[臣德]이다.

鄉黨

3

○ (공자께서는) 임금이 불러서 국빈을 접대하라고 시키면 낯빛이 바로 바뀌었고 발걸음을 조심조심 떼셨다. 함께 서 있는 동료들에게 읍할 때 손을 좌로 하고 우로 하셨는데 옷의 앞뒤 자락이 가지런하셨다. 앞으로 빨리 나아가실 때 (팔을 펴고 손을 모은 것이 단정하고 아름다워) 마치 새가 날개를 편 것과 같았다. 국빈이 물러가고 나면 반드시 복명(復命)하여 말씀하시기를 "손님이 뒤돌아보지 않았습니다"라고 하셨다.

君召使擯 色勃如也 足躩如也
揖所與立 左右手 衣前後 襜如也
趨進 翼如也 賓退 必復命曰 賓不顧
矣

이제 좀 더 정사(政事)의 깊은 곳으로 들어간다. 공자가 임금들에게 국정을 조언할 때와 정작 벼슬을 맡아서 국사를 처리할 때의 모습은 크게 다르다. 여기서는 공자가 출사(出仕)하여 임금을 모실 때 어떤 마음가짐과 자세로 임했는지를 생생하게 보여 준다.

　　다른 나라에서 사신이 올 경우 이쪽에서도 사신을 맞이하는 신하를 별도로 지정하는 것이 고대 중국의 관례였다. 그런데 이쪽의 군주가 어느 지위에 있느냐에 따라 일반적으로 운용할 수 있는 신하의 수(數)가 있었다. 가령 9명(命)이란 바로 상공(上公)의 명은 아홉이었다는 뜻이다. 이럴 경우 사신이 찾아오면 겸손의 표시로 절반보다 조금 많은 다섯 명을 사신을 맞이하는 신하, 즉 빈(擯)으로 지정하는데 공자가 바로 이 자리에 불려 나갔던 것이다.

3

추(趨)는 '빨리 걷다' '달리다' '성큼성큼 걷다' 등의 뜻이다. 자리를 옮겨야 할 때 공자는 빠른 걸음으로 나아가서 마치 새가 날개를 편 듯이 [翼如] 보였다는 것이다. 이에 대한 주희 풀이다.

> "앞으로 빨리 나아갈 때 팔을 펴고 손을 모은 것이 단정하고 아름다워, 마치 새가 날개를 편 것과 같다."

단순히 빨리 움직였다는 뜻을 넘어 품위가 있었다는 뜻이다. 국빈이 물러가고 나면 공자는 반드시 복명(復命)하여 말하기를 "손님이 뒤돌아보지 않았습니다"라고 했다. 같은 뜻이라도 "손님이 (일을) 잘 마치고 갔습니다"에 비해 겸손한 표현이다. 공자의 이 말을 주희는 "군주의 공경을 풀게 하기 위함"이라고 풀이한다.

여기서 우리는 공자가 일을 대하는 빈틈없는 자세를 볼 수 있다. 이것이 공자가 여러 차례 강조했던 민어행(敏於行), 민어사(敏於事)의 실제 모습이다.

鄉黨

4

○(공자께서는) 공문(公門)에 들어갈 때는 몸을 최대한 굽히셨는데 마치 용납받지 못하는 것처럼 보였다. 문을 들어갈 때는 문 한가운데에 서 있지 않으셨고 통행하면서 문지방을 밟지 않으셨다. (임금이 부재할 때라도 임금) 자리를 지나실 때는 긴장감으로 낯빛이 변하였고, 발걸음은 조심조심 떼셨으며 마치 말을 잘하지 못하는 사람 같았다. 옷자락을 모아쥐고 당(堂)에 올라가실 때는 몸을 최대한 굽혔고, 숨을 죽여 마치 숨을 쉬지 않는 듯이 했다. 당에서 나와 섬돌 한 층계를 내려서면서부터 (비로소) 안색을 펴서 화평한 표정을 지으셨고, 계단을 다 내려와서는 빠른 걸음으로 걸어가셨는데 마치 새가 나래를 편 듯하였고, 자기 자리로 다시 돌아와서는 원래대로 지극히 공손한 모습을 취했다.

入公門 鞠躬如也 如不容 立不中門
行不履閾

過位 色勃如也 足躩如也 其言似不
足者

攝齊升堂 鞠躬如也 屏氣似不息者

出降一等 逞顔色

怡怡如也 沒階 趨進翼如也 復其位

축―적―여　야
蹴踏如也

자칫 '아첨'으로 보일법한 군주에 대한 공자의 극진한 공경스러움은 『논어』 곳곳에 보인다. 교언영색(巧言令色) 또한 거기에 속한다. 이와 관련해 이미 공자는 '팔일 18'에서 이렇게 말한 바 있다.

> "(내가) 임금을 섬기면서 예를 다했더니[盡禮] _{진-례} 사람들은 그것을 아첨이라고 여겼다."

공자는 늘 집 안에서는 부형(父兄)을 잘 섬기고, 집 밖에 나가서는 공경(公卿)을 잘 섬기는지를 스스로 점검하곤 하였다. '자한 15'를 다시 음미해 보자.

> 공자가 말했다. "밖에 나가면 공경(公卿)을 섬기고, 집에 들어오면 부모와 형을 섬기며, 상사(喪事)에는 감히 힘쓰지 않는 바가 없고, 술로 인해 곤란함을 당하지 않는 것, 이것들 중에는 어느 것이 나에게 있는가?"

하물며 임금에 대해서이겠는가?

공자는 임금이 계실 때나 안 계실 때나 늘 한결같은 모습이었다. 임금이 계실 때는 "지극히 공손한 모습에다가 (때로는) 망설이고 주저하는 듯이 하셨고" 임금이 자리에 안 계셔도 "자리를 지나실 때는 긴장감으로 낯빛이 변하였고, 발걸음은 조심조심 떼셨으며 마치 말을 잘하지 못하는 사람 같았다." 이 모습이 바로 신하 공자이다.

鄕
黨

5

○ (공자께서 사신으로 가시어) 규(圭)를 손에 쥐실 때는 몸을 최대한 굽히셨는데, 마치 그 무게를 이기지 못하시는 것처럼 했다. (규를 잡아 쥐었을 때) 위로는 읍(揖)할 때 높이와 같게 하셨고, 아래로는 남에게 물건을 줄 때 높이와 같게 하셨다. (얼굴은) 긴장감으로 낯빛이 변하였고 두려워하는 기색이 있었으며, 발걸음은 조심조심 떼셨는데 마치 발꿈치를 질질 끄는 듯이 했다. (사신으로서 예물을 바치는) 향례(享禮)에서는 화기(和氣) 가득한 얼굴을 하셨고, 사사롭게 만나볼 때에는 더욱 온화한 표정을 지으셨다.

執圭 鞠躬如也 如不勝
上如揖 下如授
勃如戰色 足蹜蹜 如有循
享禮 有容色 私覿 愉愉如也

여불승(如不勝), 여유순(如有循). 이 표현은 '향당 4'에 나온 "마치 용납받지 못하는 것처럼 보였다[如不容]"의 연장선에 있다. 어떤 모습을 더 절절하게 드러내 보여주는 것이다. 여불승(如不勝)이란 "마치 그 무게를 이기지 못하는 것처럼 했다"는 뜻으로 『예기』 곡례(曲禮)편에 나온다. 여유순(如有循)은 "마치 발꿈치를 질질 끄는 듯이 했다"는 뜻이다. 앞서 한 말의 절절함[切]을 구체화하는 표현법이라 하겠다.

규(圭)란 상서로운 옥[瑞玉], 제후를 봉할 때 내리던 옥으로 만든 홀(笏) 등을 뜻한다. 홀(笏)은 신임[信]을 뜻한다. 주희 풀이다.

"이웃 나라에 사신으로 방문을 할 때 대부로 하여금 이것을 지니게 하여 신임함을 알린다.”

'향당 3'과 달리 이번에는 공자가 사신이 되어 이웃 나라를 방문했을 때 그 나라 임금이 규(圭)를 내밀자, 공자가 이를 잡으면서 취하는 모습을 묘사하고 있다. 이에 대한 주희의 포괄적인 풀이다.

"임금의 기물을 가질 때, 가벼운 것을 가졌더라도 (무거워서) 이기지 못하는 것처럼 한다는 것이니, 이는 지극히 공경하고 삼가는 것이다. 상여읍(上如揖), 하여수(下如授)라는 말은 규(圭)를 손에 잡고 있는 것이 평형을 이루어 손과 가슴이 가지런할 정도로 해서, 높아도 읍할 때의 위치를 넘지 않고, 낮아도 남에게 물건을 줄 때의 위치를 넘지 않는 것이다.”

이어 공자는 물건을 올리는 예석(禮席)에서는 화기 가득한 얼굴색을 띠었고, 사사로이 만나볼 때는 화평하게 하였다. 용색(容色)이란 화기(和氣)로 낯빛이 확 펴져 있다는 뜻이다. 유(愉)란 '부드러워지다' 혹은 '기뻐하다'는 뜻으로, 유유(愉愉)에는 기쁜 뜻이 담겨 용(容)보다 더 온화한 것을 표현한다. 공석과 사석에서의 언행 차이를 분명히 했다는 말이다. 지극한 예를 다하는 공자 모습이 눈앞에 선하다.

鄕黨

6

○군자는 감색과 추색으로 옷깃을 꾸미지 않고 홍색과 자색으로 평복을
만들어 입지 않으셨다. 더울 때는 홑겹으로 된 치격(絺綌)에 반드시 겉
에다가 웃옷을 덮어입고 나가셨다. 치의(緇衣)에는 고구(羔裘)를 입고,
소의(素衣)에는 예구(麑裘)를 입고, 황의(黃衣)에는 호구(狐裘)를 입으
셨다. 설구(褻裘)는 길게 하면서도 오른쪽 소매를 짧게 하셨다. 반드시
잠옷을 입었는데 길이가 몸의 한 배 반이며, 여우와 담비의 두터운 털
가죽을 방석으로 깔고 앉으셨다. 상(喪)이 끝나고 나면 옥을 차지 않
는 경우가 없으셨다. 유상(帷裳)이 아니면 반드시 (주름을 잡지 않고) 줄
여서 꿰매셨다. 고구(羔裘)와 현관(玄冠)으로는 조문을 하지 않으셨다.
길월(吉月) 초하루에는 반드시 조복(朝服)을 입고 조회하셨다.

君子不以紺緅飾 紅紫不以爲褻服

當暑 袗絺綌 必表而出之

緇衣 羔裘 素衣 麑裘 黃衣 狐裘

褻裘長 短右袂

必有寢衣 長一身有半

狐貉之厚 以居

去喪 無所不佩 非帷裳 必殺之

羔裘玄冠不以弔 吉月 必朝服而朝

6

정색(正色)은 음양오행설에 따르면 청(靑) 적(赤) 황(黃) 백(白) 흑(黑) 다섯 가지 기본색이다. 간색(間色)은 정색을 섞어서 만들어낸 새로운 색이다. 감색(紺色)과 추색(緅色), 홍색(紅色)과 자색(紫色)은 모두 간색이다.

감색은 짙게 푸르러 붉은빛을 풍기는 것이고, 추색은 짙은 붉은색과 옅은 검은색의 간색이다. 홍색은 밝은 빨강으로 적색과 백색의 혼합이고, 자색은 붉은 흙빛 같은 검붉은색으로 흑색과 적색을 섞은 것이다. 이 문제에 대한 공자 생각은 분명하다. '양화 18'이다.

공자가 말했다. "(나는) 자색이 붉은색을 빼앗는 것을 미워하고, 정나라 음악이 아악(雅樂)을 어지럽히는 것을 미워하며, 말재주 부리는 입이 나라를 뒤엎는 것을 미워한다."

이와 같이 공자는 간색을 멀리했으며, 정색이 예(禮)에 합당하다고 여겼다.

진(袗)은 홑옷, 수놓아 꾸민 옷, 아래위가 다 검은 옷 등을 뜻하는데, 여기서는 '홑옷을 걸치다'라는 뜻이다. 치격(絺綌)은 각각 갈포(葛布) 중에서 고운 것과 거친 것을 뜻한다. 풀이하면 이렇다. 공자는 더위가 오면 가는 갈포와 굵은 갈포로 만든 홑옷을 반드시 겉에 입었다. 이에 대한 주희 풀이다.

"표이출지(表而出之)는 먼저 속옷을 입고 겉에 갈포옷을 밖으로 나오게 입으신 것이니, 그 몸을 드러내지 않고자 해서이다."

치(緇)는 검은 비단, 검은 옷, 승복 등을 뜻한다. 고(羔)는 검은 양, 예(麑)는 고라니, 구(裘)는 가죽옷이며, 호(狐)는 여우다. 따라서 풀이하면 이렇다. '검은 옷에는 검은 양가죽 옷을 걸쳐 입고, 흰옷에는 하얀 사슴 가죽옷을 걸쳐 입고, 누런 옷에는 누런 여우 가죽옷을 걸쳐 입었다.' 비슷한 색으로 조화를 맞춰 옷을 입었다는 뜻이다.

설구(褻裘)는 평상시에 입는 가죽옷을 말한다. 설(褻)은 평소[平]라는 뜻이다. 평상시에 입는 가죽옷은 길게 하되, 오른쪽 소매는 짧게 했다. 이에 관한 주희 풀이다.

"길게 한 것은 따뜻하게 하려고 해서이고, 오른쪽 소매를 짧게 한 것은 일하는 데 편하게 하려고 해서이다."

(잠을 잘 때는) 반드시 잠옷을 입었으니 길이가 한 길 하고도 또 반이 있었다. 반이 더 있었던 이유를 주희는 "발을 덮기 위함"이라고 보았다. 이는 건강, 즉 질병에 대한 경계라 할 수 있다. 특히 여기서 '반드시'라고 한 것은 다른 사람들은 그렇게 하지 않는데 공자 홀로 그렇게 했음을 밝힌 것이라고 정약용은 풀이했다.

또한 공자는 "상(喪)이 끝나고 나면 옥(玉)을 차지 않는 경우가 없으셨다"고 했는데, 이것은 사치와는 거리가 멀고, 군자의 옥 애호와 관련 있다. 『예기』 옥조(玉藻)편에 나오는 말이다.

"옛 군자들은 반드시 옥을 허리에 찬다. 오른쪽에 찬 옥에서는 (서로 부딪혀) 치(徵) 각(角) 소리를 내고 왼쪽에 찬 옥에서는 궁(宮) 우(羽) 소리를 낸다. 무릇 허리띠를 매면 반드시 옥을 차는데, 오직 상을 당할 때에만 이를 차지 않는다. 패옥에는 어금니같이 생긴 충아(衝牙)가 달려 있다. 군자는 아무 연고가 없으면 옥을 몸에서 떼지 않는다. 이는 군자가 다움을 옥에 비유하기 때문이다."

'학이 15'에 나오는 절차탁마(切磋琢磨), 즉 옥(玉)을 갈고 닦는 과정 자체가 바로 군자가 옥을 중시하는 이유와 통한다고 볼 수 있다.

유상(帷裳)이 어떤 옷인지에 대해서는 논란이 있지만, 일단 여기서는 넓은 의미의 예복(禮服)으로 본다. 여기서 殺은 '살'이 아니라 '쇄'로 읽어야 한다. 이에 대해서는 정약용 풀이가 간명하다.

"공자는 반드시 위는 주름을 만들어 좁히고[殺縫] 아래는 흩어서 넓게 하여, 이 의상들로 하여금 위를 좁아지게 하였기 때문에 문인이 이를 기록한 것이다."

단정하고 아름답게 입되 사치함을 경계했던 것이다.

"(공자께서는) 고구(羔裘)와 현관(玄冠)으로는 조문(弔問)을 하지 않으셨다."

이 구절에 대한 정약용 풀이다.

"여기서 조(弔)란 소렴(小殮-장례의 초기 절차)하기 이전의 조문을 말한다. 예(禮)에 따르면 소렴하지 않았을 때는 되살아나기를 기다리는 마음이 끊어지지 않았으므로, 주인은 흉복(상복)을 입지 아니하고 조문하는 사람도 역시 갖옷 위에 홑겹의 옷을 입고 아름다움을 나타냈다."

따라서 고구와 현관 같은 검은 옷을 입고서 조문을 하지 않았다는 뜻이다. 동시에 이런 조문의 이치를 모르는 당시 사람들은 소렴하기 전에 조문하면서 고구와 현관으로 조문을 하니 이를 깨우쳐준 것이다.

7

○재계를 할 때는 반드시 명의를 입었는데 베로 만들었다. 재계를 할 때
  는 반드시 음식을 바꾸었고 거처함에 반드시 자리를 옮겼다.

^{재　　필─유　명─의　　　포}
齊必有明衣 布
^{재　　필　변─식　　거　필　천─좌}
齊必變食 居必遷坐

재(齊)는 재(齋)로 재계(齋戒)를 뜻한다. 재계(齋戒)란 흔히 부정한 것을 멀
리하고 심신을 깨끗이 한다는 정도로 정의한다. 그러나 그 본래 의미는 훨
씬 깊다. 재계는 산재(散齋)와 치재(致齋)로 나뉜다. 산재(散齋)란 제사를
앞두고 며칠 동안 자기 마음속에 남아 있는 온갖 희로애락을 지워내는 것
을 말한다. 치재(致齋)란 그 깨끗이 비운 마음에 제사 지낼 대상을 맞이해
들이는 것이다. 그래서 제사 당일에는 마치 그 조상이 눈앞에 계신 듯해야
한다. '팔일 12'를 다시 음미해 보자.

　　(공자는) 제사를 지낼 때는 마치 (조상이) 그 자리에 계신 듯이 했고[如
　　在], 귀신에게 제사를 지낼 때는 (귀신이) 그 자리에 계신 듯이 했다. 공
　　자가 말했다. "내가 제사를 돕지 않았으면 (나로서는) 제사를 지내지
　　않은 것과 같다."

　　여재(如在)가 바로 재계하는 본질이다. 또 '술이 12'에서 공자가 세
가지 조심하는 것으로 재계, 전쟁, 질병[齋戰疾]을 언급한 바 있다.

　　재계할 때는 반드시 명의(明衣)를 입었는데 베[布]로 만들었다. 명의
란 재계하는 자가 목욕한 뒤에 입는 깨끗한 옷을 말한다. 옷을 깨끗하게
입음으로써 잡념이나 근심 걱정을 털어내는 데도 도움되었을 것이다. 또
재계할 때는 반드시 음식을 바꾸었고 거처함에 반드시 자리를 옮겼다. 이
에 대한 주희 풀이다.

　　"음식을 바꾸었다는 말은 술을 마시지 않고, 마늘 파 부추 등 냄새가

강한 음식을 먹지 않음을 말한다. 자리를 옮겼다는 말은 평상시에 거
처하던 곳을 바꾸는 것이다."
제사에 임하는 공경하는 마음이 지극했다는 뜻이다.

鄕
黨

8

○(공자께서는) 밥은 곱게 찧은 것을 싫어하지 않으셨고, 날고기는 얇게 잘 썬 것을 싫어하지 않으셨다. 밥이 쉬어서 변했거나 생선이 상하고 고기가 썩은 것은 먹지 않으셨고, 빛깔이 나쁜 것을 먹지 않으셨으며, 냄새가 이상한 것도 먹지 않으셨고, 제대로 익히지 않은 것도 먹지 않으셨으며, 제때가 아니면 먹지 않으셨다. (고기를) 자른 것이 바르지 않으면 먹지 않으셨고, 그에 맞는 장(醬)이나 젓갈이 아니면 먹지 않으셨으며, 고기가 많더라도 밥 기운을 이기지 않게 드셨다. 저 술의 경우 마시는 양을 한정하지 않았으나 어지러운 지경에까지는 이르지 않으셨다. 가게에서 사 온 술이나 육포는 먹지 않으셨으며, 생강 드시는 것은 걷어치우지는 않으셨지만 많이 먹지는 않으셨다. 나라 제사에 올린 고기를 받았을 때는 밤을 넘기지 않았고, 집에서 제사를 지낼 때 올린 고기는 사흘을 넘기지 않았으며, 사흘이 지나면 그것을 먹지 않으셨다. 식사하실 때는 말씀을 안 하셨고 잠자리에 누우시면 말씀을 안 하셨다. 비록 거친 밥과 나물국(에다가 오이 반찬)이라도 고수레를 하셨으며 반드시 가지런하게 하셨다.

사　불-염　정　회　불-염　세
食不厭精 膾不厭細

사　의-이-애　　어　뇌　이　육　패　불-식
食饐而餲 魚餒而肉敗不食

색　악　불-식　취　악　불-식
色惡不食 臭惡不食

실-임　불-식　불-시　불-식
失飪不食 不時不食

할　부-정　불-식　부-득　기-장　불-식
割不正不食 不得其醬不食

육 수ー다　불ー사　승　사ー기
肉雖多 不使勝食氣

유 주 무ー량　불ー급　난
唯酒無量 不及亂

고ー주　시ー포　불ー식　불ー철　강ー식　부　다ー식
沽酒市脯不食 不撤薑食 不多食

제ー어　공　불ー숙ー육　제ー육　불ー출　삼ー일
祭於公 不宿肉 祭肉不出三日

출　삼ー일　불ー식ー지ー의
出三日 不食之矣

식　불ー어　침　불ー언
食不語 寢不言

수　소ー사　채ー갱　과ー제　필　제ー여　야
雖疏食菜羹 瓜祭 必齊如也

공자가 잘 도정한 쌀로 지은 밥과 칼질을 잘한 회(膾)를 싫어하지 않았다는 것은 좋아했다는 말이다.『예기』내칙(內則)편에 따르면 "날고기를 가늘게 썬 것을 회(膾)라 하고, 크게 썬 것을 헌(軒)이라고 한다"고 했다. 또 '바르게 먹는' 공자 모습을 잘 보여주는 대목은 "그에 맞는 장(醬)이나 젓갈이 아니면 먹지 않으셨으며"라는 구절이다. 이와 관련해서는 먼저 『예기』내칙(內則)편을 보아야 한다.

> "닭을 삶는 데는 해장(醢醬-육장으로 만든 장)을, 물고기를 익히는 데는 난장(卵醬-어란으로 만든 장)을, 자라를 삶는 데는 해장을, 단수(腶脩-생강 계피를 넣어서 만든 육포)에는 지해(蚳醢-왕개미 알로 담근 젓갈)를, 포갱(脯羹-육포로 끓인 국)에는 토해(兔醢-토끼 고기로 담근 젓갈)를, 미부(麋膚-절인 사슴 고기)에는 어해(魚醢-생선 젓갈)를, 어회(魚膾)에는 개장(芥醬-겨자장)을, 미성(麋腥-사슴 생고기)에는 해장을 쓴다."

이런 맥락에서 '학이 14'에 나오는 "군자가 되려고 하는 사람이 먹을 때 배부름을 구하지 않고"란 공자 말에 담긴 본래 뜻이 무엇인지를 음미해 보기 바란다.

공자가 가게에서 만들어 파는 술과 육포를 먹지 않은 까닭은 무엇일까? 당시는 춘추 시대이다. 주조(酒造)에 대한 나라의 통제가 엉망이었을 것이니 술이나 육포를 사서 먹는 것을 삼갔던 것이다. '향당 11'을 보자.

강자(康子-계강자)가 약을 보내오자 절을 하고서 그것을 받은 다음에 말했다. "나는 이 약에 대해 제대로 알지 못하니 감히 맛볼 수가 없다."

실력자 계강자가 보내온 약에 대해서도 공자는 이런 태도를 취했는데, 하물며 제조 과정을 알 길 없는 가게에서 파는 술이나 육포에 대해서야 두말할 필요도 없다.

옛날 사람들은 생강을 많이 먹으면 기운이 손상되지만 때때로 체증(滯症-소화불량)을 풀어준다고 생각했다.

나라 제사를 지내고 나서 받은 고기는 즉시 사람들과 나누어 그날 밤을 넘기지를 않았고, 집에서 제사를 지낸 고기는 사흘을 넘기지 않았다. 사흘을 넘기면 먹을 수 없기 때문이었다. 이에 관한 주희 풀이다.

"사흘이 지나면 고기가 반드시 부패해서 사람이 먹지 못하니, 이는 귀신이 흠향하시고 남은 것을 함부로 하는 것이 된다. 다만 군주가 내려준 제사 고기에 비해서 다소 늦출 수 있을 뿐이다."

鄉
黨

9

○ (공자께서는) 자리가 바르지 않으면 앉지 않으셨다.

席^석不^부正^정 不^부坐^좌

이번에는 식사할 때의 자세와 관련된 언급이다. 공자는 "자리가 바르지 않으면 앉지 않으셨다." 여기서 자리가 바르지 않다는 것은 무슨 뜻인가?

자리가 바르지 않다는 것은 두 가지로 볼 수 있다. 하나는 자기가 앉을 자리가 아닌 경우, 즉 좌석의 배치 등이 예(禮)에 부합하지 않는 것이고, 다른 하나는 말 그대로 좌석 자체가 엉성하게 준비되어 있는 것이다. 어느 쪽이건 자리가 바르지 않으면 앉지 않는 것은 작은 사물의 흐트러짐이 마음을 흔들어 놓을 수도 있다고 보았기 때문이다. 하나하나에 정성을 다하고 삼감을 다하는 공자 모습이 눈에 보이는 듯하다.

사량좌 풀이다.

"성인(聖人)은 마음이 바른 것을 편안케 여기므로 자리가 바르지 않을 경우에는 그것이 비록 작은 것이라도 거기에 처하지 않았다."

'향당 8'이 음식의 바름[正]에 관한 내용이었기 때문에 바름을 매개로 이 장과 연결된다.

10

○ (공자께서는) 향(鄕) 사람들과 술을 마실 때 노인이 나가고 나서야 이에
따라서 나갔다. 향 사람들이 (역귀를 쫓기 위해) 나례(儺禮)를 하면 조복
을 입고서 동쪽 섬돌 위에 서 있었다.

鄕人飮酒 杖者出 斯出矣
鄕人儺 朝服而立於阼階

'향당 1'과 연관 지어 풀이할 수 있다. 사적인 영역과 공적인 영역에서의
행동 차이다. 공자는 고향 혹은 시골[鄕] 사람들과 술을 마실 때, 지팡이를
든 사람[杖者]이 술자리를 마치고 나가면 마침내 따라서 나갔다. 장자(杖
者)란 60세 이상 노인을 말한다. 굳이 시골을 언급한 것은 공자가 신분이
나 지위 고하를 막론하고 노인을 공경하는 마음을 잃지 않았음을 강조하
기 위함이다. 주희 풀이다.

　　"노인이 나가기 전에는 감히 먼저 나가지 않았고, 이미 나갔으면 감
　　히 뒤에 남아 있지 않았다(곧 따라 나갔다)는 것이다."

　　나(儺)는 역귀(疫鬼)를 쫓는 춤이다. 여기서는 굿이라고 해도 된다. 조
(阼)는 동쪽 계단, 주인이 당(堂)에 올라가는 계단, 보위(寶位), 천자 자리,
그리고 앞서 말했던 제사 후에 나눠주는 고기 등을 뜻하는데, 여기서는
'동쪽 섬돌'을 뜻한다. 시골 사람들이 역귀를 쫓기 위해 굿을 하면 조복(朝
服)을 차려입고서 동쪽 섬돌 위에 서 있었다. 주희 풀이다.

　　"굿은 (사사로운) 놀이에 가까운데도 반드시 조복을 입고 임한 것은 그
　　정성과 공경을 쓰지 않음이 없었던 것이다."

　　『설원』19-27에서 집주인이 공자와 같은 모습을 보여 준다.

　　"옛날에는 역병이 일어나는 것을 여(厲-재앙의 일종)라고 했다. 이럴
　　때면 임금은 소복을 입고 해당 부서 관리들을 시켜 죽은 자를 조문하

고 병든 사람을 위문하며 무당과 의사로 하여금 근심을 치유하게 했으니, 온 힘을 다해 구원했고 탕과 죽을 갖고서 구제했다.

구제 사업을 잘하는 사람은 반드시 먼저 홀아비, 과부, 고아, 독거노인부터 챙겼고, 병들어 봉양할 수 없는 사람들을 구제했으며, 죽어서 매장할 사람이 없으면 매장도 해주었다. 부모상을 당한 집 문 앞에서는 큰 소리로 외치지 않았고, 자최(齊衰)나 대공(大功) 상복을 입은 사람은 5개월 동안 노역에 징발하지 않았으며, 소공(小功) 상복을 입은 사람은 아직 장례를 지내지 못했으면 노역에 징발하지 않았다.

많은 사람이 죽어 시체들이 겹쳐져 있어서 상황이 급하면 사람들을 모으고 동자에게 북을 치게 해서 갈대 횃불을 밝히고서 집 안으로 들어가 역귀를 몰아낸다. 각자 북을 치고 횃불을 들고서 역귀를 몰아낼 때, 집주인은 관을 쓴 채 동쪽 계단[阼]에 서 있다가 일이 끝나고 나면 주인은 마을 문을 통해 나오고 읍문을 따라 나와 야외에서 전송한다. 이것이 바로 땅바닥을 기듯이 온 힘을 다해 역병을 구제하는 도리다. 군대가 크게 패했을 때 역시 이렇게 한다.”

鄕黨

11

○ (공자께서는) 다른 나라에 사람을 보내 (그 나라 군주의) 안부를 여쭐 때는 두 번 절을 한 다음에 보냈다. 강자(康子-계강자)가 약을 보내오자 절을 하고서 그것을 받은 다음에 말했다. "나는 이 약에 대해 제대로 알지 못하니 감히 맛볼 수가 없다."

문 인 어 타—방　　재—배 이 송—지
問人於他邦　再拜而送之

강—자 궤—약　배 이 수—지 왈　구 미—달　불—감
康子饋藥　拜而受之曰　丘未達　不敢

상
嘗

이는 부재(不在)중이라도 군주에 대한 예의를 지켰던 공자 태도와 직결된다. 주희도 이를 다음과 같이 풀이한다.

　　"사자(使者)에게 절하고 보내어 친히 만나보는 것처럼 하신 것은 삼감을 보이신 것이다."

　　계강자가 약을 보내주자 공자는 절을 하면서 그것을 받은 후에 이렇게 말했다.

　　"나는 이 약에 대해 제대로 알지 못하니 감히 맛볼 수가 없다."

　　이에 대해서는 양시 풀이가 간략하다.

　　"대부(계강자)가 주거든 절하고 받는 것은 예(禮)이고, 알지 못하면 감히 맛보지 않은 것은 질병을 조심하는 것이고, 반드시 이렇게까지 말씀하신 것은 곧음[直]이다."

　　공자가 늘 조심했던 것이 재계와 전쟁 그리고 질병이었다는 것은 앞서 여러 차례 언급한 바 있다. 계속해서 우리는 군주나 고관대작과 관련된 일에 대해서 온 정성을 다하는 공자 모습을 볼 수 있다. '향당 10과 11'은 '자한 9'를 떠올리게 한다.

鄉
黨

11

"공자께서는 상복 입은 사람, 관복 입은 사람 그리고 맹인을 만나시면, 비록 그들 나이가 (자기보다) 어려도 반드시 일어나셨고, 그들 앞을 지나갈 때는 반드시 (예에 따라) 종종걸음으로 걸어가셨다."
잠시 후 '향당 15'에서 이 문제는 다시 나온다.

鄕黨

12

○ (공자 집) 마구간에 불이 났는데 공자께서 조정에서 퇴근해 말했다. "사람이 다쳤는가?" 말에 대해서는 묻지 않았다.

구 분 자 퇴-조 왈 상-인-호 불-문-마
廐焚 子退朝曰 傷人乎 不問馬

이 구절은 해석을 두고서 논란이 있다. 자기 집 마구간에 불이 나서 다 타 버리자, 공자는 마침 조정에 갔다가 퇴청하여 "사람이 다쳤는가?"만 묻고 말에 대해서는 묻지 않았다. 일단 주희는 공자가 말보다는 사람을 중히 여겼다는 시각에서 풀이한다.

> "말을 사랑하지 않은 것은 아니나 사람이 상했을까 두려워하는 뜻이 많으므로 미처 묻지 못하는 것이니, 사람을 귀하게 여기고 가축을 천하게 여김에 도리가 마땅히 이와 같이 하여야 하는 것이다."

그런데 의문이 든다. 만일 그런 뜻이라면 굳이 공자가 아니어도 누구나 할 수 있는 말이기 때문이다. 설사 주희 풀이를 따르더라도 약간의 보충이 있어야 한다. 이에 대해서는 왕필(王弼) 풀이가 보완하는 역할을 한다.

> "말에 대해 묻지 않은 것은 당시 말을 중히 여기던 폐단을 바로잡으려는 것이었다."

鄉黨

13

○임금이 음식을 내려주면 반드시 자리를 바르게 하고서 먼저 맛보셨고, 임금이 날고기를 내려주면 반드시 익혀서 조상에게 바치셨으며, 임금이 산 짐승을 내려주면 반드시 그것을 길렀다. 임금을 모시고 식사할 경우 임금이 고수레하는 동안 먼저 (맛을 보기 위해) 밥을 먹으셨다. 병이 들어 임금이 병문안을 오면 머리를 동쪽으로 두고 조복을 몸위에 덮은 채 관대를 그 위에 가져다 놓으셨다. 임금이 (공식적으로) 명을 내려 부르면 수레에 멍에 메우기를 기다리지 않고 (임금께) 가셨다. 태묘에 들어가서는 일마다 물어보셨다.

君賜食 必正席先嘗之
君賜腥 必熟而薦之 君賜生 必畜之
侍食於君 君祭 先飯
疾 君視之 東首 加朝服拖紳
君命召 不俟駕行矣
入太廟 每事問

여기서 다시 한번 군주를 대하는 공자의 예(禮)와 삼가는 마음가짐[敬]을 볼 수 있다. 임금이 음식을 내려주면 반드시 자리를 바로 하고 먼저 맛을 보았고, 임금이 날고기를 내려주면 반드시 익혀서 그것을 조상께 올렸고, 임금이 살아 있는 동물을 내려주면 반드시 길렀다.

　시(侍)는 '모시다' '시중들다'를 뜻한다. 임금을 모시고 식사 시중을 들 때는 임금이 고수레하면 먼저 밥을 먹었다. 이는 고대 식사 예법과 관련된다. 주희 풀이다.

"군주를 모시고 먹는 자가, 군주가 고수레하면 자기는 고수레하지 않고 먼저 밥을 먹어 마치 군주를 위하여 먼저 맛을 보는 것처럼 한 것이다."

시(視)는 여기서 '문병하다'는 뜻이다. 병이 들어 임금이 문병 오면 동쪽으로 머리를 둔 다음에 조복(朝服)을 걸치고 큰 띠를 그 위에 걸쳐 놓았다. 이에 대한 주희 풀이다.

"머리를 동쪽으로 두는 것은 살아 있는 기운[生氣]을 받기 위함이다. 병들어 누워 있을 때에는 옷을 입고 띠를 맬 수 없지만, 또 평상복으로 임금을 뵐 수는 없다. 그러므로 조복을 몸에 살짝 걸치고 또 큰 띠를 그 위에 걸쳐 놓은 것이다."

공자는 또한 임금이 명하며 부르면 수레에 멍에 메우기를 기다리지 않고 즉각 달려갔다. 그리고 태묘에 들어가서는 산 사람의 일을 캐묻듯이 모든 일을 물었다. 이는 이미 '팔일 15'에 나왔던 것이다. 살아 있는 군주뿐만 아니라 세상을 떠난 선대 군주들에게도 깍듯한 예경(禮敬)을 보여주는 공자 모습이다.

鄕
黨

14

○가까운 벗이 죽어 돌아갈 곳이 없으면 (공자께서) 말씀하시기를 "내 집 에 빈소를 차리라"고 했다. 가까운 벗이 보낸 선물은 수레와 말을 가 득 채울지라도 제사 지낸 고기가 아니면 절을 하지 않았다.

_{붕—우 사 무 소—귀 왈 어—아 빈}
朋友死 無所歸 曰 於我殯
_{붕—우 지 궤 수 거—마 비 제—육 불—배}
朋友之饋 雖車馬 非祭肉 不拜

해야 할 일은 반드시 하고, 해서는 안 되는 일은 결단코 하지 않는 것이 예 (禮)이자 구차스러움이 없는 것[不苟]이다. 앞부분은 '해야 할 일은 반드 시 하는' 공자 모습이다. 『예기』 단궁(檀弓)편에는 이와 관련된 이야기가 나온다.

　빈객이 와서 머물 곳이 없으면 공자는 늘 이렇게 말했다. "살아 있는 사람이면 내 집에 머물게 하고 죽은 사람이면 내 집에 빈소를 차리라."

　뒷부분은 '해서는 안 되는 일은 결단코 하지 않는' 공자 모습이다. 붕 우 사이에는 통재(通財)하는 의리가 있다고 했다. 서로 재물을 주고받으면 서 서로 돕는 마땅함이 있다는 것이다. 따라서 벗이 보낸 선물이나 재물이 아무리 귀하고 많더라도 절을 하는 경우는 없다. 다만 제사를 지낸 고기일 경우 제사를 지낸 그 귀신에게 예를 표하기 위해 절을 하는 경우는 있다.

15

○ (공자께서는) 누워계실 때 죽은 사람처럼 눕지 않으셨고, 사사로이 계
실 때는 용모를 꾸미지 않으셨다. 상복 입은 사람을 보면 평소 격의 없
이 대하던 사람이라도 반드시 낯빛을 바꾸셨고, 관복 입은 사람과 맹
인을 보면 평소 가깝게 지내던 사람이라도 반드시 예모(禮貌)로써 대
하셨다. 흉복 입은 사람이 있으면 경의를 표하셨고, 나라의 지도와 호
적을 짊어진 자에게도 경의를 표하셨다. 진수성찬이 있으면 반드시 낯
빛을 바꾸고 일어나셨다. 빠른 천둥과 사나운 바람이 있으면 반드시
낯빛을 바꾸셨다.

침 불－시 거 불－용
寢不尸 居不容

견 자－최－자 수－압 필－변
見齊衰者 雖狎必變

견 면－자 여 고－자 수－설 필 이－모
見冕者與瞽者 雖褻必以貌

흉－복－자 식－지 식 부－판－자
凶服者式之 式負版者

유 성－찬 필 변－색 이 작 신－뢰 풍－렬 필－변
有盛饌 必變色而作 迅雷風烈必變

이 장의 주제는 삼감[敬]이다. 침(寢)은 앞에서와 마찬가지로 '자다'보다
는 '눕다[臥]'이다. '향당 8'에서 공자는 침불언(寢不言)이라고 했고, 여기
서는 침불시(寢不尸)라고 했다. 이는 마치 위를 향해 누워 손발을 쭉 펴고
죽은 사람처럼 눕지 않았다는 말이다. 형병은 이와 관련해 "공자는 잠잘
때 몸을 굽혀서 잤다"라고 덧붙였다. 거(居)란 평소 일상생활을 하는 때이
다. 불용(不容)이란 용모를 꾸미지 않았다는 뜻이다. 이는 '술이 4'와 그대
로 연결된다.

"공자께서는 평소 한가로이 거처하실 때 하시는 말씀은 간절하며 자애로웠고, 낯빛은 온화하며 환히 퍼지는 듯하였다."

상을 당한 사람, 고위 관리, 맹인에 대해 삼가고 조심하는 모습을 보이는 공자는 이미 '자한 9'에서 살펴보았다. 식(式)이란 원래는 수레에 있는 가로막대[衡=橫木]인데, 수레를 타고 가던 중에 공경을 표해야 할 사람을 만나면 몸을 구부리면서 가로막대에 의지했다. 여기서 식(式)이 공경을 표하다는 뜻이 되었다. 판(版)이란 호적을 말한다. 지금 쓰이고 있는 판도(版圖)가 바로 그것인데, 판(版)은 호적, 도(圖)는 지도이다. 이는 그 나라 국력을 상징한다.

진수성찬은 땅이 내려주는 선물이고, 신뢰열풍은 하늘이 내리는 재앙이다. 하늘과 땅을 진심으로 공경할 때라야 공자처럼 반드시 낯빛을 바꿀 수 있는지 모른다.

『주역』에서 우레[雷]가 거듭해서 치는 괘가 진(震)괘(☳)이다. 진괘(震卦 ☳)가 두 번 겹친 것이다. 이 진괘에 대해 공자는 대상전(大象傳)에서 이렇게 말했다.

"우레가 거듭돼 진동하는 것이 진(震)(이 드러난 모습)이니 군자는 그것을 갖고서 경계하고 두려워하는 마음으로 자신을 닦고 살핀다[恐懼修省]."

우레가 중첩됐다는 것은 하늘의 움직임이 거세다는 것이다. 그것은 비단 우레에만 그치는 것이 아니라 천재지변을 두루 포함한다고 보아야 한다. 이런 일이 있을 때 군자는 마땅히 스스로를 돌아보아 자신의 잘못을 살피고 조심해야 한다. 이는 별도의 풀이가 필요 없을 만큼 공자가 평소에 늘 강조하던 바이기도 하다. 우선 『중용』에 나오는 다음 대목은 대상전에 대한 보충 풀이 역할을 할 수 있다.

"도리라는 것은 잠시도 (내 몸에서) 떠날 수 없는 것이니 떠날 수 있으면 도리가 아니다. 이런 까닭으로 군자는 그 보이지 않는 것에도 경계하여 삼가며[戒愼] 그 듣지 못하는 것 혹은 귀로 들리지 않는 것에도 두려워하고 또 두려워한다[恐懼].”

계신공구(戒愼恐懼)는 공구수성(恐懼修省)과 정확히 같은 뜻이다. 여기서 보여준 공자 자신의 모습이 바로 계신공구이다.

鄕
黨

16

○(공자께서는) 수레에 오르실 때는 반드시 바르게 서서 (수레에 오르는) 끈을 잡으셨다. (달리는) 수레 안에서는 뒤를 돌아보지 않으셨고, 말을 빨리하지 않으셨으며, 몸소 이리저리 손가락질하지 않으셨다.

승―거　필　정―립　　집―수
升車 必正立執綏

거―중　　불　내―고　　부　질―언　　불　친―지
車中 不內顧 不疾言 不親指

정약용은 불내고(不內顧)의 내(內)를 후(後)로 보는 황간(黃侃) 해석이 옳다고 본다. '고개를 돌려 뒤돌아보지 않는다'는 것이다.

> "그렇게 하는 까닭은 자신을 따르는 뒷사람이 항상 바르게 할 수는 없는데, 만약 고개를 돌려 이를 본다면 사람이 사사로이 갖추지 못한 것을 엄폐하게 되니, 이는 큰 다음이 있는 사람으로서는 할 일이 아니기 때문이다. 그러므로 뒤돌아보지 않는 것이다."

또 달리는 수레 안에서 말을 빨리하면 알아들을 수가 없고, 친히 손가락질을 하면 동승자들이 무슨 뜻인지 궁금해하다가 사고가 날 수도 있다. 그래서 공자는 이를 삼간 것이다.

17

○(새들이) 깜짝 놀라 이에 높이 날아올라 빙빙 돌다가 내려와 앉았다. (이를 본 공자가) 말하기를 "산골짜기 돌다리에 앉은 저 까투리, (좋은) 때로구나, (좋은) 때로구나!"라고 했다. 자로가 (이를 잡아서) 드시라고 바치니 (공자는) 세 번 냄새만 맡아보고 일어났다.

色斯擧矣 翔而後集
색 사 거-의   상 이-후 집

曰 山梁雌雉 時哉時哉
왈 산-량 자-치 시-재 시-재

子路共之 三嗅而作
자-로 공-지 삼-후 이 작

색(色)은 깜짝 놀라는 모습이다. 어려움을 피해 하늘을 빙빙 날다가 마침내 자기가 앉아야 할 안전한 곳을 찾아내 내려와 앉는 것이 집(集)이다. 때[時]에 대해서는 두 가지 해석이 가능하다. 때를 '떠나야 할 때'로 보는 시각이다. 그래서 정약용은 이렇게 풀었다.

"새가 높이 날아오는 것을 거(擧)라 하고, 그 내려앉는 것을 집(集)이라 하니, 이 두 구는 대개 옛말로서, 새가 해를 피하고 환란을 염려하는 것으로서 군자가 벼슬에서 물러가기 쉽고 나아가기 어려움을 비유한 것이다."

다른 해석은 때를 '적기(適期)를 만난 것'으로 풀이하는 시각이다. 그래서 까투리도 저처럼 어려움을 피해 자기의 때를 얻었는데, 그렇지 못한 자신에 대한 한탄으로 읽어내는 것이다. 마침 범엽(范曄)『후한서』반표전(班彪傳)에 이와 관련된 표현이 나온다. 여기서는 때를 가을[秋]이라고 풀어낸다. 가을은 만물이 영그는 시간이라 곧 만물의 알맞은 때(적기)이다. 그런 가을도 곧 겨울을 맞게 되니, 적기란 그만큼 짧으며 오래 지속되지 못한다.

"이들 여섯 사람은 모두 탁월한 행실과 뛰어난 재주가 있으며, 그 다음이 당대에 어느 누구보다 융성하니, 만약에 불려가는 은혜를 입는다면 고명(高明)하신 분을 잘 보필할 것이니, 이는 산량(山梁-산에 있는 다리)의 가을에 대해 부자(夫子-공자)께서 탄식한 일이 될 것입니다."

공자의 탄식은 까투리가 죽게 되었음을 향한 것이라기보다는 저 까투리도 때를 얻었건만 자신은 때를 얻지 못한 것에 대한 탄식이 아닐까? 범엽은 이 시를 좋은 옥을 바쳤으나 그것을 알아보지 못한 권력자들에게 발목이 날아가는 재앙을 입은 화씨(和氏)의 일화와 연결 짓고 있다. 인재가 있어도 그를 알아보고 써주는 임금을 만나기가 그만큼 어렵다는 뜻이다.

先 _선

進 _진

1　2　3　4

○子曰先進於禮樂野人也後進於禮

樂君子也如用之則吾從先進○子曰

從我於陳蔡者皆不及門也德行顏淵

閔子騫冉伯牛仲弓言語宰我子貢政

事冉有季路文學子游子夏○子曰回

也非助我者也於吾言無所不說○子

曰孝哉閔子騫人不間於其父母昆弟

以吾從大夫之後不可徒行也○顏淵

也死有棺而無椁吾不徒行以爲之椁

爲之椁子曰才不才亦各言其子也鯉

今也則亡○顏淵死顏路請子之車以

子對曰有顏回者好學不幸短命死矣

子妻之○季康子問弟子孰爲好學孔

之言○南容三復白圭孔子以其兄之

9　　10　　11

能事人焉能事鬼曰敢問死曰未知生
夫二三子也○季路問事鬼神子曰未
視予猶父也予不得視猶子也非我也
葬之子曰不可門人厚葬之子曰回也
人之爲慟而誰爲○顏淵死門人欲厚
哭之慟從者曰子慟矣曰有慟乎非夫
死子曰噫天喪予天喪予○顏淵死子

12 焉知死○閔子侍側誾誾如也子路行
行如也冉有子貢侃侃如也子樂若由

13 也不得其死然○魯人爲長府閔子騫
曰仍舊慣如之何何必改作子曰夫人

14 不言言必有中○子曰由之瑟奚爲於
丘之門門人不敬子路子曰由也升堂

15 矣未入於室也○子貢問師與商也孰

16　　　　17　18　　　19

賢子曰師也過商也不及曰然則師愈與子曰過猶不及○季氏富於周公而求也爲之聚斂而附益之子曰非吾徒也小子鳴鼓而攻之可也○柴也愚參也魯師也辟由也喭○子曰回也其庶乎屢空賜不受命而貨殖焉億則屢中○子張問善人之道子曰不踐迹亦不

20　21　22

求也退故進之由也兼人故退之○子
行諸子曰聞斯行之赤也惑敢問子曰
聞斯行諸子曰有父兄在求也問聞斯
行諸子曰聞斯行之公西華曰由也問
兄在如之何其聞斯行之冉有問聞斯
莊者乎○子路問聞斯行諸子曰有父
入於室○子曰論篤是與君子者乎色

24

○子路使子羔爲費宰子曰賊夫人之
則從之者與子曰弒父與君亦不從也
可則止今由與求也可謂具臣矣曰然
由與求之問所謂大臣者以道事君不
可謂大臣與子曰吾以子爲異之問曾

23

子在回何敢死○季子然問仲由冉求
畏於匡顏淵後子曰吾以女爲死矣曰

25

因之以饑饉由也爲之比及三年可使

千乘之國攝乎大國之間加之以師旅

如或知爾則何以哉子路率爾而對曰

曰長乎爾毋吾以也居則曰不吾知也

路曾晳冉有公西華侍坐子曰以吾一

書然後爲學子曰是故惡夫佞者○子

子路曰有民人焉有社稷焉何必讀

子者之撰曰何傷乎亦各言其志也

如鼓瑟希鏗爾舍瑟而作對曰異乎三

事如會同端章甫願爲小相焉點爾何

爾何如對曰非曰能之願學焉宗廟之

三年可使足民如其禮樂以俟君子赤

曰方六七十如五六十求也爲之比及

有勇且知方也夫子哂之求爾何如對

邦也與安見方六七十如五六十而非

國以禮其言不讓是故哂之唯求則非

言其志也已矣曰夫子何哂由也曰為

曾晳曰夫三子者之言何如子曰亦各

喟然嘆曰吾與點也三子者出曾晳後

六七人浴乎沂風乎舞雩詠而歸夫子

曰莫春者春服既成冠者五六人童子

諸侯而何赤也爲之小孰能爲之大
邦也者唯赤則非邦也與宗廟會同非
邦也者唯赤則非邦也與宗廟會同非

제후이하적야위지소숙능위지대
방야자유적즉비방야여종묘회동비
방야

先進

1

○공자가 말했다. "선진(先進)은 예악에 있어 촌스럽고, 후진(後進)은 예악에 있어 군자답다고 하는데, 만일 이들을 등용한다면 나는 선진부터 할 것이다."

子曰 先進於禮樂 野人也
後進於禮樂 君子也
如用之 則吾從先進

선진(先進)과 후진(後進)을 공자 제자 중에서 먼저 배운 제자군과 뒤에 배운 제자군으로 보기도 한다. 형병이 대표적이다. 그러나 넓은 의미에서 옛사람과 요즘 사람 들로 보아도 무방하다. 정이천 풀이는 그런 점에서 정곡을 찌른다.

> "옛사람들은 예악(禮樂)에 있어 문[文=문채(文彩)=외양]과 질(質=바탕=근본)이 서로 마땅함을 얻었는데, 이제 와서 도리어 그것을 질박하다고 말하면서 촌스러운 사람[野人]이라 하고, 요즘 사람들은 예악에 있어 문이 그 질을 넘는데, 이제 도리어 빈빈(彬彬-적절히 배합된 모습)하다고 말하여 군자답다고 한다. 이는 주나라 말기에 문에 치우쳤으므로 당시 사람들의 말이 이와 같았으니, 문에 치우쳐 있음을 스스로 알지 못한 것이다."

옛 예악은 형식과 내용이 조화를 이룬 반면[文質彬彬] 후대에는 내용[質]보다는 형식과 외양[文]이 중시되었는데, 그런 영향을 받은 당시 사람들이 선진을 깍아 내리고, 후진을 높이는 것을 공자가 은근히 반박하고 그들을 일깨워주고 있다.

이 문맥은 잠시 후 '선진 7'에서 안회의 장례 방식을 두고 보다 분명하게 드러난다. 그것은 곧 예(禮)의 본질과 관련되는 문제다. 그래서 선진(先進)편은 자연스럽게 문질빈빈(文質彬彬)이라는 문맥을 형성하면서 중(中) 혹은 중화(中和)에 강조점을 두게 된다. 그리고 이 문질빈빈과 중화는 제자들을 평가하는 척도로도 활용된다.

선진(先進)편은 제자들의 현부(賢否)를 논한 것이 많다는 점에서 공야장(公冶長)편, 옹야(雍也)편과 연결되며, 지인지감(知人之鑑) 심화 훈련에 해당한다. 일종의 케이스 스터디(case study)라고 할 수 있다. 당연히 지인(知人)의 문맥을 형성하게 될 것이다. 또한 앞의 향당(鄕黨)편이 공자 자신에 대한 케이스 스터디라면, 이번 선진(先進)편은 제자들을 사례로 삼은 심화 케이스 스터디인 셈이다. 용지(用之) 번역과 관련해서는 "예악을 쓴다면"으로 옮길 수도 있다. 결과적으로 큰 차이가 없다.

2

○공자가 말했다. "진나라와 채나라에서 나를 따랐던 제자들이 모두 다 문에 이르지는 못했구나. 덕행에는 안연 민자건 염백우 중궁이요, 말에는 재아 자공이요, 정치에는 염유 계로요, 문학에는 자유 자하니라."

_{자—왈} _{종—아 어 진—채 자 개 불—급—문 야}
子曰 從我於陳蔡者 皆不及門也
_{덕—행} _{안—연} _{민—자—건} _{염—백—우} _{중—궁}
德行 顏淵 閔子騫 冉伯牛 仲弓
_{언—어} _{재—아} _{자—공}
言語 宰我 子貢
_{정—사} _{염—유} _{계—로}
政事 冉有 季路
_{문—학} _{자—유} _{자—하}
文學 子游 子夏

공자는 자신이 진(陳)나라와 채(蔡)나라에 있었을 때 따랐던 제자들이 (지금은) 모두 다 자신의 문하에 있지는 않다고 말한다. 그런데 "(지금은) 모두 다 문하에 있지는 않구나[皆不及門也]"라는 구절에 대해서는 또 다른 해석이 있다. 정약용은 불급문(不及門)을 "모두 다 성문에 이르지는 못했구나"로 풀이한다. 좀 더 역사적인 맥락을 강조한 풀이다.

"노나라 애공 6년(기원전 489년) 공자가 진나라와 채나라에서 환난을 당하였다. 종아(從我)는 문인으로서 공자를 따라다닌 사람들이고, 불급문(不及門)은, 공자가 먼저 위나라에 돌아왔는데 따라다니던 제자들이 모두 위나라 성문에 이르지 못한 것을 말한다. 무릇 어려움을 만나 달아날 경우 맨 뒤에 처져서 남을 엄호하며 오는 것을 가장 좋다고 여기는 것은 그 윗사람을 호위하는 것이기 때문이다.〈이와 관련된 내용은 '옹야 13'에도 나온다.〉 공자가 광 땅 사람들에게 포위되어 두려워한

| 적이 있었는데 안연이 맨 뒤에 처져서 엄호하며 왔다.”

그래서 공자는 그 고생하던 시절, 그를 한결같이 따라준 제자들에 대한 고마움과 함께 각 제자들의 장점을 크게 네 가지 범주[四科]로 나눠 평한다.

네 가지 범주란 덕행(德行), 언어(言語), 정사(政事), 문학(文學)이다. 이는 대체로 ‘술이 24’에서 공자가 네 가지로써 가르친다고 했을 때의 문행충신(文行忠信)과 조응한다. 문(文)은 문학(文學)이고, 행(行)은 덕행(德行)이며, 충(忠)은 정사(政事), 신(信)은 언어(言語＝外交)이다.

사과(四科)의 으뜸은 역시 덕행이다. 여기에 안연(顔淵-顔回)을 비롯해 민자건(閔子騫-閔損), 염백우(冉伯牛-冉耕), 중궁(仲弓-冉雍)이 꼽혔다. 이들의 공통점은 말이 앞서지 않고 행검(行檢)이 뛰어났던 인물들이다. 그렇다고 사과에 우선순위가 엄격하게 있다고 보기는 힘들다. 외교와 관련된 언어에 뛰어난 제자로는 재아(宰我-宰予)와 자공(子貢-端木賜)이 꼽혔고, 정치 능력과 관련된 정사에는 염유(冉有-求)와 계로(季路-仲由-子路)가, 문학에는 자유(子游-言偃)와 자하(子夏-卜商)가 꼽혔다. 여기서는 한결같이 괄호 안의 본명을 쓰지 않고 자(字)를 불러 호칭하고 있다. 그만큼 이들에 대한 공자의 애틋함이 담겨 있다.

공자에게는 일반적으로 3,000여 명의 제자가 있었다고 전해지며, 그 중 72인이 빼어난 제자군에 속한다. 사과에 포함된 십철(十哲)은 그 72명 중에서 선정된 것이 아니라 진나라와 채나라에서 공자와 함께 고생한 문생 중에서 걸러진 10인이다. 그 때문에 여기에 증자, 유자, 공서화 등이 포함되지 않은 것이다.

사람을 보는 법[知人之鑑]과 관련해서도 이 네 가지는 중요한 범주가 될 수 있다. 그런 기준에 따라 사람들의 장단점을 살필 수 있기 때문이다. 이제부터 본격적인 지인(知人) 문맥이 시작된다.

유소『인물지』에서 사람을 보는 방법과 등급에 관해『논어』에 등장하는 언급들을 다음과 같이 체계적으로 정리했다.

이 때문에 중니(仲尼-공자)는 등용되지 못했고 자신을 이끌어 높이 올려줄 자가 없게 되자 (벼슬길을 포기하고서) 오히려 (인물론 혹은 인재론으로 관심을 돌려) 제자들을 사과(四科)로 나눠 서열을 매겼고〈'선진 2'〉그 밖의 많은 인재들을 두루 논해 삼등(三等)〈'계씨 9'〉으로 변별했다.《다움과 행실[德行]을 사과(四科)의 으뜸으로 삼았고, 날 때부터 일의 이치나 사람을 아는 사람[生知]을 삼등의 첫머리로 서술했다. 다움과 덕행을 밝히는 것은 도리와 마땅함으로 들어가는 문이고, 뜻 그리고 기운[質志氣]의 바탕은 재주와 지혜의 뿌리다.》

또 적중하여 오래 유지함[中庸]을 찬탄함으로써 빼어난 이의 다움[德]을 정확히 제시하였고《『논어』'옹야(雍也)편'에 이르기를 "중하고 용하는 것이 다움을 이루어냄이 지극하도다! 사람들 가운데 오래 지속하는 이가 드물구나!"라고 했고 오직 빼어난 이만이 이에 능하다.》다움을 높임으로써 요행을 바라는 이들이 이 방향으로 배움에 힘쓰도록 권장하였다.《"안씨의 아들(안회)은 거의 도리에 가까웠도다" "석 달 동안이나 어짊에서 떠나지 않는구나!"라고 했으니 이는 곧 다움과 행실의 문을 엿본 것이다. 만약에 지사(志士)나 어진 사람의 매우 뛰어난 본성이 아니고서 한 달이나 하루에 한 번 어짊에 이르는 사람이 어찌 능히 잘 마칠 수 있으랴!》

육폐(六蔽)를 가르침으로써 한쪽으로 치우친 인재가 흔히 저지르게 되는 잘못을 경계시켰다.《어짊을 좋아하는 사람은 남과 사물을 사랑한 나머지 그 폐단은 물러터진 데 있고, 신의를 좋아하는 사람은 열렬함을 드러내느라 그 폐단은 숨기지 못함에 있다. 이것이 한쪽으로 치우친 인재들이 흔히 저지르는 잘못이나 허물이다.》〈'양화 8'〉. 광자(狂者)와 견자(狷者)를 생각하게 함으로써〈'자로 21'〉너무 구애되거나 너무 치솟아 오르려는 인재들을 통하게 했다.《어떤 이는 도리와 마땅함을 향해 지나칠 정도로 나아가고, 어떤 이는 자기 몸을 청결하게 할 뿐 아무런 의미 있는 일을 하지 않는다. 윗자리에 있는 사람이 이 둘이 각각 능한 바를 순리대로 잘 발휘하게 해준다면 구애되거나[拘=狷者] 치솟아 오르려는 인재[抗=狂者]를 아울러 잘 쓸 수 있다.》

先進

2

정성을 다하지 않는 데다가 신의까지 없는 자〈'태백 16'〉를 미워함으로써 실상과 비슷할 뿐 실은 실상과 동떨어진 짓을 하는 자는 보존 받기가 어렵다는 것을 분명히 했다.《후덕한 외모와 깊은 속내를 가진 사람에 대해 빼어난 이는 그 본모습을 알기가 어렵다고 여겼다. 하지만 일단 그가 하는 말을 들어보고서 그가 하는 행동을 살펴본다면 겉으로 아닌 척해도 실상을 숨길 수 없다.》또 (공자가) 말하기를 "그 편안해하는 바를 깊이 들여다보고 왜 그런 말과 행동을 하게 되었는지 연유를 살피라〈'위정 10'〉"고 했으니, 이렇게 함으로써 그 사람의 행동거지의 품격[行]을 알 수 있다.《말은 반드시 시작과 끝이 부합되는지를 보고, 일을 행하는 것은 반드시 처음을 갖고서 마침을 점검해야 한다. 이렇게 하면 속마음과 겉의 실상을 거칠게나마 살필 수 있다.》

3

○공자가 말했다. "회(回-안회)는 나를 돕는 자가 아니로다. 내 말에 기
뻐하지 않는 바가 없구나!"

_{자-왈} _{회-야} _비 _{조-아-자} _야 _어 _{오-언} _무 _소
子曰 回也 非助我者也 於吾言無所
_{-불-열}
不說

지금부터는 일단 '선진 2'에서 거론된 제자들을 중심으로 인물평이 이어
진다. 전형적인 지인(知人) 문맥이다. 그 첫 번째 주인공은 안연, 즉 안회
이다. 안회에 대해 공자는 이렇게 평한다.

"회(回-안회)는 나를 돕는 자가 아니로다. 내 말에 기뻐하지 않는 바가
없구나!"

이 구절을 풀이하는 핵심 단서는 '나를 돕는 자[助我者]'를 어떻게 해
석하느냐에 있다. 크게 보면 두 가지 입장이 갈린다. 하나는 주희 입장으
로 '공자를 일깨워주기도 하는 자'로 해석하는 것이다. '팔일 8'에 나오는
자하(子夏)가 그런 경우다. 자하는 주희가 좋아했던 공자 제자 중 한 사람
이다.

자하가 물었다. "'예쁜 미소에 보조개로다, 아름다운 눈에 눈동자 흑
백이 분명하도다, 흰 바탕에 채색이 가해졌도다'라는 시는 무슨 뜻입
니까?"

공자가 말했다. "그림 그리는 일은 흰 바탕이 마련된 다음에 해야 한
다는 뜻이다."

(자하가) 말했다. "(그렇다면) 예가 뒤이겠습니다."

공자가 말했다. "나를 흥기(興起)시켜주는 사람은 상(商-자하)이로다.
비로소 함께 시를 말할 만하구나."

그러나 호인은 이런 해석을 부정한다.

"공자께서 안회에게 어찌 참으로 자신을 돕기를 바라셨겠는가? 이는 성인(聖人)의 겸손한 덕이요, 또 안회를 깊이 칭찬하려고 하신 것일 뿐이다."

정약용도 주희보다는 호인 견해에 가깝다.

"바로잡아 도와주는 말이 곧 유익한 말인데, (그대로 받아들이기만 하고) 어김이 없으면 나를 돕는 이가 아니다. (그러나 이러한 것이) 다른 사람에게는 아첨하는 것이 되지만, 공자와 안자 사이에는 마음이 깊이 결합되어 있어, 이렇게 말한 것이다."

하지만 전체적인 문맥은 다음의 주희 지적이 예리하다.

"유감이 있는 듯하나, 실은 매우 기뻐한 것이다."

바로 이 점에서 우리는 '위정 9'를 이 장과 정밀하게 비교하며 읽어볼 필요가 있다.

공자가 말했다. "내가 안회와 하루 종일 말을 했는데, 그냥 내 말을 따르기만 하고 어기지를 않아서 어리석다고 여겼다. 물러간 뒤에 그의 사사로움을 살펴보았더니 실로 내 뜻을 제대로 드러내어 행하고 있었으니 안회는 어리석지 않다."

이 자체가 곧 '선진 3'에 대한 보충 풀이라 해도 좋을 정도로 밀접한 연관성을 갖는다.

先進

4

○공자가 말했다. "효자구나! 민자건이여! 그 부모와 형제들이 민자건을 칭찬하는 말에 사람들이 끼어들 수가 없구나!"

<ruby>子<rt>자</rt></ruby><ruby>曰<rt>왈</rt></ruby> <ruby>孝<rt>효</rt></ruby><ruby>哉<rt>재</rt></ruby> <ruby>閔<rt>민</rt></ruby><ruby>子<rt>자</rt></ruby><ruby>騫<rt>건</rt></ruby>
<ruby>人<rt>인</rt></ruby><ruby>不<rt>불</rt></ruby><ruby>間<rt>간</rt></ruby><ruby>於<rt>어</rt></ruby> <ruby>其<rt>기</rt></ruby> <ruby>父<rt>부</rt></ruby><ruby>母<rt>모</rt></ruby> <ruby>昆<rt>곤</rt></ruby><ruby>弟<rt>제</rt></ruby><ruby>之<rt>지</rt></ruby><ruby>言<rt>언</rt></ruby>

이번에는 사과(四科) 중에서 덕행(德行)으로 꼽힌 민자건이다. '옹야 7'에서 계씨가 사람을 시켜 민자건을 비읍(費邑) 책임자로 삼으려 하자 민자건이 말했다. "나를 위해 잘 사양해주시오. 만약에 다시 나를 부르러 온다면 나는 반드시 문수(汶水) 가에 가 있을 것이오." 이처럼 도리에 맞지 않는 벼슬자리를 단호히 거절했던 그 민자건이다. 공자는 이처럼 진정으로 벼슬자리를 거절할 줄 아는 제자를 높이 평가했다. 칠조개도 그런 유형의 제자 중 한 명이다.

'끼어든다[間]'는 것은 부모와 형제들이 민자건을 칭찬하는 말을 반박한다는 뜻이다. 즉 여기서는 그들의 칭찬을 반박할 수가 없다는 말이다.

정약용은 민자건의 효행과 관련된 이야기를 이렇게 전하고 있다.

"민자건이 일찍이 어머니를 여의고 그의 아버지는 다시 장가를 들어 두 아들을 낳았다. 계모가 유독 민자건에게만 (싸구려) 갈대꽃 솜으로 옷을 만들어 입혔는데, 아버지가 이 사실을 알고는 아내를 내쫓으려 하자, 민자건이 말하기를 '어머니가 계시면 한 아들이 추위에 떨지만, 어머니가 가시면 세 아들이 다 외로워집니다'라고 하여 어머니가 쫓겨나는 것을 면할 수 있도록 하였다. 그 어머니가 이 말을 듣고는 이들을 공평하게 대우하여 자애로운 어머니가 되었다."

한나라 때 한영(韓嬰)이 지은 『한시외전』에도 민자건 이야기가 짧게 나온다.

민자건이 처음 공자를 뵈었을 때, 얼굴빛이 푸성귀 마냥 푸르딩딩[菜^채色^{-색}]했는데, 시간이 흐르자 잘 기른 짐승처럼 불그스름한 빛이 돌았다[芻^추豢^{-환}之^지色^색]. 자공이 물어 말하기를 "그대는 처음에는 얼굴빛이 푸르딩딩했는데, 지금은 불그스름한 빛이 도는데, 왜 그런가?"라고 하자 민자건이 말했다. "제가 (계모 밑에서) 거친 갈대옷이나 입고 지내다가 선생님 문하에 들어왔는데, 선생님께서 안으로는 효를 가지고 끊어내고 갈아주셨고, 밖으로는 임금다운 임금의 모범을 펼쳐 주시니, 마음이 남몰래 즐거웠습니다. 깃털로 덮이고 용의 깃발과 가죽 깃발을 꽂은 수레를 보고는 부러움에 마음이 설래었습니다. (그러나) 이 두 가지가 서로 가슴 속을 파고 들어오니 감당할 수가 없어서, 그래서 얼굴빛이 푸르딩딩했습니다. 그러나 지금은 선생님의 애씀[文^문]에 깊이 잠기게 되고, 또 여러 문우들이 끊어내고 갈아주시는 바에 의지하여 나아가니, 안으로는 떠나고 나아가는 마땅함에 밝아졌고, 깃털로 덮이고 용의 깃발과 가죽 깃발을 꽂은 수레를 보더라도 하찮은 흙 보듯이 할 수 있게 되었습니다. 그래서 불그스름한 빛이 돌게 되었습니다."

『시경』〔국풍(國風) 기오(淇奧)편〕에 이르기를 "끊어내는 것처럼, 갈아내는 것처럼, 쪼아내는 것처럼, 문지르는 것처럼 하라[如切如磋如琢^{여-절 여-차 여-탁}如磨^{여-마}]"고 했다.

5

○남용이 (하루에) 세 번씩 백규라는 시를 반복해서 읊조리니 공자는 자기 형 딸을 아내로 삼게 했다.

_{남一용 삼一복 백一규 공一자 이 기一형一지一자 처一지}
南容三復白圭 孔子以其兄之子妻之

사과(四科)를 말할 때 포함되지 못했지만 덕행과(德行科)에 포함시켜도 좋을 인물의 하나로 공자 조카사위 남용이 언급된다. 남용은 '공야장 1'에 이미 나왔던 인물이다.

공자가 남용을 평해 말했다. "나라에 도리가 있을 때는 버려지지 않을 것이고, 나라에 도리가 없을 때는 형벌을 면할 것이다." 자기 형 딸을 아내로 삼게 했다.

공자가 남용을 조카사위로 삼은 구체적인 이유가 바로 삼복백규(三復白圭)했다는 것이다. 백규(白圭)란 흰 옥을 말하는데 『시경』 대아(大雅) 억(抑)편에 나오는 내용을 가리킨다.

"흰 옥의 티는 오히려 깎아낼 수 있지만, 이 말의 오점은 어떻게 할 수가 없구나!"

한마디로 신어언(愼於言)이다. 말은 다움을 살피는 단서다. 이는 자연스럽게 민어사(敏於事), 즉 일하는 능력과도 연결된다.

범조우 풀이는 정확히 그 점을 지적한다.

"말은 일을 행함의 겉이요, 일을 행함은 말의 속이니, 그 말을 함부로 하고서 삼가며 일을 하는 자는 없다. 남용이 그 말을 삼가고자 함이 이와 같았다면 반드시 그 일을 행함도 삼갔을 것이다."

남용은 안회에 비견할 수는 없지만 민자건과는 어깨를 나란히 할 만한 덕행(德行)의 소유자였다.

先進

6

○계강자가 물었다. "제자들 중에 누가 배우기를 좋아합니까?"

공자가 대답했다. "안회라는 자가 있어 배우기를 좋아했는데 불행히도 명이 짧아 죽었습니다. 지금은 없습니다."

계—강—자　문　　제—자　숙　위　호—학
季康子問 弟子孰爲好學

공—자　대—왈　　유　안—회　자　호—학　　불—행　단—명
孔子對曰 有顔回者好學 不幸短命

사—의　　금—야　즉　무
死矣 今也則亡

다시 안회로 돌아간다. 제자들 중에서도 유난스럽게 안회에 대한 언급이 많은 것은 『논어』 편찬자도 공자가 안회를 그만큼 높이 평가하여 아끼고 사랑했음을 감안했기 때문일 것이다.

계강자는 노나라 대부로 실권자이다. 그가 공자에게 "제자들 중에서 누가 배우기를 좋아합니까?"라고 묻자, 공자는 "안회가 배우기를 좋아했는데 불행하게도 명이 짧아 일찍 죽었습니다"라고 하면서 "지금은 (그만한 사람이 아무도) 없습니다"라고 조금은 쌀쌀맞게 대답했다. 사실 지금은 아무도 없다는 식의 단정적인 답은 무필(毋必)했던 공자 어법과는 거리가 멀다. 왜 그랬을까? 그 실마리는 '옹야 2'에 있다.

> (노나라 임금) 애공이 물었다. "제자들 중에서 누가 배우기를 좋아하는가?"
>
> 공자가 말했다. "안회라는 자가 있어 배우기를 좋아해 분노를 다른 데로 옮기지 않고, 잘못을 두 번 다시 반복하지 않았는데, 불행하게도 명이 짧아 죽었습니다. 지금은 그가 가고 없으니 아직 배우기를 좋아하는 자를 들어보지 못했습니다."

질문자는 다르지만 같은 질문에 답을 하는데 하나는 길고 상세한 데

비해 하나는 간단하다. 왜 이 같은 차이가 나는 것일까? 이에 대해 범조우는 다음과 같이 풀이한다.

> "애공과 계강자가 물은 것은 같은데 대답에서 자세함과 간략함의 차이가 있었던 것은, 신하가 군주에게 고할 때는 극진히 하지 아니할 수 없고, 계강자와 같은 자는 반드시 묻기를 기다려서 말씀해주시니, 이것이 가르치는 방법이다."

향당(鄉黨)편에서 본 바와 같이 군주에 대한 예를 다했던[盡禮] 공자임을 감안할 때 타당한 풀이다. 하지만 또 다른 풀이도 있다. 형병은 "애공이 노여움을 옮겨 화풀이를 하고 같은 허물을 두 번 되풀이하였기 때문에 답변을 통해 애공에게 간언한 것이며, 계강자는 그런 일이 없었기 때문에 그러한 말을 하지 않았다"라고 풀이한다. 그러나 형병 풀이는 크게 설득력을 갖기 어렵다. 나는 범조우의 풀이에 조금 더 기우는 편이다. 이제 본격적으로 안회의 죽음이라는 문맥이 시작된다.

先
進

7

○안연이 죽자 (그 아버지) 안로가 공자가 타는 수레를 팔아 겉 널을 만들 것을 청했다.

공자가 말했다. "재주가 있든 없든 실로 각자 자기 자식을 중하게 여긴다. (내 자식) 리(鯉)가 죽었을 때 관은 있었어도 겉 널은 없었다. 내가 도보로 걸어 다니면서까지 (수레를 팔아) 겉 널을 만들어주지 않았던 것은 내가 대부의 말석에 종사하고 있어 도보로는 다닐 수 없었기 때문이다."

안—연 사   안—로 청 자—지—거 이 위—지 곽
顔淵死 顔路請子之車以爲之槨

자—왈   재 부—재   역 각 언   기—자—야
子曰 才不才 亦各言其子也

리 야—사   유—관 이   무—곽
鯉也死 有棺而無槨

오 부 도—행 이 위—지 곽
吾不徒行以爲之槨

이 오 종   대—부—지—후   불—가   도—행—야
以吾從大夫之後 不可徒行也

이 장부터 이어지는 네 장은 모두 안연의 죽음과 관련된 것들이다. 먼저 여기서는 안연이 세상을 떠나자 그의 아버지 안로(顔路)가 공자에게 청하기를 공자가 타던 수레를 팔아 안연의 겉 널[槨]을 만들 수 있게 해달라고 했다. 관(棺)은 속 널, 곽(槨)은 겉 널이다. 안로의 청은 다소 무리하다 할 수 있다.

이런 청을 받은 공자는 점잖게 거절한다. 여기서는 우선 그 거절하는 방식에 주목할 필요가 있다. 얼핏 보면 내 아들한테도 겉 널을 해주지 않았는데, 아무리 제자를 아꼈다 한들 내 자식보다 더 갖추어서 장례를 해줄

수는 없다는 말처럼 들린다.

그러나 공자가 타던 수레는 사사로운 물건이 아니라 명거(命車)로 나라에서 내려준 것이다. 그랬기에 공자는 아들이 죽었을 때도 수레를 팔 수가 없었다. 이런 이유로 공자는 마땅히 안회를 위해서도 공물(公物)을 팔수 없었던 것이다. 내 자식이냐, 남의 자식이냐의 문제가 아니라 공과 사의 문제로 보아야 한다. 『예기』 왕제(王制)편에 나오는 말이다.

"명복(命服-조정에서 내려준 관복)과 명거(命車)는 시장에 팔지 못한다."

정약용은 조금 다른 관점, 즉 박장(薄葬)과 후장(厚葬)을 대비시켜 이렇게 말한다.

"『예기』 단궁(檀弓) 한 편만 보아도 공자의 도리를 알 수 있다. 비록 집례(執禮-예를 집행함)를 논의하는 데서 다만 예를 지나치지 말라고 하였으나, 자세히 그 취지를 살펴보면 (공자는) 항상 박장(薄葬)을 좋은 것으로 여겼다. 그러므로 (안로와 다른 제자들이) 안자(顔子-顔回)를 후장(厚葬)하니, 공자가 놀라고 슬퍼하였다. 살아있을 때와 죽었을 때 다른 도리로 대한 것처럼 여긴 때문이다. 이런 것을 말미암아 살펴보건대, 공자가 수레를 팔도록 내주지 않은 것이 어찌 진실로 도보로 다니는 것을 염려해서이겠는가? 공자가 예전에 숙박했던 여관집 주인에게 참마(驂馬)를 풀어서 준 것은 (그 관계가) 소원했기 때문이고, 안자의 아버지에게 수레를 아낀 것은 (그 관계가) 친했기 때문이다. 여기에 도보로 다니고 수레를 타고 다니는 것이 이와 무슨 상관이 있겠는가?"

그러나 안회의 죽음을 누구보다 애통해했던 장본인은 공자였다. 이는 바로 다음 장에 나온다. 또한 공자는 예(禮)의 본질은 꾸밈이 아니라 진심에 있다고 보았다.

임방이 예의 근본에 대해 묻자 공자가 말했다. "좋도다, 그 물음이여! 예는 사치스럽기보다는 차라리 검소함이 낫고, 상(喪)은 요란하기보다는 차라리 (진정으로) 슬퍼함이 낫다." ('팔일 4')

공자가 말했다. "사치하면 공손하지 못하고 검소하면 고루하기 쉽다. 공손하지 못한 것보다는 차라리 고루한 것이 낫다." ('술이 35')

그런데 당시 풍습은 본질[質]에서 벗어나 꾸밈[文]을 중시하고 있었다. 이 점을 공자는 '선진 1'에서 분명하게 지적한 바 있다.

공자가 말했다. "선진(先進)은 예악에 있어 촌스럽고, 후진(後進)은 예악에 있어 군자답다고 하는데 만일 이들을 등용한다면 나는 선진부터 할 것이다."

先進

8

○안연이 죽자 공자가 말했다. "아! 하늘이 나를 망치는구나! 하늘이
　나를 망치는구나!"

顏淵死 子曰 噫 天喪予 天喪予

안연의 아버지 안로의 청은 매정하게 뿌리쳤지만 안연의 죽음에 대한 공
자의 슬픔은 이루 말할 수 없었다. 아주 짧지만 이 구절에는 안연에 대한
공자의 애통함이 고스란히 드러난다. 안연이 죽었다는 소식을 접한 공자
는 비탄의 뜻을 담아 "아!"라고 탄식한 다음 "하늘이 나를 망치는구나!"
라고 두 번에 걸쳐 통탄한다.

　많은 제자들 중에서 특히 안연의 죽음에 대해 공자가 이처럼 비탄에
잠긴 이유를 주희 사위이자 제자 황간은 이렇게 풀이했다.

　　"안자(顏子-안연)가 살아 있으면 공자가 비록 세상을 떠나더라도 세상
　　을 떠나지 않은 것이 되니, 공자의 도(道)가 보존되기 때문이다. 그러
　　나 안자가 죽으면 공자가 비록 살아있더라도 도가 진실로 전해질 수
　　없으니, 끝내 반드시 없어질 뿐이므로 이렇게 말씀하신 것이다."

　여기서 주자학자들은 도(道)를 강조했지만, 공자는 아마도 평생 자기
가 체화한 문(文)이 끊어짐을 안타까워했을 것이다. '자한 5'를 다시 한번
읽어볼 필요가 있다.

　　공자가 (정나라) 광(匡) 땅에서 두려운 일을 겪자 말했다. "문왕이 이
　　미 돌아가셨지만 문(文)이 이 몸에 있지 않은가? 하늘이 장차 이 문을
　　없애려 한다면 뒤에 죽는 내가 이 문에 참여할 수 없었을 것이다. (그
　　러나) 하늘이 아직 이 문을 없애려 하지 않으니 광 땅 사람들이 나를
　　어떻게 하겠는가?"

　문(文)을 잇게 하려는 하늘의 명[天命]에 대한 공자의 믿음은 죽음에
대한 공포까지 넘어서게 해주었다. 그 문을 전수하려 했던 제자가 바로 안

연이었다. 따라서 안연의 죽음은 단순한 한 사람의 죽음과 차원이 다른 것이었다. 문이 끊어진 것이나 다름없었기 때문이다.

先進

9

○안연이 죽자 공자가 곡을 하기를 너무 애통하게 하니 따르는 자가 말했다. "스승님께서는 너무 애통해하십니다."
말했다. "애통해야 할 사람이 있다면 저 사람을 위해 애통해하지 않고 누구를 위해서 애통해하겠는가?"

顔淵死 子哭之慟 從者曰 子慟矣
<small>안-연 사 자 곡-지 통 종-자 왈 자 통-의</small>

曰 有慟乎 非夫人之爲慟而誰爲
<small>왈 유-통-호 비 부-인 지 위-통 이 수-위</small>

'선진 8과 9'는 서로 연결되어 안연의 죽음에 대한 공자의 깊은 슬픔을 나타낸다. "너무 애통하게 하니[慟=痛]"에서, 통(慟)은 큰 소리로 곡을 하며 지나칠 정도로 슬퍼하는 것이다. 말 그대로 슬퍼하고 또 슬퍼하는 공자 모습을 전하고 있다. '팔일 26'을 보자.

> 공자가 말했다. "윗자리에 있으면서 너그럽지 않고, 예를 행하면서 삼가지 않고, 상을 당하여 슬퍼하지 않는다면[臨喪不哀], 나는 무엇으로 그 사람됨을 살필 수가 있겠는가?"

공자가 '임상이애(臨喪而哀)'하는 모습이라 하겠다.

先
進

10

○안연이 죽자 문인들이 그를 두텁게 장사를 지내려 했다.

　공자가 말했다. "안 된다."

　(그럼에도 불구하고) 문인들이 그를 두텁게 장사지내자 공자가 말했다. "회(回)는 나를 보기를 아버지처럼 했는데, 나는 그를 아들처럼 보지 못했으니. 내가 아니라 저 제자들이 그렇게 한 것이다."

顔淵死 門人欲厚葬之

子曰 不可

門人厚葬之

子曰 回也視予猶父也 予不得視猶

子也 非我也 夫二三子也

다시 '선진 7'에서 이어진다. 안연이 세상을 떠나자 제자들이 두텁게 장사를 지내려 하니 공자는 단호하게 "안 된다"고 말했다. 앞서 본 것처럼 공자는 그렇게 애통해 했으면서 왜 안연의 장사를 두텁게 해서는 안 된다고 했을까? 이에 대해 주희는 다음과 같이 풀이했다.

　"초상에서 쓰는 도구는 가세(家勢)의 있고 없음에 맞추어야 한다. 가난하면서 두텁게 장사지내는 것은 이치를 따르지 않는 것이다. 그러므로 공자께서 만류하신 것이다."

　그 점은 '선진 7'에서 이미 상세하게 살펴본 바 있다. 그런데도 제자들은 두텁게 장사를 지냈다. 스승 말도 따르지 않은 것이다. 그 이유에 대해서는 주희의 풀이가 맞는 듯하다. "안로가 들어준 것이다." 공자는 당연히 화가 났다. 상례(喪禮)가 아무리 중요하다고 해도 가세에 맞도록 하는 것이 도리다. 제자들이 그 도리를 어긴 것이다. 공자 말이다.

> "회(回)는 나를 보기를 아버지처럼 했는데, 나는 그를 아들처럼 보지 못했으니. 내가 아니라 저 제자들이 그렇게 한 것이다."

제자들이 임의대로 두텁게 안연의 장사를 지냄으로 말미암아 졸지에 자신이 안연을 친자식처럼 대하지 못하게 되었다는 이야기를 통해 제자들을 은근히 공박하고 있다. 왜냐하면 예(禮)의 관점에서 볼 때 공자는 아들 리(鯉)를 장사지낼 때는 예의 마땅함을 얻은 반면, 제자 안연을 장사지낼 때는 예의 마땅함을 얻지 못한 셈이 되었기 때문이다. 예(禮)에서 중요한 것은 후박(厚薄)의 문제가 아니라 마땅함[宜=義]의 문제이다. 결국 '선진 7, 8, 9, 10'은 안연의 죽음을 통해 예(禮)의 본질을 탐색한 것이었다.

돌이켜보면 이 네 장의 주인공은 안연이 아니라 공자다. 후장(厚葬)을 하려는 안연 아버지를 자신의 아들 경우를 들어 만류했지만(7), 안연의 죽음을 애통해하는 마음은 누구보다 컸고(8, 9) 그럼에도 제자들이 공자 뜻과 달리 후장(厚葬)을 하자 크게 실망한다(10).

'학이 12'에서 유자는 예(禮)를 체(體)와 용(用)의 관점에서 이렇게 설명한다. 먼저 예(禮)의 쓰임은 화(和)를 중히 여기는 데 있다. 그런 점에서 안연 아버지 안로와 제자들은 "좋은 게 좋은 것"이라는 화(和)를 택했다고 할 수 있다. 그러나 곧바로 유자는 "(그렇지만) 해서는 안 되는 것이 있으니 조화로움만 알아서 (좋은 게 좋다는 식으로) 조화롭게만 하려고 하고, 일의 이치로써 마디를 맺어주지 않는다면 실로 그 일은 제대로 행해질 수 없다"라고 했다. 공자가 안연을 장사 지내는 과정에서 보여준 바로 그 모습이다.

지금껏 살펴본 네 가지 사례에 대한 정확한 대답은 이미 '팔일 4'에서 살펴보았다.

> 임방이 예의 근본에 대해 묻자 공자가 말했다. "좋도다, 그 물음이여! 예는 사치스럽기보다는 차라리 검소함이 낫고, 상(喪)은 요란하기보

다는 차라리 (진정으로) 슬퍼함이 낫다.”

　거기서 한 치도 벗어남이 없는 행동을 공자는 안연의 죽음에 임하여 그대로 보여준 것이다. 그리고 조금 시각을 달리해서 보면 안연의 상례(喪禮)를 둘러싼 공자와 나머지 사람들의 대립은 곧음[直]에 대한 공자와 다른 사람들의 대립과도 비교된다. 사람다움이 전제되지 않는 일체의 예(禮)나 사회적 관계는 공자가 볼 때 그릇되었다는 것이다. ‘공야장 23’이다.

　　공자가 말했다. “누가 미생고를 일러 곧다고 하는가? 어떤 사람이 그에게 식초를 얻으려 하자 (자기 집에는 없다며) 그 이웃에서 구해다가 주었다.”

　또 ‘자로 18’이다.

　　섭공이 공자에게 말했다. “우리 당에 곧게 행동하는 궁(躬)이라는 사람이 있으니, 그의 아버지가 양을 훔치자 그는 아버지가 훔쳤다는 것을 증언했습니다.”

　　공자가 말했다. “우리 당의 곧은 자는 이와는 다릅니다. 아버지는 자식 때문에 숨고, 자식은 아버지 때문에 숨으니 곧음이란 바로 이 가운데 있는 것입니다.”

　‘공야장 23’ 및 ‘자로 18’을 이 장과 연결 짓는 키워드는 곧음[直]이다. 공자가 볼 때 안연의 아버지나 제자들 행동은 결코 곧다고 할 수 없다. 미생고와 같은 것이다. 그래서 “내가 아니라 저 제자들이 그렇게 한 것이다”라는 공자 발언은 보다 큰 울림을 준다.

　정약용은 마지막 구절, ‘비아야(非我也) 부이삼자야(夫二三子也)’를 “나를 그르다고 하겠구나! 저 다른 나라에 있는 제자들이 말이다”라고 풀었다. 문맥상 불가능한 풀이는 아니지만 뒷부분이 아무래도 억지스럽다. 게다가 곧음을 추구한 공자가 다른 나라에 있는 제자들 평판을 의식해 이렇게 말한다는 것은 납득하기 힘들다. 그래서 따르지 않는다.

先進

11

○계로(季路-자로)가 공자에게 귀신을 섬기는 것에 대해 묻자 공자가 말했다. "사람도 제대로 섬길 수 없건만 어찌 귀신을 능히 섬기겠는가?" 계로가 "감히 죽음에 대해 묻겠습니다"라고 하자 공자가 말했다. "삶도 아직 모르는데 어떻게 죽음을 알겠는가?"

$$\text{季路問事鬼神}$$
계로 문 사귀신

$$\text{子曰 未能事人 焉能事鬼}$$
자왈 미능 사인 언능 사귀

$$\text{曰 敢問死 曰 未知生 焉知死}$$
왈 감문사 왈 미지 생 언 지사

계로(季路)는 자로이다. 앞서 계로는 정사(政事)에 능한 제자로 분류된 바 있다. 이런 계로가 공자에게 귀신을 섬기는 문제에 대해 묻는다. 질문자도 바뀌고 주제도 바뀐 듯하지만, 실은 안연의 죽음과 예(禮), 특히 장례(葬禮) 문제가 삶과 죽음, 인간과 귀신의 문제로 확대된 것이다. 계로의 물음에 대해 공자는 이렇게 답한다.

"사람도 제대로 섬길 수 없건만 어찌 귀신을 능히 섬기겠는가?"

여기서 귀신이란 죽은 자를 말한다. 따라서 귀신을 섬긴다는 것은 제사를 모시는 것이다. 공자의 말뜻은 '살아 있는 사람을 정성과 공경으로 모시지 못하면서 어찌 죽은 귀신을 정성과 공경으로 모시겠는가?'라는 반문이다.

이에 계로는 뭔가 부족하다고 생각했는지 평소의 직설적인 성품대로 "감히 죽음에 대해 묻겠습니다"라고 말한다. 생과 사의 문제를 질문한 것이다. 이에 대해 공자는 앞서 한 말과 같은 맥락에서 이렇게 답한다.

"삶도 아직 모르는데 어떻게 죽음을 알겠는가?"

이에 대해서는 주희가 명석한 풀이를 하고 있다.

"귀신 섬김을 물은 것은 제사를 받드는 바의 뜻을 구한 것이요, 죽음은 사람이 반드시 겪는 것이니 알지 않으면 안 되는 것으로, 이는 모두 절실한 질문들이다. 그러나 정성과 공경이 사람을 섬기는 데 충분하지 못하면 결코 귀신을 섬기지 못할 것이고, 처음을 더듬어 찾아 삶의 원리를 알지 못하면 끝을 돌이켜서 죽음의 원리를 알지 못할 것이다. 저승과 이승, 생과 사는 애당초 이치가 둘이 아니나, 다만 배움에는 순서가 있어서 단계를 뛰어넘을 수 없다. 그러므로 공자께서 이와 같이 말씀해주신 것이다."

주희의 풀이에 대해서 정약용도 강력하게 지지한다.

"이는 마땅히 주자의 설과 같아야 한다. 공자는 어진 사람이 어버이를 섬길 때는 하늘을 섬기는 것과 같이 경애하고, 하늘을 섬길 때는 어버이를 섬기는 것과 같이 경애한다고 하였으니, 주자도 역시 이러한 뜻이다."

그리고 앞서 본 대로 자로에 대해 은근히 통박하는 것이기도 하다. 공자가 볼 때 자로는 아직 그런 질문을 던질만한 수준에 이르지 못했기 때문이다. 군자 유형에 인자(仁者), 지자(知者), 용자(勇者)가 있는데 자로는 전형적으로 용자이다. 아직 일의 이치[事理=禮]를 아는 지자 단계에는 이르지 못한 제자였다. 이 문제는 바로 다음에 이어진다. 부지례자(不知禮者) 비명횡사(非命橫死)가 바로 그것이다. 『설원』 18-31에는 자공이 죽은 자에 대해 묻는 장면이 나온다. 이 장과 비교해 읽어볼 필요가 있다.

자공이 공자에게 물었다. "죽은 사람은 지성이 있습니까, 없습니까?"
공자가 말했다. "죽은 사람도 지성이 있다고 말하려 하니, 효자나 순손(順孫)들이 자기 생명을 해치면서까지 (두텁게) 장례를 치러 죽은 이를 보낼까 걱정이다. 지성이 없다고 말하려 하니, 불효하는 자손들이 죽은 부모의 시신을 버리고 장례를 치르지 않을까 걱정이다. 자공아! 죽은 사람이 지성이 있는지 없는지 알고 싶으냐? 죽은 뒤에 서서히 스스로 알게 되어도 오히려 늦지 않을 것이다."

先進

12

○ 민자가 공자 곁에서 모실 때 온화한 모습이었고, 자로는 굳센 모습이었으며, 염유와 자공은 화락한 모습이었으니 공자가 즐거워했다. (공자가 말했다.) "유(由-자로)의 경우에는 제명에 죽지 못할 것이다."

_{민—자} _{시—측} _{은—은—여} _야
閔子侍側 誾誾如也
_{자—로} _{항—항—여} _야
子路 行行如也
_{염—유} _{자—공} _{간—간—여} _야 _자 _락
冉有子貢 侃侃如也 子樂
_약 _유 _야 _{부—득} _{기—사} _연
若由也 不得其死然

(덕행에 뛰어났던) 민자건은 공자를 옆에서 모실 적에 온화하였고, (정사에 뛰어났던) 자로는 굳세었고, (정사에 뛰어났던) 염유와 (언어에 뛰어났던) 자공은 화락하니 공자가 즐거워했다고 한다.

그런데 여기서 주인공은 앞의 '선진 11'에 등장하여 귀신과 죽음에 관해 물었던 그 자로다. 공자는 조금은 느닷없이 유(由), 즉 자로만을 지목하여 "자로는 제명에 죽지 못할 것이다"라고 말한다. 풀자면 천수(天壽)를 누리지 못할 것이라는 뜻이다. 왜 공자는 아끼는 제자였던 자로에 대해 이런 가혹한 말을 한 것일까? 윤돈 풀이를 실마리 삼아 보자.

"자로는 강건하여 제대로 죽지 못할 이치가 있었다. 그래서 그 때문에 경계하신 것인데, 그 뒤에 자로는 마침내 위나라 공리(孔悝)의 난에 죽었다."

앞서 본 대로 공자는 자로가 죽었을 때도 안연에 버금가는 애통함을 보인다. 『춘추공양전』에 따르면 공자는 "하늘이 나를 끊었구나"를 반복하며 슬퍼했다고 한다. 자로에 대한 이야기가 중간 마무리된 셈이다.

先進

13

○노나라 관리가 장부(長府)를 고쳐 지으려 하자 민자건이 말했다. "옛 일을 그대로 따르는 것이 어떻겠는가? 어찌 반드시 고쳐 지어야 하는가?"

공자가 말했다. "저 사람이 평소에는 말이 많지 않지만 일단 말을 하면 반드시 사리에 적중한다."

노-인 위 장-부 민-자-건 왈 잉 구-관 여-지
魯人爲長府 閔子騫曰 仍舊慣 如之
-하 하-필 개-작
何 何必改作
자-왈 부-인 불-언 언 필 유-중
子曰 夫人不言 言必有中

장부(長府)란 나라 창고 이름이다. 노나라 사람[魯人]이란 관리를 말한다. 이 장의 독법은 여러 가지다. 첫째는 공자가 민자건이 보여준 신중함을 통해 그의 덕행(德行)을 높이 평가하는 것으로 보는 것이다. 그렇게 될 경우 사과(四科)를 이야기했던 '선진 2'의 문맥에 속하게 된다.

둘째는 바로 앞의 '선진 12'와 대비시켜 읽는 것이다. 자로는 직선적인 성품으로 인하여 목숨을 제대로 지키지 못했지만, 민자건은 온화함과 신중함으로 목숨을 지킬 수 있었다고 볼 수 있기 때문이다. 그럴 경우 자연스럽게 '선진 12'에 대한 보충이 된다.

그러나 보다 큰 문맥은 '선진 1'에서 시작된다. 거기서 공자는 군자의 후진(後進)보다는 야인의 선진(先進)을 선택했다. 문화적으로 볼 때 선진이 오히려 문질(文質)의 조화[彬彬=中]를 이뤘고, 후진에 와서는 문(文)에 좀 더 치우치게 됐는데도, 사람들은 겉치레[文]를 좀 더 중시하다 보니, 후진의 그것을 멋지다[君子] 하고, 선진의 그것을 촌스럽다[野人] 한 것이다. 그래서 의도적으로 공자는 선진을 선택하고 강조하여 조금이라도 바로잡으려 했던 것이다.

이런 정신은 실은 선진(先進)편 전체를 관통하는 핵심 문맥이기도 하다. 그것은 상황에 맞는 중화(中和), 중용(中庸), 중(中), 화(和)를 찾아내는 시중(時中)의 문맥인 것이다. 예를 들면 시중(時中) 문맥으로 '선진 12'에 나오는 자로를 풀이하자면, 그가 이미 여러 가지 면에서 중화(中和)를 잃었기 때문에 위태로운 지경에 빠질 가능성이 높아, 공자는 그가 제명대로 살기 어렵다고 본 것이다. 이처럼 앞으로는 점점 더 '선진 1'에서 제기했던 중화(中和) 문제가 전면에 등장하게 된다. 그것은 사람을 알아보는 문제[知人]와 직결된다

이 장은 그 후 해설자들 사이에서 백성들을 때에 맞게 부리지 않은 것에 대한 민자건의 비판으로 읽혀 '민력(民力)을 중하게 여겨야 한다'는 뜻으로 받아들여졌다. '학이 5'에서 공자도 사민이시(使民以時)라고 했다. '백성을 부릴 때는 때에 맞게 해야 한다'는 말이다.『설원』5-15는 이 점을 보다 명확한 사례로 보여 준다.

> 진(晉)나라 평공(平公)이 봄에 누대(樓臺)를 지으려 하자 숙향(叔向)이 말했다. "안 됩니다. 옛날의 빼어난 임금들은 다움을 귀하게 여겨 다움을 베푸는 데 힘쓰고, 형벌을 완화해서 백성의 농사철을 따랐습니다. (그런데) 지금 봄에 누대를 짓는다면, 이는 백성의 농사철을 빼앗는 것입니다. 무릇 다움이란 베풀지 않으면 백성이 귀의하지 않고, 형벌이란 완화하지 않으면 백성이 근심합니다. 귀의할 마음이 없는 백성을 부리고 근심과 원망을 품은 백성에게 요역을 시키면서 게다가 그들의 농사철을 빼앗는다면, 이는 거듭해서 백성들 힘을 고갈시키는 것입니다. 무릇 백성을 돌본다는 것은 그들을 길러주는 일인데 오히려 거듭해서 고갈시킨다면, 어찌 생명을 편안히 하고 생존을 편안히 해서 후세 사람들에게 임금이란 소리를 듣겠습니까?"
>
> 평공이 말했다. "좋도다!"
>
> 마침내 누대 요역을 그만두었다.

先
進

14

○공자가 말했다. "유(由-자로)가 비파를 어찌 내 문에서 연주하는가?" (이 말을 들은) 문인들이 자로를 공경하지 않자 공자가 말했다. "유의 경우 (배움이) 당(堂)에는 올랐으나 아직 실(室)에는 들지 못했을 뿐이다."

_{자-왈} _{유 지 슬} _해 _{위-어} _{구-지-문}
子曰 由之瑟 奚爲於丘之門

_{문-인} _{불-경} _{자-로}
門人不敬子路

_{자-왈} _{유-야} _{승-당-의} _{미-입-어-실-야}
子曰 由也升堂矣 未入於室也

이와 관련해서 정약용은 음악을 끌어들여 장황하게 해설하고 있으나 오히려 본질을 놓친 감이 있다. 여기서 공자는 자로의 음악 연주를 이야기하려는 것이 아니다. 입문(入門) 승당(升堂)의 관점에서 형병 풀이가 짧으면서도 본질을 건드린다.

> "자로의 학식의 깊고 얕음은, 비유하건대 마치 밖에서부터 안으로 들어올 때 그 문(門)을 얻은 자가 실(室)에 들어오는 것이 깊은 것이 되는데 안연이 이에 해당하고, 당(堂)에 올라오는 것이 그다음이 되는데 자로가 이에 해당하는 것과 같다. (자로는) 이미 당에는 올라왔으니, 어찌 공경하지 아니할 수 있겠는가?"

앞서도 보았지만 자로는 불혹(不惑)의 경계를 제대로 넘지 못했다. 그러나 그 바로 전 단계까지는 이르렀던 인물이다. 자공은 불혹(不惑)은 넘어섰으나 지천명(知天命)에는 이르지 못했고, 안연은 분명 지천명 경지에 이르렀다. 여기서의 표현대로 하자면 실(室)에 들어간 이는 안연뿐이고, 자공은 이제 막 실(室)로 들어가려 하는 수준이었다. 그러니 자로도 두 사람에 비하면 모자라지만 다른 제자들에 비한다면 많이 나아간 것이다.

한편으로 지적하면서 한편으로 높이는 이 장에서의 공자 어법이야말

로 전형적으로 중화(中和)를 찾아가는 길의 하나라 할 수 있다. 이는 '선진
1'을 정확하게 풀이하는 방법이기도 하다. 거기서도 공자는 선진(先進)과
후진(後進) 중에서 양자택일로 선진을 택하는 것이 아니라 선진을 택함으
로써 후진이 좀 더 내용의 본질[質]에 신경을 써주기를 바라는, 권면(勸勉)
하려는 의도를 드러낸 것이다. 여기서와 똑같다. 계속 중화(中和)를 찾아
내는 문맥이 이어진다.

『설원』19-44를 참고삼아 읽어볼 것을 권한다.

자로가 비파를 두드리는데 북쪽 변방의 소리가 울려 나오자 공자가
그것을 듣고서 말했다. "참으로 자로는 재주가 없도다!"

염유가 모시고 있었는데 공자가 말했다. "염유야, 이리 오너라. 너는
어째서 자로에게 저 선왕의 음악을 말해주지 않느냐? 선왕의 음악은
중화의 소리를 연주하고 중화의 가락에 들어맞는데, 남방에만 널리
전해지고 북방에는 전해지지 않았구나. 남쪽은 생육하는 지방이고 북
쪽은 살벌한 지역이다. 그래서 군자는 적중함을 잡아 쥐는 것[執中]을
근본으로 삼고, 생육에 힘쓰는 것을 기반으로 삼는다. 그래서 그 음악
은 온화하고 중화를 유지하니 생육하는 기운을 상징하는 것이다. 근
심하고 슬퍼하는 감정을 마음에 두지 않고, 사납고 음란한 행동을 몸
에 베풀지 않는다. 무릇 그렇게 한다면, 그것은 곧 다스리고 보존하는
기풍이고 편안하고 즐거운 표현이 된다.

(그런데) 저 소인들은 그렇지 못해서 지엽말단을 잡아 쥐고는 근본이
라고 말하면서 강해지는 것을 기반으로 삼는다. 그래서 그 음악은 침
울하고 사나우며 시시콜콜하니 살벌한 기운을 상징하는 것이다. 조화
롭고 절도 있으며, 적중하고 바른 감정을 마음에 두지 않고, 온화하고
의젓하며 공손하고 장엄한 행동을 몸에 베풀지 않는다. 무릇 저 살벌
한 기운은 곧 어지러워지고 망하는 기풍이고 패배해 달아나는 표현이
된다.

옛날에 순임금이 남풍이라는 음악을 짓자, 그 공업이 성대하게 일어

나 지금까지도 왕공들의 칭송이 그치지 않는데, 주왕(紂王)이 북쪽 변방의 음악을 만들자 그 패망이 한순간이어서 지금까지도 왕공들의 웃음거리가 되고 있다. 저 순은 필부로서 바른 도리를 쌓고 어짊에 부합되어 적중된 도리를 행하고 좋은 일들을 하여 갑자기 일어나 천자가 되었는데, 주는 천자로서 오만하고 황음을 일삼으며 강포하고 백성을 해치는 정치를 하다가 갑자기 멸망했다. 지금 자로는 필무의 무리이자 포의(布衣-벼슬 없는 선비)의 보잘것없는 사내인데, 이미 선왕의 제도에 뜻을 두지 않은 채 또한 나라를 망하게 하는 음악에 뜻을 두고 있으니 어찌 능히 7척 한 몸을 보전할 수 있겠는가?"

염유가 이를 자로에게 말해주자 자로가 말했다. "내 잘못이다. 소인이 예악에 능하지 못해 스스로 함정에 빠져 여기에 이르렀다. 마땅하도다, 스승님의 말씀이여!"

드디어 스스로 뉘우쳐 7일 동안 밥을 먹지 않으니 뼈만 남았다. 공자가 말했다. "자로는 잘못을 고치는 것도 지나치구나!"

先進

15

○자공이 물었다. "사(師-자장)와 상(商-자하) 중에서 누가 뛰어납니까?"

공자가 말했다. "사는 지나치고 상은 못 미친다."

말했다. "그렇다면 사가 혹시 더 낫습니까?"

공자가 말했다. "지나침은 못 미침과 같다."

자-공 문 사 여 상 야 숙-현
子貢問 師與商也孰賢

자-왈 사-야 과 상-야 불-급
子曰 師也過 商也不及

왈 연-즉 사 유 여
曰 然則師愈與

자-왈 과-유-불-급
子曰 過猶不及

누구보다 사람을 알아보는 일[知人]에 관심이 많고, 또 사람을 비교하기[方人]를 좋아하는 자공이 물었다. "사(師-자장)와 상(商-자하) 중에서 누가 뛰어납니까?" 이에 공자는 이렇게 답했다. "자장은 지나치고 자하는 못 미친다." 사실 공자는 자공이 사람을 비교하는 일에 너무 빠져 있는 것에 비판적이었다. '헌문 31'이다.

> 자공이 사람을 비교하자 공자가 말했다. "사(賜)야, 넌 뛰어난가 보다! 무릇 나는 그럴 겨를이 없다."

그래서 아마도 공자의 대답이 이처럼 짧았는지도 모른다.

그렇다면 자장과 자하는 어떤 사람인가? 먼저 『논어』에 등장한 자장이나 자하의 일화들 중에서 공자의 이 같은 발언을 뒷받침할 만한 사례 한 가지씩을 살펴보자. 먼저 '위정 23'이다.

> 자장이 물었다. "10왕조 이후의 일도 알 수가 있습니까?"

> 공자가 말했다. "은나라는 하나라 예를 이어받았으니 거기에서 덜어

내고 더한 것을 알 수가 있고, 주나라는 은나라 예를 이어받았으니 거기에서 덜어내고 더한 것을 알 수가 있다. 그러니 혹시라도 주나라를 이어받는 나라가 있다면 설사 100왕조 뒤에라도 (그 예의 모습을) 알 수가 있다.”

이런 거창한 질문을 자주 하는 자장에 대해 주희는 “자장은 재주가 높고 뜻이 넓어서 구난(苟難)하기를 좋아했다”라고 말한다. 구난이란 구차스럽게 굳이 어려운 것을 묻고 행하려 하는 것을 말한다. 뒤에 나오는 광자(狂者) 유형이라 하겠다. 다음은 ‘옹야 11’이다.

공자가 자하에게 일러 말했다. “너는 군자다운 유자가 되어야지, 소인 같은 유자가 되어서는 안 된다.”

주희 풀이다.

“자하는 독실히 믿고 삼가며 지켰으나 규모가 협소했으므로 항상 중도에 미치지 못하였다.”

‘선진 1’에서 시작된 중화(中和) 문맥이 보다 본격화되고 표면화되고 있다. 유감스럽게도 자하를 좋아했던 주희는 자하의 장단점을 모두 이어받았다.

공자가 짧게 대답함으로써 은근히 질타했음에도 자공이 그 뜻을 깨닫지 못하고 우문을 던진다. “그렇다면 사(師)가 혹시 더 낫습니까?” 이에 공자는 현답으로 응수한다. 과유불급(過猶不及), 즉 ‘지나친 것이나 못 미친 것이나 다 문제’라는 것이다. 일반적으로는 자공 같은 지자(知者)의 지나침이 어리석은 자의 못 미침보다 나으리라고 생각하는데 공자는 둘 다 마찬가지라고 단정했다. 교만을 경계하고 동시에 중도(中道-도리에 적중함)의 중요성을 일깨우기 위함이었다. 이 장에 대한 윤돈 풀이다.

“중용의 덕스러움이 지극하다. 지나침과 미치지 못함이 똑같으니, 처음에는 털끝만 한 차이가 결국에는 천 리나 어긋나게 된다. 그러므로 빼어난 이의 가르침은 지나침을 억누르고 미치지 못함을 이끌어서 중도(中道)에 돌아가게 할 뿐이다.”

이와 관련해서는 '선진 21'을 먼저 읽어보는 것이 도움을 준다.

자로가 물었다. "마땅함을 들으면 곧장 행해야 합니까?"

공자가 말했다. "부모형제가 계신데 어찌 들었다고 해서 이에 곧장 행하겠는가?"

염유가 말했다. "마땅함을 들으면 곧장 행해야 합니까?"

공자가 말했다. "들었으면 곧장 행해야 한다."

공서화가 말했다. "유(由-자로)가 묻기를 '마땅함을 들으면 곧장 행해야 합니까?'라고 하자 스승님께서는 '부모형제가 계시다'고 하셨고, 구(求-염유)가 묻기를 '마땅함을 들으면 곧장 행해야 합니까?'라고 하자 스승님께서는 '들었으면 곧장 행해야 한다'고 하셨습니다. 제가 의혹이 생겨 감히 묻습니다."

공자가 말했다. "구는 뒤로 물러서려는 경향이 있으니 그래서 나아가게 한 것이다. 유는 남보다 앞서려는 성향이 있으니 그래서 물러나게 한 것이다."

마땅함을 듣고서 행하는 문제에 있어 자로는 지나쳤고 염유는 못 미쳤다. 이 역시 '선진 1'과 정확히 맥이 통한다.

『설원』17-32는 여러 제자들 미래에 관한 중요한 정보를 담고 있다.

공자가 말했다. "내가 죽고 나면, 상(商-자하)은 날로 더해지고 사(賜-자공)는 날로 덜어질 것이다. 상은 자기보다 뛰어난 이들과 함께 있기를 좋아하는데, 사는 자기보다 못한 사람들에 대해 논평하기를 좋아하기 때문이다."

○계씨는 주공보다 부유한데도 구(求-염유)가 그를 위해 세금을 거둬들여 재산을 더 늘려주었다.

공자가 말했다. "우리 무리가 아니다. 소자들아! 북을 쳐서 (군율로) 그를 다스리더라도 괜찮다."

季氏富於周公 而求也爲之聚斂而附
益之
子曰 非吾徒也 小子鳴鼓而攻之 可
也

계씨(季氏)는 제후의 대부 계강자(季康子)이고, 주공(周公)은 왕실 지친(至親)이다. 게다가 주공은 주나라 왕실에 큰 공을 세워 부유했는데, 제후의 대부에 불과한 계씨가 주공보다 더 부유했다. 이에 대해 주희는 "군주의 것을 빼돌리고 백성들에게 긁어모으지 않았다면 어찌 이것을 얻을 수 있었겠는가"라고 말한다.

그런데도 구(求), 즉 염유는 계씨를 위해 세금을 악착같이 거두어 계씨 재산을 더 늘려주었다. 염유는 사과(四科)에서 정사(政事)에 능한 이로 꼽혔다. 그런데 그런 염유가 가신이 되어 무도한 계강자의 주구(走狗) 역할을 하니 공자는 크게 개탄하지 않을 수 없었다. '공야장 7'의 일부다.

맹무백이 물었다. "구(求-염유)의 경우는 어떻습니까?"

공자가 말했다. "구의 경우 천호의 큰 읍이나 경대부 집안 가신을 시킬 수는 있지만 그가 어진지는 모르겠다."

이 장은 이 말의 구체적인 사례인 셈이다. 결국 공자는 염유에 대해

"우리 무리가 아니다"라고 선언한다. 이어 제자들에게 "소자들아! 북을 쳐서 (군율로) 그를 다스리더라도 괜찮다"고 말한다.

정치에 지나치게 관심을 둔 나머지 염유는 너무 멀리 나아갔던 것이다. 결국 중도를 잃은 결과다. 범조우 풀이다.

"염유가 정사의 재주를 계씨에게 시행하였다. 그러므로 불선(不善)을 행함이 이와 같음에 이르렀으니, 이는 마음이 밝지 못하여 자기 몸에 돌이켜 구하지 못하고 벼슬하는 것을 급하게 여겼기 때문이다."

"북을 쳐서 (군율로) 다스리는" 대상은 정확히 말하면 염유의 과한 권력욕이다. 이 점을 경계시키기 위하여 북을 쳐서 성토한 것이다. 따라서 중화(中和) 문맥은 계속된다.

先進

17

○시(柴-자고)는 어리석고, 삼(參-증자)은 노둔하고, 사(師-자장)는 치우치고, 유(由-자로)는 거칠다.

시—야 우 삼—야 노 사—야 벽 유—야 언
柴也愚 參也魯 師也辟 由也喭

여기서는 촌철살인(寸鐵殺人)의 인물평이 나온다. 한 가지 다움[一德]으로 그 사람을 그려내는 것은 지인(知人)의 극치다.

　시(柴)는 공자 제자로 성은 고(高), 자(字)는 자고(子羔)이다. 자로의 권유에 따라 함께 계씨의 가신이 되었던 인물이다. 여기서 공자는 고시(高柴)에 대해 한마디로 어리석다[愚]고 평한다. 그러나 공자가 어리석다고 평하는 것은 한 면일 뿐이고, 늘 다른 면이 있다는 것을 염두에 두어야 한다. 중화(中和)의 어법을 쓰고 있기 때문이다. 자고에 대해서는 잠시 후 '선진 24'에서 다시 살펴보게 된다.

　『공자가어』에 나오는 자고 일화다.

　"그는 발로 (남의) 그림자를 밟지 않았고, (봄이 되어) 땅 속에서 갓 나온 벌레를 죽이지 않았고, 한참 자라는 초목을 꺾지 않았으며, 부모의 상례(喪禮)를 치름에 3년 동안 피눈물을 흘려 일찍이 이를 드러내고 웃은 적이 없었으며, 난리를 피해서 갈 때에 지름길로 가지 않고 구멍으로 나가지 않았다."

　결국 시(柴-자고)는 크게 어리석은 인물[大愚], 즉 군자였다. 자로가 맹목적으로 자기 주인을 위해 달려갈 때 이를 만류했던 장본인이 바로 자고이다. 결국 자로는 이때 비명횡사했다.

　삼(參)은 증자를 말한다. 증자에 대해 공자는 노둔하다[魯]고 평한다. 노둔하다는 것은 잽싸지 않다는 뜻이다. 이 또한 실은 아둔하다는 뜻보다는 독실하고 끈기가 있다는 말로 칭찬이다. 정이천은 증자가 도(道)를 얻을 수 있었던 것도 이런 노둔함 때문이라고 풀이한다.

"증자의 학문은 성실과 독실함뿐이었다. 성인의 문하에서 배우는 자들 중, 총명하고 재주 있으며 말을 잘하는 자가 많지 않은 것은 아니었으나, 끝내 그 도를 전수한 것은 바로 질박하고 노둔한 사람(즉, 증자)이었다."

사(師)는 앞에서 나온 대로 매사에 지나치다[過]는 평을 받은 자장이다. 그 자장에 대해 편벽되다[辟]고 말한다. 뛰어나긴 한데 한쪽으로 치우치거나 쏠려 있다는 것이다. 자장의 경우 재주가 뛰어난 반면 독실함이 부족했다. 그런 점에서 앞의 지적과 같다고 할 수 있다.

유(由)는 자로이다. 공자는 자로에 대해서는 거칠다[喭=粗野]고 평한다. 의리를 중시했으나 상황을 이해하는 능력이 부족했다.

전체 해석을 놓고 보면 앞의 두 개는 긍정적이고, 뒤의 두 개는 부정적인 평처럼 보인다. 그런데 양시는 네 가지 모두를 성질의 편벽됨으로 보아 부정적인 것으로 보면서 스스로 거기서 벗어나도록 일깨우는 내용으로 풀이한다. 이 또한 나름대로 설득력 있는 풀이 방법이다. 중(中)을 찾는 방법의 하나로 한쪽으로 쏠린 편벽을 지적하고, 그 반대를 향해 노력함으로써 중화(中和)를 얻어내도록 유도하는 것이다. 역시 중화(中和) 문맥이다.

18

○공자가 말했다. "회(回-안회)의 경우 거의 (도리를 체득하는데) 가까웠지
만 자주 양식이 떨어졌다. 사(賜-자공)는 명을 받아들이지 않고 재화를
늘렸으나 억측이 자주 맞아떨어졌다."

자-왈 회-야 기 서 호 누-공
子曰 回也 其庶乎 屢空

사 불-수-명 이 화-식-언 억 즉 누-중
賜不受命 而貨殖焉 億則屢中

제자들에 대한 평이 계속된다. 공자는 안회에 대해 "거의 (도리를 체득하는
데) 가까웠지만 자주 양식이 떨어졌다"라고 말한다. 물론 공자는 군자가
가난해야 한다고 생각지는 않았다. 대신 가난하면서도 부를 추구하지 않
고 도리를 추구하는 자세를 더 높이 평가했다. 안회가 바로 그런 경우다.

반면 제자 자공에 대해 공자는 "명을 받아들이지 않고 재화를 늘렸으
나 억측이 자주 맞아떨어졌다"라고 말했다. 어찌 보면 안회와는 정반대임
에도 자주 그 헤아림이 사리에 적중했다는 뜻이다.

대체적으로 이 두 구절에 대한 해석에서는 자공이 비판 대상이 되곤
한다. 그러나 이는 전형적인 도덕주의적 해석이다. 이와 달리 중립적으로
해석할 경우 공자 내지 『논어』를 보는 전체적인 시각도 달라질 수 있다.
안회의 길도 가능하고 자공의 길도 가능한 것으로 보는 것이다. 지금 우리
는 이 길을 걷고 있다. 물론 안회가 자공보다 윗길임은 앞서 여러 차례 확
인한 바 있다.

자공에 대한 공자의 평을 풀어낼 수 있는 실마리 하나가 『춘추좌씨
전』정공(定公) 15년에 실려 있다.

여름 5월에 정공이 훙(薨)했다. 중니(仲尼-공자)가 말했다. "사(賜-자
공)가 말한 것이 불행하게도 들어맞았다. 이는 사로 하여금 말을 많이
하게 하는 것이다."

19

○자장이 사람을 선하게 만드는 도리에 대해 묻자 공자가 말했다. "옛
　자취를 (차근차근) 밟아가지 않으면, 실로 실(室)에 들어가지 못한다."

　　　^{자-장}　^문　^{선-인-지-도}
　子張問善人之道
　　　^{자-왈}　　^{불-천-적}　^역　^{불-입-어-실}
　子曰 不踐迹 亦不入於室

선인지도(善人之道)에 대해서는 두 가지 해석이 가능하다. 하나는 선인(善
人)을 훌륭한 사람으로 풀이하는 것이고, 또 하나는 '사람을 선하게 해주
는 것'으로 풀이하는 것이다. 여기서는 정약용 해석을 따라 후자로 풀이
했다.

　　이에 대해 공자는 불천적(不踐迹)이면 불가능하다고 말한다. 성현의
자취[迹]를 차근차근 밟으며 따라가지 않으면, 실로 실(室)에는 들어가지
못한다는 뜻이다. 실(室)은 앞의 '선진 14'에 나온 바와 같이 승당입실(升
堂入室)하는 최고 경지를 뜻한다. 이 점에서는 특히 자장이 부족했다.

20

○공자가 말했다. "하는 말이 독실하다고 해서 이에 허여할 경우, 이 사람은 군자다운 자일까? 외모만 장중한 자일까?"

_{자—왈} _{논—독} _{시 여} _{군—자—자—호} _{색—장—자—호}
子曰 論篤是與 君子者乎 色莊者乎

먼저 논독(論篤)에 대해 정확한 해석이 필요하다. 직역하면 언론(言論)이 독실하다, 즉 말하는 바가 독실하다는 뜻이다. 이것 자체는 긍정도 부정도 아닌, 중립적으로 보면 될 듯하다. 교언(巧言)과 통한다고 하겠다. 오히려 말만 번지르르하게 하는 사람이라면 당연히 부정적이기 때문에 굳이 군자인지 아닌지를 물어볼 필요가 없기 때문이다. 일단 '누가 보아도 말을 믿음직스럽게 그리고 논리적으로 하는 사람' 정도로 해두자. 이런 사람을 받아들인다[與=許與]고 했을 때 과연 그 사람은 군자인가? 얼굴만 군자연 하는 사람인가?라고 묻는다.

이에 대한 정약용 풀이다.

"군자는 겉과 속이 한결같은 자이고, 색장(色莊)은 외모는 장엄하나 내심은 나약한 자이다. 그 말만 듣고 가벼이 허여하면, 그가 몸소 실천하는 자인지 외모만 꾸미는 자인지를 내가 알지 못한다."

색장(色莊)을 좀 더 풀어낸 것이 '양화 12'이다.

공자가 말했다. "외모는 장엄한데 내면은 유약하다면 소인에 비유할 경우 아마도 (담을 뛰어넘지도 못하고) 구멍을 파서 들어가는 도둑과 같다고 할 것이다."

이는 사이비(似而非)를 가려내는 지인(知人) 문맥이다.

先進

21

○자로가 물었다. "마땅함을 들으면 곧장 행해야 합니까?"

공자가 말했다. "부모형제가 계신데 어찌 들었다고 해서 이에 곧장 행하겠는가?"

염유가 말했다. "마땅함을 들으면 곧장 행해야 합니까?"

공자가 말했다. "들었으면 곧장 행해야 한다."

공서화가 말했다. "유(由-자로)가 묻기를 '마땅함을 들으면 곧장 행해야 합니까?'라고 하자 스승님께서는 '부모형제가 계시다'고 하셨고, 구(求-염유)가 묻기를 '마땅함을 들으면 곧장 행해야 합니까?'라고 하자 스승님께서는 '들었으면 곧장 행해야 한다'고 하셨습니다. 제가 의혹이 생겨 감히 묻습니다."

공자가 말했다. "구는 뒤로 물러서려는 경향이 있으니 그래서 나아가게 한 것이다. 유는 남보다 앞서려는 성향이 있으니 그래서 물러나게 한 것이다."

子路問 聞斯行諸

子曰 有父兄在 如之何其聞斯行之

冉有問 聞斯行諸

子曰 聞斯行之

公西華曰 由也問聞斯行諸

子曰 有父兄在 求也問聞斯行諸

21

子曰 聞斯行之 赤也惑 敢問
子曰 求也退 故進之 由也兼人 故退
之

여기서 공자는 중화(中和)를 찾아가는 길을 매우 구체적으로 보여 준다. 자로가 먼저 물었다. "마땅함을 들으면 곧장 행해야 합니까?" 원래 자로는 그런 인물이다. 깊이 생각하지 않고 행동이 앞선다는 비판도 받지만 그 때문에 칭찬도 받는다. 먼저 '위정 17'은 그의 단점을 보여 준다.

공자가 말했다. "유(由-자로)야! 너에게 안다는 것을 가르쳐주겠다. 아는 것을 안다고 하고 알지 못하는 것은 알지 못한다고 하는 것, 이것이 (진짜) 아는 것이다."

그러나 '공야장 13'은 그의 장점인 실천력을 높이 평가한다.

"자로는 좋은 말을 듣고서 아직 제대로 실행하지 못했다면 오직 또 다른 좋은 말을 듣게 될까 봐 걱정했다."

이런 자로였기에 공자는 "부모형제가 계신데 어찌 들었다고 해서 이에 곧장 행하겠는가?"라고 반문한다. 이는 의로운 일을 행하려는 사람들이 흔히 부딪히게 되는 상황이다. 일단 공자는 자로가 던진 질문에 대해 가까운 사람들부터 먼저 생각하라고 권하고 있다.

우리는 앞서 자로는 불혹(不惑)의 경지에 오르지 못했다고 여러 차례 지적한 바 있다. 여기서 공자 대답도 바로 그와 관련이 있다. 뒤에 보게 되겠지만 '안연 21'에서 번지가 공자에게 혹(惑)에 관해 질문을 던지자 공자는 "하루아침의 분노로 자신을 망각해 그 (화가) 부모에게까지 미치게 하는 것이 혹(惑) 아니겠는가?"라고 대답한다. 공자는 이 점을 우려해 자로에게는 자제를 당부한 것이다.

　이번에는 '역부족자(力不足者)' 염유가 똑같은 질문을 던졌다. 그러자 공자는 간단하게 답한다. "들었으면 곧장 행해야 한다." 케이스별로 답해주는 공자 특유의 어법이 여기서도 유감없이 발휘되고 있다. 공자가 염유에게 이렇게 답을 준 이유는 앞서 '선진 16'에 명확하게 드러나 있다. 그는 도덕적 실천력이 결여되어 있었다. 두 사람 모두에게 공자는 중화(中和) 어법으로 답한 것이다.

　한편 같은 질문에 다른 답변을 하자 제자 공서화(公西華)가 의혹을 품고서 묻는다. 이에 공자는 "구는 뒤로 물러서려는 경향이 있으니 그래서 나아가게 한 것이다. 유는 남보다 앞서려는 성향이 있으니 그래서 물러나게 한 것이다"라고 답한다. 이 또한 전형적인 중화(中和) 맥락이다.

先進

22

○공자가 광(匡) 땅에서 두려운 일을 당했을 때 안연은 뒤에 처져 있었다. (뒤에 안연이 따라오자) 공자가 말했다. "나는 네가 죽은 줄 알았다." 말했다. "스승님께서 계신데 제가 어찌 감히 (먼저) 죽을 수 있겠습니까?"

子畏於匡 顏淵後
자 외-어 광 안-연 후

子曰 吾以女爲死矣
자-왈 오 이 여 위-사 의

曰 子在 回何敢死
왈 자 재 회 하-감 사

광(匡) 땅에서 곤경에 처한 이야기는 '자한 5'에서 상세하게 살펴본 바 있다. '선진 2'에서도 이와 관련해 간략하게 짚어보았다. 당시 공자는 광 땅에서 곤경에 빠졌고 그로 인해 두려움에 떨어야 했다. 제자 안연은 뒤처져 있다가 뒤늦게 합류했다. 뒤에 처진 이유에 대해서는 공자를 보호하기 위함이었다는 설도 있다.

이에 공자는 안연을 보며 말한다.

"나는 네가 죽은 줄 알았다."

안연은 다음과 같이 답한다.

"스승님께서 계신데 제가 어찌 감히 (먼저) 죽을 수 있겠습니까?"

이 말을 들었을 때 스승 공자의 심정이 어떠했겠는가? '선진 8과 9'에서 보여준 안연을 향한 공자의 말할 수 없는 애통함은 바로 이 일과도 무관치 않을 것이다. 물론 단순한 고마움의 표시는 아니고 안연이라야 진정으로 자신의 문(文)을 체득해 후세에 전할 수 있겠구나라고 기대했기 때문이다. 정약용 풀이다.

"아버지가 살아계시면 자식은 감히 몸을 가벼이 하여 난(難)에 함부로 행동하지 않는다. '안회는 나를 아버지처럼 보았다'라는 말이 있다. 그러므로 그는 자식의 도리로서 하였던 것이다. 안연은 이미 공자가 위해를 모면하고 샛길을 따라 몸을 피해 그 광 땅 사람들의 칼날에 부딪히지 않았음을 알았기 때문에 '어찌 감히 (먼저) 죽겠느냐'고 말한 것이다."

그러니 아버지 같은 스승이 살아 계신데, 자식과 같은 제자가 싸우다가 먼저 죽는 고통을 안겨드릴 수가 있겠느냐는 뜻이었다. 이 말은 바로 앞 장에서 공자가 자로에게 해준 말과도 대비되어 더욱 울림이 크다.

대부분은 『논어』에서 대화를 마칠 때 공자가 마지막 말을 하는데, 이번 장에서는 안연의 말로 끝이 난다. 공자로서는 어떤 말도 보탤 필요가 없는 상황이었다. 그래서 공자는 어짊[仁]의 측면만 놓고 보자면, 안연은 자기보다 뛰어나다고 공공연하게 말했던 것인지 모른다.

先
進

23

○계자연이 (공자에게) 물었다. "중유(仲由-자로)와 염구(冉求-염유)는 혹시 대신(大臣)이라고 이를 만합니까?"

공자가 말했다. "나는 그대가 남과는 다른 질문을 하리라고 여겼는데 기껏 중유와 염구에 관한 질문을 던지는구나! 이른바 대신이란 도리로서 군주를 섬기다가 불가능해지면 그만두는 것이다. 지금 유와 구는 머릿수나 채우는 신하라고 이를 만하다."

계자연이 말했다. "그렇다면 두 사람은 (섬기는 자의 명을) 따르기만 하는 자들입니까?"

공자가 말했다. "아버지와 군주를 시해하는 것은 실로 따르지 않을 것이다."

계-자-연　문　중-유　염-구　가-위　대-신　여
季子然問 仲由 冉求 可謂大臣與

자-왈　오　이　자　위　이-지-문　증　유　여　구　지
子曰 吾以子爲異之問 曾由與求之

문
問

소-위　대-신　자　이-도　사-군　불-가　즉　지
所謂大臣者 以道事君 不可則止

금　유　여　구　야　가-위　구-신-의
今由與求也 可謂具臣矣

왈　연-즉　종-지-자　여
曰 然則從之者與

자-왈　시-부-여-군　역　부-종-야
子曰 弑父與君 亦不從也

유향은 『설원』에서 여섯 가지 유형의 그릇된 신하[六邪]를 언급하면서 그중 하나로 머릿수나 채우는 신하, 구신(具臣)을 이렇게 말한다.

"(첫째,) 관직에 안주하며 봉록을 탐하고 사사로운 자기 집안일은 열심히 한다. 공사(公事)에는 힘쓰지 않고 자기 지혜나 능력을 공익에는 쓰지 않으려 한다. 임금에게 바칠 논책(論策)은 궁색(窮塞)·기갈(飢渴)하며, 그 절조를 다하지 않고 오히려 세태에 따라 부침하며 놀아난다. 임금의 좌우를 관망할 뿐 독자적인 견해는 조금도 없다. 이런 부류가 자리만 채우는 신하[具臣]다."

이 말을 들은 계씨 집안 자제 계자연(季子然)은 "그렇다면 두 사람은 (섬기는 자의 명을) 따르기만 하는 자들입니까?"라고 묻는다. 계씨 집안에서 시키는 일이라면 뭐든지 할 사람들이냐고 물은 것이다.

그러나 공자는 다시 단서를 단다.

"(두 사람이 따르는 자인지는 잘 모르겠지만) 아버지와 군주를 시해하는 것은 실로 따르지 않을 것이다."

공자의 어법을 통해 미뤄보자면 계씨 집안에 뭔가 일이 있었던 것이다. 윤돈 풀이다.

"계씨가 권력을 독단하고 참람하였는데 두 사람이 그 집에서 벼슬하면서 이것을 바로잡지 못하였고, (바로잡는 것이) 불가함을 알면서도 벼슬을 그만두지 못했으니, 머릿수나 채우는 신하[具臣]라고 이를 만하다. 이때 계씨가 이미 군주를 무시하는 마음이 있었기에 인재를 얻음을 스스로 자랑하였고, 자기를 따르게 할 수 있다고 생각하였다. 그러므로 공자께서 '아버지와 군주를 시해하는 것은 실로 따르지 않을 것이다'라고 말씀하신 것이니, 이 두 사람은 (시해하는 일만큼은) 면할 수 있었다."

공자의 말을 통해 결국 자로와 염유는 시역(弑逆)에 동원되는 일에서 벗어날 수 있었다는 말이다. 자로와 염유 두 사람이 구신(具臣)이었음을 자세하게 보여주는 것이 바로 '계씨 1'이다.

先進

24

○자로가 (계씨 가신이 되어) 자고를 비읍 읍재로 삼자 공자가 말했다. "남의 자식을 해치는구나!"

자로가 말했다. "백성과 사람이 있고 사직이 있으니, 어찌 반드시 책을 읽은 뒤에야 배움을 행하겠습니까?"

공자가 말했다. "이 때문에 나는 말재주 부리는 사람을 미워하는 것이다."

자—로 사 자—고 위 비—재
子路使子羔爲費宰

자—왈 적 부 인—지—자
子曰 賊夫人之子

자—로 왈 유 민—인—언 유 사—직—언 하—필 독
子路曰 有民人焉 有社稷焉 何必讀

—서 연—후 위—학
書 然後爲學

자—왈 시—고 오 부 영—자
子曰 是故惡夫佞者

자로가 계씨 가신이 되어 공자의 또 다른 제자 자고(子羔)를 군사적 요충지 비읍(費邑)이라는 곳의 읍재(邑宰)로 삼자 공자는 "남의 자식을 해치는구나!"라며 탄식했다. 우리는 이미 앞에서 비읍과 관련된 일화를 본 적이 있다. '옹야 7'에서다.

> 계씨가 사람을 시켜 민자건을 비읍 책임자로 삼으려 하자 민자건이 말했다. "나를 위해 잘 사양해주시오. 만약에 다시 나를 부르러 온다면 나는 반드시 문수 가에 가 있을 것이오."

이와 관련해서는 정약용의 풀이가 결정적 단서를 제공한다.

> "비읍이라는 곳은 계씨의 요충지이다. 비읍에 잘하면 노나라에는 해

롭고, 비읍에 잘못하면 그 받는 녹(祿)에 맞지 않는 것이다.”

따라서 공자는 이 점을 지적함과 동시에 자고가 아직은 그 일을 맡을 만한 능력을 갖추지 못했음을 우려한 것이다. 주희 풀이를 보자.

“자고가 자질은 아름다우나 아직 배우지 못하였는데 성급히 백성을 다스리게 되면 다만 자고를 해칠 뿐임을 말씀하신 것이다.”

즉 사람을 제대로 쓸 줄 모르는 자로를 탓하는 말이다. 그러나 이에 조금도 굴하지 않고 자로는 공자에게 질문을 던진다.

“백성과 사람이 있고 사직(社稷)이 있으니 어찌 반드시 책을 읽은 뒤에야 배움을 행하겠습니까?”

책을 통하지 않고서도 눈앞의 현실을 통해 얼마든지 배움을 익힐 수 있지 않느냐는 반문이다. 이때의 책이란 옛일을 담은 책이다. ‘옛것을 익히지 않고서도 얼마든지 학문은 할 수 있고, 나아가 공직을 맡을 수 있지 않습니까?’라고 묻고 있는 것이다. 공자가 가장 싫어하는 불호학(不好學)의 면모가 드러나는 대목이다.

당연히 공자는 여기서 한 걸음도 물러설 수 없다. 특히 그 대상이 자로이기에 더욱 그러하다. 그래서 공자는 “이 때문에[是故] 나는 말재주 부리는 사람[佞者]을 미워하는 것이다”라고 말한다. 여기서 시고(是故)를 “바로 이런 너 때문에”라고 해석해도 될 것이다.

그런데 주희는 자로에 대해 다음과 같이 변명한다.

“자로 말은 그의 본의가 아니요, 다만 논리가 굽히고 말이 궁하여 입으로 변론함을 취해서 남의 말을 막았을 뿐이다. 그러므로 공자께서 그의 그름을 지적하지 않으시고, 다만 그 말재주만을 미워하신 것이다.”

과연 그랬을까? 먼저 ‘공야장 4’를 보자.

어떤 사람이 말했다. “옹(雍-중궁)은 어질기는 하지만 말을 잘하지 못합니다.”

공자가 말했다. “말 잘하는 것을 어디에다 쓰겠는가? 말재주로 남이

할 말을 막아서 남에게 자주 미움을 받게 될 것이다. 그가 어진지는 모르겠지만 말 잘하는 것을 어디에다 쓰겠는가?"

말재주에 대한 공자의 불신은 대단히 깊었다는 점에서 자로에 대한 비판 강도가 주희가 생각한 것보다는 훨씬 강했던 것으로 보인다. 따라서 범조우 풀이가 훨씬 공자 본뜻에 적중하는 것 같다.

"옛날에는 배운 뒤에 정사(政事)를 시작하였으니, 정사를 함으로써 배운다는 것은 듣지 못하였다. 도리의 근본이 몸을 닦는 데 있으니, 그런 뒤에 사람을 다스림에 미치는 것이다. 그 내용이 책에 갖추어져 있으니, 책을 읽어 알게 된 뒤에 실행할 수 있는 것이다. 어찌 책을 읽지 않을 수 있겠는가? 자로가 마침내 자고로 하여금 정사로써 학문하게 하려고 하였으니, 선후(先後)와 본말(本末)의 차례를 잃었다. 그런데도 그 잘못을 알지 못하고 구변으로 남의 말을 막으려 하였다. 그러므로 공자께서 그의 말재주를 미워하신 것이다."

바탕이 좋은 자고의 경우 우선 옛것을 익혀 수신(修身)한 다음에 치인(治人)으로 나아가야 하는데, 자로는 호학(好學)의 단계를 무시하고 서둘러 자고를 끌어다 썼기 때문에 공자가 강도 높게 비판한 것이다.

『설원』14-22는 자고가 어떤 사람인지를 생생하게 보여 준다.

(공자 제자) 자고(子羔)가 위나라 정사에 참여해 어떤 사람의 다리를 자르는 형벌을 시행했다. 위나라 임금과 신하 사이에 난이 일어나자 자고가 성곽 문으로 달아났는데 문이 닫혀 있었고, 자기에게 다리를 잘린 자가 문을 지키고 있다가 말했다. "저쪽에 허물어진 곳이 있소!"
자고가 말했다. "군자는 (문으로 나가지) 성을 뛰어넘지 않는다."
말했다. "저쪽에 구멍이 있소."
자고가 말했다. "군자는 기어가지 않는다."
말했다. "저쪽에 숨을 수 있는 방이 있소."
자고가 들어가자 추격하던 자들은 포기하고 돌아갔다. 자고가 장차 떠나려 하면서 다리 잘린 사람에게 일러 말했다. "나는 임금의 법령을 훼손할 수가 없어서 내가 직접 그대 자리를 잘랐다. (그런데) 내가 지금 어려움에 처해 있으니 이는 곧 그대가 원한을 갚을 수 있는 때인데, 어째서 나를 도피시켜주는가?"

다리 잘린 사람이 말했다. "다리를 잘린 것은 실로 나의 죄 때문이니 어찌할 수 없지요. 당신이 나를 다스릴 때 법령을 신중하게 처리해 법으로써 앞뒤를 잘 재어주었으니, 이는 사실상 신을 법에서 면제해주려는 것이었습니다. 저는 이를 알고 있습니다. (또) 옥사를 판결하고 죄를 정할 때 형벌을 논하면서 당신께서는 가슴 아파하고 즐겁지 않은 마음이 안색에 드러났습니다. 저는 이도 알고 있습니다. 당신께서 어찌 저에게 사사로운 마음으로 그랬겠습니까? 하늘이 낳아주기를 어진 사람의 마음이란 본래 그러한 것입니다. 이 때문에 저는 당신을 벗어나게 해주려 했던 것입니다."

공자가 이를 듣고서 말했다. "관리 노릇 잘한 사람은 은덕을 심고, 제대로 못한 사람은 원한을 심는다. 관리 노릇을 공적으로 잘 처리한다는 것은 아마도 자고를 두고 하는 말이리라!"

先進

25

○자로, 증석, 염유, 공서화가 공자를 모시고 앉아 있었다. 공자가 말했다. "내가 너희들보다 나이가 조금 많다고 하여 나에게 말하는 것을 어려워 말라. 평소에 너희들은 말하기를 '나를 알아주지 않는다'라고 하는데 혹시 사람들이 너희들을 알아준다면 어찌하겠느냐?"

자로가 경솔하게 나서 대답했다. "전차 천 대를 가진 제후의 나라가 대국들 사이에 끼어 군사적 침략을 당하고 그로 인하여 기근이 들게 되거든, 제가 그 나라를 다스릴 경우 3년이 지나면 백성들을 용맹하게 하고 또 의리를 향해 나아가는 법을 알게 할 수 있습니다." 공자는 이에 지긋이 웃었다.

"구(求)야, 너라면 어떻게 하겠느냐?"

염유가 대답했다. "사방 넓이 60~70리 혹은 50~60리쯤 되는 작은 나라를 제가 다스릴 경우 3년이 지나면 백성들을 풍족하게 할 수 있으나 그 예악에 있어서는 군자를 기다리겠습니다."

"적(赤)아, 너라면 어떻게 하겠느냐?"

공서적이 대답했다. "제가 잘할 수 있다고 하는 것이 아니라, 배우기를 원합니다. 종묘의 일이나 제후들이 회동할 때 현단복과 장보관을 갖추어 집례를 돕는 자가 되기를 원합니다."

"점(點)아, 너라면 어떻게 하겠느냐?"

비파 타는 소리가 희미하게 가늘어지더니 쨍그랑 소리를 내고는 비파를 놓고 일어나서 대답했다. "세 사람이 늘어놓은 것과는 다릅니다."

공자가 말했다. "무슨 상관이 있겠느냐? 실로 각자 그 뜻을 말하는 것이다."

증점이 말했다. "늦봄에 봄옷이 완성되면 청년 대여섯 명과 동자 예닐곱 명과 함께 기수(沂水)에서 목욕하고 무우(舞雩)에서 바람 쐬고서 노래하며 돌아오겠습니다."

공자는 "아!"하고 감탄하며 "나는 증점을 허여한다"라고 말했다.

나머지 세 사람이 밖으로 나가자 증점은 맨 뒤에 남아 공자에게 물었다. "저 세 사람이 한 말이 어떻습니까?"

공자가 말했다. "실로 각자 자기 뜻을 말했을 뿐이다."

증점이 물었다. "그런데 왜 선생님께서는 자로를 비웃으셨습니까?"

공자가 말했다. "나라를 다스리는 것은 예로써 해야 하는데, 그 말이 겸손하지 않기에 웃었다."

증점이 말했다. "저 염유가 말한 것은 나라를 다스리는 일이 아닙니까?"

공자가 말했다. "사방 60~70리나 50~60리 고을을 다스릴 경우 나라 다스리는 것이 아닌 것을 어디에서 보겠느냐?"

증점이 말했다. "저 공서적이 말한 것은 나라를 다스리는 것이 아닙니까?"

공자가 말했다. "종묘의 일과 다른 나라 사신과 회동하는 일이 제후의 일이 아니고 무엇이겠느냐? 공서화가 소(小)가 된다면 누가 능히 대(大)가 되겠느냐?"

子路 曾晳 冉有 公西華侍坐

子曰 以吾一日長乎爾 毋吾以也 居

則曰 不吾知也 如或知爾 則何以哉

子路率爾而對曰 千乘之國 攝乎大

國之間 加之以師旅 因之以饑饉 由

也 爲之 比及三年 可使有勇 且知方

也

夫子哂之

求 爾何如 對曰 方六七十 如五六十

求也爲之 比及三年 可使足民 如其

禮樂 以俟君子

赤 爾何如 對曰 非曰能之 願學焉

宗廟之事 如會同 端章甫 願爲小相

焉

點 爾何如 鼓瑟希 鏗爾 舍瑟而作

對曰 異乎三子者之撰

子曰 何傷乎 亦各言其志也

曰 莫春者 春服既成 冠者五六人

童子六七人 浴乎沂 風乎舞雩 詠而

歸 夫子喟然嘆曰 吾與點也

三子者出 曾晳後 曾晳曰 夫三子者

之言何如

子曰 亦各言其志也已矣

曰 夫子何哂由也

曰 爲國以禮 其言不讓 是故哂之

唯求則非邦也與

安見方六七十如五六十而非邦也者

唯赤則非邦也與 宗廟會同 非諸侯

而何 赤也爲之小 孰能爲之大

자로(子路), 증석(曾晳), 염유(冉有), 공서화(公西華) 네 제자가 공자를 모시고 앉아 있다. 여기서 처음 이름이 등장한 증석(曾晳)은 증삼(曾參), 즉 증자 아버지이고 이름은 점(點)이다.

이들을 앞에 두고서 공자는 먼저 "내가 너희들보다 나이가 조금 많다고 하여 나에게 말하는 것을 어려워 말라"며 입을 뗀다. 뭔가 제자들의 솔직한 이야기를 들어보기 위함이었다. 그중에서도 공자는 이들 제자들로부터 확인해보고 싶은 것이 있었다. 전형적인 지인(知人) 문맥이다. 이 또한 평소에 할 수 있는 성기사(省其私) 방법이다.

먼저 자로가 경솔하게 나서 대답을 한다.

"전차 천 대를 가진 제후의 나라가 대국들 사이에 끼어 군사적 침략을 당하고 그로 인하여 기근이 들게 되거든, 제가 그 나라를 다스릴 경우 3년이 지나면 백성들을 용맹하게 하고 또 의리를 향해 나아가는 법을 알게 할 수 있습니다."

이 말을 들은 공자는 지긋이 웃기만 했다[哂]. 신(哂)에는 '웃다' '조롱하다' '미소짓다' 등의 뜻이 있다. 여기서는 조롱까지는 아니지만 조금은 어이없어하는 느낌이 없지 않다. '뜻은 가상하나 과연 네가 그럴 수 있을까?' 하는 의미에서 신소(哂笑)를 지은 것이다.

이어 공자는 염유를 향해 너라면 어떻게 하겠느냐고 묻는다. 이에 염유는 자로보다는 훨씬 조심스럽게 답한다.

"사방 넓이 60~70리 혹은 50~60리쯤 되는 작은 나라를 제가 다스릴 경우 3년이 지나면 백성들을 풍족하게 할 수 있으나 그 예악에 있어서는 군자를 기다리겠습니다."

염유 말에 공자는 아무런 반응을 보이지 않고서 이번에는 공서화(公西華)를 향해 또 같은 질문을 던진다. '선진 21'과 이 장을 비교하면서 읽는 것도 의미를 깊게 하는 독서법이 될 것이다.

이에 공서화는 더욱 조심스럽게 답한다.

"제가 잘할 수 있다고 하는 것이 아니라, 배우기를 원합니다. 종묘의 일이나 제후들이 회동할 때 현단복(玄端服)과 장보관(章甫冠)을 갖추어 집례를 돕는 자가 되기를 원합니다."

과연 이 말을 들으며 공자는 속으로 무슨 생각을 했을까? 그의 말이 어느 정도까지 진심이라고 보았을까?

그리고 끝으로 증점에게 똑같은 질문을 던진다. 주희 풀이다.

"네 사람이 모시고 앉았는데 나이 차례로 한다면 증점이 마땅히 (자로에 이어) 두 번째로 대답해야 할 것이나 그가 마침 비파를 타고 있었으므로 공자께서 먼저 염유와 공서화에게 물으신 뒤에 증점에게 물으신 것이다."

비파를 타면서 다른 사람들의 대답을 모두 들었던 증점은 과연 뭐라고 답을 할 것인가? 공자가 묻자 비파 타는 소리가 희미하게 가늘어지더니 쨍그랑 소리를 내고는 증점이 비파를 내려놓고 일어나서 대답한다. 그는 비파를 타면서도 세 사람의 이야기를 유심히 들었던 것이고 마침내 공자가 무릎을 칠만한 대답을 생각해 낸 것이다.

"늦봄에 봄옷이 완성되면 청년 대여섯 명과 동자 예닐곱 명과 함께 기수(沂水)에서 목욕하고 무우(舞雩)에서 바람 쐬고서 노래하며 돌아오겠습니다."

우선 왜 공자는 네 사람의 이야기 중에서 특히 증점 말에 감동을 받은 것일까? 형병은 "세 사람은 능히 때를 보지 못하고 그 뜻이 정치하는 데 있었는데, 오직 증점만이 홀로 능히 때를 알았다"고 풀이한다. 시중(時中)을 체화한 인물로 증점을 꼽았다는 말이다.

자연스럽게 허여받은 증점은 남고 나머지 세 사람은 밖으로 나갔다. 이에 증점은 공자에게 물었다.

"저 세 사람이 한 말이 어떻습니까?"

이에 공자는 하나하나 그 이유를 답해준다. 자로가 비웃음 대상이 되는 것을 보고 나머지 두 사람, 염유와 공서화는 최대한 겸손한 척했지만 공자가 볼 때는 결국은 정치적 야심에서 한 걸음도 벗어나지 못하고 있었다. 게다가 이 두 사람은 과공비례(過恭非禮)의 우를 범했다고 할 수 있다. 결국 공자가 볼 때는 자로, 염유, 공서화 세 사람 모두 정치적 욕심으로 가득했고, 무례(無禮) 또는 비례(非禮)의 잘못까지 저질렀다고 할 수 있다.

이로써 중화(中和)를 중심으로 전개됐던 선진(先進)편을 마감하고 어짊[仁]과 위정(爲政)을 중점적으로 다루는 안연(顏淵)편으로 넘어간다.

⑫

顔淵

^안

^연

1

○顏淵問仁子曰克己復禮為仁一日
克己復禮天下歸仁焉為仁由己而由
人乎哉顏淵曰請問其目子曰非禮勿
視非禮勿聽非禮勿言非禮勿動顏淵
曰回雖不敏請事斯語矣

2

○仲弓問仁
子曰出門如見大賓使民如承大祭己
所不欲勿施於人在邦無怨在家無怨

憂曰人皆有兄弟我獨亡子夏曰商聞

憂不懼曰不憂不懼斯謂之君子矣乎

5

子曰內省不疚夫何憂何懼○司馬牛

無訒乎○司馬牛問君子子曰君子不

4

訒斯謂之仁矣乎子曰爲之難言之得

牛問仁子曰仁者其言也訒曰其言也

3

仲弓曰雍雖不敏請事斯語矣○司馬

6

7

兵民信之矣子貢曰必不得已而去於

謂遠也已矣○子貢問政子曰足食足

也已矣浸潤之譖膚受之愬不行焉可

日浸潤之譖膚受之愬不行焉可謂明

君子何患乎無兄弟也○子張問明子

失與人恭而有禮四海之內皆兄弟也

之矣死生有命富貴在天君子敬而無

若曰年饑用不足如之何有若對曰盍

虎豹之鞹猶犬羊之鞹○哀公問於有

君子也駟不及舌文猶質也質猶文也

已矣何以文爲子貢曰惜乎夫子之說

死民無信不立○棘子成曰君子質而

而去於斯二者何先曰去食自古皆有

斯三者何先曰去兵子貢曰必不得已

對曰君君臣臣父父子子公曰善哉信

亦祗以異○齊景公問政於孔子孔子

既欲其生又欲其死是惑也誠不以富

徙義崇德也愛之欲其生惡之欲其死

與足○子張問崇德辨惑子曰主忠信

曰百姓足君孰與不足百姓不足君孰

徹乎曰二吾猶不足如之何其徹也對

12　13　14　15　16

如君不君臣不臣父不父子不子雖有粟吾得而食諸○子曰片言可以折獄者其由也與子路無宿諾○子曰聽訟吾猶人也必也使無訟乎○子張問政子曰居之無倦行之以忠○子曰博學於文約之以禮亦可以弗畔矣夫○子曰君子成人之美不成人之惡小人反

여君군不불君군臣신不불臣신父부不불父부子자不불子자雖수有유粟속吾오得득而이食식諸제○子자曰왈片편言언可가以이折절獄옥者자其기由유也야與여子자路로無무宿숙諾락○子자曰왈聽청訟송吾오猶유人인也야必필也야使사無무訟송乎호○子자張장問문政정子자曰왈居거之지無무倦권行행之지以이忠충○子자曰왈博박學학於어文문約약之지以이禮례亦역可가以이弗불畔반矣의夫부○子자曰왈君군子자成성人인之지美미不불成성人인之지惡악小소人인反반

17　18　19　20

德風小人之德草草上之風必偃○子

爲政焉用殺子欲善而民善矣君子之

雖賞之不竊○季康子問政於孔子曰

如殺無道以就有道何如孔子對曰子

患盜問於孔子孔子對曰苟子之不欲

者正也子帥以正孰敢不正○季康子

是○季康子問政於孔子孔子對曰政

遲從遊於舞雩之下曰敢問崇德修慝

違居之不疑在邦必聞○樊

必達在家必達夫聞也者色取仁而行

直而好義察言而觀色慮以下人在邦

必聞子曰是聞也非達也夫達也者質

爾所謂達者子張對曰在邦必聞在家

張問士何如斯可謂之達矣子曰何哉

辨惑子曰善哉問先事後得非崇德與

攻其惡無攻人之惡非修慝與一朝之

忿忘其身以及其親非惑與○樊遲問

仁子曰愛人問知子曰知人樊遲未達

子曰舉直錯諸枉能使枉者直樊遲退

見子夏曰鄉也吾見於夫子而問知子

曰舉直錯諸枉能使枉者直何謂也子

曰君子以文會友以友輔仁

而善道之不可則止無自辱焉○曾子

尹不仁者遠矣○子貢問友子曰忠告

陶不仁者遠矣湯有天下選於衆舉伊

夏曰富哉言乎舜有天下選於衆舉皋

顔
淵

1

○안연이 어짊에 대해 물었다. 공자가 말했다. "자기를 이겨내 예로 돌아가는 것이 어짊을 행하는 것이다. 하루라도 자기를 이겨내 예로 돌아가면 천하가 어짊으로 돌아갈 것이다. 어짊을 행하는 것은 나로부터 말미암는 것이지 다른 사람으로부터 말미암는 것이겠는가?"

안연이 말했다. "세부 조목을 묻겠습니다."

공자가 말했다. "예가 아니면 보지도 말고 예가 아니면 듣지도 말고 예가 아니면 말하지도 말고 예가 아니면 몸을 움직이지도 말라."

안연이 말했다. "제가 비록 명민하지는 못하지만 청컨대 이 말씀을 잘 따르겠습니다."

안-연   문-인
顔淵問仁

자-왈   극-기-복-례   위-인
子曰 克己復禮爲仁

일-일   극-기-복-례   천-하   귀-인-언
一日克己復禮 天下歸仁焉

위-인 유-기 이 유-인 호-재
爲仁由己而由人乎哉

안-연 왈   청-문   기-목
顔淵曰 請問其目

자-왈   비-례-물-시   비-례-물-청   비-례-물-언
子曰 非禮勿視 非禮勿聽 非禮勿言

비-례-물-동
非禮勿動

안-연 왈 회 수 불-민   청-사   사-어-의
顔淵曰 回雖不敏 請事斯語矣

안연(顔淵)편은 『논어』의 정수(精髓)다. 주제는 어짊[仁^인]과 정치[政^정]다. 말 그대로 수기(修己)와 치인(治人)의 양대 축이 한군데 어우러져 있다. 앞서 선진(先進)편이 예(禮)로 나아가는 것의 어려움을 보여주며 끝맺었다. '안연 1'이 예(禮)로 나아가는 방법으로써 극기(克己)를 강조하고 있다는 점에서 선진(先進)편과 안연(顔淵)편은 서로 직접 연결된 맥락을 형성한다고 할 수 있다.

안연(顔淵)편에서는 안연뿐만 아니라 중궁, 사마우, 번지, 네 사람이 어짊에 관하여 묻는다. 이어서 사마우가 군자에 관해 묻고, 자장과 번지가 숭덕(崇德)에 관해 묻고, 또 자장이 사(士)에 관해 묻는 것도 넓은 의미에서는 어짊에 관한 물음[問仁^{문-인}]의 범주에 들어간다.

이에 못지않게 문정(問政), 즉 정치에 관한 물음도 많다. 먼저 자장이 눈 밝음[明^명]에 관해 질문을 던진 것[問名^{문-명}]도 광의의 정치에 관한 물음이며, 이어 자공, 제경공(齊景公), 자장, 계강자 등도 정치에 관한 물음을 던졌다. 이처럼 안연(顔淵)편은 수기(修己)와 치인(治人)에 관한 내용을 담고 있다.

이제 본격적으로 이 장을 풀어보자. 우선 극기(克己)란 곧 수덕(修德)과 같은 말이다. 그런데 『논어』에는 수덕이란 말은 등장하지 않는다. 대신 수덕(修德)과 같은 의미로 수특(修慝)을 쓴다. '안연 21'에서 번지가 수특(修慝), 즉 사특함[慝^특=邪^사]을 닦아내는 것에 대해 묻자 공자는 이렇게 대답한다.

"자신 안에 있는 악을 다스리고 남의 악을 다스리지 않는 것이 사특함을 없애는 것[修慝^{수-특}] 아니겠는가?"

또 같은 곳에서 번지가 다움을 쌓는 숭덕(崇德)에 대해 묻자 이렇게 답한다.

"일을 먼저 하고 이득은 뒤로하는 것이 다움을 높이는 것 아니겠는가?"

이때 일이란 공(公)이고, 이득은 사(私)이다. 즉 공적인 다움[公德^{공-덕}]을 자기 것으로 만들어 가는 것이 숭덕이다. 그에 앞서 '안연 10'에서 자장이 숭덕(崇德)을 묻자 공자는 이렇게 대답한다.

"진실됨과 믿음[忠信]을 제일의 원칙으로 삼고, 마땅함으로 (자기를) 옮겨가는 것이 다움을 높이는 법이다."

이것이 극기복례(克己復禮)이다. 숭덕, 수특의 문제가 안연(顔淵)편에 배치된 것도 그런 이유 때문일 것이다.

이제 다른 각도에서 극기복례를 짚어본다. 이입(而立)이 그것이다. 우리는 앞에서 이입(而立)이란 입기이례이입인이례(立己以禮而立人以禮)가 압축된 것임을 살펴본 바 있다. 그중 후반부, '입인이례(立人以禮)', 즉 일의 이치로 다른 사람도 세워주는 것이 바로 어짊[仁=愛人]이다. 그래야 왜 극기복례 다음에 바로 "하루라도 자기를 이겨내 예로 돌아가면 천하가 어짊으로 돌아갈 것이다"라는 말이 이어지는지를 제대로 이해할 수 있다. 그렇다면 이 구절의 주어는 누구인가?

주희는 이 부분을 다음과 같이 풀이한다.

"하루라도 사욕을 이겨 예(禮)에 돌아가면 천하 사람들이 모두 그 어짊을 허여한다고 말씀하셨으니, 그 효과가 매우 빠르고 지극히 크다는 것을 강조해서 말씀하신 것이다."

주희는 귀인(歸仁)의 귀(歸)를 '허여하다[與]'로 풀었다. 그렇게 되면 이 구절은 네가 하루라도 극기복례 하면 세상 사람들이 다 인정해줄 것이라는 말이 된다. 정약용도 이를 비판하기는 했지만, 형병 풀이는 주어가 군주임을 분명하게 보여 준다.

"군주가 만약 능히 하루라도 극기복례를 행한다면, 천하가 모두 어진 다움을 갖춘 군주에게 돌아갈 것이다."

이 풀이가 갖는 강점은 "하루라도"라는 말이 설득력을 갖는다는 것이다. 임금이 극기복례하는 것이 그만큼 어려운 것임을 보여주기도 한다. 이 점을 뒷받침해주는 것이 『춘추좌씨전』 소공 12년에 나오는 공자 말이다.

"옛 기록에 '극기하여 예로 돌아가는 것이 어짊이다'라 하였으니 참으로 좋은 말이다. 초나라 영왕(靈王)이 만약 능히 이와 같이 했다면 어찌 건계(乾谿)에서 욕을 당했겠는가?"

초나라 영왕은 사냥을 갔다가 건계에서 머물면서 좌사(左史) 의상(倚相)이 읊조리는 시를 듣게 되었다. 영왕은 이 시와 악곡을 듣고는 그 후로부터 밥을 먹어도 밥맛이 없고 잠을 자도 잠이 오지 않기를 며칠 동안이나 지속하였는데, 이를 스스로 극복할 수 없었으며 급기야 난(難)에 이르렀다. 그 이듬해 공자 비(比)가 임금을 시해했다.

그런 점에서는 일본학자 이토 진사이가 『논어고의』에서 제시한 풀이가 탁견이다.

"안자(안연)는 천자를 도와서 나라의 큰일을 할 만한 왕좌지재(王佐之才)이다. 그래서 공자는 그에게 천하에 어짊을 행하는 도리에 대해 가르쳤던 것이다. 이 문장은 실제로는 안자가 나라를 다스리는 방법을 물었던 질문에 공자가 사대〔四代-하·은·주와 정(鄭)나라〕의 예악에 대해 손익(損益)으로 답했던 문장과 서로 안팎의 관계에 있다고 하겠다."

그것은 다름 아닌 '위령공 10'을 가리킨다.

안연이 나라 다스림을 묻자 공자가 말했다. "하나라 역법을 시행하고, 은나라 수레를 타고, 주나라 면복을 입어야 한다. 음악은 (순임금의) 소무(韶舞)를 연주하고, 정나라 음악은 내버리고, 말재주 부리는 자를 멀리해야 한다. 정나라 음악은 음란하고, 말재주 부리는 자는 도리를 위태롭게 만든다."

극기복례가 어짊으로 연결되는 문맥을 가장 잘 보여주는 것이 '헌문 45'이다.

자로가 군자(란 어떠해야 하는지)를 묻자 공자가 말했다. "삼감[敬]으로써 자기를 닦아야 한다."

(자로가) 말했다. "그렇게만 하면 됩니까?"

(공자가) 말했다. "사람들을 편안하게 해주는 것으로서 자기를 닦아야 한다."

(자로가) 말했다. "그렇게만 하면 됩니까?"

"백성을 편안하게 해주는 것으로서 자기를 닦아야 한다. 백성을 편안하게 해주는 것으로서 자기를 닦는 것은 요임금, 순임금도 오히려 (제대로 하지 못할까 봐) 근심으로 여겼다."

여기서 말하는 '사람들을 편안하게 해주는 것[安人]'과 '백성을 편안하게 해주는 것[安百姓]'이 바로 어짊[仁=愛人]이다.

전체적인 문맥은 이해했지만 복례(復禮) 부분이 미진하다고 생각한 안연은 이 점에 대해 보다 구체적으로 쉽게 풀어줄 것을 정중하게 청한다. 이에 공자는 다음과 같이 말한다.

"예가 아니면 보지도 말고 예가 아니면 듣지도 말고 예가 아니면 말하지도 말고 예가 아니면 몸을 움직이지도 말라[非禮勿視 非禮勿聽 非禮勿言 非禮勿動]."

물(勿)은 무(無)나 비(非)에 비해 훨씬 강한 부정적 의미를 갖고 있다. 이 구절은 극기(克己)의 구체적인 방법을 제시한 것으로 볼 수 있다. 정약용 풀이다.

"예가 아닌 것을 보고 싶어 하기 때문에 '예가 아니면 보지 말라'고 하였고, 예가 아닌 것을 듣고 싶어 하기 때문에 '예가 아니면 듣지 말라'고 하였고, 예가 아닌 것을 말하고 싶어 하기 때문에 '예가 아니면 말하지 말라'고 하였고, 예가 아닌 것을 행동하고 싶어하기 때문에 '예가 아니면 움직이지 말라'고 하였다. 처음에 만약 하고 싶지 않았다면 어떻게 '말라[勿]'고 했겠는가? '하고 싶다'라는 것은 인심(人心)이 그것을 하고 싶은 것이며, '말라'는 것은 도심(道心)이 그것을 하지 말라는 것이다. 저것은 하고 싶어 하고 이것은 하지 말라고 하여, 인심과 도심 둘이 싸워서 '말라[勿]'는 것이 이기면 이를 극기(克己)라 하는 것이다."

이는 '태백 8'에서 보았던 입어례(立於禮), 즉 예(禮)로써 자기를 세운다는 뜻과 직통한다. 그런데 우리는 이를 소극적으로 이해하는 데 그쳐서는 안 된다. 오히려 적극적으로 풀어낼 수 있다.

　‘볼 때는 예에 맞게 보고, 들을 때는 예에 맞게 듣고, 말을 할 때는 예
　에 맞게 말하고, 움직일 때는 예에 맞게 움직여라!’

　이렇게 적극적인 실천으로 풀이하면, 사물(四勿)은 오히려 ‘계씨 10’
에 나오는 구사(九思)로 확장된다.

　공자가 말했다. “군자에게는 반드시 생각해야 할 아홉 가지가 있다.
볼 때는 눈 밝음을 반드시 생각해야 하고, 들을 때는 귀 밝음을 반드시
생각해야 하고, 낯빛을 취할 때는 따스함을 반드시 생각해야 하고, 용
모를 취할 때는 공손함을 반드시 생각해야 하고, 말을 할 때는 진실함
을 반드시 생각해야 하고, 일을 할 때는 주도면밀함을 반드시 생각해
야 하고, 의문이 생길 때는 질문 던지기를 반드시 생각해야 하고, 화가
날 때는 그로 인해 닥칠 어려움을 반드시 생각해야 하고, 이득을 보았
을 때는 마땅한지 아닌지를 반드시 생각해야 한다.”

‘반드시 생각해야 함[思]’이 곧 ‘예에 맞게’ 하는 것이다.

顔淵

2

○중궁이 어짊에 대해 물었다. 공자가 말했다. "문을 나서면 큰 손님을 뵈온 듯이 하고, 백성을 부릴 때는 큰 제사를 받들 듯이 하며, 자기가 하고 싶지 않은 것을 남에게 베풀지 말아야 한다. (이렇게 하면) 나라에 (벼슬하고) 있을 때에도 원망이 없을 것이고, 집 안에 있을 때에도 원망이 없을 것이다."

중궁이 말했다. "제가 비록 명민하지는 못하지만 청컨대 이 말씀을 잘 따르겠습니다."

仲弓問仁

子曰 出門如見大賓 使民如承大祭

己所不欲勿施於人

在邦無怨 在家無怨

仲弓曰 雍雖不敏 請事斯語矣

다시 문인(問仁), 즉 어짊을 묻는 문맥이다. 중궁은 공자가 임금도 할 만하다고 인정해주었던 제자이다. 그런 제자가 던진 어짊에 관한 질문이니 뜻이 깊을 수밖에 없다. 참고로 사마천 『사기』에는 문인(問仁)이 아니라 문정(問政)으로 되어 있다. 형병은 "큰 손님은 공후(公侯-공작과 후작)의 손님이고, 큰 제사는 체제(禘祭), 교제(郊祭) 같은 것"이라고 했다. 이를 이어받아 정약용은 앞부분을 이렇게 풀어낸다.

"문밖을 나서서 보게 되는 사람은 길을 가는 사람이고, 윗자리에 앉은 사람이 부리게 되는 사람은 밭이랑에서 농사짓는 백성이다. 행인을 볼 때 공후(公侯)를 뵙듯이 하고, 백성을 부릴 때 체제나 교제를 받들 듯이 하면, 이는 삼감[敬]이 지극한 것이다.”

이것이 바로 조금 전에 보았던 '헌문 45'에서 공자가 말한 “삼감[敬]으로써 자기를 닦아야 한다”는 것이다. 이것이 충(忠)이다.『춘추좌씨전』희공(僖公) 33년(기원전 627년)에 진(晉)나라 사람 구계(臼季)가 임금에게 하는 말 중에 이 구절이 들어 있다. 공자는 이 말을 여기서 가져온 것이다.

“문을 나서면 큰 손님을 대하듯이 하고, 일을 처리함에는 제사를 받들 듯이 하는 것이 어짊의 법칙[仁之則]이라고 했습니다.”

이제 자기에서 남에게로 나아갈 차례다. 그것이 '서(恕)'이다. 공자는 세 가지를 말해주었다. 이는 사실상 중궁의 결점이자 앞으로 고쳐나가야 할 지점이다.

첫째, 집 밖을 나서면 큰 손님을 뵈온 듯이 하라. 중궁의 경우 중후하기는 했지만, 타인을 공경하고 겸손해하는 마음이 부족하다는 것을 지적하고 있다.

둘째, 백성을 부릴 때 큰 제사를 지내듯 하라는 것도 같은 맥락이다. 공경(恭敬)하는 마음가짐을 잃지 말라는 것이다.

셋째, 자신이 하고자 하지 않는 것을 남에게 베풀지 말아야 한다[己所不欲勿施於人]는 것은 앞의 두 가지를 행할 때의 마음 자세를 요약해서 표현한 것이다.

총괄적으로 말하면 집 밖에 나갔을 때 사람들에 대해 삼가고 또 삼가는 마음 자세로 임하라는 것이다. 주희는 이에 대해 함축적으로 풀이한다.

“경(敬)으로 자기 몸을 지키고 서(恕)로써 남에게 미친다면, 사사로운 욕심이 용납받을 곳이 없어서 마음의 덕이 온전해질 것이다.”

앞의 두 가지는 경(敬), 나머지 한 가지는 서(恕)와 관련된다는 것이다. 우리는 이미 앞에서 서(恕)와 관련된 내용을 '공야장 11'에서 살펴본 바 있다.

자공이 말했다. “저는 남이 나에게 가하기를 바라지 않는 일을 저 또한 남에게 가하지 않겠습니다.”

공자가 말했다. “사(賜-자공)야! 네가 도달할 수 있는 경지가 아니다.”

불혹(不惑)의 경지에 이르렀으나 지천명(知天命)에는 이르지 못한 지자(知者) 자공에 대해 이런 말을 했다는 점에서 주목할 필요가 있다. 서(恕)는 곧 인(仁)이다. 아마도 공자는 자공에게 가장 부족했던 점이 바로 서(恕)라고 보았던 것 같다. 그런데 뒤에 가서 '위령공 23'에서 공자가 자공을 보는 태도는 달라진다.

자공이 물었다. “한마디 말로 종신토록 행할 수 있는 것이 있습니까?”

공자가 말했다. “아마도 서(恕)일 것이다. 자기가 하고 싶지 않은 것을 남에게 베풀지 말라[己所不欲勿施於人].”

이는 『논어』 문맥에서 매우 중요하다. 처음에는 자공이 스스로 서(恕)를 말하자 공자는 “네가 도달할 수 있는 경지가 아니다”라고 했지만, 시간이 흘러 자공이 배움을 쌓아가자 공자가 자공에게 서(恕)에 힘쓰라고 말하고 있는 것이다.

'안연 1, 2'의 연결 관계에 대해 일반적으로는 공자가 안연을 높였고, 중궁은 조금 낮춰 보았다는 평가가 많다. 이와 관련된 정약용 풀이다.

“('안연 1'에서 강조한) 주경(主敬)은 곧 복례(復禮)이다. 다만 공자는 어짊[仁]의 질문에 답할 때는 매양 서(恕)를 힘써 행하라고 말하였는데, 유독 안연에게 답할 때만 서(恕)를 말하지 않은 것 같다. 그러나 '자기가 서고자 하면 남을 세워주고, 자기가 통달하고자 하면 남을 통달하게 해주고('옹야 28'), 자기가 하고자 하지 않는 것을 남에게도 베풀지 말라'는 말은 모두 극기(克己)이다. 그렇다면 극기는 서(恕)이니, 앞뒤('안연 1과 2')의 말이 모두 한 가지 뜻이다.”

따라서 여기서는 '안연 1, 2'가 편 전체를 이끄는 주제를 제시하고 있다고 볼 수 있다.

여기서 우리는 원망[怨]에 주목할 필요가 있다. 원한이나 원통[寃]과는 조금 다른 뉘앙스이다. 『논어』에서 원(怨)은 조금은 독특한 의미로 사용되고 있기 때문이다. 여기서는 일단 다양한 용례들을 살펴보자. 용례를 읽어보는 것만으로도 원(怨)에 주목할 필요가 있다는 것을 알게 될 것이다. 어질지 못함[不仁]과 연결되기 때문이다.

공자가 말했다. "이익에 따라서만 일을 행할 경우 원망이 많아진다[多怨]." ('이인 12')

공자가 말했다. "부모를 섬길 때는 조심해서 은근하게 간언해야 하고, 부모의 뜻이 내 말을 따르지 않는 것을 보게 되더라도 더욱 공경하며 도리를 어기지 말며, 힘들더라도 원망을 해서는 안 된다[不怨]." ('이인 18')

공자가 말했다. "원망을 숨기고서[匿怨] 그 사람과 벗 삼는 것을 좌구명이 부끄럽게 여겼는데 나 또한 부끄럽게 여긴다." ('공야장 24')

염유가 말했다. "스승님께서는 위나라 임금을 위하실까?"

자공이 말했다. "알겠다. 내가 장차 물어보겠다."

들어가서 말했다. "백이와 숙제는 어떤 사람입니까?"

말했다. "옛날의 뛰어난 사람이다."

말했다. "원망함이 있었습니까?"

말했다. "어짊을 구하다가 어짊을 얻었으니 다시 무슨 원망함이 있었겠는가?"

(자공이) 나와서 말했다. "스승님께서는 위나라 임금을 위하지 않으실 것이다." ('술이 14')

(원헌이 물었다.) "남을 이기려는 것, 자랑하는 것, 원망하는 것, 욕심내는 것, 이 네 가지를 행하지 않는다면 이런 사람을 어질다[仁]고 할 수 있습니까?"

공자가 말했다. "그렇게 하는 것만도 어렵지만 (그렇다고 해서) 어진 지는 내가 알지 못하겠다." ('헌문 2')

(어떤 사람이) 관중에 대해 묻자 공자가 말했다. "이 관중이라는 사람은 백씨가 갖고 있던 병읍 300호를 빼앗았다. 그 바람에 백씨는 거친

밥을 먹어야 했으나 죽을 때까지 (관중에 대해) 원망하는 말[怨言]이 없었다."('헌문 10')

공자가 말했다. "가난하면서 원망하지 않기[無怨]는 어렵고 (그에 비하면) 부유하면서도 교만하지 않기는 쉽다."('헌문 11')

어떤 사람이 물었다. "은덕으로 원망을 갚는 것[報怨]은 어떻습니까?"

공자가 말했다. "(그렇다면) 은덕은 무엇으로 갚을 텐가? 곧음으로 원망을 갚고, 은덕으로 은덕을 갚는 것이다."('헌문 36')

또한 원망[怨]은 곧음[直] 문제와도 자주 연결된다.

顔
淵

3

○사마우가 어짊에 대해 물었다. 공자가 말했다. "어진 사람은 말하기를 어렵게 여긴다."

(사마우가) 말했다. "말하기만 어렵게 여기면 이에 그것을 일러 어짊이 라고 합니까?"

공자가 말했다. "(어짊을) 행하기가 어려우니 말하기를 어렵게 여기지 않을 수 있겠느냐!"

司_사馬_마牛_우問_문仁_인

子_자曰_왈 仁_인者_자 其_기言_언也_야訒_인

曰_왈 其_기言_언也_야訒_인 斯_사謂_위之_지仁_인矣_의乎_호

子_자曰_왈 爲_위之_지難_난 言_언之_지得_득無_무訒_인乎_호

어짊[仁]에 관한 세 번째 물음이다. 그러나 이는 앞의 두 물음과는 차원이 다르다. 수준이 낮다. 질문자 수준이 앞의 두 사람에 비해 낮기 때문이다. 이번에 물음을 던진 사람은 공자 제자 사마우(司馬牛)로 이름은 리(犂)이 다. 그의 형은 사마상퇴(司馬向魋)다. 向(향)을 이때는 '상'으로 읽었다. 사 마우는 송(宋)나라 사람으로, 사마천『사기』에 따르면 "사마우는 자(字) 가 자우(子牛)인데 말이 많고 성격이 조급하다"라고 했다.

이 장은 어짊에 관한 세 번째 물음을 담고 있음과 동시에 '안연 4, 5' 로 이어지는 사마우에 관한 연속된 이야기 중 첫 번째다. 사마우 물음에 공자는 먼저 간략하게 답한다.

"어진 사람은 말하기를 어렵게 여긴다[訒]."

인(訒)자에는 말을 더듬다[訥], 무디다[鈍], 참다[忍]는 뜻이 있지만,

여기서는 '과묵하여 함부로 말을 하지 않는다'는 뜻이다. 함부로 말할 경우 부끄러움[恥] 문제로 연결된다. '이인 22'를 보자.

> 공자가 말했다. "옛날에는 말을 함부로 하지 않았는데 이는 몸소 실천함이 그에 미치지 못할까 봐 부끄러워해서였다."

말 많고 조급한 사마우는 경박스럽게 다시 묻는다. "말하기만 어렵게 여기면 이에 그것을 일러 어짊이라고 합니까?" 이에 공자는 "(어짊을) 행하기가 어려우니 말하기를 어렵게 여기지 않을 수 있겠느냐!"라고 답했다. 말하기를 어렵게 여기는 것은 '어짊을 향한 첫걸음'에 불과하다는 뜻이다.

'자한 1'에서 우리는 이미 공자 자신이 어짊[仁]에 관해 드물게 이야기했다는 사실을 살펴본 바 있다. 그 이유는 『예기』 표기(表記)편에 나오는 다음 구절이 밝혀주고 있다.

> "어짊을 그릇에 비유하자면 무거운 그릇이고, 길에 비유하자면 먼 길이다. 이는 들어도 들 수 없고 걸어가도 도달할 수 없다. 어짊을 힘써 행한다는 것은 실로 어렵지 않겠는가?"

이는 그대로 '태백 7'에서 증자가 했던 말과 연결된다.

> "(도리를 중시하는) 대장부는 도량이 넓고 굳건하지 않으면 안 된다. 맡은 바가 무겁고 가야 할 길은 멀기 때문이다. 어짊을 자기 맡은 바로 여기니 실로 무겁지 않겠는가? 죽은 다음이라야 끝이 나니 실로 멀지 않겠는가?"

이러하니 사마우처럼 어짊을 쉽게 입에 올려서야 될 일이겠는가!

顔
淵

4

○사마우는 군자(는 어떠해야 하는지)를 물었다. 공자가 말했다. "군자는 근심하지 않고 두려워하지 않는다."

(사마우가) 말했다. "근심하지 않고 두려워하지 않으면 이에 그것을 일러 군자라고 합니까?"

공자가 말했다. "안으로 살펴서 아무런 병통이 없으니 무릇 무엇을 근심하고 무엇을 두려워하겠느냐!"

司馬牛問君子
子曰 君子不憂不懼
曰 不憂不懼 斯謂之君子矣乎
子曰 內省不疚 夫何憂何懼

어짊[仁]을 물었다가 자기 결점을 지적당한 사마우가 이번에는 군자(君子)에 관해 묻는다. 앞서 한 질문과 크게 다르지 않은 질문이다. 따라서 '안연 3'과 바로 연결되는 것으로 보아도 무방하다.

사마우 질문에 공자는 "군자는 근심하지 않고 두려워하지 않는다"고 짧막하게 답한다. 주희 풀이에 따르면, 그의 형 사마상퇴가 난을 일으키려 하니, 사마우는 늘 근심하고 두려워했기 때문에 공자가 이렇게 말해준 것이다. 그러나 공자 대답에 답답함을 느낀 사마우는 약간 의구심을 품은 듯이 "근심하지 않고 두려워하지 않으면 이에 그것을 일러 군자라고 합니까?"라고 재차 묻는다. '안연 3'에서 재차 물었던 것과 똑같다.

말귀를 못 알아듣는 사마우를 향해 공자는 약간은 신경질적으로 답한다. '내성불구(內省不疚)'가 그것이다. 구(疚)는 병들다는 뜻이다. 여기서는 '병통(病痛)'으로 새겼다. 근심도 없고 두려움도 없는 이유는 "안으로 살펴보아 아무런 병통이 없기 때문"이라는 것이다. 이 말은 곧 사마우의 경우 안으로 살펴볼 때 병통이 있다는 말에 다름 아니다. 소위 안달복달하는 성품을 꾸짖고 있는 것이다. 사마우의 이런 병통은 다음 장에서도 이어진다.

군자와 관련한 공자의 공식적인 표현은 '자한 28'에서 본 바 있고, '헌문 30'에도 다시 나온다. 좀 더 상세한 '헌문 30'을 보자.

> 공자가 말했다. "군자의 길에는 세 가지가 있는데, 나는 그 어느 것에도 능하지 못하니 어진 사람[仁者]은 근심하지 않고[不憂], 일의 이치를 아는 사람[知者]은 미혹되지 않으며[不惑], 용기 있는 사람[勇者]은 두려워하지 않는다[不懼]."

당연히 문맥상으로는 '인자불우(仁者不憂)'가 가장 중요하다. 바로 다음에 또 근심 문제가 이어진다.

顔淵

5

○사마우가 근심하며 말했다. "사람들은 다 형제가 있는데 나 홀로 없다."

자하가 말했다. "내가 듣건대 죽고 사는 데는 명(命)이 있고, 부귀는 하늘에 달려 있다고 했다. 군자가 삼가며 도리를 잃지 않고, 남과 사귈 때는 공손하여 예가 있으면 사해 안이 다 형제인데 군자가 어찌 형제가 없음을 걱정하겠는가?"

司馬牛憂曰 人皆有兄弟 我獨亡
子夏曰 商聞之矣 死生有命 富貴在
天
君子敬而無失 與人恭而有禮 四海
之內 皆兄弟也
君子何患乎無兄弟也

여기서는 '사마우'란 사람이 무슨 걱정이나 두려움을 갖고 사는지, 즉 어떤 사람인지를 보여 준다. 사마천 『사기』에는 사마우의 형 사마상퇴에 관한 이야기가 짧게 나온다. 사마상퇴는 나무 뒤에 숨었다가 길 가던 공자를 죽이려 했던 인물이다. 송나라 사람인데 집안 뿌리가 환공(桓公)에서 비롯되었기 때문에 환퇴(桓魋)로 불리기도 한다. '술이 22'에서 보았던 그 인물이다.

　공자가 말했다. "하늘이 나에게 다움을 내려주었으니 환퇴라 한들 나를 어찌하겠는가?”

사마우가 계속 근심 걱정하는 모습으로 『논어』에 등장하는 것도 어쩌면 이런 형과의 관계 때문인지 모른다. 걱정에 가득 찬 사마우가 어떤 자리에서 신세 한탄을 하듯 이렇게 말한다. “사람들은 다 형제가 있는데 나 홀로 없다.” 물론 사마우에게는 형제가 있었다. 그런데 왜 이런 말을 했을까? 주희 풀이다.

“사마우에게 형제가 있었는데도 이렇게 말한 것은 그들이 난을 일으켜 장차 죽게 될까 봐 걱정해서이다.”

공자뿐만 아니라 다른 제자들도 사마우의 이런 사정을 잘 알고 있었다. 이에 자하가 그를 다소 엉뚱하게 위로한다.

“내가 듣건대 죽고 사는 데는 명(命)이 있고 부귀는 하늘에 달려 있다고 했다. 군자가 삼가며 도리를 잃지 않고 남과 사귈[與=交] 때는 공손하여 예(禮)가 있으면 사해 안이 다 형제인데 군자가 어찌 형제가 없음을 걱정하겠는가?”

왜 하필 많은 제자들 중에서 자하가 사마우 걱정에 답을 했을까? 그동안 자하가 몇 차례 등장한 바 있다. ‘학이 7’에서 “뛰어난 이를 뛰어나게 여기기를 여색(女色)을 좋아하는 마음과 바꿔서 하고, 부모 섬기기를 기꺼이 온 힘을 다해서 하며, 임금 섬기기를 기꺼이 온몸을 다 바쳐서 하고, 뜻이 같은 벗과 사귈 때 일단 말을 하면 반드시 실천하여 믿음을 주는 사람이 있다면 설사 그 사람이 비록〔따로 문(文-애쓰는 법)을〕배우지 않았더라도 나는 반드시 그 사람을 (애쓰는 법을) 배운 사람이라고 말할 것이다”라는 말을 했던 장본인이 바로 자하다. 사실 이 말에도 약간의 과장이 들어있었다. “비록 배우지 않았더라도”라는 대목이 그것이다. 바로 이 점 때문에 오역(吳棫)은 자하의 이 말에 대해 다음과 같이 풀이했다.

“자하의 말은 그 뜻이 좋다. 그러나 말하는 사이에 어조가 너무 지나쳐서 그 흐름의 폐단이 장차 혹 학문을 폐지하는데 이를 수 있으니, 반드시 학이(學而)편의 ‘여력이 있으면 문(文)을 배우라’는 공자의 말씀과 같이한 뒤에야 폐단이 없게 될 것이다.”

자하의 엉뚱한 과장을 날카롭게 지적한 것이다.

‘위정 8’에서 자하가 공자에게 효(孝)에 관해 물었을 때는 공자는 자하의 강직한 자세는 인정하면서도 온화한 얼굴빛이 부족한 점을 지적한 바 있다. ‘옹야 11’에서는 공자는 자하에게 이렇게 말한다.

“너는 군자다운 유자가 되어야지, 소인 같은 유자가 되어서는 안 된다.”

이에 대해 사량좌는 그 의미를 이렇게 풀이한 바 있다.

“자하가 문학(文學)은 비록 뛰어났지만 생각건대 그 원대한 것에는 혹 어두운 듯하다. 그러므로 공자께서 이 말씀으로 가르쳐 주신 것이다.”

이런 지적을 받았던 자하라서 그런지 사마우에 대한 조언에서도 그의 이 같은 단점이 고스란히 드러난다. 호인의 지적 그대로다.

“자하가 말한 ‘사해가 다 형제’라는 말은 다만 사마우의 마음을 너그럽게 하려고 한 말이니, 뜻은 원만하나 말은 막힌다. 오직 성인(聖人)은 이러한 병통이 없다. 또 자하는 이것을 알았으나 아들의 상(喪)에 곡하여 실명하였으니 이는 사랑에 가려져 이치에 어두웠던 것이다[惑]. 이 때문에 그 말을 실천하지 못한 것이다.”

자하가 말에 있어 경중(輕重)을 제대로 가리지 못했음을 지적하고 있다. 잠시 후에 우리는 ‘안연 8’에서 자공이 자하와 비슷한 잘못을 저지르는 장면을 보게 될 것이다.

공자가 등장하지 않는 상황에서 두 사람 모두 조금씩 수준 낮은 이야기를 하고 있는 것이다. 정약용의 총괄적 풀이다.

“사마우가 스스로 마음 아파한 것은 같은 핏줄의 형제에 관한 것인데, 자하가 광범위한 범주의 말을 만들어 그를 위로하려 하였으니, 이는 어진 사람이 할 수 있는 말이 아니다.”

왜냐하면 그것이야말로 공자가 중시하는 친친(親親), 즉 형제(兄弟)간

우애를 근본적으로 무시하는 것이기 때문이다. 이로써 사마우가 질문을
던진 어짊과 군자에 관한 이야기는 끝나고 주제가 전환된다. 이 장은 사마
우와 자하의 문제점을 동시에 드러내 보여주었다고 하겠다. 문맥은 역시
어짊[仁]이다.

顔淵

6

○자장이 밝다 혹은 밝음에 관해 물었다.

공자가 말했다. "점점 젖어 드는 (동료에 대한) 참소와 살갗을 파고드는 (친지들의 애끓는) 하소연을 (단호히 끊어) 행해지지 않게 한다면 그것이 야말로 밝다고 말할 수 있다. (그 같은) 점점 젖어 드는 (동료에 대한) 참소와 살갗을 파고드는 (친지들의 애끓는) 하소연을 (단호히 끊어) 행해지지 않게 한다면 그것이야말로 (어리석음과 어두움으로부터) 멀다고 말할 수 있다."

子張問明

子曰 浸潤之譖 膚受之愬 不行焉 可

謂明也已矣

浸潤之譖 膚受之愬 不行焉 可謂遠

也已矣

안연, 중궁, 사마우 세 사람이 어짊을 물었고[問仁], 이번에는 자장이 던진 눈 밝음에 관한 물음[問明]이 이어진다. 명(明)에 관한 물음은 『논어』 전체를 통해 이곳 딱 하나뿐이다.

자장은 특이하게도 명(明)에 관해 질문을 던졌다. 쉽지 않은 질문이다. 우선 명(明)의 사전적 의미부터 살펴보자. 명(明)에는 참으로 많은 뜻이 있다. 밝다, 밝히다, 날 새다, 나타나다, 명료하게 드러나다, 똑똑하다[賢明], 깨끗하다, 결백하다, 희다, 하얗다, 질서가 서다, 갖추어지다, 높이다[顯明], 숭상하다, 존중하다, 맹세하다, 확실하게[明白], 이승, 현세(現

世), 나라 이름, 낮[晝], 밖, 겉, 밝고 환한 모양, 밝은 곳, 양지(陽地), 광채(光彩), 새벽, 성(盛)한 모양 등이 그것이다. 여기서는 무엇보다 '공(公)'과 같은 뜻이다.

그러면 자장 물음에 공자는 어떻게 답할까? 먼저 공자는 명(明)을 명정(明政)으로 이해한다. 눈 밝은 임금이 행하는 정사라는 차원에서 답을 한다. 그래서 공자는 조정과 금중(禁中-궁중)에서 일어날 수 있는 대표적인 그릇됨[邪]을 끊어내야 그 정사를 "눈 밝다"고 할 수 있다고 말한다.

첫째, 조정에서 참소[譖=讒=讒訴]가 행해지게 해서는 안 된다. 참소란 오늘날 말로 하면 중상모략을 말한다. 그런데 수식어가 붙어 있다. 침윤(浸潤)이란 위에서 알아보기 쉽지 않게 서서히 이루어진다. 그래서 무엇보다 정당한 비판과 교묘한 참소를 잘 구별해서 신하들을 제대로 써야 한다는 말이다. 훗날 조선 시대에도 침윤(浸潤)이란 말은 곧 침윤지참(浸潤之讒)을 가리켰다.

둘째, 궁중에서 사사로운 하소연[愬]이 행해지게 해서는 안 된다. 소(愬)란 사알(私謁), 즉 사사로운 청탁이나 하소연을 말한다. 여기에도 부수(膚受)라는 수식어가 붙어 있다. "살갗을 파고드는"이라는 뜻이니 그만큼 간절하다는 말이다. 이 또한 훗날 부수(膚受)라는 말은 곧 부수지소(膚受之愬)를 가리켰다.

정약용은 "참(譖)이란 남의 악함을 들추어내는 것이고, 소(愬)란 자기의 원통함을 하소연하는 것이니, 그 실상은 하나이다"라고 말했다.

잠깐 강명한 군주였던 조선 숙종이 막 즉위했을 때인 숙종 1년(1675년) 4월 3일 기사를 살펴보자.

> 주강(晝講)에 나아갔다. 동지사(同知事) 장선징(張善澂)이 『논어』침윤부수장(浸潤膚受章)을 강(講)하다가 말을 올렸다. "소인(小人)의 정상(情狀)은 이와 같으니, 무릇 편벽하고 아첨하는 길을 통해 벼슬에 진출한 자는 더욱 마땅히 그 말을 깊이 살펴야 할 것입니다."

임금이 눈 밝지 못하면[不明] 소인을 들어 쓰는 것이니, 그것만으로도 신하에게 큰 불인(不仁)을 가하는 것이 된다. 역시 어짊의 문맥이다.

자장은 공자로부터 "(매사에) 지나치다[過^과]"는 평을 들었을 만큼 다소 극단적이고 편벽된 인물이었다. 아마도 젊어서 보여준 병폐였을 것이다. 앞에서 공자에게 학문이나 앎의 문제보다는 대단히 현실적인 녹(祿)을 구하는 법을 물었던 장본인이기도 하다. 정치나 출세에 관심이 많은 인물로 보인다. 자장이 질문자로 등장하는 '위정 18'은 귀 밝음과 눈 밝음[聰明^{총-명}]에 이르는 구체적인 방법을 제시했다는 점에서 지금 문맥에서 다시 음미할 필요가 있다.

> 자장이 벼슬자리를 구하는 법[干祿^{간-록}]을 배우고자 하니 공자가 말했다. "많이 듣고서 (그중) 의심스러운 것은 제쳐놓고 그 나머지에 대해 신중하게 말한다면 허물이 적을 것이고, 많이 보고서 (그중) 타당하지 못한 것은 제쳐놓고 그 나머지에 대해 신중하게 행한다면 뉘우침이 적을 것이다. 말에 허물이 적고 일을 행함에 뉘우침이 적으면 벼슬자리는 그 가운데에 있다."

여기서 공자는 잘 듣고 제대로 보는 방법을 이야기하고 있다.

또 '계씨 10'에서 공자는 군자가 반드시 생각해야 할 아홉 가지[九思^{구-사}]를 열거하는데 그중 가장 먼저 언급되는 것이 보는 것과 듣는 것이다. 시사명(視思明)과 청사총(聽思聰)이 그것이다. 일을 볼 때는 눈 밝음을 생각하고, 일에 관해 들을 때는 귀 밝음을 생각해야 한다는 것이다. 밝다는 것은 바로 이런 뜻이다.

공자는 똑같은 말을 반복하면서 첫 번째 문장의 명(明)자만, 두 번째 문장에서 원(遠)자로 바꾸어 말했다. 양시는 이렇게 풀이한다.

> "멀다는 것은 밝음이 지극한 것이다. 『서경』 태갑(太甲)에 이르기를 시원유명(視遠惟明), 즉 먼 곳을 본다는 것은 오직 눈 밝음이라고 했다."

멀리 있는 나라 이익을 앞세우면서 사리사욕에서 나오는 것들을 제대로 물리쳐야 한다는 것이다. 사(私)는 가깝고 공(公)은 멀다. 가까운 것은 어둡고[暗] 먼 것은 밝다[明]. 공(公)으로서의 원(遠)이라는 뜻이 분명한 사례 몇 가지를 살펴보는 것으로 원(遠)에 대한 풀이를 대신하겠다. 먼저 '학이 1'이다.

> 공자가 말했다. "뜻을 같이하는 벗이 있어 (먼 곳에 갔다가) 먼 곳[遠=公明正大]으로부터 바야흐로 돌아오니 진실로 즐겁지 않겠는가?"

이어서 '위령공 11'을 보자.

> 공자가 말했다. "사람이 멀리 내다보는 생각[遠慮]이 없으면, 반드시 가까운 데서 근심이 있다[近憂]."

멀리 내다본다는 것은 개인의 이익이 아니라 국가와 공의(公義) 차원에서 문제를 바라본다는 뜻이다. 이는 '이인 16'과 통한다.

> 공자가 말했다. "군자는 마땅함에서 깨닫고 소인은 이익에서 깨닫는다."

이때 마땅함은 멀고 이익은 가깝다.

顔
淵

7

○자공이 정치에 관해 묻자 공자가 말했다. "백성들 먹거리를 풍족하게
하고, 군사를 풍족하게 하며, 백성들이 위를 믿게 해야 한다."
자공이 말했다. "반드시 어쩔 수 없이 버린다면 이 세 가지 중에서 어
느 것을 먼저 버려야 합니까?"
말했다. "군사를 버려야 한다."
자공이 말했다. "반드시 어쩔 수 없이 버린다면 이 두 가지 중에서 어
느 것을 먼저 버려야 합니까?"
말했다. "백성들 먹거리를 버려야 한다. 예로부터 사람이란 모두 죽게
되어 있거늘, 백성이 위를 믿지 않으면 설 수가 없다."

子貢問政

子曰 足食 足兵 民信之矣

子貢曰 必不得已而去 於斯三者何
先

曰 去兵

子貢曰 必不得已而去 於斯二者 何
先

曰 去食 自古皆有死 民無信不立

이제 질문은 인(仁)에서 시작해 명(明)을 거쳐서 정(政)으로 넘어간다. 자공이 정치를 바르게 하려면 어떻게 해야 하느냐고 묻자 공자는 세 가지를 들어 답한다.

> "백성들 먹거리를 풍족하게 하고, 군사를 풍족하게 하며, 백성들이 위를 믿게 해야 한다."

일부에서는 '족식(足食), 족병(足兵), 민신지의(民信之矣)'를 세 가지의 열거로 보지 않고, '족식(足食), 족병(足兵)이면 민(民)이 신지의(信之矣)'라고 번역한다. 하지만 그렇게 될 경우 바로 다음에서 삼자(三者)라는 표현과 어긋난다. 그래서 족식(足食), 족병(足兵), 민신지의(民信之矣)를 각각 독립된 것으로 해석했다.

이 장은 자칫하면 먹거리와 군사는 내팽개쳐도 되고, 오직 백성들이 윗사람을 믿게 하면 나라는 존속될 수 있다는 식으로 오해될 수 있다. 또 실제로 그런 단편적인 풀이들이 시중에 많다. 그러나 그것은 전형적인 주희식 도(道) 만능주의에 입각한 풀이다. '자로 9'는 이 장을 제대로 읽어낼 수 있는 지침이다.

> 공자가 위나라에 갔을 때 염유가 수레를 몰았다. 공자가 말했다. "백성이 많구나!"
> 염유가 말했다. "이미 백성들이 많으면 또 무엇을 더해 주어야 합니까?"
> 말했다. "넉넉하게 해주어야 한다."
> 말했다. "이미 넉넉해졌다면 또 무엇을 더해 주어야 합니까?"
> 말했다. "가르쳐야 한다."

백성이 많다는 것은 곧 군사력이 강하다는 뜻이다. 이어서 백성을 먹이는 문제를 말하고, 연이어 가르침의 문제를 말한다. 당연히 백성들에게 도리를 가르쳐야 백성들은 윗사람들을 믿게 되고 그래야 나라가 제대로 설 수 있다. 공자에게 부국강병(富國强兵)이란 소홀히 할 문제가 아니라 오히려 도리가 살아 있는 나라를 위한 전제 조건이다. 정약용이 말했다.

"먹거리는 안을 채우는 것이고, 군사는 밖을 막는 것이니 모두 백성을 죽지 않게 하기 위한 것이다."

그러나 이는 필요조건이고 백성들이 믿음을 품는 것은 충분조건이다. 세 가지 모두 중요하다.

顔淵

8

○극자성이 말했다. "군자는 질(質)일 뿐이니, 어찌 문(文)이겠는가?" 자공이 말했다. "안타깝도다! 그대가 군자에 대해 말한 것이여! 네 마리 말로도 혀를 따라잡지 못한다. 문은 질과 같고 질은 문과 같아서 호랑이와 표범의 털 없는 가죽은 개와 양의 털 없는 가죽과 같은 것이다."

극─자─성 왈   군─자 질 이─이─의   하─이   문 위
棘子成曰 君子質而已矣 何以文爲

자─공 왈   석─호   부─자─지─설─군─자─야   사 불
子貢曰 惜乎 夫子之說君子也 駟不

─급─설
及舌

문 유 질 야   질 유 문 야   호─표─지─곽   유 견
文猶質也 質猶文也 虎豹之鞹 猶犬

─양─지─곽
羊之鞹

아주 흥미로운 글이다. 그리고 왜 이 장이 믿음[信]의 중요성을 강조한 '안연 7' 바로 다음에 놓이게 됐는지를 생각하면서 읽어야 한다.

먼저 극자성(棘子成)은 위(衛)나라 대부(大夫)이다. 그에 대해 더 전해지는 바는 없다. 다만 하는 말을 놓고 볼 때 무인이거나 성격이 담백하고 꾸미는 것을 체질적으로 싫어하는 사람으로 보인다. 그리고 공자가 아닌 제자 자공과의 대화임에 주목할 필요가 있다. 이런 경우는 십중팔구 바로 앞 장에 대한 보충이나 해설일 가능성이 높다. 극자성이 말한다.

"군자는 질(質)일 뿐이니 어찌 문(文)이겠는가?"

우리가 흔히 말하는 "내용이 중요하지 격식은 따져서 뭐하냐"는 식의 발언이다. 형식 따위는 겉치레에 불과하다는 뜻이다.

이에 같은 위나라 사람이며 '언어에 뛰어났던' 공자 제자 자공이 면박을 주듯이 답한다.

　"안타깝도다! 그대가 군자에 대해 말한 것이여[夫子之說君子也]! 네 마리 말로도 혀를 따라잡지 못한다."

부자지설(夫子之說)과 군자야(君子也)를 따로 보느냐 연결해서 보느냐에 따라 뜻이 크게 달라진다. 따로 뗄 경우 "그대의 말이 군자답다"가 되고, 연결할 경우 "그대가 군자에 대해 말한 것"이 된다. 뒤에 말조심하라는 경고가 따른다는 점에서 후자가 온당해 보인다.

사(駟)는 네 마리 말이 끄는 수레를 말한다. 그만큼 빠르다는 것인데, 이런 사마(四馬)도 혀가 내뱉는 말을 따라잡을 수 없으니 말 함부로 하지 말라는 뜻이다.

곽(鞹)은 생가죽, 즉 털 없는 가죽을 뜻한다. 우선 이어지는 자공 말을 들어보자.

　"문은 질과 같고 질은 문과 같아서 호랑이와 표범의 털 없는 가죽은 개와 양의 털 없는 가죽과 같은 것이다."

이에 대해서는 여러 해석이 있다. 전체적으로 극자성의 말이 잘못됐다고 지적하는 것으로 보기도 하고, 절반은 맞고 절반은 틀렸다고 지적한 것으로 보기도 하고, 전체적으로 공자의 뜻과 합치된다는 풀이도 있다. 나는 전체적으로 잘못됐다는 지적을 따른다.

우선 자공이 문과 질을 같다고 한 것은 설사 그 취지가 문질빈빈(文質彬彬)을 말하려 한 것이라 하더라도 제대로 된 말이 아니다. 문과 질은 같을 수가 없다. 이 점은 태재순(太宰純) 풀이가 명확하다.

　"대개 충신(忠信)이란 군자의 질이고, 예악(禮學)이란 군자의 문이다. 극자성이 '군자는 질(質)일 뿐이니, 어찌 문(文)이겠는가?'라고 한 것은 '군자는 충신일 뿐이니, 어찌 예악을 쓰겠는가?'라고 말한 것과 같다. 대체로 군자가 군자인 까닭은 문 때문이다. 만약 문을 버리고 질만 취한다면, 이는 장차 사람이 진실로 충신만 있으면 군자가 될 수 있음을 말하려는 것이다."

거친 옥돌인 박옥(璞玉)이 질이라면, 절차탁마(切磋琢磨)라는 문을 거쳐야 문질빈빈한 군자가 될 수 있다. 따라서 자공의 말은 지나쳤다.

다음으로 "호랑이와 표범의 털 없는 가죽은 개와 양의 털 없는 가죽과 같은 것이다"라고 한 부분이다. 가죽을 질로 볼 경우 털은 문이 된다. 호랑이나 표범을 개나 양과 구별하게 해주는 것은 따라서 문이 된다. 이런 취지로 충분히 말을 했다면 자공 말이 틀렸다고 할 수 없다. 그런데 그냥 이렇게만 말을 했다면 그것은 자공이 잘못했다고 볼 수밖에 없다. 이 점에서 주희 풀이를 따른다.

"극자성은 당시 폐단(꾸밈만을 숭상하는 풍조)을 바로잡는 데 있어 실로 지나쳤다는 점에서 잘못이고, 자공은 극자성의 폐단을 바로잡는 데 있어 본말(本末)과 경중(輕重)의 차이가 없었으니 둘 다 잘못한 것이다."

본말은 문질 문제이고, 경중은 털과 가죽 문제이다. 아마도 공자는 '안연 5' 자하 말에 이어 이 장에서 한 자공 말을 전해 들었다면 역시 이렇게 말했을지 모른다. '팔일 21'에서 재아에게 했던 말이다.

"이미 다 이루어진 일이라 아무 말 않겠으며, 제 마음대로 행한 일이라 간언(諫言)하지 않겠으며, 다 지나간 일이라 탓하지 않겠다."

그런데 왜 이 장이 백성의 신(信)을 강조했던 '안연 7' 바로 다음에 놓이게 된 것일까? 그것은 앞의 신(信)이 곧 문(文)이고, 병(兵)과 식(食)은 질(質)이기 때문이다. 그리고 '안연 7'의 신(信)은 '옹야 17'의 곧음[直]과 통한다.

공자가 말했다. "사람이 (사람답게) 살아가는 이치는 (교언영색이 아니라) 곧음[直]이니, 곧지 않게 살아가는 것은 요행스럽게 (환란이나 죽음을) 면한 것에 지나지 않는다"

여기서 곧음을 믿음으로 바꾸면 곧 그것은 '안연 7'이 말하고자 하는 바이다. 특히 곧음이나 믿음이 없다면, 그것은 살아도 살아 있는 것이 아니라고 하는 말이 인상적이다. 보다 중요한 것은 '옹야 17' 바로 앞에 문질빈빈(文質彬彬)을 강조하는 '옹야 16'이 나온다는 점이다. 옹야(雍也)편에서는 문질(文質)을 이야기한 다음 그 사례로서 '옹야 17'이 나왔다면, 안연(顔淵)편에서는 사례로서 백성의 믿음[信]을 이야기한 다음 '안연 8'에서 문질빈빈(文質彬彬)을 강조하는 내용이 나온다.

9

○애공이 유약에게 물었다. "올해는 기근으로 인해 재용이 부족하니 어떻게 해야 하는가?"

유약이 대답해 말했다. "어찌 철법(徹法)을 쓰지 않습니까?"

말했다. "십 분의 이도 나는 오히려 부족한데 어떻게 그런 철법을 쓰겠는가?"

말했다. "백성이 풍족하면 임금께서는 누구와 더불어 부족하실 것이고, 백성이 풍족하지 못하면 임금께서는 누구와 더불어 풍족하시겠습니까?"

哀公問於有若曰 年饑用不足 如之何

有若對曰 盍徹乎

曰 二 吾猶不足 如之何其徹也

對曰 百姓足 君孰與不足 百姓不足

君孰與足

유약(有若)은 공자 외모를 빼닮았다는 평을 들었던 유자(有子)다. 일반적으로 『논어』에서는 제자의 이름보다는 자(字)를 부르거나 극히 일부에서는 자(子)자를 붙이는데 여기서는 임금 앞에서 말하고 있기 때문에 이름을 썼다. 이것이 군전신명(君前臣名), 즉 임금 앞에서는 신하의 이름을 부른다는 것이다.

노나라 군주 애공이 공자 제자 유약에게 물었다. "올해는 기근으로 인해 재용이 부족하니 어떻게 해야 하는가?" 이에 유약이 답한다.

"어찌 철법(徹法)을 쓰지 않습니까?[盍徹乎]"

합(盍)은 덮다, 합하다는 뜻 외에 '어찌~하지 않느냐'는 의문 반어의 뜻이 있는데 여기서는 바로 그런 용법이다. 철(徹)은 통하다, 뚫다, 환하다, 밝다 등의 뜻이 있는데 주희는 통(通)과 균(均)으로 풀이한다. 그리고 철법(徹法)에 대해 다음과 같이 말한다.

"주(周)나라 제도는 한 가장이 토지 백이랑〈百畝-사방 6척을 1보(步)라 하고, 100보를 1무(畝)라 한다.〉을 받아서 도랑을 함께 이용하고 정(井-우물)을 함께 쓰는 사람과 더불어 노동력을 합작해서 이랑을 계산하여 균등하게 수확하니, 대체로 백성들은 10분의 9할을 얻고 나라[公]는 그 1할을 취한다. 그러므로 이것을 철(徹)이라고 일렀다."

그런데 노나라는 선공(宣公) 때로부터 수확한 곡식의 십 분의 이를 취했다.

이에 애공은 "(지금 거두고 있는) 십 분의 이도 나는 오히려 부족한데 어떻게 그런 철법을 쓰겠는가?"라고 말한다. 유약이 제언한 감세(減稅) 조치를 실행할 수 없다는 것이다. 여기서 우리는 '학이 5'를 떠올려 보아야 한다.

공자가 말했다. "(천자 나라인 만승지국은 물론이고 제후 나라인) 천승지국을 다스릴 때라도 주도면밀하게 일함으로써 (백성들에게) 믿음을 주고[敬事而信], (왕실) 재물을 아낌으로써 백성들을 사랑해야 하며[節用而愛人], 백성들을 (부역 등에) 부려야 할 경우에는 때에 맞춰서 해야 한다."

여기에는 백성에게 믿음을 주는 방법과 백성을 사랑하는 방법이 고스란히 들어 있다.

이에 유약은 군주답지 못한 군주 애공을 향해 정곡을 찌른다.

"백성이 풍족하면 임금께서는 누구와 더불어 부족하실 것이고, 백성이 풍족하지 못하면 임금께서는 누구와 더불어 풍족하시겠습니까?”

이는 '안연 7'에 나온 족식(足食)에 대한 일종의 사례라 할 수 있다. 그렇기 때문에 그 사이에 끼어 있는 '안연 8'도 같은 맥락에서 풀이했다.

정약용은 이 문제를 삼가(三家)와의 연관 속에서 풀어낸다.

“만약 철법을 시행한다면 삼가에서 징수하는 세(稅)는 모두 폐지되어 백성과 공실이 다 함께 풍족할 것이다. 다만 '백성이 풍족하면'이라고 말한 것은 삼가를 기피하여 그 말을 완곡하게 하고자 했기 때문이다. 공실과 백성이 모두 풍족하면 오직 삼가만 풍족하지 못할 것이다. 두 번이나 '누구와 더불어[孰與]'라고 말한 것은 애공이 삼가와 더불어 근심과 즐거움을 함께하고자 한 것을 풍자한 것이다.”

탁견(卓見)이다.

『설원』 7-12는 같은 취지인데 등장인물만 공자로 바뀐다.

노나라 애공이 공자에게 정치를 묻자 이렇게 대답했다. “정치란 백성을 부유하게 해주고 오래 살게 해주는 것에 달려 있습니다.”

애공이 말했다. “무슨 말인가?”

공자가 말했다. “세금을 엷게 하면 백성이 부유해지고, 일을 만들지 않으면 백성은 죄에서 멀어지니 죄에서 멀어지면 백성이 오래 살게 됩니다.”

공이 말했다. “이렇게 하면 과인이 가난해진다.”

공자가 말했다. “『시경』〔대아(大雅) 형작(泂酌)편〕에 이르기를 '점잖은 군자여, 백성의 부모이도다'라고 했으니, 그 아들이 부유한데 부모가 가난한 경우는 본 적이 없습니다.”

顔淵

10

○자장이 다움을 높이는 법과 혹(惑)을 가려내는 법을 물었다.

공자가 말했다. "진실됨과 믿음을 제일의 원칙으로 삼고 마땅함으로 (자기를) 옮겨가는 것이 다움을 높이는 법이다. 누군가를 사랑한다고 해서 (이미 죽은) 그 사람을 살리려 하고, 미워한다고 해서 (버젓이 살아 있는) 그 사람을 죽이려 하는 것, 그리고 이미 (마음속으로) 그를 살리려 하고 또 죽이려 하는 것, 이것이 바로 혹이다. (이렇게 하면 다움이) 진실로 풍부해지지도 못하고 실로 다만 기이해질 뿐이다."

子張問崇德辨惑

子曰 主忠信 徙義 崇德也

愛之欲其生 惡之欲其死 旣欲其生

又欲其死 是惑也

誠不以富 亦祇以異

자장이 던진 질문은 두 가지다. 하나는 다움[德]을 높이는 방법이고, 또 하나는 혹(惑)을 분별하는 방법이다. 둘 다 정(政)과 관련된 질문이다. 우리는 앞에서 '군주답지 못한 군주', 애공(哀公) 사례를 살펴보았다. 이는 군주의 군주다움을 갖추지 못한 애공에 대한 비판이었다.

첫 번째로 다움(德)을 높이는 방법에 대해 공자는 "진실됨과 믿음을 제일의 원칙으로 삼고 마땅함으로 (자기를) 옮겨가는 것이 다움을 높이는 법이다"라고 답했다. 앞서 우리는 다움을 만들어 가는 방법[爲德]에 숭덕(崇德)과 수덕(修德) 두 가지가 있음을 살펴본 바 있다. 숭덕과 관련해서는 앞으로 나올 '안연 21'에서 번지의 물음에 공자는 이렇게 답한다. "일을 먼저 하고 이득은 뒤로하는 것이 다움을 높이는 것 아니겠는가?" 이때 일이란 공사(公事)이고, 이득이란 사익(私益)이다. 사에서 공으로 나아가라는 말이다.

두 번째로 혹(惑)을 분별해내는 방법과 관련해 공자는 이렇게 말한다. "누군가를 사랑한다고 해서 (이미 죽은) 그 사람을 살리려 하고, 미워한다고 해서 (버젓이 살아 있는) 그 사람을 죽이려 하는 것, 그리고 이미 (마음속으로) 그를 살리려 하고 또 죽이려 하는 것, 이것이 바로 혹이다."

이에 대해서는 주희 풀이가 명확하다.

"사랑과 미움은 사람이라면 자연스럽게 갖는 정[人之常情]이다. 그러나 사람의 생과 사는 천명(天命)에 달려 있어 바란다고 될 수 있는 것이 아니다. 사랑한다고 (죽은 것을) 살리고 싶어 하고, 미워한다고 (살아 있는 것이) 죽기를 바란다면 그것은 혹(惑)이다."

애오(愛惡)는 인간사에 속하는 반면 생사(生死)는 인간사 너머에 있는데, 그것을 혼동하니 그래서 혹(惑)이다. 반대로 불혹(不惑)이란 이 경계선을 혼동하지 않는 것이다.

문제는 다음 구절이다.

"진실로 풍부해지지도[富] 못하고 실로 다만 기이해질 뿐이다."

일반적으로 부(富)를 부유해진다고 번역하는데 그렇게 하면 전혀 생뚱맞은 맥락이 된다. 부(富)에는 부자, 부유하다 외에 왕성하다, 풍성하다, 세차다, 행복 등의 뜻도 있다. 여기서는 '왕성하다' '풍성하다' 등에서 의미를 취해야 한다.

그런데 정이천은 부(富)를 부유하다고 해석했는지, 이 문맥에는 맞지 않는 잘못된 구절이라고 보고, '계씨 12'에 있는 '제경공유마천사(齊景公有馬千駟)'의 위에 있어야 옳다고 보았다. 그러나 우리는 정이천의 이런 지적은 틀렸다고 보고, 부(富)를 '풍부하다'는 뜻으로 옮긴다. 그래야 앞뒤

문맥도 자연스럽다. 참고로 이 말은 원래 『시경』 소아(小雅) 아행기야(我
行其野)편 제3장 일부다.

> "내가 그 들판을 가니 그 무를 캐노라. 옛 혼인을 생각지 아니하고 네
> 새 짝을 구함은 진실로 풍부해지지도 못하고 실로 다만 기이해질 뿐
> 이다."

본래의 충신함을 잊고서 다움을 잃었다는 말이다. 그러면 여기서 풍
부해지다나 왕성하다는 것을 좀 더 보충할 필요가 있다. 무엇이 왕성해진
다는 것인가? '다움이 왕성해진다'는 것이다. 바로 다음 장에서 보게 되
는 임금이 임금다워지는 것[君君], 그것은 다름 아닌 임금의 임금다움이
왕성해지는 것이다. 결국 이 구절의 맥락을 앞으로 보게 될 군군(君君)과
연결 지어 해석할 경우 이런 뜻이 된다. 만일 임금이 어딘가에 미혹될 경
우 임금다운 임금이 되지 못하고 엉뚱한 데 빠져들게 된다는 것이다.

顔淵

11

○제나라 경공이 공자에게 정치에 관해 묻자 공자는 이렇게 대답한다.
"임금은 임금다워야 하고, 신하는 신하다워야 하며, 아버지는 아버지
다워야 하고, 자식은 자식다워야 합니다."
공이 말했다. "좋도다! 진실로 임금이 임금답지 못하고, 신하가 신하
답지 못하고, 아버지가 아버지답지 못하고, 자식이 자식답지 못하다
면 설사 곡식이 (많이) 있다 한들 내가 그것을 먹을 수 있겠는가?"

제-경-공　문-정　어　공-자
齊景公問政於孔子

공-자　대-왈　군-군-신-신　부-부-자-자
孔子對曰 君君臣臣父父子子

공　왈　선-재　신　여　군　불-군　신　불-신　부　불
公曰 善哉 信如君不君 臣不臣 父不

-부　자　부-자　수-유　속　오　득-이　식-제
父 子不子 雖有粟 吾得而食諸

이미 예상했겠지만 이제 다움[德]의 문맥이 절정에 이른다. 앞서 언급했
던 도리[道]를 만난다. 그것은 곧 어짊의 문맥이기도 하다. 제나라 경공(景
公)은 이름이 저구(杵臼)인데 저(杵)는 절구공이, 구(臼)는 절구통이다. 특
이한 이름이다. 노나라 소공 말년에 공자가 제나라를 찾았을 때 그 나라
군주였다. 공자 명성을 전해 들어 알고 있던 경공이 공자에게 정치에 관해
묻자[問政] 공자는 이렇게 대답한다.

　　"군군신신 부부자자(君君臣臣父父子子)."

　　"임금은 임금다워야 하고, 신하는 신하다워야 하며, 아버지는 아버지
다워야 하고, 자식은 자식다워야 한다." 임금, 신하, 아버지, 아들이 각자
자신에게 주어진 다움을 최대한 높이도록 하는 것[崇德]이야말로 선정(善
政)이라는 것이다. 물론 이 말은 어찌 보면 지당한 말이지만, 특히 경공에

게는 절실한 경계의 말이 될 수밖에 없었다. 공자가 정치하는 근본에 대해 하필이면 이렇게 말한 배경에 대해 주희는 다음과 같이 풀이했다.

> "이때 경공이 정권을 잃어서 대부 진씨(陳氏)가 온 나라 백성들에게 은혜를 베풀었으며, 경공이 또 궁중 안에 총애하는 여자가 많아 태자를 세우지 않아서 군신(君臣)간에 그리고 부자(父子)간에 그 도리를 모두 잃었다. 그래서 공자께서 이렇게 말씀해주신 것이다."

이 중에 "진씨가 온 나라 백성들에게 은혜를 베풀었다"는 대목은 백성들에게 곡식을 방출할 때에는 말[斗]을 고봉으로 재서 주고 돌려받을 때는 평말로 받았음을 말한다. 한마디로 포퓰리즘, 즉 인기 전술을 썼다는 것이다. 그로 인해 실제로 제나라 정권은 진씨에게 넘어간다.

이 말을 들은 경공은 이렇게 말한다.

> "좋도다! 진실로 임금이 임금답지 못하고, 신하가 신하답지 못하고, 아버지가 아버지답지 못하고, 자식이 자식답지 못하다면 설사 곡식이 (많이) 있다 한들 내가 그것을 먹을 수 있겠는가?"

문제는 경공에게 군주의 군주다움[君德]을 되찾으려는 의지가 있었는가 하는 점이다. 없었다. 어쩌면 공자가 하는 말의 깊은 뜻을 알아차리지 못했을 수도 있다. 주희 풀이다.

> "그 뒤에 실제로 후계자를 정하지 못함으로 인하여 진씨가 임금을 시해하고 나라를 찬탈하는 화(禍)를 열어놓았다."

이 장은 '안연 17' 및 '자로 3'과 바로 연결된다.

계강자가 공자에게 정치에 관해 묻자 공자가 대답해 말했다. "정치란 바로잡는 것[正]입니다. 대부께서 바름으로 이끄신다면 누가 감히 바르지 않을 수 있겠습니까?"('안연 17')

자로가 말했다. "위나라 군주가 스승님을 기다려 정치를 맡기려 하니 스승님께서는 장차 무엇을 먼저 하시렵니까?"

공자가 말했다. "반드시 이름부터 바로잡겠다."

자로가 말했다. "이러하시다니! 스승님의 우활하심이여! (그렇게 해서야) 어떻게 (정치를) 바로잡으시겠습니까?"

공자는 말했다. "한심하구나, 유(由-자로)야! 군자는 자기가 알지 못하는 것은 비워두고서 말을 하지 않는 법이다. 이름이 바르지 못하면 말이 순하지 못하고, 말이 순하지 못하면 일이 이루어지지 못하고, 일이 이루어지지 못하면 예악이 흥하지 못하고, 예악이 흥하지 못하면 형벌이 알맞지 못하고, 형벌이 알맞지 못하면 백성들이 손발을 둘 곳이 없게 된다. 그래서 군자가 이름을 붙이면 반드시 말할 수 있고, 말할 수 있으면 반드시 행할 수 있는 것이니 군자는 그 말에 있어 구차함이 없을 뿐이다."('자로 3')

'안연 17'은 정치를 '바로잡는 것'으로 보았고, '자로 3'은 정치를 '이름을 바로잡는 것'으로 정의했다. 특히 '자로 3'은 형이상에서 형이중으로 가는 전형이다. 정(正)은 곧 불혹(不惑)과도 연결된다.

『설원』6-27은 이 장에 대한 보충이 된다.

초나라 사람이 정나라 영공에게 큰 자라를 바쳤는데, 공자 가(家)가 공자 송(宋)이 식지(食指-집게손가락)를 움직이는 것을 보았다. 공자 송이 가에게 말했다. "내 손가락이 이렇게 움직일 때면 반드시 맛난 음식을 먹게 된다"

영공이 대부들과 자라 요리를 먹을 때 공자 송을 불러 놓고는 자라 요리를 주지 않았다. 공자 송이 화가 나서 솥에 손가락을 넣어 맛을 본 다음에 나가자 공이 노하여 그를 죽이려 했다. 공자 송과 가가 선수를 쳐서 영공을 죽였다.

(공자 제자) 자하가 말했다. "『춘추』란 임금이 임금답지 못하고, 신하가 신하답지 못하고, 아비가 아비답지 못하고, 자식이 자식답지 못한 것을 기록한 것이다. 이는 하루아침에 일어나는 일이 아니라 점점 자라나 그런 지경에 이르는 것이다"

12

○공자가 말했다. "한마디 말로 옥사를 판결할 수 있는 자는 아마도 유
(由-자로)일 것이다. 자로는 남에게 승낙한 것을 묵혀두는 일이 없었
다."

子曰 片言可以折獄者 其由也與
子路無宿諾

편언(片言)은 '짤막한 말 한마디'라는 뜻이다. 절(折)은 꺾다, 쪼개다, 자
르다 등의 뜻인데 여기서는 '결단하다[決]'로 풀이한다. 절옥(折獄)이란
옥사나 소송을 처결한다는 뜻이다. 기(其)~여(與)는 추측이나 추정의 의
미를 담아 '아마도 ~일 것이다'라는 뜻이다.

옥사(獄事)나 송사(訟事)는 아무래도 관련 당사자들의 입장이 엇갈리
기 때문에 양쪽이 모두 흡족할 만한 판결을 내리기가 쉽지 않다. 그래서
어떤 결정을 내리건 그것은 지루할 정도로 길어지기 마련이다. 그런데 한
마디도 안 되는 말로 판결을 내려도 사람들이 믿고 따르게 할 수 있는 인
물로 공자는 제자 자로를 지목한다.

공자는 자로를 이처럼 높이 평가하는 이유에 대해 "남에게 승낙한 것
을 묵혀두는 일이 없었다"고 말한다. 용자(勇者) 자로 말에는 그만큼 강한
믿음을 주는 힘이 있었다는 뜻이다. 이 또한 신(信)의 맥락이다. 신(信), 불
혹(不惑), 정(正)은 다 같은 문맥을 형성한다.

정(政)에 대해 이야기하다가 갑자기 송사니 믿음[信]이니 하는 문제
가 튀어나온 이유는 바로 다음 장에서 알 수 있다. 일단 이 장은 자로의 충
신(忠信)함에 대한 칭찬이지만 바로 다음 장을 보면 꼭 그렇지만은 않다는
것을 보게 된다.

顔淵

13

○공자가 말했다. "송사를 듣고서 판결하는 일이야 내가 남과 다를 바 없을 것이다. 단연코 나는 송사가 애초부터 일어나지 않게 하겠다."

子曰 聽訟 吾猶人也 必也使無訟乎
자─왈 청─송 오 유 인 야 필─야 사─무─송─호

이 구절은 사실 바로 앞에 붙여도 상관없을 만큼 곧장 이어지는 내용을 담고 있다. 그것이 『논어』 편찬자 의도일 것이다.

공자는 송사를 듣고서 결단을 내리는 일은 자신이 한다 해도 (자로나 그 밖의 뛰어난) 다른 사람들과 크게 다르지 않겠지만, 정작 자기 관심은 형벌 차원에서 송사 처결을 잘하는 것보다는 반드시 송사가 처음부터 생겨나지 않도록[使無訟] 하는 데 있다고 말한다. 송사가 일어나는 뿌리부터 없애는데 자신의 관심이 있다는 것이다. 그것은 바로 정치 문제다. 바른 정치가 이루어진다면 불필요한 송사는 절로 없어질 수 있다는 것이다. '안연 12, 13'이 합쳐져서 다시 정(政)은 정(正), 그리고 정명(正名) 문제에 연결되고 있다.

또한 『주역』 송(訟)괘(☰)에 대한 공자 풀이, 대상전(大象傳)에도 '사무송'이 잘 드러난다.

"하늘과 물이 (서로 반대 방향으로) 어긋나게 가는 것이 송(訟)(이 드러난 모습)이니, 군자는 그것을 갖고서 일을 시작하되 그 처음을 (신중하게 잘) 도모한다."

정이천은 "무릇 일을 할 때는 반드시 그 처음을 잘 도모해 분쟁의 발단을 일의 시초에서 끊어버리면 쟁송이 그로 말미암아 생겨날 수가 없다"라고 했다. 왕필은 "송사를 없도록 하는 것은 모시(謀始)에 달려 있으며 모시는 제도를 잘 만드는 데에 달려 있다"라고 말했다.

『설원』 7-11은 공자가 말한 사무송(使無訟)을 보다 상세하게 풀어내고 있다. 이는 뒤에 나오는 '안연 19'에 대한 보충 풀이도 겸하고 있다.

노나라에서 아버지와 아들 간에 송사가 있었는데 강자(康子)가 말했다. "그들을 죽여야 한다."

공자가 말했다. "아직 죽여서는 안 됩니다. 무릇 백성들이 자식과 아버지 사이에 소송하는 것이 좋지 못하다는 것을 알지 못한 지가 오래되었으니 이는 윗사람 허물입니다. 윗사람에게 도리가 있었다면 이런 사람들은 없었을 것입니다."

강자가 말했다. "무릇 백성을 다스리는 일은 효도를 근본으로 삼는 것인데, 지금 한 사람을 죽여 불효를 없애버린다면 진실로 옳지 않겠소?"

공자가 말했다. "가르치지 않고서 주살한다면 이는 죄 없는 사람을 학살하는 것입니다. 삼군이 대패했다고 해서 그들을 다 주살할 수 없고, 옥송이 잘못되었다고 해서 판관을 형벌할 수 없는 것입니다. 윗사람이 가르침을 베풀면서 자신이 먼저 그 가르침을 따른다면 백성들은 바람에 풀이 쓰러지듯이 따를 것입니다. (윗사람이) 몸소 행하는데도 백성들이 따르지 않거든 그것을 기다려 형벌을 쓴다면 백성들은 자기 죄를 스스로 알게 될 것입니다. 무릇 한 길 되는 담을 백성들은 넘지 못하지만, 백 길 되는 산이라도 어린아이가 올라가서 노는 것은 그 경사가 완만하기 때문입니다. 지금은 이 같은 어짊과 마땅함이 쇠퇴한 지가 오래되었으니 능히 백성들에게 넘지 말라고 할 수 있겠습니까! 『시경』〔소아(小雅) 절남산(節南山)편〕에 이르기를 '백성들이 미혹되지 않게 해야 하리라'라고 했으니, 옛날에 군자는 자기 백성들을 잘 이끌어 미혹되지 않게 했습니다. 이 때문에 위엄이 있어도 드러내지 않았고 형벌은 내버려 두고 쓰지 않았습니다."

이에 소송하는 자들이 이 말을 듣고는 마침내 소송하지 않겠다고 청했다.

세종의 훈민정음 창제에도 사무송(使無訟) 정신을 엿볼 수 있다. 세종 10년(1428년) 9월 27일 경상도 진주에서 김화(金禾)라는 자가 아버지를 죽이는 일이 벌어지자 보고를 받은 세종은 그 자리에서 "내가 임금답지 못해서 일어난 일"이라고 자책했다.

같은 해 10월 3일 경연에서 신하들을 불러 교화를 돈독하게 하는 방안을 토의하게 했다. 이에 변계량이 『효행록』 등 서적을 반포해 일반 백성들도 널리 읽어 알게 해야 할 것이라고 말했다.

이에 세종은 "전에 편찬한 24인의 효행에다가 또 20여인의 효행을 더 넣고, 전조(前朝-고려)와 삼국시대(三國時代) 사람 중에서 효행이 특이 (特異)한 자도 모두 수집하여 한 책을 편찬해 이루도록 하되, 집현전(集賢殿)에서 이를 주관하라"고 명했다.

이렇게 해서 4년 후인 세종 14년(1432년) 6월 9일 집현전에서 『삼강행실』이라는 책을 편찬해 올린다. 그리고 얼마 후에는 그림을 덧붙여 『삼강행실도』를 발간한다. 그러나 그림만으로 확산 속도에 한계가 있음을 파악한 세종은 그때부터 10년에 걸쳐 '언문(諺文) 창제'에 들어간다. 훈민정음 창제 직후 최만리 등과 논쟁이 일어나자 세종은 이렇게 말한다.

"내가 만일 언문으로 『삼강행실』을 번역해 민간에 반포하면 어리석은 남녀가 모두 쉽게 깨달아서 충신 효자 열녀가 반드시 떼를 지어 나올 것이다."

세종이 훈민정음을 창제해야 하겠다고 생각한 것은 바로 법치(法治)가 아닌 덕치(德治)로 나아가기 위한 결단이었다. 사무송 정신이었다.

『세종실록』 세종 25년(1443년) 12월 30일 언문 28자를 창제했음을 전하고 명칭을 '훈민정음'이라 했다고 밝히고 있다. 그리고 3년 후인 세종 28년(1446년) 9월 29일 공식적으로 창제를 선포했다. 같은 날 실록은 어제(御製)와 정인지 서문을 싣고 있다.

그런데 어제에서 말한 "어리석은 백성들이 말하고자 하는 바[所欲言]가 있어도 끝내 제 뜻을 제대로 표현하지 못하는 사람이 많다"에 담긴 깊은 뜻을 우리는 간과해왔다. "말하고자 하는 바"란 단순한 표현 욕구를 말한 것이 아니다. 이에 대해 정인지는 다음과 같이 말하고 있다.

"중국과 언어가 달라 옥사를 다스리는 사람은 그 곡절(曲折)을 통하기가 어려워 괴로워했다."

비단 옥사를 다스리는 사람뿐이겠는가? 소송 당사자들 또한 한문, 그중에서도 법률 행정 전문 용어인 이문(吏文)으로는 자신들의 억울함을 온전하게 표현하기란 거의 불가능했을 것이다. 그것이 바로 세종이 말한 소욕언(所欲言)을 제대로 전달할 수 없는 고통이었다. 세종은 백성 입장에서 말하고 있고, 정인지는 옥사를 다스리는 관리 입장에서 말하고 있을 뿐 공통 주제는 바로 송사(訟事)이다. 세종은 공자, 정인지는 자로 입장이었던 셈이다.

김화 사건부터 훈민정음 반포에 이르기까지 세종 생각을 정리하면 이렇게 된다. 김화 살부(殺父) 사건을 보고받는 순간 재위 10년을 맞고 있던 세종은 자신의 임금답지 못함[否德]이 이런 충격적 사건을 가져왔다고 진심으로 생각했다. 그래서 그는 법률 차원의 해법이 아니라 교화 차원의 해법을 모색했다. 그것이 『삼강행실』과 『삼강행실도』 발간 사업이었다. 그러나 백성들이 대부분 문맹인 상황에서 도서와 그림을 통한 교화 사업은 더딜 수밖에 없었고, 이에 세종은 언문 창제를 결심한다.

그리고 세종은 한 걸음 더 나아가 기존 관리들이 쓰는 용어를 훈민정음으로 바꾸려는 첫 조처를 취한다. 세종 28년 12월 26일 세종은 이조에 뜻을 전해 "앞으로는 이과(吏科)와 이전(吏典)의 관리를 뽑을 때 훈민정음도 아울러 시험해 뽑도록 하라"고 명했다. 시간이 충분했다면 세종은 당시 육전(六典)을 비롯한 주요 법전들을 훈민정음으로 번역했을 것이다. 마침 새 문자 이름도 정음(正音)이다.

顔
淵

14

○자장이 정치에 관해 묻자 공자가 말했다. "(임금이) 정치하는 자리에 머물 때 게을리하지 말고 (신하가) 일을 할 때는 충(忠)으로 해야 한다."

子張問政

子曰 居之無倦 行之以忠

왕숙(王肅)은 이를 "정치하는 도리는 정사하는 자리에 몸이 있을 때는 게을리할 수 없고"라고 했는데, 이에 대해 정약용은 "이해할 수 없다"고 했다. 그러나 정약용이 왜 그렇게 말했는지를 오히려 이해할 수 없다.

『시경』대아(大雅) 가락(假樂=嘉樂)편 제4장 구절을 보자.

"자리에 게을리하지 않아[不解=不懈=無倦] 백성들이 편히 쉬리라."

이를 보면 정치를 물었는데 거지(居之)라고 했으니, 지(之)는 '정치하는 자리'일 수밖에 없다. '자로 1'을 먼저 살펴보자.

자로가 정치에 관해 묻자 공자가 말했다. "앞장서야 하고 (백성들을) 위로해야 한다."

더 말해줄 것을 청하자 말했다. "게을리해서는 안 된다."

무일(無逸), 시종일관 게을러지지 않는 마음은 바로 굳셈[剛], 즉 한결같음[一]이다. 원래 무일은 주나라 때 주공(周公)이 섭정을 하다가 마치고 나서 조카인 성왕(成王)에게 전권을 넘겨주면서 경계해야 할 딱 한마디로 "게을러서는 안 된다[無逸]"는 뜻을 담아 쓴 글의 제목이다. 단순히 부지런하라는 말이 아님을 염두에 두어야 한다.

행지이충(行之以忠)에서 행(行)은 행사(行事)이니 신하에게 해당한다. 그런데 왕숙은 군신(君臣) 구별을 않고 이를 풀이하다 보니 "백성에게 행할 때는 반드시 충성스럽고 신실하게[忠信] 해야 함을 말한 것이다"라고 풀었는데 이것이야말로 이해할 수 없다.

이를 풀어내는 실마리는 이미 '학이 4'에서 살펴본 바 있다. 증자의 말이다.

> "남을 위해 일을 도모함에 있어 나를 위해 내 마음을 다하듯이 하지 못한 것은 아닌가?"

이때 남이란 임금이며 "나를 위해 내 마음을 다하듯이"가 바로 충(忠)이다.

顔
淵

15

○공자가 말했다. "문(文)을 널리 배우고 그것을 일의 이치로 다잡는다면 실로 도리를 어기는 일은 없을 것이다."

자―왈 　박―학 　어―문 　　약―지 　이―레 　　역 가―이 　불
子曰 博學於文 約之以禮 亦可以弗
―반 의―부
畔矣夫

이 말은 '옹야 25'에서 나온 바 있다. 여기서는 군자(君子)라는 부분만 빠져 있다. 그때나 지금이나 맥락은 크게 다르지 않다. '옹야 23'에서도 공자는 "고(觚)가 모나지 않으면 고이겠는가, 고이겠는가!"라고 말했다. 즉 군자가 군자다우려면 문을 널리 배우고 그것을 일의 이치로 다잡아야 한다는 말이다.

'안연 11'에서 우리는 바로 '군군신신 부부자자(君君臣臣父父子子)'를 다룬 바 있다. 사실상 이 장은 같은 맥락에서 나온 것이다. 임금도 임금다워지려면, 즉 임금의 임금다움을 키우려면 문(文)을 널리 배우고 그것을 예(禮)로써 다잡아야 하고, 신하도 신하다워지려면 똑같이 해야 한다. 그래야 임금의 도리, 신하의 도리를 제대로 할 수 있다는 말이다.

임금이 임금다워지고 신하가 신하다워지는 것이 신하를 제대로 사랑하고 임금을 제대로 사랑하는 것이라는 점에서 어짊[仁]의 문맥이다.

顔
淵

16

○공자가 말했다. "군자는 남의 아름다움을 이루어주고 남의 나쁨은 이
루어주지 않는다. 소인은 이와 반대이다."

^{자-왈} ^{군-자} ^성 ^{인-지-미} ^{불-성} ^{인-지-악}
子曰 君子 成人之美 不成人之惡
^{소-인} ^{반-시}
小人 反是

우선 뜻부터 풀자면 군자(君子)는 남의 좋은 점[人之美^{인-지-미}]은 이루어주고 남
의 나쁜 점[人之惡^{인-지-악}]은 이루어주지 않는데, 소인(小人)은 이와 정반대로 한
다는 것이다.

이 말은 임금과 신하 모두에게 해당한다. 신하 입장에서는 간언(諫言)
하는 문제이고, 임금 입장에서는 인물을 뽑아 쓰는 문제이다. 즉 임금이
거직조제왕(擧直錯諸枉)하면 남의 좋은 점을 이루어주는 군자다운 임금이
고, 반대로 하면 남의 나쁜 점을 이루어주는 소인 같은 임금이 된다. 또 신
하가 임금의 잘못을 보고서도 간언하지 않으면 소인 같은 신하가 된다. 이
런 점에서 이루어주다[成^성]는 곧 넓혀주고 다잡아 주는 것[博約^{박-약}]과 뜻이 통
한다.

『설원』16-89는 "남의 아름다움을 이루어주고 남의 나쁨은 이루어
주지 않는다"는 대목을 이렇게 풀어내고 있다.

"남의 좋은 점을 말하는 것은 머릿기름보다 윤택하고, 남의 나쁜 점
을 말하는 것은 창으로 찌르는 것보다 아프다."

16-125도 이에 대한 지침 역할을 한다.

"좋은 일을 말할 때는 자기에게 미치지 말고, 나쁜 일을 말할 때는 남
에게 미치지 말라."

顏淵

17

○계강자가 공자에게 정치에 관해 묻자 공자가 대답해 말했다. "정치란 바로잡는 것입니다. 대부께서 바름으로 이끄신다면 누가 감히 바르지 않을 수 있겠습니까?"

계-강-자 문-정 어 공-자
季康子問政於孔子
공-자 대-왈 정 자 정-야 자 솔 이-정 숙-감
孔子對曰 政者 正也 子帥以正 孰敢
부-정
不正

여기서부터 계강자가 질문자로 연속해서 나온다. 계강자가 정치에 관해 묻자 공자는 간단하게 "정치란 바로잡는 것"이라고 답한다. 그리고 이어서 "대부께서 바름으로 이끄신다면 누가 감히 바르지 않을 수 있겠습니까?"라고 덧붙인다.

여기서 우리는 어떻게 하는 것이 바로잡는 것인가라는 질문을 던지지 않을 수 없다. 이에 관해 주관적으로 이런저런 해석을 할 필요가 없다. 바로 앞에서 그 해답을 보았기 때문이다. 바른 정치, 바로잡는 정치란 "남의 아름다움을 이루어주고 남의 나쁨은 이루어주지 않는 것"이다. 그것은 곧 스스로를 바르게 하고 다음을 높여 바르게 통치하는 것이다.

참고로 역사적 맥락을 알기 위해 호인 풀이를 인용한다.

"노나라는 중엽 때부터 정사가 대부에게서 나오니, 가신들이 나쁜 버릇을 본받아서 읍을 점거하고 배반하여 바르지 못함이 심하였다. 그러므로 공자께서 이것으로서 말씀해주신 것이니, 계강자가 바름으로 스스로를 극복하여 삼가(三家)의 옛 버릇을 고치게 하고자 하신 것이었다. 애석하다, 계강자가 이욕(利慾)에 빠져서 그렇게 하지 못함이여!"

顔淵

18

○계강자가 도적이 많은 것을 걱정해 공자에게 묻자 공자가 대답해 말했
　다. "진실로 대부께서 욕심을 부리지 않으신다면 비록 상을 주면서 도
　적질을 하라고 해도 도적질을 하지 않을 것입니다."

_{계-강-자} _{환-도} _{문-어} _{공-자}
季康子患盜 問於孔子
_{공-자} _{대-왈} _구 _자 _지 _{불-욕} _수 _{상-지} _{부-절}
孔子對曰 苟子之不欲 雖賞之不竊

불욕(不欲)을 정약용은 "백성들의 도적이 되려고 하지 않는다면"이라고
풀었는데 조금 지나치다. 그냥 "욕심을 부리지 않는다면" 정도로 옮겨도
무난하다.

　　공자 대답이 짧고 단호하다. 마치 춘추필법을 보는 듯하다. 삼가(三
家)가 임금 자리를 강탈한 데 대한 공자의 분노가 이런 식으로 표출되지
않았을까? 이에 대해서도 호인 풀이가 도움된다.

　　"계씨는 정권을 도둑질하고 계강자는 적자(嫡子)의 자리를 빼앗았으
　니, 백성들이 도둑질하는 것은 진실로 당연한 것이다. 어찌 그 근본을
　돌이키지 않는가? 공자께서 탐욕을 부리지 말라는 말씀으로 계도해
　주셨으니 그 뜻이 깊다."

顔
淵

19

○계강자가 공자에게 정치에 관해 물어보면서 말했다. "만약에 무도한
자를 죽여 백성들을 도리가 있는 데로 나아가게 한다면 어떻습니까?"
공자가 대답해 말했다. "대부께서는 정치를 하면서 어찌 죽임을 쓰십
니까? 대부께서 선하고자 하면 백성들은 선해질 것입니다. 군자의 다
움은 바람이요, 소인의 다움은 풀이어서 풀 위에 바람이 불면 반드시
(그 방향으로) 쓰러집니다."

계－강－자　　문－정　어　공－자　왈　　여　살　무－도　　이
季康子問政於孔子曰 如殺無道 以
－취　유－도　　하－여
就有道 何如
공－자　　대－왈　　자　위－정　　언－용　살　자　욕－선　이
孔子對曰 子爲政 焉用殺 子欲善而
민　선－의
民善矣
군－자－지－덕　　풍　　소－인－지－덕　　초　　초－상　지　풍
君子之德風 小人之德草 草上之風
필－언
必偃

계강자가 또 정치에 관해 물었다. 그런데 앞에서와 달리 보다 구체적인 방
법을 거론하며 묻는다.

"만약에 무도한 자를 죽여 백성들을 도리가 있는 데로 나아가게 한다
면 어떻습니까?"

『논어』 어법으로 이 질문을 정리하자면 "나라를 무도한 데로 이끌
려는 자를 죽여서 나라에 도리가 있도록 하는 정치를 어떻게 생각하십니
까?"로 바꿀 수 있다. '방유도(邦有道)/방무도(邦無道)' 이분법을 적용한

질문의 변형이다.

이 말을 듣는 순간 공자는 깜짝 놀랐을 것이다. 아니 어쩌면 깜짝 놀란 듯한 표정을 지어 보였을 것이다. 어찌[焉]라는 말에 그런 뉘앙스가 고스란히 들어 있다. 공자는 말한다.

"대부께서는 정치를 하면서 어찌 죽임을 쓰십니까? 대부께서 선하고자 하면 백성들은 선해질 것입니다. 군자의 다움은 바람이요, 소인의 다움은 풀이어서 풀 위에 바람이 불면 반드시 (그 방향으로) 쓰러집니다."

여기서 군자와 소인은 각각 치자(治者)와 백성 관계에 가깝다. 언(偃)은 '쓰러지다' '넘어지다' '드리워지다' 등의 뜻을 갖고 있다.

여기서 공자가 하고자 하는 말은 군자의 다움은 바람과도 같아서 적당히 불어주면 백성들이 그로 인해 제대로 커가겠지만[養民], 죽임과 같은 거센 폭풍으로 몰아붙이면 백성들은 모두 쓰러져 넘어지게 된다는 것이다. 다시 한번 '안연 16'을 떠올리지 않을 수 없다.

"군자는 남의 아름다움을 이루어주고 남의 나쁨은 이루어주지 않는다. 소인은 이와 반대이다."

그리고 자연스럽게 '안연 18'에 대해 보충 풀이를 하고 있다. 한편 윤돈의 말이 흥미롭다.

"몸으로써 백성을 가르치는 자는 백성들이 따르고, 말로써 가르치는 자는 백성들이 다투니 하물며 죽임으로 다스리려 함에랴!"

『설원』1-4는 고스란히 이 장에 대한 보충 풀이가 된다.

(춘추 시대) 진(陳)나라 영공은 일을 하는 데 편벽되고 말에도 잘못이 있었다. (대부) 설야(泄冶)가 말했다. "진나라는 아마도 망하리라! 내가 서둘러 임금에게 간언했으나 임금은 내 말을 듣지 않고 오히려 위엄과 거동에서 잘못이 더 심했다. 무릇 위가 아래를 교화시킴은 마치 바람이 풀을 쓰러뜨리는 것[靡=偃]과 같아서, 동쪽에서 바람이 불어오면 풀은 쓰러져 서쪽을 향하고 서쪽에서 바람이 불어오면 풀은 쓰

러져 동쪽을 향하니, 바람이 어디서 불어오느냐에 따라 풀은 그쪽으로 쓰러진다. 이 때문에 임금은 일을 행할 때 조심하지 않으면 안 된다. 무릇 굽은 나무를 심어놓고 어찌 곧은 그림자를 얻을 수 있겠는가? 임금이 그 행동이나 일처리를 곧게 하지 않고 그 말을 삼가지 않는다면, 능히 제왕이라는 칭호를 보존해 빛나고 아름다운 이름을 (후세에) 드리울 수가 없다.

『주역』〔계사전(繫辭傳)〕에 이르기를 '군자가 자기 집에 머물며 그 말을 내는 바가 좋으면 천 리 밖에서도 그것에 호응하는데, 하물며 가까이에 있는 사람임에랴. (반대로) 자기 집에 머물며 그 말을 내는 바가 좋지 못하면 천 리 밖에서도 멀어져가는데, 하물며 가까이에 있는 사람임에랴. (다스리는 자의) 말은 (자기 한) 몸에서 나와 백성들에게 가해지며, (다스리는 자의) 행동은 가까운 곳에서 시작되어 먼 곳에서 나타난다. (이처럼) 말과 행동은 군자의 중추이니, 이런 중추가 어떻게 나타나느냐가 바로 영예와 치욕(의 갈림)을 주관한다. 말과 행동은 군자가 하늘과 땅을 움직이는 방법이니 조심하지 않아서야 되겠는가?'라고 했으니, (임금이 일함과 말함에 따라) 하늘과 땅이 움직이고 만물 만사가 달라지고 바뀐다.

『시경』〔대아(大雅) 억(抑)편〕에 이르기를 '네가 말을 낼 때 조심하고, 네가 위엄과 거동을 취할 때 삼가면 평안하고 아름답지 않음이 없으리라'라고 했으니, 바로 임금이 일함과 말함을 가리킨다. (그런데) 지금 임금은 이러한 조심함이 없는 데다가 방종해서 뭐든 함부로 하니, 망하지 않는다면 반드시 시해를 당할 것이다."

영공은 이를 듣고서 설야가 요상한 말을 한다고 여겨 그를 죽였는데 뒤에 과연 징서(徵舒)에게 시해되었다.

顔
淵

20

○자장이 물었다. "사(士-선비)란 어떠해야 통달했다고 할 수 있습니까?"

공자가 말했다. "무슨 뜻인가? 네가 말하는 통달이란 것이?"

자장이 말했다. "나라에 (벼슬하고) 있어도 반드시 그에 관한 소문이 나며, 집 안에 있어도 반드시 소문이 나는 것입니다."

공자가 말했다. "그것은 소문이지 통달이 아니다. 무릇 통달한 사람이란 바탕이 곧고 의리를 좋아하며, 남의 말을 가만히 살피고 얼굴빛을 관찰하며, 사려 깊게 (남에게) 몸을 낮추는 것이니 나라에 있어도 반드시 통달하고 집 안에 있어도 반드시 통달한다. (이에 반해) 무릇 소문만 요란한 사람이란 얼굴빛은 어진 듯하나 행실이 어질지 못하고, (남에게 사양하지 않고 자기가) 그 자리를 차지하고서는 조금도 주저하지 않는 것이니 나라에 있어도 반드시 소문이 나고 집 안에 있어도 반드시 소문이 난다."

子張問 士何如斯可謂之達矣

子曰 何哉 爾所謂達者

子張對曰 在邦必聞 在家必聞

子曰 是聞也 非達也

夫達也者 質直而好義 察言而觀色

慮以下人 在邦必達 在家必達

20

부 문—야—자   색 취—인 이 행 위   거—지 불—의
夫聞也者 色取仁而行違 居之不疑
재—방   필—문   재—가   필—문
在邦必聞 在家必聞

이 장은 공자 의도를 제쳐놓고 『논어』편찬자 의도를 생각한다면 계강자를 겨냥한 것이다. 자장이 던진 다소 엉뚱한 질문을 빌어 계씨 집안의 명예욕을 비판한 것이다. 정이천의 말이다.

> "지금의 배우는 자들은 대부분 명예를 위하니, 명예를 위함과 이익을 위함은 비록 청탁(淸濁)의 차이는 있으나 이익을 탐하는 마음은 똑같은 것이다."

가혹한 정치를 일삼는 계강자가 마치 좋은 정치를 하고 싶어 하는 듯 공자에게 이런저런 질문을 던진 데 대한 일종의 응징을 염두에 둔 편집이 아닐까? 그런 측면에서 보면 다음 장도 같은 맥락에서 볼 수 있다.

달사(達士)에 대한 정약용의 풀이다.

> "달사(達士)에는 두 가지 유형이 있는데, 덕의(德義)가 사방에 이르게 된 자를 달인(達人)이라 하고, 명성이나 소문이 사방에 이르게 된 자 또한 달인이라고 한다. 그래서 공자는 (자장 질문에 대해 이 중에 어느 것을 말하는지) 의심이 나서 물어본 것이다."

달사(達士)라는 형이상에 대해 공자는 세 가지 형이중을 제시한다. 그 첫째는 질직이호의(質直而好義), '바탕이 곧고 마땅함을 좋아한다'는 뜻이다. 일부에서는 질직(質直)을 그냥 질박하고 곧다고 옮기는데 문질(文質)을 망각한 오역이다. 호의(好義), 즉 '마땅함을 좋아하다'가 문(文)에 해당한다. '태백 7'에서 증자는 선비에 대해 이렇게 말했다.

> "(도리를 중시하는) 대장부[士]는 도량이 넓고 굳건하지 않으면 안 된다. 맡은 바가 무겁고 가야 할 길은 멀기 때문이다. 어짊을 자기 맡은 바로 여기니 실로 무겁지 않겠는가? 죽은 다음이라야 끝이 나니 실로

멀지 않겠는가?"

문맥에 따라 士는 그냥 사(士)로 옮기기도 하고 선비로 옮기기도 하지만 '대장부'로 옮겼다. 왜냐하면 조선 시대 앞뒤가 꽉 막힌 선비와는 그 뜻이 다르기 때문이다. '자로 20'에도 사(士)에 관한 형이중 차원의 언급이 단계별로 나온다.

자공이 물었다. "어떻게 해야 사(士)라 이를 수 있습니까?"

공자가 말했다. "몸가짐에 부끄러움이 있고 사방에 사신으로 가서 임금의 명(命)에 욕됨이 없게 한다면 사라고 이를 수 있다."

자공이 "감히 그다음을 묻겠습니다"라고 하자 공자가 말했다. "집안 사람들이 효성스럽다고 칭찬하고, 동네 사람들이 공손하다고 칭찬하는 자이다."

자공이 "감히 그다음을 묻겠습니다"라고 하자 공자가 말했다. "말을 하면 반드시 믿음이 있게 하고, 일을 하면 반드시 결과가 있게 하는 것이 마치 단단한 돌과 같아서 소인이기는 해도 그다음이 될 수 있다."

자공이 "지금 정치에 종사하는 사람들은 어떻습니까?"라고 묻자 공자가 말했다. "아! 한 말이나 한 말 두 되들이 밖에 안되는 자잘한 사람들을 어찌 족히 따질 것인가?"

그 밖에도 몇 차례 짤막하게 사(士)에 관한 언급이 나오지만, 이 장을 풀어내는 데는 이 정도면 충분하다. 이제 찰언이관색(察言而觀色)을 풀어볼 차례다. 찰언(察言)이란 '상대 말의 속뜻을 살피는 것'이고, 관색(觀色)이란 '낯빛과 몸가짐을 잘 살피는 것'이다. 이렇게 해서 상대가 하고자 하는 바를 잘 알아내는 것이다.

이어서 여이하인(慮以下人), 즉 '사려 깊게 (남에게) 몸을 낮추어야 한다'고 했다. 이는 뒤에 보게 될 거지불의(居之不疑), 즉 '(남에게 사양하지 않고 자기가) 그 자리를 차지하고서는 조금도 의혹하거나 주저하지 않는 것'과 대비된다.

마지막으로 문인(聞人), 색취인이행위(色取仁而行違) 거지불의(居之不

疑)이다. 이 둘을 먼저 풀이하면 '이름만 널리 알려진 사람은 겉으로는 어진 듯이 하지만 실제 행하는 것을 보면 도리에 어긋하고, 좋은 자리가 있으면 독차지하고서 조금도 남을 개의치 않는다'는 뜻이다. 바로 사이비(似而非)가 그것이다. 앞서 '이인 9'에서 우리는 선비[士]에 대한 공자의 비판적 언급을 살펴본 바 있다.

> 공자가 말했다. "선비가 도리에 뜻을 두었다고 하면서 (정작 자기가) 나쁜 옷을 입고 거친 음식을 먹는 것을 부끄럽게 여긴다면 이런 자와는 함께 일을 이야기할 수 없다."

이 사람은 달사(達士)가 아니라 문인(聞人)이다. 이런 자가 뒤에 나오는 향원(鄕原)이다. 공자는 또 이런 사람을 가리켜 말재간이나 부리는 사람[佞人]이라 하여 극도로 경계했다.

21

○번지가 공자를 따라 기우제 지내는 단에 갔다가 그 아래에서 물었다.
"감히 다움을 높이고 사특함을 깎아 없애고 혹(惑)을 분별하는 법에
대해 묻겠습니다."
공자가 말했다. "좋구나! 그 질문이여! 일을 먼저 하고 이득은 뒤로
하는 것이 다움을 높이는 것 아니겠는가? 자신 안에 있는 악을 다스리
고 남의 악을 다스리지 않는 것이 사특함을 없애는 것 아니겠는가? 하
루아침의 분노로 자신을 망각해 그 (화가) 부모에게까지 미치게 하는
것이 혹(惑) 아니겠는가?"

번-지 종-유 어 무-우-지-하 왈 감-문 숭-덕
樊遲從遊於舞雩之下 曰 敢問崇德

수-특 변-혹
修慝辨惑

자-왈 선-재 문 선-사-후-득 비 숭-덕 여
子曰 善哉問 先事後得 非崇德與

공 기-악 무-공 인-지-악 비 수-특 여
攻其惡 無攻人之惡 非修慝與

일-조-지-분 망 기-신 이-급 기-친 비 혹 여
一朝之忿 忘其身 以及其親 非惑與

바로 앞 장에서 찰언이관색(察言而觀色)하라고 했고, 색취인이행위(色取仁
而行違)하는 자를 잘 가려내야 한다고 했다. 또 다음 장도 지인(知人)이 주
제임을 감안할 때, 이 장 역시 핵심 문맥이 지인(知人)임을 염두에 두고 해
석해야 한다.

　　제자 번지가 공자를 따라 기우제를 지내는 단[舞雩] 아래에 갔을 때
이렇게 물었다.

　　"감히 다움을 높이고 사특함을 깎아 없애고 혹(惑)을 분별하는 법에

대해 묻겠습니다.”

사특함을 깎아내는 것[修慝]만 빼면 자장이 '안연 10'에서 던졌던 것
과 같은 질문이다. 이에 대해 공자는 먼저 “좋구나! 그 질문이여!”라고
화답한 다음에 다움을 높이는 문제, 사특함을 없애는 문제, 미혹됨을 분별
하는 문제에 대해 각각 답을 한다.

첫째, 숭덕(崇德)과 관련하여 공자는 “선사후득(先事後得)”이라고 짧
게 답한다. '일을 먼저 하고 이득은 뒤로한다'는 뜻으로 선공후사(先公後
私)와도 통한다. 여기서 우리는 사(事)가 공사(公事)임을 알게 된다. 이에
대한 주희 풀이다.

> “이는 어려운 것을 먼저 하고 얻음은 뒤에 하라[先難後獲]는 말과 같
> 다. 당연히 해야 할 바를 하고 그 결과는 계산하지 않는다면, 다움이
> 날로 쌓이면서도 스스로는 알지 못할 것이다.”

조금은 추상적이다. 오히려 범조우 풀이가 피부에 와닿는다.

> “이는 마땅함을 높이고 이익을 아래로 여기는 것이다. 사람이 이롭고
> 자 하는 마음만 있기 때문에 다움이 높아지지 않는다.”

이는 '안연 10'과도 일맥상통한다.

> “진실됨과 믿음을 제일의 원칙으로 삼고, 마땅함으로 (자기를) 옮겨가
> 는 것이 다움을 높이는 법이다.”

둘째, 수특(修慝)에 대해 공자는 “자신 안에 있는 악을 다스리고 남의
악을 다스리지 않는 것이 사특함을 없애는 것 아니겠는가?”라고 말한다.
주희는 “자기 몸을 다스림에 오로지 하고 남을 책하지 않는다면 자신의
악이 숨겨질 곳이 없을 것”이라고 풀이했고, 범조우는 “스스로 자신의 과
실은 살피지 않고 남의 과실만 알기 때문에 간특함이 닦아지지 못한다”라
고 했다.

셋째, 변혹(辨惑)에 대해 공자는 “하루아침의 분노로 자신을 망각해
그 (화가) 부모에게까지 미치게 하는 것이 혹(惑) 아니겠는가?”라고 말한
다. 이를 주희는 “하루아침의 분노는 매우 작고 화가 그 부모에게까지 미

침은 매우 큼을 안다면 미혹됨을 분별하여 그 분함을 징계함[懲忿]이 있을 것"이라고 했고, 범조우는 좀 더 친절하게 "외부 사물에 감정적 영향을 받아 동요되기 쉬운 것으로 분노만 한 것이 없으니, 자신을 잊어서 그 부모에게까지 화가 미치게 함은 미혹됨이 심한 것이다. 미혹됨이 심한 것은 반드시 세미(細微)한 데서 일어나니, 이것을 조기에 분별한다면 크게 미혹됨에 이르지 않을 것이다. 그러므로 분함을 징계함이 미혹됨을 분별하는 일이다"라고 말했다. 분함을 징계한다는 것을 분노를 잘 제어한다는 말이다.

변혹(辨惑)에 대해 '안연 10'에서 공자는 이렇게 말했다.

누군가를 사랑한다고 해서 (이미 죽은) 그 사람을 살리려 하고, 미워한다고 해서 (버젓이 살아 있는) 그 사람을 죽이려 하는 것, 그리고 이미 (마음속으로) 그를 살리려 하고 또 죽이려 하는 것, 이것이 바로 혹(惑)이다. (이렇게 하면 다움이) 진실로 풍부해지지도 못하고 실로 다만 기이해질 뿐이다."

둘을 합쳐서 보자면 감정에 휘둘리는 인간의 잘못을 '미혹(迷惑)'이라 부른 듯하다. 그러면 결국 '변혹(辨惑)'은 감정 절제력이라 할 수 있다.

22

○번지가 먼저 어질다는 것이 무엇이냐고 묻자 공자가 말했다. "사람을 사랑하는 것이다."

안다는 것이 무엇이냐고 묻자 공자가 말했다. "사람을 아는 것이다."

번지가 (특히 사람을 아는 것과 관련해) 이 말을 이해하지 못하자 공자가 말했다. "곧은 사람을 들어 쓰고 모든 굽은 사람은 제자리에 두면, 굽은 자로 하여금 곧아지게 할 수 있다."

번지는 공자 앞을 물러나와 자하를 찾아가 물었다. "지난번에 내가 스승님을 뵙고서 안다는 것이 무엇인지 묻자 스승님께서 '곧은 사람을 들어 쓰고 모든 굽은 사람은 제자리에 두면, 굽은 자로 하여금 곧아지게 할 수 있다'고 하셨다. 무엇을 말함인가?"

자하가 말했다. "풍부하도다! 그 말씀이여! 순임금이 천하를 소유함에 여러 사람 중에서 선발하여 고요(皐陶)를 들어 쓰시니 어질지 못한 자들이 멀리 사라졌고, 탕왕이 천하를 소유함에 여러 사람 중에서 선발하여 이윤(伊尹)을 들어 쓰시니 어질지 못한 자들이 멀리 사라졌다."

樊遲 問仁 子曰 愛人

問知 子曰 知人

樊遲未達

子曰 擧直錯諸枉 能使枉者直

樊遲退 見子夏曰 鄕也吾見於夫子

而問知 子曰 擧直錯諸枉 能使枉者

直 ^하何^위謂^야也

子夏曰 富哉言乎 舜有天下 選於衆

擧皐陶 不仁者遠矣 湯有天下 選於

衆 擧伊尹 不仁者遠矣

이 장은 형이상, 형이중, 형이하가 모두 등장한다는 점에서 『논어』 제대로 읽는 법의 전형을 보여주고 있다고 할 수 있다. 먼저 형이상에서 형이중으로 가는 대목이다.

> 번지가 먼저 어질다는 것[仁]이 무엇이냐고 묻자 공자가 말했다. "사람을 사랑하는 것이다[愛人]."
>
> 안다는 것[知]이 무엇이냐고 묻자 공자가 말했다. "사람을 아는 것이다[知人]."

인(仁)과 지(知)가 형이상, 애인(愛人)과 지인(知人)이 형이중이다.

번지가 특히 지(知)를 지인(知人)으로 풀어낸 것을 이해 못하자 공자는 좀 더 자세한 형이중으로 풀어주었다.

> "곧은 사람을 들어 쓰고 모든 굽은 사람은 제자리에 두면, 굽은 자로 하여금 곧아지게 할 수 있다."

그런데도 번지가 이를 여전히 이해하지 못하자 자하가 구체적인 사례, 즉 형이하 차원에서 순임금이 고요를, 탕왕이 이윤을 들어 쓴 일을 들어 형이중을 다 풀어주었다. 순임금과 탕왕은 사람을 알아보았으니 지인(知人)할 줄 알았고, 뛰어난 이를 골라 일을 맡겼으니 백성을 사랑할 줄[愛人=仁] 알았다. 미루어 헤아림[推] 차원에서 볼 때 자하는 중간, 번지는 중간 이하였다고 할 수 있다.

顔淵

23

○자공이 바른 벗 사귐에 대해 묻자 공자가 말했다. "충심으로 말해 주고 잘 인도하되 불가하면 그만두어 스스로 욕되지 않게 해야 한다."

_{자-공 문-우}
子貢問友
_{자-왈 충-고 이 선-도-지 불-가 즉 지 무 자}
子曰 忠告而善道之 不可則止 無自
_{-욕-언}
辱焉

얼핏 보면 이 장은 돌출부처럼 보인다. 그동안 정치하는 요체, 올바른 정치를 위해 올바른 사람을 골라 쓰는 문제를 이야기하다가 갑자기 일상에서 친구 사귀는 문제를 묻고 있기 때문이다. 그러나 지인(知人)을 실마리로 해서 보면 벗은 대단히 중요하다. 사실 우리는 지인(知人)의 초보 단계를 친구 사귀기에서 경험하게 된다. 관직이나 조직사회에 나아가기 이전에 혈연이 아닌 사람들과의 첫 교섭은 친구들 사이에서 일어나기 때문이다.

여기서 우(友)는 벗이라기보다는 '군자다운 사귐'이라고 보아야 한다. 친구와 사귐에 있어 무엇을 중시해야 하느냐는 자공 질문에 공자는 이렇게 말했다.

"충심으로 말해 주고 잘 인도하되 불가하면 그만두어 스스로 욕되지 않게 해야 한다."

이는 '이인 26'에서 자유가 말했던 "붕우 사이에 어떤 일을 자주 (간언)하게 되면 이에 소원해진다"라는 말과 교차해서 읽을 때 그 의미가 더욱 풍부해진다.

24

○증자가 말했다. "군자는 문(文)으로 벗을 모으고 벗으로 어짊을 보충
　한다."

증-자　왈　　군-자　　이-문　회-우　　이-우　　보-인
曾子曰 君子 以文會友 以友輔仁

여기서는 다시 한번 군자다운 친구 사귐을 문(文)과 인(仁)의 맥락에서 강
조한다. 이는 공자 말이 아니고 제자 증자가 한 말이다. 바로 앞 장에 대한
보충이다. 군자(君子)는 문(文)을 매개로 해서 벗이 되고, 이런 벗을 통해
서 어진 마음을 키워가게 된다는 것이다.

　보인(輔仁)이란 어짊을 기르는 방법이다. 앞서 위정(爲政)편, 팔일(八
佾)편, 이인(里仁)편에서 보았듯이 각 편 주제가 위덕(爲德), 지례(知禮) 그
리고 위인(爲仁)이다. 바로 이 어짊을 기르는 방법이 벗을 통한 보인(輔仁)
이다. 학이(學而)편에서 친인(親仁)을 말한 것도 바로 어짊을 기르는 방법
을 제시한 것이다. 다움을 이루려면[爲德] 수덕(修德)하거나 숭덕(崇德)해
야 하고, 예는 앎을 통해, 어짊은 어진 벗을 통해 길러낼 수 있다.

　"군자는 문(文)으로 벗을 모으고 벗으로 어짊을 보충"하기 때문에
'학이 1'에서 말한 대로 "(옛 뛰어난 이들의 애씀이나 애쓰는 법을) 배워서 시
간 나는 대로 그것을 익히니 진실로 기쁜 것"이고, "뜻을 같이하는 벗이
있어 (먼 곳에 갔다가) 먼 곳으로부터 바야흐로 돌아왔으니 진실로 즐거운
것"이다.

　어짊을 키워감에 있어서 뜻이 같은 친구, 즉 붕우(朋友)가 중요한 역
할을 한다는 것을 강조하고 있다는 점도 눈여겨볼 필요가 있다. 어짊[修
기]과 정치[治人] 문맥은 자로(子路)편에서도 계속 이어진다.

⑬

子路

자

로

3　　　　　　2　　1

其正子曰野哉由也君子於其所不知

也正名乎子路曰有是哉子之迂也奚

曰衛君待子而爲政子將奚先子曰必

舉爾所知爾所不知人其舍諸○子路

赦小過舉賢才曰焉知賢才而舉之曰

倦○仲弓爲季氏宰問政子曰先有司

○子路問政子曰先之勞之請益曰無

吾不如老圃樊遲出子曰小人哉樊須

請學稼子曰吾不如老農請學爲圃曰

也君子於其言無所苟而已矣○樊遲

足故君子名之必可言也言之必可行

則刑罰不中刑罰不中則民無所措手

事不成事不成則禮樂不興禮樂不興

蓋闕如也名不正則言不順言不順則

不從○子曰魯衛之政兄弟也○子謂

子曰其身正不令而行其身不正雖令

使於四方不能專對雖多亦奚以爲○

用稼○子曰誦詩三百授之以政不達

如是則四方之民襁負其子而至矣焉

莫敢不服上好信則民莫敢不用情夫

也上好禮則民莫敢不敬上好義則民

以勝殘去殺矣誠哉是言也○子曰如

三年有成○子曰善人爲邦百年亦可

之○子曰苟有用我者朞月而已可也

加焉曰富之曰既富矣又何加焉曰教

有僕子曰庶矣哉冉有曰既庶矣又何

曰苟完矣富有曰苟美矣○子適衛冉

衛公子荊善居室始有曰苟合矣少有

子路

13　　　14　　　15

有王者必世而後仁○子曰苟正其身

矣於從政乎何有不能正其身如正人

何○冉子退朝子曰何晏也對曰有政

子曰其事也如有政雖不吾以吾其與

聞之○定公問一言而可以興邦有諸

孔子對曰言不可以若是其幾也人之

言曰爲君難爲臣不易如知爲君之難

來○子夏爲莒父宰問政子曰無欲速

喪邦乎○葉公問政子曰近者說遠者

乎如不善而莫之違也不幾乎一言而

莫予違也如其善而莫之違也不亦善

也人之言曰予無樂乎爲君唯其言而

邦有諸孔子對曰言不可以若是其幾

也不幾乎一言而興邦乎曰一言而喪

18　19　20

曰何如斯可謂之士矣子曰行己有恥
與人忠雖之夷狄不可棄也○子貢問
中矣○樊遲問仁子曰居處恭執事敬
者異於是父爲子隱子爲父隱直在其
其父攘羊而子證之孔子曰吾黨之直
不成○葉公語孔子曰吾黨有直躬者
無見小利欲速則不達見小利則大事

取狷者有所不爲也○子曰南人有言
不得中行而與之必也狂狷乎狂者進
如子曰噫斗筲之人何足算也○子曰
哉抑亦可以爲次矣曰今之從政者何
問其次曰言必信行必果硜硜然小人
其次曰宗族稱孝焉鄕黨稱弟焉曰敢
使於四方不辱君命可謂士矣曰敢問

23　24　25

君子易事而難說也說之不以道不說

人之善者好之其不善者惡之〇子曰

鄉人皆惡之何如子曰未可也不如鄉

貢問曰鄉人皆好之何如子曰未可也

曰君子和而不同小人同而不和〇子

其德或承之羞子曰不占而已矣〇子

曰人而無恒不可以作巫醫善夫不恒

弟怡怡○子曰善人教民七年亦可以

怡怡如也可謂士矣朋友切切偲偲兄

曰何如斯可謂之士矣子曰切切偲偲

不泰○子曰剛毅木訥近仁○子路問

備焉○子曰君子泰而不驕小人驕而

也說之雖不以道說也及其使人也求

也及其使人也器之小人難事而易說

30

即戎矣〇子曰以不教民戰是謂棄之

즉융의 자왈이불교민전시위기지

子路

1

○자로가 정치에 관해 묻자 공자가 말했다. "앞장서야 하고 (백성들을) 위로해야 한다."
더 말해줄 것을 청하자 말했다. "게을리해서는 안 된다."

子路問政 子曰 先之 勞之
請益 曰 無倦

자로(子路)편은 안연(顏淵)편과 마찬가지로 정치와 어짊에 관한 문답이 많다. 이 장에서도 자로가 정치(政治)를 묻자 공자는 간단하게 답한다.

"앞장서야 하고 (백성들을) 위로해야 한다[先之 勞之]."

노지(勞之)에 대해서는 여러 풀이가 가능하다. 지금 풀이한 것처럼 "위로해야 한다"로 옮길 경우 목적어는 백성이 된다. 그러나 "수고를 떠맡아야 한다"고 할 수도 있고, "앞장선 다음에 백성들을 수고롭게 하라"고 풀 수도 있다. 모두 가능하다.

중요한 것은 이때 정치는 위정(爲政)보다는 실무 차원의 종정(從政)이라는 점이다. 제왕이 하는 위정(爲政)에 대해서는 이미 '위정 1'에서 분명하게 원칙을 제시한 바 있다.

공자가 말했다. "다움으로 정치를 한다[爲政]는 것은 비유하자면 북극성이 자기 자리에 가만히 머물러 있으면서 뭇별들이 그것을 향하는 것과 같다."

여기서는 종정(從政)하는 요체를 이야기함과 동시에 정치를 하는 자로가 가진 평소 단점을 지적하는 것으로 볼 수도 있다.

자로가 좀 더 말씀해주실 것을 청하자 공자는 무권(無倦), 즉 "게을리해서는 안 된다"고 더 간명하게 답한다. 무권(無倦)은 곧 『서경』에 나오는 주공의 무일(無逸)과 같은 뜻이다. 게으르거나 나태해서는 안 된다는 것이다. 이 또한 자로의 평소 병폐를 지적한 말이다.

그런데 '안연 14'에서 자장이 정치를 물었을 때도 공자는 무권을 말했다.

> "(임금이) 정치하는 자리에 머물 때 게을리하지 말고, (신하가) 일을 할 때는 충(忠)으로 해야 한다."

결국 무권(無倦)은 임금이나 종정자(從政者) 모두에게 요구되는 덕목임을 알 수 있다.『대학』삼강령 중 하나인 "백성을 제 몸과 같이 여긴다면[親民]" 어찌 게을리할 수 있겠는가? 소식의 풀이를 읽어 보자.

> "백성들이 마땅히 행해야 할 것을 자신이 먼저 솔선하면 명령하지 않아도 행해지고, 백성들이 해야 할 일을 자신이 부지런히 애써 하면 백성들이 비록 수고롭더라도 (윗사람을) 원망하지 않는다."

노지(勞之)에 대한 소식의 풀이는 '자장 10'에 바탕을 둔 것이다.

자하가 말했다. "군자이고자 한다면 백성들에게 믿음을 준 연후에 백성들을 수고롭게 하는 것이니, 만일 믿음을 주지 못하고서 부리면 백성들은 자신들을 괴롭힌다고 여길 것이다. (임금에게) 신뢰를 받은 이후에야 간언해야 한다. 신뢰를 받지 못한 상태에서 간언하면 (임금은) 자신을 헐뜯는다고 여긴다."

여기에는 종정자가 윗사람에게 간언하는 법까지 담고 있다.

子路

2

○중궁이 계씨 재(宰-가신)가 되어 정사에 관해 묻자 공자가 말했다. "유
사(有司-해당 부서)를 앞장서 이끌고, 작은 허물은 용서하며, 뛰어난 인
재들을 천거하라."
말했다. "어떻게 뛰어난 인재를 알아보고서 천거할 수 있습니까?"
말했다. "네가 아는 뛰어난 이를 천거하면 네가 모르는 뛰어난 이들을
남들이 이에 내버려두겠는가?"

仲弓爲季氏宰 問政
子曰 先有司 赦小過 擧賢才
曰 焉知賢才而擧之
曰 擧爾所知 爾所不知 人其舍諸

계씨 가신이 된 제자 중궁이 정사에 관해 묻자, 공자는 중궁이 맡은 자리
에 초점을 맞춰 세 가지를 강조한다. 중궁은 '옹야 1'에서 공자가 임금도
할 수 있다고 했던 그 옹(雍)이다. 대답이 지극할 수밖에 없다.

첫째, 선유사(先有司)다. 여기서 우선 풀어야 할 문제가 있다. 선(先)
에 대해 두 가지 상반된 해석이 가능하기 때문이다.

주희는 이를 '우선시하다'로 풀이한다.

"모든 일을 반드시 유사(有司)에게 먼저 시키고, 뒤에 그 이룬 공적을
살핀다면 자신은 수고롭지 않고서도 일이 모두 거행될 것이다"

어떤 일을 할 때 해당 기관이나 부서가 있으면 거기에 일을 맡겨야 한
다는 것이다. 위임(委任)의 원칙이다. 그러나 이는 위정자(爲政者)에 해당
하는 말이다.

정약용은 선(先)을 '자로 1'에 나왔던 선지(先之) 문맥에서 풀이한다.

"선(先)이란 앞장서 먼저 한다는 것이니, 정사를 하는 데에 마땅히 몸소 솔선하여 유사를 이끌어 나아가야 한다."

솔선수범하라는 것이다. 우리는 문맥을 중시하는 쪽이기 때문에 정약용을 따라 풀어갈 것이다. 즉 첫째는 "유사(有司-해당 부서)를 앞장서 이끌고"라고 풀이했다.

둘째, 사소과(赦小過), 즉 '작은 과실은 용서하라'는 것이다. 이는 일을 하는 데 있어 이런저런 과실이 생기는 것이 불가피하다는 것을 인정하는 것이다. 물론 큰 과실은 용서해서는 안 된다. 그러나 작은 과실을 지나치게 법률로 엄격하게 다스릴 경우 사람들은 과실을 두려워하여 일을 하지 않게 된다. 이에 대한 범조우의 짤막한 평이 인상적이다.

"작은 허물을 용서하지 않으면 아래에 온전한 사람이 없게 될 것이다."

이는 곧 '자로 1'의 "위로해야 한다[勞之]"와도 앞뒤가 딱 들어맞게 된다.

이렇게 해서 '자로 2'의 3분의 2는 '자로 1'에 대한 구체적인 사례가 된다. 나머지 3분의 1, 즉 공자의 세 번째 당부는 새로운 화두를 던진다.

인정(仁政)이 형이상이라면 거현재(擧賢才)는 형이중이면서도 형이상이다. 세 가지 원칙 중에서 실질적으로 당면하게 되는 가장 중요 사안은 거현재(擧賢才)다. 그렇기 때문에 중궁은 다시 이 문제를 언급했다.

"어떻게 뛰어난 인재를 알아보고서 천거할 수 있습니까?"

종정자로서 인사 추천권을 갖게 되는 사람이라면 누구나 깊은 고민에 빠지지 않을 수 없는 물음이다. 윗사람으로부터 인정을 받기도[知] 어렵지만, 아랫사람 중에서 뛰어난 인재를 알아내기[知]도 지극히 어렵다.

사실 정치의 핵심은 곧 인사(人事)다. 정권(政權)이란 좁혀서 말하면 인사권(人事權)이다. 우리가 늘 강조하는 지인(知人)하는 문제다. 공자 대답이 궁금하다.

"네가 아는 뛰어난 이를 천거하면 네가 모르는 뛰어난 이들을 남들이 이에 내버려두겠는가?"

말이 조금 어렵다. 일단 주희는 정명도(程明道) 말을 빌려 "네가 아는 이"를 "네가 아는 뛰어난 인재"로 해석한다. 주변에서 아는 사람들 중에서 현재(賢才)를 천거한다면, 그것을 지켜 보고 있던 주변 사람들도 적극 나서서 자신들 주변의 또 다른 현재(賢才)들을 추천하게 된다는 것이다. 정확한 지적이다. 세종 때 이조판서 허조(許稠)도 이를 잘 보여준다.

세종은 자신이 행사한 첫 번째 각료 인선인 세종 4년 9월 25일 인사에서 허조를 이조판서로 임명한다. 이조는 인사(人事)를 담당하는 곳이다. 그 후에도 세종 8년 11월, 세종 14년 6월에 허조는 이조판서로 제수된다.

이조판서 재직 당시 허조는 주변 사람이나 친척이라도 재능이 있는 사람은 기꺼이 추천했다고 한다. 당연히 견제의 목소리가 나왔을 것이다. 세종이라고 이를 몰랐을 리 없다. 그래서 한번은 세종이 허조를 부른다. "사람들이 말하기를, 경이 사사로이 좋아하는 자를 임용한다고 하더라."

이에 대한 허조의 대답이 걸작이다. "진실로 그 말과 같사옵니다. 만일 그 사람이 현재(賢才)라면, 비록 친척이라 하더라도 신이 일부러 피하지 않았습니다. 또 만일 그 사람이 불초(不肖)하다면, 신이 어찌 감히 외람되게 사사로이 친하다는 이유로 자리를 주겠습니까?"

세종으로서도 더 이상 할 말이 없었다. 이렇게 하는 것이 거이소지(擧爾所知)이다.

子路

3

○자로가 말했다. "위나라 군주가 스승님을 기다려 정치를 맡기려 하니 스승님께서는 장차 무엇을 먼저 하시렵니까?"

공자가 말했다. "반드시 이름부터 바로잡겠다."

자로가 말했다. "이러하시다니! 스승님의 우활하심이여! (그렇게 해서야) 어떻게 (정치를) 바로잡으시겠습니까?"

공자는 말했다. "한심하구나, 유(由=자로)야! 군자는 자기가 알지 못하는 것은 비워두고서 말을 하지 않는 법이다. 이름이 바르지 못하면 말이 순하지 못하고, 말이 순하지 못하면 일이 이루어지지 못하고, 일이 이루어지지 못하면 예악이 흥하지 못하고, 예악이 흥하지 못하면 형벌이 알맞지 못하고, 형벌이 알맞지 못하면 백성들이 손발을 둘 곳이 없게 된다. 그래서 군자가 이름을 붙이면 반드시 말할 수 있고, 말할 수 있으면 반드시 행할 수 있는 것이니 군자는 그 말에 있어 구차함이 없을 뿐이다."

子路曰 衛君待子而爲政 子將奚先

子曰 必也正名乎

子路曰 有是哉 子之迂也 奚其正

子曰 野哉 由也 君子於其所不知 蓋

闕如也

名不正 則言不順 言不順 則事不成

子
路

3

_사不_{불-성}成 _즉則_{예-악}禮樂_{불-흥}不興 _{예-악}禮樂_{불-흥}不興 _즉則_형刑
_{-벌}罰_{부-중}不中 _{형-벌}刑罰_{부-중}不中 _즉則_민民_무無_{소-조-수-족}所措手足
_고故 _{군-자}君子_{명-지}名之 _필必_{가-언-야}可言也 _{언-지}言之 _필必_{가-행}可行
_{-야}也 _{군-자}君子_어於_{기-언}其言 _무無_{소-구}所苟_{이-이-의}而已矣

질문자가 자로다. 공자 답은 늘 그렇듯이 보편적인 지혜임과 동시에 질문자를 일깨워 주려는 답변이다. 이 점을 염두에 두면서 하나씩 풀어가 보자.

자로가 공자에게 "위나라 군주가 스승님을 기다려 정치를 맡기려 하니 스승님께서는 장차 무엇을 먼저 하시렵니까?"라고 물었다. 해(奚)는 '어찌' '무엇' '어떻게' 등의 뜻을 갖고 있다. 주희는 이때 위나라 군주는 출공(出公) 첩(輒)을 말하고, 시기는 노나라 애공 10년 무렵으로 본다.

맥락에서 보자면 문정(問政)이 보다 구체화된 것이다. 자로 질문에 공자는 "반드시 이름부터 바로잡겠다"라고 답한다. 여기서 말하는 이름, 즉 명(名)이란 무엇을 뜻하는 것일까? 명(名)에는 이름, 평판, 소문, 외관, 외형, 명분(名分), 공적(功績), 글자, 문자, 지칭(指稱) 등의 뜻이 있는데 여기서는 '이름'이나 '지칭'에 가까운 것으로 봐야 한다. 명분은 오해의 가능성이 있다. 주희 풀이도 명분보다는 이름이나 지칭에 가깝다.

"이때 출공은 자기 아버지를 아버지로 여기지 않고, 자기 할아버지를 아버지로 삼아 명칭과 실제가 문란하였다. 그러므로 공자께서는 이름을 바로잡는 것을 우선으로 삼으신 것이다."

이는 다름 아닌 '안연 11'에서 제경공(齊景公)이 문정(問政)하자 공자가 했던 대답과 맥이 통한다.

"임금은 임금다워야 하고, 신하는 신하다워야 하며, 아버지는 아버지

다워야 하고, 자식은 자식다워야 합니다[君君臣臣父父子子].＂^{군-군-신-신 부-부-자-자}

그러나 용자(勇者) 자로가 듣기에 공자의 이런 대답은 공허하기 그지 없었다.

"(대답이) 이러하시다니!"

좀 더 뉘앙스를 담자면 "어이쿠, 이런!"이라고 옮길 수 있다. 뭔가 실제적인 대답을 기대했다가 너무나 원론적인 답변에 크게 실망한 모습이 눈앞에 보이는 듯하다. 우(迂)는 여기서는 우활하다, 즉 '현실과 동떨어져 있다'는 뜻으로 사용됐다.

"스승님의 우활하심이여! (그렇게 해서야) 어떻게 (정치를) 바로잡으시 겠습니까?"

자로가 듣기에 정명(正名)이라는 말은 한가롭기 그지없었다. 사실 우(迂)라는 말은 윗사람에게는 잘 쓰지 않는 표현이다. 우활하다는 것은 '세상 물정을 잘 모른다'는 뜻을 담고 있기 때문이다. 당연히 공자는 자로가 한 이 말에 화가 났다. 야재(野哉)란 '거칠구나' '비속하구나' '비루하구나'라는 뜻이다. 유(由)는 자로다. 공자가 이어서 말한다.

"군자는 자기가 알지 못하는 것은 비워두고서 말을 하지 않는 법이다."

깊이 책망한 것이다. 공자 말은 계속된다. 자로가 잘 알지 못했던 바를 구체적으로 설명해준다. 여기서 공자 정치사상이 일목요연하게 드러난다.

"이름이 바르지 못하면 말이 순하지 못하고, 말이 순하지 못하면 일이 이루어지지 못하고, 일이 이루어지지 못하면 예악이 흥하지 못하고, 예악이 흥하지 못하면 형벌이 알맞지 못하고, 형벌이 알맞지 못하면 백성들이 손발을 둘 곳이 없게 된다. 그래서 군자가 이름을 붙이면 반드시 말할 수 있고, 말할 수 있으면 반드시 행할 수 있는 것이니 군자는 그 말에 있어 구차함이 없을 뿐이다."

이 말을 단계적으로 풀어보자. 이에 관해서는 정약용 풀이가 상세하고 정확하다. 먼저 공자는 명실상부(名實相符)가 만사의 출발점이며, 이런 명과 실을 바로잡는 것이 정치의 요체라고 말한다. "이름을 바로잡겠다[正名]"에 대한 정약용 풀이다.

"이때 괴첩(蒯輒)은 위나라 군주라 일컬어지고, (그의 아비) 괴외(蒯聵)는 위나라 세자라 일컬어졌다. 부자와 군신의 이름이 거꾸로 전도되어 인륜을 상실하였는데, 이 이름을 바로잡고자 하면 괴첩이 마땅히 아비를 맞아들여 양보하고 물러나 세자의 자리에 있어야 한다."

자로가 공자에게 "스승님의 우활하심이여! (그렇게 해서야) 어떻게 (정치를) 바로잡으시겠습니까?"라고 물은 것에 대해서도 정약용은 그다지 부정적이지 않다. 당시 상황이 상당히 복잡했고, 현실적으로 괴첩이 아비를 맞아들여 왕위를 전하고 스스로 세자 자리로 물러나는 것이 거의 불가능한 일이었다는 것이다.

"이 당시 공회(孔悝) 석만고(石曼姑) 무리가 위나라 정사의 실권을 쥐고 있었으나, 제나라와 위나라가 힘을 합쳐 조앙(趙鞅)에 항거하고 있었으니, 비록 나라를 양위하여 명분을 바로잡으려고 해도 첩(輒)이 마음대로 할 수 있는 바가 아니었다. 그러므로 자로가 당시 형세를 헤아려 알고 그렇게 물었던 것이다."

그러나 훗날 공회는 괴첩을 축출하고 괴외를 군주로 세운다.

이어서 "말이 순하지 못하다"에 대한 정약용 풀이다.

"말이 순서가 없다는 뜻으로, 아비는 국외에 있으면서 세자라 일컫고, (아들) 첩은 엄연히 스스로 군주라 칭하니, 말이 순하지 않은 것이다."

"일이 이루어지지 못하다"에 대한 정약용 풀이다.

"하는 일이 아무것도 이루어지지 않는다는 뜻이다. 천자가 이를 그르다 하고, 제후들이 이에 이의를 다니 천자를 섬기고 제후와 교린(交隣)할 수 없으며, 대부는 마음속으로 비방하고 서민은 입으로 비방하므로 호령을 발동하여 시행할 수 없으니, 이름을 바르게 하지 못하면 모든 일이 이루어지지 않는 것이다.”

이후 예악(禮樂)을 일으키고 형벌을 적절하게 쓰면, 백성들이 위안을 받고 윗사람을 따르게 되는 것이다. 이런 정치하는 원리를 모르는 자로를 공자는 가차없이 꾸짖었다.

공자는 누구보다 일의 중요성을 강조했던 사람이다. 특히 사성(事成), 즉 일을 이루어지게 하는 것을 중시했다. 따라서 일의 관점에서 보더라도 이름과 말이 바르고 조리에 맞아야만 일도 제대로 진행된다. 예악과 형벌은 오히려 그다음 일이다.

무소구(無所苟), 즉 ‘구차함이 없도록 한다’는 것은 예(禮), 즉 일의 이치[事理]에 맞도록 한다는 뜻이다. 반대로 구차스럽다는 것은 비례(非禮), 즉 일의 이치에 맞지 않다는 뜻이다. 구차함이란 반드시 해야 하는데 어떻게 해서든 하지 않으려 하고, 반드시 해서는 안 되는데 어떻게 해서든 하려는 것을 말한다. 이에 대해서는 ‘위정 24’를 다시 읽어보는 것으로 가늠한다.

공자가 말했다. “제사를 지내야 할 귀신이 아닌데 그 귀신에게 제사를 지내는 것은 아첨하는 것이고, 마땅함을 보고서도 행하지 않는다면 용기가 없는 것이다.”

子
路

4

○번지가 (공자에게) 농사일을 배울 것을 청하자 공자가 말했다. "나는 늙은 농사꾼만 못하다."

채소 가꾸기라도 배울 것을 청하자 공자가 말했다. "나는 늙은 채소 농사꾼만 못하다."

번지가 나가자 공자가 말했다. "소인이도다, 번수(樊須)여! 윗사람이 예를 좋아하면 백성들은 감히 공경하지 않을 수 없고, 윗사람이 마땅함을 좋아하면 백성들이 감히 복종하지 않을 수 없고, 윗사람이 믿음을 좋아하면 백성들은 감히 실상대로 하지 않을 수 없다. 무릇 이와 같이 한다면 사방 백성들이 자식을 포대기에 업고서 찾아올 것인데 어찌 (내 능력을) 농사일에 쓸 것인가?"

樊遲請學稼 子曰 吾不如老農

請學爲圃 曰 吾不如老圃

樊遲出 子曰 小人哉 樊須也

上好禮 則民莫敢不敬 上好義 則民

莫敢不服 上好信 則民莫敢不用情

夫如是 則四方之民襁負其子而至矣

焉用稼

앞에서 자로가 공자에게 정치를 물었다면 '문제의 제자' 번지는 뜬금없이 공자에게 가(稼), 즉 농사짓는 법을 배우라고 청한다. 이건 누가 보아도 경세(經世)를 꿈꾸고 가르치는 공자를 모독하는 짓이다. 이에 공자는 우회적으로 답한다. "나는 늙은 농사꾼만 못하다." 그런데도 번지는 그러면 채소 가꾸는 것이라도 배울 것을 청한다. 이에 공자는 "나는 늙은 채소 농사꾼만 못하다"고 답한다. 할 수 없다는 뜻이다. 그런데 그 이유는 무엇일까?

먼저 공자는 번지가 나가자 다른 제자들을 향해 말한다.

"소인이도다, 번수(樊須)여!"

번지 앞에서는 직접 반박하지 않고 에둘러 답하다가 막상 번지가 그 자리에서 사라진 다음에야 소인이라고 비판한다. 그렇다고 '소인'이 강한 비난의 의미는 아니고, 그저 요즘식으로 하자면 생계에 얽매인 소시민 정도로 볼 수 있겠다.

공자는 자신이 농사를 짓는 법을 가르치지 않아도 되는 이유를 설명한다. 공자는 자신의 공적인 역할이 무엇인지를 소상하게 밝힌 것이다.

"윗사람이 예를 좋아하면 백성들은 감히 공경하지 않을 수 없고, 윗사람이 마땅함을 좋아하면 백성들이 감히 복종하지 않을 수 없고, 윗사람이 믿음을 좋아하면 백성들은 감히 실상대로 하지 않을 수 없다. 무릇 이와 같이 한다면 사방 백성들이 자식을 포대기에 업고서 찾아올 것인데 어찌 (내 능력을) 농사일에 쓸 것인가?"

바로 앞 '자로 3'에서 자로를 꾸짖은 다음 정명(正名)의 현실적 효과를 이야기했던 것과 거의 겹치는 내용이다. 사실 이는 '안연 12, 13'을 통해 사무송(使無訟)을 자기 과제로 삼고 싶다고 했던 공자 발언과 맥을 같이한다.

子路

5

○공자가 말했다. "시(詩) 300편을 외우더라도 정사를 맡겼을 때 제대로 못하고, 사방에 사신으로 나가 혼자 힘으로 처결하지 못한다면, 비록 많이 배웠다 한들 실로 어디에다 쓰겠는가?"

子曰 誦詩三百 授之以政 不達
使於四方 不能專對 雖多 亦奚以爲

시 삼백(詩三百)이란 곧 『시경』을 말한다. 『시경』은 옛날에 공문(孔門-공자 문하)으로 들어가는 입구와 같았다. 『시경』은 일의 이치[事理]의 보고(寶庫)이다. '위정 2'에서 공자는 이렇게 말했다.

"『시경』에 담긴 시 삼백 수를 한마디로 하자면 '생각함에서부터 그릇됨이 없어야 한다'는 것이다."

다움을 갖추기 위한 첫걸음이 생각에서부터 그릇됨이 없어야 하는데, 그런 훈련을 위해서는 『시경』이 바로 안성맞춤인 텍스트라는 점을 밝힌 것이다. 『시경』을 배우려면 어떤 마음가짐을 가져야 하는지에 대해 공자는 '학이 15'에서 이렇게 말했다.

"사(賜)야! 비로소 더불어 시(詩)를 말할 수 있게 되었구나. 지나간 것을 말해 주니 앞으로 오게 될 것을 알아차리는구나."

『시경』을 마스터했을 경우 그 효험에 대해 공자는 '계씨 13'에서 이렇게 말한다. 공자는 아들 리(鯉)에게 "시를 배웠느냐?"고 묻고, "아직 배우지 않았습니다"라고 하자 이렇게 말한다.

"시를 배우지 않으면 말을 할 수 없다[無以言]."

이때 '말을 할 수 없다'는 무슨 뜻일까? 일단 제대로 된 말을 할 수 없다는 뜻인데 '제대로 된 말'이란 무엇일까? 이를 풀어낼 실마리가 바로 '양화 9와 10'에 나란히 나온다. '양화 9'는 제자들, '양화 10'은 아들 백어(伯魚), 즉 리(鯉)에게 해주는 말이다. 먼저 '양화 9'다.

> 공자가 말했다. "제자들아! 어찌 『시경』을 배우지 않는가? 『시경』은
> 뜻을 불러일으켜 주고, 일과 사람을 제대로 살필 수 있게 해주며, 제
> 대로 무리를 지을 수 있게 해주고, 제대로 원망할 수 있게 해준다. (『시
> 경』을 배우면) 가까이는 아비를 섬기고 멀리는 임금을 섬길 수 있다."

여기서 뜻이란 공적 영역으로 나아가겠다는 의미다. 그리고 일과 사
람을 잘 알아보며 군자와 소인을 분별해 군자들과 함께하고 소인들을 멀
리하는 법을 배우는 것이 『시경』이라는 말이다. 그리고 마지막 문장은 군
군신신 부부자자(君君臣臣父父子子)와 연결된다.

그런데 시 삼백 수를 달달 외운다 하더라도 그 근본 이치를 체화하고
깨달아 제대로 실천하지 못할 경우 그것은 전형적인 공염불에 그칠 수밖
에 없다. 이치를 일에 적용하는 문제다. 정이천 풀이는 이를 정확히 짚어
준다.

> "경서(經書)를 궁구하는 것은 장차 실용에 쓰려는 것이니, 세상에 시
> 를 외우는 자들이 과연 정사에 종사하고 혼자서 일을 처결할 수 있겠
> 는가? (절대로 그렇지 못하다.) 그렇다면 그가 배운 것은 장구(章句)의 지
> 엽적인 것일 뿐이니, 이는 배우는 자들의 큰 병통이다."

통렬한 비판이다. 우리는 여전히 문정(問政) 맥락 속에 있으며 다음
장도 크게 다르지 않다.

그렇다면 사신으로 나갔을 때 혼자 힘으로 처결하는 게 왜 중요한가?
사신으로 갈 경우 저 나라에 들어가는 순간부터 더 이상 자기 임금에게서
명을 받을 수가 없기 때문이다. 정약용 풀이다.

> "전(專)은 오로지한다는 뜻으로 천(擅)과 같다."

이때는 제 마음대로 한다는 뜻보다는 '독자적으로 결정한다'는 뜻이
다. 즉 상대국이 외교 사안에 대해 질문할 때 어떻게 응대할지 스스로 결
정해야 한다는 것이다.

그래서 조선에서도 명나라에 사신을 보낼 때 가장 먼저 전대(專對) 능

력을 꼽았다. 세종 11년 9월 19일 이군실(李君實)을 사신으로 보내려 하자 좌사간 유맹문(柳孟聞)이 반대하는 소(疏)를 올렸다.

"진전부사(進箋副使) 이군실은 낮고 한미(寒微)한 출신으로서 불학무지(不學無知)하고 한갓 말 달리고 활 쏘는 기술로써 지나치게 성은을 입어 지위가 2품에 이르러, 은총과 영화가 이미 극도에 도달하였으니, 마땅히 이에 보답하기를 도모해야 할 것인데, 전일에 관장하였던 권위를 빙자하여 인민을 위협하고, 탐오하고 포악하며 함부로 욕심을 부려 염치가 없음은 여러 사람들이 다 같이 아는 바입니다. 본조의 반열(班列)에 참예하는 것도 오히려 마땅하지 못한데 하물며 중국에 사신으로 보내어 전대(傳對)하게 하는 일이겠습니까? 엎드려 바라건대, 전하께서 속히 이 명령을 회수하시어 한결같이 『육전(六典)』의 규정에 따라 청렴개결(淸廉介潔)한 선비로 신중히 가려 뽑아서 전대하게 하여 왕명을 욕되게 하지[辱命] 아니하도록 하소서."

세종은 들어주지 않았다. 여기서 전대(專對)와 반대되는 말이 나온다. 욕명(辱命)이 그것인데 이 역시 『논어』 '자로 20'에 나오는 말이다.

자공이 물었다. "어떻게 해야 사(士)라 이를 수 있습니까?"

공자가 말했다. "몸가짐에 부끄러움이 있고 사방에 사신으로 가서 임금의 명(命)에 욕됨[辱命]이 없게 한다면 사라고 이를 수 있다."

『시경』이 담고 있는 일의 이치[事理=禮]를 활용하는 사례를 『춘추좌씨전』 장공(莊公) 6년(기원전 688년)에서 찾아본다.

그해 여름에 위후(衛侯)가 들어와 공자 검모(黔牟)를 주나라로, 영궤(甯跪)를 진나라로 추방하고, 좌공자 설(洩)과 우공자 직(職)을 죽이고 즉위했다.

군자는 두 공자가 검모를 세운 것에 대해 본말(本末-적자와 서자)을 헤아리지 못한 처사라고 하면서 다음과 같이 평론했다. "자신의 위치를 공고히 하기 위해 임금을 세우는 자는 반드시 그 사람의 본말을 헤아린 뒤에 적당한 방법을 찾아서 적당한 시기에 그를 임금으로 세운다.

子
路

5

그 사람의 본(本)을 알 수 없으면 그 사람을 세우기 위해 계획하지 않고, 본이 지엽을 무성하게 하지 못할 것임을 알면 억지로 세우지 않는다.『시경』에 이르기를 '뿌리가 견고하기 때문에 가지가 무성하여 백세토록 쇠하지 않는다'라고 했다.''

이 시는 대아(大雅) 문왕(文王)편에 실린 시구로 문왕의 본말이 함께 무성하기 때문에 백세토록 번성한다는 뜻이다. 전형적인『시경』활용 사례라 하겠다.

子路

6

○공자가 말했다. "(임금의) 자기 몸이 바르면 명령하지 않아도 일이 행해지고, 자기 몸이 바르지 않으면 설사 명령을 내려도 (신하들이) 따르지 않는다."

子曰 其身正 不令而行 其身不正 雖令不從

역시 문정(問政) 맥락이다. 따라서 여기서 신(身)은 임금 자신이다. 우선 '자로 5'와 연결해서 풀이해보면 시 삼백 편을 외우고서도 신하들이 "정사를 맡겼을 때 제대로 못하고, 사방에 사신으로 나가 혼자 힘으로 처결하지 못하는" 이유를 지적하고 있다고 볼 수 있다. 그것은 임금 자신의 몸이 바르지 못하기[不正] 때문에 명령이 행해지지 않아서이다.

사실 이 장은 수기치인(修己治人)을 표현을 바꿔 강조하고 있다고 볼 수 있다. 이에 대해서는 별도 풀이보다는 '안연 14~17'을 하나씩 읽어보는 것으로 풀이를 대신하겠다.

자장이 정치에 관해 묻자 공자가 말했다. "(임금이) 정치하는 자리에 머물 때 게을리하지 말고, (신하가) 일을 할 때는 충(忠)으로 해야 한다."('안연 14')

공자가 말했다. "문(文)을 널리 배우고 그것을 일의 이치로 다잡는다면 실로 도리를 어기는 일은 없을 것이다."('안연 15')

공자가 말했다. "군자는 남의 아름다움을 이루어주고 남의 나쁨은 이루어주지 않는다. 소인은 이와 반대이다."('안연 16')

계강자가 공자에게 정치에 관해 묻자 공자가 대답해 말했다. "정치란 바로잡는 것입니다. 대부께서 바름으로 이끄신다면 누가 감히 바르지 않을 수 있겠습니까?"('안연 17')

바로잡는다는 것은 곧 윗자리에 있는 군주가 자신의 몸과 마음을 바로 하는 것이다. 정(政)＝정(正)＝정명(正名)＝정신(正身)의 문맥이다.

子路

7

○공자가 말했다. "노나라와 위나라 정치는 형제로다."

자—왈 노—위—지—정 형—제—야
子曰 魯衛之政 兄弟也

"노(魯)나라와 위(衛)나라 정치는 형제로다." 갑자기 이게 무슨 말인가? 먼저 주희 풀이를 들어보자.

> "노나라는 주공(周公) 후손이고, 위나라는 강숙(康叔) 후손이니 본래 형제 나라이다. 이 당시 쇠하고 혼란하여 정사도 서로 비슷하였다. 그러므로 공자께서 탄식한 것이다."

주공은 주나라 문왕 아들이자 무왕 아우이고, 강숙도 무왕의 아홉째 아우이다. 따라서 주공과 강숙은 형제간이고 강숙을 위나라 군주로 봉해 준 장본인이 바로 주공이다. 그러면 『논어』편찬자는 문정(問政) 맥락에서 왜 이 이야기를 바로 이 자리에 배치한 것일까? 일단은 이어지는 위나라 이야기를 위한 도입부 역할로 볼 수 있다.

또한 여기서 형제라고 한 것은 둘 사이의 유래뿐만 아니라 당시 처해 있던 정치 상황이 비슷함을 강조한 표현으로 봐야 한다. 정약용 풀이다.

> "(노나라의 경우) 계손(季孫)이 소공(昭公)을 추방하고 세자를 폐위시켜 정공(定公)을 세우고는 국정을 마음대로 천단(擅斷)하였고, (위나라의 경우) 석만고가 제나라 세력을 믿고 세자의 입국을 막고 출공(出公) 첩(輒)을 위협하여 국정을 천단하였다. (그래서 이 두 나라는) 군신(君臣)·부자(父子)의 인륜이 모두 상실되어 버렸으니, 그 정치판이 (쇠란하기가) 마치 형제처럼 그렇다는 것이다."

군군신신(君君臣臣)이 무너져 내렸다는 점에서 두 나라 모두 방무도 (邦無道) 상황이었다.

따라서 바로 앞 '자로 6'의 바로잡다[정正]는 말은 두 가지 의미로 확장된다. 우선은 스스로를 바로잡는 것이고, 이어 이름을 바로잡아서[정—명正名]

방유도(邦有道)로 나아가는 것이다. 앞으로 이어질 위나라 이야기를 위한
도입부 역할을 한다.

子
路

8

○ 공자가 위나라 공자 형(荊)을 평해 말했다. "집안을 잘 다스렸다. 처음 살림나서는 재산과 논밭이 있으니 '그런대로 모아졌다'고 했고, 조금 늘어나니 '그런대로 갖추어졌다'고 했고, 살림이 넉넉해지자 '그런대로 아름답다'고 했다."

자 위 위 공－자 형 선 거－실
子謂衛公子荊 善居室
시－유 왈 구－합－의 소－유 왈 구－완－의 부
始有 曰 苟合矣 少有 曰 苟完矣 富
－유 왈 구－미－의
有 曰 苟美矣

위(衛)나라 공자(公子) 형(荊)은 누구인가? 『춘추좌씨전』 양공(襄公) 29년 기사를 보자. 오나라 공자 계찰이 노나라 양공(襄公) 29년(기원전 544년) 노나라를 방문했다가 위나라를 찾았다.

> "(계찰이) 드디어 위나라에 가서 거원(蘧瑗), 사구(史狗), 사추(史鰌), 공자 형(公子荊), 공숙 발(公叔發), 공자 조(公子朝)를 만나 그들의 사람됨을 기뻐하여 말하기를 '위나라에는 군자가 많으니 걱정할 것이 없다'고 했다."

이 중 공숙발은 『논어』에도 등장하는 공숙문자(公叔文子)이다. 계찰의 위나라에 대한 평가는 『논어』 '헌문 20'에 나오는 내용과도 부합한다.

> 공자가 위나라 영공의 무도함을 이야기하자 계강자가 말했다. "무릇 이와 같은데 어째서 나라를 잃지 않는가?"
>
> 공자가 말했다. "중숙어는 빈객을 잘 다스리고, 축타는 종묘 일을 잘 다스리고 있으며, 왕손가는 군사 문제를 잘 다스리고 있습니다. 무릇 이와 같은데 어째서 나라를 잃겠습니까?"

그래서였을까? 앞에서는 쇠란(衰亂)한 노나라와 위나라를 비교했지만, 여기서는 과거 위나라 공자 형의 집안 경영을 소개함으로써 실은 그 사람이 어떤 정치를 했을 것인지를 추정해보도록 유도하고 있다.

공자는 공자 형에 대해 한마디로 선거실(善居室), 즉 "집안을 잘 다스렸다"고 평한다. 단순히 집 안에 잘 머물렀다는 뜻이 아니다. 그리고 단계적으로 선거실(善居室)을 풀어낸다. 이에 대한 정약용 풀이다.

> "공자(公子)가 처음 궁궐에서 살림나서 나올 때 이미 땅과 재산이 있었으니 이것이 시유(始有-시작할 때부터 있었다)이고, 몸소 검소하게 하고 절용하여 집안 살림이 점차 넉넉해졌으니 이것이 소유(少有-조금씩 늘어나다)이며, 저축을 계속해서 훗날 더욱 넉넉해졌으니 이것이 부유(富有-부를 이루다)이다."

여기서 우리는 정치하는 자의 집안 경영이 어떠해야 하는지 하나의 표준을 보고 있다. 공직을 맡은 자는 자기 집안 재산을 늘리는 데는 '그런대로[苟]'만 하면 된다. 큰 욕심부리지 않고 그런대로 하는 것이 '잘[善]' 하는 것이고, 그것이 '바르게[正]' 하는 것이다. 계강자에 대한 공자 비판과 대비시켜 보면, 왜 『논어』 편찬자가 공자 형에 대한 공자 평을 이곳에 배치했는지 이제 이해할 수 있을 것이다.

子
路

9

○공자가 위나라에 갔을 때 염유가 수레를 몰았다. 공자가 말했다. "백성이 많구나!"

염유가 말했다. "이미 백성들이 많으면 또 무엇을 더해 주어야 합니까?"

말했다. "넉넉하게 해주어야 한다."

말했다. "이미 넉넉해졌다면 또 무엇을 더해 주어야 합니까?"

말했다. "가르쳐야 한다."

子適衛 冉有僕 子曰 庶矣哉

冉有曰 既庶矣 又何加焉

曰 富之

曰 既富矣 又何加焉

曰 教之

적(適)은 '가다' '방문하다'는 뜻이다. 복(僕)은 '마부' '수레를 몰다' 등의 뜻이 있다. 공자가 위나라를 찾아가는데 이때 제자 염유가 말을 몰았다. 염유와 관련해 '공야장 7'에 이런 일화가 나온다.

맹무백이 염유에 대해 공자가 어떻게 보고 있는지를 물었다. 이에 공자는 "염유의 경우 천호의 큰 읍이나 경대부 집안 가신을 시킬 수는 있다"는 점은 인정하면서도, "그가 어진 사람인지는 알 수 없다"라고 답했다. 또 뒤에 가서 염유가 계씨의 가신으로 있을 때 공자로부터 "계씨의 잘못된 정사를 바로잡을 의지가 있느냐?"는 질문을 받고서 "불가능합니

다”고 대답했다가 책망을 받기도 했지만, ‘선진 2’에서 자로와 더불어 정
사(政事)에 능한 제자라는 인정을 받기도 했다.

　　공자가 위나라로 가는 길에서 보니 백성들이 많음을 보고 일단 긍정
적으로 평가한다. 서(庶)는 중(衆)과 같은 뜻으로 ‘많다’는 의미다. “(백성
들이) 많구나!”라는 것을 봤을 때, 일단 통치의 기본은 이루어지고 있다고
할 수 있다. 다른 나라에서 백성들이 찾아와 인민이 많았고, 인민이 많으
면 당시에는 자연스레 군사 자원이 많다는 것으로 이어지니 강병(强兵)의
기반을 갖춘 것이다. 임금은 임금답지 못했지만 ‘헌문 20’에서 공자가 말
한 것이 바로 위나라에 백성이 많을 수 있었던 까닭이라 할 것이다.

　　“중숙어는 빈객을 잘 다스리고, 축타는 종묘 일을 잘 다스리고 있으
　　며, 왕손가는 군사 문제를 잘 다스리고 있습니다. 무릇 이와 같은데 어
　　째서 나라를 잃겠습니까?”

　　이어서 염유는 “이미 백성들이 많으면 또 무엇을 더해 주어야 합니
까?”라고 묻는다. 이에 공자는 “넉넉하게 해주어야 한다”고 답한다. 당
시로서는 백성들을 넉넉하게 해주는 길은 두 가지다. 하나는 토지와 집을
마련할 수 있도록 하는 것이고, 또 하나는 세금을 가볍게 해주는 것이다.

　　다시 염유는 “이미 넉넉해졌다면 또 무엇을 더해 주어야 합니까?”라
고 물었다. 공자는 “가르쳐야 한다”고 답한다. 이때 가르친다는 것은 사
람으로서의 기본, 즉 도리와 예의염치(禮義廉恥)를 가르치는 것이라 할 수
있다. 백성을 가르치는 문제[敎民]는 잠시 후에 집중적으로 나온다. 여전
히 문정(問政) 문맥이다.

子路

10

○공자가 말했다. "만약에 나를 써주는 자가 있다면 한 달만 되어도 (얼마든지) 괜찮을 것이고, 3년이면 (어느 정도) 이루어짐이 있을 것이다."

자—왈　　구—유　　용—아—자　　　기—월　　이—이　가　야　　삼

子曰 苟有用我者 朞月而已可也 三

—년　유—성

年有成

지금부터는 정사(政事)를 실행할 때의 어려움을 이야기한다. 그런 점에서는 '자로 5'와도 일맥상통한다.

　　공자가 말했다. "시(詩) 300편을 외우더라도 정사를 맡겼을 때 제대로 못하고, 사방에 사신으로 나가 혼자 힘으로 처결하지 못한다면, 비록 많이 배웠다 한들 실로 어디에다 쓰겠는가?"

　　그리고 무엇보다 공자는 정사는 하루아침에 이루어질 수 없는 것임을 강조한다. 공자는 말한다.

　　"만약에 나를 써주는 자가 있다면 한 달만 되어도 (얼마든지) 괜찮을 것이고, 3년이면 (어느 정도) 이루어짐이 있을 것이다."

　　문제는 공자 같은 인물도 3년이라는 기간이 걸릴 만큼 정치를 바로잡는 일이 쉽지가 않다는 데 있다. 궁극적으로 공자가 지향했던 정치가 무엇인지를 그 기간이 의미하는 것을 통해 새롭게 깨달을 수 있다.

　　한편 여기서 보다 중요한 요점은 기간 문제라기보다는 등용 여부라는 시각도 있다. 주희는 이렇게 말했다.

　　"내가 살펴보니 『사기』 '공자세가'에 나오는 공자의 이 말씀은 위령공이 등용해 주지 않았기 때문에 하신 말씀이다."

　　충분히 가능한 관점이다. 하지만 정약용은 정치를 바로잡는 일의 어려움에 맞춰서 풀이했다.

　　"요순이 서로 계승하여 다스린 기간이 100년이며, 문왕, 무왕, 주공

이 서로 계승하여 다스린 기간이 100년이니, 〔치도(治道)가 크게 갖추어지는 것을〕 쉽게 말할 수 있겠는가?"

이 점은 앞으로 이어지는 장들을 통해 더욱 분명해진다.

子路

11

○공자가 말했다. "(옛말에) '선인(善人)이 (연이어 나와서) 100년 동안 나라를 다스리면 겨우 잔악한 자를 교화시키고, 사람을 죽이는 풍습을 없앨 수 있다'고 했는데 정말이도다, 이 말은!"

子曰 善人爲邦百年 亦可以勝殘去
殺矣 誠哉是言也

여기서 선인(善人)이란 능력이 뛰어난 군주나 재상으로 봐야지, 착한 군주로 풀이해서는 안 된다. 공자는 옛말을 인용하며 다음과 같이 말한다.

"(옛말에) '선인(善人)이 (연이어 나와서) 100년 동안 나라를 다스리면 겨우[亦] 잔악한 자를 교화시키고, 사람을 죽이는 풍습을 없앨 수 있다'고 했는데 정말이도다, 이 말은!"

그만큼 좋은 정치를 뿌리내리기란 어려운 것임을 실토하는 장면이다. 공자는 '술이 1'에서 자신이 "옛 도리를 믿고서 좋아한다[信而好古]"고 했는데 바로 이 장면이 그것이다.

선(善)에 대해서는 좀 더 상세한 풀이가 필요하다. 우선 선(善人)에 대한 정약용 풀이다.

"여기서 말하는 선인(善人)은 이른바 그 직책에 능하고 그 일을 잘하는 사람이다. 그런데 지금 사람들은 모두 아무 재주도 없고 능력도 없으면서 한갓 착한 마음만 가진 사람을 지칭하여 선인(善人)이라고 하니, 한탄스럽다. 재주 없고 능력 없는 자가 비록 천 년에 이른다 하더라도 어떻게 백성을 선(善)에 감화시켜 잔학하고 살해하는 습속이 없어지도록 할 수 있겠는가?"

이미 『논어』에는 선(善)을 능(能)으로 풀어내는 사례가 있었다. '위정 20'이다.

계강자가 물었다. "백성들로 하여금 공경과 충성을 권면하게 하려면
어떻게 해야 하는가?"

공자가 말했다. "장중함으로 (백성들에게) 임하면 공경할 것이고, 부모
에게 효도하고 자제들에게 자애로우면 충성할 것입니다. 능한 이를
들어쓰고 능하지 못한 이를 가르친다면[擧善而教不能] 권면하게 될 것
입니다."

정확히 지금 문맥이다.

앞의 '자로 10'에서 공자는 자신이 정사를 맡으면 3년이면 어느 정도
이루어짐이 있을 것이라고 했다. 그런데 여기서는 유능한 군주나 재상이
연이어 100년은 제대로 통치해야 겨우 잔악한 자를 교화시키고, 사람을
죽이는 풍습을 없앨 수 있다고 말한다. 얼핏 보면 모순처럼 보이지만 그렇
지 않다. 공자가 말한 것은 이런 선정(善政)을 위한 기본 골격을 갖추는데
3년이라고 말한 것으로 볼 수 있기 때문이다. 이 장은 그만큼 선정을 베풀
어 실질적인 효과에 이르기가 어렵다는 점을 강조하는 글이기도 하다. 그
런 점에서 '자로 10'의 연장선에 있다. 이는 다시 뒤에 나오는 '자로 29'
와 연결된다.

공자가 말했다. "선인(善人)이 7년 동안 백성을 가르쳐야 겨우[亦] 전
쟁터에 나아가 싸우게 할 수 있다."

여기서도 역(亦)자가 등장하는데 뉘앙스상 '겨우[僅]'라는 뜻이다.

이 또한 좋은 정치를 실행하는 것의 어려움을 강조하면서 동시에 백
성을 가르치는 것[教民]의 중요성을 역설하고 있다.

子路

12

○공자가 말했다. "만약에 임금다운 임금이 나오더라도 반드시 한 세대
  는 지나야 (백성들이) 어짊을 뒤따를 것이다."

자-왈   여-유   왕-자   필 세 이-후   인
子曰 如有王者 必世而後仁

'임금다운 임금'으로 번역한, 왕자(王者)란 그냥 임금이 아니라 왕도(王道)
를 구현할 수 있는 뛰어난 임금을 말한다.

유향은 『설원』7-1에서 임금을 세 가지 유형으로 구분했다.

"정치에는 세 등급[三品]이 있다. 임금다운 임금[王者]이 하는 정치는
백성을 교화시키고, 패도를 추구하는 임금[霸者]이 하는 정치는 백성
들에게 위엄을 부리고, 힘을 추구하는 임금[強者]이 하는 정치는 백성
을 협박한다. 무릇 이 세 가지 정치에는 각각 베푸는 방법이 있는데,
백성을 교화하는 것이 가장 귀하다. 모름지기 교화를 해도 백성들이
달라지지 않은 다음에야 위엄을 부리고, 위엄을 부려도 달라지지 않
은 다음에야 형벌을 쓴다. 무릇 형벌에까지 이른다면 이는 임금다운
임금이 행할 바가 아니다."

이런 임금다운 임금이 통치를 잘하더라도 반드시 한 세대, 즉 30년은
지나야 백성들이 어짊을 뒤따른다고 말한다. 이 또한 '자로 10, 11'의 연
장선에 있다. 이에 대해 정이천은 이렇게 풀이했다.

"(공자가 말한) 3년이면 이루어짐이 있다는 것은 법도와 기강이 이루
어지고 교화가 시행됨을 이른다. 어짊[仁]으로 백성을 적시고, 마땅함
[義]으로 백성을 연마하여, 인의(仁義)가 피부에 젖어 들고 골수에 스
며들어야 예악(禮樂)이 일어날 수 있으니, 이것이 이른바 인(仁)이라
는 것이다. 이것은 쌓고 오래 하지 않으면 어떻게 이룰 수 있겠는가?"

이 또한 인정(仁政)이 효험을 보려면 그만큼 긴 시간 정성을 다해 애
써야 한다는 것을 강조하는 말이다.

子路

13

○공자가 말했다. "진실로 (윗사람이) 자기 몸을 바르게 한다면 종정(從政)하게 하는 데 무슨 어려움이 있겠는가? 능히 자기 몸을 바르게 할 수 없다면 어떻게 남을 바르게 하겠는가?"

자ー왈　구　정　기ー신　의　어　종ー정　호　하ー유
子曰 苟正其身矣 於從政乎 何有

불ー능　정　기ー신　여　정ー인　하
不能正其身 如正人何

이 장은 바른 정치의 출발점이 처음부터 끝까지 위정자 자신에 있음을 역설한 것이다. '자로 6'에서 우리는 거의 같은 내용을 본 바 있다.

　　공자가 말했다. "(임금의) 자기 몸이 바르면 명령하지 않아도 일이 행해지고, 자기 몸이 바르지 않으면 설사 명령을 내려도 (신하들이) 따르지 않는다."

'자로 6'에서 이 말을 한 다음 '자로 7~12'는 모두 그와 관련된 다양한 사례들이었다. 그리고 다시 이 장에서 이 말을 함으로써 소(小) 결론을 내리고 있다. 다음 장부터는 주제가 조금 바뀐다는 말이다.

子路

14

○ 염자(冉子-염유)가 조정에서 퇴근하자 공자가 물었다. "어째서 늦었느냐?"

대답해 말했다. "정사가 있었습니다."

공자가 말했다. "그것은 사사로운 일이었을 것이다. 만약에 정사가 있었다면 비록 내가 지금은 쓰이고 있지 않지만, 나도 참여해서 그 정사를 들었을 것이다."

冉子退朝

子曰 何晏也

對曰 有政

子曰 其事也 如有政 雖不吾以 吾其

與聞之

퇴조(退朝)는 조정에서 물러났다는 뜻인데 사직을 했다는 것이 아니라 퇴근을 했다는 말이다. 주희는 이 조정을 나라의 공적 조정[公朝]이 아니라 계씨의 사사로운 조정[私朝]이라고 풀이한다. 이때 염유는 계씨 가신(家臣)이었다.

　염유가 공자와의 약속 시각에 늦게 나타나자 공자는 "어째서 늦었느냐[晏=晚]?"라고 다그치듯이 묻는다. 이에 염유는 유정(有政), 즉 "정사(政事)가 있었습니다"라고 답한다. 공자는 그것을 변명으로 받아들인다. 공자는 "그것은 사사로운 일이었을 것이다"고 단정해서 말한다. 그러면서 본인이 그렇게 생각한 까닭을 덧붙인다.

"만약에 정사가 있었다면 비록 내가 지금은 쓰이고 있지 않지만, 나도 참여해서[與=預] 그 정사를 들었을 것이다."

이에 관한 주희 풀이를 보자.

"옛날부터 예(禮)에 따르면 '전임 대부는 비록 정사를 다스리지 않더라도 국정에 참여하여 듣는다'고 했다. 이때 계씨가 노나라를 전횡하여 국정에 있어 동열(同列)들과 공조(公朝)에서 의논하지 않고, 혼자서 가신들과 자신의 사실(私室=私朝)에서 도모하였다. 그러므로 공자께서 모른 척하고 말씀하시기를 '이는 반드시 계씨의 집안일[事]이었을 것이다. 만일 이것이 국정이었다면 내 일찍이 대부가 되었으니 지금 비록 등용되지 못하였으나 그래도 당연히 참여하여 들었을 터인데, 지금까지도 듣지 못하였으니 이는 국정이 아니다'라고 하신 것이다. 그 말뜻이 위징(魏徵)이 헌릉(獻陵)이라고 대답한 것과 대략 서로 비슷하다. 명분을 바로잡고[正名分] 계씨를 누르고 염유를 가르치신 뜻이 깊다."

주희 풀이 중 '위징(魏徵)이 헌릉(獻陵)'이라고 대답한 이야기는 이와 같다. 당 태종이 죽은 황후를 잊지 못해 궁 안에 망대(望臺)를 만들어놓고 늘 올라가 황후의 소릉(召陵)을 바라보니 위징이 따라 올라가 태종 아버지의 헌릉(獻陵) 밖에 보이지 않는다고 대답함으로써 아버지보다 아내를 더 생각하는 태종의 잘못을 은근히 풍자했던 것이다. 여기서 '명분을 바로잡았다[正名分]'는 말은 정(政)과 사(事)의 이름을 분명히 하였다는 뜻이다. 그것은 곧 '이름을 바로잡았다[正名]'와도 통한다.

결국 우리는 이 장에서 유정(有政)이라는 염유 말이 곧지 못했음[不直]을 읽어내야 한다. 왜냐하면 곧음[直]이 바로 이어지는 문맥을 형성하기 때문이다.

공자는 염유가 유정(有政)이라고 하는 말을 듣고서 곧바로 그것이 잘못임을 알아차렸다. 이는 다름 아닌 공자가 남의 말을 들을 때 귀 밝음[聰]이 있었음을 보여주는 사례다. 이렇게 하는 것이 바로 귀 밝음이요, 확장하면 '귀 밝고 눈 밝음[聰明]'이 된다.

『춘추좌씨전』 환공(桓公) 13년(기원전 699년)에 나오는 등만(鄧曼) 이야기는 공자에 필적하는 귀 밝음[聰] 사례라 할 것이다.

13년 봄 초나라 굴하(屈瑕)가 나(羅)나라를 치기 위해 떠날 때 투백비(鬪伯比)가 그를 전송하고 돌아와 자기 수레 몰이꾼에게 말했다. "막오(굴하)는 반드시 패할 것이다. 그가 발을 높이 들어 걸음을 걸으니 마음이 단단하지 못하다는 증거이다."

그리고는 초나라 임금을 뵙고 "반드시 군대를 더 보내 주소서[濟師]"라고 했다. 초나라 임금은 이를 거절하고 내전으로 들어가 부인 등만(鄧曼)에게 그 일을 전하자 등만이 말했다. "투백비가 한 말은 군대를 더 보내라는 뜻이 아니라, 임금께서 신의로 백성들을 길러주고 다움으로 백관을 훈계하고 형벌로 막오에게 위엄을 보이라는 뜻입니다. 막오는 지난 전투에서 거둔 승리에 도취되어 장차 자기 뜻대로 하고 반드시 나나라를 경시할 것입니다. 임금께서 그를 억제하여 어루만지지 않으시면 아마도 대비책을 세우지 않을 것입니다. 저 투백비의 말은 임금께서 대중을 잘 훈계하여 잘 억제해 어루만지시고 백관을 둘러 아름다운 다움으로 권면하시어 그들이 막오를 만나거든 '하늘은 남을 경시하는 자를 용서하지 않는다'고 고하게 하라는 뜻입니다. 그렇지 않다면 저 투백비가 어찌 초나라 군대가 다 간 것을 모르겠습니까?"

초나라 임금은 사람을 시켜 막오를 뒤쫓게 했으나 따라잡지 못했다.

여기서 우리는 투백비가 한 말, 제사(濟師)에 담긴 뜻을 정확한 포착한 등만의 귀 밝음[聰] 뿐만 아니라, 그것을 통해 실상을 풀어내는 등만의 미루어 헤아림[推] 또한 볼 수 있다.

子路

15

○ (노나라) 정공이 물었다. "한마디 말로 나라를 흥하게 할 수 있다고 하는데 그런 말이 있는가?"

공자가 대답해 말했다. "말(의 효험)이 이와 같기를 바랄 수는 없지만, 사람들이 하는 말 중에 '임금 노릇이 어렵고 신하 노릇도 쉽지 않다'는 것이 있으니, 만일 임금 노릇의 어려움을 안다면 한마디 말로 나라를 흥하게 하기를 바랄 수 있지 않겠습니까?"

(정공이) 말했다. "한마디 말로 나라를 잃는다고 하는데 그런 말이 있는가?"

공자가 대답해 말했다. "말(의 효험)이 이와 같기를 바랄 수는 없지만, 사람들이 하는 말 중에 '나는 임금이 된 것에 즐거운 것이 없고, 오직 내가 말을 하면 아무도 나를 어기지 않는 것이 즐겁다'는 것이 있으니, 만약에 임금 말이 좋아서 아무도 그것을 어기지 않는다면 실로 좋지 않겠습니까? (하지만) 임금 말이 좋지 않은데도 아무도 그것을 어기지 않는다면, 한마디 말로 나라를 잃게 되는 것을 바랄 수 있지 않겠습니까?"

정-공 문 일-언 이 가-이 흥-방 유-제
定公問 一言而可以興邦 有諸

공-자 대-왈 언 불-가-이 약-시 기 기-야
孔子對曰 言不可以若是其幾也

인-지-언 왈 위-군 난 위-신 불-이
人之言曰 爲君難 爲臣不易

여 지 위-군-지-난 야 불-기-호 일-언 이 흥-방
如知爲君之難也 不幾乎一言而興邦

-호
乎

왈 일-언 이 상-방 유-제
曰 一言而喪邦 有諸

孔子對曰 言不可以若是其幾也
<small>공-자 대-왈 언 불-가-이 약-시 기 기-야</small>

人之言曰 予無樂乎爲君 唯其言而
<small>인-지-언 왈 여 무-락-호 위-군 유 기-언 이</small>

莫予違也
<small>막 여 위 야</small>

如其善而莫之違也 不亦善乎
<small>여 기-선 이 막-지 위 야 불-역-선-호</small>

如不善而莫之違也 不幾乎一言而喪
<small>여 불-선 이 막-지-위-야 불-기-호 일-언 이 상</small>

邦乎
<small>-방-호</small>

정공(定公)은 공자의 고국인 노나라 임금으로 소공 아우이다. 계손(季孫)이 소공을 축출하고 왕위에 올렸으며 국정은 계씨가 좌우했다. 그래서인지 『논어』에서 정공이 종종 등장해 임금이 어떠해야 하는지에 관한 질문을 던지곤 한다. 여기서도 그는 공자에게 역시 정치와 관련된 질문을 던진다. "한마디 말로 나라를 흥하게 할 수 있다고 하는데 그런 말이 있는가?"

계씨 손아귀에 있던 정공으로서는 어쩌면 절박한 질문[切問]이었는지 모른다. 이에 공자는 다음과 같이 답한다.

"말(의 효험)이 이와 같기를 바랄 수는 없지만, 사람들이 하는 말 중에 '임금 노릇이 어렵고 신하 노릇도 쉽지 않다'는 것이 있으니, 만일 임금 노릇의 어려움을 안다면 한마디 말로 나라를 흥하게 하기를 바랄 수 있지 않겠습니까?"

주희는 이 구절과 관련해 일단 임금이라 할 수 있는 정공을 상대로 한 이야기이기에 굳이 신하 노릇과 관련된 언급은 하지 않았다고 풀이한다.

공자는 정공의 물음에 대해 조건부로 답을 하고 있다. 임금 노릇하기의 어려움을 아는 사람의 한마디는 나라를 흥하게 할 수 있지만, 그것을 모르는 사람의 한마디는 나라의 흥망과는 상관없다는 뜻이다. 이에 정공은 뒤집어서 질문을 던진다. "한마디 말로 나라를 잃는다고 하는데 그런 말이 있는가?"

이에 대해 공자는 먼저 앞서와 같이 "말(의 효험)이 이와 같기를 바랄 수는 없지만"이라고 전제를 한 다음 이렇게 말한다.

"사람들이 하는 말 중에 '나는 임금이 된 것에 즐거운 것이 없고 오직 내가 말을 하면 아무도 나를 어기지 않는 것이 즐겁다'는 것이 있으니, 만약에 임금 말이 좋아서 아무도 그것을 어기지 않는다면 실로 좋지 않겠습니까? (하지만) 임금 말이 좋지 않은데도 아무도 그것을 어기지 않는다면, 한마디 말로 나라를 잃게 되는 것을 바랄 수 있지 않겠습니까?"

같은 내용이지만 전반부보다는 후반부가 훨씬 절실하다. 이에 대해서는 사량좌 풀이가 간명하면서도 정곡을 찌른다.

"임금 노릇하기가 어렵다는 것을 알면 반드시 공경하고 삼가서 유지할 것이요, 오직 말을 함에 자신의 말을 어기지 않는 것을 즐거워하면 참소하고 아첨하고 면전에서 아부하는 사람들이 이를 것이니, 나라가 반드시 대번에 흥하고 망하는 것은 아니나 흥하고 망하는 근원이 여기서 나누어진다. 그러나 이것은 은미(隱微)한 조짐을 아는 군자가 아니면 어찌 알 수 있겠는가?"

『설원』11-12는 이에 대한 사례라 할 것이다.

위(魏)나라 문후(文侯)가 대부들과 술을 마실 때, 공승불인(公乘不仁)을 시켜 술 마시는 규칙을 만들게 하고서 말했다. "술잔의 술을 다 마시지 않으면 큰 술잔으로 벌주를 내리겠다."

문후가 술을 마시면서 잔을 다 비우지 않자 공승불인이 큰 술잔을 들어 문후에게 벌주를 올리려 했다. 문후는 지켜보기만 할 뿐 응하지 않았다. 모시는 사람이 말했다. "불인은 물러가시오! 임금께서 이미 취하셨소."

공승불인이 말했다. "(『서경』) 주서(周書)에 이르기를 '앞에 가는 수레가 엎어지니 뒤에 가는 수레가 이를 경계로 삼는다'고 했으니, 이는 대개 그 위험성을 (알아차림을) 말한 것입니다. 남의 신하 된 자 노릇이 쉽지 않고, 임금 된 자 노릇 또한 쉽지 않습니다. 지금 임금께서 이미 영을 내리시고는 영이 시행되지 않으니 될 일입니까?"

임금이 말했다. "좋도다."

큰 술잔을 들어 술을 마셨고, 술을 다 마시고 나서는 이렇게 말했다. "공승불인을 상객(上客)으로 삼겠다."

子路

16

○ (초나라) 섭공이 정치에 관해 묻자 공자가 말했다. "가까이 있는 자들을 기쁘게 해주고, 멀리 있는 자들이 오게 하는 것이다."

섭-공   문-정
葉公問政

자-왈   근-자 열   원-자 래
子曰 近者說 遠者來

섭공(葉公)은 초(楚)나라 사람으로 섭(葉)이라는 현을 다스리던 지방관리였다. 그런데도 참람하게 스스로를 공(公-임금)이라고 불렀다. 초나라가 스스로 천자에 준하는 왕(王)을 칭한 때문일 것이다. 공자가 초나라를 찾았다가 만난 인물이다. 그도 정사에 관심이 많아『논어』에 여러 차례 등장한다. 우리는 이미 '술이 18'에서 그를 만나본 바 있다.

> 섭공이 공자가 어떤 사람인지를 자로에게 묻자 자로가 대답하지 않았다.
> 공자가 말했다. "너는 어찌해서 그 사람됨이 분발하여 먹는 것도 잊고, 즐거움으로 근심도 잊어 늙음이 장차 다가오는 줄도 모를 정도라고 말하지 않았는가?"

이 섭공이 바른 정치에 관해 묻자 공자는 "가까이 있는 자들을 기쁘게 해주고, 멀리 있는 자들이 오게 하는 것이다"고 답한다. 흔히 줄여서 '근열원래(近說遠來)'라고 한다. 이에 관해 주희는 병렬식이 아니라 인과관계로 풀이한다. 즉 반드시 가까이 있는 자가 기뻐한 뒤에야 멀리 있는 자가 오는 것으로 본다. 대외 관계만을 중시할 것이 아니라 내정에 먼저 치중해야 한다는 조언의 뜻이 담겨 있다는 것이다. 그것은 한 개인의 정치 참여 문제를 이야기할 때 수기(修己)를 우선하고, 치인(治人)이 인과적으로 이어지는 논법과 동일하다는 점에서 설득력이 있어 보인다.

이 말은 '자로 9'의 바로 앞에도 놓일 수도 있는 내용이다. 거기서 공

자는 "백성이 많구나"라고 했는데, 백성들이 많아지는 한 가지 원리를 제
시하고 있기 때문이다.

우리는 이미 '자로 4'에서 근열원래(近說遠來)하는 방법을 일목요연
하게 살펴본 바 있다.

공자가 말했다. "소인이도다, 번수여! 윗사람이 예를 좋아하면 백성
들은 감히 공경하지 않을 수 없고, 윗사람이 마땅함을 좋아하면 백성
들이 감히 복종하지 않을 수 없고, 윗사람이 믿음을 좋아하면 백성들
은 감히 실상대로 하지 않을 수 없다. 무릇 이와 같이 한다면 사방 백
성들이 자식을 포대기에 업고서 찾아올 것인데 어찌 (내 능력을) 농사
일에 쓸 것인가?"

『설원』 7-19에서는 보다 넓은 맥락에서 이 문제를 다루고 있다.

자공이 (공자에게) 말했다. "섭공이 스승님께 정치에 관해 물었을 때
스승님께서는 '정치는 가까이에 있는 사람은 귀부(歸附)하게 하고, 멀
리 있는 사람은 스스로 오게 하는데 달려 있다'고 하셨고, 노나라 애
공이 같은 질문을 했을 때 스승님께서는 '정치는 신하를 잘 알아보는
데 달려 있다'고 하셨으며, 제나라 경공이 같은 질문을 했을 때는 '정
치는 재물을 절약하는데 달려 있다'고 하셨습니다. 세 임금이 스승님
께 정치에 관해 물었을 때 스승님께서 그들에게 응답하신 것이 (이처
럼) 다 같지 않았습니다. 그렇다면 정치는 각기 다른 것입니까?"

공자가 말했다. "무릇 (섭공의 초나라) 형(荊) 땅은 넓고 도회지는 좁아
서 백성의 뜻은 흩어져 있다. 그래서 가까이에 있는 사람은 귀부(歸附)
하게 하고, 멀리 있는 사람은 스스로 오게 하는데 달려 있다고 말한 것
이다.

애공에게는 신하 세 명이 있는데, 안으로는 서로 당을 맺어 자기 임금
을 미혹시키고 밖으로는 제후들이 보내는 빈객을 막아서 임금의 눈
밝음을 가리고 있다. 그래서 정치는 신하를 잘 알아보는데 달려 있다
고 말한 것이다.

제나라 경공은 누대와 정자를 사치스럽게 꾸미고 원유(苑囿-대궐 내 동산)에서 음란한 짓을 하느라 오관의 즐거움에 푹 빠져 있고, 하루아침에 백승(百乘)의 벼슬(경대부)을 받은 자가 세 명이나 된다. 그래서 정치는 재물을 절약하는데 달려 있다고 말한 것이다.

이 셋은 다 정치이니 『시경』〔소아(小雅) 사월(四月)편〕에서 '난을 만나 모두 뿔뿔이 흩어지니 이에 어디로 가야 한단 말인가'라고 말하지 않았던가? 이는 사치하고 절약하지 않아 난이 일어난 것을 마음 아파한 것이다.

또〔소아 교언(巧言)편에서〕'맡은 직분을 수행하지 않는지라, 왕을 근심스럽게 하네'라고 했으니, 이는 간신이 임금의 총명을 가려 혼란을 일으킨 일을 마음 아파한 것이다.

또〔대아(大雅) 판(板)편에서〕'혼란한 세상을 만나 재물이 없어졌건만, 우리 백성에게 은혜를 베푸는 사람이 없구나'라고 했으니, 이는 사치하며 재물을 절약하지 않아 혼란을 일으킨 일을 마음 아파한 것이다. 이 세 임금이 하고자 하는 바를 잘 살펴볼 때 정치가 어찌 같을 수 있으랴!"

子
路

17

○자하가 거보 읍재가 되어 정사를 물었다. 공자가 말했다. "빨리하려 하지 말고 작은 이익을 보려고 하지 말라. 빨리하려 하면 달성하지 못하고, 작은 이익을 보려고 하면 큰일을 이루지 못한다."

자-하 위 거-보 재 문-정
子夏爲莒父宰 問政

자-왈 무-욕-속 무-견 소-리
子曰 無欲速 無見小利

욕-속 즉 부-달 견 소-리 즉 대-사 불-성
欲速則不達 見小利則大事不成

이번에는 공자에게 "군자다운 유자가 되어야지, 소인 같은 유자가 되어서는 안 된다"는 질책을 들었던 제자 자하가 노나라 거보(莒父)라는 읍의 책임자인 재(宰)가 되어 정치하는 도리를 물었다. 이에 공자는 "빨리하려 하지 말고 작은 이익을 보려고 하지 말라"며 그 이유에 대해 "빨리하려 하면 달성하지 못하고, 작은 이익을 보려고 하면 큰일을 이루지 못한다"라고 덧붙인다. 이는 누가 보아도 자하가 가진 병폐, 즉 일을 빨리하려고만 하고, 작은 이익에 눈을 두는 잘못을 일깨우고 있는 것이다. 그런 점에서 정명도 풀이가 정곡을 찌른다.

> "자장이 정사를 묻자 공자께서는 '정치하는 자리에 머물 때 게을리하지 말고, (신하가) 일을 할 때는 충(忠)으로 해야 한다'고 하셨고, 자하가 정사를 묻자 '빨리하려 말고 작은 이익을 보려고 하지 말라'고 말씀하셨다. 자장은 언제나 지나치게 높아 뛰어나지 못하였고, 자하의 병통은 항상 천근(淺近)하고 작은 데 있었다. 그러므로 각각 그 사람에게 절실한 일로 말씀해주신 것이다."

자장과 자하는 종종 이런 차원에서 대비가 된다. 과(過)와 불급(不及)의 대비다.

子路

18

○섭공이 공자에게 말했다. "우리 당에 곧게 행동하는 궁(躬)이라는 사람이 있으니 그의 아버지가 양을 훔치자 그는 아버지가 훔쳤다는 것을 증언했습니다."

공자가 말했다. "우리 당의 곧은 자는 이와는 다릅니다. 아버지는 자식 때문에 숨고, 자식은 아버지 때문에 숨으니 곧음이란 바로 이 가운데 있는 것입니다."

葉公語孔子曰 吾黨有直躬者 其父
攘羊 而子證之
孔子曰 吾黨之直者異於是
父爲子隱 子爲父隱 直在其中矣

궁(躬)이라는 사람은 자기 아버지가 양을 훔치자 관가에 가서 자기 아버지가 양을 훔친 것을 증언했다. 섭공은 이를 자랑스러워하며 "곧게 행동하는 궁"이라고 말했다. 군군신신(君君臣臣) 차원에서는 분명 곧았다고 할 수 있다. 그러나 부부자자(父父子子)가 있은 연후라야 군군신신이 있을 수 있다는 점에서 공자는 섭공이 한 말을 받아들일 수 없었다.

그간 이 장의 공자 말을 대부분 이렇게 번역해왔다. 나도 예전 책에서는 그렇게 옮기기도 했다. '아버지는 자식을 위해 숨겨주고, 자식은 아버지를 위해 숨겨주니 곧음이란 바로 이 가운데 있는 것입니다.'

위(爲)란 영어로 for이니 '위해서'로 옮길 수도 있고 '때문에'로 옮길 수도 있다. 문제는 은지(隱之)가 아니라 그냥 은(隱)이라는 사실이다. 즉 '숨겨주다'가 아니라 자기가 '숨는다'는 말이다.

사량좌는 순임금은 아버지 고수(瞽瞍)가 사람을 죽이면 고수를 업고서 도망쳐 바닷가에 가서 살았을 것이라 말한다. 이는 아버지를 숨겨준 것이기도 하지만 자신이 왕위를 버리고 숨는다는 뜻도 포함돼 있다.

원래 이 사례는 『맹자』 진심장구(盡心章句)에 나오는 이야기이기도 하다. 도응(桃應)이 맹자에게 "순임금이 천자로 있을 때 아버지 고수가 사람을 죽였다면 법을 책임지는 고요(皐陶)가 어떻게 했겠습니까?"라고 묻자 맹자는 이렇게 답했다.

"고요는 고수를 체포하려 할 것이고, 순임금은 천자 자리 버리는 것을 헌짚신 버리듯이 하시고, 몰래 아버지를 업고 도망쳐서 바닷가에 숨어 살았을 것이다."

앞으로 이 장의 공자 말은 이렇게 바로잡혀야 할 것이다.

"아버지는 자식 때문에 숨고, 자식은 아버지 때문에 숨으니 곧음이란 바로 이 가운데 있는 것입니다."

이것이 공자가 말하는 곧음[直]이다.

子
路
19

○번지가 어짊에 관해 묻자 공자가 말했다. "평소 거처할 때는 공손히
  하고, 일을 집행할 때는 삼가며, 남과 사귈 때는 진실함을 다하는 것이
  다. 이는 비록 오랑캐 땅에 가서 살더라도 버려서는 안 되는 것이다."

번-지   문-인
樊遲問仁
자-왈   거-처 공   집-사 경   여-인 충
子曰 居處恭 執事敬 與人忠
수 지 이-적   불-가-기-야
雖之夷狄 不可棄也

공자에게 "소인"이라는 소리까지 들었던 번지가 어짊[仁]에 대해 물었다.
문정(問政)하는 자리에서 어짊을 물었다는 것은 정(政)의 맥락에서 어짊
을 묻고 있는 것이라고 할 수 있다. 이 장은 자연스레 '자로 18'에서 이어
진다. 공자가 왜 섭공과는 다른 의미에서 곧음[直]을 이해하고 있는지를
알 수 있는 실마리를 제공하고 있기 때문이다.

　공자는 세 가지를 강조한다.

　첫째, '평소 거처함에 공손히 하라.' 주희 풀이대로 공(恭)은 외적인
모습[文]을 말한다. 어딘가에 나아가고 머물 때 몸에서 공손함이 우러나
오도록 하라는 것이다.

　둘째, '일을 집행함에 삼가는 마음을 잃지 말라.' 주희 풀이대로 경
(敬)은 내면적인 마음가짐이다. 앞서 나왔던 경사(敬事)이다.

　셋째, '사람을 대함에 진실함을 다하는 마음을 유지하라.' 자기에게
최선을 다하듯이[忠] 남에게도 그렇게 할 경우 그것이 바로 서(恕)가 된
다. 임금은 신하에게, 신하는 임금에게 서(恕)하는 마음을 가져야 한다는
뜻이다.

　공자는 어진 정치를 하기 위해서는 공(恭), 경(敬), 충(忠) 세 가지가

반드시 있어야 함을 말하고 있는 것이다. 그리고 나서 공자는 "이는 비록 오랑캐 땅에 가서 살더라도 버려서는 안 되는 것이다"고 말한다.

번지는 『논어』에서 세 차례 어짊을 묻는다. 그런데 호인은 내용에 따라 그 세 가지에 순서가 있다며 여기에 나온 문인(問仁)이 첫 번째이고, '옹야 20'이 그다음, '안연 22'가 마지막이라고 말한다. 그 흐름에 따라 읽어보는 것도 의미가 있다.

번지가 (일의 이치를) 안다는 것[知]에 대해 묻자 공자가 말했다. "사람이 해야 할 마땅함에 힘쓰고, 귀신은 공경하되 멀리한다면 일의 이치를 안다고 할 것이다."

어짊에 대해 묻자 공자가 말했다. "어진 사람은 어려움을 먼저 하고, 이득은 뒤로하니 이렇게 하면 어질다고 말할 수 있다."('옹야 20')

번지가 먼저 어질다는 것[仁]이 무엇이냐고 묻자 공자가 말했다. "사람을 사랑하는 것이다[愛人]."

안다는 것[知]이 무엇이냐고 묻자 공자가 말했다. "사람을 아는 것이다[知人]."

번지가 (특히 사람을 아는 것과 관련해) 이 말을 이해하지 못하자 공자가 말했다. "곧은 사람을 들어 쓰고 모든 굽은 사람은 제자리에 두면, 굽은 자로 하여금 곧아지게 할 수 있다."

번지는 공자 앞을 물러나와 자하를 찾아가 물었다. "지난번에 내가 스승님을 뵙고서 안다는 것이 무엇인지 묻자, 스승님께서 '곧은 사람을 들어 쓰고 모든 굽은 사람은 제자리에 두면, 굽은 자로 하여금 곧아지게 할 수 있다'고 하셨다. 무엇을 말함인가?"

자하가 말했다. "풍부하도다! 그 말씀이여! 순임금이 천하를 소유함에 여러 사람 중에서 선발하여 고요(皐陶)를 들어 쓰시니 어질지 못한 자들이 멀리 사라졌고, 탕왕(湯王)이 천하를 소유함에 여러 사람 중에서 선발하여 이윤(伊尹)을 들어 쓰시니 어질지 못한 자들이 멀리 사라졌다."('안연 22')

어짊을 몸에 체화하여 실천하게 될 경우 정치는 올바른 길로 갈 수 있다는 말이다. 수기치인(修己治人)을 강조하는 내용이다. 참고로 이 장에 대한 정약용 풀이다.

"살펴보건대 단정하게 앉고 용모를 바르게 하는 것은 비록 이적(夷狄)일지라도 이를 사랑할 것이고, 제사를 받들듯이 일을 받드는 것은 비록 이적일지라도 이를 그리워할 것이며, 남을 위해 도모함에 충성을 다하는 것은 비록 이적일지라도 이를 믿을 것이다. 서해(西海)고 동해(東海)고 할 것 없이 어디든 사람들의 마음은 같고 이치도 같다. 그런데 지금 사람들은 매양 한 나라를 가면 문득 말하기를 '풍속이 야박하고 나쁘다'고만 하고 스스로 반성할 줄 모르니, 어찌 이것이 실정[情]이겠는가?"

○자공이 물었다. "어떻게 해야 사(士)라 이를 수 있습니까?"

공자가 말했다. "몸가짐에 부끄러움이 있고, 사방에 사신으로 가서 임금의 명(命)에 욕됨이 없게 한다면 사라고 이를 수 있다."

자공이 "감히 그다음을 묻겠습니다"라고 하자 공자가 말했다. "집안 사람들이 효성스럽다고 칭찬하고, 동네 사람들이 공손하다고 칭찬하는 자이다."

자공이 "감히 그다음을 묻겠습니다"라고 하자 공자가 말했다. "말을 하면 반드시 믿음이 있게 하고, 일을 하면 반드시 결과가 있게 하는 것이 마치 단단한 돌과 같아서 소인이기는 해도 그다음이 될 수 있다."

자공이 "지금 정치에 종사하는 사람들은 어떻습니까?"라고 묻자 공자가 말했다. "아! 한 말이나 한 말 두 되들이 밖에 안되는 자잘한 사람들을 어찌 족히 따질 것인가?"

자―공 문―왈　하―여　사　가　위―지　사―의
子貢問曰 何如斯可謂之士矣

자―왈　행―기　유―치　사―어　사―방　불―욕　군―명
子曰 行己有恥 使於四方 不辱君命

가―위　사―의
可謂士矣

왈　감―문　기―차
曰 敢問其次

왈　종―족　칭―효　언　향―당　칭―제―언
曰 宗族稱孝焉 鄕黨稱弟焉

왈　감―문　기―차
曰 敢問其次

왈　언　필　신　행　필　과　갱―갱―연　소―인―재　억
曰 言必信 行必果 硜硜然小人哉 抑

역　가―이　　위―차―의
亦可以爲次矣
왈　금　지　종―정―자　　하―여
曰 今之從政者何如
자―왈　희　두―소―지―인　　하―족　산―야
子曰 噫 斗筲之人 何足算也

앞 장의 공자의 말, "평소 거처할 때는 공손히 하고, 일을 집행할 때는 삼가며, 남과 사귈 때는 진실함을 다하는 것이다[居處恭 執事敬 與人忠]"와 바로 연결되어 상호보완 역할을 한다.

"몸가짐에 부끄러움이 있다[行己有恥]"는 것은 풀어 말하면 유소불위(有所不爲), 즉 뭔가 절제가 있어 제 마음대로 하지 않는다는 말이다. 부끄러움을 모르는 사람은 하지 못하는 바가 없지만, 부끄러움을 아는 사람은 자신의 불선(不善)한 행동을 부끄러워하지 않을 수 없다. 이것이 바로 '거처공(居處恭)'이다.

'집사경(執事敬)', 즉 일을 집행할 때는 삼가야 한다는 말은 '학이 5'에서 보았던 경사이신(敬事而信)의 경사(敬事)를 약간 보충한 것이다. 일을 할 때는 주도면밀해야 한다는 뜻이다. 그것이 바로 사방에 사신으로 가서 전대(專對)를 제대로 하는 것이다. 주도면밀하고 치밀하지 않고서 전대할 수는 없다.

그 결과 남과 사귈 때는 진실함을 다한다는 '여인충(與人忠)'에서 남이란 다름 아닌 임금이다. 사신으로 가서 전대를 잘해 임금 명을 욕되게 하지 않는 것이야말로 충(忠)이다.

행기유치(行己有恥), 사어사방(使於四方)과 불욕군명(不辱君命)은 따라서 공적인 영역에서 신신(臣臣), 즉 신하가 신하다움을 말한다. 신하로서는 이렇게 하는 것이 어짊[仁]이다.

자공이 그 아래 단계를 묻자 공자는 사적인 영역에서의 부부자자(父

父子子)로 답을 한다. 이는 '학이 2'에서 유자가 했던 말이 그대로 풀이가
된다.

> "군자는 근본에 힘쓰니, 근본이 서야 도리가 생겨난다. 효도와 공순
> 이라는 것은 아마도 어짊을 행하는 근본일 것이다."

어짊을 행하는 도리란 바로 군군신신(君君臣臣)이다. 그 근본이 효도
와 공순이라는 말이다.

자공은 또 "감히 그다음을 묻겠습니다"고 말한다. 이에 공자는 다음
과 같이 답한다. "말을 하면 반드시 믿음이 있게 하라!" 이는 곧 말을 하
면 반드시 행해야 한다는 뜻이다. 허언(虛言)이나 공언(空言)을 피해야 한
다는 것이다. 그리고 "일을 하면 반드시 결과가 있게 하라"고 덧붙인다.
말하고자 하는 내용을 떠나 일단 말을 하면 실천하고, 반드시 성과물을 얻
어내기를 마치 단단한 바윗돌처럼 한다면, 그것만 놓고 볼 때는 소인이라
고 할 수 있으나 적어도 그런 소인은 다음 자리를 차지할 만하다고 말하는
것이다. 이때 소인이란 부정적 의미가 아니라 사사로운 영역에서 말하고
일하는 사람을 말한다. 예를 들어 뛰어난 상인의 경우 비록 자신의 이익만
을 위해 일을 하지만, 그 일하는 태도에서만은 이 같은 장점을 취할 수 있
다는 말이다.

이제 어느 정도 질문에 대한 답을 얻었다고 생각한 자공은 지금까
지 말한 세 가지 척도로 볼 때 "지금 정치에 종사하는 사람들은 어떻습니
까?"라고 묻는다. 이 질문을 보더라도 여기에서 사(士)는 일반적인 선비
가 아니라 벼슬에 종사하는 조사(朝士)임을 알 수 있다. 이 사람들은 곧 노
나라 정치인들을 가리킨다. 두(斗)는 한 말, 소(筲)는 한 말 두 되를 뜻한
다. 공자는 먼저 "희(噫)!"라고 불만 섞인 한탄을 한 다음, "한 말이나 한
말 두 되들이 밖에 안되는 자잘한 사람들을 어찌 족히 따질 것인가?"라고
말한다. 당시 정치인들에 대해 오십 보 백 보일 뿐이라고 비판한 것이다.

子路

21

○공자가 말했다. "중항(中行)하는 자를 얻어서 함께 할 수 없다면 반드시 광자나 견자와 함께할 것이다. 광자는 나아가는 바가 있고, 견자는 뭔가 하지 않는 바가 있다."

자─왈　부─득　중─항　이　여─지　　필─야　광─견─호
子曰 不得中行而與之 必也狂狷乎

광─자　진─취　견─자　유　소─불─위─야
狂者進取 狷者有所不爲也

여기서 공자는 취재(取才), 즉 인재를 구하는 문제를 이야기한다. '자로 2'에서 말한 거현재(擧賢才)와 연결된다. 정사(政事)하는 핵심 중 하나가 인재를 얻는 것이다. 올바른 취재를 위한 필수적인 선행조건은 말할 것도 없이 지인(知人)이다. 사람을 제대로 볼 줄 알아야 한다.

　　공자는 일관되게 중항(中行), 즉 중도와 중용 그리고 중화(中和)의 정신을 갖춘 인재를 최고로 여겼다. 그러나 현실적으로 그런 인재를 구하기란 어렵다. 그래서 공자는 차선책으로 광자(狂者)와 견자(狷者)의 문제를 논의한다.

　　여기서 광자(狂者)란 미친 사람이란 뜻이 아니다. 공자 말대로 진취(進取), 즉 '앞으로 나아가려는 사람'이다. 제자리에 머물러 있으려는 사람[固=고집불통]으로는 도리에 이르게 할 수 없다는 뜻이다. 따라서 광자란 요즘식으로 말하면 '대단한 열정을 가진 사람'이라고 할 수 있다. 이런 사람은 방향만 제대로 잡아주면 얼마든지 도리에 이를 수 있다는 것이 공자 생각이다.

　　견(狷)은 고집스럽다는 뜻이다. 견자(狷者)에 대한 공자 풀이, 즉 뭔가 하지 않는 바가 있다는 것과 통한다. 여기서는 '어떤 일에 대한 지조와 굳셈이 있는 인물'을 뜻한다. 이런 사람을 잘 일깨워 도리를 향해 나아가도록 한다면, 처음에는 잘 나아가려 하지 않겠지만 일단 한 번 나아가면 그때부터는 한눈팔지 않고 마침내 도리에 이를 수 있다는 것이 공자 생각이다.

　참고로 맹자는 중항하는 인물 다음으로 광자(狂者)와 견자(狷者)를 나란히 세우지 않고 중도의 사람, 광자, 견자 이런 순서로 서열을 매겼다. 『맹자』진심장구(盡心章句) 하(下)에 나오는 말이다.

　　"공자께서 어찌 중도의 사람을 구하려고 하지 않으셨겠는가마는 반드시 얻을 수가 없었다. 이 때문에 그다음 인물을 생각하신 것이니 금장(琴張), 증석(曾晳), 목피(牧皮)와 같은 자가 공자께서 말씀하신 광자(狂者)이다. 이들은 뜻이 커서 입만 열면 '옛날 분들이여, 옛날 분들이여!'하고 말하지만, 평소에 그 행실을 살펴보면 행실이 말을 따라가지 못하는 자들이다. 광자를 또 얻을 수 없으면 불결(不潔)함을 달갑게 여기지 않는 선비를 얻어 가르치려고 하셨다. 이것이 견자(狷者)이니, 이는 또 그다음이다."

　여기서 불결함을 달갑게 여기지 않는 선비란 자신의 신념만을 고집하여 현실에 몸담으려 하지 않는 꼿꼿한 성품의 인물을 말한다. 이들의 태도는 고집불통[圄^고]과는 다르다.

　금장(琴張)은 자장(子張)을 말하고, 증석은 증자 아버지이며, 목피(牧皮)에 대해서는 더 알려진 바가 없다. 광자는 광사(狂士)라고도 한다.

　『인물지』에는 이를 다음과 같이 활용한다.

　　"(이런 중용을 갖춘 사람은) 위엄을 부려야 할 때는 능히 위엄을 드러내고, 품어주어야 할 때는 능히 품어주며, 말을 잘해야 할 때는 능히 말을 잘하고, 말을 신중히 해야 할 때는 능히 어눌하게 할 수 있다. 그리하여 어떤 달라짐과 바뀜에든 두루 다 통해 이치에 통달하는 것을 자기 절도로 삼는다. 이 때문에 너무 치솟아 오르려는 사람[抗者^{항-자}＝狂者^{광-자}]은 (적중해야 할 도리를) 지나치고[過之^{과-지}], 너무 구애되는 사람[拘者^{구-자}＝狷者^{견-자}]은 (적중해야 할 도리에) 미치지 못한다[不逮^{불-체}＝不及^{불-급}]."

子
路

22

○공자가 말했다. "남쪽 지방 사람들이 하는 말 중에 '사람으로서 항심 (恒心)이 없으면 무당이나 의원도 될 수 없다'는 것이 있는데 참으로 좋도다."

(『주역』에 이르기를) "그 다움이 일정하게 오래가지 못하면, 혹 치욕에 이르게 될 것이다."

공자가 말했다. "(항심이 없는 사람은) 점칠 필요도 없다."

_{자─왈} _{남─인} _{유─언} _왈 _{인─이─무─항} _{불─가─이}
子曰 南人有言曰 人而無恒 不可以

_작 _{무─의} _{선─부}
作巫醫 善夫

_{불─항} _{기─덕} _혹 _{승─지} _수
不恒其德 或承之羞

_{자─왈} _{부─점} _{이─이─의}
子曰 不占而已矣

우리는 '술이 25'에서 항(恒), 항심(恒心), 오래가는 마음의 문제를 다뤄본 바 있다.

> 공자가 말했다. "(문질을 고루 갖춘) 좋은 사람을 내가 만나볼 수 없다면 오래가는 마음을 갖춘 자라도 만나보면 이에 괜찮다. 아무것도 없으면서 있는 척하고, 텅 비어 있으면서도 가득한 척하며, 가진 것이 적으면서도 꽉 차서 많은 척한다면 오래가는 마음이 있다고 하기 어렵다."

당시에 무당이나 의원은 천한 직업이었다. 그러나 무당은 다른 사람의 소망을 위해 빌어주는 사람이고, 의원은 다른 사람의 질병을 치료하는 사람이다. 그런데 이런 천한 사람들조차 항심(恒心)이 없다면 진정 타인을 위하는[愛人=仁] 실질이 있을 수 없다는 말이다. 어짊의 문맥이다. '이인 2'에서 우리는 오래가는 것이 어짊임을 살펴본 바 있다.

공자가 말했다. "어질지 못한 자는 자신을 다잡는데 (잠시는 몰라도) 오랫동안 처해 있을 수 없고, 도리를 즐기는데 (잠시는 몰라도) 오랫동안 처해 있을 수 없다."

이어지는 "그 다움이 일정하게 오래가지 못하면, 혹 치욕에 이르게 될 것이다", 이 말은 『주역』항(恒)괘(䷟) 밑에서 세 번째 양효에 대해 주공이 말을 단 효사(爻辭) 일부다. 원래는 이렇다.

"그 다움이 일정하게 오래 하지 못하면, 혹 치욕에 이르게 되니 반듯해도 안타깝다[不恒其德 或承之羞 貞吝]."

이를 공자는 다시 이렇게 풀었다.

"[구삼(九三)은] 그 다움을 오래 유지하지 못하는 것은 받아줄 곳이 없기 때문이다[不恒其德 无所容也]."

공자는 사람이 이렇게 되면 어딜 가도 받아주지 않는다는 점만 지적한다. 흉함 중에 아무도 자신을 받아주지 않는 것은 참으로 심한 흉함이다.

공자는 결론적으로 이렇게 말한다.

"(항심이 없는 사람은) 점칠 필요도 없다."

이를 장식(張栻)은 조금 다르게 풀이한다. 참고할 필요가 있다.

"점을 치지 않는다는 것은 이치로 보아 필연적인 것은 점을 쳐서 결정할 필요도 없이 절로 분명한 것임을 일컫는 것이다."

결과적으로 뜻은 크게 다르지 않다.

子路

23

○공자가 말했다. "군자는 화(和)하되 동(同)하지 않고, 소인은 동(同)하되 화(和)하지 않는다."

자-왈　　군-자　　화-이-부-동　　소-인　　동-이-불-화

子曰 君子 和而不同 小人 同而不和

그러면 어떤 사람을 천거할 것인가? 당연히 군자(君子)나 군자에 가까운 사람을 천거해야 한다. 먼저 본문부터 보자. 공자가 말했다.

　　"군자는 화(和)하되 동(同)하지 않고, 소인은 동(同)하되 화(和)하지 않는다."

　　군자는 화(和), 소인은 동(同)이다. 이때 화(和)나 동(同)은 마음가짐뿐만 아니라 실행하는 모습도 함께 나타낸다. 사람의 속과 겉을 함께 고려한다는 말이다. 이는 사실상 '위정 14'와 같은 뜻이다.

　　공자가 말했다. "군자는 (공적으로) 두루 어울리되 (사사로이) 친밀하게 하지는 않고[周而不比], 소인은 (사사로이) 친밀하게 할 뿐 (공적으로) 두루 어울리지는 않는다[比而不周]."

　　'위정 14'를 다시 한번 읽어보는 것으로 풀이를 대신한다.

　　화(和)와 동(同)의 관계에 대해서 정약용은 직접 풀이하지 않고, 『춘추좌씨전』에 실린 사례로 그 풀이를 대신한다. 간접적으로 사람을 보고 쓰는 문제[知人]와도 관련이 있기 때문에 길지만 인용한다. 노나라 소공 20년(기원전 522년) 기사다.

　　제나라 경공이 사냥에서 돌아오자 안자(晏子)가 천대(遄臺)에서 (경공을) 모시고 있었다. (그때) 자유(子猶-제나라의 대부)가 말을 달려왔다. 경공이 말하기를 "오직 자유만이 나와 기분이 화합한다[和]"라고 하니, 안자가 대답하기를 "자유는 경공께 또한 기분을 같게 하는 것[同]일 뿐인데, 어찌 이것이 화합이 될 수 있겠습니까?"라고 하였다. 이에 경공이 "화(和)와 동(同)이 다른가?"라고 하니 안자는 이렇게 대답하

였다.

"다릅니다. 화(和)란 국을 끓이는 것과 같아서, 물, 불, 초, 젓갈, 소금, 매실에다 삶은 생선이나 고기를 넣고 나무로 불을 때서 요리사가 그 것들을 조화시켜 맛을 고르게 하여 모자라는 것은 더 넣고 많은 것은 덜어내어 국을 만듭니다. 그런 뒤에 군자는 이를 먹고는 기분 좋아 마음을 화평하게 가집니다. 임금과 신하 사이도 또한 그러합니다. 임금이 옳다고 한 것도 그것이 잘못되었으면 신하가 그 잘못을 말씀드려 옳게 만들어 나가고, (반대로) 임금이 그르다고 한 것도 그것이 옳으면 신하가 그 옳은 것을 말씀드려 틀린 것을 고쳐 나가야 합니다. 이렇게 해야 정치가 공평해져서 서로 충돌이 없고, 백성들도 다투는 마음이 없어집니다.

그러므로 『시경』에 이르기를 '또한 조화된 맛의 국이 있어, 이미 경계하고 이미 고르게 하였네'라고 하였습니다. 그런데 지금 자유는 그렇지 않아, 임금이 옳다고 하면 자신도 옳다고 하고, 임금이 그르다고 하면 자신도 그르다고 하니, 이는 마치 물에 물을 더 타는 격이니 누가 그 음식을 먹겠으며, 조화가 없는 거문고 한 가지 소리만 켜는 것과 같은 격이니 누가 그 소리를 듣겠습니까? 〔화(和)와 동(同)에서〕 동(同)이란 것이 옳지 않음이 이와 같습니다."

안자가 한 말은 '자로 15'에서 공자가 했던 말을 좀 더 상세하고 풀어낸 것이라 하겠다.

(노나라) 정공이 물었다. "한마디 말로 나라를 흥하게 할 수 있다고 하는데 그런 말이 있는가?"

공자가 대답해 말했다. "말(의 효험)이 이와 같기를 바랄 수는 없지만, 사람들이 하는 말 중에 '임금 노릇이 어렵고 신하 노릇도 쉽지 않다'는 것이 있으니, 만일 임금 노릇의 어려움을 안다면 한마디 말로 나라를 흥하게 하기를 바랄 수 있지 않겠습니까?"

(정공이) 말했다. "한마디 말로 나라를 잃는다고 하는데 그런 말이 있

는가?”

공자가 대답해 말했다. “말(의 효험)이 이와 같기를 바랄 수는 없지만, 사람들이 하는 말 중에 ‘나는 임금이 된 것에 즐거운 것이 없고 오직 내가 말을 하면 아무도 나를 어기지 않는 것이 즐겁다’는 것이 있으니, 만약에 임금 말이 좋아서 아무도 그것을 어기지 않는다면 실로 좋지 않겠습니까? (하지만) 임금 말이 좋지 않은데도 아무도 그것을 어기지 않는다면, 한마디 말로 나라를 잃게 되는 것을 바랄 수 있지 않겠습니까?”

子
路
24

○자공이 물었다. "마을 사람들이 모두 (어떤 이를) 좋아하는 것은 어떻습니까?"

공자가 말했다. "(그렇다고 해서 그를 좋은 사람으로 보는 것은) 안 된다."

"마을 사람들이 모두 (그를) 싫어하는 것은 어떻습니까?"

공자가 말했다. "(그렇다고 해서 그를 나쁜 사람으로 보는 것은) 안 된다. (모두 좋아하거나 모두 싫어하는 것은) 마을 사람 중에 선한 자가 좋아하고 선하지 않은 자가 싫어하는 것만 못하다."

자-공 문-왈 향-인 개 호-지 하-여
子貢問曰 鄕人皆好之 何如
자-왈 미-가-야
子曰 未可也
향-인 개 오-지 하-여
鄕人皆惡之 何如
자-왈 미-가-야
子曰 未可也
불-여 향-인 지 선-자 호-지 기 불-선-자 오-지
不如鄕人之善者好之 其不善者惡之

전형적인 지인지감(知人之鑑) 관인지법(觀人之法)이다. 앞에서 벼슬하는 관리[士]에 관해 꼬치꼬치 물었던 자공이 이번에는 "마을 사람들이 모두 (어떤 이를) 좋아하는 것은 어떻습니까?"라는 질문을 던진다. 이 장은 자연스럽게 앞의 '자로 23'에서 이어진다. 화(和)와 동(同)의 차이를 염두에 두면서 읽어갈 때 이해가 쉽다.

자공 질문에 공자는 "안 된다"고 잘라 말한다. 여기에는 보충 설명이 필요하다. 공자의 단호한 대답은 고을 사람들이 다 그를 좋아한다고 해서, 그 사람을 좋은 사람이라고 보아서는 '안 된다'는 뜻이다. 이는 '양화 13'

과 바로 연결된다.

공자가 말했다. "시골에서 덕망이 있다는 소리를 듣는 사람[鄕原]은 (잘 알고 보면 대부분) 다움을 해치는 자이다."

여기서 말하는 향원(鄕原)이란 주희에 따르면 겉으로는 근후한 것 같으면서 "시류에 동화하며 더러운 세상에 영합하여 세상 사람들에게 아첨하는 사람[同]"이다. 그래서 시골 사람들 사이에서만 근후하다는 평가를 얻는다는 것이다.

다시 자공이 "마을 사람들이 모두 (그를) 싫어하는 것은 어떻습니까?"라고 묻자 이번에도 공자는 "안 된다"고 말한다. 이 또한 고을 사람들이 다 그를 싫어한다고 해서, 그 사람을 좋지 못한 사람으로 보아서는 '안 된다'는 뜻이다. 이어서 공자는 다음과 같이 말했다.

"(모두 좋아하거나 모두 싫어하는 것은) 마을 사람 중에 선한 자가 좋아하고 선하지 않은 자가 싫어하는 것만 못하다."

이에 대해서는 보광(輔廣) 풀이가 명확하다.

"마을 사람들이 다 좋아한다는 것은 아마도 같이 휩쓸려 더러운 것에 영합하는 사람인 듯하고, 마을 사람들이 다 싫어하는 것은 아마도 세상에 등을 돌리고 풍속에 어긋나는 짓을 하는 사람인 듯하다. 따라서 어느 경우도 모두 충분치 않다고 하는 것이다. 생각건대, 마을의 선한 사람들이 자신과 똑같다고 여겨서 좋아할 적에는 좋아할 만한 실질이 있는 것이다. 마을의 악한 사람들이 자신과 다르다고 여겨서 싫어할 적에는 그 사람이 구차하게 남에게 영합하려는 행실이 없는 것이다. 이때 이르러서야 바야흐로 그 사람이 뛰어나다는 것을 확신할 수 있다."

『대학연의』에 나오는 풀이다.

"신이 가만히 살펴보겠습니다. 이것은 (작은) 마을에서 사람을 살필 때에도 마땅히 이래야 한다는 것입니다. 그것을 그대로 국가나 천하에 미루어 헤아릴 경우에도 역시 그렇지 않은 바가 없으니, 무릇 어떤 사람이 좋은가 그렇지 못한가 하는 것은 같지가 않고 또 좋아하고 싫어하는 것도 다릅니다.

그래서 좋은 것은 좋지 못한 자들이 극도로 싫어하는 것이고, 좋지 못한 것은 좋은 사람들이 관여하기를 꺼리는 것입니다. (그런데) 만일 어떤 사람이 좋고 나쁘고를 가리지 않고서 다 좋아한다면 이는 부화뇌동하며 명예를 구하려는 짓이니 맹자가 말한 향원(鄕原)이 그것이고, (반대로) 만일 어떤 사람이 좋고 나쁘고를 가리지 않고서 다 미워한다면 비록 그렇게 된 이유나 원인은 알 수 없더라도 그 사람의 사람됨은 얼마든지 알 수 있을 것입니다.

그렇기 때문에 반드시 좋은 사람은 좋은 것을 좋아하고, 좋지 못한 사람은 그것을 미워하는 것입니다. 이처럼 행동에 제약을 가하는 좋음[善]은 군자에 대한 믿음에서 생겨나며, 마음을 세울 때의 곧음[直] 또한 결코 소인과 같지 않으니, 그 행동은 반드시 뛰어나게[賢] 되는 것입니다.

(후한 때) 진번(陳蕃) 이응(李膺)의 무리들을 세상 사람들이 뛰어나다고 칭찬했지만, 중상시(中常侍-환관)들은 그들을 보고서 말하기를 '당파 패거리[鉤黨]'라 했고, (당나라 때의 정승) 배도(裴度)의 인물됨에 대해 세상 사람들이 그 공훈과 다움[勳德]을 우러러보았으나, 정작 이봉길과 결탁했던 팔관십육자(八關十六子)의 무리들은 그를 깎아내리려고 백방으로 노력을 다했으니, 이것이 이른바 좋은 사람은 좋은 것을 좋아하고, 좋지 못한 사람은 그것을 미워하는 것입니다.

그렇지만 좋음을 좋아하는 사람이 비록 많다고 해도 그 말이 반드시 위에 닿는 것은 아니며, 좋음을 싫어하는 사람이 비록 적다고 해도 그의 논의는 항상 시끄러워 임금 앞에 다다르니, 그것이 바로 좋은 말을 무고하는 것은 쉽게 행해지고 충심과 사특함이 늘 자리가 바뀌게 되는 까닭입니다.

임금 된 자가 장차 '사방을 훤히 보고 사방의 일들을 다 훤히 들어' 천

하의 공론이 다 위에 들리게 하고, 간사한 자들을 막고 가린다면 옳고
그름과 좋고 싫음의 실상이 거의 잘못이 없는데 이르게 될 것입니다."

子
路

25

○공자가 말했다. "군자는 섬기기는 쉬워도 기쁘게 하기는 어려우니, 기쁘게 하기를 도리로서 하지 않으면 기뻐하지 아니하고, 사람을 부리면서도 그 그릇에 맞게 부린다. 소인은 섬기기는 어려워도 기쁘게 하기는 쉬우니, 기쁘게 하기를 비록 도리로서 하지 않아도 기뻐하고, 사람을 부리면서도 한 사람에게 모든 능력이 완비되기를 요구한다."

子曰 君子 易事而難說也 說之不以
道 不說也 及其使人也 器之
小人 難事而易說也 說之雖不以道
說也 及其使人也 求備焉

형이상에 해당하는 '자로 23'을 형이중 차원에서 곡진하게 풀어낸 것이 바로 이 '자로 25'이다. 짧지만 여기에는 참으로 많은 주제들이 녹아들어 있다. 군자와 소인의 대비, 섬기기와 기쁘게 하기의 대비, 도리의 문제, 그 그릇에 맞게 부리는 군자형 지도자의 너그러움[寬]과 아래 신하 한 사람에게 모든 것이 다 갖춰져 있기를 바라는 소인형 지도자의 게으름[倦] 등이 그것이다.

사실 이 구절은 『주역』의 내용을 가장 압축적으로 잘 표현하고 있다. 그중에서 일단 한 가지 문제만 여기서 짚고 넘어가자. 군자와 소인의 대비가 그것이다. 『주역』은 한마디로 군자가 되는 공부이자 군자가 일을 잘 풀어가는 지침이며, 군자가 자신의 삶을 공명정대하게 살려고 방향을 잡아가는 채찍이다. 적어도 공자가 풀어낸 『주역』은 그렇다. 점서(占書)와는 전혀 무관한 책이라는 말이다.

여기서 군자와 소인은 단순한 군자와 소인의 대비가 아니라 임금 중에서 군자형 임금과 소인형 임금을 나눈 것이다. 이 점을 이해할 때라야 정확한 이해가 가능하다.

군자형 임금은 주(周)와 화(和)를 원칙으로 삼기 때문에 "섬기기는 쉬워도 기쁘게 하기는 어려우니, 기쁘게 하기를 도리로서 하지 않으면 기뻐하지 않는다." 소인형 임금은 비(比)와 동(同)을 원칙으로 삼기 때문에 "섬기기는 어려워도 기쁘게 하기는 쉬우니, 기쁘게 하기를 비록 도리로서 하지 않아도 기뻐한다." 한마디로 군자형 임금은 공도(公道)를 따르고, 소인형 임금은 사익(私益)을 따른다.

여기에 공자는 매우 중요한 실마리 하나를 우리에게 제공했다. 기지(器之)와 구비(求備)가 반대말이라는 사실이다. 그럼 기지(器之)는 '신하를 그 그릇에 맞게 부린다'는 뜻이니, 구비(求備)란 '그릇에 맞게 부리지 않고 아래 신하 한 사람한테 다 갖춰져 있기를 요구한다'는 뜻이 된다.

자, 이야기를 '팔일 26'으로 거슬러 올라가 보자.

공자가 말했다. "윗자리에 있으면서 너그럽지 않다면[居上不寬], (…) 나는 무엇으로 그 사람됨을 살필 수가 있겠는가?"

이 불관(不寬)이 바로 구비(求備), 즉 아래 신하 한 사람한테 다 갖춰져 있기를 요구한다는 뜻이다. 관(寬)은 질(質)로서는 너그럽다는 성품을 가리키지만, 문(文)으로서는 바로 이처럼 신하의 그릇을 정확히 알아보아서 그에 맞게 부리는 것[器之]이다.

이렇게 이해할 때 '미자 10'에 나오는 주공의 당부를 제대로 이해할 수 있다.

주공이 (아들) 노공에게 말했다. "참된 군주는 그 친척을 버리지 않으며, 대신으로 하여금 써주지 않는 것을 원망하지 않게 하며, 선대왕의 옛 신하들이 큰 문제가 없는 한 버리지 않으며, (아랫사람) 한 사람에게 모든 것이 갖춰져 있기를 바라지 않는다[無求備於一人]."

관(寬)은 형이상, 이를 정의하는 형이중이 바로 기지(器之)와 무구비

어일인(無求備於一人)이다. 참고로 『논어』에 등장하는 관(寬)의 형이하와
관련해서는 '공야장 7'을 다시 한번 음미해 보기를 바란다.

子路

26

○공자가 말했다. "군자는 사람이 크고 느긋하면서도 교만하지 않지만, 소인은 교만한 데다 크고 느긋함이 없다."

<ruby>子<rt>자―왈</rt></ruby> 曰 <ruby>君子<rt>군―자</rt></ruby> <ruby>泰而不驕<rt>태―이―불―교</rt></ruby> <ruby>小人<rt>소―인</rt></ruby> <ruby>驕而不泰<rt>교―이―불―태</rt></ruby>

子曰 君子 泰而不驕 小人 驕而不泰

역시 군자(君子)와 소인(小人) 관계다. 여기서는 태(泰)를 어떻게 볼 것인지가 관건이다. 주희 풀이다.

> "군자는 천리(天理)를 따르므로 편안하고 느긋하되 자랑하거나 방자하지 않고, 소인은 인욕(人欲)을 부리므로 이와 반대인 것이다."

이 또한 지인(知人) 혹은 거현재(擧賢才) 문맥이다.

子
路
27

○공자가 말했다. "굳세고 굳건하고 질박하고 어눌한 것이 어짊에 가깝다."

子曰 剛毅木訥 近仁

여기서는 간명하게 어짊[仁]에 가까운 사람의 특성을 제시한다. 공자의 이 말에 대해서는 두 가지 풀이가 있다. 첫째는 굳세고[剛] 굳건하고[毅] 질박하고[木=樸] 어눌함[訥], 이 네 가지 자질이 어짊에 가깝다는 것이다. 이것은 모두 합하여 바로 앞 '자로 26'에 나온 태(泰)의 뜻풀이로 이해해도 된다.

또 다른 해석은 양시가 대표적이다. 사람을 둘로 나눠서 풀이하는 데 참고만 하면 될 듯하다

"강하고 굳세면[剛毅] 물욕에 굽히지 않고, 질박하고 어눌하면[木訥] 외물(外物)에 휩쓸리지 않는다. 그러므로 어짊에 가까운 것이다."

공자에게는 군자(君子)보다 인자(仁者)가 좀 더 높은 경지를 차지한다. 따라서 군자라고 다 어진 것은 아니다. 어질다[仁]는 평가에 대해 공자가 인색했던 것도 그 때문이다. 따라서 군자가 이 네 가지 중에서 어느 하나라도 몸에 익혀간다면 어짊을 향해 좀 더 나아간다고 풀이할 수 있다. 이렇게 볼 경우에는 강의목눌(剛毅木訥) 한 글자 한 글자 풀이가 더욱 중요해진다.

첫째, 강(剛)이다. 『논어』에서 굳셈[剛]은 곧음[直]과 통하며 동시에 한결같음[一]과도 통한다.

둘째, 의(毅)다. 이 말을 풀어낼 단서는 '태백 7'에 나오는 증자의 말이다.

"(도리를 중시하는) 대장부는 도량이 넓고 굳건하지[弘毅] 않으면 안 된다. 맡은 바가 무겁고 가야 할 길은 멀기 때문이다. 어짊을 자기 맡은

> 바로 여기니 실로 무겁지 않겠는가? 죽은 다음이라야 끝이 나니 실로 멀지 않겠는가?"

증자의 말 자체도 바로 선비(혹은 대장부)와 군자의 자질을 이야기하고 있는 지금 문맥과 딱 맞아떨어진다.

셋째, 목(木)이다. 목(木)이란 질박(質樸)이다. 말 그대로 꾸밈이 없고 순수하다는 것이다. 문질(文質)로 보자면 때 묻지 않은 질(質)을 말한다.

넷째, 눌(訥)이다. 눌(訥)은 노둔하다[魯=魯鈍]와 통한다.

진덕수는 『대학연의』에서 이 구절을 교언영색(巧言令色)장과 대비시켜 다음과 같이 풀어낸다.

> "신이 가만히 살펴보겠습니다. 말을 아주 정교하게 남이 듣기 좋도록 하고 얼굴빛도 아름답게 하는[巧言令色] 사람은 빈말과 거짓으로써 두드러지기 때문에 어진 모습이 드물다고 한 것이고, 굳세고 강직하고 질박하고 어눌한[剛毅木訥] 사람은 바탕과 진실함이 두드러지기 때문에 어짊[仁]에 가깝다고 한 것입니다.
>
> 어짊이란 것은 본래 마음의 온전한 다움이라 반드시 그에 관한 앎에 이르러야 하고, 반드시 그것을 행하기 힘쓴 이후에야 능히 땅에 두 발을 딛고 설 수 있을 터인데 강직하고 과감하며[剛果] 질박하고 어눌한[樸鈍=木訥] 것이 어찌 갑자기 생겨날 수 있겠습니까? 하지만 진실하되 거짓이 없고 질박하되 화려하지 않으면, 그 본래의 마음은 잃지 않은 것이니 어짊에서 멀지 않습니다. 그래서 어짊에 가깝다고 한 것입니다.
>
> 만일 그 말하는 바를 좋게 하고 낯빛을 잘해서 겉으로 잘 꾸며 다른 사람을 기쁘게 한다면, 그것은 거짓이며 진실하지 못하고 화려한 듯하지만, 실상은 없어 본래 마음에서 떨어진 것이니 어짊에서 멀어진 것입니다.
>
> 진실로 어짊을 잘 행할 수 있는 사람은 거의 드물어서 이 두 장은 사실상 서로 안팎을 이루고 있다고 할 수 있습니다. 그래서 후세에 한나

라 황족인 유씨(劉氏)를 안정시킨 것은 마침내 순박하고 무디며 질박하고 굳센[椎鈍木强] 주발(周勃)이었고, 낯빛을 아름답게 하고 아첨을 일삼은[令色諛言] 동현(董賢)은 마침내 한나라 황실을 재앙에 빠뜨렸으니, 주발은 어질다고는 할 수 없을지 모르지만 충성스러움과 나라를 위하는 마음은 유일무이했다고 할 수 있습니다. 그런 점에서 주발의 바탕[質]은 어짊에 가까웠다고 하겠습니다. 다만 애석하게도 그는 배운 사람은 아니었기에 여기에서 그쳤습니다. 만일 그가 뛰어났다면[賢] 어질지 못함이 심했다는 평도 가능합니다.

그러나 질박하고 충성스러운 신하는 화합하는데 능하지 못한 반면 교묘하고 거짓을 일삼는 신하는 쉽게 친해집니다. 그리하여 어질지 못한 자가 종종 세상에서 자기 뜻을 이루는 경우가 있으니 치세와 난세, 존속과 멸망은 늘 반드시 이로부터 말미암는 것입니다.

아! 임금은 진실로 사람을 고름에 있어 신중하고 삼가야 할 것입니다.”

子
路

28

○자로가 물었다. "어떻게 해야만 이에 선비라고 말할 수 있습니까?"

공자가 말했다. "간곡히 독려하되 화순(和順)한 모습을 가져야 선비라

이를 만하다. 친구에게는 간곡히 독려하고 형제에게는 화순한 모습을

가져야 한다."

자—로   문—왈   하—여   사   가—위—지   사—의
子路問曰 何如斯可謂之士矣

자—왈   절—절   시—시   이—이—여   야   가—위   사—의
子曰 切切偲偲 怡怡如也 可謂士矣

붕—우   절—절   시—시   형—제   이—이
朋友切切偲偲 兄弟怡怡

여전히 군자(君子)와 사(士)의 자격이나 자질과 관련된 문맥이다. 앞의 '자로 20'에서 자공이 이미 똑같은 질문을 던진 바 있다. 그때 공자는 따지기 좋아하는 자공의 성품을 고려하여 잘게 나눠서 설명했다.

공자는 이번에는 그보다 훨씬 명확하게 답한다. 이에 대한 호인 풀이를 먼저 살펴보자.

"절절(切切)은 간곡하고 지극함이요, 시시(偲偲)는 자상하게 권면함이요, 이이(怡怡)는 화평함이니 모두 자로에게 부족한 바이다. 그러므로 그렇게 말씀해주셨고 또 이를 혼동해서 시행하면, 형제간에는 은혜를 해치는 화가 있고 붕우 간에는 유순하기를 잘하는 잘못이 있을까 염려되었다. 그러므로 또 구별하여 말씀하신 것이다."

형제와 붕우의 친함에도 그만큼 차이가 있다는 뜻이다. 그런데 사람들은 종종 혼동하여 붕우에게 유순하고 형제간에 엄격하기 때문에 이 점을 일깨워 주고 있다. 물론 그것은 자로의 병폐이기도 했다.

子路

29

○공자가 말했다. "선인(善人)이 7년 동안 백성을 가르쳐야 겨우 전쟁터
  에 나아가 싸우게 할 수 있다."

_{자ー왈} _{선ー인} _{교ー민} _{칠ー년} _역 _{가ー이} _{즉ー융ー의}
子曰 善人教民七年 亦可以即戎矣

이제 자로(子路)편을 마무리해야 할 단계에 접어들고 있다. 우리는 문정
(問政)에서 출발해 문인(問仁)으로 나아가 군자와 선비의 길을 이야기했
고, 다시 문정(問政)으로 돌아오고 있다.

　여기서 공자 말은 간단하다.

　"선인(善人)이 7년 동안 백성을 가르쳐야 겨우[亦] 전쟁터에 나아가
　싸우게 할 수 있다."

　여기서 선인(善人)을 정약용은 일의 관점에서 "일에 잘 대처하는 사
람"이라고 말했다. 한마디로 유능한 군주를 뜻한다.

　"백성을 가르친다는 것은 백성에게 어짊과 마땅함[仁義]을 가르쳐 그
　들로 하여금 윗사람을 친애하고 어른을 위해 죽는 법을 알게 하며, 백
　성에게 무용(武勇)을 가르쳐 그들로 하여금 앉고 일어서고 하는 것과
　진퇴하는 것을 알게 하는 것을 말한다."

　이 장을 해석하는 단서는 두 가지다. 하나는 선인(善人)을 어느 정도
수준의 임금으로 볼 것인가 하는 것이고, 또 하나는 가르치는데 7년이라
고 말한 의미이다. 이 둘은 어찌 보면 밀접하게 연관된 것일 수도 있다.

　먼저 선인(善人)을『논어』맥락에서 짚어보자. 특히 '술이 25'는 선인
뿐만 아니라 항심을 이야기하는 맥락에 대한 풀이가 될 수 있다는 점에서
대단히 중요하다.

　공자가 말했다. "(문질을 고루 갖춘) 좋은 사람[善人]을 내가 만나볼 수
　없다면 오래가는 마음을 갖춘 자라도 만나보면 이에 괜찮다. 아무것
　도 없으면서 있는 척하고, 텅 비어 있으면서도 가득한 척하며, 가진 것

이 적으면서도 꽉 차서 많은 척한다면 오래가는 마음이 있다고 하기 어렵다.”

이것을 보면 왜 ‘자로 22’에서 항심(恒心)을 이야기하고, 이어 ‘자로 26’에서 태(泰)를 말하고 또 이어서 군자, 선비를 짚은 다음에 선인(善人) 문제로 돌아왔는지 분명히 알 수 있다. 여기서 보듯 선인(善人)은 군자에 준하거나 그보다는 근인(近仁), 즉 어짊을 향해 나아간 단계의 사람이다.

그리고 7년이라는 게 딱히 의미가 있는 것은 아니고 그 정도면 충분하다는 뜻이다. 뛰어난 사람이 나와 잘 가르치기를 7년은 해야 겨우 백성들이 나라를 위해 목숨을 던질 마음을 갖기 시작한다는 말이다. 꼭 전쟁터에 나간다는 말이 아니라 나라를 위해 자신의 목숨까지도 내놓을 마음을 갖게 된다는 뜻이다.

그만큼 백성을 가르치는 일[敎民]이 중요하다. 어쩌면 인정(仁政)의 출발점이자 목표는 교민(敎民)에 있다고 해도 과언이 아니다. 그래서 자로(子路)편 결론도 교민(敎民)을 다시 한번 강조하는 것이다. 그런 점에서 ‘자로 9’가 새롭게 와 닿는다.

공자가 위나라에 갔을 때 염유가 수레를 몰았다. 공자가 말했다. “백성이 많구나!”
염유가 말했다. “이미 백성들이 많으면 또 무엇을 더해 주어야 합니까?”
말했다. “넉넉하게 해주어야 한다.”
말했다. “이미 넉넉해졌다면 또 무엇을 더해 주어야 합니까?”
말했다. “가르쳐야 한다[敎之].”

그렇다면, 백성들에게 무엇을 가르칠 것인가? 이 질문에 대한 대답이 될 수 있는 내용이 『춘추좌씨전』장공(莊公) 27년에 나온다. 진(晉)나라 임금이 괵(虢)나라를 치려 하자 대부 사위(士蔿)가 지금은 안 된다며 이렇게 말한다.

“괵공은 교만하니 만약에 우리와의 전쟁에서 자주 이기면 반드시 (더 이상 백성들을 길러주지 않고) 그 백성들을 버릴 것입니다. 이처럼 백성 무리가 없어진 다음에 저들을 치면 우리를 막으려 한들 (저 나라 백성들 중에서) 누가 함께 하겠습니까? 무릇 예악자애(禮樂慈愛)는 전쟁을 하고자 한다면 그에 앞서 반드시 쌓아야 하는 덕목입니다. 저 백성들이 예(禮)를 알아 겸손하고, 악(樂)을 좋아해 화목함을 즐기고, 자(慈)를 알아 친족들을 사랑하고, 애(愛/哀)를 알아 상사(喪事)를 진심으로 슬퍼한 다음이라야 백성들을 전쟁에 쓸 수가 있습니다. 괵나라는 이 네 가지 덕목은 쌓지 않고서 자주 전쟁을 일으키니, 장차 저 나라 백성들은 사기가 떨어지고 굶주림에 시달릴 것입니다."

한편 관중은『관자(管子)』에서 예의염치(禮義廉恥), 즉 예절과 의리, 청렴함과 부끄러움, 이 네 가지를 나라를 지탱하는 사유(四維)라고 했다. 이는 물론 보다 큰 틀에서 제시한 것이지만 백성들에게 가르쳐야 할 내용이라는 점에서는 동일하다.

子
路

30

○공자가 말했다. "백성을 가르치지 않고서 전쟁터에 나아가게 하면 이를 일러 백성을 버리는 것이라고 한다."

자-왈   이-불   교-민   전   시-위   기-지

子曰 以不敎民戰 是謂棄之

이것은 곧장 앞 장과 연결된다. 공자가 말하기를 "백성을 가르치지 않고서 전쟁터에 나아가게 하면 이를 일러 백성을 버리는 것이라고 한다"라고 했다. 이유는 앞서 말한 그대로다.

　마융은 너무 시야를 좁혀 "군사 교습이 되지 않은 백성을 써서 그들로 하여금 전쟁을 하게 하면 반드시 깨져 패배한다는 것을 말한 것이다"로 풀었는데 이렇게 되면 교(敎)의 의미가 제한된다. 무엇보다 그런 제한된 의미로 풀이할 경우 '자로 30'은 결코 자로(子路)편 전체 결론 자리를 차지할 수 없다. 직역하면 마융 풀이가 틀린 것은 아니지만 그것이 상징하는 바를 문맥 속에서 끌어낼 때 이 장이 결론 역할을 하게 된다. 또 그래야 다음 헌문(憲問)편으로 자연스럽게 연결될 수 있다.

　『설원』 15-5는 '자로 29와 30'에 대한 풀이 역할을 한다.

　(공자의) 『춘추』는 국가의 보존됨과 멸망함을 기록함으로써 앞으로 올 세상을 (미리) 살펴볼 수 있게 했다. 비록 나라가 넓고 백성이 많으며 견고한 갑옷과 날카로운 무기, 위엄과 용맹을 갖춘 장수가 있다고 하더라도 사졸들이 가까이 여겨 따르지 않으면 전쟁에서 승리해 공로를 세울 수 없다.

　(막강한) 진후(晉侯-진나라 임금)는 한(韓)나라에 포로로 붙잡혔고, 초(楚)나라 자옥득신(子玉得臣)은 성복(城濮)에서 패했으며, 채(蔡)나라는 적이 오기도 전에 군대가 스스로 궤멸했다. 그래서 사람들이 하는 말 중에 이런 것이 있다.

　"(주나라) 문왕(文王)이라 하더라도 귀부(歸附)해 따르지 않는 백성은

부릴 수가 없고, (지략이 뛰어난) 선진(先軫)이라 하더라도 가르치지 않은 병사들로는 제대로 싸울 수가 없다. (마차를 잘 모는) 조보(造父)나 왕량(王良)이라 하더라도 망가진 수레와 제대로 달리지 못하는 말로는 내달려 멀리까지 갈 수 없고, (활을 잘 쏘는) 예(羿)나 방몽(逢蒙)이라 하더라도 굽은 화살과 약한 활로는 먼 곳에 있는 희미한 표적은 맞히지 못한다."

그래서 강약과 성패의 요체는 사졸들이 얼마나 믿고 따르는지, 그리고 그들을 어떻게 가르치고 훈련시켰는지에 달려 있을 뿐이다.

⑭

憲 ^헌

問 _문

1 2 3 4 5 6

〇憲問恥子曰邦有道穀邦無道穀恥

也〇克伐怨欲不行焉可以爲仁矣子

曰可以爲難矣仁則吾不知也〇子曰

士而懷居不足以爲士矣〇子曰邦有

道危言危行邦無道危行言孫〇子曰

有德者必有言有言者不必有德仁者

必有勇勇者不必有仁〇南宮适問於

7　　　8　9

孔子曰羿善射奡盪舟俱不得其死然

禹稷躬稼而有天下夫子不答南宮适

出子曰君子哉若人尙德哉若人○子

曰君子而不仁者有矣夫未有小人而

仁者也○子曰愛之能勿勞乎忠焉能

勿誨乎○子曰爲命裨諶草創之世叔

討論之行人子羽修飾之東里子産潤

10　11　12　13

之不欲下莊子之勇冉求之藝文之以

子路問成人子曰若臧武仲之知公綽

為趙魏老則優不可以為滕薛大夫○

而無怨難富而無驕易○子曰孟公綽

邑三百飯疏食沒齒無怨言○子曰貧

曰彼哉彼哉問管仲曰人也奪伯氏駢

色之○或問子産子曰惠人也問子西

14

禮樂亦可以爲成人矣曰今之成人者
何必然見利思義見危授命久要不忘
平生之言亦可以爲成人矣○子問公
叔文子於公明賈曰信乎夫子不言不
笑不取乎公明賈對曰以告者過也夫
子時然後言人不厭其言樂然後笑人
不厭其笑義然後取人不厭其取子曰

15 其然豈其然乎 ○子曰臧武仲以防求為後於魯雖曰不要君吾不信也

16 ○子曰晉文公譎而不正齊桓公正而不譎

17 ○子路曰桓公殺公子糾召忽死之管仲不死曰未仁乎子曰桓公九合諸侯不以兵車管仲之力也如其仁如其仁

18 ○子貢曰管仲非仁者與桓公殺公子

之無道也康子曰夫如是奚而不喪孔

子聞之曰可以爲文矣○子言衛靈公

叔文子之臣大夫僎與文子同升諸公

爲諒也自經於溝瀆而莫之知也○公

仲吾其彼髮左袵矣豈若匹夫匹婦之

諸侯一匡天下民到于今受其賜微管

糾不能死又相之子曰管仲相桓公霸

21 22

子曰仲叔圉治賓客祝鮀治宗廟王孫

賈治軍旅夫如是奚其喪○子曰其言

之不怍則爲之也難○陳成子弑簡公

孔子沐浴而朝告於哀公曰陳恒弑其

君請討之公曰告夫三子孔子曰以吾

從大夫之後不敢不告也君曰告夫三

子者之三子告不可孔子曰以吾從大

乎○子曰不在其位不謀其政○曾子

寡其過而未能也使者出子曰使乎使

之坐而問焉曰夫子何爲對曰夫子欲

者爲人○蘧伯玉使人於孔子與

人下達○子曰古之學者爲己今之學

曰勿欺也而犯之○子曰君子上達小

夫之後不敢不告也○子路問事君子

29　30　31　32　33　34

不億不信抑亦先覺者是賢乎○微生

之不己知患其不能也○子曰不逆詐

也賢乎哉夫我則不暇○子曰不患人

貢曰夫子自道也○子貢方人子曰賜

能焉仁者不憂知者不惑勇者不懼子

言而過其行○子曰君子道者三我無

曰君子思不出其位○子曰君子恥其

35 36　　37　　　38

下學而上達知我者其天乎〇公伯寮

何爲其莫知子也子曰不怨天不尤人

以德報德〇子曰莫我知也夫子貢曰

德報怨何如子曰何以報德以直報怨

子曰驥不稱其力稱其德也〇或曰以

爲佞乎孔子曰非敢爲佞也疾固也〇

猷謂孔子曰丘何爲是栖栖者與無乃

晨門曰奚自子路曰自孔氏曰是知其

○子曰作者七人矣○子路宿於石門

者辟世其次辟地其次辟色其次辟言

也與命也公伯寮其如命何○子曰賢

朝子曰道之將行也與命也道之將廢

固有惑志於公伯寮吾力猶能肆諸市

愬子路於季孫子服景伯以告曰夫子

44 43 42

薨百官總己以聽於冢宰三年○子曰

何謂也子曰何必高宗古之人皆然君

矣○子張曰書云高宗諒陰三年不言

已矣深則厲淺則揭子曰果哉末之難

既而曰鄙哉硜硜乎莫己知也斯已而

簀而過孔氏之門者曰有心哉擊磬乎

不可而爲之者與○子擊磬於衛有荷

47

子將命或問之曰益者與子曰吾見其
而不死是爲賊以杖叩其脛○闕黨童
夷俟子曰幼而不孫弟長而無述焉老

46

修己以安百姓堯舜其猶病諸○原壤
安人曰如斯而已乎曰修己以安百姓
曰修己以敬曰如斯而已乎曰修己以

45

上好禮則民易使也○子路問君子子
日修己以

憲問

者也欲速成者也 자야욕속성자야

居於位也見其與先生竝行也非求益 거어위야견기여선생병행야비구익

憲問

1

○원헌이 부끄러움에 대해 묻자 공자가 말했다. "나라에 도리가 있을 때 녹(祿)만 먹고, 나라에 도리가 없을 때 녹을 먹는 것이 부끄러움이다."

憲問恥

子曰 邦有道 穀 邦無道 穀 恥也

헌(憲)은 원헌(原憲)을 가리키는데 그의 자(字)가 원사(原思), 혹은 자사(子思)이다. 자사는 공자 손자 공급(孔伋)의 자이기도 하다. 원헌은 공자 제자이며 고지식할 만큼 절개와 청빈을 지킨 인물이라고 한다. '옹야 3'에 그의 인물됨을 보여주는 일화가 나온다.

> 원사가 (공자 채읍) 재(宰-읍 책임자)가 되니, (그에게) 곡식 900을 주었는데 사양했다. 공자가 말했다. "사양하지 말라. 그것을 너의 이웃이나 마을 사람 그리고 향당에 주어라!"

우리말로 '부끄럽다'고 할 때는 수줍음이나 창피함의 뜻도 있다. 그러나 여기서 공자가 말하는 부끄러움[恥]은 도리를 어겼을 때 스스로에게 찾아오는 내면적인 부끄러움이다. 이와 비슷한 뜻으로는 참(慙)이 있다. 참덕(慙德)이란 임금이 임금답지 못한 짓을 했을 때를 가리킨다. 예를 들면 당 태종이 형제를 죽이고 황제에 올랐으니 당 태종에게는 참덕이 있었다고 말한다. 그 밖에 괴(愧)나 수(羞)는 수치나 창피함에 가까우니 치(恥)와는 약간 거리가 있다.

도리를 어겼을 때 스스로에게 찾아오는 그런 부끄러움은 『논어』 혹은 공자 사상에서 대단히 중요한 개념이다. 문치(問恥)라는 질문 형태가 그 중요함을 보여 준다. 문인(問仁), 문명(問明), 문정(問政)할 때와 같은 질문 형식이다. 그리고 헌문(憲問)편 첫머리를 문치(問恥)가 장식하고 있다. 결론적으로 이야기하면 서양 사상에서 양심(良心 conscience)이 차지하는 비중을 공자 사상에서는 부끄러움[恥]이 차지한다고 보면 된다. 그것을 버리는 순간 인간다운 인간으로서의 삶을 저버리게 되는 마지막 한계선 같은 것이 양심이고, 공자가 말하는 부끄러움이기 때문이다.

『논어』에 나오는 다양한 모습의 부끄러움을 통해 공자가 말하려 했던 부끄러움의 본모습을 그려보자. '위정 3'이다.

> 공자가 말했다. "(백성을) 법령으로만 이끌고 형벌로만 가지런히 하면 백성들은 법망을 피하려고만 하고 부끄러움이 없게 된다[無恥]. (백성을) 다움으로 이끌고 예로써 가지런히 하면 부끄러움이 있게 되고 [有恥] 또한 (감화되어) 바르게 된다."

부끄러움을 모르는 소인은 마음껏 이익을 탐한다. 부끄러움을 아느냐 모르느냐는 그런 점에서 볼 때 군자(君子)와 소인(小人)을 가르는 경계선이기도 하다. 그래서 '이인 2'에서도 "이익에 따라서만 일을 행할 경우 원망이 많아진다"고 말한다. 다른 곳에 나오는 군자/소인론을 이해할 때도 그 척도의 하나로 부끄러움을 적용하면 쉽게 둘을 구별할 수 있다. 다시 '이인 22'를 보자.

> 공자가 말했다. "옛날에는 말을 함부로 하지 않았는데 이는 몸소 실천함이 그에 미치지 못할까 봐 부끄러워해서였다[恥]."

이번에는 '공야장 24'이다.

> 공자가 말했다. "정교한 말과 아름다운 얼굴빛을 하고서 공손함을 지나치게 하는 것을 좌구명이 부끄럽게 여겼는데 나 또한 부끄럽게 여긴다. 원망을 숨기고서 그 사람과 벗 삼는 것을 좌구명이 부끄럽게 여겼는데 나 또한 부끄럽게 여긴다."

다시 '헌문 1' 본문으로 돌아가자. 공자는 원헌이 던진 물음에 이렇게 답했다.

> "나라에 도리가 있을 때 녹(祿)만 먹고, 나라에 도리가 없을 때 녹을 먹는 것이 부끄러움이다."

얼핏 보면 무슨 말인가 싶지만 우리는 그것을 풀어낼 수 있는 실마리를 '태백 13'에서 살펴본 바 있다.

> 공자가 말했다. "(군자가 되려면) 독실한 믿음을 갖고서 배우기를 좋아
> 하고 죽음으로써 좋은 도리를 지켜나가야 한다. 위태로운 나라에는
> 들어가지 않고 어지러운 나라에는 가서 살지 않으며, 천하에 도리가
> 있으면 나타나고 도리가 없으면 숨어야 한다. 나라에 도리가 있을 때
> 가난하면서 천한 것은 부끄럽고, 나라에 도리가 없을 때 부유하면서
> 귀한 것도 부끄럽다."

나라에 도리가 있을 때 조정에 나아가 벼슬할 능력이 없는 것도 부끄
럽고, 나라에 도리가 없을 때 조정에 나아가 구차스럽게 녹을 받아먹는 것
이 부끄럽다는 말이다. 이제 우리는 공자가 원헌에게 했던 말을 다음과 같
이 풀어낼 수 있다.

"나라에 도리가 있을 때 녹이나 타 먹으면서 임금과 백성을 위해 좋
은 일을 하지 못하는 것이 부끄럽다는 것이고, 나라에 도리가 없을 때 그
것을 바로잡으려는 노력은 하지 않으면서 녹이나 타 먹는 것은 부끄럽다
는 것이다."

이는 좁혀서 보자면 신신(臣臣), 즉 신하가 신하다워야 하는 도리를
어긴 데 따른 부끄러움이다.

2

○(원헌이 물었다.) "남을 이기려는 것, 자랑하는 것, 원망하는 것, 욕심내는 것, 이 네 가지를 행하지 않는다면 이런 사람을 어질다고 할 수 있습니까?"

공자가 말했다. "그렇게 하는 것만도 어렵지만 (그렇다고 해서) 어진 지는 내가 알지 못하겠다."

극 벌 원 욕　　불-행-언　　가-이　　위-인-의
克伐怨欲 不行焉 可以爲仁矣
자-왈　　가-이　　위-난-의　　인 즉 오 부-지-야
子曰 可以爲難矣 仁則吾不知也

다시 원헌이 물었다. 그래서 이는 부끄러움 문제에 이어지는 것으로 봐야 한다.

　　"남을 이기려는 것, 자랑하는 것, 원망하는 것, 욕심내는 것, 이 네 가지를 행하지 않는다면 이런 사람을 어질다[仁]고 할 수 있습니까?"

　　어쩌면 원헌은 자기 삶의 원칙을 내세우면서 공자로부터 어질다는 평을 듣고 싶었는지도 모른다. 그러나 누가 봐도 뭘 행하는 것이 아니라 행하지 않는 것[不行]을 어짊[仁]이라 하기는 어렵지 않을까? 예상대로 공자는 "그런 것을 하지 않는 것만 해도 쉽지 않은 일[難]"이라며 높이 평가하면서도, "그것들을 행하지 않는 것만으로 어질다고 하기는 어렵다"고 에둘러 표현한다. 이는 "나라에 도리가 있을 때 녹(祿)만 먹는 것이 부끄러운 일이라는 것에 있어서는 원헌이 제대로 알지 못하였을 것"이라는 주희의 원헌에 대한 평가와도 부합한다.

　　여기서 우리는 '공야장 18'을 새로운 각도에서 음미해 볼 수 있다.

　　자장이 물었다. "(초나라) 영윤(슈尹) 자문(子文)이 세 차례나 벼슬길에 나아가 영윤이 되었으나 (그 순간) 기뻐하는 기색이 없었고, 세 차례나 그 직을 그만두었으나 (그 순간) 서운해하는 기색이 없었습니다.

또 자기가 맡아보던 옛 영윤의 정사를 반드시 새 영윤에게 알려주었으니 (이 사람의 처신은) 어떻습니까?"

공자가 말했다. "충실했다[忠]."

(자장이) 말했다. "어집니까?"

(공자가) 말했다. "알지 못하겠다. (하지만) 어찌 어질다고 할 수 있겠는가?"

(자장이 물었다.) "최자가 제나라 임금을 시해하자 진문자는 말 마흔 마리를 소유하고 있었는데 다 내버리고 떠났고, 다른 나라에 이르러 말하기를 '우리 대부 최자와 똑같도다'라며 그 나라를 떠났으며 다시 다른 나라에 가서 또 말하기를 '우리 대부 최자와 똑같도다'라며 그 나라를 떠났으니 (이 사람의 처신은) 어떻습니까?"

공자가 말했다. "깨끗했다[淸]."

(자장이) 말했다. "어집니까?"

(공자가) 말했다. "알지 못하겠다. (하지만) 어찌 어질다고 할 수 있겠는가?"

'영윤 자문의 충실함[忠]이나 최자의 깨끗함[淸]도 행하기 어렵지만 어찌 어질다고 할 수 있겠는가?'라는 공자의 말은 그만큼 어짊에 이르는 길이 쉽지 않음을 보여준 것이다.

그러나 원헌은 거의 어짊에 다다른 인물[近仁]이었다는 것이 정이천의 생각이었다. '자로 27'에서 말했던 "굳세고 굳건하고 질박하고 어눌한[剛毅木訥]" 사람이었다고 본 것이다. 정이천은 "애석하다! 원헌이 다시 묻지 못함이여!"라며 대단히 안타까워한다. 이런 경우 원헌이 한 걸음 더 나아가 "그러면 어짊에 이르는 단서는 무엇입니까?"라고 물어봤어야 한다는 것이다. '안연 1과 2'에서 안회와 중궁은 그렇게 했다. 그래서 정이천은 원헌이 극기(克己)에는 힘썼지만, 적극적으로 어짊을 향해 나아가려는 노력이 미약했음을 지적하며 이렇게 평한다.

"만일 단지 제어하여 행해지지 않게 할 뿐이라면 이는 병의 뿌리를 뽑

아버리려는 뜻이 있지 아니하여 가슴 속에 몰래 감추고 은밀히 숨어 있음을 용납하는 행위이니, 어찌 극기(克己)와 구인(求仁)이라고 말할 수 있겠는가? 배우는 자들이 이 두 가지 사이를 살펴본다면 어짊을 구하는 공부가 더욱 가깝고 절실하여 빠뜨림이 없게 될 것이다.”

정약용은 극벌(克伐)을 동사, 원욕(怨欲)을 목적어로 보아 “원욕(怨欲)의 싹을 이겨내어[克伐] 그런 행위가 행해지지 않게 한다면[不行]”이라고 옮겼는데 따르지 않는다.

憲問

3

○공자가 말했다. "(공도에 뜻을 둔) 선비라고 하면서 편안하게 거처함만을 마음에 품고 있다면 (그것만으로는) 선비라고 하기에는 부족하다."

<ruby>子<rt>자</rt></ruby><ruby>曰<rt>왈</rt></ruby> <ruby>士<rt>사</rt></ruby><ruby>而<rt>이</rt></ruby><ruby>懷<rt>회</rt></ruby><ruby>居<rt>거</rt></ruby> <ruby>不<rt>부</rt></ruby><ruby>足<rt>족</rt></ruby><ruby>以<rt>이</rt></ruby> <ruby>爲<rt>위</rt></ruby><ruby>士<rt>사</rt></ruby><ruby>矣<rt>의</rt></ruby>

회거(懷居)란 '이인 11'에서 보았던 소인회토(小人懷土)의 회토(懷土)와 같은 뜻이다. 사사로운 영역에서 편안하게 지내려 한다는 말이다. 이것은 소인의 마음가짐일 뿐이다.

　여기서 중요한 것은 오히려 이 장은 앞의 두 장을 하나로 묶어내면서 지금까지 군자와 사(士)에 관한 이야기를 하고 있다는 점을 명확하게 해준 것이라 하겠다. '학이 14'도 회거(懷居)의 정확한 의미를 풀어내는 데 도움을 준다.

　　공자가 말했다. "군자가 되려고 하는 사람이 먹을 때 배부름을 구하지 않고, 거처할 때 편안함을 구하지 않으며[居無求安], 일은 주도면밀하게 하고, 말은 신중하게 하면서 도리를 갖춘 이에게 나아가 (아직도 잘못된 것을) 바로잡는다면 실로 (문을) 배우기를 좋아한다고 말할 수 있을 것이다."

거무구안(居無求安)해야 군자나 사(士)라 할 수 있다는 말이다.

憲問

4

○공자가 말했다. "나라에 도리가 있을 때는 당당하게 말하고 당당하게 행동하되, 나라에 도리가 없으면 당당하게 행동하되 말은 공손하게 해야 한다."

_{자-왈} _{방-유-도} _{위-언} _{위-행} _{방-무-도} _{위-행}
子曰 邦有道 危言危行 邦無道 危行
_{언-손}
言孫

이는 당연히 임금보다는 신하의 도리[臣道]이다. 임금이 임금답고 신하가 신하다운 나라에서는 말과 행동 모두 당당해야 한다고 말한다. 위언(危言)이 위행(危行)보다 먼저 나온다. 말을 당당하게 하는 것이 그만큼 중요하다는 것이다.

그러나 임금이 임금답지 않고 신하가 신하답지 않은 나라에서는 행동은 당당하게 하되 말은 조심 또 조심해야 한다. 그래서 위행(危行)이 먼저 나오고 손언(孫言)은 뒤로 갔다. 여기에 그치지 않고 다시 언손(言孫)으로 도치해서 강조하였다. 그만큼 말조심해야 함을 이 같은 문장 구성을 통해 드러내 보여준 것이다. 공자 언어의 곡진함이 빛나는 대목이라 하겠다.

윤돈은 이렇게 풀이한다.

"군자의 몸가짐은 변할 수 없지만, 말에 이르러서는 때로는 감히 다 하지 않음으로써 화(禍)를 피하는 경우가 있다."

화(禍)의 단서는 대개 행동보다는 말에서 싹트기 때문이다. 이를 몸소 보여준 인물이 바로 '공야장 1' 후반부에 나오는 공자 조카사위 남용이다.

공자가 남용을 평해 말했다. "나라에 도리가 있을 때에는 버려지지 않을 것이고, 나라에 도리가 없을 때에는 형벌을 면할 것이다." 자기 형 딸을 아내로 삼게 했다.

남용이 바로 "나라에 도리가 있을 때는 당당하게 말하고 당당하게 행동하되, 나라에 도리가 없으면 당당하게 행동하되 말은 공손하게 했던" 인물이다. 그리고 이는 곧바로 '헌문 1'에 나온 부끄러움에 대한 풀이도 된다.

유정진(劉廷振)이 '양화 1'을 풀이한 것도 이 장을 이해하는데 도움이 된다.

"예를 들면 공자가 양화(陽貨)를 만나보지 않은 것이 위행(危行)이고, 공자가 양화를 길에서 마주쳤을 때 (양화의 질문에) 고분고분 대답만 하고 깊은 변론을 하지 않은 것이 언손(言孫)이다."

『설원』 9-1은 간언하는 지혜를 잘 보여 준다.

"『주역』에 이르기를 '왕의 신하가 어려움 속에서 더욱 어려운 것은 자기 때문이 아니다'〈건괘(蹇卦䷦) 아래에서 두 번째 음효에 대한 풀이다.〉라고 했다. 남의 신하 된 자가 힘겹게 어려움을 당하면서도 자기 임금에게 간언을 올리는 것은 자기 자신을 위해서가 아니라 장차 임금의 허물을 바로잡고 임금의 잘못을 교정하기 위해서다. 임금에게 허물과 잘못이 있게 되면 이는 위태로움과 멸망의 싹이 된다. (그런데도) 임금의 허물과 잘못을 보고서도 간언을 하지 않는다면, 이는 임금이 겪게 될 위태로움과 멸망을 가벼이 여기는 것이다. 무릇 임금이 겪게 될 위태로움과 멸망을 가벼이 여기는 짓을 충신이라면 차마 하지 못한다. (그러나) 세 번 간언해서 그 말을 쓰지 않으면 떠나야 한다. 떠나지 않으면 자기 몸이 죽게 된다. 몸이 죽는 것은 어진 사람이라면 하지 않는 것이다. 이 때문에 간언하는 법에는 다섯 가지가 있다. 첫째는 (바른 도리를 들어서 하는) 정간(正諫), 둘째는 (겸손한 말로 하는) 강간(降諫), 셋째는 (충직함으로 남김없이 하는) 충간(忠諫), 넷째는 (고지식하게 하는) 당간(戇諫), 다섯째는 (에둘러서 하는) 풍간(諷諫)이다.

공자가 말했다. '나는 그렇다면 풍간을 따르리라.'

무릇 간언하지 않으면 임금을 위태롭게 하고 고집스럽게 간언하면 자기 몸이 위태로워진다. 임금을 위태롭게 하기보다는 자기 몸이 위태로워지는 것이 낫다. (하지만) 자기 몸이 위태로워지고서도 끝내 그 말이 쓰이지 않는다면 간언은 실로 아무런 효과가 없다. (그렇기 때문에) 일의 이치를 아는 자[智者]는 임금 마음을 헤아리고 상황에 알맞게 해서 완급을 조절해 그 마땅함을 따르니, 위로는 감히 임금을 위태롭게 하지 않고 아래로는 자기 몸이 위태로워지지 않는다. 그래서 나라의 경우에는 나라가 위태로워지지 않고 자기 몸의 경우에는 자기 몸이 위태로워지지 않는다.

옛날에 진(陳)나라 영공은 설야(泄冶)의 간언을 들어주지 않고 그를 죽였고, (조나라 사람) 조기(曹羈)는 세 번 간언해도 조나라 임금이 들어주지 않자 떠나버렸다. 『춘추』에서는 의리상 둘 다 뛰어나다[賢]고 했지만, 조기가 일의 이치에 맞다[合禮].”

憲問

5

○공자가 말했다. "다움이 있는 사람에게는 반드시 좋은 말이 있지만, 좋은 말을 하는 사람이라고 해서 반드시 다움이 있는 것은 아니다. 어진 자는 반드시 용기가 있지만, 용기가 있는 자라고 해서 반드시 어짊이 있는 것은 아니다."

子曰 有德者 必有言 有言者 不必有
德
仁者 必有勇 勇者 不必有仁

'헌문 4'에 이어지면서 여기서도 언행(言行)이 중심 주제가 되고 있다. 이어서 어짊[仁]과 용기[勇]의 관계도 다룬다.

먼저 공자는 "다움[德]을 갖춘 사람은 반드시 좋은 말도 하지만[有言], 좋은 말 하는 사람이 반드시 그에 어울리는 다움을 갖추고 있는 것은 아니다"고 말한다. 이때 유언(有言)은 좋은 내용의 말을 한다는 뜻이지, 그냥 말을 잘한다는 뜻은 아니다. 평소 눌어언(訥於言)을 강조하는 공자 아닌가? 정약용은 좋은 말을 하는 사람이 반드시 그에 어울리는 다움을 갖추고 있지 않은 사례를 이렇게 든다.

"신불해(申不害), 한비자(韓非子), 등석(鄧析), 여불위(呂不韋) 등은 입언(立言-후세에 모범이 될 만한 말)이 후세에 전하지 아니함이 없었으나, '좋은 말을 하는 사람이라고 해서 반드시 다움이 있는 것은 아니다'라는 것은 아마도 이런 부류일 것이다."

다움과 좋은 말의 이 같은 관계는 어짊과 용기의 관계에도 그대로 적용된다. "어진 사람은 반드시 용기가 있지만 용기가 있는 사람이라고 해서 반드시 어진 것은 아니다"는 것이다. 용감했으나 어짊에는 이르지 못했던 자로가 바로 그런 경우이다. 반대로 어진 사람이 반드시 용기가 있는 사례로 우리는 '술이 10'을 읽어보는 것으로 족하다.

> 공자가 안연에게 말했다. "(임금이 인재로) 써주면 행하고 (임금이) 버리면 숨어 지내는 것을 오직 너하고 나만이 갖고 있구나!"

> 자로가 말했다. "만일 스승님께서 삼군을 통솔하신다면 누구와 함께 하시겠습니까?"

> 공자가 말했다. "맨손으로 호랑이를 때려잡고 맨몸으로 강을 건너려 하여 죽어도 후회할 줄 모르는 사람을 나는 함께 할 수 없을 것이니, 반드시 일에 임하여서는 두려워하고[臨事而懼＝敬事] 모의를 잘해서 일을 성공으로 이끄는 사람과 함께 할 것이다."

여기서는 무모한 용맹, 즉 만용을 용기[勇]와 혼동해서는 안 된다는 점을 일깨우고 있다. 참된 용기에 대한 정의는 앞으로 보게 될 '헌문 13'에 나오는 견리사의(見利思義)와 견위수명(見危授命)이다.

두려움을 아는 자만이 진정한 용기를 가진 사람이라 할 수 있다. 공자가 높이 평가한 용자(勇者)란 이런 용기를 가진 사람이다. '자한 28'에는 우리가 흔히 말하는 지인용(知仁勇)이 등장한다.

> "일의 이치를 아는 사람은 미혹되지 않고[知者不惑], 어진 사람은 근심하지 않으며[仁者不憂], 용기 있는 사람은 두려워하지 않는다[勇者不懼]."

군자는 이 세 가지 유형에 들어야 한다. 그런데 이는 단순한 세 유형이 아니다. 지자는 용자를 겸하고, 인자는 지자와 용자를 겸하고 있다. 인자는 용기도 있고 사리도 안다. 이 점은 바로 이어서 '헌문 7'에 나오는 군자와 인자(仁者) 관계를 통해 더욱 분명해진다. 특히 인자가 사리를 아는 지자(知者)를 겸하고 있다는 점을 보여주는 것이 '옹야 24'이다.

> 재아가 물었다. "어진 사람은 비록 (누가 와서) 사람이 우물에 빠져 있다고 와서 말해주더라도 따라 들어가야겠습니다?"

> 공자는 말했다. "어찌 그렇게 하겠는가? 군자를 (우물까지) 가게 할 수

는 있으나 빠지게 할 수는 없으며 속일 수는 있으나 옭아넣을 수는 없다.”

여기서 군자는 인자(仁者)이다.

○남궁괄이 공자에게 물어 말했다. "예는 활을 잘 쏘았고, 오는 물에서 배를 밀 만큼 힘이 셌는데 둘 다 제대로 죽지 못했습니다. 그러나 우왕과 직은 (젊어서) 몸소 농사를 지었지만 (훗날) 천하를 소유했습니다." 공자는 아무런 대답을 하지 않았다. 남궁괄이 밖으로 나가자 공자가 말했다. "군자로다, 저 사람이여! 다움을 숭상하는구나, 저 사람이여!"

남-궁-괄　문-어　　공-자　왈
南宮适問於孔子曰
예　선-사　　오　탕-주　　구　부-득　　기-사-연
羿 善射 奡 盪舟 俱不得其死然
우　직　궁-가　이　유-천-하
禹稷躬稼而有天下
부-자　부-답　　남-궁-괄　　출　자-왈
夫子不答 南宮适 出 子曰
군-자-재　　약-인　　상-덕-재　　약-인
君子哉若人 尙德哉若人

남궁괄(南宮括)은 노나라 대부이며 남궁경숙(南宮敬叔)이라고도 하는데, 맹희자 아들 중손열(仲孫閱)이라고 한다. 그가 공자에게 물었다.

　　"예(羿)는 활을 잘 쏘았고, 오(奡)는 물에서 배를 밀 만큼 힘이 셌는데 둘 다 제대로 죽지 못했습니다. 그러나 우왕과 직(稷)은 (젊어서) 몸소 농사를 지었지만 (훗날) 천하를 소유했습니다."

　　예나 오는 모두 재주와 힘이 셌던 사람인데 결국 천자가 되지 못하고 비명횡사(非命橫死)했다. 반면에 우왕은 치수 사업에 큰 공로를 세워 자신이 왕이 되고 하(夏)나라를 세웠고, 직은 백성들에게 농사를 가르쳐 훗날 후손들이 주나라를 세웠다. 역(力)과 덕(德)의 대비다.

憲
問

6

　그런데 공자는 왜 남궁괄의 질문에 아무런 대답을 하지 않고 그가 나가자 다른 제자들에게 그를 칭찬했을까? 남궁괄이 한 이야기는 천명(天命)에 관한 언급이었기 때문이다. '자한 1'에서 "공자께서는 이익과 명(命) 그리고 어짊에 대해서는 드물게 말씀하셨다"고 했는데, 여기서 그 단서를 얻을 수 있다.

憲問

7

○공자가 말했다. "군자이면서 어질지 못한 자는 있어도 소인이면서 어진 사람은 없다."

> 子曰 君子而不仁者有矣夫 未有小
> 人而仁者也

군자는 앞서 본대로 인자(仁者), 지자(知者), 용자(勇者)를 포괄해서 칭할 때가 있다. 여기서도 그런 경우다. 그러니 지자나 용자는 군자이기는 하지만 인자가 아니다. 반대로 소인은 아직 용자도 아닌데 하물며 인자일 수 있겠는가?

간혹 군자를 인자와 같은 뜻으로 쓰기도 하지만 원칙적으로 군자는 아직 인자에 이르지 못한 사람이다. 그래서 공자는 군자로 하여금, 즉 자공 같은 지자에게는 "자기가 하고 싶지 않은 것을 남에게 베풀지 말라[己所不欲勿施於人]"고 했고, 자로 같은 용자에게는 "예(禮)를 좋아하라[好禮]"고 권면했던 것이다. 먼저 '이인 2'에 "군자라고 하면서"라는 문구를 추가해서 읽어 보자.

> 공자가 말했다. "(군자라고 하면서) 어질지 못한 자는 자신을 다잡는데 (잠시는 몰라도) 오랫동안 처해 있을 수 없고, 도리를 즐기는데 (잠시는 몰라도) 오랫동안 처해 있을 수 없다.
> 어진 자는 어짊을 편안히 여기고[安仁] 사리를 아는 자는 어짊을 이롭게 여긴다[利仁]."

이인(利仁)에 머물러서는 인자가 될 수 없다. 이어서 '이인 5'는 명시적으로 군자와 어짊의 문제를 다루고 있다.

> 공자가 말했다. "부유함과 귀함, 이는 사람이라면 누구나 원하는 바이지만 그 도리로서 얻은 것이 아니라면 (그런 부귀 상황을) 편안히 여

겨서는 안 되고 가난과 천함, 이는 사람이라면 누구나 싫어하는 바이지만 그 도리로서 얻은 것이 아니라 하더라도 (그릇된 방법으로 그런 빈천 상황을) 떠나지 않아야 한다. 군자가 이런 어짊에서 떠난다면 어찌 (군자라는) 이름을 이룰 수 있겠는가? (그래서) 군자는 식사 한 끼를 마치는 시간에도 어짊에서 떠나지 않고, 어느 한순간에도 반드시 이와 같이 하고 엎어지고 자빠지는 위험한 상황에서도 반드시 이와 같이 한다."

8

○공자가 말했다. "그를 사랑한다면 (어찌) 능히 수고로움을 다하지 않을 수 있는가? 충성한다면 (어찌) 능히 일깨워 주지 않을 수 있는가?"

자―왈　애―지　능　물―로―호　충―언　능　물―회―호
子曰 愛之 能勿勞乎 忠焉 能勿誨乎

이는 막연하게 일상생활 속에서 처신하는 도리가 아니라 신하가 마땅히 해야 할 도리이며 신하로서의 어짊을 말하는 것이다. 즉 신하가 임금을 사랑한다면 수고로움을 다하고서 자랑해서도 안 되고 힘들어도 원망해서도 안 된다. 또한 충성한다면 진실로 임금의 잘못을 일깨워 주어야 한다. 이는 군자다운 신하가 마땅히 해야 하는 일이자 그것이 바로 신하로서의 어짊이다.

여기서 사랑을 윗사람이 아랫사람을 사랑하는 것으로 보는 시각도 있다. 정약용이 소개한 채청(蔡淸)의 풀이가 그것이다.

"사랑이란 다만 아비가 자식을 사랑하는 것뿐만이 아니라, 형이 아우를 사랑하고 선비가 벗을 사랑하며 스승이 제자를 사랑하는 것도 또한 이 뜻이 있다."

따라서 사랑한다고 할 경우에는 마음이나 말로 그치지 말고 행동이 반드시 뒤따라야 한다. "(어찌) 능히 수고로움을 다하지 않을 수 있는가?"라는 말이 그런 뜻이라는 것이다. 그러나 수고로움을 떠맡는 것은 아랫사람이지 윗사람이 아니다. 게다가 뒷부분은 명백하게 신하 도리이다. 따라서 채청 풀이는 취하지 않는다. 군자와 어짊 문맥이 이어지고 있다.

憲問

9

○공자가 말했다. "(정나라는 다른 나라에 보내는) 외교문서를 만들 때 비침이 초안을 잡고, 세숙이 검토하여 논지를 세웠으며, 행인(行人-외교관) 자우가 덜어내고 더했고, 동리의 자산이 매끄럽게 가다듬었다."

자-왈　위-명　비-침　초-창-지　세-숙　토-론-지

子曰 爲命 裨諶草創之 世叔討論之

행-인　자-우　수-식-지　동-리　자-산　윤-색-지

行人子羽修飾之 東里子産潤色之

비침(裨諶)과 세숙(世叔)은 정나라 대부이고, 자우(子羽)는 실무 외교관인데 이름은 공손휘(公孫翬)다. 그런데 여기서 주인공은 다음에 이어지듯이 자산(子産)이다. 동리(東里)는 지명으로 자산이 거주하던 곳이다.

이 일이 잘된 것이라면 우리는 이들 네 사람의 역할을 각기 미루어 헤아려[推] 볼 수 있다. 초안을 잡는 사람은 오늘날로 치면 기획력이 뛰어난 자이다. 비침이 그랬다. 검토하고 논지를 세우는 사람은 일 처리는 좀 서툴지만 말에 능하여 외교문서로서 격식을 잡는데 뛰어난 자이다. 세숙이 그랬다. 외교 문서에서 실제 현장과 맞고 맞지 않는 것을 가려내 덜어내고 더하는 자는 외교 현장에 밝았을 것이다. 자우가 그랬다. 이어서 최종적으로 빈틈을 점검하고 사안에 따라 새롭게 추가할 것을 찾아내어 보완하는 자는 전체적인 시각에서 양국 간 현안과 해법을 찾아낼 줄 알았을 것이다. 자산이 그랬다.

이 장의 주인공인 자산은 누구인가? 우리는 이미 '공야장 15'에서 정나라 자산을 만나본 바 있다.

> 공자가 (정나라) 자산을 평해 말했다. "그가 보여준 군자의 도리 네 가지가 있었다. 그 몸가짐은 공손했고[恭], 윗사람을 섬김에 있어서는 삼갔으며[敬], 백성을 길러줌에 있어서는 은혜로웠고[惠], 백성을 부림에 있어서는 마땅했다[義]."

　자산에 대한 공자의 평가는 공자가 자산의 너그러움과 엄함[寬猛]을
이야기한『춘추좌씨전』소공 20년(기원전 522년)에 잘 나온다.
　정나라 자산이 병에 걸리자 자태숙(子太叔-세숙)에게 이렇게 말했다.
"내가 죽으면 그대가 반드시 정권을 맡게 될 것이네. 오직 다음이 있
는 자만이 능히 너그러움[寬]으로 백성들을 복종시킬 수 있고, 그다음
으로는 엄하게[猛] 다스리는 것만 한 것이 없다네. 무릇 불이란 뜨거
우니 사람들이 바라보고는 그것을 두려워하기 때문에 거기에 타죽는
사람은 드물지만, 물이란 유약하니 사람들이 낮춰 보고는 그것을 함
부로 대하기 때문에 거기에 빠져 죽는 사람이 많은 것이지. 그래서 너
그러움으로 다스리기란 어려운 것이지."
　병을 앓은 지 몇 달 지나 자산은 세상을 떠났다. 자태숙이 정권을 맡아
차마 엄한 정치를 할 수가 없어 너그러운 정치를 하니 정나라에 도적
이 많이 생겨 추부(崔苻)라는 늪지대에 모여 살면서 사람들의 재물을
약탈했다.《두씨(杜氏)가 말했다. "추부는 늪의 이름이다. 늪에 모여 살면서 다
른 사람들의 재물을 겁탈한 것이다."》자태숙은 후회하며 "내가 일찍이 그
분의 말씀을 따랐더라면 오늘 같은 지경에 이르지 않았을 것이다"라
고 말하고서, 한 무리 군사를 일으켜 추부의 도적들을 공격해 다 죽이
니 도적이 조금 잠잠해졌다.
　중니(仲尼)가 이에 대해 말했다. "좋도다. 정치가 너그러우면 백성들
은 게을러지고, 게을러지면 엄한 정치로 바로잡고, 정치가 엄하면 백
성들이 다치니, 다치면 너그러운 정치를 베풀었다. 너그러움으로 엄
함을 가지런히 하고, 또 엄함으로 너그러움을 가지런히 했으니 정치
가 이로 인해 조화를 이루었다.
　『시경』에 이르기를 '백성들이 진실로 힘들어서 조금은 편하게 해줘
야 할 것이니 이 중국에 은혜를 베풀어 사방을 편안케 하라'고 했으니
이는 백성들에게 너그러움을 베풀 것을 말한 것이고, 또 '옳고 그름을
가리지 않거나 함부로 남의 의견을 따르는 자의 말을 따르지 말고 훌

륭한 점이 전혀 없는 자를 조심하며 침탈을 일삼는 포학한 자가 끝내 밝은 법도를 두려워하지 않는 것을 막아야 한다'고 했으니 이는 엄한 정치로 바로잡을 것을 말한 것이다. 또 '먼 곳의 백성들을 품어 안아 주고 가까이에 있는 사람들을 잘 대우해 우리 왕국을 안정시키라'고 했으니 이는 조화로움으로 천하를 평정할 것을 말한 것이며, 또 '강하게 조이지도 말고 느슨하게 풀지도 말며 강하게 하지도 말고 유약하게 하지도 말아 정치를 넉넉하게 펴면 온갖 복록이 모여들 것이다'라고 했으니 이는 조화됨이 지극함을 말한 것이다."

자산이 죽자 중니는 그 소식을 듣고서 눈물을 흘리며 "옛 (뛰어난) 사람들의 유풍이 남아 있는, 사람을 사랑할 줄 아는 사람[古之遺愛]이었다"라고 말했다.

자산은 사람을 볼 줄 알았고[知人] 인재를 제대로 골라[取才] 적재적소에 배치할 줄 알았다. 다름 아닌 거현재(擧賢才)의 맥락에서 군자와 어짊을 이야기하고 있는 것이다.

『설원』7-21은 고스란히 이 장에 대한 보충 풀이다.

자산이 정나라 재상일 때 (정나라 임금) 간공(簡公)이 자산에게 일러 말했다. "궁중 일은 밖으로 내지 말고, 조정 일은 안으로 들이지 말라. (내정 차원에서) 무릇 의복이 아름답지 못함과 수레와 말이 잘 꾸며지지 못함과 자녀들이 고결하지 못함은 과인의 추함이요, (외정 차원에서) 국가가 다스려지지 않음과 영토 경계가 바르지 못함은 그대의 추함이다."

자산이 정나라 재상이 되어 간공이 죽을 때까지, 안으로는 나라에 어지러움이 없었고, 밖으로는 제후들이 침략하는 우환이 없었다. 자산이 정사를 받들 때 능력 있는 사람을 가려 뽑아 부렸다. (예를 들면) 풍간자(馮簡子)는 일을 잘 결단했고, 자태숙(子太叔)은 잘 결단해 글로 잘 꾸몄다. 공손휘(公孫揮)는 사방 나라가 무엇을 하는지를 잘 알았고 그 나라 대부들의 족성(族姓)까지 꿰뚫고 있어 누가 바뀌고 누가 세워지는지 등을 정확히 판단했으며 게다가 외교 문서도 잘 썼다. 비침(裨諶)은 모책(謀策)을 잘 냈는데, (아무도 없는) 들판에서 모책을 세우면 잘 들어맞고, (사람들이 북적거리는) 도읍에서는 잘 들어맞지 않았기에 일이 생기면 (자산은) 비침을 수레에 태우고 함께 들판에 가서 모책의 가부를 정하게 했다. 이를 풍간자에게 고해 결단하고, 공손휘로 하여금 외교 문서를 만들게 하고, 그것이 이루어지면 마침내 자태숙에게 주어 실행하게 함으로써 빈객을 응대하게 하니 이 때문에 일을 망치는 경우가 드물었다.

憲問

10

○어떤 사람이 자산에 대해 묻자 공자가 말했다. "사람들에게 은혜를 베풀었다."

자서에 대해 묻자 공자가 말했다. "그 사람이여, 그 사람이여."

관중에 대해 묻자 공자가 말했다. "이 관중이라는 사람은 백씨가 갖고 있던 병읍 300호를 빼앗았다. 그 바람에 백씨는 거친 밥을 먹어야 했으나 죽을 때까지 (관중에 대해) 원망하는 말이 없었다."

혹―문　자―산　　자―왈　　혜―인―야
或問子産　子曰　惠人也

문　자―서　　왈　　피―재　　피―재
問子西　曰　彼哉　彼哉

문　관―중　　왈　　인―야　탈　백―씨　병―읍　삼―백
問管仲　曰　人也奪伯氏騈邑三百

반　소―사　　몰―치　　무―원―언
飯疏食　沒齒無怨言

세 사람에 대한 인물평이 이어진다. 당연히 문맥은 군자와 어짊이다. 먼저 어떤 사람이 자산(子産)에 관해 묻자 공자는 한마디로 "혜인(惠人)"이라고 답한다. 은혜를 베풀 줄 아는 사람 혹은 남에게 베풀기를 좋아하는 사람이라는 뜻이다. 한마디로 사람을 사랑할 줄 아는 사람[愛人者]이다. '공야장 15'에서 본 바와 같이 자산은 "백성을 길러줌에 있어서 은혜로웠던[惠]" 사람이다. 이로써 '헌문 8, 9, 10'은 하나의 맥락을 형성하게 된다.

다음으로 초(楚)나라 재상[令尹] 자서(子西)에 관해 물었다. 이에 공자는 "그 사람이여, 그 사람이여"라고만 말하고 더 이상 가타부타하지 않았다. 그 이유는 사마천 『사기』 '공자세가'에 나온다. 말년의 일이다.

"초(楚)나라 소왕(昭王)이 서사(書社)의 땅을 가지고 공자를 봉하려고 했는데 재상 자서(子西)가 불가하다 하니, 마침내 중지하였다."

악연이 있었던 것이다. 그러나 공자가 이런 악연 때문에 평을 거부했다기보다는 주희가 풀이한 정치적 행적 때문에 그랬을 것으로 보인다.

"(자서는) 초나라를 사양하고 소왕을 세워서 정치를 개혁하고 기강을 세웠으며, 또한 뛰어난 대부이다. 그러나 왕(王)을 참칭하는 칭호를 고치지 못하였고, 또 소왕이 공자를 등용하려 하자 이를 저지하였으며, 그 후에 마침내 백공(白公)을 불러들여 화란(禍亂)을 초래하였으니, 그렇다면 그의 사람됨을 알 수 있다. '그 사람이여'라고만 한 것은 그를 외면하신 말씀이다."

"그 사람이여[彼哉]"라고 한 것은 배척한 것이고, 반대로 어떤 사람을 인정해줄 때 공자는 "이 사람이여[若人]"라고 했다. 사인(斯人)도 "이 사람이여"라는 뜻이다.

마지막으로 관중에 대해 물었다. 이에 대한 공자의 답이다.

"이 관중이라는 사람은 백씨(伯氏)가 갖고 있던 병읍(騈邑) 300호를 빼앗았다. 그 바람에 백씨는 거친 밥을 먹어야 했으나 죽을 때까지 (관중에 대해) 원망하는 말이 없었다."

관중이 직접 빼앗은 것은 아니고 그가 공을 세우자 제나라 환공(桓公)이 죄가 있는 백씨의 땅을 회수해 관중에게 준 것이다.

이 문답은 흥미롭다. 그 어떤 사람이 관중에 대해 물었는데 정작 공자는 백씨에 대해서만 평을 하고 있기 때문이다. 바로 다음을 보더라도 강조점은 관중이 아니라 백씨임을 쉽게 알 수 있다. '헌문 11'은 사실상 백씨에 대한 평이기 때문이다.

11

○공자가 말했다. "가난하면서 원망하지 않기는 어렵고 (그에 비하면) 부
  유하면서도 교만하지 않기는 쉽다."

<ruby>子<rt>자</rt></ruby><ruby>曰<rt>왈</rt></ruby> <ruby>貧<rt>빈</rt></ruby><ruby>而<rt>이</rt></ruby><ruby>無<rt>무</rt></ruby><ruby>怨<rt>원</rt></ruby> <ruby>難<rt>난</rt></ruby> <ruby>富<rt>부</rt></ruby><ruby>而<rt>이</rt></ruby><ruby>無<rt>무</rt></ruby><ruby>驕<rt>교</rt></ruby> <ruby>易<rt>이</rt></ruby>

일단 빈이무원(貧而無怨), '가난하지만 원망하지 않는다'는 대목은 바로
앞서 나온 백씨(伯氏)를 염두에 둔 발언이다. "백씨는 거친 밥을 먹어야
했으나 죽을 때까지 원망하는 말이 없었다."

반면 관중의 경우 엄청난 부를 이루었으나 다소 교만했다. 그 점을 지
적한 것이 '팔일 22'에서 공자가 말한 "관중은 그릇이 작았도다"이다. 그
렇다면 공자는 이 둘 중에서 백씨를 더 높이 평가한 것이라 할 수 있다. 그
런데도 주희를 비롯한 기존 해석들은 이런 연속성을 무시한 채 '헌문 10'
에서는 관중에 초점을 맞추고 백씨에 대해서는 일언반구도 말하지 않았다.

여기서는 '누가 보아도 그 어려운 빈이무원(貧而無怨) 경지에 이른 백
씨야말로 군자(君子)가 아니겠는가'라고 높이 평가하는 내용일 수밖에 없
다. 앞에서 빈(貧)과 관련지어 군자를 이야기한 대목 몇 가지만 살펴보자.

'학이 14'에서 공자는 "군자가 되려고 하는 사람은 먹을 때 배부름을
구하지 않고 거처할 때 편안함을 구하지 않는다"고 했다. 또 '학이 15'에
서는 자장이 "가난하면서도 아첨하지 않고 부유한데도 교만하지 않는다
면 어떻습니까?"라고 묻자, "그것도 괜찮지만 가난하면서도 (도리를) 즐
기며[貧而樂] 부유하면서도 예를 좋아하는 것만 못하다"고 답했다.

빈이무원(貧而無怨)은 다소 소극적인 말이고, 빈이락(貧而樂)은 다소
적극적인 말이지만 결국 둘은 통한다. 따라서 '학이 15'는 '헌문 11'과 같
은 뜻이며, 따라서 이 장의 뒷부분은 관중에 대한 평가라고 보아도 무방할
것이다. 관중은 부이호례(富而好禮)에는 이르지 못해 공자로부터 그릇이
작은 인물로 불렸던 것이다. 중원을 지켜낸 대인(大仁)을 이루고서도 그

릇이 크지 못해 호례(好禮)하지 못했던 관중에 대한 아쉬움이 담긴 평가라
하겠다.

12

○공자가 말했다. "맹공작은 조씨나 위씨 가로(家老)가 되기에는 넉넉하
  지만, 등나라나 설나라(같은 작은 나라) 대부(大夫)가 될 수는 없다."

子曰 孟公綽爲趙魏老則優 不可以
爲滕薛大夫

맹공작(孟公綽)은 노나라 대부이고, 조씨(趙氏)와 위씨(魏氏)는 진(晉)나라
경(卿)이다. 가로(家老)는 가신의 총책임자이다. 바로 뒤에 나오지만 맹공
작은 욕심은 없는 사람[不欲]이다.

　우선 정약용 풀이다.

　"조씨와 위씨는 그 당시에 권세가 형성되어 있고 채지(采地)도 넓었
　으니 그 가재(家宰) 직무의 번거로움은 등나라·설나라 대부보다 갑절
　이나 되었다. 그러나 맹공자의 사람됨이 번잡하고 급한 일들은 척척
　잘 처리했으나 경대부의 체모가 없었기 때문에, 가로가 되기에는 넉
　넉하지만 대부가 되기에는 부족하다고 한 것이니, 이는 대개 그를 낮
　추어 본 것이다."

　다 동의하지만 "대개 그를 낮추어 본 것"이라는 말에는 동의하기 힘
들다. 공자 제자 중 염유가 바로 맹공작에 해당하는 인물로 그의 강점은
재(宰) 혹은 예(藝)에 있었다. 융통성이 뛰어나고 일솜씨가 탁월했다. 다
만 공심(公心)이 부족했다. 반대로 자로는 공심은 뛰어나 공자가 그에게
부(賦-군비 담당)를 맡길 만하다고 했다. 그러나 자로는 만승 나라, 즉 천자
의 나라에서는 주요 공직을 맡을 수는 없었다.

　염유와 자로의 장점이 종합된 인물이라야 큰 나라의 재상이 될 수 있
다. 딱히 맹공작을 낮춰서 한 말은 아닌 것이다. 이야기는 뒤로 이어진다.

13

○자로가 성인(成人)에 대해 묻자 공자가 말했다. "장무중의 지략과 맹
공작의 욕심 없음과 변장자의 용맹과 염구(冉求-염유)의 재예를 예와
악으로 문채(文彩-광채)를 낸다면 실로 성인이라 할 수 있다."

(공자가 다시 말했다.) "지금의 성인이란 자들이 어찌 반드시 그 정도일
수 있겠는가? 이익을 보면 마땅함을 생각하고, 위태로움을 보면 목숨
을 바치며, 오래된 약속이라도 평소 했던 그 말을 잊지 않는다면 실로
(이 정도로도) 성인이라 할 수 있다."

자-로 문 성-인
子路問成人

자-왈 약 장-무-중 지 지 공-작 지 불-욕
子曰 若臧武仲之知 公綽之不欲

변-장-자 지 용 염-구 지 예 문-지 이 예-악
卞莊子之勇 冉求之藝 文之以禮樂

역 가-이 위 성-인-의
亦可以爲成人矣

왈 금 지 성-인 자 하-필 연
曰 今之成人者 何必然

견-리-사-의 견-위-수-명 구-요 불-망 평-생
見利思義 見危授命 久要不忘平生

-지-언 역 가-이 위 성-인-의
之言 亦可以爲成人矣

이때 성인(成人)이란 인격적 차원에서 완전한 사람이 아니라 나라의 재상
이 될 만한 문질(文質)을 고루 갖춘 인물이다. 그 점에서 정약용이 "이 네
사람의 장점을 합하여 질(質)로 삼고, 여기에 또한 예악으로 문채를 꾸미
는 것[文之]"이라고 한 말은 적확하다.

장무중(臧武仲)은 장문중 손자이다. 그의 지략적 모습은 조금 뒤에 나온다. 변장자(卞莊子)는 노나라 변읍(卞邑) 대부이다.

특히 이 장의 앞부분은 『인물지』에서 제시한 최고의 재상감, 즉 국체(國體)와 통한다.

"삼재(三材)〈청절가, 법가, 술가의 재질〉를 겸해서 갖고 있는데 이 삼재가 모두 제대로 갖춰져 있어 그 다움이 족히 풍속을 교화할 수 있고, 그 법이 족히 천하를 바로잡을 수 있고, 그 술(術)이 족히 묘당(廟堂)〈재상들의 근무처로 사실상 조정을 가리킨다.〉의 건재함을 도모할 수 있는 사람, 이를 일러 국체(國體)라고 하는데, 이윤(伊尹)과 여망(呂望)이 이에 해당한다."

『설원』 18-1에서는 안연이 똑같이 성인(成人)이 일하는 방식에 대해 묻고 있다.

안연이 중니(仲尼)에게 물었다. "성인(成人)이 일을 행하는 것은 어떠해야 합니까?"

공자가 말했다. "성인이 일을 할 때는 사람이 가진 성정(性情)의 이치에 통달하고, 온갖 일과 사물의 변화에 능통하며, 드러나지 않은 것과 드러난 것의 원인을 잘 알아서 흘러 다니는 기운의 원천을 꿰뚫어 보아야 한다. 이러하다면 성인이라고 할 수 있을 것이다. 이미 하늘과도 같은 도리를 알았다면 어짊과 마땅함을 몸소 실천하며 예와 악으로 몸을 다잡아야 한다. 무릇 어짊과 마땅함, 예와 악은 성인이 행하는 바이며, 신령스러움을 극대화하여 일과 사물의 달라짐을 아는 것은 성인의 성인다움이 성대한 것이다."

호인은 두 번째 말이 자로가 한 말이라고 풀이하는데, 문세(文勢)를 보면 공자가 대안을 말한 것이지 자로가 말할 수준은 아니다.

憲問

14

○ 공자가 공명가에게 공숙문자(의 사람됨)를 물었다. "그분은 말하지 않고 웃지도 않고 남의 것을 차지하지도 않았다고 하는데 정말인가?"

공명가가 대답했다. "말을 전해준 사람이 지나쳤습니다. 그분은 때에 맞은 다음이라야 말씀을 하시니 사람들이 그 말씀을 싫어하지 않고, 즐거운 다음이라야 웃으시니 사람들이 그 웃음을 싫어하지 않고, 마땅한 다음이라야 남의 것을 차지하시니 사람들이 그 차지함을 싫어하지 않습니다."

공자가 말했다. "그러한가? 어찌 그럴 수가 있는가?"

子問公叔文子於公明賈曰 信乎夫子
不言不笑不取乎

公明賈對曰 以告者過也

夫子時然後言 人不厭其言 樂然後
笑 人不厭其笑 義然後取 人不厭其
取

子曰 其然 豈其然乎

공자가 위나라 대부 공숙문자(公叔文子)가 어떤 사람인지에 대해 공명가(公明賈)에게 물었다. 공명가도 위나라 사람이다. 주희는 "문자(文子)의 사람됨은 상세한 것을 알 수 없으나 분명 청렴하고 조용한 선비였을 것이다”고 풀이했다. 공자는 공숙문자에 대한 소문을 듣고서 그것이 사실인지를 물어본 것이다.

“그분은 말하지 않고 웃지도 않고 남의 것을 차지하지도 않았다고 하는데 정말인가?”

이에 공명가가 대답한다.

“말을 전해준 사람이 지나쳤습니다. 그분은 때에 맞은 다음이라야 말씀을 하시니 사람들이 그 말씀을 싫어하지 않고, 즐거운 다음이라야 웃으시니 사람들이 그 웃음을 싫어하지 않고, 마땅한 다음이라야 남의 것을 차지하시니 사람들이 그 차지함을 싫어하지 않습니다.”

때맞춤[時]이 핵심이다. 이를 들은 공자는 말한다.

“그러한가? 어찌 그럴 수가 있는가?”

주희는 공자의 마지막 말을 의심하는 뜻으로 푼다.

“(공명가의) 이 말은 예의(禮義)가 마음속에 충만하여 때에 알맞게 조처함을 얻는 자가 아니면 능할 수 없으니, 문자(文子)가 비록 뛰어났으나 여기에는 미치지 못한 듯하다. 다만 군자는 남의 좋은 점을 인정해주고, 그 그른 것을 바로 말하려고 하지 않는다. 그 때문에 ‘그랬는가? 어찌 그럴 수가 있는가?’라고 말씀하신 것이니, 이는 의심하신 것이다.”

반면 정약용은 주희와 생각이 다르다. 먼저 기연(其然)을 긍정적 의미에서 “그러한가?” 정도로 본다. 공자가 사전에 들은 소문은 너무나도 지나친 것이어서 과장되었다고 믿고 있었는데, 공명가가 때맞춤으로 설명을 하니 어느 정도 현실감이 생겨서 “그러한가?”라고 말을 했다는 것이다. 그러면서 “그는 본래 뛰어난 사람이었다. 어찌 그의 선행을 믿지 않을 수 있겠는가”라고 말했다. 정약용 풀이를 따른다. 어느 쪽이건 일단 우리는 다시 다양한 인물들을 살펴보는 지인(知人) 문맥에 들어왔다.

15

○공자가 말했다. "장무중은 방읍을 끼고서 노나라에 그 후계자를 세워
달라고 요구했으니, 비록 (사람들은 그가) 임금에게 강요하지 않았다고
말들 하지만 나는 믿지 못한다."

<ruby>子<rt>자-왈</rt></ruby>曰 <ruby>臧武仲<rt>장-무-중</rt></ruby><ruby>以防<rt>이-방</rt></ruby> <ruby>求<rt>구</rt></ruby><ruby>爲後<rt>위-후</rt></ruby><ruby>於魯<rt>어-노</rt></ruby>
<ruby>雖曰<rt>수-왈</rt></ruby> <ruby>不要君<rt>불-요-군</rt></ruby> <ruby>吾<rt>오</rt></ruby> <ruby>不信也<rt>불-신-야</rt></ruby>

'구위후어노(求爲後於魯)'를 정확히 해석하려면 역사적인 배경 지식이 약
간 약간 있어야 한다. 그냥 직역하면 "노나라에게 후계자[後]를 세워줄 것
을 요구했다"는 것이다. 주희 풀이다.

"장무중(臧武仲)이 죄를 얻어 주(邾)나라로 달아났는데 주나라에서
방읍(防邑)으로 가서 (노나라로) 사람을 보내 후계자를 세워주면 방읍
에서 떠나겠다고 청하게 했다. 만일 요청을 들어주지 않으면 장차 방
읍을 점거하여 배반하겠다는 뜻을 보였으니, 이것은 임금에게 강요한
것이다."

공자가 "비록 (사람들은 그가) 임금에게 강요하지 않았다고 말들 하지
만 나는 믿지 못한다"고 말하는 것은 바로 그런 맥락에서다. 장무중이 지
략은 뛰어나지만 결국 임금을 범한 것[犯上]이나 마찬가지라서 군자라고
인정해줄 수 없다는 말이다.

범조우 풀이가 좀 더 상세하다.

"임금에게 강요하는 것은 무군(無君, 임금을 무시하는 행위)하는 행위이
니 큰 죄다. 장무중의 봉읍은 임금에게 받은 것이니, 죄를 얻고서 밖
으로 달아났으면 후계자를 세우는 일은 임금에게 달린 것이지, 자신
이 마음대로 할 수 있는 것이 아니다. 그런데도 방읍을 점거하여 요청
하였으니, 이는 지략만을 좋아하고 배우기를 좋아하지 않았기 때문이

　　다.”

　　“지략만을 좋아하고 배우기를 좋아하지 않았기 때문”이라는 말은 ‘헌문 13’에 나오는 문지(文之)로 풀어낸 것이다. 공자도 결국 “나는 믿지 못한다”는 말을 통해 장무중을 부정적으로 평가하고 있다.

○공자가 말했다. "진나라 문공은 속이고 바르지 않았으나 제나라 환공
　은 바르고 속이지 않았다."

　　　자—왈　　진—문—공　　휼—이—부—정　　　제—환—공　　정—이
子曰　晉文公譎而不正　齊桓公正而
　　불—휼
不譎

진 문공(晉文公 기원전 697~628년경)은 춘추오패(春秋五覇)의 한 사람으로
이름은 중이(重耳)다. 헌공(獻公)의 둘째 아들이다. 아버지가 총애하던 여
희(驪姬)의 참소를 믿고 태자 신생(申生)을 죽이자, 망명하여 19년 동안 떠
돌았다. 혜공(惠公)이 죽고 회공(懷公)이 뒤를 이었지만 민심을 얻지 못했
다. 마침내 진 목공(秦穆公)의 도움으로 귀국해서 즉위했다. 호언(狐偃)과
조쇠(趙衰), 선진(先軫) 등 뛰어난 신하를 등용해 난국을 수습하고 국력을
강화시켰다. 주(周) 왕실 왕자 대(帶)의 반란을 평정하고, 주양왕(周襄王)
을 맞아 복위시키면서 존왕(尊王)을 호소해 위신을 세웠다. '휼이부정(譎
而不正)'은 곧 살펴보겠지만 이 무렵 일과 관련된 공자 평이다. 성복(城濮)
전투에서 초·진·채(楚陳蔡) 세 나라 군대를 대파하고, 천토(踐土)에서 제
후를 회합해 패주(覇主)로 자리했다. 제 환공(齊桓公)에 이어 제후의 맹주
(盟主)가 되었다. 9년 동안 재위했다.

　　　제 환공(齊桓公 ?~기원전 643년)은 양공(襄公)의 동생이다. 처음에 거
(莒)로 달아났다가 양공이 피살되자 거에서 귀국해 즉위했다. 관중을 재
상에 등용하여 개혁을 통해 부국강병을 시도했다. 존왕양이(尊王攘夷)를
명분으로 삼아 북쪽으로 융적(戎狄)을 정벌하고 그들이 중원을 넘보는 것
을 막았다. 남쪽으로는 강대국 초(楚)나라를 억제하여 소릉(召陵)에서 회
맹하도록 했다. 주왕실(周王室)을 안정시켜 주혜왕(周惠王)이 죽자 태자
정(鄭)을 받들어 즉위시키니, 바로 주양왕(周襄王)이다. '정이불휼(正而不

譎)'은 곧 살펴보겠지만 이 무렵 일과 관련된 공자 평이다. 여러 차례 제후들을 회합하여 맹약을 세우는 등 위망(威望)을 떨쳤다. 춘추 시대 최초의 패주(霸主)다. 재위 기간은 43년이고, 시호는 환(桓)이다.

이 장은 '헌문 12'와 간접적으로 연결된다. 거기서 맹공작(孟公綽)이 조씨(趙氏)와 위씨(衛氏)의 원로 가신은 될 수 있다고 했는데, 조씨와 위씨 둘 다 진(晉)나라 고위 관리였다. 그 나라 왕이 바로 문공(文公)이다. 그 진나라 임금 문공에 대해 공자는 혹평을 가한다.

"진(齊)나라 문공은 속이고 바르지 않았다[譎而不正]."

이에 대한 정현(鄭玄)의 풀이를 보자.

"휼(譎)이란 속인다[詐]는 뜻이니, 천자를 불러와서 제후들로 하여금 조현(朝見)하게 한 것을 가리킨 말이다. 그래서 공자는 '신하로서 임금을 불러낸 것은 교훈이 될 수 없다'라고 하고, 그러므로 (그것을 숨기기 위해) '천왕이 하양(河陽)에서 사냥을 하였다'라고 적어 놓았으니, 이것이 속이고 바르지 못한 것이다."

진 문공은 천왕에 대해 '신하답지 못했기에[不臣]' 공자는 그를 휼이부정(譎而不正)하다고 했던 것이다.

"제나라 환공은 바르고 속이지 않았다[正而不譎]."

이에 대한 마융의 풀이다.

"(제나라 환공이) 공의(公義)로 초나라를 정벌해 (술을 걸러 탁한 것을 제거하는) 포모(苞茅)의 공물이 들어오지 않는 것과 (주나라) 소왕(昭王)이 남쪽으로 순수(巡狩)하러 갔다가 돌아오지 않은 것을 문책하였으니, 이것이 바르고 속이지 않은 것이다."

문책이란 노나라 희공 4년에 제나라 임금이 제후들 군사를 거느리고 채(蔡)나라를 치고 그 길로 드디어 초나라를 정벌한 것을 말한다.

제 환공은 천왕에 대해 '신하다웠기 때문에[臣臣]' 공자는 그를 정이불휼(正而不譎)하다고 했던 것이다.

정약용은 문공과 환공에 대해 보다 구체적인 사료를 제시하며 두 사람에 대한 공자 평가를 점검한다.

"맹자가 말하기를 '중니(仲尼-공자)의 문도들은 제 환공과 진 문공의 사적을 말하는 이가 없었다'라고 하였으나, 『논어』를 고찰해보면 공자는 직접 자신의 입으로 관중의 공을 아낌없이 찬미하였으니, 어찌 그 문도의 말을 기다릴 필요가 있겠는가? 공자는 당시에 환공의 처심행사(處心行事)가 바르고 속임수를 쓰지 아니하여, 진 문공과는 함께 취급할 인물일 수 없음을 분명히 보았던 것이다. 그러므로 명료하게 해명하여 이와 같이 분별해 놓은 것이다.

대개 환공과 관중의 관계는 관중이 원수인데도 이를 용서하고 등용하여 흔쾌히 조금도 의심하지 않았고, 문공과 호언(狐偃)의 관계는 은혜로 맺었으나 (망명에서 진나라로) 돌아올 때 두려워하며 서로 기피하였으니 그 인간을 이미 알 만하다. 환공은 (주나라 양왕이 하사하는) 제육(祭肉)을 공손히 받았으나, 문공은 (주나라 양왕에게) 감히 천자만이 설치할 수 있는 묘도(墓道)를 설치하도록 해달라고 청하였으니, 이 말로도 또한 (환공과 문공의 평가가) 정해질 수 있다.

어떤 이는 말하기를 '환공은 공자(公子) 규(糾-환공의 이복형)를 죽였으나 문공은 이런 악이 없다'고 하였다. 그러나 문공은 네 나라를 두루 방문하여 네 나라 군주가 스스로 죽기를 기대하였으며, 또 남의 재앙을 요행으로 바라고 남의 화(禍)를 즐기는 마음과 속임수를 끼고 말을 꾸며댄 사적이 『춘추전』과 『예기』 단궁편의 여러 기사에 자주 보인다."

한마디로 여기서 말하는 공자 평가가 정밀하고 적절하다는 것이다. 이 문제는 곧바로 뒤에 이어진다.

憲問

17

○자로가 말했다. "(제나라) 환공이 공자 규를 죽였을 때 소홀은 죽었는데 관중은 죽지 않았습니다. (관중은) 어질지 못하다 하겠습니다."

공자가 말했다. "환공은 제후들을 아홉 번 모으면서도 무력을 쓰지 않았는데 이는 관중의 힘이었으니 (누가) 그의 어짊만 하겠는가? 그의 어짊만 하겠는가?"

子路曰 桓公殺公子糾 召忽死之 管
仲不死 曰 未仁乎
子曰 桓公九合諸侯 不以兵車 管仲
之力也 如其仁 如其仁

이 장은 '헌문 16'에 바로 이어져 그 장에 대한 해설 성격을 갖는다. 공자가 "제나라 환공(齊桓公)은 바르고 속이지 않았다"고 말하자 직설적인 성격의 제자 자로가 곧장 반론을 제기하는 대목이다. 자로는 환공이 공자 규(糾)를 죽인 일을 들어 은근히 비판한 다음, 이어서 관중까지 싸잡아 비판한다. 공자 규의 스승이었던 소홀(召忽)은 사태를 바로잡으려다가 죽기까지 했는데 관중은 그렇지도 못했다는 것이다. 그러나 실은 이런 큰 어짊을 행할 수 있는 관중을 재상으로 기용한 제 환공의 관(寬)을 평가하기 위해 '헌문 16'에서 환공에 대해 "바르고 속이지 않았다"고 공자는 평가했다.

주희는 『춘추좌씨전』을 근거로 먼저 이 사건의 역사적 배경을 소개한다.

"제나라 양공(襄公)이 도리를 잃자 포숙아(鮑叔牙)는 공자 소백(小白)을 받들어 거(莒)나라로 망명하고, 노나라 사람들이 공자 규를 제나라로 들여보내려 하였으나 성공하지 못하여 소백이 들어가니 이가 환공(桓公)이다. 환공이 노나라로 하여금 규를 죽이게 하고 관중과 소홀을 보내줄 것을 청하자 소홀은 죽고 관중은 함거에 갇히기를 자청하였는데, 포숙아가 환공에게 말하여 (관중으로 하여금) 재상으로 삼게 하였다. 자로는 관중이 군주를 잊고 원수를 섬겼으니 마음을 잔인하게 하고 천리(天理)를 해쳐 어짊이 될 수 없다고 의심한 것이다.”

자로가 볼 때는 소홀이야말로 살신성인(殺身成仁), 즉 목숨을 바쳐 어짊을 이룬 것 아니냐는 생각이었다. 그러나 이는 소인(小仁), 즉 아녀자의 어짊[婦仁=婦人之仁]일 뿐이다. 그런데 이런 소인(小仁)은 맹자를 통해 주희에게 이어져 지금도 공자 해석을 흐려놓고 있다. 우리는 지금 매우 중요한 지점에 있다. 공자 시야는 훨씬 넓다. 통상 유학자들 해석은 늘 자로에 근접해 있었다는 점에서 공자 발언은 오늘날 썩은 유학자들[腐儒]에 대한 비판으로 읽어도 유용하다. 공자는 말한다.

“환공은 제후들을 아홉 번 모으면서도 무력을 쓰지 않았는데 이는 관중의 힘이었으니 (누가) 그의 어짊만 하겠는가? 그의 어짊만 하겠는가?”

물론 이렇게 말한다고 해서 공자가 관중을 인자(仁者)라고 말하는 것은 아니다. 다만 그가 무력을 사용하지 않고서 제후들 규합을 이루어내는 큰 공을 세웠으니 그 공은 충분히 어질다고 평가할 만하다는 뜻이다. 이제 공자가 앞에서 환공에 대해 “바르고 속이지 않았다”고 평가한 속뜻이 드러난다. 이런 임금을 뒷받침할 수 있었던 관중을 높이 평가하기 위함이었던 것이다.

이제 ‘팔일 22’에서 공자가 관중에 대해 “그릇이 작았다”고 비판한 본뜻을 알아차릴 수 있다. 그릇이 작았다는 것은 겸손하지 못해 “예를 알지 못했다[不知禮]”는 말인데, 그것은 실은 관중에 대한 아쉬움의 표현일 뿐이다. 다시 읽어 보자.

공자가 말했다. “관중은 그릇이 작았도다!”

어떤 사람이 말했다. "관중은 검박했습니까?"

공자가 말했다. "관중은 삼귀(三歸)를 두었고 가신들 일을 통합해 겸직시키지 않았으니 어찌 검박했다고 하겠는가?"

"그렇다면 관중은 예를 알았습니까?"

공자가 말했다. "나라의 임금이라야 병풍으로 문을 가릴 수 있는데 관중도 그렇게 했고, 또 나라의 임금이라야 두 임금이 만났을 때 술잔을 되돌려놓는 자리를 만들어놓을 수 있는데 관중도 그렇게 했으니, 만일 관중이 예를 안다고 하면 누가 예를 알지 못하겠는가?"

이 장에서 자로는 한 개인의 행위에 초점을 맞춰 어짊 여부를 가리려 하고, 공자는 수많은 사람들에게 돌아간 혜택[惠]을 기준으로 어짊 여부를 가리고 있다. 이는 공자가 '헌문 10'에서 정나라 자산을 혜인(惠人)이니 어짊이라고 평가한 것과 맥이 닿는다. 그래서 공자는 분명하게 관중이 행한 업적을 큰 어짊[大仁]이었다고 말한 것이다. 관중을 둘러싼 공자와 제자들의 상반된 평가는 다음 장에도 이어진다.

憲問

18

○자공이 말했다. "관중은 아마도 어진 사람이 아닐 것입니다. 환공이 공자 규를 죽였는데도 능히 자기 목숨을 버리지 못했을 뿐만 아니라 나아가 그의 재상이 되었습니다."

공자가 말했다. "관중이 환공을 도와 제후들의 패자가 되어 한 번에 천하를 바로잡아 지금에 이르기까지 그 혜택을 입고 있다. 관중이 없었더라면 우리는 이에 머리를 풀어헤치고 옷깃을 왼쪽으로 했을 것이다. 어찌 필부필부처럼 알량한 어짊을 베풀다가 하수구에 굴러떨어져 죽어도 아무도 알아주지 않는 그런 사람이 될 수야 있으랴!"

子貢曰 管仲非仁者與
자-공 왈 관-중 비 인-자 여

桓公殺公子糾 不能死 又相之
환-공 살 공-자 규 불-능 사 우 상-지

子曰 管仲相桓公 覇諸侯 一匡天下
자-왈 관-중 상 환-공 패 제-후 일-광 천-하

民到于今受其賜
민 도-우-금 수 기-사

微管仲 吾其彼髮左袵矣
미 관-중 오 기 피-발 좌-임-의

豈若匹夫匹婦之爲諒也 自經於溝瀆
기-약 필-부-필-부 지 위-량-야 자-경 어 구-독

而莫之知也
이 막-지-지-야

이것은 앞의 구절과 바로 연결된다. 같이 합쳐놓아도 무방하다. 이번에는 자공이 좀 더 구체적인 예를 들어 관중이 어질지 못했음[非仁]을 비판한다. 마치 자로에게 해주었던 공자 대답이 미진해서 재차 질문을 던지는 듯하다. 보기에 따라서는 공자 대답에 대한 정면 반박으로 읽히기도 한다. 자공은 이렇게 말한다.

"(아무리 그렇게 말씀하셔도) 관중은 아마도 어진 사람이 아닐 것입니다
[非仁者與]."

여(與)에는 불확실성이나 추측, 의심의 뉘앙스가 들어있다. 조금은 조심스럽게 이런 말을 했다는 뜻이다. 자공의 말은 계속된다.

"환공이 공자 규를 죽였는데도 능히 자기 목숨을 버리지 못했을 뿐만 아니라 나아가 그의 재상이 되었습니다."

따라 죽지 않는데 그치지 않고 그 임금의 재상까지 된 사람에 대해 '어질다' 운운하면 아무리 스승님 말씀이라 해도 받아들일 수 없다는 단호함이 묻어난다. 공자 대답이 궁금하다.

"관중이 환공을 도와 제후들의 패자가 되어 한 번에 천하를 바로잡아 지금에 이르기까지 그 혜택을 입고 있다. 관중이 없었더라면 우리는 이에 머리를 풀어헤치고 옷깃을 왼쪽으로 했을 것이다. 어찌 필부필부처럼 알량한 어짊을 베풀다가 하수구에 굴러떨어져 죽어도 아무도 알아주지 않는 그런 사람이 될 수야 있으랴!"

양(諒)은 믿다, 신의 등의 뜻도 있지만 '작은 일에 구애되다' '하찮은 일에 고집을 부리다' 등의 뜻이 더 강하다. 좀 길긴 해도 정이천 풀이가 맥락 이해에 큰 도움을 준다.

"환공은 형이고 공자 규는 아우였다. 관중이 자신이 섬기던 자에게 사사로이 하여 그를 도와 나라를 다툰 것은 마땅함[義]이 아니다. 환공이 규를 죽인 것은 비록 지나쳤으나 규의 죽음은 실로 마땅하다. 관중이 처음에 규와 함께 모의하였으니, 마침내 그와 함께 죽는 것도 괜찮고, 동생을 도와 나라를 다툰 것이 마땅하지 못함[不義]이 됨을 알고 스스로 죽음을 면하여 후일의 공(功)을 도모하는 것도 또한 괜찮다. 그러므로 공자께서 그의 죽지 않음을 책하지 않고 그의 공을 칭찬하신 것이다. 만일 환공이 아우이고 규가 형이었다면 관중이 규를 도운

것이 정당하였을 테고, 그리해서 환공이 그 나라를 빼앗고 (공자 규를)
죽였다면, 관중에게 환공은 한 세상에 같이 살 수 없는 원수이다. 만일
공자께서 후일의 공을 계산하여 환공을 섬긴 것을 허여하셨다면, 성
인(聖人)의 말씀이 마땅함을 크게 해쳐 만세에 세상을 뒤집고 충을 저
버리는 난을 열어놓은 것이 아니겠는가?"

그러나 정이천 풀이 중 후반부는 지나치게 도덕주의적인 역사 해석
이라 할 수 있다. 제 환공이 형이라서 아우를 버리고 형을 따른 것은 죄
가 되지 않는다는 논리인데 그것은 협소하다. 굳이 정당화 근거를 찾자
면 '헌문 16'이 단서를 제공하고 있다. 적어도 환공은 "바르고 속이지 않았
기 때문에" 그를 따르기로 한 관중의 결단은 크게 문제가 되지 않고, 오히
려 환공을 도와 난세를 치세로 만든 공이 크기 때문에 부분적으로나마 어
질다는 평가를 해줄 수 있다는 것이 공자의 생각이다.

자로와 자공은 둘 다 정(正)에 머물렀지만 공자의 시야는 중(中)에 나
아가 있다. '이인 10'을 다시 읽어 보자.

> 공자가 말했다. "군자가 천하에 (공적인 일을 하러) 나아가면 '오로지
> 이래야 한다'는 것도 없고 '오로지 이래서는 안 된다'는 것도 없다.
> (그때마다의) 마땅함에 따라 행할 뿐이다."

앞서 장무중에 대해서는 칭찬을 유보했던 공자가 이어지는 '헌문 16,
17, 18'을 통해 관중의 사람됨에 대해 어질다는 평가를 내렸다는 점에 우
리는 주목해야 한다. 지인(知人)의 문맥이기 때문이다.

『설원』11-26은 좀 더 분명하게 공자가 왜 관중이 뛰어난지를 풀어
내고 있다.

> 자로가 공자에게 물었다. "관중은 어떤 사람입니까?"
> 공자가 말했다. "대인(大人)이다."
> 자로가 말했다. "옛날에 관자(管子-관중)가 양공(襄公)에게 유세했을
> 때 양공이 기뻐하지 않았으니, 이는 말재주가 없는 것입니다[不辨].
> 공자 규(糾)를 임금으로 세우려 했으나 능히 하지 못했으니, 이는 무

능한 것입니다[無能]. 집안사람들이 제나라에서 해를 당했는데도 근심하는 기색이 없었으니, 이는 자애롭지 못한 것입니다[不慈]. 차꼬와 수갑을 차고 함거(檻車)에 갇혔어도 부끄러워하는 기색이 없었으니, 이는 부끄러움이 없는 것입니다[無愧]. 자신이 활로 쏘았던 임금을 섬겼으니, 이는 반듯하지 못한 것입니다[不貞]. 소홀이 죽었는데도 관중은 죽지 않았으니, 이는 어짊이 없는 것입니다[無仁]. (그런데도) 스승님께서는 어찌 그를 대인이라고 하십니까?"

공자가 말했다. "관중이 양공에게 유세했을 때 양공이 기뻐하지 않았던 것은 관중이 말재주가 없어서가 아니라 양공이 그의 말을 알아듣지 못한 것이다. 공자 규를 임금으로 세우려 했으나 능히 하지 못했던 것은 무능해서가 아니라 때를 만나지 못한 것이다. 집안사람들이 제나라에서 해를 당했는데도 근심하는 기색이 없었던 것은 자애롭지 못해서가 아니라 명을 알았기 때문이다. 차꼬와 수갑을 차고 함거에 갇혔어도 부끄러워하는 기색이 없었던 것은 부끄러움이 없어서가 아니라 스스로 참아낸 것이다. 자신이 활로 쏘았던 임금을 섬겼던 것은 반듯하지 못해서가 아니라 권도(權道)를 알았기 때문이다. 소홀이 죽었는데도 관중은 죽지 않았던 것은 어짊이 없어서가 아니라 소홀이란 자가 남의 신하나 할 재목이니 죽지 않았으면 삼군의 포로가 되었을 것이고 죽으면 천하에 이름을 남길 것이니 무릇 어찌 죽지 않을 수 있겠는가?

관중이란 사람은 천자를 보좌하고 제후의 재상이 될 인물이니 죽으면 도랑을 구르는 썩은 해골 신세를 면치 못하겠지만, 죽지 않으면 천하에 공로를 다시 세울 수 있는데 그 사람이 어째서 죽어야겠는가! 너는 알지 못한다."

憲
問

19

○공숙문자의 가신 대부 선이 문자와 함께 공조(公朝-조정)에 올랐다. 공
자가 이를 듣고서 말했다. "(그의 시호를) 문(文)이라고 할 만하다."

公叔文子之臣大夫僎 與文子同升諸
公
子聞之 曰 可以爲文矣

긍정적 인물평이 이어진다. 공숙문자의 가신(家臣)인 대부 선(僎)이 문자
(文子)와 더불어 함께 공(公)에 올랐다는 것은 공적인 조정의 신하가 되었
다는 말이다. 이는 곧 공숙문자가 자기 가신을 천거해 나란히 조정에 나아
갔다는 뜻이다. 이를 들은 공자는 다음과 같이 평했다.

　　"(그의 시호를) 문(文)이라고 할 만하다."

　이를 보더라도 '헌문 14'에 등장한 공숙문자는 분명 뛰어난 인물이
다. 당시 "그러한가? 어찌 그럴 수가 있는가?"라는 공자 말을 긍정적 뉘
앙스로 보아야 하는 까닭이기도 하다. 일단 여기서 공숙문자에게 문(文)
이라는 시호를 줄 만하다고 평한 것은 극찬이다.

　시호법[諡法]에서 문(文)이라는 시호를 주는 연유는 다양하다. 예를
들어 '도리와 다움이 있고 널리 문을 배운 사람[道德博文]' '도리와 다움이
있고 널리 들은 것이 많은 사람[道德博聞]' '일반 백성 중에서 뛰어난 이에
게 작위와 지위를 내려주다[錫民爵位]' 등이 그것이다. '공야장 14'에도 시
호 문(文)과 관련된 이야기가 나온 바 있다. 형병은 이 경우는 석민작위(錫
民爵位)에 해당한다고 말한다. 석민작위란 훌륭한 사람에게 작위를 내려
주었을 경우를 말한다.

　명나라 학자 오무장(吳無障)은 좀 더 흥미로운 풀이를 하고 있다.

"남의 신하 된 자의 병폐에는 두 가지가 있으니, 하나는 남의 재능을 시기하는 기각(忌刻)인데, 후배의 공명(功名)이 나보다 위에 있을까 두려워함이다. 다른 하나는 자존심인데, 젊은이들과 서열을 나란히 하는 것을 달갑게 여기지 않는 것이다. 이는 모두 사리사정(私利私情)에 빠져 일에 어두운 것이다. (그러나 문자가) 선(僎)을 추천한 일은 그 풍도가 광명하고 준걸스러우니, 이러한 두 가지 병폐가 없다."

홍흥조 풀이는 지인(知人) 문맥에서 더 예리하다.

"가신이라는 낮은 신분의 사람을 이끌어내어 자신과 함께 조정에 나란히 선 것에는 세 가지 선한 점이 있다. 첫 번째는 사람을 알아본 것[知人]이고, 두 번째는 스스로를 낮춘 것[忘己]이고, 세 번째는 임금에게 충성을 다한 것[事君]이다."

앞으로 보게 될 '위령공 13'을 먼저 읽어보면 상대적으로 공숙문자의 사람됨이 더욱 빛난다.

공자가 말했다. "장문중은 지위를 도둑질한 자[竊位者]라 할 것이다. 유하혜가 뛰어나다는 것을 알고서도 더불어 조정에 서지 않았다."

공숙문자처럼 하는 것이 '학이 7'에서 보았던 현현역색(賢賢易色)이다. 관중을 환공에게 천거한 포숙아를 떠올리게 하는 내용이기도 하다.

○공자가 위나라 영공의 무도함을 이야기하자 계강자가 말했다. "무릇
이와 같은데 어째서 나라를 잃지 않는가?"

공자가 말했다. "중숙어는 빈객을 잘 다스리고, 축타는 종묘 일을 잘
다스리고 있으며, 왕손가는 군사 문제를 잘 다스리고 있습니다. 무릇
이와 같은데 어째서 나라를 잃겠습니까?"

子言衛靈公之無道也

康子曰 夫如是 奚而不喪

孔子曰 仲叔圉治賓客 祝鮀治宗廟

王孫賈治軍旅 夫如是 奚其喪

우선 영공이 어떤 인물이었는지 간략히 정리해보자. 영공(靈公 ?~기원전
493년)은 헌공(獻公) 손자다. 영공 13년 제표(齊豹)와 북궁희(北宮喜) 등이
난을 일으키자 달아났는데, 얼마 뒤 제표가 북궁희에게 죽임을 당한 뒤 돌
아올 수 있었다. 33년 진(晉)나라와 맹약을 맺으면서 수모를 당하자 마침
내 진나라에 반기를 들었다. 39년 태자 괴외가 영공 부인 남자(南子)를 죽
이려다 실패했다. 영공의 노여움을 두려워한 괴외가 송(宋)나라로 달아나
고, 얼마 뒤 진나라로 들어갔다. 태자의 출분(出奔)에 화가 난 영공이 소자
(少子) 영(郢)을 세우려고 했는데, 영이 사양했다. 얼마 뒤에 죽었다. 재위
기간은 42년이다. 공자가 살아 있을 때 인물이다.

공자가 위나라 영공의 무도(無道)함을 들어 강도 높게 비판했다. 이
에 노나라 실권자 계강자가 "무릇 이와 같은데 어째서 나라를 잃지 않는
가?"라고 묻는다. 단편적으로 생각하면 무도(無道)한 임금이 왕위를 잃지

않고 오래 유지하는 것은 평소 공자가 하던 주장과 모순될 수도 있다.

계강자가 던진 질문은 앞에서 관중과 관련해 자로와 자공이 던진 질문과 맥을 같이 한다. 관중이 어질지 않다는 자로와 자공의 반론에 허를 찔렀던 것처럼, 공자는 이번에도 계강자의 물음에 허를 찌르는 반격을 가한다.

> "중숙어는 빈객을 잘 다스리고, 축타는 종묘 일을 잘 다스리고 있으며, 왕손가는 군사 문제를 잘 다스리고 있습니다. 무릇 이와 같은데 어째서 나라를 잃겠습니까?"

여기서 우리는 다시 언어의 달인 공자를 만나게 된다. "무릇 이와 같은데 어째서 나라를 잃지 않는가?"라고 하자 "무릇 이와 같은데 어째서 나라를 잃겠습니까?"라고 답하고 있는 것이다.

영공이 한 개인으로서 무도하기는 하지만 인재를 적재적소에 쓰는 능력[擧賢才]이 있으니 그 왕위를 유지할 수 있는 것이라고 답하고 있다. 제대로 신하를 쓰는 것이야말로 임금이 행해야 할 대인(大仁)이다. '위정 20'에 나온 공자와 계강자 문답에서도 이는 잘 드러난다.

> 계강자가 물었다. "백성들로 하여금 공경과 충성을 권면하게 하려면 어떻게 해야 하는가?"
>
> 공자가 말했다. "장중함으로 (백성들에게) 임하면 공경할 것이고, 부모에게 효도하고 자제들에게 자애로우면 충성할 것입니다. 능한 이를 들어쓰고[擧善=擧賢才] 능하지 못한 이를 가르친다면 권면하게 될 것입니다."

이 장에 등장하는 중숙어(仲叔圉)는 다름 아닌 '공야장 14'에서 언급됐던 공문자(孔文子)이다. 축타(祝鮀)는 '옹야 14'에 등장했고, 왕손가에 대해서도 '팔일 13'에서 살펴본 바 있다. 먼저 정약용 풀이다.

> "중숙어는 인륜을 어지럽혔고, 축타는 말재주를 부렸으며, 왕손가는 권세를 팔았으니 모두 (인격적으로는) 훌륭한 자가 아니다. 그러나 그 재능과 식견은 족히 나라를 보존할 만했다."

  사람을 쓰는 데 있어 어짊[仁]만이 유일한 척도는 아니다. '공야장 7'은 그 자체로 영공에 대해 왜 공자가 이렇게 옹호하는지 그 까닭을 보여 준다.

  맹무백이 물었다. "자로는 어집니까?"

  공자가 말했다. "모르겠다."

  또 묻자 공자가 말했다. "유(由-자로)의 경우 제후의 나라에서 그 부세를 담당하게 할 수 있지만 그가 어진지는 모르겠다."

  "구(求-염유)의 경우는 어떻습니까?"

  공자가 말했다. "구의 경우 천호의 큰 읍이나 경대부 집안 가신을 시킬 수는 있지만 그가 어진지는 모르겠다."

  "적(赤-공서적)의 경우는 어떻습니까?"

  공자가 말했다. "적의 경우 관대를 띠고서 조정에 나아가 빈객을 맞이해 더불어 말을 하게 할 수는 있지만 그가 어진지는 모르겠다."

  『설원』8-19은 영공의 무도함을 담고 있고, 영공의 다른 뛰어난 면모도 함께 보여 준다.

  노나라 애공이 공자에게 물었다. "당대의 군주 중에서 누가 뛰어난가?"

  대답해 말했다. "위나라 영공입니다."

  공이 말했다. "내가 듣건대 그의 내실에서는 고모, 누님, 누이가 아무런 구별이 없다고 했소."

  대답해 말했다. "신은 조정만 살펴보았지 집 안 대청과 섬돌 사이를 살핀 적은 없습니다. 영공의 동생은 이름이 공자 거모(公子渠牟)인데, 그의 지혜면 천승의 제후국을 충분히 다스릴 수 있고, 그의 신의면 그 나라를 충분히 지킬 수 있어 영공이 그를 아낍니다. 또 왕림(王林)이라는 선비가 있어, 나라에 뛰어난 사람이 있으면 반드시 벼슬에 나아오게 해서 일을 맡기니 현달하지 않은 이가 없습니다. 현달시키지 못했을 경우에는 자신이 물러나 그 녹봉을 나누어 주니 영공이 그를 높입니다. 또 경족(慶足)이라는 선비가 있어, 나라에 큰일이 있으면 반드시 나아가 잘 다스려 성공하지 못하는 경우가 없으니 영공이 그를 좋아합니다. 사추(史鰌)가 위나라를 떠났을 때, 영공은 그의 집에 석 달 동안 묵으면서 거문고를 연주하지 않다가 사추가 나라에 들어오기를 기다린 뒤에야 대궐에 들어왔습니다. 신은 이 때문에 그가 뛰어나다는 것을 압니다."

21

○공자가 말했다. "그 말하는 바를 부끄러워할 줄 모른다면 그것을 행하는 것은 어렵다."

^{자-왈} ^{기-언} ^지 ^{부-작} ^즉 ^{위-지-야} ^난
子曰 其言之不怍 則爲之也難

이제 지인(知人) 문맥이 일단 마무리되고 다음을 더욱 다져가는[爲德] 문맥으로 나아간다. 그 첫 대목에 나온 것이 공자의 이 말이다. 작(怍)이란 '부끄럽게 여기다' '부끄러워하다' '얼굴이 빨개지다' '화내다' '안색을 바꾸다' 등의 뜻을 갖고 있다. 먼저 공자 말을 짚어보자.

"그 말하는 바를 부끄러워할 줄[怍=恥] 모른다면 그것을 행하는 것은 어렵다."

이를 풀어내는 단서는 "그 말하는 바를 부끄러워할 줄 모른다면"이다. 뒤집어 보면 말하는 바를 행하는 것이 쉬우려면 그 말하는 바에 대해 부끄러워할 줄 알아야 한다는 것이다. 먼저 주희는 이렇게 풀이한다.

"큰소리치고서도 부끄러워할 줄 모른다는 것은 반드시 행하려는 뜻이 없어서 스스로 능하고 능하지 못함을 헤아리지 못하는 것이다."

자기 능력과 한계도 모르는 사람이 이 말 저 말 해대는 것은 믿을 바가 못 된다는 말이다. 그러니 그런 사람이 하는 말은 실천으로 이어지기 어렵다. 그러나 큰소리치는 것만 부끄러워할 일은 아니다. '공야장 24'에서 공자는 이렇게 말했다.

"정교한 말과 아름다운 얼굴빛을 하고서 공손함을 지나치게 하는 것을 좌구명이 부끄럽게 여겼는데 나 또한 부끄럽게 여긴다."

말을 교묘하게 꾸며서 하는 것 또한 군자라면 부끄러워해야 할 일이다. 작(怍)은 부끄러움[恥]과 그대로 통한다. 공자가 『논어』에서 치(恥)를 말할 때 그것은 대부분 말이 행동보다 앞서는 것을 부끄러워해야 한다는 것이었기 때문이다. '이인 22'를 상기해 보자.

공자가 말했다. "옛날에는 말을 함부로 하지 않았는데 이는 몸소 실천함이 그에 미치지 못할까 봐 부끄러워해서였다."

따라서 작(怍)을 치(恥)로 볼 경우 우리는 '헌문 1과 2'가 제기했던 문맥으로 다시 돌아간다. 다움[德]과 어짊[仁] 그리고 군자(君子)의 문맥으로 돌아간 것이다. 그런 점에서 보면 '안연 3'은 바로 이 장을 포괄적으로 풀이하고 있다.

사마우가 어짊에 대해 물었다. 공자가 말했다. "어진 사람은 말하기를 어렵게 여긴다."

(사마우가) 말했다. "말하기만 어렵게 여기면 이에 그것을 일러 어짊이라고 합니까?"

공자가 말했다. "(어짊을) 행하기가 어려우니 말하기를 어렵게 여기지 않을 수 있겠느냐!"

그중에서도 특히 "말하기를 어렵게 여기지 않을 수 있겠느냐!"라는 구절은 작(怍)이나 치(恥)와 연결되어 앞으로 나오는 장들을 풀어내는 결정적 실마리가 된다. 말과 실천[言行]의 문제가 이어진다.

○(제나라 대부) 진성자가 (자기 임금) 간공을 시해했다.

공자는 목욕하고 조정에 나아가 애공에게 아뢰었다. "진항이 자기 임금을 시해했으니 청컨대 그를 토죄하소서."

공이 말했다. "저 삼자(三子-삼가)에게 고하라!"

공자가 말했다. "내가 대부의 말석에라도 따랐기에 감히 아뢰지 않을 수 없었다. 그런데 임금께서 말씀하시기를 저 삼자에게 고하라고 하는구나!"

삼자에게 가서 고하자 불가하다고 했다. 공자가 말했다. "내가 대부의 말석에라도 따랐기에 감히 아뢰지 않을 수 없었다."

陳成子弑簡公

孔子沐浴而朝 告於哀公曰 陳恒弑

其君 請討之

公曰 告夫三子

孔子曰 以吾從大夫之後 不敢不告

也 君曰告夫三子者

之三子告 不可

孔子曰 以吾從大夫之後 不敢不告

―야
也

먼저 간공(簡公 ?~기원전 481년)은 도공(悼公) 아들로 즉위하기 전부터 감지(闞止)를 총애했다. 즉위하자 그에게 정치를 맡기니 전성자(田成子-진성자)가 걱정했다. 이때 대부 어앙(御鞅)이 진언하여 감지와 전성자가 양립할 수는 없다고 했지만 간공은 듣지 않았다. 제 간공(齊簡公) 4년에 전성자가 감지를 살해하자 간공은 달아나 서주(舒州)로 갔지만 그 역시 전성자에게 살해당했다.

진성자(陳成子 ?~?)는 전성자(田成子), 전상(田常), 진항(陳恒)으로도 불린다. 춘추 시대 제(齊)나라 사람으로 전걸(田乞) 아들이다. 제 간공 때 감지와 함께 좌우상(左右相)을 맡았다. 선조들 전통을 계승하여 대두(大斗)로 재어 양식으로 대여하고, 소두(小斗)로 재어 거둬들여 민심을 얻었다. 제 간공 4년 감지와 간공을 공격해 살해하고, 간공 동생 오(驁)를 세워 평공(平公)으로 삼았다. 스스로 재상이 되어 제나라 국정을 장악하고, 공족(公族) 가운데 강성한 이들을 모두 제거했다. 봉읍(封邑)을 확대하니, 이때부터 제나라 권력은 전씨(田氏)가 독차지하게 되었다.

남의 나라인 제나라 대부 진성자가 자기 임금 간공을 시해하자 공자는 몸을 씻은 후 노나라 조정에 나아가 애공에게 아뢰었다.

"진항(陳恒)이 자기 임금을 시해했으니 청컨대 그를 토죄하소서."

공자로서는 제나라가 남의 나라이지만 인륜과 천리(天理)를 범했으니 이웃 나라라고 그냥 있어서는 안 된다고 토벌을 청한 것이다. 진항의 신하답지 못함에 대한 토죄였다.

공자로서는 큰 용기가 필요한 간쟁(諫爭)이었다. 몸을 씻은 것에 대해 마융은 "장차 임금에게 고하려고 하였기 때문에 먼저 재계하였고 재계할 때는 반드시 목욕을 한다"고 풀이한다. 정약용은 "몸을 깨끗이 하고 정성을 다하여 임금이 들어주기를 바랐던 것이다"라고 덧붙였다.

그런데 힘이 없던 애공은 당시 실권을 장악하고 있던 삼가(三家)에게 가서 말해 보라며 한발 물러선다. 삼가란 계손(季孫), 맹손(孟孫), 숙손(叔孫) 3대부를 말한다. 결국 공자는 더 이상 말을 못하고 물러 나올 수밖에 없었다. 표현되지는 않았지만 애공에 대한 공자의 실망은 크고 깊었을 것이다.

그다음 말은 제자들에게 힘없이 던진 말일 수도 있고 혼잣말일 수도 있다.

"내가 대부의 말석에라도 따랐기에 감히 아뢰지 않을 수 없었다. 그런데 임금께서 말씀하시기를 저 삼자에게 고하라고 하는구나!"

남의 나라 일이라고 하더라도 신하의 군주 시해를 그냥 두고 본다면 도리가 아니라고 여긴 공자는 결국 삼가(三家)를 찾아가 토벌을 청했다. 사실 공자는 삼가에게까지 가볼 마음은 전혀 없었으나 임금의 명이었기 때문에 마지못해 따랐다. 그러나 그들로부터도 불가하다는 답만 돌아왔다. 다음은 공자의 낙담이 고스란히 느껴지는 말이다.

"내가 대부의 말석에라도 따랐기에 감히 아뢰지 않을 수 없었다."

이 일은 공자가 71세 때(노나라 애공 14년) 일로『춘추좌씨전』(이하『좌전』)에 전후 맥락이 상세하게 담겨 있다.

애공 14년 6월 갑오일에 제나라 진항이 자기 임금 임(壬-간공)을 서주(舒州)에서 시해했다. (그래서) 노나라 공자는 사흘을 재계하고 세 번이나 제나라를 토벌하자고 청하였다. (그러나) 노나라 애공은 말하기를 "우리 노나라가 제나라의 침략으로 쇠약해진 지가 오래되었다. 그대가 친다고 하면 장차 어떻게 하겠는가?"라고 하였다. 공자는 대답하기를 "진항이 그 임금을 죽였으니, (제나라) 백성이 (진항에게) 동조하지 않는 자가 반수는 될 것입니다. 노나라 군사에다 제나라 반수를 보태면 이길 수 있을 것입니다"라고 하였다. (그러자) 애공이 말하기를 "그대가 계손에게 말해 보시오"라고 하거늘, 공자는 이를 사양하고 물러나 사람들에게 고하여 말하기를 "내가 대부의 지위에 있었기 때문에 감히 고하지 않을 수 없었다"라고 하였다.

'헌문 22'보다 상세한 부분도 있고 조금 다른 부분도 있다. 애공과 공자의 대화는 좀 더 상세하고 삼가를 찾아간 이야기는 여기서는 '사양'한 것으로 되어 있다. 이에 대한 형병의 풀이다.

"『좌전』과 조금 다른 것은 사관이 기록한 바로써 그 임금과 더불어 대화한 것을 기록하였을 뿐이니, 물러 나온 뒤에 따로 삼자(三子)에게 고한 말은 오직 제자만이 이를 알고 있는 것이다. 그러므로 『좌전』에는 그 글이 없다."

그러나 전체 맥락은 거의 비슷하다.

아주 흥미롭게도 이 지점에서 정이천과 정약용의 상반된 입장이 충돌한다. 나는 정약용 입장을 지지한다. 문맥상으로 보아도 정약용 풀이가 『논어』의 전후 맥락에 부합하기 때문이다. 논란의 핵심은 『좌전』에서 공자가 했다는 말이다.

"진항이 그 임금을 죽였으니, (제나라) 백성이 (진항에게) 동조하지 않는 자가 반수는 될 것입니다. 노나라 군사에다 제나라 반수를 보태면 이길 수 있을 것입니다."

정이천은 단호하다.

"이 말은 공자 말씀이 아니다. 만일 이 말과 같다면 이는 힘으로 하자는 것이요, 의리(義理)로 하자는 것이 아니다. 공자 뜻으로 말하면 반드시 장차 그 죄를 바로 지칭하여 위로는 천자에게 아뢰고, 아래로는 패권국 방백(方伯)들에게 말씀해서 동맹국을 거느리고 토벌하셨을 것이니, 제나라를 이길 수 있는가는 공자에게 부차적인 일[餘事]이니, 어찌 노나라 사람의 많고 적음을 계산하셨겠는가?"

이건 누가 보아도 공자를 도덕주의자, 명분주의자로 해석하는 것이다. 그러나 우리는 이미 『논어』 속 공자가 탁월한 현실주의자임을 보았다. 정약용의 반박은 놀라울 정도로 내가 『논어』를 해석하는 방법, 즉 이론해론(以論解論)의 길을 취하고 있다. 조금 길지만 정약용 풀이를 인용한다.

"공자가 삼간 바는 재계와 전쟁과 질병이었으니('술이 12') 분명히 의리에서는 비록 바르더라도 모든 전쟁은 삼가는 바에 있는 것이다. 공자가 '내가 전쟁을 하면 이긴다'(『예기』)라 한 것은 명확하게 자신을 알고 적을 알아서, 다움을 헤아리고 힘을 헤아려 이길 것을 알고 난 뒤에 진격한다는 것이니, 예를 들면 손자의 이른바 '이길 것을 먼저 안 뒤에 싸운다'는 것이다. 그러므로 공자는 자로가 삼군(三軍)을 거느리고 출정하는 것에 대한 질문에 답하기를 '맨손으로 호랑이를 때려잡고, 맨몸으로 강을 건너려 하여 죽어도 후회할 줄 모르는 사람을 나는 함께 할 수 없을 것이니, 반드시 일에 임하여서는 두려워하고 모의를 잘해서 일을 성공으로 이끄는 사람과 함께 할 것이다'('술이 10')라고 하였다. 공자는 힘을 헤아릴 뿐만 아니라 겸해서 또 계획하는 것까지 좋아하였으니, 어찌 동중서(董仲舒)처럼 '그 의(誼=義)를 바르게 한다'는 한마디 말만 내세워 드디어 성패(成敗)는 헤아리지 않는다고 말할 수 있겠는가?

선배 유학자들은 대부분 이 장('헌문 22')을 오로지 삼가(三家)를 경계하여 시역(弑逆)의 모의를 막기 위한 것으로 여겼다. 그러므로 정이천도 또한 이를 병력에다 비교하는 것은 족히 삼가를 경계하는 것이 못된다고 여긴 것이다. (그런데) 일찍이 내가 가만히 생각건대, 노 애공이 스스로 능히 결단하지 못하리라는 것을 공자는 필시 미리 짐작했던 것이고, 삼자라는 자들도 가서 치려고 하지 않으리라는 것을 공자는 필시 예측했던 것이다. 그러나 또 목욕재계하고 들어가 이러한 뜻을 고하는 것은 성실하지 못한 듯하며, 만약 그렇지 않다고 하면 지혜롭지 못한 듯하다. 그러나 제나라 사람으로서 진항을 사랑하는 자들은 모두 소인과 비부(鄙夫)로서 그의 은혜를 입은 자들이지만, 안평중(晏平仲=晏嬰)처럼 고가대족(故家大族)으로서 남몰래 근심하고 탄식하는 사람들도 또한 많았던 것이다.

공자는 정세를 파악할 때 제나라 사람들이 반반으로 나뉠 것을 알았으며, 반드시 이기고 반드시 취할 수 있는 기미가 환하게 나타나고 눈앞에 선하게 늘어서 있으므로, 차마 끝내 침묵하지 못하고 정성을 쌓고 경건함을 다하여 임금의 마음이 깨우칠 수 있도록 바랐던 것이다. (그러나 애공이) 능히 스스로 결단하지 못할 듯한 것을 알지 못했던 것은 아니다. 이는 '내가 대부의 지위에 있었기 때문에 감히 고하지 않을 수 없었다'라고 말한 한마디에서 보면, 공자는 미리 짐작하고 있었던 것이 분명하다. 『좌전』의 '노나라의 군사에다 제나라의 (동조하지 않는) 반수를 보태면 이길 수 있다'는 설에 근거하여 보면, 겨우 공자의 마음이 지성스럽고 거짓이 없는 것을 증명할 수 있으나, 만약 (『좌전』의) 이 말이 없었다면 공자가 여기에 고한 말은 헛된 마땅함을 떠벌려 큰소리친 자와 다를 것이 없었을 것이다."

그래서 정약용은 "『좌전』의 설은 공박해서는 안 된다"고 말한다. 이는 곧 현실주의자로서 공자를 직시할 것을 권하는 것이다.

'헌문 21'의 비밀을 푸는 열쇠는 바로 이렇게 해석된 공자의 언행을 볼 때 명확하게 드러난다. 정이천처럼 풀이할 경우 공자는 '헛된 마땅함을 떠벌려 큰소리친 자'가 된다. 그러나 가장 부끄러워[作]^작 해야 할 것은 바로 실천과 이룸[成]^성을 염두에 두지 않고 말부터 꺼내는 것, 그것도 큰소리로 떠들어 대는 것이다. 이제 자연스럽게 '헌문 23'으로 넘어갈 수 있게 되었다.

23

○자로가 임금을 섬기는 것을 묻자 공자가 말했다. "속이지 말고 안색을 범해야 한다."

_{자ー로} _문 _{사ー군} _{자ー왈} _{물ー기ー야} _이 _{범ー지}
子路問事君 子曰 勿欺也 而犯之

임금을 섬기는 문제는 이미 여러 차례 나왔다. 우선 이 문제를 정리한 다음에 이 장의 의미를 풀어보자. 먼저 '학이 7'의 일부분이다.

자하가 말했다. "임금 섬기기를 기꺼이 온몸을 다 바쳐서 하라[能致其身]."

'팔일 18'이다.

공자가 말했다. "(내가) 임금을 섬기면서 예를 다했더니[盡禮] 사람들은 그것을 아첨이라고 여겼다."

임금을 섬기는 도리는 충직(忠直) 하나뿐이다. 이를 형이중으로 풀어낸 것이 능치기신(能致其身)과 진례(盡禮)인데, 앞 장은 형이하, 즉 사례였고, 이 장은 같은 형이중 차원에서 좀 더 구체적으로 곧음[直]을 풀어낸다. 자로가 임금을 섬기는 것에 대해 묻자 공자가 말한다.

"속이지 말고 안색을 범해야 한다[勿欺也 而犯之]."

앞서 본대로 공자는 군주를 속이지 않았고, 안색을 범하더라도 임금 앞에서 하기 어려운 말을 피하지 않았다. 범(犯)을 주희는 "안색을 범하여 간쟁하는 것"이라고 풀이한다. 사실 삼가(三家)에게 가서 고하라고 할 때 무력한 애공 심정은 어떠했겠는가? 공자가 그런 애공 마음을 미리 헤아리지 못했을 리가 없다. 그럼에도 불구하고 시해란 신하가 임금을 범한 중대 범죄였기에 이웃 나랏일임에도 불구하고 가서 안색을 범해가며 토벌할 것을 청한 것은 임금을 속이지 않기 위함이었다.

여기서 공자 말은 자로를 우회적으로 책망하는 말이 아니라 '헌문 22'의 의미를 공자 스스로 설명하는 차원에서 『논어』 편찬자가 이곳에 배치한 것으로 봐야 한다. "속이지 말고 안색을 범해야 한다"는 말은 신하의 도리[臣道]인 충직(忠直)과 회(誨)를 하나로 통합해서 말한 것이라 할 것이다. '술이 2'이다.

공자가 말했다. "마음속에 간직한 채 내세우지 않는 것, 배움에 있어 싫증 내지 않는 것, 남을 일깨워 가르치는 데 게으름을 부리지 않는 것[誨人不倦], 이 셋 중에 어느 것이 나에게 있는가?"

24

○공자가 말했다. "군자는 상달(上達)하고 소인은 하달(下達)한다."

<ruby>子<rt>자-왈</rt></ruby> 曰 <ruby>君子<rt>군-자</rt></ruby> <ruby>上達<rt>상-달</rt></ruby> <ruby>小人<rt>소-인</rt></ruby> <ruby>下達<rt>하-달</rt></ruby>

이 장을 풀어내는 관건은 상하(上下)를 무엇으로 보느냐이다. 그건 이미 공자가 제시했다. '이인 16'이 그것이다.

공자가 말했다. "군자는 마땅함[義]에서 깨닫고, 소인은 이익[利]에서 깨닫는다."

마땅함이란 하늘과도 같은 이치[天理]이고, 이익이란 사람의 욕심[人欲]이다. 이 점을 정약용 풀이가 뒷받침한다.

"군자와 소인은 그 처음에는 모두 중인(中人-보통 사람)이다. (중인으로서 서로) 털끝만 한 차이가 한쪽은 마땅함에서 깨닫고 한쪽은 이익에서 깨달아, 군자는 날로 다움으로 나아가 한 등급 두 등급 위로 올라가서 최상의 등급에 달하고, (이와 달리) 소인은 날로 퇴보하여 한 등급 두 등급 아래로 내려가서 최하의 등급에 달한다."

이는 뒤에서 보게 될 '양화 2'에 나오는 공자 말을 떠올리게 한다.

공자가 말했다. "(타고난) 본성은 서로 가까우나 익히는 것에 의해 서로 멀어진다."

이 장은 '헌문 23과 25'를 이어준다. '헌문 22'에서 보여준 공자 모습이 바로 상달(上達)이다. 주희 풀이에 따르면 공자는 개인의 이해관계를 버리고 천리(天理)를 따라 애공에게 토벌을 청했고, 애공이 이를 거부하자 내키지는 않지만 "내가 그나마 관직의 말석에라도 따랐기에" 마땅함에 따라 삼가(三家)에게도 고했다. 공자 행동은 천리를 따른 것이다. 이와 정반대로 행동할 경우 하달(下達)이 된다. 하달한 사람을 우리는 '양화 15'에서 만나게 된다.

공자가 말했다. "비루한 사람과 함께 임금을 섬기는 것이 가능할 수 있는가? (지위를) 얻기 전에는 그것을 얻어 보려고 근심하고, 이미 얻고 나서는 그것을 잃을까 근심한다. 정말로 잃을 것을 걱정할 경우엔 (그것을 잃지 않기 위해) 못하는 짓이 없다."

25

○공자가 말했다. "옛날에 배우는 자들은 자신을 갈고 닦는데 힘썼고 오
 늘날 배우는 자들은 남에게 인정받는 데 힘쓴다."

자—왈   고 지   학—자   위—기   금 지   학—자   위—인
子曰 古之學者爲己 今之學者爲人

바로 앞 장에 이어진다. 직역하면 이렇게 된다.

　　"옛날에 배우는 자들은 자기를 위하고, 오늘날 배우는 자들은 남을
　　위한다."

　　그러면 뜻이 정반대처럼 읽힐 수 있다. 이에 정자는 다음과 같이 풀어
낸다.

　　"자기를 위한다는 것은 (다움을) 자기 몸에 얻고자 함이고, 남을 위한
　　다는 것은 남에게 알려지고자 함이다."

　　이렇게 되면 자연스럽게 '안연 20'과 연결되어 달(達)자도 다시 한번
음미하게 된다.

　　자장이 물었다. "사(士-선비)란 어떠해야 통달했다[達]고 할 수 있습
　　니까?"

　　공자가 말했다. "무슨 뜻인가? 네가 말하는 통달이란 것이?"

　　자장이 말했다. "나라에 (벼슬하고) 있어도 반드시 그에 관한 소문[聞]
　　이 나며 집 안에 있어도 반드시 소문이 나는 것입니다."

　　공자가 말했다. "그것은 소문이지 통달이 아니다. 무릇 통달한 사람
　　이란 바탕이 곧고 의리를 좋아하며, 남의 말을 가만히 살피고 얼굴빛
　　을 관찰하며, 사려 깊게 (남에게) 몸을 낮추는 것이니 나라에 있어도
　　반드시 통달하고 집 안에 있어도 반드시 통달한다. (이에 반해) 무릇 소
　　문만 요란한 사람이란 얼굴빛은 어진 듯하나 행실이 어질지 못하고,
　　(남에게 사양하지 않고 자기가) 그 자리를 차지하고서는 조금도 주저하지
　　않는 것이니, 나라에 있어도 반드시 소문이 나고 집 안에 있어도 반드

시 소문이 난다.”

옛날에 배우는 자들은 달(達)하려 했는데, 오늘날 배우는 자들은 문(聞)만 신경 쓴다는 뜻이다.

憲問

26

○거백옥이 공자에게 사자를 보냈다. 공자가 그와 함께 앉아서 물었다.
"선생은 어떻게 지내시는가?"
대답해 말했다. "선생께서는 당신 허물을 줄이려 노력하시는데 아직
제대로 안 되시는가 봅니다."
그 사자가 나가자 공자가 말했다. "사자여! 사자여!"

거─백─옥　　사─인　어　공─자
蘧伯玉使人於孔子
공─자　　여─지　좌　이　문─언　왈　　부─자　　하─위
孔子與之坐而問焉　曰　夫子何爲
대─왈　　부─자　욕─과　기─과　이　미─능─야
對曰　夫子欲寡其過而未能也
사─자　출　　자─왈　　사─호　　사─호
使者出　子曰　使乎使乎

거백옥(蘧伯玉 ?~?)은 어떤 사람인가? 이름은 거원(蘧瑗)이고, 춘추 시대
위나라 사람으로 영공 때 대부(大夫)를 지냈다. 겉은 관대하지만 속은 강
직한 성품으로, 자신은 바르게 했지만 남을 바르게 하지는 못했다고 한다.
여기에 나오듯이 자기 잘못을 고치는 데 조금도 게으름을 부리지 않았다.
오나라 계찰이 위나라 찬허(贊許)를 지나가면서 그를 만나보고 군자(君子)
라 여겼다. 공자가 그의 행실을 칭찬하여 위나라에 이르렀을 때 그의 집에
머물렀다.

　　공자는 그런 거백옥이 보낸 사자와 더불어 앉아 "선생은 어떻게 지내
시는가?"라고 물었다. 이에 사자는 "선생께서는 당신 허물을 줄이려 노
력하시는데 아직 제대로 안 되시는가 봅니다"라고 대답했다. 그 사자가
나가자 공자는 거백옥이 아니라 "사자여! 사자여!"라면서 심부름 온 사
자를 찬미했다.

거백옥은 전형적으로 옛날에 배운 사람의 경우에 속한다. 즉 자신을 갈고 닦는데[爲己] 힘쓰는 사람이다. 그런데 왜 공자는 거백옥이 아니라 심부름 온 사자를 찬미한 것일까?

공자가 심부름 온 사람과 함께 앉았다는 것은 이미 위나라에 머물렀을 때부터 그 사람의 됨됨이를 잘 알고 있었다는 뜻이다. 그래서 거백옥에 대한 고마움까지 겹쳐 그 사람을 정중하게 대우하기 위해 함께 앉아 이야기를 나눈 것이다. 그런데 여기서 그치지 않고 그가 전하는 말투가 주인에 대한 공경으로 가득 차 있었기 때문에 공자는 심부름 온 사자를 칭찬함으로써 동시에 거백옥까지 찬미하였다.

거백옥은 다른 고전들에서도 끊임없이 자신의 잘못을 찾아 반성하고 고치려 했던 인물로 그려진다. 예를 들면 『회남자(淮南子)』는 "거백옥은 나이 쉰에도 마흔 아홉까지 한 일이 잘못되었음을 알고 반성하였다"라고 적고 있다. '학이 8'에 나오는 과즉물탄개(過則勿憚改)를 실행에 옮겼던 인물이다. 이런 인물은 당연히 말보다는 실천을 중시한다. 거백옥은 앞서 말한 위기(爲己)하는 인간이었다.

후한 학자 왕충은 『논형』 문공(問孔)편에서 공자가 "사자여! 사자여!"라고 한 것은 사자를 비난한 것이라 본다. 공자가 "선생은 어떻게 지내시는가?"라고 물은 것은 치국(治國)을 물은 것인데, 쓸데없이 겸손한 척하면서 조행(操行-태도와 행실)에 대해 답을 했다는 것이다. 독립적이라면 가능한 해석이지만 문맥을 무시한 상상 속 해석에 가까워 취하지 않았다.

27

○공자가 말했다. "그 지위에 있지 않다면 그 지위에 해당하는 정사를
도모해서는 안 된다."

<ruby>子<rt>자一왈</rt></ruby>曰 <ruby>不<rt>부一재</rt></ruby>在<ruby>其<rt>기一위</rt></ruby>位 <ruby>不<rt>불一모</rt></ruby>謀<ruby>其<rt>기一정</rt></ruby>政

이는 '태백 14'에 이미 나온 것이다. 이처럼 거듭해서 나오는 사례들이 종
종 있는데, 그것들이야말로 『논어』를 해석할 때 문맥 파악이 왜 중요한지
입증해주는 증거라 할 것이다.

당시 맥락을 잠깐 짚어보자. '태백 12'에서 공자는 "3년 정도 배우고
서 녹봉에 뜻을 두지 않는 자를 쉽게 얻기 어렵다"라고 말한다. 그만큼 사
람이란 기본적으로 벼슬에 대한 갈망이 클 수밖에 없다. 이어 '태백 13'에
서 공자는 좀 더 구체적으로 배움과 벼슬길에 나아가는 것의 관계에 대해
이렇게 말한다.

"(군자가 되려면) 독실한 믿음을 갖고서 배우기를 좋아하고, 죽음으로
써 좋은 도리를 지켜나가야 한다. 위태로운 나라에는 들어가지 않고
어지러운 나라에는 가서 살지 않으며, 천하에 도리가 있으면 나타나
고 도리가 없으면 숨어야 한다. 나라에 도리가 있을 때 가난하면서 천
한 것은 부끄럽고, 나라에 도리가 없을 때 부유하면서 귀한 것도 부끄
럽다."

그리고 나서 '태백 14'에 바로 이 말이 나온다.

"그 지위에 있지 않다면 그 지위에 해당하는 정사를 도모해서는 안 된
다."

이때 도모한다는 것은 그 정사와 관련된 말을 한다는 것이다. 한마디
로 '본분에서 벗어나는 말을 해서는 안 된다'는 뜻이다. 천하와 나라에 도
리가 있어 공직에 나아가면 그에 걸맞은 말을 함으로써 정사를 도모하는
것이 도리에 맞고, 천하와 나라에 도리가 없어 공직에 나아가지 않을 때는

정사와 관련된 발언을 해서는 안 된다는 것이다. 정이천은 한 가지 예외를 덧붙인다.

> "지위에 있지 않더라도 군주나 대부가 물으면 대답만 하는 경우는 있다."

'헌문 26'에서 공자가 거백옥이 보낸 사자를 높이 평가한 이유도 바로 여기에 있다. 그는 공자 물음에 주제넘게 주인 거백옥의 근황을 자세히 말하지 않고, 다만 삼가며 지내는 모습만 살짝 전했기 때문이다. 정이천 풀이가 여기에 딱 들어맞는다. 왕충이 오히려 지나친 해석임을 다시금 확인하게 된다. 이 장도 역시 위기(爲己) 문맥이다.

○증자가 말했다. "군자는 생각함이 그 지위를 벗어나서는 안 된다."

_{증-자} _왈 _{군-자} _사 _{불-출} _{기-위}
曾子曰 君子思不出其位

방금 한 공자 발언에 대한 제자 증자의 보충 설명이 이어진다. 따라서 이 또한 위기(爲己) 문맥이다. 신중한 언행으로 평판을 얻었던 증자는 이렇게 말한다.

"군자는 생각함이 그 지위를 벗어나서는 안 된다."

뒤집어 말하면 앞서 심부름 온 사자의 경우, 생각이 그 지위를 벗어나지 않았으니 군자로서 면모를 갖고 있었다고 할 수 있다.

이 구절은 '말이 그 지위를 벗어나서는 안 된다'는 것보다 좀 더 근본적이라 할 수 있다. 생각이 벗어나면 말도 자연스레 벗어날 테고, 생각이 지위를 벗어나지 않으면 말 또한 벗어나지 않을 것이기 때문이다. 사람을 알아보는데[知人] 있어 중요한 척도를 제시하고 있는 대목이기도 하다.

『주역』간(艮)괘(☶) 대상전(大象傳)에서 공자는 이렇게 말했다.

"산이 겹쳐진 것이 간(艮)(이 드러난 모습)이니 군자는 그것을 갖고서 생각함이 그 지위를 벗어나지 않는다[_{겸-산 간 군-자 이 사 불-출 기-위}兼山艮 君子以 思不出其位]."

대상전(大象傳)이란 공자가 64괘를 보고서 그에 맞는 제왕학을 제시한 것이다. 간괘(艮卦)란 두 음이 위로 올라가는 것을 하나의 양이 막고 있는 모양으로 산(山)을 뜻하기도 하고 머무름[_지止]을 뜻하기도 한다. 군자는 이런 산의 중첩된 모습을 보게 되면 무엇보다 자신의 본분을 오래도록 지키려 생각하게 된다는 말이다.

증자는 바로 이 간괘의 대상전을 그대로 말한 것이다. 생각이 벗어나면 말도 자연스레 벗어날 테고, 생각이 지위를 벗어나지 않으면 말 또한 벗어나지 않는다. 지나치건 못 미치건 다 그 지위를 벗어난 것이다. 그런 점에서 이 간괘는 다움[_덕德]의 문제임과 동시에 도리에 적중하는[_{중-도}中道] 문

제이기도 하다. '옹야 27'에 나오는 공자 말을 다시 한번 음미하고서 다음
으로 넘어가자.

> "중하고 용하는 것이 다움을 이루어냄이 지극하도다! 사람들 가운데
> 오래 지속하는 이가 드물구나!"

○공자가 말했다. "군자는 (실천은 고려하지 않고서) 큰소리치는 것을 부끄러워하고 행실을 말보다 조금 더 나아가도록 처신한다."

_{자—왈}　_{군—자}　_치　_{기—언}　_이　_과　_{기—행}
子曰 君子恥其言而過其行

비슷한 맥락에서 공자는 다시 한번 말과 행동의 관계와 관련하여 군자(君子)를 정의한다. 먼저 직역하면 "군자는 자기 말을 부끄러워하고 행실을 말보다 조금 더 나아가게 한다"이다. 치기언(恥其言)은 정확히 '헌문 21'에서 말한 "그 말하는 바를 부끄러워할 줄[怍=恥] 모른다면 그것을 행하는 것은 어렵다"와 통한다. 말하는 바를 부끄러워한다는 것은 실행할 수 없는 큰소리치는 것[大言]을 부끄러워한다는 것이다. 이 장은 '헌문 21'보다 조금 더 나아간다. 큰소리치는 것을 부끄러워하게 되면 항상 행실이 말보다 조금 더 나아가도록 처신한다는 것이다.

　　이로써 '헌문 21'부터 이어진 말과 행동 그리고 지위의 관계에 대한 논의, 즉 위기(爲己) 문맥은 일단락되고 다른 주제로 넘어간다.

憲問

30

○공자가 말했다. "군자의 길에는 세 가지가 있는데 나는 그 어느 것에
도 능하지 못하니 어진 사람은 근심하지 않고, 일의 이치를 아는 사람
은 미혹되지 않으며, 용기 있는 사람은 두려워하지 않는다."
자공이 말했다. "이는 스승님께서 스스로를 낮춘 겸양의 표현이시다."

子曰 君子道者三 我無能焉
仁者不憂 知者不惑 勇者不懼
子貢曰 夫子自道也

지금까지 언행일치(言行一致)를 척도로 군자(君子)를 이야기해왔다면 여
기서 공자는 군자의 세 가지 유형을 논한다.

　　"군자의 길에는 세 가지가 있는데, 나는 그 어느 것에도 능하지 못하
　　니 어진 사람은 근심하지 않고, 일의 이치를 아는 사람은 미혹되지 않
　　으며, 용기 있는 사람은 두려워하지 않는다."

　　이를 전해 들은 자공은 "이는 스승님께서 스스로를 낮춘 겸양의 표현
[自道＝自謙]"이라고 말한다. 이때 도(道)란 '자기를 낮추다[謙]'는 뜻이다.

　　앞서 '태백 4'에서 증자도 군자의 세 가지 도리에 대해 이야기한 바
있다. 그런데 한문을 비교해보면 증자가 말한 것과 공자가 말하는 것 사이
에는 분명한 차이가 있다. 증자는 '군자라면 반드시 귀하게 여기는 도리
세 가지'라고 했다.

　　"군자가 귀하게 여기는 도리 세 가지가 있으니, 용모를 취할 때는 사
　　나움과 거만함을 멀리하고, 안색을 바로 할 때는 신실함에 가깝게 하
　　고, 말을 할 때는 비루함과 도리를 어김을 멀리해야 합니다."

　　적어도 군자가 되려면 이 세 가지를 '모두' 갖춰야 한다는 뜻이다. 반

면 이 장에서 공자가 말한 군자의 세 가지 도(道)라는 것은 말 그대로 세 가지 길, 세 가지 유형이다. 따라서 셋 중 '어느 하나'만 하여도 군자일 수 있다.

이와 관련된 구절은 이미 '자한 28'에 나온 바 있다. 공자는 말한다.

"일의 이치를 아는 사람은 미혹되지 않고, 어진 사람은 근심하지 않으며, 용기 있는 사람은 두려워하지 않는다."

憲問

31

○자공이 사람을 비교하자 공자가 말했다. "사(賜)야, 넌 뛰어난가 보다! 무릇 나는 그럴 겨를이 없다."

자-공 방-인　　자-왈　　사-야　　현-호-재　　부 아 즉
子貢方人 子曰 賜也 賢乎哉 夫我則

불-가
不暇

이때 방(方)이란 '견주다'나 '비교하다[比]'는 뜻이다. 따라서 방인(方人)이란 사람을 비교하는 것인데, 정약용은 좀 더 구체적으로 "고금의 인물을 취하여 두 사람씩 서로 비교하며 그 장단점을 논의하는 것"이라고 했다.

　방인(方人)과 지인(知人)은 전혀 다르다. 그저 인물평을 하고 비교질하는 것이 방인이라면, 지인은 말 그대로 사람을 알아보는 것이다. 굳이 비유하자면 방인은 상대평가, 지인은 절대평가라고 할 수 있을 것이다.

　앞서 '헌문 30'에서 군자(君子)의 세 가지 유형을 제시한 다음 곧장 사람됨을 비교하는 지인(知人) 문제를 다룬다는 것은 셋 중에서도 특히 지자(知者)에 집중하겠다는 뜻으로 볼 수 있다. 그런데 바로 지인(知人)으로 들어가지 않고 오히려 경계해야 할 방인(方人) 문제를 여기에 배치한 것은 『논어』 편찬자의 치밀함과 세심함이 돋보이는 대목이다. 이 말은 간접적으로나마 남을 평하고 비교하기에 앞서 스스로를 닦는 일에 더 힘을 써야 함을 자공에게 일깨워 준 것으로 볼 수 있다. 그러면 바로 다음 장과 이어진다.

○공자가 말했다. "남이 자기를 알아주지 않음을 걱정하지 말고, 자기가
능하지 못함을 걱정하라."

<small>자−왈　　불−환　인　지　불−기−지　　환　기　불−능−야</small>
子曰 不患人之不己知 患其不能也

당연히 여기서도 남이란 임금이나 인사권자이다. 막연한 남들이 아니다.
이 장은 방인(方人)하던 자공에 대한 질책으로 읽힌다. '~를 걱정하지 말
고, ~를 걱정하라'는 표현은 『논어』에서 조금씩 표현을 달리하여 학이(學
而)편, 이인(里仁)편, 헌문(憲問)편 그리고 위령공(衛靈公)편, 계씨(季氏)편
등 모두 다섯 차례 등장한다. 그중 계씨(季氏)편은 내용이 다르니 여기서
는 '학이 16'과 '이인 14' 그리고 '위령공 18'을 상기해 보자.

> 공자가 말했다. "남이 자기를 알아주지 않는 것을 걱정하지 말고, 내
> 가 남을 알지 못하는 것을 걱정해라."('학이 16')
> 공자가 말했다. "벼슬자리에 있지 못함을 걱정하지 말고, 그 자리에
> 설 준비가 되었는지를 걱정하라. 남들이 자기를 알아주지 않음을 걱
> 정하지 말고, 알아줄 만한 사람이 되려고 노력하라."('이인 14')
> 공자가 말했다. "군자가 무능함을 근심으로 여기지[病] 남이 자기를
> 알아주지 않는 것을 근심으로 여기지 않는다[不病]."('위령공 18')

이때 병(病)은 환(患)과 마찬가지로 '근심하다'는 뜻이다.

바로 앞 '헌문 31'과 연관 지으면 자공에 대한 질책이면서 또한 '헌문
30'과 연관 지으면 인자불우(仁者不憂)에 대한 풀이다. 환(患)이나 병(病)
은 곧 우(憂)이기 때문이다.

> "남이 자신을 알아주지 않음을 걱정하지 말고, 자신의 능하지 못함을
> 걱정하라!"

남이 알아주고 안 알아주고에 신경 쓰지 말고, 너 자신이나 수기(修
己)에 힘쓰라는 뜻이다. 이 같은 의미에서 어짊[仁] 문맥이 바로 다음에 이

어진다. 앞서 보았듯이 지자(知者) 문제는 자연스럽게 인자(仁者) 문제와
도 얽혀 있다.

憲問

33

○공자가 말했다. "남이 나를 속일까 미리 짐작하지 말고, 남이 나를 믿어주지 않을까 억측하지 말라. 그렇지만 실로 먼저 깨닫는다면 이는 뛰어나도다!"

^{자-왈} ^{불-역-사} ^{불-억-불-신}
子曰 不逆詐 不億不信

^억 ^역 ^{선-각-자} ^시 ^{현-호}
抑亦先覺者 是賢乎

이 장의 구조를 파악하기 위해 우선 역(逆)과 억(億)에 대한 주희 풀이부터 살펴보자.

"역(逆)은 아직 이르지 않았는데 이를 미리 맞이하는 것[迎]이고, 억(億)은 아직 드러나지 않았는데 이를 생각해내는 것[意]이다."

이를 감안해 공자의 말을 대략 풀어보면 이런 뜻이다. "남이 나를 속일까 봐 미리 걱정하지 말고, 또 남이 나를 믿어주지 않을까 봐 억측하지 말아야 한다." 이 말은 상하 관계에 적용해 쓸 수 있다. 윗사람 입장에서 아랫사람이 일을 하면서 자신을 기만할까 봐 걱정하지 말고, 또 아랫사람 입장에서 윗사람이 나를 인정해주지 않으면 어떻게 하나 걱정하지 말라는 이야기다. 군군신신(君君臣臣) 문맥이다. 불우(不憂), 불환(不患)하라는 말이니 인자(仁者) 문맥이기도 하다.

그렇지만[抑] 여기서 한 걸음 더 나아가 미리 저 사람은 믿을 만한 사람인지, 저 사람은 나를 인정해줄 만한 사람인지를 알아차린다면[先覺], 그것은 뛰어나다고 공자는 말하고 있다. 각(覺)은 미리 기미를 알아차리는 감각이다. 선각자(先覺者)란 남보다 먼저 사람을 알아보는 눈[知人之鑑]이 있는 사람이다.

'헌문 32'에서 "자기가 능하지 못함을 걱정하라"고 했던 공자가 여기서는 능한 자, 즉 선각자(先覺者)라는 적극적 대안을 제시하고 있다. 따라서 '헌문 32와 33'은 소극/적극의 짝을 이룬다. 여기서도 인자(仁者)와 지자(知者) 문맥이 이어지고 있다.

34

○미생무가 공자에게 일러 말했다. "구(丘-공자)는 어찌하여 이다지도 분주히 돌아다니며 바쁜 것인가? 말재간이나 부리려는 것 아닌가?" 공자가 말했다. "내 감히 말재간 부리려 한 것이 아니라 앞뒤가 막힌 고(固)를 미워해서입니다."

<ruby>微<rt>미</rt></ruby><ruby>生<rt>생</rt></ruby><ruby>畝<rt>무</rt></ruby><ruby>謂<rt>위</rt></ruby><ruby>孔<rt>공</rt></ruby><ruby>子<rt>자</rt></ruby><ruby>曰<rt>왈</rt></ruby> <ruby>丘<rt>구</rt></ruby><ruby>何<rt>하</rt></ruby><ruby>爲<rt>위</rt></ruby><ruby>是<rt>시</rt></ruby><ruby>栖<rt>서</rt></ruby><ruby>栖<rt>서</rt></ruby><ruby>者<rt>자</rt></ruby><ruby>與<rt>여</rt></ruby>

<ruby>無<rt>무</rt></ruby><ruby>乃<rt>내</rt></ruby><ruby>爲<rt>위</rt></ruby><ruby>佞<rt>녕</rt></ruby><ruby>乎<rt>호</rt></ruby>

<ruby>孔<rt>공</rt></ruby><ruby>子<rt>자</rt></ruby><ruby>曰<rt>왈</rt></ruby> <ruby>非<rt>비</rt></ruby><ruby>敢<rt>감</rt></ruby><ruby>爲<rt>위</rt></ruby><ruby>佞<rt>녕</rt></ruby><ruby>也<rt>야</rt></ruby> <ruby>疾<rt>질</rt></ruby><ruby>固<rt>고</rt></ruby><ruby>也<rt>야</rt></ruby>

미생무(微生畝-미생모)에 대해서는 거의 알려진 바가 없다. 다만 공자를 그냥 구(丘)라고 부르는 것을 볼 때 덕망이 높고 나이가 많았던 인물로 생각할 수 있다. 주희는 "공자 이름을 부르고 말이 심히 거만한 것으로 보아, 아마도 나이와 덕이 있는 은자(隱者)로 보인다"고 했다. 어쩌면 공자도 존경했던 인물인지 모른다.『논어』에서는 보기 드물게 공자를 꾸짖는다.

이 장 전체를 풀이하는 결정적인 단서는 '고(固)' 한 자에 있다고 해도 과언이 아니다. 주희는 이를 "하나만을 고집하여 변통하지 못하는 것"으로 풀이하고, 정약용은 "은거해서 홀로 자기만 착하게 하여 세상을 버리고 사람과의 접촉을 끊는 자는 그 도리가 막히고 고루하기 때문에 군자가 이를 싫어한다"고 풀이했다. 그렇다면 공자는 상당히 직설적으로 자신의 인생 방향을 말함과 동시에 미생무의 비판을 정면으로 반박한 것이다.

고(固)에 대해 공자는 이미 '학이 8'에서 이렇게 말한 바 있다.

"(문을) 배우면 고(固)에 빠지지 않는다."

그러기 위해서는 호학(好學)해야 하고 과즉물탄개(過則勿憚改)해야 하는 것이다.

憲
問

35

○공자가 말했다. "기(驥-준마)라고 할 때는 그 힘을 지칭해서가 아니라
그 다움을 지칭해서이다."

<ruby>子<rt>자</rt></ruby><ruby>曰<rt>왈</rt></ruby> <ruby>驥<rt>기</rt></ruby><ruby>不<rt>불</rt></ruby><ruby>稱<rt>칭</rt></ruby><ruby>其<rt>기</rt></ruby><ruby>力<rt>력</rt></ruby> <ruby>稱<rt>칭</rt></ruby><ruby>其<rt>기</rt></ruby><ruby>德<rt>덕</rt></ruby><ruby>也<rt>야</rt></ruby>

앞 장 '헌문 34'에서 공자 대답이 조금 미진했다. 『논어』 편찬자는 공자의
진의를 좀 더 분명히 할 필요가 있다고 판단해 공자의 이 말을 여기에 배
치한 듯하다.

우선 기(驥)는 '천리마' '준마' '준재(俊才)' '뛰어난 인물' 등을 뜻한
다. 이 문제는 우리가 앞서 다움[德]의 의미를 살필 때 이미 충분히 검토한
바 있다. 마마(馬馬), 즉 가장 말다운 말이 바로 기(驥)이다. 힘만 세다고 해
서 기(驥)라고 할 수 없다. 이 비유는 앞서 나온 활쏘기 비유와 정확히 일
치한다. '팔일 16'에서 공자는 이렇게 말했다.

"(주나라 문화가 꽃피웠을 때의) 활쏘기는 가죽 뚫기로 승부를 가리지 않
았다. 왜냐하면 힘이 사람마다 다 달랐기 때문이다. 이것이 옛날의 활
쏘는 예법이다."

적중(的中)만으로 군자다운 활쏘기의 다움은 완성되는 것이지 가죽
으로 된 과녁을 뚫었느냐 아니냐의 문제는 중요하지 않았다. '헌문 34'
와 관련해서 보자면 공자가 말하는 고루하고 편벽됨[固]이란 힘으로만 말
[馬]을 평가하고 활을 쏠 때 과녁을 뚫는 것으로만 활쏘기를 평가하려는
것과 같다. 왜냐하면 고(固)에 갇힌 사람을 수덕(修德)을 거부하고, 타고난
대로의 능력에만 머물려는 사람이기 때문이다.

憲問

36

○어떤 사람이 물었다. "은덕으로 원망을 갚는 것은 어떻습니까?"

공자가 말했다. "(그렇다면) 은덕은 무엇으로 갚을 텐가? 곧음으로 원망을 갚고 은덕으로 은덕을 갚는 것이다."

_{혹-왈} _{이-덕} _{보-원} _{하-여}
或曰 以德報怨 何如

_{자-왈} _{하-이} _{보-덕} _{이-직} _{보-원} _{이-덕} _{보-덕}
子曰 何以報德 以直報怨 以德報德

어떤 사람이 공자에게 묻는다. "은덕으로 원망을 갚는 것은 어떻습니까?" 여기서 우리는 공자에 대한 편견을 깨뜨려야 한다. 우리는 흔히 공자라면 원한도 은덕으로 갚으라 했을 거로 생각한다. 그만큼 우리는 그릇된 공자상(像)을 갖고 있다. 공자의 반문(反問)을 잘 새겨보자.

"(그렇다면) 은덕은 무엇으로 갚을 텐가?"

한마디로 원한이나 원망을 가진 사람에게 덕(德)을 베풀어봐야 소용이 없다는 뜻이다. 이를 정약용은 알기 쉽게 풀이한다.

"가볍게 대해야 할 자에게 후하게 대접하면, 후하게 대접해야 할 곳에는 아무 대접도 할 수 없다. 그러므로 은덕을 가지고는 은덕에 보답하는 것이다."

그러면 원한이나 원망을 가진 사람에 대해서는 무엇으로서 갚아야 하는가? 이에 대해 공자는 다음과 같이 말했다.

"곧음으로 원망을 갚고 은덕으로 은덕을 갚는 것이다."

그러면 공자가 말하는 곧음[直]이란 무엇인가? 흔히 정직으로 번역하는데 적어도 『논어』에서는 그런 뜻이 아니다. 주희는 이를 공평무사(公平無私)로 풀이하는데 오히려 이것이 『논어』 맥락에 가깝다.

"원망하는 자에게는 사랑하고 미워함과 취하고 버림을 한결같이 지극히 공평하고 사사로움 없이 하는 것이 이른바 곧음[直]이다."

'공야장 24'에서 공자는 이렇게 말했다.

"원망을 숨기고서[匿怨] 그 사람과 벗 삼는 것을 좌구명이 부끄럽게
여겼는데 나 또한 부끄럽게 여긴다."

여기서 좌구명과 공자가 부끄러워 한 것이 바로 "은덕으로 원망을 갚
는 것"이다.

'옹야 17'을 보면 공자가 곧음을 얼마나 중요하게 생각하고 있는지를
알 수 있다.

공자가 말했다. "사람이 (사람답게) 살아가는 이치는 (교언영색이 아니
라) 곧음[直]이니, 곧지 않게 살아가는 것은 요행스럽게 (환란이나 죽음
을) 면한 것에 지나지 않는다"

憲問

37

○공자가 말했다. "아무도 나를 알아주지 않는구나!"

자공이 말했다. "어째서 스승님을 알아주지 않는다고 말씀하십니까?"

공자가 말했다. "하늘을 원망하지 않고 남을 탓하지 않으며, 아래에서부터 배워 위에 이르렀으나 나를 알아줄 자는 아마도 하늘일 것이다."

子曰 莫我知也夫
_{자—왈 막 아—지 야—부}

子貢曰 何爲其莫知子也
_{자—공 왈 하—위 기 막 지—자—야}

子曰 不怨天 不尤人 下學而上達 知
_{자—왈 불—원—천 불—우—인 하—학 이 상—달 지}

我者 其天乎
_{—아 자 기 천 호}

여기서부터 이야기가 조금 전환된다. 우선 본문 내용부터 옮겨보자. 공자는 탄식하듯 말한다.

　　"아무도 나를 알아주지 않는구나!"

　왜 공자는 이런 말을 했을까? 얼핏 보면 공자가 늘 강조했던 말과 모순처럼 보이기도 한다. 공자는 항상 "남이 나를 알아주지 못함을 걱정하지 말고, 내가 남을 알지 못하는 것을 걱정해라!"고 하지 않았던가? 당연히 제자들은 궁금증을 느낄 수밖에 없다. 그중 명민한 자공이 질문을 던진다.

　　"어째서 스승님을 알아주지 않는다고 말씀하십니까?"

　다른 제자들이 아니라 자공이 앞장서 질문을 던진 이유는 쉽게 추측해볼 수 있다. 그는 공자로부터 남을 평하고 비교하기[方人]를 좋아한다고 해서 지적을 받았던 장본인이다. '남을 비교하기에 앞서 너나 잘하라'는 지적을 받았던 자공으로서는 스승 공자가 "아무도 나를 알아주지 않는구나!"라고 했을 때 은근히 "스승님도 누가 알아주기를 원하십니까?"라고 묻고 싶었던 것이다. 그러나 그렇게 직접적으로 질문할 수 없으니 이렇게 우회적으로 물어본 것이다.

이에 대한 공자 대답은 다분히 추상적이다. 있는 그대로 직역해보자.

"하늘을 원망하지 않고 남을 탓하지 않으며, 아래에서부터 배워 위에 이르렀으나 나를 알아줄 자는 아마도 하늘일 것이다."

그렇다. 공자가 쉰 살에 이르렀다는 지천명(知天命)이 바로 이 말이다. 유향은 『설원』 16-123에서 이렇게 말했다.

"일의 형세를 아는 자는 하늘을 원망하지 않고, 자기 자신을 아는 사람은 남을 원망하지 않는다."

"아무도 나를 알아주지 않는구나!"라는 공자의 탄식은 나를 알아달라는 뜻이 아니라 '마침내 자신에게 주어진 천명(天命)을 알게 되었다'는 뜻이다.

만일 그 자리에 인자(仁者) 안회가 있었다면 아마도 자공처럼 묻지 않았을 것이다. 곧바로 "하늘이 알지 않습니까?"라고 말하지 않았을까? 자공이 미처 통달하지 못해 이런 질문을 했다는 주희의 지적은 그런 점에서 타당하다고 할 수 있다. 문맥이 조금씩 명(命)으로 이동한다.

일의 형세[事勢=命]를 이해하기 위해서는 『중용』의 관련 구절을 좀 더 폭넓게 살펴봐야 한다.

"군자는 그가 처해 있는 위치에 따라서 행하고 그 밖의 것은 행하지 않는다. 부귀에 처해서는 부귀에 마땅한 대로 행하고, 빈천에 처해서는 빈천에 마땅한 대로 행하고, 오랑캐에 처해서는 오랑캐에 마땅한 대로 행하고, 환난에 처해서는 환난에 마땅한 대로 행한다. 군자는 (어느 지위에) 들어가더라도 스스로 얻지 못함이 없다. 윗자리에 있으면 아랫사람을 업신여기지 않고, 아랫자리에 있으면 윗사람을 끌어내리려 하지 않는다. 자기를 바르게 하고 남에게 구하지 아니하면 곧 원망함이 없을 것이니, 위로는 하늘을 원망하지 아니하며 아래로는 다른 사람을 탓하지 않는다. 고로 군자는 편안한 곳에 머물며 천명을 기다리고[居易以俟命] 소인은 위험을 행하여 요행을 구한다[行險以徼倖]. 공자가 말했다. '활쏘기는 군자와 같음이 있으니 화살을 쏘아 정곡을 맞추지 못하면, (그 실패의 원인을) 돌이켜 그 자신에게서 구한다.'"

일에는 이치도 있지만 형세가 더욱 중요하다. 일의 형세[事勢]가 바로 명(命)이며, 그것이 권도(權道)이고, 이를 집중적으로 파고드는 책이 『주역』이다. 『논어』는 그런 점에서 간단히 말하면 상도(常道)에서 권도(權道), 예(禮)에서 명(命), 정(正)에서 중(中)으로 가는 책이다. 점점 중과 권도 그리고 명이 전면에 부각될 것이다.

『설원』14-9는 이 장에 대한 보다 상세한 배경 설명이라 하겠다.

부자(夫子-공자)가 70제후들에게 가서 유세하느라 일정한 처소가 없었던 것은 천하 백성들로 하여금 각각 그 있어야 할 자리에 있게 하려 함이었으나 도리가 행해지지 않았다. 이에 물러나 『춘추』를 편찬해 털끝만 한 선함이라도 채택하고 실낱같은 악함이라도 깎아내림으로써, 인사(人事)가 두루 혜택을 입게 하고 왕도(王道)가 갖춰지게 하며 빼어난 제도를 정밀하게 조화시키니 위로 하늘과 통해 기린이 찾아왔다. 이는 하늘이 부자를 알아준 것이다. 이에 크게 탄식하며 말했다. "하늘은 지극히 밝아서 가릴 수 없지 않은가? (그런데) 해는 어찌하여 먹히는가? 땅은 지극히 안전하여 위태롭게 할 수 없지 않은가? (그런데) 땅은 어찌하여 지진이 일어나는가?"

하늘과 땅에도 일식과 지진이 있다. 이 때문에 뛰어난 이나 빼어난 이가 세상에 유세하는데도 그 도리를 시행할 수 없으니, 그래서 재이(災異)가 아울러 생겨나는 것이다.

부자가 말했다. "하늘을 원망하지 않고 다른 사람을 탓하지 않으며, 아래로 인간사를 배우고 위로 하늘의 이치에 이르렀으니, 나를 알아주는 것은 아마도 하늘일 것이다."

憲問

38

○공백료가 계손에게 자로를 참소하자 자복경백이 그것을 (공자에게) 고하여 말했다. "부자(夫子-계손)께서 진실로 의심하는 뜻을 품고 있으니 공백료에 대해서는 제힘으로도 얼마든지 (죽여서) 시장이나 조정에 늘어놓을 수 있습니다."
공자가 말했다. "도리가 혹시라도 장차 행해지는 것도 명(命)이요, 도리가 혹시라도 장차 없어지는 것도 명이다. 공백료가 이에 명을 어찌하겠는가?"

公伯寮愬子路於季孫
子服景伯以告曰 夫子固有惑志於
公伯寮 吾力猶能肆諸市朝
子曰 道之將行也與 命也 道之將廢
也與 命也 公伯寮其如命何

공백료(公伯寮)에 대해서는 공자 제자라는 설도 있고 아니라는 설도 있는데 노나라 사람이다. 자복경백(子服景伯)은 노나라 대부 자복하(子服何)이다. 어떤 일로 공백료가 자로를 참소했는지는 자세히 알 수가 없다. 자복경백이 공자를 찾아와 이렇게 말한다.

"부자(夫子-계손)께서 진실로 의심하는 뜻을 품고 있으니 공백료에 대해서는 제힘으로도 얼마든지 (죽여서) 시장이나 조정에 늘어놓을 수 있습니다."

계손이 공백료의 참소를 믿고서 자로에 대해 의심하는 뜻을 품었는데, 자기한테 잘 보이면 뭔가 힘을 써주겠다는 과시 내지 암시다. 공자 대답이 궁금하다.

"도리가 혹시라도 장차 행해지는 것도 명(命)이요, 도리가 혹시라도 장차 없어지는 것도 명이다. 공백료가 이에[其=於是] 명을 어찌하겠는가?"

명(命), 즉 일의 형세[事勢]는 공백료가 어떻게 한다고 해서 바뀔 수 있는 것은 아니라는 말이다. 단호하다. 제자를 구하기 위해 자복경백에게 부탁하지도 않았다. 자칫 박절하게 보일 수도 있다. 그러나 명(命)을 안다면 사람의 힘으로 억지를 부리려 해서는 안 된다는 것이 공자 생각이다. 지천명(知天命)에 이르지 않고서는 불가능한 처신이다.

○공자가 말했다. "뛰어난 이는 세상을 피하고, 그 다음은 땅을 피하고, 그 다음은 안색을 (보고서) 피하고, 그 다음은 말을 (듣고서) 피한다."

<ruby>子</ruby>曰 賢者辟世 其次辟地

其次辟色 其次辟言

이 장의 전제는 천하에 도리[道]가 없어졌다는 것이다. 군군신신(君君臣臣)의 도리가 무너져 내린 것이다. 이런 분위기는 '헌문 35'부터 나타났다고 볼 수 있다. 힘이 지배하고 도리가 사라진 세상이라는 시대상이 그 이후 지금까지 이어지고 있다. 이는 정(正)의 문맥이 아니라 중(中)의 문맥이다. 이런 상황에서 뛰어난 이라면 어떻게 처신해야 하는가? 이때 말하는 현자(賢者)란 앞서 나온 선각자(先覺者)와도 통한다. 공자가 말한다.

"뛰어난 이는 세상을 피하고, 그다음은 땅을 피하고, 그다음은 안색을 (보고서) 피하고, 그다음은 말을 (듣고서) 피한다."

이 장을 이해하기 위한 출발점은 '태백 13'에 나오는 공자 말이다.

"위태로운 나라에는 들어가지 않고 어지러운 나라에는 가서 살지 않으며, 천하에 도리가 있으면 나타나고 도리가 없으면 숨어야 한다."

순서는 바뀌었지만 이는 피세(避世)와 피지(避地)에 대한 설명이다. 정약용에 따르면 피세(辟世)는 "이름을 감추고 자취를 숨기며, 세상에 살면서도 세상이 알지 못하게 하는 것"이고, 피지(辟地)는 "어지러운 나라를 떠나 잘 다스려지는 나라로 가는 것"이라고 했다. 피세는 앞서 나온 미생무가 바로 그런 경우이다.

문제는 피색(辟色)이다. 주희는 이를 "군주의 예모(禮貌)가 쇠하면 떠나는 것이다"라고 풀이한다. 즉 군주의 안색을 보고 자신을 받아들이려는 뜻이 없거나 싫어하는 것 같으면 떠나야 한다는 것이다. '미자 3'이 바로 이런 경우다.

제나라 경공이 공자를 예우해 말했다. "계씨만큼이라면 내가 해줄 수 없지만 계씨와 맹씨 중간쯤으로는 그대를 예우해주겠다."

(경공이 또) 말했다. "내가 늙어서 그대를 쓸 수가 없다."

공자는 (즉각) 떠났다.

경공의 오락가락하는 예모(禮貌)를 보고 공자는 미련 없이 떠났다.

피언(辟言)에 대해 정약용은 "한마디 말을 들어보고 난이 장차 일어나려고 함을 알고 그곳을 떠나는 것"이라고 했다. 앞으로 보게 될 '위령공 1'이 바로 이에 해당한다.

위나라 영공이 공자에게 진법에 대해 묻자 공자가 대답해 말했다. "조두(俎豆-제기)의 일이라면 일찍이 들어본 적이 있지만 군대의 일에 대해서는 아직 배운 바 없습니다."

다음날 드디어 떠났다.

진법을 물었다는 것은 장차 전란을 일으키려 함이었으니, 공자가 이를 알아채고 바로 떠난 것이다.

憲問

40

○공자가 말했다. "(기미를 보고서) 일어나 떠나간 이가 일곱 사람이다."

<ruby>子<rt>자—왈</rt></ruby> <ruby>曰<rt></rt></ruby> <ruby>作<rt>작—자</rt></ruby><ruby>者<rt></rt></ruby><ruby>七<rt>칠—인—의</rt></ruby><ruby>人<rt></rt></ruby><ruby>矣<rt></rt></ruby>

피세(避世)한 은자(隱者) 이야기로 이어진다. 이욱(李郁)의 풀이다.

"작(作)은 일어남[起]이니 은둔하려고 일어나 떠나간 자가 지금 일곱
사람임을 말한다. 그들은 뭔가 나라가 도리를 상실하려는 기미를 보
고서 일어나 떠나간 자들이다. 그 누구인지는 알 수 없으니, 굳이 그
사람들을 찾아서 채우려 한다면 억지로 파고드는 것이나 다름없다."

굳이 한 명 한 명 알 필요는 없다는 뜻이다. 『논어』에서 은둔자에 관
한 이야기는 주로 미자(微子)편에 많이 나온다. 은둔은 전형적인 명(命) 문
맥이다.

왕필은 '미자 8'을 근거로 이 일곱 사람을 백이(伯夷), 숙제(叔齊), 우
중(虞仲), 이일(夷逸), 주장(朱張), 유하혜(柳下惠), 소련(少連)이라고 했다.
정확한 풀이인 듯하다.

41

○자로가 석문 땅에서 유숙하게 되었는데 신문(晨門-문지기)이 말했다.
"어디에서 왔는가?"
자로가 말했다. "공씨 문하에서 왔소."
말했다. "그 사람이 혹시 불가하다는 것을 알면서도 그것을 하려는 사람인가?"

<ruby>子<rt>자-로</rt></ruby><ruby>路<rt></rt></ruby><ruby>宿<rt>숙-어</rt></ruby><ruby>於<rt></rt></ruby><ruby>石<rt>석-문</rt></ruby><ruby>門<rt></rt></ruby> <ruby>晨<rt>신-문</rt></ruby><ruby>門<rt></rt></ruby><ruby>曰<rt>왈</rt></ruby> <ruby>奚<rt>해</rt></ruby><ruby>自<rt>자</rt></ruby>

子路宿於石門 晨門曰 奚自
子路曰 自孔氏
曰 是知其不可而爲之者與

석문(石門)은 지명으로 제나라 땅이다. 신문(晨門)은 새벽에 문을 열어주는 사람이다. 자로가 어느 날 석문에서 유숙하였는데 신문이 "어디에서 왔는가?"라고 물었다. 이에 자로가 말하기를 "공씨(孔氏) 문하에서 왔소"라고 하자 신문은 이렇게 말했다. "그 사람이 혹시 불가하다는 것을 알면서도 그것을 하려는 사람인가?"

신문에 대해 주희는 '헌문 39' 문맥에서 아마도 문지기로 숨어 지내는 현자(賢者)인 듯하다고 풀이했다. 이는 곧 공자가 앞서 말한 은둔과 피세(辟世)를 하지 않고 있음을 비난하고 있는 것이다. '헌문 34'에서 미생무가 공자에게 했던 비판과 맥을 같이 한다. 호인 풀이다.

"신문(晨門)은 세상의 불가함을 알고서 아무것도 하지 않는 자이다. 그래서 이 말로써 공자를 조롱한 것이다."

은둔자들이 공자에게 가한 비난이나 비판은 여러 각도에서 제기되었다. 이에 대한 공자 대답은 '미자 8'에 나온다.

"나는 이들과 달라서 가한 것도 없고 불가한 것도 없다."

憲問

42

○공자가 위나라에서 경쇠를 두드리고 있을 때 삼태기를 지고서 공자 문 앞을 지나가는 이가 말했다. "(세상에 대한) 마음이 있구나! 경쇠를 두드림이여!"

얼마 후에 또 말했다. "비루하구나, 저 경쇠의 단단한 울림이여! 자기를 알아주지 않으면 이에 그만둘 뿐이로다. 물이 깊으면 옷을 입은 채로 건너고, 물이 얕으면 옷을 걷고 건너는 법이다."

공자가 말했다. "과연 그렇다. 힐난할 말이 없구나."

子擊磬於衛 有荷簣而過孔氏之門者
曰 有心哉 擊磬乎
旣而 曰 鄙哉 硜硜乎
莫己知也 斯已而已矣 深則厲 淺則
揭
子曰 果哉 末之難矣

경(磬)은 경쇠로 악기 중 하나다. 오늘날 편경(編磬)이 그것이다. 공자가 위나라에 있을 때 경쇠를 쳤다는 말이다. 궤(簣)는 삼태기다. 공자가 경쇠를 치며 음악을 연주할 때 삼태기를 메고서 공자 문 앞을 지나가는 사람이 이를 듣고서 말했다. "(세상에 대한) 마음이 있구나! 경쇠를 두드림이여!"

잠시 후에 다시 말했다. "비루하구나, 저 경쇠의 단단한 울림이여! 자기를 알아주지 않으면 이에 그만둘 뿐이로다. 물이 깊으면 옷을 입은 채로 건너고, 물이 얕으면 옷을 걷고 건너는 법이다." 이를 듣고서 공자는 이렇게 말한다. "과연 그렇다. 힐난할 말이 없구나."

우선 시대 배경부터 살펴보자. 정약용 풀이다.

"노나라 정공 13년(기원전 497년)에 공자가 위나라에 갔는데(당시 55세였다.) 곧 위나라 영공 38년이었다. 경쇠를 친다는 것은 풍악을 익히는 것이니 생경(笙磬)과 송경(頌磬)이 있다."

유심(有心)에 대해 적생쌍송이라는 인물은 이렇게 풀이한다.

"유심(有心)이란 교화에 마음이 있는 것이고, 경(磬)은 악기이다. 그의 마음이 예악으로써 천하를 교화하고자 하는 데에 있음을 알았다는 말이다."

그러나 삼태기를 메고서 공자 문 앞을 지나가는 사람은 이를 억지스러운 인위(人爲)라고 보았다. 그런 인위가 없어도 얼마든지 살아갈 수 있다며 그래서 그는 "물이 깊으면 옷을 입은 채로 건너고, 물이 얕으면 옷을 걷고 건너는 법이다"라고 말한 것이다.

이 장은 잘 보면 '헌문 37'과도 연결이 된다. 나를 알아주지 않더라도 어떻게 해야 하는지를 제시하고 있기 때문이다.

공자가 말했다. "아무도 나를 알아주지 않는구나!"

자공이 말했다. "어째서 스승님을 알아주지 않는다고 말씀하십니까?"

공자가 말했다. "하늘을 원망하지 않고 남을 탓하지 않으며, 아래에서부터 배워 위에 이르렀으나 나를 알아줄 자는 아마도 하늘일 것이다."

憲問

43

○자장이 말했다. "『서경』에 이르기를 '고종이 아무런 말도 없이 3년 동안 말을 하지 않았다'고 했는데 무슨 뜻입니까?"

공자가 말했다. "어찌 반드시 고종뿐이었겠는가? 옛날 사람들은 다 그렇게 했다. 임금이 돌아가시면 백관들은 자기 직무를 총괄하면서 3년 동안 총재(冢宰-재상)에게 정사를 들었다."

子張曰 書云 高宗諒陰 三年不言 何
謂也
子曰 何必高宗 古之人皆然
君薨 百官總己 以聽於冢宰三年

은나라 임금 고종(高宗)은 59년 동안 재위했다. 전하는 말로 어릴 때 민간에서 성장하여 농사의 어려움을 잘 알았고, 국세(國勢)가 기울어가는 은나라를 부흥시키고자 애썼다. 『사기』에 따르면 재상감을 구하지 못하자 3년 동안 정령(政令)을 선포하지 않는 등 철저하게 현명한 재상에게 정치를 맡겼다. 탕왕(湯王)을 제사할 때 꿩이 정(鼎-쇠솥)의 귀에 올라가서 우는 이상한 일이 발생하자, 현신(賢臣) 조기(祖己)의 충고를 받아들여 정치를 고치고 덕을 행하여 온 나라를 기쁘게 하는 등 재상과 신하를 존중하고 신뢰한 것으로 유명하다. 부열(傅說)을 얻어 재상으로 삼아 대치(大治)를 이루었다.

이 장부터 주제가 덕치(德治)로 바뀐다. 덕치란 다움을 솔선수범함으로써 백성을 이끄는 통치 방식을 말한다. 자장이 공자에게 『서경』에 나오는 내용을 묻는다.

"『서경』에 이르기를 '고종이 아무런 말도 없이[諒陰=諒闇] 3년 동안 말을 하지 않았다'고 했는데 무슨 뜻입니까?"

양음(諒陰)은 천자가 상(喪)을 치르는 곳의 명칭으로 보기도 한다. 말을 하지 않았다[不言]는 것은 침묵을 지켰다는 뜻이 아니라 임금으로서 칙령이나 조령을 내리지 않았다는 말이다. 공자가 말했다.

"어찌 반드시 고종뿐이었겠는가? 옛날 사람들은 다 그렇게 했다. 임금이 돌아가시면 백관들은 자기 직무를 총괄하면서 3년 동안 총재(冢宰-재상)에게 정사를 들었다."

정약용 풀이다.

"고종이란 이는 무정(武丁)이며, 무정은 은나라의 어진 임금이다. 대를 이어 즉위하여 집상(執喪) 중에는 자애의 정성을 다하였다. 이 무렵 은나라가 쇠퇴해 있었으나 이를 부흥시키고, 예가 피폐해 있었으나 이를 다시 일으켰기 때문에 그를 칭찬한 것이다. 그를 칭찬하였기 때문에 『서경』에 기재하여 그를 높였던 것이다. 그러므로 그를 이름하여 고종(高宗)이라 한 것이다."

憲問

44

○공자가 말했다. "위에서 예를 좋아하면 백성을 쉽게 부릴 수 있다."

자—왈　상　호—례　즉　민　이—사—야

子曰 上好禮 則民易使也

'헌문 43'에서 우리는 윗사람이 예를 좋아함[好禮]을 보았다. 그렇게 되면 백성들이 감히 윗사람을 공경하지 아니함이 없기 때문에 부리기[使]가 쉬운 것이다. 이때 사(使)란 단순히 백성들을 부역에 동원하는 것을 뜻하지 않는다. 오히려 그들로 하여금 선한 일을 하도록 하는 것, 즉 교화(教化)를 뜻하는 것을 봐야 한다. 그래서 정약용도 이렇게 풀이한다.

> "백성을 쉽게 부릴 수 있다는 것이란 마치 몸이 마음대로 팔을 부리고 팔이 마음대로 손가락을 부리는 것처럼, 혈맥이 고르게 잘 통하여 아무 데도 굳거나 움직이지 못하는 병이 없는 것이니, 이는 백성으로 하여금 정역(征役)에 나가도록 부리는 것이 아니다."

상호례(上好禮)와 민이사(民易使)를 연결 지어주는 것이 '학이 9'이다. 이미 그 장을 풀이할 때 '헌문 44'와 연결해 상세하게 살펴본 바 있다.

> 증자가 말했다. "부모님 상을 신중하게 치르고 먼 조상까지 추모하면 [愼終追遠], 백성들의 백성다움은 두터운 쪽으로 돌아가게 된다[民德 歸厚矣]."

45

○자로가 군자(란 어떠해야 하는지)를 묻자 공자가 말했다. "삼감으로써
자기를 닦아야 한다."

(자로가) 말했다. "그렇게만 하면 됩니까?"

(공자가) 말했다. "사람들을 편안하게 해주는 것으로서 자기를 닦아야
한다."

(자로가) 말했다. "그렇게만 하면 됩니까?"

(공자가) 말했다. "백성을 편안하게 해주는 것으로서 자기를 닦아야 한
다. 백성을 편안하게 해주는 것으로서 자기를 닦는 것은 요임금, 순임
금도 오히려 (제대로 하지 못할까 봐) 근심으로 여겼다."

子路問君子 子曰 修己以敬

曰 如斯而已乎

曰 修己以安人

曰 如斯而已乎

曰 修己以安百姓 修己以安百姓 堯

舜其猶病諸

한문에서 이(以)은 앞에 붙을 수도 있고 뒤에 붙을 수도 있다. 하지만 이
경우에는 모두 뒤에 붙는 것으로 보아야 수기(修己)의 차원을 심화시켜 가
는 것으로 풀이할 수 있다. 출발은 삼감[敬]으로써 자기를 닦는 것이다. 이
어 그 잣대가 '사람들을 편안하게 해주는 것' 그리고 '백성을 편안하게 해

주는 것'으로 확대되어 간다. 이래야 일관성이 있다.

적색쌍송은 이(以)를 앞에다 붙이다 보니 자기를 닦음으로써 경(敬)한다고 해야 하니 억지로 경(敬)을 경천(敬天)으로 풀이한다. 느닷없이 하늘을 공경한다는 것은 논리적으로 성립할 수가 없다.

따라서 경(敬), 안인(安人), 안백성(安百姓) 순으로 수기(修己)의 척도를 높여가는 것으로 풀어야 논리적 일관성을 갖는다고 보아 그렇게 옮겼다. 이 한 장은 『대학』의 핵심 사상인 수신제가치국평천하(修身齊家治國平天下)를 고스란히 요약하고 있다.

그렇다면 왜 수기(修己)의 출발점은 경(敬)인가? 이미 우리는 '옹야 1'에서 삼감의 중요성을 살펴본 바 있다.

공자가 말했다. "옹(雍-중궁)의 경우 (임금이 되어) 남면(南面)하게 할 만하다."

중궁이 자상백자는 어떠냐고 물었다.

공자가 말했다. "괜찮다, 그의 대범 소탈함도."

중궁이 말했다. "안으로 삼가면서[居敬] 대범 소탈하게 일을 행하여 그 백성에게 임한다면 실로 괜찮지 않겠습니까? (그런데) 안으로도 대범 소탈하고 일을 행하는 것도 대범 소탈한 것은 너무 대범 소탈한 것 아니겠습니까?"

공자가 말했다. "옹의 말이 맞다."

『주역』곤(坤)괘(☷) 밑에서 두 번째 음효에 대한 풀이에서 공자는 이렇게 말한다.

"군자는 삼감으로 내면을 곧게 하고, 마땅함으로 외면을 방정하게 하니[敬以直內 義以方外] 삼감과 마땅함[敬義]이 서게 되면 다움은 외롭지 않다[德不孤]."

이를 정이천은 다음과 같이 풀어냈다.

"삼감과 마땅함[敬義]을 세우게 되면 그 다움이 성대해져 품어주는 힘이 커지기를 기다리지 않아도 커지니 다움은 외롭지가 않다. 다움을 쓰는데 두루 하지 않음이 없고, 다움을 베푸는데 남을 이롭게 해주지 않음이 없으니 어찌 의혹을 품을 것인가?"

憲問

46

○원양이 어디에 걸터앉아 (공자를) 기다렸는데 (이를 본) 공자가 말했다.
"어려서는 공손하지 못하고, 커서는 (다움에 대해) 칭찬할 것이 없고,
늙어서도 죽지 않으니 이것이 바로 (다움을 해치는) 도적이다."
지팡이로 그의 정강이를 두드렸다.

原壤夷俟

子曰 幼而不孫弟 長而無述焉 老而

不死 是爲賊

以杖叩其脛

이번에는 정반대로 다움[德]이라고는 전혀 없는 사람을 예로 든다. 원양
(原壤)은 노나라 사람으로 공자의 옛 친구이다. 이(夷)는 '걸터앉는다[踞]',
사(俟)는 '기다린다[待]'는 뜻이다. 원양의 태도는 누가 보아도 예(禮)를
모르는 행동이다. 이에 대해 공자가 혹평을 가한다.

"어려서는 공손하지 못하고, 커서는 (다움에 대해) 칭찬할 것이 없고,
늙어서도 죽지 않으니 이것이 바로 (다움을 해치는) 도적이다."

혹평에 그치지 않고 공자는 지팡이로 원양의 정강이를 쳤다. 더 이상
걸터앉지 못하게 하기 위함이다. 원양에 대해 정약용 풀이가 뜻깊다.

"원양은 아마도 거짓 미친 체하는 사람 같다. 공자의 꾸짖음은 농담
같으면서도 엄한 말이다."

예로부터 중국에서는 '소년 때 공경하지 않는 아이라고 일컬어지면
부끄러운 일이고, 장년 때 다움이 없는 사람이라고 일컬어지면 욕이 되는
일이고, 노년에 예가 없는 자라고 일컬어지면 죄가 되는 일이다'라는 말

이 있었다.

특히 "커서는 (다음에 대해) 칭찬할 것이 없고"라는 대목과 관련해서는 '양화 26'이 결정적 실마리를 준다.

공자가 말했다. "나이 마흔이 되어서도 사람들에게 미움을 받으면 (그 인생) 그대로 끝난 것이다."

'헌문 45'와 연결해서 보자면 원양은 전혀 수기(修己)하지 않는 인물의 전형이다.

憲問

47

○궐당 동자가 (공자의) 명을 받들고 있을 때 어떤 사람이 물었다. "혹시 배움에 더해짐이 있을 자입니까?"

공자가 말했다. "나는 그가 (어른) 자리에 앉아 있는 것을 보았고, 그가 선생과 나란히 가는 것을 보았으니, 배움을 더하려고 하는 자가 아니라 빨리 이루려고 하는 자이다."

궐―당 동―자 장―명 혹 문―지 왈 익―자 여
闕黨童子將命 或問之曰 益者與

자―왈 오 견 기―거 어―위―야 견 기 여 선―생
子曰 吾見其居於位也 見其與先生

병―행―야 비 구―익―자―야 욕 속―성―자―야
竝行也 非求益者也 欲速成者也

다움을 제대로 닦지 못하는 사례로 헌문(憲問)편을 마무리한다. 궐당(闕黨)은 지명이다. 장명(將命)이란 윗사람 명을 다른 사람에게 전달하는 것이다. 태재순 풀이는 이 장의 배경 이해에 도움된다.

"공자가 궐당에 갔는데 궐당 사람의 집에서 동자로 하여금 빈객을 맞이하는 역할을 맡겨두었다."

어떤 이가 동자의 장명(將命)하는 그 말솜씨와 재치를 보고 "이 아이가 마땅히 학업에 진전이 있을 사람이겠지요?"라고 물었던 것이다. 이에 공자가 말한다.

"나는 그가 (어른) 자리에 앉아 있는 것을 보았고, 그가 선생과 나란히 가는 것을 보았으니, 배움을 더하려고 하는 자가 아니라 빨리 이루려고 하는 자이다."

여기서 우리는 사이비(似而非)에 조심해야 한다. 이런 동자 같은 아이를 봤을 때 우리는 흔히 이 장에 나오는 어떤 사람과 마찬가지로 생각하기 십상이기 때문이다. 정약용 풀이가 예리하다.

"앉을 때 재빨리 그 자리를 차지하려 하고, 걸어갈 때 재빨리 그 걸음을 재촉해 나아가려는 사람이 있다. 이런 것을 볼 때 그 사람은 학문 또한 반드시 빨리 이루려고 구할 것이니, (그런 사람은) 자신을 겸손히 낮추어 학문을 진전시킬 리가 없다.《이는 공자가 사람을 살펴보는 법[觀人^{관-인}之法^{-지-법}]을 기록한 것이다.》"

衛^위靈^령公^공

衛靈公

也予一以貫之○子曰由知德者鮮矣

爲多學而識之者與對曰然非與曰非
窮小人窮斯濫矣○子曰賜也女以予

路慍見曰君子亦有窮乎子曰君子固
明日遂行在陳絶糧從者病莫能興子

之事則嘗聞之矣軍旅之事未之學也
○衛靈公問陳於孔子孔子對曰俎豆

6

魚邦有道如矢邦無道如矢君子哉蘧
夫然後行子張書諸紳○子曰直哉史
見其參於前也在輿則見其倚於衡也
不忠信行不篤敬雖州里行乎哉立則
日言忠信行篤敬雖蠻貊之邦行矣言

5

哉恭己正南面而已矣○子張問行子

4

○子曰無爲而治者其舜也與夫何爲

伯玉邦有道則仕邦無道則可卷而懷之○子曰可與言而不與之言失人不可與言而與之言失言知者不失人亦不失言○子曰志士仁人無求生以害仁有殺身以成仁○子貢問爲仁子曰工欲善其事必先利其器居是邦也事其大夫之賢者友其士之仁者○顏淵

責於人則遠怨矣○子曰不曰如之何

之賢而不與立也○子曰躬自厚而薄

○子曰臧文仲其竊位者與知柳下惠

子曰已矣乎吾未見好德如好色者也

佞人殆○子曰人無遠慮必有近憂○

之冕樂則韶舞放鄭聲遠佞人鄭聲淫

問爲邦子曰行夏之時乘殷之輅服周

諸己小人求諸人○子曰君子矜而不

子疾沒世而名不稱焉○子曰君子求

無能焉不病人之不己知也○子曰君

出之信以成之君子哉○子曰君子病

○子曰君子義以爲質禮以行之孫以

群居終日言不及義好行小慧難矣哉

如之何者吾末如之何也已矣○子曰

爭群而不黨○子曰君子不以言舉人

不以人廢言○子貢問曰有一言而可

以終身行之者乎子曰其恕乎己所不

欲勿施於人○子曰吾之於人也誰毀

誰譽如有所譽者其有所試矣斯民也

三代之所以直道而行也○子曰吾猶

及史之闕文也有馬者借人乘之今亡

矣夫○子曰巧言亂德小不忍則亂大

謀○子曰衆惡之必察焉衆好之必察

焉○子曰人能弘道非道弘人○子曰

過而不改是謂過矣○子曰吾嘗終日

不食終夜不寢以思無益不如學也○

子曰君子謀道不謀食耕也餒在其中

矣學也祿在其中矣君子憂道不憂貧

火吾見蹈而死者矣未見蹈仁而死者

知也○子曰民之於仁也甚於水火水

知而可大受也小人不可大受而可小

之不以禮未善也○子曰君子不可小

民不敬知及之仁能守之莊以涖之動

失之知及之仁能守之不莊以涖之則

○子曰知及之仁不能守之雖得之必

曰與師言之道與子曰然固相師之道
告之曰某在斯某在斯師冕出子張問
及階子曰階也及席子曰席也皆坐子
相爲謀○子曰辭達而已矣○師冕見
食○子曰有教無類○子曰道不同不
貞而不諒○子曰事君敬其事而後其
也○子曰當仁不讓於師○子曰君子

也^야

衛靈公
1

○위나라 영공이 공자에게 진법에 대해 묻자 공자가 대답해 말했다. "조두(俎豆-제기)의 일이라면 일찍이 들어본 적이 있지만 군대의 일에 대해서는 아직 배운 바 없습니다."

다음날 드디어 떠났다.

진(陳)나라에 있을 때 식량이 다 떨어져 따르던 이들이 병이 들어 제대로 일어날 수도 없었다. 자로가 서운함을 드러내며 말했다. "군자에게도 궁함이 있습니까?"

공자가 말했다. "군자는 본래 궁하니 소인은 궁하면 이에 분수에 넘치는 짓을 한다."

衛靈公問陳於孔子

孔子對曰 俎豆之事 則嘗聞之矣 軍

旅之事 未之學也

明日遂行

在陳絶糧 從者病 莫能興

子路慍見曰 君子亦有窮乎

子曰 君子 固窮 小人 窮斯濫矣

위나라 영공은 앞서 본 대로 무도(無道)한 군주였다. 이 영공이 공자에게 군사를 움직이는 진법(陣法)에 관해 묻자 공자는 이렇게 답한다.

"조두(俎豆-제기)의 일이라면 일찍이 들어본 적이 있지만 군대의 일에
대해서는 아직 배운 바 없습니다."

조(俎)와 두(豆)는 모두 제기(祭器)를 뜻한다. 따라서 조두지사(俎豆之
事)란 예법에 따라 제기를 상 위에 차려 놓는 일을 말한다. 당시 상황에 대
해 정약용은 이렇게 말했다.

"당시 위나라가 무도하여 진나라와 사이가 나빴는데, 해를 이어 군사
를 기르고 진법을 물어 장차 원한을 갚으려 하였다. 공자는 이 계략의
모주(謀主)가 되고 싶지 않았기 때문에 임기응변의 말로 모면한 것이
다."

문맥을 보면 공자가 진법을 정말로 전혀 몰랐다기보다는 전쟁을 도
모하는 영공에게 조금이라도 도움을 주고 싶지 않아서 이렇게 말했다고
봐야 한다. 이에 대한 윤돈 풀이다.

"위령공은 무도한 군주인데 또 전쟁하고 정벌하는 일에 뜻을 두었다.
그러므로 배우지 못하였다고 답하고 떠나신 것이다."

사실 여러 기록을 참조할 때 공자는 진법을 비롯한 군사 문제에도 상
당한 조예가 있었다고 봐야 한다. 이와 관련해 눈길을 끄는 『논어』 대목은
'술이 10'이다.

공자가 안연에게 말했다. "(임금이 인재로) 써주면 행하고 (임금이) 버
리면 숨어 지내는 것을 오직 너하고 나만이 갖고 있구나!"

자로가 말했다. "만일 스승님께서 삼군을 통솔하신다면 누구와 함께
하시겠습니까?"

공자가 말했다. "맨손으로 호랑이를 때려잡고 맨몸으로 강을 건너려
하여 죽어도 후회할 줄 모르는 사람을 나는 함께 할 수 없을 것이니,
반드시 일에 임하여서는 두려워하고, 모의를 잘해서 일을 성공으로
이끄는 사람과 함께 할 것이다."

이를 보더라도 공자는 무략(武略)에도 분명 깊은 조예가 있었다. 이와
관련된 정약용 풀이가 상세하다.

"군려(軍旅)의 일은 평세(平世-治世)에도 오히려 감히 그 방비를 느슨하게 하지 못하는데, 하물며 춘추 시대는 아침에 포위당하고 저녁에 침공을 당하는 난세였으니, 비록 우왕과 후직 같은 성현(聖賢)이더라도 이 시대를 겪으면서 어찌 (군려의 일을) 강습하지 않겠는가? 공자는 노나라 정공에게 협곡(夾谷)의 회맹(會盟)에 무비(武備)를 단단히 하라고 청하였고(『사기』 '공자세가'), 진항이 제나라 간공을 죽이자 목욕하고 조회에 나가 주토(誅討)하라고 청했으니('헌문 22'), 공자도 일찍이 병사(兵事)를 좋아함이 있었다. 그러므로 공자는 스스로 '내가 싸우면 이긴다'고 하였고〔『예기』 예기(禮器)편〕, 또 '선인(善人)이 7년 동안 백성을 가르쳐야 겨우 전쟁터에 나아가 싸우게 할 수 있다'('자로 29')라고 하였으며, 그가 지은 『역전(易傳)』에서는 '활과 화살의 이기(利器)로써 천하를 위복(威服)시켰다'라고 하였으니, 어찌 반드시 유자(儒者)의 옷을 입고 날마다 빈객을 맞이하고 제사 지내는 예만 강습해야 바야흐로 유자라 이를 수 있겠는가?"

위나라 영공을 떠나 주유천하하면서 공자는 진나라에 가서 머물렀는데 이때 먹을거리가 떨어졌다. 그 바람에 그를 따르던 제자들이 병이 들어 제대로 일어설 기력도 없었다. 정약용의 역사적 고증이다.

"노나라 정공 말년(기원전 495년)에 공자가 위나라를 떠났고, 애공 6년(기원전 489년)에 다시 위나라에서 진나라로 갔는데 (이때) 양식이 떨어져 곤액을 당함이 있었다."

이런 상황을 지켜보던 직선적인 성품의 제자 자로는 화를 참을 수가 없었다. 온현(慍見)은 '속으로 누른 화가 겉으로 드러나'로 새겨야 한다. 어쨌거나 영공을 비롯한 제후들에게 진법에 관해 한 마디만 해주었더라도 이렇게 배를 곯는 일은 없었을 터인데, 괜히 고집을 부려 대답하길 거절했다가 이런 고생을 하고 있다고 불만을 품었던 것이다. 그렇다고 대놓고 반발할 수는 없었기 때문에 결국 자로의 질문에 비꼬는 내용이 담길 수밖에 없었다.

"군자에게도 궁함이 있습니까?"

당연히 공자도 자로의 이 같은 태도와 질문에 화가 났을 것이다. 그래서 대답이 평소보다 더욱 날카롭다.

"군자는 본래 궁하니 소인은 궁하면 이에 분수에 넘치는 짓을 한다."

넘친다[濫]는 것은 '어려움을 참지 못하고 나쁜 짓을 하게 된다'는 뜻이다. "군자는 본래 궁하다"는 말은 '옹야 9'에 나온 공자의 말을 연상시킨다.

> 공자가 말했다. "뛰어나도다, 회(回)여! 한 대그릇의 밥과 한 표주박의 물만으로 허름한 동네에서 살아갈 경우, 사람들은 그 근심을 견디지 못하는데 회는 그 (도리를) 즐기는 것을 고치지 않았다. 뛰어나도다, 회(回)여!"

"소인은 궁하면 이에 분수에 넘치는 짓을 한다"는 말은 '태백 10'에 나오는 구절과 연결된다.

> 공자가 말했다. "용맹을 좋아하면서 가난을 너무 싫어하면 난을 일으킨다."

가난해야 군자는 아니지만 가난해도 도리를 즐기는 것이 군자이다. 반대로 가난한 것을 편안하게 여기지 못하고 너무 싫어하면 소인이 되기 쉽다. 이 장이 말하고자 하는 핵심은 여기에 있다. 즉 군자(君子)와 어짊[仁]이 문맥을 이룬다. 그래서 은둔자 이야기에서 다시 현실 속 군자와 군주 그리고 어짊의 문제로 돌아온다.

衛
靈
公
2

○공자가 말했다. "사(賜-자공)야, 너는 혹시 내가 많이 배워서 그것을 다 기억하는 자라고 생각하느냐?"

대답해 말했다. "그렇습니다. 혹시 아닙니까?"

말했다. "아니다. 나는 (충과 서) 하나로 (만사를) 꿰뚫고 있다."

子曰 賜也 女以予爲多學而識之者
與

對曰 然 非與

曰 非也 予一以貫之

이번에는 공자가 사(賜), 즉 자공에게 "너는 혹시 내가 많이 배워서 그것을 다 기억하는 자라고 생각하느냐?"라고 묻는다. 사실 공자는 이미 '술이 2' 에서 자신에게 "마음속에 간직한 채 내세우지 않는 것[默而識之]"이 있느냐고 자문한 바 있다. "내세우지 않는 것"이 바로 "기억하는 것"이다.

이에 자공은 먼저 "그렇습니다"라고 답한 후 그런 뻔한 질문을 왜 하는지 궁금해서 "혹시 아닙니까?"라고 다시 묻는다. 자신이 잘못 생각한 것인지를 묻는 것이다. 이에 공자는 "아니다. 나는 하나로 (만사를) 꿰뚫고 있다"라고 답한다.

일이관지(一以貫之)는 이미 '이인 15'에 나왔다.

공자가 말했다. "삼(參-증자)아! 나의 도리는 하나로 꿰뚫고 있다."

증자가 말했다. "네!"

공자가 나가자 다른 제자들이 (증자에게) 물었다. "무슨 말인가?"

증자가 말했다. "스승님의 도리는 충(忠)과 서(恕)뿐이다."

공자가 말하려고 하는 일이관지(一以貫之)의 일(一)은 다름 아닌 군자다움, 즉 군자의 덕(德)이다. '위령공 1'에서는 공자 자신의 사례를 통해 군자다움을 보여주었다. '군자는 본래 궁하다'는 것이 바로 일(一)이다. 이것은 충(忠)과 서(恕)라는 하나의 도리로 언행의 모든 것을 꿰뚫는 군자의 모습이다. 이렇게 되면 위령공(衛靈公)편의 1, 2, 3은 하나의 주제로 연결된다. 군자다움이란 다름 아닌 군군신신(君君臣臣)할 줄 안다는 것을 말한다.

衛靈公
3

○공자가 말했다. "유(由-자로)야, 다움이 있는 자를 알아보는 이가 드물다."

자—왈　유　지—덕—자　선—의
子曰 由 知德者鮮矣

이 장은 지덕(知德)을 어떻게 풀이하느냐에 따라 내용이 크게 달라진다. 그냥 '덕을 아는 사람'이라고 하면 모호해진다. 덕(德)은 위덕(爲德), 수덕(修德), 숭덕(崇德)하는 것이지 앎의 대상이 될 수가 없다. 이런 점에서 예(禮)와 다르다. 지례(知禮)라는 말은 성립하기 때문이다. 예는 앎의 대상이다. 인(仁) 또한 덕과 가까워 앎의 대상이 될 수 없다. 따라서 어짊을 안다는 뜻의 지인(知仁)이라는 말은 성립할 수 없다.

유감스럽게도 국내 대표적인 『논어』 번역서들은 모두 '덕을 아는 자'라고 옮기고 있다. 일본 학자 이토 진사이의 풀이도 마찬가지다.

"이 장도 또한 공자가 자로의 이름을 불러 덕을 이해하는 일의 어려움을 말하고서 배우는 이들이 스스로 노력하지 않음을 탄식하고 있다."

지덕(知德)은 '다움이 있는 자를 알아보는 것'을 말한다. 그래서 이 장은 "유(由-자로)야, 다움이 있는 자를 알아보는 이가 드물다"라고 풀어야 한다. 그렇게 되면 다움이 있는 자는 공자 자신이 되고, 영공이나 자로 모두 공자의 군자다움을 제대로 알아보지 못했다는 비판이 된다. 영공은 진법을 물었고 자로는 먹을 것이 부족하자 공자에게 서운함을 드러냈다. 그래서 공자가 이런 말을 한 것이다. 정약용은 충분치는 않지만 이런 방향으로 풀이하고 있다.

"덕(德)이란 곧은 마음을 행하는 것이다. 자기 몸에 덕을 닦는 것을 수덕(修德)이라 하고, 다른 사람들의 덕을 살피는 것을 지덕(知德)이라 한다."

○공자가 말했다. "무위하면서 잘 다스린 자는 아마도 순임금일 것이다. 무릇 무엇을 하였던가? 자기 몸을 공손히 하면서 바르게 남면했을 뿐이다."

_{자—왈}　_{무—위—이—치—자}　_{기　순　야—여}
子曰 無爲而治者其舜也與
_{부　하—위—재}　_{공—기　정　남—면　이—이—의}
夫何爲哉 恭己正南面而已矣

군자다움[君子德] 문맥이 계속된다. 여기서 남면(南面)이란 임금이 통치를 할 때 남쪽을 보고 앉아서 하기 때문에 곧 '통치를 한다'는 뜻이다. 우선 주희의 전반적인 풀이부터 보자.

> "무위(無爲)로 다스렸다는 것은 성인(聖人)의 덕(德)이 성대하여 백성이 교화되어서 작위(作爲)하는 바가 있음을 기다리지 않았다는 것이다. 유독 순임금만을 일컫는 것은 요임금 뒤를 이었고, 또 인재를 얻어 여러 직책을 맡기셨기 때문에 더욱 유위(有爲)의 자취를 볼 수 없어서이다. 몸을 공손히 한다는 것은 성인의 공경스러운 다움의 모습이니, 이미 작위하는 바가 없으면 사람들이 볼 수 있는 것은 이와 같은 것이다."

반면, 유위(有爲)란 곧 억지스러운 작위(作爲)를 뜻한다.

우선 '무위이치자(無爲而治者)'란 인재를 적재적소에 배치하여 철저한 권한 위임을 했다는 의미이다. 노장사상에서 말하는 무위(無爲)와는 상관이 없다. 인사(人事)가 만사(萬事)라고 할 때 그 긍정적 의미가 바로 무위이치(無爲而治)이다. 『서경』에는 순임금이 스물두 명의 인재를 얻어 저마다의 자질에 맞게 자리를 주어 각자의 직무에 최선을 다하게 함으로써 선정(善政)을 이루었다는 내용이 나온다.

중국에서는 전통적으로 '의인불용 용인불의(疑人不用 用人不疑)'라는 말이 있다. '의심스러운 사람은 쓰지 말고 쓴 사람은 의심하지 말라!'는 용인(用人) 철학이다. 이것이 명군(明君)과 암군(暗君)을 가르는 척도가 되기도 했다. 믿을 만한 사람인지 의심스러운 사람인지를 가려내는 것이 바로 지인지감(知人之鑑)이다. 그런 지인지감을 통해 인재를 골라 적재적소에 두었으면 믿고 내버려 두어야 한다. 바로 이런 맥락에서 순임금의 임금다움[君德]을 높이 평가한 것이 바로 무위이치자(無爲而治者)이다.

그러면 임금이 임금의 막강한 권한을 신하들에게 나눠줬으니 임금 자신은 뭘 했느냐고 묻지 않을 수 없다. 공자가 "무릇 (무위로 다스렸다면 순임금은) 무엇을 하였던가?"라고 묻는 것이 바로 그것이다. 공자는 자문자답한다.

"자기 몸을 공손히 하면서 바르게 남면(南面)했을 뿐이다."

이를 좀 더 비유적으로 풀어낸 것이 '위정 1'이다.

공자가 말했다. "다움으로 정치를 한다는 것은 비유하자면 북극성이 자기 자리에 가만히 머물러 있으면서 뭇별들이 그것을 향하는 것과 같다."

'위정 1'의 전형적인 사례가 바로 순임금인 것이다. 위정(爲政)편이 다움[德]을 주제로 하고 있는 것을 감안할 때 위령공(衛靈公)편 전반부도 전형적인 다움[德] 문맥이다.

○자장이 일이 행해짐에 대해 묻자 공자가 말했다. "말이 충신(忠信)하고 일을 행함이 독경(篤敬)하면 비록 오랑캐 나라라 하더라도 일이 행해진다. (반대로) 말이 충신하지 못하고 일을 행함이 독경하지 못하면 비록 주리(州里-중국)라 하더라도 행해지겠는가? 수레에 서면 수레 앞에 말을 멍에로 연결해 놓았음을 볼 수 있고, 수레에 앉으면 수레 채가 멍에에 닿아 있음을 보게 되니 (충신과 독경도 이와 같아서) 무릇 이와 같은 다음이라야 일은 행해질 수 있다."

자장은 (이 말씀을) 허리띠에 썼다.

자—장　문—행
子張問行

자—왈　언　충—신　행　독—경　수　만—맥—지—방　행
子曰 言忠信 行篤敬 雖蠻貊之邦 行

—의
矣

언　불—충—신　행　불—독—경　수　주—리　행—호—재
言不忠信 行不篤敬 雖州里 行乎哉

입　즉　견　기　참—어—전　야　재—여　즉　견　기　의—어
立則見其參於前也 在輿則見其倚於

—형　야　부　연—후　행
衡也 夫然後行

자—장　서—저　신
子張書諸紳

문행(問行)은 문명(問明)과 마찬가지로 『논어』에 각각 딱 한 번만 등장하는 질문이다. 둘 다 자장이 물었다. 주희는 이를 안연(顏淵)편에서 자장이 달(達)을 물은 뜻과 같다고 했다. 동의하기 어렵다. 정약용은 행(行)을 교령(教令-임금의 명령)이 시행될 수 있음을 말한다고 했다. 동의하기 어렵다. 이토 진사이는 더 특이하게 "자장은 자기 뜻대로 되지 않는 것을 근심해 자신의 뜻대로 어디서나 행세할 수 있는 도리에 대해 물었다"고 한다. 더욱 동의하기 어렵다.

행(行)은 앞에서 보았듯이 행사(行事), 즉 '어떤 일이 행해짐'이다. 자장은 일이 행해지려면 어떻게 해야 하는지를 물은 것이다. 그래야 공자의 답과 부절처럼 맞아떨어진다.

다움[德] 문맥이 이어진다. 자장 물음에 공자는 이렇게 답한다.

"말이 충신(忠信)하고 일을 행함이 독경(篤敬)하면 비록 오랑캐 나라라 하더라도 일이 행해진다. (반대로) 말이 충신하지 못하고 일을 행함이 독경하지 못하면 비록 주리(州里-중국)라 하더라도 행해지겠는가?"

오랑캐 나라에서건 중국에서건 말에는 충신(忠信)이 있어야 한다고 했다. 일단 충(忠)과 신(信)을 나눠서 짚어보자. 먼저 충(忠)이다. '계씨 10'에 구사(九思)가 나오는 데 그중 하나가 언사충(言思忠), 즉 "말을 할 때는 진실함을 반드시 생각해야 한다"이다. 충(忠)이란 자기 스스로에게 조금도 거짓이 없는 상태를 말한다. 다음은 신(信)이다. '학이 7'에서 자하가 말한 언이유신(言而有信), 즉 "일단 말을 하면 반드시 실천하여 믿음을 주라"이다.

다음으로 일을 행할 때는 반드시 독경(篤敬)이 있어야 한다고 했다. '자장 6'에서 자하는 독지(篤志), 즉 뜻을 도탑게 함을 말한다. 일에 임하는 자세이다. '계씨 10' 구사(九思) 중에서 사사경(事思敬), 즉 "일을 할 때는 주도면밀함을 반드시 생각해야 한다"이다.

언충신(言忠信) 행독경(行篤敬)은 우선 '이인 24'와 통한다.

공자가 말했다. "군자는 말은 어눌하게 하려고 애쓰고 일을 행할 때는 주도면밀하게 한다."

그리고 오랑캐 나라건 (중국과 같은) 문명의 나라건 행해짐 자체가 중요하다는 공자의 말은 '자한 13'과 통한다.

공자가 구이(九夷)에 가서 살고자 하니 어떤 사람이 말했다. "(그곳은) 누추할 텐데 괜찮겠습니까?"

공자가 말했다. "군자가 거처할 곳을 정함에 있어 어찌 누추함 여부가 중요하겠는가?"

다시 이 장 후반부로 돌아가자. 공자 말이 이어진다. 비유라 함축하는 바를 풀어내기가 쉽지 않다. 우선 풀어서 보자.

"수레에 서면 수레 앞에 말을 멍에로 연결해 놓았음을 볼 수 있고, 수레에 앉으면 수레 채가 멍에에 닿아 있음을 보게 되니 (충신과 독경도 이와 같아서) 무릇 이와 같은 다음이라야 일은 행해질 수 있다."

우선 이에 대한 주희의 풀이부터 보자.

"충신(忠信)과 독경(篤敬)을 생각하고 생각하여 잊지 않아서, 있는 곳이 어디든 항상 '눈앞에' 보이는 듯하여, 비록 잠시나마 떠나려 해도 떠날 수 없어야 하니, 이렇게 한 뒤에야 한마디 말과 한가지 행동이 모두 저절로 충신과 독경에서 벗어나지 아니하여 오랑캐 나라에서도 행해질 수 있음을 말씀하신 것이다."

이는 다음 구절과 연결된다. '술이 29'다.

공자가 말했다. "어짊[仁]을 행하는 것이 멀리 있다고 생각하는가? 내가 어짊을 행하고자 하면 그 어짊이 곧바로 나에게 나타난다."

그러면 수레와 멍에의 비유는 무엇인가? 먼저 정약용의 풀이를 보자.

"수레와 말은 본시 두 물건으로서 서로 연접할 수 없으니, 여기에는 반드시 수레 채와 멍에로써 둘 사이를 연결한 뒤에라야 수레가 곧 갈 수 있으며, (사람의 경우에도) 나와 남은 본시 두 몸으로써 서로 연접할 수 없으니, (여기에는) 반드시 신(信)과 경(敬)으로써 두 사람 사이를 연결한 뒤에라야 행함이 이뤄질 수 있다."

이렇게 풀이하고 보면 '위정 22'와 바로 연결된다.

공자가 말했다. "사람으로서 믿음이 없으면 그가 괜찮은 사람인지를 알지 못하겠다. 큰 수레에 끌채가 없고 작은 수레에 멍에가 없으면 이에 어떻게 수레가 갈 수 있겠는가?"

이제야 뜻을 이해한 자장은 공자가 한 말을 허리띠에 썼다. 이는 잊지 않겠다는 의지의 표현이다. 덕(德)과 인(仁) 문맥이다.

衛靈公 6

○공자가 말했다. "곧도다! 사어(史魚)여, 나라에 도리가 있을 때도 화살처럼 곧았고 나라에 도리가 없을 때도 화살처럼 곧았도다. 군자도다! 거백옥이여, 나라에 도리가 있을 때는 벼슬했고 나라에 도리가 없을 때는 거두고서 품어 간직할 줄 알았도다!"

子曰 直哉 史魚
자—왈　직—재　사—어

邦有道 如矢 邦無道 如矢
방—유—도　여—시　방—무—도　여—시

君子哉 蘧伯玉
군—자—재　거—백—옥

邦有道則仕 邦無道則可卷而懷之
방—유—도　즉—사　방—무—도　즉　가—권　이　회—지

여기서는 '위령공 5'에서 추상적으로 언급했던 '언충신(言忠信) 행독경(行篤敬)'의 구체적인 사례를 보여 준다.

공자는 먼저 사어(史魚)라는 사람에 대해 "곧다"고 칭찬한다. 사(史)는 사관(史官)이라는 관직명이고 어(魚)는 위나라 대부를 가리키는 말로 이름은 추(鰌)이고 자(字)는 자어(子魚)다. 따라서 사어(史魚)란 '사관 자어'를 줄인 말이다.

『공자가어』에 따르면 자어는 죽을 때에 자신이 평소 뛰어난 인물인 거백옥을 등용시키지 못하고, 또 불초한 미자하(彌子瑕)를 배척하지 못했다 하여 자기 시신을 창문 아래에 그냥 방치토록 했다. 위령공이 조문을 왔다가 이것을 보고는 그 곡절을 알게 된 다음에 자신의 처사를 크게 뉘우쳤다. 죽어가면서도 마지막으로 시신(屍身)을 통해 군주에게 간언한[尸諫] 자어에 대해 공자는 "곧도다!"고 칭찬하고, 나라에 도리가 있을 때나 없을 때나 '화살과 같다'고 높이 평가한 것이다. 화살 같다는 말은 곧 곧았다

[直]는 뜻이다.

이어서 공자는 사어가 끝내 등용시키지 못한 거백옥에 대해서는 "군자도다!"라며 찬사를 보낸다. 거백옥은 '헌문 26'에도 간접적으로 등장했던 인물이다. 자어에 대해서는 곧다[直]고 했고, 거백옥에 대해서는 군자(君子)라고 했다. 어느 쪽이 더 높은 평가일까?

거백옥이 군자인 이유를 공자는 "나라에 도리가 있을 때는 벼슬을 하고 나라에 도리가 없을 때는 거두고서 품어 간직할 줄 알았기 때문"이라고 했다. 이 말은 '술이 10'에서 공자가 안회를 가리키며 했던 말, 즉 "(임금이 인재로) 써주면 행하고 (임금이) 버리면 숨어 지내는 것을 오직 너하고 나만이 갖고 있구나!"라는 태도와 통한다. 진퇴(進退)에 구차스러움이 없다[不苟=禮].

거백옥이 보여준 거두고 품음에 대해 주희는 이렇게 풀었다.

"거백옥의 출처(出處)가 빼어난 이의 도리에 부합하였다. 그래서 군자라고 말씀하신 것이다. 권(卷)은 거둠이요, 회(懷)는 품음이니 예컨대 손림보(孫林父)와 영식(甯殖)이 군주를 몰아내고 시해하려는 모의에 거백옥이 대답하지 않고 나간 것 또한 그 한 가지 예이다."

사어와 거백옥에 대해서는 양시 말이 간명하다.

"사어의 곧음은 군자의 도리를 다하지 못하였고, 거백옥과 같이 한 뒤에야 난세에 화를 면할 수 있다. 사어와 같이 화살처럼 곧게 한다면 비록 거두어 품고자 하더라도 실로 될 수 없다."

군자에 대해 우리가 갖고 있는 통념과는 정반대다. 곧기만 하다고 해서는 군자가 아니라는 것이다. 그리고 사어가 쓰려 했어도 거백옥이 응하지 않았을 가능성이 크다. 위령공은 무도한 임금이었기 때문이다.

衛靈公
7

○공자가 말했다. "더불어 말할 수 있는 사람인데도 그 사람과 더불어 말을 하지 않는다면 사람을 잃는 것이요, 더불어 말을 해서는 안 되는 사람인데도 그 사람과 더불어 말을 한다면 말을 잃는 것이다. 일의 이치를 아는 사람은 사람을 잃지 않고 또한 말도 잃지 않는다."

子曰 可與言而不與之言 失人
자왈 가 여-언 이 불-여-지-언 실-인

不可與言而與之言 失言
불-가 여-언 이 여-지-언 실-언

知者不失人 亦不失言
지-자 불-실-인 역 불-실-언

여기서 더불어 말한다[與言]는 것은 무슨 뜻일까? 정약용은 이렇게 풀이한다.

> "함께 우리의 도리를 말하여 그를 끌어서 도리에 나아가게 할 수 있음을 말한다."

조금은 한가한 풀이다. 먼저 '자한 29'부터 살펴보자.

공자가 말했다. "더불어 배울 수 있다고 해서 (그 사람들 모두와) 더불어 도리를 행하는 데로 나아갈 수는 없으며, 또 더불어 도리를 행하는 데 나아간다고 해서 (그 사람들 모두와) 더불어 조정에 서서 일을 할 수는 없으며, 또 더불어 조정에 서서 일을 한다고 해서 (그 사람들 모두와) 더불어 권도(權道)를 행할 수는 없다[可與共學 未可與適道 可與適道 未可與立 可與立 未可與權]."

그렇다면 여언(與言)은 이 네 단계 중에서 어디에 해당할까? 여립(與立), 즉 더불어 조정에 선다는 말과 같다. 함께 조정 일을 할 수 있는 단계라는 말이다. 여의(與議)도 이에 해당한다. 그렇기 때문에 더불어 말을 하지 않는다면 실인(失人), 즉 좋은 사람을 잃는다고 한 것이다.

위나라 영공이 거백옥을 쓰지 않은 것은 바로 "더불어 말할 수 있는 사람인데도 그 사람과 더불어 말을 하지 않는다면 사람을 잃은 것"에 해당한다. 또 거백옥이 영공이 불렀을 때 찾아갔다면 "더불어 말을 해서는 안 되는 사람인데도 그 사람과 더불어 말을 한다면 말을 잃는 것"이 됐을 것이다.

둘 다 결국 사람을 알아보는 문제[知人之鑑]와 연결돼 있다. 형병 풀이는 이런 맥락에서 참고할 만하다.

"만약 중인(中人) 이상이면 수준 높은 것을 말할 수 있으니, 이러한 이와는 더불어 말할 만한데 더불어 말하지 않으면 이는 그 사람을 잃는 것이다. 만약 중인 이하이면 수준 높은 것을 말할 수 없는데, 그러한 사람과 더불어 말을 한다면 이는 자신의 말을 잃는 것이다. 오직 사람을 볼 줄 아는 자[知者]만이 두 가지(즉 사람과 말)를 모두 잃지 않는다."

여기서도 우리는 지자(知者)가 막연히 지혜로운 사람이 아니라 사람을 볼 줄 아는 사람이라는 뜻임을 확인할 수 있다.

『주역』계사전(繫辭傳)에서 공자는 이렇게 말했다.

"어지러움[亂]이 생겨나는 것은 언어가 사다리가 된다. 임금이 주도면밀하지 못하면[不密] (좋은) 신하를 잃게 되고[失臣] 신하가 주도면밀하지 못하면 몸을 잃게 된다[失身]. (특히) 기밀을 요하는 일을 하면서 주도면밀하지 못하면 해로움이 이뤄지니, 이 때문에 군자는 신중하면서도 주도면밀하여[愼密=縝密] 함부로 말을 입 밖에 내지 않는다[不出]."

이는 앞서 보았던 '학이 14'의 "일을 할 때는 주도면밀하게 하고 말은 신중하게 해야 한다[敏於事而愼於言]"나 '이인 24'의 "말은 어눌하게 하려고 애쓰고 일을 행할 때는 주도면밀하게 한다[欲訥於言而敏於行]"와 직접 통한다. 이는 바로 '위령공 5'에서 말한 '언충신(言忠信) 행독경(行篤敬)'과도 그대로 통한다.

衛靈公 8

○공자가 말했다. "도리에 뜻을 둔 선비와 어진 사람은 살기를 구하느라 어짊을 해치지 않고, 자기 몸을 죽여서 어짊을 이루는 바는 있다."

<ruby>子<rt>자</rt></ruby><ruby>曰<rt>왈</rt></ruby> <ruby>志<rt>지</rt></ruby><ruby>士<rt>사</rt></ruby><ruby>仁<rt>인</rt></ruby><ruby>人<rt>인</rt></ruby> <ruby>無<rt>무</rt></ruby><ruby>求<rt>구</rt></ruby><ruby>生<rt>생</rt></ruby><ruby>以<rt>이</rt></ruby><ruby>害<rt>해</rt></ruby><ruby>仁<rt>인</rt></ruby> <ruby>有<rt>유</rt></ruby><ruby>殺<rt>살</rt></ruby> <ruby>身<rt>신</rt></ruby><ruby>以<rt>이</rt></ruby><ruby>成<rt>성</rt></ruby><ruby>仁<rt>인</rt></ruby>

'이인 2'에서 공자는 "인자(仁者)는 안인(安仁)하고, 지자(知者)은 이인(利仁)한다"고 말했다. 이인(利仁)은 어짊을 이롭게 여긴다는 말이고, 안인(安仁)은 어짊을 편안히 여긴다는 말이다. 관련하여 채청은 "지사(志士)는 어짊을 이롭게 여기는 사람이고, 인인(仁人)은 어짊을 편안히 여기는 사람이다"라고 했다. 이토 진사이 풀이가 설득력이 있다.

"도에 뜻을 둔 사람은 자신의 뜻을 온전히 하기 위해서는 설령 이익이 되는 일이라고 해도 하지 않는 바가 있다[有所不爲]. 완성된 다움을 갖춘 사람은 자기의 다움으로 타인까지도 완성시켜주는 존재이다. 양자의 행위는 비록 같지 않으나 어짊을 추구한다는 점에서는 동일한 것이다. 사는 것도 어짊을 위해서이고, 죽는 것도 어짊을 위해서이다."

살기를 구하느라 어짊을 해친다면 그것은 곧 구차함[苟=非禮]이다.

유향은 『설원』 4-1에서 이렇게 풀이하고 있다.

"선비나 군자가 용기 있고 과감하게 행동할 수 있으면서도 절의를 세워 마땅함을 행하지 않고 헛되이 목숨을 버려 이름을 더럽힌다면 어찌 애통하지 않겠는가! 선비란 몸을 죽여 어짊을 이루고 위해(危害)를 당하더라도 마땅함을 세워 절의와 이치에 의거하며 죽을 곳을 따지지 않는다. 그래서 능히 몸은 죽어도 이름은 후세에 전해지니, 용기와 과단성이 없다면 누가 능히 이를 행할 수 있겠는가!"

衛
靈
公
9

○자공이 어짊을 행함에 대해 묻자 공자가 말했다. "장인이 일을 잘하고
자 하면 반드시 먼저 그 도구들을 예리하게 한다. 이 나라에 있으면 이
나라 사대부들 중에서 뛰어난 이들을 (스승처럼) 섬기고 그 선비들 중
에서 어진 사람을 벗 삼아야 한다."

자—공 문 위—인
子貢問爲仁

자—왈 공 욕—선 기—사 필—선 이 기—기
子曰 工欲善其事 必先利其器

거 시—방—야 사 기 대—부 지 현—자 우 기—사
居是邦也 事其大夫之賢者 友其士

지 인—자
之仁者

얼핏 보면 그냥 처세술처럼 보이기도 한다.

"장인(匠人)이 일을 잘하고자 하면 반드시 먼저 그 도구들을 예리하
게 한다."

장인이 일을 잘한다는 것은 무엇을 비유한 것일까? 두말할 것도 없이
임금이 좋은 정치[善政]를 펼치려 함이다. 큰 어짊이란 공적인 영역에서
군군(君君) 신신(臣臣)이니 임금이 임금답고 신하가 신하다운 것이다. 그
런데 여기서 공자 말은 누가 보아도 군군(君君)과 관련되는 것이다. 장인
의 예리한 도구에 해당하는 것이 임금에게는 뛰어나고 어진 신하이다.

"이 나라 사대부들 중에서 뛰어난 이들을 (스승처럼) 섬기고 그 선비들
중에서 어진 사람을 벗 삼아야 한다."

이 말은 바꿔 말하면 '학이 1'에서 본 바와 같이 스승 같은 신하[師臣]
와 벗 같은 신하[友臣]를 두어야 하며, 스승 같은 신하는 자기보다 뛰어나
야 하고[賢] 벗 같은 신하는 어짊을 갖춰야 한다[仁]는 말이다. 이제 주희

풀이를 읽어 보자.

　"현(賢)은 일로써 말했고 인(仁)은 다움으로써 말했다."

　　여기서도 '어짊을 기르려면 어진 선비를 벗삼아야 한다'고 말하고 있다. 이것이 바로 친인(親仁)이다.

衛靈公
10

○안연이 나라 다스림을 묻자 공자가 말했다. "하나라 역법을 시행하고, 은나라 수레를 타고, 주나라 면복을 입어야 한다. 음악은 (순임금의) 소무를 연주하고, 정나라 음악은 내버리고, 말재주 부리는 자를 멀리해야 한다. 정나라 음악은 음란하고, 말재주 부리는 자는 도리를 위태롭게 만든다."

^{안-연} ^문 ^{위-방}
顔淵問爲邦

^{자-왈} ^행 ^{하-지-시} ^승 ^{은-지-로} ^복 ^{주-지-면}
子曰 行夏之時 乘殷之輅 服周之冕

^악 ^즉 ^{소-무} ^방 ^{정-성} ^원 ^{영-인}
樂則韶舞 放鄭聲 遠佞人

^{정-성} ^음 ^{영-인} ^태
鄭聲淫 佞人殆

위인(爲仁)은 곧 수기(修己)이다. 앞에서 수기(修己)를 이야기하고, 이번에는 치인(治人), 즉 위방(爲邦)으로 이어진다. 공자의 가장 뛰어난 제자 안연이 나라를 잘 다스리는 방책에 관해 묻는다. 정약용은 이때 나라는 제후국이 아니라 왕국(王國), 즉 천자 나라라고 풀이했다. 공자가 답한 내용을 보아도 그것은 제후국을 다스리는 법이 아님을 알 수 있다. 참고로 제후국을 다스릴 때는 이렇게 하라고 했다. '학이 5'이다.

공자가 말했다. "(천자 나라인 만승지국은 물론이고 제후 나라인) 천승지국을 다스릴 때라도 주도면밀하게 일함으로써 (백성들에게) 믿음을 주고, (왕실) 재물을 아낌으로써 백성들을 사랑해야 하며, 백성들을 (부역 등에) 부려야 할 경우에는 때에 맞춰서 해야 한다."

주희는 이 장에 대해 다음과 같은 풀이를 덧붙인다.

"안자(顔子-안연)는 왕(王-천자)을 보좌할 만한 재능을 갖고 있었다.

　　따라서 천하를 다스리는 방도를 물었어야 하는데, 굳이 나라(제후국)를 다스린다고 말한 것은 겸손에서 나온 표현이다.”

　　그러나 정약용은 『시경』 상송(商頌) 현조(玄鳥)편에 “왕도와 경기권이 사방 천리로다[邦畿千里]”라는 구절을 들어 천자 나라도 방(邦)이라고 했음을 밝힌다.

　　우선 다른 제자가 아닌, 안연이었기에 최대한 진심을 담아 공자가 말하는 것이 인상적이다. 아마도 모자란 제자가 물었다면 이런 식으로 대답하지 않았을 것이다. 그런 점에서 큰 정치에 대한 공자 생각을 엿볼 수 있다. 안연이 던진 물음에 공자는 이렇게 답한다.

　　첫째, 공자는 하(夏)나라 책력[夏之時]을 시행해야 한다고 말한다. 하·은·주 세 나라 장점을 각각 취하는 데 있어 하나라로부터는 책력(冊曆)을 취해야 한다고 한 것이다. 그 이유에 대해 주희는 이렇게 풀이한다.

　　“하나라 책력[夏時]이란 북두칠성의 자루 부분이, 날이 처음 어두울 때 인방〈寅方-24방위의 하나로 정동쪽에서 북으로 30도를 중심으로 한 15도 각도 안의 방위로 동동북을 말한다.〉을 가리키는 달을 정월[歲首]로 삼은 것이다. 하늘은 자회(子會)에서 열렸고, 땅은 축회(丑會)에서 열렸고, 사람은 인회(寅會)에서 열렸다. 그러므로 북두칠성의 자루 부분이, 이 세 방위를 가리키는 달을 모두 세수(歲首-한 해의 처음)로 삼을 수 있어 삼대(三代)가 차례로 쓴 것이다. 하나라에서는 인월(寅月)을 정월로 사용하였으니 인정(人正)이 되고, 은나라에서는 축월(丑月)을 사용하였으니 지정(地正)이 되고, 주나라에서는 자월(子月)을 사용하였으니 천정(天正)이 된다. 그러나 절기에 맞춰 농사일을 하니, 그렇다면 세월은 마땅히 인정(人正)을 기준으로 삼아야 한다. 그러므로 공자께서 일찍이 말씀하시기를 ‘내가 하나라 때를 얻었다’고 하셨다.”

　　하나라 책력이 농사 주기에 딱 맞아 책력은 하나라 것을 시행해야 한다는 말이다.

　　둘째, 공자는 은(殷)나라 수레[殷之輅]를 타야 한다고 말한다. 노(輅)

라는 말 자체에 천자가 타는 수레, 은나라 수레라는 뜻이 포함돼 있다. 이에 대한 주희 풀이부터 보자.

> "은나라 수레는 목로(木輅)이니 노(輅)는 큰 수레[大車] 이름이다. 옛날에는 나무로 수레를 만들었을 뿐이었는데, 은나라 때에 이르러 노(輅)라는 이름이 생겼으니, 비로소 그 제도를 달리한 것이다. 주나라 사람들은 수레를 금옥(金玉)으로 꾸몄는데 지나치게 사치스럽고 망가지기 쉬웠다. 은나라 노(輅)가 질박하고 튼튼하면서도 신분의 등급이 이미 잘 분별되었으니 이것이 질박하면서도 그 적중함[中]을 얻었다고 여기신 것이다."

아마도 수레뿐만 아니라 그 밖의 다른 기술들도 은나라 것이 뛰어났다는 의미로 읽힌다.

셋째, 공자는 주(周)나라 면류관[周之冕]을 써야 한다고 말한다. 주희 풀이다.

> "주나라 면류관은 다섯 종류가 있으니, 제사 복장[祭服]에 쓰는 관이다. 관 위에는 덮개가 있고 앞뒤에는 술이 있으니, 황제씨(黃帝氏) 이래로 이미 있었으나 제도와 의등(儀等-의례 등급)이 주나라에 이르러 비로소 갖추어졌다. 그러나 면류관이라는 물건은 작고 모든 의관 위에 자리한다. 그러므로 비록 화려하더라도 사치함이 되지 않고 비록 허비하더라도 사치함에 미치지 않으니, 공자께서 이것을 취하심은 또한 문채가 있으면서도 그 적중함[中]을 얻었다고 여기신 것이다."

그래서 하나라는 충(衷) 혹은 충(忠)했다고 한다. 자연 천문에 충실했다는 말이다. 은나라는 질(質)했다고 한다. 각종 기물들이 질박하면서 소탈했다는 말이다. 주나라는 문(文)했다고 한다. 각종 제도와 문물이 제대로 갖춰졌다는 말이다.

넷째, 공자는 음악은 소무(韶舞)로 해야 한다고 말한다. 소(韶)는 순임금 음악을 뜻한다. '팔일 25'는 이와 관련된 장이다.

> 공자가 소무(韶舞)를 평해 말했다. "지극히 아름답고 또 지극히 좋

다.” 무악(武樂)을 평해 말했다. “지극히 아름답지만 지극히 좋지는 않다.”

순임금 음악, 즉 소무(韶舞)와 관련된 대목은 '술이 13'에도 나온다.

공자께서 제나라에 계실 때 소무(韶舞)를 듣고서 석 달 동안 고기 맛을 몰랐고 이에 말했다. “음악을 만드는 것이 이런 경지에까지 이를 줄은 몰랐다.”

그리고 공자는 “정나라 음악은 내버리고, 말재주 부리는 자를 멀리해야 한다”고 덧붙인다. 그 이유에 대해서는 “정나라 음악은 음란하고, 말재주 부리는 자는 도리를 위태롭게 만든다”라고 말한다. 이와 관련해 장자(張子) 풀이가 핵심을 찌른다.

“법이 확립되고 이것을 잘 지키면 다움[德]이 오래 갈 수 있고 일[業]이 커질 수 있다. 정나라 음악과 말재주 부리는 사람은 사람으로 하여금 지킬 바를 상실하게 한다. 그러므로 이것을 추방하고 멀리하신 것이다.”

뒤에 보게 될 '양화 18'은 이 내용과 그대로 겹친다. 짧지만 이 장에 대한 보충이라 하겠다.

공자가 말했다. “(나는) 자색이 붉은색을 빼앗는 것을 미워하고, 정나라 음악이 아악(雅樂)을 어지럽히는 것을 미워하며, 말재주 부리는 입이 나라를 뒤엎는 것을 미워한다.”

한마디로 사이비(似而非)에 대한 경고이며, 문(聞)보다는 달(達)을 사람 보는 잣대로 삼아야 한다는 경계이다.

전체적으로 보면 천문(天文)과 기물과 문물제도 그리고 예악(禮樂)을 갖춘 다음에 군자를 가까이하고 소인을 멀리하는 것이 나라를 다스리는 [爲邦] 요체임을 안연에게 일깨워 주고 있다. 이렇게 보면 '위령공 9와 10'은 서로 밀접한 연관성을 갖게 된다. 어짊의 문맥에서 어진 정치[仁政] 문맥으로 나아간 것이다.

衛
靈
公
11

○공자가 말했다. "사람이 멀리 내다보는 생각이 없으면 반드시 가까운 데서 근심이 있다."

<ruby>子<rt>자—왈</rt></ruby><ruby>曰<rt></rt></ruby> <ruby>人<rt>인</rt></ruby><ruby>無<rt>무</rt></ruby><ruby>遠<rt>원—려</rt></ruby><ruby>慮<rt></rt></ruby> <ruby>必<rt>필—유</rt></ruby><ruby>有<rt></rt></ruby><ruby>近<rt>근—우</rt></ruby><ruby>憂<rt></rt></ruby>

子曰 人無遠慮 必有近憂

기존의 주희나 정약용 풀이에서 참고할 만한 것이 전혀 없다. 이유는 원(遠)이 시공(時空)과 관련된 것이 아님에도 모두 여기에 얽매여 있기 때문이다. 그러다 보니 정약용조차도 "만약에 공간적인 것으로서 말한다면, 군자가 도모할 바는 항상 가까운 데에 있고 먼 데에 있지 않다"라고 말했다. 아마도 '자로 16'에서 공자가 정치에 대해 "가까이 있는 자들을 기쁘게 해줌으로써 멀리 있는 자들이 오게 하는 것이다"라고 말한 것을 염두에 둔 풀이 같은데 잘못 짚었다.

원(遠)은 공(公), 근(近)은 사(私)이다. '이인 16'과 대비하며 읽는 것이 좋을 듯하다.

공자가 말했다. "군자는 마땅함에서 깨닫고 소인은 이익에서 깨닫는다."

마땅함은 공이고 이익은 사이다. 또한 반대되는 의미에서 인자불우(仁者不憂)를 떠올려보기를 바란다.

衛靈公 12

○공자가 말했다. "끝났구나! 나는 다움을 좋아하기를 여색을 좋아하듯 하는 자를 본 적이 없다."

子曰 已矣乎 吾未見好德如好色者也

자-왈 이-의-호 오 미-견 호-덕 여 호-색 자 -야

'자한 17'에서 이미 만나본 내용이고 "끝났구나![已矣乎]"라는 탄식만 추가되었다. 여기서 "끝났구나!"가 추가된 것에 대해 주희는 "끝내 그런 사람을 보지 못함을 탄식했기 때문"으로 풀이한다. 그냥 참고만 한다. 일단 이에 대해서는 '이인 6'이 보충 풀이 역할을 할 수 있다.

> 공자가 말했다. "나는 아직 어짊을 (제대로) 좋아하는 자와 어질지 못함을 (제대로) 미워하는 자를 보지 못했다. 어짊을 좋아하는 자는 그를 능가할 수 있는 것이 없고, 어질지 못함을 미워하는 자는 어질지 못함이 자기 몸에 조금이라도 가해지지 못하게 한다. 능히 단 하루라도 어짊에 자기 힘을 (제대로 다) 쓰는 자가 있는가? 나는 아직 (어짊을 향해) 힘이 부족해서 못하는 사람은 보지 못했다. 어쩌면 혹시 그런 사람이 있는데 내가 보지 못한 것인가 보다."

이를 '위령공 11'과 연결해서 보면 멀리 내다보는 고민과 사려를 하는 사람이 다움을 좋아하는 사람이고 어짊을 제대로 좋아할 줄 아는 사람이다. 따라서 어짊이 아닌 것을 제대로 미워할 줄 아는 사람이다. 또한 눈앞의 이익에 눈멀지 않은 사람인데, 다움이란 공적으로 일을 바라보는 사람에게만 보이는 것이기 때문이다. 따라서 다움은 바로 공적인 다움[公德]이다. 요즘 유행하는 말로 나다움 운운하는 것과는 무관하다.

앞서 본 지덕(知德)과 달리 '호덕(好德)'은 두 가지 풀이가 다 가능하다. 하나는 말 그대로 다움을 좋아해 수덕(修德)하고 숭덕(崇德)하는 것이

다. 또 하나는 다움을 갖춘 사람을 좋아하는 것으로 풀이할 수도 있다. 실은 그렇게 옮길 경우 이어지는 '위령공 13'은 다움을 갖춘 사람을 좋아하지 않는 인물을 다루는 것이 된다. 문맥상으로는 두 번째 번역이 더 좋을 수 있다.

衛
靈
公
13

○공자가 말했다. "장문중은 아마도 지위를 도둑질한 자라 할 것이다. 유하혜가 뛰어나다는 것을 알고서도 더불어 조정에 서지 않았다."

자—왈　　장—문—중　기　절—위—자　여
子曰 臧文仲其竊位者與
지　유—하—혜　지　현　이　　불—여—립—야
知柳下惠之賢而不與立也

여기서 공자는 '위령공 12'에서 말한 호덕(好德)하지 못한 대표적인 인물로 장문중을 언급한다. 그는 다움을 좋아하지 않았고, 다움을 갖춘 사람을 좋아하지 않았다고 할 수 있다.

　　먼저 공자는 "장문중은 아마도 지위를 도둑질한 자[竊位者] 일 것"이라고 말한다. 여(與)는 추측의 의미를 갖는다. 여기서도 공자의 무필(毋必)이 들어 있다. 공자가 이렇게 생각한 이유는 다음과 같다.

　　"유하혜가 뛰어나다는 것을 알고서도 더불어 조정에 서지 않았다."

　　장문중은 앞서 '공야장 17'에 등장한 바 있다.

　　공자가 말했다. "장문중은 점치는 큰 거북을 소장하고서 (그것을 보관하는 사당) 기둥머리 두공(斗拱)에는 산 모양을 조각하고, 동자기둥에는 수초인 마름풀을 그려놓았으니 어찌 이런 사람을 일의 이치를 아는 사람[知＝知者＝不惑]이라고 하겠는가?"

　　이 말의 의미는 '장문중이야말로 혹(惑)에 머물러 사리를 알고 사람을 볼 줄 아는 지(知)의 경지에 이르지 못한 인물'이라는 뜻이다. 따라서 사람을 보는 수준에 문제가 있었다는 뜻이므로 자연스레 이 장과도 연결된다.

　　유하혜(柳下惠)가 어떤 인물이길래 그를 등용하지 않았다는 이유로 공자는 장문중을 향해 자리를 도둑질했다는 혹평을 가하는 것일까? 우선 '미자 2'를 보자.

유하혜가 재판관이 되었다가 세 번이나 내침을 당하자 사람들이 말했다. "그대는 지금이라도 떠나갈 수 있지 않은가?"

말했다. "(내) 도리를 곧게 하여 남을 섬기게 되면 어디를 간들 세 번 내침을 당하지 않겠으며, 도리를 굽혀 남을 섬긴다면 어찌 반드시 부모 나라를 떠날 필요가 있겠는가?"

'미자 8'에는 은둔하는 일민(逸民) 유하혜에 대한 평이 나온다.

유하혜와 소련에 대해서는 이렇게 평했다. "뜻을 굽히고 몸을 욕되게 했지만, 말은 도리에 맞았고 일을 행함은 사리에 맞았으니 그저 이뿐이다."

한마디로 유하혜는 언행이 독실했기 때문에 뜻을 굽히고 몸을 욕되게 했다는 과오에도 불구하고 군자로 볼 수 있다는 것이 공자 생각이다. 이런 유하혜를 쓰지 않았으니 장문중은 사람을 볼 줄 모르는 인물이라는 것이다. 실은 사람을 볼 줄 알면서도 쓰지 않았던 자라 하겠다.

이 장의 전반적인 내용에 대해서는 범조우 풀이가 도움된다.

"장문중이 노나라에서 정사를 할 적에 만일 뛰어난 이를 알아보지 못했다면 이는 지혜가 밝지 못한 것이요, 알고도 들어 쓰지 않았다면 이는 뛰어난 이를 엄폐한 것이다. 지혜가 밝지 못한 죄는 작고, 어진 이를 엄폐한 죄는 크다. 그러므로 공자께서 불인(不仁)하다고 하셨고, 또 절위(竊位)라고 말씀하신 것이다."

간단히 말하면 사람을 볼 줄 모르면서 사람을 쓰는 자리에 머물러 있는 것이 절위(竊位)다.

衛靈公
14

○공자가 말했다. "자기 자신을 꾸짖기는 두텁게 하면서 남에게 책임을 물을 때는 엷게 한다면 원망을 멀리할 수 있다."

_{자—왈 궁 자—후 이 박—책 어—인 즉 원—원—의}
子曰 躬自厚而薄責於人 則遠怨矣

언충신(言忠信) 행독경(行篤敬) 중에서도 '행독경(行篤敬)' 문맥이다. 공자는 말한다.

"자기 자신을 꾸짖기는 두텁게 하면서 남에게 책임을 물을 때는 엷게 한다면 원망을 멀리할 수 있다."

한마디로 '자기에게는 엄격하고 타인에게는 관대하라'는 말이다. 그렇게 할 때 무엇이 좋은지를 주희는 이렇게 보충한다.

"자신을 책하기를 후하게 하므로 몸이 더욱 닦아지고, 남을 책하기를 적게 하므로 사람이 따르기 쉬우니, 이 때문에 사람들이 그를 원망할 수 없는 것이다."

이것이 바로 수기치인(修己治人)의 지침이다. 이는 뒤에 나오는 '위령공 20'과도 통한다.

공자가 말했다. "군자는 자신에게서 찾고 소인은 남에게서 찾는다."

여기서 한 가지 짚어야 할 사항은 원망[怨]이다. 여기서는 원망을 멀리하는 법에 대해 이야기했다면 '이인 12'에는 원망을 부르는 원인이 나온다. 공자는 말한다.

"이익에 따라서만 일을 행할 경우 원망이 많아진다."

사적인 이익에 따라 행동하는 것이 소인이라면, 공적인 마땅함에 따라 행동하는 것이 군자이다.

衛靈公
15

○공자가 말했다. "어떻게 할까, 어떻게 할까라고 말하지 않는 사람에 대해서는 나도 어떻게 할 도리가 없다."

자-왈　불-왈　여-지-하　여-지-하　자　오　말　여
子曰 不曰如之何如之何者 吾末如

-지-하　야-이-의
之何也已矣

"어떻게 할까"라는 것은 깊이 애태우며 강구하는 마음가짐[文之]을 말한다. 심사숙고(深思熟考)하는 것이다. 일을 대함에 있어 쉽게 생각하지 않고, 오히려 어렵게 생각할 때 올바른 해법을 찾을 수 있다. 경사(敬事)하는 태도를 말하는 것이라 하겠다. 『시경』에도 나오고 '태백 3'에도 등장하는 전전긍긍(戰戰兢兢)이 바로 "어떻게 할까, 어떻게 할까"를 서술한 표현이다. 『시경』 소아(小雅) 소민(小旻)편이다.

> "감히 맨손으로 범을 잡지 못하고[不敢暴虎], 감히 걸어서 황허강을 건너지 못한다[不敢憑河]. 사람들은 하나는 알지만[人知其一] 그 밖의 것들은 알지 못한다[莫知其他]. 전전긍긍하기를[戰戰兢兢] 마치 깊은 연못가에 임한 듯이 하고[如臨深淵] 얇은 얼음을 밟듯이 하라[如履薄氷].

악정(惡政), 학정(虐政)을 한탄한 시다. 이 시가 지어진 시기는 서주(西周) 말기였다. 당시는 씨족 봉건사회가 붕괴되고 왕정이 쇠락하여 주공의 법도가 제대로 지켜지지 않던 때로 천하가 크게 위험한 시기였다. 따라서 대부분 사람들은 눈앞의 이득과 손해에만 매달려 그것이 뒤에 큰 재앙이 될 것임을 알지 못했다. 다만 조심성 있는 사람들만이 그 악정과 학정이 판치는 세상을 깊은 연못가에 있는 것처럼 또는 살얼음을 밟는 것처럼 불안에 떨며 조심조심 살아갔다. '태백 3'에도 이 시구가 인용된다.

> 증자가 큰 병에 걸리자 문하 제자들을 불러 말했다. "내 발을 보고 내 손을 보아라. 『시경』에 이르기를 '전전긍긍하기를 마치 깊은 연못가

에 임한 듯이 하고 얇은 얼음을 밟는 듯이 하라'고 했는데, 이제야 나는 형륙을 면한 것을 알겠구나, 제자들이여!"

이처럼 전전긍긍(戰戰兢兢)은 스스로가 자신을 돌아보며 매사 조심하는 긍정적 의미의 두려움이었다. 그러나 요즈음에는 그 뜻이 전이되어 부정적 의미로 쓰이곤 한다. 죄나 잘못을 저질러놓고 그것이 발각될까 봐 두려워한다거나 어떤 사건의 여파가 자신에게 미칠까 불안에 떠는 경우 등에 흔히 쓰인다.

따라서 '위령공 15'는 전전긍긍의 본래 뜻인 이런 긍정적 의미의 두려움을 모르는 사람에 대한 공자 비판으로 읽힌다. 정약용 풀이는 참고할 만하다.

"선(善)을 향해 가는 사람은 학업이 전진하지 못함을 근심하고, 세월이 함께하지 않고 흘러가는 것을 슬퍼하며, 밤이나 낮이나 근심과 탄식으로 스스로 상심하고 슬퍼하여 '어떻게 할까, 어떻게 할까'라고 말한다. 저 분발하고 진작함이 이와 같지 않은 자는 성인(聖人-공자)도 어떻게 할 수가 없다."

그러나 배움보다는 일에 임하는 태도로 보는 것이 온당할 듯하다.

공자 말하기 중에서 특히 눈에 띄는 것은 같은 단어로 다른 뉘앙스를 만들어내는 표현법이다. 우선 여기에서는 여지하(如之何)하지 않는 자에 대해 자신은 여지하(如之何)할 수가 없다고 말한다. 앞의 여지하(如之何)와 뒤의 여지하(如之何)는 뉘앙스 차이가 있다. 앞은 애태우는 말이고, 뒤는 어찌 해볼 도리가 없다는 말이다.

이런 예를 사(斯)를 활용해서 말할 때도 찾을 수 있다. '공야장 2'와 '옹야 8'을 비교해 보라.

공자가 자천을 평해 말했다. "군자도다, 저 사람이여! 노나라에 군자다운 자들이 없었다면 이 사람이 어디서 이런 군자다움을 취했겠는가! [斯焉取斯]"('공야장 2')

백우가 중병에 걸리자 공자가 문병을 가서 남쪽 창에서 그의 손을 잡고 말했다. "이건 아닌데, 명이도다. 이런 사람이 이런 병에 걸리다니! 이런 사람이 이런 병에 걸리다니![斯人也而有斯疾也]"(옹야 8')

'공야장 8'에서는 사(斯)가 '이런 좋은 사람'과 '이런 좋은 군자다움'이 되어 둘 다 좋은 뜻인데, '옹야 8'에서는 "이런 좋은 사람이 이런 나쁜 병에 걸리다니"라는 뜻이 되어 명확한 대조를 이룬다. 늘 공자식 말하기에 주목해야 정확한 해석이 가능하다.

衛
靈
公
16

○공자가 말했다. "여럿이 함께 있으면서 하루를 마칠 때까지 마땅함에
대해서는 일언반구도 하지 않고, 얄팍한 지혜를 행하는 것이나 좋아한
다면 (그런 사람은 의미 있는 일을 하기) 어렵도다."

자-왈 군-거 종-일 언 불-급-의 호-행 소-혜
子曰 群居終日 言不及義 好行小慧
난-의-재
難矣哉

'위령공 15'에서 말한 "어떻게 할까, 어떻게 할까라고 말하지 않는 사람"
이 어떤 사람인지를 구체적으로 보여 준다. 뜻풀이부터 해보자.

> "여럿이 함께 있으면서 하루를 마칠 때까지 마땅함에 대해서는 일언
> 반구도 하지 않고, 얄팍한 지혜를 행하는 것이나 좋아한다면 (그런 사
> 람은 의미 있는 일을 하기) 어렵다."

얄팍한 지혜[小慧]란 소리(小利)를 말한다. 군자와 대비되는 소인이
보여주는 전형적인 행태다. 이 구절은 '위령공 11'과 통한다.

> 공자가 말했다. "사람이 멀리 내다보는 생각이 없으면 반드시 가까운
> 데서 근심이 있다."

'위령공 11'에 대한 보충 설명이라 할 수 있다. 그리고 이 또한 자연
스레 '이인 16'과도 연결된다.

> 공자가 말했다. "군자는 마땅함에서 깨닫고 소인은 이익에서 깨닫는
> 다."

이 장의 경우 내용은 간단한데 문제는 "어렵도다[難矣哉]"를 어떻게
풀이하느냐이다. 정현은 "끝내 아무런 성공이 없음을 말한 것이다"고 했
는데 뜬금없다. 오히려 이에 대해서는 주희 풀이가 나아 보인다.

> "난의재(難矣哉)는 다움[德]에 들어갈 수가 없어서 장차 환해(患害)가
> 있음을 말한 것이다."

　뒤에 군자 문맥이 이어진다는 점을 고려하면 "군자가 되기 어렵다"고 풀어도 무방하다.

○공자가 말했다. "군자는 마땅함을 바탕으로 삼고 일의 이치에 따라 (일을) 행하고, 공손하게 (일에 대해) 말하고 믿음직함으로 (일을) 이루어낸다. (이러해야) 군자도다!"

<ruby>子<rt>자</rt>曰<rt>왈</rt></ruby> <ruby>君<rt>군</rt>子<rt>자</rt></ruby> <ruby>義<rt>의</rt>以<rt>이</rt>爲<rt>위</rt>質<rt>질</rt></ruby> <ruby>禮<rt>예</rt>以<rt>이</rt>行<rt>행</rt>之<rt>지</rt></ruby> <ruby>孫<rt>손</rt>以<rt>이</rt></ruby>
<ruby>出<rt>출</rt>之<rt>지</rt></ruby> <ruby>信<rt>신</rt>以<rt>이</rt></ruby><ruby>成<rt>성</rt>之<rt>지</rt></ruby>
<ruby>君<rt>군</rt>子<rt>자</rt>哉<rt>재</rt></ruby>

'위령공 16'에서 이어진다. 단, 거기서는 소인(小人)을 말했다면 여기서는 군자(君子)를 말한다. 군자가 일하는 방식을 일목요연하게 정리하고 있다.

먼저 마땅함을 바탕[質]으로 삼아야 한다고 했다. 그러면 자연스럽게 예(禮)와 손(孫)과 신(信)은 애쓰는 모습[文]이다. 이것이 바로 군자가 문질빈빈(文質彬彬)하게 일하는 마음가짐과 태도이다.

여기서 목적어를 '일'이라고 특칭할 수 있는 것은 예(禮)가 일의 이치[事理]이기 때문이고, 또 성(成)이란 성공(成功) 혹은 성사(成事)이니 일[事功]과 떼려야 뗄 수가 없기 때문이다.

정약용은 이렇게 풀어냈다.

"출지(出之)란 말로 표현하는 것이고, 일의 이치에 따라 행한다는 것은 위행(危行-고결한 행위)이며, 손이출지(孫以出之)란 말이 공손한 것이며, 신(信)이란 언행을 총괄한 것이다. 의(義)와 신(信)은 머리와 꼬리가 되고 언행은 그 두 날개이다."

멋진 풀이라 하겠다. 출지(出之)란 '이인 22'에 나온 언지불출(言之不出)을 염두에 두고서 풀어낸 것이다. 위행(危行)과 손이출지(孫以出之)는 '헌문 4'를 바탕으로 해서 풀어내야 한다.

공자가 말했다. "나라에 도리가 있을 때는 당당하게 말하고 당당하게 행동하되, 나라에 도리가 없으면 당당하게 행동하되 말은 공손하게 해야 한다[邦有道 危言危行 邦無道 危行言孫]."

○공자가 말했다. "군자는 무능함을 근심으로 여기지 남이 자기를 알아
주지 않는 것을 근심으로 여기지 않는다."

_{자―왈} _{군―자} _병 _{무―능―언} _{불―병} _인 _지 _{불―기}
子曰 君子 病無能焉 不病人之不己
_{―지―야}
知也

일을 매개로 군자론 문맥이 이어진다. 먼저 내용부터 옮겨보자. "군자는
무능함을 근심으로 여기지 남이 자기를 알아주지 않는 것을 근심으로 여
기지 않는다." 무능함을 근심으로 여긴다는 것은 실제로 무능한지 유능한
지에 대한 이야기라기보다는 무능해지지 않으려고, 즉 능력을 갖추려고
끊임없이 노력하라[日新又日新]는 말이다. 이 문장에서 강조점은 역시 뒷
부분이다. '학이 1'이다.

공자가 말했다. "남이 자신을 알아주지 않더라도 속으로조차 서운함
을 품지 않으니 진실로 군자가 아니겠는가?"

『논어』에는 그 밖에도 이와 유사한 언급들이 여러 차례 나온다. 모두
임금이 아닌, 신하를 향한 것이다. 군자다운 신하가 가져야 할 마음가짐이
라 하겠다. 먼저 '학이 16'이다.

공자가 말했다. "남이 자기를 알아주지 않는 것을 걱정하지 말고, 내
가 남을 알지 못하는 것을 걱정해라."

'헌문 32'는 이 장과 내용은 같은데 문장의 앞뒤가 뒤바뀌어 있다.

공자가 말했다. "남이 자기를 알아주지 않음을 걱정하지 말고, 자기
가 능하지 못함을 걱정하라!"

'이인 14'도 비슷한 내용이다.

공자가 말했다. "벼슬자리에 있지 못함을 걱정하지 말고, 그 자리에
설 준비가 되었는지를 걱정하라. 남들이 자기를 알아주지 않음을 걱

정하지 말고, 알아줄 만한 사람이 되려고 노력하라.”

‘이인 14’ 뒷부분에 주목할 필요가 있다. 공자는 남이 자기를 알아주지 않는 것에 맘 쓰지 말고, 남이 알아줄 만한 사람이 되라고 강조하고 있기 때문이다. 물론 공자는 진정으로 남이 알아주는 것까지 부정적으로 보지 않았다. 이제야 자연스럽게 다음 장으로 연결된다.

○공자가 말했다. "군자란 죽을 때까지 군자라는 명칭에 걸맞지 못함을
싫어한다."

<ruby>子<rt>자</rt></ruby><ruby>曰<rt>왈</rt></ruby> <ruby>君<rt>군</rt></ruby><ruby>子<rt>자</rt></ruby><ruby>疾<rt>질</rt></ruby><ruby>沒<rt>몰</rt></ruby><ruby>世<rt>세</rt></ruby><ruby>而<rt>이</rt></ruby><ruby>名<rt>명</rt></ruby><ruby>不<rt>불</rt></ruby><ruby>稱<rt>칭</rt></ruby><ruby>焉<rt>언</rt></ruby>

이때 칭(稱)은 일컬어진다보다는 '걸맞다[匹=配]'는 뜻으로 보아야 문맥
에 어울린다. 그래야 뜻도 명확해진다. 그렇지 않으면 이름을 내야 한다
[聞]로 풀어야 하는데, 오히려 '걸맞다'로 풀면 허명에 구애되지 않고 군
자라는 명칭에 걸맞는 다움을 이룬다[德]는 뜻과도 맞아떨어지게 된다.
자연스럽게 '위령공 20'으로 이어진다.

衛
靈
公
20

○공자가 말했다. "군자는 자신에게서 찾고 소인은 남에게서 찾는다."

자-왈   군-자   구-저-기   소-인   구-저-인
子曰 君子 求諸己 小人 求諸人

여기서 군자(君子)와 소인(小人)을 대비시켜 간명하게 말한다. "군자는 자신에게서 찾고 소인은 남에게서 찾는다." 이에 대해서는 '위령공 18과 19'을 연결해서 설명하는 양시 풀이가 상세하다.

"군자는 비록 남이 자신을 알아주지 않음을 걱정하지 않지만, 죽을 때까지 군자라는 명칭에 걸맞지 못함을 싫어한다. 비록 죽을 때까지 군자라는 명칭에 걸맞지 못함을 싫어하지만, 구하고 찾는 것은 실로 자기 몸에 돌이키는 것들 뿐이다. 소인은 남에게서 찾는다. 그러므로 도리를 어기고 명예를 구하여 못하는 짓이 없는 것이다. 이 세 가지는 글이 서로 이어지지 않으나 뜻이 실로 서로 보충되니, 또한 공자 말씀을 기록한 자의 뜻이다."

공자 말씀을 기록한 자란 『논어』 편찬자를 말한다.

이 장은 곧 군자론이며 어짊[仁]의 문제이다. 이런 맥락에서 정약용이 이 장을 '안연 1'과 연결 지은 것은 적절하다. 다시 한번 음미하며 '안연 1'을 읽어 보자.

안연이 어짊에 대해 물었다. 공자가 말했다. "자기를 이겨내 예로 돌아가는 것이 어짊을 행하는 것이다. 하루라도 자기를 이겨내 예로 돌아가면 천하가 어짊으로 돌아갈 것이다. 어짊을 행하는 것은 나로부터 말미암는 것이지 다른 사람으로부터 말미암는 것이겠는가?"

안연이 말했다. "세부 조목을 묻겠습니다."

공자가 말했다. "예가 아니면 보지도 말고, 예가 아니면 듣지도 말고, 예가 아니면 말하지도 말고, 예가 아니면 몸을 움직이지도 말라."

안연이 말했다. "제가 비록 명민하지는 못하지만 청컨대 이 말씀을

잘 따르겠습니다.”

그리고 정약용은 보다 쉬운 예를 든다.

“남의 자식이 된 자로서 부모가 착하지 못하기 때문에 효자가 될 수 없다고 여기면 장차 우순(虞舜-순임금)같은 효자가 어떻게 있겠으며, 남의 신하 된 자로서 임금이 어질지 못하기 때문에 충신이 될 수 없다고 여기면 장차 비간(比干) 같은 충신이 어떻게 있겠는가? 형제에게 우애하고 벗에게 신의를 지키는 것도 모두 이와 같다.”

스스로에게 달려 있다는 말이다.

○공자가 말했다. "군자는 당당하되 다투지 않으며, 무리를 짓되 사사로이 편당을 짓지 않는다."

<ruby>子<rt>자-왈</rt></ruby> <ruby>曰<rt></rt></ruby> <ruby>君子<rt>군-자</rt></ruby> <ruby>矜而不爭<rt>긍-이-부-쟁</rt></ruby> <ruby>群而不黨<rt>군-이-부-당</rt></ruby>

긍(矜)을 흔히 장중(莊重)으로 풀이하는데 여기서는 뒤에 이어지는 '다투지 않는다'와 연결해서 볼 때 '당당하다'로 보는 것이 좋을 듯하다. 그러면서도 남을 향해 자신을 내세우려 하지 않기 때문에 서로 다투지 않는다[不爭]. '팔일 7'에서 부쟁(不爭)하면 군자라 했다.

공자가 말했다. "군자는 다투는 일이 없는데[無所爭] 반드시 활쏘기에서는 다툰다. (그런데 그 다툼을 잘 들여다보면) 읍(揖)하며 사양하다가 올라가고 (활을 다 쏘고서) 내려와서는 (그 다투려 했던 마음을 녹여 없애기 위해) 술을 마시니 그 다툼이 군자답도다."

다른 사람들과 무리를 짓되 파당(派黨)을 이루지 않는 것은 사사로운 이익을 위해 공도(公道)를 저버리려는 마음이 없기 때문이다. 정약용은 당(黨)을 아첨하여 힘을 돕는 것으로 풀이한다. 그러나 이는 아첨(阿諂)보다는 아부(阿附), 즉 당부(黨附)의 문제이다. 아첨이란 남의 환심을 사려고 알랑거리는 행위이고, 아부란 원래는 어느 편에 자기를 의탁한다는 뜻이다. 그래서 아첨의 반대는 직언이고, 아부의 반대는 독립이다. 아첨과 아부는 전혀 다른 범주에 속하는 말이다.

한편 '위정 14'를 다시 읽어보고서 다음으로 넘어가자.

공자가 말했다. "군자는 (공적으로) 두루 어울리되 (사사로이) 친밀하게 하지는 않고, 소인은 (사사로이) 친밀하게 할 뿐 (공적으로) 두루 어울리지는 않는다."

衛
靈
公
22

○공자가 말했다. "군자는 하는 말이 좋다 하여 그 사람을 천거하지 않고, 사람이 나쁘다 하여 그 사람이 하는 좋은 말까지 내버리지 않는다."

_{자─왈} _{군─자} _{불─이─언} _{거─인} _{불─이─인} _{폐─언}
子曰 君子 不以言擧人 不以人廢言

이는 군이부당(群而不黨) 주이불비(周而不比)하는 구체적인 방법을 제시한다는 점에서 바로 앞 장과 이어진다. 공자는 말한다.

"군자는 말만으로 사람을 천거하지 않고, 사람됨이 안 좋다고 하여 그 사람의 말까지 버리지는 않는다."

이건 원문에 충실한 번역인데 위에서는 의미를 분명히 하기 위해서 뉘앙스를 살렸다. 먼저 앞부분부터 보자. 사람을 천거한다는 것은 자리[位]를 준다는 것인데 자리를 줄 때의 잣대는 다움[德]이다. 그리고 다움을 살피는 데 가장 좋은 것이 그 사람이 하는 말이다. 그런데 그 사람이 하는 말이 좋다[巧言]하여 그 사람의 바탕[質]을 점검하지 않으면 사이비(似而非)를 천거하는 우를 범하게 된다. 따라서 먼저 말을 듣고 이어 행동을 살피고 이어서 언행을 성기사(省其私)하여 그의 소안(所安)까지 알아냈을 때 비로소 천거 단계에 들어가야 한다. '공야장 9'에서 공자 말은 이에 대한 풀이라 할 것이다.

공자가 말했다. "애초에 나는 남에 대해 그 말을 들으면 그 행동을 믿었으나, 지금은 남에 대해 그 말을 들으면 그 행동을 살펴보게 된다. 나는 재여로 인해 이를 고치게 되었다."

그리고 말재주에 대한 공자의 인식은 보다 부정적으로 바뀌게 된다. 이는 '공야장 4'에 나온다.

이 장에서 공자가 말한 앞뒤 두 부분 중에 마땅히 강조점은 앞에 있다. 이 장은 전형적인 지인지감(知人之鑑)이다.

衛
靈
公
23

○자공이 물었다. "한마디 말로 종신토록 행할 수 있는 것이 있습니까?"
공자가 말했다. "아마도 서(恕)일 것이다. 자기가 하고 싶지 않은 것을
남에게 베풀지 말라."

자-공　문-왈　유　일-언-이　가-이　종-신　행-지　자
子貢問曰 有一言而可以終身行之者
-호
乎
자-왈　기　서　호　기-소-불-욕-물-시-어-인
子曰 其恕乎 己所不欲勿施於人

자공이 공자에게 "한마디 말로 종신토록 행할 수 있는 것이 있습니까?"
라고 묻는다. 여러 가지 방법이 있겠지만 군자가 되려면 반드시 노력해야
하는 지침 한마디를 물어본 것이다. 이에 대해 공자는 "아마도 서(恕)일
것이다"라고 말한 다음, 그 뜻을 "자기가 하고 싶지 않은 것을 남에게 베
풀지 말라[己所不欲勿施於人]"라고 풀이한다.

공자는 '안연 2'에서 이미 중궁이 어짊에 대해 묻자 "자기가 하고 싶
지 않은 것을 남에게 베풀지 말아야 한다"고 답한 바 있다. '이인 15'에 나
오는 일이관지(一以貫之)가 바로 충서(忠恕)였다.

그런데 '공야장 11'을 떠올리면 지금 공자 대답은 얼핏 모순처럼 보
인다.

　　자공이 말했다. "저는 남이 나에게 가하기를 바라지 않는 일을 저 또
한 남에게 가하지 않겠습니다[我不欲人之加諸我也 吾亦欲無加諸人]."
　　공자가 말했다. "사(賜-자공)야! 네가 도달할 수 있는 경지가 아니다."
여기서 우리는 두 가지 질문을 던질 수 있다.

첫째, 자공의 같은 질문에 대해 공자는 왜 이렇게 정반대 답을 준 것
일까? 둘째, 『논어』 편찬자는 왜 '공야장 11'과 이 장에서 각기 다른 대답

을 실은 것일까? 이에 대해 정이천은 이렇게 풀이했다.

"(자공이 먼저 말한) '저는 남이 나에게 가하기를 바라지 않는 일을 저 또한 남에게 가하지 않겠습니다[無加諸人]'는 어짊[仁]이요, 자기에게 베풀기를 바라지 않는 것을 남에게 베풀지 않으려 하는 것[勿施於人]은 서(恕)이다. 서(恕)는 자공이 혹 힘쓸 수 있으나 어짊은 미칠 수 있는 바가 아니다."

주희는 이를 받아서 다음과 같이 말했다.

"내가 생각건대 무가저인(無加諸人)의 무(無)는 자연히 그런 것이요, 물시어인(勿施於人)의 물(勿)은 금지하는 말이다. 이것이 어짊과 서(恕)의 구별이다."

문맥을 무시한 구절 단위 풀이를 주도한 두 사람이니 당연히 이런 억지 주장이라도 해야 '공야장 11'과 이 장의 차이에 대해 그냥 지나치지는 않았다는 변명이라도 될 것이다. 그러나 인(仁)에 대한 형이중 풀이가 서(恕)이며, 이를 좀 더 구체적으로 정의한 것이 무가저인(無加諸人)과 물시어인(勿施於人) 둘이다. 이제라도 주희류『논어』풀이에서 벗어나야 하는 또 한 가지 이유이기도 하다. 우리 질문으로 돌아가자.

그렇다면 공자는 왜 이렇게 정반대 답을 준 것일까? 그 사이에 시간이 흘렀고 공자가 볼 때 자공에게 진덕수업(進德修業)하는 성과가 있었다. 지자(知者)에 머물던 자공이 이제 막 인자(仁者)에 들어가려 하자 이 말을 해준 것이다. 이는『논어』라는 책이 덕(德)의 성숙 단계를 기록한 책임과 동시에 시간의 흐름 또한 감안한 책임을 보여 준다. 이 둘을 가장 잘 체화한 인물은『논어』에서 자공뿐이다. 인자(仁者) 안회는 일찍 죽었고, 용자(勇者) 자로 또한 배움을 게을리하다가 비명횡사했다. 증자의 경우 책 후반으로 갈수록 비중이 줄어든다.

'공야장 11'과 이 장에서의 공자 대답이 차이나는 것은 자공의 질문 방식에서 비롯된 것이기도 하다. '공야장 11'에서는 자공이 먼저 "저는 남이 나에게 가하기를 바라지 않는 일을 저 또한 남에게 가하지 않겠습니

다"라고 했다. 이 말을 듣는 순간 공자가 무슨 생각을 했을까? '위정 13'
이 그 답이다.

> 자공이 군자에 대해 묻자 공자가 말했다. "(군자는) 자기가 말하고자
> 하는 바를 먼저 행한 이후에야 (그 행한 바를 따라서) 말을 한다."

신언(愼言)해야 하는데 자공은 그렇지 못했던 것이다.

그러나 이 장에서 자공은 아주 신중하고 조심스럽게 "한마디 말로 종
신토록 행할 수 있는 것이 있습니까?"라고 묻자, 공자는 비로소 일이관지
(一以貫之)의 일(一)인 서(恕)를 말하면서 이쪽에 힘을 써야 할 것이라고 격
려했다. 이런 신중함과 조심스러움은 다름 아닌 진덕수업의 성과였던 것
이다.

衛靈公 24

○공자가 말했다. "내가 사람에 대해 누구를 헐뜯고 누구를 기릴 것인가? 만약에 기리는 사람이 있다면 그것은 그를 시험해 본 바가 있어서이다. 이 백성들이다! 하은주 삼대가 도리를 곧게 하고서 그 도리를 행한 까닭은."

자—왈　오　지—어　인—야　수　훼　수　예
子曰 吾之於人也 誰毀誰譽
여—유　소—예—자　기　유　소—시—의
如有所譽者 其有所試矣
사—민—야　삼—대　지　소—이　직—도—이—행—야
斯民也 三代之所以直道而行也

이 장과 다음 장은 '역사 서술 방식'과 관련된 것이다. 이 점을 모르기 때문에 예로부터 각종 오독과 그릇된 풀이들이 많았던 것이 바로 이 장이다.

잠깐 우리는 '역사가' 공자를 떠올려야 한다. 그는 『춘추』를 쓴 사람이다. 그러니 당연히 역사적 사실과 인물에 대한 비평을 분명히 드러내지 않을 수 없다. 그중에서도 특히 기리는 인물과 되새길 사실에 대해서는 더욱 엄밀하게 근거를 갖추지 않으면 안 된다. '팔일 9'는 '역사가 공자'가 취했던 태도를 명확히 보여 준다.

공자가 말했다. "하나라 예를 내가 능히 말할 수 있지만 (하나라를 이어받은 은나라 제후국) 기나라가 충분히 실증해줄 수 없고, 은나라 예를 내가 능히 말할 수 있지만 (은나라를 이어받은 주나라 제후국) 송나라가 충분히 실증해 줄 수 없다. 문헌이 부족한 때문이다. 만일 문헌이 충분하다면 나는 능히 그것을 실증해줄 수 있을 것이다."

실증[徵]은 곧 시험[試]과 같은 것이다. 이는 공자의 무필(毋必) 사상과도 통한다.

이 점을 놓치다 보니 마지막 문장에 대한 번역이 번역서마다 다르다.

가장 많이 읽히는 『논어』 번역서 문장을 살펴보자. "지금 이 사람들은 삼대 시대에 정직한 도를 행해 왔기 때문이다." 또 다른 번역을 살펴보자. "이 백성들은 삼대의 곧은 도리로서 행해 온 것이다." 사민야 삼대소이직도이행야(斯民也 三代所以直道而行也)에서 주어는 삼대(三代) 중에서도 뛰어난 임금들을 말한다. 두 번역 모두 소이(所以)를 놓쳤다. 나는 이 구절을 이렇게 번역했다.

> "이 백성들이다! 하은주 삼대가 도리를 곧게 하고서 그 도리를 행한 까닭은."

군군신신(君君臣臣)이라는 도리를 곧게 하고서 그 도리를 시행했던 것은 바로 이 백성들을 위해서였다는 말이다. 군군신신(君君臣臣)이 무너지면 가장 큰 피해는 백성들에게 돌아간다. 공자가 도리를 군군신신(君君臣臣)으로 보았던 것도 그 때문이리라!

앞 장과 연결해서 보자면 여기서 공자가 보여준 태도가 바로 역사적 인물에 대해서까지 서(恕)이다. 근거 없이 남을 높이거나 근거 없이 남을 헐뜯는다면 그것은 기소불욕물시어인(己所不欲勿施於人)이 될 수 없다.

衛
靈
公
25

○공자가 말했다. "나는 오히려 (옛날 역사서에서) 사관이 (의심스러운 내용은) 글을 빼놓고 기록하지 않는 것과 말을 가진 자가 남에게 빌려주어 타게 하는 것을 보았는데 지금은 사라지고 없구나!"

자—왈 　오 유 급—사 　지 　궐—문—야
子曰 吾猶及史之闕文也

유—마—자 　차—인 　승—지 　금 무—의—부
有馬者借人乘之 今亡矣夫

앞 장에 이어 어짊과 서(恕) 문맥이 이어진다. 공자는 말한다. "나는 오히려 (옛날 역사서에서) 사관(史官)이 (의심스러운 내용은) 글을 빼놓고 기록하지 않는 것과 말을 가진 자가 남에게 빌려주어 타게 하는 것을 보았는데 지금은 사라지고 없구나!"

예로부터 많은 학자들은 이 구절에 대한 해석을 힘들어했다. 호인은 아예 해석 불가를 선언했다.

"이 장의 뜻은 의심스러워 억지로 해석할 수가 없다."

주희 풀이도 사실상 해석 불가에 가깝다.

"내가 생각건대 이것은 반드시 까닭이 있어서 하신 말씀일 것이니, 비록 하찮은 문제이나 시대의 변화가 크다는 것을 알 수 있다."

이 또한 실은 무슨 뜻인지 잘 모르겠다는 말이다. 양시 풀이도 사정은 크게 다르지 않다.

"사관이 글을 빼놓음과 말을 남에게 빌려주는 이 두 가지 일을 공자께서도 오히려 보셨는데 지금은 없어졌다 하셨으니, 시대가 더욱 야박해짐을 서글퍼하신 것이다."

여기서 공자가 직접 보았다는 말이 아니다. 정확히 말하면 급(及)이니 이는 옛 역사책에서 보았다는 뜻이다. 이 점을 놓치니 호인이나 주희가 겪은 혼란이 더 컸을 것이다. 양시도 공자가 젊은 시절 본 것 정도로 여기는 바람에 "시대가 더욱 야박해짐을 서글퍼하신 것"이라는 황당한 결론에 이르고 말았다.

정약용 풀이가 그나마 도움을 준다.

"사관이 의심나는 글을 빼놓는 것은 삼가는 자세이고, 말을 남에게 빌려주는 것은 두터운 인정이다. 후세로 내려오면서 근후(謹厚)한 풍습이 쇠퇴해버렸다."

남에게 두텁고 스스로에게 엄격한 자세가 바로 근후(謹厚)이며, 그것이 바로 곧 서(恕), 즉 기소불욕물시어인(己所不欲勿施於人)이다.

사관이 글을 빼놓음은 '위령공 24'에서 공자가 말한 "누구를 헐뜯고 누구를 기릴 것인가?"와 연결된다. 그만큼 남에 대해 평가할 때 삼가고 조심했다는 말이다. 이는 뒤이어 '위령공 27'과 연결된다는 점에서 분명 설득력 있는 문맥이라 할 수 있다. 이는 공자가 당대 인물뿐만 아니라 역사 인물에 대해서도 한결같이 여재(如在)하는 모습을 보여주는 것이기도 하다. 여재는 곧음[直]이자 어짊[仁]이다.

衛靈公 26

○공자가 말했다. "교언은 다움을 어지럽히고, 작은 일을 참지 못하면 큰 모의를 어지럽힌다."

자—왈　교—언　난—덕　소　불—인　즉　난　대—모
子曰 巧言亂德 小不忍則亂大謀

어짊 문맥이 이어지다가 어짊과 비슷하면서도 실은 아닌 사이비(似而非) 문제로 들어왔다. 먼저 교언(巧言)은 '학이 3' 교언영색(巧言令色)에서도 나왔다. 주희는 교언의 위험성을 이렇게 풀이한다.

> "교언(巧言)은 옳고 그름[是非]을 뒤엉키게 만드니, 이것을 들으면 사람으로 하여금 지킬 바를 상실하게 한다."

군자라면 말을 할 때 교언을 피해야 하고 듣는 사람은 교언(巧言)의 위험성을 정확히 간파해야 한다. 이어 교언은 다움을 어지럽힌다[亂德]고 했는데, 그것을 압축해 말한 것이 앞으로 '양화 13'에서 보게 될 공자 말이다.

> "시골에서 덕망이 있다는 소리를 듣는 사람[鄕原]은 (잘 알고 보면 대부분) 다움을 해치는 자이다."

향원이 바로 어짊을 몰래 도둑질한 자이다. 겉만 어진 척하고 속은 정반대인 사람이다. 정확히 여기에서와 같은 뜻이다.

소불인(小不忍)이란 작은 일에 발끈하는 것이다. 그런데 조심해야 한다. 작은 일에 발끈한다는 것은 작은 불의(不義)를 보고서 발끈하는 것이다. 그래서 얼핏 보면 어짊처럼 보이기도 한다. 그러나 그것은 소인(小仁)일 뿐이다. 앞서 자로와 자공이 관중에 대해 작은 잘못을 들어 발끈한 것이 바로 그것이다. 작은 잘못은 참아줄 때라야 대인(大仁)으로 나아갈 수 있다. '헌문 18'에서 공자가 했던 말을 상기하는 것으로 후반부에 대한 풀이를 대신한다.

> "관중이 환공을 도와 제후들의 패자가 되어 한 번에 천하를 바로잡아

지금에 이르기까지 그 혜택을 입고 있다. 관중이 없었더라면 우리는 이에 머리를 풀어헤치고 옷깃을 왼쪽으로 했을 것이다. 어찌 필부필부처럼 알량한 어짊을 베풀다가 하수구에 굴러떨어져 죽어도 아무도 알아주지 않는 그런 사람이 될 수야 있으랴!”

자연스럽게 소인(小仁)과 대인(大仁)을 잘 분별해야 하는 문제가 제기되는데 그 방법을 소개하는 것이 바로 다음 장이다.

衛靈公
27

○공자가 말했다. "여러 사람들이 어떤 사람을 미워하더라도 반드시 자신이 살펴보며, 여러 사람들이 어떤 사람을 좋아하더라도 반드시 자신이 살펴보아야 한다."

子曰 衆惡之 必察焉 衆好之 必察焉
자—왈 중 오—지 필—찰—언 중 호—지 필—찰—언

우선 좋아하고 싫어하는 호오(好惡) 문제이기 때문에『논어』문맥에서 살펴볼 필요가 있다. 양시는 이렇게 말했다.

"오직 어진 자만이 능히 사람을 좋아하고 미워할 수 있으니, 여러 사람들이 그를 좋아하고 미워한다고 해서 살펴보지 않는다면 혹 사(私)에 가려질 수 있다."

이 말은 '이인 3'에서 공자가 한 말을 떠올리게 한다.

"오직 어진 자만이 제대로 남을 좋아할 수 있고 제대로 남을 미워할 수 있다."

찰(察)은 깊이 들여다보는 것이다. 이에 관련해서는 먼저 '위정 10'을 봐야 한다.

공자가 말했다. "그가 행하는 바를 보고[視] 그 말미암은 바를 살피며[觀] 그가 편안해하는 바를 들여다본다면[察] 사람이 어떻게 자신을 숨기겠는가? 사람이 어떻게 자신을 숨기겠는가?"

여기서 보듯 찰(察)은 시(視)나 관(觀)보다 훨씬 깊고 꼼꼼하게 들여다본다는 뜻이다. 게다가 이 장에서 공자는 강조하는 의미에서 '반드시[必]'를 추가했다.

『대학연의』에 나오는 풀이다.

"신이 가만히 살펴보겠습니다. 좋음을 좋아하고 나쁨을 싫어하는 것이 비록 사람 본성의 근본이기는 하지만 명예로운 도리를 어기고 온전함을 훼손하는 것 또한 세상에 널리 존재하는 바입니다. 그래서 면

밀하게 살피지[察] 않을 수 없는 것입니다.

광장(匡章)의 불효에 대해서는 사람이라면 누구나 지적하는 바이지만 맹자는 이렇게 말했습니다. '이는 아버지와 아들 사이에 잘못을 책하다가 생긴 허물일 뿐이지 불효는 아니다.' 중자(仲子)의 청렴함에 대해서도 사람이라면 누구나 칭찬하는 바이지만 맹자는 이렇게 말했습니다. '이는 형을 피하고 어머니를 떠난 죄를 책해야 한다.' 그리고 말하기를 '중자를 (어찌) 청렴하다 하겠는가?'라고 했습니다.

옳은 것은 옳고 그른 것은 그를 경우[是是非非] 이는 마치 흑백의 차이처럼 분명하지만, 비슷하게 옳은 것 같은데 (실은) 아니거나[似是而非], 비슷하지 않은 것 같은데 (실은) 옳은 것[似非而是]은 늘 사람들을 쉽게 헷갈리게 합니다. (이럴 때) 빼어나거나 뛰어난 이가 없어 원래의 실상이 의심스럽고 비슷한 가운데 있으며 실상을 살피는 것 또한 애매하기 그지없다면 어찌 능히 그 진짜를 찾아낼 수 있겠습니까? 왕의 사례를 들어서 말하자면 (춘추 시대) 제나라 위왕(威王)이 아(阿) 땅 대부를 삶아 죽이고 즉묵(卽墨) 땅 대부를 봉한 이후에야 능히 옳고 그름의 실상을 살필 수 있었던 것이니, 만일 그렇게 안 했다면 시시비비를 가리지 못했거나 진짜와 가짜를 헷갈리는 일은 계속되었을 것입니다."

『설원』 7-23은 보다 구체적으로 사람을 살피는 방법을 보여 준다.

위(魏)나라 문후(文侯)가 서문표(西門豹)를 업(鄴) 땅에 보내 다스리게 하고서 그에게 당부해 말했다. "반드시 공로를 온전히 해서 이름을 이루고 마땅함을 펴도록 하라."

표가 말했다. "감히 여쭙겠습니다. 공로를 온전히 해서 이름을 이루고 마땅함을 펴려면 어찌해야 합니까?"

문후가 말했다. "그대가 가서 보거라! 이에 어느 읍이건 뛰어나고 호걸스럽고 똑똑하고 박식한 자가 없는 곳이 없을 것이고, 어느 읍이건 다른 사람의 잘못을 들춰내고 다른 사람의 좋은 점을 가리기를 좋아하지 않는 사람이 없을 것이다. (그러니) 가서 반드시 호걸스럽고 뛰어난 이가 누구인지를 물어서 그들과 가까이 지내고 똑똑하고 박식한 자를 찾아서 스승으로 삼아라. 다른 사람의 잘못을 들춰내고 다른 사람의 좋은 점을 가리기를 좋아하는 사람을 찾아서 그들을 잘 살펴야 할 것이고, 단지 소문만 듣고서 일을 처리해서는 안 될 것이다.

무릇 귀로 듣는 것은 눈으로 보는 것만 못하고, 눈으로 보는 것은 발로 밟아보는 것만 못하고, 발로 밟아보는 것은 손으로 (자세히) 분별하는 것만 못하다. 사람이 처음 벼슬길에 들어서는 것은 어두운 방에 들어가는 것과 같아서 시간이 오래 지날수록 더욱 밝게 보이니, 눈 밝아야 마침내 다스려지고 다스려져야 마침내 일이 행해진다.”

衛靈公
28

○공자가 말했다. "사람이 능히 도리를 넓히는 것이지, 도리가 사람을
넓히는 것은 아니다."

_{자─왈} _{인 능 홍─도} _{비 도 홍─인}
子曰 人能弘道 非道弘人

여기서 풀어내는 단서가 되는 말은 홍(弘)이다. '넓히고 크게 하는 것'이
다. 공자는 사람이 능히 도리를 넓히고 크게 하는 것이지, 도리가 사람을
넓히고 크게 하는 것이 아니라고 단언한다. 이때 도리란 군군신신(君君臣
臣)이다. 결국 이런 도리를 체화하여 구현하는 것이 중요한데 그것은 사람
이 하기에 달린 것이라는 말이다.

　이렇게 되면 앞의 '위령공 27'과 긴밀하게 연결된다. 앞에서는 남들
이 뭐라 하든 호오(好惡)의 척도는 그 자신 안에 있음을 말했다. 그리고 여
기서는 사람이 도리를 넓히는 것이지, 도리가 사람을 넓히는 것은 아님을
말한다. 즉 도리를 넓히는 것 또한 그 자신에게 달려 있다는 것이다. 장자
풀이가 참고할 만하다.

　"마음이 그 본성[性]을 다할 수 있음은 사람이 도리를 크게 하는 것이
　요, 본성이 마음을 검속할[檢] 줄 모름은 도리가 사람을 크게 함이 아
　닌 것이다."

衛
靈
公
29

○공자가 말했다. "(적중함을) 벗어났는데도 고치지 않는 것, 이를 일러 (진짜) 허물이라고 한다."

^{자—왈}　　^{과—이—불—개}　　^{시—위}　^{과—의}
子曰 過而不改 是謂過矣

이는 그냥 '허물을 짓고도 고치지 않는 것, 이를 허물이라 한다'라는 일반적인 명제로 해석할 수도 있지만, 앞의 문맥과 연결해서 보자면 '넓히고 크게 하는 것[弘]'에 대한 한 가지 뜻풀이로 볼 수도 있다. 즉 지나침이 있는데도 이를 고치지 않는 것이 바로 허물이라 했다. 역으로 말하면 허물이 있으면 즉각 고친다면 그것은 허물이 아니라 자연스러운 것이고, 오히려 적극적으로 해석하자면 도리를 넓히고 크게 성숙시켜가는 과정이라 할 수 있다. 시행착오를 통한 성장인 것이다. 허물이 있는 것 자체는 탓할 수 없다는 것이 공자의 일관된 생각이다.

　　우선 주희 풀이를 보자.

　　"허물이 있으나 능히 고치면 허물이 없는 데로 돌아올 수 있다. 오직 허물을 고치지 않기 때문에 그 허물이 마침내 이루어져서 장차 고치지 못하게 될 것이다."

　　예상했겠지만 이 장은 과즉물탄개(過則勿憚改)와 연결된다. 이 표현은 '학이 8'을 비롯해 다른 곳에도 거듭해서 나온다. 여기서는 '학이 8'이 문맥을 형성하는 데 도움을 준다.

　　공자가 말했다. "군자(가 되려는 자)는 (내면이) 무겁지 않으면 (외면으로) 위엄이 드러나지 않고, (문을) 배우면 고(固)에 빠지지 않는다. (이를 위해서는 첫째,) 진실됨과 믿음을 제일의 원칙으로 삼고 (둘째, 다음이) 자기보다 못한 자와는 벗 삼지 않으며 (셋째, 혹시라도) 잘못을 했을 경우 (즉각) 고치기를 꺼리지 말라[過則勿憚改]."

과즉물탄개(過則勿憚改)에 대한 정약용 풀이다.

"지나침이란 중용(中庸)을 얻지 못한 것을 이름한 것이다. 지나쳐서 중용을 잃은 자가 고쳐서 중용을 얻으면 이를 허물[過]이라고 이르지 않는다. 그러나 만약 지나쳤는데도 고치지 않으면 이를 두고 죄과(罪過)라고 이른다."

이는 곧 중용을 추구하는 군자론 문제와 연결된다. 그런데 군자에 이르기가 어렵듯이 허물을 기꺼이 고치는 일 또한 쉽지 않다. '공야장 26'에서 공자는 이렇게 말했다.

"다 끝나버렸구나! 나는 아직 (나만큼) 자기 허물을 발견하여 마음속으로 송사를 하듯이 (맹렬하게) 하는 자를 보지 못했다[內自訟]."

허물이 있는데 혹은 자신의 허물을 알고서도 전혀 고치려 하지 않는 자가 바로 공자가 가장 비판적으로 생각하는 유형의 인간, 즉 고집불통[固] 인간형이다.

○공자가 말했다. "내 일찍이 종일토록 먹지 않고 밤새도록 자지 않으며 생각만 해보았지만 아무런 더해짐이 없었다. 배우는 것만 못하다."

<ruby>子<rt>자-왈</rt></ruby> 曰 <ruby>吾<rt>오</rt></ruby> <ruby>嘗<rt>상</rt></ruby> <ruby>終<rt>종-일</rt></ruby>日 <ruby>不<rt>불-식</rt></ruby>食 <ruby>終<rt>종-야</rt></ruby>夜 <ruby>不<rt>불-침</rt></ruby>寢 <ruby>以<rt>이-사</rt></ruby>思
<ruby>無<rt>무-익</rt></ruby>益 <ruby>不<rt>불-여-학-야</rt></ruby>如學也

이 장도 앞 장 '위령공 29'에 이어 홍도(弘道)하는 방법과 관련된다. 일반적으로 도(道)를 닦는다고 하면 면벽 수행을 한다든가 참선을 하는 등의 방법을 택한다. 그러나 공자는 일찍이 그처럼 낮에는 밥도 먹지 않고 밤에는 잠도 자지 않고 도리를 넓히기 위해[弘道] 생각만 해보았지만 다움을 쌓는데 더해짐이 없었다고 실토한다. 차라리 아무것도 안 하면서 앉아서 생각만 하는 것보다는 옛글을 읽고 배우는 것이 훨씬 낫다는 결론을 내렸다는 것이다.

그런데 공자는 이와는 조금 다른 말을 한 적이 있다. '위정 15'를 보자.

공자가 말했다. "배우기만 하고 (그것을 깊이) 생각지 않으면 속임을 당하게 되고, 생각만 하고 배우지 않으면 위태로워진다."

여기서는 분명 배움과 생각을 나란히 함께 강조하고 있다. 생각과 배움의 관계에 대한 정약용의 전반적인 풀이다.

"생각만 하고 배우지 않는 것이나, 배우기만 하고 생각하지 않는 것은 그 폐단이 같은데, 공자가 여기에서는 배움을 중하게 여기고 생각을 가볍게 여겼다. 그러므로 이는 무슨 일이 있어 그렇게 말한 것임을 알겠다."

정약용도 어떤 일임을 밝히고 있지는 않지만 아마도 그것은 '공야장 19'에 나오는 계문자 일과 관련이 있을 듯하다.

계문자는 세 번 생각한 뒤에야 일을 행했다(는 말이 있었다.). 공자가 그 말을 듣고서 말했다. "두 번이면 이에 충분하다."

결국 학이시습(學而時習)의 중요성을 새삼 강조하는 대목으로 보아야 한다.

『설원』 3-18에서 하간헌왕은 공자와 거의 같은 말을 한다.

하간헌왕(河間獻王)이 말했다. "탕왕은 빼어난 임금이 되는 도리를 배우는 것을 비유해 말하기를 태양과 같다고 했고, 가만히 머물며 홀로 생각하는 것을 비유해 말하기를 (작은) 불과 같다고 했다. 무릇 빼어난 임금이 되는 도리를 배우는 것을 저버리는 것은 마치 태양이 빛을 저버리는 것과 같으니, 어찌 마침내 홀로 생각하는 불의 밝음(을 저버리는 데)에 비할 바 있겠는가? (이런 작은 불빛으로는) 작은 것을 볼 수 있을 뿐 큰 지혜를 얻는 데는 쓸 수가 없다. 오직 배우고 묻는 것만이 다움과 지혜를 넓히고 밝힐 수 있을 뿐이다."

○공자가 말했다. "군자라면 도리를 도모하지 밥을 도모하지 않는다. 밭
갈이를 하는 데도 굶주림이 그 가운데에 있고, 배우면 복록이 그 가운
데에 있기 때문이다. 군자는 도리를 근심하지 가난을 근심하지 않는
다."

자—왈　군—자　모—도　불—모　식
子曰 君子謀道不謀食

경—야　뇌　재　기—중—의　　학—야　녹　재　기—중—의
耕也 餒在其中矣 學也 祿在其中矣

군—자　우—도　불—우　빈
君子憂道不憂貧

여전히 홍도(弘道)와 군자(君子) 문맥이다. 홍도를 매개로 다시 군자론 문
맥으로 들어간다. 먼저 공자는 도리와 밥을 대비한다. "군자라면 도리를
도모하지 밥을 도모하지 않는다"는 것이다. 모도(謀道)하는 모습은 '학이
8'에 잘 나와 있다. 도리와 밥을 대비하는 언급들은 『논어』에 여러 차례
나온다. 특히 '학이 14'는 마치 이 장에 대한 해설과 같다.

> 공자가 말했다. "군자가 되려고 하는 사람이 먹을 때 배부름을 구하
> 지 않고, 거처할 때 편안함을 구하지 않으며, 일은 주도면밀하게 하
> 고, 말은 신중하게 하면서 도리를 갖춘 이에게 나아가 (아직도 잘못된 것
> 을) 바로잡는다면, 실로 (문을) 배우기를 좋아한다고 말할 수 있을 것
> 이다."

'이인 9'는 보다 직접적이다.

> 공자가 말했다. "선비가 도리에 뜻을 두었다고 하면서 (정작 자기가)
> 나쁜 옷을 입고 거친 음식을 먹는 것을 부끄럽게 여긴다면 이런 자와
> 는 함께 일을 이야기할 수 없다."

이어 공자는 "밭갈이를 하는 데도 굶주림이 그 가운데에 있고, 배우

면 복록이 그 가운데에 있기 때문이다. 군자는 도리를 근심하지 가난을 근심하지 않는다”고 말한다. 이는 일종의 역설(逆說)이다. 가난을 걱정하여 밭을 갈지만 그것은 결국 굶주림으로부터 헤어날 수가 없고, 오히려 도리를 걱정하여 배움에 힘쓰면 벼슬[祿]을 얻게 되어 굶주림은 걱정하지 않아도 된다는 것이다. 물론 그렇다고 가난을 벗어나기 위해 학문을 해야 한다는 의미는 아니다. 주희는 이렇게 풀이한다.

> “밭을 갊은 밥을 도모하는 것이나 반드시 밥을 얻지는 못하고, 학문은 도리를 도모하는 것이나 녹(祿)이 그 가운데 있다. 그러나 학문을 함에는 도리를 얻지 못함을 걱정할 뿐이요, 가난을 걱정해서 학문을 하여 녹(祿)을 얻고자 하는 것은 아니다.”

여기서 우리는 자장이 녹을 구하는 법을 배우려 했을 때 ‘위정 18’에서 공자가 해주었던 말을 떠올리게 된다.

> “많이 듣고서 (그중) 의심스러운 것은 제쳐놓고 그 나머지에 대해 신중하게 말한다면 허물이 적을 것이고, 많이 보고서 (그중) 타당하지 못한 것은 제쳐놓고 그 나머지에 대해 신중하게 행한다면 뉘우침이 적을 것이다. 말에 허물이 적고 일을 행함에 뉘우침이 적으면 벼슬자리는 그 가운데에 있다.”

총괄적으로는 윤돈 풀이도 참고할 만하다.

> “군자는 근본을 다스리고 지엽을 걱정하지 않으니, 어찌 밖으로부터 이른 것(自外至者-빈부나 명예 같은 외부의 것들)을 가지고 근심하고 즐거워하겠는가?”

○공자가 말했다. "앎이 도리에 미쳤다 하더라도 어진 마음으로 그것을 능히 지켜낼 수 없다면 설사 (잠깐) 그 도리를 얻었다 하더라도 반드시 잃게 된다. 앎이 도리에 미치고 어진 마음으로 그것을 능히 지켜낼 수 있다 하더라도 장엄함으로 임하지 않으면 백성들은 (임금을) 공경하지 않는다. 앎이 도리에 미치고 어진 마음으로 그것을 능히 지켜낼 수 있고, 장엄함으로 임한다 하더라도 일의 이치로 백성들을 부리지 않는다면 아직 좋다고 할 수 없다."

子曰 知及之 仁不能守之 雖得之 必
失之
知及之 仁能守之 不莊以涖之 則民
不敬
知及之 仁能守之 莊以涖之 動之不
以禮 未善也

'태백 17'부터 살펴보자.

공자가 말했다. "배울 때는 도리에 미치지 못하면 어떻게 하나 하는 마음으로 해야 하고, (도리에 미쳤으면) 오히려 그렇게 도달한 도리를 잃어버리면 어떻게 하나 하는 마음으로 지켜내야 한다[子曰 學如不及 猶恐失之]."

먼저 한문부터 짚어보자. 여불급(如不及)은 유공(猶恐) 혹은 유공(唯

恐)이나 유공(惟恐)과 더불어 공자가 중국 문장에 깊은 영향을 미친 표현이다. 둘 다 연결되어 절절함[切]을 잘 드러내 주기 때문이다. 유공(猶恐)이 유공(唯恐)이나 유공(惟恐)으로 바뀔 경우 '오히려'가 '오로지'가 되니 뉘앙스 강도는 크게 차이가 없다. 이는 결국 중(中-적중)하고 용(庸-유지)하라는 것이며 학(學)하고 습(習)하라는 말이다. 앎이 거기, 즉 도리에 미쳤다는 것은 공자가 말했던 열다섯 살에 이른 지우학(志于學)으로 군군신신(君君臣臣)이라는 도리를 알게 되었다는 말이다.

그런데 공자는 "앎이 도리에 미쳤다 하더라도 어진 마음으로 그것을 능히 지켜낼 수 없다면 설사 (잠깐) 그 도리를 얻었다 하더라도 반드시 잃게 된다"고 말한다. 그 이유를 주희는 "지혜가 충분히 이 도리를 알 수는 있으나 사욕(私慾)이 끼어들면 그것을 자기 몸에 가질 수 없는 것이다"라고 했다. 부분적으로만 옳은 말이다. 대인(大仁)은 오래 감[久=長]이 핵심이다. '이인 2'다.

> 공자가 말했다. "어질지 못한 자는 자신을 다잡는데 (잠시는 몰라도) 오랫동안[久] 처해 있을 수 없고, 도리를 즐기는데 (잠시는 몰라도) 오랫동안[長] 처해 있을 수 없다."

'옹야 5'에서 공자가 한 말은 그 사례다.

> 공자가 말했다. "회(回)의 경우에는 그 마음이 석 달 동안 어짊을 떠나지 않았는데, 나머지 제자들은 하루나 한 달에 한 번 이를 뿐이다."

어짊에 이어 공자는 장엄함이 갖는 의의를 말한다.

> "앎이 도리에 미치고 어진 마음으로 그것을 능히 지켜낼 수 있다 하더라도 장엄함으로 임하지 않으면[不莊以涖之] 백성들은 (임금을) 공경하지 않는다."

이(涖)란 이(莅)와 마찬가지로 '임하다[臨]'나 '다스리다[治]'는 뜻이다. 군군신신(君君臣臣)에 대한 앎을 어짊[仁]으로 지켜야 하고, 어짊으로 지킨 도리는 장(莊)을 뿜어낼 때 백성들이 공경하게 된다는 말이다. 백성들을 다룸에 있어 장(莊 장엄, 엄숙)의 문제와 관련해서는 우선 '학이 3'이 단서를 제공해준다.

　공자가 말했다. "군자(가 되려는 자)는 (내면이) 무겁지 않으면[不重]
(외면으로) 위엄이 드러나지 않고[不威＝不莊] (문을) 배우면 고(固)에
빠지지 않는다."

　그러나 그게 끝이 아니다. 도리에 대한 앎을 어짊으로 지키고 장엄함
으로 드러낸다 하더라도, 백성들을 일의 이치로 분발케 하지 않으면 결국
좋은 정치[善＝善政]에 이르지 못한다는 것이다. 이는 전적으로 군왕을 염
두에 두고서 한 말이다.

衛
靈
公
33

○공자가 말했다. "군자는 작은 일은 맡을 수가 없지만 큰일은 받을 수
있고, (반대로) 소인은 큰일은 받을 수 없지만 작은 일은 맡을 수 있다."

^{자-왈} ^{군-자} ^{불-가} ^{소-지} ^이 ^가 ^{대-수-야}
子曰 君子 不可小知而可大受也
^{소-인} ^{불-가} ^{대-수} ^이 ^가 ^{소-지-야}
小人 不可大受而可小知也

여기서는 공자 특유의 대구를 통해 군자와 소인을 대비한다. 여기서 지
(知)는 알다가 아니라 '담당하다'나 '맡다[司]'는 뜻이다.

이에 대해서는 주희 풀이가 정곡을 찌른다.

"이 구절은 사람을 관찰하는 방법[觀人之法]을 말씀하신 것이다. 지
(知)는 내가 아는 것이고 수(受)는 저 사람이 받는 바이다. 군자는 작
은 일에 있어 반드시 보아줄 만하지는 못하나 재질과 다움[才德]이 충
분히 중임을 맡을 만하고, 소인은 비록 그릇이나 도량이 얕고 좁으나
반드시 한 가지 장점도 취할 만한 것이 없지는 않은 것이다."

오랜만에 주희가 지인(知人) 맥락에서 풀이를 하고 있다. 이는 '위령
공 32'와 연결지어 풀이할 때 제대로 된 의미가 드러난다.

대(大)와 소(小)를 큰일과 작은 일로 보아도 무방하지만 문맥을 고려
한다면 큰 어짊[大仁]과 작은 어짊[小仁]으로 보아도 좋다. 그러면 번역이
이렇게 된다.

"군자는 작은 어짊을 맡을 수 없지만 큰 어짊은 받을 수 있고, (반대로)
소인은 큰 어짊을 받을 수는 없지만 작은 어짊을 맡을 수 있다."

'헌문 17, 18'에서 보았듯이 관중과 대비해 자로나 자공을 떠올려보
면 된다.

○공자가 말했다. "백성(혹은 사람들)이 어짊에 대해 (멀리하거나 의지하는 것이) 물이나 불보다 더 심하다. 물이나 불을 밟다가 죽는 사람을 나는 보았지만, 어짊을 밟다가(혹은 행하다가) 죽는 사람은 본 적이 없다."

자—왈　민　지—어　인—야　심—어　수—화
子曰 民之於仁也 甚於水火

수—화　　오　견　도—이—사—자—의　　미—견　도—인—이
水火 吾見蹈而死者矣 未見蹈仁而

—사—자—야
死者也

비유라 풀이가 쉽지 않다. 먼저 앞부분을 직역해보자.

"백성들이 어짊을 대하는 것이 물이나 불보다 더 심하다."

사람들의 생존에 물이나 불은 필수적인데 사람이 살아가는 데 있어 어짊의 필요성은 물이나 불 그 이상이라는 뜻이다. (바로 그렇기 때문에) 공자는 물과 불을 밟다가 죽는 사람은 보았지만, 어짊의 길을 밟아가다가 죽는 사람은 보지 못했다고 말한다. 이 또한 약간의 풀이가 추가되어야 한다. 주희 풀이다.

"이는 어짊의 필요성이 물이나 불보다도 더 절실하여 더더욱 하루도 없을 수가 없다. 하물며 물과 불은 때로는 사람을 죽이는 경우가 있으나 어짊은 일찍이 사람을 죽인 적이 없으니, 또한 무엇을 꺼려서 (어짊을 행하려) 하지 않겠는가?"

군자이고자 한다면 무엇보다 어진 행동을 하려고 힘써야 한다는 점을 강조한 것이다. 문제는 民之○於仁에서 ○ 부분을 어떻게 풀이하느냐인데 주희는 소뢰(所賴), 즉 의탁 혹은 의지하는 바가 빠져 있는 것으로 보았다. 그러나 왕필은 멀리함[遠]이 빠져 있는 것으로 본다. 주희는 마땅한 이치를 말한 것인 반면, 왕필은 어짊을 멀리하는 세태에 대한 비판이 된

다. 그러나 결과적으로는 뜻이 똑같다.

이욱의 풀이가 정곡을 찌른다.

"이는 공자께서 사람들에게 어짊을 행하도록 권면하신 말씀이다. 이 어지는 장도 같다"

○공자가 말했다. "어짊에 관한 한 (나는) 스승에게도 양보하지 않는다."

<ruby>子<rt>자</rt></ruby><ruby>曰<rt>왈</rt></ruby> <ruby>當<rt>당</rt></ruby><ruby>仁<rt>인</rt></ruby> <ruby>不<rt>불</rt></ruby><ruby>讓<rt>양</rt></ruby><ruby>於<rt>어</rt></ruby><ruby>師<rt>사</rt></ruby>

子曰 當仁 不讓於師

공자에게 스승이란 모든 것을 사양하고 양보해야 할 대상이다. 그럼에도 어짊을 행하는 문제에 관한 한 스승이라도 양보하지 않겠다고 말한다. 정약용 풀이는 어짊을 행하는 구체적인 방법을 얻는데 도움된다.

"어짊[仁]이라는 이름은 반드시 일을 행하고 난 뒤에 이루어진다. 순임금은 (아버지) 고수(瞽瞍)를 즐겁게 한 뒤에야 그 효(孝)를 이루었고, 비간(比干)은 은나라 주왕(紂王)에게 매우 간절히 간언한 뒤에야 그 충(忠)을 이루었으며, 문왕은 사궁〈四窮-네 종류의 곤궁한 사람인 환과고독(鰥寡孤獨)을 뜻한다.〉을 진휼한 뒤에야 그 자(慈)를 이루었다. 무릇 사람과 사람 사이에서 그 본분을 다한 뒤에라야 이를 이름하여 어짊이라고 한다."

당(當)을 좀 더 현실적으로 풀 경우 이 말은 설득력이 좀 더 높아진다. 공안국을 따른 정약용 풀이다.

"어짊을 행하는 일을 만나거나 그 일을 담당하면 비록 스승이라 하더라도 사양하지 아니하니, 이는 어짊을 행하는 일이 그만큼 다급하기 때문이다."

그래서 당(當)을 넓혀서 '~에 관한 한'으로 옮기면 어짊에 관한 한 스승 아니라 누구에게도 양보하지 않겠다는 결의가 느껴진다. 우리 모두 어떤 덕목에 관한 한 스승 아니라 누구에게도 양보하지 않겠다는 것이 있는지? 한 번쯤 생각해 보면 좋겠다.

그리고 『논어』 후반부로 갈수록 어짊과 군자 문맥이 강화되고 있음을 확인할 수 있다. 어짊은 정도(正道)보다는 권도(權道), 일의 이치[事理=禮]보다는 일의 형세[事勢=命]를 중시하는 개념임을 잊어서는 안 된다.

衛靈公
36

○공자가 말했다. "군자는 반듯하되 작은 신의에 얽매이지 않는다."

^{자-왈} ^{군-자} ^{정-이-불-량}
子曰 君子 貞而不諒

어짊에서 다시 군자로 왔다. 공자는 말한다.

"군자는 반듯하되[貞=正] 작은 신의[諒=小信]에 얽매이지 않는다."

이는 바른 도리를 지키되 더 큰 어짊을 행해야 할 때에는 얼마든지 어짊을 따르겠다는 말이다. 작은 신의에 구애되지 않는다는 불량(不諒)을 단서로 해서 이 장은 '위령공 33'과 연결 지을 수 있다.

공자가 말했다. "군자는 작은 일은 맡을 수가 없지만 큰일은 받을 수 있고, (반대로) 소인은 큰일은 받을 수 없지만 작은 일은 맡을 수 있다."

이런 맥락에서 정약용 풀이가 정확하고 상세하다.

"군자는 난세를 당했을 때 마치 강물의 중류에서 버티고 있는 지주〈砥柱-중국의 경전에 나오는 산의 이름으로 어떤 격류에도 조금도 흔들리지 않았다고 한다. 난세의 시기에 의연히 절의를 지킨다는 뜻이다.〉와 같이 빼앗을 수 없는 의연한 절의를 우뚝하게 지키고 있으니, 그 견고함[貞固]이 필부의 양〈諒-조그마한 신의를 지키기 위한 고집〉과 비슷한 점이 있다. 그러나 군자는 의리를 헤아려 보고 예법에 징험하여, 반드시 그가 잡고 고집하는 것이 천지에 내세울 수 있고, 귀신에게 질정(質正)할 수 있으며, 삼왕(三王)에게 고람(考覽)하고, 백 세를 기다려도 아무 의혹할 만한 것이 없는 뒤에라야 이에 그 견고함을 지키게 되는 것이니, 이것이 이른바 정(貞)이다. 필부필부(匹夫匹婦)들이 스스로 구덩이나 도랑에서 목매어 죽은 것과 같은 것은 혹 좁은 마음에 창자가 뒤틀리고 감정이 격렬하여 그 조그마한 의리를 지킨 것인데, 이것이 이른바 양(諒)이다. 이 두 가지는 (그 고집하여 지키는 것이) 매우 서로 비슷하여 가장 분별하기 어렵다. 그러므로 공자가 이를 변별한 것이다."

　　사람이 지켜야 할 덕목에는 이처럼 거의 유사하나 약간의 차이로 인해 큰 차이를 낳을 수 있는 것들이 많다. '팔일 18'도 그런 경우 중 하나이다.

　　공자가 말했다. "(내가) 임금을 섬기면서 예를 다했더니 사람들은 그것을 아첨이라고 여겼다."

　　바로 이 내용은 다음 장에 이어진다. 임금 섬기는 문제, 즉 신신(臣臣)하는 문제이다.

衛靈公 37

○공자가 말했다. "임금을 섬길 때는 그 일을 주도면밀하게 하고 먹는 것은 뒤로해야 한다."

자─왈　　사─군　　경　기─사　　이─후　　기─식
子曰 事君 敬其事而後其食

여기서 먹는 것이란 일에 따른 보상을 말한다. 보상은 별개로 하고 일 자체를 주도면밀하게 처리하는 것이 신하 된 자의 본분이다. 공로가 있다고 해서 보상을 기대해서는 안 된다는 말이다. 정약용 풀이가 재미있다.

> "먹는 것이란 일에 대한 보답이다. 그러나 이를 마음에 두면 실로 (일을 열심히 하는 것이) 또한 먹는 것을 꾀하는 데로 돌아가고 만다. 그 일을 주도면밀하게 하는 것은 녹(祿) 때문이 아니다."

녹 때문이라면 구차스럽지[苟=非禮] 않은가? '학이 1' 중에 다음 구절을 떠올리는 것만으로 충분한 풀이가 된다.

> 공자가 말했다. "남이 자신을 알아주지 않더라도 속으로조차 서운함을 품지 않으니 진실로 군자가 아니겠는가?"

이때 '남'이란 누차 얘기했듯이 군주이며 '군자'란 군자다운 신하를 말한다. 이렇게 하는 것이 신하가 행해야 할 어짊, 즉 신신(臣臣)이다.

○공자가 말했다. "가르침이 있으면 무리가 없다."

<ruby>子<rt>자</rt></ruby><ruby>曰<rt>왈</rt></ruby> <ruby>有<rt>유</rt></ruby><ruby>敎<rt>교</rt></ruby> <ruby>無<rt>무</rt></ruby><ruby>類<rt>류</rt></ruby>

子曰 有敎無類

인자(仁者)가 되는 길, 군자(君子)가 되는 길에 대한 강조가 이어진다. 여기서는 간단하게 "가르침이 있으면 무리가 없다"고 말한다. '무리가 없다'는 것은 귀천의 구별이 없다는 것이고, 중화와 오랑캐의 구분이 없다는 것이다. 출신이 어떤지 상관없이 가르침을 받게 되면 누구나 군군신신(君君臣臣)의 도리에 들어갈 수 있다는 말이다. 이는 뒤에 나오는 '양화 2'와 밀접하게 연결되어 있는 것으로 봐야 한다.

공자가 말했다. "(타고난) 본성은 서로 가까우나 익히는 것에 의해 서로 멀어진다."

다만 신분이나 출신이 아니라 본인의 의지에 따라 무리나 부류[類]가 없을 수 없다. 그래서 '양화 3'에서 공자는 이렇게 말한다.

공자가 말했다. "오직 지극히 지혜로운 자와 지극히 어리석은 자만이 변하지 않는다."

지혜로운 자는 더 이상 나아갈 곳이 없어서 바뀌지 않는 것이고, 지극히 어리석은 자는 나아갈 생각이 전혀 없어 바뀌지 않는다. 이 둘을 제외한다면 모두 바뀔 수 있다는 것이 공자 생각이다. 그만큼 가르침이 중요하다는 뜻이다. 정약용도 "가르침이 있으면 모두 대도(大道)로 돌아갈 수 있으니, 이것이 무리가 없는 것이다"; "가르침이 있으면 습속이 다르지 아니하니 이것이 무리가 없는 것이다"라고 했다. 여기서 가르침[敎]이란 곧 배우는 사람 입장에서 도리를 닦는 것[修道]을 말한다.

衛
靈
公
39

○공자가 말했다. "도리가 같지 않으면 서로 일을 도모하지 않는다."

_{자-왈} _도 _{부-동} _{불-상} _{위-모}
子曰 道不同 不相爲謀

정약용 풀이부터 보자.

> "바라보고 그것으로 말미암는 것을 도리[道]라고 한다. 선왕의 도리
> 로 말미암는 자도 있고, 잡패(雜覇)로 말미암는 자도 있고, 은괴(隱怪)
> 로 말미암는 자도 있으니, 그 추향(趨向-지향)하는 바가 같지 않으면
> 함께 일을 도모할 수 없다."

뜻을 같이하지 않는 자와는 함께 일을 도모할 수 없다는 뜻이다. 즉
군자는 군자끼리, 소인은 소인끼리 모이기 마련이라는 정도로 풀이할 수
있다.

이 장은 또한 함께 하기[與]의 단계로 읽어야 한다. '자한 29'를 보자.

공자가 말했다. "더불어 배울 수 있다고 해서 (그 사람들 모두와) 더불어
도리를 행하는 데로 나아갈 수는 없으며, 또 더불어 도리를 행하는 데
나아간다고 해서 (그 사람들 모두와) 더불어 조정에 서서 일을 할 수는
없으며, 또 더불어 조정에 서서 일을 한다고 해서 (그 사람들 모두와) 더
불어 권도(權道)를 행할 수는 없다."

어짊 단계에서 함께 도모한다는 것은 무엇보다 '더불어 권도(權道)를
행하는' 문제라는 것을 알 수 있다.

衛靈公
40

○공자가 말했다. "말은 뜻만 전달되면 그뿐이다."

_{자—왈} _사 _달 _{이—이—의}
子曰 辭達而已矣

이이의(而已矣)는 '뿐[爾=耳]'이라는 뜻이다. 즉 사(辭)는 뜻을 전달할 뿐이라는 것이다. 주희는 이에 대해 "말은 뜻이 통함을 취할 뿐이요, 부려(富麗)하려고 해서는 안 된다"고 풀이했다.

이 장은 바로 이어지는 장에 대한 안내 성격을 갖는다. 따라서 사(辭)를 외국 가는 사신이 하는 말이라고 본 정약용 풀이는 초점을 놓쳤다.

바로 뒤에서 뜻만 간략히 전달하는 공자의 어진 모습을 보게 된다.

衛靈公
41

○맹인 악사인 면(冕)이라는 사람을 만났을 때 그가 계단에 이르자 공자
는 "계단이다"라고 말하고 그가 자리에 이르자 "자리다"라고 하고,
사람들이 모두 자리에 앉자 "아무개는 여기에 있고 아무개는 저기에
있다"라고 일러주었다.
면이 나가자 자장이 물었다. "(지금 보여주신 것이 맹인) 악사와 더불어
말을 하는 도리입니까?"
공자가 말했다. "그렇다. 진실로 맹인인 악사를 도와주는 도리이다."

師冕見 及階 子曰 階也 及席
사-면 현 급 계 자-왈 계-야 급-석

子曰 席也 皆坐 子告之曰 某在斯
자-왈 석-야 개 좌 자 고-지 왈 모 재-사

某在斯
모 재-사

師冕出 子張問曰 與師言之道與
사-면 출 자-장 문-왈 여 사 언-지 도 여

子曰 然 固相師之道也
자-왈 연 고 상-사-지-도-야

이 장은 위령공(衛靈公)편 전체를 요약하는 결론임과 동시에 "말은 뜻만
전달되면 그뿐"이라고 한 '위령공 40'에 대한 형이하 차원의 사례이다.
내용이 길기 때문에 우선 본문부터 살펴보자.

　　악사(樂師)인 면(冕)이라는 사람을 만났을 때 그가 계단에 이르자 공
자는 "계단이다"라 말하고, 그가 자리에 이르자 "자리다"라고 하고, 사
람들이 모두 자리에 앉자 "아무개는 여기에 있고 아무개는 저기에 있다"
라고 일러주었다. 악사 면이 앞을 못 보는 장애인[瞽]이었기 때문이다. 면
이 나가자 자장이 묻는다. "(지금 보여주신 것이 맹인) 악사와 더불어 말을 하

는 도리입니까?" 이에 공자는 말한다. "그렇다. 진실로[固=誠] 맹인인 악
사를 도와주는 도리이다."

주희 풀이부터 보자.

"공자께서 억지로 마음을 일으켜서 하신 것이 아니요, 다만 그 도리
를 다하셨을 뿐이다."

그 도리란 다름 아닌 어짊[仁], 즉 다른 사람을 사랑하는 것[愛人]이
다. 범조우 풀이는 좀 더 구체적이다.

"공자께서는 홀아비와 과부를 업신여기지 않고, 호소할 곳 없는 이를
괄시하지 않으셨음을 여기에서 볼 수 있으니, 이것을 천하에 미루어
헤아린다면 한 사람도 제 살 곳을 얻지 못함이 없을 것이다."

『논어』의 다음 구절들을 보면, 공자가 다른 사람들을 어떻게 대하고
사랑했는지 알 수 있다.

공자께서는 상을 당한 사람 곁에서 식사를 할 경우에는 일찍이 배불
리 먹은 적이 없으셨다. 공자께서는 이날 곡(哭)을 했을 경우 (그날은)
노래를 부르지 않으셨다.('술이 9')

공자께서는 물고기를 잡을 때 (낚시로는 잡아도) 그물로 잡지는 않으셨
고, 새총으로 새를 잡는 경우에도 가만히 있는 새는 쏘아 맞히지 않으
셨다.('술이 26')

공자께서는 상복 입은 사람, 관복 입은 사람 그리고 맹인을 만나시면,
비록 그들 나이가 (자기보다) 어려도 반드시 일어나셨고, 그들 앞을 지
나갈 때는 반드시 (예에 따라) 종종걸음으로 걸어가셨다. ('자한 9')

상복 입은 사람을 보면 평소 격의 없이 대하던 사람이라도 반드시 낯
빛을 바꾸셨고, 관복 입은 사람과 맹인을 보면 평소 가깝게 지내던 사
람이라도 반드시 예모(禮貌)로써 대하셨다.('향당 15')

⑯

季氏

계

씨

1

○季氏將伐顓臾冉有季路見於孔子

曰季氏將有事於顓臾孔子曰求無乃

爾是過與夫顓臾昔者先王以爲東蒙

主且在邦域之中矣是社稷之臣也何

以伐爲冉有曰夫子欲之吾二臣者皆

不欲也孔子曰求周任有言曰陳力就

列不能者止危而不持顚而不扶則將

季氏

貧和無寡安無傾夫如是故遠人不服

寡而患不均不患貧而患不安蓋均無

而必爲之辭丘也聞有國有家者不患

子孫憂孔子曰求君子疾夫舍曰欲之

夫顓臾固而近於費今不取後世必爲

龜玉毀於櫝中是誰之過與冉有曰今

焉用彼相矣且爾言過矣虎兕出於柙

則修文德以來之既來之則安之今由
與求也相夫子遠人不服而不能來也
邦分崩離析而不能守也而謀動干戈
於邦內吾恐季孫之憂不在顓臾而在
蕭墻之內也○孔子曰天下有道則禮
樂征伐自天子出天下無道則禮樂征
伐自諸侯出自諸侯出蓋十世希不失

3　　4　　5

矣友便辟友善柔友便佞損矣○孔子

者三友損者三友直友諒友多聞益

矣故夫三桓之子孫微矣○孔子曰益

祿之去公室五世矣政逮於大夫四世

大夫天下有道則庶人不議○孔子曰

命三世希不失矣天下有道則政不在

矣自大夫出五世希不失矣陪臣執國

7　　　　　6

之在色及其壯也血氣方剛戒之在鬪

子曰君子有三戒少之時血氣未定戒

言謂之隱未見顏色而言謂之瞽○孔

愆言未及之而言謂之躁言及之而不

樂宴樂損矣○孔子曰侍於君子有三

人之善樂多賢友益矣樂驕樂樂佚遊

曰益者三樂損者三樂樂節禮樂樂道

8　　　　9　　　　10

子有九思視思明聽思聰色思溫貌思
也學而知之者次也困而學之又其次
也困而不學民斯爲下矣○孔子曰君
侮聖人之言○孔子曰生而知之者上
之言小人不知天命而不畏也狎大人
日君子有三畏畏天命畏大人畏聖人
及其老也血氣既衰戒之在得○孔子

11　　12　　13

恭言思忠事思敬疑思問忿思難見得
思義○孔子曰見善如不及見不善如
探湯吾見其人矣吾聞其語矣隱居以
求其志行義以達其道吾聞其語矣未
見其人也○齊景公有馬千駟死之日
民無德而稱焉伯夷叔齊餓于首陽之
下民到于今稱之其斯之謂與○陳亢

聞君子之遠其子也○邦君之妻君稱

陳亢退而喜曰問一得三聞詩問禮又

不學禮無以立鯉退而學禮聞斯二者

獨立鯉趨而過庭曰學禮乎對曰未也

也不學詩無以言鯉退而學詩乎對曰未

嘗獨立鯉趨而過庭曰學詩乎對曰未

問於伯魚曰子亦有異聞乎對曰未也

季氏

稱之亦曰君夫人
曰君夫人稱諸異邦曰寡小君異邦人
之曰夫人夫人自稱曰小童邦人稱之

季氏

1

○계씨가 장차 전유를 치려 하자 염유와 계로(季路-자로)가 공자를 뵙고
서 말했다. "계씨가 장차 전유에게 일을 일으키려 합니다."

공자가 말했다. "구(求-염유)야! 혹시 네가 이 잘못을 한 것이 아니냐?
무릇 전유는 옛날에 선왕이 동몽산 제주(祭主)로 삼았고, 또 우리나라
영역 안에 있으니 이는 사직지신(社稷之臣)이다. (그런데) 어찌하여 치려
하는가?"

염유가 말했다. "부자(夫子-계씨)께서 치려고 하시는 것이고, 우리 두
신(臣)은 모두 치려고 하지 않았습니다."

공자가 말했다. "구야! 주임이 이런 말을 했다. '능력을 펴서 조정 반열
에 나아가되 제대로 할 수 없으면 그만두라!' (자기가 모시는 주군이) 위
태로운데도 붙잡아주지 않고 넘어가는데도 부축해주지 못한다면 장차
저 가신은 어디에다 쓰겠는가? 또 네 말은 지나쳤다. 호랑이와 들소가
우리에서 뛰쳐나가고 고귀한 거북등껍질과 보옥이 궤짝 안에서 훼손
되었다면 누구의 잘못이겠는가?"

염유가 말했다. "지금 저 전유는 (성곽이) 튼튼하고 (계씨의 요충지) 비읍
과 가까우니 지금 차지하지 않으면 후세에 반드시 자손들에게 근심거
리가 될 것입니다."

공자가 말했다. "구야! 군자는 이런 것을 미워한다. 그저 치려 했다고
(솔직하게) 말하면 되지 굳이 계씨를 위해 변명을 하는가? 나라를 소유
한 제후나 집안을 소유한 경대부라면 (백성이) 적은 것을 근심하지 않고
(백성들 간에) 고르지 못한 것을 근심하고, 가난한 것을 근심하지 않고
편안하지 못한 것을 근심한다고 했다. 이는 대개 고르면 가난함이 없
고, 화목하면 적음이 없고, 편안하며 기우는 일이 없기 때문이다.
무릇 이와 같기 때문에 먼 곳 사람들이 복종하지 않으면 (정벌이 아니라)
임금이 문덕(文德)을 닦음으로써 그들을 오게 하고 이미 오면 편안하
게 해준다. 지금 유와 구를 보니 먼 곳 사람들이 복종하지 않는데도 능
히 오게 하지 못하고, 나라가 갈라져 무너지고 나뉘어 쪼개지는데도 능

히 이를 지키지 못하고 있다. 그런데도 나라 안에서 전쟁을 일으키려는 모의가 일어나고 있으니, 나는 계손의 근심이 전유에 있는 것이 아니라 자기네 담장 안에 있을까 두렵다."

季氏將伐顓臾 冉有季路見於孔子
曰 季氏將有事於顓臾

孔子曰 求 無乃爾是過與 夫顓臾 昔
者先王以爲東蒙主 且在邦域之中矣
是社稷之臣也 何以伐爲

冉有曰 夫子欲之 吾二臣者皆不欲
也

孔子曰 求 周任有言曰 陳力就列 不
能者止 危而不持 顚而不扶 則將焉
用彼相矣

且爾言 過矣 虎兕出於柙 龜玉毁於

櫝中 是誰之過與

冉有曰 今夫顓臾 固而近於費 今不

取 後世必爲子孫憂

孔子曰 求 君子疾夫 舍曰欲之 而必

爲之辭

丘也聞有國有家者 不患寡而患不均

不患貧而患不安 蓋均無貧 和無寡

安無傾

夫如是故 遠人不服 則修文德以來

之 旣來之 則安之

今由與求也 相夫子 遠人不服而不

能來也

邦分崩離析而不能守也 而謀動干

季氏

1

戈於邦內 吾恐季孫之憂 不在顓臾
而在蕭墻之內也

전유(顓臾)는 복희(伏羲) 후예로 풍성(風姓)인 나라이다. 원래는 노나라 영토 안에 있는 부용국(附庸國-큰 나라에 종속돼 그 지배를 받는 작은 나라)인데, 계씨가 이를 정벌해 자기네 영지로 삼으려 했다. 자기가 섬기는 임금에게 부속되어 있는 작은 나라 전유를 쳐서 자기네 소유로 삼고자 한 것이다.

이제 본문으로 들어가 보자. 먼저 계씨가 장차 전유를 치려 하자 염유와 계로(季路-자로)가 공자를 뵙고서 말했다. "계씨가 장차 전유에게 일을 일으키려 합니다."

이에 공자는 자로는 제쳐두고 염유를 향해서만 꾸짖는다. "구(求-염유)야! 혹시[與] 네가 이 잘못을 한 것이 아니냐?" 이때 추측의 뜻을 가진 여(與)가 포함되어 있다는 것은 공자가 100퍼센트 확신을 갖고서 염유를 탓하고 있는 것은 아니라고 볼 수 있다. 그러나 자로보다는 염유에 상당한 혐의를 두면서 물은 것이다.

그러면 왜 공자는 자로를 제쳐두고 염유만 지목해 꾸짖었을까? 먼저 공안국은 "염유가 계씨의 가재(家宰-가신)가 되어 그의 집안을 도와 세금을 거두어들였기 때문에 공자가 유독 염유를 의심했다"고 말했다. '선진 16'에 입각한 풀이다.

계씨는 주공보다 부유한데도 구(求-염유)가 그를 위해 세금을 거둬들여 재산을 더 늘려주었다. 공자가 말했다. "우리 무리가 아니다. 소자들아! 북을 쳐서 (군율로) 그를 다스리더라도 괜찮다."

주희는 "염유가 더욱 일을 주도했기[用事] 때문에 공자께서 유독 그를 꾸짖으신 것"이라고 풀었다. 잔재주[藝]에 능하고 융통성을 적극 발휘하는 염유의 성품에 기반을 둔 풀이라 하겠다.

이어서 공자는 군군신신(君君臣臣) 도리에 입각해 전유를 쳐서는 안되는 이유를 이렇게 밝힌다.

"무릇 전유는 옛날에 선왕(先王)이 동몽산(東蒙山) 제주(祭主)로 삼았고, 또 우리나라 영역 안에 있으니 이는 사직지신(社稷之臣)이다. (그런데) 어찌하여 치려 하는가?"

이미 예전에 돌아가신 노나라 임금이 전유를 동몽산 아래에 봉하고서 이 산에 올리는 제사를 주관하게 했으니 이미 노나라 신하라는 말이다. 여기서 핵심은 "(그런데) 어찌하여 치려 하는가?"이다. 이중적이다. 계씨를 다그치고 동시에 염유를 다그친 것이다. 계씨는 선왕에게, 염유는 계씨에게 신하답지 못한[不臣^{불신}] 짓을 하는 것을 꾸짖은 것이다. 주희 풀이는 계씨에만 초점을 맞추고 있지만 상세하니 참고할 만하다.

"이때 노나라를 넷으로 나누어 계씨가 그중 둘을 차지하고, 맹손(孟孫)과 숙손(叔孫)이 각각 하나씩을 하였다. 오직 부용국(附庸國-전유)만이 아직도 (어느 쪽에도 속하지 않는) 노나라의 공신(公臣)이었는데, 계씨가 또 이것을 취해서 자신에게 보태려고 하였다. 그러므로 공자께서 '무릇 전유는 옛날에 선왕이 동몽산 제주(祭主)로 삼았고, 또 우리나라 영역 안에 있으니 이는 사직지신(社稷之臣)이다'라고 말씀하신 것이다. 이는 사리에 지극히 당연하고 바꿀 수 없는 정해진 대체(大體)인데, 한마디로 그 곡절을 다하시기를 이와 같이 하셨으니 성인(聖人)이 아니면 불가능하다."

사정이 이렇게 되자 염유도 공자 꾸지람에 뭐라고 답하지 않을 수 없게 됐다. 염유가 변명하듯 말한다.

"부자(夫子-계씨)께서 치려고 하시는 것이고, 우리 두 신(臣)은 모두 치려고 하지 않았습니다."

공자는 염유에게 책임을 물었는데 염유는 계씨 탓으로 돌려 버렸다. 공자는 실망했다.

"구야! 주임(周任)이 이런 말을 했다. '능력을 펴서 조정 반열에 나아가되 제대로 할 수 없으면 그만두라!' (자기가 모시는 주군이) 위태로운데도 붙잡아주지 않고 넘어가는데도 부축해주지 못한다면 장차 저 가신[相=宰]은 어디에다 쓰겠는가? 또 네 말은 지나쳤다. 호랑이와 들소가 우리에서 뛰쳐나가고 고귀한 거북등껍질과 보옥이 궤짝 안에서 훼손되었다면 누구의 잘못이겠는가?"

주희 풀이가 자세하다.

"우리에 있다가 뛰쳐나가고 궤짝 속에 있다가 훼손되었다면 맡아 지키는 자가 그 잘못을 면할 수 없음을 말씀하신 것이니, 두 사람이 지위에 있으면서 떠나지 않았다면 계씨의 잘못을 그들이 책임지지 않을 수 없다는 것을 밝히신 것이다."

정약용 풀이가 예리하다.

"호랑이와 들소는 계씨의 난폭하고 도리에 거슬리는 행위를 비유한 것이고, 거북 등껍질[龜甲]과 보옥은 계씨의 존귀함을 비유한 것이다. (호랑이와 들소가) 뛰쳐나가 (사람들을) 들이받고 물면 이는 우리를 지키던 자의 죄이며, (거북 등껍질과 보옥을) 훼손하여 파괴하면 이는 궤짝을 지키던 자의 죄이다. 계씨가 악을 행하여 죄를 짓는 것은 가신이 그 허물을 지지 않을 수 없음을 밝힌 것이다."

자리와 지위에 대한 욕심 때문이었을까? 공자가 이렇게 이야기하는데도 염유는 자기모순에 가까운 변명을 계속한다.

"지금 저 전유는 (성곽이) 튼튼하고 (계씨의 요충지) 비읍(費邑)과 가까우니, 지금 차지하지 않으면 후세에 반드시 자손들에게 근심거리가 될 것입니다."

처음에는 계씨가 그리한 것이지 자기들은 불욕(不欲)이라고 했다. 말이 바뀌고 있다. 전형적인 말재간 부리기[佞]이다. 문맥을 보면 공자는 점점 더 분노하고 있다.

"구야! 군자는 이런 것을 미워한다. 그저 치려 했다고 (솔직하게) 말하면 되지 굳이 계씨를 위해 변명을 하는가?"

季氏

1

　여기서 '이런 것'이란 바로 말재간 부리는 것이다. 그리고 나서도 공자는 분이 풀리지 않았는지, 아니면 이 정도 해서는 염유가 못 알아들을 것이라고 생각했는지 정치에 참여하는[從政] 자의 자세에 대해 상세하게 일러주면서 염유를 통렬하게 비판한다. 평소 공자 말투에 비하면 상당히 직설적이다.

　"나라를 소유한 제후나 집안을 소유한 경대부(卿大夫)라면 (백성이) 적은 것을 근심하지 않고 (백성들 간에) 고르지 못한 것을 근심하고, 가난한 것을 근심하지 않고 편안하지 못한 것을 근심한다고 했다. 이는 대개 고르면 가난함이 없고, 화목하면 적음이 없고, 편안하며 기우는 일이 없기 때문이다."

　주희 풀이다.

　"과(寡)는 백성이 적은 것을 말하고, 빈(貧)은 재물이 부족한 것을 말한다. 균(均)은 각각 그 몫을 얻은 것을 말하고, 안(安)은 상하가 서로 편안한 것을 말한다. 계씨가 전유를 취하려고 함은 백성의 적음과 가난함을 근심해서이다. 그러나 이때 계씨가 나라를 점거했지만 노나라 임금은 백성이 없었으니 고르지 못했고, 군주는 약하고 신하는 강하여 서로 꺼리고 틈이 생겼으니 편안하지 못했다. 고르면 가난함을 근심하지 않아 화합하고, 화합하면 백성이 적음을 근심하지 않아 편안하고, 편안하면 서로 의심하거나 시기하지 않아 나라가 기울고 전복될 근심이 없게 된다."

　정치하는 도리에 입각한 공자의 염유 비판이 이어진다.

　"무릇 이와 같기 때문에 먼 곳 사람들이 복종하지 않으면 (정벌이 아니라) 임금이 문덕(文德)을 닦음으로써 그들을 오게 하고 이미 오면 편안하게 해준다. 지금 유와 구를 보니 먼 곳 사람들이 복종하지 않는 데도 능히 오게 하지 못하고, 나라가 갈라져 무너지고 나뉘어 쪼개지는데도 능히 이를 지키지 못하고 있다. 그런데도 나라 안에서 전쟁을 일으키려는 모의가 일어나고 있으니 나는 계손의 근심이 전유에 있는 것이 아니라 자기네 담장[蕭墻] 안에 있을까 두렵다.”

소장(蕭墻)이란 군신이 회견하는 곳에 설치하던 병풍으로 집안을 뜻한다. 즉 우환이 밖에서 생겨나는 것이 아니라 신하답지 못한 신하로 인해 안에서 생겨날 수 있다는 말이다.

반고는 『한서』 형법지(刑法志)에서 문덕(文德)이 제왕에게 필수 덕목임을 밝히고 있다.

“문덕(文德-애씀과 다움)은 제왕의 예리한 도구이고, 위무(威武-위엄과 무력)는 문덕을 보조하는 것이다. 무릇 문(文)이 더해지는 바가 깊어지면 무(武)가 거기에 굴복하는 바는 커지고, 덕(德)이 베풀어지는 바가 넓으면 위(威)가 통제하는 바는 광대해진다. (하·은·주) 삼대의 융성한 시대에는 형벌이 폐기되고 군사가 사용되지 않는 차원까지 이르자, 그 본말이 차례를 갖게 됐고 제왕의 공로와 업적도 지극했다.”

季氏

2

○공자가 말했다. "천하에 도리가 있으면 제례작악과 정벌 권한이 천자로부터 나오고, 천하에 도리가 없으면 제례작악과 정벌 권한이 제후로부터 나온다. 제후로부터 나오면 대개 10대가 지나고서 권력을 잃지 않는 경우가 드물고, 대부로부터 나오면 5대가 지나고서 권력을 잃지 않는 경우가 드물다. 배신(陪臣)이 나라의 명을 잡으면 3대가 지나고서 권력을 잃지 않는 경우가 드물다. 천하에 도리가 있으면 정사가 대부에게 있지 않고, 천하에 도리가 있으면 서인(庶人)들이 함부로 정사에 대해 의견을 내지 않는다.

孔子曰 天下有道 則禮樂征伐自天子出

天下無道 則禮樂征伐自諸侯出

自諸侯出 蓋十世希不失矣

自大夫出 五世希不失矣

陪臣執國命 三世希不失矣

天下有道 則政不在大夫

天下有道 則庶人不議

'계씨 1'이 형이하, 즉 사례라면 이 장은 그에 대한 형이중, 즉 정의(定義)라 할 수 있다. 미리 말하지만 형이상은 도리[道], 즉 군군신신(君君臣臣)이다.

마지막에 두 번에 걸쳐 "천하에 도리가 있으면"을 반복한 데서, 도리가 무너진 세상에 대해 마음 아파하는 공자 마음이 고스란히 읽힌다. 이 점을 충분히 이해하고서 '이인 8'을 다시 읽어 보자.

> 공자가 말했다. "아침에 도리가 행해지고 있다는 말을 들으면 (당장 그날) 저녁에 죽어도 좋다."

공자가 앞에서 두 제자 중에서 특히 염유를 비판한 근거가 여기서 상세하게 제시된다. 질서문란, 하극상(下剋上)에 대한 극도의 경계가 담겨 있는 공자 세계관이라 할 수 있다. 이와 관련해 주희는 "이 장은 천하의 형세를 통론하셨다"라고 했다. 특히 무도(無道) 상황이 이어질 경우 일의 형세가 어떻게 될지에 대한 진단이 인상적이다.

> "천하에 도리가 없으면 제례작악(制禮作樂)과 정벌(征伐) 권한이 제후로부터 나온다. 제후로부터 나오면 대개 10대가 지나고서 권력을 잃지 않는 경우가 드물고, 대부로부터 나오면 5대가 지나고서 권력을 잃지 않는 경우가 드물다. 배신(陪臣)이 나라의 명을 잡으면 3대가 지나고서 권력을 잃지 않는 경우가 드물다."

저절로 이렇게 되는 것이 아니라 일의 형세[事勢＝命]가 그러할 수밖에 없다는 말이다. 이 점을 제대로 이해하려면 『주역』 해(解)괘(☳) 밑에서 세 번째 음효인 육삼(六三)에 대한 주공의 말, "짊어지고 있어야 하는데 올라타고 있는 것이라 도적이 오게 하니, 올바르더라도 안타깝게 될 것이다." 그리고 이를 풀이한 공자의 말, "짊어지고 있어야 하는데 올라타고 있는 것은 진실로 추악하다고 할 수 있다. 나로부터 도적을 불러들였으니 또 누구를 탓하랴!"를 풀어낼 필요가 있다.

이에 대한 정이천 풀이부터 보자.

> "마치 소인이 마땅히 아랫자리에 있어야 하는데 또 수레를 타고 있는 것과 같다. 육삼이 차지할 자리가 아니니 반드시 도적이 와서 그 자리

를 빼앗게 될 것이다. 일을 행하는 것이 반듯해도 비루하고 안타까워 할 만하다. 소인이 성대한 지위를 도둑질하면 애를 써서 올바른 일을 하더라도 기질이 천박하고, 본래 위의 자리에 있어야 할 것이 아니라서 결국에는 안타깝게 된다.”

이는 한마디로 하극상이다. 아랫사람이 하극상을 보게 되면 그 아랫사람이 위를 넘보게 된다[犯上]. 이것이 바로 공자가 말하는 ‘나라에 도리가 없는 상태[邦無道]’다. 짐을 짊어지고 있어야 할 사람이 수레를 타고 있으니 공자는 “진실로 추악하다고 할 수 있다”라고 한 것이다. 도적이 오게 되는 까닭도 자리가 바르지 않고, 그 다움이 그 기량에 걸맞지 않기 때문이다. 공자는 『주역』계사전(繫辭傳)에서 이 점을 보다 상세하게 풀어낸다.

공자가 말했다. “『역(易)』을 지은 사람은 아마도 도적이 생겨나는 이치를 알고 있었을 것이로다. 『역』에 이르기를 ‘짊어지고 있어야 하는데 올라타고 있으니[負且乘] 도적이 찾아오게 된다’라고 했다. 짊어지는 것은 소인의 일이요, 올라타는 것은 군자의 기물이니 소인이면서 군자의 기물에 올라타고 있다. 이 때문에 도적은 그것을 빼앗으려고 생각하고 있다. 윗사람을 가벼이 여기고 아랫사람에게 사납게 대한다. 이 때문에 도적은 그것을 치려고 생각하고 있는 것이다. 보관을 허술하게 하는 것은 도적을 불러들이는 것이고, 모양을 꾸며대는 것은 음란을 불러들이는 것이다. 『역』에 이르기를 ‘짊어지고 있어야 하는데 올라타고 있으니 도적이 찾아오게 된다’라고 했으니 도적을 불러오는 것이다.”

공자는 “나로부터 도적을 불러들였으니 또 누구를 탓하랴”라고 탄식했다. 이런 일이 비롯된 것은 실은 도적보다는 임금 자신에게 더 많은 책임이 있다는 말이다. 천하무도, 방무도는 신하보다는 임금이 자초했다는 점을 지적하고 있다.

공자의 말을 계속 풀이해 보자. “만일 천하에 도리가 (살아) 있다면 제례작악과 대외정벌 주도권은 천자(天子)로부터 나오고, 도리가 (죽고)

없다면 천자가 아닌, 그 아래 제후로부터 나온다.” 이는 반대로 읽어도 무방하다. 예악 시행과 대외정벌의 명이 천자로부터 나오면 천하는 도리가 살아 있는 것이고, 제후로부터 나오면 천하는 무도(無道)하다고 할 수 있다. 나머지는 이에 대한 부연 설명이다.

제례작악과 정벌 권한은 공자 개인 견해가 아니다. 『서경』 주서(周書) 홍범(洪範)편에 다음과 같은 말이 나온다.

“오직 임금만이 복(福)을 짓고, 오직 임금만이 위엄을 지으며, 오직 임금만이 맛나고 좋은 음식을 먹으니 신하는 복을 지어서도 안 되고, 위엄을 지어서도 안 되며, 맛나고 좋은 음식을 먹어서도 안 된다.”

임금과 신하의 경계가 분명하다. ‘임금만이 복을 짓는다’는 것은 벼슬을 내려준다는 말이다. 여기서 ‘위엄’이란 바로 형벌을 제정하고 정벌을 행하는 것이다. 이를 발전시킨 것이 주공의 제례작악(制禮作樂)이다. 예를 제정하고 음악을 짓는 것 또한 천자의 권한임을 분명히 한 것이다. 이를 이어받아 공자는 늘 예악(禮樂)을 강조했다.

이 장에 대한 『대학연의』의 풀이가 요긴하다.

“신이 가만히 살펴보겠습니다. 이 당시 계씨는 일개 대부이면서 노나라 정사를 제 마음대로 주물렀고, 양호(陽虎)는 일개 가신이면서 계씨의 정사를 제 마음대로 주물렀으니 공자의 이 말은 대체로 그것을 마음 아파한 것입니다.

하늘에 두 개의 태양이 있을 수 없고 나라에 두 명의 왕이 있을 수 없는 것이니, 오직 한 임금만을 받들어야 하고 천하의 일은 오직 천자만이 전적으로 다룰 수 있어야 합니다. 그래서 천하에 도리가 있다면 예악과 정벌은 천자로부터 나오며 제후는 감히 이에 끼어들 수 없고, 천하에 도리가 없다면 천자는 권력의 칼자루를 쥘 수가 없으며 제후는 그것을 도적질할 수 있게 됩니다.

(이처럼) 제후도 오히려 제 마음대로 해서는 안 되는 것인데 하물며 (계씨와 같은) 대부야 말할 필요가 있겠습니까? 또 대부도 오히려 제

마음대로 해서는 안 되는 것인데, 하물며 (양호와 같은) 가신이야 말할 필요가 있겠습니까?

춘추 시대 때 제(齊), 진(晉), 진(秦), 초(楚) 네 나라가 번갈아 가면서 하맹(夏盟-천자의 권위를 대신하는 연맹체)을 주도하여, 예악과 정벌(이라는 천자의 고유 권한)이 천자에서 나오지를 못하니 세상이 퇴락하여 이 지경에 이른 것을 어찌 마음 아파하지 않겠습니까? 그리고 얼마 안 가서 여러 나라의 대부들이 권력을 제 마음대로 하면서 거리끼는 바가 없었으니, 예악과 정벌도 또한 제후로부터 나오지 못했고, 설상가상으로 가신이 권세를 도적질하여 정령(政令)은 두 번 다시 대부에서 나올 수가 없게 되었습니다. 이리하여 이름과 분수[名分]가 점점 퇴락의 길로 접어들어 서로 어긋나고 뒤집히는 것이 날로 심해졌으니, 그것을 마음 아파하는 것도 그만큼 심해질 수밖에 없었습니다.

그러나 도리가 아닌 방법으로 얻은 것은 진실로 반드시 도리가 아닌 방법으로 잃게 마련이니, 뒤집힌 이치가 점점 더 심해지면 그것을 잃는 속도도 점점 빨라지는 것입니다. 그래서 (공자가) 제후가 천자의 권력을 도적질하게 되면 10대(代) 안에 권력을 잃지 않는 경우가 드물고, 그 아래로 더 가면 5대나 3대 안에 권력을 잃지 않는 경우가 드물게 된다고 했으니, 세상 이치에 입각해서 말씀하신 것이 대개 이와 같습니다.

따라서 어찌 삼대(三代-하·은·주)의 번영기처럼 천자로부터 가신에 이르기까지 각각이 다 자신의 분수를 지킨다면 수백 년이 지난들 무슨 재앙이 있겠습니까? 이미 또 말하기를 '천하에 도리가 살아 있으면 정사는 대부에게 있지 않고, 천하에 도리가 살아 있으면 아랫사람들[庶人]이 함부로 정사를 이야기하지 않는다'고 했으니, 대개 이때 제후의 정사가 대부분 노나라의 삼가(三家)나 진나라의 육경(六卿), 제나라의 전씨(田氏)처럼 대부에게 있어 신하 된 자가 나라를 제 마음대로 했고, 이에 일반 백성들까지 다 함부로 정사에 대해 의논하지 않는 바가 없었습니다. 그래서 (공자께서는) 그것을 다시 말씀함으로써 정사가 대부에게 있음을 보여주시어, 그것이 결코 오래 지속될 수 있는 도리가 아님을 강조하신 것입니다.

(진시황의) 진(秦)나라가 들어선 이후 후(侯)제도가 혁파되고 (군현제에 따라) 태수 제도가 시행됨으로써, 제후가 더 이상 천자의 일을 제 마음대로 하는 것이 불가능해지니 마땅히 중화의 세력은 한 명의 지존[一尊=天子]에 모이게 되었습니다. 하지만 안으로 힘이 집중되자 이번에는 일을 좌지우지하는 신하가 등장해 권세의 칼자루를 도적질하니, 한나라의 왕망(王莽)이나 조조(曹操), 위나라의 사마사(司馬師)와 사마소(司馬昭)가 나라를 찬탈하는 지경에 이르게 되었습니다. 왕망의 화(禍)는 그 몸(한나라 마지막 황제 평제)에까지 미쳤고, 조조는 3대를 이어갔으며, 사마씨는 국권을 도적질하여 2대를 이어가다가 여러 왕과 다섯 오랑캐의 병란〈5호 16국의 시대가 열린 것을 말한다.〉이 심해지면서 곧바로 망하고 말았습니다.

옛 성인의 말씀을 잘 음미해 보건대 현실과 딱 맞아떨어지는 것이 마치 부절과도 같으니 아! 반드시 경계해야 할 것입니다.”

『설원』 19-1은 제례작악에 대한 보충이다.

천하에 도리가 있으면 예악(禮樂)을 제작하는 일과 정벌의 권한이 천자로부터 나온다. 무릇 공업을 이루고 나면 예를 제정하고 다스림이 안정되면 악을 지으니, 예와 악이란 교화를 행함에 있어 가장 큰 것이다. (『효경』에서) 공자가 말했다. “풍속을 좋게 바꾸는 데는 악보다 좋은 것이 없고, 윗사람을 편안케 하고 백성을 잘 다스리는 데는 예보다 좋은 것이 없다.”

이 때문에 빼어난 왕은 예문(禮文)을 잘 정비하고 학교[庠序]를 설치했으며 종과 북 같은 악기를 진열했다. 천하의 학궁을 벽옹(辟雍)이라 하고 제후들의 학궁을 반궁(泮宮)이라 하니, 다움과 교화를 행하기 위한 곳이다. 『시경』〔대아(大雅) 문왕유성(文王有聲)〕에 이르기를 “호경(鎬

京)에 벽옹을 세우자 서쪽으로부터, 동쪽으로부터, 남쪽으로부터, 북쪽으로부터 마음으로 복종하지 않는 자가 없었다네"라고 한 것은 이를 두고 한 말이다.

季氏

3

○공자가 말했다. "복록(福祿-천명)이 공실(公室-왕실)에서 떠난 것이 5대이고, 정사가 대부에게로 넘어간 지 4대이다. 그러므로 저 삼환의 자손이 미미한 것이다."

<ruby>孔<rt>공-자</rt></ruby> <ruby>子曰<rt>왈</rt></ruby> <ruby>祿<rt>녹-지-거</rt></ruby>之去<ruby>公室<rt>공-실</rt></ruby><ruby>五世矣<rt>오-세-의</rt></ruby> <ruby>政逮於<rt>정 체-어</rt></ruby>

孔子曰 祿之去公室五世矣 政逮於

大夫四世矣
대-부 사-세-의

故夫三桓之子孫微矣
고 부 삼-환 지 자-손 미-의

바로 앞에서 공자는 분명히 "명(命)이 대부로부터 나오면 5대 안에 잃게 된다"고 했다. 여기서 공자는 정사가 대부에게로 넘어간 지 4세(世), 즉 4대라고 말하고 있다. 곧 실권(失權)하게 될 것이라는 일종의 예측이며, 동시에 천하가 도리를 잃은 지 오래됐다는 한탄이기도 하다. 이에 대해서는 주희 풀이가 상세하고 구체적이다.

"노나라는 문공(文公)이 죽자 공자(公子) 수(遂)가 자적(子赤)을 살해하고, 선공(宣公)을 세워 군주가 정권을 잃은 뒤로부터 성공(成公) 양공(襄公) 소공(昭公) 정공(定公)을 거쳐 모두 다섯 공이다. 계무자(季武子)가 처음 국정을 전단한 뒤로부터 도자(悼子) 평자(平子) 환자(桓子)를 거쳐 모두 합해서 4대 만에 환자(桓子)는 가신 양호(陽虎)에게 견제를 당했다. 삼환(三桓)은 삼가(三家)이니, 모두 환공(桓公) 후손이다. 이것은 앞의 일을 미루어 헤아려 (앞으로 오게 될) 그 당연함을 아신 것이다."

조선의 경우를 보면 주자학으로 무장한 신하들이 광해군을 내몰고 허수아비 왕실을 세워 인조(仁祖) 효종(孝宗) 현종(顯宗) 숙종(肅宗) 경종(景宗) 영조(英祖) 정조(正祖)를 겨우 이어오다가 결국은 '외척' 안동 김씨의 손아귀로 정권이 넘어갔다. 특히 정조는 자기 손으로 왕권을 외척에게 넘겨주었다.

『대학연의』이다.

"신이 가만히 살펴보겠습니다. 이 장은 오로지 노나라만을 이야기하고 있습니다. 노나라는 문공(文公)이 세상을 떠나자 공자 수(遂)가 자적(子赤)을 살해하고, 선공(宣公)을 세워 군주가 정사를 잃은 뒤로부터 성공(成公) 양공(襄公) 소공(昭公) 정공(定公)을 거쳐 모두 다섯 공입니다.〈자적이 적자이고 선공은 서자다.〉

계손숙(季孫宿 ?~기원전 535년)이 국정을 장악한 이래 4대에 걸쳐 계환자에 이르러 (다시 계씨 집안의 가신인) 양호가 권력을 쥐게 되었습니다. 무릇 녹(祿-나라의 명)이 공실을 떠나 정사가 대부에게로 넘어가니 대부의 위세는 마땅히 더욱 강해졌습니다. 하지만 삼가(三家)의 자손들이 마침내 반대로 미약해져서 더 이상 힘을 떨칠 수 없게 되면 어떻게 되겠습니까? 대개 신하가 임금을 넘본다는 것은 뒤집힌 이치이자 마땅한 도리를 어지럽힌 것이니, 그것이 제대로 오래 지속될 수 있겠습니까?

마침 선배 유학자 소식이 이 점을 잘 말하고 있습니다. '강함은 안정에서 생겨나고, 안정은 상하의 분수가 정해지는 데서 생겨나는 것이니, 지금의 제후와 대부들이 모두 다 그 위로 올라가려 한다면 그 아래에게 (떳떳하게) 명을 내릴 수 없다. 따라서 대체로 (그렇게 할 경우) 오래 지속되지 못하고 (지금의 자리마저) 잃게 되는 것이다.'

아! 이것은 진실로 후세의 신하들 중에서 나라를 제 마음대로 하려는 자라면 경계로 삼아야 할 것입니다."

季氏

4

○공자가 말했다. "(다움을) 더해 주는 세 가지 벗 삼음이 있고, (다움을) 덜어내는 세 가지 벗 삼음이 있다. 곧음을 벗 삼고, 신실함을 벗 삼고, 견문이 넓음을 벗 삼는 것이 더해 주는 세 가지이고, 지나치게 공손함을 벗 삼고, 좋은 말만 하는 아첨을 벗 삼고, 말만 번드레하게 함을 벗 삼는 것이 덜어내는 세 가지이다."

孔子曰 益者三友 損者三友
友直 友諒 友多聞 益矣
友便辟 友善柔 友便佞 損矣

우(友)는 그냥 벗이라고 하는 것보다는 동명사로 보아 '벗 삼다'고 하는 게 문맥에서 통하고 이어지는 '계씨 5'의 '좋아함[樂]'과도 서로 부합된다. 따라서 '벗 삼다'고 해도 좋고 '가까이하다'로 해석해도 무방할 듯하다.

만일 우(友)를 벗이라고 해석할 경우 이 글은 우정론이 된다. 지금 맥락에서 뜬금없이 우정론이 나와야 할 이유는 없다. 오히려 계손씨나 염유, 자로 등을 비판하는 맥락으로 파악하려면 가까이하면 유익한 것 세 가지, 가까이하면 손해 보는 것 세 가지로 봐야 한다.

먼저, 다움을 더해 주는 벗 삼음 세 가지는 곧음[直], 신실함[諒], 넓은 식견[多聞]이다. 이 셋을 가까이하라는 것이다. 반면 가까이하면 손해 보는 것, 즉 멀리해야 할 것 세 가지는 지나치게 공손함[便辟], 좋은 말만 하는 아첨[善柔], 말만 번드레하게 잘함[便佞]이다.

곧음(直)에 대해서는 앞에서도 정리한 바가 있지만 여기서 다시 한번 정확하게 뜻을 새길 필요가 있다.『논어』맥락에서 직(直)은 우리가 흔히 생각하는 정직과는 다른 뉘앙스를 갖고 있기 때문이다. 먼저 '옹야 17'에서 공자는 말한다.

"사람이 (사람답게) 살아가는 이치는 (교언영색이 아니라) 곧음[直]이니, 곧지 않게 살아가는 것은 요행스럽게 (환란이나 죽음을) 면한 것에 지나지 않는다."

이 말은 '안연 7'과 일맥상통한다.

"예로부터 사람이란 모두 죽게 되어 있거늘 백성이 위를 믿지[信] 않으면 설 수가 없다."

그런 점에서 직(直)은 신(信)과 거의 같다. 사람을 사람으로서 설 수 있게 해주는 것이 직(直)이요, 신(信)이기 때문이다. 따라서 우직(友直)은 이런 곧음과 가까이하려 해야 한다는 뜻이다.

양(諒)은 살피다, 찾다, 어질다, 돕다, 믿다, 참으로, 진실로 등의 뜻 외에도 고집스럽다[小信], 흉하다[凶] 등과 같은 부정적 의미도 있다. 앞서 '헌문 18'과 '위령공 36'에서 보았던 양(諒)은 바로 그런 의미였다. 여기서는 긍정적 의미에서 '진실함' '신실함[信]'이라고 봐야 한다. 직(直)과 무관하지 않지만 뉘앙스는 조금 다르다. 여기서는 명백하게 긍정적인 문맥이다.

다문(多聞)이란 말 그대로 견문이 넓다는 것이다. '술이 27'에서 공자는 이렇게 말한다.

"많이 듣고서 그중에 좋은 것을 가려서 그것을 따라야 하며, 많이 보고서 잘 간직하는 것은 앎의 다음이다."

여기서 보듯 공자는 분명히 다문(多聞)이 다견(多見)보다 한 수 위임을 분명히 하고 있다. 결국 이 글을 '계씨 1'에 적용해볼 경우 두 제자 중에서 특히 염유는 곧지도 못했고 신실하지도 못했고 식견이 보잘것없었다는 말이 된다.

이번에는 가까이하면 손해 보는 것 세 가지를 살펴볼 차례다.

첫째는 편벽(便辟)이다. 한쪽으로 치우치는 편벽(偏僻)과는 다르다. 편벽(便辟)은 일단 직(直)과 대비된다. 곧지 못한 것이다. 주희는 "겉치레에만 익숙하고 곧지 못한 것"으로 풀이한다. 관행을 빙자하여 새로워지려는 노력을 하지 않는 것도 편벽(便辟)이다.

둘째는 선유(善柔)다. 자연스럽게 이는 양(諒)과 대비하여 해석해야 한다. 그래서 주희도 "아첨하여 기쁘게 하는 데만 잘하고 신실하지 못함을 이른다"고 풀이한다. 좋은 말만 하고 싫은 소리를 하지 않는 것은 결국은 신실하지 못한 것이기 때문이다.

셋째는 편녕(便佞)이다. 말재주에만 능하다는 뜻이다. 이는 다문(多聞)과 대비하여 해석해야 한다. 주희는 "말 잘하는 것만 숙달하고 견문의 실제가 없음을 이른다"고 풀이한다.

결국 이 세 가지도 고스란히 염유를 향한 비판이 된다. 그러나 염유 비판에 한정해서는 안 되고 임금과 신하 중에서는 특히 신하들이 다움을 덜어내는[修慝] 보다 구체적인 지침을 제시한 것으로 보아야 할 것이다.

季氏

5

○공자가 말했다. "(다움을) 더해 주는 세 가지 좋아함이 있고, (다움을) 덜어내는 세 가지 좋아함이 있다. 예악으로 마디를 맺어주는 것을 좋아하고, 다른 사람의 좋은 점을 말하기를 좋아하고, 뛰어난 벗들이 많음을 좋아하는 것이 더해 주는 세 가지이고, 교만함과 쾌락을 좋아하고, 안일하게 퍼져 있는 것을 좋아하고, 향락을 좋아하는 것이 덜어내는 세 가지이다."

_{공-자} _왈 _{익-자} _{삼─요} _{손-자} _{삼─요}
孔子曰 益者三樂 損者三樂

_요 _절 _{예─악} _요 _도 _{인─지─선} _요 _다 _{현─우} _익
樂節禮樂 樂道人之善 樂多賢友 益

_{─의}
矣

_요 _{교─락} _요 _{일─유} _요 _{연─락} _{손─의}
樂驕樂 樂佚遊 樂宴樂 損矣

앞에서 '벗 삼음[友]'에 대해 이야기했다면 여기서는 '좋아함[樂]'에 대해 말한다. 樂이 그래서 여기서는 '좋아할 요'이다. 실은 '벗 삼음'이나 '좋아함'은 같은 뜻으로 봐도 무방하다. 문장 구조도 같다. 따라서 '계씨 4'와 직결되는 문맥이다.

그런데 '계씨 4'는 분명히 신하를 위한 조언이지만, 이 장은 내용상 대체로 임금에 해당하는 조언으로 보아야 한다. 주희는 총괄해서 이렇게 풀이한다.

"교만과 쾌락을 좋아하면 잘난체하고 방자해져서 절제를 알지 못하고, 마냥 놀면 태만해져서 선(善)에 관한 말을 듣기 싫어하고, 향락에 빠지면 음탕해져 소인을 가까이하게 된다."

'계씨 4'에 이어져 군자와 소인의 대비되는 행태를 보다 상세하게 보여주는 이 장 역시 염유에 대한 비판과 무관치 않다. 이런 비판은 계속해서 '계씨 6, 7, 8'로 이어진다. 이 장들 역시 염유 한 개인을 비판한다기보다는 염유와 같은 유형의 세상 사람들, 즉 천하에 도리가 없을 때 도리를 회복하기에 힘쓰기보다는 자기 이익에 눈먼 사람들에 대한 비판으로 읽어야 한다.

『설원』 9-19는 '계씨 4와 5'의 형이하 역할을 한다.

경공이 술을 마시다가 안자 집으로 옮겼는데, 앞에서 길을 인도하는 사람이 문 앞에서 말했다. "임금께서 도착하셨다."

안자가 현단복(玄端服)을 입고 문 앞에 서서 말했다. "제후들 사이에 무슨 변고가 있는 것은 아닙니까? 국가에 무슨 변고가 있는 것은 아닙니까? 임금께서 어찌 그럴 시간이 아닌데 밤에 수고롭게 찾아오셨습니까?"

공이 말했다. "맛있는 술과 좋은 음악 소리를 그대와 함께 즐기고 싶어서 왔소."

안자가 대답했다. "무릇 자리를 깔고 훌륭한 그릇과 술잔을 진열하는 일을 맡아서 하는 사람은 따로 있으니, 신은 감히 술자리에 참여하지 않겠습니다."

공이 말했다. "사마양저 집으로 옮겨가자."

앞에서 길을 인도하는 사람이 문 앞에서 말했다. "임금께서 도착하셨다."

사마양저가 갑옷과 투구를 쓴 채 창을 들고 문 앞에 서서 말했다. "제후들 사이에 무슨 전란이 있는 것은 아닙니까? 대신들 중에 반란을 일으킨 자가 있는 것은 아닙니까? 임금께서 어찌 그럴 시간이 아닌데 밤에 수고롭게 찾아오셨습니까?"

공이 말했다. "맛있는 술과 좋은 음악 소리를 그대와 함께 즐기고 싶어서 왔소."

사마양저가 대답했다. "무릇 자리를 깔고 훌륭한 그릇과 술잔을 진열하는 일을 맡아서 하는 사람은 따로 있으니, 신은 감히 술자리에 참여하지 않겠습니다.”

공이 말했다. “양구거 집으로 옮겨가자.”

앞에서 길을 인도하는 사람이 문 앞에서 말했다. “임금께서 도착하셨다.”

양구거는 왼손에는 거문고를 잡고 오른손에는 피리를 쥐고서 노래를 부르며 나아왔다. 공이 말했다. “즐겁도다. 오늘 저녁 나와 함께 한 이 술자리여! 저 두 사람이 없었다면 어떻게 내 나라를 다스릴 것이며, 이 한 신하가 없었다면 어떻게 내 몸을 즐겁게 할 수 있으랴!”

뛰어나고 빼어난 임금에게는 모두 도움을 주는 벗[益友]이 있었고, 구차하게 향락을 탐하게 해주는 신하는 없었다. 경공은 능히 거기에 미치지 못하고 두 부류 신하를 다 썼으니, 근근이 멸망하지는 않을 수 있었다.

季氏

6

○공자가 말했다. "(신하가) 군주를 모실 때 (흔히 저지르는) 세 가지 허물
이 있다. (첫째,) 군주 말씀이 아직 (어떤 주제에) 미치지 않았는데 (먼저)
말을 하는 것으로 이를 일러 촐싹거린다고 한다. (둘째,) 군주 말씀이
(어떤 주제에) 미쳤는데도 아무 말도 하지 않는 것으로 이를 일러 의뭉
하다고 한다. (셋째,) 군주 안색을 보지도 않고 (자기 내키는 대로) 말하는
것으로 이를 일러 눈뜬장님이라고 한다."

孔子曰 侍於君子有三愆
言未及之而言 謂之躁
言及之而不言 謂之隱
未見顏色而言 謂之瞽

꼭 군주가 아니고 조직 내 상사로 보아도 무방하다. 눈여겨 볼 점은 단계
별로 잘못이 점점 심화되고 있다는 것이다. '계씨 1'에서 염유는 동시에
이 세 가지 허물을 다 보여주었다고 할 수 있다. 윤돈은 "때에 맞은 뒤에
말을 하면 세 가지 잘못이 없을 것이다"라고 했다. 말에도 적시(適時)가
중요하다는 것이다. 그런 맥락에서 볼 때 어쩌면 이 구절은 염유와 말을
주고받는 과정에서 화가 난 공자 자신의 심정을 그대로 드러낸 것으로 볼
수도 있다. 결국 『논어』 편찬자는 공자 말을 빌려 염유에게 눈뜬장님[瞽]
이라고 욕하고 있는 셈이다.

　『설원』 8-11은 의뭉한 사람이 어떤 자인지, 그리고 어떻게 사람을 판
단해야 하는지, 그에 대한 공자 말이 실려 있다.

　　(노나라) 애공이 공자에게 물었다. "사람이 어떠해야 취할 만한가?"

공자가 대답해 말했다. "입을 다물고 있는 사람, 탐욕스러운 사람, 말재주에 능한 사람을 써서는 안 됩니다."

애공이 말했다. "무슨 뜻인가?"

공자가 말했다. "입을 다물고 있는 사람은 큰 이익을 바라니 끝까지 다 쓸 수가 없고, 탐욕스러운 사람은 반드시 남을 이기려 하니 모범으로 삼을 수 없고, 말재주에 능한 사람은 대부분 하는 말에 실상이 없어 믿음이 적으니 뒤에 그 말이 효험이 없을까 걱정됩니다.

무릇 활과 화살은 서로 조화를 이룬 다음이라야 명중할 수가 있고, 말[馬]은 온순하게 잘 길들인 다음이라야 명마가 될 수 있습니다. 사람은 반드시 충직하고 신뢰가 있으며 진중하고 두터운 다음이라야 그의 지혜와 능력을 구하게 됩니다. (그런데) 지금 어떤 사람이 충직, 신뢰, 진중, 두터움이 없는데 지혜와 능력이 많다면 이런 사람은 비유컨대 승냥이나 이리와 같다고 할 것이니, 그런 사람과는 몸을 가까이해서는 안 됩니다. 이 때문에 먼저 그가 어짊과 마땅함을 열렬히 하는 사람인지를 본 다음에야 그를 제 몸처럼 여겨야 합니다. 그러고 나서 그 사람이 지혜와 능력이 있으면 그때 가서 그에게 일을 맡겨야 합니다. 그래서 말하기를 어진 이를 제 몸처럼 여기고 능력 있는 사람을 부리라고 하는 것입니다.

무릇 사람을 취하는 방법은, 먼저 그가 하는 말을 살피고 이어서 그가 행하는 것을 깊이 들여다보아야 합니다. 무릇 말이란 그 가슴 속에 있는 것을 펼쳐내는 것이고 그 마음속 실상을 드러내는 것이기 때문입니다. 제대로 그것을 할 수 있는 선비라야 반드시 그 말도 믿을 수가 있습니다. 이 때문에 먼저 그 말을 살피고서 그 사람이 일을 행하는 것을 재봐야 하는 것이니, 무릇 이렇게 말을 갖고서 그 사람이 하는 일을 재어본다면 설사 간사한 사람이라 할지라도 자기 속내를 숨길 수 없을 것입니다."

季氏

7

○공자가 말했다. "군자에게는 세 가지 경계함이 있다. 어려서는 혈기가 안정되지 않으니 경계함이 색(色)에 있고, 장성해서는 혈기가 바야흐로 한창이니 경계함이 다툼에 있고, 늙어서는 혈기가 이미 쇠하였으니 경계함이 (이득을) 얻으려 함에 있다.

공—자 왈　　군—자　　유—삼—계
孔子曰 君子有三戒

소—지—시　　혈—기　　미—정　　계—지　　재—색
少之時 血氣未定 戒之在色

급—기—장—야　　혈—기　　방—강　　계—지　　재—투
及其壯也 血氣方剛 戒之在鬪

급—기—로—야　　혈—기　　기—쇠　　계—지　　재—득
及其老也 血氣旣衰 戒之在得

이번에는 군자가 경계해야 할 세 가지[三戒]를 말한다. 다소 모호한 점이 있기 때문에 우선 범조우 풀이부터 보자. 혈기(血氣)와 지기(志氣)를 나눈 것은 적절했다.

"성인(聖人)이 일반인과 같은 것은 혈기(血氣)이고 일반인과 다른 것은 지기(志氣)이니, 혈기는 때에 따라 쇠함이 있으나 지기는 때에 따라 쇠함이 없다. 젊을 때엔 안정되지 않고 장성해서는 강하고 늙어서는 쇠하는 것은 혈기이며, 여색을 경계하고 싸움을 경계하고 얻음을 경계하는 것은 지기이다. 군자는 지기를 기르므로 혈기에 휘둘리지 않는다. 이 때문에 나이가 많을수록 다움[德]이 높아지는 것이다."

주희는 간략하게 다음과 같이 정리한다.

"혈기는 형체가 의지해서 살아가는 것이니, 혈(血)은 음(陰)이고 기(氣)는 양(陽)이다. 득(得)은 얻기를 탐하는 것이다. 때에 따라 경계할 줄 알아서 이치로써 혈기를 이기면 혈기에게 부림을 당하지 않을 것이다."

즉 범조우는 지(志)로, 주희는 이(理)로 혈기를 다스려야 한다고 말하고 있다. 이에 대해서는 정약용 풀이가 상세하다.

"범조우의 이른바 지(志)와 주자의 이른바 이(理)는 모두 도심(道心)을 두고 하는 말이다. 예의가 비록 존립해 있더라도 내가 진실로 도심으로써 이를 따르지 않으면 어떻게 예의를 행할 수 있겠는가? 또 무릇 천하의 사물은 허(虛)한 것이 귀하고 실(實)한 것이 천하며, 형체 없는 것이 귀하고 형체 있는 것이 천하다. 도덕과 인의(仁義)와 예법과 정교(政敎)는 모두 허로써 실을 다스리고 무형으로써 유형을 다스리는 것이다."

또 정약용은 이렇게 말한다.

"천지 만물의 본성은 꽉 차면 새어나가기를 생각하기 때문에 매번 뿜어내고, 텅 비면 채우기를 요구하기 때문에 매번 빨아들인다. 이는 만물이 스스로 그러한 것인데도 또한 만물은 그 소이연(所以然-그렇게 존재하게 된 까닭)을 알지 못한다. 젊어서는 색(色)을 생각하고 장년에는 싸움을 생각하니 이는 꽉 차서 새어나가기를 생각하는 것이다. 노년에는 혈(血)이 허하고 기(氣)가 모자라 항상 보충하기를 생각하기 때문에, 그 심정은 음식을 좋아하고 재물에 애착을 가지는 것이니, 이는 두려워할 만한 것이다."

季氏

8

○공자가 말했다. "군자에게는 세 가지 두려워함이 있다. 천명을 두려워 하고, 대인을 두려워하고, 빼어난 이의 말씀을 두려워한다. 소인은 천 명을 알지 못하여 두려워하지 않고, 대인을 함부로 대하며, 빼어난 이 의 말씀을 업신여긴다."

孔子曰 君子 有三畏
畏天命 畏大人 畏聖人之言
小人 不知天命而不畏也 狎大人 侮
聖人之言

여기서 공자는 군자라면 마땅히 두려워해야 할 세 가지를 말한다.

"천명(天命)을 두려워하고, 대인(大人)을 두려워하고, 빼어난 이의 말 씀을 두려워한다."

그런데 앞의 장들과 달리 여기서는 소인(小人)을 등장시켜 약간의 보 충 설명을 가한다.

"소인은 천명을 알지 못하여 두려워하지 않고, 대인을 함부로 대하 며, 빼어난 이의 말씀을 업신여긴다."

먼저 외천명(畏天命)을 살펴보자. 외(畏)란 두려워하는 것이다. 이는 곧 '위정 4'에 나온 지천명(知天命)과 통한다. 천명을 안다는 것은 곧 천명 을 두려워하는 것이다. 그 역도 마찬가지다. 천명(天命)이란 앞서 본 바와 같이 일의 형세[事勢]를 말한다. 일의 형세란 특정 개인이 좌우할 수 있는 것이 아니고 일의 이치[事理=禮]를 뛰어넘어 있기에 늘 예(禮)를 따르면 서도 조심하고 또 조심해야 한다. 그리고 지인(知人) 문맥으로 확대할 경우 자신이 처해 있는 천명을 알고 남의 천명도 알아야 사람을 제대로 볼 수 있다.

대인(大人)을 정약용은 '군주'라고 본다. 압대인(狎大人)에 대해 그는 "총애를 받는 신하는 천지의 분수를 망각하기 때문에 버릇없이 친압(親狎)하게 되는 것이다"라고 풀이한다. 친압(親狎)이란 가깝다는 이유로 군신 관계를 저버린 짓을 하는 것을 말한다.

그리고 소인들이 빼어난 이의 말씀을 우습게 여기는 이유에 대해 정약용은 "빼어난 이의 상서롭거나 재앙이 되는 경계의 말은 반드시 오랜 뒤에 징험이 되기 때문에 소인은 이를 업신여기게 된다"고 풀이한다.

이 장 전반에 대한 정약용 풀이다.

"하늘[天命]이 내리는 재앙과 임금[大人]이 내리는 벌에서 이 둘이 구별되는 점은 은미하여 드러나지 않는 것과 환히 드러나는 것뿐이다. 그렇지 않다면 화(禍)와 재앙이 사람에게 와서 미치는 것은 거의 차이가 없기 때문에, 공자가 이를 같이 보고 다 함께 두려워할 만하다고 한 것이다. 천지신명의 마음과 인사성패(人事成敗)의 진리는 (소인은) 진실로 볼 수 없고, 오직 빼어난 이만이 볼 수 있다. 빼어난 이란 보통 사람이 보지 못하는 것을 보기 때문에 빼어난 이의 말씀은 실로 두려워할 만한 것이다."

하늘과도 같은 이치와 사람 사는 세상의 이치 그리고 그 이치를 꿰뚫어 보는 사람의 관계를 압축하여 정리하고 있다. 자연스럽게 종정(從政)하는 도리와 군자론이 어우러지는 문맥을 이룬다.

季氏

9

○공자가 말했다. "나면서 (사람을 볼 줄) 아는 자는 최고요, 배워서 (사람을 볼 줄) 아는 자는 다음이요, 통하지 못하는 바가 있어 그것(사람 보는 것)을 배우는 자는 그다음이요, 통하지 못하면서도 (사람 보는 것을) 배우려 하지 않으면 백성으로서 최하가 된다."

공—자   왈   생—이—지—지—자   상—야   학—이—지—지
孔子曰 生而知之者上也 學而知之
—자 차—야
者次也
곤—이—학—지   우   기—차—야   곤—이—불—학   민   사
困而學之 又其次也 困而不學 民斯
위—하—의
爲下矣

이에 대해 주희는 직접 풀이하지 않고 양시 말을 인용하는 것으로 대신한다. 주로 자신감이 없을 때 하는 방식이다.

> "나면서부터 아는 것[生知], 배워서 아는 것[學知], 통하지 못하는 바가 있어 배우는 것[困學]에 이르기까지 비록 그 기질이 같지 않으나 앎에 미쳐서는 똑같다. 그러므로 군자는 오직 배움을 귀하게 여기니 통하지 못하는 바가 있는데도 배우려 하지 않으면 최하[下]가 되는 것이다."

배움(學)에 초점을 둔 풀이다. 이런 해석 방식은 주희가 일관되게 취해온 것이기도 하다. 그러나 이런 풀이는 맥락에서도 틸 뿐만 아니라 아무런 내용이 없다. 반면에 지(知)에 초점을 맞춰 그것을 지인(知人)으로 풀이하면 맥락과 연결되는 것은 물론이고 내용도 훨씬 명확해진다. 바로 앞에서도 대인(大人)을 알아보지 못함의 문제를 다뤘었다.

지(之)는 두말할 것도 없이 사람이다. 즉 지지(知之)는 곧 지인(知人)이다. 그런 점에서 정약용도 본궤도에서 벗어난 풀이를 한다.

"안다는 것은 도리를 행하는 것이다. 태어나면서 아는 자는 하늘이 이 백성을 위해 개물성무(開物成務)하고자 하여 특별히 태어나게 한 신성(神聖)한 사람이다."

개물성무란『주역』계사전에 나오는 말로 '만사의 이치를 깨달아 이를 이루려 힘쓴다'는 뜻이다. 지인(知人) 문맥을 놓치는 순간 누구나 이처럼 황당한 해석으로 빠져들게 되어 있다.

따라서 이 장은 지인지감(知人之鑑)을 네 단계로 나눈 것으로 보아야 한다. 우선, '생이지지자(生而知之者)'란 날 때부터 사람을 잘 보는 이를 가리킨다. 요임금이 대표적이다. 잠깐『서경』요전(堯典)이 전하는 생이지지자 요임금을 만나 보자.

요임금이 말했다. "아! 순리에 맞게 일을 할 수 있는 사람을 두루 물어 찾아내어 그런 사람을 제대로 뽑아 쓸 수 있는 사람은 누구인가?"

이에 방제(放齊)가 "장남인 단주(丹朱)가 성품이 열려 있습니다"라고 답하자 요임금은 이렇게 말했다. "어찌 그런 말을 하는가! 그 아이는 말에 진실성이 없는 데다가 다투기까지 하니[嚚訟] 그 자리를 맡을 수 있겠는가?"

장남이 리더가 될 수 없는 이유를 딱 두 가지 단어, 즉 말에 진실됨과 믿음직함[忠信=忠直]이 없다는 은(嚚)과 남과 다투려 한다[爭辨]는 송(訟)을 들어 밝혔다.

요임금이 또 말했다. "누가 나의 과업을 제대로 계승할 수 있는가?"

이에 환도(驩兜)가 "아! 훌륭하십니다. 공공(共工)이 바야흐로 공적이 쌓여서 드러나고 있습니다"고 답하자 요임금은 이렇게 말했다. "어찌 그런 말을 하는가! 별일이 없을 때는 말을 잘하지만 등용하면 자신의 말과 위배되는 짓을 하고, 용모만 공손하지 (마음속에서는 나쁜 마음이) 흘러넘친다."

공공은 요임금이 오랫동안 지켜봐 온 신하다. 한마디로 겉과 속이 전혀 다른 인물이다. 관직에 있지 않았을 때 하는 말과 막상 관직을 맡았을 때 하는 일이 다른 사람은 볼 것도 없이 겉과 속이 다른 사람이다.

요임금이 말했다. "아! 사악(四嶽)아, 세차게 흘러넘치는 홍수가 두루 산하를 갈기갈기 찢어 놓아 널리 광범위하게 산을 에워싸고 언덕을 덮쳐서 넓고 크게 하늘까지 넘쳐흘렀으니 저 아래 백성들이 한탄하고 있다. 이에 뛰어난 자가 있으면 그로 하여금 다스리도록 하라."

여러 사람이 말하기를 "아! 곤(鯀)이 적임자입니다"고 하자 요임금 은 "아! 곤란하다. (곤은) 명령을 거역하며 친족들을 무너트릴 인물이 다."

(그러나) 사악이 "그만두더라도 (치수 대책을 세우는 것이) 가능한지를 시험해 보고서 이에 (불가능하다는 것이 판명될 경우 그때 가서) 그만두어 야 합니다"고 하자 요임금은 "가서 삼가는 마음으로 일을 하라"고 명 했다. (하지만 요임금 지적대로) 9년이 되어도 가시적인 성과가 이루어 지지 못했다.

다음은 '학이지지자(學而知之者)'이다. 배운다[學]는 것은 애쓰는 법 을 배운다[學文]는 뜻이다. 즉 문(文)을 배워 사람을 잘 볼 줄 알게 되는 사 람이 바로 학이지지자이다. 공자는 스스로 생이지지자가 아니라 학이지 지자임을 자처했다. '술이 19'이다.

"나는 날 때부터 사람을 잘 볼 줄 아는 자가 아니라 옛 도리를 좋아해 민첩하게 그것을 구하려 하는 자이다."

이 장에서 곤(困)을 '통하지 못하는 바'로 번역했지만, '시련이나 어 려움을 겪다'로 풀어도 훌륭한 번역이 될 수 있다. 사람 보는 법을 배우지 않는 바람에 사람으로 인한 어려움을 겪는다는 말이다. 최하에 대해서는 언급할 필요도 없다. 사람 단계론에 대해서는 '양화 2와 3'에서 보다 상세 하게 다룰 것이므로 여기서는 이 정도로 그친다.

마지막으로 지인(知人)과 지도(知道)의 차이다. 지인(知人)은 신하보 다는 임금의 주된 관심사이다. 반면에 지도(知道)는 군신(君臣) 모두의 관 심사이지만 아무래도 임금보다는 신하 쪽 관심사일 수밖에 없다. 주희가 문(文)보다 도(道)에 집착한 것도 이런 맥락에서이다. 지인(知人)하려면 학문(學文)이 필수이다. 그래야 눈 밝아지고[明] 명군(明君)이 될 수 있다.

그러나 신권론자 주희로서 명군은 그다지 환영할 만한 임금이 아니다. 그저 임금이나 신하나 같은 도(道)를 받들고 따라줄 임금이면 족하기 때문이다. 주자학자들이 공론(公論), 공도(公道), 국시(國是)를 들고나온 것은 모두 이 같은 의도에서 비롯되었음을 정확히 인식해야 왜 주희가 『논어』라는 텍스트를 그처럼 의도적으로 왜곡하고 파괴한 것인지 그 정치적 의도를 읽어낼 수 있다.

季氏

10

○공자가 말했다. "군자에게는 반드시 생각해야 할 아홉 가지가 있다. 볼 때는 눈 밝음을 반드시 생각해야 하고, 들을 때는 귀 밝음을 반드시 생각해야 하고, 낯빛을 취할 때는 따스함을 반드시 생각해야 하고, 용모를 취할 때는 공손함을 반드시 생각해야 하고, 말을 할 때는 진실함을 반드시 생각해야 하고, 일을 할 때는 주도면밀함을 반드시 생각해야 하고, 의문이 생길 때는 질문 던지기를 반드시 생각해야 하고, 화가 날 때는 그로 인해 닥칠 어려움을 반드시 생각해야 하고, 이득을 보았을 때는 마땅한지 아닌지를 반드시 생각해야 한다."

공-자 왈　군-자　유-구-사
孔子曰　君子有九思

시　사　명　청　사　총　색　사　온
視思明　聽思聰　色思溫

모　사　공　언　사　충　사　사　경
貌思恭　言思忠　事思敬

의　사　문　분　사　난　견-득　사　의
疑思問　忿思難　見得思義

주나라 무왕(武王)이 은나라를 꺾고서 은나라 신하였던 기자(箕子)를 찾아가 나라를 다스릴 하늘과도 같은 도리[天道]를 묻자 기자는 홍범구주(洪範九疇)를 말해주었는데 그중 제2범주는 아래와 같다.

이　오-사　일-왈　모　이-왈　언　삼-왈　시　사-왈　청　오-왈　사
二五事 一曰貌 二曰言三曰視 四曰聽 五曰思

모왈공　언왈종　시왈명　청왈총　사왈예
貌曰恭 言曰從 視曰明 聽曰聰 思曰睿

공　작-숙　종　작-예　명　작-철　총　작-모　예　작-성
恭 作肅 從 作乂 明 作哲 聰 作謀 睿 作聖

두 번째 범주는 오사(五事)인데 첫째는 모습이고, 둘째는 말이고, 셋째는 봄이고, 넷째는 들음이고, 다섯째는 생각함이다. 모습은 공손함을 말하고, 말은 따름을 말하고, 봄은 눈 밝음을 말하고, 들음은 귀 밝

음을 말하고, 생각함은 일을 미리 통찰함을 말한다. 공손함이란 엄숙함을 빚어내고, 따름은 다스림을 빚어내고, 눈 밝음은 지혜로움을 빚어내고, 귀 밝음은 잘 모의함을 빚어내고, 일을 미리 통찰함은 통하지 않는 바가 없음[聖=無不通]을 빚어낸다.

보듯이 구사(九思)의 사(思)는 홍범구주 왈(曰)에서 온 것임을 알 수 있다. 기자는 오사(五事) 중에서 모(貌)를 가장 앞세웠다. 이를 가장 중시했다는 말이다. 반면에 공자는 시청(視聽)을 전면에 내세우고 있다. 오사의 모(貌)는 구사에서는 색(色)과 모(貌)로 나누어져 다뤄진다. 언(言)에서 기자는 종(從)을 강조했는데 이는 신하가 하는 말을 임금이 따라주는 것[從諫]을 중시한 때문으로 보인다. 반면에 공자는 말에는 거짓됨이 없어야 한다[忠]는 점을 강조한다. 오사의 사(思)는 구사의 나머지를 총괄하는 것으로 볼 수 있다. 결국 공자가 말하는 구사(九思)는 오사(五事)에서 온 것임을 알 수 있는데, 이것이 바로 술이부작(述而不作)이다.

이 장은 두말할 것도 없이 군자, 특히 군자형 군주가 반드시 갖춰야 할 언행(言行)의 아홉 가지 필수 덕목이다. 지인(知人) 문맥으로 보자면 군자답지 못한 사람, 즉 소인 같은 군주를 판별해내는 실마리이기도 하다. 하나씩 짚어보자.

첫째, 볼 때는 눈 밝음을 염두에 둬야 한다. 어떤 것을 볼 때 가장 먼저 머릿속에 떠올려려 하는 것은 '내가 지금 눈 밝게 보고 있는가'하는 자문(自問)이다. 그런데 눈 밝게 본다는 것은 무슨 뜻인가? 즉 여기서 명(明)을 어떻게 해석해야 하는가? 주희는 "봄[視]에 가리운 바가 없으면 밝아서 보지 못함이 없다"라고 풀이하고 있는데 이는 하나마나한 소리다. 풀이라기보다는 동어 반복이다.

여기서 시(視)는 관(觀)이나 찰(察)을 다 포괄한다. 단순히 사물을 시각적으로 보는데 그치는 것이 아니라 사람을 들여다보고 일을 깊이 살피는 것을 다 망라한다. 그러면 명(明)은 무슨 뜻인가? '안연 6'에 그 답이 나와 있다.

10

자장이 밝다 혹은 밝음[明]에 관해 물었다. 공자가 말했다. "점점 젖어 드는 (동료에 대한) 참소와 살갗을 파고드는 (친지들의 애끓는) 하소연을 (단호히 끊어) 행해지지 않게 한다면 그것이야말로 밝다고 말할 수 있다. (그 같은) 점점 젖어 드는 (동료에 대한) 참소와 살갗을 파고드는 (친지들의 애끓는) 하소연을 (단호히 끊어) 행해지지 않게 한다면 그것이야말로 (어리석음과 어두움으로부터) 멀다[遠=明]고 말할 수 있다."

동료를 중상모략하는 참소와 사정(私情)에 바탕을 둔 하소연에 흔들리지 않고 사람과 일을 꿰뚫어 보는 것이 바로 '눈 밝게 보는 것'이다.

둘째, 들을 때는 귀 밝음[聰]을 가장 먼저 염두에 둬야 한다. 이는 사실상 명(明)과 같은 뜻이고 눈과 귀라는 차이만 있을 뿐이다.

셋째, 안색이나 표정을 지을 때는 늘 따스함[溫]을 생각해야 한다. 외유내강(外柔內剛)이 우러나오는 표정을 지으라는 말이다. 자공은 '학이 10'에서 공자를 묘사하며 '온량공검(溫良恭儉)'이라고 했는데 그 첫 번째가 바로 온(溫)이다.

넷째, 외모(貌)를 갖출 때는 공손함[恭]을 염두에 두어야 한다. 행동 하나하나에 공손함이 배어있지 않으면 안 된다는 것이다. 그러나 과공비례(過恭非禮)라고 했다. 오히려 따스하고 공손하되 엄정함[嚴=嚴肅]을 잃어서는 안 된다. 홍범구주에서는 용모나 몸가짐과 관련해 숙(肅)을 염두에 두라고 했다.

다섯째, 말을 할 때는 충실함, 진실함, 거짓됨이 없음[忠]을 염두에 두어야 한다. 정약용은 "충은 속이지 않는 것"이라고 풀이한다. '헌문 23'이다.

자로가 임금을 섬기는 것을 묻자 공자가 말했다. "속이지 말고 안색을 범해야 한다."

여섯째, 일을 할 때는 삼감[敬]을 가장 먼저 염두에 두어야 한다. 이때 삼감이란 주도면밀함[周密]이다. 구사가 철저하게 군주를 위한 것임을 감안하면 사(事)를 섬김으로 옮겨서는 안 된다. 경사(敬事)가 군주의 덕목임을 우리는 이미 '학이 5'에서 살펴본 바 있다.

　　공자가 말했다. "(천자 나라인 만승지국은 물론이고 제후 나라인) 천승지국
　　을 다스릴 때라도 주도면밀하게 일함으로써 (백성들에게) 믿음을 주고
　　[敬事而信], (왕실) 재물을 아낌으로써 백성들을 사랑해야 하며, 백성
　　들을 (부역 등에) 부려야 할 경우에는 때에 맞춰서 해야 한다."

　일곱째, 의심스러움이 있을 때는 가장 먼저 물음을 떠올려야 한다. 군
주는 의심스럽거나 모르는 것이 있으면 묻기를 꺼리기 십상이다. 이렇게
해서는 호학(好學)하는 군주가 될 수 없다. 매사문(每事問)해야 호학군주
라 할 수 있다. '공야장 14'가 말하는 호학이다.

　　자공이 물었다. "공문자는 어떠했기에 문(文)이라는 시호를 받았습니
　　까?"

　　공자가 말했다. "일에 임해 명민하면서 배우기를 좋아했고, 아랫사람
　　에게 묻는 것을 부끄럽게 생각지 않았다[不恥下問]. 이 때문에 (시호를)
　　문이라고 일컫는 것이다."

　여덟째, 분한 일이 있을 때는 그로 인해 닥칠 어려움을 생각해야 한
다. 분(忿)은 곧 혹(惑)과 연결된다. 그래서 정약용도 어려움[難]을 후환
(後患)으로 풀이하면서 불혹(不惑)과 연관 짓는다. 그런 점에서 '안연 21'
에 나온 공자 말을 다시 읽어볼 필요가 있다.

　　"하루아침의 분노로 자신을 망각해 그 (화가) 부모에게까지 미치게
　　하는 것이 혹(惑) 아니겠는가?"

　아홉째, 득(得)을 보면 마땅함을 생각해야 한다. 이때 득(得)은 이득
이나 벼슬자리와 연결된다. 그렇다고 맹목적으로 이득을 버리고 마땅함
을 택하라는 뜻이 아니다. 그동안 전통적 해석은 늘 이런 식으로 해왔기
때문에 공자 말이 지루한 도덕론으로 전락했던 것이다. 오히려 정약용 풀
이가 정곡을 찌른다.

　　"마땅함을 생각한다는 것은 (이득을 눈앞에 두고 있을 때 그것이) 마땅함
　　에 부합하는지 아닌지를 헤아리는 것이다."

정약용은 위선(僞善)에서 한참이나 벗어나 있다.

季氏

11

○공자가 말했다. "좋은 것을 보면 미치지 못하면 어떻게 하나라는 마음으로 달려가고, 좋지 못한 것을 보았을 때는 끓는 물에 손을 댔다가 확 떼버리듯이 하는 것, 나는 그런 사람을 보기도 했고 그런 말을 듣기도 했다. (그런데) 숨어 살면서 자기 뜻을 추구하고 마땅함을 행함으로써 자기 도리를 세상에 펼치는 것, 나는 그런 말은 들었으나 그런 사람을 보지는 못했다."

공-자 왈 견-선 여 불-급 견-불-선 여 탐-탕
孔子曰 見善如不及 見不善如探湯

오 견 기-인-의 오 문 기-어-의
吾見其人矣 吾聞其語矣

은-거 이-구 기-지 행-의 이-달 기-도
隱居以求其志 行義以達其道

오 문 기-어-의 미-견 기-인-야
吾聞其語矣 未見其人也

'태백 17'에서 보았던 여불급(如不及)이 다시 나왔다. '미치지 못할 듯이'라고 옮기면 안 된다. "미치지 못하면 어떻게 하나"로 옮겨야 한다.

전반부의 경우 좋은 것을 본다는 것은 좋은 일을 할 계기를 만난 것이기 때문에 서둘러 쫓아가서 행하려 해야 하고, 좋지 못한 것을 본다는 것은 좋지 못함에 빠질 계기를 만난 것이기 때문에 끓는 물에 손을 댔다가 "앗! 뜨거워!"하면서 서둘러 손을 떼듯 좋지 못한 것과의 접촉을 빨리 끊어야 한다는 뜻이다. 그런데 공자는 이런 사람을 본 적도 있고 그런 이야기를 들은 적도 있다고 덧붙인다. 보았다는 것은 지금의 이야기이고 들었다는 것은 옛날의 이야기다. 따라서 이런 정도 되는 사람은 예나 지금이나 종종 있었거나 있다는 뜻이다. 공자의 강조점은 후반부다.

"(그런데) 숨어 살면서 자기 뜻을 추구하고 마땅함을 행함으로써 자기

도리를 세상에 펼치는 것, 나는 그런 말은 들었으나 그런 사람을 보지
는 못했다."

후반부가 더 실천하기 어려운 경지다. 전반부는 사(士) 정도라면 후
반부는 지사(志士)나 인자(仁者)에 이른 경지이기 때문이다. 그래서 공자
는 옛날이야기나 책에서는 들었지만 지금은 볼 수가 없다고 말한다. 그 구
체적인 사례, 즉 형이하가 바로 다음에 이어진다.

季氏

12

○ (공자가 말했다.) "제나라 경공은 말 4천 마리를 소유하였으나 그가 죽던 날 백성들이 그의 다움을 칭송하지 않았다. (반면) 백이와 숙제는 수양산 아래에서 굶어 죽었으나 백성들이 지금에 이르도록 칭송하고 있으니 아마도 이를 일러 말한 것이리라!"

齊景公有馬千駟 死之日 民無德而

稱焉

伯夷叔齊餓于首陽之下 民到于今稱

之 其斯之謂與

여기에는 공자왈(孔子曰)이 없으나 앞에 있는 것으로 풀이해야 한다는 것이 주희 견해다. '계씨 11과 12'는 한 단락으로 볼 수 있는데 이를 분리해 놓았다는 것이다. 여기서는 제나라 경공과 백이숙제를 대비시킨다. 공자는 말한다.

> "제나라 경공은 말 천사〔千駟-한 수레에 들어가는 네 마리 말을 사(駟)라 한다. 따라서 천사(千駟)는 4천 마리다.〕를 소유하였으나 그가 죽던 날 백성들이 그의 다움을 칭송하지 않았다. (반면) 백이와 숙제는 수양산 아래에서 굶어 죽었으나 백성들이 지금에 이르도록 칭송하고 있다."

앞 장에서 말한 "숨어 살면서 자기 뜻을 추구하고 마땅함을 행함으로써 자기 도리를 세상에 펼치는" 이가 바로 백이와 숙제이다.

그런데 궁금한 것은 부유하게 살다가 백성들의 칭송을 받지 못한 사람들이 부지기수일 텐데 하필이면 경공을 콕 집어 예로 들었는가 하는 점이다. 주희는 이에 대해 아무런 풀이를 하지 않았다. 반면 정약용은 그 이유를 상세하게 설명한다. 그것은 이 장을 정확하게 이해하는 것과 직결된다.

"살펴보건대, 공자가 장차 백이(와 숙제)를 말하려고 하면서 먼저 경공을 말한 것은 경공이 장공(莊公)의 아우이기에 그런 것이다. 최저(崔杼)가 장공을 죽이고 경공을 세우니, 경공은 부끄럼 없이 편안한 마음으로 받아들이고 원수를 재상으로 삼았는데, 3년에 이르도록 적(賊)인 최저는 주륙되지 않고 군주인 장공은 개장(改葬-임시로 매장한 시신을 제대로 예를 갖추어 장례를 지내는 일)되지 않았으니, 이는 백이숙제 형제가 나라를 사양한 일과는 상반되는 듯하다. 그러니 4천 필의 말은 이른바 불의(不義)의 부(富)를 말하는 것이기 때문에, 여기에서 반드시 양쪽을 함께 말하게 된 것이다."

한마디로 경공은 '계씨 10'에서 본 견득사의(見得思義)에 실패한 경우이다.

13

○진강이 (공자 아들) 백어에게 물었다. "그대는 정말로 특별한 것을 들은 적이 있는가?"

(백어가) 대답했다. "(그런 특별한 것은) 들은 적이 없다. 일찍이 홀로 서 계실 때 내가 종종걸음으로 뜰을 지나가는데 '시를 배웠느냐?'라고 물으시기에 '아직 배우지 못했습니다'고 했더니 '시를 배우지 않으면 (제대로) 말을 할 수 없다'고 하시므로 내가 물러나와 시를 배웠다. 다른 날에 또 홀로 서 계실 때 종종걸음으로 뜰을 지나가는데 '예를 배웠느냐?'고 물으시기에 '아직 배우지 못했습니다'라고 하니 '예를 배우지 않으면 설 수 없다'고 하셨다. 나는 물러나와 예를 배웠다. 이 두 가지를 들었을 뿐이다."

이에 진강이 물러나 기뻐하며 말했다. "하나를 물어 세 가지를 얻었으니 시를 (배워야 한다는 것을) 듣고 예를 (배워야 한다는 것을) 듣고 또 군자가 그 아들을 공정하게 대하는 것을 들었구나!"

陳亢問於伯魚曰 子亦有異聞乎

對曰 未也 嘗獨立 鯉趨而過庭

曰 學詩乎 對曰 未也

不學詩 無以言 鯉退而學詩

他日 又獨立 鯉趨而過庭 曰 學禮乎

對曰 未也

불―학―례　무―이―립　리―퇴―이―학―례　문―사―이
不學禮 無以立 鯉退而學禮 聞斯二
―자
者
진―강　퇴―이―희―왈　문―일―득―삼　문―시　문―례
陳亢退而喜曰 問一得三 聞詩問禮
우―문　군―자　지―원　기―자―야
又聞君子之遠其子也

진강(陳亢)은 이름이 자금(子禽)으로 공자 제자이며 '학이 10'에 나온 바있다. 그 진강이 공자 아들 백어(伯魚)에게 묻는다. "그대는 정말로 특별한 것을 들은 적이 있는가?" 이때 '정말로[亦]'라고 한 것은 부자 사이이니 뭔가 더 특별한 말씀을 해주지 않았겠는가라는 차원에서 한 말이다.

이에 백어는 그냥 '시를 배우라고 하셨다'고 말한다. 왜 공자는 아들에게 "시를 배웠느냐?"고 물었을까? 바로 다음 편인 '양화 9와 10'에는이를 풀어낼 수 있는 단서가 나온다. 먼저 '양화 9'에서 공자는 제자들에게 "너희들은 어째서 저 시를 공부하지 않는가?"라며 시를 배우는 효능에 대해 상세하게 이야기한다.

"시를 배우면 제대로 도리에 대한 뜻을 일으킬 수 있고[可以興], 일이나 사람을 제대로 살필 수 있으며[可以觀], 제대로 된 사람들과 무리를지을 수 있고[可以群], 제대로 원망할 수 있다[可以怨]. 가깝게는(혹은사적으로는) 부모를 섬길 수 있고, 멀게는(혹은 공적으로는) 임금을 섬길수 있다. (또) 새와 짐승, 풀과 나무 이름을 많이 알게 된다."

흥미롭게도 '양화 10'에서는 공자가 아들 백어가 시를 배우지 않았다는 이유로 호되게 꾸짖고 있다. 이 장과 잘 섞을 수 있을 정도로 내용이 딱맞아떨어진다.

"너는 주남(周南)과 소남(召南)을 배웠느냐? 사람으로서 주남과 소남을 배우지 않으면 담장을 정면으로 마주하고 서 있는 것과 같다.”

그러면 공자는 왜 이렇게 시를 배우는 문제[學詩]를 두고서 아들 백어를 몰아세우는 것일까? 공자는 ‘위정 2’에서 『시경』에 실린 시 삼백 수를 한마디로 하면 “생각함에서부터 그릇됨이 없어야 한다[思無邪]”라고 말한 바 있다. 보다 중요한 언급은 ‘태백 8’에 나왔다. 거기서 공자는 말했다.

“시에서 뜻이 일어났고[興於詩], 예에서 나를 세우고 남을 세워주었으며[立於禮], 악에서 삶을 완성했다[成於樂].”

시에서 마음이 흥한 다음에는 예에서 사람이 사람답게 서야 한다. 그 내용이 바로 이어진다. ‘태백 8’에서 말한 입어례(立於禮) 그대로이다. ‘위정 4’에서 공자가 말한 서른 살에 이입(而立)이란 다름 아닌 예로써 자신을 세우고 다른 사람도 예로써 세워준다는 뜻이다.

‘요왈 3’은 그런 점에서 우리가 어디쯤 왔고 앞으로 어디로 가야 하는지를 잘 보여주는 이정표와도 같다.

공자가 말했다. “명(命)을 알지 못하면 군자가 될 수 없고, 예(禮)를 알지 못하면 설 수가 없으며, 말을 알지 못하면 사람을 알아볼 수가 없다.”

말과 예의 문제가 끝나면 남은 것은 하나, 명(命)이다. 실제로 다음 양화(陽貨)편 핵심 주제가 바로 명(命)=사세(事勢)=권도(權道)=중(中)이다. 이에 반해 그 아래 단계가 예(禮)=사리(事理)=정도(正道)=상경(常經)=정(正)이다. 대체로 권도는 임금의 도리, 정도는 신하의 도리라 하겠다. 그러면 시는 이 두 영역으로 들어가는 입문인 셈이다.

우리는 위정(爲政)편에서 다움[德]을 살폈는데 그것은 말과 관련되는 것이고, 팔일(八佾)편에서 일의 이치[禮]를 살폈는데 그것은 사람으로 서는 문제와 관련되는 것이고, 이인(里仁)편에서는 사람을 사랑하는 문제를 살폈는데 그것은 권도를 발휘하는 것과 관련된다.

예를 배우는 문제를 보다 구체적으로 잘 보여주는 것이 『설원』 19-6이다.

제나라 경공이 사대(射臺)에 올라 활을 쏠 때, 안자(晏子)가 예의를 갖추고서 기다렸다. 경공이 말했다. "활쏘기 예절로 사람을 뽑는 것은 번잡하여 과인이 싫어하오. 나는 천하의 용사를 얻어 그들과 함께 나라의 큰일을 도모하고 싶소."

안자가 대답해 말했다. "군자에게 예가 없으면 이는 서인과 같고, 서인에게 예가 없으면 이는 금수와 같습니다. 무릇 신하가 용력이 많으면 자기 임금을 시해하게 되고, 어린 사람이 힘이 많으면 그 어른을 시해하게 됩니다. 그런데도 감히 그렇게 하지 못하는 것은 오로지 예가 있어서입니다. 예란 백성들을 제어하는 방법이고, 고삐는 말을 제어하는 수단입니다. 예가 없는데도 능히 국가를 잘 다스린 자에 대해 저는 아직 들어본 적이 없습니다."

경공이 말했다. "좋은 말이다."

마침내 활 쏘는 예를 다잡고 자리를 바꾸어 안자를 상객(上客)으로 삼아 하루 종일 일의 이치인 예에 관해 물었다.

앞서 본대로 『논어』에 등장하는 원(遠)이란 시공간적으로 멀다는 뜻은 거의 없다. 대부분 공명정대(公明正大)와 같은 뜻이었다. 여기서도 마찬가지다. 진강이 "원지(遠之)"라고 했는데 이에 대한 윤돈 풀이다.

"공자께서 아들을 가르침에 제자들과 다름이 없었다. 이 때문에 진강(陳亢)이 (공자께서) 그 아들을 공정하게 대한다고 말한 것이다."

이런 풀이가 아니더라도 이미 원(遠)은 공명(公明)이다. 특히 우리 말로 멀리하다로 옮기게 되면 공자는 위선자가 된다. '똑같이 대했다'는 뜻이 정확하다.

『설원』3-15는 시와 예를 배워야 하는 까닭을 보다 상세하게 풀어준다.

공자가 말했다. "리(鯉-공자 아들)야, 군자가 되고자 한다면 배우지 않을 수 없고, 다른 사람을 만나 볼 때는 겉을 꾸미지 않을 수 없다. 꾸미지 않으면 좋은 용모가 없고, 좋은 용모가 없으면 삼감을 잃으며, 삼감을 잃으면 거짓됨이 없는 마음이 없고, 거짓됨이 없는 마음이 없으면 일의 이치인 예를 잃게 되고, 예를 잃으면 사람으로서 제대로 설 수가 없다."

季氏

14

○나라 임금의 아내를 임금이 부를 때는 부인(夫人)이라 하고, 부인이 스스로를 칭할 때는 소동(小童)이라고 한다. 그 나라 사람들이 임금 아내를 칭할 때는 군부인(君夫人)이라 하고, 다른 나라에 말할 때는 과소군(寡小君)이라 하고, 다른 나라 사람이 칭할 때도 역시 군부인이라고 한다.

邦君之妻 君稱之曰夫人 夫人自稱曰小童

邦人稱之曰君夫人 稱諸異邦曰寡小君 異邦人稱之亦曰君夫人

전통적으로 여기에 왜 이런 내용이 들어 있는지를 두고 논란이 많았다. 군군신신(君君臣臣)이 바로 공자가 말하는 도리[道]임을 몰랐기 때문이라 할 수 있다. 오역(吳棫)은 "무릇 『논어』에 기재된 내용 중에 이와 같은 류들은 무엇을 말한 것인지 알지 못하겠다. 혹 옛날부터 있었는지 혹은 공자께서 일찍이 말씀하신 것인지 상고할 수가 없다"고 했다. 문맥을 소홀히 한 데서 생기는 무지일 뿐이다.

　　장남헌(張南軒) 풀이가 도움을 준다.

　　"이는 정명(正名)에 대한 내용이다. 춘추 시대에는 첩모(妾母-첩의 어머니)를 부인(夫人)이라 한 것이 많았다. 심지어는 첩을 부인이라 하기도 했으니, 예를 들면 노나라 혜공(惠公)과 진나라 평공(平公)이 (첩을 부인이라) 한 것과 같다. 이름[名]과 그 지칭하는 바[實]가 맞지 않고 어긋남이 한결같이 이 지경까지 이르렀으니, 그 명분을 바로잡는 것은

　그 실상을 구하기 위한 것이다.”

　　군군신신(君君臣臣)이 바로 정명(正名)인데 실상에서 어그러졌으니, 당연히 임금 부인에 대한 호칭이 어그러졌을 것이며 그래서 이름부터 바로잡으려 한 것이다. 이는 공자가 음악을 바로잡아 정사를 바로 세우려 했던 것과도 통한다. 오히려 계씨(季氏)편의 일관된 주제와 잘 통하며 결론부로서도 손색이 없다. 이제 명(命)으로 넘어간다.

陽_양

貨_화

1 ○陽貨欲見孔子孔子不見歸孔子豚孔子時其亡也而往拜之遇諸塗謂孔子曰來予與爾言曰懷其寶而迷其邦可謂仁乎曰不可好從事而亟失時可謂知乎曰不可日月逝矣歲不我與孔子曰諾吾將仕矣

2 ○子曰性相近也習相遠也

3 ○子曰唯上知與下愚不移○

氏之之也子曰夫召我者而豈徒哉如

欲往子路不說曰末之也已何必公山

前言戲之耳○公山弗擾以費畔召子

道則易使也子曰二三子偃之言是也

聞諸夫子曰君子學道則愛人小人學

曰割雞焉用牛刀子游對曰昔者偃也

子之武城聞弦歌之聲夫子莞爾而笑

7

6

君子不入也佛肹以中牟畔子之往也
由也聞諸夫子曰親於其身爲不善者
以使人○佛肹召子欲往子路曰昔者
則得衆信則人任焉敏則有功惠則足
矣請問之曰恭寬信敏惠恭則不侮寬
於孔子孔子曰能行五者於天下爲仁
有用我者吾其爲東周乎○子張問仁

如之何子曰然有是言也不曰堅乎磨

而不磷不曰白乎涅而不緇吾豈匏瓜

也哉焉能繫而不食○子曰由也女聞

六言六蔽矣乎對曰未也居吾語女好

仁不好學其蔽也愚好知不好學其蔽

也蕩好信不好學其蔽也賊好直不好

學其蔽也絞好勇不好學其蔽也亂好

9　　　　10　　　11　12

剛不好學其蔽也狂〇子曰小子何莫

學夫詩詩可以興可以觀可以群可以

怨邇之事父遠之事君多識於鳥獸草

木之名〇子謂伯魚曰女爲周南召南

矣乎人而不爲周南其猶正牆面

而立也與〇子曰禮云禮云玉帛云乎

哉樂云樂云鐘鼓云乎哉〇子曰色厲

也肆今之狂也蕩古之矜也廉今之矜

者民有三疾今也或是之亡也古之狂

失之苟患失之無所不至矣○子曰古

也與哉其未得之也患得之其得之患

塗說德之棄也○子曰鄙夫可與事君

○子曰鄉原德之賊也○子曰道聽而

而內荏譬諸小人其猶穿窬之盜也與

孺悲欲見孔子孔子辭以疾將命者出

言哉四時行焉百物生焉天何言哉○

曰子如不言則小子何述焉子曰天何

口之覆邦家者○子曰予欲無言子貢

紫之奪朱也惡鄭聲之亂雅樂也惡利

矣○子曰巧言令色鮮矣仁○子曰惡

也忿戾古之愚也直今之愚也詐而已

21

戶取瑟而歌使之聞之○宰我問三年
之喪期已久矣君子三年不爲禮禮必
壞三年不爲樂樂必崩舊穀既沒新穀
既升鑽燧改火期可已矣子曰食夫稻
衣夫錦於女安乎曰安女安則爲之夫
君子之居喪食旨不甘聞樂不樂居處
不安故不爲也今女安則爲之宰我出

無義爲亂小人有勇而無義爲盜〇子

勇乎子曰君子義以爲上君子有勇而

24

者乎爲之猶賢乎已〇子路曰君子尚

飽食終日無所用心難矣哉不有博奕

23

予也有三年之愛於其父母乎〇子曰

父母之懷夫三年之喪天下之通喪也

22

子曰予之不仁也子生三年然後免於

四十而見惡焉其終也已

養也近之則不遜遠之則怨○子曰年

以爲直者○子曰唯女子與小人爲難

惡徼以爲知者惡不遜以爲勇者惡訐

禮者惡果敢而窒者曰賜也亦有惡乎

之惡者惡居下流而訕上者惡勇而無

貢曰君子亦有惡乎子曰有惡惡稱人

陽貨

1

○양화가 공자를 만나보려 했으나 공자가 만나주지 않자 공자에게 돼지를 예물로 보냈다. 공자는 그가 없는 틈을 타서 사례하려고 했는데 가는 도중에 그를 길에서 만났다. 양화가 공자에게 말했다. "이리 오라. 내가 그대랑 말을 좀 해야겠소."

(양화가) 말했다. "보배를 품고도 나라를 혼미하게 그냥 둔다면 그것을 일러 어짊이라고 할 수 있겠소?"

(공자가) 말했다. "할 수 없습니다."

"일에 종사하기를 좋아하면서 자꾸 때를 잃는다면 그것을 일러 사리를 안다고 할 수 있겠소?"

(공자가) 말했다. "할 수 없습니다."

"해와 달은 흘러가는 것이고, 세월은 나를 도와주지 않는 법이오."
공자가 말했다. "알겠습니다. 내 장차 벼슬길에 나서겠습니다."

양-화 욕-견 공-자 공-자 불-견 귀 공-자 돈
陽貨欲見孔子 孔子不見 歸孔子豚

공-자 시 기-무-야 이 왕 배-지 우-저 도
孔子時其亡也 而往拜之 遇諸塗

위 공-자 왈 내 여 여-이 언
謂孔子曰 來 予與爾言

왈 회 기-보 이 미 기-방 가-위 인-호
曰 懷其寶而迷其邦 可謂仁乎

왈 불-가
曰 不可

호 종-사 이 기 실-시 가-위 지-호
好從事而亟失時 可謂知乎

왈 불-가
曰 不可

1

일─월 서─의 세 불─아─여
日月逝矣 歲不我與
공─자 왈 낙 오 장 사─의
孔子曰 諾 吾將仕矣

정약용은 양화(陽貨)의 내력을 이렇게 정리했다.〔형병에 따르면, 양화는 자(字), 이름은 양호(陽虎)이다.〕

"양호는 본래 노나라 공족(公族)인 맹씨(孟氏)이다. 처음에는 계씨 가신이었다가 얼마 뒤에 신분이 상승해 대부가 되어 노나라에서 국정을 맡았다."

『맹자』등문공장구(滕文公章句)를 보면 양화와 공자의 만남에 관한 자세한 배경을 알 수 있다.

공손추가 물었다. "스승님께서 먼저 제후들을 찾아가 만나보지 않는 것은 어떤 의리입니까?"

맹자가 말했다. (…) "양화는 공자께서 자신을 만나보러 오게 하고 싶었으나 (공자를 부를 경우) 무례하다는 지적을 받게 되는 것이 싫었다. (당시 예법에 따르면) 대부(大夫)가 사(士)에게 선물을 보낼 경우, 사가 (집에 없거나 해서) 집에서 선물을 받지 못하면 대부의 집으로 가서 그 문을 향해 절을 해야 했다. (그래서) 양화는 공자가 없을 때를 엿보아 공자께 삶은 돼지를 보냈다. 이에 공자께서도 양화가 없을 때를 엿보아 찾아가서 절을 하셨다. 이때 만일 양화가 (이 같은 편법을 쓰지 않고 예를 갖춰) 먼저 찾아갔다면 (공자가) 어찌 만나 보지 않았겠는가?"

우리는 이 장에서 이루어진 짧은 대화에서도 양화가 상당한 식견을 갖춘 인물임을 알아볼 수 있다. 먼저 인(仁)과 지(知)를 활용한 질문이 매우 예리하다. 양화가 "보배를 품고도 나라를 혼미하게 그냥 둔다면 그것을 일러 어짊[仁]이라고 할 수 있겠소?"라고 말한 뜻을 주희는 이렇게 풀이한다.

1

"도덕을 품고 감춘 채 나라의 혼란을 구원하지 않음을 이른다"

양화가 공자를 압박한 의도는 공자로 하여금 벼슬을 하게 하려 한 것이다. 주희 풀이다.

"공자는 진실로 일찍이 이와 같지 않으셨고, 또한 벼슬하고자 하지 않은 것이 아니었다. 다만 양화에게 벼슬하지 않으셨을 뿐이다. 그러므로 다만 이치에 의거하여 대답하시고, 다시 그와 변론하지 않으시어 마치 그의 뜻을 깨닫지 못한 것처럼 하신 것이다."

그러나 이는 지나친 풀이다. 공자를 미화한 혐의가 짙다. 오히려 앞서 맹자 시각이 균형 잡혀 있다.

특히 "일에 종사하기를 좋아하면서 자꾸 때를 잃는다면 그것을 일러 사리를 안다고 할 수 있겠소?"라고 해서 공자의 속내를 직격한 다음 해와 달에 빗대어 은유적으로 공자를 설득한다.

"해와 달은 흘러가는 것이고, 세월은 나를 도와주지 않는 법이오."

정약용은 공자에 관한 가장 믿을 만한 정보를 담고 있는『춘추좌씨전』을 바탕으로 당시 상황을 이렇게 정리했다.

"정공 6년(기원전 504년)에 양호가 주사(周社-노나라 사직)에서 삼환(三桓-삼가)과 맹약을 했으니 이때 이미 대부가 되었고, 정공 8년 겨울 10월에 양호가 난을 일으키고 도망쳤으니 이 해에 공자가 비로소 사구(司寇)가 되었으며 또한 대부였다.《공자 나이 쉰이다.》 그렇다면 양화가 돼지를 예물로 보낸 것은 정공 6~7년에 해당한다."

얼핏 보면 양화가 단계적 논리로 밀어붙여 결국 공자로부터 "알겠습니다. 내 장차 벼슬길에 나서겠습니다"라는 긍정적 답변을 이끌어낸 것처럼 보인다. 일단 둘 사이 대화는 여기서 끝나고, 그 이후 공자가 양화 밑에 가서 벼슬했다는 기록은 없다.

우리는 지금『논어』정상 부분에 이르고 있다. 권도(權道) 영역에 들어선 것이다. 앞서 보았던 권도 관련 대목 몇 가지를 다시 읽어보는 것으로 양화의 공세 앞에서 공자가 무슨 생각을 했을까를 추체험하고 다음으로 넘어가자. '이인 10'이다.

공자가 말했다. "군자가 천하에 (공적인 일을 하러) 나아가면 '오로지 이래야 한다'는 것도 없고, '오로지 이래서는 안 된다'는 것도 없다. (그때마다의) 마땅함에 따라 행할 뿐이다."

다음은 '자한 12'이다.

자공이 말했다. "여기에 아름다운 옥이 있다면 (스승님께서는) 가죽으로 싸서 궤짝에 보관하시겠습니까? 물건을 알아보는 좋은 상인을 구해서 팔겠습니까?"

공자가 말했다. "팔아야지! 팔아야지! (하지만) 나는 그런 상인을 기다리는 사람이다."

陽貨

2

○공자가 말했다. "(타고난) 본성은 서로 가까우나 익히는 것에 의해 서로 멀어진다."

<ruby>子<rt>자</rt></ruby><ruby>曰<rt>왈</rt></ruby> <ruby>性<rt>성</rt></ruby><ruby>相<rt>상</rt></ruby><ruby>近<rt>근</rt></ruby><ruby>也<rt>야</rt></ruby> <ruby>習<rt>습</rt></ruby><ruby>相<rt>상</rt></ruby><ruby>遠<rt>원</rt></ruby><ruby>也<rt>야</rt></ruby>

자—왈　성　상—근—야　습　상—원—야
子曰 性相近也 習相遠也

공자는 본성[性]은 서로 가깝지만 익히는 것[習]에 의해 서로 멀어진다고 말한다. 너무 함축적이라 다양한 해석 가능성이 열려 있다. '양화 1'을 중심으로 전체 문맥을 염두에 두면서 해석 범위를 좁혀가야 한다.

참고로 유학자들 중에서 성(性)에 특별한 관심을 쏟아온 주희나 성리학자 견해를 들어보자. 우선 성(性)을 본성으로 이해할 것인지, 성질로 볼 것인지부터 판단해야 한다. 주희나 정이천은 둘 다 후자의 뜻으로 본다. 즉 기질의 성으로 본다. 그래서 주희는 "기질의 성은 본래 좋고 나쁨이 차이는 있지만, 그 처음을 가지고 말한다면 모두 서로 크게 멀지 않다. 다만 선을 익히면 선해지고 악을 익히면 악해져서 이에 비로소 서로 멀어지게 되는 것이다"라고 풀이한다.

정이천도 같은 맥락에서 이렇게 말한다.

"이는 기질의 성을 말한 것이지, 본연의 성을 말한 것이 아니다. 만약 본연을 말한 것이라면 성(性)은 곧 이(理)요, 이(理)는 선하지 않음이 없으니, 맹자가 말한 성선(性善)이 바로 이것이다. 어찌 서로 비슷함이 있겠는가?"

무슨 말인지 알 수가 없다. 그저 이미 성리학적 견해를 깔고서 개념 장난을 하는 것일 뿐이다. 오히려 정약용 풀이가 현실적으로 와닿는다.

"다움[德]을 좋아하고 악을 부끄러워하는 본성은 성인이나 범인이나 모두 같으니, 이 때문에 본래 서로 가까우며, 뛰어난 이를 가까이하고 소인을 업신여기는 습성[習]은 사람마다 다름이 있으니, 이 때문에 마침내 서로 멀어진다."

　　정약용 풀이가 중요한 까닭은 "뛰어난 이를 가까이하고 소인을 업신여기는" 문제를 언급하고 있기 때문이다.

　　지금까지 『논어』 문맥에서 볼 때 공자는 단 한 번도 어짊[仁^인]이 사람에게 내재되어 있다고 말한 적이 없다. 주희나 정이천 풀이 그리고 나아가 맹자의 성선설(性善說)을 배제한 것도 그 때문이다. 그렇다고 순자의 성악설(性惡說)을 지지하는 것도 아니다. "(타고난) 본성은 서로 가까우나"라는 공자 말을 보면 성선설, 성악설 어느 쪽도 아님을 분명히 알 수 있다. 이 점을 확인할 수 있는 몇 가지만 『논어』 안에서 살펴보자.

　　공자가 말했다. "(사람과 마찬가지로) 마을도 어짊이 중요하니 잘 가려서 어진 마을에 가서 살지 않는다면 어찌 사리를 안다고 할 수 있겠는가?"('이인 1')

　　공자가 자천을 평해 말했다. "군자도다, 저 사람이여! 노나라에 군자다운 자들이 없었다면 이 사람이 어디서 이런 군자다움을 취했겠는가!"('공야장 2')

　　공자가 말했다. "회(回)의 경우에는 그 마음이 석 달 동안 어짊을 떠나지 않았는데, 나머지 제자들은 하루나 한 달에 한 번 이를 뿐이다."('옹야 5')

　　이 모든 것들은 하나같이 어짊이 우리 안에 있는 것이 아니라 밖에 있는 것임을 분명하게 보여 준다.

　　다움[德^덕]은 높이거나[尙^상] 닦아내는[修^수] 방식으로 만들어간다. 사리[禮^예]는 널리 배워 다잡는[博文約禮^{박-문-약-례}] 방식으로 만들어간다. 그렇다면 어짊[仁^인]은 어떻게 우리 것으로 만들 수 있는가? 그 실마리가 여기서 말하는 익힘[習^습]이다. 공자는 어짊을 익히는 데는 어진 벗[仁友^{인-우}]이 가장 좋다고 밝혔다. 스승이 아닌 것이다. 그것은 예(禮)처럼 배운다고 해서 될 일이 아니고 스스로 닦는다[自修^{자-수}]고 해서 될 일도 아니다. '안연 24'는 이 점을 분명하게 보여 준다.

　　증자가 말했다. "군자는 문(文)으로 벗을 모으고 벗으로 어짊을 보충

한다[<ruby>輔仁<rt>보-인</rt></ruby>].”

그러면 『논어』 편찬자는 왜 “(타고난) 본성은 서로 가까우나 익히는 것에 의해 서로 멀어진다”는 이 공자 말을 권도(權道)를 이야기하는 양화(陽貨)편 두 번째 자리에 배치한 것일까?

이 점을 풀어낼 실마리는 위정(爲政)편 두 번째 자리에 나왔던 사무사(思無邪)이다. 생각에서부터 그릇됨이 없어야 다움[德]을 쌓을 수 있고, 더불어 일의 이치[禮]로 나아갈 수 있다는 점을 밝히기 위함이었다. 정(正)으로 들어가는 출발점이 바로 사무사(思無邪)였던 것이다. 그런 점에서 보자면 “(타고난) 본성은 서로 가까우나 익히는 것에 의해 서로 멀어진다”는 말은 중(中), 즉 권도로 들어가는 출발점이기에 여기에 배치한 것이다.

어짊은 익혀야 하는[習] 것이다. 그런데 여기서 중요한 것은 익히는 정도이다. 그 정도에 따라서 사람마다 멀어진다는 것은 서로 다르게 된다는 말이다. 이제 우리는 자연스럽게 다음 장으로 넘어갈 수 있다.

陽貨

3

○공자가 말했다. "오직 지극히 지혜로운 자와 지극히 어리석은 자만이 변하지 않는다."

_{자-왈} _유 _{상-지} _여 _{하-우} _{불-이}
子曰 唯上知與下愚不移

내용상 '양화 2'와 바로 연결된다. 정약용 풀이는 좀 길기는 해도 그 뜻을 남김없이 다 풀어내고 있다.

> "무엇을 좋아하고 미워하는 것[好惡]이라고 하는가? 젖을 먹는 어린아이도 칭찬하는 말을 들으면 기쁜 얼굴을 하고, 손을 잡고 다니는 아이도 꾸지람을 들으면 부끄러운 마음을 가지니, 이는 선(善)이 귀하다는 것을 알기 때문에 칭찬하는 말을 들으면 기쁜 얼굴을 하고, 악(惡)이 부끄럽다는 것을 알기 때문에 꾸지람을 들으면 부끄러운 마음을 가지는 것이다.
>
> 도적이란 악인인데 모르는 사람이 그를 청렴한 선비라고 칭찬하면 즐거워하고, 음란한 여자는 악인인데 모르는 사람이 그를 정조가 있는 여자라고 칭찬하면 즐거워한다. 이는 무엇 때문인가? 덕을 좋아하고 악을 부끄러워하는 마음이 천성에 근본을 두고 있어, 비록 그 천성을 잃어 남은 것이 없더라도 오히려 없어지지 않는 바가 있기 때문이다. 맹자가 이를 가리켜 성선(性善)이라고 하였으니, 어찌 이치에 어긋남이 있겠는가?
>
> 그러나 다만 선하지 않을 수 없을 뿐이라면, 여기에는 사람에게 공(功)이 없는 것이다. 그래서 이에 또 선할 수도 있고 악할 수도 있는 권형(權衡-일종의 권한)을 부여하여, 그의 자주력(自主力)에 따라 선으로 향하려고 하면 이를 들어주고 악으로 나아가려고 하면 이를 들어주었으니, 이것은 (사람의) 공과 죄가 여기에서 일어나게 되는 것이다.
>
> 하늘이 이미 덕을 좋아하고 악을 부끄러워하는 성(性)을 부여하였는

데, 여기에 그가 선을 행하고 악을 행하는 것과 같은 것을 그로 하여금 마음대로 하게 그 행위에 맡겨두었으니, 이는 신비로운 권한이자 신묘한 뜻이 은연중에 담겨 있는 것이므로 (하늘의 깊은 뜻을) 두려워할 만한 것이다. 무엇 때문인가? 덕을 좋아하고 악을 부끄러워하는 것이 이미 분명해졌으니, 이로부터 이후에 선으로 향하는 것은 너의 공이고, 악으로 향하는 것은 너의 죄이니 두려워하지 않을 수 있겠는가? 금수(禽獸)의 성(性)은 본래 덕을 좋아하고 악을 부끄러워할 수 없기 때문에 선이 공이 되지 아니하고 악이 죄가 되지 아니하니, 이것이 큰 징험이다.

진실로 인성(人性)으로 하여금 (다만) 선하지 않을 수 없게 한 것이 긴 꼬리원숭이라는 짐승이 효도하지 않을 수 없는 것과 같고, 벌이 충성하지 않을 수 없는 것과 같으며, 원앙이 정렬(貞烈-절개)을 지키지 않을 수 없는 것과 같다면, 천하에 이 이상 다시 더 선인(善人)이 있겠는가? 그러나 이에 또 선할 수도 있고 악할 수도 있는 권형을 부여하여, 그로 하여금 선을 따르는 것은 산에 오르는 것처럼 힘들게 하고 악을 따르는 것은 담장이 무너지는 것처럼 쉽게 하였으니, 이것이 곧 사람의 육신이다. 정신과 육신이 묘합하여 서로 분리될 수 없기 때문에 육신의 모든 욕심도 또한 이 성(性)에서부터 생겨나니, 이것이 옛날의 이른바 인심(人心)이며 기질지설(氣質之說)은 이로부터 일어난 것이다.

그러나 이 기질지성은 요순(堯舜)만이 일찍이 그 청명한 것을 받지 않았고, 걸주(桀紂)만이 일찍이 그 탁하고 더러운 것을 받지 않았으며, 또 그 기질지성은 본성의 선악과는 아무런 관계가 없는 것이다. 선배 유학자들(여기서는 주희나 정이천)은 매양 기질의 청탁(淸濁)을 선악의 근본으로 삼았는데, 이는 아마도 잘못이 없지 않은 듯하다. 만약 기질 때문에 선악으로 구분되었다면 요순이 스스로 선한 것을 내가 숭모할 것도 없고, 걸주가 스스로 악한 것을 내가 경계할 것도 없으며, 오직 사람은 어떤 기질을 받아 태어나느냐에 따라 행(幸)과 불행(不幸)이 있을 뿐이다.

이런 것을 말미암아 본다면 천하의 사람은 그 성품이 본래 모두 같으며, 오직 중등인(中等人)만이 본성이 서로 가까운 것은 아니다. 천하의 큰 선은 반드시 모두 총명하고 민혜(敏慧)한 자만이 하는 것은 아니고, 천하의 큰 악은 반드시 모두 귀머거리와 장님처럼 무지하고 노둔한 자만이 하는 것은 아니니, 천지의 청명한 기를 받은 자도 반드시 선인이 되는 것은 아니고, 천지의 탁하고 더러운 기를 받은 자도 반드시 악인이 되는 것은 아니다. 안자와 증자는 어리석고 노둔하였으나 덕을 이루었고, 장의와 공손연은 말을 잘하고 지혜로웠으나 악에 빠졌으며, 주발과 석분은 그 기질이 대개 탁하였고, 왕망과 조조는 그 기질이 대개 청하였으니, 만약 반드시 타고난 청탁(淸濁)으로써 선악의 소이연(所以然-그렇게 된 까닭)을 삼는다고 하면 이는 실제와 어긋나는 것이 많을 것이다.

청기(淸氣-맑은 기질)를 받아서 상지(上知)가 되었다면 이는 그렇지 않을 수 없는 선이니, 어찌 이것이 족히 선이 될 수 있겠으며, 탁기(濁氣)를 받아서 하우(下愚)가 되었다면 이는 그렇지 않을 수 없는 악이니, 어찌 이것이 족히 악이 될 수 있겠는가? 기질은 능히 사람으로 하여금 지혜롭게도 하고 우둔하게도 할 수 있으나, 사람으로 하여금 선하게 하거나 악하게 하거나 할 수 없는 것은 이와 같음이 있다.

맹자는 이르기를 '요순도 일반 사람과 똑같다'고 하였으니, 진실로 순(舜)이 순다워진 까닭은 효우(孝友)에 있지 선기옥형(璇璣玉衡-아름다운 옥으로 장식된 천문관측기구)에 있는 것이 아니다. 가령 지금 여기에 천하 사람들로 하여금 사람마다 모두 천문의 역리(曆理)를 추구하여 선기옥형을 만들게 한다면, 사람들은 (그 일을 너무 어렵다고 여겨 도망치고자) 문을 바라보고 안색을 보아 놀라서 달아나는 자가 많을 것이나, 가령 지금 여기에 천하 사람들로 하여금 사람마다 모두 순처럼 효우하게 한다면, 비록 지극히 노둔하고 매우 탁한 기질의 소유자라 하더

라도 행할 수 없고 힘이 부족하다[力不足]고 하여 다만 스스로 한계를
긋고 효우하기를 달갑게 여기지 않는 자는 없을 것이다. 그러니 맹자
가 '사람은 모두 요순이 될 수 있다'라고 한 말이 어찌 한 터럭이나마
실정에 지나친 말이겠는가? 기질과 선악은 그것이 이처럼 서로 연관
이 없으니, 기질의 설은 비록 없애 버리더라도 좋을 것이다."

기질의 설이란 정이천과 주희의 설을 말한다. 사상가로서 정약용이
가진 독립적 사유에 탄복할 뿐이다. "변하지 않는다[不移]"와 관련된 정
약용 풀이도 중요하다.

"지(知)와 우(愚)는 지혜의 우열이니 성(性)은 아니다. (그래서) 상지
하우(上知下愚)라는 말은 다만 습성이 서로 멀다는 면에서 말을 내놓
은 것이고, 본성이 서로 가깝다는 면에서 말을 첨가한 것은 아니다. 상
지(上知)나 하우(下愚)도 또한 그 성(性)은 같고 다만 그 지혜에 우열이
있을 뿐이다."

陽貨

4

○공자가 무성에 가서 거문고와 비파 소리를 들었다. 공자가 빙그레 웃으며 말했다. "닭 잡는데 어찌 소 잡는 칼을 쓰느냐?"

자유가 대답해 말했다. "예전에 제가 스승님께 듣건대 '군자가 도리를 배우면 사람을 사랑하고, 소인이 도리를 배우면 부리기 쉽다'고 하셨습니다."

공자가 말했다. "제자들아! 언(偃-자유)의 말이 옳다. 아까 내가 한 말은 농담일 뿐이다."

子之武城 聞弦歌之聲

夫子莞爾而笑曰 割鷄焉用牛刀

子游對曰 昔者偃也聞諸夫子

曰 君子 學道則愛人 小人 學道則易

使也

子曰 二三子 偃之言是也 前言戲之

耳

우선 본문부터 풀어보자. 공자가 무성(武城)에 가서 현악기에 맞추어 부르는 노랫소리를 들었다. 우선 이에 대한 주희 풀이다.

　　"현[弦-지금은 현(絃)이라고 한다]은 거문고와 비파이다. 이때 자유가 무성을 다스리는 읍재(邑宰)가 되어 예악(禮樂)을 가르쳤기 때문에 고을

4

사람들이 모두 현악(弦樂)에 맞추어 노래를 부른 것이다.''

완이(莞爾)는 빙그레 웃는 모양이다. 공자가 빙그레 웃으면서 이렇게 말한다.

"닭 잡는데 어찌 소 잡는 칼을 쓰느냐?''

이에 대한 주희 풀이다.

"(읍 단위의) 작은 고을을 다스리는데 어찌 (국가 통치에 쓰이는 예악과 같은) 이런 대도(大道)를 쓸 필요가 있느냐고 말씀하신 것이다.''

이에 자유가 대답한다.

"예전에 제가 스승님께 듣건대 '군자가 도리를 배우면 사람을 사랑하고[愛人=仁], 소인이 도리를 배우면 부리기 쉽다'고 하셨습니다.''

도리를 배우는 일은 벼슬아치고 백성이고, 큰 나라고 작은 읍이고 게 을리해서는 안 된다고 늘 강조하지 않았냐는 말이다. 당연히 공자는 흐뭇 했을 것이다. 무엇보다 자유가 중(中)에 이르렀음에 기뻤을 것이다.

소 잡는 칼, 닭 잡는 칼을 고집하는 것은 정(正)이다. 그러나 백성을 잘 부리게 만들려면 이 칼, 저 칼 구분할 필요가 없다. 그것이 중(中)하는 태도이다. 자유는 '이인 10'에 담긴 의미를 제대로 실천하고 있었다.

공자가 말했다. "군자가 천하에 (공적인 일을 하러) 나아가면 '오로지 이래야 한다'는 것도 없고, '오로지 이래서는 안 된다'는 것도 없다. (그때마다의) 마땅함에 따라 행할 뿐이다.''

이에 공자는 "닭 잡는데 어찌 소 잡는 칼을 쓰느냐?''는 말을 거둬들 이면서 기쁜 마음으로 "제자들아! 언의 말이 옳다. 아까 내가 한 말은 농 담일 뿐이다''라고 한다.

이렇게 되면 자연스럽게 '양화 2, 3, 4'가 하나의 문맥을 형성하게 된 다. 권도에 대한 형이중 차원의 설명이라 할 수 있다. 그리고 다시 형이하, 즉 사례로 나아간다.

陽貨

5

○공산불요가 비읍을 끼고서 반란을 일으키고 (공자를) 부르자 공자가
가려고 했다. 자로가 기뻐하지 아니하며 말했다. "가실 곳이 없으시면
그만두시지 하필이면 공산씨에게 가시려 합니까?"
공자가 말했다. "무릇 나를 부르는 자가 어찌 하릴없이 그러겠는가?
만일 나를 (제대로) 써주는 이가 있다면 나는 이에 동주(東周)를 만들어
보리라!"

公山弗擾以費畔 召 子欲往

子路不說 曰 末之也已

何必公山氏之之也

子曰 夫召我者 而豈徒哉

如有用我者 吾其爲東周乎

이 장은 뒤에 나오는 '양화 7'과 더불어 '양화 1'에 이어지는 사례 즉 형이
하이다. 공산불요(公山弗擾)는 계씨 가신이며 양호와 함께 계환자를 잡아
가두고서 비읍(費邑)을 점거하여 반란을 일으킨 인물이다. 첫 문장은 그
맥락에서 시작한다. "공산불요가 비읍을 끼고서 반란을 일으키고 (공자
를) 부르자 공자가 가려고 했다."
이 장을 이해하는 틀은 바로 앞 '양화 4'이다. 공자 자신이 바로 닭 잡을
때 쓰인 소잡는 칼의 비유이기 때문이다.

양화가 반란을 일으킨 것은 『춘추좌씨전』에 따르면 정공 5년 9월이
고, 노나라 군대가 양화를 토벌한 것은 정공 9년 여름이다. 대체로 공산불

요가 공자를 부른 것은 이 시기쯤으로 본다. 그러나 부른 시기를 특정하기
에는 사료가 부족하다.

통상적으로 도리를 저버릴 경우 군주가 불러도 각종 핑계를 대고 가
지 않으려는 공자인데, 왜 군주도 아닌 반란 가신이 부르는데 일부러 찾아
가려고 했던 것일까? 당연히 제자들도 이를 의아하게 생각하지 않을 수
없었다. 특히 의리에 뛰어난 자로가 가만히 있지 않았다. 기뻐하지 않다
[不說]고 했지만 실은 화가 난 것이다. 그래서 말한다.

"가실 곳이 없으시면 그만두시지 하필이면 공산씨에게 가시려 합니
까?"

목소리 톤으로 봐서 상당히 화가 났다는 것을 알 수 있다. 공자 대답
이 궁금하다.

"무릇 나를 부르는 자가 어찌 하릴없이 그러겠는가? 만일 나를 (제대
로) 써주는 이가 있다면 나는 이에 동주(東周)를 만들어 보리라!"

왜 공자는 계씨를 배반하고 반란을 일으킨 공산불요에게 가려 했던
것일까? 우선 성리학자 정이천 풀이를 보자.

"성인(聖人)께서는 천하에 훌륭한 일을 할 수 없는 사람이 없고, 또한
허물을 고칠 수 없는 사람이 없다고 생각하셨다. 이 때문에 찾아가려
고 하신 것이다. 그러나 끝내 찾아가지 않으신 것은 그가 반드시 고치
지 못할 것을 아셨기 때문이다."

공자는 노나라 군주를 농락하는 계씨, 특히 당시 집권하고 있던 계환
자를 부정적으로 보았다. 그러니 그 밑에 있으면서 계씨를 축출하려는 양
화나 공산불요의 반란을 마냥 부정적으로만 보지 않았다. 이런 차원에서
보면 "만일 나를 (제대로) 써주는 이가 있다면 나는 이에 동주(東周)를 만
들어 보리라!"고 한 공자 발언에 대한 정약용 풀이는 정곡을 찌른 것으로
볼 수 있다.

"이 말은 노나라 군주를 동쪽으로 비(費) 땅에 옮겨 동노(東魯)를 만들
고, 노나라는 차라리 계씨의 삼가(三家)에 주어, 마치 (동주가) 서주 땅

을 진(秦)나라에 준 것처럼 그렇게 하는 것이 오히려 오늘의 실정보다는 나을 것이라는 말이다.”

이 말을 '양화 4'와 연결 지어 풀자면 공자 자신도 나라의 대의(大義)를 위해서라면 자기 스스로 닭 잡는 칼로 사용되더라도 기꺼이 쓰이겠다는 의지를 보인 것이다. 이렇게 보면 '양화 1'에서 공자가 "알겠습니다. 내 장차 벼슬길에 나서겠습니다"라고 한 말도 단순한 상황 회피용이 아니라 어느 정도 진의가 담겨 있는 것으로 볼 수도 있다. 권도를 모르는 자로는 공자의 이 같은 깊은 뜻을 제대로 이해하지 못했다. 여기서 우리는 '자한 29'에서 공자가 말한 권도(權道) 문제를 떠올릴 필요가 있다.

공자가 말했다. "더불어 배울 수 있다고 해서 (그 사람들 모두와) 더불어 도리를 행하는 데로 나아갈 수는 없으며, 또 더불어 도리를 행하는 데 나아간다고 해서 (그 사람들 모두와) 더불어 조정에 서서 일을 할 수는 없으며, 또 더불어 조정에 서서 일을 한다고 해서 (그 사람들 모두와) 더불어 권도(權道)를 행할 수는 없다."

앞서 여러 차례 보았듯이 자로는 더불어 권도를 행할 만한 사람이 아니었다.

이 장은 뒤에 나올 '양화 7'과도 비교해서 해독할 필요가 있다. '양화 1, 5, 7'은 모두 공자가 긍정적 의미의 권도(權道)를 행하려 한 사례들이기 때문이다.

『설원』14-10은 공자 마음을 유향 자신이 상세하게 풀어낸 것이다.

공자는 어지러운 세상에 태어나 능히 용납을 받지 못했다. 그래서 자신의 말을 채택하여 군주가 시행하고 은택이 백성들에게 더해질 경우에는 벼슬을 했으나, 자신의 말을 군주가 시행하지 않고 은택이 백성들에게 더해지지 않을 경우에는 은거했다.

공자는 하늘이 만물을 덮어주는 마음을 품고 어질고 빼어난 다움을 끼고서, 세상 풍속이 진흙처럼 더러움을 가련하게 여겼고 기강이 무너져 내린 것을 마음 아파했다. 그리하여 무거운 수레를 끌고서 먼 곳을 돌아다니고 천하를 주유하면서 초빙에 응해 마침내 혹시라도 도리를 시행하여 백성들을 사랑하는 기회가 오기를 기다렸으나, 그 당시 제후 중에는 공자에게 일을 맡겨 쓰는 자가 없었다. 이 때문에 다움을 쌓았으나 펼치지 못했고 큰 도리는 굽혀져 제대로 펴지지 못했으니, 나라 안은 그 교화를 입지 못했고 뭇 백성들은 그 은택을 입지 못했다. 그래서 크게 탄식하며 말했다. "만일 나를 (제대로) 써주는 이가 있다면 나는 이에 동주(東周)를 만들어 보리라!"

공자가 천하를 돌며 유세를 한 것은 사사로운 욕심을 위해서가 아니라, 한 고을에서 교화를 베풀어 장차 그것을 천하에 널리 펼쳐서 뭇 백성에게 백성다움을 세우려 한 것뿐이다.

陽貨

6

○자장이 공자에게 어짊에 관해 묻자 공자가 말했다. "능히 다섯 가지를
천하에 행한다면 어짊을 행한다고 할 수 있다."

(그 다섯 가지에 대해) 더 묻자 이렇게 말했다. "공손함, 너그러움, 미더
움, 주도면밀함, 은혜로움이다. 공손하면 수모를 당하지 않고, 너그러
우면 무리를 얻고, 미더우면 남이 일을 맡기고, 주도면밀하면 일에 공
로가 있게 되고, 은혜로우면 사람을 부릴 수 있다."

子張問仁於孔子

孔子曰 能行五者於天下 爲仁矣

請問之 曰 恭寬信敏惠

恭則不侮 寬則得衆 信則人任焉 敏

則有功 惠則足以使人

이 글은 같은 내용의 '양화 5'와 '양화 7' 사이에 껴서 이 둘을 설명하는
개념과 원리(형이상과 형이중)역할을 한다. 그런 점에서는 '양화 8'도 같은
역할을 한다.

먼저 자장이 어짊[仁]을 묻자 공자는 "능히 다섯 가지[恭寬信敏惠]를
천하에 행한다면 어짊을 행한다고 할 수 있다"라고 말한다.

여기서 중요한 것은 일차적으로 『논어』 편찬자가 이 장을 왜 바로 이
곳에 배치했는가 하는 점이다. 그 실마리는 '이인 10'이다.

공자가 말했다. "군자가 천하에 (공적인 일을 하러) 나아가면 '오로지
이래야 한다'는 것도 없고, '오로지 이래서는 안 된다'는 것도 없다.

(그때마다의) 마땅함에 따라 행할 뿐이다.”

'이인 10'의 “군자가 천하에 (공적인 일을 하러) 나아가면”은 이 장에서 고스란히 “다섯 가지를 천하에 행한다면”으로 구체화된다. 그 다섯 가지가 바로 “(그때마다의) 마땅함”인 것이니 정확히 권도(權道) 문맥이다. 공자는 그 다섯 가지를 하나씩 풀어준다.

첫째, 공자는 “공손하면 수모를 당하지 않고”라고 말한다. 모(侮)는 '업신여기다' '깔보다' '조롱하다' 등의 뜻이다. 일반적으로 불모(不侮)를 '남을 업신여기지 않는다'고 번역하는데, 여기서는 정약용 풀이에 입각에 '업신여김을 당하지 않는다'는 뜻으로 풀었다. 공(恭)은 자신을 낮추는 것이다. '학이 13'에서 유자가 “공손함이 예(禮)에 가까우면 치욕을 멀리할 수 있다”라고 말한 것이 바로 그런 뜻이다.

둘째, 공자는 “너그러우면 무리를 얻고”라고 말한다. 품어주는 마음이 있을 때 무리가 모이고 따른다.

셋째, 공자는 “미더우면 남이 일을 맡기고”라고 말한다. 임(任)은 믿어준다[信]는 뜻도 있지만 그렇게 되면 동어 반복이 된다. 그래서 여기서는 '맡기다'로 새겨야 구체성이 생긴다.

넷째, 공자는 “주도면밀하면 일에 공로가 있게 되고”라고 말한다. 여기서 공(功)이란 일[事]을 이루는 공[成功]을 말한다. '학이 14'에서 공자가 '민어사이신어언(敏於事而愼於言)'이라고 했는데, 민어사(敏於事)는 “일을 할 때는 주도면밀해야 한다”는 뜻이다. 신어언(愼於言)은 바로 앞의 미더움[信]을 풀이한 것으로 볼 수 있다. '이인 24'의 욕눌어언이민어행(欲訥於言而敏於行)도 정확히 같은 뜻이다. '위정 18'은 이에 관한 총괄적 풀이라 할 수 있다.

자장이 벼슬자리를 구하는 법을 배우고자 하니 공자가 말했다. “많이 듣고서 (그중) 의심스러운 것은 제쳐놓고 그 나머지에 대해 신중하게 말한다면 허물이 적을 것이고, 많이 보고서 (그중) 타당하지 못한 것은 제쳐놓고 그 나머지에 대해 신중하게 행한다면 뉘우침이 적을 것이

다. 말에 허물이 적고 일을 행함에 뉘우침이 적으면 벼슬자리는 그 가
운데에 있다."

다섯째, 공자는 "은혜로우면 사람을 부릴 수 있다"라고 말한다. 이를
풀이하는 단서는 '공야장 15'이다.

공자가 (정나라) 자산을 평해 말했다. "그가 보여준 군자의 도리 네 가
지가 있었다. 그 몸가짐은 공손했고, 윗사람을 섬김에 있어서는 삼갔
으며, 백성을 길러줌에 있어서는 은혜로웠고[惠], 백성을 부림에 있어
서는 마땅했다."

따라서 "은혜로우면 사람을 부릴 수 있다"라는 말은 은혜로써 백성
을 보살피면 얼마든지 (강압에 의하지 않고) 마땅하게 사람을 부릴 수 있다
는 뜻이다. 혜(惠)는 따뜻한 보살핌과 통한다.

공자가 양화가 부를 때나 공산불요가 부를 때 그리고 바로 뒤에 나오
는 필힐이 부를 때 실제로 가려 했던 것도 이 다섯 가지를 행할 수만 있다
면 불러주는 이가 누구라도 상관없다고 생각했기 때문이다. 자유가 닭 잡
을 때 소 잡는 칼을 쓰려 했던 것과 같은 맥락이라 하겠다. 권도(權道)를 애
써 무시해야 하는 주희나 주자학자들은 제대로 이해할 수 없는 이야기일
수도 있다.

『설원』 10-32는 이에 대한 보충이다.

안회가 장차 서쪽으로 유람을 가고자 하면서 공자에게 물었다. "무엇
으로 몸을 다스려야 합니까?"

공자가 말했다. "공손[恭], 삼감[敬], 충직[忠], 신의[信]라면 몸을 다
스릴 수 있을 것이다. 공손하면 무리로부터 비난을 면할 수 있고, 삼가
면 사람들이 사랑할 것이고, 충직하면 사람들이 함께할 것이며, 신의
가 있으면 사람들이 믿고 의지한다. 사람들이 사랑하고 함께하며 믿
고 의지하면 반드시 환난을 면할 것이다. 이렇게 하면 국가도 다스릴
수 있는데, 어찌 하물며 몸을 다스림에랴! 그래서 친밀해야 할 사
람과 친하지 않고 소원해야 할 사람과 친하다면, 이런 도리에서 실로

멀어지지 않겠는가? 마음을 닦지 않고 겉만 닦는다면 실로 거꾸로 되지 않겠는가? 일이 생겨나기 전에 미리 사려하지 않고 일에 임해서야 마침내 모의한다면 실로 늦지 않겠는가?”

陽貨

7

○필힐이 부르자 공자가 가려고 했다. 자로가 말했다. "예전에 제가 스 승님께 듣건대 '자기 몸에 좋지 못한 짓을 하는 자들에게 군자는 (그 무리에) 들어가서는 안 된다'고 하셨습니다. 필힐은 중모를 근거지로 삼 아 반란을 일으켰는데 스승님께서 가신다니 어째서입니까?"

공자가 말했다. "그렇다. 이런 말이 있다. '단단하다고 하지 않겠는 가? 갈아도 얇아지지 않으니. 희다고 하지 않겠는가? 물들여도 검어 지지 않으니.' 내 어찌 조롱박 같겠는가? 어찌 매달려 있기만 하고 먹 지도 못하는 자이겠는가?"

필-힐 소 자 욕-왕
佛肹召 子欲往

자-로 왈 석-자 유-야 문-저 부-자 왈
子路曰 昔者由也聞諸夫子曰

친-어 기-신 위 불-선-자 군-자 불-입-야
親於其身爲不善者 君子不入也

필-힐 이 중-모 반 자-지 왕-야 여-지-하
佛肹以中牟畔 子之往也 如之何

자-왈 연 유 시-언-야 불-왈 견-호 마-이-불
子曰 然 有是言也 不曰堅乎 磨而不

-린 불-왈 백-호 날-이-불-치
磷 不曰白乎 涅而不緇

오 기 포-과 야-재 언 능-계 이 불-식
吾豈匏瓜也哉 焉能繫而不食

필힐(佛肹)은 진(晉)나라 대부 조간자(趙簡子)의 땅 중모(中牟)를 다스리는 읍재(邑宰)이다. 우리로 치면 군수에 해당하는 지방관리다. 일본 한자학 대가 시라카와 시즈카(白川靜)는 『공자전』에서 이렇게 말한다.

7

"필힐의 반란은 아마도 『좌전』에 기록된, 애공 5년(기원전 490년)에 조앙(趙鞅-조간자)이 위나라를 정벌하고 중모 땅을 포위했을 때의 일이었을 것이다. 중모는 본래 위나라 땅으로 이 당시 귀속을 둘러싸고 진(晉)나라와 위나라 사이에 문제가 발생했던 것으로 보인다. 공자는 이미 위나라를 벗어나 진(陳)나라에 가 있었다. 아마도 그곳으로 필힐의 초빙 의사가 전해져 왔을 것이다."

참고로 정약용은 필힐의 반란을 이보다 앞선 정공(定公) 13년에 일어난 일로 보았다. 역사 문맥은 이 정도면 충분하다.

'양화 5'에서 공산불요가 부르자 가려 했던 것과 상황이 똑같다. 차이가 있다면 이번에는 외국에서 불렀다는 점이다. 그러나 주유천하하던 공자에게 이런 차이는 그다지 큰 의미를 갖지 않는다.

이번에도 직선적 성품의 자로가 문제를 제기하고 나선다.

"예전에 제가 스승님께 듣건대 '자기 몸에 좋지 못한 짓을 하는 자들에게 군자는 (그 무리에) 들어가서는 안 된다'고 하셨습니다. 필힐은 중모(中牟)를 근거지로 삼아 반란을 일으켰는데 스승님께서 가신다니 어째서입니까?"

이에 대한 주희 풀이다.

"자로는 필힐이 공자를 더럽힐까 걱정하였다. 그러므로 이 질문을 해 공자께서 가시는 것을 막으려 했다. 친(親)은 자(自)와 같다. 불입(不入)은 그 무리에 들어가지 않는 것이다."

공자는 이렇게 답한다.

"그렇다. 이런 말이 있다. '단단하다고 하지 않겠는가? 갈아도 얇아지지 않으니. 희다고 하지 않겠는가? 물들여도 검어지지 않으니.' 내 어찌 조롱박 같겠는가? 어찌 매달려 있기만 하고 먹지도 못하는 자이겠는가?"

장경부(張敬夫) 풀이가 핵심을 찌른다.

"자로가 예전에 들었던 것은 군자가 몸을 지키는 떳떳한 법(法)이요,

공자께서 지금 말씀하신 것은 빼어난 이가 도리를 몸소 행하는 큰 권도(權道)이다. 그러나 공자께서 공산과 필힐의 부름에도 모두 가려고 하셨던 것은 천하에 변화시킬 수 없는 사람이 없고 할 수 없는 일이 없다고 생각하셨기 때문이고, 끝내 가시지 않은 것은 그 사람을 끝내 변화시킬 수 없고 그 일을 끝내 할 수 없음을 아셨기 때문이다. 하나는 만물을 생성시키는 어짊[仁]이고, 하나는 사람을 알아보는 지혜[知人之智＝知人之鑑]이다.”

장경부가 말한 뒷부분은 그대로 ‘양화 2’에 나온 성(性)과 습(習)에 대한 풀이로 보아도 무방하다.

陽貨

8

○공자가 말했다. "유(由-자로)야! 너는 여섯 가지 말에 따른 여섯 가지 가려짐을 들어보았느냐?"

대답했다. "아직 듣지 못했습니다."

"거기 앉아라. 내가 너에게 말해 주겠다. 어짊을 좋아한다면서 배우기 좋아하지 않는다면 그 가려짐은 어리석게 되는 것이다. 앎을 좋아한다면서 배우기 좋아하지 않는다면 그 가려짐은 노력이나 시간을 탕진하게 되는 것이다. 신의를 좋아한다면서 배우기 좋아하지 않는다면 그 가려짐은 남을 해치게 되는 것이다. 곧음을 좋아한다면서 배우기 좋아하지 않는다면 그 가려짐은 강퍅해지는 것이다. 용맹스러움을 좋아한다면서 배우기 좋아하지 않는다면 그 가려짐은 도리를 어지럽히는 것이다. 굳셈을 좋아한다면서 배우기 좋아하지 않는다면 그 가려짐은 거만해지는 것이다."

子曰 由也 女聞六言六蔽矣乎
자─왈 유─야 여 문 육─언─육─폐 의─호

對曰 未也
대─왈 미─야

居 吾語女
거 오 어 여

好仁不好學 其蔽也愚 好知不好學
호─인 불 호─학 기─폐─야 우 호─지 불 호─학

其蔽也蕩
기─폐─야 탕

好信不好學 其蔽也賊 好直不好學
호─신 불 호─학 기─폐─야 적 호─직 불 호─학

其蔽也絞
기─폐─야 교

好_호勇_용不_불好_호學_학 其_기蔽_폐也_야亂_난 好_호剛_강不_불好_호學_학
其_기蔽_폐也_야狂_광

이 장을 이해하는 실마리는 이미 '태백 2'에 나왔다.

"공손하기만 하고 예가 없으면 수고롭고[勞=不安], 조심하기만 하고
예가 없으면 두려움에 떨고[蔥=不怡], 용맹하기만 하고 예가 없으면
위아래 없이 문란해지고[亂=紊], 곧기만 하고 예가 없으면 강퍅해진
다[絞=急]."

따라서 배운다는 것은 예(禮), 즉 일의 이치[事理]를 배우는 것이다.
그러나 동시에 명(命), 즉 일의 형세[事勢]를 배우는 것으로 볼 수도 있다.
이 문맥에서는 오히려 사세를 배우는 것으로 봐야 한다.

陽
貨

9

○공자가 말했다. "제자들아! 너희들은 어째서 저 시를 공부하지 않는 가? 시를 배우면 제대로 도리에 대한 뜻을 일으킬 수 있고, 일이나 사 람을 제대로 살필 수 있으며, 제대로 된 사람들과 무리를 지을 수 있고, 제대로 원망할 수 있다. 가깝게는(혹은 사적으로는) 부모를 섬길 수 있 고, 멀게는(혹은 공적으로는) 임금을 섬길 수 있다. (또) 새와 짐승, 풀과 나무 이름을 많이 알게 된다."

<small>자—왈　소—자　하　막—학　부—시</small>
子曰 小子 何莫學夫詩
<small>시　가—이—흥　가—이—관　가—이—군　가—이—원</small>
詩 可以興 可以觀 可以群 可以怨
<small>이—지　사—부　원—지　사—군</small>
邇之事父 遠之事君
<small>다—식　어　조—수　초—목　지　명</small>
多識於鳥獸草木之名

'양화 8'에서 이 장으로 오면서 예(禮)의 문맥으로 전환했다. 다시 기본 을 다지기 위함일 것이다. 공자에게 예(禮)로 들어가는 문은 다름 아닌 시 (詩), 즉『시경』이다. 일의 이치에 기반하지 않고서는 일의 형세를 읽어 제 대로 권도(權道)를 발휘할 수가 없다.

　여기서 공자는『시경』을 제대로 익혔을 때 누릴 수 있는 여섯 가지 효 용을 말한다.

　첫째, 도리에 대한 뜻을 제대로 일으킬 수 있다. 지우학(志于學)이다.

　둘째, 이치를 알게 되어 사람을 제대로 볼 수 있게 된다. 지인지감(知 人之鑑)이다.

　셋째, 제대로 된 사람들과 무리를 지을 수 있다. 군자와 소인을 제대 로 분별해 군자당에 들어간다는 말이다.

넷째, 제대로 원망할 수 있다. '이인 3'은 이에 대한 풀이가 된다.

공자가 말했다. "오직 어진 자만이 제대로 남을 좋아할 수 있고, 제대로 남을 미워할 수 있다."

다섯째, 가깝게는(혹은 사적으로는) 부모를 섬길 수 있고, 멀게는(혹은 공적으로는) 임금을 섬길 수 있다. 군군신신 부부자자(君君臣臣父父子子)라는 도리에 이르는 길이 바로 『시경』이라는 말이다. 어쩌면 여기서 가장 중요한 항목이 이것인지 모른다.

여섯째, 부수적으로 자연에 관한 풍부한 지식을 얻게 된다.

陽貨

10

○공자가 백어에게 일러 말했다. "너는 주남(周南)과 소남(召南)을 배웠느냐? 사람으로서 주남과 소남을 배우지 않으면 담장을 정면으로 마주하고 서 있는 것과 같다."

子謂伯魚曰 女爲周南召南矣乎
人而不爲周南召南 其猶正牆面而立
也與

앞 장에서는 『시경』을 배웠을 때의 일반적인 효능에 대해 이야기했고, 이번에는 구체적으로 『시경』을 배웠을 때와 그렇지 않았을 때의 차이를 보여준다. '계씨 13' 과정지교(過庭之敎)에서 이미 공자는 백어(伯魚)에게 시를 배우지 않으면 다른 사람과 제대로 말을 할 수 없고, 예를 배우지 않으면 사람으로서 설 수가 없고 남도 세워줄 수가 없다고 했다. 그 연장선에 있는 장이다.

이 장은 '계씨 13' 전반부, 즉 학시(學詩)를 좀 더 구체적으로 이야기하고 있다. 공자는 아들 백어에게 "너는 주남(周南)과 소남(召南)을 배웠느냐?"고 묻는다. 우선 이에 대한 주희 풀이다.

"위(爲)는 학(學)과 같다. 주남과 소남은 『시경』 첫머리 편명인데, 그 내용이 모두 자기 몸을 닦고 집안을 다스리는 데 관한 것이다."

이어 공자는 "사람으로서 주남과 소남을 배우지 않으면 담장을 정면으로 마주하고 서 있는 것과 같다"고 말한다.

이에 대한 주희 풀이다.

"담장을 정면으로 마주하고 서 있는다는 것은 지극히 가까운 곳에 나아가도 하나의 사물도 보이는 것이 없고 한 걸음도 나아갈 수 없음을 말한 것이다.”

공자가 백어에게 단순히 주남(周南)과 소남(召南)의 시구를 암기했는지를 묻고 있는 것은 아니라는 정약용 지적은 설득력이 있다.

“두 시는 하루아침에 배울 수 있고, 백어는 바로 성인의 아들인데, 일찍이 한 번도 읽지 않았다면 이는 또한 너무 늦은 것이다.”

따라서 정약용의 다음과 같은 보충 풀이가 내용의 핵심을 짚어내고 있다.

“(공자가 말한 뜻은) 너는 주남과 소남을 음절에 맞게 거문고와 비파에 올려 노래할 수 있겠느냐? 사람으로서 이름만 지어져 있고 이 시를 음악으로 연주하지 못하면, 마치 담장을 향하여 맞대고 선 것과 같아서 마음과 눈이 소통하지 못한다.”

너무 좁혀 풀어낸 아쉬움이 있다. 그것을 넓혀주는 것이 바로 ‘자로 5’이다.

공자가 말했다. “시(詩) 300편을 외우더라도 정사를 맡겼을 때 제대로 못하고 사방에 사신으로 나가 혼자 힘으로 처결하지 못한다면, 비록 많이 배웠다 한들 실로 어디에다 쓰겠는가?”

마치 자로를 향한 꾸짖음처럼 들린다. 실제로 제대로 『시경』을 배워 현장에서 도리를 잘 펼치려면 ‘양화 8’이 제시한 대로 해야 한다.

陽貨

11

○공자가 말했다. "예다, 예다(예가 중요하다) 하지만 그것이 옥과 비단을 말하는 것이겠는가? 악이다, 악이다(악이 중요하다) 하지만 그것이 종과 북을 말하는 것이겠는가?"

子曰 禮云禮云 玉帛云乎哉
樂云樂云 鐘鼓云乎哉

이 장은 곧바로 '양화 10'에 이어진다. 이에 대한 주희 풀이다.

"공경하면서 옥과 비단으로 받들면 예(禮)가 되고, 조화로우면서 종과 북으로 나타내면 악(樂)이 된다. 근본을 빠뜨리고 오로지 그 말단을 일삼는다면 어찌 예악(禮樂)이라 할 수 있겠는가?"

예(禮)의 근본에 대해서는 '팔일 4'에서 임방이 물음을 던진 바 있다. 결국 여기서는 문질(文質)이 함께 가야지 겉치레[文]만 중시하고 바탕[質=本]은 망각하는 우를 범해서는 안 된다는 점을 강조한다. 그런 점에서 '양화 10'에 이어지는 보충 설명이라 할 수 있다. 이번에는 정약용 풀이다.

"예악(禮樂)의 근본은 어짊[仁]에 있으니 어짊이란 인륜이 지극한 것이다. 삼가(三家)가 불충하고 불효하여 예악을 참람하게 자행해서, 그들의 마음에는 다만 옥과 비단을 갖추어 받드는 것만이 예이고, 다만 종과 북으로 연주하는 것만이 악인 줄로 여기고 있었기 때문에 공자가 이를 논변하였다."

'팔일 3'은 이와 같은 내용이다.

공자가 말했다. "사람으로서 어질지 못한데 (그 사람이) 예(禮)를 행한들 무엇할 것이며, 사람으로서 어질지 못한데 악(樂)을 행한들 무엇할 것인가?"

이에 대해서는 정이천 풀이가 보다 상세하다.

"예(禮)는 하나의 질서[序]일 뿐이며 악(樂)은 하나의 조화[和]일 뿐
이니, 다만 서(序)와 화(和), 이 두 글자가 많은 의리를 함축하고 있다.
천하에는 한 가지 사물도 예악이 없는 것이 없으니, 이를테면 여기에
의자 둘이 놓여 있을 때 하나가 바르지 않으면 곧 질서가 없고, 질서가
없으면 괴리되고, 괴리되면 조화롭지 못하게 된다. 또 도적들이 지극
히 부도(不道)하나 그들에게도 예악이 있으니, 반드시 수령과 부하가
있어서 서로 명령을 들어 따라야만 도적질을 할 수가 있고, 그렇지 않
으면 반란하여 기강이 없어서 단 하루도 서로 모여 도적질을 할 수가
없다. 예악은 어느 곳이든 없는 곳이 없으니, 배우는 자들은 반드시 알
아야 할 것이다."

넓게 보면 문질빈빈(文質彬彬) 문맥에서 볼 수 있다. 예악(禮樂)은 문
(文), 인(仁)은 질(質)이기 때문이다. 그런데 대부분 겉만 번지레하고 속은
볼품이 없다. 앞으로는 '양화 12에서 18까지'는 이 점을 중심으로 전개된
다. 어질지 못한 행태들이 연이어 나온다. 사이비(似而非) 문맥이다.

陽貨

12

○공자가 말했다. "외모는 장엄한데 내면은 유약하다면 소인에 비유할 경우 아마도 (담을 뛰어넘지도 못하고) 구멍을 파서 들어가는 도둑과 같다고 할 것이다."

子曰 色厲而內荏 譬諸小人 其猶穿
窬之盜也與

먼저 여(厲)와 임(荏) 두 글자부터 점검해야 한다. 여(厲)는 갈다[礪]는 뜻 외에 부정적 의미로는 사납다[暴]나 위태롭다[危]는 뜻이 있다. 그래서 끝이 좋지 않았던 임금 시호로 사용되곤 했다. 여왕(厲王)이 그것이다. 반대로 긍정적 의미로는 '엄격하다[嚴]'나 '장엄하다[莊]'는 뜻이 있다. 여기서는 바로 이 뜻이다. 임(荏)은 들깨라는 뜻 외에 미루다[遷延], 부드럽다[柔], 점점[漸] 등의 뜻이 있는데 여기서는 '부드럽다'는 뜻이다.

군자는 외유내강(外柔內剛)한 반면 소인은 외강내유(外剛內柔)이니 "외모는 장엄한데 내면은 유약하다면" 정확히 소인의 모습이다. 공자는 그것을 담에 구멍을 파서 들어가는 도둑놈에 비유했다. 주희 풀이다.

> "실상은 없이 이름만 도둑질하여 항상 남이 알까 두려워하는 것을 말씀하신 것이다."

다시 말하면 남이 볼까 두려워 담을 뛰어넘을 용기조차 없어 구멍을 파서 기어들어가려 한다는 것이다. 이렇게 풀이하고 보면 여전히 겉[文]보다 속[質], 말(末)보다 본(本)이 중요함을 강조한다는 점에서 앞 장에서 이어진다.

『설원』19-32는 이 장에 대한 풀이가 된다.

> (증자의 제자) 공맹자고(公孟子高)가 전손자막(顓孫子莫)을 만나서 말했다. "감히 군자의 예가 어떠한 것인지 물어도 되겠습니까?"

전손자막이 말했다. "겉으로 드러나는 너의 엄정함과 속으로 가진 우월감 그리고 자기만 옳다는 고집을 버려라. 이 셋만 버리면 된다."
공맹자고는 알아듣지 못하고서 그 내용을 그대로 증자에게 고하니 증자는 낯빛을 바꾸고 머뭇거리다가 말했다. "크도다, 그 말씀이여! 무릇 외면이 엄정한 사람은 반드시 안으로 잘 꺾이고, 안으로 우월감을 가지거나 자기만 옳다는 고집을 가진 사람은 반드시 남에게 부림을 당한다. 이 때문에 군자는 다움과 행실이 이루어져도 용모로는 알 수 없고, 보고 들은 것이 많아도 말로 다투지 않으며, 지모와 사려가 은미한 곳에까지 이르니 능히 어리석지 않은 것이다."

陽貨

13

○공자가 말했다. "시골에서 덕망이 있다는 소리를 듣는 사람은 (잘 알고 보면 대부분) 다움을 해치는 자이다."

자-왈　향-원　덕-지-적-야
子曰 鄉原 德之賊也

역시 사이비(似而非)를 분별하는 문맥이다. 주희 풀이부터 보자.

　　"향(鄉)은 시골을 뜻한다. 원(原)은 원(愿-삼가다, 공손하다, 질박하다)과 같은 뜻이다. 따라서 향원(鄉原)은 시골 사람 중에서 신망이 있고 후덕한 자이니, 시류와 동화하고 더러운 세상에 영합하여 세상 사람들에게 아첨한다. 이 때문에 시골 사람들 사이에서만 유독 후덕하다고 칭하는 것이다. 공자께서는 (이런 사람의 행태는) 덕(德)이 있는 사람과 비슷하나 덕을 갖춘 사람이 아니어서 도리어 덕을 어지럽힌다고 여기셨다. 그러므로 덕을 해치는 적(賊)이라고 말씀하여 매우 미워하신 것이다."

　이런 풀이를 놓고 보면 내용이 바로 앞의 '양화 12'와 거의 동일하다. 주희가 이처럼 풀이할 수 있는 근거는 『맹자』 진심장구(盡心章句) 하(下)이다. 맹자가 말한다.

　　"공자는 '어떤 사람이 내 집 문 앞을 지나가면서 내 집에 들어오지 않았더라도 내가 조금도 유감스럽게 생각하지 않는 사람이 있다면, 그 사람은 오직 향원(鄉原)뿐일 것이다. 향원은 덕(德)의 적(賊)이다'라고 말했다."

　이에 제자 만장이 "어떠해야 곧 향원이라고 할 수 있습니까?"라고 묻자 맹자는 이렇게 답한다.

　　"무엇 때문에 〔광자(狂者)는〕 그렇게 뜻이 크다고 자랑하느냐? 말은 행실을 돌아보지 않고 행실은 말을 돌아보지 않고서, '옛사람이여, 옛사람이여!' 하고 되뇌고만 있고, 어찌하여 〔견자(狷者)는〕 행실을 그렇게 외롭고 쓸쓸하게 하느냐? '이 세상에 태어났으니 이 세상 사람이 되어서 남들이 좋다고만 하면 된다' 하면서 속을 감추고 심하게 세상에 아부하는 자가 이 향원(鄕原)이다."

이어 만장이 "공자가 (향원을) 덕의 적이라고 한 것은 무슨 까닭입니까?"라고 묻자 맹자는 이렇게 답한다.

"그를 비난하려 해도 드러낼 비난거리가 없고, 찔러보려고 해도 찔러볼 것이 없다. 유속(流俗-시류)과 동조하고 더러운 세상과 영합하여, (안에서) 거처할 때는 충직하고 신의가 있는 듯하며 (밖에서) 행동할 때는 청렴하고 결백한 듯해서, 많은 사람들이 모두 그를 좋아하고 자신도 그것이 옳다고 여기지만, 그러한 사람과는 함께 요순(堯舜)의 도(道)에 들어갈 수 없다. 그러므로 '덕의 적'이라고 한 것이다.

공자는 '비슷하면서 아닌 것[似而非]을 미워한다. 가라지를 미워함은 그것이 벼의 싹을 어지럽힐까 두려워서이고, 말재주 부리는 자를 미워함은 마땅함을 어지럽힐까 두려워서이고, 구변(口辯)만 좋은 자를 미워함은 신의를 어지럽힐까 두려워서이고, 정나라 음악을 미워함은 정악(正樂)을 어지럽힐까 두려워서이고, 자주색을 미워함은 붉은색을 어지럽힐까 두려워서이고, 향원을 미워함은 덕을 어지럽힐까 두려워서이다'라고 하였다."

이런 맥락에서 '자로 23과 24'를 함께 읽어 보자.

공자가 말했다. "군자는 화(和)하되 동(同)하지 않고, 소인은 동(同)하되 화(和)하지 않는다."('자로 23')

자공이 물었다. "마을 사람들이 모두 (어떤 이를) 좋아하는 것은 어떻습니까?"

공자가 말했다. "(그렇다고 해서 그를 좋은 사람으로 보는 것은) 안된다."

"마을 사람들이 모두 (그를) 싫어하는 것은 어떻습니까?"

공자가 말했다. "(그렇다고 해서 그를 나쁜 사람으로 보는 것은) 안된다. (모두 좋아하거나 모두 싫어하는 것은) 마을 사람 중에 선한 자가 좋아하고, 선하지 않은 자가 싫어하는 것만 못하다."('자로 24')

陽貨

14

○공자가 말했다. "길에서 듣고 길에서 말해버리는 것은 다움을 버리는 것이다."

^{자—왈} ^{도 청 이 도 설} ^{덕—지—기—야}
子曰 道聽而塗說 德之棄也

도(道)나 도(塗)는 둘 다 그냥 '길'이다. 공자는 말한다.

"길에서 듣고 길에서 말해버리는 것은 다움을 버리는 것이다."

형병 풀이가 정확하다.

"당시 사람들이 (말을 들으면) 이를 자기는 익히지 않고 남에게 전하기만 하려고 한 것을 미워한 것이다. 길에서 듣고 이를 남에게 전해서 말할 때는 반드시 여기에 그릇되고 망령됨이 많을 것이니, (이렇게 하면) 다움이 있는 사람에게 버림을 받을 것이다."

덕지기(德之棄)에 대한 풀이가 흥미롭다. 이는 향원(鄕原)을 가리킴과 동시에 달(達)보다는 문(聞)에만 온 힘을 다하는 사람을 비판한 것이다.

군자라면 간절히 구하여 듣고 끊임없이 수양해서 자신의 몸에 쌓으려[畜] 하지, 쉽게 말로 내뱉어 다움을 버리지 않는다. 반대로 소인들은 전형적으로 이와 같은 행태를 보인다.

陽貨

15

○공자가 말했다. "비루한 사람과 함께 임금을 섬기는 것이 가능할 수
있는가? (지위를) 얻기 전에는 그것을 얻어 보려고 근심하고, 이미 얻
고 나서는 그것을 잃을까 근심한다. 정말로 잃을 것을 걱정할 경우엔
(그것을 잃지 않기 위해) 못하는 짓이 없다."

子曰 鄙夫可與事君也與哉
其未得之也 患得之 其得之 患失之
苟患失之 無所不至矣

소인(小人) 중에서도 가장 저열한 비부(鄙夫), 즉 마음이 비루한 자들이 흔
히 보여주는 저질 행태를 한눈에 보여 준다.

비부(鄙夫)란 주희에 따르면 '용렬하고[庸] 악하고[惡] 비루하고[陋]
졸렬한[劣] 사람'을 칭한다. 소인 중의 소인이다. 공자는 이런 "비루한 사
람과 함께 임금을 섬기는 것이 과연 가능할 수 있는가?"라고 물은 다음
스스로 답한다. 이미 부정적 답을 내렸다고 볼 수 있다. 그리고는 비부가
보여주는 전형적 행태를 단계별로 제시한다.

"(지위를) 얻기 전에는 그것을 얻어 보려고 근심하고, 이미 얻고 나서
는 그것을 잃을까 근심한다. 정말로 잃을 것을 걱정할 경우엔 (그것을
잃지 않기 위해) 못하는 짓이 없다."

말 그대로 염치 불고하고 할 짓 못 할 짓 가리지 않는 상태에 빠지게
된다. 주희는 "작게는 등창을 빨고 치질을 핥는 것과 크게는 아비와 임금
을 시해함이 모두 부귀를 잃을까 걱정하는 데서 생길 뿐이다"고 풀이한
다. 등창을 빨고 치질을 핥는 것이란 연옹지치(吮癰舐痔)를 옮긴 말로 아첨
꾼을 비판할 때 종종 쓰이는 표현이다.

호인 풀이가 멋지다.

"허창(許昌-중국 하남성 현)의 근재지(靳裁之)라는 사람이 말하기를 '선비[士] 등급에는 대개 세 가지가 있으니 도덕(道德)에 뜻을 둔 자는 공명(功名)이 그 마음을 얽맬 수 없고, 공명에 뜻을 둔 자는 부귀(富貴)가 그 마음을 얽맬 수 없고, 부귀에만 뜻을 둘 뿐인 자는 못하는 짓이 없다'고 하였다. 부귀에만 뜻을 둔 자가 바로 공자께서 말씀하신 비루한 사람[鄙夫]이다."

『설원』17-27은 이 장에 대한 확장이다.

자로가 공자에게 물었다. "군자에게도 근심이 있습니까?"

공자가 말했다. "없다. 군자는 자기 행실을 닦으면서 벼슬을 얻지 못했을 때는 그 뜻을 즐거워하고, 이미 얻게 되면 또 그 앎을 즐거워한다. 이 때문에 평생의 즐거움은 있어도 하루의 근심조차 없다. 소인은 그렇지 않아 아직 얻기 전에는 얻지 못함을 근심하고, 이미 얻고 나서는 잃게 될까 근심한다. 이 때문에 평생의 근심은 있어도 하루의 즐거움조차 없다."

陽貨

16

○공자가 말했다. "옛날에는 사람들에게 세 가지 고질병이 있었는데 지금은 이마저 없는 듯하다. 옛날의 광자(狂者)는 소소한 것에 구애받지 않았는데 지금의 광자는 넘어서는 안 될 큰 한계까지 뛰어넘어 버린다. 옛날의 금자(矜者)는 행동에 모가 났으나 바른 것이었던 반면 지금의 금자는 행동이 어그러져 도리에 위배된다. 옛날의 우자(愚者)는 곧았는데 지금의 우자는 거짓으로 꾸미기만 할 뿐이다."

子曰 古者民有三疾 今也或是之亡
也
古之狂也肆 今之狂也蕩
古之矜也廉 今之矜也忿戾
古之愚也直 今之愚也詐而已矣

세 가지 고질병이란 광(狂), 금(矜), 우(愚)이다. 정약용은 금자(矜者)를 견자(狷者)로 보았는데 탁견이다.

첫째, 공자는 "옛날의 광자(狂者)는 소소한 것에 구애받지 않았는데[肆＝放] 지금의 광자는 넘어서는 안 될 큰 한계까지 뛰어넘어 버린다[蕩]"라고 말한다. 정약용은 "사(肆)란 내면에는 지킴이 있는데 밖으로 방자한 것이고, 탕(蕩)이란 내면에 주장함이 없어 밖으로 행동이 붕괴되는 것이다"라고 풀었다.

둘째, 공자는 "옛날의 금자(矜者)는 행동에 모가 났으나 바른 것[廉]이었던 반면, 지금의 금자는 행동이 어그러져 도리에 위배된다[忿戾]"라고 말한다. 정약용은 긍자(矜者)를 견자(狷者)로 본다. 뭔가 하지 않는 바가 있는, 즉 어떤 일에 대한 지조와 굳셈이 있는 인물이기 때문이다.

셋째, 공자는 "옛날의 우자(愚者)는 곧았는데[直] 지금의 우자는 거짓으로 꾸미기[詐]만 할 뿐이다"라고 말한다. 정약용은 "직(直)이란 깨끗하고 꾸밈이 없으면서 꾀가 없는 것이고, 사(詐)란 무지하고도 성실하지 못한 것이다"라고 말한다.

이상 세 가지는 '태백 16'과 부절처럼 맞아떨어진다.

> 공자가 말했다. "광망한 데다가 곧지 못하고[狂而不直], 무지한 데다가 조심하지 못하며[侗而不愿], 무능한 데다가 믿음도 주지 못한다면[悾悾而不信] 나는 이런 사람이 어떤 사람인지를 알지 못하겠다."

총괄적으로 보자면 백성들의 습속이 예전과 비교하여 훨씬 못하게 되었다는 뜻이다. 물론 이 글의 초점은 당대의 무너진 습속을 비판하는 데 있는 것은 아니고, 옛날과 지금의 비교를 통해 '비슷하면서도 아닌 것[似而非]'의 문제를 지적하는 데 있다. 이것이 지금 문맥이다. 앞서 맹자가 묘사했던 공자의 모습을 다시 보자.

> "공자는 비슷하면서 아닌 것[似而非]을 미워한다. 가라지를 미워함은 그것이 벼의 싹을 어지럽힐까 두려워서이고, 말재주 부리는 자를 미워함은 마땅함을 어지럽힐까 두려워서이고, 구변(口辯)만 좋은 자를 미워함은 신의를 어지럽힐까 두려워서이고, 정나라 음악을 미워함은 정악(正樂)을 어지럽힐까 두려워서이고, 자주색을 미워함은 붉은색을 어지럽힐까 두려워서이고, 향원을 미워함은 덕을 어지럽힐까 두려워서이다."

곧장 다음 장으로 연결된다.

陽貨

17

○공자가 말했다. "정교한 말과 아름다운 얼굴빛을 가진 사람들 중에 드물구나! 어진 사람이여."

<ruby>子<rt>자</rt></ruby><ruby>曰<rt>왈</rt></ruby> <ruby>巧<rt>교</rt></ruby><ruby>言<rt>언</rt></ruby><ruby>令<rt>영</rt></ruby><ruby>色<rt>색</rt></ruby> <ruby>鮮<rt>선</rt></ruby><ruby>矣<rt>의</rt></ruby><ruby>仁<rt>인</rt></ruby>

'학이 3'에서 보았던 말이다. 여기서는 문맥이 더욱 분명하다. 사이비(似而非) 문맥이다.

형병은 "이 장은 학이(學而)편의 글과 같은데 제자들이 제각기 들은 바를 기록하였기 때문에 중복되어 여기에 나왔다"고 말했다. 이는『논어』가 미지의 뛰어난 편찬자에 의해 일관되게 술이부작(述而不作)된 책임을 모르는 데서 나온 말이다.

陽貨

18

○공자가 말했다. "(나는) 자색이 붉은색을 빼앗는 것을 미워하고, 정나라 음악이 아악(雅樂)을 어지럽히는 것을 미워하며, 말재주 부리는 입이 나라를 뒤엎는 것을 미워한다."

<ruby>子<rt>자</rt></ruby><ruby>曰<rt>왈</rt></ruby> <ruby>惡<rt>오</rt></ruby><ruby>紫<rt>자</rt></ruby><ruby>之<rt>지</rt></ruby><ruby>奪<rt>탈</rt></ruby><ruby>朱<rt>주</rt></ruby><ruby>也<rt>야</rt></ruby>

<ruby>惡<rt>오</rt></ruby><ruby>鄭<rt>정</rt></ruby><ruby>聲<rt>성</rt></ruby><ruby>之<rt>지</rt></ruby><ruby>亂<rt>란</rt></ruby><ruby>雅<rt>아</rt></ruby><ruby>樂<rt>악</rt></ruby><ruby>也<rt>야</rt></ruby>

<ruby>惡<rt>오</rt></ruby><ruby>利<rt>이</rt></ruby><ruby>口<rt>구</rt></ruby><ruby>之<rt>지</rt></ruby><ruby>覆<rt>복</rt></ruby><ruby>邦<rt>방</rt></ruby><ruby>家<rt>가</rt></ruby><ruby>者<rt>자</rt></ruby>

이는 '양화 17'을 설명하면서 동시에 확대하는 언명이다. 공자는 세 가지를 미워한다고 말한다.

> "(나는) 자색이 붉은색을 빼앗는 것을 미워하고, 정나라 음악이 아악(雅樂)을 어지럽히는 것을 미워하며, 말재주 부리는 입이 나라를 뒤엎는 것을 미워한다."

주희는 주(朱)는 정색(正色)이고, 자(紫)는 간색(間色)이라고 풀이한다. 이에 대해 정약용은 "붉은색은 정색으로서 담백하고, 자색은 간색으로서 요염하기 때문에 사람들이 자색을 취하면 이는 붉은 색이 자색에 의해 빼앗기게 되는 것이다"라고 말한다.

정나라 음악은 간사하고 음란한 것으로 악명이 높았다. 『예기』 악기(樂記)에 따르면 "정성(鄭聲)이란 정나라 속악(俗樂)이니 난쟁이들이 원숭이처럼 남녀가 뒤섞여 나아갈 때도 몸을 구부리고, 물러갈 때도 몸을 구부려 춤추면서 연주하는 간사하고 음란함이 넘치는 소리"라고 한다. 이런 음악을 듣게 되면 아악을 어지럽히게 되는 것이다. 이는 마치 향원이 다움을 해치는 것과 같다.

세 가지를 이야기하고 있지만 핵심은 마지막이다. 사이비(似而非)가 문제되는 것은 정치 영역에서다. 범조우 풀이가 정곡을 찌른다.

"천하의 이치가 올바르면서 이기는 경우는 항상 적고, 바르지 않은데 이기는 경우는 항상 많으니, 성인(聖人)께서는 이 때문에 미워하신 것이다. 말 잘하는 사람은 옳은 것을 그르다 하고 그른 것을 옳다 하며, 훌륭한 사람을 불초(不肖)하다 하고 불초한 사람을 훌륭하다 하니, 임금이 만일 그를 좋아하고 믿는다면 나라가 엎어지는 것도 어렵지 않을 것이다."

이와 관련된 내용은 이미 '위령공 10'에 나온 바 있다.

안연이 나라 다스림을 묻자 공자가 말했다. "하나라 역법을 시행하고, 은나라 수레를 타고, 주나라 면복을 입어야 한다. 음악은 (순임금의) 소무(韶舞)를 연주하고, 정나라 음악은 내버리고, 말재주 부리는 자를 멀리해야 한다. 정나라 음악은 음란하고, 말재주 부리는 자는 도리를 위태롭게 만든다."

陽貨

19

○공자가 말했다. "나는 (이제) 아무 말도 않으련다."

자공이 말했다. "스승님께서 만약에 말씀을 않으시면 저희들은 어떻게 선생님 말씀을 이어받아 후대에 전하겠습니까?

공자가 말했다. "하늘이 무슨 말을 하던가? (그래도) 사계절이 운행하고 온갖 일과 사물들이 생겨난다. 하늘이 무슨 말을 하던가?"

子曰 予欲無言
子貢曰 子如不言 則小子何述焉
子曰 天何言哉 四時行焉 百物生焉
天何言哉

우선 문맥 중심으로 보자면 이는 제자들에 대한 실망뿐만 아니라 세상에 도리가 행해지지 않는 것에 대한 한탄이 핵심이다. '이인 8'에서 "아침에 도리가 행해지고 있다는 말을 들으면 (당장 그날) 저녁에 죽어도 좋다"는 열망으로 세상에 도리를 전파하려 했고 제자들을 길렀지만 끝내 도리가 실현될 가망조차 보이지 않자 기대를 잃어가는 공자 모습이 눈앞에 선하다. 뒤이어 도리를 모르는 자들 사례가 이어지는 것을 보더라도 이런 문맥임이 분명하다.

이러한 문맥과 별도로 이 구절은 『주역』으로 들어가는 관문이기도 하다. 하늘의 운행이란 사계절이 바뀌는 것이 한결같음[一]을 말한다. 이 한결같음은 바로 굳셈[剛]이다. 하늘의 한결같음을 본받아 임금은 굳셈을 지켜야 한다. 이렇게 해서 하늘을 상징하는 건괘(乾卦)로 나아간다. 그래서 천도(天道)라고 할 때 사계절 운행을 뜻하면 하늘의 도리라고 옮겨야 하지만, 임금의 굳셈일 때는 '하늘과도 같은 도리'로 옮겨야 한다. 후자의 경우 하늘은 그저 비유일 뿐이다.

하늘은 또 모든 것을 공평하게 비춰준다. 공명(公明)이 그것이다. 그래서 임금은 하늘을 본받아 지공(至公)해야 하고 지명(至明)해야 한다. 임금이 강명(剛明)해야 한다는 공자 메시지는 이렇게 해서 나온 것이다.

『논어』에는 이와 더불어 『주역』으로 들어가는 또 하나의 관문이 있다. '자로 25'가 그것이다.

"군자는 섬기기는 쉬워도 기쁘게 하기는 어려우니, 기쁘게 하기를 도리로서 하지 않으면 기뻐하지 아니하고, 사람을 부리면서도 그 그릇에 맞게 부린다[器之]. 소인은 섬기기는 어려워도 기쁘게 하기는 쉬우니, 기쁘게 하기를 비록 도리로서 하지 않아도 기뻐하고, 사람을 부리면서도 한 사람에게 모든 능력이 완비되기를 요구한다[求備]."

『설원』 10-3이다. 하늘이 아무런 말을 하지 않아도 사계절이 운행하고, 온갖 일과 사물들이 어떻게 생겨나는지를 보다 구체적으로 풀어내고 있다.

공자가 『주역』을 읽다가 손(損)괘(☳) 익(益)괘(☲)에 이르러 한숨을 쉬며 탄식하자 자하가 자리에서 일어나 물었다. "스승님께서는 어찌 탄식을 하십니까?"

공자가 말했다. "무릇 스스로를 덜어내는 자는 더하게 되고 스스로를 더 하려는 자는 모자라게 되니, 나는 이 때문에 탄식하는 것이다."

자하가 말했다. "그렇다면 배우는 자는 더해서는 안 되는 것입니까?"

공자가 말했다. "그렇지 않다. 하늘의 도리에 따르면 다 이룬 것은 일찍이 오래갈 수가 없는 법이다. 무릇 배우는 자는 자기를 비워서 그것을 받아들이는 것이니, 그래서 얻을 수 있다고 말하는 것이다. 만약에 가득 찬 것을 지키는 도리를 알지 못하면 천하의 좋은 말들이 그의 귀에 들어오지 못할 것이다.

옛날에 요임금이 천자의 자리에 올랐으나 오히려 진실로 공손함으로 그것을 지켰고, 자기를 비워 고요한 마음으로 아랫사람을 대했다. 그래서 100년이 지나도 더욱 창성했고 지금도 더욱 훤히 드러나는 것이다. (반면에) 곤오(昆吾)는 스스로 잘났다고 여겨 자만했고, 높은 곳까지 다 올라갔는데도 이런 오만이 수그러들지 않았다. 그래서 당시에는 허물어지고 실패했으며 지금도 더욱 악명을 날리고 있는 것이다. 이것이 바로 손괘와 익괘(혹은 덜어냄과 더함)의 징험이 아니겠는가? 나는 그래서 겸손함이란 공손함을 지극히 해서 자기 지위를 보존하는 방도라고 말하는 것이다.

무릇 풍(豐-넉넉함)이란 밝음이자 움직임이니 그래서 능히 커질 수 있고, 커지게 되면 쪼그라들게 마련이다. 나는 이를 경계한다. 그래서 말하기를 해가 정오가 되면 기울고 달이 차면 이지러진다고 하니, 하늘과 땅이 가고 기우는 것도 때와 더불어 소멸하고 자라는 것이다. 이 때문에 빼어난 이는 감히 성대한 자리에 자기를 두지 않았다. 수레를 탈 때도 세 사람을 만나면 수레에서 내렸고, 두 사람을 만나면 가로막대에 몸을 기대 예를 표해 가득 참과 비움을 조절했다. 그랬기에 빼어난 이들은 능히 장구할 수 있었다.”

자하가 말했다. “좋습니다. 청컨대 평생토록 이 말씀을 외워 잊지 않겠습니다.”

○유비가 공자를 만나보려고 했으나 공자는 병을 핑계로 사양하고, 얼마 후 명을 전하러 온 자가 문밖으로 나가자 비파를 가져다가 타면서 노래를 불러 유비로 하여금 듣게 하였다.

^{유-비} ^{욕-견} ^{공-자} ^{공-자} ^사 ^{이-질}
孺悲欲見孔子 孔子辭以疾
^{장-명-자} ^{출-호} ^{취-슬} ^이 ^가 ^{사-지} ^{문-지}
將命者出戶 取瑟而歌 使之聞之

유비(孺悲)는 노나라 사람이다. 아마도 비부(鄙夫)였을 것이다. 여기서 핵심은 사지문지(使之聞之)이다. 옛날에는 병이 있으면 비파를 타지 않았다. 그런데 병을 핑계로 만나주지는 않으면서 비파를 탔다는 것은 병이 없음을 명시적으로 밝힌 것이고, 의도적으로 만남을 거부한 것임을 드러낸 것이다.

이에 대해 정명도는 "이것은 맹자께서 말씀하신 불설지교회(不屑之敎誨)라는 것이니 그를 깊이 가르쳐 주신 것이다"라고 풀이한다. 불설지교회(不屑之敎誨)란 상대방이 잘못이 있을 경우 그를 거절하고 만나주지 아니하여 그로 하여금 스스로 자신의 과오를 깨닫게 함을 이른다. 『맹자』고자장구(告子章句) 하(下)이다.

맹자가 말했다. "가르치는 데도 많은 방법이 있다. 내가 (어떤 사람을) 가르치는 것을 탐탁지 않게 여김으로써 (그에게 가르치는 것을 거절하여) 그를 일깨워주는 것[^{불-설-지-교-회}不屑之敎誨], 이 또한 그 사람을 가르치는 것일 뿐이다."

이 장 또한 말이 앞서고 행동이 뒷받침되지 않는 자들에 대한 경계라는 면에서 전후와 맥락을 같이 한다.

『설원』15-26에 유비에 관한 언급이 나온다.

"오제삼왕(五帝三王)은 어짊과 마땅함으로 백성들을 가르쳐 천하가 달라졌는데, 공자 또한 어짊과 마땅함으로 백성들을 가르쳤건만 천하가 따르지 않은 것은 어째서인가?

옛날에 눈 밝은 왕은 관작(官爵)을 내리는 권한이 있어 이로써 뛰어난 이를 높였고, 부월(斧鉞-생살권의 상징으로서 주던 작은 도끼와 큰 도끼)이 있어 이로써 악한 자를 주벌했다. 그래서 그 상은 지극히 무거웠고 형벌은 지극히 엄격했기에 천하는 달라졌다. (그러나) 공자는 안연이 뛰어나다고 여겼으나 상을 내릴 수가 없었고, 유비를 낮춰 보았으나 벌을 내릴 수가 없었다. 그래서 천하가 따르지 않은 것이다. 이 때문에 도리는 권력이 없으면 세워질 수 없고 세력이 없으면 행해지지 않는다. 이는 곧 도리란 높여진 연후에야 행해질 수 있다는 뜻이다.”

陽貨

21

○재아가 물었다. "(기존의) 삼년상은 1년만 해도 너무 오래입니다. 군자가 3년 동안 (상을 치르느라고) 예를 행하지 않으면 예는 반드시 무너지고, 또 3년 동안 음악을 하지 않으면 음악이 반드시 무너질 것입니다. (1년이면) 묵은 곡식은 이미 없어지고 새 곡식이 이미 나오며, 불씨를 취하는 나무도 새로 바뀌니 (상은) 1년이면 그쳐도 됩니다."

공자가 말했다. "쌀밥 먹고 비단옷 입는 것이 네 마음에 편안하냐?"

(재아가) 말했다. "편안합니다."

공자가 말했다. "네가 편안하거든 그렇게 해라. 무릇 군자가 거상할 때는 맛있는 것을 먹어도 달지 않으며, 음악을 들어도 즐겁지 않으며, 거처가 좋아도 편안하지 않다. 이 때문에 하지 않는 것이다. 네가 편안하거든 그렇게 해라."

재아가 밖으로 나가자 공자가 말했다. "재아의 어질지 못함이여! 자식이 태어나서 3년이 된 뒤에야 부모의 품을 벗어난다. 삼년상은 천하의 공통된 상이건만, 재아에게는 그 부모에 대한 3년의 사랑이 있는가?"

재―아　문　　삼―년―지―상　기　이―구―의
宰我問 三年之喪 期已久矣

군―자　삼―년　불―위―례　예　필―괴　삼―년　불―위
君子三年不爲禮 禮必壞 三年不爲

―악　악　필―붕
樂 樂必崩

구―곡　기―몰　신―곡　기―승　찬―수　개―화　기　가
舊穀旣沒 新穀旣升 鑽燧改火 期可

이―의
已矣

자―왈　식　부　도　의　부　금　어　여　안―호　왈　안
子曰 食夫稻 衣夫錦 於女安乎 曰 安

女安 則爲之 夫君子之居喪 食旨不
<small>여 안 즉 위-지 부 군-자 지 거-상 식-지 불</small>

甘 聞樂不樂 居處不安
<small>-감 문-악 불-락 거-처 불-안</small>

故不爲也 今女安 則爲之
<small>고 불-위-야 금 여 안 즉 위-지</small>

宰我出 子曰 予之不仁也 子生三年
<small>재-아 출 자-왈 여 지 불-인-야 자 생 삼-년</small>

然後 免於父母之懷
<small>연-후 면-어 부-모-지-회</small>

夫三年之喪 天下之通喪也 予也有
<small>부 삼-년-지-상 천-하 지 통-상-야 여-야 유</small>

三年之愛於其父母乎
<small>삼-년-지-애 어 기 부-모-호</small>

재아(宰我)는 이름이 여(予)로 공자 제자이며 『논어』에서는 말재주 부리는 자[佞者]의 전형으로 등장한다. 먼저 '팔일 21'이다.

> 애공이 재아에게 사(社-신주)에 관해 묻자 재아가 대답했다. "하후씨(夏后氏=우왕)는 소나무로 했고, 은나라 사람들은 잣나무로 했고, 주나라 사람들은 밤나무로 했습니다."
>
> 또 말했다. "밤나무로 한 것은 백성들로 하여금 전율(戰慄)을 느끼게 하려 함이었습니다."
>
> 공자가 이 말을 듣고 (다른 제자들에게) 말했다. "이미 다 이루어진 일이라 아무 말 않겠으며, 제 마음대로 행한 일이라 간언(諫言)하지 않겠으며, 다 지나간 일이라 탓하지 않겠다."

여기서 "밤나무로 한 것은 백성들로 하여금 전율(戰慄)을 느끼게 하려 함이었습니다"라는 말이 바로 말재주 부리는 것[佞]이다. 이번에는 재아(재여)가 말재주 부리는 것 때문에 사람을 보는 태도가 바뀌었음을 말하는 '공야장 9'이다.

재여가 낮에 누워 있었다. 공자가 말했다. "썩은 나무에는 조각을 할 수 없고, 거름이 섞인 흙담은 손질할 수가 없다. 내, 재여에 대해 뭘 꾸짖겠는가?"

공자가 말했다. "애초에 나는 남에 대해 그 말을 들으면 그 행동을 믿었으나, 지금은 남에 대해 그 말을 들으면 그 행동을 살펴보게 된다. 나는 재여로 인해 이를 고치게 되었다."

하지만 분명 말재주에는 뛰어나 '선진 2'에서는 자공과 더불어 언어(言語)에 뛰어났던 제자라는 평을 받기도 했다. 이런 재아가 이 장에서 다시 공자 속을 긁는다.

"(기존의) 삼년상은 1년만 해도 너무[已=太]^{이 태} 오래입니다. 군자가 3년 동안 (상을 치르느라고) 예를 행하지 않으면 예는 반드시 무너지고, 또 3년 동안 음악을 하지 않으면 음악이 반드시 무너질 것입니다. (1년이면) 묵은 곡식은 이미 없어지고 새 곡식이 이미 나오며, 불씨를 취하는 나무도 새로 바뀌니 (상은) 1년이면 그쳐도 됩니다."

불씨를 취하는 나무를 새로 바꾼다는 대목에 대한 주희 풀이다.

"봄에는 느릅나무와 버드나무에서 불씨를 취하고, 여름에는 대추나무와 살구나무에서 불씨를 취하고, 늦여름에는 뽕나무와 산뽕나무에서 불씨를 취하고, 가을에는 떡갈나무와 졸참나무에서 불씨를 취하고, 겨울에는 느티나무와 박달나무에서 불씨를 취하니, 이 또한 1년이면 한 바퀴 돈다."

이어 내용에 대한 윤돈 풀이다.

"상기(喪期)를 단축하자는 말은 지극히 어리석은 자[下愚]^{하 우}도 말하기 부끄러워하는 것이다. 재아는 성인(聖人) 문하에서 직접 배운 자인데도, 이것을 여쭌 것은 마음에 의심나는 것이 있어서 감히 억지로 묻어둘 수가 없기 때문이다."

그러나 윤돈 풀이는 초점을 놓쳤다. 지금 재아는 교묘하게 1년상 근거를 제시한다면서 예악을 끌어들였고 1년 단위 농사일과 불씨 고치는 일을 끌어들였다.

이에 공자는 네가 하기 싫으면 그만두라고 하면서 삼년상을 해야 하는 근거를 제시한다.

> "재아의 어질지 못함이여! 자식이 태어나서 3년이 된 뒤에야 부모의 품을 벗어난다. 삼년상은 천하의 공통된 상이건만 재아에게는 그 부모에 대한 3년의 사랑이 있는가?"

재아에 대해 어질지 못하다[不仁]고 했는데, 이는 자식이 자식답지 못함[子不子]을 말한 것이다.

陽貨

22

○공자가 말했다. "배불리 먹고 하루 종일 마음 쓰는 바가 없으면 (의미 있는 일을 하기) 어렵다 할 것이다. 장기나 바둑이 있지 않은가? 이런 것이라도 하는 것이 하지 않는 것보다 낫다."

子曰 飽食終日 無所用心 難矣哉
자—왈 포—식 종—일 무 소—용—심 난—의—재

不有博奕者乎 爲之猶賢乎已
불—유 박—혁—자—호 위—지 유 현 호—이

어질지 못한 또 다른 사례다. 공자는 말한다.

"배불리 먹고 하루 종일 마음 쓰는 바가 없으면 (의미 있는 일을 하기) 어렵다 할 것이다. 장기나 바둑이 있지 않은가? 이런 것이라도 하는 것이 아무것도 하지 않는 것[已=止]보다 낫다[賢=愈]."

그러나 이는 공자 본심이 아니다. 이는 일종의 역설(逆說)이고 공자 본뜻은 '위령공 16'에 나와 있다.

공자가 말했다. "여럿이 함께 있으면서 하루를 마칠 때까지 마땅함에 대해서는 일언반구도 하지 않고, 얄팍한 지혜를 행하는 것이나 좋아한다면 (그런 사람은) 어렵도다."

"어렵다"는 부분까지 겹친다. 장기나 바둑이 바로 얄팍한 지혜[小慧] 사례다. 이 장과 '위령공 16'을 통해 공자가 말하려는 것은 '올바른데 마음을 쓰라[用心]'는 것이다. 용심(用心)하는 모습을 생생하게 보여주는 사례가 바로 '위령공 15'이다.

공자가 말했다. "어떻게 할까, 어떻게 할까라고 말하지 않는 사람에 대해서는 나도 어떻게 할 도리가 없다."

공자는 어떻게 해야 하는지[如之何] 대안을 '위령공 30'에서 제시한다. 의리를 논하지 않고 작은 재미만 이야기하는 것도 잘못이고, 작은 재미조차 관심을 두지 않고 넋을 놓고 있는 것도 잘못이다. 결국 중요한 것은 배움[學]으로 나아가는 것이다.

공자가 말했다. "내 일찍이 종일토록 먹지 않고 밤새도록 자지 않으며 생각만 해보았지만 아무런 더해짐이 없었다. 배우는 것만 못하다."

陽貨

23

○자로가 말했다. "군자는 용맹을 높입니까?"

공자가 말했다. "군자는 마땅함을 가장 높인다. 군자가 용맹만 있고 마땅함이 없으면 난을 빚고, 소인이 용맹만 있고 마땅함이 없으면 도둑질을 한다."

子路曰 君子尙勇乎
자－로 왈 군－자 상－용－호

子曰 君子義以爲上
자－왈 군－자 의 이－위 상

君子 有勇而無義爲亂 小人 有勇而
군－자 유－용 이 무－의 위－란 소－인 유－용 이

無義爲盜
무－의 위－도

이 장에서는 제자 자로의 문제점을 지적한다. 먼저 자로가 묻는다.

"군자는 용맹을 높입니까?"

질문 성격을 감안해 호인은 "아마도 이것은 자로가 처음 공자를 뵈었을 때 문답한 것인 듯하다"고 본다. 질문이나 대답이 초보적인 수준이기 때문이다. 이에 공자는 다음과 같이 답한다.

"군자는 마땅함을 가장 높인다. 군자가 용맹만 있고 마땅함이 없으면 난을 빚고, 소인이 용맹만 있고 마땅함이 없으면 도둑질을 한다."

그런데 군자(君子)라는 말 자체와 난을 빚는다는 것은 모순처럼 보인다. 그래서 주희는 여기서 말하는 군자는 도덕적 수양과는 무관하게 '지위를 가진 자'로서의 군자로 본다. 그게 합당할 듯하다. 윤돈 풀이다.

"마땅함을 가장 높인다면 그 용맹이 크다 할 것이다. 자로가 용맹을 좋아하므로 공자께서 이것으로 그의 잘못을 바로잡아 주신 것이다."

'태백 10'도 이런 맥락에서 추가 사례 중 하나로 읽을 수 있다.

공자가 말했다. "용맹을 좋아하면서 가난을 너무 싫어하면 난을 일으키고, 다른 사람이 어질지 못하다고 해서 그를 미워하는 것이 너무 심하면 난을 일으킨다."

너무 미워하는 것은 곧 죽일 듯이 미워하는 것이다. 이것은 혹(惑)이다. '안연 10'을 떠올려보자.

"누군가를 사랑한다고 해서 (이미 죽은) 그 사람을 살리려 하고, 미워한다고 해서 (버젓이 살아 있는) 그 사람을 죽이려 하는 것, 그리고 이미 (마음속으로) 그를 살리려 하고 또 죽이려 하는 것, 이것이 바로 혹(惑)이다."

마침 바로 다음에 '미워함[惡]' 문제가 나온다.

陽貨

24

○자공이 말했다. "군자도 실로 미워하는 자가 있습니까?"

공자가 말했다. "미워하는 자가 있다. 남의 나쁜 점을 말하는 자를 미워하고, 아래 무리에 있으면서 윗사람을 비방하는 자를 미워하고, 용맹스러우면서 일의 이치를 모르는 자를 미워하고, 과감하기는 하지만 일의 이치에 꽉 막힌 자를 미워한다."

(공자가) 말했다. "사(賜-자공)야! 너도 미워하는 자가 있느냐?"

(자공이 말했다.) "사람 살피는 것을 사람을 알아보는 것으로 여기는 자를 미워하고, 공손하지 못함을 용맹으로 여기는 자를 미워하고, 남의 비밀을 들추어내는 것을 곧음으로 여기는 자를 미워합니다."

子貢曰 君子亦有惡乎

子曰 有惡 惡稱人之惡者 惡居下流
而訕上者

惡勇而無禮者 惡果敢而窒者

曰 賜也 亦有惡乎

惡徼以爲知者 惡不遜以爲勇者 惡
訐以爲直者

자공이 공자에게 "군자도 실로 미워하는 자가 있습니까?"라고 묻자, 그렇다고 하면서 네 가지 유형을 언급한다. 우선 '이인 3'을 읽은 다음에 하나씩 살펴보자.

> 공자가 말했다. "오직 어진 자만이 제대로 남을 좋아할 수 있고, 제대
> 로 남을 미워할 수 있다."

첫째, 남의 나쁜 점을 말하는 자를 미워한다. '안연 16과 21'은 이에 대한 근거가 된다. 먼저 '안연 16'이다.

> 공자가 말했다. "군자는 남의 아름다움을 이루어주고, 남의 나쁨[人^인
> 之惡^{지-악}]은 이루어주지 않는다. 소인은 이와 반대이다."

'안연 21'은 보다 구체적이다.

> 공자가 말했다. "자신 안에 있는 악을 다스리고 남의 악[人之惡^{인-지-악}]을 다
> 스리지 않는 것이 사특함을 없애는 것[修慝^{수-특}] 아니겠는가?"

둘째, 아래 무리에 있으면서 윗사람을 비방하는 자를 미워한다. 이는 범상(犯上)하는 마음이 겉으로 표출된 것이니 두말할 것도 없이 공자는 미워했을 것이다.

셋째, 용맹스러우면서 일의 이치를 모르는 자를 미워한다. 이 또한 이미 여러 차례 살펴본 바 있다. 그중 '태백 10'에 나오는 구절만 살핀다.

> 공자가 말했다. "용맹을 좋아하면서 가난을 너무 싫어하면 난을 일으
> 킨다."

여기서 주목해야 할 부분은 용이무례(勇而無禮)이다. 이 말은 거꾸로 말하면 용맹하면서도 예를 갖추면 마땅함[義^의]에 이르게 된다는 뜻이다. 이는 바로 앞 '양화 23'에서 용(勇)과 의(義)를 직접 연결 지어 언급했다는 점에서도 드러난다. 예(禮)는 마디를 맺어주어[節之^{절-지}] 도리에 이르게 해준다.

넷째, 과감하기는 하지만 일의 이치에 꽉 막힌 자[窒=固^{질=고}]를 미워한다. 과감(果敢)은 용(勇)과 통하니 '양화 8'에서 보았던 구절 하나를 되짚는 것만으로 충분하다. 육폐(六蔽) 중 하나다.

> "용맹스러움[勇^용]을 좋아한다면서 배우기 좋아하지 않는다면 그 가려
> 짐은 도리를 어지럽힌다는 것이다[亂^난]."

공자 답변을 주희는 이렇게 정리했다. 별로 새로운 말은 없지만 정리

차원에서 도움을 준다.

> "남의 나쁜 점을 말하면 인후(仁厚)한 뜻이 없고, 아랫사람이면서 윗사람을 비방하면 충경(忠敬)하는 마음이 없고, 용맹만 있고 예가 없으면 난을 일으키고, 과감하기만 하고 막히면 함부로 행동한다. 그런 까닭에 공자께서 미워하셨다."

이어서 공자가 자공에게 "사(賜)야! 너도 미워하는 자가 있느냐?"라고 묻는다. 이는 자공이 무엇을 미워하느냐를 통해 그의 사람됨을 보겠다는 뜻이다. 이에 자공은 세 가지를 답한다.

첫째, 사람 살피는 것[徼=方人]을 사람을 알아보는 것[知=知人]으로 여기는 자를 미워한다고 답한다. 매우 중요한 지점에 이르렀다. 정약용은 요(徼)를 "남의 말을 가로막고는 자기가 본래 알고 있는 것처럼 그렇게 하는 것"이라고 옮겼다. 간단히 말하면 잘난 척하는 사람이라는 것인데, 그러면 뒤에 나오는 지(知)는 그냥 아는 것이 많은 사람으로 옮겨야 한다. 말이 엉킨다. 그냥 주희 말대로 '엿보아 살피는 것[伺察]' 정도로 볼 수 있고 오히려 '사람을 이리저리 비교해보는 것[方人]'으로 보아도 좋다. 문맥상으로 더 잘 어울린다. 그러면 우리는 먼저 '헌문 31'로 가보자.

> 자공이 사람을 비교하자[方人] 공자가 말했다. "사(賜)야, 넌 뛰어난가 보다! 무릇 나는 그럴 겨를이 없다."

자공이 이때는 방인(方人)하다가 이번에는 방인(方人)과 지인(知人)을 구분해서 말하고 있다. 심지어 방인하는 자를 미워한다고 말한다. 이는 마치 앞에서는 기소불욕물시어인(己所不欲勿施於人)하겠다고 말했다가 핀잔을 들었던 자공이 뒤에는 공자로부터 기소불욕물시어인을 평생토록 마음속에 간직하라는 권유를 받았던 장면과 나란히 읽어야 한다. 그 사이에 자공의 배움이 더욱 성숙한 것이다.

둘째, 공손하지 못함을 용맹으로 여기는 자를 미워한다고 답한다. 자로를 염두에 둔 듯한 말로도 볼 수 있다. 교만[驕]과 인색[吝]은 공자도 가장 미워한 것이다.

공자가 말했다. "설사 주공과 같은 아름다운 재능을 갖고 있다 하더라도 (다움의 측면에서) 교만한 데다가 인색하기까지 하다면 그 나머지는 전혀 볼 필요가 없다."

셋째, 남의 비밀을 들추어내는 것을 곧음으로 여기는 자를 미워한다고 답한다.

자공이 '제대로 미워한다'고 여겨 공자도 더 이상 말을 하지 않는다. 즉 이런 단계에 오른 자공을 공자는 인정한 것[許=許與]이다. 특히 자공이 미워하는 세 가지는 모두 사이비(似而非)를 미워한 것이라 배움에 큰 성취가 있었다고 볼 수 있다.

25

○공자가 말했다. "오직 여자와 소인은 길러주기 어려운 자들이다. (사사로이) 가까이하면 공손하지 못하고 공정하게 대하면 원망한다."

_{자-왈} _유 _{여-자} _여 _{소-인} _위 _{난-양-야}
子曰 唯女子與小人爲難養也
_{근-지} _즉 _{불-손} _{원-지} _즉 _원
近之則不遜 遠之則怨

이때 말하는 여자는 오늘날 여성 일반을 뜻하는 것이 아니다. 여성 중에서 일의 이치를 배우지 못한 자를 여자라고 칭한 것이다. 『시경』 첫머리에 나오는 요조숙녀(窈窕淑女), 즉 얌전한 숙녀라는 말이 이 점을 뒷받침해준다.

문제 많은 주희 풀이부터 보자.

"군자가 신첩(臣妾)에 대하여 장엄함으로써 임하고 자애로움으로써 기르면 이 두 가지의 병폐─불손과 원망─가 없을 것이다."

정약용은 이 같은 주희 풀이가 잘못임을 지적한다.

"장엄하게 임하는 것은 그들을 멀리하는 것이고, 자애로써 기르는 것은 그들을 가까이하는 것이다. 공자는 장엄함과 자애로써도 오히려 이 불손과 원망이라는 두 가지 근심을 제거할 수 없음을 알았기 때문에 '기르기 어렵다[_{난-양}難養]'는 것을 가지고 경계하였다. (그런데) 주자는 도리어 이를 가지고 그 병폐에 대한 약으로 삼고 있으니, 이는 아마도 그 본지(本旨)가 아닌 듯하다."

점잖게 말했지만 틀렸다는 말이다.

다시 원(遠)이 나왔다. 이 또한 대부분 번역들이 '멀리하다'로 옮긴다. 멀리하면 원망하는 것은 어쩌면 인지상정이다. 여기서도 공(公)으로 풀어야 한다. 즉 "사사롭게 가까이하지 않고 공정무사(公正無私)하게 대하면 원망을 품는다"는 말이다.

陽
貨

26

○공자가 말했다. "나이 마흔이 되어서도 사람들에게 미움을 받으면 (그 인생) 그대로 끝난 것이다."

_{자—왈} _연 _{사—십} _이 _{견—오—언} _기 _종 _{야—이}
子曰 年四十而見惡焉 其終也已

견(見)은 수동태를 만드는 조동사이니 견오(見惡)는 '미움을 받는다'는 뜻이다. 본격적인 풀이에 앞서 우리는 '자한 22'부터 살펴야 한다.

> 공자가 말했다. "어린 사람들은 두려워할 만하니 장래에 그들이 지금의 우리들만 못할 줄을 어찌 알겠는가? (그러나 그들이) 마흔이 되고 쉰이 되어서도 (다움을 갖추고 어짊을 행했다는) 명성이 들려오지 않는다면 이 또한 두려워할 필요가 없을 뿐이다."

일신우일신(日新又日新)하는 배움을 게을리하여 마흔 살이나 쉰 살이 되어서도 뭔가 다움을 성취한 바가 없다면 그 삶은 무의미한 것이 된다. 그런데 더 나아가 사람들로부터 미움을 받는다면 그것으로 그 인생은 끝이라는 것이다. 정약용은 이렇게 덧붙였다.

> "이름이 들리지 않는 것과 미움을 받는 것을 공자는 모두 마흔으로써 단정하였다. 대개 나이 마흔에 이르면 그 혈기가 이미 쇠퇴해서 분발하여 개과천선할 가망이 없다."

당연히 불혹(不惑)에 이르지 못해 일의 이치에 밝지 못하니 그렇게 살아가는 인생에 진전이 있을 수가 없다.

微 _미

子 _자

不能用也孔子行○齊人歸女樂季桓

則吾不能以季孟之間待之曰吾老矣

父母之邦○齊景公待孔子曰若季氏

人焉往而不三黜枉道而事人何必去

三黜人曰子未可以去乎曰直道而事

孔子曰殷有三仁焉○柳下惠爲士師

○微子去之箕子爲之奴比干諫而死

子受之三日不朝孔子行○楚狂接輿

歌而過孔子曰鳳兮鳳兮何德之衰往

者不可諫來者猶可追已而已而今之

從政者殆而孔子下欲與之言趨而辟

之不得與之言○長沮桀溺耦而耕孔

子過之使子路問津焉長沮曰夫執輿

者爲誰子路曰爲孔丘曰是魯孔丘與

之徒與而誰與天下有道丘不與易也

子憮然曰鳥獸不可與同群吾非斯人

辟世之士哉耰而不輟子路行以告夫

易之且而與其從辟人之士也豈若從

對曰然曰滔滔者天下皆是也而誰以

子爲誰曰爲仲由曰是魯孔丘之徒與

曰是也曰是知津矣問於桀溺桀溺曰

○子路從而後遇丈人以杖荷蓧子路

問曰子見夫子乎丈人曰四體不勤五

穀不分孰爲夫子植其杖而芸子路拱

而立止子路宿殺鷄爲黍而食之見其

二子焉明日子路行以告子曰隱者也

使子路反見之至則行矣子路曰不仕

無義長幼之節不可廢也君臣之義如

8

之何其廢之欲潔其身而亂大倫君子
之仕也行其義也道之不行已知之矣
○逸民伯夷叔齊虞仲夷逸朱張柳下
惠少連子曰不降其志不辱其身伯夷
叔齊與謂柳下惠少連降志辱身矣言
中倫行中慮其斯而已矣謂虞仲夷逸
隱居放言身中清廢中權我則異於是

11

10

9

無可無不可○大師摯適齊亞飯干適

楚三飯繚適蔡四飯缺適秦鼓方叔入

於河播鼗武入於漢少師陽擊磬襄入

於海○周公謂魯公曰君子不施其親

不使大臣怨乎不以故舊無大故則不

棄也無求備於一人○周有八士伯達

伯适仲突仲忽叔夜叔夏季隨季騧

微子

1

○미자는 떠나갔고, 기자는 종이 되었고, 비간은 간언하다가 죽었다. 공자가 말했다. "은나라에는 어진 사람 세 명이 있었다."

미—자 거—지 기—자 위—지 노 비—간 간—이—사
微子去之 箕子爲之奴 比干諫而死

공—자 왈 은 유 삼—인—언
孔子曰 殷有三仁焉

미자는 어떤 사람인가? 이름은 계(啓)이며, 은나라 29대 제을(帝乙)의 장자(長子)로서 주왕 이복형이다. 어머니가 정후(正后)가 아니었기 때문에 왕위를 계승 받지 못했으며, 미(微) 땅에 봉(封)해져 미자(微子)라고 불렸다. 주왕의 폭정에 대해 미자가 여러 차례 간언했으나 받아들여지지 않았다. 그러자 미자는 은나라 예악(禮樂)을 담당하는 태사(太師), 소사(少師)와 상의를 하여 아우인 자연(子衍)과 함께 은나라를 떠나 봉지 미(微)로 돌아갔다.

　　은나라가 멸망한 뒤 미자는 주(周) 무왕(武王)을 찾아가 투항하였다. 당시 미자는 두 손을 뒤로 묶은 채 왼손으로는 양(羊)을 끌고 오른손으로는 띠를 잡고 무릎을 꿇으며 은나라 종사(宗祀)를 유지할 수 있도록 간청했다. 무왕은 미자 청을 받아들여 주왕 아들인 무경(武庚)을 은나라 도읍인 은(殷)에 봉하여 은나라 종사를 잇도록 했다. 그 후에 무왕이 죽고 어린 성왕(成王)이 즉위하자, 무왕 동생 주공(周公) 희단(姬旦)이 섭정(攝政)이 되어 주나라를 통치하였다. 그러자 무경은 이에 불만을 품은 무왕의 다른 형제들 관숙(管叔), 채숙(蔡叔), 곽숙(霍叔)과 함께 반란을 일으켰다. 이를 '삼감(三監)의 난(亂)'이라고 하는데, 반란은 3년 만에 진압되었고 무경은 주살되었다. 주공은 반란을 진압한 뒤 옛 은나라 영역을 송(宋)과 위(衛) 둘로 나누었다. 그리고 위에는 막냇동생인 강숙(康叔) 희봉(姬封)을 봉하여 은나라 유민(遺民)들을 통제하였고, 송에는 미자를 봉하여 은나라 종사

를 잇도록 했다.

기자(箕子)는 주왕(紂王)의 친척으로 기(箕) 땅에 봉국을 받았다. 주왕이 폭정을 행하자 충간했지만 듣지 않았다. 나중에 비간(比干)이 살해당하는 것을 보고 두려워 머리를 풀어헤치고 거짓으로 미친 척하다가 감옥에 갇혀 종이 되어 노역을 했다고 한다. 무왕이 은나라를 멸망시킨 뒤 석방되었다. 무왕이 기자를 방문하여 대화를 나눈 내용이 『서경』홍범(洪範)이다.

비간(比干)은 주왕의 숙부이다. 소사(少師)라는 직책에 있으면서 악정(惡政)을 간언하자 주왕이 "성인의 가슴에는 구멍이 일곱 개 있다 하니 열어보자"며 간을 도려내 죽였다.

주왕의 무도함에 대해 세 사람이 보여준 길은 말 그대로 삼인삼색(三人三色)이다. 그런데 공자는 "은나라에 세 명의 어진 이가 있었다"고 극찬한다. 과연 은나라를 떠났던 미자는 어떤 점에서 어질고, 또 기자와 비간은 어떤 점에서 어질다는 것일까?

주희는 이에 대해 다음과 같이 답한다.

"세 사람의 행동이 같지 않으나 똑같이 지성스럽고 간절한 뜻에서 나왔다. 그러므로 사랑의 이치[愛之理]에 어긋나지 않아 마음의 덕[心之德]을 온전히 할 수 있었다."

과연 이것만으로 '어질다(仁)'는 평가를 이들 세 사람 모두에게 내릴 수 있는 것일까? 주희 풀이만 놓고 보면 선뜻 수긍하기 어려운 것이 사실이다.

일단 '위령공 8'부터 읽어 보자.

공자가 말했다. "도리에 뜻을 둔 선비[志士]와 어진 사람[仁人]은 살기를 구하느라 어짊을 해치지 않고[無求生以害仁], 자기 몸을 죽여서 어짊을 이루는 바는 있다[有殺身以成仁]."

이를 잣대로 보면 비간은 명백히 "자기 몸을 죽여서 어짊을 이루는 바는 있다[有殺身以成仁]"에 해당하니 인인(仁人)이라 하는데 논란의 여지가 없다. 또 기자는 명백히 "살기를 구하느라 어짊을 해치지 않았다[無求

生以害仁].”

그러면 미자는 어떤 점에서 인인(仁人)인가? 떠나감[去]에 담긴 의미가 깊은 것이다. 그냥 남아 적당히 타협했더라면 일시적으로나마 크게 누릴 수 있었던 부귀영화를 미자가 미련 없이 버렸다는 것과 통한다. 나라에 도리가 없으면 떠날 줄 알아야 한다. 정약용 풀이는 바로 이 점에 초점을 맞췄다.

"미자는 왕실 지친(至親)인데, 어찌 일반 신하들의 예에 따라 세 번 간언하고 드디어 떠날 수 있겠는가? 『사기』에 기록된 말은 잘못된 것이다. 미자가 떠난 것은 전혀 아무 다른 명분이 없으니, 이는 종묘사직을 위한 것이 아니고 무엇이겠는가? (주나라) 무왕(武王)이 미자를 송(宋)나라에 봉할 때도 미자의 마음 가운데는 반드시 이를 바라지 않았을 것이다. 그러나 삼종(三宗-왕통) 혈맥이 이 한 몸에 있으므로, 이 몸이 생존해 있으면 은나라 제사가 끊어지지 않고, 이 몸이 없다면 은나라의 번영이 다시는 지속될 도리가 없는 것이다. 세 사람의 인자(仁者)가 서로 의논하여 미자로 하여금 살아남게 도모하고, 미자도 또한 천지에 건의하고 귀신에게 질정해서, 해(害)를 멀리하고 몸을 온전히 할 것을 결단하였던 것이다. (미자가) 황야에 달아나 몸을 피할 때를 상상하면, 그 마음의 측은하고 처참했던 것은 도리어 비간이 걱정 없이 쾌히 죽어 버린 것 못지않았을 것이니, 공자가 그 마음을 더듬어 보아 그를 어질다[仁]고 허여한 것이다."

다시 말하면 종묘사직을 위하지 않았다면 미자가 나라를 떠난 것은 아무 명분이 없는 것이다. 『서경』에 근거를 둔 정약용 풀이는 대단히 깊다. 그리고 문맥으로 볼 때도 기자나 비간보다 미자에 주목한 것은 적절했다고 할 수 있다. 다음 장을 보면 왜 세 사람 중에서 특히 미자에 주목해야 하는지를 쉽게 알 수 있다.

微子

2

○유하혜가 재판관이 되었다가 세 번이나 내침을 당하자 사람들이 말했다. "그대는 지금이라도 떠나갈 수 있지 않은가?"

말했다. "(내) 도리를 곧게 하여 남을 섬기게 되면 어디를 간들 세 번 내침을 당하지 않겠으며, 도리를 굽혀 남을 섬긴다면 어찌 반드시 부모 나라를 떠날 필요가 있겠는가?"

柳下惠爲士師 三黜
유-하-혜 위 사-사 삼-출

人曰 子未可以去乎
인 왈 자 미-가-이 거-호

曰 直道而事人 焉往而不三黜
왈 직-도 이 사-인 언-왕 이 불 삼-출

枉道而事人 何必去父母之邦
왕-도 이 사-인 하-필 거 부-모-지-방

주희는 사사(士師)를 옥관(獄官), 즉 감옥 관리로 풀이한다. 유하혜(柳下惠)라는 사람이 옥관이 되어 세 번이나 내침을 당했다는 말이다. 그런데 옥관이라는 중간직에서 세 번 내침을 당했다고 해서 사람들이 다음과 같은 질문을 던질 수 있을까?

"그대는 지금이라도 떠나갈[去] 수 있지 않은가?"

사사(士師)를 옥관으로 볼 수도 있겠지만 이 맥락에서는 훨씬 높은 고위직이라야 이런 질문이 제대로 적실성을 가질 수 있을 것 같다. 그래서 '재판관'으로 풀이한다. 이렇게 되면 앞에서 미자가 떠나간 이유와도 맥이 통한다.

앞서 장문중에 대해 유하혜가 뛰어나다는 것을 알고서도 그를 들어 쓰지 않았으니 자리를 도둑질한 자라고 비판했다. 유하혜가 어떤 인물이었는지를 추측할 수 있게 해주는 이야기였다. 또 '미자 8'에서 유하혜는

'은둔 인사[逸民]'이자 '뜻을 굽히고 몸을 욕되게 했지만, 말은 도리에 맞았고 일을 행함은 사리에 맞았던' 인물로 등장한다.

여기서 눈길을 줘야 하는 것은 사람들의 질문, 즉 "그대는 지금이라도 떠나갈 수 있지 않은가?"중에서 '떠나가는 것[去]'이다. '미자 1'에서 세 사람 중 미자에 집중해야 하는 것도 그가 떠나간 것[去] 하나로 어질다는 평가를 받았기 때문이다. 거(去)가 '미자 1, 2'의 연결고리가 되면서 동시에 미자(微子)편 전체 주제인 '세상과의 거리 두기'를 풀어내는 실마리를 제공한다. 거(去)란 때로는 관직을 버리고 나라를 떠나는 것이고, 때로는 세상 전체를 버리고 초야에 숨어버리는 것이다. '헌문 39'를 보자.

공자가 말했다. "뛰어난 이는 세상을 피하고, 그다음은 땅을 피하고, 그다음은 안색을 (보고서) 피하고, 그다음은 말을 (듣고서) 피한다."

이제 우리는 사람들의 질문에 대한 유하혜의 답에 집중해보자. 떠나지 못하는 이유가 나오고 있기 때문이다.

"(내) 도리를 곧게 하여 남을 섬기게 되면 어디를 간들 세 번 내침을 당하지 않겠으며, 도리를 굽혀 남을 섬긴다면 어찌 반드시 부모 나라를 떠날 필요가 있겠는가?"

이에 대한 주희 평가다.

"유하혜가 세 번 내침을 당했는데도 떠나가지 않고, 그 말의 기운이 온화하고 여유롭기가 이와 같았으니, 중화(中和)라 이를 만하다."

그래서 유하혜가 뛰어나다[賢]고 할 수 있다. 바로 뒤에 공자 자신의 '떠나감[去]'이 이어진다.

微子

3

○제나라 경공이 공자를 예우해 말했다. "계씨만큼이라면 내가 해줄 수
없지만 계씨와 맹씨 중간쯤으로는 그대를 예우해주겠다."
(경공이 또) 말했다. "내가 늙어서 그대를 쓸 수가 없다."
공자는 (즉각) 떠났다.

제─경─공 대 공─자 왈 약 계─씨 즉 오 불─능
齊景公待孔子曰 若季氏則吾不能
이 계─맹─지─간 대─지
以季孟之間 待之
왈 오 노─의 불─능 용─야 공─자 행
曰 吾老矣 不能用也 孔子行

또 거(去) 문맥이다. 공자는 대우의 경중(輕重) 때문이 아니라 '공자 말'을
쓰지(用) 못할 것으로 판단했기 때문에 떠나간 것이다. '경공의 말'이 너
무도 쉽게 오락가락하는 것을 보고서 "공자는 (즉각) 떠났다[行=去]." '헌
문 39' 중에서 연관된 문장을 읽어 보자.

"그다음은 말을 (듣고서) 피한다."

『설원』 4-5도 공자가 다른 일로 경공을 떠나는 장면을 담고 있다.

공자가 제나라 경공을 알현하자 경공은 늠구 땅을 주어 식읍으로 삼게
했다. 공자가 사양하고 받지 않았고, 그 후 나와서 제자들에게 말했다.
"내가 듣건대 군자는 자기 공로에 준해서 녹을 받는다고 했다. (그런
데) 지금 경공에게 유세했더니 경공은 아직 시행도 하지 않고서 나에
게 늠구를 내려주었으니, 그가 나를 알지 못함이 참으로 심하도다!"
드디어 하직하고 떠나버렸다.

微子

4

○제나라 사람들이 (노나라에) 여악(女樂)을 보내오니 계환자가 이를 받아들이고서 사흘 동안 조회를 열지 않자 공자는 (노나라를) 떠났다.

齊人歸女樂 季桓子受之 三日不朝
孔子行

일단 뜻풀이부터 해보자. 제나라에서 미녀 악공을 보내주자 노나라 실력자 계환자(季桓子)는 그것을 받고서 삼 일 동안이나 조정 일을 폐하자 공자는 그 나라를 떠나버렸다는 것이다. 역시 나라에 도리가 없어 떠나는[去] 문제이다.

주희 풀이에 따르면 계환자는 대부로 이름은 사(斯)이다. 사마천『사기』에 나오는 내용을 종합해 볼 때 정공 14년 공자가 노나라 사구(司寇)가 되어 대부 일을 볼 때 제나라 사람들이 두려워하여 미녀 악공을 보내어 저지하려 하였다. 그렇다면 계환자는 그것을 단호히 물리치는 게 도리이다. 그러나 그렇게 하지 않았다. 윤돈 풀이다.

"미녀 악공을 받고 정사(政事)를 게을리하는 것이 이와 같았으니, 어진 이를 소홀히 하고 예를 저버려 더불어 큰일을 할 수 없음을 알 수 있다. 공자는 그 때문에 떠난 것이니 이른바 '기미(幾微)를 보고 떠나기를 종일 기다리지 않는다'(『주역』)는 말이 바로 그것이다."

『사기』 '공자세가'에는 이 일을 둘러싼 전후 맥락이 상세하게 소개돼 있다.

노나라 정공(定公)은 공자를 중도(中都-고을 이름)의 읍재(邑宰)로 삼았는데 1년이 되니 사방이 모두 공자의 통치 방법을 본받았다. 공자는 중도의 읍재에서 사공(司空)이 되었고, 사공에서 다시 대사구(大司寇)가 되었다. 정공 14년(기원전 496년) 공자 나이 56세에 대사구에서 재상의 일까지 섭행하게 되었다. 이에 공자는 노나라 대부로서 정사를 문란케 한 소정묘(少正卯)를 주벌하였다. 공자가 노나라의 국정에 참여한 지 3개월이 지나자, 염소와 돼지를 파는 사람들이 값을 속이지 않고, 남녀가 길을 갈 때 따로 걸어가며, 길에 떨어져 있는 물건을 주워가는 사람도 없어졌다. 사방에서 노나라의 읍에 찾아오는 여행객도 유사(有司-해당 기관)에게 필요한 것을 부탁하지 않아도 유사가 항상 그 직책을 다하여 이바지하였다.

제나라 당국자가 이 사실을 듣고 두려워하며 말하기를 "공자가 정치를 하면 노나라는 반드시 패자(覇者)가 될 것이다. 노나라가 패자가 되면 우리나라가 노나라에 가까우니, 우리가 먼저 병합될 것이다. (그런데도) 어찌하여 땅을 바쳐 화친을 하지 않는가?"라고 하니, 여서(黎鉏-제나라 대부)가 말하기를 "청컨대 먼저 시험 삼아 (공자의 선정을) 저지해봅시다. 저지해도 되지 않으면 (그때 가서) 땅을 바쳐도 되니, 어찌 늦다고 하겠습니까?"라고 하였다.

그래서 제나라에서 미모의 여인 80명을 뽑아 모두 아름다운 옷을 입히고 강락무(康樂舞-여악의 곡명)를 가르쳐서, 아름답게 꾸민 말 120필과 함께 노나라 군주에게 보냈다. 여자 악인(樂人)들과 아름답게 꾸민 말들을 우선 노나라 도성 남쪽 높은 문밖에 진열해 놓았다. 계환자는 미복으로 가서 두서너 차례 살펴보고 장차 이를 받아들이려 하고는, 이에 노나라 군주에게 말하여 (성 밖의) 길을 주유한다는 핑계를 대고 실제로는 그곳에 가서 하루 종일 구경하고 정사를 게을리하였다.

자로가 말하기를 "스승님, 떠나야 합니다"라 하니 공자가 말하기를 "노나라는 지금 장차 교제(郊際-국가 제사의 일종)를 지내려 하고 있다. 만약 [음복(飮福)으로] 대부에게 제육(祭肉)을 보내오면, 나는 그래도 여기에 머물러 있을 것이다"라고 하였다. 계환자는 마침내 제나라의 여악을 받아들여 사흘 동안 정사를 보지 않고, 또 교제를 지내고도 대부에게 그 제육이 이르지 않았다. 공자는 드디어 (노나라를) 떠났다.

(그리고 위나라로 갔다.)

『맹자』 만장장구(萬章章句)는 '미자 1부터 4까지'를 전체적으로 조망할 수 있는 시야를 열어준다.

맹자가 말했다. "백이(伯夷)는 눈으로는 나쁜 색을 보지 않았고, 귀로는 나쁜 소리를 듣지 않았다. 또 그 임금이 섬길만하지 않으면 섬기지 않았고, 그 백성이 부릴만하지 않으면 부리지 않았다. 치세면 (벼슬길에) 나아갔고 난세면 물러났다. 무도한 정치가 행해지는 곳과 무도한 백성들이 거주하는 곳에는 차마 살지 못했다. 무례하기 그지없는 촌사람들과 함께 있는 것을 마치 조정의 의관을 쓴 채로 진흙이나 잿더미에 앉아 있는 것처럼 여겼다. (은나라) 주왕(紂王)이 통치하던 때에는 북해(北海)의 바닷가에 살면서 세상이 맑아지기를 기다렸다. 그래서 백이의 풍도를 듣게 되는 사람은 (그것만으로도) 악질적인 사람도 청렴해지고 심약한 사람도 뜻을 세우게 됐다.

이윤(伊尹)은 늘 말하기를 '어느 사람인들 섬기면 군주가 아니겠는가? 어느 사람인들 부리면 백성이 아니겠는가?'라고 했다. 그래서 치세에도 (벼슬길에) 나아갔고 난세에도 나아갔다. 그는 말했다. '하늘이 이 백성(사람)을 낳은 이유(중 하나)는 먼저 알게 된 사람으로 하여금 늦게 알게 될 사람을 깨우쳐주고, 또 먼저 깨우친 사람으로 하여금 뒤늦게 깨우치는 사람을 깨우쳐주려는데 있다. (그렇다면) 나는 하늘이 낳은 백성들 중에서 먼저 깨달은 자이니 나는 장차 이 도로써 이 백성들을 깨우쳐줘야 한다.' 그리고 그는 천하의 백성들 중에서 (심지어) 일반 남녀백성들이라도 요순(시대와 같은 어진 정치)의 혜택을 입지 못하는 사람이 있으면 마치 자신이 그들을 떠밀어 도랑 한가운데로 처넣은 듯이 생각했으니, 천하의 중책을 스스로 자신의 일로 떠맡는 자세가 이와 같았던 것이다.

유하혜(柳下惠)는 더러운 임금을 (섬기는 것을) 전혀 수치로 생각지 않았고, 미관말직이라도 사양하지 않았다. (벼슬에) 나아가면 자신의 빼어남을 결코 숨기지 않았고 반드시 도리에 따라 매사를 처리했으며, (벼슬자리에서) 내침을 당해도 원망하지 않았고 곤궁한 상황에 빠져도 번민하지 않았다. (백이와 달리) 무례하기 그지없는 촌사람들과 함께 있으면서도 여유롭게 어울렸고 차마 뿌리치고 일어나지 못했다. 그는 말했다. '너는 너고 나는 나다. (네가) 비록 내 옆에서 옷을 걷어 올리고 홀딱 벗는다고 한들 네가 어찌 나를 더럽힐 수 있겠는가?' 그래서 유하혜의 풍도를 듣게 되는 사람은 (그것만으로도) 졸렬한 사람도 너그러워지고 각박한 사람도 인후해진다.

공자께서는 제나라를 떠나실 때 밥 짓기 위해 씻은 쌀까지 건져서 (서둘러) 떠나셨는데, (고국인) 노나라를 떠나실 때는 이렇게 말씀하셨다. '천천히 천천히 가자!' 바로 이것이 조국을 떠나는 도리이다. 빨리 가야 할 것 같으면 빨리 가고, 오래 머물러야 할 것 같으면 오래 머물고, 벼슬에서 떠나 있어야 할 것 같으면 떠나 있고, 벼슬해야 할 것 같으면 벼슬하신 분이 공자이시다."

다시 맹자가 말했다. "백이는 성인(聖人) 중에서도 맑디맑은 분이요, 이윤은 성인 중에서도 책임감이 투철한 분이요, 유하혜는 성인 중에서도 제대로 어울릴 줄 아는 분이요, 공자는 성인 중에서도 때를 잘 알아서 그 일에 딱 맞도록 풀어갈 줄 아는 분이시다."

微子

5

○초나라 광자 접여가 노래를 부르며 공자 곁을 지나가면서 말했다. "봉황이여! 봉황이여! 어찌 다움이 쇠하였는가? 지난 일은 간언할 수 있지만 앞으로 올 일에 대해서는 오히려 좇을 수 있으니 그만둘 일이다! 그만둘 일이다! 지금 정치에 종사하는 것은 위태로울 뿐이도다!"

공자가 수레에서 내려 그와 더불어 말을 하려고 했으나 빠른 걸음으로 피해버리는 바람에 그와 더불어 말을 할 수가 없었다.

초 광 접-여 가 이 과 공-자 왈 봉-혜 봉-혜
楚狂接輿歌而過孔子 日 鳳兮鳳兮

하 덕-지-쇠
何德之衰

왕-자 불-가-간 내-자 유 가-추 이-이 이-이
往者不可諫 來者猶可追 已而已而

금 지 종-정-자 태-이
今之從政者殆而

공-자 하 욕 여-지 언 추 이 피-지 부-득 여
孔子下 欲與之言 趨而辟之 不得與

-지 언
之言

'미자 3과 4'는 비슷한 맥락에서 나라에 도리가 없음을 알고 공자가 미리 그 나라를 떠나버린 사례였다. 이제 세상으로부터 떠남의 강도가 훨씬 강하다고 할 수 있는 은자(隱者) 문제를 다룬다. 여기서 우리가 눈여겨봐야 할 대목은 그런 은자들을 대하는 공자의 태도와 말이다.

접여(接輿)는 초나라 광자(狂者)이자 은자(隱者)이다. 그래서 주희는 그 시기를 "공자가 초나라로 가려고" 했을 때라고 말한다. 이어 봉(鳳)에 대해 다음과 같이 풀이한다.

"봉황은 도리가 있으면 나타나고 도리가 없으면 숨는다."

공자를 봉황에 비유하면서 공자를 비판하는 내용이라 할 수 있다. 초나라 광자 접여가 공자에게 지금은 도리가 없으니 숨어야 하는데 왜 숨지 않느냐고 다그치고 있는 것이다. 공자가 숨지 못하는 것을 보니 다움[德]도 쇠했다고 본 것이다.

지나간 것을 간언한다는 말은 공자가 과거에 은자의 길을 걷지 못한 것에 대해서는 꾸짖지 않겠다는 말이다. 대신 앞으로 다가올 미래에는 자기 말을 따라야 할 것이니, 당장 그만두고 은자의 길을 걸으라고 거듭 촉구하고 있다. 여기서 이(已)는 '그치다' '그만두다'라는 뜻이다.

사실 '도리가 있으면 나아가고 도리가 없으면 물러나라'는 것은 공자의 일관된 철학이다. 그런데 문제는 물러섬의 강도다. 은자(隱者)는 공자에게 세상과 완전히 연을 끊는 물러남을 요구하고 있는 것이다.

이에 공자는 서둘러 수레에서 내려와 자신의 출처(出處)하는 뜻을 설명 혹은 변명하려 했으나 접여는 설명이나 변명을 들을 필요도 없다는 듯이 빠른 걸음으로 사라져 버렸다. 이때 공자의 심정은 어땠을까? 그 대답의 실마리는 뒤에 나온다. 다만 여기서 분명한 것은 공자는 그 사람과 '더불어 이야기하고[與言]' 싶어 했다는 사실이다.

『장자(莊子)』 인간세(人間世)에는 이 사건이 조금 다른 시각에서 기록되어 있다.

공자가 초나라에 갔다. 초나라 광자 접여가 (공자가 묵고 있는 숙소의) 문 앞을 지나가면서 다음과 같이 말했다. "봉황이여! 봉황이여! 어찌 덕이 이렇게도 쇠하였는가? 앞으로 오는 세상은 기대할 수가 없고, 이미 지나간 세상은 돌이켜 좇을 수 없네. 천하에 도리가 있으면 성인은 위업을 완성하고, 천하에 도리가 없으면 자신의 삶을 온전하게 해야 하고, 지금의 이 시대를 당면해서는 겨우 형벌이나 면하면 될 뿐이네. 복(福)은 하나의 깃털보다도 가볍건만 사람들은 이를 손에 가질 줄을 모르고, 화(禍)는 저 대지보다 무겁건만 사람들은 이를 피할 줄을 모르는구나. 그만둘지어다! 그만둘지어다! 덕으로써 사람들 앞에 나서는 것을. 위태롭구나! 위태롭구나! 땅에 금을 그어 놓고 그 안에서 달리는 것이. 가시밭이여, 가시밭이여, 내 걸음을 다치게 하지 말라. 내 걸음 구불구불 위험을 피해 조심해서 걸어가니, 내 발을 찌르지 말라. 산의 나무는 스스로 자신을 해치고, 기름의 불은 스스로 자신을 태우며, 계피나무는 먹음직해서 베이고, 옻나무는 쓸모가 있어서 베인다. 사람들은 모두 유용(有用)의 용(用)만 알고, 무용(無用)의 용(用)은 알지 못하는구나!"

정약용은 "천하에 도리가 있으면" 이하는 장자가 부연한 말이라고 했다.

微子

6

○장저와 걸닉이 나란히 밭을 갈고 있었는데 공자가 지나가다가 자로에게 나루터가 어디인지 묻게 했다.

장저가 말했다. "저 수레의 예(輿-수레에서 사람 타는 부분)를 잡고 있는 사람은 누구인가?"

자로가 말했다. "공구(孔丘-공자)입니다."

말했다. "이 사람이 혹시 노나라 공구인가?"

(자로가) 말했다. "네, 맞습니다."

말했다. "이 사람은 나루터를 알고 있다."

걸닉에게 물으니 걸닉이 말했다. "그대는 누구인가?"

(자로가) 말했다. "중유(仲由)입니다."

말했다. "그대가 노나라 공구의 무리인가?"

(자로가) 말했다. "그렇습니다."

말했다. "도도한 흐름은 천하가 모두 이와 같은데 누가 그것을 바꿀 수 있겠는가? 그리고 그대는 사람을 피하는 선비를 따르기보다는 세상을 피하는 선비를 따르는 것이 어떻겠는가?"

곰방메질을 하며 흙덩이 부수는 일을 그치지 않았다. 자로가 돌아와서 그 내용을 그대로 고하니 공자는 실망한 표정으로 말했다. "새나 짐승들과 더불어 함께 무리 지어 살 수가 없으니 내가 이 사람들 무리와 함께하지 않는다면 누구와 함께하겠느냐? 천하에 도리가 있었다면 나도 바꾸려 하지 않았을 것이다."

長沮 桀溺 耦而耕 孔子過之 使子路
장─저 걸─닉 우─이─경 공─자 과─지 사 자─로

問津焉
문─진─언

長沮曰 夫執輿者爲誰
장─저 왈 부 집─여─자 위─수

자ー로 왈 위 공ー구
子路曰 爲孔丘

왈 시 노 공ー구 여
曰 是魯孔丘與

왈 시ー야
曰 是也

왈 시 지ー진ー의
曰 是知津矣

문ー어 걸ー닉 걸ー닉 왈 자 위ー수
問於桀溺 桀溺曰 子爲誰

왈 위 중ー유
曰 爲仲由

왈 시 노 공ー구 지 도 여
曰 是魯孔丘之徒與

대ー왈 연
對曰 然

왈 도ー도ー자 천ー하 개 시ー야 이 수 이 역ー,지
曰 滔滔者天下皆是也 而誰以易之

차 이 여기 종 피ー인ー지ー사 야 기 약 종 피ー세
且而與其從辟人之士也 豈若從辟世

ー지ー사 재 우ー이ー불ー철
之士哉 耰而不輟

자ー로 행 이ー고 부ー자 무ー연 왈 조ー수 불ー가
子路行 以告 夫子憮然曰 鳥獸不可

여ー동ー군 오 비 사ー인 지 도 여 이 수ー여
與同群 吾非斯人之徒與 而誰與

<ruby>천-하-유-도<rt></rt></ruby> <ruby>구<rt></rt></ruby> <ruby>불-여-역-야<rt></rt></ruby>

天下有道 丘不與易也

장저(長沮)와 걸닉(桀溺)도 접여처럼 세상을 피해 살아가는 은자(隱者)들
이다. 우(耦)는 부부, 짝 등의 뜻 외에 '나란히 서서 (밭을) 갈다'는 뜻이 있
다. 여기서는 바로 이 뜻이다. 같은 길을 가는 사람을 상징한다고 볼 수 있
다. 그 두 사람이 밭을 갈고 있을 때 마침 공자가 그 옆을 지나가면서 제자
자로를 시켜 강을 건너는 나루가 어디인지를 묻게 하였다.

　이에 자로가 두 사람에게 나아가 묻자 먼저 장저가 말했다.

　"저 수레의 예(輿-수레에서 사람 타는 부분)를 잡고 있는 사람은 누구인
가?"

　원래는 자로가 잡고 있었겠지만 지금은 두 사람에게 나루터 위치를
묻기 위해 수레에서 내렸기 때문에 공자가 고삐를 잡고 있었을 것이다. 이
에 자로가 "공구(孔丘-공자)입니다"라고 말한다. 존칭을 쓰지 않고 공자
이름을 말한 것은 두 사람 나이가 공자보다 많았기 때문일 것이다. 이에
장저는 "이 사람이 혹시 노나라 공구인가?"라고 묻자 자로는 "네, 맞습
니다"고 답한다. 그러자 장저는 "이 사람은 나루터를 알고 있다"라고 말
한다. 정약용은 "공자가 많이 알고 있는데 남에게 묻는 것은 마땅하지 않
다고 기롱한 것이다"고 풀이한다. 마융도 "자주 주유하였으므로 공자 자
신이 나루터를 알 것이라고 말한 것이다"라고 했다.

　어쨌거나 답을 얻지 못한 자로가 이번에는 걸닉에게 묻는다. 이에 걸
닉은 자로에게 "그대는 누구인가?"라고 물었고, 자로는 "중유(仲由)입
니다"라고 답한다. 그러자 걸닉은 이미 그 이름을 들어서 알고 있다는 듯
"그대가 노나라 공구의 무리인가?"라고 물었고 자로는 그렇다고 답한다.

　이에 걸닉은 다음과 같이 말한다.

　"도도한 흐름은 천하가 모두 이와 같은데 누가 그것을 바꿀 수 있겠는
가? 그리고 그대는 사람을 피하는 선비를 따르기보다는 세상을 피하

는 선비를 따르는 것이 어떻겠는가?"

여기서 도도(滔滔)란 '큰 강물처럼 한번 흘러가면 돌아오지 않는다'는 뜻이다. 세상 이치가 그렇다는 것이다. 그런데 공자는 그것을 뒤집으려[易] 한다는 것이 장저나 걸닉 같은 은자들 생각이다. 접여에 비하면 좀 더 노장(老莊)풍이다. 정약용은 도도(滔滔)를 "큰 홍수가 나서 어지러운 모습"이라고 풀었다. 결과적으로는 같은 뜻이다.

자로가 돌아와 두 은자와 나눈 이야기를 전하자 공자가 무연(憮然)한 표정을 지었다. 무연이란 실의에 잠긴 표정도 되고, 할 말을 잃고 멍하니 있는 모습도 된다. 그리고는 이렇게 말한다.

"새나 짐승들과 더불어 함께 무리 지어 살 수가 없으니 내가 이 사람들 무리와 함께하지 않는다면 누구와 함께하겠느냐? 천하에 도리가 있었다면 나도 바꾸려 하지 않았을 것이다."

공자가 볼 때 저들은 자기 한 몸이나 깨끗하게 하려는[淸] 무리일 뿐 천하에 도리가 없어서 크게 고통받는 '이 사람들[斯人]에 대한 사랑'이 없다. '미자 5'에서 만난 접여에게도 공자는 똑같은 말을 해주고 싶었는지 모른다. 접여 또한 공자가 무슨 말을 할 줄 이미 알았기에 자리를 피해버린 것이다.

공자와 은자는 결국 문(文)과 질(質)의 문제이다. 은자들은 일체의 문을 배격한다. 반면에 공자는 문질빈빈(文質彬彬)을 지향한다. 이런 공자가 은자들이 보기에는 '꾸며대려는 것'이었기에 이처럼 서로 접점을 찾지 못한 채 평행선을 달린다.

○자로가 (공자를) 따르다가 뒤처졌는데 지팡이로 대삼태기를 꽂아 맨 노인을 마주쳤다.

자로가 물었다. "어르신께서는 우리 스승님을 보셨습니까?"

노인이 말했다. "사지를 부지런히 하지 않고 오곡을 제대로 분별도 못하는데 누구를 스승이라 하는가?"

지팡이를 땅에 꽂고는 (아무 일 없었다는 듯이) 김을 맸다. 자로가 두 손을 모으고 (공손하게) 서 있자 자로를 머물게 하고는 자고 가도록 했다. 닭을 잡고 기장밥을 만들어 먹이고는 두 아들을 불러 자로에게 인사를 시켰다. 다음날 자로가 가서 있었던 일을 고하자 공자가 말했다. "은자이다."

자로로 하여금 되돌아가서 만나보게 했는데 도착하니 떠나고 없었다. 자로가 말했다. "벼슬을 하지 않는 것은 마땅함이 없는 것이다. 장유(長幼)의 예절도 폐기할 수 없는데 임금과 신하의 마땅함을 어찌 이에 폐할 수가 있는가? (이는) 자기 한 몸 깨끗이 하려다가 큰 인륜을 어지럽히는 것이다. 군자가 벼슬을 한다는 것은 그 마땅함을 행하는 것이니 도리가 행해지지 않고 있다는 것을 이미 알 수가 있다."

子路從而後 遇丈人以杖荷蓧
자ー로 종 이 후 우 장ー인 이ー장 하ー조

子路問曰 子見夫子乎
자ー로 문ー왈 자 견 부ー자ー호

丈人曰 四體不勤 五穀不分 孰爲夫
장ー인 왈 사ー체 불ー근 오ー곡 불ー분 숙ー위 부

子
ー자

植其杖而芸 子路拱而立 止子路宿
치 기ー장 이 운 자ー로 공 이ー립 지 자ー로 숙

<ruby>殺<rt>살—계</rt></ruby><ruby>鷄<rt>위—서</rt></ruby>爲黍而食之 見其二子焉
<ruby>明日<rt>명—일</rt></ruby> <ruby>子路行<rt>자—로 행</rt></ruby> <ruby>以告<rt>이—고</rt></ruby> <ruby>子曰<rt>자—왈</rt></ruby> <ruby>隱者也<rt>은—자—야</rt></ruby>

殺鷄爲黍而食之 見其二子焉

明日 子路行 以告 子曰 隱者也

使子路反見之 至則行矣

子路曰 不仕無義 長幼之節 不可廢

也

君臣之義 如之何其廢之 欲潔其身

而亂大倫

君子之仕也 行其義也 道之不行 已

知之矣

이 장에는 공자의 발언이 등장하지 않고 앞에서 계속 공자를 모시고 은자들을 만났던 자로가 주인공 역을 맡고 있다. 이는 곧 이 장이 '미자 5, 6'을 풀이하는 성격을 갖고 있음을 의미한다.

　이번에는 자로가 공자를 모시고 따라다니다가 뒤처지게 되었다. 이때 지팡이에 삼태기를 끼고서 둘러멘 노인을 만나자 자로가 "어르신께서는 우리 스승님을 보셨습니까?"라고 물었다. 이에 그 노인은 "사지를 부지런히 하지 않고 오곡을 제대로 분별도 못 하는데 누구를 스승이라 하는가?"하고는 지팡이를 땅에 꽂더니 김을 매었다. 주희 풀이에 따르면 노인의 말은 자로를 향한 꾸짖음이다. 몸을 부지런히 움직여 농사일에 힘쓰지 않고 또한 농사일에 신경을 쓰지 않으니 콩과 보리도 구분할 줄 모르면서 뭘 배우겠다고 스승 운운하며 돌아다니냐는 것이다.

노인의 나무람에 자로가 일단 두 손을 맞잡고 공경을 표하며[拱] 서 있었다. 그런 자로를 기특하게 여긴 노인은 자로를 자기 집에 머물게 하고서[止] 잠자리를 제공한다. 이 부분이 핵심이다.

노인은 닭을 잡고 기장으로 밥을 지어 먹이고 두 아들로 하여금 인사를 하도록 했다. 다음날 자로가 돌아와서 공자에게 그간의 사정을 고한다. 공자는 "은자(隱者)이다"라고 말하고 자로로 하여금 다시 가서 만나보라고 하였는데 그곳에 도착했을 때는 이미 그 노인과 가족은 떠나가 버렸다. 그 노인은 이미 자로가 다시 올 것을 예견하고 있었다. 왜냐하면 자신이 들어서 알고 있는 공자라면 반드시 자로를 보내 다시 만나보도록 할 것이 분명했기 때문이다.

이 장에서 가장 중요한 대목은 이제부터다. '미자 6'에서는 공자가 직접 은자(隱者)를 비판했지만, 여기서는 자로가 은자의 문제점을 구체적으로 지적한다. 바로 그런 점에서 이 장은 '미자 6'에 대한 보충 내지 해설하는 성격을 갖게 되는 것이다. 문제의 자로 발언을 보자.

"벼슬을 하지 않는 것은 마땅함이 없는 것이다. 장유(長幼-어른과 아이)의 예절[節]도 폐할 수 없는데 임금과 신하의 마땅함을 어찌 이에 폐할 수가 있는가? (이는) 자기 한 몸 깨끗이 하려다가 큰 인륜을 어지럽히는 것이다. 군자가 벼슬을 한다는 것은 그 마땅함을 행하는 것이니 도리가 행해지지 않고 있다는 것을 이미 알 수가 있다."

그런데 이 말은 아무래도 공자가 한 말로 보아야지 자로 입에서 나올 수준의 말은 아니다. '자로(子路) 왈(曰)'은 '자로(子路) 환(還) 이고(以告) 공자(孔子) 왈(曰)' 중에서 '환(還) 이고(以告) 공자(孔子)'가 누락된 것으로 보아야 한다. 즉 원래는 '자로가 돌아와 그 내용을 고하자 공자가 말하기를' 중에서 '돌아와 그 내용을 고하자 공자가'가 누락된 것이다.

　이 발언에서 불사(不仕)는 단순히 벼슬하지 않는 것 정도의 뜻이 아니라 원천적으로 벼슬하는 것 자체를 부정하는 (은자들의) 생각이나 사상으로 풀이해야 정확한 뉘앙스를 포착할 수 있다.

微子

8

○ 일민(逸民)은 백이, 숙제, 우중, 이일, 주장, 유하혜, 소련이다.

공자가 말했다. "그 뜻을 굽히지 않았고 그 몸을 욕되게 하지 않은 사람은 아마도 백이와 숙제일 것이다."

유하혜와 소련에 대해서는 이렇게 평했다. "뜻을 굽히고 몸을 욕되게 했지만 말은 도리에 맞았고 일을 행함은 사리에 맞았으니 그저 이뿐이다."

우중과 이일에 대해 평했다. "숨어 살며 말을 함부로 했지만 몸은 깨끗함에 맞았고 벼슬하지 않음은 권도에 맞았다. 나는 이들과 달라서 가한 것도 없고 불가한 것도 없다."

逸民 伯夷 叔齊 虞仲 夷逸 朱張 柳
下惠 少連

子曰 不降其志 不辱其身 伯夷叔齊
與

謂柳下惠少連 降志辱身矣 言中倫
行中慮 其斯而已矣

謂虞仲夷逸 隱居放言 身中淸 廢中
權

_아 _즉 _{이─어} _시 _{무─가} _{무─불─가}
我則異於是 無可無不可

일민(逸民)은 유일(遺逸)이라고도 하며, 앞서 이야기한 은자(隱者)가 바로 그들이다. 일민(逸民)이란 간단히 말해 '학문과 덕행[學行]이 뛰어나면서도 초야에 묻혀 벼슬을 하지 않으려는 사람'을 말한다. 여기서 우리는 은자에도 여러 단계가 있음을 알 수 있다.

백이(伯夷)와 숙제(叔齊)는 이미 『논어』에서 여러 차례 언급된 바 있다. 우중(虞仲)은 오나라 사람이다. 사마천 『사기』 '오태백세가(吳太伯世家)'를 보자.

> "태백이 세상을 떠났으나 아들이 없자 동생 중옹(仲雍)이 임금 자리에 올랐으니 이 사람이 오중옹이다. 중옹이 죽자 아들 계간(季簡)이 임금 자리에 올랐다. 계간이 죽자 아들 숙달(叔達)이 임금 자리에 올랐다. 숙달이 죽자 주장(周章)이 임금 자리에 올랐다. 이때 주나라 무왕이 은나라를 멸망시키고 태백과 중옹의 후손을 찾다가 주장을 얻게 되었다. 주장은 이미 오나라에서 군주 노릇을 하고 있었으니 이로 인해 그를 오나라에 (제후로) 봉했다. 주장 동생 우중(虞仲)에게는 주나라 북쪽에 있던 옛 하나라 도읍 터를 봉해주었다."

이일(夷逸)과 주장(朱張), 소련(少連)은 이 장 외에는 『논어』에서 언급되지 않는데 다행히 공자가 이들에 대해 간략한 총평을 하고 있어 그들의 학행(學行)을 미루어 헤아려 볼 수는 있다.

먼저 공자는 백이와 숙제에 대해 "그 뜻을 굽히지 않았고 그 몸을 욕되게 하지 않았다"라고 평한다. 어쩌면 일민(逸民)으로서는 최고 경지라 할 수 있다.

두 번째로 공자는 유하혜와 소련에 대해 "뜻을 굽히고 몸을 욕되게 했지만 말은 도리에 맞았고 일을 행함은 사리에 맞았으니 그저 이뿐이다"라고 평한다.

소련과 관련해서는 주희 풀이를 참고한다. 주희는 『예기』를 인용해 이렇게 말한다.

> "그는 거상(居喪)을 잘하여 사흘간 게을리하지 않고 석 달을 해이하지 않으며 1년을 슬퍼하고 3년을 근심했다. 행실이 사려에 맞았음을 볼 수 있다."

그리고 동이(東夷) 사람이라고 덧붙였다.

세 번째로 공자는 우중과 이일에 대해 "숨어 살며 말을 함부로 했지만 몸은 깨끗함에 맞았고 벼슬하지 않음은 권도(權道)에 맞았다"라고 평한다. 주장도 직접 평하지는 않았지만, 이 범주에 속하는 일민으로 보인다.

중요한 것은 지금부터다. 공자는 옛 은자들에 대한 평을 마친 다음 "나는 이들과 달라서 가한 것도 없고 불가한 것도 없다"고 말한다. 이에 대한 사량좌 풀이다.

> "일곱 사람이 은둔하여 자기 몸을 더럽히지 않은 것은 똑같으나 그들의 그 마음 세운 것[立心]과 구체적인 행실[造行]은 달랐다. 백이와 숙제는 천자가 신하로 삼지 못하고 제후가 벗으로 삼지 못했으니, 이미 세상에 은둔하여 무리를 떠난 것이다. 성인(聖人)에서 한 등급 아래이니 이들이 (일민 중에서) 가장 높을 것이다. 유하혜와 소련은 비록 뜻을 굽혔으나 몸을 굽히지 않았고, 비록 몸을 욕되게 하였으나 세상에 영합하기를 구하지 않았으니, 그 마음에 불결한 것을 좋게 여기지 않음이 있었다. 그러므로 말이 윤리에 맞고 행동이 사리에 맞은 것이다. 우중과 이일은 숨어 살면서 말을 함부로 하였으니, 말이 선왕의 법도에 맞지 않은 것이 많았다. 그러나 깨끗하여 자신을 더럽히지 않았고 저울질하여[權道] 의리에 맞게 하였으니, 방외의 선비가 마땅함을 해치고 가르침을 손상시켜 대륜(大倫)을 어지럽힌 것과는 등급이 다르다. 이 때문에 똑같이 일민(逸民)이라고 하신 것이다."

이어 주희는 맹자의 말을 통해 공자 자신에 대한 발언을 풀이한다.

> "공자는 벼슬할 만하면 벼슬하시고, 그만둘 만하면 그만두시고, 오래

　　머물 만하면 오래 머무시고, 속히 떠날 만하면 속히 떠나셨다. (맹자가
　　말한) 이것이 바로 '가한 것도 없고 불가한 것도 없다'는 말의 뜻이다.”
　　이것이 바로 진정한 권도(權道)이다. 권도 문맥이 양화(陽貨)편에 이
어 계속되고 있다. 은둔 문제는 누가 보아도 상도(常道)가 아니라 권도 문
제이기 때문이다.

微子

9

○태사 지는 제나라로 갔고, 아반 간은 초나라로 갔고, 삼반 료는 채나라로 갔고, 사반 결은 진나라로 갔다. 큰 북을 치던 방숙은 하내로 들어갔고, 작은 북을 흔들던 무는 한중으로 들어갔고, 소사 양과 경쇠를 치던 양은 바다로 들어갔다.

태—사 지 적 제 　아—반 간 적 초
大師摯適齊　亞飯干適楚
삼—반 료 적 채 　사—반 결 적 진
三飯繚適蔡　四飯缺適秦
고—방 숙 입—어 하 　파 도 무 입—어 한
鼓方叔入於河　播鼗武入於漢
소—사 양 　격—경 양 입—어 해
少師陽　擊磬襄入於海

군군신신(君君臣臣) 도리가 무너지면 예(禮)가 무너지고 이어서 악(樂)이 무너져 내린다. 지금이 딱 그런 상황이다. 태사(大師)란 음악을 연주하는 악관(樂官)의 책임자이다. 아반(亞飯), 삼반(三飯), 사반(四飯)은 임금이 음식을 들 때 식사가 진행되는 순서에 따라 음악을 연주했던 악공 직명이다.

공안국은 이를 노나라 애공 때 예악이 붕괴되어 악인(樂人)들이 모두 떠난 것이라고 했다. 그런데 반고는 『한서』에서 이를 은나라 말기 상황으로 보았다. 이 점에 대해서는 여기서 더 이상 논하지 않는다. 중요한 것은 '예악의 붕괴로 인한 떠나감[去]'이기 때문이다.

微子

10

○주공이 (아들) 노공에게 말했다. "참된 군주는 그 친척을 버리지 않으며, 대신으로 하여금 써주지 않는 것을 원망하지 않게 하며, 선대왕의 옛 신하들이 큰 문제가 없는 한 버리지 않으며, (아랫사람) 한 사람에게 모든 것이 갖춰져 있기를 바라지 않는다."

주-공 위 노-공 왈 군-자 불-시 기-친
周公謂魯公曰 君子不施其親
불-사 대-신 원-호 불-이
不使大臣怨乎不以
고-구 무 대-고 즉 불-기-야 무-구-비-어 -일
故舊無大故 則不棄也 無求備於一
-인
人

공자가 가장 존숭했던 주공이 아들이자 노나라 첫 임금으로 가는 백금에게 이렇게 당부한다. 정확히 제왕학 요체이다.

> "참된 군주는 그 친척을 버리지 않으며, 대신으로 하여금 써주지 않는 것을 원망하지 않게 하며, 선대왕의 옛 신하들이 큰 문제가 없는 한 버리지 않으며[施=弛], (아랫사람) 한 사람에게 모든 것이 갖춰져 있기를 바라지 않는다[無求備於一人]."

원문의 군자는 군자다운 군주로 봐야 한다. 그래서 참된 군주로 옮겼다. 이 장은 '태백 2'와 밀접하게 연결된다.

> 공자가 말했다. "임금이 친족들에게 도탑게 하면 곧 백성들 사이에서 어진 마음과 행동이 자연스레 생겨나고, 또 (새로 등극한) 임금이 옛 친구, 즉 선왕의 옛 신하들을 버리지 않으면 백성들이 배반과 같은 각박한 짓을 하지 않는다."

『설원』 10-2에는 주공이 백금(노공)을 경계시키는 보다 상세한 말이 실려 있다.

"내가 듣건대, 다움과 행실이 넓고도 큰데도 공손함으로써 자기를 지키는 자는 영예롭고, 땅이 넓고 넉넉한데도 검소함으로써 자기를 지키는 자는 평안하며, 녹봉과 지위가 높은데도 겸손함으로써 자기를 지키는 자는 존귀하고, 병력이 많고 강한데도 두려움을 갖고서 자기를 지키는 자는 승리하며, 귀 밝고 눈 밝고 일에 밝고 사람에 밝으면서도 어리석음으로써 자기를 지키는 자는 유익하고, 널리 듣고 많이 기억하면서도 낮춤으로써 자기를 지키는 자는 넓다고 했다. 이 여섯 가지 지켜야 할 바는 모두 겸손이라는 다움이다.

무릇 귀함으로는 천자이고 부유함으로는 사해를 소유하고서도 겸손하지 못한 자는 천하보다 먼저 자기 몸이 망하게 되니 걸주(桀紂)가 이들이다. 조심하지 않을 수 있겠는가! 『역』에 이르기를 '한 가지 도리만 있어도 크게는 족히 천하를 지킬 수 있고 중간으로는 족히 국가를 지킬 수 있으며 작게는 족히 자기 몸을 지킬 수 있다'고 했으니, 한 가지 도리란 겸손함을 말한 것이다.

무릇 하늘의 도리는 가득 찬 것을 이지러지게 하고 겸손함을 더해 주며, 땅의 도리는 가득 찬 것을 바꿔 겸손한 쪽으로 흐르게 한다. 귀신은 가득 찬 것을 해치고 겸손한 것에는 복을 주며, 사람의 도리는 가득 찬 것을 미워하고 겸손함을 좋아한다. 이 때문에 옷을 지을 때는 옷깃의 한쪽을 남겨두고 궁실을 지을 때 한구석을 비워두며 방이 완성되면 더 이상 손보지 않는 것이다. 이는 아직 다 완성되지 않았음을 보여주는 것인데 하늘의 도리가 바로 그러하다.

『역』에 이르기를 '겸손하면 형통하니, 군자는 잘 마침이 있어 길하다'라고 했고, 『시경』〔상송(商頌) 장발(長發)편〕에 이르기를 '탕왕이 자신을 낮춤을 조금도 지체하지 않으니, 빼어난 삼감이 날로 높아졌도다'라고 했다. 이에 경계해야 할 것이다. 너는 이에 노나라를 갖고서 선비들에게 교만하게 대해서는 안 될 것이다."

이 장은 일종의 반전(反轉)이다. 미자(微子)편에 들어와서는 줄곧 세상을 등지는 일민(逸民)들에 대해 이야기했다. 그들이 일민이 된 이유를 공자는 세상에 도리가 없기[天下無道] 때문이라고 보았다. 결국 세상에 도리를 회복하면 이들은 세상으로 돌아올 것이다. 그것이 한결같은 공자 뜻이기도 하다.

그렇다면 어떻게 해야 세상에 도리가 회복될 수 있는가? 주공은 바로 그 해결책이 될 수 있는 네 가지 큰 원칙을 여기서 제시하고 있는 것이다. 그 네 가지는 '태백 2'에서는 다시 두 가지로 좁혀진다. 친척들에게 돈독히 하고[親親] 선왕의 옛 신하들을 존중하는 것이다[尊賢]. 친친현현(親親賢賢)이 그 원칙이다. 그중에서도 가장 중요한 것이 바로 주공이 맨 마지막에 말한 무구비어일인(無求備於一人)이다. 이렇게 하면 능력과 다움을 갖추고서도 버려지는 신하는 없게 된다.

『설원』 8-3은 무구비어일인(無求備於一人)이 얼마나 중요한지를 단적으로 보여 준다.

추자(鄒子)가 양(梁)나라 효왕(孝王)에게 유세해 말했다. "이윤(伊尹)은 원래 유신씨(有莘氏)의 잉신(媵臣)이었지만, 탕왕(湯王)이 (그를) 세워 삼공(三公)으로 삼으니 천하가 다스려져 태평해졌습니다. 관중은 원래 성양(成陽)의 개도둑에다가 천하에 둘도 없는 용렬한 사내였지만, 제나라 환공은 그를 얻어 중보(仲父)로 삼았습니다.

백리해는 길에서 밥을 빌어먹다가 양 다섯 마리 가죽에 팔렸으나, 진나라 목공이 그에게 정사를 맡겼습니다. 영척은 원래 수레를 몰던 사람으로 수레 끌채를 두드리며 큰 거리에서 노래나 했지만, 환공이 그에게 정사를 맡겼습니다. 사마희(司馬喜)는 송나라에서 무릎이 잘리는 형벌을 받았으나, 끝내 중산국(中山國) 재상이 되었습니다.

범수(范雎-범저라고도 읽음)는 위(魏)나라에서 갈비뼈와 이빨이 부러지는 박해를 받았으나, 뒤에 응후(應侯)가 되었습니다. 태공망(太公望-강태공 여상)은 원래 늙은 부인이 쫓아낸 사내로 조가(朝歌)에서 백정 일을 도왔으며 극진(棘津)에서 손님맞이를 담당하던 심부름꾼이었는데, 나이 일흔에 주나라 재상이 되었고 아흔에 제나라에 봉해졌습니다.

그래서 『시경』에 이르기를 '끊어질 듯 겨우 이어진 칡덩굴, 넓은 들판에서 자라도다. 좋은 직공 이를 얻어 갈포 마포를 만들었네, 좋은 직공이 얻지 못했으면 들판에서 말라 죽었으리라'라고 한 것입니다.

이 일곱 선비가 눈 밝은 임금과 빼어난 군주를 만나지 못했더라면, 아마도 길에서 빌어먹다가 들판 한복판에서 말라 죽었을 것이니, 비유하자면 마치 '끊어질 듯 겨우 이어진 칡덩굴' 신세가 되었을 것입니다."

『설원』1-3은 주공의 섭정을 거쳐 왕위에 오른 성왕(成王)이 백금에게 당부하는 말이다. 이 장과 비교하며 음미할 필요가 있다.

(주나라) 성왕(成王)이 (주공 아들) 백금을 봉해 노공(魯公-노나라 임금)으로 삼고서 그를 불러 일러주며 말했다. "너는 남들 위에 있는 자가 가져야 할 도리를 아느냐? 무릇 높은 자리에 있는 자는 반드시 삼가는 마음으로 아래를 대하며, 바른 도리로 하는 간언에 대해서는 고분고분 고맙게 받아들이고, 반드시 (신하들이) 꺼리지 않고 말할 수 있는 문을 열어놓아 절도에 따라 편안하게 간언할 수 있는 자락을 깔아주며, 간언을 올리는 자들에게는 위엄으로 겁을 주어서는 안 되고, 그 말을 바로잡으려 하지 말고 보아줄 만한 것이 있거든 곧장 채택하라.

무릇 문(文)만 있고 무(武)가 없으면 위엄으로 아래를 대할 수 없고, 무만 있고 문이 없으면 백성들은 두려워하기만 할 뿐 임금을 내 몸처럼 여기지 않으니, 문과 무를 함께 행해야 마침내 위엄과 다움이 이루어진다. 이미 위엄과 다움이 이루어지고 나면 백성들이 임금을 내 몸과 같이 여기며 복종해 깨끗하고 맑게 위와 통하고 교언영색하는 자들은 아래에서 막히니, 제대로 간언하는 자들은 나아갈 수 있고 충성스럽고 믿음이 있는 자는 마침내 모여들게(혹은 길러지게) 될 것이다."

백금은 두 번 절하고 명을 받고서 물러갔다.

微子

11

○주나라에 여덟 선비가 있었으니 백달, 백괄, 중돌, 중홀, 숙야, 숙하, 계수, 계와이다.

周有八士 伯達 伯适 仲突 仲忽 叔夜
주—유 팔—사 백—달 백—괄 중—돌 중—홀 숙—야

叔夏 季隨 季騧
숙—하 계—수 계—와

미자(微子)편 흐름을 간추려보면 이렇다. 초반에는 나라에 도리가 없을 때 관직을 버리는 것의 중요성을 강조하다가, 중간쯤에서는 세상을 완전히 버리는 은자(隱者)나 일민(逸民)의 문제점을 비판한 다음, 점차 후반으로 가면서 다시 세상의 도리를 회복하는 문제를 이야기했다.

그래서 여기서는 주(周)나라에서 벼슬하여 뛰어나다는 평가를 얻은 여덟 선비를 언급하면서 미자(微子)편을 마감한다. 이들은 일민과는 거리가 멀고 오히려 공자가 생각하는 바람직한 선비상에 가까웠던 인물들이다. 『논어』편찬자는 이런 편집을 통해 공자가 세상 구제에 대한 뜻을 끝내 포기하지 않았음을 간접적으로 보여주고 있다.

미자(微子)편 전체에 대한 주희의 총평이다.

"내가 생각해 보건대, 이 편은 공자께서 세 사람의 어진 이와 일민(逸民), 사지(師摯), 팔사(八士)에 대해서 이미 모두 칭찬하시고 품평하여 차례를 매기셨으며 접여나 장저, 걸닉 등에 대해서도 또 항상 긍정적으로 생각해 인도해 주려는 뜻이 있으셨다. 모두 쇠한 세상을 근심하는 뜻이니, 그 느끼신 바가 깊다. 진(陳)나라에 계실 적에 탄식한 것도 이와 같다. 세 사람의 어진 이[三仁]는 흠 잡을 데가 없고, 나머지 여러 군자들도 모두 한 시대의 고상한 선비이니, 만일 성인(聖人)의 도리를 들어서 지나침을 제재하고 미치지 못함을 힘쓰게 하였더라면, 세운 업적이 어찌 여기에 그칠 뿐이었겠는가?"

　　결론적으로 선비의 진퇴(進退)와 관련하여 공자 생각을 가장 잘 표현한 것은 '위령공 6'이라고 할 수 있다. 이를 미자(微子)편 결론으로 삼아도 손색이 없다.

> 공자가 말했다. "곧도다! 사어(史魚)여, 나라에 도리가 있을 때도 화살처럼 곧았고, 나라에 도리가 없을 때도 화살처럼 곧았도다. 군자도다! 거백옥이여, 나라에 도리가 있을 때는 벼슬했고, 나라에 도리가 없을 때는 거두고서 품어 간직할 줄 알았도다!"

⑲

子張

자

장

子張

1 2 3

衆嘉善而矜不能我之大賢與於人何
之子張曰異乎吾所聞君子尊賢而容
何對曰子夏曰可者與之其不可者拒
夏之門人問交於子張子張曰子夏云
弘信道不篤焉能爲有焉能爲亡○子
敬喪思哀其可已矣○子張曰執德不
○子張曰士見危致命見得思義祭思

4　5　6　7　8

居肆以成其事君子學以致其道○子
問而近思仁在其中矣○子夏曰百工
好學也已矣○子夏曰博學而篤志切
夏曰日知其所亡月無忘其所能可謂
者焉致遠恐泥是以君子不爲也○子
其拒人也○子夏曰雖小道必有可觀
所不容我之不賢與人將拒我如之何

9　10　11　12

灑掃應對進退則可矣抑末也本之則

入可也○子游曰子夏之門人小子當

謗己也○子夏曰大德不踰閑小德出

則以爲厲己也信而後諫未信則以爲

厲○子夏曰君子信而後勞其民未信

有三變望之儼然卽之也溫聽其言也

夏曰小人之過也必文○子夏曰君子

13 14 15 16

無如之何子夏聞之曰噫言游過矣君子之道孰先傳焉孰後倦焉譬諸草木區以別矣君子之道焉可誣也有始有卒者其惟聖人乎○

子夏曰仕而優則學學而優則仕○

子游曰喪致乎哀而止○

子游曰吾友張也爲難能也然而未仁○

曾子曰堂堂乎張也難與竝爲

喜○子貢曰紂之不善不如是之甚也

其道民散久矣如得其情則哀矜而勿

使陽膚爲士師問於曾子曾子曰上失

改父之臣與父之政是難能也○孟氏

夫子孟莊子之孝也其他可能也其不

致者也必也親喪乎○曾子曰吾聞諸

仁矣○曾子曰吾聞諸夫子人未有自

夫子焉不學而亦何常師之有○叔孫

不賢者識其小者莫不有文武之道焉

武之道未墜於地在人賢者識其大者

孫朝問於子貢曰仲尼焉學子貢曰文

過也人皆見之更也人皆仰之○衛公

○子貢曰君子之過也如日月之食焉

是以君子惡居下流天下之惡皆歸焉

24

武叔語大夫於朝曰子貢賢於仲尼子
服景伯以告子貢曰譬之宮牆賜
之牆也及肩窺見室家之好夫子之牆
數仞不得其門而入不見宗廟之美百
官之富得其門者或寡矣夫子之云不
亦宜乎○叔孫武叔毀仲尼子貢曰無
以爲也仲尼不可毀也他人之賢者丘

25

升也夫子之得邦家者所謂立之斯立
也夫子之不可及也猶天之不可階而
言以爲知一言以爲不知言不可不愼
恭也仲尼豈賢於子乎子貢曰君子一
其不知量也○陳子禽謂子貢曰子爲
焉人雖欲自絶其何傷於日月乎多見
陵也猶可踰也仲尼日月也無得而踰

榮其死也哀如之何其可及也
영기사야애여지하기가급야

道之斯行綏之斯來動之斯和其生也
도지사행수지사래동지사화기생야

子張

1

○자장이 말했다. "선비가 (도리가) 위태로움을 보고서 목숨을 바치고, 이익을 보면 마땅한지를 반드시 생각하고, 제사를 지닐 때는 공경함을 반드시 생각하고, 상을 지낼 때는 슬픔을 반드시 생각한다면 이에 선비라 할 수 있다."

자-장 왈　사　견-위　치-명　견-득　사　의
子張曰 士見危致命 見得思義

제　사　경　상　사　애　기　가-이-의
祭思敬 喪思哀 其可已矣

이번 편 제목은 자장(子張)이지만 내용상으로는 자하(子夏) 말이 가장 많고 그다음이 자공이다. 특히 주희는 자공에 대해 이렇게 말하고 있다.

> "공자의 문하에 안자(顔子) 이후로는 영특함이 자공만 한 이가 없고, 증자 이후로는 독실함이 자하만 한 이가 없다."

매우 중요한 언급이다. 어쩌면 주희도 안연 다음에 자공을 위치시킨 것을 보면,『논어』전반의 주인공이 자공이라고 생각했을지도 모르겠다. 본인은 정작 자하를 존숭했으면서도 이런 언급을 했다는 것이 놀랍다.

그런데 공자가 아니라 제자들 말을 모아놓은 자장(子張)편을 해독하는 방식은 좀 더 조심스러울 수밖에 없다.『논어』편찬자의 편집 의도를 보다 면밀하게 살피며, 제자들 발언 하나하나를 공자를 떠올리며 풀어가야 한다.

이제 공자는 우리 곁을 떠났다. 이미 미자(微子)편을 끝으로 공자와 함께하던 여로(旅路)는 끝이 났고 남은 것은 제자들이다.『논어』편찬자는 그중 대표적인 제자들의 말과 제자들 간 설전(舌戰)을 우리에게 전함으로써 공자의 도리가 어떻게 전개되는지를 보여 준다. 이 정도 관심만 갖고서 공자 사후(死後) 제자들 간의 논전(論戰) 속으로 들어가 보자.

자장이 한 말이 많을 텐데 왜『논어』편찬자는 자장이 한 이 말을 하필이면 가장 앞에 가져온 것일까? 선비[士]론인데 다 어디서 들어 본 이야기이다.

첫째, "(도리가) 위태로움을 보고서 목숨을 바치고, 이익을 보면 마땅한지를 반드시 생각하고"는 '헌문 13'에서 따온 것이다.

자로가 성인(成人)에 대해 묻자 공자가 말했다. "장무중의 지략과 맹공작의 욕심 없음과 변장자의 용맹과 염구(冉求-염유)의 재예를 예와 악으로 문채(文彩-광채)를 낸다면 실로 성인이라 할 수 있다."

(공자가 다시 말했다.) "지금의 성인이란 자들이 어찌 반드시 그 정도일 수 있겠는가? 이익을 보면 마땅함을 생각하고[見利思義], 위태로움을 보면 목숨을 바치며[見危授命], 오래된 약속이라도 평소 했던 그 말을 잊지 않는다면 실로 (이 정도로도) 성인이라 할 수 있다."

나머지는 '계씨 10'에 나온 구사(九思)와 '팔일 26'을 적당히 버무려 놓았다. 한마디로 허소(虛疏)하다.

공자가 말했다. "군자에게는 반드시 생각해야 할 아홉 가지가 있다. 볼 때는 눈 밝음을 반드시 생각해야 하고, 들을 때는 귀 밝음을 반드시 생각해야 하고, 낯빛을 취할 때는 따스함을 반드시 생각해야 하고, 용모를 취할 때는 공손함을 반드시 생각해야 하고, 말을 할 때는 진실함을 반드시 생각해야 하고, 일을 할 때는 주도면밀함을 반드시 생각해야 하고, 의문이 생길 때는 질문 던지기를 반드시 생각해야 하고, 화가 날 때는 그로 인해 닥칠 어려움을 반드시 생각해야 하고, 이득을 보았을 때는 마땅한지 아닌지를 반드시 생각해야 한다[見得思義]." ('계씨 10')

공자가 말했다. "윗자리에 있으면서 너그럽지 않고, 예를 행하면서 삼가지 않고, 상을 당하여 슬퍼하지 않는다면[臨喪不哀], 나는 무엇으로 그 사람됨을 살필 수가 있겠는가?"('팔일 26')

2

○자장이 말했다. "다움을 잡아 쥐는 것이 넓지 못하고, 도리를 믿는 것
　이 도탑지 못하면 (이런 사람에 대해) 어찌 능히 있다고 할 수 있고 어찌
　능히 없다고 할 수 있겠는가?"

자—장　왈　집—덕　불—홍　신—도　불—독
子張曰 執德不弘 信道不篤
언—능　위—유　언—능　위—무
焉能爲有 焉能爲亡

앞 장보다는 나은 말이다. 한마디로 박문약례(博文約禮)를 자장이 자기식
으로 풀어낸 것이다. 주희 풀이부터 보자.

　"얻은 바가 있더라도 지킴이 너무 좁으면 덕(德)이 없고, 들은 것이 있
　더라도 믿음이 독실하지 못하면 도리가 피폐해진다."

　따라서 뒷부분에 대한 풀이도 간단하다. "(이런 사람에 대해) 어찌 능히
있다고 할 수 있고 어찌 능히 없다고 할 수 있겠는가?"라는 말은 족히 경
중(輕重)을 가릴 가치도 없다는 말이다. 공자가 즐겨 사용했던 표현, "나
는 무엇으로 그 사람됨을 살필 수가 있겠는가[吾何以觀之哉]?"와도 통한
다. 그리고 덕(德)이나 도(道)는 그냥 절로 커지는 것이 아니라 힘써 넓히
려 하고 도탑게 하려는 노력을 통해 커질 수 있다는 뜻이다. '위령공 28'
에서 공자는 이렇게 말했다.

　"사람이 능히 도리를 넓히는 것이지 도리가 사람을 넓히는 것은 아니
　다."

子
張

3

○자하 제자가 자장에게 사귐에 대해 묻자 자장이 말했다. "자하는 뭐라고 하던가?"

대답해 말했다. "자하께서 말씀하시기를 사귈 만한 자는 그렇게 하고, 사귈 만하지 못한 자는 물리치라고 하셨습니다."

자장이 말했다. "내가 (스승님께) 들은 바와는 다르다. 군자는 뛰어난 이를 높이고, 뭇사람들을 품어주며, 좋은 사람은 아름답게 여기고, 능하지 못한 사람은 불쌍히 여기라고 하셨다. 내가 크게 뛰어나다면 다른 사람을 포용하지 못할 바가 무엇인가? 내가 뛰어나지 못하다면 다른 사람들이 장차 나를 물리칠 것인데 어찌 이에 내가 다른 사람을 물리칠 수 있겠는가?"

子夏之門人 問交於子張 子張曰 子
夏云何

對曰 子夏曰 可者與之 其不可者拒
之

子張曰 異乎吾所聞
君子尊賢而容衆 嘉善而矜不能
我之大賢與 於人何所不容
我之不賢與 人將拒我 如之何其拒

子
張

3

^{-인-야}
人也

여기까지는 자장이 주인공이다. 그런데 『논어』 편찬자는 절묘하게 자하 제자와 자장의 문답을 실어 놓음으로써 간접적으로 자장과 자하를 비교한다. 그리고 다음 장부터 한동안 자하가 주인공으로 등장한다. 왜 그랬을까? 먼저 이유를 말하자면 배움의 깊이에 있어 자장이 자하보다 한 수 위에 있음을 보여주기 위함으로 보인다. 이미 '선진 15'에서 자공이 공자에게 의미심장한 질문을 던진 바 있다.

자공이 물었다. "사(師-자장)와 상(商-자하) 중에서 누가 뛰어납니까?"

공자가 말했다. "사는 지나치고 상은 못 미친다."

말했다. "그렇다면 사가 혹시 더 낫습니까?"

공자가 말했다. "지나침은 못 미침과 같다."

자장과 자하는 과유불급(過猶不及) 사자성어의 양대 주인공인 셈이다. 이 점을 염두에 두고서 본문을 풀어보자.

먼저 자하의 한 제자가 자장에게 사귐[交]에 대해 물어보자, 자장은 라이벌을 의식해 "자하는 뭐라고 하던가?"라고 되묻는다. 이에 그 제자는 "자하께서 말씀하시기를 사귈 만한 자는 그렇게 하고, 사귈 만하지 못한 자는 물리치라고 하셨습니다"라고 답한다.

여기서 자장의 물음은 단순히 자하의 생각을 물은 것이 아니라 스승 공자의 생각을 자하가 어떻게 받아들이고 있는지를 물어본 것이다. 그러면 가자(可者)와 불가자(不可者)는 각각 무슨 뜻인가를 먼저 살펴야 한다. 이를 정약용은 "사귈 만한 자는 사귀고, 사귈 만하지 못한 자는 사귀지 말라"라고 풀이한다.

이 말을 들은 자장은 이렇게 답한다. 그 말이 일단 예리하고 깊다.

"내가 (스승님께) 들은 바와는 다르다. 군자는 뛰어난 이를 높이고, 뭇 사람들을 품어주며^{존-현 이 용-중}[尊賢而容衆], 좋은 사람은 아름답게 여기고, 능하

子
張

3

지 못한 사람은 불쌍히 여기라[嘉善而矜不能]고 하셨다. 내가 크게 뛰
어나다면 다른 사람을 포용하지 못할 바가 무엇인가? 내가 뛰어나지
못하다면 다른 사람들이 장차 나를 물리칠 것인데 어찌 이에 내가 다
른 사람을 물리칠 수 있겠는가?"

남과 교제하는 도리에 대한 자하와 자장의 초점이 다르다. 자하는 다
른 사람들에 대한 자신의 판단이 가(可)/불가(不可)의 기준이 된다. 내가
판단해서 사귈 만하면 사귀고, 그렇지 않으면 사귀지 않는다는 것이다. 반
면 자장의 경우는 나 자신이 크게 뛰어나게 되느냐 아니냐에 달린 것으로
보았다. 이건 누가 보아도 자장이 한 수 위이다. 자하를 좋아했던 주희의
언급이 다소 구차스러워보인다.

"처음 배우는 자는 마땅히 자하의 말과 같이 해야 하고, 덕을 이루고
자 하는 자는 마땅히 자장의 말과 같이 해야 한다."

子
張

4

○자하가 말했다. "비록 작은 도리라도 반드시 보아줄 만한 것이 있겠지만, 고원한 도리에 이르는데 방해물이 될까 두렵다. 이 때문에 군자는 작은 도리는 행하지 않는다."

^{자-하} ^왈 ^수 ^{소-도} ^{필-유} ^{가-관-자} ^언 ^{치-원}
子夏曰 雖小道 必有可觀者焉 致遠
^공 ^니 ^{시-이} ^{군-자} ^{불-위-야}
恐泥 是以君子不爲也

여기서 말하는 작은 도리[小道]란 주희에 따르면 농사와 원예, 의술과 복술(卜術) 등과 같은 기예를 말한다. '위령공 16'에 나왔던 소혜(小慧)도 소도(小道)와 통한다. 원(遠)은 큰 도리[大道=公道]를 말한다. 양시 풀이를 참조한다.

> "백가(百家)의 여러 기예는 마치 이목구비와 같아서 (저마다) 모두 밝은 바가 있으나, 서로 통하지 못하니 볼 만한 것이 없는 것은 아니지만 원대함에 이르는데 장애가 된다. 그래서 군자는 (작은 도리는) 하지 않는 것이다."

사실 자하 자신이 고원한 도리보다는 작은 도리를 추구하다가 공자로부터 "소인 같은 유자가 되어서는 안 된다"는 지적을 받기는 했지만 이 자체로는 공자 뜻을 잘 이어받아 표현한 것이라 할 수 있다.

子張

5

○자하가 말했다. "날마다 자기가 모르는 것을 알고, 달마다 자기가 능하게 된 것을 잊지 않는다면 배움을 좋아한다고 할 수 있다."

<ruby>子<rt>자-하</rt></ruby><ruby>夏<rt></rt></ruby><ruby>曰<rt>왈</rt></ruby> <ruby>日<rt>일</rt></ruby><ruby>知<rt>지</rt></ruby><ruby>其<rt>기</rt></ruby><ruby>所<rt>소-무</rt></ruby><ruby>亡<rt></rt></ruby> <ruby>月<rt>월</rt></ruby><ruby>無<rt>무-망</rt></ruby><ruby>忘<rt></rt></ruby><ruby>其<rt>기</rt></ruby><ruby>所<rt>소-능</rt></ruby><ruby>能<rt></rt></ruby>
<ruby>可<rt>가-위</rt></ruby><ruby>謂<rt></rt></ruby><ruby>好<rt>호-학</rt></ruby><ruby>學<rt></rt></ruby><ruby>也<rt>야-이-의</rt></ruby><ruby>已<rt></rt></ruby><ruby>矣<rt></rt></ruby>

굳이 좋게 말하자면 일신우일신(日新又日新)을 자하 수준에서 풀어낸 것이라 할 수 있다. 문제는 호학(好學)을 말 그대로 앎의 문제로 좁혀서 이해하고 있다는 점이다. 호학이란 배움을 늘리는 것이 아니라 자신을 낮추는 것이었다. '학이 14'를 읽어 보자.

> 공자가 말했다. "군자가 되려고 하는 사람이 먹을 때 배부름을 구하지 않고, 거처할 때 편안함을 구하지 않으며, 일은 주도면밀하게 하고, 말은 신중하게 하면서 도리를 갖춘 이에게 나아가 (아직도 잘못된 것을) 바로잡는다면, 실로 (문을) 배우기를 좋아한다고 말할 수 있을 것이다."

이어 공자는 불치하문(不恥下問)하고 불천로(不遷怒) 불이과(不貳過)하는 것이 호학(好學)임을 분명히 밝힌 바 있다. 그럼에도 자하는 이를 지식을 늘려가는 문제로 인식했고, 이처럼 그릇된 호학 개념은 주희를 거쳐 지금도 널리 퍼져 있다. 크게 잘못된 것이다.

子
張

6

○자하가 말했다. "널리 배우고 뜻을 도탑게 하며 절실하게 묻고 자기
가까이에서 생각한다면 어짊은 그 안에 있다."

<ruby>子<rt>자-하</rt></ruby><ruby>夏<rt></rt></ruby><ruby>曰<rt>왈</rt></ruby> <ruby>博<rt>박-학</rt></ruby><ruby>學<rt></rt></ruby><ruby>而<rt>이</rt></ruby><ruby>篤<rt>독-지</rt></ruby><ruby>志<rt></rt></ruby> <ruby>切<rt>절-문</rt></ruby><ruby>問<rt></rt></ruby><ruby>而<rt>이</rt></ruby><ruby>近<rt>근-사</rt></ruby><ruby>思<rt></rt></ruby> <ruby>仁<rt>인</rt></ruby>
<ruby>在<rt>재</rt></ruby><ruby>其<rt>기-중-의</rt></ruby><ruby>中<rt></rt></ruby><ruby>矣<rt></rt></ruby>

비록 공자에게 소인유(小人儒)가 되어서는 안 된다는 지적을 받기는 했지
만, 자하의 이 말은 공자 말이라 해도 될 만큼 공자 뜻을 잘 담아내고 있다.
여기서 자하는 일단 '자장 5'에서 했던 말을 "널리 배우고 뜻을 도탑게 하
며"로 요약한다. 이 말은 '옹야 25'에서 공자가 했던 말과 통한다.

　　"군자가 되고자 한다면 애씀을 널리 배우고, 그것을 일의 이치로 다
　　잡으면 진실로 (어짊이나 도리에서) 벗어나지 않을 것이다."

　　그리고 이제 조금 더 나아간다. 절문이근사(切問而近思), 즉 '절실하게
묻고 자기 가까이(주변)에서 생각해야 한다'는 것이다. 소식의 풀이가 정
곡을 찌른다.

　　"배우기를 널리 하기만 하고 뜻이 독실하지 않으면 크기만 하고 이룸
　　[成]이 없으며, 대충 묻고 먼 것만 생각하면 수고롭기만 하고 아무런
　　실효[功]가 없다."

　　정약용은 보다 적극적으로 풀이한다.

　　"묻는 것을 새기고 저민 듯이 하면 아는 바가 정밀해지고, 생각하는
　　것을 (가까이) 자신의 몸에서부터 하면 깨닫는 바가 절실해진다."

　　여기서 눈길이 가는 것은 근사(近思), 즉 '자기 가까이에서 생각하라'
는 것이다. 이는 '술이 29'에서 공자가 했던 말을 자하가 자기식으로 소화
한 것이다.

　　"어짊[仁]을 행하는 것이 멀리 있다고 생각하는가? 내가 어짊을 행하

　고자 하면 그 어짊이 곧바로 나에게 나타난다."

　가까이에서, 즉 실생활에서 생각해야 어짊에 다가갈 수 있다는 뜻이다. 그래서 자하의 마지막 말이 와서 닿는다.

　"어짊은 그 안에 있다."

　주희는 자기 책 제목을 『근사록(近思錄)』이라고 지을 만큼 이 구절을 좋아했고 동시에 공자 제자들 중에서 특히 자하를 존숭했다.

子
張

7

○자하가 말했다. "백공은 공방에 있으면서 그 일을 이루어내고, 군자는
배움으로써 그 도리에 이른다."

<ruby>子<rt>자-하</rt></ruby> <ruby>夏曰<rt>왈</rt></ruby> <ruby>百工<rt>백-공</rt></ruby><ruby>居肆<rt>거-사</rt></ruby> <ruby>以成<rt>이-성</rt></ruby> <ruby>其事<rt>기-사</rt></ruby> <ruby>君子<rt>군-자</rt></ruby><ruby>學<rt>학</rt></ruby>
<ruby>以致<rt>이-치</rt></ruby> <ruby>其道<rt>기-도</rt></ruby>

사(肆)는 원래 방자하다, 극에 달하다, 거리낌없이 말하고 행동하다 등의
뜻인데 여기서는 '자리' '가게' '공방' '공장' 등의 뜻이다. 여기서는 일단
'공방'으로 옮긴다. 그러면 자하의 말은 이렇게 옮길 수 있다.

"백공(百工)은 공방에 있으면서 그 일을 이루어내고, 군자는 배움으
로써 그 도리에 이른다."

이에 대한 주희 풀이다.

"공인이 공방에 있지 않으면 마음이 다른 일에 옮겨가 일이 정교하지
못하고, 군자가 배우지 않으면 외물의 유혹에 마음을 빼앗겨 뜻이 독
실하지 못하다."

윤돈 풀이도 도움이 된다.

"배움은 그 도리를 지극히 하기 위한 것이다. 백공이 공방에 있을 적
에 반드시 그 일을 이룰 것을 힘쓰니, 군자가 배움에 있어 힘쓸 바를
몰라서야 되겠는가?"

강조점은 도리를 배우는 데 있다. 정약용의 총괄적 풀이다.

"군자의 학습법은 (항상) 학업에 관한 생각을 마음에 간직하고 이를
닦는 데 노력하고, 쉴 때도 이를 떠나지 않고 놀 때도 이를 잊지 않는
것이다. 자하가 경계한 바는 무릇 여기에 있다."

子
張

8

○자하가 말했다. "소인은 허물을 짓게 되면 반드시 꾸며댄다."

자-하 왈   소-인-지-과-야   필-문
子夏曰 小人之過也必文

이에 대한 주희 풀이다.

"문(文)은 문식(文飾-외양을 꾸밈)이다. 소인은 잘못을 고치는 것은 꺼리고 스스로 속이는 것은 꺼리지 않는다. 그러므로 반드시 문식하여 잘못을 더하는 것이다."

이 장은 공자가 '학이 8'에서 했던 말과 대조를 이룬다.

"잘못을 했을 경우 (즉각) 고치기를 꺼리지 말라[過則勿憚改]!"
　　　　　　　　　　　　　　　　　　과-즉-물-탄-개

정약용 풀이다.

"군자의 허물은 마치 일식, 월식과 같아 사람들이 모두 이를 보게 되는 것이다. (그러나) 소인은 반드시 이를 차단해 가리려는 방법을 생각하기 때문에 허물을 꾸며대는 것이다."

이는 '술이 30'을 염두에 둔 풀이다.

진나라 사패가 공자에게 "소공은 예를 알았습니까?"라고 하자 공자가 답했다. "예를 아셨습니다."

공자가 물러가자 사패는 무마기 앞으로 가서 절을 하고 이렇게 물었다. "내가 듣건대 군자는 편당을 하지 않는다고 했는데 군자가 어찌 실로 편당을 하는가? 소공은 오나라 제후의 딸을 부인으로 삼았는데, (노나라와 오나라의 제후는) 동성이 되기에 그 부인을 오맹자(吳孟子)라고 불렀으니, 이런 임금에 대해 예를 알았다고 말한다면 누가 예를 알지 못하겠는가?"

(제자) 무마기가 사패가 했던 이 말을 공자에게 고하자 공자가 말했다. "나는 행운아다. 만일 나에게 잘못이 있으면 다른 사람들이 반드시 그것을 알아차리는구나."

子張

9

○자하가 말했다. "군자에게는 세 가지 달라짐이 있으니 멀리서 바라보면 엄연하고, 가까이서 보면 온화하고, 그 하는 말을 들으면 명징하다."

子夏曰 君子有三變
자─하   왈   군─자   유─삼─변

望之儼然 即之也溫 聽其言也厲
망─지 엄─연   즉─지─야 온   청─기─언─야   여

이제 군자(君子)에 대한 자하의 이야기로 나아간다. 먼저 자하는 군자의 풍모를 아주 흥미롭게 설명한다. 군자에게서 볼 수 있는 세 가지 달라짐[變]이라는 장치를 통해 군자의 풍모와 말을 단계적으로 드러낸다.

첫째, 군자를 멀리서 바라보면 엄연(儼然)하다. 엄(儼)은 '의젓하다' '삼가다' '공손하다' 등의 뜻이다. 엄숙(嚴肅)의 엄(嚴)과는 다르다. 훨씬 따뜻하고 부드러운 뉘앙스다.

둘째, 그를 가까이서 보면 온화하다. 자공은 공자를 온량공검(溫良恭儉)이라고 표현했다.

셋째, 그가 하는 말을 들어보면 명석판명[厲=明澄]하다. 원래 여(厲)에는 좋지 않은 뜻이 많은데, 여기서는 '맑다'는 뜻을 취했다. 부정적인 의미의 여(厲)는 바로 다음 장에 나온다.

이 장에 대한 사량좌의 총평이다.

"이것은 변함에 마음을 둔 것이 아니니, 함께 행해지면서도 서로 어긋나지 않은 것이다. 마치 좋은 옥(玉)이 따뜻하고 윤택하면서도 단단한 것과 같다."

여기서의 군자는 다름 아닌 공자를 말한다. 자하가 본 공자 모습이라 하겠다.

子張

10

○자하가 말했다. "군자이고자 한다면 백성들에게 믿음을 준 연후에 백성들을 수고롭게 하는 것이니, 만일 믿음을 주지 못하고서 부리면 백성들은 자신들을 괴롭힌다고 여길 것이다. (임금에게) 신뢰를 받은 이후에야 간언해야 한다. 신뢰를 받지 못한 상태에서 간언하면 (임금은) 자신을 헐뜯는다고 여긴다."

子夏曰 君子信而後勞其民 未信則
以爲厲己也
信而後諫 未信則以爲謗己也

자하는 임금 도리보다는 주로 신하 도리에 집중한다. 여기서도 군자다운 종정자(從政者)에 관한 언급이다. 일단 둘로 나눠서 풀이할 필요가 있다. 먼저 일반 백성을 향한 군자의 태도다.

"백성들에게 믿음을 준(혹은 신임을 얻은) 연후에 백성들을 수고롭게 하는 것이니, 만일 믿음을 주지 못하고서 부리면 백성들은 자신들을 괴롭힌다고 여길 것이다."

믿음의 중요성에 관해 '안연 7'만큼 절실하게 강조한 경우를 찾기 힘들다.

자공이 정치에 관해 묻자 공자가 말했다. "백성들 먹거리를 풍족하게 하고, 군사를 풍족하게 하며, 백성들이 위를 믿게 해야 한다."
자공이 말했다. "반드시 어쩔 수 없이 버린다면 이 세 가지 중에서 어느 것을 먼저 버려야 합니까?"
말했다. "군사를 버려야 한다."
자공이 말했다. "반드시 어쩔 수 없이 버린다면 이 두 가지 중에서 어느 것을 먼저 버려야 합니까?”

말했다. “백성들 먹거리를 버려야 한다. 예로부터 사람이란 모두 죽게 되어 있거늘, 백성이 위를 믿지 않으면 설 수가 없다.”

이제 뒷부분을 풀어볼 차례다. 이는 윗사람에 대한 군자의 태도다.

“(임금에게) 신뢰를 받은 이후에야 간언해야 한다. 신뢰를 받지 못한 상태에서 간언하면 (임금은) 자신을 헐뜯는다고 여긴다.”

간언(諫言) 문제는 쉬운 일이 아니다. ‘이인 18’에서 공자는 이렇게 말한다.

“부모를 섬길 때는 조심해서 은근하게 간언해야 하고, 부모의 뜻이 내 말을 따르지 않는 것을 보게 되더라도 더욱 공경하며 도리를 어기지 말며, 힘들더라도 원망을 해서는 안 된다.”

부모에게 간언하는 것도 이렇게 조심스러운데 최고 권력자인 임금에게 간언하는 일은 더욱 조심스러울 수밖에 없다. 이는 ‘이인 26’에 나오는 자유의 발언을 통해 확인할 수 있다.

“임금을 섬기면서 어떤 일을 자주 하게 되면 이에 욕을 당하게 되고, 붕우 사이에 어떤 일을 자주 하게 되면 이에 소원해진다.”

여기서 자주 한다는 것은 자주 간언한다는 말이다. 물론 여기서는 간언하는 빈도 문제를 지적하고 있는데, 그것은 믿음이 뒷받침되더라도 사정은 마찬가지다. 하물며 믿음을 주지 못한 상태에서 자주 간언한다면 어떻게 되겠는가?

子張

11

○자하가 말했다. "대덕(大德)은 한계를 뛰어넘어서는 안 되지만 소덕 (小德)은 드나들더라도 (회복하면) 괜찮다."

자-하 왈 대-덕 불-유-한 소-덕 출-입 가-야
子夏曰 大德不踰閑 小德出入可也

이 장은 상당히 돌출적인 내용을 담고 있다. 일단 자하의 말을 직역해보자.

"큰 덕이 문지방(閑-한계)을 넘지 않으면 작은 덕은 출입하여도 괜찮다."

그런데 이렇게 해서는 무슨 말인지 알 수가 없다. 아래 주희 풀이도 별 도움이 되지 않는다.

"대덕과 소덕은 큰일과 작은 일이라는 말과 같다. 한(閑)은 울타리이니, 외부의 출입을 막는 것이다. 사람이 먼저 큰 것을 확립하면 작은 일은 혹 다 이치에 부합하지 않더라도 또한 무방함을 말한 것이다."

이 풀이대로라면 평소 공자가 강조했던 바와 정면으로 배치되는 내용이다. 게다가 절문(切問) 근사(近思)를 말했던 자기주장과도 모순이다. 그래서인지 주희도 오역(吳棫) 말을 빌려 단서를 단다.

"이 장에서 하는 말은 폐단이 없지 않으니, 배우는 자가 자세히 살펴보아야 한다."

그러나 아쉽게도 어떻게 살펴보아야 한다는 실마리조차 없다. 잘 모르겠다는 뜻이다. 그렇다면 도대체 자하는 무슨 말을 하려 했던 것일까? 자하는 자장과 늘 비교되며 지나치게 사소한 데 집착하는 인물로 평가받아왔다. 그렇기에 궁금증은 더할 수밖에 없다.

그 단서를 우리는 '자로 17'에서 찾을 수 있다. 자하가 거보(莒父)라는 곳의 읍재(邑宰)가 되어 공자에게 위정(爲政)하는 도리를 물었다. 이에 공자는 다음과 같이 말했다.

"빨리하려 하지 말고, 작은 이익을 보려고 하지 말라. 빨리하려 하면 달성하지 못하고, 작은 이익을 보려고 하면 큰일을 이루지 못한다.”

작은 이익에 집착하는 자하의 병폐를 지적한 것이다. 정명도도 “자하의 병통은 천근(淺近)하고 작은 데 있었다”라고 말한다. 그 자하가 “대덕(大德)은 한계를 뛰어넘어서는 안 되지만 소덕(小德)은 드나들더라도 (회복하면) 괜찮다”고 한 것이 이제 좀 분명해진다. 평소 작은 이익에 매달리는 그의 생각을 말한 것이다.

子
張

12

○자유가 말했다. "자하의 제자들은 물뿌리고 빗자루질하며 손님을 응
대하고 관에 나아가고 물러나는 예절을 행할 때에는 괜찮지만 그것은
지엽말단일 뿐이고 근본적인 것은 없으니 어찌하겠는가?"
자하가 그것을 듣고서 말했다. "아! 언유(言游-자유)의 말이 지나치다.
군자의 도리가 어느 것을 먼저라 하여 전수하며, 또 어느 것을 뒤라 하
여 가르치기를 게을리하겠는가? 초목에 비유하자면 종류로 구별되는
것과 같으니, 군자의 도리를 어찌 속일 수 있겠는가? 처음과 끝을 구
비한 것은 아마도 오직 성인(聖人)뿐이실 것이다"

子游曰 子夏之門人小子 當灑掃應

對 進退則可矣

抑末也 本之則無 如之何

子夏聞之 曰 噫 言游過矣

君子之道 孰先傳焉 孰後倦焉

譬諸草木 區以別矣 君子之道 焉可

誣也

有始有卒者 其惟聖人乎

역시 자하의 지나치게 꼼꼼한 병통은 고칠 수 없는 것이었나보다. 곧바로『논어』편찬자는 이 같은 자하의 병통에 대한 자유의 비판을 소개한다. '자장 3'에서 자장을 통한 자하 비판에 이어지는 것으로 볼 수 있다. 게다가 자유는 공자로부터 이렇다 할 지적을 받은 적이 없고, 오히려 공자에게 권도(權道)를 당당하게 내세우기까지 했던 제자이다.

먼저 자유가 말한다.

"자하의 제자들은 물뿌리고 빗자루질하며 손님을 응대하고 관에 나아가고 물러나는 예절을 행할 때에는 괜찮지만, 그것은 지엽말단일 뿐이고 근본적인 것은 없으니 어찌하겠는가?"

여기서 근본이 없다는 것은 소도(小道)에만 매달리고, 대도(大道)를 향한 관심이 없다는 말이다. 이를 주희는 "자하 제자들이 위의(威儀)와 용모 그리고 예절에 있어서는 괜찮으나 이는 소학(小學)의 지엽적인 일이요, 그 근본을 미루어 본다면 대학(大學)의 정심(正心)이나 성의(誠意)와 같은 일은 없다고 기롱한 것이다"라고 풀이한다.

자하가 그것을 듣고서 말한다.

"아! 언유(言游-자유)의 말이 지나치다. 군자의 도리가 어느 것을 먼저라 하여 전수하며 또 어느 것을 뒤라 하여 가르치기를 게을리하겠는가? 초목에 비유하자면 종류로 구별되는 것과 같으니, 군자의 도리를 어찌 속일 수 있겠는가? 처음과 끝을 구비한 것은 아마도 오직 성인(聖人-빼어난 이)뿐이실 것이다."

이에 대한 주희 풀이다.

"군자의 도리는 지엽적인 것을 먼저라 하여 전수하는 것도 아니며, 근본적인 것을 나중이라고 하여 가르치기를 게을리하는 것도 아니다. 다만 배우는 자의 이르는 바에는 본디 깊고 얕음이 있으니, 마치 초목(草木)에 크고 작음이 있어 그 종류가 본래 구별됨이 있는 것과 같다. 만약 이르는 바가 깊은지 얕은지 헤아리지 않고, 그 익힘의 생숙(生熟)을 따지지 않고서 한결같이 높고 원대한 것을 가지고 억지로 말해준다면 이는 속이는 것일 뿐이니, 군자의 도리가 어찌 이와 같겠는가? 시종(始終)과 본말(本末)이 일이관지(一以貫之)하는 것으로 말하면 이는 오직 성인(聖人)만이 그러한 것이니, 문인소자(門人小子)들에게 바랄 수 있겠는가?”

주희는 은연중에 자하의 팔을 들어준다.

더구나 ‘쇄소응대진퇴(灑掃應對進退)’는 고스란히 주희가 지시해 제자 유자징(劉子澄)이 편찬한 아동용 유학 입문서『소학(小學)』첫머리를 장식하는 구절이다. 격물 치지 성의 정심(格物致知誠意正心) 수신 제가 치국 평천하(修身齊家治國平天下)라는 8조목으로 된『대학』에 맞서기 위한 책이다. 이는 간략히 말하면 군군신신 부부자자(君君臣臣父父子子) 중에서 부부자자(父父子子)에 초점을 두려는 것이『소학』이고, 군군신신(君君臣臣)에 초점을 두려는 것이『대학』이다. 조선 주자학자들이 ‘소학동자’로 불리는 것을 자랑스러워하며 지나치게『소학』에만 치중하면서 치도(治道)를 멀리한 것은 실은 이런 배경 아래에 놓여 있는 것이다.

子
張

13

○자하가 말했다. "벼슬하면서 여력이 있으면 배우고, 배우고서 여력이
있으면 벼슬하라."

자—하　왈　　사—이—우　즉　학　　학—이—우　즉　사
子夏曰 仕而優則學 學而優則仕

사(仕)는 '벼슬하다'는 뜻이다. 우(優)는 넉넉하다, 도탑다 등의 뜻인데 여
기서는 '여력이 있다'는 뜻으로 새긴다. 따라서 자하의 말은 이렇다.

"벼슬하면서 여력이 있으면 배우고, 배우고서 여력이 있으면 벼슬을
하라."

이에 대해서는 주희 풀이가 명쾌하다.

"벼슬과 배움이 이치는 같으나 일은 다르다. 그러므로 그 일을 맡은
자는 반드시 먼저 그 일을 다한 이후에야 그 나머지에 미칠 수 있는 것
이다. 그러나 벼슬하면서 배우면 벼슬하는 데 도움 되는 것이 더욱 깊
어지고, 배우면서 벼슬하면 그 배운 것을 징험함이 더욱 넓어진다."

이론과 실제의 통합을 말하는 것이다.

그러나 공자 말에 비하면 격이 떨어진다. 특히 "벼슬하면서 여력이
있으면 배우라"는 결코 공자 입에서 나올 수 있는 말이 아니다. '선진 24'
는 이 점을 분명히 보여 준다.

자로가 (계씨 가신이 되어) 자고를 비읍 읍재로 삼자 공자가 말했다.
"남의 자식을 해치는구나!"

자로가 말했다. "백성과 사람이 있고 사직(社稷)이 있으니 어찌 반드
시 책을 읽은 뒤에야 배움을 행하겠습니까?"

공자가 말했다. "이 때문에 나는 말재주 부리는 사람[佞者]을 미워하
는 것이다."

자하의 이 말도 말재주[佞]라 할 것이다.

子
張

14

○자유가 말했다. "상(喪)을 당해서는 슬픔을 다하고 그치는 것이다."

<ruby>子<rt>자-유</rt></ruby> <ruby>游<rt></rt></ruby> <ruby>曰<rt>왈</rt></ruby> <ruby>喪<rt>상</rt></ruby> <ruby>致<rt>치-호</rt></ruby> <ruby>乎<rt></rt></ruby> <ruby>哀<rt>애</rt></ruby> <ruby>而<rt>이-지</rt></ruby> <ruby>止<rt></rt></ruby>

'자장 14부터 17까지'는 연결해서 보아야 한다. 이 네 장의 연결 관계를 놓치면 엉뚱하게 풀이하게 된다. 자유와 자장을 대비하면서 보아야 핵심을 놓치지 않는다.

子張

15

○자유가 말했다. "내 친구 장(張-자장)은 능하기 어려운 일을 잘하지만 그런데 어질지는 못하다."

자−유 왈 　오−우 友 장−야 　위 난−능 야 　연−이 미
子游曰 吾友張也 爲難能也 然而未
−인
仁

자유가 한 말을 정확히 이해하려면 공자 특유의 난(難)이란 말의 사용법을 알아야 한다. '헌문 2'를 보자.

> (원헌이 물었다.) "남을 이기려는 것, 자랑하는 것, 원망하는 것, 욕심내는 것, 이 네 가지를 행하지 않는다면 이런 사람을 어질다고 할 수 있습니까?"
>
> 공자가 말했다. "그렇게 하는 것만도 어렵지만[難] (그렇다고 해서) 어진 지는 내가 알지 못하겠다."

난(難)이란 바로 이런 뜻이다. 앞서 보았던 '공야장 18'에 나온 충(忠)이나 청(淸)도 난(難)이지만 인(仁)은 아니라고 했다.

이 장은 '자장 14'와 대조를 이룬다. "상(喪)을 당해서는 슬픔을 다하고 그치는 것이다"에서 보듯이 자유는 문(文)보다는 질(質)쪽이 강했다. 그 자유가 평소 뜻은 크고 높으나[過] 세세한 점에서 미진하다는 평을 들었던 벗 자장에 대해 이렇게 평한다.

> "내 친구 장(張-자장)은 능하기 어려운 일을 잘하지만 그런데 어질지는 못하다."

『논어』 편찬자도 자유 생각을 지지하는 듯 바로 이어서 증자의 비슷한 평가를 싣는다.

子張

16

○증자가 말했다. "당당하구나, 장(張-자장)이여! (하지만) 그와 더불어
나란히 어짊을 행하기는 어렵겠구나!"

曾子曰 堂堂乎 張也 難與竝爲仁矣

이번에는 평소 공자로부터 노둔하지만 어질다는 평을 들었던 증자가 자
장에 대해 평한다.

> "당당하구나, 장(張-자장)이여! (하지만) 그와 더불어 나란히 어짊을
> 행하기는 어렵겠구나!"

여기서 당당(堂堂)을 주희는 "용모가 훌륭한 것"으로 본다. 그래서
외면만 힘쓰고 스스로 높은 체하여서는 어짊을 행할 수 없고, 또한 남의
어짊을 도와줄 수 없음을 말한 것이다. 범조우 풀이는 좀 더 상세하여 내
용 이해에 도움이 된다.

> "자장이 외면은 훌륭하였으나 내면이 부족하였다. 그러므로 문인들
> 이 다 함께 그가 어짊을 행한다는 것을 인정하지 않은 것이다. 공자께
> 서 '굳세고 굳건하고 질박하고 어눌한 것이 어짊에 가깝다[剛毅木訥
> 近仁]'('자로 27')고 하였으니 차라리 외면이 부족하고 내면이 훌륭하
> 면 거의 어짊을 행할 수 있다고 볼 수 있다."

증자는 무엇보다 자장을 평해 "그와 더불어 나란히 어짊을 행하기는
어렵겠구나!"라고 말했다. 우리는 앞서 어짊과 권도(權道)의 밀접한 관계
에 대해 여러 차례 살펴본 바 있다. '자한 29'를 보자.

> 공자가 말했다. "더불어 배울 수 있다고 해서 (그 사람들 모두와) 더불어
> 도리를 행하는 데로 나아갈 수는 없으며, 또 더불어 도리를 행하는 데
> 나아간다고 해서 (그 사람들 모두와) 더불어 조정에 서서 일을 할 수는
> 없으며, 또 더불어 조정에 서서 일을 한다고 해서 (그 사람들 모두와) 더
> 불어 권도(權道)를 행할 수는 없다."

　　따라서 난여병위인의⟨難與並爲仁矣⟩는 곧 "더불어 권도⟨權道⟩를 행할 수 없다"는 말이다.

子
張

17

○증자가 말했다. "내가 스승님에게 듣건대 '사람이 자기 자신에게는 정성을 지극히 다하지 않는 경우는 있어도 반드시 부모님 친상에는 온 정성을 다한다'고 하셨다."

_{증-자} _왈 _오 _{문-저} _{부-자} _인 _{미-유} _{자-치} _자
曾子曰 吾聞諸夫子 人未有自致者
_야 _{필-야} _{친-상-호}
也 必也親喪乎

'자장 14'에서 시작된 자장이 가진 문제점에 대한 이야기가 일단락을 맺는다. 여기서 친상(親喪)에 온 정성을 다하지 않은 사람은 다름 아닌 자장인 것이다.

스스로 정성을 다한다는 것은 자발적으로 정성스러운 마음을 갖고서 일과 예를 행하는 것을 말한다. 그런데 솔직히 우리는 매사에 이처럼 정성을 다한다는 것은 어렵다. 그렇지만 부모의 상을 당해서는 스스로 정성을 다하지 않으면 안 된다. 그것은 사람으로서 갖춰야 할 최소한의 바탕[質^질]이기 때문이다. 증자는 공자 말을 빌려 자장을 비판한 것이다.

子張

18

○증자가 말했다. "내가 스승님에게 듣건대 '맹장자의 효도 중에서 다른 것은 능히 따라 할 수 있으나 그가 아버지 신하와 아버지 정사를 고치지 않은 것, 이는 능하기 어렵다'고 하셨다."

증─자 왈 오 문저 부─자 맹─장─자 지 효 야
曾子曰 吾聞諸夫子 孟莊子之孝也

기─타 가─능 야
其他可能也

기 불─개 부─지─신 여 부─지─정 시 난─능─야
其不改父之臣與父之政 是難能也

여기서도 증자는 공자 말을 인용한다. 말이 조금 복잡하다. 먼저 주희 풀이를 보자.

> "맹장자(孟莊子)는 노나라 대부로 이름이 속(速)이다. 그 아버지는 헌자(獻子)이니 이름이 멸(蔑)이다. 헌자는 뛰어난 다움[賢德]이 있었는데, (그의 아들) 맹장자가 아버지 신하를 등용하고 그 정사를 그대로 지켰다. 그러므로 다른 효행도 비록 칭찬할 만한 것이 있으나 모두 이 일의 어려움만은 못한 것이다."

효에도 여러 가지 있겠지만 아버지의 신하를 그대로 쓰고 정사를 그대로 계승하는 효는 다른 효와 비교할 바가 못 된다는 것이다. '미자 10'은 바로 이 점을 보여 준다.

> 주공이 (아들) 노공에게 말했다. "참된 군주는 그 친척을 버리지 않으며, 대신으로 하여금 써주지 않는 것을 원망하지 않게 하며, 선대왕의 옛 신하들이 큰 문제가 없는 한 버리지 않으며, (아랫사람) 한 사람에게 모든 것이 갖춰져 있기를 바라지 않는다."

아버지에 대한 효(孝)를 지극하게 보임으로써 신하들의 충(忠)을 이끌어내는 것이다. 이는 비단 임금에게만 해당되는 것이 아니라 일반 사람들도 새겨들어야 할 대목이다. '학이 11'과 '이인 20'에 거듭해서 나온 다음 구절은 그 점을 보여 준다.

공자가 말했다. "3년 동안 아버지의 도리를 고치지 않는다면 효자라고 할 만하다."

○맹씨가 양부를 사사(士師)로 삼자 (양부가) 증자에게 (옥사를 다스리는 법을) 물었다. 증자가 말했다. "위에서 그 도리를 잃어 백성들이 흩어진 지 오래되었다. 만약에 그 실상을 안다면 마음 아파하고 불쌍히 여겨야지 기뻐할 일이 아니다."

<ruby>孟</ruby> <ruby>氏</ruby> <ruby>使</ruby> <ruby>陽</ruby> <ruby>膚</ruby> <ruby>爲</ruby> <ruby>士</ruby> <ruby>師</ruby> <ruby>問</ruby> <ruby>於</ruby> <ruby>曾</ruby> <ruby>子</ruby>

맹—씨 사 양—부 위 사—사 문—어 증—자
孟氏使陽膚爲士師 問於曾子

증—자 왈 상 실 기—도 민—산 구—의
曾子曰 上失其道 民散久矣

여—득 기—정 즉 애—긍 이 물—희
如得其情 則哀矜而勿喜

맹씨(孟氏)는 노나라 대부 맹손씨(孟孫氏)를 말한다. 맹씨가 증자 제자 양부(陽膚)를 옥관(獄官)인 사사(士師)로 삼자 양부가 스승 증자에게 물었다. 사사란 옥사, 즉 반역, 살인 따위의 중대한 범죄를 다스리는 직책이므로 분명 그와 관련된 질문을 했을 것이다. 이에 증자는 다음과 같이 말한다.

"위에서 그 도리를 잃어 백성들이 흩어진 지 오래되었다. 만약에 그 실상을 안다면 마음 아파하고 불쌍히 여겨야지 기뻐할 일이 아니다."

이에 대한 사량좌 풀이다.

"백성이 흩어짐은 부리기를 무도하게 하고 평소 가르치지 않았기 때문이다. 그러므로 그들이 법을 범하는 것은 부득이하게 핍박당해서이거나 이것이 아니면 무지에 빠져서이다. 그러므로 그 실정을 알면 불쌍히 여겨야지 (출세했다고) 기뻐하지 말아야 한다."

증자는 스승 공자가 '위정 3'에서 했던 말을 자신의 제자 양부에게 풀어서 해주고 있는 것이다.

공자가 말했다. "(백성을) 법령으로만 이끌고 형벌로만 가지런히 하면 백성들은 법망을 피하려고만 하고 부끄러움이 없게 된다. (백성을) 다

움으로 이끌고 예로써 가지런히 하면 부끄러움이 있게 되고 또한 (감
화되어) 바르게 된다.”

○자공이 말했다. "주왕의 불선함도 이처럼 심하지는 않았다. 이 때문에
　군자는 하류에 머무는 것을 싫어한다. 천하의 악이 다 거기로 흘러들
　기 때문이다."

자－공　왈　　주　지　불－선　　불－여　　시－지－심－야
子貢曰 紂之不善 不如是之甚也
시－이　　군－자　오　거　하－류　　천－하－지－악　　개　귀－언
是以君子惡居下流 天下之惡皆歸焉

주인공이 자공으로 바뀌었다. 여기서도 세태의 타락상을 지적한다. 먼저
자공은 "주왕(紂王)의 불선함도 이처럼 심하지는 않았다"고 말한다. 일종
의 반어법으로 세태의 무도(無道)를 강하게 비판하기 위해 이런 표현을 쓴
것 같다. 이어 자공은 다음과 같이 말한다.

　"이 때문에 군자는 하류에 머무는 것을 싫어한다. 천하의 악이 다 거
　기로 흘러들기 때문이다."

　이에 대한 주희 풀이다.

　"하류는 지형이 낮은 곳으로 모든 물길이 모여드는 곳이니, 사람의
　몸에 더럽고 천한 실제 행실이 있으면 또한 악명이 모여듦을 비유한
　것이다. 자공이 이를 말한 것은 사람들이 항상 스스로 경계하고 살펴
　서 한 번이라도 그 몸을 불선(不善)한 곳에 두지 않게 하려고 한 것이
　지, 주왕(紂王)이 본래 죄가 없는데도 헛되이 악명을 뒤집어썼다고 말
　한 것은 아니다."

　정약용 풀이는 보다 상세하다.

　"땅은 원근(遠近)이 있고 때는 선후(先後)가 있으니, 전해 들은 일들
　은 반드시 모두가 사실일 수 없는데, 어리석은 풍속은 대저 부탄(浮誕)
　해서 어느 한 사람이 악명을 얻으면 예전에 들은 다른 사람의 악까지
　도 그와 방불한 것이 있으면 모두 그 사람에게로 돌려버리고, 또 보태

기도 하고 부연하기도 하여 헛된 거짓을 조작해서 거짓으로써 거짓을 전하여 이 말이 오래가면 실록(實錄)이 되어버리니 반드시 이것이 모두 증오해서 그런 것만은 아닌 것이다. 이는 아무 까닭도 없이 아무 단서도 없이 그렇게 되는 자연의 형세이니, 이는 마치 더러운 것이 자연히 하류에 모여드는 것과 같으며, 하류에 대해 증오함이 있는 것은 아니다. 자공의 경계는 무릇 여기에 있다."

○자공이 말했다. "군자의 허물은 일식, 월식과 같아서 허물이 있으면 사람들이 다 보게 되고 고치면 사람들이 다 우러러본다."

자-공 　왈 　　군-자-지-과-야 　　여 　　일-월-지-식-언

子貢曰 君子之過也 如日月之食焉

과-야 　　인 개 견-지 　　경-야 　　인 개 앙-지

過也 人皆見之 更也 人皆仰之

먼저 '자장 8'에서 자하가 했던 말과 대비된다.

　　"소인은 허물을 짓게 되면 반드시 꾸며댄다."

　　'자장 19와 20'은 군자(君子)의 길을 제시하고 있다. 여기서도 군자의 길을 이야기한다. 자공은 말한다.

　　"군자의 허물은 일식이나 월식과 같아서 잘못이 있을 적에는 사람들이 모두 보고, 그 허물을 고쳤을 적에는 사람들이 모두 우러러본다."

　　과즉물탄개(過則勿憚改)의 다른 표현이다.

　　제자들 간 이런저런 논란 속에 후반부에 이르러 군자의 길을 제시하는 자공의 모습은 우뚝하다.『논어』편찬자는 왜 이 위치에 군자다운 말을 하는 자공을 배치한 것일까? 자공이 지자(知者)에서 군자, 즉 인자(仁者)에 이르렀음을 보여주려 한 것이다. 드디어 자공이 입실(入室)한 것이다. 이 점을 이해해야 이어지는 '자장 22부터 25까지'를 정확히 이해할 수 있다.

　　시라카와 시즈카도『공자전』에서 자공에 주목하고 있다.

　　"『논어』전반부 10권, 곧 상론(上論)에서 기세가 매우 죽어 있던 자공도, 후반부 10권인 하론(下論)에서는 '자공은 공자보다 뛰어나다'는 평판을 듣는 인물이 되어 있고, 그에 관한 이야기도 3대목이나 실려 있다. 그렇지만 이 말에 대해 자공은 '중니는 해와 달과 같아서 넘을 수가 없다' '선생님께 미칠 수 없는 것은 마치 하늘을 사다리로 오를 수 없는 것과 같다'며 겸퇴(謙退)의 뜻을 나타낸다."

子張

22

○위나라 공손조가 (같은 위나라 출신인) 자공에게 물었다. "중니(仲尼-공자)는 어떻게 배웠는가?"

자공이 말했다. "문왕과 무왕의 도리는 아직 땅에 떨어지지 않아 사람들에게 (남아) 있다. 뛰어난 자는 그 큰 것을 기억해 알고 있고, 그보다 못한 자도 그 작은 것을 기억해 알고 있어 문왕과 무왕의 도리가 여전히 남아 있지 않음이 없으니, 공자께서 어찌 배우지 않으셨으며 또한 어찌 일정하게 정해진 스승이 계셨겠는가?"

衛公孫朝 問於子貢曰 仲尼焉學

子貢曰 文武之道 未墜於地 在人

賢者識其大者 不賢者識其小者 莫

不有文武之道焉

夫子焉不學 而亦何常師之有

지금부터 자장(子張)편 끝까지는 주로 공자와 제자들의 관계에 대한 제3자의 언급이 중심 주제다. 공자가 세상을 떠나자 공자 제자들과 친분이 있던 사람들이 이런저런 궁금증을 드러냈던 것이다. 약간 거리를 두면서 공자를 보는 계기일 수도 있다.

공손조(公孫朝)는 위(衛)나라 대부이다. 그가 자공에게 묻는다. "중니(仲尼-공자)는 어떻게 배웠는가?" 이에 대해 자공은 다음과 같이 답한다.

"문왕과 무왕의 도리[文武之道]는 아직 땅에 떨어지지 않아 사람들에게 (남아) 있다. 뛰어난 자는 그 큰 것을 기억해 알고 있고, 그보다 못한 자도 그 작은 것을 기억해 알고 있어 문왕과 무왕의 도리가 여전히 남아 있지 않음이 없으니, 공자께서 어찌 배우지 않으셨으며 또한 어찌 일정하게 정해진 스승이 계셨겠는가?"

별도 풀이가 필요 없다. 말 그대로이다. 정약용은 여기서 "큰 것은 성명(性命)과 덕교(德教)이고, 작은 것은 예악(禮樂)과 문장(文章)이다"라고 덧붙인다. 이는 '자한 1'과 '공야장 12'에 근거를 둔 풀이이다. 먼저 '자한 1'이다.

공자께서는 이익과 명(命) 그리고 어짊에 대해서는 드물게 말씀하셨다.

다음은 '공야장 12'이다.

자공이 말했다. "스승님의 애씀과 잘 드러냄[文章]은 알아들을 수 있었지만, 스승님께서 본성[性]과 하늘 같은 도리[天道]에 대해 말씀하신 것은 알아들을 수 없었다."

子
張

23

○숙손무숙이 조정에서 대부들에게 말했다. "자공이 중니(仲尼-공자)보다 낫다"

자복경백이 이를 자공에게 고하니 자공이 말했다. "궁실 담장에 비유하자면 나의 담장은 어깨에 미칠 정도라서 (사람들이) 집 안의 좋은 것들을 엿볼 수 있지만 스승님 담장은 몇 길이나 되어 그 문을 찾아서 들어가지 않고서는 종묘(宗廟)의 아름다움과 백관들의 풍성함을 볼 수가 없다. 혹 그 문을 찾아 들어간 사람이 적으니 그 사람(숙손무숙)이 그렇게 말하는 것은 참으로 마땅하지 않겠는가?"

숙-손-무-숙　어　대-부　어-조　왈　자-공　현-어　중
叔孫武叔語大夫於朝曰 子貢賢於仲
-니
尼

자-복-경-백　이-고　자-공
子服景伯以告子貢

자-공　왈　비-지　궁-장　사-지-장-야　급-견　규
子貢曰 譬之宮牆 賜之牆也及肩 窺
-견　실-가-지-호
見室家之好

부-자-지-장　수-인　부-득　기-문　이-입　불-견
夫子之牆數仞 不得其門而入 不見
종-묘-지-미　백-관-지-부
宗廟之美 百官之富

득　기-문　자-혹　과-의　부-자　지-운　불-역-의
得其門者或寡矣 夫子之云 不亦宜
-호
乎

숙손무숙(叔孫武叔)은 노나라 대부이다. 이 사람이 하루는 조정에서 말하기를 "자공이 중니(仲尼-공자)보다 낫다[賢=愈]"라고 했다. 이런 이야기는 연속해서 끝까지 이어진다. 공자가 세상을 떠나고 난 뒤 비교할 대상이 없어지자 사람들은 제자 자공의 뛰어난 면에 감동하여 이렇게 말을 했을수가 있다. 그만큼 제자들 중에서는 자공이 독보적이었음을 전하는 이야기이기도 하다.

당시 그 자리에 있었던 자복경백이 그 말을 자공에게 전했다. 자복경백은 헌문(憲問)편에서 이미 나온 바 있다. 자공은 이렇게 말한다.

> "궁실 담장에 비유하자면 나의 담장은 어깨에 미칠 정도라서 (사람들이) 집 안의 좋은 것들을 엿볼 수 있지만, 스승님 담장은 몇 길이나 되어 그 문을 찾아서 들어가지 않고서는 종묘(宗廟)의 아름다움과 백관들의 풍성함을 볼 수가 없다. 혹 그 문을 찾아 들어간 사람이 적으니 그 사람(숙손무숙)이 그렇게 말하는 것은 참으로 마땅하지 않겠는가?"

숙손무숙이 그 문을 찾아 들어가지 못했다는 비판을 하면서 스승을 변호하고 있다. 숙손무숙은 공자의 정신세계를 아예 모르니 그런 말을 했다는 것이다. 자공 말이 빈틈이 없다.

『설원』11-21도 같은 문맥이다. 자공에게 공자에 관해 묻고 있다.

> (공자 제자) 자공이 태재(太宰) 비(嚭)를 만나 보았는데 태재 비가 물었다. "공자는 어떤 사람인가요?"
> 대답해 말했다. "신은 충분히 알 수가 없습니다."
> 태재 비가 말했다. "그대는 알지도 못하면서 어찌 그를 섬기는가요?"
> 대답해 말했다. "바로 알지 못하기 때문에 그분을 섬기는 것입니다. 스승님께서는 큰 산림과 같아서 백성들이 각자 필요한 나무들을 얻을 수 있습니다."
> 태재 비가 말했다. "그대는 스승을 높이는 것인가요?"
> 대답해 말했다. "스승님은 높일 수가 없습니다. 무릇 저는 마치 한 삼

태기 흙과 같으니, 한 삼태기 흙을 큰 산에 보탠다고 해서 그 높이를
더할 수 없고 또한 알 수도 없습니다.”
태재 비가 말했다. “그렇다면 그대는 공자에게서 헤아려 취한 것이
있습니까?”
대답해 말했다. “천하에 큰 술 단지가 있는데 그대만 홀로 헤아려 취
하지를 않았으니, 누구 잘못인지 알지 못하겠습니다.”

子張

24

○숙손무숙이 중니를 헐뜯자 자공이 말했다. "그러지 말라. 중니는 헐뜯을 수 없다. 다른 사람의 뛰어남은 구릉과도 같아서 오히려 뛰어넘을 수 있지만 중니는 해와 달이어서 결코 뛰어넘을 수가 없다. 사람이 설사 해와 달을 스스로 끊으려 한들 그것이 해와 달에 무슨 상관이 있겠는가? 단지 자기 분수를 헤아리지 못함을 드러낼 뿐이다."

숙-손-무-숙　　훼　　중-니
叔孫武叔毁仲尼

자-공　왈　　무-이　위-야　　중-니　불-가　훼-야
子貢曰　無以爲也　仲尼不可毁也

타-인　지　현　자　　구-릉　야　유　가-유-야
他人之賢者　丘陵也　猶可踰也

중-니　　일-월-야　　무-득-이　유-언
仲尼　日月也　無得而踰焉

인　수　욕　자-절　　기　하-상　어　일-월-호
人雖欲自絶　其何傷於日月乎

다-현　기　　부-지-량-야
多見其不知量也

이번에는 숙손무숙이 한 걸음 더 나아가 중니(仲尼) 즉 공자를 비방한다. 이에 자공은 이렇게 말한다.

"그러지 말라. 중니는 헐뜯을 수 없다. 다른 사람의 뛰어남은 구릉과도 같아서 오히려 뛰어넘을 수 있지만 중니는 해와 달이어서 결코 뛰어넘을 수가 없다. 사람이 설사 해와 달을 스스로 끊으려 한들 그것이 해와 달에 무슨 상관이 있겠는가? 단지[多=但] 자기 분수를 헤아리지 못함을 드러낼 뿐이다."

별다른 풀이가 필요 없다. 이 또한 뜻은 '자장 23'과 똑같다.

子
張

25

○진자금이 자공에게 말했다. "선생님께서 (스승을) 공경해서 그렇게 말하시겠지만 중니가 어찌 선생님보다 뛰어나겠습니까?"

자공이 말했다. "군자는 한마디 말로 지혜롭다 하며 한마디 말로 지혜롭지 않다 하는 것이니, 말이란 조심하지 않으면 안 된다. 스승을 따라갈 수 없음은 마치 하늘을 사다리로 오를 수 없는 것과 같다. 스승께서 나라를 얻으셨다면 이른바 '세우면 이에 서고 인도하면 이에 따르며, 편안하게 해주면 이에 따라오고 고무시키면 이에 응하여 흥기했을 것이다.' 그분이 살아계시면 영광으로 여기고 돌아가시면 슬퍼했을 것이니, (내 어찌 감히 그분에게) 미칠 수 있겠는가?"

陳子禽謂子貢曰 子爲恭也 仲尼豈

賢於子乎

子貢曰 君子一言以爲知 一言以爲

不知 言不可不愼也

夫子之不可及也 猶天之不可階而升

也

夫子之得邦家者 所謂立之斯立 道

之斯行 綏之斯來 動之斯和

기—생—야 영 기—사—야 애 여—지—하 기 가—급
其生也榮 其死也哀 如之何其可及

—야
也

이번에는 진자금(陳子禽)이라는 사람이 스승 자공을 유인하며 말한다. '학이 10'에서 "공자께서는 찾아간 나라에 이르셔서 반드시 그 정사(政事)를 들으시니 그분이 (정치에 관심이 많아) 구해서 그런 것입니까, 아니면 (제후가 먼저 공자에게) 청해서 그렇게 된 것입니까?"라고 물었던 그 사람이다.

> "선생님께서 (스승을) 공경해서 그렇게 말하시겠지만 중니가 어찌 선생님보다 뛰어나겠습니까?"

'자장 23'의 질문과 맥이 닿는 질문이다. 그때는 보이지 않는 데서 말했고, 이번에는 자공 눈앞에서 말했다. 우선 자공은 그런 질문을 던진 진자금을 힐책한다.

> "군자는 한마디 말로 지혜롭다 하며 한마디 말로 지혜롭지 않다 하는 것이니, 말이란 조심하지 않으면 안 된다."

한마디로 '입조심하라'는 말이다. 자공은 말을 이어간다.

> "스승을 따라갈 수 없음은 마치 하늘을 사다리로 오를 수 없는 것과 같다. 스승께서 나라를 얻으셨다면 이른바 '세우면 이에 서고 인도하면 이에 따르며, 편안하게 해주면 이에 따라오고 고무시키면 이에 응하여 흥기했을 것이다.' 그분이 살아계시면 영광으로 여기고 돌아가시면 슬퍼했을 것이니, (내 어찌 감히 그분에게) 미칠 수 있겠는가?"

사량좌 총평이다.

> "자공이 성인(聖人)을 칭송한 이 말을 보면 만년의 진덕(進德)이 마침내 고원함에 이르렀음을 알 수 있다. 공자께서 나라를 얻으신다면 여러 백성들을 고무시킴이 북채와 북, (형체와) 그림자, (소리와) 메아리가 부응하는 것보다 빠를 것이다."

사량좌도 마침내 자공의 진덕(進德)이 고원함에 이르렀음을 인정하
고 있다.

20

堯
日

요
왈

堯曰

1-1　　　**1-2**　　　**1-3**

○堯曰咨爾舜天之曆數在爾躬允執
其中四海困窮天祿永終舜亦以命禹

○日予小子履敢用玄牡敢昭告于皇

皇后帝有罪不敢赦帝臣不蔽簡在帝
心朕躬有罪無以萬邦萬邦有罪罪在
朕躬○周有大賚善人是富雖有周親
不如仁人百姓有過在予一人謹權量

1-4 2-1

君子惠而不費勞而不怨欲而不貪泰

斯可以從政矣子張曰何謂五美子曰

如斯可以從政矣子曰尊五美屏四惡

則有功公則說○子張問於孔子曰何

民食喪祭○寬則得衆信則民任焉敏

繼絕世舉逸民天下之民歸心焉所重

審法度修廢宮四方之政行焉興滅國

亦威而不猛乎○子張曰何謂四惡子

衣冠尊其瞻視儼然人望而畏之斯不

無敢慢斯不亦泰而不驕乎君子正其

仁而得仁又焉貪君子無衆寡無小大

惠而不費乎擇可勞而勞之又誰怨欲

不費子曰因民之所利而利之斯不亦

而不驕威而不猛○子張曰何謂惠而

曰不教而殺謂之虐不戒視成謂之暴

慢令致期謂之賊猶之與人也出納之

吝謂之有司○子曰不知命無以爲君

子也不知禮無以立也不知言無以知

人也

堯曰

1-1

○요임금이 말했다. "아! 너 순(舜)아, 하늘의 역수(曆數)가 네 몸에 달려 있으니 진실로 그 적중함을 잡도록 하라. 사해가 곤궁하면 하늘의 명이 영원히 끊어질 것이다." 순임금도 이를 갖고서 우왕에게 명해주었다.

堯曰 咨 爾舜 天之曆數在爾躬 允執 其中

四海困窮 天祿永終 舜亦以命禹

마침내 우리는 오랜 여정을 마치려 하고 있다. 여기서 우리가 던져야 하는 질문은 분명하다. 왜 『논어』 편찬자는 처음 못지않게 중요한 마지막 편에 이 세 개의 장을 배치했는가 하는 것이다. 이런 물음을 품고서 먼저 요왈 (堯曰)편 첫 장을 읽어 보자.

지금 우리는 요임금이 순임금을 불러 왕위를 넘겨주려는 순간을 보고 있다. 자(咨)는 탄식하는 의미를 담고 있다.

"아! 너 순(舜)아, 하늘의 역수(曆數)가 네 몸에 달려 있으니 진실로 그 적중함을 잡도록 하라."

하늘의 역수란 곧 천명(天命)이다. 천명에 따라 왕위를 자식이 아니라 대효(大孝)라는 다움이 있는 너를 골라 넘겨주니 부디 중화(中和)의 정신을 잃지 말고 통치에 임하라고 간절하게 당부하고 있다. 이어 정치하는 목적을 사해곤궁(四海困窮), 즉 '백성들이 곤경과 배고픔에서 벗어나는데 두어야 한다'는 점을 분명히 한다. 그리고 만백성이 곤궁에 빠지면 하늘의 녹 (祿) 또한 영원히 끊어진다고 경고한다. 하늘의 녹 또한 천명이다. 거꾸로 말하면 천명을 두려워하지 않거나 중화를 지키지 못하거나 백성 구제에 실패하면 언제든지 왕의 자리에서 굴러떨어질 수 있다는 것을 강조했다.

　　순임금도 이를 갖고서 우왕에게 명을 내리셨다는 것은 방금 언급한 세 가지 사항을 그대로 일러주며 강조했다는 말이다. 『서경』 우서(虞書) 대우모(大禹謨)편에 나뉘어 실려 있다. 순임금이 우왕에게 제왕학 심술(心術)을 전해 이렇게 말한다.

　　순임금이 말했다. "사람의 마음이란 오직 위태위태한 반면 도리의 마음은 오직 잘 드러나지 않으니 (그 도리를 다하려면) 정밀하게 살피고 한결같음을 잃지 않아 진실로 그 적중해야 할 바를 잡도록 하여라."

이에 대한 상세한 풀이는 '이인 16'에서 살펴본 바 있다.

『대학연의』에 나오는 윤집기중(允執其中) 풀이다.

"신이 가만히 살펴보겠습니다. 요임금, 순임금, 우왕, 탕왕이 하늘의 뜻을 서로 전수해준 것은 오로지 중도(中道) 하나입니다. 중(中)이라는 것은 무엇입니까? 그 명(命)이 하늘과 땅에서 나와 백성들이 그것으로 인해 살아가게 되는 것이고 그 이치가 온갖 일마다, 사물마다 그 사이에 퍼져 마땅히 그러한 것이 하나도 없지 않은 것의 법칙이니 지나쳐서도[過] 안 되는 것이고 못 미쳐서도[不及] 안 되는 것, 이것이 바로 적중함[中=中和=中道]입니다.

빼어난 인물들이 서로 이어가며 바로 이 적중함을 통치의 표준과 목표로 삼았으니 '잡는다'고 하는 것은 그것을 잡아 쥐고서 일을 해가는 잣대로 삼는다는 것이고, '세운다'고 하는 것은 그것을 세움으로써 백성들이 모범으로 삼을 수 있게 해준다는 것입니다.

그것의 본체는 하늘과도 같은 이치의 바름[天理之正]을 극대화하는 것이니 이를 이름하여 크게 적중함[大中]이라 하고, 그것의 쓰임은 그때의 상황에 맞는 마땅함[時措之宜]을 딱 잡아내는 것이니 이를 이름하여 때에 적중함[時中]이라 합니다. 그렇기 때문에 빼어나고 뛰어난 이[聖賢]들이 서로 전해주고 전해 받은 도리의 큰 줄기[道統]는 각각의 경전마다에서 강조되고 있는 것입니다. 그렇지만 반드시 '(사람의 마음이란) 오직 위태위태한 반면 도리는 오직 잘 드러나지 않으니 (그 도

리를 다하려면) 정밀하게 살피고 한결같음을 잃지 않아서[危微精一]' 그
공력을 다 쓴 연후에야 비로소 적중함의 근본을 잡을 수 있는 것입니
다. 빼어나고 눈 밝은 이[聖明]만이 그것을 이룩해낼 수 있을 것입니
다. 이 장은 적중함[中]에 관해 쓰고 말한 것입니다.”

堯
曰

1-2

○(은나라를 세운 탕왕이) 말했다. "나 소자(小子) 이(履)는 감히 검은 수소를 희생양으로 써서 감히 거룩하신 후제(后帝)께 밝게 아뢰옵니다. 죄 있는 자들을 감히 (제 마음대로) 사면하지 않을 것이고, 상제께서 내려준 신하들을 가리지 않을 것이니, 신하들을 고르는 것은 상제 마음에 달려 있습니다. 제 몸에 죄가 있음은 만방 백성들 때문이 아니고, 만방 백성들에게 죄가 있음은 그 죄가 제 몸에 있습니다."

왈 여 소-자 이 감-용 현-모 감 소-고 우 황
曰 予小子履 敢用玄牡 敢昭告于皇

-황 후-제
皇后帝

유-죄 불-감 사 제-신 불-폐 간 재 제-심
有罪不敢赦 帝臣不蔽 簡在帝心

짐 궁 유-죄 무-이 만-방 만-방 유-죄 죄 재
朕躬有罪 無以萬邦 萬邦有罪 罪在

짐-궁
朕躬

이 글은 『서경』 상서(尙書)에 실려 있는 것을 인용한 것이다. 이처럼 『논어』 결론부에서 어진 다스림을 위한 덕목을 다루는 『서경』 구절들을 인용한 것은 결론의 위상을 높이기 위함으로 보인다. 그만큼 『논어』는 치밀한 구상 하에서 술이부작된 책임을 알 수 있다. 따로따로 인용된 것이라 각각 해석한 다음 연관성을 찾아 나가는 게 나을 것으로 보인다.

여기서 왈(曰)이란 하(夏)나라 걸왕(桀王)을 내쫓은 탕왕(湯王)이 상제(上帝)와 여러 제후들에게 고하는 말이다. 이(履)는 탕왕 이름이다. 먼저 탕왕은 상제께 걸왕을 내쫓은 변고를 고한다.

"나 소자(小子) 이(履)는 감히 검은 수소를 희생양으로 써서 감히 거룩하신 후제(后帝)께 밝게 아뢰옵니다.”

자신을 소자(小子)라 한 것은 상제 앞에서 자신을 낮춘 것이다. 또 주
희는 여기서 “검은 희생양을 쓴 것은 하나라가 검은색을 숭상하였으니 아
직 그 예를 바꾸지 않은 것”이라고 풀이한다. 그만큼 조심하고 삼가는 모
습을 보여주고 있다. 이어 탕왕은 말한다.

“죄 있는 자들을 감히 (제 마음대로) 사면하지 않을 것이고, 상제께서
내려준 신하들을 가리지 않을 것이니, 신하들을 고르는 것은 (제 마음
이 아니라) 상제 마음에 달려 있습니다.”

여기서 죄지은 자를 주희는 주왕으로 한정하고 있지만, 일반적인 의
미에서의 죄인으로 보아도 무방하다. 유무죄(有無罪)를 가리기는 하겠지
만 그 기준을 내 마음대로 하는 것이 아니라 상제 뜻이 무엇인지를 미루어
헤아려 정하겠다는 마음 자세의 표출로 볼 수 있기 때문이다.

이런 뜻은 그대로 인재 선발에도 적용된다. 상제 신하란 실제 그런 신
하가 있다는 것이 아니라 뛰어난 인재를 말한다. 그런 인재가 있으면 내
뜻과 상관없이 상제가 하신 선택이라 생각하고 뽑아서 쓰도록 노력하겠
다는 것이다.

어느 하나 임금이라고 내 뜻대로 할 수 있다는 작은 마음조차 갖지 않
겠다는 다짐으로 보인다. 그것은 곧 사(私)를 버리고 공(公)으로 나아가겠
다는 다짐이다. 이어 제후를 비롯한 아랫사람들에게 다짐한다.

“제 몸에 죄가 있음은 만방 백성들 때문이 아니고, 만방 백성들에게
죄가 있음은 그 죄가 제 몸에 있습니다.”

자신에게는 엄정하고 남에게는 관대하겠다는 군주로서의 다짐이다.

堯曰

1-3

○주나라에서 크게 하사하심이 있어 선인(善人)들이 이에 넉넉해졌다. "비록 주나라 친족이 있어도 어진 사람만 못하며 백성들에게 허물이 있는 것은 나 한 사람에게 달려 있다."

도량형을 신중히 하고 법도를 깊이 살피며 폐기된 관직을 복원하니 사방의 정치가 잘 행해졌다. 멸망한 나라를 일으키고 끊어진 세대를 이어주며 일민(逸民)을 들어 쓰니 천하 백성들이 마음을 돌렸다. 중하게 여긴 것은 백성들 먹거리와 상례 그리고 제례였다.

周有大賚 善人是富

雖有周親 不如仁人 百姓有過 在予

一人

謹權量 審法度 修廢官 四方之政行

焉 興滅國 繼絶世 擧逸民 天下之民

歸心焉 所重 民食喪祭

이 이야기는 주나라 무왕이 행한 일이다. 주나라 무왕 때 대뢰(大賚)가 있었다는 말인데 뢰(賚)자가 어렵다. 뢰(賚)에는 '주다' '위로하다' '하사한 물건' 등의 뜻이 있고 일상적으로는 거의 쓰지 않는다. 하사(下賜)하다와 같은 뜻으로 뢰사(賚賜)하다라고 썼다는데 이 또한 일반적으로는 거의 사용하지는 않는 말이다.

　　일단 그 뜻은 임금이 내려주는 물건과 관련이 있다. 대뢰(大賚)란 따

라서 황제나 임금이 내려준 큰 선물이나 하사품을 말한다. 결국 주유대뢰
(周有大賚)는 "주나라 무왕 때 큰 하사품이 있었다"는 말이다. 그 하사품
을 주희는 "무왕이 상나라(혹은 은나라)를 이기시고 사해에 크게 내려준
것"이라고 풀이한다.

큰 하사의 결과는 "좋은 사람이 부유하게 되었다"이다. 물론 이를 억
지로 해석할 수 없는 바는 아니다. 올바른 정치가 행해지지 않을 때는 좋
지 않은 사람들이 힘으로 부유해졌지만, 올바른 정치가 사해에 퍼지면서
마침내 좋은 사람들이 부유하게 되었다고 볼 수 있기 때문이다. 다만 이런
해석 가능성은 열어두고자 한다. 큰 하사품이란 다름 아닌 선인(善人)들이
니 그러면 부(富)는 부자가 되었다기보다는 '넉넉해졌다'고 옮겨야 한다.

주친(周親)은 주나라 왕실 지친(至親)이다. 나라를 유지하는데 지친의
중요성은 옛날에는 특히 중요했다. 그러나 "그런 지친들이 (아무리 많이)
있다 하더라도 (나라를 제대로 다스리려면) 어진 사람만 못하다"는 것이고
"백성들에게 과실이 있다면 (그 책임은) 오직 나 한 사람에게 있다"고 말한
다. 이는 앞서 본 탕왕의 다짐과도 일맥상통한다.

『설원』 5-6은 "백성들에게 과실이 있다면 (그 책임은) 오직 나 한 사
람에게 있다"에 대한 상세한 풀이다.

> (주나라) 무왕이 은나라를 이기고 나서 태공(太公)을 불러 물었다. "장
> 차 저 은나라 사대부와 백성들을 어떻게 해야 하는가?"
> 태공이 대답해 말했다. "신이 듣건대 누군가를 사랑하는 사람은 그
> 사람 지붕 위에 앉은 까마귀조차 사랑스럽고, 누군가를 미워하는 사
> 람은 그 집 담벼락조차 미워 보인다고 했습니다. 적국 사람들을 모두
> 죽여 남은 사람이 없게 하면 어떻겠습니까?"
> 왕이 말했다. "안 된다."
> 태공이 나가고 소공(召公, 邵公)이 들어오니 왕이 물었다. "어떻게 처
> 리해야 할까?"
> 소공이 대답해 말했다. "죄 있는 사람은 죽이고 죄 없는 사람은 살려

주는 것이 어떻겠습니까?"

왕이 말했다. "안 된다."

소공이 나가고 주공이 들어오니 왕이 물었다. "어떻게 처리해야 할까?"

주공이 대답해 말했다. "각자 자기 집에서 살게 하고 자기 농토에서 농사짓게 하며 옛 백성과 새 백성을 변함없이 대해, 오직 어짊으로써 그들을 내 몸 같이 여기시어 백성에게 잘못이 있거든 나 한 사람에게 죄가 있다고 여기십시오."

무왕이 말했다. "(그대가 말한 임금다움이야말로) 넓고도 크도다! 천하를 태평하게 하리라. 무릇 (다움을 닦은) 선비와 군자를 귀하게 여기는 까닭은 어진 마음에 다움을 갖추었기 때문이로다."

이어서 다음 구절에 대한 주희 풀이를 보자.

"권(權)은 저울추요, 양(量)은 말[斗]과 섬[斛]이다."

요즘식으로 하면 도량형 표준이다. 표준을 아주 조심스럽게 사용했다는 것이다. 이어서 법도(法度)를 세심하게 살폈다. 주희는 법도(法度)를 예악과 제도라고 본다. 또한 폐지된 관직을 다시 점검하여 회복하였다. 새로운 나라를 세우는 과정에서 이 세 가지를 차례로 추진하자 마침내 정사가 정상을 되찾기 시작했다.

통상 새 나라를 세우면 과거 역사는 지우기 십상이다. 그러나 무왕은 그렇지 않았다. 주희는 흥멸국(興滅國) 계절세(繼絶世)를 이렇게 풀이한다.

"황제(黃帝) 요(堯) 순(舜)과 하(夏) 상(商)의 후손들을 봉해준 것을 이른다."

앞서 보았던 미자가 송나라에 봉해진 것이 바로 그런 경우이다.

숨어 지내는 인사를 찾아내어 등용했다는 거일민(擧逸民)에 대해서는 "기자(箕子)를 석방시켜 주고 상용(商容)의 지위를 회복시켜 줌을 이른다"고 풀이했다. 상용(商容)은 중국 은(殷)나라 주왕(紂王) 때 대부(大夫)로 주왕에게 직간하다가 쫓겨났다. 주(周)나라 무왕(武王)이 은나라를 이기고 그의 집 앞을 지나며 수레에서 내려[下車] 경의를 표했다고 한다. 하거(下車)는 무왕의 진정성이 담긴 행위라 하여 칭송을 받았다. 과거 왕조와의 진정한 화해는 세상 사람들이 원하던 바였기 때문에 천하 백성들이 마음을 돌려 주왕조를 받들게 되었다는 것이다.

정치를 함에 있어 무왕이 중하게 여긴 것은 백성의 먹을 것과 상례(喪禮), 그리고 제례(祭禮)였다. 이 구절 또한 『서경』 무성(武成)에 나온다.

堯曰

1-4

○너그러우면 무리를 얻고, 믿음이 있으면 백성들이 신임하고, 주도면
밀하면 공적이 있고, 공정하면 (백성들이) 기뻐한다.

관 즉 득-중 신 즉 민-임-언 민 즉 유-공 공

寬則得衆 信則民任焉 敏則有功 公

즉 열

則說

너그러움[寬], 믿음[信], 주도면밀함[敏], 공정함[公] 등이 언급된 이 구절은
『서경』에는 나오지 않는다. '양화 6'의 간접적 도움을 받아 풀이해 보자.

> 자장이 공자에게 어짊에 관해 묻자 공자가 말했다. "능히 다섯 가지
> 를 천하에 행한다면 어짊을 행한다고 할 수 있다."
>
> (그 다섯 가지에 대해) 더 묻자 이렇게 말했다. "공손함, 너그러움, 미더
> 움, 주도면밀함, 은혜로움[恭寬信敏惠]이다. 공손하면 수모를 당하지
> 않고, 너그러우면 무리를 얻고, 미더우면 남이 일을 맡기고, 주도면밀
> 하면 일에 공로가 있게 되고, 은혜로우면 사람을 부릴 수 있다."

인정(仁政)으로 모든 이야기가 모아지고 있다. 우리가 지인지감(知人
之鑑)을 강조하는 것도 결국은 어진 정치를 향한 도구이기 때문이다. '양
화 6'에서 질문자가 자장이라는 점이 눈길을 끈다. 다음 장 질문자도 자장
이다.

堯
曰

2-1

○자장이 공자에게 물었다. "어떻게 해야 이에 정치에 종사할 수 있습니까?"

공자가 말했다. "다섯 가지 아름다움을 높이고, 네 가지 나쁜 일을 물리치면 이에 정치에 종사할 수 있다."

자장이 말했다. "다섯 가지 아름다움이란 어떤 것입니까?"

공자가 말했다. "군자는 은혜를 베풀되 허비하지 않고, 백성을 수고롭게 하되 원망을 품지 않게 하고, 하고자 하되 탐하지 않고, 태연하되 교만하지 않고, 위엄을 갖추되 사납지 않은 것이다."

子張問於孔子曰 何如斯可以從政矣

子曰 尊五美 屛四惡 斯可以從政矣

子張曰 何謂五美

子曰 君子惠而不費 勞而不怨

欲而不貪 泰而不驕 威而不猛

여기서 자장은 정치의 여러 단계 중에서 특히 중간자의 정치 참여를 의미하는 종정(從政)에 관해 질문을 던진다. 최고 통치자의 위정(爲政)에 대해서는 '요왈 1'에서 말했기 때문일 것이다. 그래서 정약용도 "이 장은 곧 백성을 다스리는 묘결(妙訣)이다. 그러므로 왕정(王政-바로 앞 장의 주제)의 아래에다 기록해 놓았다"고 했다.

자장이 던진 질문에 공자는 "다섯 가지 아름다움[五美]을 높이고, 네 가지 나쁜 일[四惡]을 물리치면 이에 정치에 종사할 수 있다"라고 답한다.

이어서 자장이 무엇이 다섯 가지 아름다움이냐고 묻자 공자는 이렇게 답한다.

"군자는 은혜를 베풀되 허비하지 않고, 백성을 수고롭게 하되 원망을 품지 않게 하고, 하고자 하되 탐하지 않고, 태연하되 교만하지 않고, 위엄을 갖추되 사납지 않은 것이다[君子惠而不費 勞而不怨 欲而不貪 泰而不驕 威而不猛]."

'○而不○'는 중(中), 적중함을 나타내기에 적절한 표현법이다.

『설원』1-8은 노이불원(勞而不怨)에 해당하는 형이하, 즉 사례다.

하간헌왕이 말했다. "우왕(禹王)은 백성들이 굶주리고 있다는 말을 들으면 나는 더는 백성을 부릴 수 없다고 했고, 공업을 이루어도 백성들에게 이롭지 않으면 나는 더는 부지런히 하라고 백성을 권면할 수 없다고 했다. 그래서 황하를 소통시켜 인도하고 장강을 파서 아홉 지류와 통하게 하며 오호(五湖) 물을 동해로 흐르게 했다. 백성 또한 힘들어도 원망하거나 괴롭게 여기지 않은 것은, 이익이 백성에게 돌아갔기 때문이다."

堯
曰

2-2

○자장이 말했다. "무엇을 일러 은혜를 베풀되 허비하지 않는다고 합니까?"

공자가 말했다. "백성들이 이로워하는 것에 맞추어 이롭게 해주니, 이것이 실로 은혜를 베풀되 허비하지 않는 것이 아니겠는가! 수고할 만한 것을 잘 가려서 수고롭게 하니 또 누가 원망하겠는가? 어질고자 해서 어짊을 얻었으니 또 무엇을 탐하겠는가? 군자는 많거나 적거나 작거나 크거나 상관 않고서 감히 남을 업신여기지 않으니 이것이 실로 태연하되 교만하지 않은 것이 아니겠는가? 군자는 의관을 바르게 하고 첨시(瞻視-시선)를 존엄하게 해서 의연해 사람들이 바라보며 두려워하니 이것이 실로 위엄을 갖추되 사납지 않은 것이 아니겠는가?"

자—장 왈   하—위   혜—이—불—비
子張曰 何謂惠而不費

자—왈   인   민—지—소—리   이   이—지   사   불—역—혜
子曰 因民之所利而利之 斯不亦惠

—이—불—비—호
而不費乎

택   가—로   이   노—지   우   수—원
擇可勞而勞之 又誰怨

욕—인   이   득—인   우   언—탐
欲仁而得仁 又焉貪

군—자   무   중—과   무   소—대   무—감   만   사   불—역
君子無衆寡 無小大 無敢慢 斯不亦

—태—이—불—교—호
泰而不驕乎

군—자   정   기   의—관   존   기   첨—시   엄—연   인   망
君子正其衣冠 尊其瞻視 儼然人望

이　외ー지　　사　　　불ー역ー위ー이ー불ー맹ー호

而畏之 斯不亦威而不猛乎

여기서는 아주 흥미롭게도 이 다섯 가지 아름다움에 대해 공자 자신이 풀이를 해주고 있다. 자장이 그 첫 번째, 백성에게 은혜를 베풀되 허비하지 않는다의 뜻을 묻자 공자는 그 의도를 알아차리고 다섯 가지 모두를 풀어준다. 공자는 말한다.

　①백성들이 이로워하는 것에 맞추어 이롭게 해주니, 이것이 실로 은혜를 베풀되 허비하지 않는 것이 아니겠는가!

　②수고할 만한 것을 잘 가려서 수고롭게 하니 또 누가 원망하겠는가?

　③어질고자 해서 어짊을 얻었으니 또 무엇을 탐하겠는가?

　④군자는 많거나 적거나 작거나 크거나 상관 않고서 감히 남을 업신여기지 않으니 이것이 실로 태연하되 교만하지 않은 것이 아니겠는가?

　⑤군자는 의관을 바르게 하고 첨시(瞻視-시선)를 존엄하게 해서 의연해 사람들이 바라보며 두려워하니 이것이 실로 위엄을 갖추되 사납지 않은 것이 아니겠는가?

　이것이 바로 '요왈 1'에서 말한 윤집기중(允執其中), 즉 진실로 그 적중함을 붙잡아 쥐는 것이다.

堯
曰

2-3

○자장이 말했다. "네 가지 나쁜 일이란 무엇입니까?"

　공자가 말했다. "(미리) 가르치지 않고서 (죄를 지었다고) 죽이는 것을 잔학이라 하고, (미리) 경계하지 않고 결과만 책하는 것을 포악이라 하고, 명령을 태만하게 늦추고서 기한을 재촉하는 것을 도적이라 하고, 어차피 사람들에게 주어야 하는 것은 똑같은데 출납에 인색한 것을 창고지기라고 한다."

　　　자─장　왈　　하─위　　사─악
　　子張曰　何謂四惡

　　　자─왈　　불─교　이　살　위─지　　학
　　子曰　不教而殺謂之虐

　　　불─계　　시─성　위─지　　포
　　不戒視成謂之暴

　　　만─령　　치─기　위─지　적
　　慢令致期謂之賊

　　　유─지　　여─인─야　　출─납─지─인　　위─지　유─사
　　猶之與人也　出納之吝謂之有司

이어서 자장은 네 가지 나쁜 일에 대해 묻는다. 이에 공자는 말한다.

　　① (미리) 가르치지 않고서 (죄를 지었다고) 죽이는 것을 잔학[虐]이라 하고,

　　② (미리) 경계하지 않고 결과만 책하는 것을 포악[暴]이라 하고,

　　③ 명령을 태만하게 늦추고서 기한을 재촉하는 것을 도적[賊]이라 하고,

　　④ 어차피 사람들에게 주어야 하는 것은 똑같은데 출납에 인색한 것을 창고지기[有司]라고 한다.

堯曰

3

○공자가 말했다. "명(命)을 알지 못하면 군자가 될 수 없고, 예(禮)를 알
지 못하면 설 수가 없으며, 말을 알지 못하면 사람을 알아볼 수가 없
다."

<ruby>子<rt>자-왈</rt></ruby>曰 不知命 無以爲君子也
<ruby>부-지-례</ruby>不知禮 無以立也
<ruby>부-지-언</ruby>不知言 無以知人也

이제 마지막에 이르렀다. 요왈(堯曰)편 마지막임과 동시에 『논어』20편
마지막이다. 이 마지막은 『논어』20편 첫머리였던 '학이 1'만큼이나 중요
하다. 공자의 세 가지 말씀이 결론이 되고 있다. 윤돈은 말한다.

> "다음 세 가지를 안다면 군자의 일이 갖추어진 것이다. 제자들이 이
> 말씀을 기록하여 이 편을 마쳤으니, 어찌 깊은 뜻이 없겠는가? 배우
> 는 자가 어려서부터 이 책을 읽었으나 늙어서 한마디 말씀도 쓸 만하
> 다는 것을 알지 못한다면 성인(聖人)의 말씀을 업신여기는 자에 가깝
> 지 않겠는가?"

그만큼 이 장이 중요하다는 뜻이다.

첫째, 명(命)을 알지 못하면 군자가 될 수 없다. 정약용 풀이다.

> "명(命)은 하늘이 사람에게 부여한 것이니, 성(性)이 다움을 좋아하는
> 그것이 명(命)이며, 사생과 화복과 영욕도 또한 명이 있다. 명을 알지
> 못하면 선을 즐기고 그 지위에 편안할 수 없다. 그러므로 군자가 될 수
> 없는 것이다."

평소의 정약용과 달리 조금은 추상적이다. 오히려 정이천 풀이가 보
다 구체적이다.

"명(命)을 안다는 것은 명이 있음을 알고서 믿는 것이다. 명을 알지 못하면, 해(害)를 보면 반드시 피하고 이익을 보면 반드시 따를 것이니 어떻게 군자가 될 수 있겠는가?"

둘째, 예(禮)를 알지 못하면 설 수가 없다. 정약용 풀이다.

"예는 상하를 정하고 혐의(嫌疑)를 구분하는 것이니, 예를 알지 못하면 (예가 아닐 때) '보지 말고 듣지 말고 말하지 말고 움직이지 말고' 하는 것을 할 수가 없다. 그러므로 그 몸을 세울 수 없는 것이다."

사람이 사람답게 서는 데 예(禮)가 결정적이라는 점은 앞에서 여러 차례 살펴본 바 있다.

셋째, 말을 알지 못하면 그 사람을 알 수 없다. 정약용 풀이다.

"말을 안다는 것은 남의 말을 듣고서 그 심술의 사악하고 바른 것을 알게 됨을 이른다."

공자는 줄곧 언행(言行)을 강조했지만 결국 말에 초점을 맞춘 이유는 미리 사람을 알아보는 실마리는 일을 행하는 것[行事]보다는 말이기 때문이다. 대체로 일을 행한 것을 보고 판단하면 이미 사람을 알아보는 데 늦었다고 봐야 한다. 말과 지인(知人) 문제를 강조하면서 『논어』가 끝난다.

『설원』 17-41은 지언(知言)과 지시(知時)의 문제를 함께 이야기하고 있다.

공자가 말했다. "부귀한 몸으로 남들의 아래에 있다면 누가 그와 함께하지 않겠으며, 부귀한 몸으로 남을 공경하고 사랑한다면 누가 그와 더불어 친하지 않겠는가? 많은 이들의 말을 거스르지 않으면 '말을 안다[知言]'라고 할 만하고, 많은 사람들이 그에 호응하면 '때를 안다[知時]'라고 할 만하다."

말을 통해 사람을 안다는 것을 송나라 학자 진덕수는 『대학연의』에서 이렇게 풀어내고 있다.

"신이 가만히 살펴보겠습니다. 『주역』의 대전(大傳-계사전)에 이르기를 '장차 배반할 사람은 그 말에 (이미) 부끄러움이 있고, 마음속에 의

혹을 품고 있는 사람은 그 말이 산만하고, 뛰어난 이는 그 말이 적고, 초조해하는 사람은 그 말이 많으며, 위선적인 사람은 그 말이 둥둥 떠다니고, 지켜야 할 절의를 잃은 사람은 그 말이 비굴하다'라고 했습니다. 이는 말에 근거해서 사람을 살피는 법[觀人之法관-인-지-법]입니다. 백성의 임금이 된 자는 마땅히 이를 깊이 알아야 합니다.

무릇 사람이 앞으로 악한 일을 저지르려 하면 반드시 마음속에 창피한 마음이 듭니다. 그래서 그 사람의 말에도 부끄러워함이 드러나고 논리는 분명하지 못하며 마음은 현혹되어 그 말이 이리저리 왔다갔다하게 되니 이를 일러 지리멸렬하고 어수선하다 하는 것입니다. 마음이 바르고 선량하며 평온하고 곧은 사람은 말이 구차스럽지 않아서 간명하면서도 말수가 적은 반면, 허황하거나 거짓을 일삼고 안달복달하는 사람은 말이 항상 쉽게 나와서 번잡하면서도 말수가 많습니다.

선량한 사람을 근거 없이 비방하게 되면 마음속에 부끄러운 겸연쩍음이 생겨나게 되니, 그런 상태에서 하는 말은 둥둥 떠다니고 확실한 것이 없습니다. 그리고 이런 사람은 지키는 바가 굳건하지 못하고 이해관계에 마음을 빼앗겨 그 말이 굴욕적이고 쉽게 궁해져서 마음속에 뭔가가 있게 되면 반드시 그것이 겉으로 드러나 숨길 수가 없습니다. 그렇기 때문에 말을 모르면 사람을 알 수 없다고 한 것입니다.

그럼에도 불구하고 입을 딱 봉한 채 말을 하지 않는 사람은 말수가 적은 사람과 비슷하고, 반대로 온갖 이야기를 다 해서 숨기는 게 없는 사람은 말수가 많은 사람과 비슷해 보입니다. 그래서 말을 듣는 사람이 만약에 잘 살피지 않는다면 속으로 간사함을 품은 자가 멋진 선비라는 명예를 얻을 수 있고, 반대로 충심을 다하는 자가 말만 많은 사람의 부류에 들어갈 수 있으니 어찌 실수를 하지 않을 수 있겠습니까?

이런 상황에서 무엇보다 임금이 잘 알아야 하는 것은 멋진 선비의 말은 간명하면서 이치에 맞되 입을 딱 봉한 채 말을 하지 않는 것은 아니라는 것과, (반대로 조급해서) 말만 많은 사람의 말은 번잡하고 이치에 맞지 않되 온갖 이야기를 다 해서 숨기는 게 없는 것은 아니라는 것입니다.

이처럼 서로 비슷해 보이지만 그것들이 결코 같지 않다는 것을 꿰뚫어 본 이후에야 진정으로 말을 아는[知言] 사람이 될 수 있습니다.”

『맹자』 공손추장구(公孫丑章句) 상(上)도 우리에게 도움을 준다. 제자 공손추가 “어떠해야 말을 안다[知言]라고 할 수 있습니까?”라고 묻자 맹자는 이렇게 답한다.

“편벽된 말을 들었을 때 그것이 숨기고 있는 게 무엇인지를 알고, 방탕한 말을 들었을 때 그것이 어떤 함정에 빠져 있는지를 알고, 간사한 말을 들었을 때 그것이 실상과 얼마나 괴리되어 있는지를 알고, 둘러대며 회피하는 말을 들었을 때 그것이 얼마나 (논리적으로) 궁한지를 아는 것이다. (이 네 가지는 그 말하는 사람의) 마음에서 생겨 나와 정사에 해를 끼치고, (그것이 정치에 반영되어) 정치(나 정책)로 구현되면 (나라의) 일에 해를 끼치게 되니, 공자와 같은 위대한 인물이 다시 나오신다 해도 [지언(知言)이 무엇인지에 대해서는] 반드시 내 견해를 따를 것이다.”

‘말을 논해 사람을 알아본다[論語知人]’, 이것이 『논어』의 핵심이다.

이한우

1961년 부산에서 태어나 고려대학교 영문과를 졸업하고 동 대학원 철학과 석사 및 한국외국어대학교 철학과 박사 과정을 수료했다. 〈뉴스위크 한국판〉과 〈문화일보〉를 거쳐 1994년부터 〈조선일보〉 기자로 일했고 2002~2003년에는 논설위원, 2014~2015년에는 문화부장을 지냈다.

2001년까지는 주로 영어권과 독일어권 철학책을 번역했고, 이후 『조선왕조실록』을 탐색하며 『이한우의 군주열전』(전 6권)을 비롯해 조선사를 조명한 책들을 쓰는 한편, 2012년부터는 『논어로 논어를 풀다』 등 동양 사상의 고전을 규명하고 번역하는 일을 동시에 진행해오고 있다.

2016년부터는 논어등반학교를 만들어 현대인의 눈높이에 맞추어 고전을 강의하고 있다. 2017년부터 2021년까지 약 5년에 걸쳐 『태종실록』을 완역해 『이한우의 태종실록』(전 19권)으로 냈다. 그 외 대표 저서 및 역서로는 『이한우의 사서삼경』(전 4권), 『대학연의』(상·하), 『완역 한서』(전 10권), 『이한우의 주역』(전 3권), 『이한우의 태종 이방원』(전 2권), 『이한우의 설원』(전 2권), 『이한우의 인물지』 등이 있다.